Das Strafgesetzbuch für das Königreich Bayern vom 10. November 1861

erläutert

aus den Materialien, der Rechtslehre und den Entscheidungen der Gerichte

durch

M. Stenglein,
kgl. Appellationsgerichtsrath.

München, 1869.
Verlag von Rudolph Oldenbourg.

Vorwort.

Eine fast siebenjährige Praxis hat genügt, die Anschauungen über fast alle Fragen des Strafrechtes, wie dasselbe in dem Strafgesetzbuche für das Königreich Bayern vom 10. November 1861 Ausdruck gefunden hat, festzustellen. Zu den ein reiches Material bietenden Vorverhandlungen über dieses Gesetzbuch hat sich eine für den Umfang Bayerns fast überreiche commentatorische Litteratur und eine reiche Praxis gesellt, welch' letztere wohl nur in untergeordneten Fragen noch Schwankungen ausgesetzt sein wird.

Bei diesem Stande der Dinge schien es angemessen, die Früchte dieser theoretischen und praktischen Thätigkeit in einer Weise zu sammeln, daß sie für die Anwendung des Gesetzbuches leicht zur Hand ist, und hiemit die Zusätze zu verbinden, welche theils das Gesetz vom 16. Mai 1868, theils andere neuere Gesetze dem Strafgesetzbuche beigefügt haben.

Für diesen Zweck bietet aber Oppenhoff's Ausgabe des preußischen Strafgesetzbuchs ein Vorbild, dessen Werth für die preußische Praxis auch für die bayerische zu erreichen zwar angestrebt, sicher aber nicht übertroffen werden kann.

Möge es mir gelungen sein, für Bayern etwas Nützliches zu schaffen.

München, im Frühjahr 1869.

Stenglein.

Erste Abtheilung.

Allgemeine Bestimmungen.

Erstes Hauptstück.

Begriff der Verbrechen, Vergehen und Uebertretungen; Anwendung der Strafgesetze.

Art. 1.

Begriff der Verbrechen, Vergehen und Uebertretungen.

Handlungen, welche die Gesetze mit Todes- oder Zuchthausstrafe bedrohen, sind Verbrechen; — Handlungen, welche die Gesetze mit Gefängniß oder mit einer Geldstrafe, deren höchster Betrag hundert und fünfzig Gulden übersteigt, bedrohen, sind Vergehen; — Handlungen, welche die Gesetze mit Arrest oder mit einer Geldstrafe, deren höchster Betrag hundert und fünfzig Gulden nicht übersteigt, bedrohen, sind Uebertretungen.

1) Die neue Strafgesetzgebung theilt die strafbaren Handlungen in vier Classen: Verbrechen, Vergehen, strafrechtliche Uebertretungen, Polizeiübertretungen, ein. (Weis Bd. I. S. 39, Dollmann S. 49, 52, Hocheder S. 35, 39, Stenglein Bd. I. S. 358). Dieser Eintheilung liegt als Hauptkriterium die Unterscheidung von Rechtsverletzungen, Verletzungen der Rechtsordnung des Staats einer- und von Rechtsgefährdungen, Gefährdungen des Rechtes und des öffentlichen Wohles, Zuwiderhandlungen gegen die Anordnungen vom Standpunkt der Staatsverwaltung andererseits zu Grunde, diese Unterscheidung ist aber nicht consequent durchgeführt, indem auch Rechtsgefährdungen unter die Vergehen und strafrechtlichen Uebertretungen (im Strafgesetzbuche behandelten) aufgenommen wurden (Weis Bd. I S. 40, Hocheder S. 35, 40, Stenglein Bd. I. S. 360, Edel S. 38).

2) Diese vier Classen erschöpfen nicht alle strafbaren Handlungen i. w. S. Eigene Classen bilden:

a) Die Disciplinarstraffälle (Dollmann S. 52).

b) Fiskalische Delikte, Gefällsübertretungen (Edel S. 39, Dollmann S. 53). Dieselben nähern sich den geringeren Rechtsverletzungen (Edel S. 39, 40), Hocheder S. 36 will sie unter die Polizeiübertretungen einreihen, s. dagegen Erk. d. O. A.G. v. 21. Febr. 1863 u. v. 14. März 1863, Z. f. G. u. R. Bd. X. S. 174, 281, Z. f. Gerichtspr. Bd. II. S. 171, auch ebendas. S. 88, 90, 92, 198. Durch Art. 49 des Ges. v. 16. Mai 1868, den Malzaufschlag betr., sind die in Art. 66 bis 78 vorgesehenen strafbaren Handlungen und Unterlassungen als Uebertretungen und die allgemeinen Bestimmungen des Strafgesetzbuches darauf anwendbar erklärt. Die in Art. 60, 61, 80 und 81 jenes Gesetzes vorgesehenen strafbaren Handlungen und Unterlassungen sind Polizeiübertretungen und es finden auf dieselben die allgemeinen Bestimmungen des Polizeistrafgesetzbuches Anwendung, insoferne nicht im Gesetze selbst etwas Anderes bestimmt ist. Hieraus geht das Bestreben der neuen Gesetzgebung hervor, auch die fiskalischen Delikte jener Viertheilung einzureihen.

c) Uebertretungen in Bezug auf Militär-Pflicht. (Dollmann S. 53, Edel S. 40, Hocheder S. 36). Dieselben waren durch positive Bestimmung (Einf.

Ges. Art. 8) theils als Vergehen, theils als Polizeiübertretungen erklärt. Auf die Uebertretungen des Gesetzes vom 30. Januar 1868 die Wehrverfassung betr., sind nach Art. 79 dieses Gesetzes die allgemeinen Bestimmungen des Strafgesetzbuches anwendbar, mithin der Ungehorsam (Art. 76) Uebertretung, Widerspenstigkeit (Art. 77) und Selbstverstümmelung und Entziehung von der Wehrpflicht (Art. 78) Vergehen.

3) Die Strafe, welche für eine strafbare Handlung angedroht ist, bildet das einzige maßgebende Kriterium für den Charakter einer That als Verbrechen, Vergehen oder Uebertretung und zwar die Hauptstrafe ohne Berücksichtigung der Straffolgen oder der kumulativ angedrohten Nebenstrafen, wie die Geldstrafe häufig vorkommt. (Dollmann S. 53, Hocheder S. 36, 37, Stenglein Bd. I. S. 359). Die einzige Strafart, welche zwei Classen von strafbaren Handlungen den Vergehen und den Uebertretungen, gemeinsam ist: die Geldstrafe ist danach unterschieden, ob das Maximum der angedrohten Strafe den Betrag von 150 fl. übersteigt oder nicht; gleichviel welcher Betrag thatsächlich als Strafe auferlegt wird. (Hocheder S. 41, Dollmann S. 54).

4) Jedoch gibt es spezialgesetzliche Ausnahmen, in welchen Handlungen der Charakter einer Uebertretung beigelegt ist, sie aber dennoch mit einer das Maximum von 42 Tagen Arrest oder 150 fl. Geldstrafe übersteigenden Strafe bedroht sind (Vgl. Einf.-Ges. Art. 7). Ist in solchen Spezialgesetzen auch der Ausdruck Gefängniß für die angedrohte Freiheitsstrafe gebraucht, so ist dennoch auf Arrest zu erkennen. (Hocheder S. 41). Um die Bezugnahme auf diese Spezialgesetze anzudeuten, wurde in Art. 1 „die Gesetze" anstatt „das gegenwärtige Gesetzbuch" gesagt. (Vortr. im G. A. d. K. d. A. 1856/57 S. 12, Barth S. 12, Weis S. 40, Hocheder S. 38).

5) Fahrlässige Handlungen von Personen unter 16 Jahren sind stets Uebertretungen und kompetiren vor den Einzelrichter, weil gemäß Art. 77 Ziff. 4 nur auf Arreststrafe erkannt werden kann. Erört. in Zeitsch. f. Gerichtspr. Bd. II. S. 217, Erk. d. O.-A.-G. v. 29. Mai 1863, Zeitsch. f. Gerichtspr. Bd. II. S. 292, Z. f. Gesetzg. Bd. X. S. 493).

Art. 2.

Gestattet das Gesetz, statt der angedrohten Verbrechens- eine Vergehensstrafe oder statt der angedrohten Vergehens- eine Uebertretungsstrafe ausnahmsweise auszusprechen, so nimmt die also bestrafte Handlung mit dem Urtheile und zwar im ersten Falle die Natur eines Vergehens, im zweiten die einer Uebertretung an.

1) Welchen Grad der Strafbarkeit ein Delikt an sich trägt, ist erst nach rechtskräftiger richterlicher Feststellung außer Zweifel gestellt, bis dahin entscheidet für die Behandlung bezüglich der Untersuchungsführung und Zuständigkeit des Gerichts die Gattung des möglicher Weise zu erkennenden höchsten Strafmaßes. Ist es vom Gesetze gestattet wegen Vorliegen eines leichteren Falles, eines besonderen Strafmilderungsgrundes, oder wegen der bei Versuch, oder Theilnahme zugelassenen Strafmilderung auf eine niedere Strafgattung herabzugehen, so erhält die That, welche bis zum Urtheil nach dem möglichen Strafmaximum als Verbrechen bez. Vergehen zu behandeln war, mit dem die niedere Strafgattung verhängenden Urtheile den Charakter eines Vergehens, bez. Uebertretung (Prot. d. G.-A. d. K. d. A. 1859/61, Beil.-Bd. III. S. 87, 97, Weis S. 41, Dollmann S. 56, Hocheder S. 42, Stenglein Bd. I. S. 359). Deshalb ist nur das Schwurgericht nicht das Bezirks- und Appellationsgericht zuständig, eine That abzuurtheilen, welche objektiv Verbrechen ist und nur durch Annahme überschrittener Nothwehr mit einer Vergehensstrafe belegt werden kann. (Erk. d. O.-A.-G. v. 6. Juli 1868., Zeitsch. f. Gerichtspr. Bd. VII. S. 456., Entsch. d. Cass.-H. Bd. II. S. 329).

2) Unter die Bestimmungen des Artikels fallen diejenigen Fälle nicht, in welchen das Gesetz die Reduktion der Strafe gebietet, also auf eine höhere Strafgattung nicht erkannt werden kann; diese erhalten ihren Charakter nach

der gebotenen niederen Strafe nicht erst mit dem Urtheil; (Hocheder S. 45, Dollmann S. 59, Anm. 7) z. B. nach Art. 77 Ziff. 4 fahrlässige Handlungen von Kindern unter 16 Jahren begangen (Erk. d. O.-A.-G. v. 29. Mai 1863 Z. f. G. u. R. Bd. X. S. 493, Z. f. Gerichtspr. Bd. II. S. 217, 292). Eine weitere Bestätigung dieser Regel enthält Art. 79. (Weis S. 42) Dagegen erscheint u. A. aus diesem Grunde die Entscheidung des O.-A.-G. darüber, daß bei Vergehen der Körperverletzung lediglich durch Rückfall (Art. 242) Antragstellung des Verletzten Vorbedingung der Strafverfolgung sein soll, wobei auf Art. 2 Bezug genommen ist, als irrig (Vergl. Z. f. Gerichtspr. Bd. II. S. 351). Diese Ansicht ist beseitigt durch Art. 6 des Ges. v. 16. Mai 1868. Die Abänderung einiger Bestimmungen des Str.-G.-Bchs. 2c. betr. s. unten bei Art. 237.

3) Wenn nach vorstehendem Artikel eine Vergehens- oder Uebertretungsstrafe anstatt einer Verbrechens- bez. Vergehensstrafe erkannt wird, so ist auch im Schuldausspruch die strafbare Handlung in Uebereinstimmung mit der verhängten Strafe zu bezeichnen, z. B. schuldig des Vergehens des Meineids 2c. (Erk. d. O.-A.-G. v. 6. März 1851 Sitz.-Ber. Bd. III. S. 80, Fertig Bd. II. S. 28, 29, Dollmann S. 56, Hocheder S. 43. Bl. f. R.-A. Bd. XVI. S. 1).

4) Weil erst mit dem Urtheile die niedere Qualifikation des Deliktes eintritt, ist nur dasjenige Gericht zur Aburtheilung der in Frage stehenden strafbaren Handlungen zuständig, welches die höhere regelmäßige Strafe auszusprechen befugt ist, wenn auch die Verhängung der niederen im Voraus noch so wahrscheinlich ist. (Dollmann S. 58, Hocheder S. 44, vergl. auch Prot. d. G.-A. d. K. d. A. v. 1856/57 S. 132, v. 1859/60, Beil Bd. III. S. 87). In gleicher Weise bestimmen sich andere Maßnahmen, welche von der Eigenschaft der strafbaren Handlung abhängen, wie die Untersuchungshaft, nach der regelmäßig angedrohten Strafe (Dollmann S. 59). Es kann deßhalb z. B. eine wegen Verbrechens der Nothzucht verhängte Untersuchungshaft nicht als unverschuldet erlitten betrachtet werden, weil wegen geminderter Zurechnung des Thäters nur eine Vergehensstrafe verhängt wurde. (Erk d. O.-A.-G. v. 16. Januar 1869, Zeitsch. f. Gerichtspr. B. V. S. 182).

5) Die Anrechnung der erlittenen Untersuchungshaft ist keine Reduktion der Strafe, sondern die Fiktion, es sei schon ein Theil der Strafe erstanden. Wenn also auch die Strafdauer durch die Abrechnung unter das gesetzliche Minimum der Strafgattung herabsinkt, so ist dennoch letztere beizubehalten, behält also auch die That ihre strafrechtliche Eigenschaft (Stenglein Bd. I. S. 360, Dollmann S. 59, Anm. 5).

6) Rückwirkende Kraft steht der nachträglichen Qualifikation der That in Bezug auf diejenigen Maßnahmen, welche durch die vorläufig angenommene höhere Qualifikation bedingt waren, nicht zu. (Vortrag im G.-A d. K. d. A. v. 1856/57 S.23, Dollmann S. 59).

Art. 3.

Keine Handlung kann als Verbrechen, Vergehen oder Uebertretung mit einer Strafe belegt werden, wenn diese nicht gesetzlich bestimmt war, ehe die Handlung begangen wurde.

1) Die Strafe, welche erkannt werden soll, muß zur Zeit der Begehung der zu bestrafenden That schon gesetzlich angedroht gewesen sein und nur diese Strafe kann erkannt werden. Das Gesetz hat keine rückwirkende Kraft. (Vortr. im G.-A. d. K. d. A. 1856/57 S. 13, Weis B. 1 S. 43, Dollmann S. 60., Hocheder S. 50, Stenglein Bd. I. S. 374).

2) Eine Beschränkung dieses Grundsatzes enthält die Regel, daß das neue Gesetz auf Handlungen anzuwenden ist, welche vor seiner Herrschaft begangen wurden, wenn dieselben schon früher mit Strafe bedroht waren, und dieselbe nicht milder ist, als die des neuen Gesetzes (s. hierüber Einf.-Ges. Art. 25, Stenglein Bd. I. S 171, 375). Ob die Handlung, ehe das neue Gesetz in das Leben trat, schon in Untersuchung befangen war oder nicht, macht keinen Unter-

schied (Dollmann S. 68, Hocheder S. 49), ja selbst nicht, wenn die That bereits früher abgeurtheilt war, das Urtheil aber vernichtet wurde, und die wiederholte Aburtheilung erst nach dem in Kraft Treten des neuen Gesetzes erfolgt. Die Nichtigkeitsbeschwerde ist aber nach dem Gesetze zu beurtheilen, welches zur Zeit der Aburtheilung galt (Dollmann S. 69).

3) Gesetzlich heißt durch ein Gesetz, welches in verfassungsmäßiger Weise zu Stande gekommen ist, oder durch eine andere vermöge gesetzlicher Zulassung gegebene Vorschrift (Vortr. im G.-A. d. K. d. A. 1856/57 S. 13 Prot. S. 78, Weis Bd. l. S. 43, Dollmann Bd. l. S. 60 fg. Hocheder S. 47, Stenglein Bd. l. S. 369).

4) Gewohnheitsrecht, Rechtsphilosophie sowie analoge Anwendung eines Gesetzes können nicht als Rechtsquellen benützt werden (Motive z. Entwurf v. 1855 S. 42, Weis Bd. l. S. 44, Dollmann S. 61, 65, Hocheder S. 46, Stenglein Bd. l. S. 373).

5) Analogie ist jedoch nur ausgeschloßen, insoferne dadurch eine sonst nicht mit Strafe bedrohte Handlung unter Strafe gestellt oder ein höheres als das gesetzliche Strafmaas begründet werden soll. Als Interpretationsmittel, d. h. um den wahren Sinn der vom Gesetzgeber gebrauchten Worte zu finden, ist Analogie zulässig (Dollmann S. 61, Hocheder S. 47). Ueber die blose Interpretation hinaus dürfte die Anwendung der Analogie im Plen.-Erk. d. O.-A.-G. v. 22 Dezember 1862, (Z. f. G. u. R Bd. IX. S. 562, Z. f. Gerichtspr. Bd. II. S. 56) gehen.

6) Ueberhaupt ist kein Mittel der grammatikalischen und logischen Interpretation ausgeschlossen, um den wahren Sinn des Gesetzes zu finden (Dollmann S. 63, 64, Hocheder S. 48, 49). Führen die Mittel der Interpretation zu keinem sicheren Resultat, so ist die mildere Ansicht zur Anwendung zu bringen (Dollmann, Hocheder a. a. O.).

7) Hocheder S. 49 behauptet, wenn die vom Gesetzgeber gebrauchten Worte und dessen nachweisbarer Wille im unlösbaren Widerstreit stünden, existire gar kein anwendbares Gesetz, dies dürfte irrig sein. Der einzig sichere Ausspruch des gesetzgeberischen Willens ist eben das Gesetz. Ergeben dessen Worte einen Sinn (sinnlose Worte kommen nirgends vor), so ist eben dieses Gesetz, und wird durch die irgendwie zu vermuthende Absicht, der Gesetzgeber habe etwas anderes sagen wollen, nicht beseitigt.

8) Willkührliche Strafen sind ausgeschlossen (Stenglein Bd. l. 372).

Art. 4.

Anwendung des Gesetzbuches.

Die in diesem Gesetzbuche vorkommenden Ausdrücke „strafbare Handlung" oder „strafbare That" begreifen die Verbrechen, Vergehen und Uebertretungen.

1) Die Ausdrücke: Verbrechen, Vergehen und Uebertretungen sind im Strafgesetzbuche stets nur in dem engeren, in Art. 1 definirten Sinne gebraucht (Dollmann S. 71, Hocheder S. 50, Stenglein Bd. l. S. 376).

2) Die Ausdrücke „strafbare Handlung, strafbare That", insoferne sie im Strafgesetzbuche gebraucht sind, beziehen sich nicht auf Polizeiübertretungen, fiskalische Delikte, Disciplinarübertretungen und andere mit Strafe bedrohte Handlungen im weitesten Sinne (Stenglein Bd. l S. 376).

Art. 5.

Die Vorschriften dieses Gesetzbuches über strafbare Handlungen finden auch Anwendung auf strafbare Unterlassungen.

1) Durch die Vorschrift des Art. 5 wird nichts an dem Thatbestande derjenigen strafbaren Handlungen geändert, welche vermöge ihres Begriffes nur durch positive Handlungen begangen werden können (Vortr. im G.-A. d. K. d. A. 1856/57 S. 13, Weis Bd. l. S. 44).

2) Auch in strafbaren Unterlassungen muß der ganze vom Gesetze geforderte

Thatbestand enthalten sein (Weis Bd. l. S. 45, Dollmann Bd. l. S. 71, Stenglein B. l. S. 378).

3) Jede strafbare Unterlassung setzt die Verletzung einer allgemeinen oder besonderen Rechtspflicht voraus (Dollmann B. l. S. 72, Hocheder S 52, Stenglein Bd. l. S. 379).

4) Mehrere Urheber können, ohne miteinander in Verbindung zu stehen, gleichzeitig wegen Unterlassung für ein und denselben rechtswidrigen Erfolg haftbar sein (Erk. d. O.=A.=G. v. 4. Januar 1858, Z. f. G. u. R. Bd. V. S. 14, Stenglein B. l. S. 380).

5) Ob bei Unterlassungen der rechtswidrige Erfolg als mittelbare oder unmittelbare Folge eingetreten ist, kann nicht unterschieden werden (Erk. d. O.=A.=G. v. 17. Juni 1853 Stenglein Bd. l. S. 381).

6) Auch strafbare Versuche können durch Unterlassung begangen werden (Erk. d. O.=A.=G. v. 13. Mai 1851, Sitz.=Ber. Bd. lll. S. 194, Stenglein Bd. l. S. 381).

Art. 6.

Die Strafbestimmungen des gegenwärtigen Gesetzbuches sind nur auf vorsätzlich begangene Handlungen, dann auf jene fahrläßigen Rechtsverletzungen anzuwenden, bezüglich welcher dieses in der zweiten Abtheilung des Gesetzbuches ausdrücklich vorgeschrieben ist.

1) Das Gesetz enthält keine Bestimmung über die Beschaffenheit von Vorsatz oder Fahrlässigkeit, oder über die Voraussetzungen, unter welchen eines derselben als vorhanden anzunehmen sei; vielmehr entscheidet hierüber ausschließlich die durch eine gewissenhafte Prüfung aller Beweismittel erlangte feste Ueberzeugung des Richters der That (Weis Bd. l. S. 46 Dollmann S. 76, 79, 83, Hocheder S. 53, Stenglein Bd. l. S. 382, vgl. Art. 171 des Str.=Proc.=Ges. v. 10. November 1861).

2) Regelmäßige Voraussetzung der Strafbarkeit einer Handlung ist, daß sie vorsätzlich begangen wurde, nur ausnahmsweise, wenn das Gesetz dies ausdrücklich bestimmt, werden auch fahrlässig begangene Handlungen bestraft (Weis Bd. l. S. 49, Dollmann S. 72).

3) Eine Mittelstufe zwischen Vorsatz und Fahrlässigkeit kennt das Gesetz nicht (Dollmann S. 74).

4) Die Bestrafung einer fahrlässigen Handlung setzt immer einen rechtswidrigen Erfolg voraus. Strafbaren Versuch einer fahrlässigen Handlung gibt es nicht, sondern sind hierauf die Polizeistrafgesetze anwendbar (Dollmann S. 81, Hocheder S. 53 Stenglein Bd. l. S. 392).

5) Auch fahrlässige Unterlassungen sind strafbar, wenn sie gegen eine besondere Verpflichtung zur Sorgsamkeit verstoßen (Dollmann S. 81, Stenglein Bd. l. S. 394. Ein Beispiel Sitz=Ber. Bd. V. S. 112).

6) Eine Mehrheit von aus ein und derselben Fahrlässigkeit hervorgehenden rechtswidrigen Erfolgen begründet eine Mehrheit von Delikten (Stenglein Bd. l. S. 380, s. dagegen Erk. d. O.=A.=G. v. 10. März 1854, Z. f. G. u. R. Bd. l. S. 114).

7) Eine Mehrheit von Handlungen, welche in ihrem Zusammenwirken einen rechtswidrigen Erfolg hervorbringen sollen, oder welche aus einem und demselben Vorsatze hervorgehend, succesiv vorgenommen werden, um einen rechtswidrigen Erfolg hervorzubringen, bilden nur einen strafbaren Thatbestand (Stenglein Bd. l. S. 399).

8) In einer Handlung kann Vorsatz und Fahrlässigkeit zusammentreffen (Dollmann S. 82, Hocheder S. 61). Aberratio ictus begründet Versuch und fahrlässige Handlung (Z. f. Gerichtspr Bd. l. S. 14, Erk. d. O.=A.=G. v. 30. März 1864 Z. f. G. u. R. Bd. XI. S. 82, Z f. Gerichtspr Bd. lll. S. 141). Hievon ist zu unterscheiden Irrthum in der Person dessen, gegen welchen eine strafbare Handlung begangen wird, derselbe thut dem Vorsatze keinen Abbruch (Stenglein Bd. l. S. 398). Dagegen spricht sich aus und will die

Aberrations- und Verwechselungsfälle gleichmäßig nach dem eingetretenen Erfolge als vollendete Reate behandelt wissen (Walther in Bl. f. R.-A. Bd. XXVIII. S. 129 fg.). Dagegen spricht sich für die herrschende Theorie aus ein Aufsatz v. Bolgiano Bl. f. R.-A. Bd. XXIX. S. 81, 97, welchem erwidert Walther ebend. S. 241, 321.

9) Die Regeln über Vorsatz und Fahrlässigkeit finden auch auf diejenigen älteren Spezialgesetze Anwendung, welche sich an das Strafgesetzbuch anschließen, insoweit nicht in denselben ein Anderes bestimmt ist, oder die Bestimmungen desselben ein Anderes nöthig machen (Dollmann S. 73, Z. f. Gerichtspr. B. I. S. 303).

10) Vom Vorsatz unterscheidet sich die Absicht, d. h. der auf einen bestimmten Erfolg gerichtete Wille des Thäters. Absicht ist zum Thatbestande nur erforderlich, wo das Gesetz dies besonders vorschreibt (Weis Bd. I. S. 45, Dollmann S. 77, Hocheder S. 56, Stenglein Bd. I. S. 386, Z. f G. u. R. Bd. VI. S. 432, Bd. VIII. S. 285, Motive z. Entwurf v. 1860 S. 53).

11) Die Beweggründe des Thäters sind für den Thatbestand regelmäßig ohne Belang und fallen nur für die Strafzumessung in das Gewicht (Hocheder S. 55, Stenglein Bd. I. S. 388).

12) Wenn die Geschwornen eine wegen vorsätzlicher Körperverletzung an sie gestellte Frage unter Verneinung des Vorsatzes bejahen, kann der Angeklagte nicht wegen fahrlässiger Verübung der That bestraft, sondern nur freigesprochen werden (Erk. d. O.-A.-G. v. 27. Januar 1866, Z. f. Gerichtspr. B. V. S. 161, Z. f. G. u. R. Bd. XIII. S. 34).

Art. 7.

Unter den Verwandten sind in diesem Gesetzbuche nicht nur die ehelichen, sondern auch die außerehelichen begriffen.

Gegenüber dem außerehelichen Vater und dessen Verwandten kommt jedoch die außereheliche Verwandtschaft nur dann in Betracht, wenn sie durch ein rechtsgiltiges Anerkenntniß oder durch ein civilgerichtliches Urtheil festgestellt ist.

1) Die vorstehende Bestimmung bezieht sich nicht nur auf diejenigen Fälle, in welchen von Verwandten im Allgemeinen die Rede ist, sondern auch auf diejenigen, in welchen besondere Verwandtschaftsgrade oder Verhältnisse hervorgehoben sind (Stenglein Bd. I. S. 403).

2) Es kommt nicht nur die natürliche, sondern auch die künstliche Verwandtschaft in Betracht, wie durch Adoption (Hocheder S. 67, Dollmann S. 85) oder durch Einkindschaftung (Prot. d. G.-A. d K. d. A. 1860/61 S. 87, Weis Bd. I. S. 52, Dollmann S. 85, Hocheder S. 67, Stenglein Bd. I. S. 403), überhaupt ist das Wort „Verwandtschaft" nach dem Sprachgebrauche zu erklären (Stenglein Bd. I. S. 403). Bezüglich der Stiefverwandtschaft erkennt dieß besonders an: Erk. d. O.-A.-G. v. 25. Juli 1863 (Z. f. G. u. R. Bd. X. S. 808, Z. f. Gerichtspr. Bd. II. S. 341). Auch macht es keinen Unterschied, wenn das Schwiegerschaftsverhältniß nach bürgerlichem Rechte durch den Tod des dasselbe vermittelnden Ehetheils schon wieder gelöst war (s. dass. Erk.)

3) Die Vorschrift des Gesetzes bezieht sich auf alle Grade, auf vollbürtige wie halbbürtige Verwandtschaft, so auch auf Geschwister von einem unehlichen Vater gleichviel ob von verschiedenen Müttern (Hocheder S. 69)

4) Die uneheliche Schwägerschaft (sg. quasi affinitas des kanonischen Rechtes) kommt nicht in Betracht (Hocheder S. 70, Stenglein Bd. I. S. 404, Bl f. R.-A. Bd. XXIII. S. 337).

5) Das Anerkenntniß, durch welches die in Frage stehende uneheliche Vaterschaft festgestellt ist, muß so beschaffen sein, daß es die status-Frage definitiv erledigt (Hocheder S. 68), es muß von einer dispositionsfähigen Person unter den gesetzlichen Vorbedingungen in gesetzlicher Form abgegeben sein (Stenglein B. I. S. 405), und ist, ob es diesen Erfordernissen entspricht, nach den Civilgesetzen zu beurtheilen (Vortr. im. G.-A. d. K. d. A. 1856/57 S. 322, 1860/61

S. 129, Prot d. G.=A d. K. d. R. 1860/61 S. 8, Weis B. 1. S. 51, Dollmann S. 86, Hocheder, Stenglein a. a. O.).

6) Ein Vertrag oder Erkenntniß über Alimentationspflicht für ein uneheliches Kind Seitens eines Conkumbenten seiner Mutter ist keine genügende Feststellung der Vaterschaft (Weis B. 1. S. 51, Hocheder S. 68, Stenglein Bd. 1 S. 405).

7) Das Erkenntniß, durch welches die uneheliche Vaterschaft festgestellt ist, muß ein rechtskräftiges sein (Hocheder S. 68); ob dasselbe in Folge Beweises oder Fristenversäumnißes u. dgl. erlassen wurde, begründet keinen Unterschied (Z. f. G. u. R. B. X. S. 556).

8) Die uneheliche Vaterschaft muß, ehe das in Rede stehende strafrechtliche Verhältniß eintrat, sei es durch Anerkenntniß, sei es durch Urtheil festgestellt gewesen sein. Der Strafrichter darf die Paternität im Wege der Untersuchung so wenig zur Cognition ziehen, als er gegen die Feststellung auf diesem Wege einen Gegenbeweis zulassen darf (Vortr. im G.=A. d. K. d. A. 1856/57 S. 322, Hocheder S. 69, Stenglein Bd. 1. S. 405). Die Abstammung von einer unehelichen Mutter dagegen kann, wenn sie zweifelhaft ist, zur Untersuchung gezogen werden (Hocheder S. 69).

9) Ob eine uneheliche Verwandtschaft bewiesen ist, muß im Straferkenntnisse, auf welches dieselbe von Einfluß ist, festgestellt werden (Erk. d. O.=A.=G. v. 16. August 1861, Z. f. G. Bd. IX. S. 316, Z. f. Gerichtspr. Bd. 1. S. 269).

10) Auch in Beziehung auf das dem Beschädigten eingeräumte Recht, die Strafverfolgung gegen einen Verwandten von seiner Antragstellung abhängig zu machen, kommt die uneheliche Verwandtschaft nur dann in Betracht, wenn sie durch ein rechtsgiltiges Anerkenntniß oder durch ein civilgerichtliches Erkenntniß festgestellt ist (Erk. d. O.=A.G. v. 16. August 1862, Z. f. G. u. R. Bd. IX. S. 316, Z. f. Gerichtspr. Bd. 1, S. 269).

Art. 8.

Mit dem Ausdrucke „Preßerzeugniß" bezeichnet das Gesetzbuch nicht nur Druckschriften jeder Gattung, sondern auch Bilder, Kupferstiche, Lithographien, Holzschnitte und überhaupt alle Arten sinnlicher Darstellungen oder Mittheilungen an das Publikum, welche in einer zur Vervielfältigung auf mechanischem oder chemischem Wege geeigneten Weise angefertigt sind.

Was das gegenwärtige Gesetzbuch von Preßerzeugnissen vorschreibt, gilt auch von solchen Schriften und sinnlichen Darstellungen, welche zwar nicht in einer zur Vervielfältigung auf mechanischem oder chemischem Wege geeigneten Weise angefertigt sind, aber öffentlich ausgestellt, aufgelegt oder angeschlagen oder zum Zwecke der Verbreitung oder Bekanntmachung im Publikum an mehrere Personen verkauft, verschenkt, vertheilt, versendet oder umhergetragen werden.

1) Ob eine sinnliche Darstellung unter Abs. 1 des Gesetzes fällt, ist nicht nach der Thatsache zu entscheiden, daß eine größere Anzahl von Exemplaren angefertigt wurde, sondern nur nach der Möglichkeit auf dem gewählten Wege eine solche größere Anzahl anzufertigen (Dollmann S. 87, Hocheder S. 72, Stenglein Bd. 1 S. 408, 410).

2) Der Umfang eines Preßerzeugnisses entscheidet nicht über die Frage, ob dasselbe unter die Begriffsbestimmung des Artikels Abs. 1 falle (Stenglein Bd. 1. S. 408, Verh. der K. d. A. 1848, Prot. Bd. II. S. 177).

3) Der Beisatz „auf chemischen Wege" wurde hauptsächlich gemacht, um auch photographische und ähnliche Abbildungen zu treffen (Vortr. im G.=A. d. K. d. R. 1860/61 S. 4, Weis Bd. 1. S. 52, Hocheder S. 71, Stenglein Bd. 1. S. 409). Vgl. einen Fall Z. f. G. u. R. Bd. X. S. 307. Die Vervielfältigungsart des öfteren Abschreibens ist ausgeschlossen (Prot. d. G.=A. d. K. d. A. 1856 57 S. 83, Vortr. d. K d. R. S. 28, Prot. S. 71) Dagegen fällt eine Vervielfältigung durch Copirpressen unter Abs. 1 (Stenglein S.409).

4) Die Bestimmungen des Abs. 2 beziehen sich nur auf das Strafgesetzbuch selbst, begründen also gegenüber den eigentlichen Preßerzeugnissen nur eine Gleichheit der Strafe, nicht auch der Zuständigkeit des aburtheilenden Gerichts, der polizeilichen Befugnisse u. s. w. (Prot. d. G.=A. d. K. d. A. 1856/57 S. 83,

Motive z. Entw. v. 1860 S. 179, Weis Bd. I. S. 53, Dollmann S. 88, Hocheder S. 75 Stenglein Bd. I. S. 410).

5) Das Erforderniß der „Oeffentlichkeit" einer Ausstellung, Auflage, oder eines Anschlages setzt voraus, daß die sinnliche Darstellung für Personen in unbestimmter Anzahl und Auswahl wahrnehmbar ist. Hiemit ist nicht zu verwechseln die Wahrnehmbarkeit an einem öffentlichen Orte und entscheidet auch nicht der Umstand, daß die sinnliche Darstellung wirklich wahrgenommen wurde (Hocheder S. 72, Dollmann S. 88).

6) Das Verkaufen u. s. w. an mehrere Personen setzt den bestimmten Vorsatz der Veröffentlichung im obigen Sinne voraus (Motive z. Entw. v. 1860 zu Art. 8, Prot. d. G.-A. d. K. d. A. 1856/57 S. 83, K. d. R. S. 73, Weis S. 54, Hocheder S. 73).

7) Ob die Anzahl der Personen, an welche verkauft, verschenkt wurde u. s. w. dem Begriffe „Mehrere" entspricht, ist dem Ermessen des Gerichts überlassen und gehört zur Thatfrage (Vortr. im G.-A. d. K. d. A. 1856/57 S. 14, 42, 1860/61 S. 434, Weis Bd. I. S. 55, Hocheder S. 74).

8) Ob die Aufzählung am Schlusse des Artikels eine erschöpfende oder eine exemplifizirende sei, ist bestritten. (Für erschöpfende Aufzählung s. Weis B. I. S. 53, dagegen: Stenglein Bd. I. S. 409).

9) Unter Art. 8, Abs. 2 fällt jede Art der öffentlichen Bekanntmachung einer sinnlichen Darstellung, auch eine durch unmittelbares Zeichnen auf eine Immobilie erfolgte. (Erk. d. O.-A.-G. v. 11. November 1864, Z. f. Gerichtspr. Bd. IV. S. 72, Z. f. G. u. R. Bd. XI. S. 449).

Art. 9.

Mit dem Ausdrucke „Inland, Inländer" bezeichnet das Gesetzbuch das Königreich Bayern und die bayerischen Staatsangehörigen; unter der Benennung „Ausland, Ausländer" sind alle übrigen Staaten und deren Angehörige verstanden.

1) Die Definition bezeichnet das Rechtsgebiet des Strafgesetzbuchs im Gegensatze zu dem Rechtsgebiete allgemeinerer Gesetze, vorzüglich der allg. deutschen Wechselordnung (Motive z. Entw. 1855 S. 177, Dollmann S. 88, Hocheder S. 75, Stenglein Bd. I. S. 413).

2) Staatsangehörige sind alle, welche durch Erzeugung von einem ehelichen Vater oder Geburt von einer unehelichen Mutter, welche Staatsangehörige sind, oder durch Aufnahme mittels königlicher Bewilligung, Heirath einer Ausländerin mit einen Staatsangehörigen oder Einwanderung das Indigenat erwerben (Verf.-Urk. Beil Bd. I. Dollmann S. 88, Hocheder S. 76 Stenglein Bd. I. S. 414).

3) Forensen zählen nicht zu den Staatsangehörigen (Prot. d G.-A. d. K. d. R. 1860/61 S. 12, Verf.-Urk. Beil. I. §§. 13, 15, Weis Bd. I. S. 56, Dollmanu S. 89, Hocheder S. 76, Stenglein Bd. I S. 414).

Art. 10.

Strafbare Handlungen der Inländer.

Inländer unterliegen den Bestimmungen der bayerischen Strafgesetze wegen aller von ihnen im In- oder Auslande verübten strafbaren Handlungen.

Wenn jedoch ein bayerischer Staatsangehöriger im Auslande eine durch die bayerischen Strafgesetze als strafbar bezeichnete Handlung verübt hat, welche nach den Gesetzen des Ortes der begangenen That nicht mit Strafe bedroht ist, so soll eine gerichtliche Verfolgung nur dann stattfinden, wenn die Handlung entweder absichtlich, um das bayerische Strafgesetz zu umgehen, außerhalb der Landesgrenzen vorgenommen worden ist oder wenn sie gegen den König, den bayerischen Staat oder einen Angehörigen desselben gerichtet war.

1) Abs. 1 des Artikels bezieht sich auf die gesammte Strafgesetzgebung, nicht blos auf die Bestimmungen des Strafgesetzbuchs (Vortr im G.-A. d. K. d. A. 1856/57 S. 16, Dollmann S. 92, Stenglein Bd. I. S. 415). Auch der Vorbehalt des Art. 3 Ziff. 5 des Einf.-Ges. bezüglich aller zu Recht bestehenden Gesetze

und Verordnungen, welche die Bestrafung militärischer Verbrechen, Vergehen oder Uebertretungen betreffen ist hierunter begriffen (Dollmann S. 93 Hocheder S. 78) Eine Modifikation dieser Regel ist dagegen in Art. 3 des Pol.-Str.-Ges.-Buches enthalten.

2) Um zu beurtheilen, ob die von einem Inländer im Auslande begangene That dort mit Strafe bedroht ist, kann nur untersucht werden, ob für die That nach ihrer objektiven Beschaffenheit ein Strafgesetz besteht, es ist aber nicht von Einfluß, wenn am Orte der That diese milder oder strenger bestraft wird, als im Inlande, (vergl. Z. f. Gerichtspr. Band VI. S. 94); oder ob daselbst für den konkreten Fall ein Strafausschließungsgrund bestünde wie Verjährung, Mangel eines Antrags auf Strafverfolgung u. s. w. (Vortr. im G.-A. d. K. d. A. 1856/57 S. 16. Protokoll S. 90—92. Weis S. 57, Dollmann S. 93, Hocheder S. 80, Stenglein S. 416.) Die von einem Inländer im Auslande begangene That, welche am Orte der That mit Strafe bedroht, jedoch nur auf Antrag des Beschädigten verfolgbar ist, während es im Inlande eines solchen Antrags nicht bedarf, ist nach inländischen Gesetzen strafbar. Z. f. Gerichtspr. Bd. VIII, S. 142.

3) Ob die That im Auslande mit Strafe bedroht ist, muß von Amtswegen festgestellt werden, es kann aber nicht das Gegentheil dem Thäter zum Beweise auferlegt werden (Hocheder S. 81.)

4) Diese Feststellung ist Aufgabe des Gerichts als Rechtsfrage, nicht aber Sache der thatsächlichen Feststellung (Stenglein Bd. I. S. 416 Anmerk. 4) Feststellung von Zeit und Ort der Verübung, um danach bemessen zu können, welches Gesetz Anwendung findet, hat vom Richter der That zu geschehen. (Stenglein a. a. O.)

5) Zur Feststellung der Strafbarkeit der That im Auslande genügt es nicht, daß dort eine Strafandrohung für ein Delikt gleichen Namens oder ähnlicher Beschaffenheit besteht, sondern es muß die konkrete That unter das ausländische Strafgesetz subsumirt und festgestellt werden, daß die Strafandrohung auf dieselbe paßte (Z. f. Gerichtspr. I S. 94).

6) Ausländische Strafurtheile kommen in Bayern in keinem Falle zum Vollzug (Hocheder S. 84.)

7) Die Absicht das bayerische Strafgesetz zu umgehen muß im Urtheile besonders festgestellt werden (Prot. d. G.-A. K. d. A. 1856/57 S. 85 K. d. R. S. 86). Die Bestimmung wurde hauptsächlich gegeben mit Rücksicht auf Duelle, gewisse Münzdelikte, Sittlichkeitsreate, Preßdelikte und Werbung für fremde Militärdienste (Stenglein Bd. I S. 417 vgl auch Z. f. G. und R. Bd. VIII S. 4).

8) Strafbare Handlungen gegen den König liegen nicht nur vor, wenn sie dessen Eigenschaft als König betreffen, sondern auch wenn sie gegen dessen Person an sich gerichtet sind (Dollmann S. 99).

9) Unter den strafbaren Handlungen gegen den bayerischen Staat sind alle diejenigen zu verstehen, welche eine unmittelbare Richtung gegen die Existenz, Sicherheit, Verfassung des Staates oder seine Einrichtungen und Interessen haben (II Abth. des Str. G. Bchs. Hauptst. I. III Art. 126—131. IV. V. VII Art. 169—172 VIII. XXIV. s. auch Prot. d. G.-A. K. d. A. 1856/57 S. 85).

10) Für die Frage, ob eine strafbare Handlung im Auslande oder im Inlande begangen wurde, ist:

a) bei Preßdelikten der Ort der Publikation, nicht jener der Hervorbringung maßgebend (Stenglein Bd. I S. 418 Anmerk. 1 S. 420 Anmerk. 2 s. auch Z. f. G. u. R. Bd. II S. 53.)

b) Bezüglich gewerbsmäßiger Delikte können, um die Gewerbsmäßigkeit zu konstatiren auch im Auslande begangene Handlungen berücksichtigt werden, die unmittelbar zu bestrafende That muß aber im Inlande begangen sein (Stenglein Bd. I S. 421 Anmerk. 1).

c) Handlungen, welche im Inlande begangen wurden, deren rechtswidriger Erfolg jedoch im Auslande eingetreten ist; oder Handlungen, welche im Auslande begangen wurden, deren rechtswidriger Erfolg jedoch im Inlande eingetreten ist, sind nach ihrem gesammten Thatbestande als im Inlande begangen zu betrachten (Stenglein Bd. I S. 420. 421.) vergl. auch unten zu Art. 12 Ziff. 6—11.

11) Auf jede im Auslande begangene, jedoch im Inlande strafbare Handlung ist die Strafgesetzgebung Bayerns in ihrer Gesammtheit und nur diese anzuwenden (Weis Bd. I S. 57 Dollmann S. 93 Hocheder S. 84).

12) Für die im Auslande begangenen, im Inlande strafbaren Handlungen ist jedes bayerische Gericht zuständig, welches Anlaß und Möglichkeit der Strafeinschreitung hat, gleichviel ob es auch zur Verhaftung schreiten kann oder nicht, und ist, wo dies das einschlägige Strafgesetz nicht besonders vorschreibt, kein Antrag auf Strafverfolgung und keine Ermächtigung vorgesetzter Behörden Vorbedingung der Einschreitung (Stenglein Bd. I S. 418. 419. Dollmann Erläuterungen zum Str.-Proc.-Ges. S. 185 Walther Lehrb. des bayerischen Strafproc. §. 44 S. 165 Z. f. G. u. R. B. III S. 255. Bd. VI S. 180).

13) Für Handlungen gegen einen auswärtigen Staat, dessen Regenten und Behörden, mögen dieselben im Inlande oder im Auslande verübt sein, sind folgende Bestimmungen des Strafgesetzbuchs anwendbar.

a) Art. 114; wodurch die Anwendbarkeit der Art. 101—108 ausgeschlossen ist. Allein auch die Bestimmungen der Art. 109—113, 115—120 finden ihrem Thatbestande nach nur dann Anwendung, wenn sie gegen Bayern verübt werden.

b) Art. 125 schließt die Anwendung der Art. 121—124 aus; Art. 132—134 die der Art. 126—131.

c) Art. 135—161 können nach ihrer Fassung nur auf den bayerischen Staat, dessen Behörden und Einrichtungen bezogen werden.

d) Die Münzfälschung Art. 169—171 schließt jeden Unterschied zwischen inländischer und ausländischer Münze aus, dagegen bezieht sich Art. 172 nur auf inländische Stempel und Briefmarken. Die Fälschung öffentlicher Urkunden Art. 176—184 der Creditpapiere Art. 185, 186, der Siegel ꝛc. Art. 187—190 entbehren jeder Unterscheidung, mit Ausnahme der Fälschung des kgl. Staats- oder Kabinetssiegels Art. 187.

e) Bei Meineid und den verwandten Delikten (Art. 192—203) ist nicht unterschieden, ob das Delikt vor einer in- oder ausländischen Behörde begangen wurde.

f) Die Verletzung besonderer Berufspflichten beschränkt sich auf solche gegen den bayerischen Staat, mit Ausnahme der aktiven Bestehung (Art. 369). (vgl. Dollmann S. 93 fg.)

14) Delikte gegen Organe auswärtiger Staaten, welche zu amtlichen Handlungen im Inlande zugelassen und verpflichtet sind, werden gestraft wie strafbare Handlungen gegen inländische öffentliche Organe. Z. f. Gerichtspr. Bd. II S. 158.

15) Angehörige der an Preußen abgetretenen Landestheile können wegen strafbarer Handlungen, welche sie im Auslande jedoch nicht gegen den König, Bayern oder bayerische Staatsangehörige begangen haben, in Bayern nicht mehr abgeurtheilt werden, auch wenn die That vor Uebergang ihrer Heimath an Preußen erfolgt war. Erk. d. O.-A.-G. v. 15. März 1867 Z. f. Gerichtspr. Bd. IV S. 279 Entsch. des Cass.-H. Bd. I S. 112. Dies ist selbst der Fall bei Forstfrevel in ärarealischen Waldungen, welche in den abgetretenen Landestheilen liegen. Erk. d. O.-A.-G. v. 6. April 1867 Entsch. d. Cass. H. Bd. I S. 149.

Art. 11.

Kein Inländer darf einer ausländischen Behörde wegen einer strafbaren Handlung zur gerichtlichen Verfolgung oder Bestrafung ausgeliefert werden.

1) Auslieferung eines Inländers ist auch dann nicht gestattet, wenn derselbe der Haft einer ausländischen Behörde entsprungen ist, oder im Auslande verurtheilt wurde oder selbst die Auslieferung verlangt (Weis Bd. I S. 57, Dollmann S. 101, Hocheder S. 78.) Vgl. auch Art. 30 Th. II Str.-G.-Bchs. v. 1813. Bundesbeschluß v. 26. Januar 1854 Art. I Rggs.-Bl. S. 209.

2) Auch dann dürfen Inländer nicht ausgeliefert werden, wenn sie im Auslande eine That begangen haben, die zwar dort, nicht aber in Bayern strafbar ist (Dollmann S. 101).

Art. 12.

Strafbare Handlungen der Ausländer.

Ausländer werden — soweit nicht Staatsverträge oder die Grundsätze des Völkerrechts ein Anderes bestimmen — nach den Vorschriften der bayerischen Strafgesetze bestraft, wenn sie entweder im Inlande eine strafbare Handlung begangen oder außerhalb der bayerischen Landesgrenzen sich einer solchen gegen den König, den bayerischen Staat oder einen Angehörigen desselben schuldig gemacht haben.

1) Staatsverträge, welche die Zuständigkeit bayerischer Gerichte über Ausländer, insoferne derselbe nach vorstehendem Artikel überhaupt begründet ist, beschränken könnten, bestehen zur Zeit nicht (Weis Bd. 1 S. 59, Dollmann S. 103, Hocheder S. 82. 83, Stenglein Bd. 1 S. 424). Am nächsten steht einem solchen der Jurisdiktionsvertrag mit Würtemberg (J. M. Entschl. v. 30. Juli 1840), wonach die Einschreitung gegen Würtemberger, welche im Inlande nicht betreten werden, und gegen welche hiedurch eine wirksame Einschreitung von Seite bayerischer Gerichte ausgeschlossen ist, an die Würtemberg'schen Gerichte überlassen werden können, wenn die Akten entbehrlich sind und die Erklärung erfolgt, daß dieselben nicht gegen Inländer benützt, nach gemachten Gebrauche zurückgegeben werden und das Resultat der Untersuchung mitgetheilt wird. Andere Auslieferungs- und Jurisdiktions-Verträge s. Stenglein Bd. 1 S. 423 fg. s. auch Entschl. der St. M. der Justiz und des Innern v. 11. Febr. 1864, die Competenz und den Geschäftsgang bezüglich der Auslieferung von Verbrechern betr. J. M. Bl. 1864 S. 29 J. M. Entsch. v. 4 Juni 1864, die Auslieferung bayer. Staatsangehöriger aus Frankreich betr. J. M. Bl. 1864. S. 163; dann die Bekanntm. v. 15. März 1868, die Erweiterung der zwischen Bayern und Frankreich im J. 1846 abgeschlossenen Convention über gegenseitige Auslieferung von Verbrechern betr. Rggsbl. 1868 S. 469. Bekanntm. v. 2. Dezember 1868 den Auslieferungsvertrag mit Italien betr. Rggsbl. 1868 S. 2361, endlich Ges. v. 16. Mai 1868, die Auslieferung von Verbrechern betr. Ges. Bl. Nr. 39 S. 633.

2) Völkerrechtliche Gründe zur Ausschließung der Strafeinschreitung gegen Ausländer, gegen welche außerdem eine solche veranlaßt wäre, bieten die Grundsätze der Exterritorialität: d. i. der Fiktion, daß gewisse Personen obgleich im Inlande anwesend, als im Auslande befindlich betrachtet werden. Diese Personen sind;

a) fremde Regenten mit ihrem Gefolge,

b) Gesandte aller Klassen mit ihren Familien, ihrem Gesandtschaftspersonale und ihrer Dienerschaft. Auch diplomatische Agenten gehören hieher, insoferne sie bei der Staatsregierung beglaubigt sind. Consuln gehören, wenn ihnen nicht ausnahmsweise ein diplomatischer Charakter beigelegt ist nicht hieher, wohl aber die Zollvereinskommissäre.

c) Die kraft eines Staatsvertrags durch das Inland marschirenden ausländischen Truppenkörper. Dies gilt jedoch nicht von einzelnen im Inlande sich aufhaltenden Militärpersonen. Ueber ausnahmsweise Behandlung fremder Offiziere nach den Grundsätzen der Reciprocität s. J. M. Entschl. v. 11. August 1841 (abgedruckt bei Dollmann S. 104).

Die Rechte der Exterritorialität beginnen bei Gesandten mit Uebergabe der Creditive, werden aber der Sitte nach allen oben bezeichneten Personen eingeräumt von dem Augenblicke der vorher angezeigten Betretung des Gebiets, und endigen mit dem Aufhören des Gesandtschaftscharakters unter Beachtung der zugestellten Pässe bis nach Ablauf derselben, bez. mit dem Verlassen des Gebietes. Ein Einschreiten gegen diese Personen kann auch nicht unter jenen Voraussetzungen erfolgen, unter welchen gegen Ausländer wegen im Auslande begangener Handlungen eingeschritten werden kann; Sicherungsmaßregeln gegen dieselben sind aber nicht ausgeschlossen. Bei Excessen der Dienerschaft ist auch Einschreitung gestattet, wenn dieselbe auf der Stelle (in flagranti) geschieht (Mitth. des St. M. des Aeußern und des Innern v. 28. Juni 1836), wenn die Gesandtschaft, welcher jene angehört, auf das Privilegium verzichtet und sobald die Bediensteten entlassen sind, und zwar auch in Beziehung auf vor ihrer Entlassung begangene Handlungen (Z. f. Gerichtspr. Bd. 1 S. 133. 238). Das Privilegium erstreckt sich auch auf die von exterritorialen Personen bewohnten Räume, indem dieselben als ausländisches Gebiet behandelt werden. (Weis Bd. 1 S. 59, Dollmann S. 103, Hocheder S. 82, Stenglein Bd. 1 S. 422).

3) Nach völkerrechtlichen Grundsätzen kann ferner Strafeinschreitung nicht erfolgen wegen feindlicher Handlungen von Ausländern im Kriegszustande, insoweit dieselben durch den Krieg gerechtfertigt sind. (Weis Bd. 1 S. 59, Hocheder S. 82. 83).

4) Wenn in einem Staate, gegen welchen in Anwendung des Art 14 eine Retorsionsmaßregel besteht, ein Ausländer ein Verbrechen gegen Bayern begangen hat, so ist dessen That nicht nach den zur Zeit für Verbrecher gegen diesen speciellen Staat in Anwendung stehenden gelinderen Normen, sondern nach den allgemeinen Vorschriften zu beurtheilen (Prot. d. G.-A. K. d. A. 1856/57 S. 89. 90).

5) Alle von Ausländern im Auslande begangenen Handlungen, welche nicht unter die speziell bezeichneten Ausnahmen fallen, bleiben in Bayern außer Verfolgung (Hocheder S. 83, Dollmann S. 90).

6) Bei Zusammenfluß strafbarer Handlungen, welche von Ausländern theils im Inlande theils im Auslande begangen wurden, können von bayerischen Gerichten nur die im Inlande und die unter den besonderen Voraussetzungen des Art. 12 im Auslande begangenen zur Cognition gezogen werden, die ohne jene Voraussetzungen im Auslande begangenen dagegen nicht (Dollmann S. 102, Hocheder S. 85, Stenglein Bd. 1 S. 421).

7) Sind bei einer fortgesetzten strafbaren Handlung die Fortsetzungshandlungen von einem Ausländer theils im Inlande theils im Auslande begangen, oder eine strafbare Handlung im Inlande nur versucht, oder vollendet, im Auslande aber im ersten Falle vollendet, im zweiten begonnen werden, so fällt dennoch der ganze strafbare Thatbestand unter die Cognition der inländischen Gerichte (Stenglein Bd. 1 S. 419). Nur die im Inlande verübten Handlungen will zur Cognition gezogen wissen Hocheder S. 85. 86. und wie es scheint auch Dollmann S. 102.

8) Wenn ein Ausländer in Bayern zu einer strafbaren Handlung anstiftet, welche im Auslande vollführt wird, oder wenn ein solcher anderer Theilnahmshandlungen an einer im Auslande begangenen strafbaren That in Bayern sich schuldig macht, so ist er in Bayern strafbar (Stenglein Bd. 1 S. 420. Dollmann S. 102) Hocheder S. 87 dagegen glaubt, daß die Theilnahme, weil sie nur accessorium der verübten strafbaren Handlung ist, wenn auch im Inlande begangen, der Verfolgung durch die inländischen Gerichte entzogen ist will aber ebendeßhalb Theilnahmshandlungen, welche im Auslande zu einer im Inlande begangenen strafbaren That vorgenommen wurde, zur Cognition der inländischen Gerichte gezogen wissen (Hocheder S. 88.)

9) Gleiche Controverse besteht bezüglich der Begünstigung (Dollmann S. 103. dagegen Hocheder S. 88). Der accessorische Charakter der Begünstigung aber muß, da Art. 59 eine selbstständige Strafe androht, sehr bezweifelt werden.

10) Hocheder S. 88 gibt jedoch zu, daß Theilnahms- oder Begünstigungshandlungen von Inländern zu strafbaren Handlungen von Ausländern, im Auslande begangen, in Bayern strafbar sind.

11) In allen vorstehenden Fällen ist vorausgesetzt, daß die von einem Ausländer im Auslande begangene That nach Art. 12. nicht ohnehin strafbar ist, und ist das selbstständig strafbare Dingen zu einem Verbrechen oder Vergehen (Art. 56) nicht als Theilnahme aufzufassen (Hocheder S. 87). Ebensowenig ist zweifelhaft daß das im Inlande zur Unterstützung einer im Auslande begangenen That Geschehene der Bestrafung unterliegt, wenn in Bayern eine selbstständige Strafbestimmung dafür besteht. Vgl. auch zu Art. 12 die Erläuterungen Ziff. 6. 8—13 zu Art. 10. Ueber die Wirkung ausländischer Urtheile auf Rückfall s. zu Art. 276

Art. 13.

Wirkung der Aburtheilung im Auslande.

Ist Jemand wegen einer nach den bayerischen Strafgesetzen strafbaren Handlung bereits von einem zuständigen ausländischen Gerichte rechtskräftig freigesprochen oder verurtheilt worden, so findet wegen derselben That in Bayern kein gerichtliches Verfahren mehr statt, ausgenommen

1) wenn im Falle der Verurtheilung die von dem ausländischen Gerichte ausgesprochene Strafe nicht oder nicht vollständig zum Vollzuge gekommen,

2) wenn die im Auslande abgeurtheilte strafbare Handlung eine der in den Artikeln 101, 102, 108, 109, 110, 112, 113, 121, 122, 123, 124, 136, 137, 138, 139, 161 Abs. 2, 169, 170, 171, 172, 173, 185, 186 und 189 oder eine der im vierundzwanzigsten Hauptstücke bezeichneten ist.

Erfolgt in einem dieser Ausnahmsfälle von dem zuständigen bayerischen Gerichte ein verurtheilendes Erkenntniß, so ist hiebei auf die Strafe, welche der Schuldige wegen der nämlichen Handlung bereits im Auslande erlitten hat, in der Art Rücksicht zu nehmen, daß die nach den bayerischen Gesetzen verwirkte Strafe zwar im Urtheile ausgesprochen, aber nach Umständen für theilweise oder gänzlich erstanden erklärt wird.

Handelt es sich um ein in den bayerischen Strafgesetzen mit Todesstrafe bedrohtes Verbrechen, und hat der Schuldige wegen desselben im Auslande bereits eine Freiheitsstrafe von zwei Jahren oder darüber erstanden, so ist auf lebenslängliches Zuchthaus zu erkennen.

1) Der Artikel ist sowohl auf Inländer als auf Ausländer, welche nach Art. 12 in Bayern zur Strafe gezogen werden können, anwendbar (Prot. d. G.-A. d K. d. A. 1856 57, S. 91, Weis Bd. I. S. 60, Stenglein Bd. I. S. 426), ebenso auf alle Handlungen, gleichviel ob dieselben im Auslande, oder im Inlande begangen wurden, wenn dieselben im letzteren Falle nach einer den Art. 10 oder 12 analogen Bestimmung im Auslande zur Bestrafung gezogen werden konnten.

2) Ob das bayerische in Rede stehende Strafgesetz im Strafgesetzbuche oder in einem Spezialgesetze enthalten ist, begründet keinen Unterschied (G. A. d. K. d. A. 1856/57, Vortr. S. 16, Prot. S. 91; K. d. R. Vortr. S. 32, Prot. S. 91, Stenglein Bd. I. S. 427).

3) Das ausländische Gericht muß das *zuständige* sein. Das Urtheil eines unzuständigen Gerichts schließt also eine neue Strafverfolgung in Bayern nicht aus. (Dollmann S. 109, 110, Hocheder S. 96, 97.) Dagegen macht es keinen Unterschied, ob das ausländische Gericht ein Polizei- oder Kriminalgericht, und ob es ein ordentliches oder außerordentliches Gericht war (Hocheder S. 91). Die Competenz desselben ist nach der ausländischen Gesetzgebung zu beurtheilen (Dollmann S. 110, Hocheder S. 91), und kann in analoger Anwendung des Abs. 2 die von einem unzuständigen Gerichte verhängte und erlittene Strafe als erstanden erklärt werden. Stenglein Bd. I. S. 427 führt hiegegen an, daß jedes Gericht selbst über seine Competenz zu entscheiden habe und wenn die Zuständigkeit mit den eingeräumten Rechtsmitteln nicht oder nicht mit Erfolg angegriffen werden, das urtheilende Gericht als das zuständige erscheine. Ueberdies findet der Grund des Gesetzes (non bis in idem) auch auf Urtheile unzuständiger Gerichte Anwendung. Endlich dürfte es Schwierigkeiten mit sich bringen, wollte ein bayerisches Gericht auf Grund einer auswärtigen Gesetzgebung über die vielleicht in allen Instanzen bestätigte, oder auf einer konstanten Gesetzesinterpretation beruhende Zuständigkeit eines ausländischen Gerichtshofes neuerlich erkennen.

4) Die *Freisprechung* im Auslande muß eine *rechtskräftige*, d. h. durch kein Rechtsmittel mehr anfechtbare sein (Stenglein Bd. I. S. 428). Auf die Form, in welcher sie erfolgte, kommt nichts an (Hocheder S. 92), jedoch muß die Freisprechung eine definitive, jede weitere Prozedur abschneidende sein. Einstellung des Verfahrens, Instanzentlassung u. dergl. schließt ein neues Verfahren in Bayern nicht aus (Verh. d. K. d. A. 1856/57, Beil.-Bd. II, S. 129, Weis Bd. I. S. 60, Dollmann S. 109, Hocheder S. 91, Stenglein Bd. I. S. 428).

5) Ebensowenig schließt es ein neues Verfahren in Bayern aus, wenn im Auslande die Verfolgung wegen Verjährung, Mangels eines Antrags oder eines Strafausschließungsgrundes unterblieb (Dollmann S. 109, Stenglein Bd. I. S. 429). Ist dagegen eine förmliche Freisprechung aus solchen Gründen erfolgt, so schließt dies eine neue Verfolgung aus, und kann der Grund der Frei-

sprechung nicht weiter untersucht werden (Dollmann S. 109, Hocheder S. 92, Stenglein Bd I. S. 430).

6) Wurde der Thäter im Auslande verurtheilt, so kommt es auf das Maß der Strafe und ihr Verhältniß zu der in Bayern angedrohten nicht weiter an (Weis Bd. I. S. 60, Dollmann S. 111, Stenglein Bd. I. S. 430, 432).

7) Erfolgt die Verurtheilung im Auslande erst nach der in Bayern geschehenen, so kann, wenn der Vollzug in Bayern erst nach der Erstehung der Strafe im Auslande geschehen könnte, nur im Wege der Gnade eine Ausgleichung erfolgen (Hocheder S. 98). Rechtskräftig von inländischen Gerichten erkannte Strafen müssen vollzogen werden, wenn auch der Thäter nachträglich wegen derselben That von einem ausländischen Gerichte bestraft und die Strafe vollzogen wurde. (Erk. d. O.=A.=G. v. 4. Dezbr. 1868, Z. f. Gerichtspr. Bd. VIII. S. 132, Entsch. d. Cass.=H. Bd. II. S. 481.)

8) Dieselbe That darf auch nicht unter einer andern Qualifikation znr erneuten Aburtheilung gezogen werden, und schließt das ausländische Urtheil eine zweite Aburtheilung in derselben Weise aus, wie nach Art. 90 ein inländisches. (Dollmann S. 110, Hocheder S. 91, 92, Stenglein Bd. I. S. 430.)

9) Ein gerichtliches Verfahren ist nicht ausgeschlossen, wenn dasselbe nur zum Zwecke hat, die Identität des Falles festzustellen oder das Nichtvorliegen eines der Ausnahmsfälle des Abs. 2 u. s. w. (Stenglein Bd. I. S. 431.) Vergl. auch Art. 45.

10) Wenn ausnahmsweise in Bayern ein neues gerichtliches Verfahren begründet ist, so ist eine vollständig neue Untersuchung ohne irgend eine Berücksichtigung des ausländischen Verfahrens durchzuführen (Hocheder S. 94).

11) Ein neues Verfahren findet in Bayern statt, wenn die im Auslande erkannte Strafe nicht vollständig vollzogen wurde, wenn auch nur der kleinste Bruchtheil unvollzogen blieb. (Weis Bd. I. S. 60, Dollmann S. 110, Hocheder S. 93, Stenglein Bd. I. S. 431.) Ob eine Strafe vollständig vollzogen ist, muß nach den Gesetzen beurtheilt werden, unter deren Herrschaft der Vollzug erfolgte. Abrechnung der Untersuchungshaft, günstige Berechnung der Strafzeit, eine bewilligte Unterbrechung des Vollzugs wegen Krankheit schließt also den Vollzug nicht aus (Stenglein Bd. I. S. 431).

12) Auf den Grund eines unvollständigen Strafvollzugs kommt es nicht an, mag derselbe in einer Flucht des Schuldigen, oder in einer Abolition, Amnestie oder Begnadigung oder ähnlichen Gründen liegen (Weis Bd. I. S 61, Dollmann S. 110, Hocheder S. 92, 93, Stenglein Bd. I. S. 429), über Beachtung ausländischer Begnadigung (vgl. Motive zu Entw. v. 1855 S. 46, G.=A. d. K. d. A. 1856/57, Vortr. S. 16, Prot. S. 92, K. d. R. Vortr. S. 34, Prot. S. 93. Verh. v. 1860/61 d. K. d. A. Vortr. S. 130, Prot. S. 4, K. d. R. Vortr. S. 5, Prot. S. 14). Besteht jedoch nach der Gesetzgebung des Auslandes ein gesetzlicher Anspruch auf Straferlaß unter gewissen Vorbedingungen, so gilt auch, wenn dieser Straferlaß eingetreten ist, die Strafe als vollzogen (Hocheder S. 93, Stenglein Bd. I. S. 432).

13) Die im Auslande erlittene Strafe ist in Abrechnung zu bringen, wenn die ursprünglich erkannte, auch nur theilweise zum Vollzuge gekommen war, und so weit dies der Fall ist (Weis Bd. I. S. 61).

14) Die nach den bayerischen Gesetzen verwirkte Strafe bleibt nach ihrer Gattung dieselbe, wenn auch der faktisch noch zu vollziehende Rest unter das Minimum herabsinkt, in welcher sie erkannt werden kann; und ist nach ihrer vollen Dauer zu erkennen, der bereits als erstanden zu betrachtende Theil aber gleichfalls im Urtheile zu bemerken s. Motive z. Entw. v. 1855 S. 44, 45).

15) Das Maß der Berücksichtigung der im Auslande erkannten Strafen ist, weil auch in Bayern unbekannte Strafgattungen vorkommen können, dem Richter überlassen, da aber nie eine härtere als die gesetzliche Strafe erkannt werden soll, so soll der Richter die möglichste Ausgleichung treffen, die erlittenen Strafen, welche mit den in Bayern gesetzlichen Strafarten ungleichartig sind, auf ein diesen

entsprechendes Maß reduciren und dasselbe nach Art der unverschuldet erlittenen Untersuchungshaft in Abzug bringen (Motive a. a. O., Weis Bd. I. S. 61, Dollmann S. 112, Hocheder S. 95, Stenglein Bd. I. S. 433, 434). Ist in Bayern lebenslängliche Zuchthausstrafe zu erkennen, so tritt eine Berücksichtigung der im Auslande erlittenen Strafe nicht ein (Hocheder S. 96). Ist im Auslande für konkurrirende Reate eine Gesammtstrafe erkannt worden, während in Bayern nur einer oder einige jener strafbaren Handlungen zur Aburtheilung kommen, so hat der Richter nach Möglichkeit die auf diese Handlungen treffende Quote der Gesammtstrafe zu suchen (Hocheder S. 97).

16) Bei gewerbsmäßigen Delikten wird durch Bestrafung einzelner der gewerbsmäßigen Handlungen im Auslande die Bestrafung anderer vorher im Inlande begangener nicht ausgeschlossen (Zeitsch. f. Gerichtspr. Bd. II. S. 274).

17) Die Todesstrafe wird auch durch eine mindestens zweijährige Gefängniß- oder sonstige gelindere Freiheitsstrafe ausgeschlossen (Dollmann S. 113).

Art. 14.

Vorbehalt der Retorsion.

Hinsichtlich aller gegen Ausländer oder auswärtige Staaten gerichteten strafbaren Handlungen kann durch königliche Verordnung eine gelindere Bestrafung, als sie die bayerischen Strafgesetze bestimmen, oder auch gänzliche Straflosigkeit retorsionsweise vorgeschrieben werden, wenn dieß zur Wahrung der Rechte des bayerischen Staates oder seiner Angehörigen aus Anlaß der Gesetzgebung oder der Regierungsmaßregeln auswärtiger Staaten erforderlich erscheint.

1) Ob der Thäter derjenigen strafbaren Handlung, welche vermöge der Retorsionsmaßregel milder als gesetzlich bestraft werden soll, Ausländer oder Inländer ist, ob die That, welche jedoch unter die bayerischen Strafgesetze fallen muß, im In- oder Auslande begangen wurde, entscheidet nicht, sondern ausschließlich die Richtung der That (Weis Bd. I. S. 62, Stenglein Bd. I. S. 436).

2) Die Voraussetzungen, unter welchen eine Retorsionsmaßregel getroffen werden kann, sind ausschließlich in das Ermessen der Staatsregierung gelegt und vom Richter nicht zu prüfen. Derselbe hat vielmehr die königliche Verordnung als Gesetz anzuwenden (Weis Bd. I. S. 62, Dollmann S. 113, Hocheder S. 99, Stenglein Bd. I. S. 437).

3) Nur Milderung oder Aufhebung der Strafandrohung ist gestattet, nicht auch Schärfung derselben oder Bestimmung neuer Strafarten (Weis Bd. I S. 62, Dollmann S. 113, Hocheder S. 99, Stenglein Bd. I. S. 436).

4) Dieser Artikel findet auch auf Strafbestimmungen Anwendung, welche in Spezialgesetzen enthalten sind (Vortr. im G.-A. d. K. d. A. 1856/57 S. 16, Stenglein Bd. I. S. 437).

5) Eine Retorsionsmaßregel enthält die Verordn. v. 28. Juni 1823, nach welcher die von bayerischen Unterthanen auf französischem Gebiete verübten Forstfrevel in Bayern nicht bestraft werden sollen (Dollmann S. 113 i. E.). S. jedoch den Vertrag mit Frankreich über die Bestrafung der durch Forst-, Feld-, Fischerei- und Jagdfrevel begangenen Vergehen und Uebertretungen betr. v. 22. Febr. 1869 Rggsbl. S. 801.

Zweites Hauptstück.

Die einzelnen Strafarten.

Art. 15.

Todesstrafe.

Die Todesstrafe wird mittels Enthauptung in Gegenwart einer Gerichtskommission und eines Beamten der Staatsanwaltschaft in einem geschlossenen Raume vollzogen.

Außerdem sind von dem Gemeindevorstande des Ortes, an welchem die Hinrichtung stattfindet, aus den Vertretern der Gemeinde oder aus andern achtbaren Bürgern 24 Personen zu berufen, um als Urkundspersonen der Hinrichtung beizuwohnen. Für die Nichterscheinenden bezeichnet die Gerichtskommission sofort Ersatzmänner. Eine Verpflichtung, der Hinrichtung beizuwohnen, besteht übrigens weder für die von dem Gemeindevorstande Berufenen noch für die von der Gerichtskommission bezeichneten Ersatzmänner. Durch ihr Nichterscheinen wird die Hinrichtung nicht aufgehalten.

Endlich ist einem oder zwei Geistlichen von der Confession des Verurtheilten, sowie dem Vertheidiger der Zutritt zu gewähren. Aus besonderen Gründen kann derselbe auch anderen Personen gestattet werden.

Der Vollzug der Todesstrafe wird durch das Läuten einer Glocke angekündigt, welches bis zum Schlusse der Hinrichtung anzudauern hat.

1) Schärfungen der Todesstrafe sind nicht gestattet (Dollmann S. 117, Hocheder S. 101).

2) Das Instrument, durch welches die Enthauptung zu vollziehen ist, soll im Verordnungswege bestimmt werden. Die Verordn. v. 3. August 1854 (Rggs-Bl. S. 585) ordnet den Gebrauch des Fallschwerts an (Motive z. Entw. v. 1855, S. 45, Prot. d. G.-A. d. K. d. R. 1859/60. S. 121, Weis Bd. I. S. 63, Hocheder S. 101). Der Vollzug der Todesstrafe durch die Kugel bei Verurtheilungen im Wege des Standrechts bleibt vorbehalten (Art. 454 Th. II. Str.-G.-B. v. 1813, Hocheder S. 101, Dollmann S. 117).

3) Unter geschlossenem Raum ist nur ein solcher zu verstehen, welcher den freien Einblick nicht gewährt (Prot. d. G.-A. d K. d. R. 1856 57 S. 105).

4) Die Auswahl der Urkundspersonen ist an keine Vorbedingung geknüpft, insbesondere sind die Ersatzmänner aus den zunächst Anwesenden ohne Verzug zu entnehmen (Prot. d. G.-A. d. K. d. A. 1856/57 S. 95, 1860/61 S. 4, Weis Bd. I S. 63, Dollmann S. 119, Hocheder S. 102, Stenglein Bd. I. S. 438).

5) Da eine Verpflichtung zur Mitwirkung als Urkundsperson nicht besteht, so ist nicht zu verhindern, daß die vorgeschriebene Anzahl von Urkundspersonen nicht anwesend ist (Hocheder S. 102).

6) Sowohl die Bestimmung der Ersatzmänner als die Gewährung des Zutritts steht der Gerichtskommission ohne Mitwirkung des Beamten der Staatsanwaltschaft zu (Weis Bd. I. S. 64, Hocheder S. 102, Stenglein Bd. I, S. 439).

7) Vorschriften über das Verfahren bei dem Vollzuge der Todesurtheile in den sieben Kreisen diesseits des Rheins, mit Justiz-Minist.-Entschl. v. 2. Januar 1863 sämmtlichen Oberstaatsanwälten mitgetheilt, siehe im Kreisamtsblatt f. Oberbayern S. 80, v. Niederbayern S. 107, für d. Oberpfalz S. 63, v. Oberfranken S. 63, v. Mittelfranken S. 81, v. Unterfranken S. 69, v. Schwaben S. 91, dann f. d. Pfalz (Justiz-Minist.-Entsch. v. 31. März 1863) s. Amtsbl. der Pfalz S. 397.

Art. 16.

Zuchthausstrafe.

Die Zuchthausstrafe kann auf Lebensdauer oder auf bestimmte Zeit zuerkannt werden, im letzteren Falle nicht auf mehr als zwanzig und nicht auf weniger als vier Jahre.

Wo Zuchthausstrafe von weniger als vier Jahren zuzuerkennen wäre, ist auf Gefängnißstrafe von gleicher Dauer zu sprechen.

1) Droht eine Strafbestimmung Zuchthausstrafe, ohne Bezeichnung eines Minimums an, so kann nicht unter vier Jahren erkannt werden. Enthält die Strafbestimmung kein Maximum, so kann auf zeitliches Zuchthaus bis zu 20 Jahren, jedoch auch auf lebenslängliches erkannt werden (Prot. d. G-A d. K. d. R. 1860/61 S. 72, 122, d. K. d. A. S. 421, Weis B. I. S. 64, Dollmann S. 122, Hocheder S. 165. 166, Stenglein Bd. I. S. 440).

2) Eine scheinbare Ausnahme von Verhängung zeitlicher Zuchthausstrafe über 20 Jahren kann in Folge der Bestimmung des Art. 87 entstehen, wenn ein zu zeitlicher Zuchthausstrafe Verurtheilter vor Antritt oder während des Vollzugs

der Strafe von Neuem ein mit Zuchthausstrafe bedrohtes Verbrechen begeht (Hocheder S. 103).

3) Ist dem Richter wegen Vorliegens von Versuch, Theilnahme, oder eines besonderen Strafmilderungsgrundes gestattet, bei einem regelmäßig mit Zuchthausstrafe bedrohten Verbrechen unter die Dauer von vier Jahren herabzugehen, so kann er auf Gefängnißstrafe nur dann erkennen, wenn er eine geringere Strafdauer als vier Jahre zumißt, er kann aber nicht auf Gefängniß von vier oder zwischen vier und fünf Jahren erkennen. So erkannte ein Urtheil des O.-A.-G. v. 26. August 1864 (Z. f. Gerichtspr. Bd. III. S. 356, Z. f. G. u. R. Bd. XI. S. 300) daß für einen bei geminderter Zurechnungsfähigkeit begangenen, objektiv als Verbrechen strafbaren Diebstahl Gefängnißstrafe nur in der Dauer von weniger als 4 Jahren erkannt werden kann. Bestätigt durch Pl.-Erk. d. O.-A.-G. v. 5. November 1864 (Z. f. Gerichtspr. Bd. IV. S. 57, Z. f. G. u. R. Bd. XI. S. 440). Ist aber dem Richter gestattet, in letzteren Fällen des Reates statt auf Zuchthausstrafe auf Gefängniß zu erkennen, so kann er auch Gefängniß zwischen 4 und 5 Jahren verhängen (Hocheder S. 104, 106).

4) Wird statt auf Zuchthausstrafe auf Gefängniß erkannt, so findet Art. 2 Anwendung, wonach die That die Natur eines Vergehens annimmt, jedoch erst mit dem Urtheile (Dollmann S. 122, Hocheder S. 104, Stenglein Bd. I. S. 439).

5) Die Einlieferungsrayons für die Zuchthäuser bestimmt die gemeinschaftliche Entschließung der k. Staatsministerien der Justiz und des Innern v. 6. Juni 1863 (Justiz-Minist.-Bl. S. 17, Nachtrag v. 22. Juni 1864, J.-M.-Bl. S. 171. Abänderungen v. 29. Dezember 1867, J.-M.-Bl. v. 1868 S. 10 und v. 19. August 1868, J.-M.-Bl. S. 192).

Art. 17.

Gefängnißstrafe.

Die Strafe des Gefängnisses kann mit Ausnahme der in den Artikeln 77, 164 und 167 bestimmten Fälle nicht auf mehr als fünf Jahre und nicht auf weniger als einen Tag zuerkannt werden.

1) Gefängnißstrafe, welche ohne Maximum und Minimum angedroht ist, kann zwischen einem Tage und fünf Jahren zugemessen werden (Weis Bd. I. S. 65, Hocheder S. 108).

2) Die aufgeführten Ausnahmen bezüglich der höchsten Dauer der Gefängnißstrafe sind schwerere Verbrechen von jugendlichen Personen mit Unterscheidung der Strafbarkeit begangen und Duell. Eine scheinbare Ausnahme kann entstehen, wenn Geldstrafe neben Gefängnißstrafe erkannt wurde, und erstere wegen Uneinbringlichkeit in Gefängniß umgewandelt wird (Hocheder S. 108).

3) Für diejenigen leichteren Fälle, in welchen statt auf Gefängniß auf Arreststrafe erkannt werden kann, gilt das zu Art. 16 unter Ziff. 3 Gesagte.

Art. 18.

Die Gefängnißstrafe ist, wenn sie die Dauer von zwei Monaten nicht übersteigt, in den Bezirksgerichtsgefängnissen, außerdem in besonders hiezu eingerichteten Gefangenanstalten zu vollziehen.

Wird Gefängnißstrafe nicht über sechs Monate zuerkannt, so kann das Gericht, wenn es dieß den Umständen angemessen erachtet, im Strafurtheile anordnen, daß die Strafe in einem Bezirksgerichtsgefängnisse zu erstehen sei.

Wird eine die Dauer von zwei Jahren übersteigende Gefängnißstrafe gegen eine Person erkannt, welche zugleich der in Art. 28 bezeichneten Rechte ganz oder zum Theile verlustig erklärt wird, oder diese Rechte schon durch eine frühere Verurtheilung ganz oder theilweise verwirkt hat, so kann das Gericht, insoferne es dieß nach der Persönlichkeit des Verurtheilten und nach der Beschaffenheit der That für angemessen erachtet, im Strafurtheile anordnen, daß die Strafe im Zuchthause vollzogen werde.

1) Ob die Strafe im Bezirksgerichtsgefängnisse zu erstehen sei, hierüber entscheidet nicht die erkannte, sondern die noch zu erstehende Strafe, also jene Dauer, welche nach Abzug unverschuldet erlittener Haft, im Auslande erstandener Strafe u. s. w. übrig bleibt (Hocheder S. 111.)

2) Bezüglich der Berechtigung des Gerichts zu verfügen, eine 6 Monate nicht übersteigende Gefängnißstrafe sei im Bezirksgerichtsgefängnisse zu erstehen, entscheidet dagegen die Dauer der erkannten Strafe. (Hocheder S. 111.)

3) Eine in längerer als sechsmonatlicher Dauer erkannte Gefängnißstrafe kann unter allen Umständen nicht im Bezirksgerichtsgefängnisse vollzogen werden. (Erk. d. O.-A.-G. v. 1. Mai 1863 Z. f. G. u. R. Bd. X. S. 451 Z. f. Gerichtspr. Bd. II. S. 235, Hocheder S. 110.) s. übrigens Ziff. 1.

4) Die Verfügung darüber, daß die Gefängnißstrafe nicht in der regelmäßigen Art (Abs. 1.) zu vollziehen sei, muß im Urtheile enthalten sein, kann nur im regelmäßigen Instanzenzuge eine Abänderung erleiden (vorbehaltlich einer Begnadigung), und kann, wenn sie unter den gesetzlichen Vorbedingungen getroffen wurde, durch Nichtigkeitsbeschwerde nicht angefochten werden. (Weis Bd. I. S. 66, Hocheder S. 114.)

5) Die Verfügung eine 6 Monate nicht übersteigende Gefängnißstrafe im Bezirksgerichtsgefängnisse zu vollziehen, ist in das Ermessen des Richters gelegt, welcher hauptsächlich die Subjektivität des Schuldigen in das Auge fassen soll. (Hocheder S. 111, Z. f. Gerichtspr. Bd. I. S. 351.)

6) Im Bezirksgerichtsgefängnisse sollen Untersuchungs- und Strafgefangene getrennt gehalten werden. (Prot. d. G.-A. d. K. d. A. 1856/57, S. 134, d. K. d. R. S. 115.)

7) Derjenige, bezüglich dessen der Vollzug einer Gefängnißstrafe im Zuchthause verfügt werden soll, muß im Augenblicke der Verurtheilung der Ehrenrechte des Art. 18 verlustig sein, oder derselben durch das Urtheil verlustig werden. Im ersten Fall genügt es nicht, daß er derselben einmal verlustig war, wenn er sie durch Amnestie, oder Rehabilitation u. s. w. wieder erlangt hatte. (Prot. d. G.-A. d. K. d. A. 1856/57, S. 143. Weis Bd. I. S. 66, Dollmann S. 127, Hocheder S. 113, Stenglein Bd. I. S. 441.) Ob der Verlust der Ehrenrechte durch eine früher erlittene Zuchthaus- oder durch eine Gefängnißstrafe eingetreten ist, entscheidet nicht. (Weis Bd. I. S. 66.)

8) Ueber die Befugniß des Richters, den Vollzug der Gefängnißstrafe in einem Zuchthause zu verfügen, entscheidet die Dauer der *erkannten*, nicht die der noch zu vollziehenden Strafe. (Hocheder S. 113.)

9) Durch diese Befugniß soll die Möglichkeit gegeben werden, besonders verdorbene Individuen von den weniger verdorbenen zu trennen. (Prot. d. G.-A. d. K. d. A. 1860/61, S. 138; Weis Bd. I. S. 66), jedoch darf die Verfügung auch dann getroffen werden, wenn die regelmäßig zu erkennende Zuchthausstrafe ausnahmsweise auf Gefängniß reduzirt wird. (Dollmann S. 128, Hocheder S. 115.)

10) Die Gefängnißstrafe bleibt, auch wenn sie im Zuchthaus zu vollziehen ist, Vergehensstrafe, und haben die zur Aburtheilung von Vergehen zuständigen Gerichte die hierauf bezüglichen Anordnungen zu treffen. (Motive z. Entw. v. 1855, S. 47. Prot. d. G.-A. d. K. d. R 1856/57, S. 117. Dollmann S. 128. Hocheder S. 114. Stenglein Bd. I. S. 441 Anmerk. 2.)

11) Eine Gefängnißstrafe von einem Monate ist in derselben Anstalt zu erstehen, in welcher der Rest einer früheren Gefängnißstrafe von mehr als 2 Monaten zu erstehen ist. Z. f. Gerichtspr. Bd. VII. S. 284.

12) Die Einlieferungsrayons der Gefangenanstalten bestimmt die gemeinschaftl. Entschl. der St.-M. der Justiz und des Innern v. 6. Juni 1863, Just.-Minist.-Bl. S. 17 und Nachtrag v. 18. Juni 1863. Just.-Minist.-Bl. S. 36. Abänderung v. 29. Dezember 1867. Just.-Minist.-Bl. 1868 S. 10 u. v. 26. Januar 1869 Just.-Minist.-Bl. S. 17.

Art. 19.

Strafvollzug in einer Festung.

Die Zuchthaus- oder Gefängnißstrafe ist in einer Festung zu vollziehen, wenn das Gericht solches der Bildungsstufe oder den bürgerlichen Verhältnissen des Verurtheilten, sowie den besonderen Umständen der That oder der derselben

zu Grunde gelegenen Gesinnung angemessen findet und in dem Strafurtheile anordnet.

1) Die Voraussetzungen des Vollzugs einer Zuchthaus- oder Gefängnißstrafe auf einer Festung sind: eine Bildungsstufe des zu Bestrafenden, welche den Aufenthalt in einem Zuchthause oder einer Gefangenanstalt als eine Strafschärfung erscheinen lassen würde, ohne Rücksichtnahme darauf, welchem Stande der Verurtheilte angehört, ferner der Mangel herabwürdigender Motive der That oder endlich eine Art der Verübung derselben, welche keine niedrige Gesinnung ausspricht (Motive z. Entw. v. 1855, S. 48; Vortr. im G.-A. d. K. d. A. 1856/57 S. 26, Prot. S. 140; Weis Bd. 1, S. 68, Dollmann S. 129, Hocheder S. 116, Stenglein Bd. 1, S. 442).

2) Die Strafe wird durch den Vollzug auf einer Festung nicht geändert, es ist also auf Zuchthaus oder Gefängniß zu vollziehen in einer Festung zu erkennen, nicht auf Festungsstrafe. Die Zuchthaus- und Gefängnißsträflinge sind auch auf der Festung getrennt zu halten und nach gesetzlicher Bestimmung verschieden zu behandeln. Die Straffolgen bleiben die jeder der genannten Strafarten eigenen (Prot. d. G.-A. d. K. d. R. 1860/61 S. 24, Weis Bd. 1, S. 68, Dollmann S. 130, Hocheder S. 117, Stenglein Bd. 1, S. 442.)

3) Die Frage, ob der Vollzug einer Strafe auf einer Festung angemessen sei, ist Sache thatsächlicher Erwägung und kann nicht zum Gegenstand einer Nichtigkeitsbeschwerde gemacht werden (Prot. d. G.-A. d. K. d. A. 1856/57 S. 140, Weis Bd. 1, S. 69, Stenglein Bd. 1, S. 442.)

4) Ueber den Vollzug der auf einer Festung zu erstehenden Strafen vgl. die Rescr. v. 8. Juni 1811 u. 10. Juni 1816, 7. u. 12. November 1829, Lith. Samml. Nr. 138, Doppelm. S. 32, Spies S. 5 und v. 2. Nov. 1813 Doppelm. S. 32, Spies S. 5. Rescr. v. 8. April 1815, Spies S. 5. Vgl. ferner das Ausschreiben v. 20. März 1843, die authogr. Entschl. des St.-M. der Justiz v. 6. Juli 1866, die J.-M. Entschl. v. 16. Juli 1866, J.-M.-Bl. S. 197 mit Kriegsminist.-Entschl. v. 19. April 1866, über die Einlieferungs-Rayons J.-M.-Entschl. v. 9. Oktober 1866, J.-M.-Bl. S. 281. Nach J.-M.-Entschl. v. 16. April 1869 u. Kriegs-Minist.-Entschl. v. 1. Febr. 1869 (J.-M.-Bl. S. 101) werden alle auf der Festung zu vollziehenden Strafen auf Rosenberg vollzogen.

Art. 20.

Arreststrafe. **Die Arreststrafe kann auf nicht mehr als zwei und vierzig Tage und nicht auf weniger als einen Tag zuerkannt werden.**

Sie ist in den Polizeigerichtsgefängnissen zu vollziehen.

1) Vorstehende Bestimmungen beziehen sich nur auf die im Strafgesetzbuche vorgesehenen Uebertretungen, nicht auf die im Polizeistrafgesetze oder in Spezialgesetzen enthaltenen. (Weis Bd. 1, S. 69, Hocheder S. 119.)

2) Die Arreststrafe soll nicht im polizeilichen Detentionslokale, sondern in einem eigenen Gefängnisse vollzogen werden (Vortr. im G.-A. d. K. d. A. 1860/61 S. 131, K. d. R. S. 14, Weis S. 69, Dollmann S. 132, Stenglein Bd. 1, S. 443.) Eine Ausnahme s. Art. 40 Abs. 3. Auf einer Festung kann die Arreststrafe nie vollzogen werden (Hocheder S. 120.)

3) s. auch zu Art. 17 Ziff. 1, 2, Abs. 2, Ziff. 3.

Art. 21.

Die Arreststrafe kann in den vom Gesetze vorgesehenen Fällen auf beistimmendes Gutachten des Gerichtsarztes durch richterliches Erkenntniß geschärft werden

1) mittelst Dunkelarrestes, welcher jedoch nicht auf länger als 24 Stunden ohne Unterbrechung verhängt und nicht vor Ablauf einer Zwischenzeit von acht Tagen wiederholt werden darf;

2) mittelst Beschränkung der Kost des Verurtheilten auf Wasser und Brod am je dritten Tage;

3) mittels Verbindung der unter Ziffer 1 und 2 bezeichneten Schärfungsarten.

Mit dem Dunkelarreste ist Einzelhaft verbunden.

Die auf Wasser und Brod beschränkten Gefangenen sind von denen, welchen warme Kost gereicht wird, an den betreffenden Tagen zu trennen.

Die Strafschärfung kann für die ganze Dauer oder für kürzere Abschnitte der Strafzeit erkannt werden.

1) Die Anwendung der Schärfung kann nicht zur Abkürzung der Strafe benützt werden, sondern hat den Zweck, die Strafe für gewisse rohe Handlungen intensiver zu machen. (Prot. d. G.-A. d. K. d. A. 1856 57 S. 143, K. d. R. S. 141, Motive z. Entw. v. 1860 S. 54, Vortr. im G.-A. d. K. d. A. 1860/61 S. 131, Weis Bd. I. S. 70, Dollmann S. 133, Hocheder S. 121, Stenglein Bd. I. S. 443).

2) Vor der Verhängung einer Schärfung muß der Gerichtsarzt gutachtlich vernommen werden. (Dollmann 133 stellt dieß offenbar irrthümlich in Abrede.

3) Bei Jagdfreveln ist Schärfung der Arreststrafe unzulässig. (Zeitschr. f. Gerichtspr. Bd. II. S. 11).

Art. 22.

Berechnung der Freiheitsstrafen.

Die Dauer der Zuchthausstrafe wird nach Jahren und Monaten, die Dauer der Gefängnißstrafe nach Jahren, Monaten und Tagen, die Dauer der Arreststrafe nach Tagen ausgemessen.

Hiebei wird der Tag zu 24 Stunden, der Monat zu 30 Tagen, das Jahr aber nach dem Kalender gerechnet.

Bruchtheile eines Monats bei der Zuchthausstrafe und eines Tages bei der Gefängniß- und bei der Arreststrafe, wo sich solche nach den Vorschriften über Ausmessung der Strafen ergeben würden, sind außer Ansatz zu lassen.

1) Bruchtheile eines Monats fallen bei Berechnung der Zuchthausstrafe hinweg. Solche können sich hauptsächlich bei Reduktion der Strafe in Folge von Strafmilderungsgründen und bei Zusammenfluß strafbarer Handlungen, wenn eine geringere Strafart zu reduciren ist, ergeben. (Motive z. Entwurf v. 1855 S. 49, Dollmann S. 134, Hocheder S. 123, Stenglein Bd. I. S. 445).

2) Stenglein Bd. I. S. 444 nimmt an, daß die Zuchthausstrafe auch nach Bruchtheilen von Jahren verhängt werden kann; Weis Bd. I. S. 70 widerspricht dies, weniger apodiktisch Hocheder S. 122.

3) Nach Wochen soll keine Strafgattung zugemessen werden. (Motive z. Entw. v. 1855 S. 49, Dollmann S. 134, Hocheder S. 122, Stenglein Bd. I. S. 445 Anm. 2). Ein bezüglich der Zeitbestimmung unrichtiges Urtheil kann von der II. Instanz berichtigt werden, ohne daß hierin eine Abänderung des Urtheils liegt. (Z. f. Gerichtspr. Bd. I. S. 349).

4) Die Tage werden von Stunde zu Stunde berechnet und ist daher der Sträfling mit der Stunde seines Eintritts auch wieder zu entlassen. (Dollmann S. 135, Hocheder S. 124, Stenglein Bd. I. S. 445 Anm. 2).

5) Bei Berechnung eines Jahres gilt ein Schaltjahr wie ein gewöhnliches. (Motive z. Entw. v. 1855 Art. 22 Ziff. 1. Dollmann S. 135, Hocheder S. 123).

6) Eine Anzahl von Monaten, welche ein Jahr überschreiten, oder von Tagen, welche ein Monat überschreiten, sollen bei Zuchthaus-, bez. Gefängnißstrafe nicht zugemessen werden. (Dollmann S. 135, Hocheder S. 122).

7) Art. 22 bezieht sich nur auf die Zumessung der Strafe nicht auf deren Vollzug, insoferne derselbe durch verspätete Ablieferung des Sträflings, Abrechnung von Untersuchungshaft u. dgl. modifizirt wird (Hocheder S. 123, Stenglein Bd. I. S. 445). Bei Abrechnung unverschuldet erlittener Untersuchungshaft ist auch ein hiebei sich ergebender Bruchtheil eines Tages zu vollziehen. (Erk. d. O.-A.-G. v. 26. Juli 1867, Z. f. Gerichtspr. Bd. VII. S. 33, Entsch. d. Cass.-H. Bd. I. S. 331).

Art. 23.

Ist der Verurtheilte auf freiem Fuße, so beginnt die Strafzeit mit dem Tage, an welchem er sich zur Erstehung seiner Strafe stellt. Stellt er sich nicht freiwillig, so wird der Anfang der Strafzeit von der Einlieferung in den Strafort an gerechnet.

Ist der Verurtheilte in Haft, so beginnt die Strafzeit mit dem Tage der Rechtskraft des Urtheils. Hat jedoch blos der Staatsanwalt gegen ein verurtheilendes Erkenntniß ein Rechtsmittel ergriffen, welches von dem höheren Gerichte verworfen oder von dem

Staatsanwalte später selbst zurückgenommen wurde, so wird die Strafzeit von dem Tage an gerechnet, an welchem das Urtheil rechtskräftig geworden wäre, wenn der Staatsanwalt dieses Rechtsmittel nicht ergriffen hätte.

Muß der Verurtheilte nach bereits angetretener Strafe wegen Körper- oder Geistes-Krankheit in eine von der Strafanstalt getrennte Heilanstalt gebracht werden, so wird die Dauer seines Aufenthaltes in der letztern in die Strafzeit eingerechnet.

1) Der Tag, an welchem sich der Verurtheilte zur Erstehung seiner Strafe stellt, ist nicht voll zu rechnen, sondern die Strafzeit beginnt mit dem Augenblick des sich Stellens (Hocheder S. 125).

2) Diejenige Zeit, welche ein Sträfling, welcher es auf Zwangseinlieferung ankommen läßt, auf dem Transport zubringt, ist in die Strafzeit nicht einzurechnen, sollte sie auch durch Krankheit des Sträflings oder andere von ihm nicht verschuldete Umstände verzögert werden. (Prot. d. G.-A. d. K. d. A. 1856 57 S. 134, Weis Bd. I. S. 71, Dollmann S. 136, Hocheder S. 126, Stenglein Bd. I. S. 445).

3) Nach einer gemeinsch. Entschl. der k. Staatsministerien der Justiz und des Innern v. 11. Nov. 1862, die Einschaffungen in die Gefangenanstalten betr. (in den Kreisamtsblättern und im Justiz-Minist.-Bl. Erg.-H. S. 69 publ.) sollen verhaftete Gefängnißsträflinge mittels Schubs in die treffende Gefangenanstalt abgeliefert werden. Auf freiem Fuße Befindliche sollen mittels Erlasses, dem eine genaue Personalbeschreibung beizufügen ist, angewiesen werden, binnen einer bestimmten Frist sich selbst zu stellen. Gleichzeitig soll hievon unter Mittheilung einer Urtheilsabschrift und Charakteristik der Gefangenanstalt Nachricht gegeben werden, und soll vom erfolgten Eintritt das vollziehende Gericht alsbald Mittheilung erhalten. Stellt sich der Sträfling in dieser Frist nicht, so erfolgt auf Betreiben des Staatsanwalts Zwangseinlieferung. Ergibt sich Verdacht, daß die sich stellende Person eine unrichtige ist, so ist gleichfalls dem Bezirksgerichte Anzeige zu machen.

Nach Just.-Minist.-Entschl. v. 10. Juni 1863 (Just.-Minist.-Bl. S. 22) geschieht der Eintritt in die Gefangenanstalten von Morgens 7 Uhr bis Abends 7 Uhr. Nach J.-M.-Entschl. v. 30. Okt. 1862 (J.-M.-Bl. Erg.-H. S. 69) ist den Anstalten auch vom Beginne der Strafzeit Kenntniß zu geben, und stehen d. V. v. 17. Nov. 1814 (Rggsbl. S. 1713) u. d. gen. Entschl. v. 29. April 1850, 28. Juli 1851 und 2. Sept. 1860 (Fertig. Bd. I. S. 90, Bd. II. S. 45) noch in Kraft, wonach denselben auch der historische Theil der Anklageschrift und die bezirksgerichtlichen Erkenntnisse sammt Entscheidungsgründen mitgetheilt werden sollen. Die bestehenden Vorschriften insbesondere Mittheilung des Beginns der Strafzeit sind neu eingeschärft durch J.-M.-E. v. 6. August 1865, J.-M.-Bl. S. 114. Ueber die Einlieferungsrayons s. oben zu Art. 16 Ziff. 5 u. Art. 18 Ziff. 12.

4) Die Meldung eines nicht verhafteten Verurtheilten beim aburtheilenden Gerichte zum Zwecke der Lieferung an den Strafort hat nicht zur Folge, daß der Beginn der Strafzeit von einem Zeitpunkte vor dem wirklichen Eintritt in die Gefangenanstalt an berechnet werde. (Erk. d. O.-G.-H. v. 27. Mai 1864, Justiz-Minist.-Bl. 1864 S. 155, Z. f. Gerichtspr. Bd. III. S. 220, Z. f. G. u. V. Bd. XI. S. 148.

5) Wenn sowohl der Staatsanwalt als der verhaftete Beschuldigte die Berufung ergriffen haben, so ist die Strafe erst vom wirklichen Eintritt der Rechtskraft des Urtheils an zu berechnen, wenn auch der Beschuldigte dieselbe nur deßhalb ergriffen hat, weil es der Staatsanwalt gethan hat und die des Staatsanwalts verworfen wurde; es sei denn daß der Beschuldigte die von ihm ergriffene Berufung wieder zurücknimmt, in welchem Falle der Tag der Zurücknahme maßgebend ist. (Weis Bd. I. S. 72, Hocheder S. 127).

6) Wenn auf die staatsanwaltschaftliche Berufung eine Abänderung zu Gunsten des Beschuldigten erfolgt, so kann gleichfalls die Strafe erst vom Eintritte der Rechtskraft an berechnet werden, sollte auch der daraus dem Beschuldigten entspringende Vortheil die inzwischen erlittene Haft nicht aufwiegen (Hocheder S. 128).

7) Was von den ordentlichen Rechtsmitteln gilt, dasselbe gilt auch von den außerordentlichen, wie den Gesuchen um Wiederaufnahme des Strafverfahrens (Z. f. Gerichtspr. Bd. II. S. 249).

8) Wird der Strafantritt eines verhafteten Angeschuldigten durch ein Offizialbegnadigungsgesuch verzögert, so findet die Berechnung der Strafe vom Zeitpunkt der Rechtskraft des Urtheils an Statt. Ist es dagegen Folge eines vom Bestraften gestellten Gesuches, so beginnt auch die Strafzeit erst mit dem Eintritt in den Strafort (Stenglein Bd. I. S. 446). Dagegen sind Weis Bd. I. S. 72 u. Hocheder S. 126 Anmerk. auch ein Aufsatz in Z. f. G. u. R. Bd. X. S. 116 der Ansicht, auch in diesem Falle sei die Rechtskraft des Urtheils maßgebend, weil ein Begnadigungsgesuch kein Recht auf Strafaufschub gebe, sondern eine derartige Wirkung stets vom Willen des Königs abhänge. Allein durch Justiz-Minist.-Entschl. v. 23. Juli 1856 (Z. f. G. u. R. Bd. III. S. 320) ist jedem, welcher um Nachlaß der Strafe oder um Gewährung einer milderen Strafgattung bittet, im Namen des Königs die Gewährung des Strafaufschubs bis zur Bescheidung seiner Bitte zugesichert und wäre außerdem das Begnadigungsrecht eines großen Theils seines Werthes beraubt. Es weiß also jeder Bestrafte, welches die Wirkung eines derartigen Gesuches ist und ruft dieselbe durch Stellung desselben hervor.

9) Die Zwischenzeit zwischen dem Erlaß des Urtheils und dem Vollzuge desselben, welche dem Bestraften zu gut gerechnet wird, ist auch an Zuchthausstrafen ihrer vollen Dauer nach in Anrechnung zu bringen (Hocheder S. 127, Stenglein Bd. I. S. 446).

10) Anstände, welche sich bezüglich der Berechnung der Strafe oder sonst über Fragen des Strafvollzugs ergeben, sind von dem vollziehenden Gericht (im diesseitigen Bayern in geheimer Sitzung) nach Antragstellung der Staatsbehörde zu erledigen und steht eine Beschwerde zur höheren Instanz gegen den Beschluß frei. (Dollmann S. 139, Hocheder S. 130, 131, Erk. d. O.-A.-G. v. 30. Jan. 1857, Z. f. G. u. R. IV. 47, auch ebendas. S. 280, endlich J.-M.-Entschl. v. 4. Jan. 1851 u. 17. April 1852. Fertig Bd. II. S. 32, 72).

11) Wird der Verurtheilte während der Straferstehung in eine Heilanstalt gebracht, so unterliegt er in derselben jedem anwendbaren Ueberwachungs- und Sicherungsmittel, sowie allen Straffolgen, wie den Beschränkungen in der Disposition über das Vermögen, in der Eidesfähigkeit u. s. w. (Motive z. Entw. v. 1855 Art. 23, Weis Bd. I. S. 72, Dollmann S. 137, Hocheder S. 129). Ueber das Verfahren bei Einschaffung eines Sträflings in eine von der Strafanstalt getrennte Heilanstalt vgl. J.-M.-Entschl. v. 1. März 1865, J.-M.-Bl. S. 28.

12) Die Berechnung der Strafzeit wird auch nicht unterbrochen, wenn der Verurtheilte wie immer eine vom Urtheile abweichende Erleichterung im Strafvollzug erlangt hat, oder wenn aus einem dem Sträflinge nicht zur Last fallenden Grund eine Unterbrechung des Strafvollzugs eingetreten ist, z. B. durch Transport in eine andere Strafanstalt, zu einer Zeugschaftsleistung u. s. w. (Dollmann S. 137, 138, Hocheder S. 130, Z. f. G. u. R. Bd. X. S. 266—268).

13) Wird der Strafvollzug temporär vollständig unterbrochen, so wird die Zeit der Unterbrechung in die Strafzeit nicht eingerechnet (Weis Bd. I. S. 72, Hocheder S. 129).

14) Kommt der Sträfling während der Strafzeit von Neuem in Untersuchung, und wird aus dem Straforte in Untersuchungshaft abgegeben, so ist die Zeit, welche er in letzterer zubrachte, in die Strafzeit jedenfalls dann einzurechnen, wenn die Haft unverschuldet war, wie wenn die neue Untersuchung zu keinem Resultate führte. Wird der Sträfling verurtheilt, so will Dollman S. 138, 139 die Haftzeit nicht eingerechnet wissen, es sei denn, daß die früher erstandene Strafe Gefängnißstrafe war, da bei der qualitativen Gleichheit dieser mit der Untersuchungshaft hiefür die Billigkeit sei. (Vgl. auch Z. f. G. u. R. Bd. IV. S. 277—279, Sitz.-Ber. Bd. V. S. 38). Unter allen Umständen will die Untersuchungshaft eingerechnet wissen Hocheder S. 130. Principiell richtig und consequent wird sein, ausschließlich danach zu unterscheiden, ob die Haft eine objektiv und

subjektiv verschuldete war oder nicht, d. h. ob der Sträfling, wäre er nicht in Strafhaft gewesen, auf freiem Fuße processirt worden wäre oder nicht. Das Erk. d. O.-A.-G. v. 14. Januar 1867 Z. f. Gerichtspr. Bd. VI. S. 212, Entsch. d. Cass.-H. Bd. I. S. 12 verfügt, daß diejenige Zeit, welche ein Strafgefangener Behufs Aburtheilung wegen einer weiteren strafbaren Handlung außerhalb der Strafanstalt zubringt, ihm in die Strafzeit einzurechnen sei, wenn kein Haftbefehl gegen ihn erlassen worden war, er jedoch zur Verhandlung abgeliefert wurde.

Die J.-M.-Entschl. v. 18. Nov. 1856 Z. f. G. u. R. Bd. III. S. 458 ordnet an, daß, wenn das über die neue Untersuchung erkennende Gericht sich über die Frage nicht ausgesprochen hat, der Vorstand der Strafanstalt, in welche der Sträfling wieder eingeliefert wird, einen Beschluß des vollziehenden Gerichts zu provoziren hat. Diese Entschließung ist noch wirksam und auf Uebertretungen ausgedehnt durch J.-M.-Entschl. v. 29. Febr. 1864, J.-M.-Bl. S. 46.

15) Was vom Beginne der Strafzeit gilt, das gilt auch vom Wiederbeginne nach einer stattgehabten Unterbrechung (Weis Bd. I. S. 72, Hocheder S. 130). Es ist auch gleichgültig, ob die Freiheitsstrafe schon ursprünglich erkannt war, oder als Surrogat für eine uneinbringliche Geldstrafe vollzogen wird (Hocheder S. 130).

Art. 24.

Beschäftigung der Sträflinge.

Die Sträflinge in den Zuchthäusern und Gefangenanstalten sind innerhalb des Bezirkes der Anstalt zur Arbeit anzuhalten. Die Sträflinge, welche eine Gefängnißstrafe im Bezirksgerichtsgefängnisse erstehen, sowie die zur Arreststrafe Verurtheilten können innerhalb des Bezirks- beziehungsweise Polizeigerichtsgefängnisses in einer ihren Fähigkeiten und Verhältnissen angemessenen Weise beschäftigt werden.

1) Unter dem Bezirk der Anstalt sind die dazu gehörigen Gärten, Höfe, landwirthschaftlichen Grundstücke derselben zu verstehen, wo Beschäftigung auf solchen stattfindet. Verwendung zu öffentlicher, oder zu Fabrikarbeit u. dgl. ist ausgeschlossen. (Prot. d. G.-A. d. K. d. R. 1856/57 S. 131, Motive z. Entw. v. 1860 S. 54, Vortr. im G.-A. d. K. d. Abg. 1860/61 S. 131, Prot. S. 6, Weis Bd. I. S. 73, Dollmann S. 142, Hocheder S. 133, Stenglein Bd. I. S. 447).

2) Zwang zur Arbeit bei Zuchthaus und Gefängniß ist Theil der Strafe; jedoch ist keine Gleichheit zwischen Zuchthaus und Gefängniß begründet, vielmehr sind Zuchthaussträflinge härteren Arbeiten unterworfen, dies ist jedoch der Hausordnung und den Anordnungen des Vorstandes überlassen. Die Sträflinge haben kein Recht nach ihrer Lebensstellung beschäftigt zu werden. (Hocheder S. 133).

3) Zum Bezirks- beziehungsweise Polizeigefängnisse gehört auch der Hof desselben. (Prot. d. G.-A. d. K. d. A. 1856/57 S. 142, Weis Bd. I. S. 74, Hocheder S. 134).

4) Die Arbeit in denselben ist dem Ermessen des Vorstandes anheimgegeben; es kann auch Selbstbeschäftigung gestattet werden. (Dollmann S. 142, Hocheder S. 133, Stenglein Bd. I. S. 447).

Art. 25.

Sonstige Behandlung der Sträflinge.

Körperliche Züchtigung ist auch als Disciplinarstrafe in allen Strafanstalten und Gefängnissen unbedingt ausgeschlossen.

Die Fesselung eines Sträflings ist nur wegen besonderer Fluchtgefahr, Widersetzlichkeit oder aus ähnlichen Gründen gestattet. Sie darf, dringende Fälle ausgenommen, nur in Folge eines Disciplinarerkenntnisses der Behörde der betreffenden Anstalt beziehungsweise des betreffenden Gefängnisses verhängt werden.

Im Uebrigen richtet sich die Behandlung der Sträflinge nach den Bestimmungen der Hausordnung.

Die Hausordnungen für die Zuchthäuser und Gefangenanstalten sind durch das Regierungsblatt zu veröffentlichen.

Auf der Festung wird der Verurtheilte nach den Bestimmungen der Platzordnung mit Berücksichtigung des Unterschiedes zwischen Zuchthaus und Gefängnißstrafe behandelt.

1) Die *Fesselung* ist nie Bestandtheil der Strafe, daher nur als Disciplinar- oder Sicherungsmittel für die Dauer der zu Grunde liegenden Veranlassung wie bei Meutereien, Brand u. dgl. anzuwenden (Motive z. Entw. v. 1860 S. 54, Weis Bd. I. S. 74, Dollmann S. 142, Hocheder S. 134, Stenglein Bd. I S. 447).

2) Die Hausordnungen haben die Aufgabe, die Disciplinarstrafen und die Disciplinarbehörden unter Einhaltung der gesetzlichen Bestimmungen festzusetzen (Vortr. im G.-A. d. K d. A. 1856/57 S. 21, Weis Bd. I. S. 75, Hocheder S. 135).

3) Jede Modification des Strafvollzugs wie Aufschub des Strafantritts, Unterbrechung des Strafvollzugs, terminsweise Verbüssung der Strafe, leichtere Strafform ist dem Gnadenwege vorbehalten (Vergl. Art. 379 Th. II. Str.-G.-B. v. 1813, J.-M.-E. v. 2. Okt. 1854, Z. f. G. und R. Bd. I. S. 443 v. 17. April 1852. Fertig Bd. II. S. 72 J.-M.-E. v 23. Juli 1856, Z. f. G. und R. Bd. III. S. 320, Dollmann S. 143). Nach J.-M.-E. v. 23. Juli 1856 ist dem Oberstaatsanwalte eingeräumt, einen einmonatlichen Strafaufschub zu bewilligen, und nach der v. 16. Dez. 1858 (Z. f. G. u. R. Bd. V. S. 144) eine Strafunterbrechung bei schwangeren Weibspersonen anzuordnen. Ausserdem kann der Staatsanwalt bez. Vorstand der Strafanstalt nur provisorisch eine Strafunterbrechung bewilligen. Auch die Gestattung eines regelmäßigen besseren Getränkes, abgesehen von den Anordnungen des Arztes in Krankheitsfällen ist der Bewilligung durch königl. Gnade vorbehalten (Entschl. des St.-M. des Innern v. 21. Dez. 1863, J.-M.-Bl. 1864. S. 2).

4) Ueber den Vollzug der Freiheitsstrafen durch Einzelhaft s. Ges. v. 10. Nov. 1861 Ges.-Bl. S. 273, Dollmann S. 144—155).

5) Die Hausordnungen sind enthalten in allerh. kgl. Verordnungen v. 12. Juni 1862 für die Zuchthäuser Rggsbl. S. 1205, für die Gefangenanstalten S. 1269.

6) Auch die Platzordnungen für die Festungen haben die gesetzlichen Bestimmungen über Behandlung der Sträflinge zu beobachten. (Hocheder S. 134, Stenglein Bd. I. S. 447) s. hiezu noch oben zu Art. 19 Ziff. 2.

Abänderungen der Hausordnungen durch V. v. 1. April 1868 Rggsbl. Nr. 23, S. 579, 591.

Art. 26.

Geldstrafe.

Geldstrafe kann vorbehaltlich besonderer gesetzlicher Bestimmung nicht in höherem Betrage als zu eintausend Gulden bei Vergehen und zu hundert und fünfzig Gulden bei Uebertretungen und nicht in geringerem Betrage als zu einem Gulden bei Vergehen und zu dreißig Kreuzern bei Uebertretungen zuerkannt werden.

Die Strafbeträge fließen, wo nicht besondere Gesetze ein Anderes bestimmen, in die Staatskasse.

1) Die vorbehaltenen *besonderen gesetzlichen Bestimmungen* sind in verschiedenen Spezialgesetzen enthalten (Motive z. Entw. v. 1860 S. 53, Prot. d. G.-A. d. K. d. A. 1856/57 S. 145).

2) Entschädigungsansprüche aus dem Delikte haben bei der Exekution den Vorzug vor der Geldstrafe (Priorit.-Ordng. v. 1. Juni 1822 § 25 Ziff. 1, § 27 Ziff. 3. s. auch Einf.-Ges. Art. 81, Dollmann S. 158).

3) Die in Spezialgesetzen angeordnete Verwendung von Geldstrafen bleiben in Kraft, alle andern auf Verwendung von Geldstrafen sich beziehenden Bestimmungen sind aufgehoben (Hocheder S 136).

4) An den für Fleischaufschlags-Defraudationen verfallenden Geldstrafen hat der Anzeiger die eine Hälfte, die andere die den Aufschlag erhebende Gemeinde anzusprechen. (Erk. d. O.-A.-G. v. 2. Aug. 1864, Z. f. Gerichtspr. Bd. III. S. 320, Z. f. G. u. R. Bd. XI. S. 285, vgl. auch V. v. 31. Dez. 1808; 30. Jan. u. 7. August 1813, v. 12. Mai 1815 Art. I. lit. b. XV., Ges. v. 22. Juli 1819, die Gemeinde-Umlagen betr.

Art. 27.

Die Geldstrafe ist ohne Rücksicht auf die Zahlungsfähigkeit des Schuldigen auszusprechen.

Wird die gänzliche oder theilweise Uneinbringlichkeit der Geldstrafe durch ein Zeugniß des Erhebungsbeamten festgestellt, so soll dieselbe bei Vergehen in Gefängnißstrafe, bei Uebertretungen in Arreststrafe umgewandelt werden.

Die Umwandlung wird auf staatsanwaltschaftlichen Antrag ohne weiteres Verfahren bei Vergehen durch das Bezirksgericht, bei Uebertretungen durch den Einzelnrichter verfügt.

Hiebei tritt an die Stelle von Geldstrafen bis zu drei Gulden ein Tag Gefängniß beziehungsweise Arrest; bei höheren Strafen werden drei Gulden einem eintägigen Gefängnisse beziehungsweise Arreste gleichgeachtet, die allenfalls sich ergebenden Bruchtheile eines Tages aber außer Ansatz gelassen. Die an die Stelle einer uneinbringlichen Geldstrafe tretende Arreststrafe darf jedoch die Dauer von 42 Tagen nicht überschreiten.

Dem Gefangenen bleibt jederzeit die Befugniß, sich durch Erlegung des Strafbetrages, soweit derselbe durch die erstandene Freiheitsstrafe noch nicht getilgt ist, von der letzteren frei zu machen.

1) Die Bestimmung des Abs. 1 schließt nicht aus, daß bei der Zumessung der Geldstrafe Rücksicht auf das Vermögen des Schuldigen genommen werde, sowie daß, wenn dem Richter die Wahl zwischen Geld- und Freiheitsstrafe freigestellt ist, er die empfindlichere Strafart wählt. Ein Privilegium für den Wohlhabenden soll dadurch nicht geschaffen werden (Prot. d. G.-A. d. K. d. A. 1856 57 S. 148, Weis Bd. I. S. 76, Dollmann S. 157—159, Hocheder S. 139, Stenglein Bd. I. S. 449, Z. f. G. u. R. Bd. III. S. 615). Auch gegen Cridare und erklärte Verschwender muß gegebenen Falls auf Geldstrafe erkannt werden. (Dollmann S. 159).

2) Wenn die Geldstrafe auch nur theilweise uneinbringlich ist, muß dennoch die gesammte umgewandelt werden. (Hocheder S. 142, Dollmann S. 159).

3) Die Richtigkeit des Zeugnisses des Erhebungsbeamten hat das Gericht nicht zu prüfen. (Hocheder S. 144, Stenglein Bd. I. S. 449).

4) „Ohne Verfahren" ist dahin zu verstehen, daß keine Vorladung des Beschuldigten und keine förmliche Verhandlung stattzufinden hat (Prot. d. G.-A. d. K. d. A. 1856 57 S. 146, 147, Weis Bd. I. S. 77, Dollmann S. 160, Hocheder S. 144, Stenglein Bd. I. S. 449).

5) Der Gerichtsbeschluß, durch welchen die Umwandelung erfolgt, ist kein Urtheil im gesetzlichen Sinne und durch Rechtsmittel nicht anfechtbar. (Erk. d. O.-A.-G. v. 12. Juni 1863, Resultate der Rechtspflege in der Pfalz 1862/63 S. 51, Z. f. Gerichtspr. Bd. II. S. 309, Z. f. G. u. R. Bd. X. S. 660).

6) Die Strafumwandlung ist von denjenigen Gerichten vorzunehmen, welchen der Strafvollzug zusteht, also bei den höheren Uebertretungen, welche nach Art. 31 Abs. 4 des Einf.-Ges. von den Bezirksgerichten abzuurtheilen sind, von diesen (Stenglein Bd. I. S. 449, Weis Bd. I. S. 77).

7) Der in Folge einer Konfiscation zu erlegende Geldbetrag kann nie in Freiheitsstrafe umgewandelt werden (Hocheder S. 150, Z. f. Gerichtspr. Bd. II. S. 226).

8) Umwandlung von Freiheits- in Geldstrafe ist der königl. Gnade vorbehalten. Die Gerichte können diese Umwandlung nicht vornehmen (Stenglein Bd. I. S. 450, Erk. d. O.-A.-G. v. 15. Nov. 1861, Zeitsch. f. Gerichtspr. Bd. I. S. 20).

9) Ist der Umwandelungsbeschluß gefaßt, so kann das Gericht gegen den Willen des Bestraften nicht auf den Vollzug der Geldstrafe zurückgreifen (Hocheder S. 141).

10) Daß die durch Umwandlung zu vollziehende Arreststrafe die Dauer von 42 Tagen nicht überschreiten darf, bezieht sich nicht auf die durch Spezialgesetze angedrohten höheren Geldstrafen (s. oben Ziff. 1 zu Art. 26, Hocheder S. 140).

11) In Zuchthausstrafe kann Geldstrafe nur mittelbar dann verwandelt werden, wenn die Surrogat-Gefängnißstrafe mit einer Zuchthausstrafe zusammentrifft (Hocheder S. 140).

12) Die Befugniß zu verordnen, daß eine, 6 Monate nicht übersteigende, Surrogat-Gefängnißstrafe im Bezirksgerichtsgefängnisse, oder eine solche Surrogat-

strafe auf einer Festung zu vollziehen sei, steht auch dem umwandelnden Gerichtssenate zu (Hocheder S. 145).

13) Ist Freiheitsstrafe und Geldstrafe nebeneinander erkannt, und muß letztere umgewandelt werden, so ist die Surrogatstrafe da zu vollziehen, wo die ursprünglich erkannte Freiheitsstrafe zu vollziehen ist. Nur muß, wenn durch Hinzurechnung der Surrogatstrafe die 6monatliche Dauer der Gefängnißstrafe überschritten wird, dieselbe in der Gefangenanstalt vollzogen werden, und wenn die Hauptstrafe im Zuchthaus zu vollziehen ist, muß die Dauer der Surrogatstrafe gemäß Art. 87 gekürzt werden. War die Hauptstrafe nicht im Bezirksgerichtsgefängniß oder auf einer Festung zu erstehen, so kann auch das umwandelnde Gericht dies nicht anordnen. Wurde eine Geld- als Vergehensstrafe neben Arreststrafe erkannt, so folgt letztere der ersteren nach deren Umwandlung in Gefängnißstrafe (Hocheder S. 146 fg., Dollmann S. 160).

14) Wenn ein Bestrafter nach Erstehung eines Theils der Surrogat-Freiheitsstrafe den Rest der Geldstrafe erlegen will, so hat er den ganzen Rest, welcher nach Abzug der erstandenen Hafttage zu je 3 fl. gerechnet verbleibt, zu erlegen, wenn gleich die Freiheitsstrafe reducirt worden war (Prot. d. G.-A. K. d. R. 1860/61 S. 413, Weis Bd. I. S. 77, Dollmann S. 161, Hocheder S. 140, Stenglein Bd. I, S. 450).

15) Die gegen ungehorsame Geschwornen ausgesprochene Geldstrafe kann im Falle der Uneinbringlichkeit in Arrest umgewandelt werden (Zeitsch. f. Gerichtspr. Bd. VIII. S. 186).

Drittes Hauptstück.

Folgen der Verurtheilung.

Art. 28.

Verlust von Aemtern, Diensten, Würden, Auszeichnungen und allgemeinen Rechte.

In Folge der rechtskräftigen Verurtheilung zur Todes- oder Zuchthausstrafe verliert der Verurtheilte kraft des Gesetzes:

1) den Adel und alle von demselben abhängigen Rechte;
2) alle Aemter, Dienste, Würden und Auszeichnungen, welche unmittelbar oder mittelbar vom Staate ausgehen oder eine Genehmigung von Seite des Staates voraussetzen;
3) alle von solchen Aemtern, Diensten, Würden und Auszeichnungen abhängenden oder aus dem früheren Besitze derselben herrührenden Rechte;
4) die Fähigkeit zur Erwerbung des Adels und der unter Ziffer 2 bezeichneten Aemter, Dienste, Würden und Auszeichnungen;
5) die Fähigkeit, Vormund, Nebenvormund, Curator, gerichtlicher Beistand oder Mitglied eines Familienrathes zu sein, — es sei denn, daß es sich um die eigenen Kinder handle und die obervormundschaftliche Behörde, beziehungsweise der Familienrath, die Genehmigung ertheile.

1) Bei Verurtheilung wegen Verbrechens bedarf es keines ausdrücklichen richterlichen Ausspruchs über die in Art. 28 vorgeschriebenen Folgen der Verurtheilung (Prot. d G.-A. d. K. d. R. 1856/67 S. 157, Weis Bd. I. S. 90, Dollmann S. 162, 165, Hocheder S. 152, Stenglein Bd. I. S. 453).

2) Diese Folgen treten mit dem Augenblicke der Rechtskraft des Urtheils ein (Hocheder S. 152).

3) Da es Folgen der Verurtheilung sind, übt es keinen Einfluß, wenn die Strafe nicht vollzogen wurde (Weis Bd. I. S. 89).

4) Der Adel geht nur für die Person des Verurtheilten und die nach der Verurtheilung von ihm erzeugten Kinder verloren, nicht für seine vorher geheirathete Ehefrau und die vorher erzeugten Kinder (vgl. Beil. zur Verf.-Urk. §. 1.

§. 17, Weis Bd. I. S. 90, Dollmann S. 165, Stenglein Bd. I. S. 452). Hocheder S. 153 will auch der Gattin den Adel absprechen. Auch der standesherrliche (Dollmann S. 166) und ausländische (Hocheder S. 154) Adel geht durch die Verurtheilung verloren.

5) Unter den Aemtern sind auch Hof- und Ehrenämter, Aemter von Gemeinden, Korporationen und Stiftungen, deren Verleihung von der Genehmigung der Staatsregierung abhängt, Notar-, Rechtsanwalts-, Gerichtsvollziehersstellen zu verstehen (Motive z. Entw. S. 50, Vort. im G.-A. d. K. d. A. 1856/57 S. 29, Prot. S. 149, Weis Bd. I. S. 91, Dollmann S. 167, Hocheder S. 154, Stenglein Bd. I. S. 452). Die Doktorwürde gehört nicht hieher (s. d. angeführten Stellen); Hocheder S. 155 will auch diese einbezogen wissen. Dollmann S. 167 nennt auch das geistliche Amt und Stellen als praktischer Arzt, Hocheder S. 154 Pfarreistellen ohne Unterschied. Bei praktischen Aerzten dürfte dies zweifelhaft gewesen sein. Nach Freigabe der ärztlichen Praxis kann keine Rede mehr davon sein. Bezüglich der geistlichen Stellen erkannte das O.-A.-G. v. 1. März 1862, daß weltliche Gerichte Dienstentsetzung gegen Geistliche nicht aussprechen können, da dies lediglich Sache ihrer geistlichen Oberen ist. Mithin kann das Urtheil eines weltlichen Gerichts auch nicht kraft des Gesetzes den Verlust des geistlichen Amtes zur Folge haben (Erk. d. O.-A. G. v. 1. März 1862, Z. f. G. u. R. Bd. IX. S. 48, Z. f. Gerichtspr. Bd. I. S. 108). In gleicher Weise sprach sich aus in Beziehung auf Amtsentsetzung als Straffolge eines Vergehens (Erk. d. O.-A.-G. v. 21. Febr. 1868, Z. f. Gerichtspr. Bd. VII. S. 275, Entsch. d. Cass.-H. Bd. II. S. 97).

6) Auch auswärtige Ehrenzeichen, Titel u. s. w. gehen verloren (Prot. d. G.-A. d K. d. A. 1856/57 S. 149, Motive z. Entw. v. 1855 S. 50, Weis Bd. I. S. 91, Dollmann S. 168, Hocheder S. 155, Stenglein Bd. I. S. 452).

7) Ebenso Quiescenzgehalte, und anderweite, nicht auf Privatrechtstitel beruhende Bezüge aus Staatsmitteln; die Rechte der Wittwen und Waisen der Bestraften auf Pensionen. Diese Folge tritt aber nicht ein durch Verurtheilung der Wittwen und Waisen (Weis Bd. I. S. 91, Dollmann S. 168, Hocheder S. 156, Stenglein Bd. I S. 453).

8) Unter gerichtlichen Beistand ist zunächst der conseil judiciaire nach franz. Rechte, jedoch auch Rechtsbeistände von Minderjährigen, Frauen u. dgl. zu verstehen, nicht aber Sollenitätszeugen und freiwillig von einem Dispositionsfähigen zu seinem Beistande Beigezogenen (Verh. d. G.-A. d. K. d. A. 1856/57 S. 158, 201, Prot. d. G.-A. d. K. d. A. 1860/61 S. 6, Weis Bd. I. S. 92, Dollmann S. 169, Hocheder S. 156, Stenglein Bd. I. S. 452).

9) Die Folgen, welche ein bayerisches Strafurtheil im Auslande hat, sind lediglich nach den dortigen Gesetzen zu beurtheilen (Weis Bd. I. S. 92, Dollmann S. 168).

10) Die Folgen der Verurtheilung können ganz oder theilweise durch die Allerhöchste Gnade aufgehoben werden (Ges. v. 10. Juli 1861 die Aufhebung der Straffolgen betr., Ges.-Bl. S. 9 u. V. v. 4. Sept. 1861 hiezu, Rggs.-Bl. S. 689). Hiezu gibt Weis S. 130—132 folgende Bemerkungen: Durch die Aufhebung treten alle allgemeinen, nicht auf besondere Verleihung beruhenden Rechte wieder in das Leben, so auch die Wahlfähigkeit für den Landtag. Jede rechtskräftige Verurtheilung läßt Rehabilitation zu, auch die im Ungehorsamsverfahren erfolgte. Auch eine nur theilweise Rehabilitation läßt innerhalb dreier Jahre die erneute Bitte um Wiedereinräumung der noch vorenthaltenen Rechte nicht zu. Freiwillige Rehabilitation ist jedoch dem Könige keinen Augenblick benommen. Polizeiliche Maßregeln, welchen der Verurtheilte nach Art. 36—43 des Str.-G.-Bchs. unterworfen werden kann, werden von der Rehabilitation nicht berührt, ebensowenig Art. 9 des Ges. v. 4. Juni 1848 die Verantwortlichkeit der Minister betr. Auch wenn das Gutachten, welches das treffende Appellationsgericht abzugeben hat, gegen das Gesuch gerichtet ist, muß dieses zur Allerh. Entscheidung vorgelegt werden. Die Gesuche um Rehabilitation sind beim Oberstaatsanwalte

(Generalstaatsprokurator) des Wohnorts des Verurtheilten einzureichen und von demselben die weitere Instruktion und Vorlage zu besorgen (Vgl. auch Dollmann S. 214 fg.).

Art. 29.

Die Verurtheilung in eine Vergehensstrafe zieht die im Artikel 28 bezeichneten Folgen — ganz oder theilweise — nur dann nach sich, wenn die Gerichte auf Grund einer ausdrücklichen gesetzlichen Bestimmung solches im Strafurtheile aussprechen.

1) Bei Vergehen müssen die Folgen der Verurtheilung im Erkenntnisse stets ausdrücklich verhängt werden, selbst wenn dem Richter geboten, nicht blos freigestellt ist, dies zu thun (Prot. d. G.=A d. K. d. R. 1860/61 S. 27, Dollmann S. 170, Hocheder S. 157, Stenglein Bd. I. S. 453, Erk. d. O.=A.=G. v. 20. Aug. 1864, Z. f. Gerichtspr. Bd. III. S. 355, Z. f. G. u. R. Bd. XI. S. 297).

2) Uebertretungen haben mit Ausnahme eines Falles (Art. 63) diese Folgen nie (Hocheder S. 158).

3) Die Folgen treten auch bei Vergehen, vorbehaltlich der Rehabilitation (s. hierüber zu Art. 28 Ziff. 10) auf Lebensdauer ein; auf bestimmte Zeit können sie nicht verhängt werden (Weis Bd. I. S. 93, Stenglein Bd. I. S. 453).

4) Die Folgen treten mit der Rechtskraft des Urtheils ein (Hocheder S. 158, Stenglein Bd. I. S. 453).

Art. 30.

Inwieferne eine Verurtheilung auf das Recht des Verurtheilten, bei Landtags-, Landraths-, Distriktsraths- und Gemeindewahlen zu wählen und gewählt zu werden, sowie auf seine Befähigung zum Geschwornenamte, zum Dienste im Heere und in der Landwehr, zur Führung von Jagdkarten und zu anderen einzelnen, in dem gegenwärtigen Abschnitte nicht speziell bezeichneten Befugnissen Einfluß hat, ist in den einschlägigen besonderen Gesetzen bestimmt.

1) Vgl. Ges. v. 4. Juni 1848, die Wahl der Landtagsabgeordneten betr. Art. 5. 6. (Ges.=Bl. S. 77) — Ges. v. 28. Mai 1852, die Landräthe betr. Art. 8 (Ges.=Bl. S. 269) — Ges. v. 28. Mai 1852, die Distriktsräthe betr. (Ges.=Bl. S. 245) — Art. 21, 86 Ziff. 6 des Einf.=Ges. — Ges. v. 15. Aug. 1828, die Ergänzung des stehenden Heeres betr. (Ges.=Bl. S. 78) § 4 nunmehr Art. 16 des Ges vom 30. Januar 1868, die Wehrverfassung betr. — V. v. 7. März 1826, die Landwehrordnung betr. §. 6. 8 (Reggsbl. S. 297) — Ges. v. 30. März 1850, die Ausübung der Jagd betr. Art. 18 (Ges.=Bl. S. 117) — Ges. v. 17. März 1850 zum Schutz gegen den Mißbrauch der Presse betr. Art. 43 (Ges.=Bl. S. 85).

2) Nach J. M. E. v. 20. Febr. u. 4. März 1863 (J. M. Bl., Erg. Bg. S. 22) soll die Anfragen der Rekrutirungsräthe, ob von Rekruten im Auslande erlittene Strafen die Folgen der Waffenunwürdigkeit in Bayern nach sich ziehen würden, an die Oberstaatsanwälte gerichtet werden. Nach J. M. E. v. 31. Okt. 1863 (J. M. Bl. v. 1863 S. 169) zieht die Begünstigung zu dem im Heerergänzungsgesetze bezeichneten Delikten die Waffenunwürdigkeit nicht nach sich. S. hiezu Stenglein Commentar z. W.=V.=G. v. 30. Januar 1868 S. 64 fg. 341, Zeitlmann Erläuterungen zu diesem Gesetz S. 60.

Versuch ist auch in Beziehung auf Waffenunwürdigkeit der Vollendung gleichgestellt, s. Stenglein Commentar z. W.=V.=G. S. 342.

Art. 31.

Aufhebung der Eidesfähigkeit.

Der zur Todes- oder Zuchthausstrafe Verurtheilte ist vom Augenblicke der Rechtskraft des Urtheils an unfähig, einen Eid oder ein Handgelöbniß an Eidesstatt vor einer öffentlichen Behörde zu leisten.

Diese Unfähigkeit erstreckt sich bei dem Zuchthaussträflinge auf die ganze Dauer der Strafzeit.

In welchen Fällen dieselbe auch nach beendeter Strafzeit noch fortzudauern habe, und inwieferne sie auch als Folge einer zuerkannten Gefängnißstrafe eintreten könne, ist in der zweiten Abtheilung des gegenwärtigen Gesetzbuches besonders bestimmt.

1) Die einfache Vernehmung vor einer öffentlichen Behörde ist nicht ausgeschlossen. (Weis Bd. I. S. 95, Stenglein Bd. I. S. 456).

2) Ein besonderer Ausspruch über die Eidesunfähigkeit hat bei der Verhängung einer Verbrechensstrafe nicht zu erfolgen (Hocheder S. 160).

3) Ob die eidliche Vernehmung eines Eidesunfähigen Nichtigkeit des Verfahrens begründet, ist streitig (Stenglein Bd. I. S. 456 Anm. 1) s. Art. 46 Ziff. 5 des Str.-Proc.-Ges. v. 10. Nov. 1848. Daß keine Nichtigkeit gegeben sei, dafür spricht die Analogie oberstrichterlicher Entscheidungen z. B. v. 13. Febr. 1863 u. 30. Mai 1864 (Z. f. Gerichtspr. Bd. II. S. 129, Bd. III. S. 270, Z. f. G. u. R. Bd. X. S. 160.

4) Nur so lange ein zur Zuchthausstrafe Verurtheilter oder von Todesstrafe zu derselben Begnadigter (Weis Bd. I. S. 96, Dollmann S. 178, Hocheder S. 161, Stenglein Bd. I. S. 456) Zuchthaussträfling bleibt, dauert die Eidesunfähigkeit, sie hört also auf mit Begnadigung oder Umwandlung der Strafe und mit Strafverjährung (Prot. d. G.-A. d. K. d. A. 1856/57 S. 151, Weis Bd. I. S. 96, Dollmann S. 179, Hocheder S. 160, Stenglein Bd. I. S. 456). Entgegengesetzter Ansicht ist bezüglich der Strafverjährung Dollmann a. a. O.

5) Flucht des Sträflings ändert nichts an der Eidesunfähigkeit (Dollmann S. 178). Dieselbe erstreckt sich auch auf Zuchthaussträflinge, welche die Strafe auf einer Festung verbüßen (Weis Bd. I. S. 96), nicht aber auf solche, die eine Gefängnißstrafe im Zuchthaus erstehen (Weis a. a. O.)

6) Die Eidesunfähigkeit dauert auch nach beendeter Strafzeit fort bei den wegen Meineids Verurtheilten, selbst wenn sie nur eine Vergehensstrafe trifft (Art. 192 Abs. 3) und kann dauernd wegen Verläumdung verhängt werden (Art. 258 Abs. 2). Nur im letzten Fall bedarf es hierüber eines ausdrücklichen Ausspruchs (Dollmann S. 179, Hocheder S. 161).

Art. 32.

Beschränkung der Vermögensrechte.

Der zur Todes- oder Zuchthausstrafe Verurtheilte verliert mit dem Eintritte der Rechtskraft des Urtheils das Recht, sein Vermögen zu verwalten und unter Lebenden darüber zu verfügen.

Diese Unfähigkeit erstreckt sich bei dem Zuchthaussträflinge auf die ganze Dauer der Strafzeit. Während dieser Zeit darf ihm auch nichts aus seinem Vermögen verabfolgt werden.

Für die Verwaltung des Vermögens wird in der für Ernennung der Vormünder vorgeschriebenen Weise ein Curator aufgestellt, dessen Rechte und Pflichten sich nach den Gesetzen über die Verwaltung des Vermögens der Minderjährigen bestimmen.

s. hierüber zu Art. 31 Ziff. 2, 4, 5.

1) Den Zuchthaussträflingen bleibt die Möglichkeit wie Minderjährige durch ihren Kurator Vermögen zu erwerben und zu veräußern. Auf den Todesfall können sie vollkommen frei verfügen (Motive z. Entw. v. 1855 S. 52, Weis Bd I. S. 96, Dollmann S. 180, Hocheder S. 162, Stenglein Bd. I. S. 457).

2) Der Sträfling darf auch keine Renten aus seinem Vermögen beziehen, über seinen Arbeitsverdienst in der Strafanstalt aber nach Maßgabe der Hausordnung verfügen (Motive a. a. O., Weis Bd. I. S. 96, Stenglein Bd. I. S. 457).

3) Die Curatel ist vom Civilgericht nach den Bestimmungen des Civilrechts über Minderjährige dann zu bestellen, wenn vorhandenes Vermögen dies erforderlich erscheinen läßt. Dies schließt nicht aus, daß der Curator die Willensmeinung des Sträflings erholt (Motive a. a. O., Weis Bd. I. S. 97, Dollmann S. 181, Hocheder S. 163, Stenglein Bd. I. S. 457). Den Widerspruch auszugleichen, daß der Zuchthaussträfling Vormund sein könne (Art. 28 Ziff. 5) und einen solchen haben müsse, überließ man der Curatelbehörde (Prot. d. G.-A. d. K. d. A. 1856/57 S. 149).

Art. 33.

Suspension von Amte und Gehalte.

Wenn ein aktiver oder in den Ruhestand versetzter Staatsbeamter oder öffentlicher Diener eine Gefängnißstrafe zu erstehen hat, so trifft ihn für die Dauer des Strafvollzuges kraft des Gesetzes die Suspension vom Amte und Gehalte selbst dann, wenn mit der Verurtheilung keine der in dem Artikel 28 bezeichneten Folgen verknüpft ist.

1) Die Bestimmung trifft alle im öffentlichen Dienste stehenden Personen im weitesten Sinne, also auch Bedienstete der Gemeinden, Stiftungen, öffentlichen Anstalten u. s. w. (Weis Bd. I. S. 97, Dollmann S. 182). Auf Staatsbeamte und Bedienstete will die Bestimmung beschränkt wissen, Hocheder S. 164.

2) Nur Gefängniß- nicht auch Arreststrafe zieht diese Folge nach sich; jedoch auch in Gefängniß umgewandelte Geldstrafe (Weis Bd. I. S. 97, Dollmann S. 183, Hocheder S. 164).

3) Mit Verbüßung der Geldstrafe, welcher auch Begnadigung oder Strafumwandlung gleichsteht, tritt der Bestrafte wieder in alle Bezüge ein, auf welche er auch während des Strafvollzugs das Recht, also auch die Pensionsansprüche für sich und seine Relikten nicht verwirkt. (Dollmann S. 183, Stenglein Bd. I. S. 458, Hocheder S. 165).

4) Zwischen Standes- und Dienstgehalt ist nicht unterschieden. (Vortr. im G.-A. d. K. d. A. 1856/57 S. 30, Weis Bd. I. S. 97, Dollmann S. 182, Stenglein Bd. I. S. 458).

5) Ueber die Verträglichkeit der Bestimmung mit der Verf.-Urk. Beil. IX § 18, s. Vortr. im G.-A. d. K. d. A. 1856/57 S. 30, 31, Prot. S. 151, 152, Dollmann S. 182, Stenglein Bd. I. S. 458).

6) Ein Ausspruch im Strafurtheil über die Suspension vom Gehalt hat nicht zu erfolgen (Stenglein Bd. I. S. 458).

Art. 34.

Konfiskation.

Als Folge jeder Verurtheilung wegen einer vorsätzlich begangenen strafbaren That kann, soweit dieß ohne Verletzung dritter, auch nicht der Theilnahme oder Begünstigung schuldiger Personen möglich ist, die Konfiskation der zur Begehung der That gebrauchten oder bestimmt gewesenen Werkzeuge und der durch die That hervorgebrachten Sachen im Strafurtheile ausgesprochen werden.

Gleiches gilt von den als Lohn für die strafbare That empfangenen oder dargebotenen Gegenstände.

1) Nur bei einer wirklich stattgehabten Verurtheilung kann die Konfiskation ausgesprochen werden, also nicht wenn durch den Tod des Delinquirenden, Verjährung oder durch einen andern Strafausschließungsgrund die Verurtheilung unterblieb, obgleich der objektive Thatbestand einer strafbaren Handlung vorlag (Weis Bd. I. S. 99, Hocheder S. 166, Stenglein Bd. I. S. 459). Eine Ausnahme s. Art. 35.

2) Die Konfiskation kann jedoch auch erfolgen, wenn bei einer Untersuchung Gegenstände zu Gerichtshanden gekommen sind, durch deren Herausgabe ein strafbarer Besitz entstehen würde, wenn gleich eine Verurtheilung nicht erfolgen kann, mögen diejenigen, welche auf den Besitz Anspruch haben, die in Untersuchung Gewesenen oder Dritte sein. (Prot. d. G.-A. d. K. d. A. 1856/57 S. 244, Hocheder S. 166, 167).

3) Nur wegen vorsätzlicher Verbrechen, Vergehen oder Uebertretungen, nicht aber wegen blos fahrlässiger Handlungen oder wegen Polizeiübertretungen kann Konfiskation erfolgen. (Vortr. im G.-A. d. K. d. A. 1860/61 S. 132, Prot. S. 6, Weis Bd. I. S. 100, Dollmann S. 184, Hocheder S. 166, Stenglein Bd. I. S. 458, 459).

4) Ob diese vorsätzliche Handlung als Versuch oder Vollendung, oder der Thäter wegen Urheberschaft, Theilnahme oder Begünstigung strafbar ist, begründet keinen Unterschied. Jedenfalls muß aber ein strafbarer Thatbestand vorliegen, der Versuch also in der Regel in das Stadium der Ausführung eingetreten sein. (Dollmann S. 184, 186, Stenglein Bd. I. S. 460).

5) Das Gericht ist ermächtigt die Konfiskation auszusprechen, kann dies aber auch unterlassen und es wurde den Gerichten vertraut, Härten und Unzukömmlichkeiten, die sich ergeben könnten, hiedurch auszugleichen. (Motive z. Entw. v. 1855 S. 52, Prot. d. G.-A. d. K. d. A. 1860/61 S. 6, Weis Bd. I. S. 99, Dollmann S. 188, Hocheder S. 167, Stenglein Bd. I. S. 459). In den Art. 175, 191, 326, 333 sind besondere Bestimmungen enthalten, welche Konfiskationen unbedingt vorschreiben.

6) Mittels der Nichtigkeitsbeschwerde kann nur die Zulässigkeit der Konfiskation nicht die Gründe ihrer zulässigen Verfügung bestritten werden (Weis Bd. I. S. 99).

7) Derjenige, welchem das Eigenthum durch die Konfiskation entzogen wird, muß sich als Urheber, Theilnehmer oder Begünstiger bei der That betheiligt haben, und dies durch die Verurtheilung festgestellt sein (Dollmann S. 187, Stenglein Bd. I. S. 459).

8) Gegenstand der Konfiskation kann nie ein ganzes Vermögen, auch keine Immobilie sein (Verf.-Urk. Tit VIII. § 6, Weis Bd. I. S. 100, Dollmann S. 184, Hocheder S. 165, Stenglein Bd. I. S. 459).

9) Unter Werkzeugen ist nur das zu verstehen, was der Sprachgebrauch darunter versteht (Weis Bd. I. S. 100), womit der rechtswidrige Erfolg herbeigeführt wurde oder herbeigeführt werden wollte (Stenglein Bd. I. S. 460), was zur Verübung der strafbaren Handlung dienlich ist (Dollmann S. 185), die Mittel zur Verübung der strafbaren That. (Hocheder S. 167), s. auch Prot. d. G.-A. d. K. d. A. 1860 61 S. 421.

10) Also auch was zur Verübung einer ausgeführten strafbaren That bereit gehalten wurde, wie Diebsschlüssel. (Dollmann S. 185, Stenglein Bd. I. S. 460); nicht aber Transportmittel, deren sich der Thäter zum Gelangen an den Ort der That bediente (Weis Bd. I. S. 101, Dollmann S. 186, Stenglein Bd. I. S. 459) oder mittels welcher er durch die That erlangte Sachen wegschaffte (Dollmann, Stenglein a. a. O.) Dollmann S. 186 will jedoch Transportmittel, durch welche ein Begünstiger die Flucht des Thäters erleichtert, der Konfiskation unterworfen wissen, Weis S. 101 bestreitet dies.

11) Der Konfiskation sind gleichfalls nicht verfallen, Sachen, welche durch den aus der That gezogenen Gewinn, erworben wurden (Weis Bd. I. S. 101), oder die zum Zwecke eines Betruges u. dgl. fabricirt wurden, wenn nicht eben in der Fabrikation die That liegt (Dollmann S. 186, 187).

12) Als dargeboten gilt ein Gegenstand nicht, wenn er generell oder speziell versprochen, in Aussicht gestellt wurde, sondern nur der körperlich zur sofortigen Empfangnahme angebotene (Prot. d. G.-A. d. K. d. A. S. 153, 185, Weis Bd. I. S. 101, Dollmann S. 187, Hocheder S. 167, Stenglein Bd. I. S. 460).

13) Konfiscirte Sachen fallen mit Eintritt der Rechtskraft des Urtheils, in welchem die Konfiskation ausgesprochen wird, dem Fiskus zu. (Weis Bd. I. S. 102, Dollmann S. 189, 190, Hocheder S. 168, Stenglein Bd. I. S. 460), und zwar insoweit nicht fungible Sachen in Rede stehen, die Sache selbst, nicht deren Werth, und es kann nur diese selbst vom Fiskus vindicirt, nicht auf Entschädigung geklagt werden, es sei denn, daß die Sache erst nach Rechtskraft des Urtheils beseitigt wurde. (Dollmann S. 189, Hocheder S. 167, Stenglein Bd. I. S. 459. Erben können auf Herausgabe nur dann belangt werden, wenn das Urtheil gegen den Erblasser zur Zeit seines Todes rechtskräftig war. (Dollmann S. 190). Nur bei Bestechung (Art. 370) kann auch der Werth des gegebenen oder dargebotenen Geschenks in Anspruch genommen werden.

Auch enthalten Spezialgesetze besondere Bestimmungen wie Art. 7 des Ges. v. 25. Juli 1850, die Bestrafung der Jagdfrevel betr Die rechtskräftig wegen Unmöglichkeit der Konfiskation eines zu einem Jagdfrevel benützten Gewehres verhängte Geldstrafe kann, wenn dieses Gewehr nachträglich aufgefunden wird, durch Konfiskation desselben nicht rückgängig gemacht werden. (Erk. d. O.-A.-G. v. 5. Mai 1866 Z. f. Gerichtspr. V. S. 314, Z. f. G. u. R. Bd. XIII. S. 293).

14) Die Konfiskation ist ohne Rücksicht auf die Möglichkeit oder Leichtigkeit des Vollzugs auszusprechen (Dollmann S. 188, Stenglein Bd. I. S. 459), s. auch zu Art. 27 Ziff. 7.

Art. 35.

Unterdrückung und Vernichtung von Preßerzeugnissen.

Wenn ein Preßerzeugniß den Gegenstand eines Strafurtheiles bildet, so kann, so weit dieß ohne Verletzung dritter, auch nicht der Theilnahme oder Begünstigung schuldiger Personen möglich ist, in dem Urtheile die Unter-

drückung oder Vernichtung aller vorfindlichen Exemplare dieses Erzeugnisses und der zu dessen Hervorbringung ausschließlich bestimmten Mittel (Platten, Formen und dgl.) verfügt werden.

Ist nur ein Theil eines Preßerzeugnisses für strafbar erkannt worden, so findet die vorstehende Bestimmung nur bezüglich dieses Theiles Anwendung, soweit eine solche Ausscheidung möglich ist.

1) Preßerzeugniß ist in dem weiteren Sinne des Art. 8 zu verstehen (Weis Bd. I. S. 163), insoferne aber auch Banknoten u. dgl. darunter gehören würden, haben hiefür die speziellen Bestimmungen der Art. 169 Abs. 4 und Art. 191 Abs. 2 zur Anwendung zu kommen. (Dollmann S. 194).

2) Unter Strafurtheil ist ein Urtheil, durch welches eine Strafe verhängt wird, zu verstehen, nicht blos ein in einer strafrechtlichen Prozedur ergangenes Urtheil. (Vortr. d. G.-A. d. K. d. A. 1856 57 S. 31, Prot. S. 54 d. K. d. R., Prot. S. 167 d. K. d. A. 1860 61, Vortr. S. 132, Weis Bd. I. S. 103, Dollmann S. 191, Stenglein Bd. I. S. 461).

Anderer Ansicht ist Hocheder S. 169, allein im Hinblick auf Art. 58 des Einf.-Ges. entschieden mit Unrecht.

3) Die Befugniß von dem Artikel Gebrauch zu machen, ist in das Ermessen des Gerichts gelegt; die richterliche Verfügung kann also gegebenen Falls mit der Berufung, nicht aber mit der Nichtigkeitsbeschwerde angefochten werden. (Weis Bd. I. S. 103, Dollmann S. 193).

4) Ob das Preßerzeugniß in das Eigenthum Dritter übergegangen ist, muß im einzelnen Fall nach civilrechtlichen Grundsätzen entschieden werden. Zeitungen, welche durch die Post geliefert werden, gehen erst mit der Uebergabe durch den Postbediensteten in das Eigenthum des Bestellers über. Bei Zeitungsausträgern muß unterschieden werden, ob dieselben Beauftragte der Expedition oder des Abonnenten sind. Im ersten Falle gehen die Blätter erst mit Ablieferung an den Besteller, im letzteren mit der an den Austräger in das Eigenthum des Bestellers über. Lesevereine u. dgl. stehen Privaten gleich. (Weis Bd. I. S. 104, Vortr. im G.-A. d. K. d. A. 1856/57 S. 31, Prot. S. 154, d. K. d. R. S. 69, Dollmann S. 193, Hocheder S. 169, Stenglein Bd. I. S. 461).

5) Die Konfiskation nach Art. 34 kann in Bezug auf die hier berührten Gegenstände nicht Platz greifen. (Prot. d. G.-A. d. K. d. A. 1856/57 S. 153, Weis Bd. I. S. 105, Dollmann S. 191, Hocheder S. 168, Stenglein Bd. I. S. 461).

6) Pressen und Typen, welche noch anderweite Verwendung zulassen; Steine, bei welchen die Abschleifung genügt, u. s. w. dürfen nicht vernichtet werden. (Vortr. im G.-A. d. K. d. A. 1856/57 S. 31, Prot. S 154 1860/61, Vortr. S. 132, Prot. S. 6, Weis Bd. I. S. 104, 105, Dollmann S 192, 193, Hocheder S. 169, Stenglein Bd. I. S. 462).

7) Da nach Art. 1 des Preßstrafgesetzes die strafrechtliche Verantwortung für ein Preßerzeugniß erst mit dessen Veröffentlichung eintritt, so ist dies auch Vorbedingung für die Anwendung vorstehenden Artikels (Dollmann S. 192).

8) Im Auslande erschienene Schriften unterliegen der Bestimmung vorstehenden Artikels, wenn sie überhaupt vor ein inländisches Forum gezogen werden können. (Z. f. G. u. R. Bd. II. S. 53, Stenglein Bd. I. S. 462).

9) Vorbehaltlich besonderer gesetzlicher Bestimmungen findet der Artikel auf Preßpolizeiübertretungen keine Anwendung. Erk. d. O.-A.-G. v. 30. Sept. 1864, Z. f. Gerichtspr. Bd. IV. S. 22, Z. f. G. u. R. Bd. XI. S. 375.

Art. 36.

Polizeiaufsicht.

Die wegen einer strafbaren Handlung Verurtheilten können unter Polizeiaufsicht gestellt werden, jedoch nur dann, wenn das Strafgericht in dem verurtheilenden Erkenntnisse die Zulässigkeit dieser Maßregel ausdrücklich ausgesprochen hat.

Dieser Ausspruch ist bei jeder Verurtheilung wegen eines Verbrechens, bei Verurtheilung wegen eines Vergehens oder einer Uebertretung aber nur in den vom Gesetze bestimmten Fällen zulässig.

1) Es ist nicht ausgeschlossen, daß von den bei einer strafbaren Handlung Betheiligten bei Einzelnen die Polizeiaufsicht zulässig erklärt wird, bei anderen nicht (Weis Bd. I. S. 107).

2) Nur bei Verurtheilungen kann die Polizeiaufsicht für zulässig erklärt werden und muß dies im Strafurtheile selbst geschehen. Ueber die möglichen Rechtsmittel s. Art. 35 Ziff. 3. (Weis Bd. I. S. 107, Dollmann S. 197, Hocheder S. 172).

3) Wird bei dem objektiven Thatbestande eines Verbrechens aus subjektiven Gründen eine Vergehensstrafe erkannt, so kann nur dann die Polizeiaufsicht als zulässig erklärt werden, wenn dies das Gesetz auch für Vergehen gestattet (Weis Bd. I. S. 108).

Art. 37.

Liegt ein solcher Ausspruch eines Strafgerichtes vor, so kann die Distriktspolizeibehörde der Heimath des Verurtheilten, wenn sie es den Verhältnissen angemessen erachtet, die Stellung desselben unter Polizeiaufsicht verhängen. Sie bestimmt in diesem Falle zugleich deren Dauer, welche jedoch zwei Jahre nicht übersteigen darf.

Die Zeit der Polizeiaufsicht wird von dem Tage an gerechnet, an welchem der Verurtheilte die gegen ihn erkannte Freiheitsstrafe abgebüßt hat.

1) Die Polizeibehörde soll in der Regel vor Ablauf der Freiheitsstrafe bestimmen, ob Polizeiaufsicht eintritt, sie kann dies jedoch auch erst später thun, ohne aber die zweijährige Frist von Beendigung der Freiheitsstrafe an zu überschreiten (Weis Bd. I. S 109, Dollmann S. 198, Hocheder S. 174, Stenglein Bd. I. S. 464).

2) Ergehen gegen ein Individuum successiv mehrere Strafurtheile, welche Verhängung der Polizeiaufsicht gestatten, so läuft die zweijährige Frist stets von Ablauf der letzten Freiheitsstrafe an. Bei Zusammenfluß mehrerer strafbaren Handlungen, welche die Zulässigkeitserklärung der Polizeiaufsicht gesetzlich begründen würden, wird jene Frist nicht verlängert. Durch Erstehung einer Strafe oder durch Untersuchungshaft wird die Frist nicht unterbrochen. (Stenglein Bd. I. S. 465).

Art. 38.

Dem unter Polizeiaufsicht Gestellten kann durch die Distriktspolizeibehörde das Betreten gewisser Häuser, Anstalten, Plätze oder Bezirke, sowie der Aufenthalt in einzelnen bestimmten Gemeinden, seine Heimatsgemeinde ausgenommen, untersagt werden, falls seine Anwesenheit daselbst gefährlich erscheint.

In seiner Wohnung darf jeder Zeit gerichtliche oder polizeiliche Haussuchung gehalten werden.

Gegen diejenigen, welche wegen Raubes, Erpressung, Diebstahls, wegen Theilnahme hieran oder wegen Hehlerei verurtheilt worden sind, kann die Distriktspolizeibehörde die Aufsicht dahin erweitern, daß dieselben während der Nachtzeit ihren Wohnort und selbst ihre Wohnung ohne Erlaubniß nicht verlassen dürfen.

1) Es handelt sich hier nur um die Folgen einer Verurtheilung, nicht um die Befugniß der Polizeibehörden im Allgemeinen oder auf Grund bestimmter Gesetze wie des Heimathgesetzes (Prot. d. G.-A. d. K. d. A. 1856/57 S. 163).

2) Ein allgemeines Wirthshausverbot, oder Konfinirung an einen bestimmten Ort, oder andere hier nicht bezeichnete Freiheitsbeschränkungen sind unstatthaft (Prot. d. G.-A. d. K. d. A. 1860 61 S. 143) Dagegen können zulässige Freiheitsbeschränkungen auch während der Dauer der Polizeiaufsicht oder nur für bestimmte Zeiten, wie Kirchweihen u. dgl., verhängt werden. (Weis Bd. I. S. 110, Dollmann S. 199, Stenglein Bd. I. S. 465).

3) Einem unter Polizeiaufsicht Gestellten kann der Besuch aller Wirthshäuser an dem Orte, welcher ihm als Aufenthaltsort angewiesen ist, und jener in einer angrenzenden Gemeinde verboten werden. (Erk. d. O.-A.-G. v. 1. Juli 1864, Z. f. Gerichtspr. Bd. III. S. 287, Z. f. G. u. R. Bd. XI. S. 248).

4) Der polizeiliche Auftrag, Arbeit zu suchen, gehört nicht unter die Maß=

regeln der Polizeiaufsicht. (Erk. d. O.=A.=G. v. 17. Febr. 1865, Z. f. Gerichtspr. Bd. IV. S. 183, Z. f. G. u. R. Bd. XII. S. 52).

5) Die Maßregeln der Polizeiaufsicht und die Dauer derselben müssen von der Polizeibehörde ausdrücklich bestimmt werden, ausserdem ist nur Haussuchung in der Wohnung des unter Polizeiaufsicht Gestellten zulässig. Bl. f. R.=A. Bd. XXX. S. 33.

6) Konfinirung als Maßregel der Polizeiaufsicht ist unzulässig. Bl. f. R.=A. Bd. XXX. S. 34, Z. f. G. u. R. Bd. X. S. 481, Erk. d. O.=A.=G. v. 19. Juni 1868, Z. f. Gerichtspr. Bd. VII. S. 436, Entsch. d. Cass.=H. Bd. II. S. 281, Erk. d. O.=A.=G. v. 11. März 1867, Z. f. Gerichtspr. Bd. VI. S. 260, Entsch. d. Cass.=H. Bd. I. S. 98.

7) Als Wohnort ist der Ort zu betrachten, wo thatsächlich die betreffende Person ihren Aufenthalt genommen hat. (Weis Bd. I. S. 111). Unter Nachtzeit will Weis a. a. O. die Zeit vom Dunkelwerden bis es wieder hell wird, verstanden wissen. Stenglein Bd. I. S. 465 ist der Ansicht, daß die nähere Bestimmung solcher Modalitäten der Polizeibehörde eingeräumt sei.

8) Die Ueberschreitung der auferlegten Beschränkungen in Nothfällen ist durch Art. 147 vorbehalten. (Weis Bd. I. S. 112, Bl. f. R.=A. Bd. XXX. S. 41).

9) Die Gerichte können die gesetzliche Zulässigkeit der von der Polizeibehörde verhängten Maßregeln der Polizeiaufsicht prüfen. Weis Bd. I. S. 375, Stenglein Bd. II. S. 98, Bl. f. R.=A. XXX. S. 37, s. auch die unter Ziff. 6 aufgeführten oberstrichterl Urtheile. Dagegen steht den Gerichten keine Prüfungsbefugniß zu, wenn die Maßregel auf polizeilichen Gesetzen beruht. Erk. d. O.=A.=G. v. 1. Juli 1864, Z. f. Gerichtspr. Bd. III. S. 287, Z. f. G. u. R. Bd. X. S. 481.

Art. 39.

Die zuständige Distriktspolizeibehörde ist befugt, die Dauer der Polizeiaufsicht abzukürzen, wenn der Beaufsichtigte befriedigende Proben von Besserung gegeben hat.

1) Der Polizeibehörde ist auch gestattet, anfänglich auferlegte Beschränkungen wieder aufzuheben (Weis Bd. I, S. 110, Stenglein Bd. I. S. 465).

2) Die Befugniß der Polizeibehörde, die ursprünglich bestimmte Dauer der Polizeiaufsicht bis zum möglichen Maximum zu verlängern, glaubt ausgeschlossen Weis Bd. I. S. 110, Dollmann S. 199, Hocheder S. 175, weil in Art. 42 diese Befugniß bezüglich der Verwahrung in einer Polizeianstalt ausdrücklich eingeräumt sei. Eingeräumt wissen will dieselbe Stenglein Bd. I. S. 465, weil die Polizeiaufsicht überhaupt nachträglich verfügt werden kann, und ein Verzicht auf die eingeräumte Befugniß, bis zum Maximum zu gehen, sich nicht denken läßt.

Art. 40.

Verwahrung in einer Polizeianstalt.

Diejenigen, welche wegen eines Vergehens zu einer zwei Jahre nicht übersteigenden Gefängnißstrafe oder wegen einer Uebertretung verurtheilt worden sind, können in den vom Gesetze bestimmten Fällen und wenn im Strafurtheile die Zulässigkeit dieser Maßregel ausdrücklich ausgesprochen ist, nach beendigter Strafzeit in einer Polizeianstalt verwahrt werden.

Liegt ein solcher Ausspruch des Strafgerichtes vor, so kann die Distriktspolizeibehörde der Heimat des Verurtheilten, wenn sie es den Umständen angemessen erachtet, auf Verwahrung erkennen. Sie bestimmt in diesem Falle zugleich deren Dauer, welche jedoch Ein Jahr nicht übersteigen darf.

Wird von der Distriktspolizeibehörde auf Verwahrung einer zu Arreststrafe verurtheilten Person in einer Polizeianstalt erkannt, so kann die Arreststrafe, soweit sie noch nicht erstanden ist, in der Polizeianstalt vollstreckt werden.

1) Der Vollzug der Strafen darf dadurch nicht aufgehalten werden, daß abgewartet wird, ob die Distriktspolizeibehörde auf Verwahrung in einer Polizeianstalt erkennt; jedoch soll sich die Verwahrung unmittelbar an den Strafvollzug anschließen. (Prot. d. G.=A. d. K. d. A. 1860/61 S. 367, Weis Bd. I. S. 116, Dollmann S. 202, Hocheder S. 179, Stenglein Bd. I. S. 467).

2) Ob der Rest einer Arreststrafe in der Polizeianstalt vollzogen werden soll, hat die Distriktspolizeibehörde anzuordnen (Hocheder S. 179).

3) Der Zweck der Verwahrung in einer Polizeianstalt ist die Besserung verwahrloster, arbeitsscheuer Personen, bei welchen die Kürze der Strafdauer eine derartige Einwirkung nicht gestattet. (Vortr. im G.-A. d. K. d. A. 1856/57 S. 34, Weis Bd. l. S. 113, Dollmann S. 201, Hocheder S. 177, Stenglein Bd. l. S. 467).

s. übrigens nach Art. 36 Ziff. 1, 2, Art. 37 Ziff. 2.

4) Die Verwahrung und Beschäftigung in den Polizeianstalten geschieht auf Staatskosten (Prot. d. G.-A. d. K. d. A. 1860/61 S. 367, Stenglein Bd. l. S. 467).

Art. 41.

Die in einer Polizeianstalt Verwahrten sind angemessen zu beschäftigen und nach Umständen zu unterrichten.

Fesselung kann gegen sie nur wegen besonderer Fluchtgefahr, Widersetzlichkeit oder aus ähnlichen Gründen und, dringende Fälle ausgenommen, nur in Folge eines Disciplinarerkenntnisses der Behörde der Anstalt verhängt werden.

Körperliche Züchtigung ist unbedingt ausgeschlossen.

Im Uebrigen richtet sich die Behandlung der in den Polizeianstalten Verwahrten nach den Bestimmungen der im Regierungsblatte zu veröffentlichenden Hausordnung.

1) Die Beschäftigung muß sich nicht nothwendig auf die Anstalt beschränken, sie kann auch landwirthschaftliche oder Waldarbeiten umfassen, nicht aber öffentliche Arbeiten. (Prot. d. G.-A. d. K. d. A. 1856/57 S. 165, Vortr. S. 34, Weis Bd. l. S. 114, Dollmann S. 202, Stenglein Bd. l. S. 467).

2) Ueber die Behandlung in den Polizeianstalten vgl. Art. 25 Ziff. 1, 2, ferner Prot. d. G.-A. d. K. d. A. 1860/61 S. 422.

3) S. K. allerh. Verordnung, die Hausordnung für die Polizeianstalten betr. v. 12. Juni 1862 Rggs.-Bl. S. 1333 u. k. allerh. Verordnung, die Benennung der Verwaltungen der Straf- und Polizeianstalten betr. v. 17. Juni 1862 Rggs.-Bl. S. 1387, über die Einschaffung und Verwahrung in Polizeianstalten die gem. Entschl. d. k. St.-M. der Justiz und des Innern v. 27. März 1864, J.-M.-Bl. S. 66. Ueber die Verabreichung von Bier ꝛc. an Verwahrte. Entschl. d. St.-M. d. Innern v. 21 Dez. 1863, J.-M.-Bl. 1864 S. 2, über den Vollzug poliz. Arreststrafen in Polizeianstalten. Entschl. d. St.-M. d. Innern v. 19. Juli 1864, J.-M.-Bl. S. 221, Entschl. des St.-M. d. Innern v. 13. Okt. 1866, den Besitz unerlaubter Gegenstände Seitens der Gefangenen in den Straf- u. Polizeianstalten betr. J.-M.-Bl. S. 308 u. v. 3. Januar 1867, das Verfahren bei Auffindung von Leichen und bei körperl. Verletzungen in Straf- u. Polizeianstalten betr. J.-M.-Bl. S. 42.

Art. 42.

Die zuständige Kreisverwaltungsstelle ist befugt, die Dauer der Verwahrung in der Polizeianstalt abzukürzen, wenn der Verwahrte befriedigende Proben von Besserung gegeben hat.

Diese Stelle hat aber auch die Befugniß, die erkannte Verwahrungsdauer — jedoch nicht mehr als um ein Drittheil — zu verlängern, wenn sein Benehmen während der zuerkannten Verwahrungszeit keine Besserung anzeigt.

1) Bezüglich der Berechnung der Dauer der Verwahrung ist Art. 22, 23 analog anzuwenden (Dollmann S. 202, Hocheder S. 180).

Art. 43.

Ausweisung der Ausländer.

Ausländer, welche wegen eines Verbrechens verurtheilt worden sind, werden nach erstandener Strafe des Landes verwiesen und ihrer Obrigkeit. soferne dieß geschehen kann, überliefert.

Bei Verurtheilung eines Ausländers wegen eines Vergehens oder einer Uebertretung hat gegebenen Falles an die Stelle der zu verhängenden Polizeiaufsicht oder Verwahrung in einer Polizeianstalt die Landesverweisung einzutreten.

Die Landesverweisung ist in dem Strafurtheile ausdrücklich auszusprechen.

Ist die Vollziehung der Landesverweisung nicht möglich, so kann die Distriktspolizeibehörde statt derselben Polizeiaufsicht oder Verwahrung in einer Polizeianstalt verhängen.

1) „Gegebenen Falls" ist dahin zu verstehen, daß das Gericht zu erwägen hat, ob es bei einem Inländer die Polizeiaufsicht oder Verwahrung in einer Polizeianstalt für zulässig erklären würde. (Motive z. Entw. v. 1855 S. 52, Weis Bd. I. S. 117, Dollmann S. 204, Hocheder S. 183, Stenglein Bd. I. S 469).

2) Die Landesverweisung ist vom Gerichte direkt auszusprechen, nicht blos für zulässig zu erklären (Dollmann S. 204).

3) Der Ausspruch der Landesverweisung muß dem Verwiesenen publicirt werden, eine besondere Belehrung hierüber findet nicht Statt. (Motive z. Entw. v. 1855 S. 53, Weis Bd. I. S. 118, Dollmann S. 204, Hocheder S. 184). Gegen die gesetzlich begründete Landesverweisung findet zwar Berufung, nicht aber Nichtigkeitsbeschwerde Statt. (Weis Bd. I. S 117).

4) Wenn auf Todes- oder lebenslängliche Zuchthausstrafe, daneben also nicht auf Landesverweisung erkannt worden war, jedoch Begnadigung eintrat, kann Landesverweisung nicht erfolgen (Hocheder S. 184).

5) Wie bei Vergehen die Landesverweisung zu vollziehen sei, liegt im Ermessen der zuständigen Polizeibehörde (Hocheder S. 185, Stenglein Bd. I. S. 469).

6) Die zur Umwandlung der Landesverweisung in Polizeiaufsicht oder Verwahrung in einer Polizeianstalt zuständige Behörde ist auf dem Verordnungsweg zu bestimmen (Vortr. im G.-A. d. K. d. A. 1860 61 S. 133, Prot. S. 7, 1856/57 Prot. S. 166, Weis Bd. I. S. 119, Dollmann S. 205, Hocheder S. 186, Stenglein Bd. I. S. 469).

Diese Verordnung v. 29. März 1863 (Rggsbl. S. 553) bestimmt, daß zuständig sein soll:

a) die Distriktspolizeibehörde des Wohnorts, wenn dem betr. Ausländer ein versorglicher Wohnort angewiesen worden war;
b) außerdem die Distriktspolizeibehörde des letzten ständigen Aufenthalts;
c) in allen übrigen Fällen die Distriktspolizeibehörde des Straforts und wenn die Strafe durch erlittene Untersuchungshaft als getilgt erklärt wurde, die des Ortes der Verurtheilung.

7) Wird nachträglich der Vollzug der Landesverweisung noch möglich, so ist dieselbe zu bewirken (Weis Bd. I. S. 118).

8) Ist die Distriktspolizeibehörde in den Fall gesetzt, anstatt der Landesverweisung Polizeiaufsicht oder Verwahrung in einer Polizeianstalt zu verhängen, so müssen alle hiefür gegebenen gesetzlichen Bestimmungen so beobachtet werden, als wären dieselben ursprünglich im Urtheile für zulässig erklärt worden (Hocheder S. 185).

9) Die sonstige Zuständigkeit der Polizeibehörden, Ausländern den Aufenthalt zu versagen, bleibt durch vorstehende Bestimmungen unberührt (Dollmann S. 205, Hocheder S. 184, Stenglein Bd I. S. 469).

10) Blos deshalb, weil ein im Inlande bestrafter Ausländer Landstreicher ist, kann Landesverweisung nicht erkannt werden, sondern nur in denjenigen Fällen, in welchen Polizeiaufsicht oder Verwahrung in einer Polizeianstalt ausdrücklich im Gesetze für zulässig erklärt ist. (Z. f. Gerichtspr. Bd. I. S. 305).

Art. 44.

Unzulässigkeit weiterer polizeilicher Maßregeln.

Außer den in den vorhergehenden Artikeln bezeichneten sind keine weiteren polizeilichen Maßregeln gegen den wegen einer strafbaren Handlung Verurtheilten als Folge dieser Verurtheilung zulässig.

Die gesetzlichen Bestimmungen über Einstellung und Einziehung von Gewerben bleiben vorbehalten.

1) Nur als Folge der Verurtheilung sind weitere polizeiliche Maßregeln ausgeschlossen, nicht aber solche, welche auf Bestimmungen beruhen, die von der Strafgesetzgebung nicht berührt werden. (Prot. d. G.-A. d. K. d. A. 1856/57 S. 166, Weis Bd. I. S. 119, Hocheder S. 187, Stenglein Bd. I. S. 470).

2) Zu Abs. 2 vgl. Art. 6 Abs. 2 des Gewerbges. v. 11. Sept. 1825; nunmehr Art. 12, 29 des Ges. v. 20. Januar 1868, das Gewerbswesen betr. Malzaufschlagsmandat v. 28. Juli 1807 § XIX—XXI, nunmehr Art. 58—61, 67 des Ges. v. 16. Mai 1868, den Malzaufschlag betr. Zollstrafgesetz v. 17. Nov. 1837 § 4; Art. 51 Ges. z. Schutze gegen den Mißbrauch der Presse v. 17. März 1850 (für die Pfalz mit Dekret v. 5. Febr. 1850). (Weis Bd. I. S. 120, Dollmann S. 206).

Der oben cit. Art. 29 des Gewerbsgesetzes v. 30. Januar 1868 lautet:

„Wird eines der im Art. 8 benannten Gewerbe zu einer Handlung miß„braucht, welche als Verbrechen oder Vergehen strafbar ist, so sind die „Strafgerichte befugt, neben der gesetzlichen Strafe auszusprechen, daß dem „Verurtheilten die Berechtigung zum selbstständigen Betrieb des betreffenden „Gewerbes entzogen werden kann."

„Liegt ein solcher Ausspruch vor, so kann die zuständige Gewerbspolizei„behörde innerhalb dreier Monate nach eingetretener Rechtskraft des Straf„urtheils den selbstständigen Gewerbsbetrieb auf die Dauer von höchstens „3 Jahren untersagen."

Art. 45.

Folge einer im Auslande erlittenen Strafe.

Der im Auslande bestrafte bayerische Staatsangehörige, gegen welchen eine wiederholte Untersuchung und Aburtheilung vor den bayerischen Gerichten nicht zulässig ist (Art. 13), soll denjenigen Rechtsnachtheilen, welche das bayerische Strafgesetz als nothwendige Folge der von ihm auf die verübte That gesetzten Strafe erklärt, nur dann unterliegen, wenn dieß auf Antrag der Staatsanwaltschaft durch das zuständige inländische Strafgericht in einem lediglich auf diesen Punkt zu beschränkenden Urtheile ausgesprochen wird.

Das Gleiche gilt von dem im Auslande bestraften und später nach Bayern übergesiedelten Ausländer.

1) Der Antrag des Staatsanwalts darf sich nicht darauf erstrecken, Straffolgen zu erkennen, deren Verhängung in das Ermessen des Gerichts gelegt ist, sondern lediglich die bei einer Verurtheilung in Bayern Kraft des Gesetzes eintretenden oder diejenigen, welche der Richter nach gesetzlichem Gebote verhängen muß (Mot. z. Entw. v. 1855 Art. 35 S. 53, Weis Bd. I. S. 125, Dollmann S. 206, 207, Hocheder S. 189, Stenglein Bd. I. S. 470).

2) Die verübte That ist nach der im ausländischen Urtheile geschehenen thatsächlichen Feststellung als geschehen anzunehmen (Weis Bd. I. S. 125, Dollmann S. 209, Hocheder S. 189, Stenglein Bd. I. S. 471).

3) An die rechtliche Qualifikation der That, wie diese im ausländischen Urtheile erfolgte, ist das inländische Gericht nicht gebunden, diese hat das bayerische Gericht nach bayerischen Gesetzen vorzunehmen, und dieses nach seiner vollen Ausdehnung also auch bezüglich aller Strafausschließungsgründe zu berücksichtigen. (Motive z. Entw. v. 1855 S. 53, Hocheder S. 189, Stenglein Bd. I. S. 470).

4) Ob es zweckentsprechend ist, den Antrag zu stellen, legt das Gesetz in das Ermessen des Staatsanwalts (Weis Bd. I. S. 125, Dollmann S. 208, Hocheder S. 190, Stenglein Bd. I. S. 471.

5) Streitig ist, ob die Verhängung der Straffolgen beim Vorliegen der gesetzlichen Erfordernisse im Ermessen des Gericht oder in dessen Pflicht liegt. Für letzteres sprechen sich aus Weis Bd. I. S. 126, Hocheder S. 190; für ersteres Dollmann S. 208, Stenglein Bd. I. S. 471. Jedoch dürfte die Controverse nur scheinbar sein. Da es sich um nothwendige Folgen handelt, kann das Gericht beim Vorliegen eines entsprechenden Thatbestands von demselben sicher nicht dispensiren, es liegt aber in seinem Ermessen, ob das ausländische Urtheil überhaupt eine genügende Basis für die Verhängung von Straffolgen gegen einen Inländer bietet (s. auch Hocheder S. 190).

6) Das zuständige inländische Strafgericht ist das des Wohnorts des Schuldigen, und zwar, wenn ein Verbrechen in Rede steht, das Schwurgericht, bei Vergehen das Bezirksgericht (Weis Bd. I. S. 125, Dollmann S. 208). Hocheder S. 191 drückt dies unbestimmter dahin aus, es sei dasjenige zuständig, welches zu einer selbstständigen Verfolgung zuständig wäre.

7) Das Urtheil, welches ausnahmsweise ohne Schuldausspruch erlassen wird und auch die nothwendigen Straffolgen ausdrücklich verhängt, erfolgt ohne Voruntersuchung und Verweisung (Hocheder S. 191 scheint letztere nothwendig zu finden), unter Vorladung des Schuldigen, nöthigenfalls jedoch auch in seiner Abwesenheit, in öffentlicher Sitzung nach mündlichem Verfahren unter Freilassung aller gesetzlichen Rechtsmittel (Weis Bd. I. S. 125, Dollmann S. 209).

8) Ein Restitutionsverfahren gegen im Auslande erlittene Ehrenstrafen findet nicht Statt (Dollmann S. 209).

9) Die Straffolgen können in Bayern auch dann verhängt werden, wenn der Schuldige für die im Auslande zu verhängenden Ehrenstrafen als Surrogat eine Freiheitsstrafe erlitten hat (Dollmann S. 209, Hocheder S. 191).

10) Der Abs. 2 findet auch auf solche nach Bayern übergesiedelte Ausländer Anwendung, welche wegen der strafbaren That von einem inländischen Gerichte nach Art. 12 nicht hätten abgeurtheilt werden können (Hocheder S. 188, Stenglein Bd. I. S. 471).

Art. 46.

Vorbehalt der Disciplinareinschreitung.

Durch die strafgerichtliche Verfolgung wird die Ausübung der Disciplinargewalt nicht ausgeschlossen.

1) Vgl. die Disciplinarbestimmungen für Staatsdiener Beil. IX. Verf.-Urk. §§. 10—15; nach V. v. 31. Okt. 1837 §. 67 auch auf Gemeindebeamte im dießrheinischen Bayern analog anwendbar, s. gegenwärtig Art. 167. 168 der Gemeindeordnung f. d. Landestheile d. d. Rh. v. 29. April 1869 — Art. 96. 97 der Gemeindeordnung f. d. Pfalz v. 29. April 1869; für Notare das Notariatsges. v. 10. Nov. 1861 Art. 143 fg. und f. d. Pfalz die franz. Notariatsordnung v. 25. Vent. IX., bezüglich der Gerichtsboten in der Pfalz Dekret v. 30. März 1808 und 14. Juni 1813 (Dollmann S. 210, Risch Comment. z. Einf.Ges. S. 40).

Viertes Hauptstück.

Versuch.

Art. 47.

Versuch.

Der Versuch eines Verbrechens ist vorhanden, wenn Jemand in der Absicht, ein Verbrechen zu verüben, eine Handlung vorgenommen hat, welche schon den Anfang der Ausführung des Verbrechens enthält, und die Vollendung des letzteren nur wegen äußerer vom Willen des Thäters unabhängiger Umstände unterblieben ist.

Die Bestimmung des Absatzes 1 findet auch auf Vergehen und Uebertretungen entsprechende Anwendung.

1) Die Absicht, ein Verbrechen zu verüben ist bei denjenigen Verbrechen, zu deren Vollführung einfacher Vorsatz genügt, gleichbedeutend mit diesem (Stenglein Bd. I. S. 477).

2) Da der Versuch eine Absicht voraussetzt, gibt es weder einen strafbaren fahrlässigen Versuch noch einen Versuch zu einer fahrlässigen strafbaren Handlung (Erk. d. O.-A.-G. v. 17. März 1859, Z. f. G. u. R. Bd. VI, S. 75, Dollmann S. 224, Hocheder S. 197. 216, Stenglein Bd. I. S. 477).

3) Auch der unbestimmte Vorsatz genügt zum Versuch, und ist die schwerer strafbare alternativ oder eventuell gewollte That als versucht zu betrachten, sowohl wenn kein Erfolg eingetreten ist, als wenn einer der gewollten geringeren Erfolge eingetreten ist, in welch' letzterem Falle Zusammenfluß von Versuch und Vollendung vorliegt (Dollmann S. 225, Hocheder S. 198, Stenglein Bd. I. S. 481).

4) Der Versuch bedarf keines überlegten Entschlusses (Dollmann S. 225).

5) Strafbarer Versuch kann auch durch Unterlassungen begangen werden (Sitz.-Ber. Bd. III. S. 197, Stenglein Bd. I. S. 477).

6) Wenn die gegen ein bestimmtes Objekt (Person oder Sache) gerichtete strafbare Handlung ihr Ziel verfehlt und ein anderes Objekt gegen den Willen des Thäters trifft (aberratio); so liegt Zusammenfluß eines Versuchs und nach Umständen einer fahrlässigen That vor (Erk. d. O.-A.-G. v. 9. Mai 1856, Z. f. G. u. R. Bd. III. S. 217, ferner v. 30. März 1864, Z. f. Gerichtspr. Bd. III. S. 141, Z. f. G. u. R. Bd. XI. S. 82; auch Z. f. Gerichtspr. Bd. I. S. 14. Dollmann S. 221, Hocheder S. 212, Stenglein Bd. I. S. 481, Bd. II. S. 247. 273, s. auch Ziff. 7 und die dort angeführte Literatur).

7) Wenn der Thäter die gewollte strafbare Handlung an dem Objekt ausführt, gegen welches dieselbe gerichtet war, sich jedoch über dieses Objekt im Irrthum befindet, so liegt dennoch eine vollendete strafbare That vor (Dollmann S. 221, Hocheder S. 213, Stenglein Bd. II. S. 246, s. auch Bl. f. R.-A. Bd. XXVIII. S. 224, Bd. XXIX. S. 81. 97. 241, Krit. Vierteljahrsschrift Bd. IV. S. 523. Vgl. ferner zu Ziff. 6. u. 7 oben zu Art. 6. Ziff. 8.)

8) Als Anfang der Ausführung ist nicht dasjenige zu betrachten, was nach der Meinung des Thäters einen solchen bildet, sondern was objektiv ein solcher ist (Weis Bd. I. S. 142, Hocheder S. 199); entgegengesetzter Ansicht ist Dollmann S. 232. 233

9) Wenn der Thäter zur Ausführung der gewollten strafbaren That ein (qualitativ, absolut untaugliches) Mittel wählt, durch welches der gewollte Erfolg der Beschaffenheit der Mittel nach nicht herbeigeführt werden kann, liegt ein strafbarer Versuch nicht vor (Weis Bd. I. S. 146, 150, Hocheder S 208). Dagegen sind der Ansicht, daß auch in diesem Falle ein strafbarer Versuch vorliege, Dollmann S. 233. 236, Stenglein Bd. I. S. 479, s. auch Zeitschr. f Gerichtspr. Bd. I. S. 82, 97. Nach den gleichen Grundsätzen ist der Fall zu entscheiden, in welchem der Thäter ein objektiv taugliches Mittel anzuwenden glaubt, irrthümlich aber statt dessen ein untaugliches Mittel zur Anwendung bringt.

10) Wenn der Thäter ein an sich taugliches Mittel in der Absicht eine strafbare Handlung zu begehen anwendet, dasselbe aber in einem Maße oder in einer Weise oder unter Umständen verwendet, daß der gewollte rechtswidrige Erfolg aus der Handlung nicht hervorgehen kann, so liegt ein strafbarer Versuch vor (Weis Bd. I. S. 150, Dollmann S. 233 fg., Hocheder S. 211, Stenglein Bd. I. S. 479, Z. f. Gerichtspr. Bd. I S. 82).

11) Wenn die mit dem Willen, einen rechtswidrigen Erfolg hervorzubringen, vorgenommene Handlung gegen einen Gegenstand gerichtet ist, an welchem dieser Erfolg nicht hervorgebracht werden kann, so liegt ein strafbarer Versuch nicht vor (Weis Bd. I. S. 147, Hocheder S. 210). Auch in diesem Falle nehmen strafbaren Versuch an Dollmann S. 232. 236, Stenglein Bd. I. S. 479, Z. f. Gerichtspr. Bd. I. S. 81.

12) Es liegt kein strafbarer Versuch vor, wenn der Thäter eine nach Zweck und Inhalt straflose Handlung vorgenommen hat, in der irrigen Meinung, dieselbe sei strafbar (Dollmann S. 226. 235, Z. f. Gerichtspr. Bd. I. S. 81),

13) Versuch der Abtreibung der Leibesfrucht mittels eines Mittels, welches diesen Erfolg nicht bewirken kann, ist straflos (Z. f. Gerichtspr. Bd. I. S. 289, s. dagegen Z. f. G. u. R. Bd. I. S. 232. Bd. II. S. 282. Bd. IV, S. 100, Bl. f. R.-A. Bd. IV. S. 257).

14) Versuch der Abtreibung der Leibesfrucht bestraft, obgleich eine Schwan-

gerschaft nicht vorlag (Sitz.-Ber. Bd. V. S. 496, Z. f. G. u. R. Bd. V. S. 162).

15) Diebstahlsversuch ist strafbar, wenn gleich der gesuchte Gegenstand sich nicht an dem Orte befindet, wo er entwendet werden sollte (Weis Bd. I. S. 141, Dollmann S. 229. 236).

16) Anfang der Ausführung liegt vor, sobald vom Thäter ein zum Thatbestande der in Frage stehenden strafbaren That gehöriger Umstand in das Werk gesetzt ist, wenn derselbe auch eine dem eigentlichen verbrecherischen Merkmale vorhergehende Handlung ist (Hocheder S. 200, Stenglein Bd. I. S. 478, Vortr. im G.-A. d. K. d. A. 1856/57 S. 39, Prot. 1860/61 S. 33).

17) Der Versuch einer strafbaren Handlung liegt im Anfange der Ausführung einer von verschiedenen den Thatbestand bildenden Handlungen, auch ohne Anfang der Ausführung der übrigen (Z. f. Gerichtspr. Bd. V. S. 30).

18) Nächster Versuch nach den Bestimmungen des älteren Strafrechts bildet stets einen Anfang der Ausführung (Dollmann S. 229). Dies verwirft vollständig Weis Bd. I. S. 142.

19) Das Einbrechen in ein Haus, das Erbrechen einer Thüre, eines Behältnisses u. dgl. in diebischer Absicht ist Anfang der Ausführung (Dollmann S. 230, Z. f. G. u. R. Bd. I. S. 462. Bd. II. S. 33, Z. f. Gerichtspr. Bd. I. S. 258, Anmerk.).

20) Es ist Anfang der Ausführung, wenn sich der Dieb mit den Werkzeugen zum Einbruch an den Ort der That begeben hat, nicht aber, wenn er sich nur in der Nähe versteckt hat (Z. f. Gerichtspr. Bd. I. S. 339).

21) Es ist Anfang der Ausführung, wenn der Dieb nach dem zu entwendenden Gegenstand sucht (Z. f. Gerichtspr. Bd. I. S. 258).

22) Die Kündung eines Sparkassekapitals ist kein Anfang der Ausführung in Bezug auf den noch zu bethätigenden Diebstahl des Sparkassenbuchs (Z. f. Gerichtspr. Bd. VII. S. 285).

23) Gewaltanwendung zum Zwecke der Nothzucht ist Anfang der Ausführung (Z. f. G. u. R. Bd. III. S. 91. 403. 493. 496. Bd. IV. S. 233, Erk. d. O.-A.-G. v. 18. Okt. 1861, Z. f. Gerichtspr. Bd. I. S. 7, Erk. d. O.-A.-G. v. 26. Januar 1863, Z. f. Gerichtspr. Bd. II. S. 147, Z. f. G. u. R. Bd. X. S. 44).

24) Falsche Vorspiegelungen in der Absicht sich hiedurch in den Besitz eines Gegenstandes zu setzen, ist Anfang der Ausführung des Betrugs (Z. f. G. u. R. Bd. V. S. 463).

25) Wenn Jemand in der Absicht, seinen Gläubiger mittels Täuschung über seine Zahlungsmittel zu einem Nachlasse an seiner Forderung zu bestimmen und sich auf diese Weise einen rechtswidrigen Vortheil zu verschaffen, der Ehefrau des Gläubigers falsche Vorspiegelungen über seine Vermögensverhältnisse gemacht hat, ist nicht eine bloße Vorbereitungshandlung, sondern der Versuch des Betrugs gegeben. Erk. d. O.-A.-G. v. 12. Dezbr. 1868, Entsch. d. Cass.-H. Bd. II. S. 498. Betrugsversuch erfordert keine wirklich eingetretene Täuschung des Damnifikaten (Erk. d. O.-A.-G. v. 30. März 1869, Z. f. Gerichtspr. Bd. VIII. S. 252.

26) Betrugsversuch liegt vor, wenn in dem Wahrspruche konstatirt ist, daß der Angeklagte einen Wechsel, auf den er selbst den Accept gefälscht hat, weiter girirte und sich den durch die Täuschung beabsichtigten Vortheil verschaffte, wenngleich kein den freiwilligen Abstand ausschließender Umstand ausdrücklich erwähnt ist (Erk. d. O.-A.-G. v. 18. Jan. 1866, Z. f. Gerichtspr. Bd. V. S. 130, Z. f. G. u. R. Bd XIII. S. 6).

27) Die fälschliche Anfertigung eines Wechsels ohne vollständigen Verfalltag und ohne Unterschrift eines Ausstellers, aber mit Blankogiro, und Verkauf des Wechsels ist als Versuch der Urkundenfälschung strafbar (Z. f. Gerichtspr. Bd. VII. S. 207).

28) Eine zum Zwecke der Erreichung eines rechtswidrigen Vortheiles angewendete Vorspiegelung kann ohne die Feststellung, daß hiedurch in der That eine Täuschung und durch diese eine Vermögensbeschädigung des Getäuschten bewirkt

worden ist, nur als Versuch des Betrugs beurtheilt werden (Erk. d. O.-A.-G. v. 3. Nov. 1865, Z. f. Gerichtspr Bd. V. S. 68, Z. f. G. u. R. Bd. XII. S. 521).

29) Es genügt, wenn im Wahrspruche, bez. dem Urtheile, Handlungen festgestellt sind, welche einen Anfang der Ausführung bilden, wenn sie auch nicht als solcher bezeichnet sind (Erk. d. O.-A.G. v. 26. Januar 1863, Z. f. Gerichtspr. Bd. II. S. 147, Z. f. G. u. R. Bd. X. S. 44).

30) Es gibt keinen strafbaren Versuch zur Theilnahme an einer strafbaren Handlung, wohl aber Theilnahme an einem strafbaren Versuch (Prot. d. G.-A. d. K. d. A. 1856/57 S. 178, Bl. f. R.-A. Bd. XIX. S. 161, Dollmann S. 242, Stenglein Bd. I. S. 483, Anmerk. 3).

31) Für die Frage, ob Versuch oder Vollendung einer strafbaren That vorliegt, kommt nichts darauf an, ob der Thäter den Zweck oder die Absicht erreicht hat, welche er bei der That verfolgte (Dollmann S. 221).

32) Der Dieb, welcher eine fremde bewegliche Sache noch in den Räumlichkeiten des Bestohlenen zurecht legt, um sie später leichter abholen zu können, begeht hiedurch allein nur versuchten nicht vollendeten Diebstahl, Falls er vom Abholen durch äußere Hindernisse abgehalten wird (Erk. d. O.-A.-G. v. 3. April 1868, Z. f Gerichtspr. Bd. VII. S. 323, Entsch. d. Cass.-H. Bd. II. S. 169). In der widerrechtlichen Verheimlichung oder Entziehung von Vermögenstheilen durch einen überschuldeten Schuldner liegt nur der Versuch betrüglicher Verkürzung der Gläubiger, wenn, obgleich ohne Willen und Zuthun des Schuldners die Vermögenstheile wieder beigeschafft wurden, ehe die Gläubiger aus der Geltendmachung ihrer Rechte einen Vortheil hätten ziehen können (Erk. d. O.-A.-G. v. 2. April 1868, Z. f. Gerichtspr. Bd. VIII. S. 262).

33) Eine That kann deshalb nicht für vollendet gelten, weil der Thäter glaubte, den gewollten rechtswidrigen Erfolg erreicht zu haben, ohne daß dies in Wirklichkeit der Fall ist (Dollmann S. 221). In diesem Falle liegt nur Versuch vor, selbst wenn der Erfolg später durch eine Handlung, welche denselben nicht erzielen sollte, herbeigeführt wurde. Z. B. ein Mörder glaubt den Tod des Angegriffenen verursacht zu haben und stürzt, nur um die Spuren der That zu verbergen, denselben in das Wasser, in welchem er ertrinkt (Hocheder S. 214).

34) Zur Strafbarkeit des Versuches ist es erforderlich, daß der Erfolg wider den Willen des Thäters nicht eingetreten ist. Concurrirt also ein Hinderniß und freiwilliger Abstand, so liegt kein strafbarer Versuch vor (Weis Bd. I. S. 150, Hocheder S. 203, Erk. d. O.-A.-G. v. 28. April 1868, Z. f. Gerichtspr. Bd. VII. S. 355, Entsch. d. Cass.-H. B. II. S. 198). Anderer Ansicht scheint Dollmann S. 239 zu sein, will aber dabei irrig dem Thäter den Beweis freiwilligen Abstands auferlegen.

35) Auf den Beweggrund, welcher bei dem Thäter den Entschluß hervorruft, vom Versuche abzustehen, kommt es nicht an; mag derselbe Gewissensregung, Furcht, Aussicht geringen Vortheils, Schwierigkeit der Ausführung oder was sonst immer sein (Weis Bd. I. S. 150, Dollmann S. 238, Hocheder S. 203, Stenglein Bd. I. S. 481. Z. f. G. u. R. Bd. V. S. 463). So blieb ein Angeklagter straflos, welcher von dem durch übertriebene Liquidation eines Brandschadens versuchten Betruge in Folge eindringlicher Vorstellungen von Seite des Versicherungsagenten abgestanden war (Erk. d. Cass.-H. v. 28. April 1868, Z. f. Gerichtspr. Bd. VII. S. 355, Entsch. d. Cass.-H. Bd. II. S. 198).

36) Nothzuchtsversuch, welcher durch List vereitelt wurde, wurde als straflos wegen freiwilligen Abstands erklärt (Z. f. Gerichtspr. Bd. II. S. 178).

37) Ein an Epilepsie Leidender, welcher im Vorgefühle eines Anfalls von einem Nothzuchtsversuch abstand, wurde straffrei erklärt (Z. f. Gerichtspr. Bd. III. S. 181).

38) Ein Dieb, welcher eingeschlossen war und deshalb das Entwendete wieder an Ort und Stelle brachte, wurde straffrei erklärt (Z. f. Gerichtspr. Bd. I. S. 40).

39) Das äußere Hinderniß, welches dem Thäter entgegentrat, muß wenigstens nach Ansicht des Thäters diesem die That unmöglich gemacht, nicht blos eine Schwierigkeit für die Vollführung der That geboten haben (Dollmann S. 238, Hocheder S. 204).

40) Ein irrthümlich vom Thäter angenommenes Hinderniß schließt freiwilligen Abstand vom Versuch aus (Z. f. Gerichtspr. Bd. IV. S. 319).

41) Ist strafbarer Versuch der Vergewaltigung vorhanden, wenn der Bedrohte sich nicht einschüchtern ließ? (Z. f. Gerichtspr. Bd. VII. S. 461).

42) Um den freiwilligen Abstand vom Versuche eines Verbrechens zu begründen, genügt nicht der Umstand, daß der Thäter nach Mißlingen der einen Art der Verübung der That nicht auch alle andern möglichen Arten erschöpft hat (Erk. d. O.-A.-G. v. 16. Januar 1869, Z. f. Gerichtspr. Bd. VIII. S. 184, Entsch. d. Cass.-H. Bd. III. S. 15).

43) Wenn der Thäter vom Versuche absteht, um denselben an einem andern Orte, oder zu anderer Zeit, oder unter andern Umständen von Neuem aufzunehmen, liegt dennoch freiwilliger Abstand vor (Weis Bd. I. S. 151, Dollmann S. 239, Hocheder S. 205). Anderer Ansicht ist Stenglein Bd. I. S. 480 und glaubt, daß nicht blos die Handlung, sondern auch der Wille die That zu begehen, aufgegeben sein müsse, um von Abstand zu sprechen.

44) Auch wenn der Thäter schon alles gethan hat, was erforderlich war, um den gewollten rechtswidrigen Erfolg zu bewirken (beendigter Versuch, delit manqué), ist noch freiwilliger Abstand möglich, so lange der Erfolg nicht eingetreten ist, und wenn der Thäter selbst ihn vereitelte; (Dollmann S. 239, Stenglein Bd. I. S. 482, Z. f. G. u. R. Bd. IV. S. 100); ehe feststeht, daß der Erfolg ohnehin nicht eingetreten wäre (Hocheder S. 203).

45) Eine Handlungsweise des Thäters, welche zur Entdeckung vor eingetretenem Erfolge führen konnte, jedoch keinen Rücktritt des Thäters vom Versuche enthielt, macht den Versuch nicht straffrei (Erk. d. O.-A.-G. v. 22. April 1864, Z. f. Gerichtspr. Bd. III. S. 175).

46) Daß die Vollendung nur wegen äußerer vom Willen des Thäters unabhängiger Umstände unterblieben ist, gehört zum Anklagebeweis, ist also auch durch die Fragestellung, bez. das Urtheil festzustellen (Weis Bd. I. S. 149, Dollmann S. 224. 237, Hocheder S. 208, Stenglein Bd. I. S. 482).

47) Dagegen wurde die Verurtheilung eines Angeklagten wegen Versuchs gebilligt, gegen den die über den Thatbestand des Versuchs gehörig belehrten Geschwornen die auf das vollendete Verbrechen der Nothzucht gerichtete Hauptfrage mit dem Zusatze bejaht hatten, daß eine Vereinigung der Geschlechtstheile nicht erfolgt sei (Erk. d. O.-A.G. v. 7. April 1868, Z. f. Gerichtspr. Bd. VII. S. 326).

48) Wenn eine Handlung zugleich eine vollendete strafbare That und den Versuch einer anderen enthält, so liegt ideeller Zusammenfluß beider vor, und ist freiwilliger Abstand nur auf die Strafbarkeit des Versuchs von Einfluß (Weis Bd. I. S. 152, Hocheder S. 207, Stenglein Bd. I. S. 481).

49) Strafbare Handlungen, welche theils den vollendeten Thatbestand theils den Versuch eines und desselben Delikts enthalten (fortgesetzter Diebstahl) können im Ganzen nur als das vollendete Delikt qualifizirt werden (Erk. d. O.-A.-G. v. 30. März 1864, Z. f. Gerichtspr. Bd. III. S. 154).

50) Auf Versuchshandlungen, welche vom Gesetze als selbstständige Delikte bezeichnet werden, finden die Grundsätze über Versuch, insbesondere diejenigen über freiwilligen Abstand keine Anwendung (Weis Bd. I. S. 152. Dollmann S. 223. 226, Hocheder S. 205).

51) Bei brieflich verübtem Betrugsversuch ist das Gericht zuständig, in dessen Bezirk die That ihren Abschluß gefunden hat (Erk. d. O.-A.-G. v. 8. April 1867, Z. f. Gerichtspr. Bd. VI. S. 353, Bl. f. R.-A. Bd. XXXII. S. 191).

Art. 48.

Der Versuch eines Verbrechens ist in allen Fällen, der Versuch eines Vergehens oder einer Uebertretung nur in jenen Fällen strafbar, in welchen das Gesetz dieses ausdrücklich bestimmt.

1) Versuch zu Versuch gibt es nicht. Wenn daher das Gesetz eine Versuchshandlung als selbstständiges Verbrechen auffaßt, gibt es keinen strafbaren Versuch desselben (Dollmann S. 241). Entgegengesetzter und sicher richtigerer Ansicht sind Hocheder S. 225, Stenglein Bd. I. S. 486, nach welchem jede vom Gesetz als selbstständiges Delikt erklärte Versuchshandlung ebendeshalb nicht mehr als bloßer Versuch betrachtet werden kann, und deshalb ein Anfang der Ausführung desselben ohne den ganzen zur Vollendung nothwendigen Thatbestand herbeizuführen, z. B. das erfolglose Bemühen eine hochverrätherische Verschwörung zu Stande zu bringen, alle Erfordernisse eines Versuchs dieses Verbrechens an sich trägt.

2) Kein Versuch ist ferner denkbar bei denjenigen Delikten, bei welchen die erste Kundgebung des Entschlusses die Vollendung bildet, und bei den reinen Unterlassungsdelikten; ferner nicht bei Preßdelikten, da bei diesen nach Art. 1 des Preßges. v. 17. März 1850 die Verantwortlichkeit erst mit der Publikation, mit dieser aber auch zugleich die Vollendung eintritt (Weis Bd. I. S. S. 152, Dollmann S. 243. 244, Hocheder S. 216. 218, Stenglein Bd. I. S. 482, ferner Motive z. Entw. v. 1855 S. 54, Vortr. im G.-A. d. K. d. A. 1856 57 S. 38, Prot. S. 169. 174, Sitz.-Ber. Bd. IV. S. 399).

3) Der Versuch wird nicht dadurch straflos, daß ein Delikt, welches seiner objektiven Beschaffenheit nach Verbrechen ist, wegen vorliegender subjektiver Strafmilderungsgründen zum Vergehen oder einer Uebertretung herabsinkt, oder dadurch, daß der Richter von einer gesetzlichen Ermächtigung Gebrauch machend wegen Vorliegen eines leichteren Falls anstatt der regelmäßig angedrohten Verbrechens-auf eine Vergehensstrafe erkennt (Hocheder S. 216).

Art. 49.

Der Versuch wird nach den nämlichen Bestimmungen wie die Vollendung bestraft.

Doch steht den Gerichten die Befugniß zu, die Strafe des Versuchs

1) bei Verbrechen, die unbedingt mit Todes- oder lebenslänglicher Zuchthausstrafe bedroht sind, auf Zuchthaus nicht unter acht Jahren,

2) bei allen andern strafbaren Handlungen bis zur Hälfte des niedrigsten Strafmaßes, vorbehaltlich dessen, was in den Artikeln 17, 20 und 26 bestimmt ist, herabzusetzen.

Wird in Folge dessen wegen des Versuchs einer Handlung, die mit Zuchthausstrafe bedroht ist, auf Gefängnißstrafe erkannt, so sind mit derselben die in Artikel 28 bezeichneten Folgen zu verbinden.

1) Die Strafe für den Versuch ist zwischen dem maximum der auf das vollendete Delikt gesetzten Strafe und dem nach Abs. 2 des Art. 49 abgeminderten minimum derselben auszumessen, ohne daß besondere Strafmilderungsgründe festgestellt werden müssen, wenn der Richter unter das minimum der auf das vollendete Delikt gesetzten Strafe herabgehen zu sollen glaubt (Weis Bd. I. S. 154, Stenglein Bd. I. S. 484).

2) Gestattet das Vorliegen eines leichteren Falls den Richter ohnehin unter das regelmäßige minimum der Strafe herabzugehen, so ist dies auch bei Bestimmung des Strafminimums für den Versuch zu berücksichtigen (Prot. d. G.-A. d. K. d. A. 1860/61 S. 88, Weis Bd. I. S. 154, Dollmann S. 247, Hocheder S. 221, Stenglein Bd. I. S. 485). Jedoch macht Art. 55 Abs. 2 den Vorbehalt, daß wegen Theilnahme an einem Versuch keine doppelte Reduktion eintreten soll.

3) Unter das durch die Art. 16. 17. 20. 26 bestimmte geringste Maß der einzelnen Strafgattungen, darf auch wegen Versuchs keine derselben reducirt werden und ist anstatt einer unter die Dauer von 4 Jahren herabsinkenden Zuchthausstrafe auf die entsprechende Dauer in Gefängniß zu erkennen (Dollmann S. 46).

4) Bei Bestrafung eines bei geminderter Zurechnung oder von einer jugendlichen Person begangenen Versuchs muß das ganze auf die Versuchshandlung gesetzte Strafmaß (Ziff. 1) bei der Reduktion wegen jener Strafmilderungsgründe zu Grunde gelegt werden, es kann aber nicht die Strafe des vollendeten Delikts zuerst wegen des Strafmilderungsgrundes und dann wegen Versuchs reducirt werden (Z. f. Gerichtspr. Bd. III. S. 244, Erk. d. O.=A.=G. v. 24. März 1868, Z. f. Gerichtspr. Bd. VII. S. 312, Entsch. d. Cass.=H. Bd. II. S. 157)

5) Bei Verhängung der Straffolgen des Art. 28 (Abs. 3 des Art.) handelt es sich darum, ob der Gerichtshof, wenn das fragliche Delikt vollendet wäre, auf Zuchthaus erkennen müßte. Ist dies der Fall, so müssen auch mit der Versuchsstrafe die Folgen des Art. 28 verbunden werden. Kann der Gerichtshof ohnehin auf Gefängnißstrafe herabgehen, so kommt es darauf an, ob der Gerichtshof ermächtigt ist, die Folgen des Art. 28 zu verhängen, in welchem Fall diese Ermächtigung sich auch auf die Strafe des Versuchs ausdehnt (Weis Bd. I. S. 155). Es begründet Nichtigkeit des Urtheils, wenn bei Verurtheilung wegen Versuchs der Nothzucht zu einer Gefängnißstrafe die Straffolgen des Art. 28 nicht ausdrücklich verhängt werden (Erk. d. O.=A.=G. v. 20. Aug. 1864, Z. f. Gerichtspr. Bd. III. S. 355, Z. f. G. u. R. Bd. XI, S. 297).

6) Wenn in Folge der wegen Versuchs eintretenden Ermäßigung der für das vollendete Delikt angedrohten Strafe von einer Zuchthaus= auf eine Gefängnißstrafe herabgegangen wird, kann die Polizeiaufsicht nur dann als zulässig erklärt werden, wenn das Gesetz dies auch für dasselbe Delikt im Vergehensgrad gestattet. Dies ist nur bei Diebstahl und Betrug der Fall (Hocheder S. 222).

7) Die Strafmilderung des Art. 49 kann eintreten, wenn bei Zusammenfluß mehrerer gemäß Art. 320 strafbarer Betrugshandlungen einzelne derselben nur als Versuche des Betrugs sich darstellen (Erk. d. O.=A.=G. v. 9. Aug. 1867, Z. f. Gerichtspr. Bd. VII. S. 41, Entsch. d. Cass.=H. Bd. I. S. 344).

Art. 50.

Wo das Gesetz die Strafe der vollendeten That nach der Größe der dadurch bewirkten Beschädigung oder Verletzung bestimmt, wird bei der Bestrafung des Versuchs von der auf den niedrigsten Grad solcher Beschädigungen oder Verletzungen gesetzten Strafe ausgegangen, insoferne nicht aus den Umständen hervorgeht, daß die Absicht des Thäters auf eine größere Beschädigung oder Verletzung gerichtet gewesen sei.

1) Wenn sich nachweisen läßt, daß der Thäter einen bestimmten Erfolg beabsichtigt hat, muß dieser Erfolg bei dem Thatbestande berücksichtigt werden, welcher der Bestrafung des Versuchs zu Grunde gelegt wird (Weis Bd. I. S. 156, Dollmann S. 249, Hocheder S. 223, Stenglein Bd. I. S. 485, Prot. d. G.=A. d. K. d. A. 1856/57 S. 175).

2) Ebenso kann der Versuch nur dann auf eine unter erschwerenden Merkmalen begangene That gerichtet betrachtet werden, wenn nachgewiesen ist, daß diese Merkmale in der Absicht des Thäters lagen (Hocheder S. 223).

Art. 51.

Vorbereitende Handlungen.

Eine Handlung, durch welche die Ausführung einer beabsichtigten strafbaren That lediglich vorbereitet aber noch nicht angefangen wurde, unterliegt nur dann einer Strafe, wenn sie mit solcher vom Gesetze ausdrücklich bedroht ist, oder wenn sie für sich allein schon ein Verbrechen oder Vergehen oder eine Uebertretung bildet.

1) Vorbereitende Handlung ist jede eine strafbare That bezielende Handlung, welche noch keinen Anfang der Ausführung bildet (Weis Bd. I. S. 157, Dollmann S. 250, Hocheder S. 223, Stenglein Bd. I. S. 486. 474).

2) Als Vorbereitungen zu einer strafbaren That sind demnach nicht strafbar:

a. diejenigen Vorbereitungshandlungen, welche vom Gesetz zum Gegenstand einer selbstständigen Strafandrohung gemacht sind wie Vorbereitung zum

Hochverrath (Art. 102—108) zum Angriff auf einen fremden Staat oder dessen Oberhaupt (Art. 114) zu Fälschungen (Art. 173, 189, 190), ferner die vom polizeilichen Standpunkte mit Strafe bedrohten Handlungen (Hocheder S. 224).

b. diejenigen strafbaren Handlungen, welche gleichzeitig die Mittel zu einer andern strafbaren That liefern sollen, wie Diebstahl eines Mordwerkzeugs (Vortr. im G.-A. d. K. d. A 1860/61 S. 39, Weis Bd. I. S. 157, Hocheder S. 225, Stenglein Bd. I, S. 486), s. dagegen einen Fall, in welchem Diebstahl einer Urkunde nur als Vorbereitung zum Betrug behandelt wurde (Z. f. Gerichtspr. Bd. I. S. 73).

3) Erfolglose Aufforderung zum Meineid ist nur Vorbereitung, also straflos (Z. f. Gerichtspr. Bd. I. S. 23. 39. 322). s. auch Art. 47 Ziff. 22. 25.

Fünftes Hauptstück.

Theilnahme und Begünstigung.

Art. 52.

Theilnahme.

Wenn bei Verübung eines Verbrechens mehrere Personen zusammenwirken, so trifft die auf dieses Verbrechen gesetzte Strafe nicht blos denjenigen, welcher das Verbrechen durch eigene Handlung unmittelbbr bewirkt hat (Thäter), sondern ebenso jeden Theilnehmer, dessen Absicht auf die Hervorbringnng oder Unterstützung des Verbrechens gerichtet war.

War die Absicht eines Theilnehmers auf die Hervorbringung oder Unterstützung einer geringer strafbaren That gerichtet, so trifft ihn nur die hierauf gesetzte Strafe.

I. Zu den Worten: „Wenn mehrere Personen zusammenwirken."

1) Die mehreren zusammenwirkenden Personen können auch sämmtlich Mitthäter, Miturheber sein. (Hocheder S. 232, Dollmann Bd. I. S. 263, Stenglein Bd. I. S. 488 fg.)

2) Mehrere Mitthäter unterscheiden sich von Theilnehmern durch die selbstständige, auf Hervorbringung einer strafbaren Handlung gerichtete Absicht der ersteren, während letztere nur die von dem Thäter oder den Thätern gewollte That ohne selbstständige Absicht unterstützen oder dieselbe durch den Thäter mittelbar bewirken. (Hocheder S. 232. 233, Dollmann Bd. I. S. 269, Stenglein Bd. I. S. 490; Prot. d. G.-A. d. K. d. A. 1856/57 S. 177.)

3) Es bedarf bei Bestrafung eines Theilnehmers an einer Ehrenkränkung nicht der Feststellung, daß derselbe die Absicht gehabt habe, den Beleidigten an seiner Ehre zu kränken. (Erk. d. O.-A.-G. v. 21. Dez. 1867, Z. f. Gerichtspr. Bd. VII. S. 169, Entsch. d. Cass.-H. Bd. I. S. 484.)

4) Mehrere Mitthäter müssen die gleiche auf Hervorbringung des Verbrechens gerichtete Absicht des Thäters haben, sie müssen eine wissentlich und absichtlich verbundene und gemeinschaftliche Thätigkeit entfalten, in ihrer Verbindung müssen sie jene Thätigkeit darstellen, welche den Begriff der Thäterschaft bedingt. (Dollmann Bd. I. S. 265.)

5) Wenn mehrere Personen bei Verübung einer strafbaren Handlung, in der Absicht dieselbe zu vollbringen, sich in die zur Ausführung derselben dienlichen Rollen theilen und dieselben durchführen, so ist Jeder dieser Mitwirkenden als Thäter, keiner als Gehilfe strafbar. (Erk. d. O.-A.-G. v. 29. Sept. 1866, Z. f. Gerichtspr. Bd. VI. S. 101, Z. f. G. u. R. Bd. XIII. S. 547.)

6) Eine Person, die in der Absicht durch Zusammenwirken mit einer andern ein Verbrechen zu begehen, bei dessen Verübung mitwirkt, ohne jedoch alle Handlungen zu begehen, welche den Thatbestand des Verbrechens bilden, ist Mitthäter nicht Theilnehmer. (Erk. d. O.-A.-G. v. 22. Juni 1867, Z. f Gerichtspr. Bd. VII. S. 7, Entsch. d. Cass.-H. Bd. I. S. 286.)

7) Wer durch einen Andern (Theilnehmer) die Vergewaltigung einer Frauensperson vornehmen läßt, um unter Benützung dieser Gewalt den Beischlaf mit der vergewaltigten Frauensperson zu vollziehen, ist Thäter der Nothzucht, nicht blos Theilnehmer. (Erk. d. O.-A.-G. v. 16. Januar 1869, Z. f. Gerichtspr. Bd. VIII. S. 182, Entsch. d. Cass.-H. Bd. III. S. 10.)

8) Wenn ein Mitschuldiger eine Sache gestohlen und dem andern als gefunden gegeben hat, der sie sodann verbrauchte, so ist ersterer wegen Diebstahls, letzterer wegen Vorenthaltung fremder Sachen strafbar. (Z. f. G. u. R. Bd. XI. S. 417.)

9) Die Verschuldung mehrerer Mitthäter ist eine solidarische, indem die schwerere Strafbarkeit des einen auf den andern bezogen wird. (Dollmann Bd. I. S. 265. 269.)

10) Bei Verbrechen, welche ihrem Begriffe nach das Zusammenwirken Mehrerer erfordern, wie Ehebruch, Inzest, Bigamie, Duell, Aufstand, Bestechung, und bei welchen deshalb für jeden Thäter eine selbstständige Strafandrohung besteht, ist keine eigentliche Mitthäterschaft, sondern getrennte Thäterschaft der Betheiligten anzunehmen und ist keiner der Thäter zugleich Theilnehmer des Andern. (Dollmann Bd. I. S. 270.)

11) Es können auch bei Unterlassungsdelikten mehrere Mitthäter, sei es in Folge Verabredung sei es im stillschweigenden Einverständniß, zusammenwirken. (Erk. d. O.-A.-G. v. 4. Januar 1858, Z. f. G. u. R. Bd. V. S. 14, Dollmann Bd. I. S. 268.)

12) Von mehreren Mitthätern kann der eine wegen vollendeter That strafbar sein, andere nur wegen Versuchs, wenn nur einer oder ein Theil der Mitthäter den strafbaren Erfolg hervorgerufen haben. Ist dieser Erfolg nur Folge des Zusammenwirkens, so sind alle Mitthäter wegen vollendeter That strafbar. (Stenglein Bd. I. S. 495.)

13) Complott ist im Gesetzbuche nicht vorgesehen. Findet ein solches Statt, und es erfolgt keine Ausführung, so liegt straflose Vorbereitung vor. (Hocheder S. 269, Dollmann Bd. I. S. 271, Weis Bd. I. S. 160, Stenglein Bd. I. S. 488, Anmerkung 1.) Durch ein zur Ausführung (mindestens im Versuchsgrade) gelangtes Complott treten die an der Ausführung sich betheiligenden Complottanten in das Verhältniß von Mitthätern, die übrigen in das intellektueller Miturheber. (Hocheder Bd. I. S. 269, Dollmann Bd. I. S. 271.)

14) Die Anwendung des gleichen Strafgesetzes auf mehrere Mitthäter schließt nicht verschiedene Strafzumessung, insbesondere für Anstifter, Rädelsführer und Anführer eines Complotts aus. (Hocheder S. 270.)

15) Auf Rücktritt vom Complott finden die Grundsätze des Rücktritts von der Anstiftung Anwendung (s. zu Art. 54, Ziff. 14, 15), ebenso auf Verübung einer andern That als die complottirte. (Hocheder S. 270. 271.)

16) Allgemeine Bestimmungen über Bandencomplott, d. h. die Vereinigung mehrerer Personen zur fortgesetzten Verübung einer ungewissen Menge von, nur der Art nach bestimmten strafbaren Handlungen enthält das Gesetz gleichfalls nicht. Spezielle Bestimmungen nur bei Diebstahl (Art. 274. Ziff. 5) und Raub (Art. 301. Ziff. 3). Da hiebei stets noch ein besonderer Entschluß zur That nothwendig ist, so bleibt das Bandencomplott ohne Ausführung straflos; auf ausgeführte Handlungen der Bande finden die Grundsätze der Mitthäterschaft, und auf diejenigen Mitglieder der Bande, welche sich nur bei der Verabredung betheiligten, jene über intellektuelle Miturheberschaft; auf die Mitglieder, welche sich auch bei der Verabredung der Einzelthat nicht betheiligten, jene über intel-

lektuelle Gehülfenschaft Anwendung. (Hocheder S. 271. 273, Dollmann Bd. I. S. 272.)

17) Corporationen können als solche nicht delinquiren, sondern steht nur die Betheiligung ihrer einzelnen Mitglieder an strafbaren Handlungen in Frage. (Hocheder S. 273, Stenglein Bd. I. S. 488. Anmerk. 3), so erkannte der O.-G.-H. am 27. Sept. 1867, daß gegen eine zum Betriebe eines industriellen Unternehmens gebildete Gesellschaft kein Schuld- und Strafausspruch erlassen werden könne. (Z. f. Gerichtspr. Bd. VII. S. 68, Entsch. d. Cass.-H. Bd. I. S. 365.)

II. Zu den Worten: „so trifft die auf dieses Verbrechen gesetzte Strafe."

18) Die vom Thäter verübte That ist für die Bestrafung sämmtlicher Theilnehmer maßgebend. (Hocheder S. 242, Dollmann Bd. I. S. 291.)

19) Die objektive Beschaffenheit der That ist maßgebend, nicht die Strafzumessung für den Thäter unter Einrechnung subjektiver Erhöhungs- oder Strafmilderungsgründe, welche in der Person des Thäters begründet sind. (Hocheder S. 243.) Jedoch gehört die durch ein besonderes Verhältniß des Thäters begründete Qualifikation der That zur objektiven Beschaffenheit derselben, z. B. bei Amtsuntreue. (Stenglein Bd. I. S. 491, Dollmann Bd. I. S. 277. 291.)

20) Ist dem Richter gestattet bei Vorliegen eines leichteren Falls eine geringere Strafe auszusprechen, so kann er diese sowohl auf den Thäter als auf den Theilnehmer je nach den Umständen anwenden, ist aber nicht gezwungen, bei Anwendung derselben auf den Thäter sie auch beim Theilnehmer anzuwenden. (Hocheder S. 243, Stenglein Bd. I. S. 496, Dollmann Bd. I. S. 389, Vortr. im G.-A. d. K. d. A. 1856/57 S. 41, Prot. S. 180. 459.)

21) Die That, auf welche sich die Theilnahme bezieht, muß eine strafbare sein. Es muß überhaupt ein Strafgesetz auf sie Anwendung finden, die That darf nicht durch Nothwehr, Mangel eines Strafantrags, Tilgung der Strafbarkeit durch der That folgende Handlungen (vergl. Art. 196) u. dgl. straflos sein. (Hocheder S. 244, Dollmann Bd. I. S. 278, Weis Bd. I. S. 160. 162, Stenglein Bd. I. S. 493. 505.)

22) Theilnahme an den eine strafbare That nur vorbereitenden Handlungen, welche nicht mit besonderer Strafe bedroht sind, ist straflos. (Hocheder S. 244, Dollmann Bd. I. S. 278, Weis Bd. I. S. 160, Stenglein Bd. I. S. 493.) Anstiftung zu einem nicht geleisteten Meineide ist als Vorbereitungshandlung straflos. (Z. f. Gerichtspr. Bd. I. S. 23. 29. 322.)

23) Theilnahme an einem Versuch, im Falle von demselben nicht rechtzeitig abgestanden wurde, ist nach Maßgabe der Versuchsstrafen strafbar. (Hocheder S. 246, Dollmann Bd. I. S. 276—278. 293. 306. Anmerk. 30, Stenglein Bd. I. S. 494. 503. 505, Weis Bd. I. S. 160.) Dagegen gibt es keinen strafbaren Versuch der Theilnahme. (Dollmann Bd. I. S. 286, Hocheder S. 245.) Eine solche wäre erfolglose Anstiftung, (Stenglein Bd. I. S. 503.)

24) Versuchte Theilnahme, welcher die Ausführung der That nicht gefolgt ist, oder deren Wirkung vereitelt wurde, ist, vorbehaltlich besonderer Strafbestimmungen (vgl. Art. 56. 57.) nicht strafbar. (Hocheder S. 245, Dollmann Bd. I. S. 286), selbst wenn die That dann ohne die versuchte Beihülfe wirklich verübt wurde. (Hocheder S. 246.)

25) Theilnahme an einer im Auslande begangenen That, welche im Inlande nicht verfolgbar ist, ist im Inlande nicht strafbar. (Dollmann Bd. I. S. 279, Stenglein Bd. I. S. 494.)

26) Theilnahme an einem nur zum Scheine unternommenen Verbrechen ist straflos. (Dollmann Bd. I. S. 277, Stenglein Bd. I. S. 494.)

27) Theilnahme an einer nur vermeintlich strafbaren Handlung oder vermeintliche Theilnahme an einer strafbaren Handlung ist straflos. (Dollmann Bd. I. S. 279.)

28) Wirkliche Bestrafung des Thäters, der sich der Strafe durch die Flucht entzog oder nicht entdeckt oder nicht genügend überwiesen werden konnte, ist nicht erforderlich. (Dollmann Bd. I. S. 288, Weis Bd. I. S. 160, Stenglein Bd. I. S. 494.) Es kann wegen Theilnahme an einer strafbaren Handlung Verurtheilung erfolgen, auch wenn der Urheber nicht bekannt ist. (Erk. d. O.=A.=G. v. 10. Juni 1865, Z. f. Gerichtspr. Bd. IV. S. 307, Z. f. G. u. R. Bd. XII. S. 266.) Wegen Theilnahme an einer falschen Anzeige kann Verurtheilung erfolgen, auch wenn der Hauptthäter wegen guten Glaubens straflos bleibt. (Z. f. Gerichtspr. Bd. I. S. 367, s. auch zu Art. 54. Ziff. 8.)

29) Der Anstifter eines Meineids oder falschen Handgelöbnisses ist strafbar, wenn auch der physische Urheber aus subjektiven Gründen (wie nach Art. 195 Ziff. 6) wegen der objektiv strafbaren That straffrei bleibt. (Erk. d. O.=A.=G. v. 24. Febr. 1866, Z. f. Gerichtspr. Bd. V. S. 209, Z. f. G. u. R. Bd. XIII. S. 89. S. auch Z. f. Gerichtspr. Bd. I. S. 373.) Dagegen erkannte der O.=G.=H. am 30. Dezember 1868 (Z. f. Gerichtspr. Bd. VIII. S. 161, Entsch. d. Cass.=H. Bd. II. S. 519), daß wenn ein Zeuge sich selbst eines Ehebruchs bezichtigen müßte, und deshalb wegen der auf Eid oder Handgelübde abgelegten falschen Aussage straflos ist, auch der Anstifter nicht bestraft werden könne, s. zu Art. 54 Ziff. 7.

30) Der Beklagte in einem Ehrenkränkungsprozesse, welcher einen Entlastungszeugen zu einer auf Handgelübde abgelegten falschen Aussage verleitet hat, ist wegen Theilnahme an dem Vergehen des falschen Handgelübdes strafbar, obgleich er die That nicht selbst begehen konnte. (Erk. d. O.=A.=G. v. 27. Januar 1865, Z. f. Gerichtspr. Bd. IV. S. 148, Z. f. G. u. R. Bd. XII. S. 23.)

31) Dem Anstifter einer Mißhandlung ist der volle eingetretene Erfolg derselben zuzurechnen, wenn auch die physischen Urheber derselben wegen ungenügenden Beweises über die Urheberschaft der Körperverletzung nur wegen Schlägerei verurtheilt werden können, wenn nicht nachgewiesen ist, daß seine Absicht auf einen geringeren Erfolg gerichtet war. (Erk. d. O.=A.=G. v. 15. Sept. 1865, Z. f. Gerichtspr. Bd. IV. S. 376, Z. f. G u. R. Bd. XII. S. 435.)

III. Zu den Worten: „welcher das Verbrechen durch eigene Handlung unmittelbar bewirkt hat (Thäter)."

32) Es wird nicht erfordert, daß der Thäter die strafbare That durch unmittelbare eigene Kraft und Thätigkeit bewirkt hat, sondern es muß nur zwischen der Handlung und der strafbaren That ein unmittelbares, d. h. nicht durch die Dazwischenkunft einer dritten, von der Handlung des Thäters unabhängigen Zwischenursache ausgeschlossenes Causalitätsverhältniß bestehen. Auch derjenige ist Thäter, welcher sich eines außer ihm liegenden Mittels bedient oder welcher den Erfolg mittels einer durch seine Handlung ins Werk gesetzten Zwischenursache hervorgebracht hat. (Hocheder S. 229, Dollmann Bd. I. S. 261, Weis Bd. I. S. 161, Stenglein Bd. I. S. 496. 501, Prot. d. G.=A. d. K. d. A. 1856/57 S. 178.)

33) Das Wort „unmittelbar" soll nur den Gegensatz zwischen Thäter und Anstifter, welcher die That durch einen Andern bewirkt, hervorheben. (Weis Bd. I. S. 161, Stenglein Bd. I. S. 497.)

34) Wegen Mangels des Causalitätsverhältnisses ist derjenige nicht Thäter, welcher zwar in der Absicht, eine bestimmte Rechtsverletzung hervorzubringen, Alles gethan hat, was geeignet und ausreichend war, dieselbe zu bewirken, wenn sie durch die ihm vorangeeilte Handlung eines Dritten bereits ins Werk gesetzt war. (Dollmann Bd. I. S. 263.)

35) Für das Causalitätsverhältniß ist nur von Bedeutung, daß die Rechtsverletzung Folge der That war, nicht aber ob die That die Rechtsverletzung unter allen Umständen herbeiführen mußte, oder dies nur unter besonderen, vielleicht außerordentlichen Umständen that; ob der Erfolg von dem Betroffenen hätte

abgewendet werden können oder nicht. (Dollmann Bd. I. S. 262, Stenglein Bd. I. S. 496, Prot. d. G.-A. d. K. d. A. 1856/57 S. 178.)

IV. Zu den Worten: „sondern ebenso jeden Theilnehmer."

36) Der Begriff „Theilnehmer" an der That umfaßt den Thäter nicht, sondern nur Anstifter und Gehülfen. Die Collektivbezeichnung für alle an der That Betheiligte ist „Mitschuldige". (Hocheder S. 229, Weis Bd. I. S. 158, Dollmann Bd. I. S. 258. 264, 272.) Nach einer Aeußerung im Gesetzgebungsausschuß der K. d. Abg. (1860/61 Prot. S. 9) nimmt Stenglein Bd. I. S. 488. 501 an, daß auch Miturheber unter den Begriff „Theilnehmer" gestellt werden wollten. (Vort. im G.-A. d. K. d. A. 1856/57 S. 40, Prot. S. 176—180 K. d. R. Vortr. S. 93.)

V. Zu den Worten: „dessen Absicht auf die Hervorbringung oder Unterstützung des Verbrechens gerichtet war."

37) Auf Hervorbringung der That ist die Absicht des intellektuellen Urhebers, auf Unterstützung die des Gehülfen gerichtet. (Hocheder S. 233, Dollmann Bd. I. S. 273, Stenglein Bd. I. S. 497.)

38) Theilnahme kann nur vorsätzlich verübt werden, es gibt also weder fahrlässige Theilnehmer, noch Theilnehmer an einer fahrlässigen Handlung. (Hocheder S. 233, Dollmann Bd. I. S. 262. 272. 275. 276. 281. 299, Stenglein Bd. I. S. 489. 495; Weis Bd. I. S 164, Z. f. Gerichtspr. Bd. II. S. 406.)

39) Durch absichtliche Veranlassung einer, dem Thäter als Fahrlässigkeit anzurechnenden, That entsteht ein getrenntes Verschulden, bei welchem der Veranlasser doloser, der physische Urheber der That culposer Thäter ist. (Hocheder S. 234. 236, Dollmann Bd. I. S. 281.)

40) Ob es eine Mitthäterschaft bei fahrlässigen Handlungen gibt, ist streitig; doch hat weder die eine noch die andere Ansicht eine praktische Consequenz. (Stenglein Bd. I. S. 495, Dollmann Bd. I. S. 486.)

41) Anstiftung und Gehülfenschaft kann sich nur auf eine bestimmte That beziehen, nicht aber auf allgemeine Verleitung zu einer verbrecherischen Willensrichtung oder Bestärkung in derselben gerichtet sein. (Dollmann Bd. I. S. 273, Weis Bd. I. S. 162, Stenglein Bd. I. S. 490. 502. Anmerk. 2, Prot. d. G.-A. d. K. d. A. 1856/57 S. 110.)

42) Es bedarf keines gleichen Zwecks oder Interesses bei Thäter und Theilnehmer. (Dollmann Bd. I. S. 274, Stenglein Bd. I. S. 497. 489. Anmerk. 2. Prot. d. G.-A. d. K. d. A. 1856/57 S. 178. 179.)

43) Die vom Theilnehmer gewährte Unterstützung kann auch die Beihilfe zur Handlung eines Theilnehmers sein. (Dollmann Bd. I. S. 288, s. auch zu Art. 54 Ziff. 25.)

44) Es können Miturheberschaft und Theilnahmshandlungen, oder fortgesetzte Theilnahmshandlungen in verschiedenen Stadien der Verübung in einer Person zusammentreffen. Doch hat dies keine strafrechtliche Bedeutung, da die höhere Strafbarkeit die geringere absorbirt, wohl aber eine prozessuale in Bezug auf alternative Fragestellung an die Geschwornen. (Dollmann Bd. I. S. 289.)

45) Theilnahme an Raub, Diebstahl, Unterschlagung schließt die Bestrafung wegen Hehlerei bei demselben Delikte aus. (Zeitschr. f. Gerichtspr. Bd. III. S. 293.)

46) Eine auf Hervorbringung eines bestimmten Erfolgs gerichtete Absicht ist beim Theilnehmer nicht erforderlich, sondern nur der Vorsatz die That eines Andern hervorzubringen oder zu unterstützen. (Stenglein Bd. I. S. 489. Anmerk. 2. S. 497, Prot. d. G.-A. d. K. d. R. 1860/61 S. 39.)

VI. Zu Art. 52 Abs. 2.

47) Dem Theilnehmer ist die That nur so zuzurechnen, wie er sie gewußt

und gewollt hat. (Hocheder S. 247, Dollmann Bd. I. S. 291, Weis Bd. I. S. 162, Stenglein Bd. I. S. 490. 492. 498.)

48) Dies ist auch beim Mitthäter der Fall, z. B. muß, um einen in Gemeinschaft mit Andern, welche sich zur Verübung der That mit Waffen versehen haben, handelnden Dieb nach Art. 274 Ziff. 3 d. Str.-G.-Bch. strafen zu können, nicht blos die Thatsache sondern auch festgestellt sein, daß der erschwerende Umstand im Wissen und Willen des nicht mit Waffen versehenen Diebes lag. (Erk. d. O.-A.-G. v. 20. Nov. 1868, Z. f. Gerichtspr. Bd. VIII. S. 106, Entsch. d. Cass.-H. Bd. II. S. 460.)

49) Hat der Thäter eine ganz andere (Hocheder S. 247) eine vom Theilnehmer qualitativ nicht gewollte (Dollmann Bd. I. S. 294) That begangen, die der Theilnehmer nicht wollte, so ist dieser straflos. (Stenglein Bd. I. S. 491. Anmerk. 2, Prot. d. G.-A. d. K. d. A. 1860/61 S. 9.)

50) Der Theilnehmer ist strafbar, wenn er eine der wirklich verübten That verwandte wollte; (Prot. d. G.-A. d. K. d. A. 1860/61 S. 9, Weis Bd. I. S. 162), wenn die vom Thäter begangene That in der vom Theilnehmer beabsichtigten implicite enthalten war. (Dollmann Bd. I. S. 292. 293.) Dagegen s. Hocheder S. 248.

51) Die Absicht des Theilnehmers kann auch eine alternative auf verschiedene strafbare Handlungen gerichtete, oder eine eventuell auch auf eine andere, als die primär gewollte That, oder nur unbestimmte, auf eine gewisse Gattung von Delikten gerichtete sein, und ist der Theilnehmer strafbar, wenn die alternativ oder eventuell oder unbestimmt gewollte That begangen wurde. (Hocheder S. 259, Dollmann Bd. I. S. 291, Stenglein Bd. I. S. 490. 491. 498.)

52) Der Anstifter ist strafbar, wenn der Thäter eine andere als die ursprünglich angestiftete That begeht, um der Absicht des Anstifters zu genügen. (Hocheder S. 250. Dagegen Dollmann Bd. I. S. 294.)

53) Der Gehilfe ist strafbar, wenn er die vom Thäter begangene That unterstützte und unterstützen wollte, obgleich dieselbe eine andere ist, als die er zu unterstützen glaubte und beabsichtigte, wenn nur die Abweichung des Willens zwischen Thäter und Gehilfen schon vor der Hilfeleistung vorhanden war. (Hocheder S. 251. Dagegen Dollmann Bd. I. S. 294.)

54) Trat die vorgedachte Abweichung des Willens erst nach vollzogener Hilfeleistung ein, so ist der Gehilfe straflos, wenn die wirklich verübte That nicht eine der vom Gehilfen gewollten verwandte ist. (Hocheder S. 252. Dagegen Dollmann a. a. O.)

55) Die Strafe des Theilnehmers bei Abweichung zwischen seinem Willen und der verübten That, ist, wenn er überhaupt strafbar erscheint, immer die der geringeren von ihm gewollten That, gleichviel ob diese vollendet oder nur versucht ist. (Hocheder S. 254, Dollmann Bd. I. S. 295.)

56) Unterscheidet das Gesetz bei der Strafandrohung nach dem eingetretenen Erfolg, gleichviel ob dieser beabsichtigt ist oder nicht, so ist auch der wirklich eingetretene Erfolg dem Theilnehmer zuzurechnen. (Hocheder S. 255.)

57) Wegen Theilnahme an Schlägerei kann auch dann verurtheilt werden, wenn die Theilnahmshandlung (Bestärkung im Entschlusse) nur einzelnen an der Schlägerei Betheiligten gegenüber begangen wurde und nicht bewiesen ist, daß von diesen die, die Schlägerei qualifizirenden, Verletzungen ausgegangen sind. (Erk. d. O.-A.G. v. 20. März 1868., Z. f. Gerichtspr. Bd. V. S. 243, Z. f. G. u. R. Bd. XIII S. 135, s. jedoch auch oben Ziff. 23.)

58) Unterscheidet das Gesetz nach dem Erfolge jedoch auch darnach, ob der Thäter die Gefährlichkeit seiner Handlung einsehen konnte oder nicht, so ist die gefährlichere Verübung dem Theilnehmer nur dann zuzurechnen, wenn er diese Art der Verübung direkt wollte oder wenigstens eventuell damit einverstanden war. (Hocheder S. 256.)

59) Wollte der Theilnehmer eine schwerer strafbare That als die wirklich

verübte, so ist ihm nur die geringer strafbare, verübte That zuzurechnen. (Hocheder S. 257.)

60) Eine Person, welche schuldig befunden ist, einen Anderen zur Begehung einer Körperverletzung angestiftet zu haben, kann nicht als Mörder bestraft werden, wenn auch der Tod des Verletzten die Folge der That war und wenn auch der Anstifter, jedoch nicht der Thäter, den Wunsch hegte, dieser Erfolg möge eintreten. (Erk. d. O.-A.-G. v. 20. Juli 1868, Z. f. Gerichtspr. Bd. VII. S. 470, Entsch. d. Cass.-H. Bd. II. S. 351.)

61) Der Theilnehmer ist für die wirklich verübte That haftbar, wenn auch dieselbe durch Irrthum oder Mißgriff an einem andern Objekt begangen wurde, als Thäter oder Theilnehmer wollte. (Dollmann Bd. I. S. 293.)

62) Der Anstifter ist nicht haftbar für die von ihm unter Zeitbeschränkung oder Bedingung angestiftete That, wenn der Thäter sie wissentlich erst nach Ablauf der Zeit oder Wegfall der Bedingung begeht. (Dollmann Bd. I. S. 296.)

VII. Casuistik.

63) Falsche Vorspiegelungen, um sich einen rechtswidrigen Gewinn zu verschaffen, sind dann nicht als Betrug strafbar, wenn sie nicht selbstständig, sondern als Theilnahme an einer Gefällsdefraudation begangen werden. (Zeitschr. f. Gerichtspr. Bd. III. S. 324.)

64) Es ist keine Nichtigkeit des Verfahrens begründet, wenn Theilnehmer als der That selbst schuldig erklärt, aber die Bestimmungen über Theilnahme auf sie angewendet werden. (Erk. d. O.-A.-G. v. 27. Januar 1865, Z. f. Gerichtspr. Bd. IV. S. 148, Z. f. G. u. R. Bd. XII. S. 23.)

65) Mehrere Personen, welche sich zur Mißhandlung eines Anderen verabredet haben, ohne daß der spezielle Urheber der dem gemeinschaftlich Angegriffenen von Einem von ihnen zugefügten Verletzung ermittelt wäre, so daß nicht feststeht, welcher von ihnen Thäter, welcher Theilnehmer der That ist, können nur wegen Schlägerei, nicht wegen Theilnahme an der Körperverletzung bestraft werden. (Erk. d. O.-A.-G. v. 7. Nov. 1864, Z. f. G. u. R. Bd. XI. S. 442.)

66) Die Schuldfrage kann alternativ dahin festgestellt werden, daß der Beschuldigte die That entweder selbst verübte oder einen Andern zu derselben anstiftete. (Erk. d. O.-A.-G. v. 20. April 1866, Z. f. Gerichtspr. Bd. VI. S. 49, Z. f. G. u. R. Bd. XIII. S. 187.)

67) In dem Wegschaffen von Habseligkeiten aus einem Hause, dessen Besitzer es anzuzünden beabsichtigt, in feuerfeste Kellerräume kann eine Theilnahme an der Brandstiftung nicht erblickt werden. (Erk. d. O.-A.-G. v. 23. Januar 1869, Z. f. Gerichtspr. Bd. VIII. S. 196.)

68) Nach J. M. Entschl. v. 31. Oktober 1863 (J.-M.-Bl. S. 169, Z. f. G. u. R. Bd. X. S. 920) zieht bei allen denjenigen Reaten, welche Waffenunwürdigkeit zur Folge haben, auch die Theilnahme daran diese Folge nach sich, nicht aber Begünstigung.

Art. 53.

Die gesetzlichen Vorschriften über die Theilnahme kommen auch bei Vergehen und Uebertretungen zur Anwendung, soweit nicht die Bestimmungen der nachfolgenden Artikel auf Verbrechen oder auf Verbrechen und Vergehen beschränkt sind.

1) Die Erläuterungen zu Art. 52 beziehen sich auch auf Vergehen und Uebertretungen, da regelmäßig die Thäterschaft und Theilnahme hiebei nach denselben Grundsätzen beurtheilt wird, wie bei Verbrechen. (Weis Bd. I. S. 163, Dollmann Bd. I. S. 296, Stenglein Bd. I. S. 498.)

2) Der Vorbehalt des Artikels bezieht sich auf Art. 56, welcher Dingen oder Zwang zu Uebertretungen straflos erklärt, wenn die That nicht begangen wurde, Art. 57, welcher erfolglose Aufforderung zu einer Uebertretung, öffent-

lich vor einer Menschenmenge oder durch ein Preßerzeugniß begangen, straflos läßt; Art. 59, wonach Begünstigung einer Uebertretung nur bei ausdrücklicher Strafandrohung für strafbar erklärt ist; Art. 64, welcher unterlassene Anzeige von Uebertretungen Seitens zur Anzeige verpflichteter Beamten und öffentlicher Diener nicht bestraft und Art. 62, welcher die unterlassene Verhinderung strafbarer Handlungen nur in Bezug auf bestimmt bezeichnete Verbrechen bestraft. (Vgl. Dollmann Bd. l. S. 297, Stenglein Bd. l. S. 498.)

Art. 54.

Unter der Voraussetzung der im Artikel 52 angegebenen Absicht ist als Theilnehmer zu betrachten:

1) wer durch ausdrücklichen Rath oder Auftrag, durch Ueberredung, durch Versprechen oder Geben eines Lohnes oder Geschenkes, durch Gewalt, Drohung oder Befehl, durch Erregung oder Benützung eines Irrthums oder auf andere ähnliche Weise die strafbare That verursacht hat;

2) wer vor dem Beginne der Ausführung der beschlossenen That Belehrung oder Rath über die Art und Weise ihrer Ausführung ertheilt, Werkzeuge oder andere Mittel zu ihrer Begehung geliefert, Gelegenheit zur Ausführung verschafft, Hindernisse der Ausführung aus dem Wege geräumt oder überhaupt Handlungen, durch welche die That vorbereitet wurde, vorgenommen oder zu solchen Handlungen Hilfe geleistet hat;

3) wer vor oder in dem Zeitpunkte der Ausführung den Thäter oder einen Theilnehmer in ihrem Entschlusse bestärkt, wer denselben vor der That eine Beihilfe bei der Ausführung oder die Verheimlichung der That oder andere nach vollendeter That zu leistende Hilfe oder Unterstützung versprochen und nicht vor angefangener Ausführung seinen Rücktritt von diesem Versprechen ausdrücklich oder durch unzweideutige Handlungen zu erkennen gegeben hat;

4) wer in dem Zeitpunkte der Ausführung der That durch Handanlegen, Wachestehen, Kundschaftgeben oder auf andere ähnliche Weise zur Verübung der That mitgewirkt, Beistand geleistet, die Ausführung der That erleichtert oder die Wirkung derselben befördert hat.

1) Ueber die Absicht des Theilnehmers s. zu Art. 52 Ziff. V, S. 37—46.

Zu Art. 54. Ziff. 1.

2) Die Anstiftung durch Rath oder Auftrag muß eine ausdrückliche sein, d. h. sie darf nicht zum Scherz geschehen (Stenglein Bd. l. S. 502, Weis Bd. l. S. 165, Prot. d. G.=A. d. K. d. A. 1856/57. S. 177, K. d. R. S. 219); es gibt keine Anstiftung durch Unterlassung (Stenglein Bd. l. S. 489); durch Geschehenlassen oder Nichtverhindern (Dollmann Bd. l. S. 302); durch verblümte Aeußerungen und allgemeine Redensarten, selbst wenn diese ein Anderer als Rath oder Auftrag auffaßt (Dollmann Bd. l. S. 303), dagegen kann durch unzweideutige Geberden oder Zeichen angestiftet werden. (Dollmann Bd. l. S. 302.)

3) Der Rath als Anstiftung setzt ein eigenes Interesse des Thäters voraus (Dollmann Bd. l. S. 301, Stenglein Bd. l. S. 501, Prot. d. G.=A. d. K. d. A. 1856 57 S. 177. 178.), bildet aber, wenn er nur den Entschluß des Thäters bestärkt, nicht verursacht, oder die Belehrung über die Ausführung der vom Thäter bereits beschlossenen That bildet, Theilnahme nach Ziff. 2. (Dollmann Bd. l. S. 302. 307. 316.)

4) Der Auftrag muß ein ernstlich gemeinter sein (Weis Bd. l. S. 165. 166); er setzt ein Unterordnungsverhältniß voraus, welches zur Bestimmung des Thäters mißbraucht wird (Stenglein Bd. l. S. 501, Prot. d. G.=A. d. K. d. A. 1856/57 S. 177, K. d. R. S. 219. 220), er muß ein unentgeldlicher sein (vorbehaltlich der Anstiftung durch Geben eines Lohnes oder Geschenkes) (Dollmann Bd. 1 S. 301.)

5) Unter Versprechen eines Lohns oder Geschenks ist jede Zusage eines Vortheiles zu verstehen, welchen der Anstifter dem Thäter im Falle der Uebernahme und Ausführung des Auftrages zusichert. (Dollmann Bd. l. S. 303.)

6) Wer durch Gewalt, Drohung, Erregung oder Benützung eines Irrthums mittels eines Andern die That ausführt, so daß die Willensfreiheit des Andern vollständig aufgehoben ist, oder derselbe die Strafbarkeit der That nicht erkennt, oder wer sich eines Unzurechnungsfähigen zur That bedient,

ist Thäter nicht Anstifter. Die Anstiftung setzt eine Strafbarkeit des Thäters voraus. (Hocheder S. 230. 235, Dollmann Bd. I. S. 259. 303, Stenglein Bd. I. S. 503, Verh. d. G.-A. d. K. d. A. 1856/57 Bd. I. S. 212, 1860/61 Bd. II. S. 89.) Es ist hier an eine solche Gewalt oder Drohung, an einen solchen Irrthum zu denken, durch welche die Freiheit der Willensbestimmung, die dolose Verschuldung des Thäters nicht aufgehoben wird (Dollmann Bd. I. S. 280. 303); an eine vis compulsiva nicht absoluta (Hocheder S. 235); an die Erregung eines Irrthums, welcher für den Thäter z. B. nur ein Motiv der That bildet (Hocheder S. 236) oder die Strafbarkeit der Handlung betrifft. (Dollmann Bd. I. S. 304.) Bildet die Gewalt oder Drohung den Thatbestand eines selbstständigen Delikts, so liegt Concurrenz vor, bei welchem die höhere Strafe zu erkennen ist. (Prot. d. G.-A. d. K. d. A. 1856/57 S. 184.)

7) Als Theilnehmer eines Meineids wurde der Beschuldigte, welcher Angehörige zu einem zu seinen Gunsten abgelegten Meineide gezwungen hatte, so daß dieselben straflos blieben, bestraft, obgleich er physischer Urheber nicht sein konnte. (Z. f. Gerichtspr. Bd. IV. S. 299 (dagegen S. 300), s. ferner Z. f. Gerichtspr. Bd. I. S. 373 und zu Art. 52. Ziff. 29.)

8) Wer einen Andern zur Vornahme einer einen Forstfrevel durch Entwendung begründenden Handlung beauftragt hat, erscheint, wenn der Andere seinen Auftraggeber und folgeweise sich selbst zur Vornahme dieser Handlung berechtigt hielt, nicht als der Anstifter, sondern selbst als Thäter eines Forstfrevels. (Erk. d. O.-G.-H. v. 3. August 1868, Entsch. d. Cass.-H. Bd. II. S. 370.)

9) B e f e h l zu einer That ist Anstiftung, wenn er überhaupt nicht in einem Amts- oder öffentlichen Dienstverhältniß ertheilt war, oder wenn in diesem ertheilt nach Form oder Richtung nicht zum Gehorsam verpflichtete (Art. 71); insbesondere wenn er nur auf einer moralischen Ueberordnung beruhte. (Dollmann Bd. I. S. 303. 304.)

10) Ueber Beifügung der Worte „o d e r a u f ä h n l i c h e W e i s e" vgl. Vortr. im G.-A. d. K. d. R. 1857/58 S. 92, Prot. S. 214. 218. Die in Ziff. 1 aufgeführten Modalitäten der Anstiftung, intellektuellen Urheberschaft sind nur exemplifikativ nicht erschöpfend aufgeführt. (Hocheder S. 235, Dollmann Bd. I. S. 300, Stenglein Bd. I. S. 500, Weis Bd. I. S. 167.)

11) Es ist gleichgiltig, durch welche Mittel die Bestimmung des Willens eines Andern zur Ausführung der strafbaren That ins Werk gesetzt wird. (Hocheder S. 235.) Der Anstifter ist der geistige Vater der That, der zuerst das Verbrechen in seinem Entschlusse geboren hat und darauf ausgeht, einen Andern zu bestimmen, damit dieser sich als Werkzeug zur Ausführung seiner verbrecherischen Pläne hergebe. (Prot. d. G.-A. d. K. d. A. 1856/57 S. 177.) Läßt sich Jemand auf einen Andern eine geistige Einwirkung zu Schulden kommen, von welcher Art auch dieselbe sei und welchen Namen sie auch habe, mit dem Willen, ihn zu einem Verbrechen zu bestimmen und es wird in Folge dieser Einwirkung das Verbrechen wirklich verübt, so liegt geistige Urheberschaft vor. (Stenglein Bd. I. S. 502, Prot. d. G.-A. d. K. d. A. 1856/57 S. 177. 178.) Die Anstiftung ist eine psychische oder intellektuelle Einwirkung auf den Willen eines Andern, durch welche die von dem letztern begangene strafbare That verursacht ist. (Dollmann Bd. I. S. 299.)

12) Ueber das Causalitätsverhältniß zwischen Anstiftung und That vgl. zu Art. 52. Ziff. 32—35. (Vortr. im G.-A. d. K. d. A. 1856/57 S. 40, Prot. S. 117.)

13) Die Einwirkung auf den Willen eines Andern, durch welche zwar die verbrecherische Leidenschaft entzündet, oder das Motiv belebt wird, aus welchem später der Thäter einen selbstständigen Entschluß zur That faßt, ist nicht Anstiftung. (Dollmann Bd. I. S. 300.)

14) Es ist nicht Anstiftung, wenn die intellektuelle Einwirkung auf den Thäter zu einer Zeit stattfand, in welcher der Thäter bereits zur That entschlossen war. Doch kann hierin Bestärkung im Entschlusse (Art. 54. Ziff. 2) liegen. (Hocheder

S. 261, Dollmann Bd. I. S. 300. Vgl. oberstr. Erk. v. 20. März 1866, Z. f. Gerichtspr. Bd. V. S. 244, Z. f. G. u. R. Bd. XIII. S. 135.)

15) Zum Begriffe der Anstiftung ist erforderlich, daß der Anstifter zuerst und nicht gemeinschaftlich mit dem Thäter den verbrecherischen Entschluß faßte. (Erk. d. O.-G.-H. v. 20. Juli 1863, Z. f. Gerichtspr. Bd. II. S. 339, Z. f. G. u. R. Bd. X. S. 703.)

16) Es ist nicht Anstiftung, wenn zwar Anstiftungshandlungen stattfanden, und derjenige, gegen welchen sie stattfanden, die That ausführte, jedoch in Folge eines nicht durch Anstiftung hervorgerufenen Entschlusses. (Dollmann Bd I. S. 300.)

17) Der Anstifter ist nicht haftbar für die That, wenn er seinen auf die Hervorbringung der That gerichteten verbrecherischen Willen nach vollbrachten Anstiftungshandlungen wieder aufgegeben und dies dem Angestifteten noch vor Beginn der Ausführung der That ausdrücklich oder durch unzweideutige Handlungen zu wissen gethan, letzterer aber dennoch die fragliche That verübt hat. (Hocheder S. 262, Dollmann Bd. I. S. 310.)

18) Der Anstifter ist strafbar, wenn er seinen Rücktritt dem Thäter erst nach Beginn der Ausführung der That kundgegeben hat oder doch der Thäter erst nach Beginn der Ausführung zur Kenntniß des Rücktritts gelangt ist. (Hocheder S. 264, Dollmann Bd. I. S. 311.)

19) Es können mehrere Anstifter einer und derselben That zusammentreffen und zwar, indem sie im Einverständniß und Zusammenwirken anstiften, oder indem sie ohne Einverständniß jeder selbstständig alle Anstiftungshandlungen vornehmen, oder durch mittelbare Anstiftung, indem der eine den andern zur Anstiftung anstiftet. (Dollmann Bd. I. S. 305. 306, Hocheder S. 236, Stenglein Bd I. S. 497, Weis Bd. I. S. 166.)

20) Wenn ein Anstifter im Interesse eines Andern, gleichsam als dessen negotiorum gestor, handelt, so wird derjenige, in dessen Interesse die Anstiftung begangen wurde, durch nachträgliche Genehmigung nicht Anstifter, es sei denn, daß die Genehmigung vor beendeter Anstiftung gegen den Anstifter, oder nach gefaßtem Entschluß gegen den Thäter erfolgte, in welchen Fällen er als Gehilfe durch Bestärkung im Entschlusse (Art. 54. Ziff. 2) erscheint, oder daß die Genehmigung gegen den Thäter vor gefaßtem Entschlusse erfolgte, in welchem Falle er als Mitanstifter für die That haftbar sein kann. (Dollmann Bd. I. S. 301. 302.)

21) Eine besondere Art Anstiftung ist in Art. 57 begründet, wenn die That als Folge einer öffentlichen, vor einer Menschenmenge oder durch ein Preßerzeugniß begangenen Aufforderung zu derselben verübt wurde, die Anstiftung also gegen unbestimmte Personen gerichtet war. (Dollmann Bd. I. S. 304)

22) Strafbarer Versuch der Anstiftung oder strafbarer Versuch des angestifteten Delikts kann nicht angenommen werden, wenn der Angestiftete auf die Anstiftung nicht einging oder wenn er zwar darauf einging, jedoch nicht zu einem Beginn der Ausführung der That gelangte, sei es daß er überhaupt nichts that sei es daß er nur straflose Vorbereitungshandlungen vornahm. (Dollmann Bd. I. S. 308 fg., s. hierüber auch zu Art. 52. Ziff. 21—24.)

23) Den Anstifter trifft die volle Strafbarkeit der That, ohne Strafmilderungsbefugniß des Richters, vorbehaltlich jedoch der besonderen Strafzumessung innerhalb des vom Gesetze angedrohten Strafrahmens. (Dollmann Bd. I. S. 312, s. hierüber auch zu Art. 52. Ziff. 14. 18—20. 28—31.)

24) Wenn die That durch das persönliche Verhältniß des Thäters eine besondere Qualifikation erlangt, z. B. bei Blutschande, Amtsuntreue, trifft diese auch den Anstifter. (Dollmann Bd. I. S. 261, Stenglein Bd. I. S. 493.)

S. über intellektuelle Urheberschaft noch zu Art. 52. Ziff. 47. 49—52. 55—62. 66. 68.

Zu Art. 54. Ziff. 2—4.

25) Der Gehilfe bedarf kein selbstständiges Interesse an Verübung der That, es genügt das Bewußtsein, die fremde That zu befördern. (Hocheder S. 237.)

26) Es ist gleichgiltig, ob die geleistete Beihilfe eine wesentliche oder unwesentliche war, ob der ertheilte Rath befolgt, die gelieferten Werkzeuge benützt wurden, jedoch muß ein Beginn der Ausführung derjenigen That stattgefunden haben, welche der Gehilfe unterstützen wollte. (Hocheder S. 238. 240. 242, Dollmann Bd. I. S. 314. 316.)

27) Einverständniß zwischen Thäter und Gehilfen ist nicht erforderlich; es genügt, wenn der Gehilfe weiß, daß er eine strafbare Handlung unterstützt. (Hocheder S. 238 242, Stenglein Bd. I. S. 495, Dollmann Bd. I. S. 314.)

28) Es bedarf keiner unmittelbaren Unterstützung des Thäters, sondern kann auch die Thätigkeit eines Theilnehmers unterstützt werden; jedoch liegt hierin nicht Theilnahme an der Theilnahme, sondern Theilnahme an der Hauptthat, z. B. Hilfeleistung für den Anstifter. (Hocheder S. 238. 239, Dollmann Bd. I. S. 314. 321, Weis Bd. I. S. 167, Stenglein Bd. I. S. 504, Prot. d G.-A. d. K. d. A. 1856 57 S. 180.) Deshalb ist auch mittelbare Theilnahme strafbar, wenn der unmittelbare Theilnehmer, dem sie geleistet wurde, straflos ist. (Dollmann Bd. I. S. 322, s. oben zu Art. 52. Ziff. 43.)

29) Die Beihilfe muß der That vorausgehend oder gleichzeitig mit derselben geleistet werden. Eine der That ausschließlich nachfolgende, nicht im Voraus versprochene Thätigkeit, kann nur Begünstigung bilden. (Dollmann Bd. I. S. 313.)

30) Es muß Förderung eines fremden Deliktes gegeben sein, nicht Ausführung des eigenen Entschlusses zur That. (Dollmann Bd. I. S. 314.)

31) Hilfeleistung kann auch durch Unterlassung einer pflichtmäßig obliegenden Thätigkeit begangen werden (Hocheder S. 239. 240. 242, Dollmann Bd. I. S. 314.) Z. B. begeht der Ehemann, welcher die Benützung der gemeinschaftlichen Wohnung zur Kuppelei durch seine Frau duldet, Theilnahme an der Kuppelei. (Erk. d. O.-G.-H v. 21. Juni 1867, Z. f. Gerichtspr. Bd. VI. S. 376, Entsch. d. Cass.-H. Bd. I. S. 280.) Dagegen liegt Miturheberschaft vor, wenn die Duldung in einem absichtlichen aus dem Weg Gehen in Folge vorher gefaßten gemeinschaftlichen Beschlusses enthält. (Erk. d. O.-G.-H. v. 19. Okt. 1867, Z. f. Gerichtspr. Bd. VII. S. 93.)

32) Wer von begonnener Beihilfe vor Beginn der Ausführung der That zurücktritt, und seine Hilfeleistung außer Wirksamkeit setzt, ist nicht als Gehilfe, unter Umständen aber wegen Nichtverhinderung der That strafbar. (Hocheder S. 265. 267, Dollmann Bd. I. S. 311. 322, Stenglein Bd. I. S. 504; Weis Bd. I. S. 168.)

33) Kann die Wirkung der Theilnahmshandlungen nicht mehr beseitigt werden, so ist auch der Rücktritt des Theilnehmers ohne Bedeutung. (Dollmann Bd. I. S. 323, Weis Bd. I. S. 169.)

34) Es gibt keinen Versuch der Hilfeleistung. Schon das Versprechen derselben ist Vollendung. (Dollmann Bd. I. S. 320, Prot. d. G.-A. d. K. d. A. 1856/57 S. 178.)

Zu Art. 54. Ziff. 2.

35) Jede Vorbereitungshandlung, welche von Seite des Thäters vorgenommen werden kann, ist auch beim Gehilfen denkbar; nur in Bezug auf die Ausführung der That selbst ist ein Unterschied zwischen Thäter und Gehilfen begründet. (Dollmann Bd. I. S. 316.)

36) Vorbereitende Hilfe zu einer That, welche selbst nicht über die Vorbereitung hinausgelangte, ist straflos. (Stenglein Bd. I. S. 505.)

37) Belehrung und Rath darf sich bei dieser Art von Theilnahme nur auf die vom Thäter schon beschlossene That beziehen. (Dollmann Bd. I. S. 316.)

38) Auch die Beihilfe, welche erst nach vollendeter That ihre Wirkung äußert, gehört hieher. (Hocheder S. 239.)

39) Die Aufzählung der Ziff. 2 des Art. 54. ist nicht erschöpfend, sondern exemplifikativ, jede mögliche Vorbereitungshandlung gehört hieher. (Hocheder

Zu Art. 54. Ziff. 3.

40) Die intellektuelle Beihilfe setzt gleichfalls einen schon im Voraus gefaßten Entschluß des Thäters voraus. (Hocheder S. 239, Stenglein Bd. I. S. 504.)

41) Es macht keinen Unterschied, ob die im Voraus versprochene, bei oder nach der That zu leistende Beihilfe vom Theilnehmer wirklich geleistet wurde, wenn der Thäter nur in der Meinung blieb, sie werde geleistet werden. (Hocheder S. 240, Dollmann Bd. I. S. 318. 320, Prot. d. G.-A. d. K. d. A. 1856 57 S. 179.)

42) Das Versprechen einer vorbereitenden Hilfe begründet keine Theilnahme, wenn sie nicht wirklich geleistet wurde, fällt dann aber unter Ziff. 2. (Hocheder S. 240. Dagegen s. Dollmann S. 320.)

43) Das vorausgehende Versprechen der Nichtanzeige oder Nichtverhinderung der That fällt unter Ziff. 3. (Hocheder S. 240. 241, Dollmann Bd. I. S. 317, Stenglein Bd. I. S. 504, Prot. d. G.-A. d. K. d. A. 1856 57 S. 179.)

44) Der Rücktritt vor Beginn der Ausführung der That bewirkt Straflosigkeit. (Hocheder S. 241, Dollmann Bd. 1. S. 318.)

45) Die nach vollendeter That zu leistende vor Ausführung des Deliktes zugesagte Unterstützung muß unter den Begriff strafbarer Begünstigung fallen, um durch das vorausgehende Versprechen zur Hilfeleistung zu werden. (Dollmann Bd. I. S. 317, Stenglein Bd. I. S. 505.)

46) Die bloße Fortschaffung eines im Walde gefrevelten Forstprodukts, wie Holz oder Pech, aus dem Walde unter Kenntniß des Frevels aber ohne vorgängige Verabredung ist straflose Begünstigung des Frevels nicht Theilnahme an demselben. (Erk. d. O.-G.-H. v. 5. Okt. 1866, v. 18. Mai u. 19. Okt. 1867, v. 8. Januar 1869, Z. f. Gerichtspr. Bd. VI. S. 110. Bd. VII. S. 85. 92. Bd. VIII. S. 181, Z. f. G. u. R. Bd. XIII. S. 551, Entsch. d. Cass.-H. Bd. I S. 225. 406.)

Zu Art. 54. Ziff. 4.

47) Die Aufzählung der Ziff. 4 ist nicht erschöpfend. (S. 241.)
S. über den Beisatz „oder auf ähnliche Weise" oben Ziff. 8.

48) Jeder der außer dem Thäter im Zeitpunkte der Ausführung der That für dieselbe thätig war, fällt unter Ziff. 4. (Hocheder S. 241.)

49) Auch derjenige ist Gehülfe nach Ziff. 4, welcher nach Beendigung der Ausführung jedoch vor Eintritt des Erfolgs der That zu dem Inslebentreten dieses Erfolges vorsätzlich beiträgt. (Hocheder S. 241, Dollmann Bd. I. S. 319.)

50) Auch derjenige, welcher bei Ausführung der That selbst Hand anlegt, ist Gehilfe, wenn er keine selbstständige Absicht hatte, die strafbare That als seine That zu begehen, sondern blos die verbrecherische Absicht eines Andern unterstützen wollte. (Hocheder S. 242.)

51) Eine im Voraus nicht versprochene, und nicht ausgeführte wenn auch beabsichtigte thätige Hilfeleistung ist straflos. (Stenglein Bd. I. S. 505.)

52) Die im Voraus nicht versprochene Unterlassung der Verhinderung der That fällt nicht unter Ziff. 4. (Hocheder S. 242.)

Casuistik.

53) Durch die Constatirung, daß Jemand einem Andern Gelegenheit zu einer Entwendung verschafft hat, ist auch die Absicht, die That hervorzubringen oder zu unterstützen, festgestellt. (Erk. d. O.-G.-H. v. 10. Juni 1865, Z. f. Gerichtspr. Bd. IV. S. 307, Z. f. G. u. R. B. XII. S. 266.)

54) Unterstützung eines Widerspenstigen durch Verbergen oder bei der Flucht ist nicht Begünstigung, sondern Theilnahme am Vergehen der Widerspenstigkeit. (Erk. d. O.-G.-H. v. 28. August 1865, Z. f. Gerichtspr. Bd. IV. S. 372, Z. f. G. u. R. Bd. XII. S. 400.)

55) Der Besteller falscher Siegel zur Beglaubigung von Wagscheinen ist als Anstifter strafbar. (Erk. d. O.-G.-H. v. 16. Febr. 1866, Z. f. Gerichtspr. Bd. V. S. 203, Z. f. G. u. R. Bd. XIII. S. 69.)

56) Als Anstifter (wegen Beilegung eines falschen Namens, um für den Anstifter eine Strafe zu erstehen) kann auch derjenige bestraft werden, welcher die That nicht selbst begehen konnte. (Erk. d. O.-G.-H. v. 13. Juni 1866, Z. f. Gerichtspr. Bd. V. S. 378.)

57) Bei einem Giftmorde kann derjenige, welcher sich mit einer andern Person zur Ausführung der That verabredet und hienach das Gift beigeschafft hat, nicht als Anstifter, sondern nur als Theilnehmer, welcher vor dem Beginne der Ausführung die Mittel dazu herbeigeschafft hat, betrachtet werden. (Erk. d. O.-G.-H. v. 20. Juli 1863, Z. f. Gerichtspr. Bd. II. S. 339, Z. f. G. u. R. Bd. X. S. 703.)

58) Der Wahrspruch, daß der Angeschuldigte einen Andern zu einer falschen Aussage durch Ueberredung verleitet habe, schließt die Feststellung der vorsätzlichen Hervorbringung einer wissentlich falschen Aussage des Andern von selbst in sich. (Erk. d. O.-G.-H. v. 25. Januar 1867, Entsch. d. Cass.-H. Bd. I. S. 26, Z. f. Gerichtspr. Bd. VI. S. 226.)

50) Wer von dem Miteigenthümer eines sequestrirten Waldes Bäume auf den Abtrieb kauft, fällt und abführt, macht sich keines Forstfrevels, sondern der Theilnahme an der widerrechtlichen Wegnahme eigener Sachen schuldig. (Erk. d. O.-G.-H. v. 4. Dezember 1868, Entsch. d. Cass. H. Bd. II. S. 477, Z. f. Gerichtspr. Bd. VIII. S. 145.)

Art. 55.

In den Fällen des Artikels 54 Ziffer 2 bis 4 steht den Gerichten die Befugniß zu, die Strafe des Theilnehmers

1) bei Verbrechen, die unbedingt mit Todes- oder lebenslänglicher Zuchthausstrafe bedroht sind, auf Zuchthaus nicht unter acht Jahren,

2) bei allen andern strafbaren Handlungen bis zu einem Viertheile des niedrigsten Strafmaßes vorbehaltlich dessen, was in den Artikeln 17, 20 und 26 bestimmt ist,

herabzusetzen.

Im Falle der Theilnahme an einem strafbaren Versuche darf die Strafe nur nach Maßgabe der auf die Vollendung gesetzten Strafe gemildert werden.

Wird in Folge der in Absatz 1 den Gerichten eingeräumten Befugniß wegen Theilnahme an einer Handlung, die mit Zuchthausstrafe bedroht ist, auf Gefängnißstrafe erkannt, so sind mit derselben die in Art. 28 bezeichneten Folgen zu verbinden.

1) Außer der in Art. 55 dem Richter gestatteten Strafmilderung findet auf Theilnehmer auch diejenige Anwendung, welche das Gesetz bei bestimmten Strafandrohungen wegen Vorliegens milderer Fälle gestattet. (Hocheder S. 275, Dollmann Bd. I. S. 324.)

2) Ist nur in maximo lebenslängliches Zuchthaus, in minimo eine zeitliche Zuchthausstrafe angedroht, so findet Ziff. 2, nicht Ziff. 1, Anwendung. (Stenglein Bd. I. S. 506, Vortr. im G.-A. d. K. d. A. 1859/60 S. 134, Prot. S. 10.)

3) Bei Anstiftern (Art. 54. Ziff. 1) eines strafbaren Versuchs greift die Strafmilderung wegen Versuchs Platz. (Hocheder S. 276.)

4) Bei Hilfeleistung (Art. 54. Ziff. 2—4), welche unter einem Strafmilderungsgrund (VI. Hauptstück) begangen wurde, kann die Strafe mehrfach herabgesetzt werden. (Hocheder S. 276, Dollmann Bd. I. S. 327. Stenglein Bd. I. S. 566, Prot. d. G.-A. d. K. d. A. 1859/60. S. 88.)

5) Polizeiaufsicht und Landesverweisung kann auch in den Fällen des Absatz 2 nur da verhängt, bez. für zulässig erklärt werden, wo sie auch bei Verübung der That im Vergehensgrade angedroht sind. (Hocheder S. 276. 222.)

6) Wenn die Strafzumessung ohne Berücksichtigung der eingeräumten Strafmilderungsbefugniß erfolgte, liegt Nichtigkeit des Urtheils vor. (Erk. d. O.-G.-H. v. 20. Juli 1863, Z. f. Gerichtspr. Bd. II. S. 339, Z. f. G. u. R. Bd. X. S. 703.)

Art. 56.

Wer einen Andern durch Versprechen oder Geben eines Lohnes oder Geschenkes zur Verübung eines Verbrechens oder Vergehens gedungen hat, soll selbst dann, wenn der Gedungene sich keines strafbaren Versuches schuldig gemacht hat, mit Gefängniß nicht unter sechs Monaten, falls die That, zu welcher er den Andern gedungen hat, ein Verbrechen ist, und mit Gefängniß bis zu einem Jahre, falls dieselbe ein Vergehen ist, bestraft werden, es sei denn, daß er die Ausführung selbst verhindert oder die Nichtausführung gebilligt hat. Zugleich kann auf die in Art. 28 bezeichneten Straffolgen oder auf einzelne derselben dann erkannt werden, wenn mit der Strafe derjenigen That, zu welcher gedungen wurde, diese Folgen verbunden sind oder durch richterlichen Ausspruch verbunden werden können.

Das Gleiche gilt von demjenigen, der, um einen Andern zur Verübung eines Verbrechens oder Vergehens zu bestimmen, Gewalt angewendet oder mit einem Angriffe auf Leib oder Leben oder mit Brandstiftung gedroht hat.

1) Durch Versprechen; auf Erfüllung des Versprechens kommt nichts an. (Stenglein Bd. I. S. 508.)

2) Lohn oder Geschenk; hierunter ist jede Einwirkung durch Anregung des Eigennutzes des Angestifteten zu verstehen; wie Erlaß einer Schuld; selbst in Geldwerth nicht anzuschlagende Dinge, wie Zuwendung von Arbeit u. dgl. (Stenglein Bd. I. S. 508, Hocheder S. 279, Dollmann Bd. I. S. 330.) Auf pekuniären Vortheil will Weis Bd. I. S. 171 die Bedeutung beschränken.

3) Zur Verübung eines Verbrechens oder Vergehens. Dingen zu einer Uebertretung ist also an sich nicht strafbar. (Hocheder S. 280, Dollmann Bd. I. S. 329, Weis Bd. I. S. 171, Stenglein Bd. I. S. 509, Vortr. im G.=A. d. K. d. A. 1860 61 S. 286.)

4) Bei Beurtheilung der That, zu welcher gedungen wurde, kommt nur deren objektive Beschaffenheit, nicht die unter Berücksichtigung subjektiver Gründe zuzumessende Bestrafung in Betracht. (Hocheder S. 281, Dollmann Bd. I. S. 330, 336.)

5) Kann die That, zu welcher gedungen wurde, je nach ihrem Erfolg oder der Art ihrer Verübung Verbrechen, Vergehen oder Uebertretung sein, so muß die Absicht des Dingenden nachgewiesen sein, um anzunehmen, daß ein höherer Grad der That bezweckt war. Im Zweifel ist der geringere anzunehmen. (Stenglein Bd. I. S. 510, Dollmann Bd. I. S. 329, Weis Bd. I. S. 171, Vortr. im G.=A. d. K. d. A. 1860/61 S. 286.)

6) Gestattet nur das Gesetz in leichteren Fällen auf eine geringere Strafgattung herabzugehen, so ist die höhere Qualifikation der That maßgebend. (Hocheder S. 281, Dollmann Bd. I. S. 389.)

7) Da nur das Dingen zur Verübung eines Verbrechens oder Vergehens mit Strafe bedroht ist, fällt das Dingen eines Theilnehmers nicht unter das Gesetz. (Hocheder S. 280.)

8) „Gedungen hat." Unter Dingen ist das acceptirte Versprechen oder Geben eines Lohnes zu verstehen, nicht jede einseitige Anstiftungshandlung, jedoch bedarf es keiner ernstlichen, mit dem Willen der Ausführung der gedungenen That verbundenen Acceptation. Es genügt ein scheinbares Eingehen auf die Intentionen des Thäters. (Stenglein Bd. I. S. 508, Dollmann Bd. I. S. 330, Weis Bd. I. S 171, Prot. d. G.=A. d. K. d. A. 1856/57 S. 182, Z. f. Gerichtspr. Bd. I. S. 322.) Selbst ein Eingehen des Gedungenen im Scherze soll Dingen ausschließen nach einem bezirksg. Erk. (Z. f. G. u. R. Bd. X. S. 315.) Dagegen spricht ein Erk. d. O.=G.=H. v. 8. Juni 1868 aus, daß zum Thatbestande des Dingens nicht erforderlich ist, daß der Gedungene Willens war, das Verbrechen zu begehen, wenn er nur thatsächlich auf das gemachte Ansinnen einging. (Z. f. Gerichtspr. Bd. VIII. S. 17, Entsch. d. Cass.=H. Bd. II. S. 259.) Anderer Ansicht ist Hocheder S. 278, welcher nur eine Vollendung auf Seite des Dingenden als im Sinne des Gesetzes erforderlich betrachtet.

9) „Selbst dann, wenn der Gedungene sich keines strafbaren Versuches schuldig gemacht hat." Wurde die That, zu welcher gedungen wurde, auch nur im Versuchsgrade ausgeführt, so fällt die That unter den

Begriff der Anstiftung (Art. 54. Ziff. 1), nicht unter Art. 56. (Motive z. Entw. v. 1853 S. 234, Entw. v. 1860 S. 181, Prot. d. G.=A. d. K. d. A. 1856/57 S. 181, 1860/61 S. 11.) Es muß also kein strafbarer Versuch der gedungenen That oder ein rechtzeitiger Abstand vom Versuch stattgefunden haben. (Stenglein Bd. l. S. 509, Dollmann Bd. l. S. 332.) Anderer Ansicht ist Hocheder S. 277. 279. 283, welcher im Falle wirklicher Verübung der That einen Zusammenfluß von Anstiftung und Dingen annimmt, hauptsächlich wegen der außerdem möglichen höheren Strafe bei erfolglosem Dingen.

10) Die Strafe kann unter Umständen höher sein, als die der That, zu welcher gedungen wurde. Dies geschah, um Casuistik zu vermeiden, im Vertrauen auf eine richtige, das Verhältniß zur Strafe der gedungenen That einhaltende Strafzumessung. (Hocheder S. 281, Dollmann Bd. l. S. 336, Weis Bd. l. S. 172, Stenglein Bd. l. S. 509, Prot. d. G.=A. d. K. d. A. 1856/57 S. 182, 1860/61 S. 11. Dies löst auch den Zweifel Hocheders zu Ziff. 9.)

11) „Es sei denn, daß er die Ausführung selbst verhindert oder die Nichtausführung gebilligt hat.“ Der Rücktritt des Dingenden kann so lange stattfinden, als keine Strafeinschreitung gegen den Dingenden durch Verhaftung, Einleitung oder Anordnung der Untersuchung stattgefunden oder die Ausführung der gedungenen That noch nicht in einer Weise begonnen hat, daß ein Aufgeben des Versuches nicht mehr möglich ist. (Hocheder S. 281. 282, Dollmann Bd. l. S. 335, Prot. d. G.=A. d. K. d. A. 1860/61 S. 11.)

12) Der Rücktritt vom Dingen macht dieses selbst dann straflos, wenn der Gedungene die That trotz des erklärten Rücktritts ausführt. (Hocheder S. 282, Dollmann Bd. l. S. 335. 336.)

13) Theilnahme am Dingen ist strafbar. (Hocheder S. 283, Dollmann Bd. l. S. 337.)

14) Bei Anstiftung zur That durch Gewalt oder Drohung ist ein hiedurch hervorgerufener Entschluß des Angestifteten zur That oder eine Erklärung der Geneigtheit desselben nicht erforderlich. (Hocheder S. 280, Dollmann Bd. l. S. 331.)

15) Auch Gewalt oder Drohung gegen Angehörige des Angestifteten fällt unter Art. 56. (Hocheder S. 280.)

16) Ein besonderer Grad von Gefährlichkeit der Gewalt, von Ausführbarkeit der Drohung oder Einwirkung auf den Angestifteten ist nicht erforderlich. (Hocheder S. 280; doch muß sie sich als eine ernstliche darstellen, und bedarf es keiner gegenwärtigen Gefahr, sondern kann auch mit einer zukünftigen gedroht werden. (Dollmann Bd. l. S. 331.)

17) Dollmann S. 331 nimmt an, es könne unter Umständen im Zusammenfluß des Delikts des Art. 56 Abs. 2 und der Vergewaltigung oder Bedrohung nach Art. 304. oder eines Versuchs derselben stattfinden und sei dann die strengere Strafe anzuwenden.

Art. 57.

Wer öffentlich vor einer Menschenmenge oder mittels eines Preßerzeugnisses zur Verübung einer strafbaren That aufgefordert hat, ist, wenn die Aufforderung die Vollendung oder einen strafbaren Versuch der That zur Folge hatte, als Theilnehmer nach Art. 54 Ziffer 1 zu bestrafen.

Ist ein Erfolg nicht eingetreten, so soll die auf ein Verbrechen gerichtete Aufforderung mit Gefängniß bis zu einem Jahre, womit Geldstrafe bis zu vierhundert Gulden verbunden werden kann, die auf ein Vergehen gerichtete mit Gefängniß bis zu sechs Monaten, womit Geldstrafe bis zu zweihundert Gulden verbunden werden kann, bestraft werden.

1) Oeffentlich. Ein Criterium dieses Begriffs ist im Gesetzbuche nicht gegeben, sondern dessen Annahme nach den Umständen des einzelnen Falls dem vernünftigen Ermessen des Richters anheimgegeben. (Vortr. im G.=A. d. K. d. A. 1856/57 S. 42, Prot. S. 187, Weis Bd. l. S. 174, Hocheder S. 285.)

2) Obgleich in den Verhandlungen ausdrücklich bemerkt wurde, daß man den

Ausdruck „an einem öffentlichen Ort" nicht gebrauchen wolle (s. Ziff. 1), definirt doch Dollmann Bd. I. S. 339 den Begriff „öffentlich" als die an einem öffentlichen Orte geäußerte Aufforderung, und erläutert dies: Als öffentlich ist jeder Ort zu betrachten, welcher dem Publikum fortwährend oder in dem fraglichen Zeitpunkte zugänglich ist, sei es auch, daß diese Zugänglichkeit an gewisse besondere, jedoch von Jedermann zu erfüllende Bedingungen, z. B. an die Erlegung eines Eintrittsgeldes u. dgl. geknüpft ist. — Es können auch Räumlichkeiten in Privathäusern vorübergehend die Eigenschaft öffentlicher Orte annehmen, wenn sie zu vorübergehenden Zwecken dem Publikum mit oder ohne Beschränkung geöffnet sind, so lange diese Verwendung dauert. — Dagegen können Räumlichkeiten, in welchen sich eine geschlossene Gesellschaft versammelt, oder zu welchen der Zutritt von besonderer persönlicher Einladung oder Legitimation abhängig ist, auch dann nicht als öffentliche Orte angesehen werden, wenn sie in einem im Allgemeinen dem Gebrauche des Publikums offenstehenden Hause, z. B. einem Gasthause sich befinden. — Der an einem öffentlichen Orte ausgesprochenen Aufforderung muß es gleich stehen, wenn von einem nicht öffentlichen Orte aus die Aufforderung an eine an einem öffentlichen Orte versammelte Menschenmenge gerichtet wird. Vgl. Stenglein Bd. I. S. 511.)

3) „Vor einer Menschenmenge." Auch dieser Begriff wollte nicht definirt, sondern dem Ermessen des Richters überlassen werden. (Vortr. im G.-A. d. K. d. A. 1856/57 S. 14, Prot. S. 80, K. d. R., Prot. S. 66, Hocheder S. 285, Dollmann Bd. I. S. 340, Weis Bd. I. S. 174. 175, Stenglein Bd. I. S. 511.)

Hocheder nimmt a. a. O. an, daß es wenigstens 10 Personen sein müßten, weil diese Minimalbestimmung nur für manche Fälle zu eng befunden wurde.

Weis äußert sich: In manchen Fällen wird man mit Recht in zehn anwesenden Personen eine Menschenmenge erblicken, während in andern Fällen selbst eine größere Zahl noch nicht als Menschenmenge betrachtet werden kann. Ersteres z. B. wenn es sich um eine Katzenmusik, letzteres wenn es sich um Erstürmung einer Festung handelt.

4) Die Menschenmenge muß gleichzeitig versammelt sein, successive Aufforderung, an eine Menge von Personen gerichtet, fällt nicht unter Art. 57. (Hocheder S. 286.) Ebensowenig die an einem öffentlichen Ort bei einer versammelten Menschenmenge, jedoch nur an Einzelne privatim gerichtete, oder in unverständlicher Weise, in fremder Sprache oder mit unvernehmlicher Stimme bewirkte Aufforderung. (Dollmann Bd. I. S. 340.)

5) Es ist nicht erforderlich, daß alle Anwesenden die Aufforderung hörten. (Dollmann Bd. I. S. 340, Stenglein Bd. I. S. 513. Anmerk. 1.)

6) Mittels eines Preßerzeugnisses vgl. hierüber Art. 8 oben S. 11.

7) Zur Verübung einer strafbaren That aufgefordert hat. Die Aufforderung ist gemäß Abs. 1 auch dann strafbar, wenn sie auf Verübung einer Uebertretung gerichtet ist, im Gegensatz zu Abs. 2, in welchem nur Verbrechen und Vergehen als Gegenstand der Aufforderung bezeichnet sind. (Dollmann Bd. I. S. 342, Weis Bd. I. S. 175, Stenglein Bd. I. S. 512. 513.)

8) Ein Versuch, welcher durch rechtzeitigen Abstand straflos geworden ist, fällt nicht unter Abs. 1.)

9) Wenn die Aufforderung die Vollendung rc. der That zur Folge hatte. Es muß ein Causalzusammenhang zwischen Aufforderung und That nachgewiesen sein. (Vortr. im G.-A. d. K. d. A. 1856/57 S. 42, Prot. S. 185.) Ob dieser Causalzusammenhang der gleiche sein muß, wie bei Anstiftung ist streitig. Dafür Hocheder S. 286, Dollmann Bd. I. S. 339. 342, Weis Bd. I. S. 173. 174, nach dem Wortlaut des Gesetzes. Stenglein Bd. I. S. 512 nimmt an, es genüge, daß die Aufforderung auf die Verwirklichung der That eingewirkt habe, weil der Nachweis des Causalzusammenhangs meistens unmöglich sei; im Falle eines solchen Zusammenhangs Abs. 1 des Art. 57 überflüssig sei, und

das Gesetz bei Verlangen eines solchen sich stets des Ausdrucks bedient: „die That verursacht hat".

10) Die Aufforderung muß auf eine bestimmte That gerichtet sein, doch ist keine Bezeichnung derselben mit direkten Worten erforderlich, es genügt eine versteckte, jedoch allgemein verständliche Form. (Hocheder S. 284) Es muß das Delikt wenigstens der Gattung nach bezeichnet sein, wenn auch deren juristische Bezeichnung oder die genauere Angabe der Modalitäten der Ausführung mangelt. (Dollmann Bd. I. S. 341. 342. Vgl. auch Stenglein Bd. I. S. 511, Prot. d. G.-A. d. K. d. A. 1856/57 S. 503. 504.)

11) Die Aufforderung muß eine ernstliche, vorsätzliche, mit dem Willen, die Ausführung der strafbaren That herbeizuführen, verübte sein. (Hocheder S. 285, Dollmann Bd. I. S. 342, Stenglein Bd. I. S. 511.)

12) Als Theilnehmer nach Art. 54 Ziff. 1 zu bestrafen, obgleich die Personen, welche angestiftet wurden, unbestimmte sind. (Hocheder S. 286, Dollmann Bd. I. S. 339. 342, Weis Bd. I. S. 173. 174, Stenglein Bd. I. S. 512.)

13) Daß im Falle der erfolgreichen Aufforderung kein Zusammenfluß mit Anstiftung vorliege, gibt hier auch Hocheder S. 287 zu.

14) Ist ein Erfolg nicht eingetreten, gleichviel ob wegen Wirkungslosigkeit der Aufforderung, Nichtausführung eines gefaßten Entschlusses, oder freiwilligen Abbruchs der bereits begonnenen Ausführung. (Dollmann Bd. I. S. 342.)

16) Ueber die Frage, ob zu einem Verbrechen oder Vergehen aufgefordert wurde, vgl. zu Art. 56. Ziff. 4. 5, Dollmann Bd. I. S. 342, Stenglein Bd. I. S. 513; über die Strafzumessung zu Art 56. Ziff. 10 Hocheder Bd I. S. 287, Stenglein Bd. I. S. 513, Vortr. im G.-A. d. K. d. A. v. 1849/50. Beil.-Bd. III. S. 166.)

17) Da die Strafbestimmung des Abs 2 eine selbstständige ist, kann zu dem dort vorgesehenen Reat auch Theilnahme stattfinden. (Hocheder S. 287.)

19) Die Bestimmung des Abs. 2 gilt nur vorbehaltlich besonderer Strafbestimmungen wie die des Art. 108. 135. (Hocheder S. 287. 288, Dollmann Bd. I. S. 343.)

Art. 58.

Begünstigung.

Der Begünstigung macht sich schuldig, wer ohne vorheriges Versprechen oder Einverständniß erst nach begangener That in Beziehung auf dieselbe dem Thäter oder einem Theilnehmer wissentlich dadurch förderlich ist, daß er,

1) **um denselben der Bestrafung zu entziehen, ihn verbirgt oder ihm zur Flucht behilflich ist, oder**
2) **den Gegenstand oder die Spuren der That oder die Ueberführungsmittel beseitigt oder sonst eine Handlung zu dem Zwecke begeht, um dieselben der Kenntniß des Gerichts zu entziehen, oder**
3) **die durch die That gewonnenen Sachen bei sich aufnimmt, an sich bringt, zu deren Aufbewahrung oder Verwerthung verhilft oder dem Thäter oder einem Theilnehmer in anderer Weise Beistand leistet, um ihnen die bei der That beabsichtigten Vortheile zu sichern.**

1) Die Förderung der vollbrachten That nach vorherigem Versprechen oder Einverständniß ist Theilnahme gemäß Art. 54 Ziff. 3 s. oben zu Art. 54. Anmerk. 54. (Hocheder S. 289, Dollmann Bd. I. S. 353, Weis Bd. I. S. 176, Stenglein Bd. I. S. 516, Motive z. Entw. v. 1855 S. 56.)

2) Nach begangener That. Es muß eine vollendete strafbare Handlung oder doch ein strafbarer Versuch derselben vorliegen. Begünstigung eines durch freiwilligen Abstand straflosen Versuchs ist nicht strafbar. (Hocheder S. 289, Dollmann Bd. I. S. 350. 351, Stenglein Bd. I. S. 516)

3) Bei vollendeten Delikten kommt es nicht sowohl auf den strafrechtlichen Begriff der Vollendung, als darauf an, daß der Thäter seine gesammte Thätigkeit, einschlüssig der Sicherung des von ihm bezielten Erfolgs, beendet hat. Die Förderung dieses Erfolgs fällt noch unter den Begriff der Theilnahme. (Hocheder

S. 289, Dollmann Bd. I. S. 351, Stenglein Bd. I. S. 516. 518. 519. Sehr weit gehend will Dollmann a. a. O. selbst die Wegschaffung eines entwendeten Gegenstandes in den sicheren Besitz des Diebs noch zur Theilnahme rechnen. S. dagegen oben zu Art. 54. Anmerk. 46.

4) Wer einen Versuch begünstigt, der nicht völlig beendet, sondern nur unterbrochen ist, um im gegebenen Momente wieder aufgenommen zu werden, und dies fördern will, ist nicht Begünstiger, sondern Theilnehmer. (Dollmann Bd. I. S. 351.)

5) In Beziehung auf die That. Die Begünstigung kann nur vorsätzlich begangen werden. Fahrlässige Begünstigung gibt es nicht. (Dollmann Bd. I. S. 353, Weis Bd. I. S. 176, Stenglein Bd. I. S. 515. 518.)

6) Der Begünstiger muß wissen, daß es sich um eine strafbare That handelt. Diese Kenntniß muß aber keine spezielle, auf die rechtliche Beurtheilung der That sich erstreckende sein; doch sind dem Begünstiger nur die ihm bekannten Thatumstände zuzurechnen und kommen ihm die lediglich in der Person des Thäters begründeten Strafmilderungs- oder Erschwerungsgründe weder zu Gunsten noch zum Nachtheil in Anrechnung. (Hocheder S. 289. 290, Dollmann Bd. I. S. 354, Weis Bd. I. S. 176, Stenglein Bd. I. S. 518, Z. f. Gerichtspr. Bd. V. S. 47.) Einigermaßen im Widerspruch mit sich selbst, nimmt Dollmann a. a. O. an, der Begünstiger, der in der Meinung thätig war, nur einer Uebertretung Vorschub zu leisten, unterliege keiner Strafe. Es kommt nicht darauf an, wie der Begünstiger glaubt, daß sich die That rechtlich qualifizire, sondern darauf ob er solche Thatumstände kennt, welche objektiv beurtheilt ein Verbrechen, oder ein Vergehen oder eine Uebertretung bilden

7) Die begünstigte That kann möglicher Weise selbst nur die Begünstigung einer strafbaren That sein, insbesondere bei den Begünstigungshandlungen zu Gunsten des Thäters. (Hocheder S. 291.) Ohne eigentliche Motivirung glaubt Dollmann Bd. I. S. 345, dieselbe sei nach dem Wortausdruck des Art. 58 nicht strafbar.

8) Auch die Begünstigung fahrlässiger Vergehen ist strafbar. (Dollmann Bd. I. S. 350 Stenglein Bd. I. S. 520.)

9) Die Begünstigung einer vermeintlich strafbaren That ist nicht strafbar. (Stenglein Bd. I. S. 516.)

10) Förderlich ist. Die bloße Billigung der That oder Antheilnahme an den durch die That erlangten Vortheilen ist nicht Begünstigung. Ebensowenig die Aufnahme von Sachen, welche mittels der durch die That erlangten erworben wurden, vorbehaltlich einer Beseitigung von Ueberführungsmitteln hiedurch. (Hocheder S. 289, Dollmann Bd. I. S. 349, Stenglein Bd. I. S. 520. 515. Anmerk. 5.)

11) Theilnahme an Begünstigung, z. B. Anstiftung hiezu, ist als solche strafbar. (Hocheder S. 291. 292, Dollmann Bd. I. S. 355.) Richtiger dürfte es sein mit Stenglein Bd. I. S. 519 solche Theilnahmshandlungen selbst als Begünstigung der Hauptthat aufzufassen, da das Begünstigen nie Selbstzweck des Theilnehmers sein kann, sondern dessen Absicht sich stets auf Förderung der Hauptthat beziehen wird. Vgl. auch Dollmann Bd. I. S. 355 a. E. und zu Art. 62. Anmerk. 20.

12) Die Begünstigung kann nur durch positive Handlungen, nie durch Unterlassungen begangen werden. (Dollmann Bd. I. S. 348, Stenglein Bd. I. S. 518. 519.)

13) Versuch der Begünstigung ist nicht strafbar. (Art. 48.) Dollmann Bd. I. S. 355, Stenglein Bd. I. S. 520 nimmt an, daß bei den allein möglichen Arten der Begünstigung Versuch nicht denkbar sei, insbesondere weil es keines Erfolgs der Begünstigung bedarf.

14) Die in Ziff. 1 bis 3 aufgeführten Arten der Begünstigung sind erschöpfend, so daß keine Förderung des Thäters nach vollbrachter That, welche nicht unter eine der drei Ziffern subsumirt werden kann, als strafbar erscheint.

(Hocheder S. 290, Dollmann Bd. I. S. 345, Weis Bd. I. S. 176, Stenglein Bd. I. S. 518, Motive z. Entw. v. 1855 S. 56.)

Zu Art. 58. Ziff. 1.

15) Die bloße Aufnahme eines Schuldigen ohne die Absicht, ihn der Bestrafung zu entziehen, ist nicht strafbar. (Hocheder S. 290, Dollmann Bd. I S. 346.)

16) Wenn es sich beim Verbergen nur darum handelt, den Schuldigen der Untersuchungshaft zu entziehen, liegt keine strafbare Begünstigung vor. (Hocheder S. 290, Dollmann Bd. I. S. 347, Weis Bd. I. S. 177, Stenglein Bd. I. S. 515, Prot. d. G.-A. d. K. d. A. 1856/57 S. 189.)

17) Dagegen macht es bei Annahme der Begünstigung keinen Unterschied, ob der Schuldige der Aburtheilung, oder der Strafvollstreckung entzogen werden soll, oder ob die Verbergung eines der Strafhaft Entsprungenen in Rede steht, oder ob der Thäter der Verwahrung in der Polizeianstalt, als einem Theil der Strafe, entzogen werden soll. (Dollmann Bd. I. S. 347, Stenglein Bd. I. S. 516.)

18) Auch die mittelbare Förderung der Flucht durch Verschaffen von Legitimationspapieren u. dgl. fällt unter Ziff. 1. (Hocheder S. 290, Dollmann Bd. I. S. 346, Stenglein Bd. I. S. 517, Prot. d. G.-A. d. K. d. A. 1856/57. S. 188.)

19) Unterstützung eines Widerspenstigen durch Verbergen oder bei der Flucht ist nicht Begünstigung, sondern Theilnahme am Vergehen der Widerspenstigkeit. (Erk. d. O.-G.-H. v. 28. August 1865, Z. f. Gerichtspr. Bd. IV. S. 307, Z. f. G. u. R. Bd. XI. S. 400.)

Zu Art. 58. Ziff. 2.

20) Auch Veränderung eines Gegenstands, welche demselben seine Bedeutung als Ueberführungsmittel entzieht, fällt unter Ziff. 2, (Dollmann Bd. I. S. 348. 351.)

21) Das Ableugnen des Besitzes von Ueberführungsmitteln, die Verweigerung der Herausgabe, Verweigerung des Anschuldigungszeugnisses oder Ableugnen der Wissenschaft fällt nicht unter den Begriff der Begünstigung. (Dollmann Bd. I. S. 348.)

Zu Art. 58. Ziff. 3.

22) Das Stehlen einer gestohlenen Sache ist nicht Begünstigung. (Stenglein Bd. I. S. 515.)

23) Das Mitverzehren von Gestohlenem durch Angehörige ist nicht Begünstigung. (Stenglein Bd. I. S. 515. 522.)

24) Besondere Fälle der Begünstigung, welche das Gesetz als selbstständige Delikte auffaßt, sind: Hehlerei (Art. 308), Befreiung von Gefangenen (Art. 142), Verausgabung gefälschten Geldes im Einverständniß mit dem Fälscher (Art. 171), desgl. gefälschter Kreditpapiere (Art. 186), Fälschung und Unterdrückung von Urkunden zu Gunsten eines Angeschuldigten (Art. 176. 183. 198). Die Strafe dieser Delikte absorbirt die der Begünstigung. (Dollmann Bd. I. S. 348. 349, Stenglein Bd. I. S. 516. 517.)

25) Begünstigung liegt nicht vor, wenn die Begünstigungshandlung ein selbstständiges Reat enthält (Fälschung von Urkunden zu Gunsten des Beschuldigten). (Erk. d. O.-G.-H. v. 13. Sept. 1862, Z. f. Gerichtspr. Bd. I. S. 320, Z. f. G. u. R. Bd. IX. S. 341.)

26) Theilnahme an einem Delikte schließt die Bestrafung wegen Begünstigung desselben aus. (Z. f. Gerichtspr. Bd. III. 293.)

Art. 59.

Den Begünstiger trifft, wenn die That, auf welche sich die Begünstigung bezieht, ein Verbrechen ist, Gefängniß bis zu zwei Jahren, womit Geldstrafe bis zu vierhundert Gulden verbunden werden kann, und wenn diese That ein Vergehen ist, Gefängniß bis zu sechs Monaten oder Geldstrafe bis zu zweihundert Gulden.

Die Begünstigung einer Uebertretung wird nur bestraft, wo das Gesetz dieses besonders bestimmt.

1) Ob die That, welche begünstigt wurde, ein Verbrechen oder ein Vergehen bildet, ist, abgesehen von der dem Begünstiger innewohnenden Kenntniß der Thatumstände (s. zu Art. 58. Anmerk. 6), nur objektiv, ohne Rücksicht auf die in der Person des Thäters begründeten Strafmilderungs- oder Strafserschwerungsgründe, wie bei der Theilnahme zu beurtheilen. (Vgl. zu Art. 52. Anmerk. 47—56. 58. 59. 61.) (Dollmann Bd. I. S. 350. 356, Hocheder S. 293.) Ist dem Richter gestattet, bei Vorliegen leichterer Fälle auf eine geringere Strafgattung herabzugehen, so kommt nur die regelmäßige Hauptstrafe in Betracht. (Hocheder a. a. O.)

2) Daß der Thäter wirklich bestraft wurde ist nicht erforderlich. (Dollmann Bd. I. S. 350, Stenglein Bd. I. S. 516. Vgl. zu Art. 52. Anmerk. 18—31.)

3) Die Strafzumessung hat sich nach der Strafe, welche auf die Hauptthat gesetzt ist, zu richten und kann für Begünstigung keine strengere Strafe verhängt werden als für die That selbst oder Theilnahme daran, z. B. voraus versprochene Begünstigung. (Hocheder S. 293, Dollmann Bd. I. S. 357, Weis Bd. I. S. 178, Stenglein Bd. I. S. 515, Prot. d. G.-A. d. K. d. Ab. 1856/57 S. 182, Prot. 1860/61 S. 11.)

4) Gewerbsmäßige Begünstigung ist nicht wie früher ein höher strafbarer Grad der Begünstigung (abgesehen von Hehlerei), sondern statt dessen ein weiterer Strafrahmen eingeräumt. (Hocheder S. 293. 294, Dollmann Bd. I. S. 356.)

5) Eine besondere Strafandrohung für Begünstigung einer Uebertretung findet sich nicht im Gesetzbuche. (Dollmann Bd. I. S. 349. Anmerk. 15. Vgl. Art. 55 des Forstges. v. 28. März 1852 und zu Art. 54. Anmerk. 46.)

Art. 60.

Wenn mit der Strafe derjenigen That, auf welche sich die Begünstigung bezieht, die in dem Art. 28 bezeichneten Folgen verbunden sind oder durch richterlichen Ausspruch verbunden werden können, so steht dem Gerichte die Befugniß zu, auch gegen den Begünstiger diese Folgen oder einzelne derselben im Strafurtheile zu verhängen.

1) Nur die Straffolgen des Art. 28 dürfen verhängt werden, keine weiteren; abgesehen von Konfiskation (Art. 34), welche bei jeder Verurtheilung eintreten kann, oder Suspension von Amt und Gehalt (Art. 33), welche kraft des Gesetzes eintritt. (Hocheder S. 294, Dollmann Bd. I. S. 357.)

2) Darauf, daß die gleichen Straffolgen gegen den Thäter wirklich verhängt werden, kommt nichts an. (Stenglein Bd. I. S. 520, Dollmann Bd. I. S. 357.)

3) Nach J.-M.-Entschl. v. 31. Oktober 1863 (J.-M.-Bl. S. 169, Z. f. G. u. R. Bd. X. S. 920) tritt Waffenunwürdigkeit bei Verurtheilung wegen Begünstigung des Diebstahls u. s. w. nicht ein.

Art. 61.

Verwandte und Verschwägerte in auf- und absteigender Linie, leibliche Geschwister und Verschwägerte im zweiten Grade der Seitenlinie nach bürgerlicher Berechnung, Ehegatten, Adoptiveltern und Adoptivkinder, Pflegeeltern und Pflegekinder, Vormund, Nebenvormund und Mündel derjenigen Person, zu deren Vortheil die Begünstigung stattgefunden hat, unterliegen keiner Strafe wegen solcher Begünstigungshandlungen, welche lediglich den Schutz dieser Person gegen Entdeckung oder gerichtliche Verfolgung bezweckt haben.

1) Halbbürtige Geschwister gehören zu den *leiblichen Geschwistern*, nicht aber Stiefgeschwister. (Hocheder S. 295, Dollmann Bd. I. S. 358, Stenglein Bd. I. S. 521.)

2) *Verschwägerte* im zweiten Grade der Seitenlinie sind lediglich die Geschwister der Ehegenossen und Ehegenossen der Geschwister. (Hocheder S. 295, Dollmann Bd. I. S. 388.)

3) **Ehegatten** nur während Bestehen der Ehe, nicht nach Ungültigerklärung der Ehe oder Trennung des Bandes. Bei nur zeitweiser Trennung oder Trennung der Ehe von Tisch und Bette gelten dieselben noch als Gatten. Das Bestehen der Ehe ist auch maßgebend für die durch dieselbe begründete Schwägerschaft. (Hocheder S. 295, Dollmann Bd. I. S. 359, Weis Bd. I. S. 178, Stenglein Bd. I. S. 521, Prot. d. G.-A. d. K. d. A. 1860/61 S. 11.)

4) Entsprechend wurde ein Urtheil vom O.-G.-H. vernichtet, weil die von Tisch und Bett getrennte katholische Ehefrau des Beschuldigten ohne Belehrung über das Zeugschaftsentschlagungsrecht als Zeugin vernommen worden war. (Erk. d. O.-G.-H. v. 11. März 1867, Z. f. Gerichtspr. Bd. VI. S. 253, Entsch. d. Cass.-H Bd. I. S. 103.)

5) Zu den **Adoptiveltern** und **Adoptivkindern** gehören auch die vereinkindschafteten. (Hocheder S. 296, Dollmann Bd. I. S. 359.)

6) **Pflegeelternschaft** setzt vollständige Uebernahme zu Pflege und Erziehung voraus, nicht blos vorübergehenden Aufenthalt. (Stenglein Bd. I. S. 521)

7) Zu den **Vormündern** und **Mündeln** gehören nicht bloße Vermögenscuratoren, bez. Curanden. (Hocheder S. 296.)

8) Bezüglich der unehelichen Verwandtschaft s. zu Art. 7 oben S. 10.

9) Die hier aufgezählten Kategorien von Angehörigen genießen ausschließlich den Vorzug des Art. 61 Analoge Ausdehnung ist unstatthaft. (Stenglein Bd. I. S. 521, Dollmann Bd. I. S. 359, Weis Bd. I. S 178.)

10) Jede Begünstigungshandlung, welche gemäß Art. 58 verübt werden kann, ist straflos, wenn sie nur den Schutz der Person des Angehörigen bezweckt und kann nur nach diesem Motiv unterschieden werden. Es darf aber auch kein weiteres Motiv, wie Eigennutz damit konkurriren (Prot. d. G.-A. d. K. d. A. 1856/57 S. 190, 1860/61 S. 11, Hocheder S. 296, Dollmann Bd. I. S. 359, Weis Bd. I. S. 179, Stenglein Bd. I. S. 521. 522.) Auf Hocheder findet Art. 61 keine Anwendung. (Z. f. Gerichtspr. Bd. I. S. 115.)

11) Die Begünstigungshandlung darf nicht im Voraus versprochen sein, da sie in diesem Falle als Theilnahme erscheint, welche das Privilegium des Art. 61 nicht genießt. (Prot. d. G.-A. d. K. d. A. 1856/57 S. 190, Hocheder S. 297, Dollmann Bd. I. S. 360.)

12) Die Begünstigung eines fremden Thäters, wenn sie geschah, um mittelbar den mitschuldigen Angehörigen zu begünstigen ist nicht straflos. (Dollmann Bd. I. S. 359.)

13) Eine Ausdehnung des Privilegiums auf Nichtverhinderung (Art. 63) ist unstatthaft (Prot. d. G.-A. d. K. d. A. 1856/57 S. 192.)

14) Unter den Begriff der gerichtlichen Verfolgung fällt das ganze gerichtliche Verfahren, einschlüssig des Strafvollzugs, wenn die Begünstigung nicht hiebei den Thatbestand eines selbstständigen Reates annimmt, wie Gefangenbefreiung. (Prot. d. G.-A. d. K. d. A. 1856/57 S. 190, Hocheder S. 296, Dollmann Bd. I. S. 359.)

15) Auch in andern Fällen, in welchen die Begünstigung durch Verübung einer selbstständigen strafbaren Handlung begangen wird, tritt keine Straflosigkeit ein. (Dollmann Bd. I. S. 358.)

16) Die leiblichen Geschwister eines Diebes können nicht wegen Begünstigung des Diebstahls bestraft werden, wenn nur festgestellt ist, daß sie in der Absicht, den verübten Diebstahl zu unterstützen, diesem ohne vorgängiges Versprechen nach begangener That durch Hilfeleistung zur Fortschaffung des Entwendeten förderlich waren. Es muß festgestellt sein, daß ein anderes Motiv der Begünstigung obwaltete, als Schutz der Person des Thäters. (Erk. d. O.-G.-H. v. 1. Febr. 1868, Z. f. Gerichtspr. Bd. VII. S. 230, Entsch. d. Cass.-H. Bd. II. S. 64.)

Art. 62.

Unterlassene Verhinderung strafbarer Handlungen.

Inländer und im Inlande sich aufhaltende Ausländer, welche glaubhafte Kenntniß von der bevorstehenden Ausführung eines Hochverraths, Landesverraths, Aufstandes, eines Verbrechens der Majestätsbeleidigung,

der Fälschung von Geld oder öffentlichen Kreditpapieren, einer Nothzucht, eines Mordes, Raubes, Menschenraubes oder eines das Leben von Menschen gefährdenden gemeingefährlichen Verbrechens erlangt haben und sich in der Lage befinden, dasselbe ohne Gefahr für sich oder andere schuldlose Personen durch Anzeige bei der Obrigkeit, Warnung des Bedrohten oder auf andere Weise abwenden zu können, gleichwohl aber dieß unterlassen, sollen, wenn das Verbrechen wirklich ausgeführt oder ein strafbarer Versuch zur Ausführung gemacht worden ist, mit Gefängniß bis zu einem Jahre oder an Geld bis zu zweihundert Gulden bestraft werden.

Die in Art. 61 bezeichneten Personen unterliegen jedoch dieser Strafbestimmung nicht, wenn ihnen die Verhinderung des Verbrechens nur durch Anzeige bei der Obrigkeit möglich gewesen wäre.

1) Auch lediglich durchreisende, nur augenblicklich in Bayern sich aufhaltende Ausländer unterliegen der Verpflichtung des Art. 62. Motive z. Entw. v. 1855 S. 57. (Stenglein Bd. I. S. 523.)

2) Glaubhafte Kenntniß besteht, wenn Jemand durch eigene Wahrnehmung oder verlässige Mittheilungen Anderer die bevorstehende Ausführung einer strafbaren Handlung für wahrscheinlich erachten muß, wenn ein verständiger Mensch an die Wahrscheinlichkeit der Ausführung glauben kann. Es bedarf also weder eines sicheren Wissens, noch genügen bloße Gerüchte oder Muthmaßungen. (Vortr. im G.-A. d. K. d. A. 1860 S. 286. 287, Hocheder S. 298, Dollmann Bd. I. S. 364, Weis Bd. I. S. 180, Stenglein Bd. I. S. 524.)

3) Es ist keine Ausdehnung der Anwendung des Art. 62 auf in diesem nicht speziell genannte Delikte gestattet; die erlangte Kenntniß muß sich also auf Thatumstände erstrecken, welche eines der in Art. 62 aufgeführten Delikte enthalten. (Hocheder S. 99, Dollmann Bd. I. S. 363, Weis Bd. I. S 180.)

4) Hocheder S 300 nimmt an, daß die in Art. 62 aufgezählten strafbaren Handlungen nur dann in Betracht kommen, wenn sie im Verbrechensgrade verübt werden sollten, nicht auch wenn z. B. beim Aufstand nur der Vergehensgrad in Rede steht, weil es später heißt, „wenn das Verbrechen wirklich ausgeführt ꝛc." Auch Weis S. 180 und Stenglein Bd. I. S. 524 sprechen nur von Verbrechen. Dollmann Bd. I. S 366 dagegen nimmt an, daß der bezeichnete Ausdruck des Gesetzes nur als denominatio a potiori ohne exklusive Intention zu betrachten sei, und daß nur bei denjenigen Reaten, bei welchen es das Gesetz ausdrücklich thut, wie bei Majestätsbeleidigung, Fälschung von Geld oder öffentlichen Kreditpapieren, gemeingefährlichen Verbrechen, nicht aber bei Aufstand, Menschenraub ein Unterschied zwischen Verbrechen und Vergehen zu machen sei.

5) Keinesfalls sind die aufgezählten Delikte ausdehnend zu interpretiren, z. B. Hochverrath (Art. 101), auch auf die Vorbereitungen dazu (Art. 102), Landesverrath (Art. 110—113) nicht auf staatsgefährliche Handlungen. (Stenglein Bd. I. S. 524.)

6) Bei Nichtverhinderung gemeingefährlicher Verbrechen muß im Urtheil ausdrücklich festgestellt werden, daß der Schuldige glaubhafte Kenntniß erlangt hat von bevorstehender Ausführung einer im Verbrechensgrade strafbaren That und zwar von einer solchen, durch welche das Leben von Menschen gefährdet werden würde. (Stenglein Bd. I. S. 524, Dollmann Bd. I. S. 263.)

7) Die Strafbarkeit der Nichtverhinderung ist auch dann ausgeschlossen, wenn der Thäter sein ursprüngliches Vorhaben eines geringer strafbaren Delikts nachträglich in einer Weise ausgeführt hat, daß die That eines der in Art. 62 aufgezählten Verbrechen bildet. (Dollmann Bd. I. S. 363, Weis Bd. I. S. 181.) Etwas weiter geht Stenglein Bd. I. S. 526, und nimmt Strafbarkeit der Nichtverhinderung auch dann an, wenn der Uebergang zu dem schwereren Delikt wohl vorausgesehen werden konnte; z. B. von Diebstahl zu Raub.

8) Es muß Nichtverhinderung einer strafbaren That in Rede stehen, nicht vielleicht unterlassene Rettung eines Menschen aus Lebensgefahr, obgleich diese möglicher Weise polizeilich strafbar ist (Art. 56 Pol.-Str.-G.-B.) (Hocheder S. 301.) Ueber das Verhältniß zu Unterlassungs-Delikten s. Stenglein S. 525. 526.

9) Welches Verbrechen ausgeführt werden sollte, muß objektiv nach den Thatumständen ohne Rücksicht auf die subjektive Strafbarkeit des Thäters beurtheilt werden. (Hocheder S. 368, Stenglein Bd. I. S. 524.)

10) Ohne Gefahr für sich. Hiebei ist nur an eine Gefahr für die Person, nicht auch für das Vermögen, und an eine unmittelbare, nicht erst künftig drohende Gefahr zu denken. (Hocheder S. 299, Dollmann Bd. I. S. 365.)

11) Daß keine Gefahr für den Nichtverhindernden oder andere schuldlose Personen bestanden hat, muß im Urtheil ausdrücklich festgestellt sein. (Stenglein Bd. I. S. 524.)

12) Anzeige bei der Obrigkeit. Unter letzterer kann nur eine solche verstanden werden, zu deren Aufgabe die Verhütung und Verfolgung von Verbrechen gehört, oder welche wenigstens die Verpflichtung hat, gegen verbrecherische Angriffe Schutz zu gewähren. (Polizeibehörden, Staatsanwaltschaft, Gendarmerie, Militärwachen.) (Dollmann Bd. I. S. 368, Stenglein Bd. I. S. 525.)

13) Gleichwohl dies aber unterlassen. Die im Voraus versprochene Nichtverhinderung ist als Theilnahme strafbar. (Hocheder S. 297, Dollmann Bd. I. S. 368.)

14) Die Nichtverhinderung muß vorsätzlich geschehen sein, d. h. der Schuldige mußte wissen, daß ihm die Verhinderung ohne Gefahr möglich sei, und den Willen haben, die That ungehindert zur Ausführung kommen zu lassen. (Hocheder S. 299. 300, Dollmann Bd. I. S. 366, Weis Bd. I. S. 182, Stenglein Bd. I. S. 525.)

15) Das Motiv der Nichtverhinderung ist gleichgültig. Es bedarf keines Interesses an Ausführung der That. Geschah die Nichtverhinderung aus Irrthum oder Fahrlässigkeit, so ist sie straflos; z. B. wenn Jemand glaubt den Thäter abwendig gemacht zu haben, oder aus Mangel an Umsicht oder Entschlossenheit nicht die richtigen Mittel wählt oder den rechten Zeitpunkt verstreichen läßt. (Hocheder S. 300, Dollmann S. 366. 367, Stenglein Bd. I. S. 525, Motive z. Entw. v. 1855. S. 57.)

16) Streitig ist, ob es zur Straflosigkeit schon genügt, wenn der Nichtverhindernde glaubte, der Thäter werde die That nicht ausführen, die Obrigkeit werde auf anderem Wege Anzeige erhalten, oder der Angegriffene werde auf seiner Hut sein. (Bejahend Hocheder S. 300. Verneinend Dollmann Bd. I. S. 367.)

17) Zum Unterlassen gehört auch die Ergreifung gänzlich unwirksamer Mittel. (Motive z. Entw. v. 1855 S. 57, Prot. d. G.-A. d. K. d. A. 1856/57 S. 191, 1860/61 S. 12, Stenglein Bd. I. S. 525, Weis Bd. I. S. 181.)

18) Wenn das Verbrechen wirklich ausgeführt oder ein strafbarer Versuch zur Ausführung gemacht worden ist. Unterlassene Verhinderung ist straflos, wenn der Thäter die That aufgab, dieselbe anderweit verhindert wurde, oder der Thäter rechtzeitig vom Versuche abstand. (Dollmann Bd. I. S. 365.)

19) Die Pflicht zur Verhinderung besteht, so lange noch der Erfolg der That verhindert werden kann, so lange der Thäter noch in der Ausführung der That begriffen ist oder Fortsetzungs- oder weitere Versuchshandlungen in Aussicht stehen. Der strafrechtliche Begriff der Vollendung entscheidet nicht. (Motive z. Entw. 1855 S. 58, Prot. d. G.-A. d. K. d. R. 1856/57 S. 240, K. d. A. S. 191, Dollmann Bd. I. S. 365, Weis Bd. I. S. 182, Stenglein Bd. I. S. 527.)

20) Anstifter oder sonstige Theilnehmer der Nichtverhinderung sind als Theilnehmer der strafbaren Hauptthat zu betrachten, obgleich Nichtverhinderung ein eigenes Delikt bildet. (Hocheder S. 301, Dollmann Bd. I. S. 368, Vortr. im G.-A. d. K. d. A. 1856/57 S. 43.)

21) Versuch der Nichtverhinderung ist weder denkbar, noch mit Strafe bedroht. (Stenglein Bd. I. S. 526.)

22) Die im Art. 61 bezeichneten Personen unterliegen der Strafe der Nichtverhinderung auch dann nicht, wenn ihnen die Verhinderung zwar nur durch Anzeige bei der Obrigkeit möglich gewesen wäre, diese Anzeige aber eine Einschreitung gegen den Angehörigen nicht zur Folge hätte haben können, z. B. weil

nur Vorbereitungshandlungen begangen waren. (Hocheder S. 301, Dollmann S. 369. 370, Weis Bd. l. S. 182.)

23) Vertheidiger und Beichtväter befinden sich aus anderweitigen Rechtsgründen in gleicher Lage wie die in Art. 61 bezeichneten Personen. (Dollmann Bd. l. S. 370, Stenglein Bd. l. S. 524.)

Art. 63.

Beamte oder öffentliche Diener, welche glaubhafte Kenntniß von der bevorstehenden Ausführung einer strafbaren Handlung erlangt haben und vermöge ihres Amtes oder öffentlichen Dienstes die Begehung dieser Handlung zu verhindern verpflichtet sind, sollen, wenn sie diese Verhinderuug unterlassen und die strafbare Handlung wirklich ausgeführt oder ein strafbarer Versuch zur Ausführung gemacht worden ist, als Theilnehmer dieser Handlung bestraft werden.

Zugleich kann gegen dieselben, wenn nicht ohnehin die Bestimmungen der Art. 28 und 29 Anwendung finden, der Verlust des Amtes oder öffentlichen Dienstes als Straffolge ausgesprochen werden.

1) Als Beamte und öffentliche Diener, welche im Allgemeinen zur Verhinderung strafbarer Handlungen verpflichtet sind, haben Beamte und Bedienstete der Polizei, Staatsanwaltschaft und Gendarmerie zu gelten. (Stenglein Bd. l. S. 523, Dollmann Bd. l. S. 372, Weis Bd. l. S. 183.)

2) Auch die nur zur Verhinderung einer speziellen strafbaren Handlung verpflichteten Beamten und öffentlichen Diener gehören hieher. (Hocheder S. 302.)

3) Ueber glaubhafte Kenntniß s. zu Art. 62. Ziff. 2.

4) Gefahr für die eigene Person entschuldigt Beamte und öffentliche Diener nicht, wenn dieselbe keine absolut zwingende war. (Motive z. Entw. v. 1855 S. 58, Hocheder S. 303, Dollmann Bd. l. S. 272, Weis Bd. l. S. 183, Stenglein Bd. l. S. 526.)

5) Ob Gefahr für dritte schuldlose Personen die Nichtverhinderung entschuldigt, darüber bestehen verschiedene Ansichten. (Bejahend Hocheder S. 303. Verneinend Weis Bd. l. S. 183.)

6) Auch Antragsreate müssen, ohne daß ein Antrag abzuwarten ist, verhindert werden. (Hocheder S. 304. 305.)

7) Eine Strafherabsetzung gemäß Art. 55 kann auch gegen die gemäß Art. 63 strafbaren Beamten u. s. w. erfolgen. (Hocheder S. 304, Dollmann Bd. l. S. 273, Weis Bd. l. S. 184.)

8) Eine Ausnahme für den Fall, daß die amtliche Thätigkeit gegen Angehörige gerichtet sein müßte, ist nicht gemacht. (Hocheder S. 303, Dollmann Bd. l. S. 372, Stenglein Bd. l. 326, Prot. d. G.-A. d. K. d. A. 1856/57 S. 192.)

9) Zur Verhinderung nicht verpflichtete Beamte und öffentliche Diener bleiben nach Art. 62 strafbar, wenn die Voraussetzungen dieses Artikels gegeben sind. (Dollmann Bd. l. S. 373, Weis Bd. l. S. 184.)

10) Im Falle der Verhängung von Straffolgen gemäß Abs. 2 muß auch der Verlust der von dem Amte oder Dienste abhängenden oder herrührenden Rechte im Strafurtheile ausgesprochen werden. (Art. 398.) (Hocheder S. 304) Vgl. noch zu Art. 62 Anmerk. 8. 14. 15—19.)

Art. 64.

Unterlassene Anzeige begangener Verbrechen und Vergehen.

Beamte oder öffentliche Diener, welchen ein begangenes Verbrechen oder Vergehen, zu dessen Anzeige sie vermöge ihres Amtes oder öffentlichen Dienstes verpflichtet sind, bekannt geworden ist und welche diese Anzeige unterlassen, sollen, wenn sie nicht wegen vorausgegangenen Einverständnisses als Theilnehmer zu bestrafen sind, bei unterlassener Anzeige eines Verbrechens mit Gefängniß bis zu zwei Jahren, womit Geldstrafe bis zu vierhundert Gulden verbunden werden kann, und bei unterlassener Anzeige eines Vergehens mit Gefängniß bis zu sechs Monaten oder an Geld bis zu zweihundert Gulden bestraft werden.

Zugleich kann gegen dieselben der Verlust des Amtes oder öffentlichen Dienstes als Straffolge ausgesprochen werden.

1) Welchen Beamten die Anzeigepflicht obliegt, hängt von der Dienstes-Instruktion ab; sie beschränkt sich nicht auf Sicherheitsbeamten und liegt z. B.

auch Vorgesetzten bezüglich der Delikte ihrer Untergebenen ob. Aerzte, Vertheidiger, Beichtväter haben keine Anzeigepflicht. (Prot. d. G.-A. d. K. d. A. 1856/57 S. 193, 1860/61 S. 382, s. oben zu Art. 62 Anmerk. 23, Stenglein Bd. 1. S. 528, Dollmann Bd. 1. S. 374.)

2) Bezüglich Beurtheilung des Verbrechens oder Vergehens s. oben zu Art. 59 Anmerk. 1. Die Nichtanzeige ist entschuldigt, wenn der Beamte glauben konnte, es liege nur eine Uebertretung vor, sowie wenn nur eine Uebertretung vorlag, aber eine höher strafbare That vorzuliegen schien. (Stenglein Bd. 1. S. 529, Dollmann Bd. 1. S. 375.)

3) Es begründet keinen Unterschied, ob die anzuzeigende That vollendet oder versucht, ob sie culpos oder dolos begangen war, ob es sich um die Thäterschaft oder um Theilnahme handelt. (Stenglein Bd. 1. S. 529. 530, Dollmann Bd. 1. S. 375.)

4) Auch Antragsreate müssen angezeigt werden. Ob aber die Nichtanzeige strafbar ist, hängt von Stellung des Antrags ab. (Hocheder S. 307. 477. 478, Dollmann Bd. 1. S. 375. 376.)

5) Auch Verbrechen und Vergehen Angehöriger unterliegen der Anzeigepflicht. (Hocheder S. 307.)

6) „Bekannt geworden ist" ist gleichbedeutend mit „glaubhafte Kenntniß erhalten". (Stenglein Bd 1. S. 529, s. zu Art. 62 Anmerk. 2.)

7) Welche diese Anzeige unterlassen. Nur vorsätzliche Unterlassung ist strafbar, nicht auch fahrlässige, Unterlassung aus Vergeßlichkeit u. s. w. (Hocheder S. 306.)

8) Auch eine sich auf die objektive That beschränkende Anzeige begründet eine Unterlassung, wenn der Thäter dem Anzeiger bekannt war. (Hocheder S. 306, Dollmann Bd. 1. S. 376.)

9) Die Strafbarkeit der Anzeigeunterlassung setzt zwar Verübung einer strafbaren That voraus, tritt aber die Straflosigkeit erst ex post ein, z. B. bei Abstand vom Versuch, oder war die Straflosigkeit nur in der Person des Thäters begründet, z. B. durch dessen Unzurechnungsfähigkeit, und waren diese Umstände dem die Anzeige Unterlassenden unbekannt, so bleibt derselbe strafbar. (Stenglein Bd. 1. S. 530.)

10) Die Anzeigepflicht beginnt mit dem Anfange der Strafbarkeit der That. (Stenglein Bd. 1. S. 529.)

11) Da die Unterlassung der Anzeige ein selbstständiges Vergehen ist, so kann eine strafbare Theilnahme oder Begünstigung derselben vorkommen. (Motive z. Entw. v. 1855 S. 58, Vortr. im G.-A. d. K. d. A. 1860/61 S. 136, Hocheder S. 308, Dollmann Bd. 1. S. 376, Stenglein Bd. 1. S. 529.)

12) Bezüglich der Straffolgen s. zu Art. 63 Anmerk. 10.)

Art. 65.

Schlußbestimmungen.

Vorbehaltlich der Vorschriften des Art. 52 Absatz 2 und Art 69 ist bei Bemessung der Strafe der Theilnehmer und Begünstiger jenes Strafgesetz zu Grunde zu legen, welches auf die von dem Thäter verübte strafbare Handlung anwendbar ist.

Sind mehrere Thäter vorhanden, auf deren Handlungen nicht dasselbe Strafgesetz anwendbar ist, so ist unter dem obigen Vorbehalte jenes Strafgesetz, nach welchem die That am schwersten strafbar erscheint, bei sämmtlichen Mitschuldigen und Begünstigern zu Grunde zu legen.

Bestehen nur für die Person eines einzelnen Thäters, Theilnehmers oder Begünstigers besondere Gründe, welche seine Strafbarkeit erhöhen, mindern, ausschließen oder tilgen, so sollen diese bei Beurtheilung der Strafbarkeit der Uebrigen weder zum Vortheile noch zum Nachtheile derselben in Betracht gezogen werden.

1) Die That ist in Bezug auf Theilnehmer und Begünstiger nach ihrer objektiven Beschaffenheit zu beurtheilen. Hocheder S. 309, Dollmann Bd. 1. S. 381. Vgl. hiezu: Art. 52 Anmerk. 18—23, 25—31. Art. 56 Anmerk. 4—6, Art. 59 Anmerk. 1, Art. 62 Anmerk. 9.

2) Dem Theilnehmer und Begünstiger sind nur die ihm bekannten Thatum-

stände zuzurechnen. Dollmann Bd. I. S. 385. Vgl. Art. 52 Anmerk. 47—62. Art. 64 Anmerk. 9.

3) Die in der Person des Thäters bestehenden persönlichen Verhältnisse, welche auf die rechtliche Qualifikation der von ihm verübten Handlung nach ihrer objektiven Erscheinung (d. h. auf den Thatbestand dieser Handlung) von Einfluß sind, äußern ihre Wirkung nicht blos auf den Thäter, sondern auf jeden Theilnehmer und Begünstiger der That. Hocheder S. 309 fg., Dollmann Bd. I. S. 381, Stenglein Bd. I. S. 531.

4) Ob das persönliche Verhältniß des Descendenten zum Ascendenten, welches beim Todschlag (Art. 230) und der Körperverletzung (Art. 236, 237 Abs. 2) von Bedeutung ist, zu diesen objektiven Thatbestandsmerkmalen gehört, ist streitig. Bejahend Dollmann Bd. I. S. 382, Weis Bd. I. S. 186. Verneinend Hocheder S. 317.

5) Spezialbestimmungen, welche gegen die in Anmerk. 3 aufgestellte Regel verstoßen, sind vorbehalten, so ist eine Ausnahme der in Art. 231 Abs. 2 bezüglich der Mitschuldigen am Kindsmord begründet. Hocheder S. 313, 318, Dollmann Bd. I. S. 384, Weis Bd. I. S. 189, Stenglein Bd. I. S. 531.

6) Die in der Person eines Theilnehmers oder Begünstigers bestehenden persönlichen Verhältnisse, welche auf die rechtliche Qualifikation der vom Thäter verübten Handlung nach ihrer objektiven Erscheinung einen Einfluß auszuüben im Stande wären, können weder auf den Thäter und die übrigen Theilnehmer und Begünstiger, noch auch (abgesehen von der Strafzumessung) auf den treffenden Theilnehmer und Begünstiger selbst eine Wirkung äußern. Hocheder S. 312, Dollmann Bd. I. S. 386, Weis Bd. I. S. 188.

7) Wenn der Thäter die That durch einen Andern begehen läßt, dem die That selbst nicht zugerechnet werden kann, mittels Zwang, Täuschung oder durch einen Unzurechnungsfähigen, so üben die in der Person des als Thäter zu betrachtenden Urhebers der That begründeten, für die objektive Beurtheilung der That Einfluß äußernden persönlichen Verhältnisse volle Wirkung aus. Hocheder S. 313, 314, Weis S. 188, 189.

8) Unter den Mitschuldigen, deren Strafbarkeit nach Abs. 2 nach jener des am schwersten strafbaren Thäters beurtheilt werden soll, sind Mitthäter und Theilnehmer zu verstehen, so daß, wenn z. B. zwei Personen eine Urkundenfälschung begehen und der eine davon Beamte ist, dem die Urkunde vermöge seines Amtes anvertraut war, beide wegen Mißbrauch des Amts zur Fälschung von Urkunden strafbar sind. Hocheder S. 314, 315, Dollmann Bd. I. S. 387, Weis Bd. I, S. 187.

9) Alle jene Umstände, welche nur auf die Anwendung des Strafgesetzes auf einen bestimmten Thäter von Bedeutung sind, nicht aber auf die objektive Beurtheilung der That, bleiben bei Beurtheilung der Strafbarkeit von Mitthätern, Theilnehmern und Begünstigern außer Berücksichtigung. Hocheder S. 315, 316, Dollmann Bd. I. S. 388, 390, Weis Bd. I. S. 186, 190, Stenglein Bd. I. S. 531

10) Zu den straferhöhenden Gründen gehören Rückfall und Zusammenfluß; zu den mindernden: Jugend, geminderte Zurechnungsfähigkeit, Schadenersatz, Reitzung bei Körperverletzung und Todschlag, thätige Reue bei Brandstiftung; zu den ausschließenden Unzurechnungsfähigkeit, Nothwehr, Mangel der Unterscheidungsgabe bei Jugend; unter Umständen Irrthum und Befehl; endlich zu den tilgenden Verzicht auf strafrechtliche Verfolgung (wobei jedoch Art. 89 Abs. 3 eine Ausnahme enthält) und Verjährung. Prot. d. G.-A. d. K. d. A. 1856/57 S. 196, 1860/61 S. 12, Dollmann Bd. I. S. 388

11) Bei Bestrafung der Hehlerei kommt der Rückfall des Diebes nicht in Berücksichtigung Z. f. Gerichtspr. Bd. III. S. 115

12) Theilnahme und Begünstigung ist in Art. 65 in dem allgemeineren Sinne der Ueberschrift des fünften Hauptstückes zu verstehen und umfaßt auch Dingen &c. (Art. 56), Aufforderung (Art. 57), Nichtverhinderung (Art. 62, 63) und Nicht-

anzeige (Art. 64), auf welche Formen der Theilnahme und Begünstigung Art. 65 gleichfalls Anwendung findet. Hocheder S. 318, 319.

13) Dollmann Bd. I. S. 385 rechnet die gewerbsmäßige Verübung von Delikten unter die objektiven Thatbestandsmomente und will sie deßhalb auch dem Theilnehmer und Begünstiger zugerechnet haben. Man wird jedenfalls unterscheiden müssen, ob die Theilnahme sich auf die gewerbsmäßige Thätigkeit oder auf einen in derselben begriffenen Einzelfall bezieht.

Art. 66.

Sind bei einer strafbaren Handlung mehrere Thäter oder Theilnehmer vorhanden, so haften sämmtliche für Schadenersatz und Kosten unter solidarischer Verbindlichkeit.

1) Bei einer strafbaren Handlung. Die solidarische Haftung der Mitschuldigen erstreckt sich nur auf jenes Delikt, wegen dessen sie als solche verurtheilt sind, nicht auch auf solche wegen deren nur ein Mitschuldiger oder einzelne derselben gleichzeitig verurtheilt werden; oder auf die Kosten, welche durch die Verfolgung eines freigesprochenen Mitbeschuldigten erwachsen sind; sei es daß derselbe von der Anschuldigung oder nur von der Strafe freigesprochen ist. Dollmann Bd. I. S. 393.

2) Wenn von zwei Genossen einer strafbaren That der eine zugleich wegen eines von ihm allein verübten Reates veurtheilt wird, so kann eine solidarische Haftung für die Kosten der I. und II. Instanz nur bezüglich der durch die gemeinsam verübte That veranlaßten Kosten ausgesprochen werden. Erk. d. O.-G.-H. v. 30. März 1868, Entsch. d. Cass.-H. Bd. II. S. 162, Z. f. Gerichtspr. Bd. VII. S. 378.

3) Sind bei einem Delikt, bei welchem nach seiner Natur ein Zusammenwirken Mehrerer zur Hervorbringung nothwendig ist, für jeden Betheiligten selbstständige Strafandrohungen aufgestellt, z. B. bei Ehebruch, Blutschande, Bigamie, Duell, Bestechung, so findet auch keine solidarische Haftung derselben für die Kosten statt. Dollmann Bd. I. S. 393, 270.

4) Solidarische Haftung für die Kosten findet bei Mehreren, welche gemeinschaftlich eine Ehrenkränkung gestellt haben, nicht Statt. (Erk. d. O.-G.-H. v. 24. Juli 1863, Z. f. Gerichtspr. Bd. III S. 17, Z. f. G. u. R. Bd. X S. 801).

5) Solidarische Haftung für die Kosten findet in Ehrenkränkungssachen zwischen Kläger und Beklagten nicht Statt. (Erk. d. O.-G.-H. v. 31. März 1864, Z. f. Gerichtspr. Bd. III S. 172, Z. f. G. u. R. Bd. XI S. 95.)

6) Wegen Schlägerei Bestrafte können mit dem Schuldigen einer bei jener vorgekommenen Körperverletzung nicht zur solidarischen Haftung für die Kosten verurtheilt werden. (Erk. d. O.-G.-H. v. 10. Februar 1865 u. 11. Oktober 1867, Z. f. Gerichtspr. Bd. IV S. 166 Bd. VII. S. 87, Z. f. G. u. R. Bd. XII S. 38, Entsch. d. Cass.-H. Bd. I S. 396.)

7) Für die Kosten des Verfahrens wegen einer Schlägerei haften bei Betheiligung je Mehrerer gegen einander die Theilnehmer beider Partheien solidarisch. (Erk. d. O.-G.-H. v. 9. Juni 1866, Z. f. Gerichtspr. Bd. V S. 370, Z. f. G. u. R. Bd. XIII S. 354, s. dagegen die Bemerkung Z. f. Gerichtspr. Bd. V S. 370).

8) Wenn zwei Beschuldigte in einem Verfahren wegen verschiedener Handlungen (Diebstähle) verurtheilt werden, ohne daß deren Zusammenwirken bei einer derselben als Thäter oder Theilnehmer festgestellt werden kann, darf ihnen solidarische Haftung für die Kosten nicht überbürdet werden. (Erk. d. O.-G.-H. v. 17. Mai 1866, Z. f. Gerichtspr. Bd. V S. 347).

9) Ob im Falle einer Malzdefraudation Malzbrecher und Bräuer solidarisch in die Kosten verurtheilt werden können, ist streitig. (Z. f. Gerichtspr. Bd. IV S. 365). Es dürfte nach dem Gesetze v. 16. Mai 1868 an sich zu verneinen sein, weil sie selbstständige Verpflichtungen haben und verschiedene Strafbestimm-

ungen übertreten, es sei denn daß ausdrücklich eine gegenseitige Theilnahme z. B. Anstiftung festgestellt werden kann. Die solidarische Haftung des Art. 52 Abs. 3 ist mehr eine Civilverantwortlichkeit.

10) Mehrere Thäter oder Theilnehmer. Ob dieselben in Folge vorgängiger Verabredung gehandelt haben, macht ebensowenig einen Unterschied, als die Abstufung oder das Maß ihrer Schuld und Stafbarkeit. (Dollmann Bd. l. S. 393).

11) Auf Begünstiger erstreckt sich die solidarische Haftung nicht, um so weniger auf Hehler. (Erk. v. 17. Oktober 1868, Z. f. Gerichtspr. Bd. VIII. S. 71, Entschl. d. Cass.-H. Bd. II. S. 436, Hocheder S. 320, Dollmann Bd. l. S. 393, Weis Bd. l. S. 190. S. dagegen bezüglich der Hehlerei Erk. d. O.-G.-H. v. 7. Okt. 1864, Z. f. R. u. G. Bd. XI. S. 391.)

12) Unter die solidarisch haftenden Theilnehmer gehören auch die nach Art. 63 strafbaren Beamten und öffentlichen Diener, nicht aber andere wegen Nichtverhinderung oder Nichtanzeige strafbaren Personen. (Hocheder S. 320, 321, Dollmann Bd. l S. 393.)

13) Mehrere bei einer strafbaren That Betheiligte haften solidarisch für die Untersuchungskosten, wenn auch nur der eine Theilnehmer wegen Rückfalls im Vergehensgrade der andere im Uebertretungsgrade strafbar ist. (Erk. d. O.-G.-H. v. 20. Mai 1869, Z. f. Gerichtspr. Bd. VIII. S. 327.)

14) So haften sämmtliche unter solidarischer Verbindlichkeit. Ob gleichzeitige Verurtheilung erfolgt, macht keinen Unterschied. (Dollmann Bd. l S. 393. Vgl. unten Anmerk. 13). Nimmt man nicht Eintritt der Haftung de lege an, so würde vorstehender Satz bei successiver Aburtheilung gegenüber der Rechtskraft der erstergangenen Urtheile nicht durchführbar sein.

15) Die solidarische Haftung für Schadenersatz und Kosten tritt de lege von selbst ein, wenn sie auch im Strafurtheile nicht ausgesprochen ist. (Dollmann Bd. l S. 394). Dies wurde bisher von der Praxis nicht anerkannt.

16) Durch die Bestimmung des Art. 66 ist der Richter nicht gehindert, die prinzipale Haftbarkeit der Mitschuldigen mit Rücksicht auf den verschiedenen Grad ihrer Betheiligung am Delikt in einem verschiedenen Maße zu bestimmen. (Dollmann Bd. l S. 394). Ob auch die preußische Praxis, welche dem Richter gestattet, bei Verurtheilung mehrerer Angeklagten in einem Verfahren theils wegen derselben, theils wegen verschiedener Delikte, die theils solidarisch, theils einzeln zu tragenden Gesammtkosten nach freiem Ermessen auszuschlagen, — gebilligt werden wollte, ist nicht ersichtlich.

Diese sämmtlichen Sätze haben sich der Aufnahme in die Praxis nicht zu erfreuen.

17) Auch bei Verurtheilung in Schadenersatz und Kosten durch den Civilrichter ist solidarische Haftung begründet. An der Competenz wollte nichts geändert werden. (Prot. d. G.-A. d. K. d. A. 1860/61 S. 12, Dollmann Bd. l S. 394, Hocheder S. 321, Weis Bd. l S. 191, Stenglein Bd. l S. 532.)

18) Schadenersatz. Ob ein Anspruch auf diesen überhaupt besteht, kann nur nach civilrechtlichen Grundsätzen entschieden werden. Derselbe ist, wo der Adhäsionsprozeß nicht besteht, vor dem Civilrichter auszutragen, und erstreckt sich sodann die solidarische Haftung auch auf die hiebei erwachsenen Kosten. (Dollmann Bd. l S. 394, Edel Commentar z. Pol. Str.-G.-B. S 106.)

19) Kosten. Für Geldstrafen besteht keine solidarische Haftung. (Hocheder S. 320, Dollmann Bd. l S. 391.)

20) Für die Kosten gemeinsam ergriffener Rechtsmittel haften bei deren Verwerfung Theilnehmer und Miturheber solidarisch. (Erk. d. O.-G.-H. v. 13. Juni 1863, Plen.-Erk. d. O.-G.-H. v. 16. Oktober 1863 Z. f. Gerichtspr. Bd. II. S. 324. Bd III. S. 9 Z. f G. u R. Bd. X. S. 667, 958. Dagegen s. Z. f. Gerichtspr. Bd. II. S. 114.)

21) Die Arrestverpflegungskosten der Untersuchungshaft fallen unter diejenigen Kosten, für welche solidarische Haftung stattfindet. (Erk. d O.-G.-H. v. 11. Dez. 1863., Z. f. Gerichtspr. Bd. III S. 62, Z. f. G. u R. Bd. X. S. 1031.

22) Die solidarische Haftung für die Kosten erstreckt sich nicht auf die Strafvollzugskosten. (Erk. d. O.-G.-H. v. 1. Mai 1863 und 7. u. 22. Oktober 1864 und 15. Februar 1866, Z. f. Gerichtspr. Bd. II S. 224, Bd. IV S. 39, Bd. V S. 194, Z. f. G. u. R. Bd. X S. 444, Bd. XI S. 391, Bd. XIII S. 57.)

23) Der Ausspruch, daß die einen Mitbeschuldigten treffenden Kosten dem k. Staatsärar überbürdet werden, ist nicht vereinbar mit demjenigen, daß die Mitbeschuldigten für die Kosten solidarisch haften. (Erk. d. O.-G.-H. v. 20. Dez. 1867, Z. f. Gerichtspr. Bd. VII S. 168, Entsch. d. Cass.-H. Bd. I S. 480.

Sechstes Hauptstück.

Gründe, welche die Strafbarkeit ausschließen oder mildern.

Art. 67.

Mangel an Selbstbestimmungsfähigkeit, Urtheilskraft oder freier Willensbestimmung.

Eine strafbare Handlung ist nicht vorhanden, wenn dem Handelnden zur Zeit der That wegen Blödsinnes, Wahnsinnes, Raserei, höchsten Grades der Betrunkenheit oder aus ähnlichen Ursachen die Fähigkeit der Selbstbestimmung oder die zur Erkenntniß der Strafbarkeit der That nöthige Urtheilskraft gänzlich gemangelt hat.

Gleiches gilt in dem Falle, wenn zur Zeit der That die Freiheit der Willensbestimmung des Handelnden durch Gewalt oder Drohung gegen ihn oder einen seiner in Art. 61 genannten Angehörigen oder durch Nothstand ausgeschlossen war.

1) Eine strafbare Handlung ist nicht vorhanden. Die Beurtheilung der Zurechnungsfähigkeit ist also nicht dem Richter der That vorbehalten, sondern kann vor Einleitung der Untersuchung oder bei Verweisung der Sache zur Aburtheilung stattfinden. (Prot. d. G.-A. d. K. d. A. 1856/57 S. 205, Stenglein Bd. I. S. 540, Weis Bd. I. S. 197. 198.)

2) Es findet keine Fragestellung an die Geschwornen statt, ob die Zurechnungsfähigkeit ausgeschlossen sei, sondern muß, wenn dies der Fall ist, die Hauptfrage verneint werden. (Prot. d G.-A. d. K. d. A. 1856/57 S. 196, Hocheder S. 328, Weis Bd. I. S. 198, Stenglein Bd. I. S. 540.)

3) Es spricht keine Präsumtion für Zurechnungsfähigkeit, sondern der Richter muß sich über dieselbe, wie über jedes Thatbestandsmoment, ein bestimmtes Urtheil bilden. (Hocheder S. 328.)

4) Zur Zeit der That. Der Geisteszustand zu derjenigen Zeit, in welcher die Strafbarkeit, oder der Erfolg eintritt, ist für die Strafbarkeit ohne Entscheidung, z. B. wenn die angestiftete That erst später verübt wurde, ist der Geisteszustand des Anstifters z. Z. der Anstiftung entscheidend. (Hocheder S. 323, Dollmann Bd. I. S. 417, Stenglein Bd. I. S. 539.)

5) Blödsinn. Halbblöde können, wenn unterrichtet, ganz zurechnungsfähig sein oder auch nur gemindert zurechnungsfähig. (Hocheder S. 325, Dollmann Bd. I. S. 415.) Aehnlich bei Taubstummen. (Hocheder S. 324, Dollmann Bd. I. S. 422, Weis Bd. I. S. 196.)

6) Wahnsinn. In lichten Zwischenräumen Wahnsinniger tritt volle Zurechnungsfähigkeit derselben ein (Stenglein Bd I. S. 538, Hocheder S. 327.)

7) Partiell Geisteskranke, mit fixen Ideen behaftete Wahnsinnige sind nur in Bezug auf solche Handlungen unzurechnungsfähig, in Bezug auf welche ihre Willensfreiheit durch die Art ihres Wahnsinns aufgehoben ist. (Hocheder S. 327, Dollmann Bd. I. S. 415. 417, Stenglein Bd. I. S. 539.)

8) Höchster Grad von Betrunkenheit. Es kommt nicht darauf an, ob die Trunkenheit eine verschuldete oder nicht verschuldete war. (Hocheder S. 325, Dollmann Bd. l. S. 420.)

9) Der Fall, daß Jemand absichtlich sich in Trunkenheit versetzt, um im Zustande der Unzurechnungsfähigkeit eine vorher beschlossene That auszuführen, wurde im Gesetz absichtlich nicht berücksichtigt. (Motive z. Entw. v. 1855 S. 59, Vortr. im G.-A. d. K. d. A. 1856/57 S. 47. 197, K. d. R. S. 127, Prot. S. 255 fg.) War sich der in Trunkenheit Handelnde des Entschlusses noch bewußt, so war er nicht im Stande der Unzurechnungsfähigkeit. War er in diesem, so kann ihm auch ein früherer Entschluß, der außer Zusammenhang mit der That steht, bei dieser nicht zugerechnet werden. (Hocheder S. 325, Weis Bd. l. S. 196, Stenglein Bd. l. S. 540.) Hiegegen polemisirt Dollmann Bd. l. S. 428—432, kommt jedoch nur zu dem Schlusse, es müsse der konkreten Prüfung und Feststellung überlassen bleiben, ob zwischen der verbrecherischen Absicht und der in Trunkenheit vollzogenen That ein Causalzusammenhang bestehe. (D. h. mit andern Worten eben nur, es müsse untersucht werden, ob der Thäter noch zurechnungsfähig war.)

10) Der Thäter ist haftbar, wenn er sich absichtlich in den Stand der Trunkenheit versetzte, um eine strafbare Handlung durch Unterlassung zu begehen, indem er sich zur Erfüllung seiner Pflicht unfähig macht. (Dollmann Bd. l. S. 430.)

11) Er ist ferner haftbar wegen eines fahrlässig in Trunkenheit herbeigeführten Erfolgs, z. B. ein Operateur, welcher weiß, daß er eine Operation vorzunehmen hat, und sich dennoch berauscht. (Dollmann Bd. l. S. 430, Stenglein Bd. l. S. 537.) Wegen doloser Handlungsweise will ihn haftbar machen, wenn es absichtlich geschah, Dollmann a. a. O. Dies fällt jedoch mit der Controverse unter Ziff. 9 zusammen.

12) Die Fähigkeit der Selbstbestimmung. Die Möglichkeit, mit Willkühr sich selbst für das Gute oder Böse zu bestimmen, begründet die Zurechnungsfähigkeit. (Hocheder S. 322. 323.) Die That muß, um demjenigen, der sie begangen hat, strafrechtlich zugerechnet werden zu können, nicht blos Ausfluß seines Willens, sondern auch seines bewußten, rechtswidrigen Willens sein. Weis Bd. l. S. 193. Vgl. auch Stenglein Bd. l. S. 534. 537.)

13) Zur Erkenntniß der Strafbarkeit. Dies ist nicht zu verwechseln mit der Kenntniß des Strafgesetzes oder der auf die That gesetzten Strafe. (Weis Bd. l. S. 193.)

14) Das Entscheidende ist, ob der Handelnde zur Zeit der Handlung sich der Rechtswidrigkeit des aus seiner Handlung voraussichtlich hervorgehenden Erfolgs bewußt war oder nicht. (Stenglein Bd. l. S. 539.)

15) Die Gründe, welche gemäß Absatz 2 Unzurechnungsfähigkeit begründen, sind erschöpfend angeführt, nicht blos exemplifikativ wie jene des Absatz 1. (Hocheder S. 329, Weis Bd. l. S. 194.)

16) Gewalt. Das Maß der hiezu erforderlichen Gewalt läßt sich nicht bestimmen. Das Entscheidende ist, ob die Gewalt in concreto eine die Freiheit der Willensbestimmung ausschließende Wirkung hatte. (Hocheder S. 329, Dollmann Bd. l. S. 434.) Es muß eine solche Gewalt stattgefunden haben, daß man dem Thäter nach dem Maße von Willenskraft, welches man bei einem gewöhnlichen Menschen voraussetzen darf, nicht mehr zumuthen kann, daß er Widerstand leiste. (Weis Bd. l. S. 194. S. hiegegen Stenglein Bd. l. S. 536, Prot. d. G.-A. d. K. d. A. 1856 57 S. 203.)

17) Es muß bei der Beurtheilung, ob der Thäter unter dem Einfluß von Gewalt handelte, die Lage des Handelnden, dessen Persönlichkeit, die des Zwingenden Zeit, Ort u. dgl. berücksichtigt werden. (Weis Bd. l S. 194, Stenglein Bd. l S. 536.)

18) Aus der Trennung von Gewalt und Drohung ergibt sich, daß unter ersterer nur die körperliche, physische Gewalt (sog. vis absoluta) gemeint ist. (Dollmann Bd. l S. 437.)

19) Auch moralischer Zwang genügt zur Begründung der Unzurechnungsfähigkeit d. h. nicht allein Drohungen auf Leib und Leben, sondern auch solche gegen die Ehre, das Vermögen u. s. w. (Hocheder S. 330, Dollmann Bd. 1 S. 434. 44, Weis Bd. 1 S. 195, Stenglein Bd. 1. S. 536, Motive z. Entw. von 1855 S. 61, Prot. d. G.-A. d. K. d. A. 18⁵⁶/₅₇ S. 200. 209, Vortr. im G.-A. d. K. d. R. S. 131, Prot. S. 263.)

20) Lediglich eine unmittelbare gegenwärtige Gefahr hält für genügend Dollmann Bd. 1 S. 440. Dagegen Weis Bd. 1 S. 195. Jedoch schließt jedenfalls guter Glaube über die Gefahr die Zurechnungsfähigkeit aus, wenn die Gefahr auch in Wirklichkeit keine so dringende war. (Dollmann a. a. O.)

21) Nothstand d. h. eine äußere, nicht von der Willkühr eines Andern in Bewegung gesetzte Gefahr (Stenglein Bd. 1 S. 535), eine durch zufällige Ereignisse herbeigeführte Gefahr (Hocheder S. 330) wirkt wie Zwang und Drohung.

22) Ob der Nothstand ein verschuldeter oder unverschuldeter ist, begründet keinen Unterschied. (Hocheder S. 330, Dollmann Bd. 1 S. 442, Weis Bd. 1 S. 195, Stenglein Bd. 1 S. 535, Prot. d. G.-A. d. K. d. A. 18⁵⁶/₅₇ S. 204.) Dagegen ist die That dem Thäter zuzurechnen, wenn derselbe absichtlich den Nothstand herbeiführte, um in demselben eine strafbare That auszuführen. (Dollmann Bd. 1 S. 442.)

23) Der Nothstand Dritter selbst Angehöriger entschuldigt die That nicht. (Weis Bd. 1 S. 197, Dollmann Bd. 1 S. 442. Dagegen Hocheder S. 330. 331.) Im Uebrigen finden die Grundsätze über Gewalt und Drohung unbestritten auch auf Nothstand Anwendung.

24) Zwischen der durch Gewalt, Drohung oder Nothstand herbeigeführten Gefahr und der in Folge derselben verübten unerlaubten Handlung muß ein entsprechendes Verhältniß stattfinden. (Dollmann Bd. 1 S. 441, Stenglein Bd. 1. S. 536.)

Art. 68.

Ist durch den Richter der That entschieden, daß die Fähigkeit der Selbstbestimmung oder die zur Erkenntniß der Strafbarkeit der That nöthige Urtheilskraft oder die Freiheit der Willensbestimmung des Handelnden zwar nicht völlig ausgeschlossen (Art. 67), aber doch in erheblichem Grade gemindert war, so ist eine geringere als die gesetzliche ordentliche Strafe und zwar nach folgendem Maßstabe zu verhängen:

1) **bei Verbrechen, die unbedingt mit Todes- oder lebenslänglicher Zuchthausstrafe bedroht sind, ist auf Zuchthaus von acht bis zwanzig Jahren zu erkennen;**
2) **bei Verbrechen, die im höchsten Strafmaße mit lebenslänglicher, im niedrigsten aber mit zeitlich bestimmter Zuchthausstrafe bedroht sind, darf höchstens nur auf Zuchthaus von sechzehn Jahren erkannt, es kann aber bis zu einem Viertheile des niedrigsten Maßes der angedrohten Strafe herabgegangen werden;**
3) **bei allen andern strafbaren Handlungen darf nicht über die Hälfte des höchsten Maßes der angedrohten Strafe hinaus-, es kann aber vorbehaltlich dessen, was in den Art. 17, 20 und 26 bestimmt ist, bis zu einem Viertheile des niedrigsten Maßes dieser Strafe herabgegangen werden. Wäre hienach auf eine Gefängnißstrafe zu erkennen, welche drei Monate nicht übersteigt, so kann statt derselben eine entsprechende Geldstrafe, jedoch nicht über fünfzig Gulden, verhängt werden. Bei Uebertretungen kann statt der Arreststrafe auf eine Geldstrafe bis zu zehn Gulden erkannt werden.**

1) Ist durch den Richter der That entschieden. Die Entscheidung, ob geminderte Zurechnungsfähigkeit vorliege, ist in schwurgerichtlichen Fällen Sache der Geschwornen. (Hocheder S. 333. 334, Dollmann Bd. 1. S. 401, 464, Weis Bd. 1. S. 200, Stenglein Bd. 1. S. 453, Motive z. Entw. v. 1855 S. 65, Vortr. im G.-A. d. K. d. A. 1856/57 S. 54.) Hierüber bestimmt Art. 22 Abs. 1 des Einf.-Gesetzes z. Str.-G.-B. u. Pol.-Str.-G.-B. v. 10. Nov. 1861:

„In den zur Zuständigkeit der Schwurgerichte gehörigen Sachen gehört „die Entscheidung darüber, ob einer der in den Art. 68. 69. 73. 74. 229 „Abs. 2, 230 Abs. 2, 235 Abs. 2 und 236 Abs. 2 des Strafgesetzbuches be„zeichneten, die Strafbarkeit mildernden Gründe vorliegt, zur Thatfrage „und es darf die Stellung der betreffenden Frage an die Geschwornen unter „Strafe der Nichtigkeit dann nicht verweigert werden, wenn nach Beendigung

„des Beweisverfahrens und vor dem Schlusse der gegenseitigen Verhand-„lungen (Art. 170 der Strafprozeßnovelle und Art. 335 des code d'instruction „criminelle) das Vorhandensein eines solchen Grundes ausdrücklich geltend „gemacht worden ist."

2) Es muß, um die Fragstellung nothwendig zu machen, ein bestimmter Strafmilderungsgrund (in concreto jener der geminderten Zurechnungsfähigkeit) auf Grund bestimmter Thatsachen im Laufe des Plaidoyer ernstlich behauptet, nicht blos vorübergehend erwähnt sein. (Dollmann Bd. I. S. 451. 464, Stenglein Bd. I. S. 164, Risch Commentar z. Einf.-Ges. S. 125. Anmerk. 9 und S. 126.) Die Frage kann aber auch ohne Antrag von Amtswegen gestellt werden. (Prot. d. G.-A. d. K. d. R., Prot.-Bd. II. S. 35 fg., Risch S. 126, Stenglein Bd. I. S. 165. Anmerk. 1.)

3) Der Vertheidiger ist beim Plaidoyer auf geminderte Zurechnungsfähigkeit nicht an das thatsächliche Vorbringen seines Clienten gebunden. (Stenglein Bd. I. S. 164.)

4) Hat der Staatsanwalt die Fragestellung beantragt, so tritt gleichfalls Nichtigkeit ein, wenn der Gerichtshof dieselbe ablehnen wollte. (Prot. d. G.-A. d. K. d. R., Beil.-Bd. II. S. 35, Stenglein Bd. I. S. 165. Anmerk. 1.)

5) Auf einen die Strafbarkeit der That, auf welche die Anklage gerichtet ist, vollständig ausschließenden thatsächlichen Irrthum, kann eine Frage an die Geschwornen nicht gestellt werden. (Erk. d. O.-A.G. v. 15. Januar 1866, Z. f. Gerichtspr. Bd. V. S. 142, Z. f. G. u. R. Bd. XIII. S. 10.)

6) Es begründet Nichtigkeit, wenn eine gemäß Art. 22 gestellte Frage so gestellt wird, daß ungeachtet der erfolgten Bejahung derselben der Strafmilderungsgrund nicht festgestellt ist. (Erk. d. O.-G.-H. v. 12. April 1869, Entsch. d. Cass.-H. Bd. III. S. 143, Z. f. Gerichtspr. Bd. VIII. S. 277, s. hierüber die Anmerkung Z. f. Gerichtspr. Bd. VIII. S. 280.)

7) Daß die Fähigkeit der Selbstbestimmung u. s. w. zwar nicht völlig ausgeschlossen (Art. 67) war. Alle diejenigen Gründe, welche in ihrem höchsten Grade vorhanden vollkommene Unzurechnungsfähigkeit begründen, können in einem minderen Maße vorhanden geminderte Zurechnungsfähigkeit begründen. (Motive z. Entw. v. 1855 S. 65, Hocheder S. 332, Dollmann Bd. I. S. 449, Weis Bd. I. S. 199, Stenglein Bd. I. S. 541. 542, Z. f. G. u. R. Bd. XII. S. 247.) Auch Affekte können die Zurechnungsfähigkeit mindern. (Dollmann Bd. I. S. 457.) S. ein Beispiel von Annahme geminderter Zurechnungsfähigkeit in Folge hochgradigen Zorns. (Z. f. G. u. R. Bd. VIII. S. 541.)

8) Es muß die Zurechnungsfähigkeit des Menschen, welcher für eine That bestraft werden soll, im Allgemeinen feststehen; und liegt eigentlich nur ein Fall geringerer Strafbarkeit vor. (Hocheder S. 333, Dollmann Bd. I. S. 450. 451, Stenglein Bd. I. S. 542.)

9) Aber doch in erheblichem Grade gemindert war. Nicht jede Einwirkung auf den Willen oder das Bewußtsein des Handelnden läßt auf geminderte Zurechnung schließen, sondern nur eine solche, welche eine mehr als gewöhnliche Anstrengung erfordert, um dem Antriebe zu widerstehen. (Motive z. Entw. v. 1855 S. 65, Stenglein Bd. I. S. 543. 544.) Es wird ein solcher Zustand des Handelnden zur Zeit der That erfordert, welcher einen wesentlichen Einfluß auf den Willen desselben auszuüben im Stande war. (Hocheder S. 333. S. ferner Dollmann Bd. I. S. 452, Weis Bd. I. S. 200, Prot. d. G.-A. d. K. d. A. 1856/57 S. 208 fg.)

10) Geringere Einwirkungen auf die Zurechnungsfähigkeit des Thäters sind bei der Strafzumessung innerhalb des regelmäßigen Strafrahmens zu berücksichtigen. (Hocheder S. 333, Dollmann Bd. I. S. 452, Weis Bd. I. S. 200.)

11) Erkenntniß der Strafbarkeit. Bei Einfluß von Verstandesschwäche auf geminderte Zurechnungsfähigkeit muß auf den Charakter der strafbaren Handlung Rücksicht genommen und unterschieden werden, ob die Strafbarkeit der That auch bei beschränkter Verstandeskraft einzusehen und zu erkennen möglich war, oder ob hiezu ein über die nächsten Vorkommnisse des täglichen Lebens hinausreichender Blick erforderlich ist. (Dollmann Bd. I. S. 453.)

12) Freiheit der Willensbestimmung des Handelnden. Auch mindere Grade der Gewalt, Bedrohung oder des Nothstandes können geminderte Zurechnungsfähigkeit begründen, selbst wenn sie nur in der Vorstellung des Handelnden, nicht wirklich vorhanden waren, aber auf seine Willensbestimmung Einfluß hatten. (Hocheder S. 332. Dollmann Bd. I. S. 450. 458. Stenglein Bd. I. S. 542.)

13) Ein leichtes Angetrunkensein genügt nicht zur Minderung der Zurechnungsfähigkeit. Dagegen kommt nichts darauf an, ob die Trunkenheit eine selbst verschuldete ist, oder nicht. Ein sich Betrinken, um in diesem Zustande eine strafbare That zu begehen, entschuldigt nicht. (Dollmann Bd. I. S. 455. Stenglein Bd. I. S. 543.)

14) Es muß eine bestimmte Thatsache benannt und in die Fragestellung aufgenommen sein, welche die geminderte Zurechnungsfähigkeit zu begründen geeignet ist. Allgemeine Behauptung dieser genügt nicht. (Dollmann Bd. I. S. 451. 464).

15) „So ist eine geringere als die gesetzliche ordentliche Strafe zu verhängen." Es liegt nicht eine bloße Ermächtigung des Richters zum Erkennen einer geringeren Strafe vor, sondern ein gesetzliches Gebot, dies zu thun. (Dollmann Bd. I. S. 448. 459. Hocheder S. 334. Weis Bd. I. S. 200.)

16) Als die gesetzliche ordentliche Strafe erscheint diejenige Strafe, welche für die verübte That an sich, d. h. abgesehen von den gesetzlichen Bestimmungen über die Ausmessung der Strafe, angedroht ist. Also sollen solche Umstände, welche den Richter lediglich ermächtigen, unter das Minimum der gesetzlichen Strafe herabzugehen, nicht berücksichtigt werden. (Hocheder Bd. I. S. 336. Dollmann Bd. I. S. 459 461.)

17) Bei Reduktion der Strafe wegen einer bei geminderter Zurechnung oder Ueberschreitung der Nothwehr begangenen Körperverletzung muß von der Strafe des Art. 234 als der ordentlichen ausgegangen werden, falls nicht besondere Umstände vorliegen, welche die Anwendung des Art. 235 rechtfertigen. (Erk. d. Cass.-H. v. 23. Januar 1864. Zeitschr. f. Gerichtspr. Bd. III. S. 95. Zeitschr. f. G. u. R. Bd. XI. S. 11.)

18) Wenn im Wahrspruche der Geschwornen festgestellt ist, daß der Angeklagte ein Verbrechen der Körperverletzung ohne überlegten Entschluß bei geminderter Zurechnung oder unter schuldhafter Ueberschreitung der Nothwehr begangen hat, so ist von der Strafe des Art. 235 Abs. 1 nicht der des Art. 234 Ziff. 1 als der ordentlichen auszugehen. (Erk. d. Cass.-H. v. 6. Dez. 1866, Zeitschr. f. Gerichtspr. Bd. VI. S. 183, Z. f. G. u. R. Bd. XIII. S. 633, Erk. d. Cass.-H. v. 21. Juni 1869, Zeitschr. f. Gerichtspr. Bd. VIII. S. 356, Entsch. d. Cass.-H. Bd. III. S. 232.)

19) Wenn ein Angeklagter eines Verbrechens der Körperverletzung, verübt ohne überlegten Entschluß, im Zustande des Reizes und bei geminderter Zurechnungsfähigkeit schuldig erklärt ist, so kann der Strafausmessung nicht Art. 235 Abs. 2, sondern muß Art. 235 Abs. 1 zur Bestimmung der ordentlichen Strafe zu Grund gelegt werden, und ist keine doppelte Reduktion der Strafe, sondern die mildere einfach reducirt anzuwenden. (Erk d. Cass.-H v. 25. Juli 1868, Zeitschr. f. Gerichtspr. Bd. VIII. S. 6, Entsch d. Cass.-H. Bd. II. S. 355.)

20) Wenn bei Vorliegen leichterer Fälle oder besonderer Milderungsgründe dem Richter gestattet ist, eine geringere Strafgattung zu verhängen, so bildet diese das Minimum der ordentlichen Strafe. (Verh. des G. A. d. K. d. Abg. 1856/57 Bd. I. S. 459 Bd. II. S. 229. Dollmann Bd. I. S. 460. Hocheder S. 243. 336. s. auch unten Ziff. 23.)

21) Ist Geld- und Freiheitsstrafe cumulirt angedroht, so sind beide Straf-

gattungen zu reduciren. Sind sie alternativ angedroht, so hat der Richter zu erwägen, welche Strafgattung er anwenden will, und diese zu reduciren. (Hocheder S. 335. Dollmann Bd. I. S. 460.)

Zu Ziff. 3.

22) Die Hälfte des höchsten Maßes ist nicht die arithmetisch zu berechnende Hälfte, sondern das medium zwischen dem Strafminimum und dem Strafmaximum. (Hocheder S. 334. Dollmann Bd. I. S. 462.)

23) Bei Zumessung der Strafe einer bei geminderter Zurechnung oder mit Ueberschreitung der Nothwehr begangenen strafbaren Handlung ist die Hälfte des höchsten Strafmaßes nicht das Mittel zwischen dem höchsten und dem niedersten Maße als Maximum und das Viertheil des niedersten Maßes als Minimum zu Grund zu legen. Letzteres ist aber, wenn bei Vorliegen leichterer Fälle ein geringeres Strafmaß vorgesehen ist, das Viertheil der niedersten Strafe für leichtere Fälle. (Erk. d. Cass.-H. v. 12. April 1869. Z. f. Gerichtspr. Bd. VIII. S. 273. Entsch. d. Cass.-H. Bd. III. S. 135. Dagegen Zeitschr. f. Gerichtspr. Bd. VIII. S. 241 f. jedoch Anmerk. d. Red.)

24) Wenn die gemäß Art. 68 Ziff. 3 abzumindernde Strafe unter 42 Tage Freiheitsstrafe oder 150 fl. Geldstrafe sinkt, ja selbst wenn das hienach zu erkennende Strafmaximum unter jene Strafmaße zu stehen kommt, so bleibt dennoch die That Vergehen und ist nicht statt Gefängniß auf Arrest zu erkennen. Hocheder S. 337. Dollmann Bd. I. S. 463. Stenglein Bd. I. S. 544.)

25) Unter Anwendung der Ziffer 3 kann nur dann auf Gefängniß- statt auf Zuchthausstrafe erkannt werden, wenn die Dauer der Strafe weniger als 4 Jahre beträgt, nicht auch bei der Dauer von 4 Jahren. (Erk. d. Cass.-H. v. 26. Aug. 1864. Pl.-Erk. d. O.-G.-H. vom 5. Nov. 1864. Zeitsch. f. Gerichtspr. Bd. III. S. 356. Bd. IV. S. 57. Z. f. G. u. R. Bd. XI. S. 300. 440.)

26) „Wäre hienach auf eine Gefängnißstrafe zuerkennen, welche drei Monate nicht übersteigt." Hocheder S. 338. 339 versteht dies dahin: wenn das Maximum der Strafe, welche erkannt werden kann, eine drei Monate nicht übersteigende Gefängnißstrafe ist. Die zu erkennende Strafe bleibt Vergehensstrafe. Bei dem ziemlich gleichlautenden Satze in Art. 77 Ziff. 3 nehmen das Gleiche an: Stenglein Bd. I. S. 569. Weis Bd. I. S. 233. Dagegen spricht sich ein oberstrichterliches Erkenntniß v. 4. Dez. 1863 (Zeitschr. f. Gerichtspr. Bd. III. S. 49. Z. f. G. u. R. Bd. X S. 1027) dahin aus, daß dann eine Umwandlung der Gefängniß- in Arreststrafe (bez. hier Geldstrafe) zulässig sei, wenn der Richter, gleichviel bei welchem Strafrahmen dazu komme, eine 3 Monate nicht übersteigende Strafe zu erkennen. Diesem stimmt Dollmann Bd. I. S. 594 fg. vollkommen bei.

27) Die hienach erkannte Geldstrafe von nicht über 50 fl. ist Vergehensstrafe. (Zeitschr. f. Gerichtspr. Bd. V S. 165 und die in Ziff. 26 angeführten Commentatoren.)

Zusammenfluß von Strafmilderungsgründen.

28) Wenn mehrere Gründe geminderter Zurechnung zusammentreffen, so kann doch nur eine einmalige Reduktion der Strafe eintreten. (Dollmann Bd. I. S 463. Hocheder S. 339. 364. Z. f. G. u. R. Bd. II. S. 122. Erk. d. O.-G.-H. v. 29. Dezbr. 1855. Zeitschr. f. G. u. R. Bd. II. S. 479.)

29) Beim Zusammentreffen von geminderter Zurechnung mit Versuch, Theilnahme durch Beihülfe und geleistetem Schadenersatz findet unbestritten mehrfache Reduktion der Strafe statt. (Hocheder S. 336. Dollmann Bd. I. S. 466. Stenglein Bd. I. S. 544. Protok. d. G.-A. d. K. d. Abg. 1856/57 Bd. II. S. 229. 1860/61 S. 88.)

30) Bei Versuch eines Verbrechens begangen bei geminderter Zurechnungsfähigkeit kann die Strafe auf Grund sowohl des Art. 68 als des Art. 49 gemindert werden. (Erk. d. Cass.-H. v. 28. März 1868. Zeitschr. f. Gerichtspr. Bd. VII. S. 312. Entsch. d. Cass.-H. Bd. II. S. 157.)

31) Bei Preßverbrechen und Preßvergehen muß neben der veranlaßten Frage

wegen geminderter Zurechnungsfähigkeit auch eine solche wegen mildernder Umstände gestellt und im Falle der Bejahung beider die mildere von den beiden hiedurch sich ergebenden Strafen ausgesprochen werden. (Dollmann Bd. I. S. 470. Stenglein Bd. I. S. 165.)

32) Keine mehrfache Reduktion der Strafe tritt ein, wenn gleichzeitig das Vorhandensein von geminderter Zurechnungsfähigkeit und des Strafmilderungsgrundes der Jugend, des Excesses der Nothwehr oder des Reizes bei Körperverletzung constatirt wird. (Dollmann Bd. I. S. 467. 469. 470. Hocheder S. 364. 393. Zeitschr. f. G. u. R. Bd. II. S. 122. 479.) Anderer Meinung ist bezüglich des Reizes Hocheder S. 337. Bezüglich der Jugend finden sich divergirende Aeußerungen in den Verh. d. G.-A. d. K. d. A. 1856/57 Bd. I. S. 528 fg. Bd. II. S. 210 und 1860/61 Beil.-Bd. III. Abth. 2 S. 89.

33) Ueberschreitung der Nothwehr bez. geminderte Zurechnungsfähigkeit und Anreizung zur That durch den Verletzten schließen sich nicht aus, sondern müssen, wenn festgestellt, bei der Strafzumessung in der Art berücksichtigt werden, daß von Art. 234 mit 73 bez. 68 oder Art. 235 die mildere Strafbestimmung zur Anwendung kommt. (Erk. d. Cassat.-H. v. 17. Juli 1865, Zeitschr. f. Gerichtspr. Bd. IV. S. 341. Zeitschr. f. G. u. R. XII. S 339.)

34) Bei Vorliegen zweier Strafmilderungsgründe (in concr. Ueberschreitung der Nothwehr und geminderte Zurechnungsfähigkeit) kann nicht ein bereits reducirtes Strafmaß als ordentliches zur nochmaligen Reduction der Strafausmessung zu Grund gelegt werden. (Erk. d. Cass.-H. v. 27. Okt. 1865. Zeitschr. f. Gerichtspr. Bd. V. S. 55. Zeitschr. f. G. u. R. Bd. XII. S. 487.)

35) Bei Vorliegen schuldhaft überschrittener Nothwehr, bez. geminderter Zurechnungsfähigkeit und unverschuldeter Reizung durch den Getödteten oder Verletzten kann für Körperverletzung bei Ausmessung der Strafe nicht Art. 235 als ordentliche Strafbestimmung zu Grund gelegt und entsprechend reducirt werden, sondern bestimmt Art. 234 die ordentliche Strafe. (Erk. d. Cass.-H. v. 27. April 1866. Z. f. Gerichtspr. Bd. V. S. 303. Z. f. G. u. R. Bd. XIII. S. 198.)

36) Im Falle bei einem Verbrechen der Körperverletzung, verübt ohne überlegten Entschluß, Reizung des Verletzten und schuldhaft überschrittene Nothwehr bez. geminderter Zurechnungsfähigkeit des Thäters als Strafmilderungsgrund concurrirt, so ist die Strafe des Art. 235 Abs. 1 nicht die des Abs. 2 gemäß Art. 68 zu reduciren. (Erk. d. Cass.-H. v. 24. Aug. 1867. Zeitschr. f. Gerichtspr. Bd. VII. S. 56. Entsch. d. Cass.-H. Bd. I. S. 357.)

37) Für Berücksichtigung aller einzelnen Strafmilderungsgründe, welche festgestellt werden, spricht sich aus ein Aufsatz in Zeitschr. f. Gerichtspr. Bd. VIII. S. 1.

Zuständigkeit.

38) Bezirksgericht und Appellationsgericht sind nicht zuständig, eine That abzuurtheilen, welche objectiv Verbrechen ist und nur durch Reduction der Strafe gemäß Art. 68 Ziff. 3. Vergehen wird. (Erk. d. Cass.-H. v. 6. Juli 1868 Entsch. d. Cass.-H. Bd. II. S. 329. Zeitschr. f. Gerichtspr. Bd. VII. S. 456.)

Art. 69.

Irrthum und Unwissenheit.

Wenn Jemand bei seiner Handlung einen Thatumstand nicht kannte, durch dessen Dasein die Strafbarkeit jener Handlung bedingt ist, so ist die letztere straflos.

Waren dem Handelnden solche Thatumstände unbekannt, durch deren Dasein die Strafbarkeit der Handlung erhöht wird, so werden diese Umstände bei der Bestrafung außer Berücksichtigung gelassen.

In wie ferne in dem einen oder anderen Falle eine Bestrafung wegen Fahrlässigkeit einzutreten habe, ist nach den in der zweiten Abtheilung des Gesetzbuches enthaltenen Vorschriften zu bemessen.

1) „Wenn Jemand" Die Bestimmung des Art. 69 bezieht sich ebensowohl auf Theilnehmer und Begünstiger, als auf Thäter. (Hocheder S. 341. Dollmann Bd. I. S. 476. Weis Bd. I. S. 201. Stenglein Bd. I. S. 545. Vortr. im. G.-A. d. K. d. A. 1856/57 S. 48.)

2) „einen Thatumstand nicht kannte". Der Irrthum umfaßt ebensowohl eine unrichtige Vorstellung als die bloße Unkenntniß des wahren Sachverhalts. (Hocheder S. 340. Dollmann Bd. I. S. 474.)

3) „Durch dessen Dasein die Strafbarkeit jener Handlung bedingt ist." Der Irrthum über Umstände, welche die Strafbarkeit der Handlung nicht bedingen, ist gleichgiltig. Dahin gehört Irrthum über das Object der Handlung, über die Mittel zu derselben, über den Causalzusammenhang, wenn immerhin die Merkmale der Strafbarkeit gegeben sind, vor Allem also die aberratio delicti a persona in personam, oder a re in rem; die irrthümliche Verübung der That an einer anderen Person oder Sache als beabsichtigt. (Hocheder S. 341. Dollmann Bd. I. S. 476 s. auch zu Art. 47 Ziff. 7 oben S. 43. Ueber Benützung untauglicher Mittel oder Verübung am untauglichen Object s. zu Art. 47 Ziff. 9—11 oben S. 43. Ueber aberratio ictus ebendas. Ziff. 6. Dollmann Bd. I. S. 481. s. auch zu Art. 6 Ziff. 8 oben S. 9.)

4) Durch den Irrthum des Diebs, welcher glaubte, er bestehle seine Eltern während er Fremde bestahl, wird die Strafbarkeit des Diebes und dessen gerichtliche Verfolgung nicht ausgeschlossen. (Z. f. Gerichtspr. Bd. IV. S. 271.)

5) Irrthum über die Vollendung einer That und Vornahme von Handlungen zu andern Zwecken, welche erst den gewollten Erfolg herbeiführen, z. B. Handlungen zur Verbergung der That, bewirken, daß dieselbe nur als Versuch strafbar ist. (Dollmann Bd. I. S. 489.)

6) „so ist letztere straflos". Eine Ausnahme von dieser Regel begründet Art. 227, wonach die Unkenntniß des Thäters über das Alter einer zu unzüchtigen Zwecken mißbrauchten jugendlichen Person ohne Einfluß auf die Strafbarkeit sein soll. (Hocheder S. 343. Dollmann Bd. I. S. 473. Weis Bd. I. S. 202. Stenglein Bd. I. S. 545. 546.)

7) Zu Abs. 2. Ob ein den Thäter völlig entschuldigender Irrthum stattfindet, wird in schwurgerichtlichen Fällen durch die Geschwornen durch Verneinung der Hauptfrage entschieden. Wird dagegen ein Irrthum behauptet, welcher die Nichtberücksichtigung eines die Strafbarkeit der Handlung erhöhenden Thatumstandes nach sich ziehen müßte, so ist hierüber eine eigene Frage zu stellen und findet Art. 22 Abs. 1 des Einf.-Ges. (s. oben zu Art. 68 Ziff. 1 S. 79. 80) Anwendung. S. ferner zu Art. 68 Ziff. 2—6 S. 80. (Hocheder S. 342.)

8) Auf einen die Strafbarkeit der That, auf welche die Anklage gerichtet ist, ausschließenden thatsächlichen Irrthum kann eine Unterfrage an die Geschwornen nicht gestellt werden. (Erk. d. Cass.-H. v. 15. Januar 1866. Z. f. Gerichtspr. Bd. V. S. 142. Z. f. G. u. R. Bd. XIII. S. 10.)

9) Der Irrthum des wegen Körperverletzung Angeklagten, der Verletzte habe ihm oder einem seiner Angehörigen ohne schuldhafte Veranlassung eine Mißhandlung oder schwere Beleidigung zugefügt, wodurch jener gereizt und zur That hingerissen wurde, gestattet die Anwendung des Art. 235 Abs. 2. (Erk. d. Cass.-H. v. 17. April 1869. Zeitschr. f. Gerichtspr. Bd. VIII. S. 295. Entsch. d. Cass.-H. Bd. III. S. 161.)

10) Irrthümlich angenommener Stand der Nothwehr kann den Thäter entschuldigen oder bei Ueberschreitung der Nothwehr die Strafbarkeit mindern, jedoch kann eine hierauf sich beziehende Fragestellung nur dann verlangt werden, wenn die Thatsachen, über welche ein Irrthum obgewaltet haben soll, bestimmt bezeichnet sind. (Erk. d. Cass.-H. v. 24. April 1869. Zeitschr. f. Gerichtspr. Bd. VIII. S. 310. Entsch. d. Cass.-H. Bd. III. S. 177.)

11) Zu Abs. 3. Ob ein Irrthum entschuldbar oder nicht entschuldbar ist, begründet im Allgemeinen keinen Unterschied, nur kann hievon abhängen, ob die That als fahrlässige strafbar ist. (Dollmann Bd. I. S. 474.) Im Uebrigen findet der Abs. 1 und 2 auf fahrlässige Handlungen keine Anwendung. (Stenglein Bd. I. S. 545. Motive z. Entw. v. 1855 S. 59.)

Art. 70.

Die Unwissenheit über das Bestehen eines Strafgesetzes überhaupt oder über Art und Größe der Strafe, die Meinung, als ob die durch das Gesetz verbotene Handlung nach dem Gewissen oder der Religion erlaubt gewesen sei, endlich die Beschaffenheit des Endzweckes oder Beweggrundes, um dessen willen der Entschluß zur That gefaßt wurde, schließen die Strafbarkeit nicht aus.

1) Nur die Unwissenheit über das Bestehen eines Strafgesetzes entschuldigt eine strafbare Handlung nicht; Unwissenheit über das Bestehen eines Civil-, Administrativ- oder Kirchengesetzes kann unter Umständen zur Entschuldigung gereichen. (Hocheder S. 344. Dollmann Bd. I. S. 474.)

2) Irrthum über civilrechtliche Wirkung eines Kaufes als Strafausschließungsgrund gegen die Anschuldigung wegen Betrugs. (Zeitschr. f. Gerichtspr. Bd. I. S. 74.)

3) Ein Handelsmann, welcher in Unwissenheit darüber, welche Bücher er nach Beschaffenheit seines Geschäftes führen sollte, die Führung von Büchern, aus denen sein Aktiv- und Passivstand ersehen werden kann, unterläßt, und seine Zahlungen einstellt, kann wegen Bankerotts nicht bestraft werden. (Erk. d. Cass.-H. v. 5. Juni 1869. Zeitschr. f. Gerichtspr Bd VIII. S. 343. Entsch. d. Cass.-H. Bd. III. S. 219.)

4) Irrthum über die civilrechtliche Gültigkeit eines Vertrages kann das Bewußtsein der Strafbarkeit einer Handlung und dadurch die Strafbarkeit selbst ausschließen. (Auswärtige Praxis in Z. f. Gerichtspr. Bd. VIII. S. 397.)

5) Der Irrthum eines öffentlich Bediensteten, eine Mittheilung über amtlich zu seiner Kenntniß gelangte Vorkommnisse an Andere verstosse nicht gegen seine Amtspflicht, entschuldigt ihn bezüglich einer Anklage wegen Verletzung der Amtsverschwiegenheit. (Erk. d. Cass.-H. v. 19. November 1869. Zeitschr. f. Gerichtspr. Bd. IX. S. 101.)

6) Rechtsunkenntniß ist nicht nur dann gegeben, wenn der Thäter die Existenz eines auf seine That bezüglichen Strafgesetzes überhaupt nicht gekannt hat, sondern ebenso, wenn er die gesetzlichen Bestimmungen über einzelne Merkmale des Thatbestandes nicht kannte oder mißverständlich auffaßte, oder wenn er aus Unkenntniß oder Mißverständniß anderer strafrechtlicher Bestimmungen seine ihm nach ihren faktischen Merkmalen wohl bewußte That für nicht rechtswidrig oder für entschuldigt gehalten hat (Dollmann Bd. I. S. 498.)

7) Art. 70 bezieht sich auf Verbrechen und strafrechtliche Uebertretungen auf Ausländer wie Inländer, auf fahrlässige wie dolose Handlungen. (Dollmann Bd. I. S. 499. Stenglein Bd. I. S. 547.)

Art. 71.

Befehl.

Der Befehl zur Begehung einer strafbaren Handlung macht den Thäter nicht straflos.

Hat jedoch ein Beamter oder öffentlicher Diener innerhalb seines Geschäftskreises und in der gehörigen Form seinem dienstlich Untergebenen eine Handlung befohlen, welche nach den bestehenden Gesetzen strafbar ist, und hat der letztere diesen Befehl vollzogen, so ist der Untergebene dann straflos, wenn die Handlung blos einen Mißbrauch oder eine Ueberschreitung der Amtsgewalt oder nur eine Verletzung der Amtspflicht des Vorgesetzten enthält.

In allen Fällen bleibt derjenige, welcher den Befehl ertheilt hat, strafrechtlich verantwortlich.

1) Zu Abs. 1 vgl. Ziff. 9 zu Art. 54 oben S. 57.

2) ein Beamter oder öffentlicher Diener. Es muß ein solcher sein, der Beamte oder öffentliche Diener vermöge der Organisation zu Untergebenen hat. (Hocheder S. 347. Dollmann Bd. I. S. 506. 507. Weis Bd. I. S. 204. Stenglein Bd. I. S. 548.)

3) Das Subordinationsverhältniß der Staatsangehörigen unter die Behörden reicht nicht hin, den Befehl der letzteren als Entschuldigung für eine befoh-

lene strafbare Handlung gereichen zu lassen. Hocheder S. 347. Dollmann Bd. I. S. 510 will dies dahin beschränken, daß Staatsangehörige entschuldigt sind, wenn einer der besonderen Fälle vorlag, in welchen die Obrigkeit den Unterthanen eine Handlung oder die Theilnahme an einer obrigkeitlichen Handlung befehlen kann

4) Ein Privatdienstverhältniß genügt unter allen Umständen nicht. (Weis Bd. I. S. 204.)

5) Die That darf keine gemeinrechtlich strafbare Handlung sein, auch nicht eine solche neben dem Amtsdelicte enthalten. (Hocheder S. 348); sie muß unter das 24. Hauptstück des Strafgesetzbuches fallen. (Stenglein Bd. I. S. 548 f. auch Dollmann Bd. I. S. 503. 507. Weis Bd. I. S. 205. Vortr. im G.-A. d. K. d. A. 1856/57 S. 49. Prot. S. 211.) Gegen Hocheder bemerkt Dollmann Bd. I. S. 308: Der Mißbrauch des Amtes qualifizire sich eben durch die darin liegende Rechtswidrigkeit, die in demselben enthaltenen Merkmale eines gemeinen Delikts könnten somit unmöglich als etwas Selbstständiges neben dem Mißbrauche Bestehendes aufgefaßt werden.

6) Durch den Befehl eines Vorgesetzten wird die Bekanntmachung einer ehrenkränkenden Behauptung nicht straflos. (Erk. d. Cass.-H. v. 21. Dezember 1867. Entsch. d. Cass.-H. Bd. I. S. 484. Zeitschr. f. Gerichtspr. Bd. VII. S. 169.)

7) Die That darf nicht gegen die eigene Dienstpflicht des Untergebenen verstossen. (Hocheder S 348. Dollmann Bd I. S. 509. Stenglein Bd. I. S. 548. Weis Bd. I. S. 205. Prot. d. G.-A. d. K. d. A. 1856/57 S. 212. Vortr. 1860/61 S. 136. Prot. S. 12.)

8) Die von dem Vorgesetzten befohlene strafbare Handlung stellt sich dann blos als Mißbrauch der Amtsgewalt dar, wenn der Vorgesetzte im Allgemeinen zur Anordnung solcher Eingriffe in eine fremde Rechtssphäre befugt ist, im gegebenen Falle aber der Befehl als ein ungerechtfertigter, rechtswidriger erscheint; als Ueberschreitung der Amtsgewalt, wenn der Vorgesetzte die in seinem Amte wirklich enthaltenen Gewalten über die ihm gesteckten Gränzen ausdehnt; als eine Verletzung der Amtspflicht, wenn der Beamte durch Erlassung des Befehls die besonderen ihm durch sein Amt auferlegten Pflichten verletzt. (Dollmann Bd. I. S. 507.)

9) Der Befehlende ist als Thäter der strafbaren Handlung verantwortlich. Hocheder S. 349; Dollmann Bd. I. S. 511 setzt bei, er sei Theilnehmer durch Anstiftung, wenn der Vollziehende selbst strafbar sei.

Art. 72.

Nothwehr.

Wer, um sich oder Andere gegen einen bereits begonnenen oder unmittelbar drohenden rechtswidrigen und gewaltthätigen Angriff auf Person, Besitz oder Eigenthum oder gegen widerrechtliches Eindringen in eine Wohnung oder ein Besitzthum zu schützen, den Angreifer oder Eindringling tödtet oder verletzt oder überhaupt eine mit Strafe bedrohte Handlung verübt, ist straflos, insoferne er hiebei die Grenzen der Vertheidigung nicht schuldhaft überschritten hat.

Das Nämliche gilt von demjenigen, der auf der Stelle den widerrechtlich Eingedrungenen wieder zu vertreiben, oder von dem auf der That betroffenen oder auf der Flucht begriffenen Räuber, Diebe oder anderen Angreifer den widerrechtlich entzogenen Besitz beweglicher Sachen wieder zu erlangen sucht.

Die Ueberschreitung der Grenzen der Vertheidigung ist als schuldhaft nicht zu erachten, wenn der Thäter nur aus Ueberraschung, Bestürzung, Furcht oder Schrecken jene Ueberschreitung begangen hat.

1) „Wer um sich oder Andere“. Der Angriff braucht nicht gegen den Handelnden gerichtet gewesen zu sein, auch nicht gegen einen Angehörigen desselben, sondern das Gesetz gestattet die Nothwehr zum Schutze eines jeden Dritten, gegen den ein rechtswidriger und gewaltthätiger Angriff gemacht worden ist oder dem ein solcher Angriff unmittelbar drohte. (Weis Bd. I. S. 207. Dollmann Bd. I. S. 531.)

2) Der Beistand kann dem Angegriffenen auch ohne Aufforderung desselben geleistet werden. (Hocheder S. 357.)

3) „gegen einen bereits begonnenen oder unmittelbar drohenden rechtswidrigen und gewaltthätigen Angriff." Nothwehr ist nur gegen einen von einem Menschen ausgehenden Angriffe denkbar; alle anderen durch Vertheidigung abzuwendenden Gefahren fallen unter den Begriff des Nothstandes. (Hocheder S. 351. Weis Bd. I. S. 206. Stenglein Bd. I. S. 552.)

4) Nothwehr setzt den rechtswidrigen Angriff eines Menschen voraus. (Erk. d. Cass.-H. v. 11. September 1865. Zeitschr. f. Gerichtspr. Bd. V. S. 107.)

5) Ein unmittelbar drohender Angriff ist gegeben, wenn die Sachlage so beschaffen ist, daß der Bedrohte nicht anders annehmen kann, als daß der Gegner sofort zum Angriffe übergehen werde, wenn ihm nicht die Vertheidigung zuvorkommt (Hocheder S. 352; auch Dollmann Bd. I. S. 519. Weis Bd. I. S. 206). Es bedarf keines Abwartens wirklicher Gewalthandlungen. (Stenglein Bd. I. S. 552.)

6) Dadurch daß ein gewaltthätiger Angriff erfordert ist, will nicht gesagt sein, daß zur Begründung der Nothwehr die Verübung einer eigentlichen Gewaltthat, d. h. die Anwendung einer überlegenen Kraft gegen Person oder Vermögen des Angegriffenen nothwendig wäre; vielmehr will das Gesetz, wenn es einen gewaltthätigen Angriff verlangt, damit nur soviel ausdrücken, daß ein thatsächliches Einwirken auf die Rechtssphäre des Angegriffenen in persönlicher oder vermögensrechtlicher Beziehung stattfinden müsse. (Hocheder S. 354. 355.) Dagegen sagt Dollmann Bd. I. S. 516 Anmerk. 14: Ein gewaltthätiger Angriff sei noch nicht identisch mit einem thätlichen Angriffe, namentlich könne das diebliche Wegnehmen nicht als gewaltthätiger Angriff bezeichnet werden. Allein zum sprachlichen wie zum juristischen Begriffe der Gewaltthätigkeit gehöre immer die Ueberwältigung eines von der Person oder Sache geleisteten Widerstandes, bez. die Beschädigung oder Zerstörung der letzteren. (S. auch Stenglein Bd. I. S. 552.)

7) Es genügt kein wörtlicher oder symbolischer Angriff zur Annahme der Nothwehr. (Hocheder S. 355. Stenglein Bd. I. S. 552.)

8) Die Nothwendigkeit, daß der Angriff ein rechtswidriger sei, schließt die Vertheidigung gegen einen berechtigten Angriff aus. Unter diese gehören die Eingriffe der Obrigkeit in die Rechtssphäre eines Staatsangehörigen mit Ausschluß der völlig unberechtigten Eingriffe bei Gelegenheit von Amtshandlungen, oder des rechtswidrigen Amtsmißbrauchs, ferner die Vertheidigung gegen Nothwehr, wenn letztere nicht durch Ueberschreitung ihrer Grenzen selbst rechtswidrig wird. (Hocheder Bd. I. S. 351. Dollmann Bd. I. S. 517. 521. Stenglein Bd. I. S. 554.)

9) Nothwehr mehrerer Hausfriedensstörer gegen ihre gewaltsame Hinausschaffung aus einem Wirthshause, in das sie eingedrungen waren, wurde als gegeben nicht angenommen. (Z. f. Gerichtspr. Bd. VIII. S. 159.)

10) Der rechtswidrige Angriff muß kein strafbarer, kein subjectiv verbrecherischer sein, z. B. Vertheidigung gegen Unzurechnungsfähige, gegen im Nothstande Befindliche. (Hocheder S. 354. Weis Bd. I. S. 207.) Dagegen verlangt Dollmann (Bd. I. S. 520) unter Berufung auf die Motive zu den Entwürfen von 1851 und 1853 S. 256. 257 einen schuldhaften und strafbaren Angriff und rechnet obige Beispiele unter die Fälle des Nothstandes.

11) Das Gesetz macht keinen Unterschied, ob der Angriff ein vom Angegriffenen verschuldeter oder unverschuldeter war. Wer durch Schimpfen einen Angriff provocirte, ist zur Nothwehr berechtigt. (Hocheder S. 356. Dollmann Bd. I. S. 523.)

12) Im Duell gibt es keine Nothwehr, weil jeder Duellant selbst rechtswidriger Angreifer ist. Dagegen gibt es eine Nothwehr gegen Ueberschreitung der Kampfregeln. (Hocheder S. 356.)

13) Angriffe auf die Person schließen solche auf Leben, Gesundheit, Freiheit und Keuschheit in sich, aber auch solche auf die Ehre, jedoch letztere nur, wenn sie sich nicht auf wörtliche Beleidigungen beschränken. (Hocheder S. 351.

Dollmann Bd. I. S. 515. Weis Bd. I. S. 207. Stenglein Bd. I. S. 552. Motive z. Entw. v. 1855. S. 61.)

14) Angriffe auf **Besitz oder Eigenthum** lassen Nothwehr zu, gleichviel ob dasselbe bewegliches oder unbewegliches ist. (Hocheder S. 352.)

15) Das Gesetz fordert nicht als Voraussetzung von Nothwehr, daß der bedrohte Besitz oder das Eigenthum unersetzlich seien. (Dollmann Bd. I. S. 516. 526. Stenglein Bd. I. S. 552.)

16) Der Besitz kann durch Nothwehr auch gegen besser Berechtigte geschützt werden, so kann der faktische Besitzer sich gegen den Angriff des civilrechtlich im Eigenthume Befindlichen vertheidigen. (Dollmann Bd. I. S. 516. Stenglein Bd. I. S. 552.)

17) Auch Quasibesitz oder Rechtsbesitz, Besitz von Dienstbarkeiten, Reallasten und anderer hinsichtlich des Besitzes analog behandelten Rechte, soweit eine Störung oder Entziehung durch gewaltthätigen Angriff denkbar ist, darf diesem gegenüber durch Nothwehr erhalten und geschützt werden. (Dollmann Bd. I. S. 516.)

18) „**gegen widerrechtliches Eindringen in eine Wohnung oder ein Besitzthum**". Im Begriff des Eindringens liegt auch der des gewaltthätigen. (Hocheder S. 355.) Widerrechtlich ist jedes unbefugte Eindringen gegen den Willen des Besitzers; Eindringen ist nicht identisch mit Betreten, es gehört vielmehr dazu immer die Beseitigung oder Ueberwinden von Hindernissen, wie das Oeffnen von Thüren oder anderen äußeren Verwahrungsmitteln, wie Einsteigen u. dgl. (Dollmann Bd. I. S. 547.)

19) „**zu schützen**". Nothwehr ist weder zulässig gegen einen erst künftig möglichen noch gegen einen bereits beendigten Angriff. Die Beendigung des Angriffs kann jedoch erst dann angenommen werden, wenn der durch den Angriff herbeigeführte Zustand der Gefahr gänzlich beseitigt ist. Daß die Beendigung des Angriffs mit dem Momente der juristischen Vollendung der von dem Angreifer verübten strafbaren That zusammenfalle, ist keineswegs nothwendig, und kann es vielmehr vorkommen, daß der Angriff auch nach diesem Zeitpunkte noch fortdauert. (Hocheder S. 352. Dollmann Bd. I. S. 520. Stenglein Bd. I. S. 554.) Z. B. bei Delikten gegen die Freiheit erscheint der Angriff erst dann beendigt und Nothwehr ausgeschlossen, wenn die in ihrer Freiheit beeinträchtigte Person ihre Freiheit wieder erlangt hat. (Hocheder a. a. O.)

20) „**den Angreifer oder Eindringling tödtet oder verletzt**". Die Nothwehr kann nie gegen Dritte, beim Angriffe nicht betheiligte Personen gerichtet sein (s. jedoch unten Ziff. 21) sondern nur gegen den Angreifer oder Eindringling selbst, also auch nicht gegen den dritten Besitzer einer widerrechtlich verlorenen Sache. Jedoch kann die Abwehr eine mittelbare sein. (Hocheder S. 354. Dollmann Bd. I. S. 518. Stenglein Bd. I. S. 553. Motive z. Entw. v. 1855. S. 61.)

21) Verletzungen schuldloser Dritter oder ihres Eigenthums sind jedoch straflos, wenn sie in Ausübung der Nothwehr und ohne schuldhafte Ueberschreitung der Grenzen der Vertheidigung gelegentlich derselben begangen werden. Entscheidend ist der Gesichtspunkt, ob die verübte objectiv strafbare Handlung den Schutz gegen den gemachten Angriff bezweckt hat. (Hocheder S. 357. Dollmann Bd. I. S. 527. Weis Bd. I. S. 208. Stenglein Bd. I. S. 553. Vortr. im G.-A. d. K. d. A. 1856/57 S. 51. Prot. S. 215.)

22) „**oder überhaupt eine mit Strafe bedrohte Handlung verübt**". Die Nothwehr kann auch in Freiheitsberaubung des Angreifers in Eigenthumsbeschädigung u. dgl. Handlungen bestehen. (Hocheder S. 357. Dollmann Bd. I. S. 527. Weis Bd. I. S. 206.)

23) „**ist straflos**". Insoweit der Staat den Schutz gewährt, ist für den einzelnen Staatsangehörigen das Recht der Selbstvertheidigung ausgeschlossen. (Hocheder S. 351. Stenglein Bd. I. S. 551. Weis Bd. I. S. 206.)

24) „**insoferne er hiebei die Grenzen der Vertheidigung nicht schuldhaft überschritten hat**". Ueber diese Grenzen s. zu Art. 73.

Es kann nicht die Unmöglichkeit verlangt werden, dem drohenden Angriffe auszuweichen. Nothwehr ist auch zulässig, wenn der Angegriffene wußte, daß er an einem bestimmten Orte angegriffen werden würde, und sich dennoch dorthin begab; oder wenn er die Hilfe der Obrigkeit anrufen konnte und dies zu thun unterließ, oder wenn er die Flucht ergreifen konnte und sie nicht ergriff. Unter Umständen kann aber Ueberschreitung der Nothwehr in Frage kommen. (Hocheder S. 356. Dollmann Bd. I. S. 523.)

25) Auch ein irrthümlich angenommener Stand der Nothwehr macht die Nothwehrhandlungen straflos. (Dollmann Bd. I. S. 522. Weis Bd. I. S. 207. Stenglein Bd. I. S. 552. Erk. d. Cass.-H. v. 24. April 1869. Z. f. Gerichtspr. Bd. VIII. S. 310. Entsch. d. Cass.-H. Bd. III. S. 177.)

26) Es kann nicht gefordert werden, daß die durch die Vertheidigung zugefügte Verletzung in einem entsprechenden Verhältnisse zu der Größe der durch den Angriff gedrohten Verletzung stehe. Die Gefahr des Verlustes eines geringen Gutes kann nach Umständen das höchste Maß der angewendeten Gewalt rechtfertigen, wenn das bedrohte Gut mit minderer Gewaltanwendung nicht erhalten werden konnte. (Dollmann Bd. I. S. 526.) Dagegen sagt Hocheder (S. 361), es sei eine Ueberschreitung der Nothwehr anzunehmen, wenn sie in der Weise, wie sie wirklich geübt wurde, nöthig gewesen sei, um überhaupt den Zweck zu erreichen, dieser Zweck aber durch seine Unbedeutendheit außer allem Verhältnisse zu dem Uebel stehe, welches dem Angreifer zugefügt worden ist. Damit wolle aber nicht gesagt werden, als ob bei der Nothwehr immer eine Verhältnißmäßigkeit der Vertheidigung zu dem Werthe des bedrohten Gutes in der Art stattfinden müsse, daß dem Angreifer kein größeres Uebel zugefügt werden dürfte, als dem Angegriffenen selbst gedroht hat.

27) Der Richter muß sich bei Beurtheilung der Nothwehr in die Lage des Handelnden versetzen, er darf die Frage nicht rein objectiv, wie sie sich vielleicht nach Aufklärung aller Verhältnisse und Entfernung jeder Gefahr darstellen, untersuchen, sondern muß erwägen, ob der Handelnde nach der Lage, in der er sich befand, nach seiner Persönlichkeit, nach der des Gegners, nach Zeit und Ort, überhaupt nach allen Umständen annehmen konnte, daß gegen ihn oder Andere ein Angriff unternommen werde. (Weis Bd. I. S. 207. Dollmann Bd. I. S. 526. Hocheder S. 363. 364.)

28) Zu Abs. 2. Die auf Wiedererlangung eines bereits faktisch entzogenen Besitzes abzielenden Handlungen fallen nur in dem Falle unter den Begriff der Nothwehr, wenn zwischen dem Akte der widerrechtlichen Entziehung des Besitzes und dem Akte der gewaltsamen Wiedererlangung desselben ein Verhältniß der Continuität besteht und in der Zwischenzeit noch kein Moment des ruhigen Innehabens für den ursprünglichen Angreifer eingetreten gewesen ist. (Hocheder S. 353. Dollmann Bd. I. S. 517. Weis Bd. I. S. 208. Stenglein Bd. I. S. 553. Motive z. Entw. v. 1855 S. 61.)

29) Zu Abs. 3. Jede das Ziel der Abwehr überschreitende Handlung ist als Schuld anzurechnen. Dieselbe muß die Voraussetzungen jeder criminellen Schuld haben: die Handlung muß Ausfluß der Willens sein und der Handelnde muß sich der Rechtswidrigkeit bewußt sein. Ob dies der Fall war, und nicht blos der Fall der straflosen Uebereilung vorlag, kann daraus beurtheilt werden, ob der Zweck des sich Vertheidigenden ausschließlich die Abwehr war, oder ob noch ein anderer Zweck hinzutrete, z. B. Rache. (Stenglein Bd. I. S. 554.)

30) Fahrlässige Ueberschreitung der Nothwehr ist nicht strafbar, dieselbe muß vielmehr schuldhaft geschehen. (Stenglein Bd. I. S. 555. Motive z. Entw. von 1855 S. 62. Hocheder S. 362. Dollmann Bd. I. S. 531.)

Prozessuales:

31) Der Ausschluß der Nothwehr gehört zum Anklagebeweis, es bildet aber nicht die Nothwehr eine Einrede des Angeklagten, welche dieser beweisen muß. (Stenglein Bd. I. S. 553.)

32) Auf Vorliegen der Nothwehr kann keine Frage an die Geschwornen ge-

richtet werden, sondern diese müssen, im Falle sie Nothwehr annehmen, die Frage, welche wegen der in Nothwehr verübten Rechtsverletzung an sie gestellt wird, verneinen. (Weis Bd. I. S. 209. Stenglein Bd. I. S. 553. Prot. d. G.=A. d. K. d. A. 1856/57 S. 215. Hocheder S. 364. Dollmann Bd. I. S. 532.)

33) Durch die Annahme einer mit überlegtem Entschluß rechtswidrig zugefügten Mißhandlung ist die Annahme von Nothwehr ausgeschlossen. (Erk. des Cass.=H. v. 24. März 1865. Z. f. Gerichtspr. Bd. IV. S. 275. Z. f. G. u. R. Bd. XII. S. 116.)

34) Um die Nichtanwendung der Bestimmungen über Nothwehr zu rechtfertigen, bedarf es, wenn dieselbe behauptet wurde, der Feststellung bestimmter Thatsachen, welche die Nothwehr ausschließen. Es genügt nicht Feststellung des Nichtvorhandenseins einer Ueberzeugung dafür, daß der auf den Beschuldigten gemachte rechtswidrige Angriff zur Zeit der von ihm verübten Körperverletzung noch fortgedauert habe. (Erk. v. 24. Oktbr. 1868. Z. f. Gerichtspr. Bd. VIII. S. 88. Entsch. d. Cass.=H. Bd. II. S. 443.)

35) Es besteht keine Anzeigepflicht über geübte Nothwehr mehr. (Dollmann Bd. I. S. 533.)

Art. 73.

Wenn durch den Richter der That entschieden ist, daß der Thäter in Nothwehr gehandelt und nur die Grenzen derselben schuldhaft überschritten hat, so ist die auf die That gesetzte ordentliche Strafe nach Maßgabe der Bestimmungen des Art. 68 herabzusetzen.

1) „Wenn durch den Richter der That". In schwurgerichtlichen Fällen haben die Geschwornen zu entscheiden, ob eine Ueberschreitung der Nothwehr vorliege, und muß deßhalb eine Frage an dieselben gestellt werden, wenn auf diesen Strafmilderungsgrund plädirt ist. S. hierüber zu Art. 68 Ziff. 1—6 oben S. 79. 80. (Hocheder S. 364. Dollmann Bd. I. S. 530. Weis Bd. I. S. 210. Stenglein Bd. I. S. 565.)

2) „entschieden ist". Gesetzliche Grenzen der Nothwehr sind nicht aufgestellt, sondern das Einhalten derselben in das freie Ermessen der Richter gelegt. (Hocheder S. 359. Weis Bd. I. S. 209.)

3) „daß der Thäter in Nothwehr gehandelt". Es müssen alle Vorbedingungen der Nothwehr vorhanden sein, damit von deren Ueberschreitung die Rede sein kann, außerdem tritt volle Bestrafung der That ein. (Hocheder S. 358. Weis Bd. I. S. 210.)

4) „und nur die Grenzen derselben schuldhaft überschritten hat." Von Ueberschreitung der Nothwehr kann nicht die Rede sein in Bezug auf Handlungen des Angegriffenen, welche nicht den Zweck der Vertheidigung hatten. (Hocheder S. 359.)

5) Die Motive des Entw. v. 1855 S. 61 führen drei Formen der Ueberschreitung der Nothwehr auf, nämlich:

a) wenn Nothwehr unnöthig war, weil ungefährliche Mittel, z. B. Herbeirufen von Hilfe, insbesondere der Obrigkeit, Vermeiden des Ortes des Angriffes, an den den Angegriffenen keine Pflicht rief, u. dgl. zu Gebot stund;

b) wenn ohne Noth ein gefährlicheres Mittel der Vertheidigung gebraucht wurde, als diese erforderte, oder sonst das gehörige Maß der Vertheidigung überschritten wurde;

c) wenn das gebrauchte Mittel mit dem angegriffenen Gute außer allem Verhältnisse stund (s. hierüber zu Art. 72 Ziff. 25. Hocheder S. 359. 360. Weis Bd. I. S. 209. 210. Stenglein Bd. I. S. 555.)

6) Der Angegriffene ist nicht zu schimpflicher Flucht verpflichtet, und braucht keinerlei Gefahr auch für seine Ehre zu laufen. Die Beurtheilung in dieser Beziehung muß nach den herrschenden Ansichten der Zeit und der Standesgenossen

geschehen. Konnte der Angegriffene ohne Gefahr für seine Ehre fliehen und unterließ es, so liegt Ueberschreitung der Nothwehr vor. (Hocheder S. 359. 360.) Letzteres dürfte zu bezweifeln sein

7) „so ist die auf die That gesetzte ordentliche Strafe nach Maßgabe der Bestimmungen des Art. 68 herabzusetzen". Es liegt eine gesetzliche Präsumtion geminderter Zurechnungsfähigkeit vor. (Hocheder S. 363. Dollmann Bd. I. S. 530. Weis Bd I. S. 210.)

Es finden deshalb alle bei Art. 68 Ziff. 15 — 38 angeführten Sätze Anwendung.

8) Es ist nicht erforderlich, daß eine auf Exceß der Nothwehr gerichtete Frage an die Geschwornen alle den Begriff der Nothwehr begründenden Thatumstände enhält, sondern genügt, wenn sie dahin gerichtet ist, ob der Angeklagte bei Verübung der That in Nothwehr gehandelt und nur die Grenzen derselben schuldhaft überschritten habe. Soll die Nothwehr nur eine irrthümlich angenommene gewesen sein, so müssen diejenigen Thatsachen, über welche ein Irrthum obgewaltet haben soll, angegeben werden. (Erk. d. Cass.-H. v. 24. April 1869 Z. f. Gerichtspr. Bd. VIII. S. 310. Entsch. d. Cass.-H. Bd. III. S. 177.)

Art. 74.

Schadenersatz.

Hat derjenige, welcher durch eine strafbare Handlung einem Anderen einen Vermögensnachtheil zufügte, den ganzen aus seiner Handlung entspringenden Schaden durch Zurückgabe, Ersatz, Verzicht auf die durch die Handlung erworbenen Rechte oder in ähnlicher Weise wieder gut gemacht, bevor er wegen der Handlung ergriffen, verfolgt oder bedrängt oder von Seite der Obrigkeit oder ihrer Diener zur Rede gestellt wurde, so sind die Gerichte befugt, die angedrohte Strafe vorbehaltlich dessen, was in den Art. 17, 20 und 26 bestimmt ist, bis zur Hälfte des niedrigsten Maßes herabzusetzen.

Hat der Beschädigte den ihm vom Thäter wirklich dargebotenen vollständigen Ersatz zurückgewiesen, so wird dies der geschehenen Ersatzleistung gleich geachtet.

Die Bestimmung des Abs. 1 findet auf jene strafbaren Handlungen keine Anwendung, bei denen eine Verletzung, Vergewaltigung, Gefährdung oder Bedrohung einer Person oder ein sonstiger Angriff auf eine solche stattgefunden hat.

1) „Hat derjenige, welcher durch eine strafbare Handlung einem Andern einen Vermögensnachtheil zufügte" Der Strafmilderungsgrund des Schadenersatzes greift bei allen strafbaren Handlungen Platz, durch welche dem Andern eine Vermögensbenachtheiligung zugefügt ist, vorausgesetzt, daß nicht bei der Handlung eine Verletzung, Vergewaltigung, Gefährdung oder Bedrohung einer Person oder ein sonstiger Angriff auf eine solche stattgefunden hat. Auf Gattung des Delikts, auf den Zweck des Handelnden, oder auf die Art der Benachtheilung kommt es hiebei nicht an.

Art. 74 findet also nicht blos Anwendung auf diejenigen Delikte, welche auf eine unrechtmäßige Bereicherung abzielen, wie Diebstahl, Unterschlagung, Betrug, rechtswidrige Vorenthaltung fremder Sachen, widerrechtliche Wegnahme eigener Sachen;

oder welche einen direkten absichtlichen Eingriff in eine fremde Vermögenssphäre enthalten, wie Eigenthumsbeschädigung, Brandstiftung, strafbarer Eigennutz, Verletzung fremder Geheimnisse, sondern auch auf Verletzung der Interessen der bürgerlichen Gesellschaft wie Meineid, Fälschung oder Unterdrückung von Beweismitteln, Bruch des Haus- oder öffentlichen Friedens;

oder Handlungen gegen den Staat oder dessen Ordnung wie Verletzung öffentlicher Berufspflichten, Amtsuntreue, Verkürzung öffentlicher Gefälle, stets unter der Voraussetzung, daß sie keine Richtung gegen eine Person haben. (Hocheder S. 367. Dollmann Bd. I. S. 535. Weis Bd. S. 212. Stenglein Bd. I. S. 557. 562. Prot. d. G.-A. d. K. d. A. 1860/61 S. 56.)

2) Ausgeschlossen ist die Anwendung des Artikels bei Raub, Erpressung, Eigenthumsbeschädigung und Brandstiftung unter Gefährdung von Personen,

Tödtung, Körperverletzung, den Delikten gegen die Freiheit der Person, Ehrenkränkung, Verläumdung u. s. w. (Hocheder S. 368. Dollmann Bd. I. S. 536. Stenglein Bd. I. S. 557.)

3) Fahrlässige Delikte fallen ebensowohl unter Art. 74 als vorsätzliche. (Dollmann Bd. I. S. 536. Weis Bd. I. S. 213. Stenglein Bd. I. S. 557.)

4) Auf Versuchshandlungen findet Art. 74 nur insoweit Anwendung, als durch dieselben bereits Anderen Vermögensbenachtheiligung zugefügt worden ist. (Dollmann Bd. I. S. 537 Anmerk. 9. A. M. ist Stenglein Bd. I. S. 560 Anmerk. 2.)

5) Der Thäter selbst muß den Ersatz leisten, jedoch kann er es auch mittelbar dadurch bewirken, daß er Andere zur Leistung veranlaßt oder dieselben hiezu beauftragt. (Hocheder S. 370. Dollmann Bd. I. S. 537. Stenglein Bd. I. S. 560.

6) Der Ersatz durch einen Dritten ohne Veranlassung durch den Thäter nützt diesem nichts, sei jener auch ein Mitschuldiger oder der gesetzliche Vertreter des Schuldigen (s. übrigens unten Ziff. 13. Dollmann Bd. I. S. 537. Weis Bd. I. S. 213. Stenglein Bd. I. S. 560.)

7) Auf Theilnehmer und Begünstiger findet Art. 74 nicht minder Anwendung, als auf die Hauptthäter, insbesondere auch auf Hehler. (Hocheder S. 370. 371. Dollmann Bd. I. S. 542. 543. Weis Bd. I. S. 213. 214. Stenglein Bd. I. S. 557. 558.) Bei Begünstigern stellt Hocheder nur die praktische Bedeutung in Abrede. Dollmann erwähnt auch die wegen Unterlassung der Anzeige der That strafbaren.

8) Sind Theilnehmer und Begünstiger bez. Hehler nicht an der gesammten That und ihrem Erfolge betheiligt, so kann der durch ihre Handlung zugefügte Nachtheil nicht blos auf ihren Antheil oder den von ihnen aus der That gezogenen Nutzen beschränkt werden (Erk. d. Cass.-H. v. 18. Dez. 1852 Sitz.-Ber. Bd. IV. S. 447), sondern es muß unterschieden werden, ob sich ihre Thätigkeit nur auf einen bestimmten, ausscheidbaren Theil der That bezog oder auf die gesammte strafbare Handlung. Im ersten Fall begründet nur jener Antheil den aus ihrer Handlung entspringenden Schaden. (Stenglein Bd. I. S. 558. 559. Dollmann Bd. I. S. 542. 543.) Auf den vollen Schaden des Beschädigten dehnt die Entschädigungspflicht aus Hocheder S. 371.

9) Keinesfalls reicht die Entschädigungspflicht eines Theilnehmers oder Begünstigers bez. Hehlers weiter als sein Bewußtsein der strafbaren That gereicht hat. Z. B. wenn ein solcher nicht den ganzen Umfang des verübten Diebstahls kennt. Ferner hängt von dem strafbaren Vorsatz auch ab, ob Schadenersatz wirksam geübt werden kann; z. B. bei dem Gehülfen eines Raubes, der nur einen Diebstahl zu unterstützen glaubte. (Dollmann Bd. I. S. 543. Weis Bd. I. S. 213. 214.)

10) „den ganzen aus seiner Handlung entspringenden Schaden." Theilweiser Ersatz gibt keinen Anspruch auf eine Minderung der Strafe unter das gesetzliche Minimum, sondern ist nur bei der Strafzumessung zu berücksichtigen; insbesondere mindert sich bei denjenigen strafbaren Handlungen, bei welchen der Schadensbetrag von Einfluß auf die Qualifikation der That ist, derselbe nicht um den Betrag theilweiser Entschädigung. (Hocheder Bd. I. S. 369. Dollmann Bd. I. S. 545. Weis Bd. I. S. 213. Stenglein Bd. I. S. 558. s. übrigens oben Ziff. 8.)

11) Der Thäter muß die sämmtlichen Schadenersatzansprüche jeder Art gut machen, um den Strafmilderungsgrund des Art. 74 für sich zu haben, so z. B. auch die Entschädigung für Beschädigungen beim Erbrechen von Behältnissen. (Hocheder S. 540.) Dollmann S. 539. 540 dehnt dies aus auf Ersatzleistung für jeden Vermögensnachtheil bis zur Zeit der Ersatzleistung (also wohl Zinsen); auf mittelbaren durch Zusammentreffen besonderer Umstände und Verhältnisse entsprungenen Schaden, auf entgangene Vermögensmehrung, auch entbehrte Früchte und Nutzungen, den durch die individuellen Verhältnisse des Beschädigten sich ergebenden Mehrwerth über den Anschlag des gemeinen Werths (jedoch nicht zu verwechseln mit Affektionswerth); endlich auch auf den für Dritte mittelbar ent-

standenen Schaden. Dagegen sagt Stenglein Bd. I. S. 558 der ganze aus der Handlung entspringende Schaden ist derjenige, der im Augenblicke der Handlung entsprungen ist, es ist also nicht nothwendig, daß Gewinnentgang, Zinsen oder der zur Zeit des Ersatzes gestiegene Werth miterseßt werde; mit anderen Worten nicht der Ersatz des ganzen, im Civilrechtswege erlangbaren Interesses ist erforderlich, sondern nur der Ersatz des aus der Handlung allein und sogleich entspringenden Schadens.

12) Hocheder S. 369 erklärt es als selbstverständlich, daß in dem Falle, wenn der Uebelthäter dazu bereit war, dem Beschädigten vollständigen Ersatz nach jeder Beziehung zu leisten, der letztere aber seine Anforderungen niederiger stellt, als sie ihm wirklich zustanden, der Vorschrift des Gesetzes durch die Befriedigung der gestellten Anforderungen vollkommen Genüge geleistet sei. — Sicher kann der Ersatzberechtigte einen Theil seiner Forderung verschenken, allein man wird, um das Gesetz nicht illusorisch zu machen, jenes Bereitsein zur vollen Entschädigung strenge prüfen müssen. Deshalb sagt Stenglein Bd. I. S. 558: Hiebei ist jede Wirkung eines Privatvergleichs ausgeschlossen, so daß es dem Beschädigten nicht eingeräumt ist, sich einen Theil des ihm zugefügten Schadens mit der Wirkung des Art. 74 ersetzen zu lassen. Es kann also, um eine ungehörige Einwirkung des Beschädigten auf die gesetzlich verwirkte Strafe abzuschneiden, auch nicht auf die Werthschätzung dieses allein ankommen, sondern muß der wahre Werth des Schadens mit allen zu Gebot stehenden Mitteln eruirt werden.

13) Eine Gutmachung des Schadens wird dadurch, daß der Beschädigte dem Thäter das Zurückzugebende oder den Betrag des zu leistenden Ersatzes ganz oder theilweise schenkt, d. h. daß er auf Schadloshaltung verzichtet, nicht bewirkt. (Erk. d. Cass.-H. v. 10. Febr. 1865. Z. f. Gerichtspr. Bd. IV. S. 165. Z. f. G. u. R. XII. S. 35.)

14) Mehrere Mitschuldige bei einer Handlung können den vollständigen Schaden gemeinschaftlich ersetzen. Der Ersatz eines einzelnen gereicht dem nicht Ersetzenden nicht zum Vortheil. Dagegen hat das wirkliche Anbieten des Ersatzes welches der Beschädigte deshalb ablehnt, weil ein Mitschuldiger bereits Ersatz geleistet hat, die gleiche Wirkung wie der geleistete Ersatz. (Dollmann Bd. I. S. 537. 543.)

15) „Durch Zurückgabe". Dieselbe genügt nur, wenn die Sache sich in unversehrtem Zustande befindet und kein weiterer mittelbarer Schaden entstanden ist (s. hierüber Ziff. 11), wie durch Trennung der Sache aus ihrem Zusammenhang. (Dollmann Bd. I S. 540. Hocheder S. 369.)

16) „Verzicht auf die durch die Handlung erworbenen Rechte" Dies kann der Fall sein, wenn, wie beim Betrug möglich, die Beschädigung in Eingehen von Verbindlichkeiten oder Uebertragung des Eigenthums oder dinglicher Rechte oder einer Forderung bestanden hat. In letzteren Fällen muß eine Rückübertragung des Eigenthums oder der Rechte in civilrechtlich wirksamer Form hinzutreten. (Dollmann Bd. I. S. 538. Stenglein Bd. I. S. 559.)

17) Schadenersatz durch Nachlaß einer Schuld erfordert Zustimmung beider Theile. (Erk. d. Cass.-H. v. 15. April 1862. Z. f. Gerichtspr. Bd. I. S. 127.)

18) „oder in ähnlicher Weise". Nur die Thatsache der erfolgten Wiedergutmachung des ganzen Schadens ist entscheidend, ohne daß es hiebei auf die Art und Weise dieser Wiedergutmachung weiter anzukommen hat. (Hocheder S. 370. Stenglein Bd. I. S. 559.)

19) Hierunter fällt die Mittheilung des Verstecks einer Sache, damit der Beschädigte wieder davon Besitz ergreife; Wiederherstellung eines verloren gegangenen Rechtes; Compensation oder Hingabe an Zahlungsstatt. (Dollmann Bd. I. 538. 539. Stenglein Bd. I. 560.) Ob Veranstaltungen des Thäters, durch welche der Beschädigte wieder in Besitz gelangt, hieher gehören, ist streitig. (Bl. f. R.-A. Bd. VIII. S. 373.)

20) Ein Wegwerfen auf der Flucht genügt nicht, wenn auch der Beschädigte sofort wieder in Besitz gelangt. (Dollmann Bd. I. S. 541.) Noch weniger eine

bloße Dereliction des Gegenstandes, wenn derselbe auch zufällig wieder in den Besitz des Beschädigten kommt. (Stenglein Bd. I. S. 560.)

21) „wieder gut gemacht". Die Thätigkeit des Thäters muß, abgesehen von der Verweigerung der Annahme durch den Beschädigten, zur vollen Entschädigung dieses geführt haben. Bloße Versuche der Wiedergutmachung sind wirkungslos. (Stenglein Bd. I. S. 560.)

22) Der Ersatz muß ein reeller, in der Gegenwart liegender sein. Ein bloßer Vergleich, Zahlungsversprechen u. dgl. genügt nicht. (Stenglein Bd. I. S. 559. Hocheder Bd. I. S. 368.)

23) Wieder gut gemacht ist der Schaden weder, wenn die Entschädigung ohne Zuthun des Thäters, etwa aus einer hinterliegenden Caution, entnommen wird, noch wenn die Sache durch Zufall wieder in den Besitz des Beschädigten kommt; wie durch Auffinden im Versteck. (Dollmann Bd. I. S. 537. 538.)

24) „bevor er wegen der Handlung ergriffen, verfolgt oder bedrängt wurde". Es ist gleichgültig, ob dies von der Obrigkeit, ihren Dienern oder vom Beschädigten oder einer sonstigen Privatperson geschieht. (Hocheder S. 371. Dollmann Bd. I. S. 541.)

25) Unter Verfolgung des Thäters ist nicht die gerichtliche Verfolgung d. h. Einleitung einer strafrechtlichen Untersuchung zu verstehen, sondern die Nacheile. (Hocheder S. 372. Dollmann Bd. I. S. 541.)

26) Einleitung einer Untersuchung, Erlassung eines Haftbefehls oder Steckbriefs hindert an sich wirksamen Schadenersatz nicht. Hat jedoch der Thäter Kenntniß davon, so liegt darin ein Bedrängen. (Hocheder S. 372. Dollmann S. 541. 542.) So kann ein Dieb, bei welchem Haussuchung gehalten wurde, nicht mehr Schadenersatz wirksam leisten, selbst wenn er vorher bereits die Veranstaltung dazu getroffen hatte. (Erk. d. Cass.-H. v. 28. Febr. 1862. Z. f. Gerichtspr. Bd. I. S. 88. Z. f. G. u. R. Bd. IX. S. 43.)

27) Bedrängt ist der Thäter, wenn er mit gerichtlicher Anzeige oder Verfolgung bedroht oder ihm in anderer Weise die Annahme nahegelegt wird, daß dieselbe bevorstehe; die bloße Aufforderung, die Sache herauszugeben, ist keine Bedrängung (Dollmann Bd. I. S. 541); oder wenn der Thäter in eine Lage versetzt ist, wonach er nicht mehr hoffen kann, den Händen der Strafjustiz zu entgehen. (Hocheder S. 371. S. auch Stenglein Bd. I. S. 561. Dollmann Bd. I. S. 542.)

28) Der Schadenersatz muß ein freiwilliger, ein aus innerem Antriebe hervorgegangener sein. (Hocheder S. 371. Dollmann Bd. I. S. 541. Weis Bd. I. S. 213.) Auf das Motiv des Ersatzleistenden kommt es aber nicht an. (Stenglein Bd. I. S. 561. Erk. d. Cass.-H. v. 28. Febr. 1862. Z. f. Gerichtspr. Bd. I. S. 88. Z. f. G. u. R. Bd. IX. S. 43.)

29) Zu Abs. 2. Von einem geschehenen wirklichen Darbieten des Ersatzes kann blos dann gesprochen werden, wenn der Ersatz realiter offerirt wurde; es muß einerseits die sofortige Leistung des Ersatzes angeboten werden und andererseits auch die unmittelbare Realisirung der sofortigen Ersatzleistung in der Macht des Anerbietenden gelegen sein. (Hocheder S. 369. Dollmann Bd. I. S. 539.)

30) Hat der Beschädigte den Ersatz zurückgewiesen, so ist der Thäter nicht gehalten, den Entschädigungsbetrag gerichtlich zu deponiren, sondern es genügt der Nachweis des geschehenen Anerbietens, um die Strafmilderung des Art. 74 zu erlangen. (Dollmann Bd. I. S. 539. Stenglein Bd. I. S. 562.)

31) Wenn neben Schadensersatz noch andere Strafmilderungsgründe gegeben sind, so kann eine mehrmalige Reduction der Strafe Platz greifen. (Hocheder S. 373. 374. Dollmann Bd. I. S. 545.)

32) Den Beweis des geleisteten Schadenersatzes muß der Angeklagte liefern; es kann nicht der Beweis des Gegentheils der Anklage zufallen. (Stenglein Bd. I. S. 560.)

33) In schwurgerichtlichen Fällen entscheiden die Geschwornen darüber, ob

Schadenersatz geleistet wurde und muß, wenn darauf plädirt ist, die Frage gemäß Art. 22 des Einf.-Ges. an die Geschwornen gestellt werden. (Vgl. hierüber zu Art. 68 Ziff. 1—6 S. 79. 80. Hocheder S. 373. Dollmann Bd. I. S. 544. Weis Bd. I. S. 214. Stenglein Bd. I. S. 562. Prot. d. G.-A. d. K. d. A. 1860/61 S. 56.)

34) Die Fragestellung kann jedoch nur dann verlangt werden, wenn ein Delict in Rede steht, bei welchem Schadenersatz von rechtlicher Bedeutung ist. (Hocheder S. 373.)

Art. 75.

So oft unter Anwendung der Art. 68, 73 oder 74 eine Gefängnißstrafe wegen einer Handlung ausgesprochen wird, mit deren ordentlicher Strafe die im Art. 28 bezeichneten Folgen kraft des Gesetzes eingetreten oder durch richterlichen Ausspruch zu verbinden gewesen wären oder hätten verbunden werden können, bleibt es, soferne im Gesetze nicht ein Anderes bestimmt ist, dem Ermessen der Gerichte anheimgegeben, ob jene Folgen oder welche derselben gegen den Verurtheilten einzutreten haben.

1) „Mit deren ordentlicher Strafe die im Art. 28 bezeichneten Folgen." Nur die Straffolgen des Art. 28 stehen in Rede, nicht aber die in anderen Artikeln ausgesprochenen Straffolgen, wie Entziehung der Eidesfähigkeit Verhängung der Polizeiaufsicht, Verwahrung in einer Polizeianstalt, Ausweisung von Ausländern. Bei diesen bleibt es bei den besonderen Bestimmungen hiefür. (Hocheder S. 374. 375. Dollmann Bd. I. 550.)

2) Die Eidesunfähigkeit tritt regelmäßig bei jeder rechtskräftigen Verurtheilung wegen Verbrechens ein, fällt also weg, wenn wegen eines Strafmilderungsgrundes nur auf Gefängniß- statt auf Zuchthausstrafe erkannt wird. Dagegen tritt sie bei jeder rechtskräftigen Verurtheilung wegen Meineids ein, (Art. 192 Abs. 3) es kommt also nicht darauf an, ob statt der Zuchthausstrafe nur Gefängnißstrafe erkannt wird. (Dollmann Bd. I. S. 550.)

3) Die Verhängung besonderer Polizeiaufsicht oder der dieselbe bei Ausländern ersetzenden Landesverweisung ist zulässig bei jeder Verurtheilung wegen Verbrechens; bei Verurtheilung wegen Vergehens oder Uebertretung nur in den vom Gesetze bestimmten Fällen (Art. 36.) — Hocheder S. 375 folgert hieraus, daß, wenn ein Verbrechen durch Strafmilderung aus einem der in Art. 68. 73. oder 74 bezeichneten Gründe Vergehen wird, die Straffolgen der Polizeiaufsicht bez. der Landesverweisung nur erkannt werden können, wenn dieselben das Gesetz ausdrücklich auch bei der Verurtheilung wegen Vergehens zulässig erklärt. Also z. B. bei Meineid nicht, wohl aber bei Diebstahl, Betrug, Hehlerei (Art. 291. 326. 313. Prot. d. G.-A. d. K. d. A. 1860/61 S. 89.) Dollmann dagegen bevorwortet Bd. I. S. 551 eine analoge Ausdehnung auf den Fall, daß statt Verbrechens- auch eine Vergehensstrafe erkannt werde, wie bei bloßer Milderung einer Vergehensstrafe, weil eine polizeiliche Sicherungsmaßregel keine Erweiterung eines Strafleidens in Rede stehe, Art. 2 erst nachträglich dem Entwurfe von 1853 beigefügt worden sei, und außerdem der Widerspruch entstehe, daß bei leichteren Delicten, wie Erpressung, die Straffolge zulässig sei; bei schwereren, wie Raub dagegen nicht.

4) Die Bestimmung des Art. 75 ist nicht an die Vorbedingung geknüpft, daß der Richter unter das Minimum der ordentlichen Strafe erkannt habe, sondern an jede Erkennung einer Gefängnißstrafe unter Constatirung einer der benannten Strafmilderungsgründe; so insbesondere auch bei Vorliegen eines der Fälle, in welchen die ordentliche Strafe kein Minimum kennt. (Hocheder S. 376. Dollmann Bd. I. S. 547.)

5) „So oft eine Gefängnißstrafe ausgesprochen wird." Aus diesen Worten folgert Hocheder S. 376, daß, wenn statt der ordentlichen Strafe eine Geldstrafe erkannt werde, Straffolgen überhaupt nicht Platz greifen könnten, weil Art. 75 die Frage der Straffolgen bei gemilderter Strafe auf Grund der Art. 68. 73. 74. erschöpfend behandle.

Dollmann dagegen Bd. I. S. 547. 548. spricht sich für analoge Anwendung des Art. 75 auch auf Geldstrafen aus, weil bei alternativer Androhung von Geld- und Gefängnißstrafe beide Strafarten äquivalent seien; aber auch bei fakultativ angedrohter Verbindung beider Strafarten oder bei Reduction der Strafe auf Geldstrafe gemäß Art. 68 Ziff. 3 ein innerer Unterschied beider Strafdrohungen nicht zu erkennen sei, also auch die accessorischen Folgen die gleichen sein müßten. Die ausschließliche Erwähnung der Gefängnißstrafe sei denominatio a potiori und der Gesetzgeber habe an den Fall der Geldstrafe nicht gedacht (was auch Hocheder annimmt).

Eventuell müsse auf die ursprünglichen Strafbestimmungen zurückgegangen und die Straffolgen da verhängt werden, wo sie mit der Geldstrafe als ordentlicher Strafe verbunden seien, z. B. nach Art. 331 bei Untreue des Vormunds.

6) „soferne im Gesetze nicht ein Anderes bestimmt ist.“ Eine solche Ausnahme enthält Art. 368 Abs. 3., wonach gegen den Beamten wegen Amtsuntreue die Straffolgen des Art. 28 verhängt werden sollen, auch wenn unter Anwendung des Art. 74 statt der Zuchthausstrafe nur Gefängnißstrafe ausgesprochen wird. (Hocheder S. 376. Dollmann Bd. I. S 547. Stenglein Bd. I. S. 563. Weis Bd. I. S. 216. Prot. d. G.-A. d. K. d. A. 1860/61 S. 89.

Art. 76.

Jugend.

Eine Person, welche zur Zeit der That das sechzehnte Lebensjahr noch nicht zurückgelegt hatte, ist straflos, wenn ihr die zur Unterscheidung der Strafbarkeit ihrer That erforderliche Ausbildung gefehlt hat.

Fällt einer solchen Person eine mit Todes- oder Zuchthausstrafe oder mit einer im höchsten Maße zwei Jahre übersteigenden Gefängnißstrafe bedrohte vorsätzliche That zur Last, und erfolgt lediglich auf Grund der Bestimmung des Abs. 1 die Freisprechung derselben oder die Einstellung des Verfahrens, so kann in dem Erkenntnisse ihre Unterbringung in einer Erziehungsanstalt für verwahrloste jugendliche Personen angeordnet werden.

Gleiche Anordnung ist gegen eine solche Person auch in dem Falle, daß ihr ein nach Art. 283 strafbarer Diebstahl zur Last liegt und die Freisprechung oder die Einstellung des Verfahrens lediglich auf Grund der Bestimmung des Abs. 1 erfolgt, dann zulässig, wenn diese Person schon früher einmal einen Diebstahl begangen hat und lediglich auf Grund der Bestimmung des Abs. 1 deren Freisprechung oder die Einstellung des Verfahrens erfolgt ist.

Der Vollzug der in Abs. 2 und 3 bezeichneten Anordnungen ist Sache der Polizeibehörde. Die Kreisverwaltungsstelle, in deren Bezirke die jugendliche Person heimatberechtigt ist, erläßt die erforderlichen Bestimmungen über die Dauer des Aufenthaltes in der Anstalt; derselbe darf jedoch nicht über das achtzehnte Lebensjahr hinaus erstreckt werden.

Ist der jugendliche Angeschuldigte eiu Ausländer, so ist in den Fällen der Abs. 2 und 3 die Ablieferung desselben an seine Obrigkeit im Erkenntnisse anzuordnen.

Läßt sich diese Ablieferung nicht bewerkstelligen, so kann die Polizeibehörde statt derselben die Unterbringung in einer Anstalt der oben erwähnten Art verfügen.

Die Kosten der Unterhaltung in der Anstalt fallen, soweit sie weder aus dem Vermögen des daselbst Untergebrachten noch von seinen alimentationspflichtigen Verwandten bestritten werden können, der Staatskasse zur Last

1) „Eine Person, welche zur Zeit der That das sechzehnte Lebensjahr noch nicht zurückgelegt hatte.“ Den Beweis des Alters, wenn dasselbe zweifelhaft sein sollte, hat die Anklage durch alle regelmäßigen Beweismittel zu führen. Die Entscheidung darüber gehört zur Thatfrage und muß in zweifelhaften Fällen das dem Angeklagten günstigere jugendliche Alter angenommen werden. (Hocheder S. 380. Dollmann Bd. I. S. 556.)

2) Die Berechnungsweise des Alters ist die Civilcomputation nach dem Kalender, so daß das 16. Lebensjahr mit Ablauf des 16. Geburtstages vollendet ist. (Stenglein Bd. I. S. 567. Dollmann Bd. I. S. 556. 557. 567.) Dagegen ist Hocheder S. 380 der Ansicht, das sechzehnte Lebensjahr sei mit dem Antritte des Geburtstages als zurückgelegt zu betrachten. Einen Fall der Berechnung a momento ad momentum s. Z. f. Gerichtspr. Bd. I. S. 27 f. jedoch dagegen Anmerkung daselbst.

3) Ob die Person als Thäter, Theilnehmer oder Begünstiger angeschuldigt ist, begründet keinen Unterschied. (Weis Bd. 1. S. 218.)

4) „ist straflos". Die mögliche Straflosigkeit wegen mangelnder Unterscheidung auf Grund der Jugend endet mit dem 16. Lebensjahr. Dies schließt aber nicht eine Straflosigkeit wegen mangelnder Unterscheidung der Strafbarkeit auch im späteren Alter, jedoch nur auf Grund des Art. 67, aus. (Hocheder S. 380, Dollmann Bd 1. S. 556. 557.)

5) Dollmann Bd. 1. S. 562 nimmt an, es sei eine absolute Unzurechnungsfähigkeit von Kindern unter sieben, ja unter zwölf Jahren anzunehmen. Dies steht aber nicht mit dem Gesetze im Einklang, welches die Prüfung der Unterscheidungsgabe vor vollendetem 16. Lebensjahre in jedem einzelnen Fall gebietet; und nur bei ganz kleinen Kindern, etwa vor genossenem Schulunterrichte, wird die Straflosigkeit ohne eingehendere Prüfung angenommen werden können. (Stenglein Bd. 1. S. 567. 570, Hocheder S. 380. 381, Motive z. Entw. v. 1860. S. 55.)

6) „wenn ihr die zur Unterscheidung der Strafbarkeit ihrer That erforderliche Ausbildung gefehlt hat." Es handelt sich nicht um die Unterscheidung der Strafbarkeit strafbarer Handlungen im Allgemeinen, oder um die Einsicht, daß die Handlung unerlaubt oder unsittlich sei, oder vollends um die Kenntniß des Strafgesetzes, sondern darum, ob der Thäter, die Strafbarkeit der concreten, von ihm begangenen That zu beurtheilen im Stande war. Hocheder S. 382. Dollmann Bd. 1. S. 558—560. Weis Bd. 1. S. 219, ob die Begriffe des Kindes soweit ausgebildet waren, um das Wesen der Strafgewalt des Staates auffassen und die That unter diese subsumiren zu können. (Stenglein Bd. 1. S. 568. Prot. d G.-A. d. K. d. A. 1860/61 S. 13. Z. f. G. u. R. Bd. X. S. 311.)

7) „Fällt einer solchen Person eine mit Todes- oder Zuchthausstrafe oder mit einer im höchsten Maße zwei Jahre übersteigenden Gefängnißstrafe bedrohte vorsätzliche That zur Last." Bei der Gefängnißstrafe kommt es nur auf das Strafmaximum, nicht darauf an, ob und welches Strafminimum gedroht ist. Fahrlässige Handlungen fallen nie unter diese Bestimmung. (Dollmann Bd. 1. S. 571. Stenglein Bd. 1. S. 571.)

8) Die That muß vollständig bewiesen sein, um die Einschaffung in eine Erziehungsanstalt zu rechtfertigen; Verdacht genügt nicht und Zweifel an der Schuld schließen die Verfügung aus. (Hocheder S. 383. Dollmann Bd. 1. S. 571. 572. Stenglein Bd. 1. S. 567. Weis Bd. 1. S. 219. 222.)

9) Strafbare Handlungen jugendlicher Personen müssen jedenfalls genau untersucht werden, da auch mit der Einstellung eine sehr präjudizielle Verfügung verbunden werden kann, und hiezu die Familienverhältnisse des Beschuldigten genau aufgeklärt sein müssen; es kann sich also nicht dabei beruhigt werden, daß die Straflosigkeit der That feststeht. (Hocheder S. 380. Dollmann Bd. 1. S. 561—563. Stenglein Bd. 1. S. 570. Weis Bd. 1. S. 229.)

10) Die Untersuchung kann nur unterlassen werden, wenn von vorneherein der Mangel der Unterscheidungsgabe des Thäters, sowie persönliche Verhältnisse desselben feststehen, welche seine Unterbringung in einer Erziehungsanstalt ausschließen, oder wenn diese durch mangelnde oder geringe Strafbarkeit der That unzulässig ist. (Dollmann Bd. 1. S. 564. Weis Bd. 1. S. 220. 228. 229. 230.)

11) „und erfolgt lediglich auf Grund der Bestimmung des Abs. 1." Ausschließlich wegen mangelnder Unterscheidung der Strafbarkeit muß Einstellung des Verfahrens oder Freisprechung erfolgen, concurrirt damit noch ein anderer Grund, so kann die Unterbringung in einer Erziehungsanstalt nicht stattfinden. (Hocheder S. 383. Dollmann Bd. 1. S. 572. Stenglein Bd. 1. S. 169.)

12) „Freisprechung derselben oder die Einstellung des Verfahrens." Wenn Zweifel über That oder Thäterschaft bestehen, deren Aufklärung von der mündlichen Verhandlung erwartet werden kann, so hat die Verwei-

sung in die öffentliche Sitzung stattzufinden. (Dollmann Bd. I. S. 572. Weis Bd. I. S. 220. 223.)

13) Im Uebrigen kann abweichend von dem Principe der Mündlichkeit des Prozesses die Verfügung der Unterbringung des Thäters in einer Erziehungs-Anstalt lediglich auf Grund der schriftlichen Untersuchung erfolgen, wenn constatirt werden kann, daß der Beschuldigte die That begangen hat, und lediglich wegen Mangels der Unterscheidung straffrei bleibt. Dies soll sogar die Regel bilden, um die übeln Einflüsse der öffentlichen Verhandlung auf den jugendlichen Thäter zu vermeiden. (Hocheder S. 382. 383. Dollmann Bd. I. S. 562. 568. 570. Weis Bd. I. S. 223. Stenglein Bd. I. S. 571. Vortr. im G.-A. d. K. d. A. 1856/57 S. 53.)

14) Der Richter muß die Schuld und daß Einstellung oder Freisprechung lediglich aus dem angegebenen Grunde erfolgt sei, im Urtheile ausdrücklich constatiren. In schwurgerichtlichen Fällen, zu welchen die Anklage gegen jugendliche Personen mit Rücksicht auf Art. 77 nur in Folge von Connexität oder Zusammenflusses mit nach dem 16. Lebensjahre begangenen Handlungen gehören kann, steht den Geschwornen auch über die Unterscheidungsgabe des Angeklagten die Entscheidung zu und bestimmt Art. 23 des Einf.-Ges. z. Str.-G.-B. u. Pol.-Str.-G.-B. v. 10. Nov. 1861 (Prot. im G.-A. d. K. d. A. 1856/57 S. 256. Stenglein Bd. I. S. 168 Risch S. 129. Dollmann Bd. I. S. 573. Anmerk. 48) Folgendes:

> „Erklären die Geschwornen eine Person, welche zur Zeit der That das „16. Lebensjahr noch nicht zurückgelegt hatte, lediglich aus dem Grunde „für nichtschuldig, weil ihr die zur Unterscheidung der Strafbarkeit ihrer „That erforderliche Ausbildung gefehlt hat, so müssen sie dies bei ihrem „Ausspruche angeben und der Schwurgerichts-Präsident hat sie darauf, „daß dies geschehen müsse, ausdrücklich aufmerksam zu machen."

(Vgl. Hocheder S. 384. Dollmann Bd. I. S. 573. Weis Bd. I. S. 231. Stenglein Bd. I. S. 568.)

15) Das durch Art. 23 des Einf.-Ges. angeordnete Spezialverdict der Geschwornen kann, als dem Angeschuldigten nachtheilig nur mit einer Mehrheit von 8 Stimmen gefällt werden, welche sich für die Ausschließlichkeit des Strafaufhebungsgrundes aussprechen. (Weis Bd. I. S. 231. Dollmann Bd. I. S. 573. Anmerk. 49. Stenglein Bd. I. S. 169. Prot. d. G.-A. d. K. d. A. 1860/61 S. 14.)

16) Entscheidet sich nicht die nöthige Mehrheit für dieses Specialverdikt, aber auch nicht für die Schuld des Angeklagten, so muß ein Wahrspruch einfach auf Nichtschuldig abgegeben werden. (Risch S. 128. Stenglein Bd. I. S. 169)

17) „so kann in dem Erkenntnisse ihre Unterbringung in einer Erziehungsanstalt für verwahrloste jugendliche Personen angeordnet werden." Die Befugniß der Gerichte, eine solche Verfügung zu treffen, ist hauptsächlich von der Erwägung bedingt, ob die Familie des Beschuldigten genügende Garantien bessernder Einwirkung bietet, oder ob die Erziehung des Staates an die Stelle derselben treten muß. (Hocheder S. 381. Dollmann Bd. I. S. 566. 568. Weis Bd. I. S. 224. Stenglein Bd. I. S. 571.)

18) Die Unterbringung in einer Erziehungsanstalt ist keine Strafe und kann nie die Wirkung einer Strafe haben (z. B. auf Rückfall), sie ist lediglich Zucht- und Besserungsmaßregel, und kann deshalb nie in einer Strafanstalt vollzogen werden. (Dollmann Bd. I. S. 569, Weis Bd. I. S. 224, Stenglein Bd. I. S. 570, Risch S. 129). Auch nicht in Anstalten für verwahrloste ältere Personen (Vortr. im G.-A. d. K. d. A. 1860/61 S. 137.)

19) Zur Verfügung ist das verweisende oder aburtheilende Gericht zuständig; die Frage der Zuständigkeit fällt also mit der allgemeinen Competenzfrage zusammen. (Weis Bd. I. S. 223. 224.)

20) Die Verfügung ist in dem Erkenntnisse selbst, durch welches Einstellung oder Freisprechung ausgesprochen wird, zu treffen. (Stenglein Bd. I. S. 170.)

21) Zu Abs. 3. Rückfall ist bei einer jugendlichen Person, der es an dem Unterscheidungsvermögen fehlt, nicht denkbar, weil dieser eine Verurtheilung voraussetzt, welche eben der Mangel an Unterscheidungsvermögen hindert. Es muß aber schon früher eine gerichtliche Procedur wegen Diebstahls gegen den Beschuldigten stattgefunden haben, und dieselbe in einem früheren Urtheile mit Einstellung oder Freisprechung lediglich wegen Mangels des Beschuldigten an Unterscheidungsvermögen geschlossen haben. (Hocheder S. 384. Dollmann Bd. I. S. 574. 577, Weis Bd. I. S. 222. 223, Stenglein Bd. I. S. 571, Verh. d. G.-A. d. K. d. A. 1860/61 S. 95 fg.)

22) Es genügt nicht ein früherer Vorfall, welcher nicht zur richterlichen Cognition gelangte, da derselbe nach den Grundsätzen über Zusammenfluß behandelt werden müßte, Zusammenfluß aber keine genügende Vorbedingung der Verfügung ist. (Hocheder S. 385, Dollmann Bd. I. S. 577, Verh. d. G.-A. d. K. d. A. 1860/61 S. 96.)

23) Da es sich um Uebertretungen handelt, wird die Verfügung meistens zur Zuständigkeit der Einzelnrichter gehören, dieselbe also, weil bei dieser eine Einstellung des Verfahrens nicht vorkommt, mit Freisprechung zu verbinden sein. Durch Zusammenfluß, subjektive Connexität oder dadurch, daß ursprünglich ein schwererer Reat indicirt war, kann aber auch die Zuständigkeit der Bezirks- oder Appellationsgerichte begründet sein, und war deshalb auch die Einstellung des Verfahrens zu erwähnen. (Weis Bd. I. S. 223, Dollmann Bd. I. S. 575 Anmerk. 53.)

24) Nur Diebstahl im engeren Sinne fällt unter die Bestimmung des Abs. 3 nicht aber ähnliche Delikte wie Felddiebstahl oder die als Frevel bezeichneten Handlungen wie Jagd-, Forst- oder Fischereifrevel. (Dollmann Bd. I. S. 575, Weis Bd. I. S. 222). Hocheder S. 385 rechnet dagegen auch Felddiebstahl hieher.

25) Hiezu bestimmt in prozessualer Beziehung Art. 24 des Einf.-Ges. v. 10. Nov. 1861 Folgendes:

„Gegen jedes Erkenntniß, welches über die Unterbringung eines Angeschuldigten, der zur Zeit der That das 16. Lebensjahr noch nicht zurückgelegt hatte, in einer Erziehungsanstalt für verwahrloste jugendliche Personen entscheidet, steht dem Staatsanwalte, dem Angeschuldigten und derjenigen Person, welche das Recht der Erziehung des letzteren hat, das Rechtsmittel der Berufung beziehungsweise der Nichtigkeitsbeschwerde zu. Ist das Erkenntniß gelegenheitlich der Einstellung des Verfahrens in geheimer Sitzung erlassen worden, so läuft dem Angeschuldigten und Demjenigen, dem das Recht der Erziehung zusteht, für die Anmeldung der Berufung beziehungsweise der Nichtigkeitsbeschwerde auch in diesem Falle eine Frist von drei Tagen, von dem Tage an gerechnet, an welchem ihm das Erkenntniß eröffnet wurde Ein Recht des Einspruchs besteht in diesem Falle nicht."

(Ueber eine aus Versehen im Texte des Gesetzes vorgekommene Auslassung vgl. Weis Bd. I. S. 226.) Vgl. auch Hocheder S. 586, Weis Bd. I. S. 225 fg.

26) Als Erziehungsberechtigte, denen Rechtsmittel eingeräumt sind, erscheint der Vater, in dessen Ermangelung die Mutter oder der Vormund, wohl auch Pfleg- oder Adoptiveltern. (Weis Bd. I. S. 228, Risch, S. 131.)

27) Die Vorschriften des alleg. Art. 24 des Einf.-Ges. machen eine förmliche Zustellung eines jeden über Unterbringung in einer Erziehungsanstalt ergangenen Beschlusses oder Urtheils an den Erziehungsberechtigten nothwendig. (Stenglein Bd. I. S. 167.)

28) Die mit der Einstellung des Strafverfahrens verbundene Anordnung, einen noch nicht 16jährigen Angeklagten in eine Erziehungsanstalt für verwahrloste jugendliche Personen unterzubringen, ist in das richterliche Ermessen gelegt und kann durch eine Nichtigkeitsbeschwerde wegen unrichtiger Anwendung des Gesetzes nur dann angefochten werden, wenn die gesetzlichen Vorbedingungen zu jener Anordnung fehlen, nicht auch wegen des richterlichen Ermessens. (Erk. d.

Cass.-H. v. 10. Juli u. 24. Dez. 1863 und 24. Sept. 1864, Z. f. Gerichtspr. Bd. II. S. 393. Bd. IV. S. 3, Z. f. G. u. R. Bd. X. S. 691. 1054.)

29) Der am Schluße des Artikels erwähnte Ausschluß des Einspruchs hatte nach dem vollständigen Wortlaut des Artikels einen andern Sinn, allein auch nach allgemeinen prozessualen Regeln findet kein Einspruch statt, weil er gegen Einstellungserkenntnisse unzulässig, der Erziehungsberechtigte nicht Angeklagter ist und letzterer ihn nur hat, wenn er verurtheilt ist. (Weis Bd. I. S. 227. 228, Risch S. 132.)

30) Zu Abs. 4. Die Gerichte haben die Unterbringung nicht blos für zulässig zu erklären, sondern anzuordnen. (Motive z. Entw. 1860). Die Polizeibehörde muß sie vollziehen. Sie kann die Entlassung jedoch nach den Umständen jederzeit verfügen. Sie kann nach einem Abkommen mit den Vorständen auch Privatanstalten für verwahrloste jugendliche Personen benützen. (Hocheder S. 386, Dollmann Bd. I. S. 569. 579, Stenglein Bd. I. S. 572, Weis Bd. I. S. 221. 232, Prot. d. G.-A. d. K. d. A. 1860/61 S. 14, Vortr. S. 137, Prot. 1856/57 S. 221. 222. 228.)

31) Hiezu bestimmen Entschl. der k. Staatsministerien des Innern v. 23. Juni 1862 und der Justiz v. 26. Juni 1862 (Justiz-Minist.-Bl. 1863, Erg.-Bl. S. 67) Folgendes:

a) Justiz-Minist.-Entschl. v. 26. Juni 1862; die nach richterlicher Anordnung zu vollziehende Unterbringung von Personen unter 16 Jahren in Erziehungsanstalten für verwahrloste jugendliche Personen betr.; ergangen an sämmtliche Oberstaatsanwälte an den A.-G. d. d. Rh.:

Der k. Oberstaatsanwalt empfängt beifolgend die Abschrift der unter dem 23. d. M. von dem k. Staats-Ministerium des Innern an die sämmtlichen kgl. Regierungen K. d. J. d. d. Rh. erlassenen Entschließung mit dem Auftrage, von derselben den Staatsanwälten an den Bezirksgerichten und durch dieselben den Vertretern der Staatsanwaltschaft bei den Stadt- und Landgerichten mit der Weisung Kenntniß zu geben, daß sie von allen gerichtlichen Erkenntnissen, durch welche die in Art. 76 des Str.-G.-B. vorgesehene polizeiliche Maßregel veranlaßt ist, der in Ziff. 1 der obenbezeichneten Entschließung des Staatsministeriums des Innern als zuständig erklärten Polizeibehörde eine Abschrift mitzutheilen hätten.

b) Entschließung des k. Staatsministeriums des Innern v. 23. Juni 1862.

Zum Vollzuge des Art. 76 Abs. 4 des neuen Strafgesetzbuches werden über die Unterbringung von Personen unter 16 Jahren in Erziehungs-Anstalten für verwahrloste jugendliche Personen vorläufig nachstehende Bestimmungen erlassen:

I. Der Vollzug der richterlichen Anordnungen, gemäß welchen Personen unter 16 Jahren auf Grund des Art. 76 Abs. 2 und 3 des neuen Strafgesetzbuches und des Art. 90 Abs. 4 des Polizeistrafgesetzbuches in Erziehungsanstalten für verwahrloste jugendliche Personen unterzubringen sind, wird den mit der Besorgung des Schubwesens beauftragten Polizeibehörden, sohin in der Haupt- und Residenzstadt München der k. Polizeidirektion, in der Stadt Augsburg bis auf Weiteres dem Magistrate und in den übrigen Polizeibezirken den Bezirksämtern, beziehungsweise den exponirten Bezirksamts-Assessoren zugewiesen.

Von Seite des k. Staatsministeriums der Justiz werden die Staatsanwälte an den Bezirksgerichten und die Vertreter der Staatsanwaltschaft bei den Stadt- und Landgerichten wegen unverzüglicher Mittheilung der ergehenden richterlichen Anordnungen an die zu deren Vollzug zuständigen Polizeibehörden angewiesen werden.

II. Von den in eine Erziehungsanstalt unterzubringenden Personen über 12 Jahren sind

1) die Knaben katholischer Confession in die Erziehungsanstalt zu Niederschönenfeld bei Rain im Regierungsbezirk Oberbayern,
2) die Mädchen katholischer Confession in die Erziehungsanstalt zu Roggenburg im Regierungsbezirke Schwaben und Neuburg,

3) die **Knaben protestantischer Confession** in die Erziehungsanstalt zu **Bruckberg** bei Ansbach im Regierungsbezirke Mittelfranken,

4) die **Mädchen protestantischer Confession** in die mit dem Diakonissen-Hause zu **Neudettelsau** im Regierungsbezirke Mittelfranken verbundene Erziehungsanstalt,

abzugeben.

III. Dagegen sind die **Personen unter 12 Jahren** in denjenigen, im Besitze von Vereinen, Corporationen oder Privaten befindlichen Rettungs- oder sonstigen Erziehungs-Anstalten des Regierungsbezirkes unterzubringen, welche sich zur Aufnahme solcher Personen erboten haben und durch die hiewegen an die einzelnen k. Regierungen, K. d. J., ergangenen Entschließungen des unterfertigten k. Staatsministeriums für diesen Zweck bestimmt worden sind.

Die k. Regierung, K. d. J., hat jeweilig zu bestimmen, in welche dieser einzelnen Rettungs- oder Erziehungs-Anstalten nach deren örtlichen Lage und den sonstigen maßgebenden Verhältnissen, die in den einzelnen Polizeibezirken des Regierungsbezirkes durch richterliche Anordnung zur Unterbringung bestimmten Personen unter 12 Jahren zu bringen sind.

Von Seite der k. Regierungen, K. d. J., ist sorgfältig darauf zu achten, daß für jeden Polizeibezirk fortwährend gutgelegene Rettungs- oder sonstige Erziehungs-Anstalten bezeichnet sind, in welchen die Unterbringung jugendlicher Personen unter 12 Jahren sofort nach erfolgter Mittheilung des richterlichen Erkenntnisses bewerkstelligt werden kann.

Da in den Bezirken der kgl. Regierungen, K. d. J., von Niederbayern, der Oberpfalz und von Regensburg, dann von Schwaben und Neuburg gar keine und in dem Bezirke der k. Regierung, K. d. J., von Oberbayern wahrscheinlich nicht ausreichende Gelegenheiten zur Unterbringung **protestantischer** Kinder unter 12 Jahren in derartigen Rettungs- oder Erziehungs-Anstalten zur Zeit ermittelt sind, so erhält die k. Regierung, K. d. J., von Mittelfranken den Auftrag, in thunlichster Bälde den genannten Kreisstellen diejenigen mittelfränkischen Rettungs-Anstalten zu bezeichnen, in welchen protestantische Kinder aus den gedachten Regierungsbezirken untergebracht werden können.

Gleichzeitig ist von der k. Regierung, K. d. J., von Mittelfranken hierüber Anzeigebericht an das unterfertigte k. Staats-Ministerium zu erstatten.

IV. Sollten **israelitische** Personen unter 16 Jahren nach richterlicher Anordnung in einer Erziehungs-Anstalt für verwahrloste jugendliche Personen unterzubringen sein, so sind **israelitische Knaben über 12 Jahren** in die Erziehungs-Anstalt zu Bruckberg abzugeben, während wegen der Unterbringung von Knaben unter 12 Jahren oder von Mädchen unter 16 Jahren die Entschließung des unterfertigten k. Staats-Ministeriums zu erholen ist.

V. Wenn die nach richterlicher Anordnung unterzubringende jugendliche Person sich zur Zeit des zu bethätigenden Vollzuges nicht in dem Bezirke der Polizeibehörde befindet, welche nach Nr. I mit dem Vollzuge beauftragt ist, so ist letzterer auf dem Wege der Requisition herbeizuführen.

Hiebei ist aber eine Person unter 12 Jahren in der für den Bezirk der **requirirten Polizeibehörde** gemäß Nr. III bestimmten Rettungs- oder Erziehungsanstalt unterzubringen, damit solche Kinder jederzeit in die nächstgelegene Anstalt gebracht und deren weiter Transport nach Möglichkeit ferngehalten wird.

VI. Die in Erziehungsanstalten unterzubringenden jugendlichen Personen sind in der Regel nicht auf dem Wege der gewöhnlichen Schublieferung in die zu deren Aufnahme bestimmten Anstalten zu verbringen, sondern durch verlässige Bedienstete oder sonstige hiezu geeignete Personen, von welchen eine entsprechende Besorgung dieses Geschäftes zu erwarten ist, den Anstalten überliefern zu lassen.

Die gewöhnliche Schublieferung soll nur bei Individuen vorgerückteren Alters welche zugleich zu den verdorbeneren zu zählen sind, in Anwendung gebracht werden.

Die auf die Einlieferung jugendlicher Personen in Erziehungsanstalten in dem einen, wie in dem andern Falle erwachsenden Kosten fallen der Position des Sicherheits-Etats „Transport von Verhafteten und Verpflegung während des Transportes" zur Last.

VII. Im Hinblicke auf das Ministerialausschreiben vom 21. Juni l. Js., das Schubwesen und die Benützung der Polizeigefängnisse der Stadt- u. Landgerichte für Zwecke der Verwaltung betr. Nr. 12356 haben die Bezirksämter die Einlieferung jugendlicher Personen in Erziehungsanstalten von jenen Landgerichtssitzen aus, an welchen die Geschäfte des Schubwesens den Vertretern der Staatsanwaltschaft übertragen sind, durch diese Vertreter nach Maßgabe des angeführten und des gegenwärtigen Ausschreibens vollziehen zu lassen.

VIII. Die in Gemäßheit der Nr. I. mit dem Vollzuge der Unterbringungs-Maßregel beauftragte Polizeibehörde hat von der vollzogenen Einlieferung einer jugendlichen Person in eine Erziehungsanstalt unverzüglich derjenigen Kreisverwaltungsstelle, in deren Bezirke die jugendliche Person heimatberechtigt ist, unter Vorlage des betreffenden gerichtlichen Erkenntnisses und der sonstigen etwa vorhandenen einschlägigen Akten behufs der Bestimmung der Dauer des Aufenthaltes in der Anstalt berichtliche Anzeige zu machen.

IX. Die k. Regierungen, K. d. J., haben bei Erlassung der Bestimmungen über die Dauer des Aufenhaltes in den Erziehungsanstalten für jugendliche verwahrloste Personen jederzeit den mit der Unterbringungs-Maßregel beabsichtigten Endzweck der Erziehung ins Auge zu fassen.

In den meisten Fällen wird diese Dauer nicht im Voraus genau, sondern nur vorläufig bestimmt werden können, da die nothwendigen Anhaltspunkte zur genauen Bestimmung der Aufenthaltsdauer mangeln und erst während des Aufenthaltes einer untergebrachten jugendlichen Person in der Anstalt selbst zu gewinnen sind.

Das Gesetzbuch hat hierin der Verwaltung den erforderlichen Spielraum gelassen, um mit Rücksicht auf günstige Ergebnisse der Erziehung einer jugendlichen Person in der Anstalt oder die Möglichkeit der Unterbringung derselben bei einem ordentlichen Handwerksmeister, Landwirthe u. dgl. den Aufenthalt in der Anstalt abkürzen oder denselben bei gegentheiligen Verhältnissen verlängern zu können.

X. Bezüglich der Art und Weise der Entlassung aus den Erziehungsanstalten werden die erforderlichen Anordnungen später ergehen.

Die k. Regierung, K. d. J., hat hienach sogleich das Weitere zu verfügen.

32) Zu Abs. 5 u. 6. Die Ablieferung von Ausländern an ihre Obrigkeit ist nicht in das Ermessen des Gerichts gestellt, sondern vorgeschrieben. Dagegen steht die Unterbringung derselben in Erziehungsanstalten, falls die Ablieferung unausführbar ist, im Ermessen der Polizeibehörde. (Hocheder S. 386. 387, Dollmann Bd. l. S. 581. 882.) Fällt das Hinderniß der Ablieferung hinweg, so ist dieselbe nachträglich auszuführen. (Dollmann Bd. l. S. 582, Weis Bd. l. S. 233.)

33) Die Ablieferung des jugendlichen Ausländers an seine Obrigkeit ist keine Ausweisung; eine Rückkehr des Abgelieferten also nicht als Bruch der Ausweisung strafbar. (Hocheder S. 387, Dollmann Bd. l. S. 581.)

34) Auch die Verfügung der Ablieferung an die Obrigkeit kann durch Berufung und Nichtigkeitsbeschwerde angefochten werden. (Hocheder S. 387, Dollmann Bd. l. S. 581.)

35) Zu Abs. 7. Da die Unterbringung in einer Erziehungsanstalt Verwaltungssache ist, so steht den Verwaltungsbehörden auch die Cognition über die Kosten zu. (Hocheder S. 387. 388, Dollmann Bd. l. S. 582.)

36) Die durch das Gesetz ausgeschlossene Unterstützungspflicht der Heimatgemeinde wird nach Entlassung des in einer Erziehungsanstalt untergebrachten aus derselben wieder wirksam. (Weis Bd. l. S. 233, Dollmann Bd. l. S. 583, Verh. d. G.- A. d. K. d. A. 1856/57 S. 227.)

Art. 77.

Wird bei einer Person, welche zur Zeit der That das sechzehnte Lebensjahr noch nicht zurückgelegt hatte, erkannt, daß sie die zur Unterscheidung der Strafbarkeit ihrer That erforderliche Ausbildung gehabt habe, so ist eine geringere als die gesetzliche ordentliche Strafe und zwar nach folgendem Maßstabe zu verhängen:

1) **bei Verbrechen, die entweder unbedingt oder doch im höchsten Strafmaße mit Todes- oder lebenslänglicher Zuchthausstrafe bedroht sind, ist auf Gefängnißstrafe von zwei bis zehn Jahren,**
2) **bei nur mit zeitlich bestimmter Zuchthausstrafe bedrohten Verbrechen auf Gefängniß bis zu fünf Jahren zu erkennen;**
3) **bei vorsätzlichen Vergehen und Uebertretungen darf nicht über die Hälfte des höchsten Maßes der angedrohten Strafe hinaus, es kann aber, vorbehaltlich dessen, was in den Art. 17, 20 und 26 bestimmt ist, unter das niedrigste Maß dieser Strafe herabgegangen werden. Wäre hienach auf eine Gefängnißstrafe zu erkennen, welche drei Monate nicht übersteigt, so kann statt derselben eine entsprechende Arreststrafe verhängt werden;**
4) **wegen Fahrlässigkeit tritt immer nur Arreststrafe ein.**

Erfolgt die Verurtheilung wegen Theilnahme oder Versuchs, so ist die Strafe nach Maßgabe derjenigen, mit welcher die Hauptthat beziehungsweise die Vollendung bedroht ist, auszumessen.

1) „Zur Zeit der That". Es muß durch den Richter der That und Schuld festgestellt sein, daß die jugendliche Person nicht blos überhaupt die ihr zur Last gelegte strafbare That verübt hat, sondern daß sie auch strafrechtlich dafür verantwortlich zu machen sei, d. h. daß sie im Zeitpunkte der That die zur Unterscheidung der Strafbarkeit derselben erforderliche Ausbildung gehabt habe; außerdem muß Freisprechung erfolgen. (Dollmann Bd. I. S. 587.)

2) Ob wegen Jugend des Thäters Strafmilderung erfolgen muß oder nicht, darüber entscheidet der Moment der Handlung, nicht der Zeitpunkt, in welchem der Erfolg der That eintritt. (Dollmann Bd. I. S. 588, Stenglein Bd. I. S. 570.)

3) Wenn die That theils vor, theils nach Vollendung des sechzehnten Lebensjahres begangen wurde, so ist zu unterscheiden:

a. bei sog. dauernden Delikten (z. B. widerrechtliche Gefangenhaltung, Besitz falscher Maße und Gewichte) kann keine Strafmilderung eintreten, wenn die Verübung auch nach dem 16. Lebensjahre noch fortgedauert hat;

b. ebenso bei fortgesetzten Delikten, bei welchen in jeder einzelnen Handlung das vollendete Delikt gegeben ist, z. B. bei fortgesetzter Blutschande;

c. dagegen tritt Strafmilderung ein bei denjenigen fortgesetzten Delikten, bei welchen die Vereinigung und Zusammenrechnung der mehreren theils vor, theils nach erlangter Altersreife verübten Handlungen eine andere und höhere Qualifikation des Reates bewirkt, z. B. bei fortgesetzten Diebstählen, welche einzeln nur als Vergehen, durch Zusammenrechnung der Beschädigungsbeträge aber als Verbrechen strafbar wären. Jedoch darf die Strafe nicht unter diejenige sinken, welche für die nach vollendetem 16. Lebensjahre begangenen Deliktshandlungen an sich schon verwirkt ist.

Hocheder S. 394. 395, Dollmann Bd. I. S. 588. 589. Anderer Ansicht war Stenglein Bd. I. S. 570, weil bei fortgesetzten theils vor theils nach der Altersreife begangenen Delikten der strafbare Thatbestand, wie er zur Aburtheilung kommt, erst nach dem 16. Jahre bewirkt werde.

(Wie diese Ansicht vielleicht zu streng, so ist augenscheinlich die entgegengesetzte zu mild. Wenn Dollmann S. 589 Anmerk. 8 entgegenhält, man könne nicht sagen, weil $4 + 4 = 8$ sei, müsse es auch $\frac{4}{2} + 4$ sein, so vergißt er, daß er nun $\frac{4}{2} + \frac{4}{2} = 4$ rechnet, obgleich der zweite Posten 4 und nicht $\frac{4}{2}$ lauten sollte). Einen Fall des fortgesetzten Betrugs s. Z. f. G. u. R. Bd. IX. S. 362.

4) Ein bei Zusammenrechnung der Beschädigungssumme als Verbrechen strafbarer Diebstahl (mittels Einbruchs und Mißbrauchs von Schlüsseln bei einem Beschädigungsbetrage von 100 fl. und später 50 fl.), welcher vom Thäter theils vor, theils nach Erreichung seines 16. Lebensjahres verübt wurde, ist nur als

Vergehen strafbar. (Erk. d. Cass.-H. v. 14. November 1863, Z. f. Gerichtspr. Bd. III. S. 58, Z. f. G. u. R. Bd. X. S. 1010.)

5) Bei Zusammenfluß von Reaten desselben Thäters, welche er theils vor, theils nach zurückgelegtem 16. Lebensjahre begangen hat, ist die Strafe jedes Reates selbstständig auszumessen und sodann nach den Regeln über Zusammenfluß die Gesammtstrafe zu finden. Begründet aber der Zusammenfluß eine höhere Qualifikation der That (Art. 275. 301 Ziff. 4. Art. 320) oder doch eine höhere Strafe, so hat Milderung der Gesammtstrafe einzutreten, welche aber gleichfalls nicht unter diejenige sinken darf, welche für die nach vollendetem 16. Lebensjahre allein verübten Delikte einzutreten hat. (Hocheder S. 395, Dollmann Bd. I. S. 590. 591, Stenglein Bd. I. S. 570.)

6) „Eine geringere, als die gesetzliche ordentliche Strafe". Das zu verhängende Uebel ist Strafe, nicht Correktionsmittel und bewirkt alle gesetzlichen Folgen der Strafe, wie in Bezug auf Rückfall. (Dollmann Bd. I. S. 587, Stenglein Bd. I. S. 569.)

7) Zu Ziff. 1, Dieselbe unterscheidet sich von Art. 68 Ziff. 1, indem dort nur die unbedingt mit Todes- oder lebenslänglicher Zuchthausstrafe bedrohten Verbrechen aufgeführt sind, hier alle im höchsten Maße mit diesen Strafen, in minimo aber mit zeitlich bestimmter Zuchthausstrafe bedrohten. Ferner liegt hier eine der in Art. 17 vorbehaltenen Ausnahmsfälle vor, in denen Gefängniß über fünf Jahre verhängt werden kann. (Hocheder S. 389, Dollmann Bd. I. S. 592, Stenglein Bd. I. S. 569, Vortr. im G.-A. d. K. d. Abg. 1860/61 S. 137.)

8) Zu Ziff. 3. „nicht über die Hälfte des höchsten Maßes der angedrohten Strafe". Hocheder S. 389, Dollmann Bd. I. S. 592. 593 erklären dies als das Mittel zwischen dem Strafminimum und dem Strafmaximum. S. auch einen Aufsatz in der Z. f. Gerichtspr. Bd. VIII. S. 241. Dagegen findet das Erk. d. Cass.-H. v. 12. April 1869 (Z. f. Gerichtspr. Bd. VIII. S. 273, Entsch. d. Cass.-H. Bd. III. S. 135 s. oben zu Art. 68 Ziff. 22. 23 S. 82), wonach die Hälfte des höchsten Strafmaßes nicht das Mittel, sondern die arithmetisch zu berechnende Hälfte sein soll, auch hier Anwendung.

9) „Wäre hienach auf eine Gefängnißstrafe zu erkennen, welche drei Monate nicht übersteigt". Hocheder S. 390, Weis Bd. I. S. 233, Stenglein Bd. I. S. 569 verstehen dies dahin, daß die Befugniß zur Umwandlung der Strafe in Arreststrafe dann eintreten soll, wenn das Maximum der ordentlichen Strafe sechs Monate Gefängniß, also jenes der wegen Jugend gemilderten Strafe drei Monate Gefängniß beträgt. Vgl. auch Erk. d. pfälz. A.-G. v. 5. März und 13. August 1863, Resultate der Rechtspfl. der Pfalz v. 1862/63. S. 42. Ein Erk. d. Cass.-H. v. 4. Dezember 1863 (Z. f. Gerichtspr. Bd. III. S. 49, Z. f. G. u. R. Bd. X S. 1027) spricht sich dagegen dahin aus und mit ihm Dollmann Bd. I. S. 595 fg.; es sei die weitere Strafmilderung in Arrest nicht blos dann gestattet, wenn das Strafmaximum 3 Monate nicht übersteige, sondern stets wenn im gegebenen Falle eine nicht über 3 Monate betragende Gefängnißstrafe angezeigt erscheine. Obgleich Dollmann Bd. I. S. 595 die Motivirung dieses Erkenntnisses überzeugend findet, bleiben doch noch einige sehr dunkle Punkte übrig. Wenn auch erklärlich wäre, daß der Richter vorzieht, statt einer Gefängnißstrafe bis zu 42 Tagen auf Arrest in gleicher Dauer zu erkennen, so fehlt es doch an allen Motiven, weshalb er eine höhere Strafe bis zu 3 Monaten angezeigt, d. h. gerechtfertigt finden, und doch auf eine entsprechende Arreststrafe von höchstens 42 Tagen erkennen sollte. Drei Monate Gefängniß und 42 Tage Arrest entsprechen sich keinesfalls. Keine Interpretation gelangte noch dahin, dem Richter die Befugniß einzuräumen, in diesem Falle bis zu drei Monaten Arrest zu erkennen, obgleich nach den oberstrichterlichen Motiven dies allein logisch richtig wäre. Hält aber der Richter eine mehr als 42tägige Gefängnißstrafe für die That angemessen, obgleich er durch kein Minimum gebunden ist, so ist die Reduktion auf Arrest bis zu 42 Tagen unerklärlich, wie Stenglein Bd. I. S. 569 sagt.)

10) Die gemäß Ziff. 3 und 4 erkannte Arreststrafe ist nur an die Gränzen des Art. 20 gebunden. (Weis Bd. I. S. 234, Stenglein Bd. I. S. 569.)

11) Die gemäß Ziff. 3 reducirte Geldstrafe ist stets Vergehensstrafe, wenn auch ihr höchstes Maß unter 150 fl. sinkt. (Hocheder S. 389. 390, Dollmann Bd. I. S. 597.)

12) Zu Ziff. 4. Fahrlässige, von jugendlichen Personen verübte Handlungen, mögen sie an sich Vergehen oder Uebertretungen sein, sind stets nur als Uebertretungen mit Arrest, nicht mit Geldstrafe zu beahnden und sind auch prozessual als Uebertretungen zu behandeln, competiren also zum Einzelrichter, (Hocheder S. 399, Dollmann Bd. I. S. 599., Erk. d. App.-Ger. der Pfalz v. 27. März u. 6. Juni 1863, Resultate der Rechtspflege der Pfalz 1862/63 S. 41, Erk. d. Cass.-H. v. 29. Mai 1863, Z. f. Gerichtspr. Bd. II. S. 292, Z. f. G. u. R. Bd. X S 493. Dagegen ein Aufsatz in Z. f. Gerichtspr. Bd. II. S. 217.)

13) Zu Abs. 2. Bei einem durch eine jugendliche Person begangenen Versuche oder der Theilnahme an einer strafbaren Handlung findet keine mehrmalige Reduktion der Strafe statt. Dies ist jedoch nur von Belang bei Ziff. 1, da außerdem ohnehin kein Strafminimum bestimmt ist. (Hocheder S. 391, Dollmann Bd. I. S. 600, Stenglein Bd. I. S. 569. Eine irrige Anwendung des Gesetzes s. Z. f. Gerichtspr. Bd. III S. 244.)

14) Bei Handlungen, welche von jugendlichen Personen bei geminderter Zurechnungsfähigkeit oder Ueberschreitung der Nothwehr begangen werden, greift keine doppelte Reduktion der Strafe Platz. (Hocheder S. 391. 392, Dollmann Bd. I. S. 584. 602, Weis Bd. I. S 234, Erk. d. O.-G.-H. v. 29. Dezember 1855, Z. f. G. u. R. Bd. II S. 479. Dagegen Stenglein Bd. I. S. 569. Ueber Widersprüche in den Verhandlungen des G.-A. d. K. d. A 1860/61, Prot. Abth. II. S. 89. 1856/58. Bd. I. S. 528. 529. Bd. II. S. 210. 212.)

15) Bei Schadenersatz durch eine jugendliche Person ist mehrmalige Reduktion der Strafe zulässig. (Hocheder S. 394 Anmerk., Dollmann Bd. I. S. 601, Stenglein Bd. I. S. 569. S. auch zu Art. 76 Ziff. 1. 2. S. 96.)

Art. 78.

Auf die im Art. 28 bezeichneten Straffolgen kann gegen junge Leute, welche gemäß Art. 77 einer Verurtheilung unterliegen, niemals erkannt werden.

Die Vorschriften über Stellung unter Polizeiaufsicht und Verwahrung in einer Polizeianstalt finden auf dieselben in allen Fällen, in welchen diese Maßregeln mit der ordentlichen Strafe der verübten That hätten verbunden werden können, jedoch mit der Beschränkung Anwendung, daß an die Stelle der Verwahrung in einer Polizeianstalt die Unterbringung in einer Erziehungsanstalt für verwahrloste jugendliche Personen zu treten hat.

1) Zu Abs. 1. Andere Folgen der Strafen, wie Eidesunfähigkeit, sind nicht ausgeschlossen. (Hocheder S. 397, Dollmann Bd. I. S. 603.)

2) Zu Abs. 2. Stellung unter Polizeiaufsicht kann vom Gericht als zulässig erklärt werden bei allen strafbaren Handlungen, welche objektiv Verbrechen bilden, und bei denjenigen Vergehen, bei welchen dies besonders angedroht ist. (Hocheder S. 397, Dollmann Bd. I. S. 604.)

3) Verwahrung in einer Polizeianstalt kann nur dann für zulässig erklärt werden, wenn die erkannte Gefängnißstrafe unter 2 Jahre beträgt. (Dollmann Bd. I. S. 605.)

4) Die Bestimmungen des Art. 76 finden auf die Erziehungsanstalten, in welche jugendliche Verurtheilte als Folge der Strafe unterzubringen sind, nicht Anwendung, sondern die des Art. 40. Die Unterbringung kann sich also auch über das 18. Lebensjahr erstrecken. (Hocheder S. 398, Weis Bd. I. S. 234. 235.)

5) Gegen Ausländer kann auch auf Landesverweisung erkannt werden. Dollmann Bd. I. S. 605, Hocheder S. 398 nimmt an, es müsse an Stelle der Stellung unter Polizeiaufsicht und der Verwahrung in einer Polizeianstalt darauf erkannt werden.

6) Gegen die als Straffolge ausgesprochene Anordnung der Unterbringung eines jugendlichen Verurtheilten in einer Erziehungsanstalt steht den Ascendenten desselben ohne Specialvollmacht kein Rechtsmittel zu. (Erk. d. Cass.-H. v. 19. August 1865, Z. f. G. u. R. Bd. XII. S. 395, Z. f. Gerichtspr. Bd. V S. 44.)

Art. 79.

Verbrechen, welche jungen Personen von der im Art. 76 Abs. 1 bezeichneten Altersstufe zur Last gelegt werden, sind hinsichtlich des Verfahrens sowie der Straffolgen als Vergehen zu betrachten.

1) „Hinsichtlich des Verfahrens". Die Handlungen jugendlicher Personen unter 16 Jahren kompetiren regelmäßig vor die Bezirksgerichte in I., und die Appellationsgerichte in II. Instanz; vor die Schwurgerichte nur dann, wenn dies die Complicität älterer Personen, welche als Thäter, Theilnehmer u. s. w. im Verbrechensgrade angeschuldigt sind; oder Zusammenfluß mit Verbrechen derselben jugendlichen Personen, welche sie nach Vollendung des 16. Lebensjahres begangen haben; oder Verübung der That durch die Presse nothwendig macht. (Hocheder S. 399, Dollmann Bd. I. S. 608, Weis Bd. I. S. 235.)

2) Handelt es sich um Vergehen der objektiven Erscheinung nach, welche aber lediglich mit Arrest zu beahnden sind, so ist zu unterscheiden, ob die Verhängung von Arrest statt Gefängniß in das Ermessen des Gerichtes gelegt ist (Art. 77. Ziff. 3); oder ob auf Arrest erkannt werden muß (Art. 77. Ziff. 4). Im ersten Falle ist die That prozessual als Vergehen zu behandeln (Art. 2. Str.-G.-B.), im zweiten als Uebertretung (Art. 1). (Hocheder S. 399, Dollmann Bd. I. S. 608. Vgl. auch Ziff. 12 zu Art. 77 oben S. 105 und die Erörterung in Z. f. G. u. R. Bd. XI. Abth. f. Strafr. S. 227 fg., 238).

3) Die Straffolgen, welche mit der That nach gesetzlicher Vorschrift verbunden sind, treten ein, wenn sie mit derselben auch bei Verübung im Vergehensgrade verbunden sind, z. B. bei Diebstahl, nicht aber wenn sie mit derselben nur bei Verurtheilung im Verbrechensgrade verbunden sind. Vgl. Art. 30 Str.-G.-Bch.. Art. 21 Einf.-Ges., Art. 5 des Ges. v. 4. Juni 1848 über die Wahl der Landtagsabgeordneten, Art. 16 des Wehrverfassungsges. v. 30. Januar 1868 u. s. w. (Hocheder S. 399, Dollmann Bd. I. S. 607.)

Art. 80.

Die auf Grund des Art. 77 erkannten Freiheitsstrafen sind, wenn ihre Dauer einen Monat nicht übersteigt, in den Bezirks- beziehungsweise Polizeigerichtsgefängnissen, jedoch mit strenger Absonderung der jugendlichen Sträflinge von den übrigen zu vollziehen.

Uebersteigt die Strafdauer einen Monat, so hat der Vollzug in besonderen, ausschließlich für jugendliche Personen bestimmten Gefangenanstalten zu geschehen, in welchen vorzugsweise auf zweckmäßige Erziehung der Sträflinge zu wirken ist.

1) „Die auf Grund des Art. 77 erkannten". Nicht die Zeit des Strafvollzugs entscheidet, sondern ob der Thäter zur Zeit der Verübung der That das 16. Lebensjahr überschritten hatte oder nicht. (Hocheder S. 400, Dollmann Bd. I. S. 610.)

2) Nur dann, wenn die Strafe lediglich auf Grund des Art. 77 erkannt ist, findet Art. 80 Anwendung, nicht auch bei Vollzug einer Strafe, welche theilweise nach Art. 77 erkannt ist, theilweise für Handlungen verhängt wurde, welche nach Vollendung des 16. Lebensjahres durch den Thäter verübt wurde. (Hocheder S. 400. 401, Dollmann Bd. I. S. 610 Anmerk. 5.)

3) Freiheitsstrafen. Die beiden Absätze des Art. 80 finden gleichmäßig Anwendung auf Gefängniß- wie Arreststrafen. (Hocheder S. 401. Anmerk., Dollmann Bd. I. S. 610, Weis Bd. I. S. 235.)

4) „wenn ihre Dauer einen Monat nicht übersteigt". Nicht die Dauer der erkannten Strafe entscheidet, sondern die Dauer der beim Eintritte in den Strafort durch den Verurtheilten nach dem Strafurtheile noch zu erstehen-

den Strafe. (Hocheder S. 401, Dollmann Bd. I. S. 611. Vgl. hiezu Art. 18 und Ziff. 1 hiezu oben S. 21, ferner Erk. d. Cass.-H. v. 2. November 1869, Z. f. Gerichtspr. Bd. IX. S. 57, Entsch. d. Cass.-H. Bd. III. S. 382, Justiz-Minist.-Bl. 1869. S. 284.)

5) „in besonderen, ausschließlich für jugendliche Personen bestimmten Gefangenanstalten". Es stehen hier förmliche Strafanstalten, nicht Erziehungsanstalten in Rede. (Dollmann S. 611.)

6) Ein Strafvollzug gegen jugendliche Personen im Zuchthause findet unter keiner Vorbedingung statt. (Hocheder S. 401)

7) Auch gegen jugendliche Personen kann das Gericht den Strafvollzug auf einer Festung anordnen, jedoch muß vollständige Absonderung von andern Gefangenen und Vorkehrung für die Erziehung der Sträflinge stattfinden. (Hocheder S. 401.) Dagegen hält Dollmann Bd. I. S. 611 den Strafvollzug gegen jugendliche Personen auf Festungen nicht für zulässig.

8) Nach gemeinsch. Entschl. der k. St.-M. des Innern und der Justiz v. 29. Dezbr. 1867 (Justiz-Minist.-Bl. S. 10fg.) sind von den bisher als jugendliche Sträflinge im Sinne des Art. 80 des Str.-G.-Bchs. behandelten Individuen einzuliefern:

1) in die Staatserziehungsanstalt Niederschönenfeld bei Rain, Rggsbez. Oberbayern, die sämmtlichen auf Grund des Art. 77 Str.-G.-Bch. zu einer einen Monat in ihrer Dauer übersteigenden Freiheits- (Gefängniß- oder Arreststrafe) verurtheilten männlichen Individuen katholischer Confession;
2) in die Staatserziehungsanstalt Bruckberg bei Ansbach die sämmtlichen männlichen protestantischen und israelitischen Sträflinge, welche auf Grund des Art. 77 Str.-G.-Bch. zu einer einen Monat in ihrer Dauer überschreitenden Freiheitsstrafe (Gefängniß- oder Arrestrafe) verurtheilt sind;
3) in die Gefangenanstalt Sulzbach (Abth. für jugendliche Sträflinge) die sämmtlichen weiblichen Individuen ohne Unterschied des Glaubensbekenntnisses, welche auf Grund des Art. 77 Str.-G.-B zu einer einen Monat in ihrer Dauer übersteigenden Freiheitsstrafe verurtheilt sind.

Art. 81.

Die Staatsregierung ist ermächtigt, auch Minderjährige über sechzehn Jahre, welche eine Gefängnißstrafe in einer Gefangenanstalt zu erstehen haben, in eine für jugendliche Personen bestimmte Gefangenanstalt verbringen zu lassen, vorausgesetzt, daß die Dauer ihrer Strafzeit die ihrer Minderjährigkeit nicht überschreitet.

1) Die k. Staatsregierung ist ermächtigt, sei es generell, sei es speziell über die Unterbringung solcher Minderjähriger zu verfügen. Den Gerichten steht also keine Befugniß zu, sich hierüber zu äußern. (Dollmann Bd. I. S. 614 Anmerk. 7, Stenglein Bd. I. S. 573, Erk. d. Cass.-H. v. 27. Juli 1866, Z. f. Gerichtspr. Bd. VI. S. 24, Z. f. G. u. R. Bd. XIII. S. 467.)

2) Durch gemeinsch. Entschl. der k. Staatsministerien des Innern und der Justiz v. 6. Juni 1863 (Justiz-Minist.-Bl. S. 17) war die Einschaffung Minderjähriger in für jugendliche Personen bestimmte Gefangenanstalten generell angeordnet worden.

Dies wurde durch die gemeinsch. Entschl. der k. St.-M. des Innern und der Justiz v. 29. Dezember 1867 (Justiz-Minist.-Bl. S. 10) wie folgt neu geordnet. Einzuliefern waren hienach:

1) in das Zellengefängniß Nürnberg die sämmtlichen in den Regierungsbezirken diesseits des Rheins verurtheilten männlichen Individuen katholischer Confession, welche, ohne auf Grund des Art. 77 Str.-G.-Bches verurtheilt zu sein, eine die Dauer ihrer Minderjährigkeit nicht überschreitende Gefängnißstrafe in der Gefangenanstalt zu erstehen haben;
2) in die Staatserziehungsanstalt Bruckberg die sämmtlichen männlichen protestantischen und israelitischen Sträflinge, welche ohne auf Grund des Art.

77 des Str.-G.-Bchs verurtheilt zu sein, einer das 18. Lebensjahr in ihrer Dauer nicht überschreitende Gefängnißstrafe in der Gefangenanstalt zu erstehen haben;

3) in die Gefangenanstalt Ebrach die sämmtlichen männlichen protestantischen Sträflinge, welche in den Regierungsbezirken Niederbayern, Oberpfalz und Regensburg, dann Unterfranken und Aschaffenburg, ferner sämmtliche männliche israelitische Sträflinge, welche in den Regierungsbezirken diess. des Rheins und zwar nicht auf Grund des Art. 77 des Str.-G.-Bchs verurtheilt, eine die Dauer des 18. Lebensjahres, nicht aber die Dauer der Minderjährigkeit überschreitende Gefängnißstrafe in der Gefangenanstalt zu erstehen haben;

4) in die Gefangenanstalt Lichtenau die männlichen protestantischen Sträflinge vorstehender Kategorie, welche in den Regierungsbezirken Oberbayern, Mittelfranken, dann Schwaben und Neuburg verurtheilt sind;

5) in die Gefangenanstalt Sulzbach (Abth. f. jugendl. Sträflinge) die sämmtlichen weiblichen Individuen ohne Unterschied des Glaubensbekenntnisses, welche ohne auf Grund des Art. 77 d. Str.-G.-Bch. verurtheilt zu sein, eine die Dauer ihrer Minderjährigkeit nicht überschreitende Gefängnißstrafe in der Gefangenanstalt zu erstehen haben.

Dies wurde wiederum abgeändert durch die Justiz-Minist.-Entschl. v. 4. November 1868 (Justiz-Minist.-Bl. S. 262), wornach alle jugendlichen Sträflinge, welche zur Zeit der That, wegen welcher sie verurtheilt sind, das 16. Lebensjahr bereits zurückgelegt hatten, und zur Erstehung der Strafe in Einzelhaft tauglich sind, und zwar die katholischen, wenn sie ihre Strafe vor oder mit Vollendung ihres 18. Lebensjahres erstanden haben werden oder wenn sie eine Strafe von mehr als 6 Monaten zu erstehen haben und dieselbe zwar erst nach Vollendung des 18., jedoch vor Vollendung des 21. Lebensjahres erstanden haben werden; ferner die protestantischen und andersgläubigen, wenn sie ihre Strafzeit vor oder mit Vollendung des 21. Lebensjahres beenden in das Zellengefängniß Nürnberg kommen.

Von den zur Einzelhaft nicht tauglichen dieser Kategorien, und denjenigen, welche eine die Dauer ihrer Minderjährigkeit nicht, wohl aber das 18. Lebensjahr überschreitende Gefängnißstrafe unter 6 Monaten zu erstehen haben, sollen nach Justiz-Minist.-Entschl. v. 25. Nov. 1869 (Justiz-Minist.-Bl. S. 274) die katholischen Sträflinge von Oberbayern in die Gefangenanstalt Laufen, jene von Niederbayern und Oberpfalz in die Gefangenanstalt Amberg, jene von Mittelfranken und Schwaben in die Gefangenanstalt Lichtenau, jene von Ober- und Unterfranken in die Gefangenanstalt Ebrach kommen.

Bezüglich der nicht zur Zellenhaft tauglichen protestantischen, dann der weiblichen Sträflinge steht die Entschließung v. 29. Dezember 1867 in Kraft.

3) Minderjährige über sechzehn Jahre. Die Minderjährigkeit ist nach Civilrecht zu beurtheilen, und ist durch Verordnung vom 26. Oktober 1813 mit Code civil Art. 488 gleichmäßig für das Königreich auf das 21. Lebensjahr festgesetzt. (Hocheder S. 404, Dollmann Bd. I. S. 612, 613.)

4) Hocheder S. 404 rechnet die per rescriptum principis für volljährig Erklärten nicht unter die Minderjährigen. Dollmann S. 612. 613 bestreitet dies mit Recht.

5) Ausländer sollen bezüglich der Volljährigkeit nach Hocheder S. 404 nach den Gesetzen ihres ausländischen Wohnorts beurtheilt werden. Dies dürfte zu bezweifeln sein.

6) Ob die verurtheilte Person unter Vormundschaft steht oder nicht, und ob sie, wenn weiblich, verheirathet ist oder nicht, begründet keinen Unterschied. (Erk. des Cass.-H. v. 27. Juli 1866, Z. f. Gerichtspr. Bd. VI. S. 24, Z. f. G. u. R. Bd. XIII. S. 467, Dollmann Bd. I. S. 615, Anmerk. 9.)

7) „welche eine Gefängnißstrafe in einer Gefangenanstalt zu erstehen haben“. Der Vollzug von Zuchthaus- oder Arreststrafen oder Ge-

fängnißstrafen, welche im Bezirksgefängnisse zu erstehen sind, wird hiedurch nicht berührt. (Dollmann Bd. I. S. 614, Hocheder S. 402. 403.)

Art. 82.

Hat eine Person, welche zur Zeit der That zwar das sechzehnte Lebensjahr zurückgelegt hatte, aber noch minderjährig war, sich eines mit Todesstrafe bedrohten Verbrechens schuldig gemacht, so ist statt der Todesstrafe auf lebenslängliche Zuchthausstrafe zu erkennen.

Bezüglich der Minderjährigkeit s. zu Art. 81 Ziff. 3—6.

Art. 83.

Anrechnung der Untersuchungshaft.

Wenn ein Angeklagter ohne eigenes Verschulden eine mehr als einmonatliche Untersuchungshaft erduldet hat, so ist dieselbe bei zeitlich bestimmten Zuchthaus-, bei Gefängniß- und Geldstrafen in der Art zu berücksichtigen, daß zwar im Erkenntnisse die verwirkte ordentliche Strafe ausgesprochen, hievon aber so viel, als die Dauer der unverschuldet erlittenen Haft beträgt, für bereits getilgt erklärt wird, wobei bezüglich der Geldstrafen der im Art. 27 festgesetzte Maßstab in Anwendung kommt.

Abs. 2 Zusatz nach Art. 1 des Gesetzes vom 16. Mai 1868, die Abänderung einiger Bestimmungen des Straf- und Polizeistrafgesetzbuches v. 10. November 1861 betr. (Gesetzbl. S. 585 fg.)

Als unverschuldet erlitten ist insbesondere auch diejenige Untersuchungshaft zu erachten, deren Verhängung unzuläßig gewesen sein würde, wenn zur Zeit dieser Verhängung die Umstände, auf deren Annahme das Endurtheil gebaut ist, bereits festgestellt gewesen wären.

Abs. 3 war vor dem Gesetze v. 16. Mai 1868 Abs. 2.

Bei Uebertretungen ist jede erlittene Untersuchungshaft in Anrechnung zu bringen.

1) „Wenn ein Angeklagter ohne eigenes Verschulden" als unverschuldet erlitten gilt die Untersuchungshaft, wenn dieselbe weder durch die Beschaffenheit der verübten strafbaren That an sich noch durch die persönlichen Verhältnisse des Beschuldigten veranlaßt gewesen, noch auch durch das Benehmen desselben während des Laufes der Untersuchung schuldvoll herbeigeführt worden ist. Die Ursache der unverschuldet erlittenen Untersuchungshaft ist gleichgültig. (Hocheder S. 405.)

Verschuldet ist die Haft, wenn sie gesetzlich gerechtfertigt ist und die Untersuchung in möglichster Kürze durchgeführt wird. (Stenglein Bd. I. S. 573, Prot. d. G.-A. d. K. d. A. 1856/57 S. 233.)

Unverschuldet erduldet ist diejenige Untersuchungshaft, welche weder durch ein die Haft rechtfertigendes kriminelles Verschulden des Angeschuldigten, noch durch ein prozessuales Verschulden desselben begründet wird. (Dollmann Bd. I. S. 636.)

2) Ob die Beschaffenheit der That die Untersuchungshaft rechtfertige, ist nicht danach zu beurtheilen, wie der Sachverhalt sich bei Beginn der Untersuchung darstellte, sondern nach dem durch das Endurtheil festgestellten Resultate. (Hocheder Bd. I. S. 405, Weis Bd. I. S. 239, Dollmann Bd. I. S. 637 fg., Stenglein Bd. I. S. 573, Gotthelf in Z. f. Gerichtspr. Bd. IV. S. 97. 113. 129, Rosenkranz Z. f. G. u. R. Bd. XIII. S. 226, Verh. d. G.-A. d. K. d. A. 1856/57 S. 231, 1860/61 S. 15, Erk. d. O.-G.-H. v. 14. Okt. u. 5. Dez. 1851, Sitz.-Ber. S. 394. 451 v. 25. April 1863 Z. f. G. u. R. Bd. X. S. 441.)

Trotz dieser Uebereinstimmung in der Theorie erklärte sich der O.-G.-H. gegen diese Anschauung und erließ folgende Erkenntnisse:

a) vom 24. Dezember 1863: Eine erlittene Untersuchungshaft kann dann von einer wegen Uebertretung verwirkten Strafe nicht abgerechnet werden, wenn die Haft durch anfänglich indicirte schwerere Reate gerechtfertigt war. (Z. f. Gerichtspr. Bd. III. S. 77.)

b) vom 23. Januar 1864. Ob die Untersuchungshaft verschuldet war oder nicht, ist nach dem anfänglich indicirten Thatbestande und darnach zu beurtheilen, ob der Angeschuldigte hiebei ein Verschulden hatte, wenn auch die später festgestellte Schuld aus subjectiven Gründen eine geringere Strafbarkeit ergibt. (Z. f. Gerichtspr. Bd. III. S. 95, Z. f. G. u. R. Bd. XI. S. 15.)

c) vom 23. Januar 1864. War die Haft wegen dringenden Verdachts oder Verübung eines Verbrechens gerechtfertigt, so ist sie dann nicht unverschuldet erlitten, wenn der Verhaftete jenen Verdacht verschuldet hat und nur aus subjectiven Gründen wegen Vergehens verurtheilt wurde. (Z. f. Gerichtspr. Bd. III. S. 137. [vgl. auch appellatger. Erk. ebendas. S. 142] Z. f. G. u. R. Bd. XI. S. 6.)

d) vom 27. Mai u. 17. Juli 1865. Eine Untersuchungshaft ist unverschuldet erlitten, wenn sie durch den im Endurtheile festgestellten objectiven Thatbestande nicht gerechtfertigt gewesen wäre. (Z. f. Gerichtspr. Bd. V. S. 37, Z. f. G. u. R. Bd. XII. S. 242. 243.)

e) vom 22. Juli u. 2. Sept. 1864, Pl.-Erk. v. 16. Dez. 1864, Erk. v. 29. August 1867. Abrechnung der Untersuchungshaft als unverschuldet erlitten, ist nicht deshalb allein gerechtfertigt, weil der ursprünglich wegen Verbrechens des Diebstahls Verdächtige nur wegen Hehlerei verurtheilt wurde, wenn sich nicht zugleich ergibt, daß ein die Verhaftung rechtfertigendes Verbrechen überhaupt nicht vorgelegen sei (Z. f. Gerichtspr. Bd. III. S. 305. Bd. IV. S. 103. Bd. VI. S. 338, Z. f. G. u R. Bd. XI. S. 258. 347. 478.)

f) vom 30. Dezember 1864. Die wegen ursprünglich genügend begründeten Verdachtes des Mordversuches verhängte Untersuchungshaft kann nicht lediglich darum als eine unverschuldete erachtet werden, weil die Verdächtigen bei der Aburtheilung nur des Vergehens der Körperverletzung für schuldig erachtet worden sind. (Z. f. G. u. R. Bd. XI. S. 499.)

g) vom 18. Februar 1865. Die wegen Tödtung eines Menschen verhängte Untersuchungshaft ist deshalb allein, weil der Angeschuldigte nur wegen Vergehens der Körperverletzung bestraft wird, nicht als unverschuldet erlitten zu betrachten. (Z. f. Gerichtspr. Bd. IV. S. 257, Z. f. G. u. R. Bd. XII. S. 55.)

h) vom 26. Juni 1863 u. vom 2. Juni 1865. Eine wegen Verbrechens der Körperverletzung verhängte Untersuchungshaft ist nicht unverschuldet erlitten, wenn auch der Verhaftete nur wegen Schlägerei verurtheilt wurde. (Z. f. Gerichtspr. Bd. IV. S. 290, Z. f. G. u. R. Bd. X. S. 676. Bd. XII. S. 251.)

i) vom 13. Juli 1866. Wenn durch das Endurtheil festgestellt wird, daß eine That objectiv nur ein Vergehen bildet, während der Beschuldigte wegen Verdachts eines Verbrechens verhaftet war (wegen der noch unbestimmten Folgen einer Körperverletzung), wenn also nicht blos aus subjectiven Strafzumessungsgründen ein Verbrechensthatbestand als Vergehen bestraft wurde, muß die erlittene Untersuchungshaft als unverschuldet erlitten abgerechnet werden. (Z. f. Gerichtspr. Bd. VI. S. 6.)

k) vom 2. November 1866. Abrechnung der Untersuchungshaft von der Strafe als unverschuldet erlitten, ist nicht gerechtfertigt, wenn ein wegen Verbrechens der Körperverletzung Verdächtiger in Untersuchungshaft genommen wurde, aber bei Mangel genügender Verdachtsgründe nur wegen Schlägerei verurtheilt werden kann. (Z. f. Gerichtspr. Bd. VI. S. 132, Z. f. G. u. R. Bd. XIII. S. 580.)

l) vom 16. Januar 1869. Die an sich zulässige Haft ist deshalb keine unverschuldet erlittene, weil ein bei geminderter Zurechnungsfähigkeit begangenes

Verbrechen durch die Strafzumessung zum Vergehen wird. (Z. f. Gerichtspr. Bd. VIII. S. 182.)

m) vom 20. Januar 1865. Die in einer Untersuchungssache wegen Verbrechens des Diebstahls verhängte Untersuchungshaft kann darum allein, weil für eine den Betrag von 1000 fl. übersteigende Beschädigungssumme kein völlig hinreichender Beweis geliefert werden konnte und der Angeklagte deßhalb nur wegen Vergehens verurtheilt wurde, nicht als eine unverschuldete erachtet werden. (Z. f. G. u. R. Bd. XII. S. 15.)

Ein mit vorstehenden Urtheilen übereinstimmendes appellationsgerichtl. Erkenntniß s. Z. f. G. u. R. Bd. X. S. 860.

3) Mehr im Einklange mit den Anschauungen der Theorie stehen folgende Erkenntnisse des Cassationshofes:

a) vom 20. Oktober 1865. Wenn eine wegen Verbrechens des Kindsmordes angeklagte und verhaftete Person nur der fahrlässigen Kindstödtung für schuldig erachtet wurde, ist die ganze Dauer ihrer Untersuchungshaft als unverschuldet zu betrachten. Dem Cassationshof steht eine Prüfung darüber nicht zu, ob die Haft durch andere Voraussetzungen gerechtfertigt gewesen wäre. (Z. f. Gerichtspr. Bd. V. S. 53, Z. f. G. u. R. Bd. XII. S. 482.)

b) vom 21. März 1868. Eine wegen Verdachtes der Verübung eines Verbrechens der betrüglichen Verkürzung der Gläubiger verfügte Untersuchungshaft muß als unverschuldet erlitten von der Strafe abgerechnet werden, wenn die Verurtheilung nur wegen widerrechtlicher Wegnahme eigener Sachen erfolgt, sei es auch, daß die Verurtheilung wegen Verbrechens nur wegen Mangels am genügenden Beweise unterblieb. (Entsch. d. Cass.-H. Bd. II. S. 144, Z. f. Gerichtspr. Bd. VII. S. 307.)

c) vom 2. Mai 1868. Wenn der wegen vorliegenden Verdachtes eines Verbrechens in Untersuchungshaft Genommene im Endurtheile nur eines Vergehens für schuldig erkannt wird, so muß demselben auch, wenn dieses Vergehen mit mehr als zweijähriger Gefängnißstrafe bedroht ist, die ganze Dauer der Untersuchungshaft als unverschuldet in Anrechnung gebracht werden. (Entsch. d Cass.-H. Bd. II. S. 211, Z. f. Gerichtspr. Bd. VII. S. 358.)

d) vom 27. Mai 1865. Wenn der Beschuldigte wegen Verdachtes, ein Verbrechen der Körperverletzung mit mehr als 60tägiger Arbeitsunfähigkeit des Verletzten begangen zu haben, verhaftet wurde, sich aber eine geringere als 60tägige Arbeitsunfähigkeit herausstellt, so ist die Untersuchungshaft als unverschuldet erlitten von der Strafe abzurechnen. (Z. f. Gerichtspr. Bd. IV. S. 283, Z. f. G. u. R. Bd. XII. S. 242.)

4) Auch ein Erkenntniß des A.-G. der Pfalz vom 11. Dezember 1862 (Resultate der Rechtspflege der Pfalz 1862/63 S. 42) spricht sich dahin aus, daß nicht die ursprüngliche Qualification der Anschuldigung, sondern das definitive Urtheil vorzugsweise maßgebend für die Entscheidung sei, ob unverschuldete Untersuchungshaft vorliege.

5) In Folge der theils divergirenden, theils innerlich anfechtbaren Erkenntnisse des obersten Gerichtshofes wurde durch Gesetz vom 16. Mai 1868 dem ursprünglichen Texte des Strafgesetzbuches ein interpretirender Zusatz beigefügt. (Vgl. hierüber Beil.-Bd. III. d. Verh. d. K. d. A. von 1866/68 S. 272. 273. 289. 290, Stenogr. Berichte Bd. II. S. 478 fg., Verh. d. K. d. R. Beil.-Bd. III. S. 33, Prot. IV. S. 218.)

6) Seitdem wurden über die beregte Frage folgende Erkenntnisse erlassen:

Wenn Jemand wegen einer Reihe als ein Verbrechen der Amtsuntreue erachteter Unterschlagungen in Untersuchungshaft genommen wurde, jedoch nur wegen eines Vergehens der Unterschlagung verurtheilt wird, welches die Haft nicht gerechtfertigt hätte, so ist die ganze erlittene Untersuchungshaft als unverschuldet in Anrechnung zu bringen. (Erk. d. Cass.-H. v. 20. Juni 1868, Entsch. d. Cass.-H. Bd. II. S. 286.)

7) Wenn ein Beschuldigter wegen Verdachtes eines Verbrechens der Körperverletzung verhaftet wurde und nur wegen Vergehens der Körperverletzung verübt ohne überlegten Entschluß in Folge von Reitzung verurtheilt wurde, so ist Mangels anderer die Haft rechtfertigender Gründe die gesammte Untersuchungshaft von der Strafe abzurechnen. (Erk. d. Cass.-H. v. 24. Oktober 1868, Z. f. Gerichtspr. Bd. VIII. S. 88, Entsch. d. Cass.-H. Bd. II. S. 443.)

8) Die wegen der Anschuldigung eines Verbrechens eingetretene Untersuchungshaft kann deshalb, weil der Angeklagte wegen Verübung der That bei geminderter Zurechnungsfähigkeit nur zu einer Vergehensstrafe verurtheilt wurde, als unverschuldet nicht erachtet werden. (Erk. d. Cass.-H. v. 16. Januar 1869, Entsch. d. Cass.-H. Bd. III. S. 10, Z. f. Gerichtspr. Bd. VIII. S. 182.)

9) Die Untersuchungshaft, welche lediglich wegen Verdachts eines Verbrechens der Körperverletzung verfügt wurde, muß als unverschuldet erlitten abgerechnet werden, wenn die Verurtheilung nur wegen Vergehens der Körperverletzung ohne überlegten Entschluß im Zustande des Reitzes erfolgt. (Erk. d. Cass.-H. v. 18. Januar 1869, Z. f. Gerichtspr. Bd. VIII. S. 193, Entsch. d. Cass.-H. Bd. III. S. 19.)

10) Unverschuldet ist die Haft nicht blos dann, wenn sie gesetzwidrig verhängt worden ist, vielmehr ist nicht einmal nothwendig, daß irgend Jemand eine Schuld trifft, wie etwa den Richter, Staatsanwalt, läugnende Mitbeschuldigte, böswillige Denuncianten, sondern es kann bei unverschuldet erlittener Haft auch bloßer Zufall im Spiele sein. (Hocheder S. 406. 407, Dollmann Bd. I. S. 633, Stenglein Bd. I. S. 574, Gotthelf in Z. f. Gerichtspr. Bd. IV. S. 100, Rosenkrantz in Z. f. G. u. R. Bd. XIII. S. 226 fg., Prot. d. G.-A. d. K. d. A. 1856/57 S. 232 1860/61 S. 15.)

11) Rosenkrantz in Z. f. G. u. R. Bd. XIII. S. 262 fg. ist der Ansicht, daß eine durch den anfänglich begründeten Verdacht einer schwerer strafbaren That gerechtfertigte Haft nur dann als unverschuldet erlitten erachtet werden könne, wenn der Nachweis der Unschuld geliefert sei, nicht auch dann, wenn die anfänglich indicirte schwerere That nur wegen Mangels genügenden Verdachts nicht als bewiesen angenommen werde, der Verdacht aber fortbestehe. Dies wird aber widerlegt durch Gotthelf in Z. f. Gerichtspr. Bd. IV. S. 100. 113 fg. 129. Bd. VII. S. 17. 193. (s. die Gegenausführungen von Rosenkrantz ebendas. Bd. VII. S. 97) und Dollmann Bd. I. S. 649 fg. und nachgewiesen, daß nur die als bewiesen angenommenen Thatsachen als geschehen behandelt werden können.

12) Die Untersuchungshaft kann als unverschuldet nicht angerechnet werden, wenn der Angeschuldigte selbst sie durch ein prozessuales Verschulden herbeigeführt hat, wie durch falsche Selbstanklage, Flucht, Ungehorsam gegen eine richterliche Vorladuug. (Dollmann Bd. I. S. 653, Rosenkrantz in Z. f. G u. R. Bd. XIII. S. 227. 228.) Letzterer S. 230 unterscheidet, wenn das prozessuale Verschulden in Handlungen des Vertheidigers liegt, danach, ob derselbe nach dem Willen seines Clienten oder in den Gränzen seiner Pflicht handelt einer — oder ob er gegen den Willen oder doch ohne Wissen des Angeklagten handelte anderseits.

13) Ist die Haft theils durch eigene Schuld des Verhafteten theils durch zufällige Umstände oder fremde Schuld verursacht, so ist sie als unverschuldet zu betrachten, es sei denn daß die eigene und fremde Schuld eine gemeinschaftliche ist. (Rosenkrantz in Z. f. G. u. R. Bd. XIII. S. 235 fg., Dollmann Bd. I. S. 657 Anmerk. 70.)

14) Ob in einem gegebenen Fall und in welcher Dauer die Haft eine unverschuldete war, ist Sache thatsächlicher Feststellung und vom Cassationshof nicht zu prüfen. (Erk. d. Cass.-H. v. 25. April 1863 und 23. Januar 1864, Z. f. Gerichtspr. Bd. II. S. 234. Bd. III. S. 137, Z. f. G. u. R. Bd. X. S. 440. Bd. XI. S. 7, Dollmann Bd. I. S. 657 u. Erkenntniß des O.-G.-H. v. 15. August 1857, Z. f. G u. R. Bd. IV. S. 410.) Etwas abweichend lassen eine oberstrichterliche Prüfung zu die oberstrichterl. Erk. v. 22. Juli u. 2. Sept. 1864, Z. f. G. u. R. Bd. XI. S. 260. 348. Rosenkrantz in Z. f. G. u. R. Bd. XIII. S. 273

löst dies dahin, die festgestellten thatsächlichen Merkmale könne der Cassationshof nicht prüfen, wohl aber ob die festgestellten Thatsachen dem Begriffe der unverschuldet erlittenen Haft entsprechen. Etwas abweichend Dollmann Bd. II. S. 659.

14) Wenn der Angeschuldigte während der Voruntersuchung gegen seine wegen Fluchtgefahr verhängte Haft keine Beschwerde geführt hat, kann der Schwurgerichtshof bei der Aburtheilung mit der Frage, ob eine Fluchtgefahr wirklich vorhanden gewesen sei, nicht mehr befaßt werden. (Erk. d. Cass.-H. v. 25. Jan. 1867, Z. f. Gerichtspr. Bd. VI. S. 225, Entsch. d. Cass.-H. Bd. I. S. 26. S. jedoch dagegen Gotthelf in Z. f. Gerichtspr. Bd. VII. S. 2.)

15) Eine Haft kann nicht blos deßhalb für unverschuldet erklärt werden, weil sie gegen den Angeschuldigten als Ausländer verhängt wurde. (Erk. d. A.-G. v. Niederbayern v. 12. Nov. 1862, Z. f. Gerichtspr. Bd. II. S. 10.)

16) Als unverschuldet erlitten kann eine Untersuchungshaft dann nicht betrachtet werden, wenn dieselbe nach dem Ergebniß der Aburtheilung zwar nicht durch die anfänglich dem Haftbefehle zu Grund gelegte Gesetzesbestimmung, aber durch eine andere gerechtfertigt war. (Erk. d. A.-G. v. Mittelfranken v. 24. Aug. 1865, Z. f. Gerichtspr. Bd. V. 45.)

17) „eine mehr als einmonatliche". Die unverschuldet erlittene Haft muß mehr als ein Monat gedauert haben, um die Abrechnung zu rechtfertigen, nicht blos die Haft überhaupt. (Hocheder S. 407, Dollmann Bd. I. S. 660, Rosenkrantz in Z. f. G. u. R. Bd. XIII. S. 276.) Die entgegengesetzte Ansicht spricht ein Urtheil des Appellationsgerichts v. Niederbayern aus in Z. f. Gerichtspr. Bd. I. S. 237.

18) Das Monat ist hiebei zu 30 Tagen zu rechnen. (Hocheder S. 407, Dollmann S. 660. 661. Art. 6 des Einf.-Ges. v. 10. Nov. 1861.)

19) Es ist nicht nothwendig, daß die Dauer der unverschuldet erlittenen Haft über einem Monate eine continuirliche war; es können auch mehrere kürzere Perioden unverschuldeter Haft zusammengerechnet werden. (Hocheder S. 407, Stenglein Bd. I. S. 574, Dollmann Bd. I. S. 661, Rosenkrantz in Z. f. G. u. R. Bd. XIII. S. 276, Bd. f. R.-A. Bd. X. S. 238.)

20) Hat die unverschuldet erlittene Haft länger als einen Monat gedauert, so ist nicht blos die einen Monat übersteigende, sondern die ganze Dauer unverschuldet erlittener Haft in Abrechnung zu bringen. (Hocheder S. 407, Dollmann Bd. I. S. 661, Erk. d. A.-G. d. Pfalz v. 11. Dezbr. 1862, Resultat der Rechtspflege der Pfalz 1862/63 S. 42.)

21) Wenn eine Untersuchungshaft gesetzlich nicht gerechtfertigt war, muß ihre ganze Dauer von der Strafe abgerechnet werden. (Erk. d. Cass.-H. v. 20. Oktob. 1866, Z. f. Gerichtspr. Bd. VI. S. 119, Z. f. G. u. R. Bd. XIII. S. 563.)

22) „Untersuchungshaft". An sich kann eine unverschuldet erlittene Strafhaft nicht als Untersuchungshaft in Anrechnung gebracht werden, und ist für die Anrechnung jener Art. 23 d. Str.-G.-B. maßgebend. (Dollmann Bd. I. S. 630.) So spricht ein oberstrichterl. Erk. v. 2. Juni 1865, Z. f. G. u. R. Bd. XII. S. 251, Z. f. Gerichtspr. Bd. IV. S. 290 aus: Die Dauer eines mit Unterbrechung der Untersuchungshaft vollzogenen Strafgefängnisses könne in den unverschuldeten Untersuchungsarrest auf keinen Fall eingerechnet werden. Eine Ausnahme will Rosenkrantz in Z. f. G. u. R. Bd. XIII. S. 224 und Dollmann Bd. I. S. 630 dann zulassen, wenn ein rechtskräftiges, ganz oder theilweise vollzogenes Urtheil in Folge Wiederaufnahme des Strafverfahrens aufgehoben, die Strafhaft hiedurch als unverschuldet erlitten erklärt, jedoch eine abermalige Verurtheilung des Angeklagten erzielt wird.

23) Die Untersuchungshaft, in welche ein Verurtheilter während Entstehung seiner Strafe abgeführt wird, muß ihm weder in die Strafzeit für das früher noch für das später abgeurtheilte Delikt eingerechnet werden. (Erk. d. Cass.-H. v. 27. Nov. 1863, Z. f. Gerichtspr. Bd. III. S. 61, Neuere Erkenntnisse v. 2. November u. 10. Dezbr. 1869, Z. f. Gerichtspr. Bd. IX S. 73. 114 nehmen in diesem Falle keine Unterbrechung der Strafe an.

24) „erduldet hat." Eine von Anfang an ohne Verschulden des Angeklagten verhängte und eine ohne solches Verschulden verlängerte Untersuchungshaft stehen sich in allen Beziehungen gleich. (Hocheder S. 406. Weis Bd. I. S. 236, Dollmann Bd. I. S. 633. 654, Stenglein Bd. I. S. 574, Rosenkranz a. a. O. S. 223. 224. 227 fg., Verh. d. G.-A. d. K. d. A. Prot. 1856/57 S. 232 fg. Vortr. 1860/61 S. 139, Prot. S. 15.)

25) „so ist dieselbe in der Art zu berücksichtigen". Es ist keine Aenderung der Strafe gerechtfertigt, auch wenn der verbleibende Strafrest unter das Minimum der gesetzlichen Dauer der Strafgattung herabsinkt; (Hocheder S. 413, Dollmann Bd. I. S. 663, Weis Bd. I. S. 240, Stenglein Bd. I. S. 575, Motive z. Entw. v. 1855 S. 65.) Die Abrechnung ist mithin auch kein eigentlicher Strafmilderungsgrund, sondern es greift lediglich beim Vollzuge der Strafe die Fiktion Platz, es sei ein Theil der Strafe schon vollzogen. (Hocheder S. 405. Weis Bd. I. S. 239. 249. Dollmann Bd. I. S. 624. 625. 663, Stenglein Bd. I. S. 574, Motive z. Entw. v. 1855 S. 65.)

26) Sinkt der Rest einer Gefängnißstrafe durch Abrechnung unverschuldet erlittener Haft unter zwei Monate, so ist die Strafe im Bezirksgefängnisse zu vollziehen, da es hier auf die Dauer der noch zu erstehenden Haft ankommt. (Dollmann Bd. I. S. 665, Rosenkranz in Z. f. G. u. R. Bd. XIII. S. 286, Erk. d. Cass.-H. v. 2. Nov. 1869, Z. f. Gerichtspr. Bd. IX. S. 57, Entsch. d. Cass.-H. Bd. III. S. 382, Justiz-Minist.-Bl. 1869 S. 284.)

27) Die Abrechnung unverschuldet erlittener Strafhaft ist nicht in das Ermessen der Richter gestellt, sondern muß, sobald ihre Voraussetzungen constatirt sind im Urtheile abgerechnet werden, selbst wenn der Angeklagte dies nicht beantragt hat. (Dollmann Bd. I. S. 663, Verh d. G.-A. d. K. d. A. 1856/57 S. 230—233, Weis Bd. I. S. 240, Stenglein Bd. I. S. 575.)

28) Andere während der Untersuchung erduldete Uebel, als die Haft, selbst ungesetzlich erlittene, können nicht durch Abrechnung von der Strafe, sondern nur bei der Strafzumessung berücksichtigt werden. (Hocheder S. 412. 413, Dollmann Bd. I. S. 625.)

29) „daß zwar im Erkenntnisse die verwirkte ordentliche Strafe ausgesprochen". Die Abrechnung kann nur erfolgen, wenn die Untersuchungshaft in derselben Sache verhängt wurde, in welcher die Verurtheilung erfolgt ist. (Erk. d. Cass.-H. v. 25. April 1863 und des A.-G. v. Mittelfranken v. 24. Aug. 1865, Z. f. Gerichtspr. Bd. II. S. 234. Bd. V. S. 45, ersteres Z. f. G. u. R. Bd. X. S. 438, Erk. d. Cass.-H. v. 26. Juni 1863, Z. f. G. u. R. Bd. X. S. 676.)

30) Die Untersuchungshaft ist von der Strafe dann nicht abzurechnen, wenn sie wegen eines mit dem bestraften concurrirenden Reates verhängt worden war, wegen dessen Freisprechung erfolgt ist. (Erk. d. Cass.-H. v. 5. Juli 1867 und 21. Mai 1869, Z. f. Gerichtspr. Bd. VII. S. 19. Bd. VIII. S. 331, entgegen ein Erk. d. A.-G. v. Oberfranken v. 29. Januar 1869, Z. f. Gerichtspr. Bd. VIII. S. 407.) Ebenso will Dollmann Bd. I. S. 662 die Abrechnung auf die gleichzeitig untersuchten Handlungen ausdehnen.

31) „als die Dauer der unverschuldet erlittenen Haft beträgt" s. oben Ziff. 20.

Auch von einer Zuchthausstrafe ist die Untersuchungshaft in ihrer vollen Dauer, ohne Reduction derselben gemäß Art. 86 abzurechnen und sind auch Bruchtheile eines Monats bei der Zuchthausstrafe und solche eines Tages bei der Gefängniß- oder Arreststrafe zu vollziehen. (Hocheder S. 123. 408, Dollmann Bd. I. S. 664. 665, Rosenkranz in Z. f. G. u. R. Bd. XIII. S. 286.)

32) „für bereits getilgt erklärt wird" s. oben Ziff. 25.

Ist Geld- und Freiheitsstrafe cumulirt erkannt, so kommt die Haft zuerst an der Freiheitsstrafe in Abrechnung und erst nach deren Erschöpfung an der Geldstrafe. Es bleibt also auch bei Umwandlung der Geldstrafe dem Verurtheilten das Recht, sich durch Erlage der Geldstrafe von der Haft zu befreien. (Hocheder S. 408, Dollmann Bd. I. S. 666. 667.)

33) Straffolgen werden durch Abrechnung der Haft von der Strafe nicht beseitigt; jedoch beschränken sich die mit Vollzug einer Strafe verknüpften und auf die Dauer desselben beschränkten (Art 31—33) auf die Dauer des Strafrestes. (Dollmann Bd. I. S. 662, Rosenkrantz a. a. O. S. 283.)

34) „wobei bezüglich der Geldstrafen der im Art. 27 festgesetzte Maßstab in Anwendung kommt". Es muß vor Allem die der Dauer der Haft entsprechende Geldstrafe gefunden und dieser Betrag von der Geldstrafe abgerechnet werden. (Hocheder S. 408, Dollmann Bd. I. S. 665.)

35) Hat der Staatsanwalt gegen ein auf Geldstrafe lautendes Urtheil ein Rechtsmittel ergriffen, jedoch wieder zurückgezogen, oder hat er die Nichtigkeitsbeschwerde ergriffen und dieselbe wird verworfen, so kann eine Abrechnung der von Erlaß des angegriffenen Urtheils an bis zu dessen Rechtskraft erlittenen Haft des Verurtheilten nicht erfolgen, weil es hiezu eines richterlichen Ausspruchs bedürfte, zu welchem keine Gelegenheit mehr geboten ist, es sei denn, daß der Verurtheilte zahlungsunfähig ist und deßhalb eine Umwandlung der Strafe durch richterlichen Beschluß erfolgen muß. (Hocheder S. 411.) Anderer Ansicht ist Rosenkrantz in Z. f. G. u. R. Bd. XIII. S. 432 und nimmt an, daß in beiden Fällen die erlittene Haft gleich einer umgewandelten Geldstrafe wirkt. (Dollmann Bd. I. S. 665. Anmerk. 88 findet die Ansicht Hocheders mehr dem Wortlaute, die Rosenkrantz's mehr dem Geiste des Gesetzes entsprechend, neigt sich aber letzterer zu.)

Zu Abs. 2 (nun 3).

36) Bei Uebertretungen muß jede Untersuchungshaft in Anrechnung kommen, ohne Unterschied, ob dieselbe eine verschuldete oder unverschuldete ist, und ohne Rücksicht auf deren Dauer. (Hocheder S. 408, Dollmann Bd. I. S. 668, Weis Bd. I. S. 239, Verh. d. G.-A. d. K. d. A. 1856/57 S. 231.)

37) Ein Erk. d. Cass.-H. v. 23. Dezember 1863 (Z. f. Gerichtspr. Bd. III. S. 77) verwarf Abrechnung der Untersuchungshaft von einer Strafe wegen Uebertretung, weil die Haft durch anfänglich indicirte schwerere Reate veranlaßt und gerechtfertigt gewesen sei.

38) In Uebertretungssachen ist nicht blos die bis zum Erlaße des Urtheils erlittene Untersuchungshaft von der Strafe abzuziehen, sondern die gesammte bis zur Rechtskraft des Urtheils. (Erk. d. Cass.-H. v. 25. Sept. 1869, Z. f. Gerichtspr. Bd. IX. S. 6.)

39) Auch wenn das Urtheil auf geschärften Arrest lautet, muß die erlittene Untersuchungshaft in Abrechnung kommen. (Hocheder S. 408, Dollmann Bd. I. S. 669. 670.)

40) Steht Abrechnung der Untersuchungshaft von einer Geldstrafe als Uebertretungsstrafe in Rede, so muß letztere als getilgt erklärt werden, wenn die Haft 42 Tage gedauert hat, selbst wenn die Umwandlung der Geldstrafe eine längere Dauer ergeben würde. (Hocheder S. 409, Dollmann Bd. I. S. 670.)

41) Wird die Geldstrafe in Arrest umgewandelt, und es ist ein Theil der Strafe durch Untersuchungshaft bereits erstanden, so kann die Arreststrafe nur in einer solchen Dauer vollzogen werden, daß sie mit der Haft 42 Tage ausmacht. (Hocheder S. 409, Dollmann Bd. I. S. 671, Rosenkrantz in Z. f. G. u. R. Bd. XIII. S. 432 fg.)

42) Nicht nur auf die nach dem Strafgesetzbuche zu erkennenden Uebertretungsstrafen findet der letzte Absatz des Art. 83 Anwendung, sondern auch auf die nach Spezialgesetzen zu erkennenden. Lassen diese eine höhere Strafe als 42 Tage Arrest oder 150 fl. Geldstrafe zu, so finden die in Ziff. 40 u. 41 erwähnten Grundsätze keine Anwendung. Ebenso ist bezüglich der spezialgesetzlichen Uebertretungen ohne Bedeutung, ob dieselben vor den Einzelnrichter oder zum Bezirksgerichte competiren. (Hocheder S. 409. 410, Weis Bd. I. S. 239, Dollmann Bd. I. S. 667. 670.)

43) In Uebertretungssachen muß die Abrechnung der Untersuchungshaft erfolgen, auch wenn sie im Urtheile nicht ausdrücklich verfügt ist. (Dollmann Bd. I. S. 669 s. auch oben Ziff. 38.)

44) Die Untersuchungshaft ist auch anzurechnen, wenn die Haft wegen einer andern That verhängt war, als wegen der bestraften Uebertretung, jedoch in derselben Prozedur. Stenglein Bd. I. S. 575. Entgegengesetzter Ansicht Dollmann Bd. I. S. 668 und das oberstr. Erk. oben Ziff. 37.

45) Nichtabrechnung der Untersuchungshaft zieht Nichtigkeit des Urtheils nach sich. (Stenglein Bd. I. S. 575, Erk. d. Cass.-H. v. 26. Juli 1867, Z. f. Gerichtspr. Bd. I. S. 32, Entsch. d. Cass.-H. Bd. I. S. 331.)

46) Auch eine Untersuchungshaft von nur etlichen Stunden muß abgerechnet und der Strafrest vollzogen werden, wenn er nur den Bruchtheil eines Tages ergibt. (Erk. d. Cass.-H. v. 26. Juli 1867 s. Ziff. 45.)

Siebentes Hauptstück.

Zusammenfluß strafbarer Handlungen.

Art. 84.

Zusammenfluß noch nicht abgeurtheilter strafbarer Handlungen.

Hat Jemand

1) **in verschiedenen Handlnngen mehrere Verbrechen, Vergehen oder Uebertretungen begangen, oder**

2) **in einer und derselben Handlung mehrere Strafgesetze zugleich oder ein und dasselbe Strafgesetz in mehrfacher Richtung übertreten,**

so soll nur dasjenige Strafgesetz, welches die schwerste Strafausmessung zuläßt, in Anwendung gebracht werden. Trifft in dem unter Ziff. 1 bezeichneten Falle eine Geldstrafe mit einer Gefäugniß- oder Arreststrafe, oder treffen mehrere Geldstrafen zusammen, so sind diese Strafen nebeneinander zu verhängen. Die gesammte Geldstrafe darf jedoch, wenn es sich lediglich um Uebertretungen handelt, nicht hundert und fünfzigGulden, und wenn es sich um Vergehen oder um Vergehen und Uebertretungen handelt, nicht tausend Gulden übersteigen.

Die gesetzlichen Bestimmungen bezüglich der in den Art. 28, 36, 40 und 43 bezeichneten Straffolgen kommen zur Anwendung, wenn sich unter den zusammentreffenden strafbaren Handlungen auch nur eine, sei es selbst die mit der geringeren Strafe bedrohte, befindet, welche die Anwendnng jener Bestimmungen oder einzelner derselben rechtfertigt.

1) Zu Absatz 1. Ziffer 1. Realer Zusammenfluß setzt voraus, daß eine Mehrheit selbstständiger, noch nicht rechtskräftig abgeurtheilter strafbarer Handlungen vorliegt. (Dollmann Bd. I. S. 683, Weis Bd. I. S. 242, Stenglein Bd. I. S. 577.)

2) Realer Zusammenfluß setzt eine Mehrheit von Willensbestimmungen und eine Mehrheit äußerer getrennter Bethätigungen derselben voraus. (Dollmann Bd. I. S. 683.) Mehrfacher Gebrauch einer gefälschten Urkunde zum Betrug, begründet realen Zusammenfluß. (Z. f. Gerichtspr. Bd. I. S. 242.)

3) Eine Mehrheit von Absichten oder von Verletzungsobjekten oder Erfolgen für sich allein und ohne hinzutretende Mehrheit selbstständiger Bethätigungsakte genügt nicht realen Zusammenfluß zu begründen. (Dollmann Bd. I. S. 683, Hocheder S. 414. S. dagegen Z. f. G. u. R. Bd. I. S. 197, Bd. III. S. 467, Z. f. Gerichtspr. Bd. III. S. 371; jedoch auch Z. f. G. u. R. Bd. VI. S. 433, Z. f. Gerichtspr. Bd. VI. S. 190, Bd. VII. S. 227. 241.)

4) Wer durch eine und dieselbe Handlung zwei Personen vorsätzlich verwundet, macht sich zweier Körperverletzungen schuldig. (Erk. d. Cass.-H. v. 21. Juni 1869, Entsch. d. Cass.-H. Bd. III. S. 232, Z. f. Gerichtspr. Bd. VIII. S. 356.)

5) Liegen mehrere selbstständige Handlungen vor, so kann weder deren zeitlicher oder örtlicher Zusammenhang noch die Gemeinsamkeit der Veranlassung

oder des verfolgten Zweckes die Annahme realen Zusammenflusses hindern. (Dollmann Bd. I. S. 684, Erk. d. Cass.-H. v. 18. Januar 1867, Entsch. d. Cass.-H. Bd. I. S. 24., Z. f. Gerichtspr. Bd. VI. S. 217.)

6) Wenn der Richter der That feststellt, daß von zwei sich unmittelbar folgenden, von einer Person gegen eine andere verübten Mißhandlungen die eine mit, die andere ohne überlegten Entschluß ausgeführt wurde und demgemäß zwei verschiedenartig qualifizirte Körperverletzungen in realem Zusammenflusse annimmt, so liegt hierin keine irrige Anwendung des Gesetzes. (Erk. d. Cass.-H. v. 29. Febr. 1868, Z. f. Gerichtspr. Bd. VII. S. 291.)

7) Die thatsächliche Feststellung, ob mehrere nach Willens- und Thatseite geschiedene, selbstständige Handlungen oder nur eine Handlung anzunehmen sei, steht zunächst dem Richter der That und Schuld (also in Schwurgerichtssachen den Geschwornen nach Maßgabe der desfalls an sie zu richtenden Fragen) zu, unbeschadet der Befugniß des Nichtigkeitsrichters, auf Grund der vorliegenden thatsächlichen Feststellungen zu prüfen, ob nicht jener Beurtheilung eine unrichtige Auffassung des Begriffs der Selbstständigkeit zu Grund liege. (Dollmann Bd. I. S. S. 685, Erk. d. Cass.-H. v. 18. Januar 1867, s. Ziff. 4. S. auch Erk. d. O.-G.-H. v. 14. Februar 1862, Z. f. G. u. R. Bd. IX. S. 35.)

8) Zu Absatz 1. Ziffer 2. Bei dem idealen Zusammenflusse wird wie bei dem realen vorausgesetzt, daß alle Thatbestandsmerkmale der mehreren Straffälle, insbesondere also die für jeden dieser Straffälle erforderliche Willensrichtung, vorhanden sei. (Dollmann Bd. I. S. 686.)

9) Nicht zu verwechseln mit Zusammenfluß ist die Verübung einer strafbaren That durch Vornahme mehrerer Akte verbrecherischen Handelns, welche sich zwar äußerlich unterscheiden lassen, aber durch kein Beruhenlassen der verbrecherischen Thätigkeit getrennt sind. (Hocheder S. 421. 422, Dollmann Bd. I. S. 690, Anmerk. 17.)

10) Ebensowenig liegt Zusammenfluß vor, wenn eine strafbare Handlung nicht nur die Merkmale eines selbstständig mit Strafe bedrohten Delikts, sondern auch die eines Gattungsverbrechens an sich trägt, wie Raub und Diebstahl, Amtsuntreue und Unterschlagung oder wenn eine strafbare That zugleich die Merkmale der geringeren und der höheren Stufe der Strafbarkeit in sich vereinigt. (Dollmann Bd. I. S. 687. 688, Hocheder S. 427.)

11) Gleichfalls kein Zusammenfluß liegt vor bei zusammengesetzten Delikten, bei welchen ein besonderes, selbstständiges Delikt zugleich einen qualifizirenden Umstand bei einem andern Delikte, und mit diesem deshalb nur eine That bildet. (Dollmann Bd. I. S. 688, Hocheder S. 424. 425.) Letzterer nimmt Zusammenfluß an, wenn das qualifizirende Reat höher oder gleich strafbar ist, als das qualifizirte. Dies bestreitet Dollmann Bd. I. S. 689. Anmerk. 16 insoferne, als er annimmt, daß in diesem Falle das qualifizirte Reat als nicht qualifizirt erscheine, z. B. Störung der Telegraphenanstalt mittels Diebstahls, wenn letzterer den Verbrechensgrad erreicht (Art. 358).

12) Bei Verübung des Vergehens der Gewaltthätigkeit mittels körperlicher Mißhandlung, wobei letztere geringer strafbar ist, kann kein Zusammenfluß jenes Vergehens mit Körperverletzung angenommen werden, doch begründet eine solche irrige Qualifikation der That keine Nichtigkeit des Urtheils. (Erk. d. Cass.-H. v. 12. Juni 1868, Z. f. Gerichtspr. Bd. VIII. S. 18, Entsch. d. Cass.-H. Bd. II. S. 269.)

13) Zusammenfluß liegt vor, wenn die Verübung einer strafbaren Handlung Mittel zum Zweck der Verübung einer anderen bildet, wenn nicht in diesem Falle ein selbstständig mit Strafe bedrohtes, zusammengesetztes Reat gegeben ist. (Hocheder S. 428.)

14) Zusammenfluß ist gleichfalls gegeben, wenn eine That nach ihren Merkmalen zugleich unter eine Strafbestimmung des Strafgesetzbuches und eines Spezialgesetzes fällt. (Hocheder S. 428. 429.)

15) Mit Zusammenfluß ist nicht zu verwechseln die Fortsetzung einer straf-

baren Handlung. Dollmann Bd. I. S. 691 nimmt Fortsetzung als gegeben an, wenn mehrere zeitlich getrennte verbrecherische Akte, deren jeder für sich allein schon den Thatbestand desselben Delikts enthält, lediglich als fortschreitende Ausführung desselben Entschlusses auch rücksichtlich ihrer äußeren Erscheinung sich darstellen und deshalb zu Einer verbrecherischen Handlung sich zusammenschließen;

Hocheder S. 422 wenn der Uebelthäter ein und dieselbe von ihm beschlossene strafbare That in mehreren der Zeit nach von einander getrennten Akten verbrecherischen Handelns zur Ausführung bringt;

Weis Bd. I. S. 242, wenn verschiedene Handlungen eines Thäters Ausfluß eines und desselben und gegen das nämliche Objekt gerichteten verbrecherischen Entschlusses sind;

Stenglein Bd. I. S. 578 definirt Fortsetzung als die successive Ausführung eines Entschlusses, welche auf eine strafbare gegen dasselbe Objekt zu verübende Handlung gerichtet ist.

16) Fortsetzung ist durch Gleichartigkeit der Handlungen bedingt. Diese wird aber durch die Verschiedenheit in den Modalitäten der mehreren Akte nicht ausgeschlossen. (Dollmann Bd. I. S. 692. 693.)

17) Die zur Fortsetzung erforderliche Einheit des Entschlusses setzt keine schon von Anfang an auf Begehung aller ferneren verbrecherischen Akte gerichtete Absicht voraus; vielmehr hat jeder neue verbrecherische Akt einen neuen, hierauf gerichteten Entschluß zur Voraussetzung. Es müssen aber die mehreren gleichartigen Akte durch eine moralische Kontinuität, durch ein sich selbst gleichbleibendes Wollen verbunden und zusammengefaßt sein; es darf kein gänzlich neuer, selbstständiger und von dem früheren unabhängiger Entschluß vorliegen, nachdem der frühere inzwischen aufgegeben war. (Dollmann Bd. I. S. 694, Hocheder S. 423, Stenglein Bd. I. S. 579.)

18) Bei fahrlässigen Handlungen findet keine Fortsetzung statt. (Hocheder S. 424. 425. Der entgegengesetzten Ansicht neigt sich zu, stellt jedoch die Frage als controvers dar, Dollmann Bd. I. S. 695. Anm. 25.)

19) Fortgesetzte Delikte werden als eine Gesammthandlung bestraft, wobei, wenn dies von Einfluß ist, Schadensbeträge u. dgl. zusammenzurechnen sind, jedenfalls aber die Mehrzahl verbrecherischer Akte bei der Strafzumessung zu berücksichtigen ist. Rechtfertigt die Art der Verübung einer dieser Akte eine strengere Bestrafung als die übrigen, so ist diese nach Analogie des idealen Zusammenflusses auf die Gesammthandlung anzuwenden (Dollmann Bd. I. S. 699. 700, Hocheder S. 422. 423.)

20) Ist Jemand wegen einer fortgesetzten Handlung bereits bestraft, so kann wegen eines jener Verurtheilung vorausgegangenen, aber nicht zur richterlichen Kognition gelangten Fortsetzungsaktes eine nochmalige gerichtliche Verfolgung und Bestrafung selbst dann nicht eintreten, wenn bei gleichzeitiger Aburtheilung eine strengere Bestrafung eingetreten sein würde. (Dollmann Bd. I. S. 699. 700, Erk. d. O.-G.-H. v. 22. Sept. 1854, Z. f. G. u. R. Bd. I. S. 389. Dagegen Erk. d. Cass.-H. v. 1. Dez. 1865, Z. f. G. u. R. Bd. XII. S. 564, Z. f. Gerichtspr. Bd. V. S. 94.), wodurch ausgesprochen ist, daß, wenn mehrere mittels der nämlichen Vorspiegelungen verübte Betrügereien rechtskräftig abgeurtheilt sind, und noch weitere solche Betrügereien bekannt werden, unter Aufrechthaltung des früheren Schuldausspruchs eine dem Maße und der Qualifikation nach höhere Gesammtstrafe erkannt werden kann. — Ebenso nach Erk. des Cass.-H. v. 5. Juli 1869, Z. f. Gerichtspr. Bd. VIII. S. 386, wonach, wenn einzelne der wegen Zusammenflusses mit einer Strafe belegten Betrügereien vor andern bereits rechtskräftig abgeurtheilten begangen sind, eine Gesammtstrafe erkannt werden muß. — Der O.-G.-H. findet in der Bestimmung des Art. 321 keine eine eigentliche Fortsetzung berührende.

21) Die Grundsätze über Fortsetzung finden allgemeine Anwendung auf strafbare Handlungen und sind deren Feststellung und Consequenzen der Doktrin überlassen. Bei denjenigen strafbaren Handlungen jedoch, für welche das Straf-

gesetzbuch besondere Regeln aufgestellt hat (Art. 273. 296. 321), finden nur diese Anwendung. (Dollmann Bd. I. S. 690. 708, Hocheder S. 421. 422. 424, Weis Bd. I. S. 242, Stenglein Bd. I. S. 577. 578, Erk. d. Cass.-H. v. 18. Dezbr. 1863, Z. f. Gerichtspr. Bd. III. S. 67, Z. f. G. u. R. Bd. X. S. 1044. Andere Ansichten sind vertreten Z. f. Gerichtspr. Bd. I. S. 23. Bd. VI. S. 191.)

22) „so soll nur dasjenige Strafgesetz, welches die schwerste Strafausmessung zuläßt, in Anwendung gebracht werden." Der Schuldausspruch muß alle diejenigen Delikte umfassen, welche in den festgestellten Thatsachen enthalten sind; nur für die Strafzumessung ist obige Regel gegeben. (Dollmann Bd. I. S. 702. 713. 714, Hocheder S. 415, Stenglein Bd. I. S. 582. Anmerk. 1, Z. f. G. u. R. Bd. X. S. 989. 991. Bd. XI. S. 219. 221, Z. f. Gerichtspr. Bd. II. S. 399.) Dies schließt jedoch die prozessuale Nichtberücksichtigung, bezw. Nichtverfolgung solcher geringer Straffälle nicht aus, welche weder für die auszusprechende Strafe noch für deren Folgen irgend eine Bedeutung haben. (Art. 31. Str.-Pr.-G. v. 10. Nov. 1848, Dollmann Bd. I. S. 714, Hocheder S. 432, Z. f. G. u. R. Bd. XI. S. 226.)

23) Die schwerste zulässige Strafe kann nur nach einer Gesetzesvorschrift bemessen werden, nicht mittels Verbindung oder Mischung verschiedener konkurrirender Strafdrohungen Hiebei sind alle obligatorischen Strafänderungs- bezw. Strafmilderungsgründe zu berücksichtigen. (Dollmann Bd. I. S. 703, Hocheder S. 418.) Nach Ermittelung der gesetzlichen Strafe für jedes einzelne der konkurrirenden Delikte nach ihrer objektiven und subjektiven Erscheinung muß die Strafe derjenigen Handlung der Ausmessung zu Grunde gelegt werden, welche das höchste Strafmaximum zu verhängen gestattet. (Hocheder S. 418, Stenglein Bd. I. S. 582.)

24) Bei der hienach anzustellenden Vergleichung ist stets eine Verbrechensstrafe als die schwerste, eine Vergehensstrafe als strenger zu betrachten, wie eine Uebertretungsstrafe und ist hiebei die Dauer der Freiheitsstrafe nicht unbedingt maßgebend, z. B. ist die Verbrechensstrafe selbst dann als die strengere zu betrachten, wenn sie nur in kürzerer Dauer zuerkannt werden kann, als eine konkurrirende Gefängnißstrafe, wie bei Duell oder bei Jugend des Thäters (Maximum 10 Jahre) möglich ist, und ist hiebei nicht einmal der Umwandlungsmaßstab von Gefängniß- in Zuchthausstrafe des Art. 87 zur Vergleichung in Anwendung zu bringen. Ebensowenig begründet es einen Unterschied, wenn die Gefängnißstrafe im Zuchthaus zu vollziehen ist. (Dollmann Bd. I. S. 704, Hocheder S. 418. 419.)

25) Konkurriren Geld- und Freiheitsstrafen, so kann nicht letztere unbedingt als die strengere betrachtet werden, sondern überwiegt erstere, wenn sie Vergehens-, letztere Uebertretungsstrafe ist. Bei gleicher Qualität des Delikts in dieser Beziehung ist die Geldstrafe nach dem Umwandlungsmaßstabe des Art. 27 in Vergleichung zu ziehen. Stellt sich hiebei eine gleiche Dauer heraus, so überwiegt die Freiheitsstrafe. (Dollmann Bd. I. S. 704, Hocheder S. 420.)

26) Sind bei zu vergleichenden Strafen das Maximum und Minimum verschieden, so ist diejenige die strengere, welche das höhere Maximum zuläßt, wobei jedoch nicht unter das Minimum einer andern konkurrirenden Strafe herabgegangen werden kann. Differirt nur das Minimum nicht das Maximum, so ist diejenige Strafe die strengere, welche das höhere Minimum vorschreibt. Die Straffolgen sind bei der Vergleichung nicht zu berücksichtigen. (Dollmann Bd. I. S. 705, Hocheder S. 420, Stenglein Bd. I. S. 582.)

27) Die hienach ausgemessene Strafe ist Gesammtstrafe für sämmtliche konkurrirende Reate und ist auf den Zusammenfluß als Straferhöhungsgrund bei Ausmessung der Strafe Rücksicht zu nehmen. (Dollmann Bd. I. S. 705. 706, Hocheder S. 416, Weis Bd. I. S. 243. 244, Stenglein Bd. I. S. 582.)

28) Gegen einen Angeschuldigten, gegen welchen wegen Uebertretungen das höchste Strafmaß von 42 Tagen Arrest verhängt ist, darf wegen Uebertretungen, welche von ihm vor dem ersten Strafurtheile verübt wurden, keine weitere Arrest-

strafe verhängt werden. (Erk. d. Cass.-H. v. 27. Mai 1867, Z. f. Gerichtspr. Bd. VI. S. 369.)

29) Wenn gegen einen Angeklagten in successiven Strafurtheilen eine Gesammtstrafe auszusprechen ist, so kann in dem späteren Urtheile das früher rechtskräftig abgeurtheilte Delikt bei der Strafzumessung zu Grunde gelegt und die Strafe erhöht werden. (Erk. d. Cass.-H. v. 29. Nov. 1867, Z. f. Gerichtspr. Bd. VII. S. 153, Entsch. d. Cass.-H. Bd. I. S. 466.)

30) Die Regel der Absorption der geringeren durch die höhere Strafe bei ideellem Zusammenflusse findet eine Ausnahme bei Zusammenfluß von Jagdfrevel und Jagdpolizeiübertretung in einer Handlung vermöge Art. 8 des Gesetzes v. 25. Juli 1850 die Bestrafung der Jagdfrevel betr. (Erk. d. Cass.-H. v. 20. Juli 1867, Z. f. Gerichtspr. Bd. VII. 27, Pl.-Erk. d. Cass.-H. v. 9. Dezbr. 1867, Z. f. Gerichtspr. Bd. VII. S. 164, Entsch. d. Cass.-H. Bd. I. S. 327. 474.)

31) Trifft in dem unter Ziff. 1 bezeichneten Falle eine Geldstrafe mit einer Gefängniß- oder Arreststrafe, oder treffen mehrere Geldstrafen zusammen, so sind diese Strafen neben einander zu verhängen. Verbrechensstrafen absorbiren alle geringeren Freiheits-, sowie alle Geldstrafen; erstere selbst dann, wenn eine Gefängnißstrafe im Zuchthause zu vollziehen ist. (Dollmann Bd. I. S. 708. 709. Anmerk. 54a., Hocheder S. 416. 417, Weis Bd. I. S. 244, Stenglein Bd. I. S. 583.)

32) Treffen unbedingt mit Freiheitsstrafe bedrohte Reate mit solchen zusammen, welche alternativ mit Freiheits- und mit Geldstrafen bedroht sind, oder treffen mehrere alternativ mit beiden Strafarten bedrohte Delikte zusammen, so muß der Richter sich entscheiden, ob er für einzelne der alternativ Bedrohten Geld- oder Freiheitsstrafe angemessen findet, und hienach Absorption oder Cumulation eintreten lassen. Hocheder S. 417. 418. — Weis Bd. I. S. 244 u. Dollmann Bd. I. S. 711 wollen dies dahin beschränken, daß, wenn die schwerere der konkurrirenden Strafen die unbedingt angedrohte Freiheitsstrafe ist, eine Cumulation nicht eintreten soll; ebensowenig, wenn der Richter von mehreren alternativ angedrohten Strafen bei der schwersten die Freiheitsstrafe wählt. (Mit dem Wortlaute des Gesetzes harmonirt diese Beschränkung nicht.)

33) Bei dem Zusammenflusse eines mit Gefängniß bedrohten Vergehens mit einer mit Arrest bedrohten Uebertretung, bei welcher die Verbindung einer Geldstrafe mit der Arreststrafe gestattet ist, kann bei der zu verhängenden Gesammtstrafe mit der Gefängnißstrafe eine Geldstrafe verbunden werden. (Erk. d. Cass.-H. v. 13. März 1868, Entsch. d. Cass.-H. Bd. II. S. 135, Z. f. Gerichtspr. Bd. VII. S. 296.)

34) Gebietet das Gesetz die cumulative Verhängung von Freiheits- und Geldstrafe in einer Strafandrohung, oder gestattet es dieselbe, so kann zwar nur die schwerste Freiheitsstrafe der Strafzumessung zu Grund gelegt werden, die Geldstrafen müssen oder können aber bis zum Belaufe des Maximums cumulirt werden. (Hocheder S. 418, Dollmann Bd. I. S. 712.)

35) Ist Cumulation einer Freiheits- mit Geldstrafe erfolgt und letztere muß in Freiheitsstrafe umgewandelt werden, so hat es hiebei sein Verbleiben; es tritt also ausnahmsweise eine Cumulation von Freiheitsstrafen ein. (Dollmann Bd. I. S. 712, Stenglein Bd. I. S. 583, Motive z. Entw. v. 1855. S. 67.)

36) Die gesammte Geldstrafe darf jedoch, wenn es sich lediglich um Uebertretungen handelt, nicht hundert und fünfzig Gulden, und wenn es sich um Vergehen oder um Vergehen und Uebertretungen handelt, nicht tausend Gulden übersteigen. Hiebei kann es sich nur fragen, ob, wenn mehrere Uebertretungen mit einem oder mehreren Vergehen konkurriren, für erstere mehr als 150 fl. bei der cumulativen Strafe in Ansatz gebracht werden dürfen, oder nicht. Hocheder S. 436 bejaht dies im Einklange mit dem Wortlaute des Gesetzes. Vgl. G.-A. d. K. d. R. v. 1860/61 S. 430 fg., Dollmann Bd. I. S. 710 und Edel Comment. z. Pol.-Str.-G.-Bch. S. 137 verneinen es.

37) Obige Regel greift selbstverständlich nur Platz, wenn es sich lediglich um Vergehen handelt, welche mit Geldstrafe bis zu 1000 fl, oder um Uebertretungen, welche mit Geldstrafe bis zu 150 fl. bedroht sind; nicht aber wenn ein Zusammenfluß mit spezial-gesetzlichen Vergehen oder Uebertretungen stattfindet, welche an sich mit höherer Strafe bedroht sind oder besondere Bestimmungen über den Zusammenfluß enthalten. Hocheder S. 436. Dieser nimmt an, daß in solchen Fällen geringere Geldstrafen absorbirt werden.

38) Art. 84 hat nur den Zusammenfluß von Verbrechen, Vergehen und solchen Uebertretungen im Auge, welche entweder durch das Strafgesetzbuch, oder durch Spezialgesetze mit Criminalstrafen bedroht sind, auf welch' letztere die allgemeinen Bestimmungen des Strafgesetzbuches Anwendung finden. Auf Zusammenfluß solcher Delikte mit Polizei- oder fiskalischen Uebertretungen ist Art. 24 des Pol.-Str.-G.-Bchs. anwendbar. (Dollmann Bd. I. S. 700 Anmerk. 37, Hocheder S. 429 Ziff. IV, Edel Comment. z. Pol.-Str.-G.-Bch. S. 135.) Ob die voraufgeführte Ansicht bezüglich der fiskalischen Delikte richtig ist, muß im Hinblick auf die Jurisprudenz bezüglich des Aufschlagsmandats vom 28. Juli 1807, wonach auf diese die allgemeinen Bestimmungen des Strafgesetzbuches anwendbar waren, (vgl. u. A. das Erk. d. O.-A.-G. v. 21. Febr. 1863, Z. f. Gerichtspr. Bd. II. S. 171, ferner ebendaselbst S. 88. 90. 92. 197) sodann nach dem Wortlaute des Gesetzes, Art. 24 Pol.-Str.-G.-B., welches die Polizeiübertretungen allen andern strafbaren Handlungen gegenüberstellt, bezweifelt werden. Der Wortlaut des Art. 24 cit. paßt nur auf den Zusammenfluß von Polizeiübertretungen einer- und andern Straffällen anderseits. (Edel S. 136.)

39) Auf Zusammenfluß von Zolldefraudationen finden nicht die allgemeinen Bestimmungen des Strafgesetzbuchs, sondern die besonderen des Zollstrafgesetzes Anwendung, welche Cumulation der Strafen ohne Rücksicht auf deren Betrag gebieten. (Erk. d. Cass.-H. v. 18. April 1868, Z. f. Gerichtspr. Bd. VII. S. 340, Entsch. d. Cass.-H. Bd. II. S. 181.)

40) Die Bestimmungen des Strafgesetzbuches über Zusammenfluß strafbarer Handlungen finden auch auf Forstfrevel Anwendung, welche mit anderen strafbaren Handlungen konkurriren. (Erk. d. Cass.-H. v. 19. Juni 1869, Z. f. Gerichtspr. VIII. S. 353, Entsch. d. Cass.-H. Bd. III. S. 228.)

41) Neben den Verbrechensstrafen ist auf polizeiliche Geldstrafen zu erkennen, insbesondere mit Rücksicht auf die hohen nach Spezialgesetzen zu erkennenden Geldstrafen. (Verh. d. K. d. A. 1859/61, Beil.-Bd. II. S. 294. Bd. III. S 206, Edel Comment. S. 136. 137.) Sind diese uneinbringlich, so ist die umgewandelte Strafe neben der Verbrechensstrafe zu vollziehen, jedoch im Zuchthause und in ihrer Dauer gemäß Art. 86 Abs. 2 reducirt. (Hocheder S. 431 bis 433.) Ueber Mißverhältnisse, welche bei Konkurrenz eines geringen Vergehens mit einer Zolldefraudation oder Contravention u. dgl. entstehen können, vgl. Hocheder S. 433. Anmerk. Ganz richtig entscheidet Edel Comment. S. 136 solche Fälle dahin, daß vor Allem die höhere Strafe der einzelnen fiskalischen Delikte oder die der konkurrirenden zu bemessen ist und die Concurrenz derselben mit andern Delikten erst in zweiter Reihe zu berücksichtigen.

42) Die für ein Vergehen durch Umwandlung einer Geldstrafe sich ergebende Freiheitsstrafe kann mit der durch eine konkurrirende Polizeiübertretung verwirkten Arreststrafe verbunden werden. (Erk. d. O.-G.-H. v. 14. Febr. 1862, Z. f. G. u. R. Bd. IX. S. 38.)

43) Ist Gefängniß- und Arreststrafe neben einander zu verhängen, so ist letztere in ihrer vollen Dauer zu vollziehen. Ist jedoch die Gefängnißstrafe im Zuchthause zu vollziehen, so muß die Arreststrafe auf drei Viertheile ihrer Dauer reducirt werden. Außerdem richtet sich die Entscheidung der Frage, ob die Strafe im Bezirksgefängnisse oder in der Gefangenanstalt zu vollziehen sei, nach der Dauer der Gesammtstrafe, nicht nach jener der Gefängnißstrafe allein. (Hocheder S. 434.)

44) Mehrere für Polizeiübertretungen und strafrechtliche Uebertretungen im

Zusammenflusse verwirkte Arreststrafen sind neben einander zu verhängen; es greift jedoch die Beschränkung auf 42 Tagen in maximo nicht Platz, wenn eine nach einem Spezialgesetz zu verhängende Arreststrafe allein schon diese Dauer überschreitet, in welchem Falle aber die höhere Strafe allein zu verhängen ist. (Hocheder S. 435.)

45) Gleiches Verhältniß findet statt, wenn bei Vorliegen eines Zusammenflusses von Polizei- und strafrechtlichen Uebertretungen oder Vergehen mehrere Geldstrafen zu cumuliren sind, und können neben einer Vergehensstrafe auch mehrere, das Maas von 150 fl. überschreitende Uebertretungsstrafen verhängt werden. (Hocheder S. 436, A. M. Dollmann s. oben Ziff. 29, Edel S. 137.)

46) Konkurriren mehrere strafrechtliche Handlungen mit einer oder mehreren Polizeiübertretungen, so ist vor Allem für jene die Gesammtstrafe nach Art. 84 Str.-G.-Bch., und sodann die endlich auszumessende Gesammtstrafe nach Art. 24 Pol.-Str.-G.-B. zu suchen. (Edel Comment. S. 135.) Ebenso bei Zusammenfluß mehrerer fiskalischer Delikte mit Polizeiübertretungen. (Edel S. 136.)

47) Wenn durch eine Zolldefraudation gleichzeitig eine andere strafbare Handlung, insbesondere in Bezug auf ansteckende Viehkrankheiten begangen wird, sind die Strafen beider zu verbinden. (Erk. d. Cass.-H. v. 9. Mai 1868, Z. f. Gerichtspr. Bd. VII. S. 360, Entsch. d. Cass.-H. Bd. II. S. 216.)

48) Zu Art. 84 Abs. 2. Die Straffolgen aller Handlungen, wegen deren ein Schuldausspruch erfolgt, seien sie auch im Polizeistrafgesetzbuche begründet (Art. 24 Abs. 3 Pol.-Str.-G.-Bch.) sind mit einander zu verbinden und ist hiebei nur die Verwahrung in einer Polizeianstalt ausgeschlossen, wenn die wie immer bemessene Gesammtfreiheitsstrafe die Dauer von zwei Jahren überschreitet. Diese Regel findet auf realen wie auf idealen Zusammenfluß Anwendung. Absolut geboten ist die gleichzeitige Verhängung verschiedener Straffolgen nur dann, wenn diese Verhängung im Gesetze geboten ist; ist sie nur für zulässig erklärt, so liegt auch in Fällen des Zusammenflusses die Verhängung im Ermessen des Richters. (Dollmann Bd. I. S. 706. 707, Hocheder S. 420. 421. 436, Weis Bd. I. S. 245, Stenglein Bd. I. S. 583, Edel S. 138, Vortr. im G.-A. d. K. d. A. 1856/57 S. 56, Prot. 236.)

Prozessuale Folgen des Zusammenflusses.

49) Art. 84 hat eine gleichzeitige Aburtheilung aller konkurrirenden Straffälle als Regel im Auge. Eine successive Aburtheilung idealen Zusammenflusses ist gemäß Art. 90 absolut ausgeschlossen. (Dollmann Bd. I. S. 713, Stenglein Bd. I. S. 582. 584, Weis Bd. I. S. 246.)

50) Unter die Regel gleichzeitiger Aburtheilung fallen nicht die disciplinären Straffälle; Steuercontraventionen, welche nicht von den Strafgerichten, sondern von andern Behörden zu verfolgen sind, wie bei Einkommen-, Kapitalrenten-, Gewerbesteuer; endlich die Fälle, welche vor Ausnahmsgerichte gehören, wie vor den Staatsgerichtshof oder die Standgerichte. (Dollmann Bd. I. S. 714. Anmerk. 65, Hocheder S. 429. 440. 442.)

51) Nach dem Prozeßrecht in den Landestheilen diesseits des Rheins hat der reale Zusammenfluß ohne Rücksicht auf inneren Zusammenhang die Wirkung der Verbindung der strafprozessualen Behandlung durch alle Stadien des Verfahrens; demgemäß ist beim Zusammentreffen mehrerer Reate von verschiedener Schwere das für den schwersten derselben zuständige, beim Zusammentreffen gleich schwerer Reate das prävenirende Strafgericht ausschließlich zuständig und zur gleichzeitigen Instruktion sämmtlicher konkurrirenden Straffälle berechtigt und verpflichtet. (Dollmann Bd. I. S. 715, Walther Lehrbuch des bayer. Strafproz. S. 147 fg., Dollmann Comment. z. Str.-Pr.-Gesetz S. 145, System des bayer. Strafpr.-R. Abth. I. S. 64, Hocheder S. 437 fg., Z. f. G. u. R. Bd. I. S. 286. 499. Bd. II. S. 63. 160. 300. 377. Bd. IV. S. 241. Bd VI. S. 215.)

52) Ein Untersuchungsrichter kann beim Zusammentreffen mehrerer strafbaren Handlungen seine Zuständigkeit durch ersten Zugriff nur dann begründen, wenn die That, wegen welcher er zuerst eingeschritten, für sich allein betrachtet

zu seiner Kompetenz gehören würde. (Erk. d. O.-G.-H. v. 6. Juli 1867, Bl. f. R.-A. Bd. XXXII. S. 257.)

53) Die in einer Untersuchung wegen Verbrechens begründete Kompetenz erstreckt sich auf alle vor gänzlicher Erledigung dieser Untersuchung gegen dieselbe Person sich ergebenden Anschuldigungen. (Erk. d. O.-G.-H. v. 17. Sept. 1867, Bl. f. R.-A. Bd. XXXII. S. 318.)

54) Wenn die Aburtheilung einer Militärperson nach Maßgabe des Gesetzes vom 1. Juli 1856, die gemischtgerichtlichen Untersuchungen betr., vor dem zuständigen Militärgerichte dem bürgerlichen Strafgerichte überlassen worden ist, erstreckt sich die Zuständigkeit des letzteren auch auf das der Militärperson zur Last liegende militärische Verbrechen oder Vergehen der Desertion. (Erk. d. O.-G.-H. v. 13. August 1858, Z. f. G. u. R. Bd. V. S. 322.)

55) Verbrechen, welche einer Militärperson allein zur Last fallen, sind gemischtgerichtlich zu behandeln, wenn die Militärperson bereits in einer gemischtgerichtlichen Untersuchung befangen ist, sollte sie auch bei dieser nur wegen eines geringeren Reates betheiligt sein. (Erk. d. Cass.-H. v. 9. März 865, Z. f. Gerichtspr. Bd. VI. S. 145, Bl. f. R.-A. Bd. XXXI. S. 353, Erört. in Z. f. G. u. R. Bd. XII. S. 79, Dollmann Bd. I. S. 716. 717. Anmerk. 68, Bl. f. R.-A. Bd. XXIII. S. 105. Bd. XXVI. S. 211. Bd. XXX. S. 28.)

56) Die Civilgerichte sind zur Aburtheilung einer gegen einen Soldaten allein gerichteten Anschuldigung dann zuständig, wenn derselbe vorher schon in einer gemischtgerichtlichen Untersuchung befangen war, dieselbe aber durch eine gegen das Urtheil I. Instanz ergriffene Berufung noch rechtshängig war. (Erk. d. O.-G.-H. v. 2. März 1868. Z. f. Gerichtspr. Bd. VII. S. 293, Bl. f. R.-A. Bd. XXXIII. S. 92.)

57) Eine Klage wegen Uebertretung der Ehrenkränkung und eine gleichzeitig vorliegende Beschuldigung wegen höher strafbarer Delikte (Verbrechen oder Vergehen) sind von demselben Gerichte gleichzeitig zu verhandeln und abzuurtheilen. (Erk. d. Cass.-H. v. 30. September 1865 und 4. November 1867, Zeitsch. f. Gerichtspr. Bd. V. S. 22. Bd. VII. S. 136, Z. f. G. u. R. Bd. XII, S. 464, Entsch. d. Cass.-H. Bd. I. S. 447, s. auch Zeitsch. f. Gerichtspr. Bd. II. S. 183. 325. Bd. IV. S. 297. Bd. V. S. 81. Bd. VI. S. 205, Dollmann Bd. I. S. 716. Anmerk. 68.)

58) Im Widerspruch mit andern Entscheidungen und deren Gründen erkannte jedoch der Cass.-H. am 31. Januar 1867, beim Zusammentreffen von Vergehen und Forstfreveln seien die letzteren vom Forststrafgerichte abzuurtheilen. (Entsch. d. Cass.-H. Bd. I. S. 30, Z. f. Gerichtspr. Bd. VI. S. 220.)

59) Wenn gegen einen wegen Vergehens Verurtheilten eine Klage wegen Ehrenkränkung, die vor Rechtskraft des wegen Vergehens ergangenen Urtheils verübt wurde, gestellt wird, so ist zu deren Beurtheilung das wegen Vergehens zuständige Gericht kompetent. (Erk. d. Cass.-H. v. 2. Oktober 1869, Z. f. Gerichtspr. Bd. IX. S. 8, Entsch. d. Cass.-H. Bd. II. S. 335.)

60) Wenn im Laufe der Voruntersuchung oder doch vor erfolgter Verweisung neue Reate derselben Person auftauchen, welche auf die Bestrafung einen Einfluß zu äußern vermögen, so ist die Voruntersuchung auf dieselben zu erstrecken und sodann wegen sämmtlicher hinreichend indicirter Reate die Verweisung zu gemeinschaftlicher Aburtheilung auszusprechen. (Dollmann Bd. I. S. 723.)

61) Wenn nach erfolgter Verweisung oder im Laufe der öffentlichen Verhandlung Anzeigen weiterer von derselben Person begangener strafbarer Handlungen sich ergeben, so ist in der Regel die Aburtheilung nicht auszusetzen, sondern später, wenn die neu indicirten Reate von Einfluß auf die Strafe sind, eine Gesammtstrafe auszusprechen. In Straffällen, welche nicht zur Zuständigkeit der Schwurgerichte gehören, kann aber auch die Aburtheilung ausgesetzt werden, bis eine gemeinschaftliche Verhandlung möglich ist. (Dollmann Bd. I. S. 723. 724.) Ist das erste Urtheil bereits in Rechtskraft übergegangen, wenn die neuen Straffälle zur Aburtheilung kommen, so ist Art. 85 anwendbar.

62) Bei nachträglichem Ausspruche einer Gesammtstrafe darf der frühere rechtskräftige Schuldausspruch nicht wiederholt werden. (Erk. d. Cass.-H. v. 12. November 1861, Z. f. Gerichtspr. Bd. I. S. 21.)

63) Waren die verschiedenen Straffälle bei verschiedenen Gerichten anhängig, so müssen die verschiedenen Strafurtheile vollzogen werden, wenn sie sämmtlich rechtskräftig geworden sind. Ist dies nicht der Fall, sei es, daß keines der Urtheile rechtskräftig ist, oder einzelne nicht, so hat die II. Instanz das entsprechende Strafurtheil auf Gesammtstrafe unter Berücksichtigung der rechtskräftig ergangenen Schuldaussprüche zu erlassen; wird endlich der Zusammenfluß erst in der Cassationsinstanz entdeckt, so ist durch Vernichtung der den Art. 84 nicht berücksichtigenden Urtheile und Anordnung wiederholter Aburtheilung zu helfen. (Dollmann Bd. I. S. 732. Vgl. über successiven Zusammenfluß Erört. in Z. f. G. u. R. Bd. XII. S. 406.)

64) Wenn ein Angeklagter in I. Instanz wegen Vergehens verurtheilt ist und ehe die von ihm ergriffene Berufung beschieden ist, Verdacht wegen Verübung eines Verbrechens gegen ihn entsteht, so kann das Appellationsgericht nicht sofort in geheimer Sitzung auf Verweisung aller Anschuldigungen vor das Schwurgericht erkennen, sondern es muß die Berufung verhandeln, und bei genügendem Verdacht wegen des Verbrechens das erstrichterliche Urtheil wegen Zuständigkeit des Schwurgerichts vernichten. (Erk. d. Cass.-H. v. 16. Dez. 1865, Z. f. Gerichtspr. Bd. V S. 113. Z. f. G. u. R. Bd. XII. S. 591.)

65) Wenn ein Angeklagter wegen Vergehens in I. Instanz verurtheilt und ehe die von ihm ergriffene Berufung beschieden ist, wegen Verdachts eines Verbrechens (Meineids) die Verweisung vor das Schwurgericht gegen ihn beschlossen wird, so kann das Appellationsgericht die Berufung in der Vergehenssache nicht verwerfen, sondern muß das erstrichterliche Urtheil vernichten und auch das Vergehen zum Schwurgericht verweisen. (Erk. d. Cass.-H. v. 18. Mai 1867, Z. f. Gerichtspr. Bd. VI. S. 354, Entsch. d. Cass.-H. Bd. I. S. 228, Pl.-Erk. v. 6. August 1867, Z. f. Gerichtspr. Bd. VII. S. 38, Entsch. d. Cass.-H. Bd. I. S. 339. Dagegen Erk. d. A.-G. von Oberbayern v. 14. Juni 1867, Z. f. Gerichtspr. Bd. VII. S. 75.)

66) Es begründet keine unrichtige Anwendung des Gesetzes, wenn das Gericht II. Instanz das in einer Uebertretungssache in I. Instanz ergangene Urtheil vernichtet und die Sache zur Aburtheilung an das zuständige Bezirksgericht als I. Instanz verweist, nachdem es in Erfahrung gebracht hat, daß der Thäter nach Verübung der Uebertretungen in eine Vergehensstrafe verurtheilt wurde und es der Ansicht ist, daß eine höhere Gesammtstrafe Platz zu greifen habe. (Erk. d. Cass.-H. v. 12. Oktober 1868, Z. f. Gerichtspr. Bd. VIII. S. 59, Entsch. d. Cass.-H. Bd. II. S. 427, s. auch den Rechtsfall Z. f. Gerichtspr. Bd. VIII. S. 348.)

67) Wird ein Beschuldigter, welcher wegen eines Vergehens bereits verurtheilt wurde und hiegegen ein Rechtsmittel einlegte, wegen eines weiteren Vergehens in die öffentliche Sitzung verwiesen, so ist die Verhandlung und Entscheidung dieser letzteren Sache bis zur rechtskräftigen Erledigung der ersteren auszusetzen. (Erk. d. A.-G. v. Oberbayern v. 9. Oktober 1863, Z. f. G. u. R. Bd. X. S. 989, Z. f. Gerichtspr. Bd. II. S. 399.)

68) Auftauchen neuer Reate in II. Instanz hindert die Bescheidung der Berufung nicht. (Erk. d. Cass.-H. v. 8. Mai 1863, Z. f. Gerichtspr. Bd. II. S. 241.)

69) Wenn ein Angeschuldigter vor Rechtskraft eines gegen ihn ergangenen Urtheils von Neuem delinquirt, so muß das erste Urtheil der Rechtskraft zugeführt werden, ehe die Gesammtstrafe ausgesprochen werden kann. (Erk. d. A.-G. v. Oberbayern v. 13. August 1863, Z. f. Gerichtspr. Bd. II. S. 399.)

70) Auf Berufung des Beschuldigten, gegen welchen successiv mehrere Strafurtheile wegen konkurrirender Delikte ergangen waren, kann eine die höchste der einzelnen zuerkannten Strafen übersteigende Gesammtstrafe erkannt werden. (Erk. d. Cass.-H. v. 30. Mai 1864, Z. f. Gerichtspr. Bd. III. S. 270.)

71) Es begründet keine Nichtigkeit des Verfahrens, wenn Personen, gegen welche Verdacht, ein Verbrechen begangen zu haben, besteht, vor deren Verweisung vor das Schwurgericht von den zuständigen Gerichten wegen gleichfalls angeschuldigter Vergehen rechtskräftig abgeurtheilt werden. (Erk. d. Cass.-H. v. 18. August 1866, Z. f. Gerichtspr. Bd. VI. S. 81, Z. f. G. u. R. Bd. XIII. S. 521.)

72) Das zur Aburtheilung eines Vergehens zuständige Gericht ist nur dann auch zur Aburtheilung der gegen denselben Angeschuldigten vorliegenden Uebertretungen zuständig, wenn diese noch nicht abgeurtheilt sind, gleichviel ob rechtskräftig oder nicht, außerdem hat nur Feststellung einer Gesammtstrafe zu erfolgen. (Erk. d. Cass.-H. v. 22. Sept. 1865, Z. f. Gerichtspr. Bd. V. S. 20, Z. f. G. u. R. Bd. XII. S. 447.)

73) Wenn verschiedene Erkenntnisse einen und denselben Beschuldigten wegen konkurrirender Vergehen und Uebertretungen neben einander zu Gefängniß- und Arreststrafen verurtheilen, so sind die in den Uebertretungssachen erlassenen Erkenntnisse zu vernichten und zum Bezirksgericht als I. Instanz zur Erkennung einer Gesammtstrafe zu verweisen. (Erk. d. Cass.-H. v. 20. November 1865, Z. f. G. u. R. Bd. XII. S. 548. Z. f. Gerichtspr. Bd. V. S. 217.)

74) Wenn ein Beschuldigter wegen zweier konkurrirenden strafbaren Handlungen gleichzeitig bei verschiedenen Gerichten in Untersuchung ist, muß eine Gesammtstrafe erkannt werden, wenn auch der Beschuldigte die Strafe für die eine vor Aburtheilung der andern erstanden hat. (Erk. d. Cass.-H. v. 2. Juni 1865, Z. f. Gerichtspr. Bd. IV. S. 290, Z. f. G. u. R. Bd. XII. S. 251.)

75) Wenn, ehe ein Strafurtheil wegen Uebertretung die Rechtskraft beschritten hat, die Verurtheilung desselben Beschuldigten wegen Vergehens veranlaßt ist, muß eine Gesammtstrafe ausgesprochen werden. (Erk. d. Cass.-H. v. 20. November 1865, Z. f. Gerichtspr. Bd. V. S. 217, Z. f. G. u. R. Bd. XII. S. 548.)

76) Es begründet Nichtigkeit des Urtheils, wenn in successiven Strafurtheilen gegen eine Person anstatt der gesetzlich gebotenen Gesammtstrafe verschiedene selbstständige Strafen erkannt wurden. (Erk. d. Cass.-H. v. 16. Febr. u. 13. April, 20. August u. 7. Dezbr. 1866, und v. 15. März 1867, Z. f. Gerichtspr. Bd. V. S. 290. Bd. VI. S. 73. 188, Z. f. G. u. R. Bd. XIII. S. 67. 174. 525. 642, Entsch. d. Cass.-H. Bd. I. S. 115.)

77) Der Oberrichter hat auch ohne staatsanwaltschaftliche Berufung auf eine Gesammtstrafe zu erkennen, wenn der Beschuldigte gegen ein erstes gegen ihn ergangenes Urtheil die Berufung ergriffen hat, nicht aber gegen ein zweites, eine Gesammtstrafe nicht aussprechendes, obgleich Zusammenfluß begründet ist. (Erk. d. A.-G. von Oberfranken v. 10. Sept. 1869, Zeitschr. f. Gerichtspr. Bd. IX. S. 44.)

78) Ein rückfälliger Dieb kann nicht zur Strafe des Art. 276 verurtheilt werden, wenn derselbe zwar zwei Freiheitsstrafen von wenigstens einem Jahre, wovon eine im Auslande, wegen Diebstahls erlitten hatte, diese aber unter die Bestimmungen über Zusammenfluß gefallen wären, wenn sie auch bei gleichzeitiger Aburtheilung im Inlande eine Verbrechensstrafe nach sich gezogen hätten. (Erk. d. Cass.-H. v. 17. März 1866 u. 1. Juni 1867, Zeitschr. f. Gerichtspr. Bd. V. S. 238. Bd. VI. S. 360, Entsch. d. Cass.-H. Bd. I. S. 247.)

79) Beruhigung bei einem unter Einrechnung einer früheren Strafe eine Gesammtstrafe aussprechenden Urtheile macht die Berufung gegen das frühere Urtheil gegenstandslos. (Erk. d. A.-G. v. Mittelfranken v. 14. Januar 1868, Z. f. Gerichtspr. Bd. VIII. S. 284.)

80) Bei Verhängung einer Gesammtstrafe wegen Zusammenflusses mehrerer strafbarer Handlungen findet eine theilweise Rechtskraft des Urtheils selbst dann nicht statt, wenn der Beschuldigte erklärt, einen Theil des Schuldausspruches nicht anfechten zu wollen. Wenn ein Beschuldigter wiederholt delinquirt, ehe ein früher gegen ihn ergangenes Strafurtheil rechtskräftig ist, so muß eine Gesammt-

strafe gegen ihn auch dann verhängt werden, wenn er nach Rechtskraft des ersten Urtheils noch eine weitere, mit jenen zusammentreffende strafbare Handlung begangen hat.(Erk. d. Cass.-H. v. 20. Mai 1869, Zeitsch. f. Gerichtspr. Bd. VIII. S. 330, Entsch. d. Cass.-H. Bd. III. S. 208.)

81) Die Aburtheilung einer vor eingetretener Rechtskraft des in einer Uebertretungssache ergangenen Strafurtheils verübten weiteren Uebertretung steht, wenn zur Zeit der Ladung des Beschuldigten wegen dieser weiteren Uebertretung das frühere Strafurtheil bereits rechtskräftig geworden ist, dem Gerichte des Ortes der begangenen That zu. (Erk. d. Cass.-H. v. 2. Oktober 1869, Entsch. d. Cass.-H. Bd. III. S. 333, Z. f. Gerichtspr. Bd. IX. S. 19.)

82) Ueber die Behandlung des Zusammenflusses nach pfälzischem Prozeßrechte s. Dollmann Bd. I. S. 717. 718, Hocheder S. 439.

Art. 85.

Andere Fälle des Zusammenflusses.

Wer wegen einer Handlung rechtskräftig zu einer Strafe verurtheilt worden ist, darf wegen einer anderen strafbaren Handlung, deren er sich vor jener Verurtheilung gleichfalls schuldig gemacht hat, nur dann gerichtlich verfolgt und bestraft werden, wenn sich annehmen läßt, daß für beide Straffälle zusammen bei gleichzeitiger Aburtheilung eine hinsichtlich der Gattung oder des Maßes oder der Folgen schwerere Bestrafung eingetreten sein würde, als ihm wegen der zuerst abgeurtheilten Handlung wirklich zuerkannt wurde.

In diesem Falle hat das Gericht in dem späteren Strafurtheile die für beide Straffälle nach den Vorschriften des Art. 84 treffende Gesammtstrafe auszusprechen.

1) „Wer wegen einer Handlung rechtskräftig zu einer Strafe verurtheilt worden ist.“ Rechtskräftig ist ein Erkenntniß erst dann, wenn es nicht mehr durch ein ordentliches Rechtsmittel angegriffen werden kann. Zu diesen gehört auch die Nichtigkeitsbeschwerde (Cassationsrekurs). Verspätete Anmeldung von Rechtsmitteln hebt die Rechtskraft nicht auf. (Dollmann Bd. I. S. 736. Anmerk. 5.)

2) Die gleichen Grundsätze müssen zur Anwendung kommen, wenn die weitere strafbare Handlung vor eingetretener Rechtskraft des wegen einer andern Handlung ergangenen Strafurtheils, oder doch erst bei Aburtheilung dieser Handlung oder zu einer Zeit entdeckt wird, wo gegen das besagte Strafurtheil noch ein ordentliches Rechtsmittel zulässig oder in der Schwebe ist. (Hocheder S. 443, Stenglein Bd. I. S. 584. Anmerk. 1.)

3) Die erfolgte frühere Freisprechung wegen eines konkurrirenden Reates bleibt außer Beachtung. Dollmann Bd. I. S. 736. Anmerk. 6.)

4) „Darf wegen einer anderen strafbaren Handlung.“ Auf idealen Zusammenfluß bezieht sich Art. 85 nicht. (Dollmann Bd. I. S. 734. Anmerkung 1, Hocheder S. 442, Stenglein Bd. I. S. 584.)

5) „deren er sich vor jener Verurtheilung gleichfalls schuldig gemacht hat.“ Hat er sich der weiteren strafbaren Handlung erst nach rechtskräftiger Aburtheilung der früheren schuldig gemacht, so liegt Rückfall vor (Art. 87), allein es kann dennoch die Nothwendigkeit einer Gesammtstrafe eintreten, wenn in dem späteren Strafurtheile mehrere Handlungen zu bestrafen sind, wovon die einen vor, die andern nach der früher abgeurtheilten verübt sind. (Erk. d. Cass.-H. v. 13. April und 20. August 1866, Z. f. G. u R. Bd. XIII. S. 174. 525, Z. f. Gerichtspr. Bd. V. S. 290. Bd. VI. S. 73, Dollmann Bd. I. S. 736. Anmerk. 7.)

6) „nur dann gerichtlich verfolgt und bestraft werden.“ Die Verfolgung des Schadensersatzes ist dadurch in keiner Weise beengt. (Dollmann Bd. I. S. 738. Anmerk. 11, Stenglein Bd. I. S. 585, Prot. im G.-A. d. K. d. A. 1856/57 S. 237.)

7) Ob Verfolgung einzutreten habe, hat im diesseitigen Bayern der Untersuchungsrichter zu prüfen, dem Staatsanwalte steht jedoch im Falle der Vernei-

nung Beschwerde zum Appellationsgerichte zu; in der Pfalz hat diese Frage der Staatsprokurator zu prüfen. Die gleiche Frage hat aber nach Beendigung der Voruntersuchung der Verweisungssenat ins Auge zu fassen. (Dollmann Bd. I. S. 739, Hocheder S. 445, Stenglein Bd. I. S. 586, Weis Bd. I. S. 247, Vortr. im G.-A. d. K. d. A. 1860/61 S. 140, Prot. S. 16.)

8) Handelt es sich um Uebertretungsstrafen, so steht dem Staatsanwalte die Prüfung zu, ob er weitere Strafverfolgung veranlassen oder die Sache für beruhend erklären wolle. Der Einzelrichter kann aber den Antrag auf Verhandlung, auch wenn er keine höhere Gesammtstrafe veranlaßt findet, nicht ablehnen. (Dollmann Bd. I. S. 740. 741, Vorschr. über die Geschäftsbeh. in Uebertretungssachen diess. d. Rh. §. 27 Abs. 1, Risch Comment. z. Einf.-Ges. S. 322, Stenglein Bd. I S. 275.)

9) wenn sich annehmen läßt, daß für beide Straffälle zusammen bei gleichzeitiger Aburtheilung eine hinsichtlich der Gattung oder des Maßes oder der Folgen schwerere Bestrafung eingetreten sein würde, als ihm wegen der zuerst abgeurtheilten Handlung wirklich zuerkannt wurde. Also nicht blos dann ist weitere Verfolgung ausgeschlossen, wenn eine höhere Bestrafung nicht eintreten kann, d. h. wenn die frühere Strafe schon das Maximum der möglichen Gesammtstrafe erreicht hat, sondern wenn sich aus der Beschaffenheit der später abzuurtheilenden That annehmen läßt, der aburtheilende Richter werde eine höhere Gesammtstrafe nicht erkennen. (Dollmann Bd. I. S. 738, Hocheder S. 443 444, Weis Bd. I. S. 247, Stenglein Bd. I. S. 585, Prot. d. G.-A. d. K. d. A. 1856/57 S. 237. 238, Vortr. im G.-A. d. K. d. R.-R. S. 164, Motive z. Entw. v. 1860 S. 55, Vortr. im G.-A. d. K. d. A. 1860/61 S. 139.)

10) Als schwerere Bestrafung ist es nicht blos dann zu betrachten, wenn eine längere Dauer von Freiheitsstrafe in Aussicht steht, sondern auch wenn nur eine schwerere Vollzugsart in Aussicht steht, wie Wegfall des Vollzugs auf einer Festung, Vollzug einer Gefängnißstrafe im Zuchthaus (Hocheder S. 444, Dollmann Bd. I. S. 741.)

11) Auch Verhängung von Straffolgen kann eine wiederholte Aburtheilung rechtfertigen und zwar ist diese nothwendig, wenn die Verhängung bisher nicht verhängter Straffolgen geboten ist; im Ermessen der Untersuchungsbehörden ist sie gelegen, wenn der Richter zu ihrer Verhängung nur ermächtigt ist. (Hocheder S. 444 445, Dollmann Bd. I. S. 742, Weis Bd. I. S. 248.) Hocheder S. 445 nimmt im letzteren Falle sogar die Erwägung als zulässig an, ob die Verhängung einer Straffolge praktische Bedeutung habe.

12) Zu Abs. 2. Glaubt das Gericht, die früher ausgesprochene Strafe genüge als Gesammtstrafe, so hat es wegen der neuerlich abgeurtheilten Straffälle nicht auf Freisprechung, sondern auf Schuldig zu erkennen, es jedoch bei der früheren Strafe zu belassen. (Dollmann Bd. I. S. 740, Stenglein Bd. I. S. 585, Weis Bd. I. S. 247, s. einen Fall dieser Art in Z. f. Gerichtspr. Bd. IV. S. 61.)

13) Zur Verhängung der erhöhten Strafe ist dasjenige Gericht zuständig, welches vermöge der ihm zustehenden Jurisdiktion die für beide Straffälle treffende Gesammtstrafe auszusprechen ermächtigt ist. (Dollmann Bd. I. S. 743, Dollmann Comment. z. Str.-Pr.-G. S. 151, Walther Lehrb. S. 149. Unrichtig ist dagegen die in Z. f. G. u. R. Bd. XII. S. 80 vertretene Ansicht, daß auch in Fällen successiver Aburtheilung die Prävention entscheide. S. hiezu auch zu Art. 84 Ziff. 59.)

14) Bei Zusammenfluß von Ehrenkränkungen mit Verbrechen oder Vergehen, für welche das Schwurgericht zuständig ist, ist dieses auch für erstere zuständig, selbst dann, wenn erstere nach letzteren zur Aburtheilung kommen. (Erk. d. Cass.-H. v. 4. November 1867, Z. f. Gerichtspr. Bd. VII. S. 136, Entsch. d. Cass.-H. Bd. I. S. 447.)

15) Die Aburtheilung des wegen eines Vergehens rechtskräftig Verurtheilten wegen einer vor dieser rechtskräftigen Verurtheilung verübten Uebertretung der

Ehrenkränkung kann nur durch das zur Aburtheilung von Vergehen zuständige Gericht erfolgen. (Erk. d. Cass.-H. v. 2. Oktober 1869, Entsch. des Cass.-H. Bd. III. S. 335, Z. f. Gerichtspr. Bd. IX. S. 7.)

16) Die Aburtheilung einer vor eingetretener Rechtskraft des in einer Uebertretungssache ergangenen Strafurtheils verübten weiteren Uebertretung steht, wenn zur Zeit der Ladung des Beschuldigten wegen dieser weiteren Uebertretung das frühere Strafurtheil bereits rechtskräftig geworden ist, dem Gerichte des Ortes der begangenen That zu. (Erk. d. Cass.-H. v. 2. Okt. 1869, Entsch. d. Cass.-H. Bd. III. S. 333, Zeitschr. f. Gerichtspr. Bd. IX. S. 19.)

17) Bei Erkennung der Gesammtstrafe hat keine Wiederholung des Schuldausspruchs oder vollends eine wiederholte Prüfung der Schuld- und Rechtsfrage bezüglich der früher abgeurtheilten Straffälle stattzufinden, sondern ist die Gesammtstrafe unter Berücksichtigung des früheren Schuldausspruchs auszumessen. (Dollmann Bd. I. S. 743, Hocheder S. 446, Stenglein Bd. I. S. 585, Weis Bd. I. S. 246, Motive z. Entw. v. 1855 S. 67, Vortr. im G.-A. d. K. d. A. 1856/57 S. 56, Prot. S. 237, S. zu Art. 84 Ziff. 62.)

18) Wenn eine wegen Polizeiübertretung — wiewohl noch nicht rechtskräftig — abgeurtheilte Person neuerdings wegen eines Vergehens angeschuldigt wird, kann mit diesem nicht noch einmal die Polizeiübertretung abgeurtheilt, sondern nur die für letztere erkannte Strafe bei Festsetzung der Gesammtstrafe berücksichtigt werden. (Erk. d. Cass.-H. v. 22. September 1865, Z. f. G. u. R. Bd. XII. S. 447, Z. f. Gerichtspr. Bd. V. S. 20.)

19) Die Gesammtstrafe ist so auszumessen, als lägen die verschiedenen Straffälle zur gemeinschaftlichen Aburtheilung vor, und tritt hiedurch die frühere Strafverfügung von selbst außer Kraft, nicht aber der frühere Schuldausspruch, die Straffolgen und die Entscheidung über den Kostenpunkt u. s. w. (Dollmann Bd. I. S. 744. 745, Hocheder S. 447, Stenglein Bd. I. S. 585, Prot. d. G.-A. d. K. d. A. 1856/57 S. 237.)

26) Hiebei darf auf keine geringere Strafe herabgegangen werden, als in dem früheren Strafurtheile verhängt war. (Dollmann Bd. I. S. 744, Hocheder S. 447.)

21) Enthält das Strafgesetzbuch besondere Bestimmungen über den Zusammenfluß bestimmter Delikte (z. B. Art. 275. 320), so sind diese anzuwenden, obgleich Art. 85 Abs. 3 nur auf Art. 84 Bezug nimmt. (Dollmann Bd. I. S. 745. Anmerk. 30, Hocheder S. 447, Weis Bd. II. S. 134.)

22) Es begründet Nichtigkeit der späteren Urtheile, wenn statt Erkennung eines Gesammturtheils selbstständige Strafen erkannt werden. (Erk. des Cass.-H. v. 16 Febr. u. 13. April, 20. August u. 7. Dezbr. 1866 u. v. 15. März 1867, Z. f. G. u. R. Bd. XIII. S. 67. 174. 525. 642, Entsch. d. Cass.-H. Bd. I. S. 115, Z. f. Gerichtspr. Bd. V. S 290. Bd. VI. S. 73. 188, Dollmann Bd. I. S. 744.)

23) Eine wegen gewohnheitsmäßiger Kuppelei bestrafte Person kann wegen des gleichen Vergehens, verübt nach den erstabgeurtheilten Handlungen, jedoch vor der ersten Verurtheilung neuerdings verfolgt und in eine höhere Gesammtstrafe verurtheilt werden. (Erk. d. A.-G. v. Oberbayern v. 9. Juli 1867, Z. f. Gerichtspr. Bd. VII. S. 266)

24) Wer mehrere Betrügereien unter der nemlichen Vorspiegelung begangen, kann, ungeachtet er bereits wegen einzelner davon rechtskräftig in eine Vergehensstrafe verurtheilt ist, bei Entdeckung weiterer solcher Handlungen unter Zusammenfassung dieser mit den früher abgeurtheilten neuerdings angeklagt und wegen Verbrechens verurtheilt werden. (Erk d. Cass.-H. v. 1. Dezember 1865, Z. f. G. u. R. Bd. XII. S. 564, Z. f. Gerichtspr. Bd. V. S. 94.)

25) Dadurch, daß von mehreren in demselben Geschäftsverhältnisse begangenen Unterschlagungen zunächst nur eine einzelne abgeurtheilt wurde, ist in der Folge die Verurtheilung wegen einer weiter entdeckten nicht ausgeschlossen. (Erk.

d. Cass.-H. v. 29. März 1866, Z. f. G. u. R. Bd. XIII. S, 164, Z. f. Gerichtspr. Bd. V. S. 285.)

26) Wenn eine Person, welcher von zwei verschiedenen Gerichten ohne gegenseitige Kenntniß selbstständige Vergehensstrafen auferlegt worden sind, eines weiteren vor dem Eintritt der Rechtskraft der einen Verurtheilung begangenen Vergehens angeschuldigt ist, muß eine die beiden früheren Strafen einschließende Gesammtstrafe erkannt werden. (Erk. d. Cass.-H. v. 7. Dezember 1866, Z. f. G. u. R. Bd. XIII. S. 642)

27) Bei Aburtheilung einer Uebertretung, seit deren Verübung die anderweite Verurtheilung des Angeschuldigten wegen einer solchen zur Rechtskraft gelangte, finden die Grundsätze über Zusammenfluß Anwendung. (Erk. d. Cass.-H. v. 15. März 1867, Entsch. d. Cass.-H. Bd. I. S. 115.)

28) Wenn vor rechtskräftiger Aburtheilung einer Ehrenkränkung der Beschuldigte eine neue solche begeht, muß eine Gesammtstrafe erkannt werden, auch wenn die frühere Verurtheilung mittlerweile rechtskräftig wurde. (Erk. d. Cass.-H. v. 30. Juli 1869, Z. f. Gerichtspr. Bd. VIII. S. 437.)

Sieh' auch zu Art. 84 Ziff. 28. 29. 61. 68 bis 77. 79.

Art. 86.

Wenn bei der nach Art. 85 Absatz 2 eintretenden späteren Aburtheilung auf Todes- oder lebenslängliche Zuchthausstrafe erkannt wird, so bleibt der etwa schon vollständig oder theilweise stattgefundene Vollzug des früheren Strafurtheils außer Berücksichtigung.

In anderen Fällen ist die später erkannte Strafe soweit, als etwa das frühere Strafurtheil schon vollzogen ist, für bereits erstanden zu erklären, wobei eine schon vollzogene Gefängniß- oder Arreststrafe, welche an einer noch zu erstehenden Zuchthausstrafe abzurechnen ist, nur zu drei Viertheilen ihrer Dauer in Ansatz gebracht wird und bezüglich der ganz oder theilweise vollzogenen Geldstrafen der im Art. 27 festgesetzte Maßstab in Anwendung kommt.

Zu Absatz 1.

1) Es erscheint als Inkonsequenz des Gesetzgebers, wenn bei nachträglicher Erkennung von Todesstrafe Art. 13 Abs. 3 keine ensprechende Berücksichtigung findet. (Hocheder S. 449, Dollmann Bd. I. S. 746. Anmerk. 32.)

Zu Absatz 2.

2) Die Gesammtstrafe ist so auszumessen, wie es bei gleichzeitiger Aburtheilung geschehen müßte, und ist hievon die bereits vollzogene Strafe als erstanden in Abzug zu bringen, wobei Arrest- und Gefängnißstrafe als gleichartige Strafen zu behandeln sind. (Dollmann Bd. I. S. 747, Hocheder S. 453.)

3) Ist der an der Gesammtstrafe in Abzug kommende, vollzogene Theil der Strafe in einer Gefangenanstalt vollzogen worden, und der noch zu erstehende Strafrest ist Gefängnißstrafe, so muß auch der Rest in der Gefangenanstalt vollzogen werden; außerdem fragt es sich bei Bestimmung des Straforts, ob der Strafrest zwei Monate übersteigt, oder nicht. (Hocheder S. 453, Dollmann Bd. I. S. 747. Anmerk. 34.)

4) Ergeben sich bei der Reduktion von Gefängniß- oder Arreststrafe auf Zuchthausstrafe Bruchtheile eines Tages, so sind dieselben zu Gunsten des Angeklagten als volle Tage an der Gesammtstrafe in Abzug zu bringen. (Dollmann Bd. I. S. 748. 749, Hocheder S. 453.)

5) War die von einer Zuchthausstrafe abzurechnende Gefängnißstrafe in einem Zuchthause zu erstehen, so muß dennoch ihre Dauer auf drei Viertheile reducirt werden. (Dollmann Bd. I. S. 749. 750, Weis Bd. I. S. 249, Stenglein Bd. I. S. 585, Vortr. im G.-A. d. K. d. A. 1856/57 S. 56., Prot. S. 317.) — Hocheder S. 450 will sie dagegen in ihrer vollen Dauer abgerechnet wissen; jedoch (S. 453) auch die von einer im Zuchthause zu erstehenden Gefängnißstrafe abzurechnende einfache Gefängniß- oder Arreststrafe nur in reducirter Dauer.

6) Der Vollzug einer Zuchthaus- oder Gefängnißstrafe auf einer Festung bewirkt in ihrer Anrechnung keinen Unterschied. (Dollmann Bd. I. S. 749, Hocheder S. 454.)

7) War die abzurechnende Gefängnißstrafe in Einzelnhaft vollzogen, so ist sie in ihrer auf gemeinsame Haft berechneten Dauer in Anrechnung zu bringen, nicht in ihrer wegen Vollzug in Einzelhaft reducirten. (Weis Bd. I. S. 248, Dollmann Bd. I. S. 750. 751.)

8) Lautet die Gesammtstrafe auf Zuchthaus, und ist hievon eine schon vollzogene Geldstrafe in Abrechnung zu bringen, so muß dieß dadurch geschehen, daß die Freiheitsstrafe, welche der Geldstrafe nach Art. 27 entspricht (3 Gulden = 1 Tag) in ihrer auf Zuchthausstrafe reducirten Dauer in Abzug gebracht wird, ohne daß hiebei die Freiheitsstrafe, insoferne die Geldstrafe für eine Uebertretung verhängt war, auf 42 Tage beschränkt ist. (Dollmann Bd. I. S. 751, Hocheder S. 452. 454.)

9) Ist der Thäter für einen der zusammentreffenden Delikte schon im Auslande bestraft, so kann auf diesen bei der Bestrafung der im Inlande zur Aburtheilung kommenden keine Rücksicht genommen werden. (Dollmann Bd. I. S. 752. 753, Hocheder S. 456, Erk. d. A.-G. von Oberbayern v. 7. Juli 1869, Z. f. Gerichtspr. Bd. VIII. S. 392. Für die gegentheilige Ansicht s. Z. f. Gerichtspr. Bd. VI. S. 62. 270.)

10) Ist die Strafe für die früher abgeurtheilte That ganz oder theilweise durch Gnade erlassen worden, so ist die früher erkannte Strafe bei Beurtheilung, ob eine weitere Verfolgung einzutreten habe, sowie bei Verhängung der Gesammtstrafe in ihrer vollen erkannten Dauer in Anrechnung zu bringen bezw. als erstanden zu erklären. (Hocheder S. 455, Dollmann Bd. I. S. 754. 755.)

11) Wenn ein Vergehen zur Aburtheilung kommt, und derselbe Angeschuldigte vorher wegen einer im Zusammenfluß stehenden Polizeiübertretung mit einer bereits vollzogenen Geldstrafe belegt worden war, so kann keine Gesammtfreiheitsstrafe erkannt, auch nicht die Geldstrafe in Gefängnißstrafe umgewandelt und als bereits vollzogen von der Gesammtstrafe abgezogen werden, sondern es muß die für das Vergehen geeignete Strafe selbstständig zugemessen werden. (Erk. d. Cass.-H. v. 13. Juni 1868, Z. f. Gerichtspr. Bd. VII. S. 421.)

12) Wenn nach dem Vollzuge einer Vergehensstrafe ein weiteres, vor der Aburtheilung des bereits bestraften begangenes Vergehen zur Aburtheilung gelangt, muß für beide eine Gesammtstrafe ausgesprochen und die früher erkannte als vollzogener Theil dieser Gesammtstrafe abgerechnet werden. (Erk. d. Cass.-H. v. 2. Juni 1865, Z. f. G. u. R. Bd. XII. S. 251, Z. f. Gerichtspr. Bd. IV. S. 290.)

13) Auch beim Zusammentreffen mehrerer Vergehen, welche theils vor theils nach dem Eintritte der Rechtskraft einer früheren Verurtheilung wegen Vergehens begangen worden sind, muß eine auch die frühere Strafe in sich schließende Gesammtstrafe ausgesprochen werden. (Erk. d. Cass.-H. v. 20. August u. 7. Dezbr. 1866, Zeitschr. f. Gerichtspr. Bd. VI. S. 73. 187, Z. f. G. u. R. Bd. XIII. S. 525. 642.

Art. 87.

Verübt Jemand, welcher zu einer zeitlich begrenzten Freiheitsstrafe rechtskräftig verurtheilt ist, vor Antritt derselben oder während des Strafvollzuges neuerdings eine ebenfalls mit zeitlich begrenzter Freiheitsstrafe zu belegende strafbare Handlung und besteht eine dieser Strafen in Zuchthaus, die andere in Gefängniß oder Arrest, so tritt eine Verwandlung der Gefängniß- beziehungsweise Arreststrafe, soweit dieselbe noch nicht erstanden ist, in Zuchthausstrafe ein, wobei jedoch nur drei Viertheile der Dauer der noch zu erstehenden Gefängniß- oder Arreststrafe, in Ansatz gebracht werden.

Bestehen die zusammentreffenden Strafen in Gefängniß- und Arreststrafe, so ist die letztere in derselben Anstalt zu vollziehen, in welcher die Gefängnißstrafe vollzogen wird.

1) „Verübt Jemand, welcher zu einer zeitlich begränzten Freiheitsstrafe rechtskräftig verurtheilt ist." Art. 87 hat keinen Fall des Zusammenflusses, sondern einen solchen des Rückfalls im Auge; wurde aber, da allgemeine Bestimmungen über Rückfall nicht gegeben werden wollten, aus Zweckmäßigkeitsgründen hier eingestellt. Aus dem Abstrich einer im Ent-

wurf vorausgegangenen allgemeinen Bestimmung erklärt sich die mangelhafte Redaktion des Artikels. (Dollmann Bd. I. S. 756. 757, Hocheder S. 457, Weis Bd. I. S. 249, s. auch Zeitschr f. Gerichtspr. Bd. III. S. 185. 186.)

2) Rückfall setzt Rechtskraft eines früheren Urtheils und Begehung einer neuen strafbaren That nach Eintritt jener Rechtskraft voraus. (Dollmann Bd. I. S. 761, Hocheder S. 458.) Dies ist jedoch im speziellen Theil nicht konsequent festgehalten. Vgl. z. B. Art. 242. Vgl. auch Art. 86 Ziff. 13.

3) Eine Cumulation verschiedener für verschiedene strafbare Handlungen verhängter Strafen tritt ein, wenn auch bei Verübung der späteren That die Berufungsfrist gegen das erste Strafurtheil noch nicht abgelaufen war, ein Rechtsmittel aber ohne Erfolg eingewendet wird. (Erk. d. pfälz. Appellhofes v. 31. März 1864, Z. f. Gerichtspr. Bd. IV. S. 28.)

4) „vor Antritt derselben oder während des Strafvollzugs. Es macht keinen Unterschied, wenn die frühere Strafe im Gnadenwege erlassen wurde, oder wenn der Strafvollzug überhaupt noch nicht beendet war; z. B. bei Verübung der That am Straforte, oder nachdem der Sträfling entwischt oder zeitweise entlassen war. (Dollmann Bd. I. S. 761. Anmerk. 18, Hocheder S. 459, Stenglein Bd. I. S. 586, Prot. d. G.-A. d. K. d. A. 1860/61 S. 89.)

5) neuerdings eine mit zeitlich begrenzter Freiheitsstrafe zu belegende strafbare Handlung. Ist eine der Strafen Todes- oder lebenslängliche Zuchthausstrafe, so fällt jede andere Strafe daneben hinweg; und kann selbst die Strafverfolgung unterlassen werden, wenn jene Strafen die früher verhängten sind. Dies gilt auch von Geldstrafe wegen deren Geringfügigkeit, oder mindestens, wenn deren Umwandlung in Aussicht kommt. (Dollmann Bd. I. S. 762. 763, Hocheder S. 460, Stenglein Bd. I. S. 587, Prot. d. G.-A. d. K. d. A. 1860/61 S. 16, 1856/57 S. 265. 266.)

6) Auch in den Fällen des Art. 87 will eine Gesammtstrafe erkannt haben ein oberstr. Erk. v. 20. August 1866. (Zeitschr. f. Gerichtspr. Bd. VI. S. 73, Z. f. G. u. R. Bd. XIII. S. 525, s. dagegen Erk. d. O.-G.-H. v. 2. März 1868, Z. f. Gerichtspr. Bd. VII. S. 294, Bl. f. R.-A. Bd. XXXIII. S. 92.)

7) „und besteht eine dieser Strafen in Zuchthaus u. s. w." Bei der durch Art. 87 gebotenen Aneinanderreihung von Strafen ist die Summe derselben nicht an die in den Art. 17, 20 und 26 bestimmten Maxima gebunden, sondern kann dieselben überschreiten. (Dollmann Bd. I. S. 762. Anmerk. 21, Hocheder S. 460, Stenglein Bd. I. S. 587, Prot. d. G.-A. d. K. d. A. 1856/57 S. 266, Zeitschr. f Gerichtspr. Bd. III. S. 185. 186.)

8) Auf die Reihenfolge, in welcher die verschiedenen Strafen bezüglich ihrer Schwere erkannt werden, d. h. ob die schwerere zuerst oder zuletzt erkannt wird, kommt nichts an. (Dollmann Bd. I. S. 765. Anmerk. 32.)

9) Wenn eine Gefängnißstrafe, welche im Zuchthaus zu erstehen ist, mit einer Zuchthausstrafe zu verbinden ist, so findet eine Reduktion der ersteren nicht statt. (Dollmann Bd. I. S. 766, Hocheder S. 461.) Auch in diesem Falle nimmt die Nothwendigkeit einer Reduktion an Weis Bd I. S. 251.

10) Trifft Zuchthaus- und Gefängnißstrafe oder zwei Strafen von einer dieser Strafgattungen zusammen, wovon eine auf einer Festung zu vollziehen ist, so absorbirt die strengere Vollzugsart in dem gewöhnlichen Straforte die leichtere auf der Festung; nur wenn die Zuchthausstrafe auf der Festung zu vollziehen ist, muß die damit zusammentreffende Gefängnißstrafe in reducirter Dauer gleichfalls auf der Festung vollzogen werden; ebenso wenn eine Arreststrafe mit einer auf der Festung zu vollziehenden Zuchthaus- oder Gefängnißstrafe zusammentrifft. (Dollmann Bd. I. S. 766. 768, Hocheder S. 463.)

11) Trifft eine gewöhnliche Gefängniß- oder Arreststrafe mit einer im Zuchthause zu vollziehenden Gefängnißstrafe zusammen, so ist erstere gleichfalls im Zuchthaus in reducirter Dauer zu vollziehen. Der Vollzug der einfachen Gefängnißstrafe im Zuchthause kann nachträglich nicht mehr verfügt werden. (Doll-

mann Bd. I. S. 768, Hocheder S. 461. 462, Erk. d. A.-G. v. Niederbayern v. 2. Juni 1865, Zeitschr. f. G. u. R. Bd. XIII. S. 97.)

12) Arreststrafen, welche neben Gefängnißstrafen in Einzelhaft zu vollziehen sind, müssen gleich letzterer in ihrer Dauer reducirt werden, falls die Gesammtdauer der Strafe sechs Monate überschreitet. (Erört. in Z. f. Gerichtspr. Bd. IX. S. 113.)

13) Eine Freiheitsstrafe, welche in eine Geldstrafe umgewandelt wird, und welche mit einer ursprünglich schon erkannten Freiheitsstrafe zusammentrifft, ist so zu behandeln, als wenn statt der Geldstrafe von Anfang an Freiheitsstrafe erkannt worden wäre, und sind die beiden Freiheitsstrafen nach den bisher dargestellten Regeln zu verbinden. Ebenso wenn zwei in Freiheitsstrafen umzuwandelnde Geldstrafen mit einander zu verbinden sind. (Dollmann Bd. I. S. 768. 769, Hocheder S. 461. 462, Stenglein Bd. I. S. 587, Prot. d. G.-A. d. K. d. A. 1856/57 S. 266.)

14) Ist die Begnadigung zu einer niedrigeren Strafgattung eingetreten, so kommt bei der Aneinanderreihung mehrerer Strafen nur die durch Gnade reducirte Strafe in Betracht. (Hocheder S 464.)

15) Treffen mehrere Gefängniß- oder Gefängniß- und Arreststrafen zusammen, so ist die Frage, ob die Strafe in der Gefangenanstalt oder im Bezirksgerichtsgefängnisse zu vollziehen ist, nach der Dauer der gesammten Strafe zu entscheiden. (Dollmann Bd. I. S. 766. 767, Hocheder S. 462.)

16) Die Vereinigung der nach Art. 87 zu verbindenden Strafen und die Art dieser Verbindung ist in der Regel im letzten Strafurtheile auszusprechen, doch kann sie auch erst durch Beschluß des vollziehenden Gerichtes verfügt werden. (Dollmann Bd. I. S. 767, Hocheder S. 460.)

17) Die Verhängung einer Gefängnißstrafe, welche wegen Verbindung mit einer Zuchthausstrafe im Zuchthause zu vollziehen ist, gehört nicht zur Zuständigkeit des Schwurgerichts, sondern zu der des Bezirksgerichts. (Dollmann Bd. I. S. 767, Erk. d. Cass.-H. v. 26. Aug. 1864, Z. f. Gerichtspr. Bd. III. S. 366, Zeitschr. f. G. u. R. Bd. XI. S. 302.)

18) Eine Entschließung des k. Staatsministeriums des Innern v. 30. April 1864 (Justiz-Minist.-Bl. S. 124) bestimmt Folgendes:

Der k. Regierung wird auf den Bericht vom 2. April l. J. dessen sämmtliche Beilagen anruhend zurückfolgen, nach vorgängigem Benehmen mit dem k. Staatsministerium der Justiz bezüglich der von der Verwaltung der Gefangenanstalt Ebrach gestellten Anfragen Nachstehendes eröffnet:

1) Wenn Jemand zu einer in einer Gefangenanstalt zu erstehenden Gefängnißstrafe verurtheilt ist, so sind alle noch nicht vollzogenen Arreststrafen, zu welchen diese Person vor dem Antritte oder während des Vollzugs der Gefängnißstrafe verurtheilt wurde, in der Gefangenanstalt zu vollziehen.

   Selbstverständlich fallen hierunter auch die nach Art. 135 des E.-G. z. Str.- u. Pol.-Str.-G.-B. erkannten Arreststrafen.

2) Der Vollzug der Arreststrafen in der Gefangenanstalt findet in derselben Weise statt, wie jene der Gefängnißstrafe, so daß die Gefangenen auch während des Vollzugs der Arreststrafe den Bestimmungen der Hausordnung für die Gefangenanstalten in allen Beziehungen unterworfen bleiben.

   Die Selbstverpflegung eines Gefangenen während des Vollzugs der Arreststrafe findet nicht statt.

3) Geschärfte Arreststrafen sind auch in der Gefangenanstalt in derselben Weise zu vollziehen, wie dieses durch das rechtskräftige Strafurtheil vorgeschrieben ist.

   Der Vollzug der Schärfung hat in derselben Weise stattzufinden, wie dies bei den der erkannten Schärfungsart entsprechenden Disciplinarstrafen nach §. 67 u. folg. der Hausordnung vorgeschrieben ist.

4) Da nach Art. 87 des Str.-G.-Bchs. alle mit einer Gefängnißstrafe zusammentreffenden Arreststrafen in der Gefangenanstalt vollzogen werden

müssen, so haben auch Arreststrafen unter einem Tage in der Gefangenanstalt zum Vollzuge zu kommen.

5) Der Beginn der als Gefängnißstrafe zu erstehenden Arreststrafen reiht sich unmittelbar an die Beendigung der Gefängnißstrafe an.

Die Berechnung der Strafzeit und die Entlassung nach erstandener Strafe richtet sich nach den Bestimmungen des Art. 5 des Polizeistrafgesetzbuches.

Achtes Hauptstück.

Gründe, welche die Strafverfolgung oder den Strafvollzug ausschließen.

Art. 88.

Verzicht auf strafrechtliche Verfolgung.

In allen Fällen, in welchen das Gesetz die gerichtliche Verfolgung einer strafbaren Handlung von der Stellung eines besonderen Antrags abhängig macht, ist die Strafbarkeit erloschen, wenn der zur Antragstellung Berechtigte innerhalb dreier Monate von dem Tage an gerechnet, an welchen ihm die Stellung des Antrags möglich war, von seinem Rechte keinen Gebrauch macht oder schon früher auf dasselbe durch ausdrückliche gerichtliche Erklärung verzichtet oder den gestellten Antrag vor Ablauf von acht Tagen wieder zurückgenommen hat.

1) „In allen Fällen“. Diejenigen Fälle, in welchen das Strafgesetzbuch die gerichtliche Verfolgung von der Stellung eines besonderen Antrags abhängig macht, sind folgende:

Angriffe gegen einen auswärtigen Staat oder dessen Oberhaupt (Art. 114); Beleidigung eines auswärtigen Staatsoberhaupts (Art. 125); Beleidigung auswärtiger Regierungen, Behörden oder Beamten (Art. 132—134); Störung des Hausfriedens im Uebertretungsgrade (Art. 157); gewaltthätige unzüchtige Handlungen (Art. 215); Ehebruch (Art. 218); Verführung jugendlicher Personen (Art. 222); Körperverletzung im Uebertretungsgrade (Art. 237. 239); Entführung (Art. 253); Verläumdung und Ehrenkränkung ohne Beziehung auf einen öffentlichen Dienst (Art. 264); betrügliche Verleitung zur Ehe (Art. 268); Diebstahl, Unterschlagung und Betrug innerhalb einer Familie (Art. 290. 297. 322); Vergewaltigung und strafbare Bedrohung (Art. 304—306); Mißbrauch fremder Gewerbszeichen, Firmen und Namen (Art. 336. 341); Verletzung fremder Geheimnisse (Art. 337. 341); unbefugte Unterdrückung von Urkunden (Art. 340); Beschädigung von Privateigenthum (Art. 346). (Dollmann Bd. I. S. 783 fg., Stenglein Bd. I. S. 590).

2) Auch Ehrenkränkung gehört unter die Antragsdelikte, wenn dieselbe auch nicht bloßen Antrag, sondern Privatklage zur Verfolgung erfordert und Art. 88 nicht vollständig auf dieselbe anwendbar ist. (Dollmann Bd. I. S. 779. 784. 789, Z. f. Gerichtspr. Bd. II. S. 1, Z. f. G. u. R. Bd. X. S. 391, Erk. d. Cass.-H. v. 30. Mai 1863, Z. f. Gerichtspr. Bd. II. S. 319, Zeitschr. f. G. u. R. Bd. X. S. 504, Erk. d. Cass.-H. v. 8. Januar u. 4. November 1864 und 17. Juli 1865, Z. f. Gerichtspr. Bd. III. S. 91. Bd. IV. S. 55. Bd. V. S. 39, Z. f. G. u. R. Bd. XII. S. 348.)

3) „in welchen das Gesetz“ Art. 88 hat nicht nur Bezug auf die im Strafgesetzbuche vorgesehenen Antragsdelikte, sondern auch auf die in Spezialgesetzen vorgesehenen. (Dollmann Bd. I. S. 783, Stenglein Bd. I. S. 597, Vortr. im G.-A. d. K. d. A. 1860/61 S. 141, Prot. S. 16.)

4) „Die gerichtliche Verfolgung einer strafbaren Handlung von der Stellung eines besonderen Antrags abhängig macht.“.

Es liegt kein Fall eines sog. Privatdelikts, einer Privatklage vor (abgesehen von den Ehrenkränkungen), sondern, wenn durch Stellung des Antrags die Vorbedingung der Verfolgung gegeben ist, tritt diese von Amtswegen wie bei andern Delikten ein und hat der Antragsteller keine bevorrechtete Stellung, kein Beschwerderecht, sondern lediglich die Stellung des Denuncianten. (Dollmann Bd. I. S. 779. 795, Hocheder Bd. I. S. 466, Weis Bd. I. S. 252, Stenglein Bd. I. S. 589, Z. f. Gerichtspr. Bd. III. S. 41.)

5) Abgesehen vom Parteiverfahren wegen Ehrenkränkung stehen dem Beschädigten, von dessen Antrag die Bestrafung einer Handlung abhängt, in dem auf seinen Antrag eingeleiteten Strafverfahren keine Rechtsmittel zu. (Erk. d. Cassat.-H. v. 10. Juli 1863, Z. f. G. u. R. Bd. X. S. 693, s. auch Z. f. Gerichtspr. Bd. IX. S. 141.)

Antragsberechtigte.

6) Der Antragsberechtigte ist in der Regel der Beschädigte oder dessen gesetzlicher Vertreter, bei den Handlungen gegen einen auswärtigen Staat, dessen Oberhaupt, Regierung u. s. w., die auswärtige Staatsregierung, bei Ehebruch der verletzte Ehegatte im Falle erfolgter Scheidung; bei Entführung einer Ehefrau oder einer in älterlicher Gewalt oder unter Vormundschaft stehenden Person mit deren Einwilligung, der Ehemann bez. die Aeltern oder Vormünder; endlich bei Diebstahl, Unterschlagung und Betrug in der Familie das Familienoberhaupt. (Dollmann Bd. I. S. 783 fg., Hocheder S. 469, Stenglein Bd. I. S. 591.)

7) Das Recht auf Antragstellung ist ein rein persönliches der im Gesetze genannten Personen und kann nicht vererbt werden. (Hocheder S. 470, Dollmann Bd. I. S. 788, Dollmann, System des bayer. Str. Proc. S. 82.)

8) Beschädigter ist nicht nur derjenige, welcher durch die That einen Nachtheil erlitten hat, sondern auch der durch einen Versuch Gefährdete. (Hocheder S. 469, Dollmann Bd. I. S. 786.)

9) Wer als gesetzlicher Vertreter erscheint, ist nach Civilrecht zu beurtheilen und ist die gesetzliche Vertretung keineswegs auf den Vater oder Vormund beschränkt. (Dollmann Bd. I. S. 786, Hocheder S. 469, Stenglein Bd. I. S. 591.)

10) Der Vater ist unter Herrschaft des bayer. Landrechts gesetzlicher Vertreter auch seiner volljährigen Hauskinder. (Erk. d. A.-G. v. Oberbayern v. 24. März 1863, Z. f. Gerichtspr. Bd. II. S. 326, Dollmann Bd. I. S. 786.)

11) Die uneheliche Mutter ist neben dem Vormunde gesetzliche Vertreterin ihres Kindes. (Erk. d. Cass.-H. 30. Januar 1864, 31. März 1865 u. 18. Januar 1868, Z. f. Gerichtspr. Bd. III. S. 101, Z. f. G. u. R. Bd. XI. S. 18. Bd. XII. S. 134, Entsch. d. Cass.-H. Bd. II. S. 36.) Auch die zum zweiten Male verheirathete Wittwe kann als gesetzliche Vertreterin ihres leiblichen Kindes erster Ehe einen Antrag auf Strafverfolgung rechtswirksam stellen. (Dollmann Bd. I. S. 786, Z. f. Gerichtspr. Bd. VI. S. 47. Dagegen s. ebendas. Bd. I. S. 12.)

12) Pflegeältern im Sinne des Sprachgebrauchs, wenn auch nicht in civilrechtlicher Bedeutung, können als gesetzliche Vertreter des Pflegekinds einen Antrag auf Strafverfolgung stellen. (Erk. d. Cass.-H. v. 29. April 1864, Z. f. Gerichtspr. Bd. III. S. 176, Z. f. G. u. R. Bd. XI. S. 107, Dollmann Bd. I. S. 786.)

13) Die unter Curatel wegen Verschwendung stehenden Personen können Antrag auf Strafverfolgung bezw. Klage wegen Ehrenkränkung selbstständig stellen, nicht aber deren Curatoren. (Erk. d. Cass.-H. v. 4. Sept. 1863, Z. f. Gerichtspr. Bd. II. S. 385, Z. f. G. u. R. Bd. X. S. 846, Dollmann Bd. I. S. 787.)

14) Art. 88 findet auch auf diejenigen Behörden Anwendung, von deren Antrag gesetzlich die Strafverfolgung bedingt ist. (Zeitsch. f. Gerichtspr. Bd. V. S. 167.)

15) Bei Beleidigung eines Personenganzen ist nur dann jedes Mitglied derselben antragsberechtigt, wenn die Beleidigung jedes einzelne persönlich berührte,

nicht blos das Ganze als solches. (Z. f. Gerichtspr. Bd. VII. S. 286, s. auch das. S. 81.)

16) Militärische Vorgesetzte sind nicht die gesetzlichen Vertreter ihrer Untergebenen. (Z. f. Gerichtspr. Bd. II. S. 293.)

17) Bei Eigenthumsbeschädigung ist nicht nur der Eigenthümer, sondern auch der vertragsmäßig in Benützung der beschädigten Sache Stehende berechtigt, den Antrag auf Strafverfolgung zu stellen. (Z. f. Gerichtspr. Bd. II. S. 328.)

18) Der Käufer eines Anwesens, der schon im Besitz ist, kann Antrag wegen Eigenthumsbeschädigung stellen, wenn auch die That vor seiner Erwerbung geschah. (Erk. d. A.-G. von Oberfranken; Z. f. Gerichtspr. Bd. VIII. S. 302.)

19) Das Antragsrecht des Beschädigten wird durch das des gesetzlichen Vertreters nur dann ausgeschlossen, wenn ersterer urtheils- oder willensunfähig (geisteskrank oder unmündig) ist. Außerdem bestehen beide Berechtigungen selbstständig nebeneinander und läuft auch die Antragsfrist selbstständig (Dollmann Bd. I. S. 787, Hocheder S. 469, Stenglein Bd. I. S. 595, Dollmann System S. 82. 83. S. dagegen Z. f. Gerichtspr. Bd. V. S. 59, jedoch auch Anmerkung d. Red.)

20) Ist der gesetzliche Vertreter bei ausschließlicher Berechtigung desselben verhindert, wie etwa durch eigene Betheiligung bei der That, so muß ein Spezialcurator aufgestellt werden. (Stenglein Bd. I. S. 591, Dollmann Bd. I. S. 787. Anm. 21.)

21) Minderjährige (in concr. unter 16 Jahren) können den Antrag auf Strafverfolgung ohne Beiziehung eines gesetzlichen Vertreters nicht stellen. (Erk. d. Cass.-H. v. 4. Sept. 1863, Z. f. Gerichtspr. Bd. II. S. 387, Z. f. G. u. R. Bd. X. S. 849.)

22) Minderjährige können den Antrag auf Strafverfolgung, bezw. Klage wegen Ehrenkränkung stellen, wenn sie das 16. Lebensjahr erreicht haben. (Erk. d. Cass.-H. v. 19. Dezember 1862 u. 31. März u. Plen.-Erk v. 7. Oktober 1864, Z. f. Gerichtspr. Bd. II. S. 103. Bd. III. S. 155. Bd. IV. S. 7, Z. f. G. u. R. Bd. XI. S. 86. 381.)

23) Der Antrag auf Strafverfolgung kann auch Namens des Beschädigten oder seines gesetzliches Vertreters durch einen besonders hiezu Bevollmächtigten gestellt werden. (Dollmann Bd. I. S. 788, Stenglein Bd. I. S. 591, Dollmann System Bd. I. S. 82, Erk. d. Cass.-H. v. 29. Mai 1863, Z. f. Gerichtspr. Bd. II. S. 301, Z. f. G. u. R. Bd. X. S. 494, s. auch Z. f. Gerichtspr. Bd. II. S. 61.)

24) Generalvollmacht genügt zur Legitimation des für den Beschädigten auftretenden Bevollmächtigten zur Antragstellung nicht. (Z. f. Gerichtspr. Bd. VII. S. 334.)

25) Durch eine Vollmacht zur Vertretung einer Person in Ehrenkränkungssachen durch alle Instanzen wird die Legitimation zur Anstellung einer Ehrenkränkungsklage für diese Person nicht begründet. Die Genehmigung der von einem Dritten ohne Spezialvollmacht gestellten Ehrenkränkungsklage kann nur dann eine Wirkung äußern, wenn sie vor Ablauf der Klagefrist erfolgt. (Erk. d. Cass.-H. v. 26. Febr. 1869, Entsch. d. Cass.-H. Bd. III. S. 61.)

26) Es genügt ein mündlich ertheilter Auftrag an den Bevollmächtigten, wenn nur der ertheilte Auftrag nachträglich genügend konstatirt wird. (Z. f. Gerichtspr. Bd. I. S. 209.)

27) Die Antragstellung bezw. Klage wegen Ehrenkränkung ist nicht ausgeschlossen, wenn der Vertreter des Antragstellers bezw. Klägers seine Vollmacht nicht innerhalb der dreimonatlichen Frist dem Gerichte vorlegt, jedoch vor Ablauf derselben das Einverständniß des Auftraggebers anderweit zu Tage tritt. (Erk. d. Cass.-H. v. 8. Januar 1864, Z. f. Gerichtspr. Bd. III. S. 91, s. auch daselbst Bd. IV. S. 13.)

28) Eine von einem nicht bevollmächtigten Vertreter gestellte Ehrenkränkungsklage gilt als genehmigt, wenn der Kläger ohne Einwendung gegen die Klage

bei der innerhalb der dreimonatlichen Klagefrist stattfindenden Verhandlung erscheint und durch seinen Rechtsbeistand Anträge stellen läßt. (Erk. d. Cass.-H. v. 3. März 1866, Z. f. Gerichtspr. Bd. V. S. 225.)

Form des Antrages.

29) Der Antrag kann schriftlich und mündlich gestellt werden, und ist in letzterem Falle protokollarisch zu beurkunden. Ist dies versäumt worden, so kann die rechtzeitig geschehene Antragstellung auch nachträglich durch Zeugen bewiesen werden. (Dollmann Bd. I. S. 793, Hocheder S. 468, Erk. d. A.-G. von Oberfranken v. 26. Januar 1867, Z. f. Gerichtspr. Bd. VII. S. 143.)

30) Aus dem Antrage muß, wenn er als solcher gelten soll, der Wille des Antragstellers, daß Strafverfolgung eintrete, klar hervorgehen; und zugleich in jenen Fällen, in welchen das Recht der Antragstellung auf dem persönlichen Verhältnisse des Antragberechtigten zum Thäter beruht, daß die Strafverfolgung die Richtung gegen die bestimmte Person nehmen soll. (Dollmann Bd. I. S. 793. 794, Weis Bd. I. S. 252, Stenglein Bd. I. S. 590, Dollmann System Bd. I. S. 83.)

31) Nach pfälzischem Proceßrechte liegt in der unmittelbar erhobenen Klage des Verletzten der Antrag, jedoch noch nicht in dem bloßen Gesuche an den Gerichtsvorstand um Festsetzung eines Verhandlungstages für die direkte Klage, auch nicht wenn diese Festsetzung erfolgt ist, sondern nur in der wirklich vor Gericht erhobenen Klage. (Erk. d. Cass.-H. v. 14. Juni 1867, Z. f. Gerichtspr. Bd. VI. S. 361, Entsch. d. Cass.-H. Bd. I. S. 255.)

32) Ob eine genügende Willensäußerung vorliege und ob eine solche in einer gemachten Anzeige liege, ist Sache thatsächlicher Würdigung und Auslegung im einzelnen Fall. In der Regel reicht eine einfache Anzeige nicht hin, als Antrag zu gelten. Im Zweifel ist hierüber der Antragsteller zu befragen. (Dollmann Bd. I. S. 794, Hocheder S. 466. 467, Weis Bd. I. S. 252. 253, Stenglein Bd. I. S. 590.)

33) Die von einem Mißhandelten beim Staatsanwaltsvertreter unter Benennung der Zeugen des Vorganges erstattete Anzeige von der erlittenen Verletzung hat als Antrag zu gelten, und ist dieser nach der erkennbaren Intention des Anzeigers zu beurtheilen, auch wenn er den Ausdruck Antrag nicht gebraucht. (Erk. d. Cass.-H. v. 9. Oktober 1863 und 18. Januar 1868, Z. f. Gerichtspr. Bd. III. S. 6. Bd. VII. S. 212, Z. f. G. u. R. Bd. X. S. 956, Entsch. d. Cass.-H. Bd. II. S. 36, Dollmann Bd. I. S. 794. Anmerk. 43, Erk. d. Cass.-H. v. 23. Oktober 1863, Z. f. G. u. R. Bd. X. S. 966. Ziff. 4. Ebenso bei Eigenthumsbeschädigung Erk. d. Cass.-H. v. 11. Dezember 1863, Z. f. G. u. R. Bd. X. S. 1034, Z. f. Gerichtspr. Bd. III. S. 64, und bei Ehrenkränkung Erk. d. Cass.-H. v. 18. Dezember 1863, Z. f. Gerichtspr. Bd. III. S. 121, Z. f. G. u. R. Bd. X. S. 1041, s. auch Z. f. Gerichtspr. Bd. IX. S. 580.)

34) Es genügt als Antrag des Beschädigten auf Strafverfolgung, wenn derselbe den Willen, den Thäter strafrechtlich verfolgt zu wissen, durch eine unzweideutige, zu den Akten konstatirte Erklärung erkennen läßt, wie durch Anzeige bei der Gendarmerie oder dem Staatsanwaltsvertreter unter Benennung des Verdächtigen und der Zeugen. (Erk. d. Cass.-H. v. 13. Dezbr. 1869, Z. f. Gerichtspr. Bd. IX. S. 119.)

35) Die mit Strafantrag verbundene Anzeige einer eine Verläumdung bildenden üblen Nachrede ist als ein Antrag auf Bestrafung wegen Verläumdung zu erachten. (Erk. d. Cass.-H. v. 19. Januar 1869, Entsch. d. Cass.-H. Bd. III. S. 21.)

36) In dem Erscheinen eines fahrlässiger Weise Verletzten vor dem Gerichtsarzte zur Untersuchung und in der Deposition jenes in einer auf Ladung erfolgten Vernehmung kann ein Antrag auf Strafverfolgung nicht erblickt werden. (Erk. d. Cass.-H. v. 7. Mai 1864, Z. f. Gerichtspr. Bd. III. S. 207, Z. f. G. u. R. Bd. XI. S. 123)

37) Eine Anzeige bei der Polizeimannschaft oder Gendarmerie ohne bestimmt

ausgesprochenen Willen des Beschädigten, daß Strafverfolgung eintreten soll, ersetzt den Antrag auf Strafverfolgung nicht, auch wenn sich der Beschuldigte hierüber in Irrthum befindet. (Erk. d. Cass.-H. v. 11. Dezbr. 1863, Z. f. Gerichtspr. Bd. III. S. 64, Z. f. G. u. R. Bd. X. S. 1034, auch Z. f. Gerichtspr. Bd. II. S. 27.)

38) Der Strafantrag muß den Willen des Beschädigten, daß der Thäter bestraft werde, bestimmt aussprechen. (Erk. d. Cass.-H. v. 28. März 1863, Z. f. Gerichtspr. Bd. II. S. 188, Z. f. G. u. R. Bd. X. S. 303.)

39) Bei Zweifeln über die Intension des Antragstellers in Bezug auf ein nur auf Antrag verfolgbares Delikt ist der Antragsteller von Amtswegen darüber zu befragen. (Z. f. Gerichtspr. Bd. IV. S. 303. Entgegengesetzter Ansicht ist Gotthelf in Z. f. Gerichtspr. Bd. VII. S. 180.)

40) Eine von einem Dritten auf Wunsch des Verletzten gemachte Anzeige kann nicht als Antrag im Sinne des Gesetzes betrachtet werden. (Erk. d. Cass.-H. v. 29. Mai 1863, Z. f. Gerichtspr. Bd. II. S. 301, Z. f. G. u. R. Bd. X. S. 494.)

41) Einen speziellen Antrag verlangt und hält eine Anzeige nie für genügend. (Gotthelf in Z. f. Gerichtspr. Bd. VII. S. 161. 177.)

42) Daß ein nach Form und Inhalt genügender Antrag gestellt ist, muß bei Verurtheilung wegen eines Antragsreates im Urtheile konstatirt sein. (Dollmann Bd. I. S. 795. Anmerk. 45, Stenglein Bd. I. S. 594, Z. f. Gerichtspr. Bd. VII. S. 287.)

43) Beschränkungen und Vorbehalte bei Stellung des Antrags sind als nicht geschrieben zu betrachten. (Dollmann Bd. I. S. 795. Anmerk. 44.)

44) Eine Justizminist.-Entschl. v. 5. November 1863. (Just.-Minist.-Bl. S. 175, Z. f. G. u. R. Bd. X. S. 921.) verfügt Folgendes: Die Vertreter der Staatsanwaltschaft an den Stadt- und Landgerichten werden hiemit angewiesen, bei den durch die Betheiligten erfolgenden Anzeigen von solchen strafbaren Handlungen, welche nur auf Antrag des Beschädigten oder seines gesetzlichen Vertreters verfolgt werden können, sich nicht auf die Aufnahme der Anzeige und der angegebenen Beweismittel zu beschränken, sondern jedesmal auch die bestimmte Erklärung der Betheiligten über die beabsichtigte Strafverfolgung aktenmäßig zu machen.

Vgl. über die Zuständigkeit des Staatsanwaltsvertreters zur Aufnahme von Anträgen. (Erk. d. Cass.-H. v. 29. Januar 1864, Z. f. Gerichtspr. Bd. III. S. 101, Z. f. G. u. R. Bd. XI. S. 20.)

Wo Antrag zu stellen sei.

45) Der Antrag kann bei dem einschlägigen Staatsanwalte, dem Untersuchungsrichter sowie bei allen sonstigen Behörden gestellt werden, in deren Wirkungskreis die Aufnahme von Anzeigen gehört (Polizeibehörde, Stadt- oder Landgericht); er ist also nicht genau auf den zuständigen Staatsanwalt oder Untersuchungsrichter beschränkt. (Dollmann Bd. I. S. 792, Hocheder S. 468, Weis Bd. I. S. 252, Stenglein Bd. I. S. 590, Dollmann System S. 83 s. oben Ziff. 33. 44.)

46) Die Klage wegen Ehrenkränkung muß beim Strafgerichte gestellt werden. Klagestellung beim inkompetenten Gerichte wahrt die Klagefrist, nicht aber die beim Civilgericht. (Dollmann Bd. I. S. 792. Anmerk. 36, Erk. d. Cass.-H. v. 23. Januar 1864 und 13. Januar 1865, Z. f. Gerichtspr. Bd. III. S. 98. Bd. IV. S. 121, Z. f. G. u. R. Bd. XI. S. 8. Bd. XII. S. 6.)

47) Durch die Gendarmerie kann der Antrag des Verletzten oder seines gesetzlichen Vertreters auf Strafverfolgung wirksam beurkundet werden. (Erk. d. Cass.-H. v. 30. Januar und 11. März 1864, Z. f. Gerichtspr. Bd. III. S. 100. 138, Z. f. G. u. R. Bd. XI. S. 18. 73, — auch Z. f. Gerichtspr. Bd. II. S. 75 u. Z. f. G. u. R. Bd. IX. S. 581, Dollmann Bd. I. S. 794. Dagegen ein Erk. d. A.-G. v. Oberbayern v. 27. Mai 1864, Z. f. Gerichtspr. Bd. IV. S. 10.) Eine bloße Anzeige durch die Gendarmerie genügt nicht. (Erk. d. Cass.-H. v. 11. Dezember 1863, Z. f. G. u. R. Bd. X. S. 1033, Z. f. Gerichtspr. Bd. III. S. 64.) Gott-

helf in Z. f. Gerichtspr. Bd. VII. S. 178 beanstandet nicht die Annahme schriftlicher Anträge durch die Gendarmerie oder Beurkundung und Vermittelung eines solchen an die kompetente Behörde, hält den Antrag aber in diesem Fall nicht unmittelbar, sondern erst mit Einlauf bei der Behörde für wirksam.

48) Der durch einen Gendarmen vermittelte Antrag auf Strafverfolgung ist erst mit dem Einlauf bei Gericht als gestellt zu betrachten und läuft erst von da an die Frist zur Zurücknahme desselben. (Erk. d. Cass.-H. v. 3. Sept. 1869, Entsch. d. Cass.-H. Bd. III. S. 329, Z. f. Gerichtspr. Bd. VIII. S. 469.)

49) In einer Gendarmerieanzeige, welche den Antrag des Verletzten auf Strafverfolgung konstatirt, muß ausdrücklich angeführt sein, daß der Verletzte dieses Verlangen persönlich bei dem Anzeiger erklärt habe. (Erk. d. Cass.-H. v. 1. August 1864, Z. f. Gerichtspr. Bd. IV. S. 35, Z. f. G. u. R. Bd. XI. S. 272.)

50) Eine Gendarmerieanzeige genügt nur dann, den Antrag des Verletzten auf Strafverfolgung zu konstatiren, wenn sie rechtzeitig und unzweideutig den darauf gerichteten Willen des Antragstellers feststellt. (Erk. d. Cass.-H. v. 8. Juli 1865, Z. f. Gerichtspr. Bd. IV. S. 339, Z. f. G. u. R. Bd. XII. S. 326.)

51) Es genügt zur Constatirung des Strafantrags Seitens des Verletzten, wenn in der Gendarmerieanzeige über einen strafbaren Vorfall angeführt ist, daß der Verletzte Strafantrag gestellt habe. (Erk. d. Cass.-H. v. 14. Oktober 1865, Z. f. Gerichtspr. Bd. V. S. 51, Z. f. G. u. R. Bd. XII. S. 478.)

52) Den Strafantrag bei einem Civilgerichte ließ als wirksam zu ein oberstr. Erk. v. 7. Dezbr. 1860, Z. f. G. u. R. Bd. VII. S. 436, Dollmann Bd. I. S. 793. Anmerk. 38. Dagegen Gotthelf in Z. f. Gerichtspr. Bd. VII. S. 177.)

53) Ein Ausländer kann den Antrag auf Strafverfolgung wegen einer von einem Bayern im Auslande an ihm begangenen strafbaren That auch durch ein ausländisches Gericht an das bayerische gelangen lassen. (Z. f. Gerichtspr. Bd. III. S. 134.)

Wirkung des Antrags.

54) Die Wirkung des gestellten Antrags ist die Beseitigung eines der Verfolgung entgegenstehenden Hindernisses; die Strafverfolgung hat also sodann wie bei jedem von Amtswegen zu verfolgenden Delikte einzutreten, und nimmt hiebei der Antragsteller keine besondere Rolle ein. (Dollmann Bd. I. S. 795, Hocheder S. 466, Weis Bd. I. S. 252, Stenglein Bd. I. S. 591, Dollmann System S. 84.)

55) Durch den gestellten Antrag sind Staatsbehörde und Strafgericht in der rechtlichen Qualifikation der strafbaren Handlung in keiner Richtung beeinflußt. (Dollmann Bd. I. S. 796, Z. f. G. u. R. Bd. X. S. 316.)

56) Wenn in Bezug auf die Gesammtheit eines Vorganges Antrag auf Strafverfolgung gestellt ist, kann das Gericht auch unter anderer Qualifikation der That, als zunächst in der Intention des Antragstellers lag, verurtheilen. (Erk. d. Cass.-H. v. 9. September 1864, Z. f. Gerichtspr. Bd. III. S. 381, Z. f. G. u. R. Bd. XI. S. 350.)

57) Die rechtliche Bezeichnung einer strafbaren Handlung in einem Antrage auf Strafverfolgung beschränkt die Beurtheilung des Richters nicht. (Erk. d. Cass.-H. v. 20. April 1866, Z. f. Gerichtspr. Bd. VI. S. 49, Z. f. G. u. R. Bd. XIII. S. 187.)

58) Wenn nur Strafantrag wegen Ehrenkränkung gestellt ist, kann wegen Verläumdung nicht gestraft werden. (Erk. d. Cass.-H. v. 6. März, 8. August u. 30. Dezember 1863, und Pl.-Erk. v. 30. April 1864, Z. f. G. u. R. Bd. X. S. 275. 830. 1070. Bd. XI. S. 110, Z. f. Gerichtspr. Bd. II. S. 154. 368. Bd. III. S. 186, Weis Bd. II. S. 109. Dagegen Z. f. Gerichtspr. Bd. II. S. 30.)

59) In Folge eines Antrags auf Strafverfolgung wegen Verläumdung kann das Gericht nach Befund auch eine Verurtheilung wegen Ehrenkränkung aussprechen. (Erk. d. Cass.-H. v. 30. Mai 1864, Z. f. G. u. R. Bd. XI. S. 157, Z. f. Gerichtspr. Bd. III. S. 224, Erk. d. A.-G. v. Oberbayern v. 20. Dezbr. 1862, Z. f. Gerichtspr. Bd. II. S. 342. Dagegen Erk. d. A.-G. v. Niederbayern

v. 8. April 1863, Z. f. Gerichtspr. Bd. II. S. 194 u. Erk. d. A.-G. v. Unterfranken u. Aschaffenb. v. 1. Mai 1863, Z. f. Gerichtspr. Bd. II. S. 243, Z. f. G. u. R. Bd. X. S. 554.)

60) In Folge eines allgemeinen Antrags auf Bestrafung kann Strafe wegen Verläumdung erfolgen, auch wenn die That im Antrage Ehrenkränkung genannt ist. (Erk. d. Cass.-H. v. 17. Febr. 1865, Z. f. Gerichtspr. Bd. IV. S. 180, Z. f. G. u. R. Bd. XII. S. 48.)

61) Der Verzicht auf die weitere Verfolgung einer Klage wegen Ehrenkränkung schließt den Strafantrag wegen Verläumdung nicht aus. (Erk. d. Cass.-H. v. 30. Dezember 1863, Z. f. Gerichtspr. Bd. III. S. 82, Z. f. G. u. R. Bd. X. S. 1072.) Die Klage wegen Ehrenkränkung enthält an sich keinen Verzicht auf Strafantrag wegen Verläumdung jedoch schließt die Rechtskraft des Urtheils wegen ersterer die Bestrafung wegen letzterer aus. (Z. f. Gerichtspr. Bd. II. S. 230.)

62) Steht ein Antragsreat in idealem Zusammenfluß mit einer von Amtswegen zu verfolgenden That, so kann auch ohne Strafantrag Verfolgung wegen ersterer eingeleitet werden, unter Nichtberücksichtigung des konkurrirenden Antragsreates. (Dollmann Bd. I. S. 797, Hocheder S. 467.) Dollmann a. a. O. Anmerkung 50 will jedoch eine Ausnahme dann machen, wenn das Offizialdelikt nur ein Merkmal in dem zusammengesetzten Thatbestand des Antragsreates bilde.

63) Ist es zweifelhaft, ob ein Antragsreat oder ein von Amtswegen zu verfolgendes Delikt vorliege, so ist die Verfolgung von Amtswegen einzuleiten, jedoch, sobald festgestellt ist, daß ein Antragsreat vorliege, mit der Verfolgung bis zur Stellung des Antrags einzuhalten und der Antragsberechtigte hierüber zu belehren. (Dollmann Bd. I. S. 797. 798, Weis Bd I. S. 253. 254, Hocheder S. 467, Stenglein Bd. I. S. 591, Dollmann System S. 84, Prot. d. G.-A. d. K. d. A. 1856/57 S. 241, Gotthelf in Z. f. Gerichtspr. Bd. VII. S. 180.)

64) Bei manchen Reaten kann eine doppelte Antragstellung nothwendig sein, die wegen des Reates überhaupt, und wegen des persönlichen Verhältnisses zwischen Thäter und Verletzten eine solche gegen den speziellen Thäter, so bei einer Mißhandlung im Uebertretungsgrade gegen Ascendenten. Art. 237 Abs. 2. 3. Str.-G.-Bch. (Stenglein Bd. I. S. 594.)

65) Stellt sich erst in öffentlicher Sitzung heraus, daß ein Antragsreat vorliege, während die Antragsfrist noch läuft und stellt der Antragsberechtigte nicht sofort Antrag, so muß Vertagung der Verhandlung verfügt werden, bis die Antragsfrist abgelaufen ist. (Dollmann Bd. I. S. 798, Z. f. Gerichtspr. Bd. II. S. 183.)

66) Wird der Strafantrag erst in öffentlicher Sitzung gestellt, so muß wegen Möglichkeit der Zurücknahme die Verhandlung auf mindestens neun Tage vertagt werden. (Erört. in Z. f. Gerichtspr. Bd. VII. S. 433, s. dagegen die Bemerkung der Red. S. 434.)

67) Ist die Strafverfolgung wegen einer Uebertretung von einem Antrage abhängig, so kann, auch wenn die That als Vergehen betrachtet und von Amtswegen verfolgt wurde, doch eine Uebertretungsstrafe nur dann verhängt werden, wenn der Strafantrag innerhalb der gesetzlichen Frist gestellt wurde. (Erk. des Cass.-H. v. 28. März u. 29. Mai 1862, Z. f. Gerichtspr. Bd. II. S. 189. 301, Z. f. G. u. R. Bd. X. S. 303. 494.)

68) „ist die Strafbarkeit erloschen". Durch Verjährung wird die Strafbarkeit eines Antragreates auch dann getilgt, wenn der Antragsberechtigte erst nach Ablauf der Verjährungszeit vom Reate Kenntniß und somit die Möglichkeit der Antragstellung erhält. (Dollmann Bd. I. S. 789, Stenglein Bd. I. S. 597, Erk. d. Cass.-H. v. 17. Mai 1866, Z. f. Gerichtspr. Bd. V. S. 348.)

69) „wenn der zur Antragstellung Berechtigte innerhalb dreier Monate von seinem Rechte keinen Gebrauch macht." Der Ablauf der drei Monate hat die Wirkung des Ablaufes einer Präclusivfrist, die vom Privatwillen der Parteien völlig unabhängig ist. (Dollmann Bd. I. S. 789, Stenglein Bd. I. S. 597.)

70) Die Frist ist ein tempus continuum, auf welches die civil- oder strafrechtlichen Grundsätze über Stillstand und Unterbrechung der Verjährung keine Anwendung finden und wobei das Monat zu 30 Tagen zu berechnen und der Tag, in welchen der Anfang der Frist fällt, nicht mitzurechnen ist. (Dollmann Bd. I. S. 789. 790, Hocheder S. 472, Stenglein Bd. I. S. 593, Dollmann System S. 84.)

71) Die dreimonatliche Frist wird in Ehrenkränkungssachen auch durch Klage beim inkompetenten Gerichte gewahrt. (Erk. d. Cass.-H. v. 23. Januar 1864, Z. f. Gerichtspr. Bd. III. S. 98, Z. f. G. u. R. Bd. XI. S. 8.)

72) Durch eine beim Civilgericht gestellte Ehrenkränkungsklage wird die dreimonatliche Frist nicht gewahrt. (Erk. d. Cass.-H. v. 13. Januar 1865, Z. f. Gerichtspr. Bd. IV. S. 121, Z. f. G. u. R. Bd. XII. S. 6.)

73) Die dreimonatliche Klagefrist wegen Ehrenkränkung wird durch einen beim Staatsanwalte gestellten Strafantrag wegen derselben Handlung, wenn auch unter anderer rechtlicher Qualifikation, gewahrt. (Zeitsch. f. Gerichtspr. Bd. III. S. 292.)

74) Die Klagefrist bei Ehrenkränkung wird durch Klagestellung mittels eines Bevollmächtigten nur dann gewahrt, wenn derselbe entweder sofort mit Einreichung der Klage oder doch innerhalb der Frist seine Bevollmächtigung nachweist. (Erk. d. Cass.-H. v. 4. November 1864 u. 29. Oktober 1867, Z. f. Gerichtspr. Bd. IV. S. 55. 135, Z. f. G. u. R. Bd. XI. S. 438, Entsch. d. Cass.-H. Bd. I. S. 429, s. auch Z. f. Gerichtspr. Bd. III. S. 197. Bd. IV. S. 12. Bd. V. S. 39. s. oben Ziff. 25.)

75) Die von einem Angehörigen des Beleidigten nach dessen Tode gestellte Ehrenkränkungsklage muß, wenn die Beleidigung während dessen Leben erfolgte, innerhalb der dreimonatlichen Frist gestellt werden, innerhalb deren der Beleidigte klagen mußte. (Erk. d. Cass.-H. v. 13. Januar 1865, Z. f. Gerichtspr. Bd. IV. S. 121, Z. f. G. u. R. Bd. XII. S. 6.)

76) Der Ablauf der dreimonatlichen Klagefrist hindert nur die selbstständige Geltendmachung der Ehrenkränkung durch Klage, nicht auch die einredeweise Behufs der Compensation. (Erk. d. Cass.-H. v. 23. Januar u. 1. Juli 1864, dann 26. August 1867, Z. f. Gerichtspr. Bd. III. S. 98. Bd. VII. S. 59, Z. f. G. u. R. Bd. XI. S. 10. 252, Entsch. d. Cass.-H. Bd. I. S. 363.) Verjährte Ehrenkränkungen können zur Compensation nicht benützt werden. (Erk. d. Cass.-H. v. 21. Januar 1870, Z. f. Gerichtspr. Bd. IX. S. 166.)

77) Der Antragsteller bezw. Ehrenkränkungskläger hat nachzuweisen, daß er die dreimonatliche Frist eingehalten hat. (Dollmann Bd. I. S. 791, Stenglein Bd. I. S. 594, Erk. d. Cass.-H. v. 17. Juli 1865, Z. f. Gerichtspr. Bd. V. S. 39, Z. f. G. u. R. Bd. XII. S. 348, auch Z. f. Gerichtspr. Bd. III. S. 197. Bd. VIII. S. 205.) Risch in der Forts. von Dollmanns Comment. a. a. O. neigt sich der Ansicht zu, daß die Einhaltung der Frist vom Richter von Amtswegen zu untersuchen und im Zweifel zu Gunsten des Beschuldigten zu entscheiden sei.

78) „von dem Tage an gerechnet, an welchem ihm die Stellung des Antrags möglich war". Die Möglichkeit der Antragstellung ist in der Regel mit dem Zeitpunkte gegeben, in welchem der Antragsberechtigte Kenntniß von der Verübung des Delikts erhält und kein anderes Hinderniß, wie vis major, der Antragstellung im Wege steht. Bei denjenigen Fällen von Antragsreaten, bei welchen die Antragsberechtigung auf einem persönlichen Verhältnisse zwischen Beschädigten und Thäter beruht, gehört zur Möglichkeit der Antragstellung auch die Kenntniß von der Person des Thäters. (Dollmann Bd. I. S. 790. 791, Hocheder S. 467. 471. 472, Weis Bd. I. S. 255, Stenglein Bd. I. S. 593, 594, Prot. d. G.-A. d. K. d. A. 1856/57 S. 241.) Letzteres ist auch bei Ehrenkränkungen der Fall. (Hocheder S. 471.)

79) Ein Privatantrag ist rechtzeitig gestellt, wenn die dreimonatliche Frist von dem Zeitpunkte an, da der Antragsberechtigte von der That und dem Thäter

Kenntniß erlangt hat, noch nicht abgelaufen ist. (Erk. d. Cass.-H. v. 30. Dezember 1867, Entsch. d. Cass.-H. Bd. I. S. 492.)

80) Bei fortgesetzten Delikten beginnt die Antragsfrist bei jeder Fortsetzungshandlung von Neuem und zwar für das Gesammtdelikt. (Dollmann Bd. I. S. 791, Hocheder S. 472, Stenglein Bd. I. S. 597.)

81) „oder schon früher auf dasselbe durch ausdrückliche gerichtliche Erklärung verzichtet". Der Verzicht muß, um wirksam zu sein, bei Gericht schriftlich oder mündlich zu Protokoll erklärt werden. Ein anderer Nachweis des Verzichts, selbst vor der Polizeibehörde oder durch notarielle Urkunde, genügt nicht, wohl aber die Erklärung vor einem Civilgericht (?) oder vor dem Staatsanwalt. (Dollmann Bd. I. S. 800, Hocheder S. 471, Weis Bd. I. S. 256, Stenglein Bd. I. S. 593, Motive z. Entw. v. 1855, S. 62.)

82) Auf die Motive des Verzichtes kommt nichts an, und auch der gegen Entgeld geleistete ist strafrechtlich wirksam, was jedoch die Strafe der Erpressung nicht ausschließt, wenn der Verzichtende einen widerrechtlichen Vortheil durch Bedrohung mit Antragstellung erlangt hat. (Dollmann Bd. I. S. 800. 801, Stenglein Bd. I. S. 592.)

83) Der Verzicht greift auch bei Ehrenkränkungen Platz. (Z. f. Gerichtspr. Bd. II. S. 3.)

84) Der Verzicht auf Antragstellung kann durch die Gendarmerie wirksam nicht beurkundet werden. (Erört. in Z. f. Gerichtspr. Bd. IX. S. 160.)

85) „oder den gestellten Antrag vor Ablauf von acht Tagen wieder zurückgenommen hat". Diese Bestimmung bezieht sich nur auf die Antragsreate im engeren Sinne, nicht auf die durch Privatklage zu verfolgenden Ehrenkränkungen. (Dollmann Bd. I. S. 801.)

86) Der Kläger wegen Ehrenkränkung kann auf die weitere Verfolgung der Klage jederzeit bis zur Rechtskraft des Urtheils verzichten. (Erk. d. Cass.-H. v. 30. Dezember 1863, Z. f. Gerichtspr. Bd. III. S. 82, Z. f. G. u. R. X. S. 1072, s. auch Z. f. Gerichtspr. Bd. III. S. 115. Bd. V. S. 117, Z. f. G. u. R. Bd. XII. S. 300.)

87) Die Erklärung der Partheien in einer Ehrenkränkungssache, daß der in I. Instanz verurtheilte Beklagte seine Berufung, der Kläger die Klage zurücknehme, hebt das Verfahren auf und führt nicht zur Rechtskraft des verurtheilenden Erkenntnisses. (Erk. d. Cass.-H. v. 13. August 1866, Z. f. Gerichtspr. Bd. VI. S. 57, Z. f. G. u. R. Bd. XIII. S. 507.)

88) Die Erklärung in einer Ehrenkränkungssache, Beklagter und Kläger hätten sich verglichen, verbunden mit der Bitte, Tagfahrt nicht anzuberaumen und die Akten zu reponiren, enthält einen Verzicht auf die Klage, ist aber für den Kläger nur dann bindend, wenn der diese Erklärung abgebende Vertreter hiezu legitimirt ist. (Erk. d. Cass.-H. v. 20. Febr. 1869, Z. f. Gerichtspr. Bd. VIII. S. 226, Entsch. d. Cass.-H. Bd. III. S. 46.)

89) In der Pfalz läuft die Frist zur Zurücknahme bei direkt erhobener Klage der Civilparthei nicht von der Bitte um Terminsfixirung an, sondern erst von bewirkter Vorladung. (Erk. d. Cass.-H. v. 14. Juni 1867, Entsch. d. Cass.-H. Bd. I. S. 255, Z. f. Gerichtspr. Bd. VI. S. 361.)

90) Die Frist zur Zurücknahme des Antrags läuft von dem Augenblicke seiner unzweideutigen Kundgebung, nicht erst von dem Tage an, an welchem der Antragsteller als Zeuge vernommen wird. (Erk. d. A.-G. der Pfalz v. 27. Nov. 1862, Resultat. der Rechtspflege der Pfalz 1862/63 S. 42.)

91) Die achttägige Frist zur Zurücknahme des Antrags läuft von dem Tage des wirksam gestellten Antrages, dieser Tag ist nicht einzurechnen; die Frist ist tempus continuum. (Dollmann Bd. I. S. 801. 802, Hocheder S. 473, Stenglein Bd. I. S. 593, s. oben Ziff. 48.)

92) Der Stand der Verfolgung zur Zeit der Zurücknahme ist ohne Belang, selbst wenn mittlerweile ein verurtheilendes Erkenntniß erfolgt ist. (Dollmann Bd. I. S. 802, Weis Bd. I. S. 256.)

93) Die Zurücknahme muß wie der Verzicht vor Gericht schriftlich oder mündlich erfolgen. (Dollmann Bd. I. S. 802, Stenglein Bd. I. S. 593.) Dagegen will Hocheder S. 473 die Zurücknahme vor jeder öffentlichen Behörde als wirksam annehmen. Ein Erk. des A.-G. v. Oberfranken v. 21. Mai 1867, Z. f. Gerichtspr. Bd. VII. S 142 läßt die Zurücknahme bei der Gendarmerie zu.

94) Eine bedingt oder mit Vorbehalt (vorläufig) erklärte Zurücknahme ist als unbedingt erfolgt zu betrachten. (Dollmann Bd. I. S. 802, Z. f. Gerichtspr. Bd. V. S. 398.) Dagegen nimmt Stenglein Bd. I. S. 593 an, die bedingte Zurücknahme sei wirkungslos.

95) Die Motive der Zurücknahme sind ohne Bedeutung wie beim Verzicht, s. oben Ziff. 82. (Dollmann Bd. I. S. 802, Hocheder S. 471, Stenglein Bd. I. S. 592.)

96) Die Zurücknahme einer Ehrenkränkungsklage schneidet jedes weitere Verfahren in I. oder II. Instanz ab und begründet hiebei der vom Kläger gemachte Vorbehalt einer Berufung oder der Grund, welcher die Zurücknahme veranlaßte, keinen Unterschied. (Erk. d. Cass.-H. v. 30. Oktober 1868, Z. f. Gerichtspr. Bd. VII. S. 91, Entsch. d. Cass.-H. Bd. II. S. 448.)

97) Auf die Zurücknahme kann nicht verzichtet werden. (Dollmann Bd. I. S. 802. 803, Hocheder S. 473, Z. f. Gerichtspr. Bd. VII. S. 432.)

98) Eine nach Ablauf der achttägigen Frist erklärte Zurücknahme ist auch im Parteiverfahren wirkungslos. (Z. f. Gerichtspr. Bd. III. S. 41, Erk. d. A.-G. der Pfalz v. 27. August 1863 daselbst und in den Res. der Rechtspfl. der Pfalz 1862/63 S. 44.)

99) Ob ein rechtsgültiger Verzicht oder eine wirksame Zurücknahme vorliege, ist vom Gericht in jedem Stadium des Verfahrens zu prüfen. (Dollmann Bd. I. S. 803, Hocheder S. 470.)

100) Verzicht und Zurücknahme des Antrags bewirken Erlöschen der Strafbarkeit der That. Bei Zurücknahme des Antrags ist also das bereits eingeleitete Strafverfahren einzustellen oder, wenn bereits Verweisung zur Aburtheilung erfolgt ist, der Angeklagte von der Strafe freizusprechen. (Dollmann Bd. I. S. 803, Hocheder S. 470, Stenglein Bd. I. S. 591. 592, Weis Bd. I. S. 257, Dollmann System S. 84.)

101) Der einmal erklärte Verzicht oder die Zurücknahme des Antrags kann nicht wieder zurückgenommen werden, wenn auch die Antragsfrist noch läuft. (Dollmann Bd. I. S. 804, Hocheder S. 474, Weis Bd. I. S. 257, Stenglein Bd. I. S. 593.)

102) Die Kosten des bereits eingeleiteten Verfahrens hat bei Zurücknahme des Antrags der Antragsteller zu tragen. (Dollmann Bd. I. S. 804, Weis Bd. I. S. 256, Stenglein Bd. I. S. 592.)

Art. 89.

Sind im Falle des Art. 88 mehrere zur Antragstellung berechtigte Personen vorhanden, so finden die Vorschriften des genannten Artikels nur dann Anwendung, wenn alle Berechtigten den Verzicht auf die eine oder andere dort bezeichnete Art zu erkennen gegeben haben.

Doch ist beim Vorhandensein mehrerer Beschädigter, welche sämmtlich zur Antragstellung berechtigt sind, der nur von einem oder einigen derselben kundgegebene Verzicht für die Tilgung der Strafbarkeit insoweit von Einfluß, als die letztere nach dem Werthe des Gegenstandes oder nach der Größe des angerichteten Schadens sich bemißt. Das Gleiche gilt, wenn von mehreren Beschädigten nicht alle zur Antragstellung berechtigt sind und der Verzicht von dem Berechtigten, oder beim Vorhandensein mehrerer Berechtigter von diesen oder von einem oder einigen derselben zu erkennen gegeben worden ist.

Wurde die strafbare Handlung von mehreren Personen gemeinschaftlich verübt oder sind außer dem Thäter noch Theilnehmer oder Begünstiger vorhanden, so ist der in Bezug auf eine dieser Personen erklärte Verzicht auch zu Gunsten aller übrigen wirksam.

Zu Absatz 1.

1) Sind mehrere selbstständig zur Antragstellung berechtigte Personen vorhanden (mehrere Verletzte oder der Verletzte und sein gesetzlicher Vertreter), so

findet Strafverfolgung statt, wenn nur einer derselben den Antrag stellt. (Dollmann Bd. I. S. 805 Hocheder S. 475, Weis Bd. I. S. 257, Stenglein Bd. I. S. 595.)

2) Der Verzicht eines einzelnen von mehreren Antragsberechtigten entbehrt, abgesehen von der Vorschrift des Abs. 2, aller Wirkung. (Dollmann Bd. I. S. 808, Motive z. Entw. v. 1855 S. 63.)

Zu Absatz 2.

3) Bei denjenigen Reaten, bei welchen Art. 290 Anwendung findet, muß die Untersuchung sich auf die ganze That erstrecken, wenn zwar einzelne antragsberechtigte Beschädigte oder alle auf die Strafverfolgung verzichten, das Familienoberhaupt aber Strafantrag stellt. (Dollmann Bd. I. S. 806, Hocheder S. 475.)

4) Durch Antragstellung nur eines Theils der antragsberechtigten Beschädigten kann es kommen, daß eine That, welche objektiv nach dem Schadensbetrag Verbrechen oder Vergehen wäre, zum Vergehen oder zur Uebertretung wird, wenn nur ein Theil des Schadensbetrages berücksichtigt werden darf. (Dollmann Bd. I. S 806, Hocheder S. 475, Weis Bd. I. S. 258.)

5) Dollmann Bd. I. S. 806 schlägt deshalb vor, bei Vorhandensein mehrerer antragsberechtigter Beschädigter mit der Strafverfolgung zuzuwarten, bis sämmtliche sich über Verzicht oder Antragstellung erklärt haben. Dies würde aber offenbar bei stillschweigendem Verzicht Einzelner die Strafverfolgung allzulange verzögern. Dagegen greift die Analogie des Art. 85 Platz, so daß, wenn nach durchgeführter Strafverfolgung in Folge theilweiser Antragstellung andere Antragsberechtigte noch Antrag stellen und der dadurch sich höher stellende Schadensbetrag von Einfluß auf die zu erkennende Strafe ist, in wiederholter Prozedur eine höhere Gesammtstrafe ausgesprochen werden muß. (Dollmann Bd. I. S. 806, Stenglein Bd. I. S. 596.)

6) Concurriren bei einem Antragsreate (es kann dies nur bei solchen der Fall sein, bei welchen die Antragsberechtigung auf persönlichen Verhältnissen beruht) antragsberechtigte und nicht antragsberechtigte Beschädigte, so bleibt der die ersteren treffende Schadensbetrag, wenn sie auf den Antrag verzichten, außer Berechnung. (Dollmann Bd. I. S. 806. 807, Hocheder S. 476, Weis Bd. I. S. 258, Stenglein Bd. I. S. 595.)

Zu Absatz 3.

7) Absatz 3 bezieht sich gleichmäßig auf solche Antragsreate, bei welchen die Antragsberechtigung auf Grund der objektiven Beschaffenheit der That, und auf solche, bei welchen sie auf Grund eines persönlichen Verhältnisses eingeräumt ist. (Dollmann Bd. I. S. 808, Hocheder S. 477, Stenglein Bd. II. S. 406.)

8) Unter die Begünstiger sind auch die Hehler zu rechnen. (Dollmann Bd. I. S. 808, Hocheder S. 478, Weis Bd. II. S. 199), welcher hier die Bd. I. S. 260 ausgesprochene gegentheilige Ansicht zurücknimmt.

9) Unter die Theilnehmer und Begünstiger gehören auch die wegen Nichtverhinderung (Art. 63) oder Nichtanzeige (Art. 64) der That Strafbaren. (Hocheder S. 477. 478, Dollmann Bd. I. S. 809.) Ersterer rechnet auch die Theilnehmer durch Anstiftung dazu, gegen welche eine selbstständige Strafandrohung besteht, z. B. Anstiftung eines Aufruhrs gegen einen auswärtigen Staat (Art. 102 mit 114). Dollmann Bd. I. S. 809 bestreitet dies mit Recht.

10) Der in Bezug auf eine dieser Personen erklärte Verzicht liegt vor, gleichviel ob er durch ausdrückliche gerichtliche Erklärung, oder durch Nichtbenützung der dreimonatlichen Frist oder durch Zurücknahme des gestellten Antrages geleistet wurde. (Dollmann Bd. I. S. 809, Weis Bd. I. S. 259, Hocheder S. 477, Stenglein Bd. I. S. 595.) Etwas abweichender Ansicht ist Stenglein Bd. II. S. 406 in Bezug auf solche Fälle, bei welchen die Antragsberechtigung auf persönlichen Verhältnissen beruht, und nimmt an, daß bei diesen die Einschreitung gegen Theilnehmer und Begünstiger, gegen welche keine Antragsberechtigung besteht, nur bei ausdrücklich erklärtem Verzicht gehindert ist. Dollmann Bd. I. S. 809 Anmerk. 83 bestreitet dies.

11) Ist bei den Antragsfällen, bei welchen die Antragsberechtigung auf Beschaffenheit der That beruht, ein Antrag gestellt, so kann die Verfolgung auch auf Mitschuldige ausgedehnt werden, gegen welche ein ausdrücklicher Antrag nicht gestellt, wenn nicht ein ausdrücklicher Verzicht gegen einen oder mehrere der Mitbeschuldigten rechtzeitig dazwischen tritt. (Dollmann Bd. I. S. 809. 810, s. unten Ziff. 14. 15.)

12) Treffen bei einer That Beschuldigte, gegen welche eine Antragsberechtigung besteht, mit solchen zusammen, bei welchen dies nicht der Fall ist, so will Dollmann Bd. I. S. 810 mit der Verfolgung zugewartet haben, bis die Verfolgbarkeit oder der Verzicht gegen erstere feststeht. Hocheder S. 478 will durch Befragung der Antragsberechtigten den Verzicht wo möglich vor der Zeit festgestellt haben. Stenglein Bd. II. S. 406 will die Verfolgung gegen die letztere Kategorie eingeleitet und die Beschuldigten, gegen welche Antragsberechtigung besteht, außer Berücksichtigung gelassen haben. S. oben Ziff. 10.

13) Ein gegen einzelne Beschuldigte gestellter Antrag unter Verzicht gegen andere wirkt, wenn der Antragsteller ungeachtet stattfindender Belehrung darauf beharrt, als Verzicht gegen Alle. (Hocheder S. 479, Dollmann Bd. I. S. 811. 812.)

14) Wird nur gegen einzelne Mitbeschuldigte Antrag gestellt, gegen andere nicht, so behält der Antragsteller das Recht der Antragstellung bis zum Ablauf der dreimonatlichen Frist, der theilweise Antrag ist aber unwirksam. (Hocheder S. 480, Weis Bd. I. S. 260.) Dollmann Bd. I. S. 811 unterscheidet zwischen objektiver und persönlicher Antragsberechtigung und erklärt bei ersterer den theilweisen Antrag gegen alle Mitbeschuldigte wirksam. Richtiger kann sich bei objektiver Antragsberechtigung die Antragstellung gar nicht auf die Personen der Beschuldigten, sondern nur auf die That beziehen.

15) Entsprechend entscheidet Hocheder S. 480 den Fall, wenn erst im Laufe der Verfolgung sich weitere Mitbeschuldigte herausstellen, dahin, daß bei objektiver Antragsberechtigung der einmal gestellte Antrag auch gegen diese wirksam ist.

16) Die rechtzeitige Zurücknahme eines gestellten Antrags gegen einen Theil der Beschuldigten wirkt als Verzicht zu Gunsten Aller. (Hocheder S. 491.)

Art. 90.

Richterliches Erkenntniß.

Wer wegen einer ihm zur Last gelegten Thatsache rechtskräftig verurtheilt oder freigesprochen worden ist, kann wegen derselben Thatsache nicht nochmals vor Gericht gestellt und bestraft werden, vorbehaltlich der im Art. 18 enthaltenen Bestimmungen.

1) „Wer". Die Wirksamkeit des Art. 90 beschränkt sich auf die Frage wiederholter Verfolgung desselben angeklagten Individuums. Ein Wechsel in der Person des Anklägers ändert nichts an der Sache. (Dollmann Bd. I. S. 833. 834.)

2) Es kann keine wiederholte Verfolgung ein und derselben Thatsache durch verschiedene Privatankläger stattfinden; dies schließt jedoch nicht die successive Klagestellung mehrerer durch eine und dieselbe Aeußerung Injurirter aus, (Dollmann Bd. I. S. 834.)

3) Der Umstand, daß ein ehrenkränkender Vorgang zur Kompensation mit einer Ehrenkränkung benützt wurde, welche der durch jenen mittelbar Beleidigte dem Beleidiger zufügte, hindert den unmittelbar Beleidigten nicht, später wegen desselben Vorgangs Klage zu stellen. (Erk. d. Cass.-H. v. 30. Dezember 1864, Z. f. Gerichtspr. Bd. IV S. 118, Z. f. G. u. R. Bd. XI. S. 497, Pl.-Erk. v. 11. Mai 1865 (in derselben Sache), Z. f. Gerichtspr. Bd. IV. S. 261, Z. f. G. u. R. Bd. XII. S. 215), dagegen erkannte der Cass.-H. am 21. Januar 1865, (Z. f. Gerichtspr. Bd. IV. S. 137, Z. f. G. u. R. Bd. XII. S. 18) eine Ehrenkränkung könne durch Klagestellung nicht mehr selbstständig verfolgt werden, wenn

der gesetzliche Vertreter der Beleidigten dieselbe schon compensationsweise in einer gegen ihn anhängigen Ehrenkränkungsklage zur Geltung gebracht hatte. S. hierüber Anmerk. d. Herausg., Z. f. Gerichtspr. Bd. IV. S. 139.

4) Aus der Verurtheilung oder Freisprechung einer andern Person kann ein Angeklagter nie die Einrede der abgeurtheilten Sache ableiten, selbst nicht, wenn er einer accessorischen Schuld angeklagt ist (Theilnahme, Begünstigung) (Dollmann Bd. I. S. 835). Dieser will a. a. O. S. 836 hievon nur eine Ausnahme dann zulassen, wenn das frühere Urtheil die Nichtexistenz der That festgestellt hat; sieh' jedoch in Anmerk. 47 das. die entgegenstehenden Gründe.

5) Die Einheit der Partheien fehlt, wenn der Thäter bei der Aburtheilung eine falsche Person unterschoben oder sich eine falsche Persönlichkeit betrüglich beigelegt hat. (Stenglein Bd. I. S. 600). — Dollmann Bd. I. S. 835 bekämpft dies, allein offenbar aus Mißverständniß, indem er in obigem Satze den anderen fand, daß Identität des Angeklagten nicht vorhanden sei, wenn derselbe unter einem falschen Namen verurtheilt worden sei. Beispiele werden die Differenz deutlich machen: A hat sich in den Vorerhebungen für den wirklich existirenden B ausgegeben, und es ergeht gegen diesen ein Urtheil, vielleicht sogar Mangels der Rekognition ein freisprechendes. Hier liegt sicher keine Aburtheilung des A vor. Gleichgültig ist es dagegen, wie sich A nannte, wenn gegen ihn die Prozedur gerichtet war.

6) „wegen einer ihm zur Last gelegten Thatsache rechtskräftig verurtheilt oder freigesprochen worden ist" Nur definitiv aburtheilende Erkenntnisse haben die Wirkung des Art. 90; nicht aber bloße Beschlüsse, wie Inkompetenzerklärungen, Einstellungsbeschlüsse; auch nicht Disciplinarbeschlüsse. (Dollmann Bd. I. S. 819, Hocheder S. 483, Weis Bd. I. S. 261, Stenglein Bd I. S. 598. Prot. d. G.-A. d. K. d. R. 1860/61 S. 62.) Vergl. Str.-Pr.-G. v. 10. November 1848 Art. 55 Abs. 2. Code d'instr. crim. Art. 246 fg.

7) Die Verhängung einer Disciplinarstrafe wegen Verletzung der Hausordnung in einer Strafanstalt schließt die kriminelle Bestrafung derselben Handlung nicht aus. (Erk. d. Cass.-H. v. 20. Sept. 1865, Z. f. Gerichtspr. Bd. V. S. 21.) Vgl. Art. 46 d. Str.-G.-B.

8) Das frühere Urtheil muß rechtskräftig, d. h. durch kein regelmäßiges Rechtsmittel mehr anfechtbar sein; ist es aber rechtskräftig, so begründet es keinen Unterschied, ob das früher urtheilende Gericht kompetent war oder die Prozedur sonst an einem Fehler litt. (Dollmann Bd. I. S. 820, Hocheder S. 483.)

9) Auch vor Eintritt der Rechtskraft ist keine völlig neue Prozedur statthaft; es kann aber die bereits eingeleitete Prozedur zu einer neuen Aburtheilung führen. (Dollmann Bd. I. S. 820.)

10) Bei der Freisprechung begründet es keinen Unterschied, ob dieselbe von Schuld und Strafe oder nur von der Strafe stattgefunden hatte. (Dollmann Bd. I. S. 819, Hocheder S. 483.)

11) Die französische Jurisprudenz wollte dem Einstellungsbeschlusse die Wirkung eines freisprechenden Urtheils beilegen, wenn die Einstellung aus rechtlichen Gründen erfolgt war oder wenn keine neuen Ermittelungen vorliegen, also die Wiederaufnahme auf Grund des früheren Materials in Rede steht. (Dollmann Bd. I. S. 819. Anmerk. 15.)

12) Bei der Verurtheilung begründet es keinen Unterschied, ob die früher verhängte Strafe vollzogen, oder durch Begnadigung beseitiget, oder verjährt oder noch zu vollziehen ist. (Hocheder S. 492 fg., Stenglein Bd. I. S. 598, Prot. d. G.-A. d. K. d. A. 1856/57 S. 243.)

13) Die abgeurtheilte That ist nicht blos nach dem Gesichtspunkte der Anklage, sondern nach allen rechtlichen und thatsächlichen Beziehungen zu prüfen und zu beurtheilen, und schließt diese Allseitigkeit eine wiederholte Prüfung und Beurtheilung aus. Hiezu bietet der diesrheinische Prozeß die nöthige Freiheit; im pfälzischen Prozesse fanden früher Beschränkungen statt, welche aber als

durch das Strafgesetzbuch von 1861 beseitigt gelten müssen. (Dollmann Bd. I. S. 822. 823. 824, Hocheder S. 484. 489. 492, s. auch Weis Bd. I. S. 261.)

14) Diese allseitige Prüfung wird nicht durch die Regel ausgeschlossen, daß es Nichtigkeit des Urtheils begründe, wenn der Angeklagte wegen einer andern That, als wegen welcher die Verweisung zur Aburtheilung geschah, verurtheilt worden ist; (Art. 231 Ziff. 12 d. Str.-Pr.-G. v. 10. Nov. 1848; Code d'instr. crim. Art. 360.) Allein dies ist nur dahin zu verstehen, daß derselbe thatsächliche Vorgang der Aburtheilung zu Grund liegen muß, nicht dieselbe That nach den ihr von der Anklage beigelegten rechtlichen Beziehungen. Dies war von der diesrheinischen Praxis stets konstant anerkannt. Von der französischen früher nicht; die pfälzische muß sich aber auf Grund des Strafgesetzbuches der diesrheinischen Praxis nunmehr anschließen. (Dollmann Bd. I. S. 822. 823, Hocheder S. 484. Vgl. auch Sitz.-Ber. Bd. I. S. 134. Bd. III. S. 288. Bd. IV. S. 13. 52, Z. f. G. u. R. Bd. I. S. 52. Bd. III. S. 356. 509. Bd. VI. S. 222. Bd. VIII. S. 46, 131. Bd. XII. S. 391. Bd. XIII. S. 20.)

15) Eine Ausnahme von der Regel des Art. 90, ist wegen mangelnder Möglichkeit allseitiger Prüfung gegeben in dem Falle, wenn bei der Aburtheilung sich herausstellt, daß ein Antragsreat vorliegt, wegen dessen wegen Mangels des Antrags bei noch laufender Antragsfrist die sofortige Aburtheilung nicht erfolgen kann, während sie erfolgen muß, wenn der erforderliche Antrag später und rechtzeitig noch gestellt wird. Der Fall ist von Bedeutung bei Vorliegen idealen Zusammenflusses. (Dollmann Bd. I. S. 838.) Richtig wird stets durch Vertagung der Aburtheilung geholfen werden, s. zu Art. 88 Ziff. 65 auch 66.

16) „kann wegen derselben Thatsache". Es ist erforderlich, daß zwischen der früher abgeurtheilten und der später verfolgten That Identität stattfinde, d. h. es muß dasselbe konkrete Thun, dieselbe konkrete Willensäußerung der Person, welche früher Gegenstand der strafrichterlichen Aburtheilung war, die faktische Grundlage der neuen Anschuldigung bilden. (Dollmann Bd. I. S. 821.) Dieselbe Thatsache ist diejenige in die Außenwelt getretene Thätigkeit, diejenige Handlung oder Unterlassung, welche den Gegenstand der früheren Aburtheilung gebildet hat. (Hocheder S. 483—489. S. auch Weis Bd. I. S. 261, Stenglein Bd. I. S. 598.)

17) Die Identität der That ist nicht beseitigt durch Verschiedenheiten, welche lediglich die rechtliche Qualifikation der in Frage stehenden Thatsache berühren, sei es auch, daß die frühere rechtliche Beurtheilung eine irrige war. (Hocheder S. 485, Dollmann Bd. I. S. 821, Stenglein Bd. I. S. 598. Weis Bd. I. S. 261, Prot. d. G.-A. d. K. d. Abg. 1856/57 S. 242, K. d. R.-R. 1860/61 S. 62.)

18) Ein vom Einzelrichter als Uebertretung abgeurtheiltes Vergehen kann nicht nochmals Gegenstand der Aburtheilung werden. (Z. f. Gerichtspr. Bd. II. S. 229.)

19) Verschiedenheiten in einzelnen die objektive Seite der That, d. h. die äußere Erscheinung der dieselbe betreffenden Merkmale, in Folge deren die rechtliche Qualifikation der That oder der Grad ihrer Strafbarkeit geändert wird, hebt die Identität nicht auf. Hieher gehört auch Eintritt eines Erfolgs, welche die früher als Versuch beurtheilte That zur vollendeten macht. (Hocheder S. 486, Stenglein Bd. I. S. 599.)

20) Ebensowenig heben die Identität Verschiedenheiten in der subjektiven Seite der That auf, wie die Frage vorsätzlicher oder fahrlässiger Verübung, überlegter oder nicht überlegter Ausführung, Vorliegen einer besonderen Absicht oder deren Mangel u. s. w. (Hocheder S. 487. 488.)

21) Die Identität der That ist endlich nicht beseitigt durch Verschiedenheit in der Art der Betheiligung an derselben That, so daß der wegen Thäterschaft, Theilnahme oder Begünstigung einer That rechtskräftig Freigesprochene oder Verurtheilte nicht mehr der Betheiligung an derselben That in einer andern dieser Art beschuldigt werden kann. (Hocheder S. 488, Dollmann Bd. I. S. 821. Anmerk. 20, Stenglein Bd. I. S. 599.) Letzterer nimmt jedoch an, daß

Begünstigung stets eine selbstständige That bildet, weil das Gesetz hiefür eine selbstständige Strafandrohung enthält. Deshalb ist auch das oberstr. Erk. v. 30. März 1855 (Z. f. G. u. R. Bd. II. S. 101) nunmehr ohne Bedeutung, weil das Verhältniß der Begünstigung zur That nach dem Str.-G.-Bch. v. 1861 ein anderes ist, als nach dem von 1813. — Dollmann Bd. I. S. 828 stellt die Frage als controvers dar, neigt sich jedoch einer (kaum begründeten) Mittelmeinung zu, wonach der wegen Theilnahme oder Thäterschaft Freigesprochene nicht mehr wegen Begünstigung (oder Hehlerei); wohl aber der wegen Begünstigung Freigesprochene noch wegen Thäterschaft oder Theilnahme angeschuldigt werden könne.

22) Hocheder S. 489, Dollmann System des bayer. Str.-Pr. nehmen an, ein Kriterium der gleichen Thatsache sei es, ob die frühere und die neue Anschuldigung real konkurrirende Delikte ergebe oder nicht, wenn nicht, obgleich vielleicht ideale Konkurrenz, so liege Identität der Thatsachen vor; bei realer Konkurrenz nicht. Risch in der Fortsetzung von Dollmanns Commentar Bd. I. S. 830 bekämpft dies mit Recht als nicht allgemein zutreffend.

23) Stenglein Bd. I. S. 599. 600 gibt als Regel bei Erwägung der Identität der That an, man müsse beide zu vergleichende Thatbestände von allen Zufälligkeiten und Nebenumständen entkleiden und Identität annehmen, wenn Zeit und Art der That, und die Stellung der Parteien zu einander die gleichen seien.

24) Identität der That ist ausgeschlossen, wenn es sich in beiden Prozeduren um ein verschiedenes, selbstständiges Thun des Angeschuldigten handelt, wenn auch dasselbe zeitlich oder räumlich zusammenhängt, oder dieselbe Veranlassung oder denselben Zweck hat, oder gegen das nämliche Objekt gerichtet ist oder von gleicher oder verwandter rechtlicher Beschaffenheit ist (Dollmann Bd. I. S. 826. 827); oder wenn derselbe Rechtssatz von Neuem in Frage gestellt wird. Ebendas. S. 831.

25) Durch die erfolgte rechtskräftige Verurtheilung wegen Störung der öffentlichen Ruhe wird die gerichtliche Verfolgung der bestraften Person wegen einer bei derselben Gelegenheit verübten Körperverletzung nicht ausgeschlossen. (Erk. d. Cass.-H. v. 18. Dezember 1869, Entsch. d. Cass.-H. Bd. III. S. 446.)

26) Die gleiche beleidigende Aeußerung, welche bei verschiedenen Gelegenheiten wiederholt wurde, kann nach einer einen einzelnen Fall betreffenden Freisprechung Gegenstand wiederholter Klagestellung wegen anderer Fälle werden. (Erk. des Cass.-H. v. 13. Juli 1866, Zeitsch. f. Gerichtspr. Bd. VI. S. 4, Z. f. G. u. R. Bd. XIII. S. 444.)

27) Die einmal erfolgte Freisprechung eines Gewerbsmannes von der Anschuldigung eines Gewerbsübergriffes steht nicht entgegen, daß derselbe wegen wiederholter Verübung eines gleichartigen Uebergriffs neuerdings vor Gericht gestellt und verurtheilt wird. (Erk. d. Cass.-H. v. 21. Juli 1865, Z. f. G. u. R. Bd. XII. S. 359.)

28) Bei fortgesetzten Handlungen liegt Identität der That vor, wenn auch bei der früheren Prozedur nur einzelne der Fortsetzungshandlungen, bei der späteren andere früher nicht berücksichtigte der Aburtheilung unterstellt werden. (Dollmann Bd. I. S. 831. 832, Hocheder S. 486, Stenglein Bd. I. 599. Anmerk. 3. Vgl. jedoch Ziff. 20 zu Art. 84 oben S. 118.) Ferner sprach der oberste Gerichtshof in einem Erkenntnisse vom 29. März 1866 (Z. f. Gerichtspr. Bd. V. S. 285, Z. f. G. u. R. Bd. XIII. S. 164) aus, Art. 90 schließe die wiederholte Bestrafung einer Person wegen einer Anschuldigung (in concr. fortgesetzte Unterschlagung) nur dann aus, wenn ein einheitlicher Thatbestand in Rede stehe, nicht auch dann, wenn verschiedene selbstständige strafbare Handlungen vorliegen, welche auf Grund einer besonderen Bestimmung als eine einzige Handlung zu bestrafen seien. S. dagegen die Ausführung in Z. f. G. u. R. Bd. XII. S. 566 Note und in Dollmann Bd. I. S. 832. Note 41.

29) Identität des Falls liegt vor, wenn der später zur Aburtheilung kommende Thatbestand Bestandtheil eines früher abgeurtheilten ist oder wenn die

früher und die später zur richterlichen Cognition kommenden Thatumstände bei gleichzeitigem Bekanntwerden als ein einheitlicher Thatbestand hätten zur Aburtheilung kommen müssen. (Stenglein Bd. I. S. 599. Note 3.)

30) Ueber das Verhältniß von Ehrenkränkung und Verläumdung s. oben zu Art. 88 Ziff. 58—61 S. 138. 139. S. auch Dollmann Bd. I. S. 839. Anm. 52. Eine Freisprechung wegen Verläumdung schließt an sich und vor Ablauf der dreimonatlichen Frist neue Klagestellung wegen Ehrenkränkung nicht aus. (Erk. d. A.-G. v. Niederbayern v. 8. April 1863 und v. Unterfranken u. Aschaffenb. v. 1. Mai 1863, Z. f. Gerichtspr. Bd. II. S. 494. 243.)

31) „nicht nochmals vor Gericht gestellt und bestraft werden". Einer nochmaligen Verfolgung kann der Beschuldigte die exceptio rei judicatae entgegenstellen; jedoch muß die frühere Aburtheilung auch von Amtswegen berücksichtigt und das Verfahren, wenn einmal eingeleitet, eingestellt oder, wenn es zur Aburtheilung kommt, der Beschuldigte von der Strafe freigesprochen werden. (Dollmann Bd. I. S. 837.)

32) Das frühere Verfahren präjudicirt einem späteren Disciplinarverfahren nicht. Dollmann S. 837 Note 49, welcher anführt, eine strafrechtliche Freisprechung müsse auch von der Disciplinarbehörde respektirt werden, ohne hieran jedoch eine praktische Folgerung zu knüpfen.

33) „vorbehaltlich der im Art. 13 enthaltenen Bestimmungen". Außer den zu Art. 13 erläuterten Bestimmungen, daß nach ausländischer Verurtheilung unter Umständen eine neue Prozedur im Inlande erfolgen könne (Dollmann Bd. I. S. 839, Hocheder S. 490, Weis Bd. I. S. 262, Stenglein Bd. I. S. 600); begründen auch die Bestimmungen über Wiederaufnahme des Strafverfahrens eine Ausnahme von der Vorschrift des Art. 90 (Dollmann Bd. I. S. 839. 840, Hocheder S. 492).

Casuistik.

34) Die Freisprechung wegen Brandstiftung (an der eigenen Sache) hindert nicht eine neue Anklage wegen Betrugs an der Brandversicherungsanstalt durch falsche Liquidation des Brandschadens. (Erk. d. Cass.-H. v. 10. Mai u. 19. Dezember 1862, Z. f. Gerichtspr. Bd. I. S. 175. Bd. II. S. 83, Z. f. G. u. R. Bd. IX. S. 181.)

35) Die Bestrafung wegen einfachen Bankerotts schließt die spätere wiederholte wegen betrügerischen Bankerotts nicht aus. (Z. f. Gerichtspr. Bd. I. S. 292.)

36) Die Beseitigung einer polizeiwidrigen Veranstaltung (Störung des Verkehrs) kann nicht durch wiederholte Bestrafung der durch die Veranstaltung begangenen Polizeiübertretung erzwungen werden, sondern ist Sache der Polizeibehörde. (Erk. d. Cass.-H. v. 30. Sept. 1864, Z. f. Gerichtspr. Bd. IV. S. 26, s. auch das. S. 61.)

37) Die Unterlassung der von der Forstpolizeibehörde angeordneten Sicherheitsmaßregeln gegen schädliche Insekten kann auch bei wiederholter Anordnung nicht wiederholt bestraft werden, sondern steht es der Forstpolizeibehörde nur frei, die Ausführung auf Kosten des Säumigen durch das Forstamt bewirken zu lassen. (Erk. d. Cass.-H. v. 7. Dezember 1866, Z. f. Gerichtspr. Bd. VI. S. 184, Z. f. G. u. R. Bd. XIII. S. 635.)

38) Wegen Betrugs durch Vorspiegelung eines fremden Namens wurde wiederholt bestraft, nachdem wegen Führung eines falschen Namens schon Strafe verhängt war. (Z. f. Gerichtspr. Bd. VII. S 46.)

39) Ein Bräuer, der wegen Verkaufs gesundheitsschädlichen Bieres bereits rechtskräftig, wenn auch durch Strafverfügung, bestraft ist, kann wegen Fälschung desselben Bieres durch Beigabe fremdartiger Stoffe nicht nochmals bestraft werden. (Erk. d. Cass.-H. v. 13. August 1868, Z. f. Gerichtspr. Bd. VIII. S. 22, Entsch. d. Cass.-H. Bd. II. S. 377.)

40) Einen Fall, in welchem das Verfahren wegen Diebstahls eingestellt wurde, weil vorher der Thäter wegen Aneignung eines Theiles der angeblich

gefundenen Ablaten schon bestraft worden war, s. Z. f. Gerichtspr. Bd. VIII. S. 393, s. daselbst auch die Anmerkung des Herausg. dagegen.

41) Die frühere Freisprechung wegen der Zuwiderhandlung gegen ein Verbot der Polizeibehörde hindert nicht die Verurtheilung wegen Zuwiderhandlung gegen ein später erlassenes, gesetzlich giltiges Verbot. (Erk. d. Cass.-H. v. 31. August 1869, Z. f. Gerichtspr. Bd. VIII. S. 458.)

42) Bestrafung wegen medizinischer Pfuscherei schließt weitere Verfolgung wegen fahrlässiger Tödtung nicht aus. (Erk. d. A.-G. v. Oberfranken v. 30. November 1869, Z. f. Gerichtspr. Bd. IX. S. 158.)

Art. 91.

Tod des Schuldigen.

Mit dem Tode desjenigen, welcher sich einer strafbaren Handlung schuldig gemacht hat, erlischt dessen Strafbarkeit; doch werden Geldstrafen, Konfiskationen und Untersuchungskosten, auf welche bereits bei seinen Lebzeiten rechtskräftig erkannt worden ist, an seinem Nachlasse oder gegen seine Erben vollstreckt.

1) Durch den Tod erlischt sowohl die Strafverfolgung als auch der Strafvollzug, mit Ausnahme der Geldstrafen. (Dollmann Bd. I. S. 840, Hocheder S. 495.)

2) Stirbt der Angeklagte vor Rechtskraft des Urtheils, wenn auch während des Fatales für Anmeldung eines Rechtsmittels oder selbst nach Anmeldung eines solchen, sei es auch von Seite des Staatsanwalts, so ist die Untersuchung als gegenstandslos aufzuheben und sind die Akten zu reponiren. (Dollmann Bd. I. S. 843, Hocheder S. 495, Vortr. d. G.-A. d. K. d. A. 1856/57 S. 58, Prot. S. 244.)

3) Es bedarf hiezu keines Gerichtsbeschlusses, sondern lediglich Constatirung des Todes zu den Akten. (Dollmann Bd. I. S. 843, Weis Bd. I. S. 263, Erk. d. O.-G.-H. v. 27. Novbr. 1854, Z. f. G. u. R. Bd. I. S. 496 Note, Erk. d. A.-G. v. Oberfranken v. 4. Mai 1869, Z. f. Gerichtspr. Bd. IX. S. 9.) Stenglein Bd. I S. 601 fordert jedoch einen formellen Abschluß der Untersuchung durch einen Einstellungsbeschluß, oder wenn bereits Verweisung vorliegt, durch einen Beschluß, daß das Verfahren beruhe und die Staatskasse die Kosten trage.

4) Auf die Strafverfolgung gegen Mitbeschuldigte hat der Tod eines solchen keinen Einfluß. (Dollmann Bd. I. S. 843, Weis Bd. I. S. 263, Stenglein Bd. I. S. 601.)

5) Die Haftung der Erben für Geldstrafen, Confiskationen und Untersuchungskosten ist die regelmäßige civilrechtliche und geht nicht weiter als diese beim Antritt der Erbschaft cum beneficio inventarii. (Prot. d. G.-A. d. K. d. A. 1856/57 S. 58. 1860/61 S. 16, Dollmann Bd. I. S. 842. Note 8. S. 844. 845, Hocheder S. 496, Weis Bd. I. S. 262. 263, Stenglein Bd. I. S. 600.)

6) Für Entschädigungsansprüche haften die Erben des verstorbenen Beschuldigten nach den gewöhnlichen civilrechtlichen Grundsätzen. Sind die Entschädigungsansprüche (nach pfälzischem Prozeß) vor dem Strafrichter anhängig gemacht, so erlischt die Prozedur vorbehaltlich der weiteren Verfolgung vor dem Civilrichter. (Dollmann Bd. I. S. 843, Weis Bd. I. S. 263, Stenglein Bd. I. S. 601, Motive z. Entw. v. 1855 Art. 69.)

7) Für Untersuchungskosten haften die Erben, wenn das Urtheil noch nicht rechtskräftig war, auch nicht nach civilrechtlichen Grundsätzen. (Motive z. Entw. v. 1851 S. 487, Dollmann Bd. I. S. 844, Stenglein Bd. I. S. 602, Weis Bd. I. S. 262.)

8) Auch Konfiskationen können in diesem Falle nicht vollzogen werden, sondern sind die während der Untersuchung beschlagnahmten Gegenstände an die Erben hinauszugeben, wenn nicht deren Privatbesitz ein verbotener ist. (Dollmann Bd. I. S. 844, Hocheder S. 496, Weis Bd. I. S. 262.)

9) Im Strafverfahren wegen Uebertretung erlischt mit dem Tode des Angeklagten die von diesem ausgestellte Vollmacht eines Vertreters. Dieser ist nicht

mehr befugt, für seinen verstorbenen Klienten ein Rechtsmittel einzulegen. (Erk. d. Cass.-H. v. 7. Mai 1866, Z. f. G. u. R. Bd. XIII. S. 302, Z. f. Gerichtspr. Bd. V. S. 318.)

Art. 92.

Verjährung.

Die gerichtliche Verfolgung wegen einer strafbaren Handlung, sowie der Vollzug einer rechtskräftig erkannten Strafe wird, vorbehaltlich der in besonderen Gesetzen enthaltenen Vorschriften, durch die nach Maßgabe der folgenden Bestimmungen eingetretene Verjährung ausgeschlossen.

1) Die gerichtliche Verfolgung wegen einer strafbaren Handlung, sowie der Vollzug einer rechtskräftig erkannten Strafe wird ausgeschlossen. Auf eine vor 1. Juli 1862 begangene That finden diejenigen Bestimmungen über Verjährung Anwendung, welche dem Angeklagten günstiger sind, seien es die des Strafgesetzbuches von 1861, seien es die der früheren Gesetzgebung (Art. 25 d. Einf.-Ges.). Dollmann Bd. I. S. 856, Stenglein Bd. I. S. 617.)

2) Keinesfalls darf eine Vermischung der älteren und der neueren Gesetzgebung stattfinden, auch nicht in der Art, daß die strafrechtliche Eigenschaft der That nach der älteren, die Verjährung nach der neueren Gesetzgebung beurtheilt wird; oder umgekehrt, (Erk. d. Cass.-H. v. 12. September 1862, 7. Februar u. 4. Juli 1863, 24. September 1864 u. 10. Juni 1865, Z. f. Gerichtspr. Bd. II. S. 49. 110. 345. Bd. IV. S. 4. 305, Z. f. G. u. R. Bd. IX. S. 338. Bd. X. S. 154. 684. Bd. XI. S. 357. Bd. XII. S. 262, Dollmann Bd. I. S. 856. Note 23, Stenglein Bd. I. S. 617.)

3) Die Verjährung der Strafe ist nach derjenigen Gesetzgebung zu beurtheilen, nach welcher die Strafe verhängt wurde. (Erk. d. Cass.-H. v. 7. Februar 1863, 14. Januar u. 10. Juni 1865, Z. f. Gerichtspr. Bd. II. S. 110. Bd. IV. S. 122. 305, Z. f. G. u. R. Bd. X. S. 154. Bd. XII. S. 8. 262, s. auch daselbst S. 526 Note.) Dagegen wurde durch Plen.-Erk. d. O.-G.-H. v. 9. November 1865 (Z. f. Gerichtspr. Bd. V. S. 71, Z. f. G. u. R. Bd. XII. S. 526) anerkannt, daß die Bestimmungen des Strafgesetzbuches v. 1861 über Verjährung des Strafvollzugs auch auf die vor 1. Juli 1862 erkannten Strafen Anwendung finden, wenigstens insoferne als von diesem Tage an die bis dahin noch nicht eröffnete Verjährungsfrist zu laufen beginnt. (Dollmann Bd. I. S. 856 Note 24.) Dieser spricht sich sogar für Beginn der Verjährungsfrist nach Art. 97. aus.

4) Die Anwendbarkeit der Vorschriften des Strafgesetzbuches von 1861 auf die vor seiner Einführung begangenen Handlungen wird dadurch nicht ausgeschlossen, daß die nach diesem berechnete Verjährung schon vor 1. Juli 1862 abgelaufen sein würde. (Dollmann Bd. I. S. 857 Note 25.)

5) Die neueren Bestimmungeu über Verjährung finden dann keine Anwendung, wenn die That vor 1. Juli 1862 begangen wurde und dieselben erst nach jenem Tage ihre Wirksamkeit äußern sollen, jedoch strenger sind als die früher geltenden. (Dollmann Bd. I. S. 857).

In Zeitschr. f. Gerichtspr. Bd. IV. S. 125 ist die Ansicht vertreten, daß in diesem Falle eine Berechnung pro rata eintreten müsse.

6) „Vorbehaltlich der in besonderen Gesetzen enthaltenen Vorschriften.“ Die Bestimmungen über Verjährung finden auch auf die nach Spezialgesetzen strafbaren Handlungen Anwendung, wenn diese nicht besondere Bestimmungen enthalten, wie das Zollstrafgesetz v 17. November 1837 §. 27, das Forstgesetz v. 28. März 1852 Art. 71—73 und 159, Art. 64 des Gesetzes v. 16. Mai 1868 über den Malzaufschlag. Das Polizeistrafgesetz Art. 25—29 findet auf alle Handlungen Anwendung, welche den Charakter von Polizeiübertretungen an sich tragen (Art. 7 Abs. 2 Einf.-Ges.)

Die besonderen Bestimmungen der Art. 203. 218. 256. 268 des Strafgesetzbuches und Art. 55 Abs. 5 des Einf.-Ges. gehen den allgemeinen Bestimmungen des Art. 92 u. fg. vor. (Dollmann Bd. I. S. 855. 856, Stenglein Bd. I. S. 617.)

7) Auf Jagdfrevel finden die allgemeinen Bestimmungen des Strafgesetzbuches insbesondere jene über Verjährung Anwendung. (Erk. d. Cass.-H. v. 3. September 1869 Z. f. Gerichtspr. Bd. VIII. S. 466. Entsch. d. Cass.-H. Bd. III. S. 322.)

8) Auf Verjährung von Zolldefraudationen finden nicht die Bestimmungen des Strafgesetzbuches, sondern die besonderen des Zollstrafgesetzes Anwendung. (Erk. d. Cass.-H. v. 18. April 1868 Z. f. Gerichtspr. Bd. VII. S. 340. Entsch. d. Cass.-H. Bd. II. S. 181.)

9) Die Bestimmungen über Verjährung finden auch auf Ehrenkränkungen Anwendung. (Erk. des Cass.-H. v. 23. Oktober 1863 und 18. Februar und 7. Dezember 1868. Z. f. Gerichtspr. Bd. III. S. 12. Bd. VII. S. 268. Bd. VIII. S. 137. Z. f. G. u. R. Bd. X. S. 967. Entsch. d. Cass.-H. Bd. II. S. 94.)

10) Verjährte Injurien können nur dann zur Kompensation benützt werden, wenn sie zu der Zeit, wo die zu kompensirende Injurie verübt wurde, noch nicht verjährt waren. (Erk. d. Cass. v. 1. Februar 1869. Entsch. d. Cass.-H Bd. III. S. 26. Z. f. Gerichtspr. Bd. VIII. S. 197.) Früher nahm der oberste Gerichtshof an, die Compensationseinrede sei nach jedem Zeitablaufe nach zulässig. (Erk. d. Cass.-H. v. 26. August 1867. Entsch. d. Cass.-H. Bd. I S. 363. Z. f. Gerichtspr. Bd. VII. S. 59. Ein weiteres v. 23. Januar 1864. Z. f. Gerichtspr. Bd. III. S. 98. Z. f. G. u. R. Bd. XI. S. 8 steht mehr auf dem Standpunkt des erst angeführten. S. auch Dollmann Bd. I. S. 892 Note 85.)

11) Durch Verjährung wird die Strafbarkeit eines Antragsreates auch dann ausgeschlossen, wenn der Antragsberechtigte erst nach Ablauf der Verjährungsfrist Kenntniß von dem Reate erhält. (Erk. d. Cass.-H. v. 17. Mai 1866 u. 7. Dezember 1868. Z. f. Gerichtspr. Bd. V. S. 348 Bd. VIII. S. 137. Stenglein Bd. I. S. 617. Prot. d. G.-A. K. d. Abg. 1856/57 S. 249.)

12) „Durch die nach Maßgabe der folgenden Bestimmungen eingetretene Verjährung.“ Um die Strafbarkeit durch Verjährung zu tilgen, ist nichts erforderlich, als daß die vom Gesetze bestimmte Zeit ohne Dazwischenkunft eines der vom Gesetze speziell bezeichneten Unterbrechungsgründe abgelaufen ist. Es hat sohin nicht darauf anzukommen, ob ein Verschulden einer Behörde in Mitte liegt oder nicht, und ebensowenig, ob der Verbrecher durch Flucht, Verborgenhalten, Verwischen der Spuren u. s. w. sich dem Arme der Gerechtigkeit entzogen hat oder ob er demselben ohne eigenes Zuthun entgangen ist. (Motive z. Entw. v. 1855 Art. 70 — 77 Ziff. 1 S. 63. Hocheder S. 500. Dollmann Bd. I. S. 860.)

13) Steht die Verjährung einer strafbaren Handlung von vorneherein fest, so darf keine Untersuchung eingeleitet werden; erfolgt diese Feststellung erst im Laufe der Untersuchung, so ist diese sofort einzustellen, erfolgt sie erst bei der Verhandlung in öffentlicher Sitzung, so ist auf Freisprechung zu erkennen. Hocheder S. 498. 504. Stenglein Bd. I. S. 605 606. 616. Dollmann Bd. I. S. 863. 890 In schwurgerichtlichen Fällen hat darüber, ob Verjährung vorliege, der Schwurgerichtshof zu erkennen. (Walther. Lehrb. des bayer. Strafpr. S. 138. Sitz. Ber. Bd. III. 8. Z. f. G. u. R. Bd. I. S. 145. Prot. d. G.-G.-A. d. K. d. Abg. 1856/57. S. 248. 249. Hocheder S. 516. Stenglein Bd. I. S. 616 Note 5.)

14) Wegen einer verjährten Uebertretung kann kein Schuldausspruch und keine Belastung des Beschuldigten mit Kosten erfolgen. (Erk. d. Cass.-H. v. 17. Juli 1864. Z. f. Gerichtspr. Bd. III. S. 271. Dollmann Bd. I. S. 890.)

15) Neben Freisprechung wegen Verjährung können Straffolgen nicht verhängt werden. (Erk. d. Cass.-H. v. 30. Oktober 1862. Z. f. Gerichtspr. Bd. II. S. 23. Z. f. G. u. R. Bd. IX. S. 534, s. auch Stenglein Bd. I. S. 616.)

16) Wenn ein gerichtliches Urtheil konstatirt, daß das verschuldete Delikt verjährt ist, bedarf es keines Eingehens darauf, ob eine strafbare Handlung gegeben war. (Erk. d. Cass.-H. v. 28. Oktober 1867. Z. f. Gerichtspr. Bd. VII. S. 118.)

17) Wegen eines Verbrechens kann trotz eines bejahenden Wahrspruches der Geschwornen eine Bestrafung nicht erfolgen, wenn die Zeit der Verübung nur dahin festgestellt ist, daß die That nach einem bestimmten Tage und vor einem solchen begangen wurde, ein Theil dieser Frist aber vor die anderweit nicht unterbrochene Verjährungsfrist fällt. (Erk. d. Cass.-H. v. 23. Dezember 1869. Z. f. Gerichtspr. Bd. IX. S. 137. Entsch. d. Cass.-H. Bd. III. S. 457 s. auch Stenglein Bd. I. S. 616. Note 6. Dollmann Bd. I. S. 891. 892.)

18) Eine verjährte strafbare Handlung darf weder zur Feststellung eines höher strafbaren Thatbestandes (z. B. nach Art. 244 oder 320), noch zur Ausmessung einer höheren Strafe benützt werden. (Dollmann Bd. I. S. 892. Hocheder S. 428. Stenglein Bd. I. S. 616. 617.)

19) Im diesseitigen Bayern werden durch die Verjährung der Strafbarkeit die aus der strafbaren Handlung hervorgehenden civilrechtlichen Ansprüche nicht berührt. In der Pfalz erlöschen auch diese durch die Verjährung. (Art. 635—640. 643 Code d'instr. crim. Art. 19 Einf.-Ges.) Hocheder S. 499. Dollmann Bd. I. S. 893.

20) Die Wirkungen der Verjährung sind höchst persönliche. Es kann also die Strafbarkeit der That gegen einzelne der bei derselben That Betheiligten verjährt, gegen andere noch vorhanden sein, wenn z. B. nur bei einzelnen Unterbrechung eingetreten, oder der Grund der Strafbarkeit ein verschiedener ist. (vgl. Art. 65 Abs. 3) Hocheder S. 499. Dollmann Bd. I. S. 892. Dollmann System des bayer. Str.-Pr. S. 138.)

21) Die Verjährung ist von Amtswegen zu berücksichtigen. Auf ihre Wirkung kann nicht verzichtet werden. (Dollmann Bd. I. S. 890. Hocheder S. 499. Stenglein Bd. I. S. 616.)

22) Ist überhaupt Strafverfolgung eingeleitet, so müssen die Bedingungen der Verjährung nach derjenigen That bemessen werden, welche der Richter im Einstellungsbeschlusse oder im Urtheile als bewiesen feststellt, nicht nach derjenigen, wegen welcher Untersuchung eingeleitet oder im zweiten Falle Anklage erhoben wurde. (Stenglein Bd. I. S. 605. Weis Bd. I. S. 260. Dollmann Bd. I. S. 863. Z. f. Gerichtspr. Bd. I. S. 198.)

Art. 93.

Vorbehaltlich der in Art. 94 enthaltenen Bestimmungen tritt die Verjährung der gerichtlichen Verfolgung ein:

1) in zwanzig Jahren bei Verbrechen, welche entweder unbedingt oder doch im höchsten Strafmaße mit Todes- oder lebenslänglicher Zuchthausstrafe bedroht sind;

2) in fünf Jahren bei den übrigen Verbrechen;

3) in zwei Jahren bei Vergehen;

4) in sechs Monaten bei Uebertretungen.

1) Bei Beurtheilung, welche Verjährungsfrist auf eine That anzuwenden sei, muß dieselbe nach ihrer konkreten Gestaltung zur Zeit der Beurtheilung ins Auge gefaßt werden. Bei Handlungen also, welche in verschiedenen Abstufungen strafbar sind, nach dem konstatirten Grade der Strafbarkeit. (Hocheder S. 501. Dollmann Bd. I. S. 863. 864 auch Note 9.) Vgl. zu Art. 92 Ziff. 22.

2) Kann auf eine That eine schwerere oder eine leichtere Strafgattung angewendet werden, wie wenn letztere in leichteren Fällen der Verübung angedroht, oder bei Versuch oder Theilnahme ein Herabgehen unter das Strafmaximum gestattet ist, so muß der über Vorliegen der Verjährung entscheidende Richter sich über die anzuwendende Strafe und die der That hienach beizulegende Qualifikation schlüßig machen und darnach entscheiden ob Verjährung vorliegt. (Stenglein Bd. I. S. 606. Dollmann Bd. I. S. 864 fg. Dollmann System S. 135.) Stenglein

Bd. I. S. 608 umschreibt diese Regel dahin: „Dem Richter ist wegen Verjährung „nicht verstattet, nach ununterbrochenem Ablaufe von 20 Jahren Todes-, lebens- „längliche Zuchthaus-, oder eine zeitliche Zuchthausstrafe zu verhängen, welche „jene als Maximum zuläßt; oder nach fünf Jahren auf zeitliche Zuchthaus-, „nach zwei Jahren auf Gefängniß- oder Geldstrafe im Vergehensgrade, nach sechs „Monaten auf Arreststrafe u. s. w. zu erkennen."

Weis Band I. S. 265 fg. adoptirt im Ganzen auch vorstehende Theorie, nimmt aber eine Ausnahme in Bezug auf die unter Art. 93 Ziff. 1 fallenden Fälle an, weil hier das Gesetz vom Strafmaximum spreche und will hier dieses über die Verjährungsfrist entscheiden lassen. (s. bes. S. 270). Hocheder S. 500—502 nimmt durchgängig an, daß das mögliche Strafmaximum über die anzuwendende Verjährungsfrist entscheide. Consequent nimmt er S. 503, 504 an, daß bei denjenigen Strafmilderungsgründen, bei welchen ein Herabsinken des Strafmaximums vorgeschrieben ist, wie bei geminderter Zurechnungsfähigkeit, schuldhafter Ueberschreitung der Grenzen der Nothwehr oder Jugend, das abgeminderte Maximum entscheide, wobei er aber zugibt, daß das Vorhandensein dieser Milderungsgründe auch von dem über die Voruntersuchung beschließenden Richter festgestellt werden könne. (S. auch Dollmann Bd. I. S. 863 Note 9. Stenglein Bd. I. S. 606. Weis Bd. I. S. 165.)

3) Bei idealem Zusammenfluß kann die Strafbarkeit der That in der einen Qualifikation verjähren, während sie in der andern noch fortbesteht. (Dollmann Bd. I. S. 866. Hocheder S. 505.)

4) Bei realem Zusammenflusse verjährt jede That für sich (Dollmann Bd. I. S. 867. Hocheder S. 501.) Bildet aber die Wiederholung oder gewerbsmäßige Verübung eines Deliktes ein höher qualifizirtes Gesammtreat, so verjährt zwar gleichfalls jede einzelne Handlung und hindert die Verjährung, wenn zwischen denselben die volle Verjährungsfrist liegt, die Entstehung des Gesammtreates. Sind aber die Voraussetzungen dieses durch unverjährte Einzelhandlungen gegeben, so beginnt eine neue längere Verjährung nach der Qualifikation des Gesammtreates. Dollmann und Hocheder a. a. O.

5) Bei fortgesetzten Delikten wird die Verjährungsfrist nach dem Charakter des Gesammtreates bestimmt. (Dollmann Bd. I. S. 868.)

6) Auch während des Aufenthalts des Thäters in einer Strafanstalt läuft die Verjährung. (Erk. d. Cass.-H. v. 9. November 1861 Z. f. G. u. R. Bd. VIII. S. 425. Z. f. Gerichtspr. Bd. I. S. 21.)

7) Die Bestimmungen über Verjährung von Vergehen finden auch auf solche Vergehen Anwendung, welche objektiv nur Uebertretungen, aus subjektiven Gründen aber, wie wegen Rückfalls, als Vergehen strafbar sind. (Erk. d. Cass.-H. v. 28. Februar 1868. Z. f. Gerichtspr. Bd. VII. S. 283. Entsch. d. Cass.-H. Bd. II. S. 113.)

Art. 94.

Bildet ein Preßerzeugniß den Gegenstand der gerichtlichen Verfolgung, so tritt die Verjährung der letzteren bei Vergehen in sechs Monaten, bei Uebertretungen in drei Monaten ein.

1) Für die Verjährung von Preßverbrechen (Aufforderung zu Verübung von Verbrechen durch die Presse mit eingetretenem Erfolg) gelten die allgemeinen Bestimmungen. (Motive z. Entw. v. 1860 Art. 94 S. 55. Dollmann Bd. I. S. 862. Stenglein Bd. I. S. 617. Hocheder S. 507.)

Art. 95.

Die Verjährung der gerichtlichen Verfolgung beginnt von dem Tage der begangenen That und bei fortgesetzten strafbaren Handlungen von dem Tage der letzten Fortsetzungshandlung. Ist der Gegenstand der gerichtlichen Verfolgung ein Preßerzeugniß, welches der Bestimmung des Art. 44 Abs. 1 des Gesetzes zum Schutze gegen den Mißbrauch

der Presse vom 17. März 1850 unterliegt, so beginnt die Verjährung von dem Tage der dort vorgeschriebenen Hinterlegung. Der Tag des Beginnes der Verjährung wird in die Verjährungsfrist nicht mit eingerechnet,

Die Verjährung ist vollendet mit Ablauf des letzten Tages der gesetzlich bestimmten Frist.

1) „Die Verjährung der gerichtlichen Verfolgung beginnt von dem Tage der begangenen That." D. h. mit Ablauf des Tages. Prot. d. G.-A. K. d. Abg. 1860/61 S. 90.

2) Die begangene That begreift sowohl Begehungs- als Unterlassungshandlungen in sich. (Dollmann Bd. I. S. 868.)

3) Bei Antragsreaten beginnt die Verjährung gleichfalls vom Tage der begangenen That an, wenn auch dem Antragsberechtigten die Antragstellung an demselben noch nicht möglich war. Der Satz: agere non valenti non currit praescriptio gilt im Strafrechte nicht. (Dollmann Bd. I. S. 868. 873. 874. Hocheder S. 510. Stenglein Bd. I. S. 612. Prot. d. G.-A. K. d. Abg. 1856/57. S. 249. Erk. d. Cass.-H. v. 17. Mai 1866. Z. f. Gerichtspr. Bd. V. S. 348.)

4) Unter That ist auch eine Versuchshandlung zu verstehen. Bei mehreren denselben Zwecken verfolgenden Versuchshandlungen bilden diese sämmtlich die That. (Dollmann Bd. I. S. 809. Hocheder S. 508. 509. Stenglein Bd. I. S. 610. 611. Z. f. Gerichtspr. Bd. III. S. 35.)

5) Das Wort „That" bezeichnet die gesammte verbrecherische Thätigkeit des Thäters, gleichviel in welchen Moment strafrechtlich das Delikt als vollendet gilt, also wenn der Thäter eine Mehrheit von Handlungen zur Verübung der That vorgenommen hat, beginnt die Verjährung erst mit der letzten derselben. (Stenglein Bd. I. S. 610. Erörter. in Z. f. Gerichtspr. Bd. I. S. 33. Dollmann Bd. I. S. 868. 869. Weis Bd. I. S. 270. 271.) Hocheder S. 508 dagegen nimmt an, daß der Beginn der Verjährung mit der juristischen Vollendung der That zusammenfalle.

6) Dasjenige, was der Thäter gethan hat, um die That zu verheimlichen, fällt nicht mit unter den Begriff der That. (Weis Bd. I. S. 271. Stenglein Bd. I. S. 612. Dollmann Bd. I. S. 869. Note 17. Z. f. Gerichtspr. Bd. I. S. 50.)

7) Bei Delikten, zu deren Thatbestand ein bestimmter Erfolg erforderlich ist, richtet sich der Beginn der Verjährung nicht nach dem Eintritt dieses Erfolges, sondern nach dem Moment, in welchem der Verbrecher seine auf Herbeiführung des Erfolges gerichtete Thätigkeit geschlossen hat. (Stenglein Bd. I. S. 611. Z. f. Gerichtspr. Bd. I. S. 49.) Dagegen nimmt Dollmann B. I. S. 809. Hocheder Bd. I. S. 508. Dollmann System S. 135 an, daß die Verjährung erst mit Eintritt des Erfolgs beginne.

8) Bei denjenigen Delikten, bei welchen das Gesetz die Vollendung mit Begehung der That ohne Rücksicht auf den Erfolg annimmt, beginnt dennoch die Verjährung erst mit Beendigung der auf Herbeiführung eines Erfolgs gerichteten Thätigkeit des Thäters. (Stenglein Bd. I. S. 612. Z. f. Gerichtspr. Bd. I. S. 50.)

9) Theilnahme oder Begünstigung beginnt mit Vornahme der Theilnahms- oder Begünstigungshandlung zu verjähren, gleichviel wann die Hauptthat begangen wurde oder deren Verjährung beginnt. (Stenglein Bd. I. S. 612. Dollmann Bd I. S. 809. Z. f. Gerichtspr. Bd. I. S. 51. Dollmann System. S. 136.) Hocheder S. 508. 509 dagegen nimmt an, daß die Verjährung für den Theilnehmer in der Regel und abgesehen von den selbstständig mit Strafe bedrohten Fällen der Anstiftung in demselben Zeitpunkte wie für den Hauptthäter beginne.

10) Bei Unterlassungsdelikten beginnt die Verjährung mit Vornahme der pflichtgemäßen Handlung, wenn hiedurch nicht die Strafbarkeit überhaupt beseitigt wird, oder mit Ablauf der Zeit, in welcher die pflichtgemäße Handlung vorgenommen werden konnte. (Dollmann Bd. I. S. 872. Stenglein Bd. I. S. 612. Erk. d. Cass.-H. v. 28. Juli 1865. Z. f. Gerichtspr. Bd. IV. S. 345. Z. f. G. u. R. Bd. XII. S. 363.)

11) Bei Zustands- oder sog. permanenten Delikten beginnt die Verjährung

erst, wenn der strafbare Zustand aufgehört hat. (Dollmann Bd. I. S. 871. 872. Stenglein Bd. I. S. 609. 610. Z. f. Gerichtspr. Bd. I. S. 50. Erk. d. Cass.-H. v. 12. Mai 1866. Z. f. Gerichtspr. Bd. V. S. 324. Z. f. G. u. R. Bd. XIII. S. 314. Erk. d. Cass.-H. v. 6. u. 17. August 1866, 8. Februar, 17. Juni, und 30. Dezember 1867. Z. f. Gerichtspr. Bd. VI. S. 99. 232. 370. Bd. VII. S. 182. Z. f. G. u. R. Bd. XIII. S. 485. 513. Entsch. d. Cass.-H. Bd. I. S. 41. 260. 494. Pl.-Erk. v. 9. November 1865. Z. f. Gerichtspr. Bd. V. S. 71. Z. f. G. u. R. Bd. XII. S 526. Erk. d. A. G. v. Mittelfranken v. 3. November 1865. Z. f. Gerichtspr. Bd. V. S. 58. Dagegen ebend. Bd. IV. S. 13. Bd. VI. S. 267.)

Ferner Erört. in Z. f. Gerichtspr. Bd. VII. S. 449, welche annimmt, daß die Verjährung auch gegen den beginne, der den gesetzwidrigen Zustand nicht beseitigen kann. Hiemit in Uebereinstimmung Erk. d. Cass.-H. v. 29. Oktober 1869. Z. f. Gerichtspr. Bd. IX. S. 56. Entsch. d. Cass.-H. Bd. III. S. 365. Die besonderen Bestimmungen über Beginn der Verjährung bei mehrfacher Ehe (Art. 219), Verletzung der persönlichen Freiheit (Art. 256), betrüglicher Verleitung zur Ehe (Art. 268) und falschem Zeugniß zum Nachtheile eines Angeklagten (Art. 203) prävaliren selbstverständlich den allgemeinen.

12) Bankerott verjährt nicht durch Ablauf der Verjährungsfrist nach unordentlicher Führung der Bücher, sondern von erfolgter Zahlungseinstellung an. (Z. f. Gerichtspr. Bd. IV. S. 302.)

13) Bei fortgesetzten strafbaren Handlungen von dem Tage der letzten Fortsetzungshandlung. Für fortgesetzte Delikte liegt nicht blos eine Unterbrechung der Verjährung für die früheren Fortsetzungshandlungen durch die später begangenen vor, sondern erstere sind überhaupt nicht verjährt und beginnt die Verjährung erst mit der letzten Fortsetzungshandlung (Dollmann Bd. I. S. 870. Z. f. Gerichtspr. Bd. I. S. 35.) Dies findet keine Anwendung auf die Handlungen, bei welchen die Wiederholung oder Gewohnheitsmäßigkeit durch singuläre Bestimmung mit höheren Strafen belegt ist; es sei denn, daß nicht der Einzelfall, sondern nur die gewohnheits- oder gewerbsmäßige Verübung strafbar ist. (Dollmann Bd. I. S. 871. Vgl. oben zu Art. 93 Ziff. 4.)

14) „Ist der Gegenstand der gerichtlichen Verfolgung ein Preßerzeugniß u. s. w." Der Datum und die Unterschrift des Redakteurs auf dem hinterlegten Blatte ist für den Beginn der Verjährung nicht unbedingt maßgebend, sondern läßt Gegenbeweis zu. (Stenglein Bd. I. S. 613 Dollmann Bd. I. S. 873. Weis Bd. I. S. 271. Z. f. G. u. R. Bd. III. S. 540.)

15) Gegen Preßerzeugnisse, welche zur Hinterlegung nicht verpflichtet sind, beginnt die Verjährung mit der Veröffentlichung. (Dollmann Bd. I. S. 873. Hocheder S. 511. Stenglein Bd. I. S. 613. Weis Bd. I. S. 271.)

16) Unter die Preßerzeugnisse, welche der Hinterlegungspflicht unterworfen sind, gehören alle periodisch erscheinenden Blätter, mit Ausnahme wissenschaftlicher Zeitschriften (Erk. d. Cass.-H. v. 4. April 1857, Pl.-Erk. d. O.-G.-H. v. 2. Okt. 1857. Z. f. G. u. R. Bd. IV. S. 166. 475. Dollmann B. V. S. 873 Note 28. Stenglein B. I. S. 613. Note 2. Hocheder S. 510.)

17) Eine in einer Zeitung begangene Ehrenkränkung verjährt in 90 Tagen, nachdem die Zeitung bei der Polizeibehörde hinterlegt wurde, und unterbricht die von einem nicht Legitimirten gestellte Klage die Verjährung nicht. (Erk. d. Cass.-H. v. 21. April 1865. Z. f. Gerichtspr. Bd. IV. S. 242. Z. f. G. u. R. Bd. XII. S. 159.)

18) Die Verjährung ist vollendet mit Ablauf des letzten Tages der gesetzlich bestimmten Frist. Die Frist ist tempus continuum und läuft nach begonnenem Laufe abgesehen von einer den bisherigen Zeitablauf völlig paralysirenden Unterbrechung unaufhaltsam bis zu Ende. Ein Ruhen der Verjährung findet nicht Statt. (Dollmann Bd. I. S. 875. Stenglein Bd. I. S. 613. Hocheder S. 511.) Eine Ausnahme s. bei Art. 218.

19) Die Suspension des Verfahrens in einer Ehrenkränkungssache wegen

einer gegen den Kläger aus Anlaß der Behauptung des Beschuldigten, der den Klaggegenstand bildende Vorwurf sei wahr, eingeleiteten Untersuchung hindert den Ablauf der Verjährung wegen Ehrenkränkung nicht. (Erk. d. Cass.-H. v. 27. August 1864 Z. f. Gerichtspr. Bd. III. S. 368. Z. f. G. u. R. Bd. XI. S. 307.)

20) Die Berechnung der Fristen erfolgt nach Kalenderjahren, und nach Monaten zu 30 Tagen gerechnet. (Dollmann Bd. I. S. 874. 875. Stenglein Bd. I. S. 613. Hocheder S. 511.) (Vgl. Art. 6 Einf.-G.)

Art. 96.

Die Verjährung der gerichtlichen Verfolgung wird unterbrochen:

1) durch jedes Verbrechen oder vorsätzliche Vergehen, dessen sich der Thäter vor Ablauf der Verjährungszeit schuldig macht;

2) durch jede die Untersuchung der That oder die Verfolgung oder Aburtheilung des Thäters bezweckende Handlung des Richters oder des Staatsanwaltes.

Mit jeder Unterbrechung beginnt eine neue Verjährung.

1) „Die Verjährung der gerichtlichen Verfolgung wird unterbrochen." Es tritt nicht blos eine Sistirung der Verjährung ein, sondern die früher abgelaufene Verjährungszeit verliert alle Wirkung und kann nur eine neue Verjährung beginnen. (Hocheder S. 518. Dollmann Bd. I. S. 887. Weis Bd. I. S. 271. Stenglein Bd. I. S. 613. 614.)

2) „Durch jedes Verbrechen oder vorsätzliche Vergehen, dessen sich der Thäter vor Ablauf der Verjährungsfrist schuldig macht." Kulpose Vergehen und Uebertretungen unterbrechen die Verjährung nicht. (Dollmann Bd. I. S. 877. Hocheder S. 512. Stenglein Bd. I. S. 614. Weis Bd. I. S. 272. Motive z. Entw. v. 1855. S. 64. Vortr. im G.-A. K. d. R.-R. 1856/57, S. 185.)

3) Das Verbrechen oder Vergehen, dessen sich der Thäter schuldig gemacht hat, muß durch ein rechtskräftiges Schuldurtheil festgestellt sein; wirkt aber als Unterbrechungsgrund unter dieser Voraussetzung zurück auf den Zeitpunkt der Verübung. (Dollmann Bd. I. S. 878. Hocheder S. 513. Stenglein Bd. I. S. 614. Dollmann System S. 137.)

4) Verhängt das Gericht in solchen Fällen, in welchen es bei Vorliegen mildernder Umstände oder in leichteren Fällen u. s. w. statt auf eine Vergehens- auf eine Uebertretungsstrafe erkennen kann, nur letztere, und spricht demgemäß nur ein Schuldig wegen Uebertretung aus, so unterbricht die That die Verjährung nicht. (Hocheder S. 513.)

5) Ob derjenige, gegen welchen die Verjährung läuft, die neue That als Urheber oder als Theilnehmer oder Begünstiger begangen hat, begründet keinen Unterschied. (Hocheder S. 513.)

6) Eine That, welche von Anfang an entschuldigt ist, wie durch Nothwehr; oder, welche die Strafbarkeit wieder verloren hat (Art. 107, 196 Str.-G.-B.); oder welche inzwischen selbst verjährt ist; oder welche nur auf Antrag verfolgbar war und Mangels eines solchen nicht verfolgt wurde; oder wegen deren auf Einstellung des Verfahrens oder auf Freisprechung erkannt wurde, unterbricht die Verjährung nicht. (Hocheder S. 514—517. Dollmann Bd. I. S. 878. 879. Stenglein Bd. I. 614.)

7) Es begründet keinen Unterschied, ob das verurtheilende Erkenntniß wegen der die Verjährung unterbrechenden That von einem ausländischen oder inländischen Gerichte erlassen wurde. (Hocheder S. 513. Dollmann Bd. I. S. 879.) Ersterer will jedoch eine Prüfung ausländischer Urtheile durch die bayerischen Gerichte angestellt wissen; letzterer verwirft dies. Jedenfalls muß aber die im Auslande bestrafte That ein in Bayern strafbares Verbrechen oder ein solches vorsätzliches Vergehen bilden.

8) Durch jede die Untersuchung der That oder die Verfolgung oder Aburtheilung des Thäters bezweckende Handlung des Richters oder des Staatsanwalts. Handlungen der Polizei-, Administrativ-

oder Disciplinarbehörden unterbrechen die Verjährung nicht, wenn sie nicht auf Requisition des Richters oder Staatsanwalts vorgenommen werden. Zu den Polizeibediensteten gehören auch die Hilfsbeamten der gerichtlichen Polizei in der Pfalz. (Dollmann Bd. I. S. 880. Stenglein Bd. I. S. 615. Weis Bd. I. S. 272. Hocheder S. 517.)

9) Nur die Handlungen inländischer Gerichte oder Staatsanwälte unterbrechen die Verjährung. (Dollmann Bd. I. S. 881. Hocheder S. 518.)

10) Die vorgenommene Handlung muß im Allgemeinen zur Dienstessphäre des treffenden Beamten gehören. Dagegen ist nicht erforderlich, daß seine Zuständigkeit zur Verfolgung der speziellen That begründet war. Deshalb unterbrechen auch die Handlungen von Staatsanwaltsvertretern oder Einzelrichtern die Verjährung, wenn die später als Verbrechen oder Vergehen erkannte That anfänglich als Uebertretung verfolgt wurde. (Hocheder S. 518. Dollmann Bd. I. S. 881. Stenglein Bd. I. S. 615.)

11) Bei Injurien durch die Presse wird die Verjährung auch durch die Klage beim inkompetenten Richter unterbrochen. (Erk. d. Cass.-H. v. 3. Januar 1863. Z. f. Gerichtspr. Bd. II. S. 84. Z. f. G. u. R. Bd. X. S. 20.)

12) Eine Anzeige oder selbst ein Antrag des Antragsberechtigten unterbricht die Verjährung nicht, ebensowenig eine Civilentschädigungsklage. (Hocheder S. 517. 518. Dollmann Bd. I. S. 882.)

13) Die Handlungen des Civilklägers unterbrechen die Verjährung nicht, sondern diese wird erst unterbrochen, wenn eine gerichtliche Handlung durch denselben erwirkt wurde. (Stenglein Bd. I. S. 615. Prot. d. G.-A. K. d. A. 1856/57. S. 342.) Dagegen will Dollmann Bd. I. S. 881. 882. die Verjährung sowohl durch Klagestellung des Ehrenkränkungsklägers als des Civilklägers in der Pfalz als unterbrochen angenommen wissen. S. hiefür oben Ziff. 11. Jedoch sprechen sich zwei Erkenntnisse des Cass.-H. v. 23. Oktober und 20. November 1863 (Z. f. G. u. R. Bd. X. S. 967. Z. f. Gerichtspr. Bd. III. S. 12) dahin aus, daß bei Ehrenkränkungen weder die civilrechtliche Klagenverjährung stattfindet, noch die Klage ohne gerichtliche Handlung die Verjährung unterbricht. Ferner erkannte der Cass.-H. am 13. März 1869: Die Strafbarkeit einer Ehrenkränkung, deren Aburtheilung durch Gerichtsbeschluß bis zur Erledigung einer Untersuchung ausgesetzt wurde, sei verjährt, wenn nicht innerhalb der auf den Aussetzungsbeschluß folgenden sechs Monate der Schuldige ein Verbrechen oder vorsätzliches Vergehen begangen, oder der Richter oder Staatsanwalt eine Verfolgungshandlung vorgenommen habe, wenn gleich der Ehrenkränkungskläger innerhalb jener Frist einen die Verfolgung bezielenden Antrag gestellt hat (Z. f. Gerichtspr. Bd. VIII. S. 246. Entsch. d. Cass.-H. Bd. III. S. 90.) Dem stehen auch die Gründe des oben zu Art. 95 Ziff. 17 angeführten Erkenntnisses v. 21. April 1865 nicht entgegen.

14) Die Handlung des Gerichts oder Staatanwalts muß ein wirklicher Akt der Strafverfolgung oder der Strafgerichtsbarkeit sein, es genügt also nicht jede Thätigkeit in Bezug auf einen Straffall. Insbesondere genügt jeder Antrag des Staatsanwalts auf Eröffnung des Verfahrens oder auf Herbeiführung eines Untersuchungs- oder Entscheidungsaktes, sowie Untersuchungshandlungen, welche der Staatsanwalt in Vertretung des Untersuchungsrichters vornimmt, sowie die direkte Vorladung des Beschuldigten vor das erkennende Gericht; nicht aber Protokollirung oder Entgegennahme einer Anzeige, allgemeine Nachforschungen und darauf gerichtete Weisungen oder Handlungen des inneren Dienstes. (Dollmann Bd. I. S. 883. 884. Weis I. S. 272.)

15) Handlungen des Staatsanwalts wirken nicht nach dem Datum des Entwurfes, sondern nach dem des Einlaufs bei Gericht oder doch nach dem des Auslaufs bei der Staatsanwaltschaft. Stenglein Bd. I. S. 615. Dagegen will Dollmann S. 884 Note 89 den Datum des Entwurfs als maßgebend wirken lassen, wenn er nicht Entwurf geblieben ist, ähnlich Hocheder S. 520.

16) Auf Seite des Gerichts wirkt unterbrechend jede auf Herstellung des objektiven Thatbestands, auf Ermittelung des Thäters oder der Schuld einer be-

stimmten Person oder deren gerichtliche Sistirung gerichtete Akt, sowie jede Handlung, welche Fortsetzung oder Abschluß der Verfolgung bezweckt; nicht aber nur Mittheilungen im innern Dienst. (Dollmann Bd. I. S. 884. 885. Stenglein Bd. I. S. 616. Hocheder S. 519. Weis Bd. I. S. 272.)

17) Handlungen der Staatsanwaltschaft, welche nur deren inneren Dienst betreffen, wie Reproduktionsverfügungen, Monitorien oder Beschwerden wegen Nichtvollzugs von Requisitionen, unterbrechen die Verjährung nicht. (Z. f. Gerichtspr. Bd. I. S. 198)

18) Die Verjährung wird durch nachträglich vernichtete Erkenntnisse der zweiten Instanz unterbrochen. (Erk. d. Cass.-H. v. 30. Dezember 1863, Z. f. Gerichtspr. Bd. III. S. 90, Z. f. G. u. R. Bd. X. S. 1068.)

19) Die Verjährung von Uebertretungen wird durch die Entscheidung in Mitte liegender, durch Administrativbehörden zu erledigenden Präjudizialfragen nicht unterbrochen. (Erk. d. Cass.-H. v. 27. Febr 1864, Z. f. Gerichtspr. Bd. III. S. 125, Z. f. G. u. R. Bd. XI. S. 43.)

20) Die Verjährung einer Uebertretung wird nicht dadurch unterbrochen, daß der Staatsanwalt die Sache für beruhend erklärt. (Z. f. Gerichtspr. Bd. III. S. 163.)

21) Durch ein die Fortsetzung der Verfolgung bezweckendes Erkundigungsschreiben der Staatsanwaltschaft wird die Verjährung der gerichtlichen Verfolgung unterbrochen. (Erk. d. Cass.-H. v. 18. November 1864, Z. f. Gerichtspr. Bd. IV. S. 67, Z. f. G. u. R. Bd. XI. S. 451.)

22) Durch die Verfügung des Untersuchungsrichters, die Akten dem Staatsanwalte vorzulegen, wird die Verjährung unterbrochen. (Erk. d. Cass.-H. v. 6. Dezbr. 1867, Z. f. Gerichtspr. Bd. VII. S. 338, Entsch. d. Cass.-H. Bd. I. S. 472.)

23) Die Verjährung der Strafverfolgung kann durch Aktenreproduktionsverfügungen unterbrochen werden. (Z. f. Gerichtspr. Bd. VIII. S. 317.)

24) Die Handlungen des Richters oder Staatsanwalts müssen, um Unterbrechung der Verjährung zu bewirken, in legaler Form und unter den Voraussetzungen erfolgen, unter denen die Strafverfolgung gesetzlich statthaft ist; z. B. bei Antragsreaten nicht vor Stellung des Antrags. (Dollmann Bd. I. S. 885.)

25) In Ehrenkränkungssachen unterbricht die durch Klagestellung gegen eine Person hervorgerufene Einschreitung nicht die Verjährung gegen andere Mitbetheiligte. (Gotthelf in Z. f. Gerichtspr. Bd. VII. S. 273.)

26) Verfolgungshandlungen, welche im Allgemeinen auf Feststellung des Sachverhalts oder auf Entdeckung des Thäters gerichtet sind, unterbrechen die Verjährung gegen jeden Schuldigen. Handlungen dagegen, welche nur die Richtung gegen eine bestimmte Person haben, wie Verweisung zur Aburtheilung, Erlassung eines Haftbefehls, unterbrechen die Verjährung nur gegen diese Person. (Dollmann Bd. I. S. 885. 886.) Diesen Unterschied heben nicht hervor Hocheder S. 518, Weis Bd. I. S. 272, so daß es den Anschein hat, als wenn diese auch den Handlungen der zweiten Art eine allgemein unterbrechende Wirkung beilegen wollten. (Vgl. Vortr. d. G.-A. d. K. d. Abg. 1860/61 S. 141.)

27) Untersuchungshandlungen wegen eines Delikts unterbrechen nicht die Verjährung wegen anderer von demselben Thäter begangener Delikte. (Stenglein Bd. I. S. 614, Dollmann Bd. I. S. 888.)

28) Ist wegen mehrerer gegen einen Beschuldigten zusammentreffender Delikte Untersuchung eingeleitet, so bleibt die Verjährung bezüglich aller dieser Delikte während der Dauer der ganzen Untersuchung unterbrochen, wenn auch wegen einzelner derselben zeitweise keine neuen Untersuchungshandlungen vorgenommen werden. (Stenglein Bd. I. S. 613, Dollmann Bd. I. S. 888. Note 72.)

29) M i t j e d e r U n t e r b r e c h u n g b e g i n n t e i n e n e u e V e r j ä h r u n g. Durch Unterbrechung der Verjährung mittels eines neuen Delikts wird die Verjährung nur in Bezug auf den Thäter dieses neuen Delikts unterbrochen, nicht auch gegen Mitschuldige bei dem früheren. (Dollmann Bd. I. S. 888.)

30) Die neue Verjährung beginnt mit dem Aufhören des Unterbrechungsgrundes, also bei Unterbrechung durch ein neues Delikt mit dem Zeitpunkte, in welchem die Verjährung des letzteren beginnt; bei Unterbrechung durch eine Verfolgungshandlung mit Beendigung dieser Handlung. (Dollmann Bd. l. S. 888. 889, Stenglein Bd. l. S 615. 616, Hocheder S. 519. 520.)

31) Bei Verübung eines sogen. Zustands- oder permanenten Deliktes wirkt die dadurch herbeigeführte Unterbrechung der Verjährung eines früheren Delikts so lange, bis das Zustandsdelikt anfängt zu verjähren. Auch wenn das Zustandsdelikt zuerst und ein anderes später verübt wurde, läuft wegen des letzteren keine Verjährung, so lange das erstere nicht verjährt. (Hocheder S. 519. 520.)

32) Die neue Verjährungsfrist beginnt, läuft und wird unterbrochen wie die erste und wiederholt sich der Wiederbeginn der Verjährung so lange, bis eine Verjährungsfrist ununterbrochen und vollständig abgelaufen ist oder ein Definitiv-Urtheil gefällt wird. (Dollmann Bd. l. S. 889, Hocheder S. 521, Stenglein Bd. l. S. 616.)

Art. 97.

Zur Verjährung rechtskräftig erkannter Strafen wird erfordert:

1) wenn auf zeitliche Zuchthausstrafe über zwölf Jahre erkannt ist, der Ablauf von dreissig Jahren;

2) wenn auf Zuchthausstrafe nicht über zwölf Jahre erkannt ist, der Ablauf von zwanzig Jahren;

3) wenn eine Vergehensstrafe ausgesprochen ist, der Ablauf von zehn Jahren;

4) wenn eine Uebertretungsstrafe ausgesprochen ist, der Ablauf von zwei Jahren.

Die Berechnung dieser Fristen beginnt von dem Tage des Straferkenntnisses oder, wenn ein Rechtsmittel ausgeführt wurde, vom Tage des hierüber ergangenen Erkenntnisses.

Im Falle der Unterbrechung eines bereits begonnenen Strafvollzuges läuft von dem Tage der Unterbrechung an eine neue Verjährungsfrist.

Im Uebrigen richtet sich die Berechnung der Fristen nach den in Artikel 95 gegebenen Vorschriften.

1) „Zur Verjährung rechtskräftig erkannter Strafen wird erfordert". Es ist bezüglich der Strafenverjährung gleichgültig, ob das Urtheil im ordentlichen oder im Ungehorsamsverfahren erlassen wurde. (Art. 476. 641 Code d'instr. crim.) In den Prozeßgesetzen des diess. Bayerns findet sich hierüber keine ausdrückliche Bestimmung, allein die Verjährbarkeit selbst der im schwurgerichtlichen Verfahren ergangenen Ungehorsamsurtheile, obgleich dieselben bei Einspruch des Verurtheilten stets der Revision unterliegen, geht aus deren theilweiser Vollstreckbarkeit hervor. (Dollmann Bd. l. S. 896, Hocheder S. 522.)

2) Bleibt das Verfahren nach Anmeldung eines Rechtsmittels gegen ein ergangenes Urtheil liegen, so greift die Verjährung der Strafverfolgung, nicht die des Strafvollzugs Platz. (Hocheder S. 522, Stenglein Bd. l. S. 618. 619, Dollmann Bd. l. S. 896. Note 5.)

3) Die Ursache des Nichtvollzugs der Strafe ist für deren Verjährung ohne Bedeutung. (Dollmann Bd. l. S. 896. Note 3, Weis Bd. l. S. 274, Stenglein Bd. l. S. 619.)

Zu Ziffer 1—4.

4) Die Dauer der erkannten Strafe entscheidet über die Dauer der Verjährungsfrist, gleichviel ob jene für eine Handlung oder als Gesammtstrafe für mehrere Delikte erkannt ist; gleichviel ob ein Theil als bereits erstanden von der Strafe in Abrechnung kommt oder nicht. (Dollmann Bd. l S. 897, Hocheder S. 522.)

5) Auch in denjenigen Fällen, in welchen 10jähriges Gefängniß erkannt werden kann oder erkannt wurde (Art. 77. 164. 167) greift die 10jährige Frist Platz. (Hocheder S. 522. 523.)

6) Zu Absatz 2. Die Verjährungsfrist beginnt nicht erst mit Rechtskraft des Urtheils, sondern mit Publikation des rechtskräftig gewordenen, so daß, wenn

ein anfänglich angemeldetes Rechtsmittel zurückgezogen wird, dies für den Beginn der Verjährung rückwärts wirkt. (Dollmann Bd. I. S. 898, Hocheder S. 523, Weis Bd. I. S. 273. 274, Stenglein Bd. I. S. 619.)

7) Der Beginn der Verjährung hängt nicht davon ab, ob das rechtskräftige Urtheil auch vollziehbar ist, z. B. bei Krankheit des Verurtheilten. (Hocheder S. 523.)

8) Zu Absatz 3. Die neue Verjährungsfrist nach Unterbrechung des Strafvollzugs hat die gleiche Dauer wie die ursprüngliche Frist, gleichviel welcher Strafrest noch zu erstehen ist, und begründet die Ursache der Unterbrechung keinen Unterschied, selbst wenn sie in der Flucht des Verurtheilten liegt. Der Tag der Unterbrechung ist in die neue Frist nicht einzurechnen. (Dollmann Bd. I. S. 898. 899. Hocheder S. 523. Weis Bd. I. S. 274.)

9. Zu Absatz 4. Die Verjährungsfrist ist tempus continuum, wird nach ganzen Tagen, das Jahr nach dem Kalender, der Monat zu 30 Tagen gerechnet; der Tag des Beginns der Verjährung wird nicht eingerechnet; der letzte Tag der Frist muß vollendet sein. (Dollmann Bd. I. S. 899. Stenglein Bd. I. S. 619.)

10) Sg. permanente oder Zustandsdelikte verjähren nicht, so lange der strafbare Zustand dauert, auch wenn mittlerweile ein Strafurtheil ergangen ist. S. oben zu Art. 95 Ziff. 11. Art. 96 Ziff. 31. Erk. d. Cass.-H. v. 7. Febr. 1863. Z. f. G. u. R. Bd. X. 154. Z. f. Gerichtspr. Bd. II. S. 110. Ueber die Verjährung vor 1. Juli 1862 erkannter Strafen s. zu Art. 92 Ziff. 3, 4 S. 150. S. zu Art. 97 endlich auch oben zu Art. 92 Ziff. 21 S. 152.

Art. 98.

Die Verjährung der erkannten Strafe wird unterbrochen:

1) durch jedes Verbrechen oder vorsätzliche Vergehen, dessen sich der Thäter vor Ablauf der Verjährungszeit schuldig macht;

2) durch theilweisen Strafvollzug für den Rest der Strafe;

3) der Freiheitsstrafen durch die Verhaftung des Verurtheilten zum Zwecke des Strafvollzuges;

4) bei Geldstrafen durch die vorgesetzte oder verlängerte Zahlungsfrist.

Nach jeder eingetretenen Unterbrechung beginnt eine neue Verjährung.

1) Die Verjährung der erkannten Strafe wird unterbrochen. Durch die Unterbrechung wird wie bei Verjährung der Strafverfolgung dem bisherigen Zeitablauf jede Bedeutung entzogen (s. zu Art. 96 Ziff. 1) Dollmann Bd. I. S. 901. Hocheder S. 525. Weis Bd. I S. 274. Stenglein d. Bl. S. 619.)

2) Zu Ziff. 1. Die neue Strafthat muß nach Beginn der Verjährungsfrist verübt sein; die früher verübte unterbricht die Verjährung selbst dann nicht, wenn sie erst im Laufe der Verjährung zur Aburtheilung kommt. (Dollmann Bd. I. S. 899. Weis Bd. I. S. 274. Stenglein Bd. I. S. 619.)

Im Uebrigen vgl. zu Ziff. 1 oben die Bemerkungen zu Art. 96 Ziff. 2—7.

3) Zu Ziff. 2. Wenn und insolange der zu Freiheitsstrafe Verurtheilte sich in Strafhaft befindet, oder wenn und so oft der zu Geldstrafe Verurtheilte freiwillig oder in Folge von Zwangsmaßregeln Abschlagszahlungen leistet, kann der vom Straferkenntnisse an bis zum Zeitpunkte des letzten Vollzugsaktes abgelaufene Zeitraum in die Verjährungsfrist nicht eingerechnet werden. (Dollmann Bd. I. S. 900. Hocheder S. 524. Weis Bd. I. S. 275.)

4) Sind gegen eine Person mehrere successiv zu vollziehende Strafen erkannt, so unterbricht der Vollzug der neuen Strafe auch die Verjährung bezüglich der anderen, wenn nicht aus den Umständen hervorgeht, daß der Vollzug ohne die Intention einer Fortsetzung in Bezug auf die übrigen Strafen stattgefunden hatte. (Dollmann Bd. I. S. 900 Note 15. Hocheder S. 525.)

5) Zu Ziff. 3. Ob die Freiheitsstrafe ursprünglich erkannt war oder an die Stelle von Geldstrafen trat, begründet keinen Unterschied. (Dollmann Bd. I. S. 900. Note 16. Hocheder S. 525.)

6) Die bloße Aufforderung, steckbriefliche Verfolgung oder sonstige Ergreifung unterbricht die Verjährung nicht; wohl aber die Verhaftung zum Zwecke des Strafvollzugs, wenn auch der Strafantritt nicht darauf folgt. Bei successiv zu

erstehenden Strafen gilt auch hier das in Ziff. 4 Gesagte. (Dollmann Bd. I. S. 900. 901. Hocheder S. 525. Weis Bd. I. S. 274.)

7) Zu Ziff. 4. Nicht blos der Akt der Ertheilung oder Verlängerung der Zahlungsfrist unterbricht die Verjährung, sondern die Frist selbst in ihrer gesammten Dauer. (Motive z. Entw. v. 1855. S. 64. Dollmann Bd. I. S. 901. Hocheder S. 525. Weis Bd. I. S. 274. 275. Stenglein Bd. I. S. 619.)

8) Die Bestimmung darf nicht analog auf Freiheitsstrafen ausgedehnt werden. Wenn bei dieser ein Strafaufschub oder Strafunterbrechung bewilligt wird, läuft in der Zwischenzeit die Verjährung. (Dollmann Bd. I. S. 901 Anmerk. 21. Weis Bd. I. S. 275. Hocheder S. 525. Stenglein Bd. I. S. 619.)

9) Nach jeder eingetretenen Unterbrechung beginnt eine neue Verjährung. Die neue Verjährung beginnt mit dem Wegfalle des Unterbrechungsgrundes, also mit Beginn der Verjährung der neuen That oder mit Aufhören des Vollzugsaktes und ist ebenso zu berechnen, wie die erste Verjährung. (S. zu Art. 96 Ziff. 29—32 und Art. 97 Ziff. 7. Dollmann Bd. I. S. 902. Hocheder S. 525. 526. Weis Bd. I. S. 274.)

10) Die Verjährung beginnt nicht von Neuem, wenn der Verurtheilte wegen Verübung eines neuen Delikts aus der Strafanstalt in ein Untersuchungsgefängniß gebracht wird. (Dollmann Bd. I. S. 902, Note 22, Hocheder S. 526). Nach Erk. d. Cass.-H. v. 2. November 1869, Zeitsch. f. Gerichtspr. Bd. IX. S. 73, Entsch. d. Cass.-H. Bd. III. S. 377, Justizminist.-Bl. 1869 S. 284 begründet dies keine Unterbrechung der Strafzeit. S. auch Hocheder S. 526.

Art. 99.

Die Verjährung der erkannten Strafe hebt nur den Vollzug der letzteren auf, nicht aber die mit der Strafe gesetzlich oder nach richterlichem Ausspruche verbundenen Folgen.

1) Ueber die Frage, ob eine Strafe verjährt sei, hat im diesseitigen Bayern wie in der Pfalz das zum Vollzug derselben bezw. zur Entscheidung der beim Vollzuge streitigen Incidentpunkte zuständige Gericht in geheimer Sitzung zu entscheiden und stehen dem Verurtheilten und dem Staatsanwalte gegen dessen Entscheidung alle Rechtsmittel offen. (Hocheder S. 526. 527, Dollmann Bd. I. S. 902. 903, Z. f. G. u. R. Bd. XII. S. 8. 262. 526, Z. f. Gerichtspr. Bd. IV. S. 122. 305. Bd. V. S. 71.

2) Eine Ausnahme ist nur dann begründet, wenn es sich darum handelt, mit einer neu zu erkennenden Strafe eine früher erkannte zu verbinden (Art. 87), und die Verjährung der letzteren in Frage steht. In diesem Falle entscheidet das aburtheilende Gericht auch über die Verjährung. (Hocheder S. 528, Dollmann Bd. I. S. 902. Anmerk. 23.)

3) Handelt es sich um Unterbrechung der Verjährung durch ein später begangenes Delikt, so entscheidet über dieses das an sich zuständige Gericht im gewöhnlichen Verfahren. (Hocheder S. 527.)

4) Die Verjährung beseitigt lediglich den Vollzug der Hauptstrafe; alle übrigen Rechtsfolgen bleiben in Kraft, wobei jedoch Rehabilitation zulässig bleibt. (Dollmann Bd. I. S. 903, Hocheder S. 528. 529, Stenglein Bd. I. S. 620.)

5) Zu den Straffolgen, welche trotz der Verjährung bestehen bleiben, gehören nicht nur die Rechts- und Ehrenfolgen des Art. 28, sondern auch Confiskationen, Zulässigkeit der Polizeiaufsicht und der Verwahrung in einer Polizeianstalt; Landesverweisung; und ohnehin die Entscheidung über die Kosten, über Wiedererstattung und Schadenersatz. Nur die an den wirklichen Strafvollzug und dessen Dauer geknüpften Folgen fallen weg. (Dollmann Bd. I. S. 903. 904, Hocheder S. 528. 529, Weis Bd. I. S. 275, Stenglein Bd. I. S. 620, Prot. des G.-A. d. K. d. A. 1856/57 S. 255.) Hocheder S. 529 ist der Ansicht, daß sich bei Verjährung der Strafe die Verwahrung in einer Polizeianstalt und Stellung unter Polizeiaufsicht statt an den Zeitpunkt der Verbüßung der Strafe an den des rechtskräftigen Ausspruches über die Verjährung anschließen müsse.

6) Die Verjährung der Strafe hat auf den Kostenpunkt keinen Einfluß. (Z. f. Gerichtspr. Bd. I. S. 323.

7) Die Folgen einer Verurtheilung auf Rückfall werden durch die Verjährung der Strafe nicht ausgeschlossen. (Hocheder S. 529, Dollmann Bd. I. S. 904.)
(S. übrigens Art. 7. 8. Ziff. 3. Art. 11. Ziff. 4. Art. 12. Ziff. 2. Art. 13. Ziff. 2. Art. 14. des Ges. v. 16. Mai 1868.)

8) Eine Verjährung der nachträglichen Verhängung von Straffolgen nach einer Verurtheilung im Auslande gemäß Art. 45 findet nicht Statt. (Hocheder S. 529. 530.)

Art. 100.

Erkenntnisse auf Todes- oder lebenslängliche Zuchthausstrafe unterliegen keiner Verjährung; jedoch wird nach Ablauf von zwanzig Jahren die erkannte Todesstrafe in lebenslängliche Zuchthausstrafe verwandelt.

1) Die Umwandlung der Todesstrafe in lebenslängliche Zuchthausstrafe nach Ablauf von zwanzig Jahren ist keine Verjährung, sondern Folge eines Fristablaufs. Die Bestimmungen über Unterbrechung der Verjährung greifen also nicht Platz, wohl aber sind jene über Berechnung der Frist analog anzuwenden. (Dollmann Bd. I. S. 905, Weis Bd. I. S. 275, Hocheder S. 530. 531, Stenglein Bd. I. S. 620.)

2) Ob die Vorbedingungen der Umwandlung gegeben sind, darüber hat ein Gerichtsbeschluß zu entscheiden. Weis Bd. I. S. 276 und Dollmann Bd. I. S. 906 wollen die Zuständigkeit zur Beschlußfassung hierüber dem Schwurgerichtshofe, Hocheder S. 531 dem Vollzugsgerichte zuweisen.

3) Liegt lediglich ein Contumazialurtheil auf Todesstrafe vor und erhebt der Verurtheilte gegen dasselbe erst nach 20 Jahren den Einspruch, so muß das urtheilende Gericht im Falle wiederholter Verurtheilung wegen eines mit Todesstrafe bedrohten Verbrechens sofort auf lebenslängliche Zuchthausstrafe erkennen. (Dollmann Bd. I. S. 905. Anmerk. 32, Hocheder S. 531. 532.)

4) Die zwanzigjährige Frist ist vom Tage des schwurgerichtlichen und, wenn Nichtigkeitsbeschwerde eingewendet wurde, vom Tage des Urtheils des Cassationshofes an zu berechnen, nicht aber von dem Tage der gesetzlichen Revision des Urtheils an. [Art. 233, Ges. v. 10. November 1848 Art. 125 Eins.-Ges.], (Stenglein Bd. I. S. 620.)

Zweite Abtheilung.

Besondere Bestimmungen über die einzelnen strafbaren Handlungen.

Erstes Hauptstück.

Hochverrath, Landesverrath und andere staatsgefährliche Handlungen.

Art. 101.

Hochverrath.

Wer in der Absicht

1) den König zu tödten, am Körper oder an der Gesundheit zu verletzen, gefangen zu nehmen, in Feindesgewalt zu bringen, von der Regierung zu entfernen oder an derselben zu hindern, oder

2) gewaltsam entweder die regierende Familie zu beseitsgen oder die Thronfolge oder die Staatsverfassung zu ändern, oder

3) widerrechtlich das Königreich einem fremden Staate einzuverleiben oder zu unterwerfen oder einen Theil des Staatsgebietes vom Ganzen zu trennen,

eine Handlung vorgenommen hat, welche wenigstens einen Anfang der Ausführung des verbrecherischen Vorhabens enthält, ist des Hochverraths schuldig und soll mit dem Tode bestraft werden.

1) „Wer". Thäter kann bei Hochverrath nicht blos der bayerische Unterthan, sondern jeder Mensch, also auch Ausländer und selbst der im Auslande verweilende Ausländer sein. (Dollmann [Forts. v. Risch] Bd. II. S. 11, Weis Bd. I. S. 278, Stenglein Bd. II. S. 2.)

2) „In der Absicht". Die That muß mit dem besonderen hochverrätherischen Vorsatz begangen sein; eine fahrlässige Verübung des Hochverraths ist nicht denkbar. (Dollmann Bd. II. S. 13, Stenglein Bd. II. S. 3.)

3) Durch Vorliegen der hochverrätherischen Absicht wird die That als rechtswidrig charakterisirt. Eines besonderen animus hostilis bedarf es nicht. (Dollmann Bd. II. S. 15. 22, Stenglein Bd. II. S. 3, Weis Bd. I. S. 183, Motive zum Entw. v. 1855 S. 68.)

4) Die That muß eine rechtswidrige sein. Auf irgendwie gerechtfertigte z. B. durch das Völkerrecht gedeckte Handlungen gegen den Staat im Kriege findet Art. 101 so wenig Anwendung, als bei dem Eingriffe eines Arztes in den Körper des Königs zum Zwecke einer Operation. (Dollmann Bd. II. S. 12. 15. 22, Stenglein Bd. II. S. 3, Weis Bd. I. S. 279.)

5) Zu Ziff. 1. Die hierunter fallenden Handlungen müssen gegen den regierenden König selbst gerichtet sein. Handlungen gegen die Königin oder den Reichsverweser fallen nicht unter diese Bestimmung. (Dollmann Bd. II. S. 20, Weis Bd. I. S. 283, Stenglein Bd. II. S. 2.)

6) Die Handlungen müssen gegen die Person des Königs gerichtet sein. Solche gegen dessen Ehre oder Vermögen fallen nicht unter den Begriff des Hochverraths. (Dollmann Bd. II. S. 2.)

7) Zu Ziff. 2. Gegenstand des Verbrechens ist der Inbegriff der verfassungsgesetzlich sanktionirten Einrichtungen und Normen, auf welchen die Grund-

form und der geordnete Bestand des staatlichen Organismus beruht, und wozu auch die staatsrechtliche Stellung der regierenden Familie und die Thronfolge, jedoch auch die garantirten Rechte der Unterthanen gehören. (Dollmann Bd. II. S. 23.)

8) Zwischen wesentlichen und nicht wesentlichen Theilen der Staatsverfassung kann nicht unterschieden werden, da zwischen denselben eine Gränze nicht zu finden ist. (Stenglein Bd II. S. 3, Dollmann Bd. II. S. 23. 24, Prot. d. G.-A. d. K. d. R.-R. 1860/61 S. 99.)

9) „Gewaltsam". Es ist die Anwendung gewaltsamer Mittel erforderlich. Das Anstreben von Verfassungsänderungen auf legalem Wege ist nicht strafbar; Aenderungen durch List, Betrug, Bestechung u. dgl. oder auch auf nicht verfassungsmäßigem Wege jedoch nicht gewaltsam, sind wenigstens nicht als Hochverrath strafbar. (Dollmann Bd. II. S. 24, Weis Bd. I. S. 282, Stenglein Bd. II. S. 5.)

10) Um nicht das Erforderniß der mehrfachen Anwendung von Gewalt als sanktionirt erscheinen zu lassen, wurde der vom Entwurf gebrauchte Ausdruck „verdrängen" durch „beseitigen" ersetzt, und gewaltsam an die Spitze der Ziffer anstatt nur zur zweiten und dritten Alternative derselben gesetzt. (Dollmann, Weis, Stenglein a. a. O., Prot. d. G.-A. d. K. d. A. 1856/57 S. 466, 1860/61 S. 36, Vortr. 1860/61 S. 166.)

11) Nicht nur die Anwendung physischer Gewalt fällt unter diese Ziffer, sondern auch Drohungen oder ein allgemeiner als Drohung wirkender Terrorismus. (Dollmann Bd. II. S. 25, Weis Bd. I. S. 282, Stenglein Bd. II. S. 5.)

12) Zu Ziff. 3. Die Widerrechtlichkeit wird dadurch begründet, daß nicht die zur Verfügung über den Staat oder dessen Gebiet berufenen Organe die Verfügung treffen, sondern andere. Der Anwendung gewaltsamer Mittel bedarf es nicht. (Dollmann Bd. II. S. 28, Stenglein Bd. II. S. 5.)

13) Es begründet Hochverrath, wenn die beabsichtigte Trennung eines Theils des Staatsgebietes vom Ganzen eine bleibende sein sollte, eine zeitweise wird in der Regel nur unter den Begriff des Landesverraths fallen. (Dollmann Bd. II. S. 27.)

14) Der Hochverrath kann nur gegen den bayerischen Staat, nicht aber gegen einen verbündeten oder einen Bund begangen werden, in welchem sich Bayern befindet. (Dollmann Bd. II. S. 14, Stenglein Bd. II. S. 3, Weis Bd. I. S. 283.)

15) „eine Handlung vorgenommen hat, welche wenigstens einen Anfang der Ausführung des verbrecherischen Vorhabens enthält." Die Handlung muß den Charakter eines bereits in das Stadium der unmittelbaren Verwirklichung getretenen Angriffs gegen den Staat oder dessen Oberhaupt haben. (Dollmann Bd. II. S. 15.)

16) Der Ausdruck „Anfang der Ausführung" ist in demselben Sinne zu verstehen wie in Art, 47 (vgl. oben S. 43 fg. Ziff. 8 bis 29), so daß das ganze Stadium des nach den Bestimmungen des allgemeinen Theiles nur versuchten Verbrechens mit zur Vollendung gezogen ist. (Dollmann Bd. II. S. 15 fg. 32, Stenglein Bd. II. S. 4, Weis Bd. II. S. 280.)

17) Es gibt keinen strafbaren Versuch des Hochverrathes, insbesondere tritt nicht die Vorbereitung desselben an die Stelle des Versuches, sondern ist nur nach besonderen Strafandrohungen strafbar. (Dollmann Bd. II. S. 16—18, auch Anmerk. 27, ferner S. 32, Weis Bd. I. S. 281, Stenglein Bd. II. S. 6, Motive z. Entw. v. 1855 S. 69, Prot. d. G.-A. d. K. d. Abg. 1856/57 S. 474.)

18) Auch wenn der Hochverrath nur im Stadium des Anfangs der Ausführung geblieben ist, macht ihn der freiwillige Rücktritt des Thäters nicht straflos; und ist ein Herabgehen in der Strafe gemäß Art. 49 nicht gestattet. (Dollmann Bd. II. S. 18, Weis Bd. I. S. 280. 281, Stenglein Bd. II. S. 6. Anmerk. 2.)

16) Das Wort „wenigstens" wurde eingeschaltet, um auszudrücken, daß

es für die Strafe des Hochverraths gleichgültig sei, ob der Zweck desselben erreicht wurde oder nicht. (Dollmann Bd. II. S. 16, Stenglein Bd. II. S. 4, Prot. d. G.-A. d. K d. Abg. 1856/57 S. 468, 1860/61 S. 90, K. d. R.-R. 1860/61 Bd. I. S. 98 fg.)

20) Die Betheiligung am Hochverrathe ist nach den allgemeinen Bestimmungen zu beurtheilen, abgesehen von besonderen Bestimmungen, wie die des Art. 105. (Dollmann Bd. II. S. 20.)

Art. 102.

Vorbereitungen zum Hochverrathe.

Wer in hochverrätherischer Absicht (Art. 101 Ziff. 1—3), ohne noch eine Handlung vorgenommen zu haben, welche einen Anfang de Ausführung des verbrecherischen Vorhabens enthält,

1) sich in eine Unterhandlung mit einer auswärtigen Regierung, einem auswärtigen Gewalthaber oder einer auswärtigen politischen Partei einläßt, oder

2) an einer Verschwörung oder

3) an einem Aufruhre Theil nimmt, oder

4) die ihm vom Staate anvertraute Macht oder amtliche Stellung mißbraucht, oder

5) Mannschaft anwirbt oder einübt, oder

6) Vorräthe an Waffen oder anderen Angriffs- oder Vertheidigungsmitteln sammelt oder vertheilt, oder endlich

7) zu einem gegen die Person des Königs beabsichtigten Angriffe durch Bereitung oder Anschaffung von Mordwerkzeugen, durch Auflauern oder auf ähnliche Weise Vorkehrungen trifft,

soll, soferne nicht in den Art. 105—107 ein Anderes bestimmt ist, mit Zuchthaus nicht unter acht Jahren bestraft werden.

In den Fällen der Ziff. 3 trifft jene Betheiligte, welche sich nicht als Anstifter oder Anführer an dem Aufruhre betheiligt haben, Zuchthaus bis zu zwölf Jahren.

1) „Wer" s. oben zu Art. 101. Ziff. 1, auch Stenglein Bd. II. S. 10.

2) „in hochverrätherischer Absicht"; es muß dieselbe Absicht obwalten wie beim vollendeten Hochverrath, m. a. W. derselbe muß auf eines der in Art. 101 Ziff. 1—3 näher bezeichneten Ziele gerichtet sein. (Dollmann Bd. II. S. 34, Stenglein Bd. II. S. 9, Weis Bd. I. S. 287.)

3) Die Absicht muß auf ein bestimmtes hochverrätherisches Unternehmen gerichtet sein; gleichwohl ist nicht erforderlich, daß alle Modalitäten dieses Unternehmens in Beziehung auf Zeit und Art der Ausführung, sowie auf die mitwirkenden Kräfte und anzuwendenden Mittel feststehen, da eine Vorbereitung eben erst in der Gewinnung der Mittel und der Gelegenheit der Ausführung besteht. Es genügt, wenn überhaupt der Entschluß besteht, ein bestimmtes, wenn auch in den Einzelheiten seiner Ausführung noch nicht feststehendes hochverrätherisches Unternehmen zu passender Zeit und Gelegenheit zu beginnen und wenn die Vorbereitungen für diese Eventualität getroffen werden. (Dollmann Bd. II. S. 34. Anmerk. 8, Stenglein Bd. II. S. 9, Z. f. Gerichtspr. Bd. I. S. 116.)

4) „ohne noch eine Handlung vorgenommen zu haben, welche einen Anfang der Ausführung des verbrecherischen Vorhabens enthält". Die hochverrätherische Absicht muß in einer Handlung hervorgetreten sein, welche noch nicht einen Anfang der Ausführung des Hochverrathes bildet, sondern lediglich dem Stadium der Vorbereitung angehört, welche mithin noch nicht zum wirklichen Angriff vorgeschritten ist, sondern erst die Bedingungen für den künftigen Angriff schaffen, oder dessen Gelingen erleichtern und befördern soll. (Dollmann Bd. II. S. 35, Stenglein Bd. II. S. 10.)

5) Die Bestimmungen über Versuch (Art. 47 fg.) finden auf die hier mit besonderer Strafe bedrohten Vorbereitungshandlungen keine Anwendung, auch ist kein Versuch derselben denkbar, wohl aber strafbare Theilnahme an denselben. Dollmann Bd. II. S. 34, Weis Bd. I. S. 286, Stenglein Bd. II. S. 10.)

6) Zu Ziffer 1. Die Bemühung strafbare Unterhandlungen anzuknüpfen begründet noch keine nach dieser Ziffer strafbare That. (Dollmann Bd. II. S. 36.)

7) Ist in Folge solcher Unterhandlungen ein Krieg ausgebrochen, so liegt vollendeter Hochverrath vor. (Dollmann Bd. II. S. 36.)

8) Nicht blos durch Unterhandlungen mit der ordentlichen Regierung eines fremden Staates, sondern auch durch solche mit Personen, welche durch Revolution augenblicklich an die Spitze eines Staates gelangt sind, mit ausländischen Truppenführern, Insurgentenchefs u. dgl. kann die That begangen werden. (Motive z. Entw. v. 1855 S. 69. 70, Dollmann Bd. II. S 36, Stenglein Bd. II. S. 10, Weis Bd. I. S. 287.)

9) Unter Unterhandlung mit einer auswärtigen politischen Partei soll nicht jede einfache Korrespondenz mit einer auswärtigen politischen Persönlichkeit verstanden werden, sondern nur hochverrätherische Verbindungen mit organisirte auswärtigen Parteien, welche sich zur förmlichen Gewalt im Staate mit anerkannten Führern, Zwecken, Grundsätzen u. s w. ausgebildet haben, ohne daß sie gerade die herrschende sein muß. (Vortr. im G.-A. d. K. d. Abg. 1856/57 S. 281, Prot. S. 469, s. auch Vortr. 1860/61 S. 167, Prot. S. 36. 422, Dollmann Bd. II. S. 37, Stenglein Bd. II. S. 10. 11, Weis Bd. I. S. 287.)

10) Zu Ziffer 2. Die Theilnahme an einer Verschwörung ist nicht im technischen Sinne des Art. 52 fg. zu verstehen, sondern überhaupt als Betheiligung. (Prot. d. G.-A. d. K d. Abg. 1860/61 S. 38, Vortr. d. K. d. R.-R. S. 68, Prot. S. 104, Dollmann Bd. II. S. 39, Stenglein Bd. II. S. 11.)

11) Jeder Verschworne ist in Bezug auf das Delikt des Art. 102 Mitthäter. Dies schließt jedoch nicht aus, daß, wenn das hochverrätherische Unternehmen zur Ausführung gelangt, die Verschwornen Mitthäter oder Theilnehmer des Hochverraths sein können oder bei Nichtbetheiligung auch nur nach Art. 102 strafbar. Der Anstifter der Verschwörung wird jedoch in der Regel als Anstifter auch des Hochverraths, der unthätige Verschworne wenigstens als intellektueller Gehülfe erscheinen. (Dollmann Bd. II. S. 40, Stenglein Bd. II. S. 11, Weis Bd. I. S. 288.)

12) Zu Ziffer 3. s. oben Ziff. 10. Betheiligte beim Aufruhr sind nur diejenigen, welche in hochverrätherischer Absicht an der Zusammenrottung Theil genommen haben; diejenigen welche die Absicht theilten, aber nicht anwesend waren, können Theilnehmer gemäß Art. 54 sein; aber nicht Betheiligte am Aufruhr; ebensowenig sind es die in anderer Absicht Anwesenden. (Dollmann Bd. II. S. 42, Weis Bd. I S. 290, Stenglein Bd. II. S. 14. 15.)

13) Zu Ziffer 4. Die ihm vom Staate anvertraute Macht oder amtliche Stellung bezieht sich nicht minder auf Commandanten der bewaffneten Macht als auf Civilstaatsdiener. (Dollmann Bd. II. S. 44, Stenglein Bd. II. S. 11, Weis Bd. I. S. 288.)

14) Zu Ziffer 5. Mannschaft ist eine zu militärischen Zwecken organisirte; gleichviel jedoch ob das Anwerben oder Einüben im In- oder Auslande geschieht. (Dollmann Bd. II. S. 44, Stenglein Bd. II. S. 12.)

15) Ist die Unternehmung nicht gegen den bayerischen Staat gerichtet, so findet Art. 102 nicht Anwendung, wohl aber je nach Umständen Art. 112. 114. 116 oder 117. (Dollmann Bd. II. S. 44, Stenglein Bd. II. S. 12.)

16) Zu Ziffer 6. Was Waffe ist, gehört zur Thatfrage Hier wird man jedoch nur Angriffs- oder Vertheidigungsmittel zum Kampf in größeren Massen darunter verstehen können. (Vortr. im G.-A. d. K. d. Abg. 1856/57 S. 14, Prot. S. 79, Dollmann Bd. II. S. 44. 45, Stenglein Bd. II. S. 12, Weis Bd. I. S. 288. Vgl. auch Bl. f. R.-A. Bd. XXIX S. 161.)

17) Ob Vorräthe in Frage stehen, gehört zur Thatfrage. Auch Pulvervorräthe können unter den Begriff fallen. (Dollmann Bd. II. S. 45.)

18) Zu Ziffer 7. Bei der Allgemeinheit der gebrauchten Beispiele und der unbeschränkten Ausdehnung durch die Worte „oder auf ähnliche Weise“ fällt jede Vorbereitung zu einem Attentat auf den König unter Ziff. 7, nicht aber eine bloße Aufforderung hiezu. (Dollmann Bd. II. S. 46, Weis Bd. I. S. 289, Stenglein Bd. II. S. 13.)

19) Unter Mordwerkzeug kann jedes Werkzeug verstanden werden, welches geeignet ist, mittels desselben eine lebensgefährliche Verletzung zuzufügen. (Stenglein Bd. II. S. 13.)

20) Zu Absatz 2. Anstifter ist der beim Aufruhre persönlich Betheiligte, welcher den ersten Impuls zur Zusammenrottung gegeben hatte; im Gegensatz zum intellektuellen Urheber, welcher die Zusammenrottung verursachte, ohne sich persönlich zu betheiligen. Anführer ist endlich derjenige, welcher die Thätigkeit der zusammengerotteten Menge zu leiten übernommen hat. (Dollmann Bd. II. S. 43, Weis Bd. I. S. 289, Stenglein Bd. II. S. 15.)

21) Dollmann (Risch) Bd. II. S. 53. Anmerk. 54 will die Strafmilderung des Abs. 2 auch nicht für die intellektuellen Urheber eines Aufruhrs nach Art. 54. Ziff. 1 gelten lassen, welche sich physisch an dem Aufruhre nicht betheiligt haben.

22) Verschworne, welche sich an einem Aufruhre betheiligen, wenn auch weder als Anstifter noch als Anführer, trifft die Strafe des Art. 102 Abs. 1, nicht des Abs. 2, auf Grund der Ziff. 2 des Abs. 1. (Weis Bd. I. S. 291, Dollmann Bd. II. S. 53. Anmerk. 55.)

23) Vorbereitungen zum Hochverrath, welche nicht unter eine der Ziffern des Art. 102 fallen, sind als solche straflos. (Weis Bd. I. S. 286, Stenglein Bd. II. S. 10. Anmerk., Dollmann Bd. II. S. 33.)

Art. 103.

Eine Verschwörung liegt vor, wenn zwei oder mehrere Personen ein hochverrätherisches Unternehmen (Art. 101) verabredet haben und bereits über die Mittel zur Ausführung desselben übereingekommen sind.

1) Verschwörung ist das zur Ausführung reife Komplott in Beziehung auf ein bestimmtes hochverrätherisches Unternehmen. (Dollmann Bd. II. S. 38.)

2) „verabredet haben". Eine nur im Allgemeinen auf hochverrätherischen Tendenzen beruhende Vereinigung ist noch keine Verschwörung, sondern nur eine solche, deren Theilnehmer sich ein bestimmtes hochverrätherisches Unternehmen zum Zwecke gesetzt und bereits über die Ausführung desselben Verabredung gepflogen haben. Unter Verabredung ist aber nicht jedes Berathen, sondern nur eine Einigung der Berathenden, ein Beschluß zu verstehen. (Motive z. Entw. v. 1855 S. 70, Dollmann Bd. II. S. 38. Anmerk. 15, Weis Bd I. S. 288.)

3) Auf eine Bestärkung der Verbindung durch Eid u. dgl. kommt nichts an. (Dollmann Bd. II. S. 38.)

4) Ein Zutritt zu einer Verschwörung durch konkludente Handlungen oder stillschweigende Einigung zu einer Verschwörung kann nicht angenommen werden. (Dollmann Bd. II. S. 39. Anmerk. 20.)

Art. 104.

Ein Aufruhr ist vorhanden, wenn eine Menschenmenge sich zusammenrottet, um mittels Anwendung oder Androhung von Gewalt einen der im Art. 101 bezeichneten Zwecke zu erreichen, desgleichen wenn eine aus anderer Veranlassung versammelte Menschenmenge den Entschluß kundgibt, sofort zur Erreichung eines solchen Zweckes Gewalt anzuwenden oder anzudrohen.

1) Ob eine Menschenmenge in einem concreten Falle vorhanden war, gehört zur Thatfrage. Vgl. hiezu oben S 64 Ziff. 3—5. (Dollmann Bd. I. S. 84. Bd. II. S. 41, Stenglein Bd. II. S. 14, Weis Bd. I. S. 290.)

2) Ist die Absicht einer versammelten Menschenmenge zwar auf einen hochverrätherischen Zweck gerichtet, aber der Entschluß, Gewalt anzuwenden oder anzudrohen noch in keiner Weise hervorgetreten, so liegt noch eine straflose Vorbereitung vor; ist dagegen schon wirklich Gewalt angedroht oder angewendet worden, um den hochverrätherischen Zweck zu erreichen, so liegt vollendeter Hochverrath vor. (Dollmann Bd. II. S. 41. 42)

3) Unter Androhen von Gewalt ist nicht jedes gefallene Drohwort, sondern nur eine direkt gegen den zu Vergewaltigenden vorgenommene Bedrohung zu verstehen. (Prot. d. G.-A. d. K. d. Abg. 1856/57 S. 472, Dollmann Bd. II. S. 42. Anmerk. 25.)

Art. 105.

Sind bei einem Aufruhre Handlungen begangen worden, welche schon einen Anfang der Ausführung des hochverrätherischen Unternehmens (Art. 101) enthalten, so sollen nur diejenigen, welche entweder solche Handlungen selbst verübt oder die Aufrührer angeführt oder den Aufruhr angestiftet oder an einer auf denselben gerichteten Verschwörung sich betheiligt haben, mit dem Tode, die übrigen bei dem Aufruhre betheiligten Personen aber mit Zuchthaus nicht unter acht Jahren bestraft werden.

1) „welche entweder solche Handlungen selbst verübt". Hiebei hat das Gesetz zunächst nur die Thäter, bezw. Mitthäter hochverrätherischer Handlungen im Auge. Für die Theilnehmer im Sinne der Art. 52. 54 gelten die gewöhnlichen Grundsätze, also auch die Strafmilderungsbefugniß des Art. 55. (Dollmann Bd. II. S. 56. Anmerk. 63.)

2) Bezüglich der Anstifter und Anführer s. oben zu Art. 102 Note 20. S. 167.

3) Von einem straflos machenden Rücktritte ist in diesem Stadium keine Rede mehr. (Dollmann Bd. II. S. 57.)

Art. 106.

Wer sich an einem Aufruhre betheiligt, jedoch sich entfernt und zur Ordnung gefügt hat, bevor noch eine als Anfang der Ausführung des hochverrätherischen Unternehmens zu betrachtende Handlung oder ein wirkliches Einschreiten der bewaffneten Macht in Gemäßheit der hierüber bestehenden gesetzlichen Bestimmungen oder eine Handlung erfolgt ist, welche ein solches Einschreiten gesetzlich gerechtfertigt haben würde, unterliegt wegen des Aufruhrs keiner Strafe.

Diese Bestimmung findet auf Anstifter und Anführer des Aufruhrs nur dann Anwendung, wenn das ganze Unternehmen vor dem ebenbezeichneten Zeitpunkte aufgegeben wurde und sie selbst persönlich dazu mitgewirkt haben; ist zwar ersteres, aber nicht letzteres der Fall, so trifft sie Gefängniß nicht unter einem Jahre.

1) „bevor noch u. s. w." Die Straflosigkeit des einfach am Aufruhre Betheiligten greift auch dann Platz, wenn nach seinem Rücktritte die übrigen Aufrührer zu Handlungen geschritten sind, welche die Vollendung des Hochverraths begründen. (Dollmann Bd. II. S. 54. Anmerk. 59)

2) „unterliegt wegen des Aufruhrs keiner Strafe." Die Bestrafung anderer, gelegentlich des Aufruhrs begangener Handlungen, wie Majestätsbeleidigung, Amtsehrenbeleidigung u. dgl. wird hiedurch nicht berührt, ebenso wenig die auf Grund des Ges. v. 4. Mai 1851, das Einschreiten der bewaffneten Macht betr., wegen Theilnahme an der Zusammenrottung oder Förderung ihrer Zwecke oder wegen Erschwerung der Herstellung der gesetzlichen Ordnung verwirkten Strafen. (Prot. d. G.-A. d. K. d. R.-R. 1860/61 S. 108, Weis Bd. I. S. 292, Dollmann Bd. II. S. 54. Anmerk. 57. 60, Stenglein Bd. II. S. 17.)

3) Das Motiv des Rücktritts ist ohne Belang. (Weis Bd. I. S. 293.)

4) Der Rücktritt muß nicht nothwendig ein freiwilliger sein, er kann z. B. auch in Folge des Androhens einer Einschreitung noch wirksam geschehen. (Prot. d. G.-A. d. K. d. R.-R. 1860/61 S. 107, Stenglein Bd. II. S. 16.)

5) Personen, welche lediglich als intellektuelle Urheber in Beziehung zum Aufruhr stehen, ist die Straflosigkeit bei Rücktritt nicht zugesichert. (Stenglein Bd. II. S. 16. Anmerk. 4.)

Art. 107.

Ist in einem der Fälle des Art. 102 Ziff. 1, 2, 5, 6 und 7 das hochverrätherische Unternehmen mit Beseitigung aller zu dessen Ausführung getroffenen Vorkehrungen und der durch diese Vorkehrungen hervorgerufenen Gefahr freiwillig und gänzlich aufgegeben worden, bevor noch eine als Anfang der Ausführung des Unternehmens zu

betrachtende Handlung oder ein thätlicher Angriff gegen Personen oder Sachen oder ein strafbarer Aufruhr stattgefunden hat, so greift keine Strafe Platz.

1) Der Abstand muß freiwillig, gleichviel übrigens aus welchen Motiven, wenn nur nicht zufolge obrigkeitlichen bezw. strafrechtlichen Einschreitens erfolgt sein. (Dollmann Bd. II. S. 52, Stenglein Bd. II. S. 16, Weis Bd. I. S. 293.)

2) Das Aufgeben muß ein gänzliches sein, d. h. bei einer Verschwörung genügt nicht der Rücktritt eines Einzelnen, um diesen straflos zu machen, sondern es ist das Aufgeben von Seite aller Verschwornen erforderlich, und es muß ein vorbehaltloses, nicht blos für den Augenblick beschlossenes sein. (Dollmann Bd. II. S. 52, Stenglein Bd. II. S. 16.)

Art. 108.

Wer einen Andern zu einem hochverrätherischen Unternehmen der im Art. 101 Ziff. 1 bezeichneten Art auffordert, desgleichen wer öffentlich vor einer Menschenmenge oder mittels eines Preßerzeugnisses zu einem hochverrätherischen Unternehmen in der Art. 101 Ziff. 2 und 3 bezeichneten Richtung auffordert, ohne daß diese Aufforderung den beabsichtigten Erfolg herbeiführt, soll, wenn dieselbe sowohl hinsichtlich des Zweckes als der Art der Ausführung eine bestimmte war, mit Gefängniß nicht unter drei Jahren bestraft werden.

1) „Wer einen Andern". Nicht nur die an eine bestimmte Person gerichtete Aufforderung fällt unter Art. 108, sondern auch die öffentlich an Mehrere, an eine unbestimmte Zahl von Menschen, also an eine persona incerta gerichtete. (Stenglein Bd. II. S. 18, Dollmann Bd. II. S. 49. Anmerk. 41, Vortr. d. G.-A. d. K. d. A. 1856/57, Prot. S. 474, Vortr. 1860/61 S. 168, Prot. S. 38.)

2) „Zu einem hochverrätherischen Unternehmen der im Art. 101 Ziff. 1 bezeichneten Art — in der Art. 101 Ziff. 2 und 3 bezeichneten Richtung". Angriffe auf die bestehenden öffentlichen Einrichtungen in Reden oder Schriften, Erregung von Unzufriedenheit, oder Aufforderung zu Handlungen, wie sie in Art. 102 bezeichnet sind, fallen nicht unter Art. 108. (Dollmann Bd. II. S. 47, Stenglein Bd. II. S. 19.)

3) Die Aufforderung muß auf ein bestimmtes Unternehmen gerichtet sein, es müssen die Modalitäten der Ausführung bezeichnet sein. (Dollmann Bd. II. S. 48, Stenglein Bd. II. S. 18. 19, Weis Bd. I. S. 300, Z. f. Gerichtspr. Bd. I. S. 116.)

4) „ohne daß diese Aufforderung den beabsichtigten Erfolg herbeiführt". Hat die Aufforderung einen Erfolg gehabt, so ist der Auffordernde wegen Theilnahme am vollendeten Hochverrath strafbar. (Dollmann Bd. II. S. 49, Stenglein Bd. II. S. 19, Weis Bd. I. S. 299.)

5) Ein straflos machender Rücktritt von der Aufforderung ist im Gesetze nicht vorgesehen. (Prot. d. G.-A. d K. d. Abg. 1856/57 S. 474, Vort. S. 284, Stenglein Bd. II. S. 19, Weis Bd. I. S. 301, Dollmann Bd. II. S. 57.) Letzterer (Risch) nimmt an, daß ein Anstifter zum Aufruhr, welcher gemäß Art. 106 Abs. 2 straflos wäre, sich aber einer in Art. 108 vorgesehenen Aufforderung schuldig gemacht hatte, nur von der Strafe des Aufruhrs, nicht aber von der Strafe des Art. 108 befreit ist.

6) Art. 108 schließt die Anwendung des Art. 57 nicht unbedingt aus, sondern nur dann, wenn die That die besonderen Merkmale des Art. 108 an sich trägt. (Weis I. S. 300, Stenglein Bd. II. S. 18. 19, Dollmann Bd. II. S. 48.)

Art. 109.

Staatsgefährliche Zusammenrottung.

Wer außer dem Falle des Hochverraths zu dem Zwecke, dem Könige eine Entschließung abzunöthigen oder die Erlassung oder Ausführung einer Entschließung des Königs zu verhindern, die Zusammenrottung einer Menschenmenge veranlaßt oder als Anführer leitet, ist mit Zuchthaus von acht bis zwanzig Jahren, —

wer sich bewaffnet an einer solchen Zusammenrottung betheiligt, mit Gefängniß nicht unter einem Jahre, —

wer sich unbewaffnet daran betheiligt, mit Gefängniß bis zu zwei Jahren zu bestrafen.

Betheiligte, welche sich entfernt und zur Ordnung gefügt haben, bevor noch ein wirkliches Einschreiten der bewaffneten Macht in Gemäßheit der hierüber bestehenden gesetzlichen Bestimmungen oder eine Handlung stattgefunden hat, welche ein solches Einschreiten gesetzlich gerechtfertigt haben würde, unterliegen wegen der Zusammenrottung keiner Strafe. Bezüglich der Veranlasser und Anführer gilt dies jedoch nur dann, wenn das ganze Unternehmen vor dem eben bezeichneten Zeitpunkte aufgegeben wurde und sie selbst persönlich dazu mitgewirkt haben; ist zwar ersteres, aber nicht letzteres der Fall, so trifft sie Gefängniß nicht unter sechs Monaten.

1) „Außer dem Falle des Hochverraths". Die staatsgefährliche Zusammenrottung fällt äußerlich mit dem Aufruhre zusammen, unterscheidet sich aber von diesem durch den Mangel hochverrätherischer Absicht, obgleich auch bei der staatsgefährlichen Zusammenrottung die Handlung gegen den König gerichtet ist, jedoch nicht um eine dessen Regierungsfortdauer, die Thronfolge oder die Verfassung alterirende Entschließung zu erlangen, sondern nur eine einzelne Regierungshandlung zu beeinflussen. (Dollmann Bd. II. S. 60. 61, Weis Bd. I. S. 302, Stenglein Bd. II. S. 20, Prot. d. G.-A. d. K. d. Abg. 1856/57 S. 485.)

2) Ueber Anstifter und Anführer s. oben zu Art. 102 Ziff. 20 S. 167.

3) Ueber Theilnahme s. zu Art. 102 Ziff. 12 S. 166.

Als bewaffnet haben die bei der Zusammenrottung Betheiligten zu gelten, wenn sie sich um den Zweck der Zusammenrottung zu erreichen, eigens mit einer Waffe versehen haben, oder, wenn sie eine solche schon vorher bei sich hatten, von derselben Gebrauch machten, sei es auch nur zu einer Demonstration. (Prot. d. G.-A. d. K. d. Abg. 1860/61 S. 38.)

Ueber Waffen s. zu Art. 102 Ziff. 16 S. 166. (Bl. f. R.-A. Bd. XXIX. S. 161.)

4) Das Delikt ist vollendet, sobald eine Menschenmenge in der bezeichneten Absicht sich zusammengerottet, oder, wenn sie aus anderer Veranlassung versammelt war, den Entschluß kundgegeben hat, zu dem beabsichtigten Zweck Gewalt anzuwenden oder anzudrohen. (Dollmann Bd. II. S. 61.)

5) Ueber den Rücktritt von der Zusammenrottung vergl. Art. 106 Ziff. 2—5 oben S. 168.

Art. 110.

Landesverrath.

Ein Bayer oder ein in Bayern sich aufhaltender oder in bayerischen Diensten stehender Ausländer, welcher, um einen Krieg gegen Bayern herbeizuführen, entweder sich mit einer auswärtigen Regierung oder einem auswärtigen Gewalthaber in eine Unterhandlung einläßt oder auf andere Weise Veranlassung, Vorwand oder Gelegenheit zu einem solchen Kriege gibt, soll, wenn der Krieg wirklich ausgebrochen ist, mit dem Tode, anderen Falles mit Zuchthaus nicht unter acht Jahren bestraft werden.

Hat der Thäter sein Unternehmen mit Beseitigung jeder durch dasselbe hervorgerufenen Gefahr freiwillig und gänzlich aufgegeben, bevor noch ein Nachtheil für Bayern oder dessen Angehörige oder Verbündete herbeigeführt wurde, so ist derselbe straflos.

1) „Ein Bayer". Ueber die Eigenschaft eines Bayern, gleichbedeutend mit Inländer, (vgl. Art. 9) entscheidet der Besitz des Indigenats zur Zeit der That, gleichviel ob dasselbe durch Geburt oder Naturalisation erworben ist (vgl. Beil. I zur Verf.-Urk.). Mit dem Verluste des Indigenats hört auch die Eigenschaft eines bayerischen Staatsangehörigen auf. (Dollmann Bd. II. S. 66. Anm. 7, Stenglein Bd. II. S. 26.)

2) „ein in Bayern sich aufhaltender Ausländer". Unter Aufenthalt ist ein in Bayern genommener Wohnsitz, nicht ein bloßes Durchreisen zu verstehen. (Stenglein Bd. II. S. 24.)

3) Gegen Ausländer, welche weder in Bayern sich aufhalten, noch in bayerische Dienste getreten sind, bleibt die Anwendung des Kriegsrechts vorbehalten.

(Stenglein Bd. II. S. 26, Dollmann Bd. II. S. 67. Anmerk. 9, Prot. d. G.-A. d. K. d. Abg. 1856/57 S. 470, 1860/61 S. 40.)

4) „um einen Krieg gegen Bayern herbeizuführen". Es genügt nicht einfacher Vorsatz, eine Handlung vorzunehmen, welche geeignet ist, Krieg gegen Bayern herbeizuführen; sondern es ist die bestimmte hierauf gerichtete Absicht des Thäters erforderlich. (Dollmann Bd. II. S. 70, Stenglein Bd. II. S. 25, Weis Bd. I. S. 304. 305. (Dollmann [Risch] Bd. II S. 68 bekämpft die Anführung Stengleins Bd. II. S. 25, es sei die Absicht den Staat zu beschädigen erforderlich; muß dies aber in Bezug auf Art. 110 S. 70 selbst wiederrufen; allein als Regel läßt es sich auch für Art. 111—113 festhalten.)

5) „mit einer auswärtigen Regierung oder einem auswärtigen Gewalthaber" vgl. oben zu Art. 102 Note 8. S. 166.

Die Gewalthaber bilden den Gegensatz zu einer von den übrigen Mächten anerkannten Regierung und umfaßen jeden, der in der Lage ist, Feindseligkeiten gegen Bayern zu beginnen, also Heerführer, Insurgentenchefs, Chefs einer provisorischen Regierung u. s. w. Auswärtige politische Parteien (vgl. Art. 102 Ziff. 1) können nur in Betrag kommen, wenn sie in der Gewalt sind. (Stenglein Bd. II. S. 26. 27.)

6) Nur Unterhandlungen mit einer auswärtigen Macht fallen unter Art. 110; denn solche mit einer inländischen, wie mit den Leitern einer im Inlande ausgebrochenen Revolution, welche sich militärisch organisirt hat, würden Hochverrath bilden. (Stenglein Bd. II. S. 24.)

7) „Unterhandlung einläßt". Es bedarf hiezu nicht gerade einer direkten ausdrücklichen Aufforderung zum Kriege, vielmehr kann die Verbindung mit der fremden Regierung auch den Zweck haben, ihr nur die Schwäche unserer Lage zu verrathen, ihr die Vorwände für ihre Ansprüche zu verschaffen u. s. w., um so den Entschluß zum Kriege mittelbar in ihr zu erwecken. (Dollmann Bd. II. S. 70. Anm. 20.)

8) „oder auf andere Weise." Hiedurch wird jede Handlung bezeichnet, welche faktisch die Veranlassung eines Krieges bilden kann und in der Absicht, dies zu bewirken, vorgenommen wird. Als Beispiele wurden bei den Verhandlungen angeführt: die Beleidigung eines fremden Monarchen oder Gesandten, die Zuführung von Freischaaren zu einer der kriegführenden Parteien in einem Kriege, bei welchem Bayern Neutralität beobachtet; ein absichtlich falsch erstatteter Bericht eines Gesandten oder andern diplomatischen Agenten. (Vortr. im G.-A. d. K. d. Abg. 1856/57 S. 285, Prot S. 476, Motive z. Entw v. 1860 S. 56, Vortr. d. G.-A. d. K. d. Abg. 1860/61 S. 168, Prot. S. 39, Stenglein Bd. II. S. 27, Dollmann Bd. II. S. 71, Weis Bd. I. S. 304.)

9) „wenn der Krieg wirklich ausgebrochen ist." Es bedarf nicht des Nachweises eines Causalzusammenhanges zwischen den Handlungen des Thäters und dem ausgebrochenen Krieg. (Weis Bd. I. S. 305, Dollmann Bd. II. S. 71, Stenglein Bd. II. S. 27.) Beide letztere Schriftsteller nehmen an, daß die höher strafbare Alternative der That, trotz eines wirklich ausgebrochenen Krieges, dann nicht gegeben ist, wenn die Möglichkeit eines Krieges aus der gegebenen Veranlassung undenkbar oder dieselbe unbenützt gelassen wurde, und der Krieg aus ersichtlich anderen Gründen ausgebrochen ist.

10) Unter ausgebrochenem Krieg ist nicht nur ein solcher nach erfolgter Kriegserklärung zu verstehen, sondern auch faktisch begonnene Feindseligkeiten ohne Kriegserklärung. Nimmt Bayern an dem Kriege Theil, so müssen die Verbündeten Bayerns, welche am Kriege Theil nehmen, wie Bayern selbst betrachtet werden. Bleibt Bayern neutral, so kann in Bezug auf Landesverrath von einem wirklich ausgebrochenen Krieg nicht die Rede sein. (Stenglein Bd. II S. 24.)

11) Die That ist mit Verübung der rechtswidrigen Handlung auch ohne Eintritt eines Erfolgs vollendet. Der Erfolg steigert die That nur zum höher strafbaren Grad. Der Mangel des Erfolgs an sich begründet also nicht bloßen

Versuch. (Dollmann Bd. II. S 69, Stenglein Bd. II. S. 25, Weis Bd. I S. 305.)

12) Es ist jedoch ein bloßer Versuch des Landesverraths gemäß Art. 110 denkbar, wenn z. B. die Aufforderung zum Krieg nicht an ihre Adresse gelangte oder die Bemühung, eine Unterhandlung mit einer auswärtigen Macht anzuknüpfen, ohne Erfolg blieb. Vorbereitungshandlungen sind straflos. (Dollmann Bd. II. S. 69 70. Anmerk. 20, Stenglein Bd. II. S. 25. Anmerk. 4.)

13) Theilnahme und Begünstigung des Landesverraths richtet sich nach den allgemeinen Bestimmungen. (Dollmann Bd. II. S. 72, Stenglein Bd. II. S. 26.)

14) Zu Abs. 2. Der Rücktritt vom Landesverrath ist nur bei der minder strafbaren Alternative desselben von Bedeutung, da der wirklich ausgebrochene Krieg stets einen Nachtheil bildet. (Dollmann Bd. II. S. 72, Stenglein Bd. II. S. 25. Anmerk. 4.)

Art. 111.

Ein Bayer, welcher während eines gegen Bayern ausgebrochenen Krieges in dem Heere des Feindes Dienste nimmt, soll mit dem Tode bestraft werden.

Gleiche Strafe trifft den Ausländer, welcher im Dienste des bayerischen Staates steht und nach dem Ausbruche eines solchen Krieges im feindlichen Heere Dienste nimmt, ausgenommen wenn dieses Heer das seines eigenen Vaterlandes ist.

Steht ein Bayer beim Ausbruche eines Krieges gegen Bayern bereits in dem Militärdienste des feindlichen Staates und verbleibt er freiwillig in demselben, so ist er mit Zuchthaus bis zu zwölf Jahren zu bestrafen. In leichteren Fällen ist auf Gefängniß nicht unter drei Jahren zu erkennen.

1) Ein Bayer s. zu Art. 110. Note 1. Naturalisirte sind den gebornen Bayern selbst dann gleich zu achten, wenn ihr ursprüngliches Vaterland dasjenige ist, mit welchem Bayern in Krieg verwickelt wurde. (Dollmann Bd. II. S. 74, Weis Bd. I. S. 307, Stenglein Bd. II. S. 26.)

2) Streitig ist die Frage, wie Personen zu beurtheilen sind, welche Unterthanen der beiden sich feindlich gegenüber stehenden Staaten sind (sujets mixtes) Beilage I zur Verf.-Urk. §. 3 lit. c. u. §. 6. Die Frage wurde im G.-A. d. K. d. Abg. 1856/57 Prot. S. 477 angeregt, aber nicht entschieden. Weis Bd. I. S. 307 will sie als Bayern betrachtet wissen. Stenglein Bd. II. S. 28 unterscheidet, und erklärt solche, welche in keinem Dienstesverhältnisse zu Bayern oder sogar in einem solchen zum feindlichen Staate stehen für straflos; diejenigen aber, welche in bayerischen Diensten stehen für strafbar als Bayern (Abs. 1) Aehnlich spricht sich in der Mehrheit die preußische Jurisprudenz aus. Auch Dollmann (Risch) Bd. II. S. 75 scheint sich dieser Ansicht anzuschließen, spricht sich aber nicht bestimmt aus.

3) „während eines gegen Bayern ausgebrochenen Krieges“ s. zu Art. 110 Note 10 oben S. 171. (Stenglein Bd. II. S. 24, Dollmann Bd. II. S. 73.)

4) „welcher in dem Heere des Feindes Dienste nimmt“. Das Nehmen des feindlichen Civildiensts fällt nicht unter Art. 111. Zwischen der Art des Dienstes im Heere ist dagegen nicht unterschieden, und insbesondere kein Waffentragen oder Kämpfen gegen Bayern oder Waffentragen überhaupt gefordert. Es fällt auch das Nehmen des Dienstes im feindlichen Heere als Arzt, Geistlicher, Militärbeamter, oder im Depot unter die Bestimmung des Art. 111. (Vortr. im G.-A. d. K. d. Abg. 1856/57 S. 285, Prot. S. 476, Dollmann Bd. II. S. 73. 74, Stenglein Bd. II. S. 28, Weis Bd. I. S. 306.)

5) „den Ausländer, welcher im Dienste des bayerischen Staates steht“. Ob der Dienst des bayerischen Staates ein Civil- oder Militärdienst ist, begründet keinen Unterschied. Hat dagegen der Ausländer bei Ausbruch des Krieges den bayerischen Dienst schon verlassen, so steht er jedem andern Ausländer gleich. (Verhandl. d. G.-A. d. K. d. Abg. 1856/57, Vortr. S. 285, Prot. S. 477, Dollmann Bd. II. S. 74, Weis Bd. I. S. 306. 307, Stenglein Bd. II. S. 28.)

6) „**ausgenommen wenn dieses Heer das seines eigenen Vaterlandes ist**". An sich bleibt in diesem Falle der Ausländer straffrei; jedoch wird hiedurch die Strafe der Desertion nicht ausgeschlossen, wenn der Ausländer mittels dieser das bayerische Heer verläßt. (Dollmann Bd. II. S. 75, Weis Bd. I. S. 307, Stenglein Bd. II. S. 28, Verh. d. G.-A. d. K. d. Abg. 1860/61, Prot. S. 39. 470, K. d. R.-R. Vortr. S. 77.)

7) „**und verbleibt er in demselben**". Es begründet keinen Unterschied, ob der noch im bayerischen Unterthanen-Verbande oder im feindlichen Militärdienste (s. oben Note 4) Stehende seiner Zeit mit oder ohne ausdrückliche königliche Erlaubniß in den fremden Dienst getreten war, ob eine förmliche Zurückberufungsordre ergangen ist oder nicht. (Vgl. Beil. I. zur Verf.-Urk. §. 11. lit. c.) (Dollmann Bd. II. S. 76.)

8) „**freiwillig**" ist gleichbedeutend mit vorsätzlich und bildet den Gegensatz von gezwungen oder ohne Kenntniß des ausgebrochenen Krieges. (Dollmann Bd. II. S. 73. Anmerk. 28, Stenglein Bd. II. S. 29. Wie oben zu Art. 110 Note 4 bemerkt, bestreitet Dollmann [Risch], daß zum Landesverrath in der Regel (Art. 111 Abs. 3 bildet eine Ausnahme) qualifizirter dolus erforderlich ist; allein es wird z. B. Niemand einfallen, das Dienstnehmen eines Bayern im feindlichen Heere zum Zwecke der Spionage als Landesverrath zu strafen).

9) „**In leichteren Fällen**". Als solche wurden beispielweise angeführt: Dienst als Arzt oder Militärbeamte, bindende Familienverhältnisse. (Prot. d. G.-A. d. K. d. R.-R. 1860/61 S. 117, Dollmann Bd. II. S. 76, Stenglein Bd. II. S. 28.)

10) Versuch, Theilnahme und Begünstigung richtet sich nach den allgemeinen Bestimmungen. Als Beispiel von Versuch führt Stenglein Bd. II. S. 25 ein nicht angenommenes Dienstesanerbieten an.

11) Ueber das Vorliegen leichterer Fälle entscheiden in schwurgerichtlichen Fällen nie die Geschwornen, sondern die Richter. Auch das mindere Strafmaß gehört zum gesammten Strafrahmen und ist bei Reduktion der Strafe wegen Versuchs oder Theilnahme das Strafminimum für leichtere Fälle zu berücksichtigen. (Einf.-Ges. Art. 22 Abs. 2.) (Stenglein Bd. II. S. 31, Dollmann Bd. II. S. 76.)

Art. 112.

Ein Bayer oder ein in Bayern sich aufhaltender oder in bayerischen Diensten stehender Ausländer, welcher zur Zeit eines gegen Bayern ausgebrochenen Krieges einer feindlichen Macht Vorschub leistet oder den Truppen Bayerns oder seiner Verbündeten Hindernisse in den Weg legt oder Nachtheile zufügt, soll mit Zuchthaus bis zu zwölf Jahren bestraft werden.

Hat aber der Thäter

1) Städte, Festungen, Päffe oder andere Vertheidigungsposten oder Angehörige der bayerischen oder verbündeten Heere in Feindesgewalt gebracht, oder

2) Befestigungen, Zeughäuser, Kassen, Magazine oder Vorräthe von Waffen oder anderen Kriegsbedürfnissen in feindliche Gewalt gebracht, zerstört oder unbrauchbar gemacht, oder

3) dem Feinde als Kundschafter gedient oder einer feindlichen Kundschaftung Vorschub geleistet, dem Feinde Operationspläne, Risse von Festungen, Lagern oder anderen militärisch bedeutsamen Punkten oder Nachrichteu über Stärke oder Stellung von Truppen und dergleichen mitgetheilt, oder

4) dem Feinde Mannschaft zugeführt, oder ihm Waffen oder anderen Kriegsbedarf verschafft, oder

5) Angehörige der bayerischen oder verbündeten Heere zu Meuterei, Fahnenflucht oder Ueberlaufen verführt,

so ist auf Todesstrafe zu erkennen.

1) „**Ein Bayer oder ein . . . Ausländer**" s. hierüber zu Art. 110 Note 1—3 oben S. 170.)

Die unter Art. 112 fallenden Handlungen können von Militärs und Nichtmilitärs begangen werden. (Stenglein Bd. II. S. 29, vgl. Milit.-Str.-G.-Bch. Art. 89 über Kriegsverrath.)

2) „**welcher zur Zeit eines gegen Bayern ausgebrochenen**

Krieges" s. zu Art. 110 Note 10 oben S. 171. im gleichen Sinne Dollmann Bd. II. S. 78, Weis Bd. I. S. 309, Stenglein Bd. II. S. 24. 29. 30. Es genügt nicht, wenn sich vor Ausbruch des Krieges die feindlichen Truppen gerüstet gegenüberstehen und wurden die Worte des Entwurfes „oder drohenden" Krieges, als zu vag gestrichen. (Verh. d. G.=A. K. d. Abg. 1856/57, Vortr. S. 286, Prot. S. 477, 1860/61 Vortr. S. 169, Prot. S. 39, K. d. R.=R. Prot. S. 119.)

3) „einer feindlichen Macht Vorschub leistet oder den Truppen Bayerns oder seinen Verbündeten Hindernisse in den Weg legt oder Nachtheile zufügt". Die That kann nicht fahrlässiger Weise sondern nur vorsätzlich begangen werden und muß das Kriterium des freien Willens bei den häufig zwingenden Umständen im Krieg mit besonderer Vorsicht geprüft werden. (Weis Bd. I. S. 310, Dollmann Bd. II. S. 77.) Deshalb hält Stenglein Bd. II. S. 25 die Absicht, den Staat zu beschädigen für erforderlich, s. oben zu Art. 110 Note 4. Auf das Motiv kommt hiebei nichts an).

4) Als Beispiele von Hindernissen, welche, wenn vorsätzlich bereitet, das Delikt des Art. 112 begründen können, wurden aufgeführt: Abgraben von Straßen, Zerstören von Brücken, gleichviel ob durch forcirte Märsche oder rasche Wiederherstellung der Nachtheil wieder beseitiget wurde oder nicht. (Verh. d. G.=A. d. K. d. Abg. 1856/57, Vortr. S. 286, Prot. S. 477, 1860/61 Vortr. S. 169, Prot. S. 39. 423, Dollmann Bd. II. S. 78, Stenglein Bd. II. S. 29, Weis Bd. I. S. 310.)

5) Ob die That im Inlande oder im Auslande geschieht, begründet keinen Unterschied. (Stenglein Bd. II. S. 30, Dollmann Bd. II. S. 78.)

6) Zu Abs. 2. In Absatz 2 sind nur besonders ausgezeichnete Fälle des Landesverrathes aufgeführt, welche aber alle Merkmale der in Absatz 1 bezeichneten That an sich tragen müssen, ohne daß es jedoch des Nachweises bedarf, ob durch die spezielle Handlung ein Vorschub geleistet bezw. ein Hinderniß oder Nachtheil bereitet wurde. (Weis Bd. I. S. 308. 309, Dollmann Bd. II. S. 79.)

Art. 113.

Mit Zuchthaus bis zu zwanzig Jahren soll bestraft werden, wer mit Gefährdung des bayerischen Staates

1) ein ihm aufgetragenes Staatsgeschäft mit einer auswärtigen Regierung treulos führt;

2) Urkunden oder andere Beweismittel, welche sich auf Rechtsverhältnisse des bayerischen Staates zu einem anderen Staate beziehen, verfälscht, unterdrückt oder vernichtet oder endlich

3) Urkunden, Aktenstücke, Pläne oder Nachrichten, von denen er weiß, daß das Wohl des Staates deren Geheimhaltung einer fremden Regierung gegenüber erfordert, dieser Regierung mittheilt oder öffentlich bekannt macht.

1) „Wer". Die That kann nicht blos von Inländern oder im bayerischen Dienste stehenden Ausländern, sondern von Jedermann begangen werden, der einen Auftrag von der bayerischen Staatsregierung erhalten hat, oder in Besitz geeigneter Urkunden oder Nachrichten ist. (Dollmann Bd. II. S. 80, Weis Bd. I. S. 313.)

2) Die That kann sowohl im Inlande als im Auslande begangen werden; und muß nicht nothwendig im Frieden, sondern kann auch in Bezug auf einen bevorstehenden Krieg oder während eines Krieges begangen werden. (Dollmann Bd. II. S. 80, Weis Bd. I. S. 312. 313.)

3) „mit Gefährdung des bayerischen Staates". Es ist nicht der Eintritt eines Schadens erforderlich, wohl muß aber das Vorliegen einer positiven Gefahr bewiesen sein. (Dollmann Bd. II. S. 81, Stenglein Bd. II. S. 30.)

4) Zur Begehung der That genügt einfacher Vorsatz mit dem Bewußtsein der Gefährdung. (Dollmann Bd. II. S. 80, Weis Bd. I. S. 312.) Anderer Ansicht ist und hält den auf Gefährdung gerichteten Vorsatz für erforderlich Stenglein Bd. II. S. 30. (Prot. d. G.=A. d. K. d. Abg. 1856/57 S. 478, 1860/61 S. 40.)

5) Zu Ziff. 1. Das Wort „treulos“ bedeutet den vorsätzlichen Bruch der übernommenen Pflicht, verbunden mit dem Bewußtsein, daß die Handlung dem bayerischen Staate zum Nachtheile gereichen werde oder könne. Dieser Bruch kann nicht blos von Beamten, sondern von Jedem begangen werden, welchem ein Staatsgeschäft mit einer auswärtigen Regierung übertragen worden ist. (Dollmann Bd. II S. 81.)

6) Zu Ziff. 3. Fehlt das Bewußtsein des Thäters, daß das Interesse des Staates die Geheimhaltung, und zwar im Falle einer Mittheilung an eine fremde Regierung die Geheimhaltung gerade dieser Regierung gegenüber, erfordere, so kann keine Verurtheilung auf Grund des Art. 113, wohl aber eine Bestrafung nach anderen Bestimmungen, z. B. wegen Verletzung der Amtsverschwiegenheit oder im Disciplinarwege erfolgen. (Dollmann Bd. II. S. 82, Weis Bd. I. S. 313.)

7) Betreffen die mitgetheilten Aktenstücke militärisch bedeutsame Punkte oder Nachrichten und erfolgt die Mittheilung zur Zeit eines ausgebrochenen Krieges an den Feind, so ist die Verurtheilung nach Art. 112, nicht nach Art. 113 gerechtfertigt. (Dollmann Bd. II. S. 82, Weis Bd. I. S. 312, Stenglein Bd. II. S. 30.)

Art. 114.

Angriffe gegen einen auswärtigen Staat oder dessen Oberhaupt.

Ein Bayer oder ein in Bayern sich aufhaltender oder in bayerischen Diensten stehender Ausländer, der gegen einen auswärtigen Staat oder dessen Oberhaupt eine Handlung verübt, welche, wenn er sie gegen den König oder den bayerischen Staat verübt hätte, unter eine der Strafbestimmungen der Art. 101—108 fallen würde, ist in den Fällen des Art. 101 mit Zuchthaus bis zu acht Jahren, in den übrigen Fällen aber, wo Zuchthaus angedroht ist, mit Gefängniß nicht unter einem Jahre und, wo Gefängniß angedroht ist, mit Gefängniß bis zu einem Jahre oder an Geld bis zu zweihundert Gulden zu bestrafen.

In allen diesen Fällen tritt jedoch die gerichtliche Verfolgung nur auf Antrag der auswärtigen Regierung und, wenn diese nicht zu dem deutschen Bunde gehört, nur unter der weiteren Voraussetzung ein, daß durch eine von der bayerischen Regierung im Verordnungswege erlassene Erklärung das Vorhandensein der Gegenseitigkeit anerkannt ist.

1) Ein Bayer u. s. w. vgl. hiezu Art. 110 Note 1 und 2.

Handlungen, welche von Ausländern im Auslande begangen werden, können in Bayern nicht verfolgt werden, wohl aber Auslieferung veranlassen. (Dollmann Bd. II. S. 85, Weis Bd. I. S. 315.)

2) Bayern oder in bayerischen Diensten stehende Ausländer sind auch dann strafbar, wenn sie die That im Auslande begangen haben, vorausgesetzt, daß dieselbe am Orte der Begehung mit Strafe bedroht oder absichtlich, um das bayerische Strafgesetz zu umgehen, außerhalb der Landesgrenzen vorgenommen worden ist. (Dollmann Bd. II. S. 85. Anmerk. 4.) Eine andere Ansicht, welche letztere Voraussetzungen nicht erforderlich findet s. Dollmann a. a. O.

3) War die That schon im auswärtigen Staate Gegenstand rechtskräftiger Aburtheilung, so findet Art. 13 Anwendung. Dollmann a. a. O.

4) „gegen einen auswärtigen Staat oder dessen Oberhaupt“. Ob der Staat ein deutscher oder außerdeutscher ist, begründet keinen Unterschied. (Dollmann Bd. II. S. 85.) — Stenglein Bd. II. S. 32 stellt jedoch das Erforderniß völkerrechtlicher Anerkennung des auswärtigen Staates auf.

5) „eine der Strafbestimmungen der Art. 101—108“. Abgesehen von den unter Ziff. 1. 2 und 4 bemerkten Abweichungen müssen alle Erfordernisse der Art. 101—108 gegeben sein, um auf Grund eines derselben in Gemäßheit des Art. 114 einschreiten zu können. (Dollmann Bd. II. S. 86, Stenglein Bd. II. S. 32, Weis Bd. I. S. 314. 315.)

6) Auch die Strafaufhebungsgründe der Art. 101—108 finden auf die nach Art. 114 verfolgbaren Handlungen Anwendung. (Dollmann Bd. II. S. 86.)

7) Concurrirt mit der Bestimmung des Art. 114 eine strengere Strafbe-

stimmung, so findet diese nach den Bestimmungen über Zusammenfluß Anwendung, z. B. bei Mord eines auswärtigen Staatsoberhauptes, und sind hiefür bezüglich der Antragstellung u. s. w. nur diese Strafbestimmungen maßgebend. (Dollmann Bd. II. S. 86, Weis Bd. I. S. 315.)

8) Auf die Antragstellung der auswärtigen Regierung finden die Bestimmungen des Art. 88 Anwendung. (Dollmann Bd. II. S. 86. 87, Weis Bd. I. S. 315.)

9) „wenn diese nicht zu dem deutschen Bunde gehört". Durch die Auflösung des deutschen Bundes im Jahre 1866 ist diese Voraussetzung hinfällig geworden und kann durch die inzwischen wieder angeknüpften freundschaftlichen oder vertragsmäßigen Verhältnisse mit den früher dem Bunde angehörigen deutschen Staaten nicht analog ersetzt werden. Es bedarf also auch diesen Staaten gegenüber einer ausdrücklichen Gegenseitigkeitserklärung. (Erk. d. Cass.-H. v. 11. Mai 1868, Z. f. Gerichtspr. Bd. VII. S. 387, Entsch. d. Cass.-H. Bd. I. S. 222, Dollmann Bd. II. S. 87. 88.)

10) „durch eine von der bayerischen Regierung im Verordnungswege erlassene Erklärung". Es genügt nicht das Bestehen eines Gegenseitigkeitsvertrages, oder die faktisch in der Gesetzgebung eines andern Staates begründete Gegenseitigkeit, sondern die bayerische Staatsregierung muß, gleichviel auf welcher dieser beiden Grundlagen, durch Verordnung ausdrücklich anerkannt haben, daß Gegenseitigkeit vorliege und diese Erklärung bindet den Richter. (Prot. d. G.-A. d. K. d. Abg. 1856 57 S. 479. 480, Motive z. Entw. v. 1855 S. 71, Dollmann Bd. II. S. 87, Weis Bd. I. S. 315, Stenglein Bd. I. S. 436.)

11) Durch Krieg wird die Gegenseitigkeitserklärung aufgehoben. (Prot. d. G.-A. d. K. d. Abg. 1856/57 S. 479. Dollmann Bd. II. S. 87 Anmerk. 7.)

12) Die in Bezug auf die frühere Preßstrafgesetzgebung erlassenen Gegenseitigkeitserklärungen behalten auch für das Strafgesetzbuch Wirkung. (Erk. d. Cass.-H. v. 11. Mai 1868 s. oben Note 9 u. Erk. d. v. 12. Sept. 1868, Z. f. Gerichtspr. Bd. VIII. S. 34, Entsch. d. Cass.-H. Bd. II. S. 391.)

Bezüglich der Gegenseitigkeit mit auswärtigen Staaten sind folgende Bekanntmachungen erschienen:

a. Bekanntmachung vom 24. Oktober 1851.

(Regiernngsblatt Nr. 48 S. 1137—1142.)

Gegenseitigkeit in Preßstrafsachen mit auswärtigen Regierungen betreffend.

Im Hinblicke auf Artikel 25 des Gesetzes zum Schutze gegen den Mißbrauch der Presse vom 17. März v. Js. ist eine Verständigung über eintretende Gegenseitigkeit bezüglich der Artikel 22, 23 und 24 des erwähnten Gesetzes mit nachbenannten Regierungen in der näher bezeichneten Weise erfolgt:

Deutsche Bundesstaaten.

1. Die Gesetzgebung der freien und Hansestadt Hamburg bietet vollständige Gegenseitigkeit bezüglich sämmtlicher Artikel dar.

2. Mit der Gesetzgebung folgender deutschen Bundesstaaten:
a) des Königreiches Sachsen,
b) des Herzogthums Sachsen-Meiningen,
c) „ „ Sachsen-Koburg Gotha,
d) „ „ Sachsen-Altenburg,
e) „ „ Anhalt-Dessau-Köthen,
f) „ Fürstenthums Schwarzburg-Rudolstadt,
g) „ „ Schwarzburg-Sondershausen,

besteht die Gegenseitigkeit bezüglich der Art. 22, 23 und 24 unter der einzigen Abweichung, daß die strafrechtliche Verfolgung wegen der ersten in Art. 24

enthaltenen Uebertretung, nämlich der Beschimpfung oder Schmähung der Regierung oder der Behörden des auswärtigen Staates, nur auf Antrag des Beleidigten einzutreten hat.

3. In der Gesetzgebung des Königreichs Württemberg stellt sich die Gegenseitigkeit sämmtlicher Artikel, jedoch in der Weise dar, daß in den Fällen der Art. 22 und 23, dann in dem ersten Falle des Art. 24 die strafrechtliche Verfolgung nur auf Antrag des Beleidigten stattfindet.

4. Die Gesetzgebung des Königreichs Hannover bietet die Gegenseitigkeit bezüglich der Art. 22 und 23, dann bezüglich des zweiten Falles des Art. 24, nämlich der Aufforderung der Einwohner eines auswärtigen Staates zum Aufruhr oder zur Widersetzlichkeit.

5. Durch die Gesetzgebung des Großherzogthums Hessen ist Gegenseitigkeit bezüglich sämmtlicher Artikel, jedoch in der Weise gegeben, daß die strafrechtliche Verfolgung in den Fällen der Art. 22 und 23 bei den bayerischen Gerichten gegenüber dem Großherzogthume Hessen nur auf deßfallsige Zustimmung der bayerischen Staatsregierung, und im ersten Falle des Art. 24 nur auf Antrag des Beleidigten einzutreten hat.

6. Die Gesetzgebung des Herzogthums Braunschweig bietet die Gegenseitigkeit bezüglich der Art. 22 und 23 vollständig; dagegen bezüglich des Art. 24 nur für die erste Uebertretung und zwar mit der Bedingung eines Antrages des Beleidigten.

7. Die Gesetzgebung des Herzogthums Nassau bietet bezüglich sämmtlicher Artikel Gegenseitigkeit, jedoch hat in dem Falle des Art. 23, dann in dem ersten Falle des Art. 24 die strafrechtliche Verfolgung nur auf Antrag des Beleidigten zu geschehen.

8. Die Gesetzgebung des Herzogthums Anhalt-Bernburg bietet Gegenseitigkeit bezüglich des Art. 22.

9. Durch die Gesetzgebung der freien und Hansestadt Lübek ist der Gegenseitigkeit bezüglich der Art. 22 und 23, und zwar in der Art entsprochen, daß die strafrechtliche Verfolgung nur auf Antrag des Beleidigten stattzufinden hat.

Außerdeutsche Staaten.

1. Die Gesetzgebung des Kirchenstaates, dann des Kaiserreiches Rußland bietet vollständige Gegenseitigkeit.

2. Die Gesetzgebung der französischen Republik bietet die Gegenseitigkeit bezüglich der Art. 22 und 23, und zwar in der Weise, daß die strafrechtliche Verfolgung erst auf Antrag des Beleidigten zu geschehen hat.

Vorstehendes wird durch das Regierungsblatt und das Amtsblatt der Pfalz zur allgemeinen Kenntniß gebracht, und es wird hiebei den Gerichten, Staatsanwälten und sämmtlichen Polizeibehörden die genaueste Darnachachtung aufgetragen.

b. Bekanntmachung vom 6. Mai 1852 gleichen Betreffes.

(Regierungsblatt Nr. 27. S. 537—540).

Im Hinblick auf Artikel 25 des Gesetzes zum Schutze gegen den Mißbrauch der Presse vom 17. März 1850 ist eine Verständigung über eintretende Gegenseitigkeit bezüglich der Artikel 22, 23 und 24 des erwähnten Gesetzes mit nachbenannten Regierungen in der näher bezeichneten Weise erfolgt.

Deutsche Bundesstaaten.

1. Die Gesetzgebung des Königreiches Preußen bietet die Gegenseitigkeit bezüglich der Artikel 22 und 23 und zwar in der Weise, daß die strafrechtliche Verfolgung erst auf Antrag des Beleidigten zu geschehen hat.

2. Durch die Gesetzgebung des Großherzogthums Sachsen-Weimar ist die Gegenseitigkeit bezüglich der Artikel 22, 23 und 24 mit der einzigen Ausnahme

gegeben, daß im ersten Falle des Artikels 24 die Verfolgung nur auf zuvorigen Antrag des Beleidigten eintritt.

3. In der Gesetzgebung des Fürstenthums Lippe-Detmold ist der Gegenseitigkeit bezüglich der Art. 22 und 23 unbedingt, und bezüglich des ersten Falles im Art. 24 unter der Voraussetzung des Antrages des Beleidigten entsprochen.

Außerdeutscher Staat.

Durch die Gesetzgebung des Königreiches der Niederlande ist die Gegenseitigkeit bezüglich des Art. 22 jedoch unter der Voraussetzung des zuvorigen Antrages des beleidigten Theiles gegeben.

Vorstehendes wird nachträglich zu der früheren Bekanntmachung vom 24. Oktober 1851 durch das Regierungsblatt und das Amtsblatt der Pfalz zur allgemeinen Kenntniß gebracht, und es wird hiebei den Gerichten, Staatsanwälten und sämmtlichen Polizeibehörden die genaueste Darnachachtung aufgetragen.

c. Bekanntmachung vom 10. Dezember 1852 desselben Betreffes.

(Regierungsblatt Nr. 60. Seite 1265. 1266.)

Im Hinblick auf Art. 25 des Gesetzes zum Schutze gegen den Mißbrauch der Presse vom 17. März 1850 ist eine Verständigung über eintretende Gegenseitigkeit bezüglich der Artikel 22, 23 und 24 des erwähnten Gesetzes mit nachbenannten Regierungen in der näher bezeichneten Weise erfolgt.

1. Die Gesetzgebung des Großherzogthums Baden bietet die Gegenseitigkeit bezüglich der Artikel 22, 23 und 24 mit der einzigen Abweichung dar, daß im ersten Falle des Art. 24 die strafrechtliche Verfolgung nur auf Antrag des beleidigten Theiles eintritt.

2. Durch die Gesetzgebung des Fürstenthums Reuß-Plauen ist bezüglich der Artikel 22, 23 und 24 die volle Gegenseitigkeit gewährt.

Vorstehendes wird nachträglich zu den früheren Bekanntmachungen vom 24. Oktober 1851 und 6. Mai lfd. Js. durch das Regierungsblatt und das Amtsblatt der Pfalz zur öffentlichen Kenntniß gebracht, und es wird hiebei den Gerichten, Staatsanwälten und sämmtlichen Polizeibehörden die genaueste Darnachachtung aufgetragen.

d. Bekanntmachung vom 6. August 1853 desselben Betreffes.

(Regierungsblatt S. 1265.)

Im Hinblicke auf Artikel 25 des Gesetzes zum Schutze gegen den Mißbrauch der Presse vom 17. März 1850 ist mit der kaiserlich österreichischen Regierung eine Verständigung dahin erfolgt, daß durch die österreichische Gesetzgebung die Gegenseitigkeit bezüglich der Artikel 22 und 23 des erwähnten Gesetzes in der Weise gegeben ist, daß die strafrechtliche Verfolgung nur auf Antrag des beleidigten Theiles einzutreten hat.

Vorstehendes wird nachträglich zu den früheren Bekanntmachungen vom 24. Oktober 1851, dann 6. Mai und 10. Dezember 1852 durch das Regierungsblatt und das Amtsblatt der Pfalz zur öffentlichen Kenntniß gebracht, und es wird hiebei den Gerichten, Staatsanwälten und sämmtlichen Polizeibehörden die genaueste Darnachachtung aufgetragen.

e. Bekanntmachung vom 23. Februar 1856 desselben Betreffes.

(Regierungsblatt Nr. 7. S. 137—140.)

Im Hinblicke auf Artikel 25 des Gesetzes zum Schutze gegen den Mißbrauch der Presse vom 17. März 1850 ist mit der Landesregierung des Fürstenthums Reuß-Plauen eine Verständigung dahin erfolgt, daß durch die Gesetzgebung des genannten Fürstenthums die Gegenseitigkeit bezüglich der Artikel 22 und 24 des erwähnten Gesetzes vollkommen gegeben ist.

Vorstehendes wird nachträglich zu den früheren Bekanntmachungen vom 24. Oktober 1851, dann 6. Mai und 10. Dezember 1852, ferner 6. August 1853 durch das Regierungsblatt und das Amtsblatt der Pfalz zur öffentlichen Kenntniß gebracht, und es wird hiebei den Gerichten, Staatsanwälten und sämmtlichen Polizeibehörden die genaueste Darnachachtung aufgetragen.

f. Bekanntmachung vom 28. Juni 1864, Gegenseitigkeit mit auswärtigen Regierungen in Strafsachen betr.
(Regierungsblatt Nr. 32. S. 861 ff.)

Im Hinblicke auf Artikel 114, 125 und 134 des Strafgesetzbuches vom 10. November 1861 ist eine Verständigung über eintretende Gegenseitigkeit mit nachbenannten Regierungen in der näher bezeichneten Weise erfolgt:

I. Die Gesetzgebung des Königreiches Belgien begründet Gegenseitigkeit:

1) bezüglich des Artikels 114 des bayerischen Strafgesetzbuches, jedoch beschränkt auf den im Art. 101 Ziffer 1 begriffenen Fall hochverrätherischer Handlungen, welche in Bayern gegen die Person des Königs von Belgien unternommen werden und auf hochverrätherische Verschwörungen überhaupt, — Art. 102 Ziff. 2 und Art. 103 —, wenn in Folge der Verschwörung bereits eine vorbereitende Handlung zur Ausführung des beschlossenen hochverrätherischen Unternehmens in Bayern vorgenommen worden ist,
2) bezüglich des Artikels 125 des bayerischen Strafgesetzbuches, beschränkt auf den Fall einer in Bayern verübten thätlichen Mißhandlung des Königs von Belgien, und der wider den König von Belgien in Bayern begangenen Ehrenkränkungen durch die Presse,
3) bezüglich des Artikels 133 des bayerischen Strafgesetzbuches, beschränkt auf Ehrenkränkungen jeder Art, welche in Bayern gegen die am k. Hofe beglaubigten belgischen Gesandten rücksichtlich ihrer Berufsausübung begangen werden.

Durch die Beschränkung der Anwendung der Artikel 114 und 125 des bayerischen Strafgesetzbuches auf strafbare Handlungen, welche in Bayern unternommen werden, ist selbstverständlich die Anwendung der Strafbestimmungen gegen Mord, Todtschlag oder Körperverletzung für den Fall nicht ausgeschlossen, wenn von einem Bayern außerhalb Bayerns gegen den König von Belgien oder dessen Beamte ein Angriff verübt werden würde, welcher, abgesehen von politischen Motiven, unter den Gesichtspunkt des gemeinen Verbrechens des Mordes, Todtschlages oder des gemeinen Verbrechens oder Vergehens der Körperverletzung fallen würde.

II. Die Gesetzgebung des Königreiches der Niederlande begründet Gegenseitigkeit rücksichtlich des Artikels 125 des bayerischen Strafgesetzbuches, jedoch beschränkt auf Ehrenkränkungen, welche dem Könige mittelst eines Preßerzeugnisses zugefügt werden.

Die gerichtliche Verfolgung von strafbaren Handlungen, welche das zu dem deutschen Bunde gehörige Großherzogthum Luxemburg oder den König der Niederlande als Großherzog von Luxemburg betreffen, nach Artikel 114, 125 und 134 des bayerischen Strafgesetzbuches erleidet durch gegenwärtige Erklärung keine Einschränkung.

III. Die Gesetzgebung des Kaiserreiches Rußland begründet vollständige Gegenseitigkeit rücksichtlich der Artikel 114 und 125 des bayerischen Strafgesetzbuches.

Vorstehendes wird gemäß Allerhöchster Entschließung Seiner Majestät des Königs vom 26. d. Mts. zur allgemeinen Kenntniß und zur Darnachachtung von Seite der Gerichte, Staatsanwälte und Polizeibehörden durch das Regierungsblatt und das Amtsblatt der Pfalz veröffentlicht.

g. Bekanntmachung vom 4. September 1865, desselben Betreffes wie lit. f.
(Regierungsblatt Nr. 48. S. 1027.)

Im Hinblicke auf die Artikel 114, 125 und 134 des Strafgesetzbuches vom

16. November 1861 ist eine Verständigung über eintretende Gegenseitigkeit mit der königlich Schwedisch-Norwegischen Regierung in nachstehender Weise erfolgt:

Die Gesetzgebung der Königreiche Schweden und Norwegen begründet Gegenseitigkeit:

1) bezüglich des Artikels 114 des bayerischen Strafgesetzbuches, jedoch beschränkt auf den Fall, daß der König von Schweden und Norwegen in Bayern getödtet, oder daß daselbst Thätlichkeiten gegen ihn verübt werden, und in letzterem Falle mit der weiteren Beschränkung, daß die strafrechtliche Verfolgung nur nach vorgängiger Ermächtigung des Königs von Bayern eintritt,
2) bezüglich des Artikels 125 des bayerischen Strafgesetzbuches, beschränkt auf die Fälle der Tödtung oder Verübung von Gewaltthätigkeiten in Bayern, der wörtlichen Beleidigung, begangen in Bayern in Gegenwart des Königs von Schweden oder seines am bayerischen Hofe beglaubigten Gesandten sowie der Beleidigung durch ein Preßerzeugniß und mit der weiteren Beschränkung, daß mit Ausnahme der Fälle der Tödtung und der Beleidigung durch ein Preßerzeugniß die strafrechtliche Verfolgung nur nach vorgängiger Ermächtigung des Königs von Bayern eintritt,
3) bezüglich des Artikels 132 des bayerischen Strafgesetzbuches, beschränkt jedoch auf den Fall der Beleidigung eines höheren königlich schwedischen Civil- oder Militärbeamten und insbesondere mit Ausschluß der Fälle der Beleidigung königlich norwegischer Beamten,
4) bezüglich des Artikels 133 des bayerischen Strafgesetzbuches, beschränkt jedoch auf thätliche Beleidigungen, welche dem am königlich bayerischen Hofe beglaubigten Gesandten des Königs von Schweden und Norwegen in Bayern zugefügt oder wörtliche Ehrenkränkungen, welche daselbst gegen ihn in seiner Gegenwart verübt werden und mit der weiteren Beschränkung, daß die strafrechtliche Verfolgung nur nach vorgängiger Ermächtigung des Königs von Bayern eintritt.

Vorstehendes wird gemäß allerhöchster Entschließung Seiner Majestät des Königs vom 31. vor. Mts. zur allgemeinen Kenntniß und Darnachachtung von Seite der Gerichte, Staatsanwälte und Polizeibehörden durch das Regierungs- und das Amtsblatt der Pfalz veröffentlicht.

h. Bekanntmachung vom 1. Oktober 1868 desselben Betreffes wie lit. f.

(Regierungsblatt Nr. 67. S. 2075.)

Im Hinblicke auf Art. 114, 125 und 134 des bayerischen Strafgesetzbuches vom 10. November 1861 ist eine Verständigung mit der königlich preußischen Regierung in nachbezeichneter Weise über eintretende Gegenseitigkeit erfolgt:

I. Gemäß §. 78 des Strafgesetzbuches für die preußischen Staaten besteht unbeschränkte Gegenseitigkeit bezüglich der im Artikel 114 des bayerischen Strafgesetzbuches erwähnten strafbaren Handlungen.

II. §. 79 des preußischen Strafgesetzbuches bietet in Betreff der im Artikel 125 des bayerischen Strafgesetzbuches bezeichneten strafbaren Handlungen die Gegenseitigkeit so weit, als eine durch Worte oder Preßerzeugnisse (Art. 8 des bayerischen Strafgesetzbuches) verübte Beleidigung des Staatsoberhauptes in Frage steht und die Verfolgung von dem Antrage der betreffenden Regierung bedingt ist.

III. Die königlich preußische Regierung hat die Zusicherung ertheilt, daß durch die Presse begangene Beleidigungen der bayerischen Staatsregierung oder der ihr untergebenen Behörden auf Grund des §. 102 des preußischen Strafgesetzbuches und in Gemäßheit der Rechtsprechung des königlich preußischen Obertribunales in Preußen strafrechtlich verfolgt werden.

Vorstehendes wird gemäß allerhöchster Entschließung d.d. Schloß Berg den 29. August lfd. Js. durch das Regierungsblatt und durch das Kreisamtsblatt für die Pfalz mit der Erklärung zur allgemeinen Kenntniß gebracht, daß die in den Art. 114, 125 und 134 des bayerischen Strafgesetzbuches vorgesehene Gegenseitigkeit in dem obenbezeichneten Umfange und in derselben Ausdehnung anerkannt werde, wie sie nach den angeführten Bestimmungen des Strafgesetzbuches für die preußischen Staaten besteht.

Hienach haben sich die Gerichte, die Staatsanwälte und sämmtliche Polizeibehörden zu achten.

l. Bekanntmachung vom 3. Oktober 1868 desselben Betreffes wie lit. f.

(Regierungsblatt Nr. 69. S. 2105 ff.)

Mit der königlich italienischen Regierung ist eine Verständigung bezüglich der in den Artikeln 114, 125 und 134 des Strafgesetzbuches verlangten Gegenseitigkeit in Strafsachen in nachstehender Weise erfolgt.

Nachdem Artikel 25 des im Königreiche Italien geltenden Ediktes über die Presse vom 26. März 1848 die durch die Presse begangenen Beleidigungen fremder Monarchen,

ferner Art. 26 desselben Ediktes die durch die Presse begangenen Beleidigungen der bei der königlich italienischen Regierung beglaubigten diplomatischen Agenten mit Strafe bedrohen;

nachdem ferner Artikel 176 des Codice penale vom 20. November 1859 die Verschwörung gegen das Leben eines fremden Monarchen, wenn dieselbe bereits den Anfang der Ausführung des verbrecherischen Vorhabens enthält, mit Strafe bedroht, —

so wird das Vorhandensein der durch das Strafgesetzbuch vom 10. November 1861 bezüglich der Artikel 114, 125 und 134 geforderten Gegenseitigkeit in dem ebenbeschriebenen Umfange und insoweit anerkannt, als der Inhalt der erwähnten nachstehend bekannt gegebenen Artikel des italienischen Strafrechtes dieselbe begründet:

Artikel 25, des Ediktes über die Presse.

Beleidigungen fremder Souveräne oder Häupter fremder Regierungen werden mit Gefängniß bis zu sechs Monaten und mit Geldstrafe von 100 bis 1000 Franken bestraft.

Artikel 26, loc. cit.

Beleidigungen der bei dem Könige oder der Regierung beglaubigten Botschafter, Gesandten oder anderen diplomatischen Agenten fremder Mächte werden mit den für Beleidigungen von Privatpersonen festgesetzten Strafen geahndet, jedoch wird die Geldstrafe hiebei verdoppelt.

Artikel 176 des Codice Penale vom 20. November 1859.

Die Verschwörung gegen das Leben des Oberhauptes einer fremden Regierung, wenn diese Verschwörung sich durch Handlungen äußerte, welche die Vorbereitung der Ausführung des Verbrechens enthalten, wird mit Relegation bis zu zehn Jahren bestraft werden.

Vorstehendes wird gemäß Allerhöchster Entschließung Seiner Majestät des Königs vom 14. vor. Mts. zur allgemeinen Kenntniß und Darnachachtung von Seite der Gerichte, Staatsanwälte und Polizeibehörden durch das Regierungsblatt und das Amtsblatt der Pfalz veröffentlicht.

k. Bekanntmachung vom 12. August 1869 desselben Betreffs.

(Regierungsblatt Nr 60. Seite 1539.)

Im Hinblicke auf die Artikel 114, 125 und 134 des Strafgesetzbuches vom 10. November 1861 ist eine Verständigung über eintretende Gegenseitigkeit mit nachbezeichneten deutschen Regierungen in folgender Weise erzielt worden:

I. Königreich Württemberg.

Zu Folge Erklärung der k. württembergischen Regierung besteht Gegenseitigkeit in Strafsachen:

1. Gegenüber den in Artikel 114 des bayerischen Strafgesetzbuches vorgesehenen

strafbaren Handlungen gemäß Art. 140, 141 und 144 des württembergischen Strafgesetzbuches vom 1. März 1839 in Verbindung mit Artikel 20 und 21 des württembergischen Gesetzes vom 13. August 1849, dann Artikel 3, 4 und 5 des württembergischen Strafgesetzbuches;

2. gegenüber der in den Artikeln 125, 132 und 133 des bayerischen Strafgesetzbuches vorgesehenen strafbaren Handlungen besteht Gegenseitigkeit gemäß Artikel 284 Ziffer 2, 5 und Schlußsatz, Artikel 287 bis 289 des württembergischen Strafgesetzbuches in Verbindung mit den Artikeln 23 bis 25 des Gesetzes vom 13. August 1849, jedoch mit der Beschränkung, daß die Verfolgung wegen der daselbst bezeichneten strafbaren Handlungen nur auf Antrag des beleidigten Theiles, der Gesandtschaft oder der vorgesetzten Dienstesbehörde der beleidigten Beamten zulässig ist.

II. Königreich Sachsen.

Nach dem revidirten sächsischen Strafgesetzbuche vom 10. Oktober 1868 besteht Gegenseitigkeit:

1. bezüglich der in dem Artikel 114 des bayerischen Strafgesetzbuches bezeichneten strafbaren Handlungen gemäß Artikel 116 bis 118, 121, 122 und 127 des sächsischen Strafgesetzbuches,

2. bezüglich der im Art. 125 des bayerischen Strafgesetzbuches vorgesehenen Reate gemäß Artikel 139 bis 141 des sächsischen Strafgesetzbuches,

3. bezüglich der im Artikel 134 des bayerischen Strafgesetzbuches in Betreff der Beleidigung von Gesandten; im Uebrigen gemäß Artikel 235 bis 237, 239, 241 und 246 des sächsischen Strafgesetzbuches.

III. Großherzogthum Baden.

Das badische Strafgesetzbuch bedroht im Artikel 596 Handlungen gegen einen befreundeten auswärtigen Staat, welche, gegen den Großherzog verübt, als Hochverrath anzusehen wären, und gewährt strafrechtliche Verfolgung auf Antrag des auswärtigen Staates nach Ermächtigung durch das Justizministerium unter der Voraussetzung der Gegenseitigkeit.

Hienach wird Gegenseitigkeit als bestehend anerkannt:

1. in Betreff des Artikels 114 des bayerischen Strafgesetzbuches gemäß Art. 586 bis 594 des badischen Strafgesetzbuches;

2. in Betreff des Artikels 125 des bayerischen Strafgesetzbuches gemäß Art. 319 mit 299 des badischen Strafgesetzbuches;

3. in Betreff des Artikels 134 des bayerischen Strafgesetzbuches gemäß Artikel 319 mit 297 des badischen Strafgesetzbuches, insoweit es sich um Beleidigung von Gesandten handelt.

IV. Großherzogthum Hessen.

Gegenseitigkeit besteht:

1. für die im Artikel 114 des bayerischen Strafgesetzbuches bezeichneten strafbaren Handlungen gemäß Art. 129 bis 133, dann 135, 136 Ziffer 1a und 154 des Strafgesetzbuches für das Großherzogthum Hessen;

2. für die im Artikel 125 des bayerischen Strafgesetzbuches bezeichneten Reate gemäß Artikel 145 des Strafgesetzbuches für das Großherzogthum Hessen;

3. für die im Artikel 134 des bayerischen Strafgesetzbuches bezeichneten strafbaren Handlungen:

a) in Betreff der Beleidigung von Gesandten gemäß Artikel 146 und Titel XXXVII. des hessischen Strafgesetzbuches;

b) in Betreff der übrigen durch Artikel 134 cit. vorgesehenen Straffälle gemäß Artikel 308 ff. des hessischen Strafgesetzbuches mit der Einschränkung, daß Beleidigungen nur auf Klage des Beleidigten (im Ehrenkränkungsverfahren) bestraft werden können.

V. Großherzogthum Oldenburg.

Mit der großherzoglich oldenburgischen Regierung ist eine Verständigung über eintretende Gegenseitigkeit in Strafsachen in nachbezeichneter Weise erfolgt;

1. Gemäß Artikel 74 des Strafgesetzbuches für das Großherzogthum Olden-

burg vom 3. Juli 1858 besteht unbeschränkte Gegenseitigkeit bezüglich der im Artikel 114 des bayerischen Strafgesetzbuches vom 10. November 1861 erwähnten strafbaren Handlungen.

2. Der Artikel 75 des oldenburgischen Strafgesetzbuches bietet in Betreff der im Artikel 125 des bayerischen Strafgesetzbuches bezeichneten strafbaren Handlungen die Gegenseitigkeit soweit, als eine durch Worte oder Preßerzeugnisse (Artikel 8 des bayerischen Strafgesetzbuches) verübte Beleidigung des Staatsoberhauptes in Frage steht und die Verfolgung von dem Antrage der betreffenden Regierung bedingt ist.

3. Ehrenkränkung gegen Gesandte oder Geschäftsträger werden gemäß Artikel 76 des oldenburgischen Strafgesetzbuches auf Antrag der betreffenden auswärtigen Regierung oder des beleidigten Gesandten strafrechtlich verfolgt.

Durch die Presse begangene Beleidigungen der bayerischen Staatsregierung oder der ihr untergebenen Behörden, dann Ehrenkränkungen jeder Art gegen bayerische Staatsbeamte oder im Offiziersrange stehende Militärpersonen werden im Großherzogthume Oldenburg, wie die Verletzungen der Ehre überhaupt, strafrechtlich verfolgt.

Hienach wird bezüglich der in den Artikeln 132 und 133 des bayerischen Strafgesetzbuches bezeichneten strafbaren Handlungen die Gegenseitigkeit nach Maßgabe vorstehender Bestimmungen als bestehend anerkannt.

VI. bis XI. Großherzogthum Sachsen-Weimar, Herzogthum Sachsen-Meiningen, Fürstenthum Schwarzburg-Sondershausen, Schwarzburg-Rudolstadt, Reuß-Plauen ältere Linie und Reuß-Plauen jüngere Linie.

Hier besteht Gegenseitigkeit auf Grund des für die thüring'schen Staaten gemeinschaftlichen Strafgesetzbuches:

1. Gegenüber dem Artikel 114 des bayerischen Strafgesetzbuches gemäß Artikel 77 bis 80 des citirten Strafgesetzbuches für die oben bezeichneten Staaten;

2. gegenüber dem Artikel 125 des bayerischen Strafgesetzbuches gemäß Artikel 96 bis 98, dann 185 und 189 des citirten Strafgesetzbuches;

3. gegenüber dem Artikel 134 des bayerischen Strafgesetzbuches

a) in Betreff der Beleidigung von Gesandten gemäß Artikel 96 und 189 des citirten Strafgesetzbuches,

b) in Betreff der Beleidigung anderer Beamten und öffentlicher Behörden gemäß Artikel 189 ff. l. c. mit dem Vorbehalte, daß die Strafverfolgung nur auf Antrag der beleidigten Person, bei öffentlichen Behörden auf Antrag der amtlichen Vorgesetzten erfolgt. (Art. 193 l. cit.)

XII. Herzogthum Sachsen-Altenburg.

Die Bestimmungen des herzoglich Sachsen-Altenburgischen Criminalgesetzbuches vom 3. Mai 1841, welche sich auf die Bestrafung der gegen auswärtige Staaten oder Regenten, deren Familienglieder und ihre mit öffentlichem Charakter bekleideten Bevollmächtigten verübten Reate beziehen, machen die strafrechtliche Verfolgung von einem Antrage der Beleidigten oder von dem Vorhandensein einer Gegenseitigkeits-Erklärung der betreffenden ausländischen Regierung nicht abhängig, verpflichten vielmehr die herzoglichen Strafgerichte zur Einschreitung von Amtswegen.

Hienach wird Gegenseitigkeit als bestehend anerkannt:

1. in Betreff des Artikels 114 des bayerischen Strafgesetzbuches gemäß Artikel 89 mit 81, 87 dann 26 und 30 des herzoglich Sachsen-Altenburg'schen Criminalgesetzbuches;

2. in Betreff des Artikels 125 des bayerischen Strafgesetzbuches gemäß Artikel 90, 91 und 92 desselben Criminalgesetzbuches;

3. in Betreff des Artikels 134 des bayerischen Strafgesetzbuches gemäß Artikel 92 cit. insoweit, als die Beleidigung von Gesandten in Frage kommt.

XIII. Herzogthum Braunschweig.

Die Gegenseitigkeit wird anerkannt:

1. für die im Artikel 114 des bayerischen Strafgesetzbuches bezeichneten Reate gemäß Art. 86 mit 81 bis 85 des Braunschweig'schen Criminalgesetzbuches von 1840;

2. bezüglich der im Art. 125 des bayerischen Strafgesetzbuches bezeichneten Reate gemäß Art. 94 des Braunschweig'schen Kriminalgesetzbuches insoweit, als die strafbare Handlung von einem Inländer im Inlande begangen wurde;

3. bezüglich der im Art. 133 und 134 des bayerischen Strafgesetzbuches vorgesehenen Beleidigung von Gesandten, gemäß Art. 94 cit. unter der zu Ziffer 2 angeführten Beschränkung.

XIV. bis XV. Großherzogthum Mecklenburg-Schwerin, und Mecklenburg-Strelitz.

Gegenseitigkeit besteht:

für diejenigen durch die Presse verübten Reate, welche in Art. 124 Abs. 2, dann 132, 133 und 134 des bayerischen Strafgesetzbuches, vorgesehen sind, gemäß Art. 26 mit 12, 27, dann 28 und 29 der Mecklenburgischen Verordnung zum Schutze wider den Mißbrauch der Presse von 1856.

XVI. Fürstenthum Waldek.

Die Gegenseitigkeit wird im Hinblicke auf die Bestimmungen des Strafgesetzbuches für die Fürstenthümer Waldek und Pyrmont vom 15. Mai 1855 anerkannt:

1. gegenüber Art. 114 des bayerischen Strafgesetzbuches gemäß Art. 74 mit 61 bis 66 des citirten Strafgesetzbuches;

2. gegenüber Art. 125 des bayerischen Strafgesetzbuches mit Beschränkung auf die im Art. 124 Abs. 2 bezeichneten strafbaren Handlungen gemäß Art. 75 des fürstlich Waldek'schen Strafgesetzbuches;

3. gegenüber Art. 134 des bayerischen Strafgesetzbuches gemäß Art. a. a. O., insoweit die Beleidigung von Gesandten in Frage kommt.

XVII. Fürstenthum Lippe-Detmold.

Mit der fürstlich Lippe-Detmold'schen Regierung besteht Gegenseitigkeit in Strafsachen:

1. gegenüber den Verfügungen des Art. 114 des bayerischen Strafgesetzbuches gemäß §. 86 des Lippe-Detmold'schen Kriminal-Gesetzbuches vom 18. Juli 1843;

2. gegenüber den im Art. 125 und 134 mit 133 des bayerischen Strafgesetzbuches bezeichneten Reaten insoweit, als §. 94 des Lippe-Detmold'schen Kriminalgesetzbuches die Beleidigung auswärtiger Souveräne und ihrer Familienglieder, dann die Beleidigung der diplomatischen Repräsentanten auswärtiger Höfe mit Strafe bedroht und durch §. 95 cit. die Einleitung der Untersuchung von Amtswegen vorsieht, die Beendigung und Fortsetzung der Untersuchung aber von der landesherrlichen Genehmigung abhängig macht.

XVIII. Freie Stadt Lübeck.

Gegenseitigkeit wird als bestehend anerkannt:

1. bezüglich der im Art. 114 des bayerischen Strafgesetzbuches bezeichneten strafbaren Handlungen gemäß §. 65 mit 60 ff. des Strafgesetzbuches für die freie und Hansestadt Lübeck vom 20. Juli 1863;

2. bezüglich des Artikels 125 des bayerischen Strafgesetzbuches gemäß §. 66 des erwähnten Strafgesetzbuches.

XIX. Freie Stadt Hamburg.

Gegenseitigkeit besteht:

für die in Artikel 132 mit 134 des bayerischen Strafgesetzbuches bezeichneten Reate, dann bezüglich der durch die Presse begangenen Beleidigungen von Gesandten gemäß §. 17 des hamburgischen Preßgesetzes vom 5. Oktober 1849.

Vorstehendes wird zufolge allerhöchster Entschließung Seiner Majestät des Königs vom 2. lfd. Mts. zur Kenntniß und Darnachachtung von Seiten der Gerichte, Staatsanwälte und Polizeibehörden im Regierungsblatte und im Kreisamtsblatte der Pfalz veröffentlicht.

1. Bekanntmachung vom 10. Mai 1870 desselben Betreffes.

(Regierungsblatt 1870 Nr. 30. S. 739.)

Zufolge Erklärung der herzoglich Sachsen-Gotha'schen Regierung besteht Gegenseitigkeit in Strafsachen:

1. Gegenüber Art. 114 des bayerischen Strafgesetzbuches gemäß Art. 77 und 78 des Strafgesetzbuches für das Herzogthum Sachsen-Gotha.

2. Gegenüber Art. 125 des bayerischen Strafgesetzbuches gemäß Art. 96, 97 und 98 des Strafgesetzbuches für das Herzogthum Sachsen-Gotha, nach dem letztgenannten Artikel insoweit, als ehrenverletzende Handlungen oder Aeußerungen gegen deutsche Regenten oder deren Familienglieder in Frage stehen und insoferne die Ehrenverletzung in deren Gegenwart, in öffentlicher Rede oder in öffentlich verbreiteten Schriften begangen ist.

Andernfalls treten die Vorschriften über Ehrenverletzungen in Wirksamkeit, bei welchen die Strafverfolgung von dem Antrage der betheiligten Personen, oder der gemäß Art. 193 des Sachsen-Gotha'schen Strafgesetzbuches hiezu berechtigten Vertreter bedingt ist.

3. Gegenüber Art. 134 des bayerischen Strafgesetzbuches gemäß Art. 98 des Sachsen-Gotha'schen Strafgesetzbuches unter den in Ziffer 2 bezeichneten Beschränkungen, soferne es sich um Ehrenkränkungen gegen die mit repräsentativem Charakter versehenen Bevollmächtigten deutscher Regenten handelt. Im Uebrigen gemäß Art. 185 und 189 des Sachsen-Gotha'schen Strafgesetzbuches nach den bezüglichen der Ehrenverletzungen geltenden Bestimmungen.

Die Strafverfolgung wird von Seiten der herzoglich Sachsen-Gotha'schen Gerichte — soweit sie nach dem Sachsen-Gotha'schen Strafgesetzbuch von der höhern Genehmigung bedingt ist (Art. 4 und 99 l. c.) — auf entsprechenden Antrag der betheiligten Regierung eingeleitet.

Vorstehendes wird im Nachgange zur Bekanntmachung gleichen Betreffes vom 12. August vor. Js. im Regierungsblatte und im Kreisamtsblatte der Pfalz veröffentlicht.

Art. 115.

Verleitung von Militär-Personen und Landwehrmännern zu Untreue und Ungehorsam.

Wer einen Angehörigen der aktiven Armee zum Ungehorsame gegen seine Vorgesetzten in dienstlicher oder disciplinärer Beziehung, zur Verweigerung des Dienstes oder zum Abfalle zu verleiten sucht, soll mit Gefängniß bis zu einem Jahre und, wenn der Versuch von Erfolg gewesen ist, mit Gefängniß bis zu zwei Jahren bestraft werden.

Der gleichen Strafbestimmung unterliegt, wer sich einer der oben bezeichneten Handlungen gegen Angehörige der Landwehr im Dienste oder bezüglich des Dienstes, welcher der Landwehr in Kriegszeiten zur Unterstützung der Armee innerhalb der Reichsgrenzen oder in Friedenszeiten zur Erhaltung der innern Sicherheit obliegt (Verf.-Urk. Tit. IX. §. 5 Abs. 1 und 3), schuldig macht.

Wer in anderen Fällen einen Angehörigen der Landwehr zum Ungehorsame verleitet oder zu verleiten sucht, soll mit Arrest bis zu dreißig Tagen oder an Geld bis zu einhundert Gulden bestraft werden.

1) „Wer". Subjekt der That kann Jeder sein, gleichviel ob In- oder Ausländer, Angehöriger des Civil- oder Militärstandes, ob er die That im In- oder Auslande begeht. (Dollmann Bd. II. S. 92, Stenglein Bd. II. S. 33.)

(Nach Erlaß des Militärstrafgesetzbuches kann von Anwendung des Artikels auf Militärpersonen nicht mehr die Rede sein. Vielmehr findet auf diese Art. 141. 142 des Militärstrafgesetzbuches über Aufwiegelung, bezw. wenn die Verleitung auf eine bestimmte Ungehorsamshandlung gerichtet war, die Strafe der Theilnahme an dieser nach dem Militärstrafgesetzbuche Anwendung.)

2) „einen Angehörigen der aktiven Armee." Die Ausdrucksweise des Gesetzes bezog sich auf die bis zum Wehrverfassungsgesetze vom 30. Januar 1868 bestehende ältere Wehrverfassung. Dollmann (Risch) Bd. II. S. 91 will den Ausdruck nun auf die aktive Armee im Sinne des Gesetzes vom 30. Januar 1868, d. h. auf das stehende Heer mit Ausschluß der Reserve beziehen; jedoch

einschlüssig der Ersatzmannschaften. Dies ist jedoch offenbar irrig. An die Stelle der früheren aktiven Armee ist die bewaffnete Macht getreten, also auch die Reserve und Landwehr in die aktive Armee im Sinne des Art. 115 einzurechnen. Die veränderte Stellung derselben hat nur zur Folge, daß weniger Gelegenheit geboten ist, dieselbe zum Ungehorsam zu verleiten. Dies geht daraus hervor, daß sowohl das Gesetz vom 21. Mai 1851 „die Verleitung von Militärpersonen oder von Landwehrmännern zur Untreue u. s. w. betr.", als Art. 17 des Preßgesetzes vom 17. März 1850, welche die Quellen des Art. 115 bilden, die aktive Armee, ein vorher nicht gesetzlich aufgestellter Begriff, nur im Gegensatz zur Landwehr älterer Formation erwähnte, damit also alle Militärpersonen bezeichnete, welche nicht zur Landwehr gehörten, wie dies auch die Ueberschrift des Gesetzes vom 21. Mai 1851 thut. Die Reservebataillons aber, welche nun in die Landwehr neuerer Formation übergegangen sind, waren nach Tit. IX. §. 4 der Verf.-Urk. zur Verstärkung des stehenden Heeres bestimmt. So sagt auch Art. 8 des Militärstrafgesetzbuchs: „Wo das Gesetz die Bezeichnung „Militärpersonen" gebraucht, sind hierunter alle Angehörigen der bewaffneten Macht zu verstehen. Die Reservebataillons wurden früher ohne Zweifel zur aktiven Armee gerechnet, sobald dieselben aufgerufen worden waren.

3) Zur aktiven Armee gehören auch die Offiziere, Aerzte und Militärbeamte. (Dollmann Bd. II. S. 92, Weis Bd. I. S. 317, Stenglein Bd. II. S. 33. 34, Brater in Gesetzg. d. K. Bayern seit Maximilian II. Th. III. S. 19 Ziff. 4.)

4) Es begründet keinen Unterschied, ob der Angehörige der aktiven Armee dienstpräsent oder beurlaubt ist; auch bleibt die Handlung dieselbe, wenn die Verleitung gegen mehrere Angehörige der aktiven Armee gleichzeitig gerichtet ist. (Dollmann Bd. II. S. 92. Anm. 6.)

5) Zum Ungehorsame gegen seine Vorgesetzten in dienstlicher oder disciplinärer Beziehung. Es handelt sich nicht um Verleitung zum Ungehorsam gegen die dienstlichen Vorgesetzten im Allgemeinen, sondern nur um Verleitung zum Ungehorsam gegen Befehle, Anordnungen, Gesetze und Vorschriften, welche den wirklichen Waffendienst oder die wirkliche militärische Disciplin betreffen; und nur um Verleitung zum Ungehorsam gegen Befehle, welche der Vorgesetzte als solcher erläßt und welchen gegenüber der Untergebene als solcher vermöge seiner dienstlichen Stellung zum Gehorsam verpflichtet ist; dies sind aber eben jene Befehle, die in dienstlicher und disciplinärer Beziehung erlassen werden. (Dollmann Bd. II. S. 92. Anmerk. 7, Weis Bd. I. S. 317. 318, Stenglein Bd. II. S. 34, Verh. d. K. d. Abg. von 1851, Beil.-Bd I. S. 92, Stenogr. Ber. Bd. I. S. 247.)

6) Verweigerung des Dienstes ist ein gesteigerter Ungehorsam; Abfall der Bruch des Fahneneides durch gänzliches Verlassen des Dienstes. (Dollmann Bd. II. S. 93. Anmerk. 8, Stenglein Bd. II. S. 34.)

7) „Zu verleiten sucht". Der bloße Versuch, d. h. die auf die Verleitung gerichtete, wenn auch erfolglos gebliebene Thätigkeit, sobald sie das Stadium der bloßen Vorbereitungshandlung überschritten hat, ist vollendetes Vergehen, auf welche die allgemeinen Bestimmungen über Versuch (über freiwilligen Abstand, fakultative Strafmilderung u. s. w.) keine Anwendung finden. (Dollmann Bd. II. S. 93, Weis Bd. I. S. 318, Stenglein Bd. II. S. 34.)

8) Die Mittel der Verleitung sind für den Thatbestand ohne Belang und können nur bei der Strafzumessung Berücksichtigung finden. (Dollmann Bd. II. S. 93. Anmerk. 9, Stenglein Bd. II. S. 34.)

9) Es ist zur That nur einfacher dolus erforderlich. Durch Vorliegen hochverrätherischer oder landesverrätherischer Absicht kann aber dieselbe einen entsprechenden höher strafbaren Charakter erhalten. (Dollmann Bd. II. S. 92, Stenglein Bd. II. S. 35, Weis Bd. I. S. 318, Vortr. d. G.-A. d. K. d. Abg. 1860/61 S. 170.)

10) Wenn der Versuch von Erfolg gewesen ist. Als Erfolg genügt zur Begründung des höheren Grades des Vergehens jeder Akt des Ungehorsams

von Seite des Verleiteten. Der niedere Grad liegt vor, wenn die Soldaten etc. der Verleitung gar kein Gehör gegeben haben. (Vortr. d. K. d. Abg. 1851 Beil.-Bd. I. S. 92, Stenglein Bd. II. S. 35.)

11) gegen Angehörige der Landwehr. Dollmann (Risch) Bd. II. S. 93 rechnet zur Landwehr die Reserve, Landwehr jetziger Formation und die künftige Bürgerwehr. S. hiegegen oben Note 2. Die ganze Bestimmung entbehrt zur Zeit in Wirklichkeit des Objekts, und kann ein solches nur wieder erhalten, wenn das Gesetz über die Bürgerwehr zu Stande kommt und in demselben diese Bestimmung auf die Bürgerwehr anwendbar erklärt wird. Vgl. Entwurf eines Gesetzes die Bürgerwehr betr. Art. 60. (Verh. d. K. d. Abg. 1870 Beil.-Bd. II. S. 53.)

12) Abs. 3 findet Anwendung bei Verleitung zum Ungehorsam in Bezug auf Dienste, welche nicht unter §. 5 Abs. 1 u. 3 Tit. IX. der Verf.-Urk. fallen. (Stenglein Bd. II. S. 95, Beil.-Bd. I. S. 127 der Verh. d. K. d. Abg. v. 1851.

13) Die erfolgreiche und die erfolglose Verleitung fällt gleichmäßig unter Abs. 3; jedoch ist auch hier der Versuch der Vollendung gleichgestellt. (Stenglein Bd. II. S. 35, Weis Bd. I. S. 318. S. oben Note 7.)

14) Verleitung von Landwehrmännern zum Ungehorsam kann nicht an solchen begangen werden, welche schon zuvor den Entschluß gefaßt hatten, den Gehorsam zu verweigern; wohl aber an solchen, welche noch unschlüssig sind. Der Landwehrmann ist nicht schon als im Dienste befindlich zu betrachten, wenn er zum Ausrücken auf eine bestimmte spätere Zeit kommandirt ist, sondern erst wenn er in Uniform ausrückt. (Erk. d. A.-G. v. Oberpfalz v. 18. November 1865, Z. f. Gerichtspr. Bd. V. S. 131.)

15) Nach dem Friedensschlusse vom 22. August 1866 kann eine in Beziehung auf den Krieg mit Preußen begangene Verleitung bayerischer Militärpersonen zur Untreue nicht mehr bestraft werden. (Erk. d. Cass.-H. v. 23. März 1867, Z. f. Gerichtspr. Bd. VI. S. 281.)

Art. 116.

Ungesetzliche Bewaffnung.

Wer Andere zu ungesetzlicher Bewaffnung auffordert, desgleichen wer unbefugt bewaffnete Haufen bildet, befehligt oder an solchen Theil nimmt oder eine Mannschaft, von der er weiß, daß sie ohne gesetzliche Befugniß gesammelt ist, mit Waffen oder anderen Kriegsbedürfnissen versieht, soll mit Gefängniß bis zu zwei Jahren bestraft werden.

1) Es genügt zur That der einfache rechtswidrige Vorsatz. Eine besondere verbrecherische Absicht (Hochverrath, Landesverrath, Widersetzung) steigert die That entsprechend oder begründet ideellen Zusammenfluß. Eine staatsgefährliche Absicht ist an sich nicht erforderlich. (Dollmann Bd. II. S. 95, Stenglein Bd. II. S. 36, Weis Bd. I. S. 319, Motive z. Entw v. 1855 S. 71, Erk. d. Cass.-H. v. 15. Febr. 1867, Z. f. Gerichtspr Bd. VI. S. 234, Entsch. d. Cass.-H. Bd. I. S. 46.)

2) Je nach der bei den einzelnen Theilnehmern derselben ungesetzlichen Bewaffnung obwaltenden Absicht können dieselben unter verschiedene Strafbestimmungen fallen. (Dollmann Bd. II. S. 96. Anmerk. 3, Weis Bd. I. S. 319, Stenglein Bd. II. S. 36.)

3) Durch die Bedrohung bloßer Aufforderung mit der Strafe des vollendeten Delikts ist eine Versuchshandlung der Vollendung gleichgestellt. (Dollmann Bd. II. S. 96, Stenglein Bd. II. S. 37.)

4) Bewaffnete Haufen. Jedoch ist weder eine militärische Bewaffnung oder eine bestimmte Anzahl oder Organisation der Theilnehmer gefordert; das Vorliegen dieses Begriffes vielmehr dem Richter der That zur Beurtheilung überlassen. (Dollmann Bd. II. S. 96. Anmerk. 5.) Dagegen hält Stenglein Bd. II. S. 37 zwar keine irgendwie vorgeschrittene Organisation, wohl aber den Versuch einer Art militärischer Organisation und militärische Bewaffnung erforderlich. (Vgl. auch Bl. f. R.-A. Bd. XXIX. S. 161.)

5) Die Aufforderung muß gleichzeitig oder successiv an Mehrere gerichtet sein; ob sie heimlich oder öffentlich, durch Wort oder Schrift geschieht, begründet keinen Unterschied. (Dollmann Bd. II. S. 96. Anmerk. 8, Stenglein Bd. II. S. 37, Motive z. Entw. v. 1855 S. 71.)

6) Das Vergehen der ungesetzlichen Bewaffnung erfordert weder objektiv noch als Absicht der Thäter eine Gefährdung des bayerischen Staates, noch erfordert es militärische Bewaffnung oder eine besondere Organisation der Thäter. (Erk. d. Cass.-H. v. 15. Febr. 1867, Z. f. Gerichtspr. Bd. VI. S. 234, Entsch. d. Cass.-H. Bd. I. S. 46.)

7) Ein sog. Haberfeldtreiben, bei welchem die Mehrzahl der Mitwirkenden mit scharf geladenen Gewehren versehen und von einem Befehlshaber kommandirt war, ist als Vergehen ungesetzlicher Bewaffnung strafbar. (Erk. d. Cass.-H. vom 8. Januar 1864, Z. f. Gerichtspr. Bd. III. S. 90, Z. f. G. u. R. Bd. XI. S. 1, Erk. d. Cass.-H. v. 11. Januar 1868, Z. f. Gerichtspr. Bd. VII. S. 204, Entsch. d. Cass.-H. Bd. II. S. 29), kann sich jedoch auch zum Aufstande steigern.

Art. 117.

Werbung für fremde Militärdienste.

Wer bayerische Staatsangehörige ohne obrigkeitliche Erlaubniß zu auswärtigem Militärdienste anwirbt oder fremden Werbern zuführt, ist mit Gefängniß nicht unter sechs Monaten zu bestrafen, womit Geldstrafe bis zu tausend Gulden verbunden werden kann.

Der Versuch dieses Vergehens ist strafbar.

1) „Wer". Die That kann von Inländern und Ausländern begangen werden und bedarf nur des einfachen dolus, keiner staatsgefährlichen Absicht. (Dollmann Bd. II. S. 97, Stenglein Bd. II. S. 37. 38, Vortr. im G.-A. d. K. d. Abg. 1856/57 S. 287.)

2) Dollmann (Risch) Bd. II. S. 97 nimmt an, die Begehung der That im Auslande sei nicht strafbar, weil es sich um die Erlaubniß der bayerischen Obrigkeit handle oder wenigstens nicht strafbar gegen Ausländer und nicht in fraudem legis handelnde Inländer, weil die That nicht gegen den König, den bayerischen Staat oder einen Angehörigen desselben gerichtet sei. Dagegen nimmt Stenglein Bd. II. S. 37 an, auch die Begehung im Auslande sei strafbar: Das Objekt der That ist ein Inländer und jede That, deren Hauptkriterium im Handeln ohne obrigkeitliche Erlaubniß besteht, ist gegen den Staat gerichtet.

3) „bayerische Staatsangehörige" s. über diesen Begriff oben S. 112 Note 2. 3.)

Ist der Staatsangehörige Soldat, so kann die Bestrafung der Anstiftung zur Desertion, und wenn der Staat, für welchen geworben wird, mit Bayern in Krieg sich befindet, Art. 111. 112 concurriren. (Stenglein Bd. II. S. 38, Dollmann Bd. II. S. 98, Weis Bd. I. S. 320.)

4) „zu auswärtigem Militärdienste anwirbt". Dollmann Bd. II. S. 98 erläutert dies dahin, die That sei vollendet, sobald die Werbung zu Stand gekommen sei, d. h. mit dem fertigen Abschlusse des Werbevertrages in der Regel durch Geben und Nehmen des Handgelds. Stenglein Bd. II. S. 38 legt dagegen die Vollendung erst in die Verpflichtung für den fremden Militärdienst, und betrachtet das Geben des Handgelds, Abschluß zwischen Werber und Geworbenem als Versuch.

5) Es ist nicht erforderlich, daß die Werbung heimlich oder mittels Hinterlist oder falscher Vorspiegelungen erfolgt, Doch kann eine Werbung mittels List auch zum Menschenraube werden (Art. 251). (Dollmann Bd. II. S. 98. Anmerk. 5.)

6) Als Versuch des Vergehens ist jede an bayerische Staatsangehörige (einen oder mehrere, an bestimmte Personen oder allgemein) gerichtete Aufforderung zu betrachten, sich anwerben oder fremden Werbern zuführen zu lassen. (Stenglein Bd. II. S. 38, Dollmann Bd. II. S. 99, Weis Bd. I. S. 320.)

Art. 118.

Staatsgefährliche Aeußerungen und Gerüchte.

Wer öffentlich vor einer Menschenmenge oder mittels eines Preßerzeugnisses die Unverletzlichkeit des Königs, dessen verfassungsmäßige Gewalt, die Thronfolge oder die bestehende Regierungsform oder die Rechtsinstitute der Familie, der Ehe oder des Eigenthums angreift oder mit Spott oder Verachtung behandelt, soll mit Gefängniß bis zu zwei Jahren bestraft werden, womit Geldstrafe bis zu vierhundert Gulden verbunden werden kann.

Gefängnißstrafe bis zu einem Jahre oder Geldstrafe bis zu zweihundert Gulden trifft denjenigen, welcher öffentlich vor einer Menschenmenge oder mittels eines Preßerzeugnisses gegen einzelne Stände der bürgerlichen Gesellschaft Verachtung oder Haß zu erregen sucht.

1) „Oeffentlich“, d. h. an Orten, welche allgemein, wenn auch unter gewissen Bedingungen zugänglich sind, wie Straßen, Plätze, Kirchen, Sitzungssäle, Wirthschaftslokalitäten, Theater u. dgl. (Dollmann Bd. II. S. 101.)

S. übrigens über „öffentlich“ Menschenmenge und Preßerzeugniß oben S. 63. 64. Note 1—5 zu Art. 57 und Art. 8 S. 11.

2) „Die Rechtsinstitute“ soll im Gegensatz zu dem im Entwurf des Preßgesetzes gebrauchten allgemeinen Ausdruck „Institute“ ausdrücken, daß Ehe, Familie und Eigenthum nur nach ihrer rechtlich-sittlichen Seite, insoweit sie als Grundlagen der Staats- oder Rechtsordnung erscheinen, geschützt werden sollen, während Angriffe auf diese Institute nach ihrer religiös-kirchlichen oder rein ethischen Seite nach Art. 159 des Str.-G.-Buches zu beurtheilen sind. (Stenographische Berichte der K. d. Abg. 1849/50. Bd. III. S. 533 fg., Dollmann Bd. II. S. 102. Anmerk. 9, Weis Bd. I. S. 322, Stenglein Bd. II. S. 39.)

3) „angreift oder mit Spott oder Verachtung behandelt“. Diese sämmtlichen Ausdrücke beziehen sich auf alle vorausgehenden Objekte der That. (Prot. d G.-A. d. K. d. Abg. 1856/57 S. 482, 1860/61 S. 41, Weis Bd. I. S. 321, Dollmann Bd. II. S. 102. Anmerk. 10.)

4) Es bedarf hiebei nur des einfachen Vorsatzes, insbesondere aber nicht der Absicht, dem bayerischen Staate Schaden oder Gefahr zu bereiten. (Dollmann Bd. II. S. 102.)

5) Es begründet keinen Unterschied, wenn der Angriff in ein wissenschaftliches Gewand eingekleidet ist. Bei rein wissenschaftlichen Untersuchungen wird zwar in der Regel der kriminelle dolus mangeln, doch schließt ihn die wissenschaftliche Form nicht aus. (Prot. d. G.-A. d. K. d. Abg. 1860/61 S. 41, Dollmann Bd. II. S. 102. Anmerk. 8.) Jedoch ist nicht jede Kritik wirklicher oder vermeintlicher Mängel der Institute als Angriff aufzufassen, sondern nur, wenn die Institute selbst bestritten oder geleugnet, oder wenn Sätze aufgestellt werden, welche deren rechtliche Existenz oder Fortbestand in Frage stellen. (Dollmann Bd. II. S. 103, Weis Bd. I. S. 322, Stenglein Bd. II. S. 39, Prot. d. G.-A. d. K. d. Abg 1856/57 S. 482, 1860/61 S. 41.)

6) Das Delikt ist vollendet mit der öffentlichen Kundgebung ohne Rücksicht auf die Wirkung. Versuch ist nicht denkbar. (Dollmann Bd. II. S. 103. 104, Stenglein Bd. II. S. 41.)

7) Zu Abs. 2. Es genügt nicht einfacher Vorsatz, sondern es ist die Absicht, Verachtung oder Haß gegen den angegriffenen Stand zu erregen, erforderlich. (Dollmann Bd. II. S. 104, Stenglein Bd. II. S. 40, Weis Bd. I. S. 323, Prot. d. G.-A. d. K. d. A. 1860/61 S. 471.)

8) Es begründet keinen Unterschied, ob ein lediglich subjektives Raisonnement vorliegt oder ob Thatsachen benützt wurden, seien dieselben wahr oder ganz oder theilweise unwahr. (Dollmann Bd. II. S. 104. Anmerk. 16, Stenglein Bd. II. S. 40.)

9) Die Aeußerung muß nicht nur bestimmt, sondern auch geeignet sein, Haß oder Verachtung gegen einen bestimmten Stand zu erregen. (Dollmann Bd. II. S. 104.)

10) Liegen Angriffe nicht sowohl gegen einen Stand als solchen, sondern gegen einen oder mehrere Angehörige desselben vor, wenn dieselben auch nur

indirekt, jedoch genügend erkenntlich bezeichnet sind, so kann nicht Art. 118, sondern müssen die Bestimmungen über Ehrenkränkung zur Anwendung kommen. Dagegen kommt Art. 118 zur Anwendung, wenn mit solchen persönlichen Angriffen solche auf den Stand verbunden sind. (Prot. d. G.-A. d. K. d. Abg. 1860/61 S. 124, gemeinsch. Sitzung S. 471, Dollmann Bd. II. S. 104. Anm. 17, Stenglein Bd. II. S. 40.)

11) Erreichung des Zweckes ist nicht erforderlich; und kann die Strafe durch den Beweis der Wahrheit nicht abgehalten werden. (Dollmann Bd. II. S. 105, Stenglein Bd. II. S 40.)

12) Die Frage, was unter Stand der bürgerlichen Gesellschaft zu verstehen sei, ist nach dem Sprachgebrauch zu entscheiden, jedoch im engeren Sinne des Wortes. Als Beispiele werden Adel, Gewerbtreibende, Bauern, Beamten, Militärs, Geistlichkeit aufgeführt; nicht aber die Juden. (Weis Bd. I. S. 323, Dollmann Bd. II. S. 105, Stenglein Bd. II. S. 39. 40.) Letzterer stellt die Definition auf: es seien größere, durch ein gemeinschaftliches Merkmal zu bezeichnende Theile der Bevölkerung, welche in Beziehung auf ein gemeinschaftliches Interesse oder in der Ausübung gemeinsamer Rechte angegriffen werden. Dollmann (Risch) Bd. II. S. 106 bekämpft dies als zu allgemein.)

13) Der katholische Klerus ist ein Stand der bürgerlichen Gesellschaft. (Erk. d. Cass.-H. v. 18. Mai 1867, Entsch. d. Cass.-H. Bd. I. S. 220, Z. f. Gerichtspr. Bd. VII. S. 84.)

Art. 119.

Wer öffentlich in Anwesenheit Mehrerer oder mittels eines Preßerzeugnisses wissentlich falsche, zur Beunruhigung der Staatseinwohner, zur Störung des öffentlichen Vertrauens, zur Erregung von Gehässigkeiten oder zur Veranlassung von sicherheitsgefährlichen Zusammenrottungen geeignete Nachrichten oder Gerüchte ausstreut, soll mit Gefängniß bis zu drei Monaten oder an Geld bis zu zweihundert Gulden bestraft werden.

1) Ueber die Begriffe „öffentlich" und „Preßerzeugniß" s. oben S. 63. 64 Note 1—5 zu Art. 87 und Art. 8 S. 11; „wissentlich falsche". Die ausgestreuten Nachrichten und Gerüchte müssen nicht nur objektiv unwahr, sondern auch nach dem eigenen Wissen oder Glauben des Ausstreuenden wahrheitswidrig sein. Es wird zwar kein bestimmtes Wissen der Unwahrheit gefordert, sondern genügen schon erhebliche Zweifel an der Wahrheit, doch macht Fahrlässigkeit in der Unterlassung gründlicher Untersuchung der Wahrheit nicht strafbar. Die bloße Angabe der Quelle, aus welcher der Verbreiter die fragliche Nachricht geschöpft hat, schützt nicht gegen Strafe; vielmehr kommt es hiebei auf die Beschaffenheit der Quelle und sonstige Umstände an, welche ergeben, ob der Verbreiter an die Wahrheit der Nachricht selbst glaubte oder nicht. (Dollmann Bd. II. S. 107. Anmerk. 3, Weis Bd. I. S. 326, Stenglein Bd. II. S. 41.)

2) „Nachrichten oder Gerüchte ausstreut". Dies ist die Mittheilung einer als mehr oder weniger verlässig ausgegebenen Kunde von angeblichen selbstwahrgenommenen oder aus fremden Quellen geschöpften, der Vergangenheit oder Zukunft angehörenden Thatsachen zum Zwecke der Weiterverbreitung. (Dollmann Bd. II. S. 108.)

3) Dollmann [Risch] Bd. II. S. 108 nimmt an, es sei die Absicht erforderlich die falschen Nachrichten weiter zu verbreiten, wenn auch nicht geradezu die im Gesetze bezeichneten Wirkungen herbeizuführen. Aehnlich Weis Bd. I. S. 325. Stenglein Bd. II. S. 42 nimmt in Uebereinstimmung mit dem Wortlaute des Gesetzes an, es genüge einfacher Vorsatz.

4) Die mitgetheilte Thatsache muß nicht gerade ein äußeres Ereigniß sein, es können auch psychologische Vorgänge sein, überhaupt Alles, was für den Erzähler objektive Bedeutung hat, nicht blos subjektives Urtheil oder Raisonnement ist. (Dollmann Bd. II. S. 108, Stenglein Bd. II. S. 41.)

5) Die Mittheilung an Mehrere ist nicht erforderlich, sondern es genügt die

Mittheilung an einem öffentlichen Orte in Anwesenheit Mehrerer, wenn auch nur an Einzelne, so jedoch, daß die übrigen Personen sie hören konnten; gleichgiltig, ob es wirklich Mehrere gehört haben. (Weis Bd. I. S. 325, Stenglein Bd. II. S. 42, Dollmann Bd. II. S. 110.)

6) Eine mehrmalige Mittheilung ist nicht erforderlich, wenn auch die böse Absicht daraus um so sicherer hervorgeht; die einmalige Mittheilung genügt aber, insbesondere in Preßerzeugnissen. Dagegen ersetzt aber auch die successive Mittheilung an Mehrere nicht die Anwesenheit Mehrerer. (Weis Bd. I. S. 325. 326, Dollmann Bd. II. S. 108. 110.) Stenglein Bd. II. S. 42 dagegen nimmt an, es liege im Wortbegriff von Ausstreuen, daß eine mehrmalige Mittheilung stattgefunden habe.

7) Eine Wirkung der Ausstreuung ist nicht erforderlich. Versuch nicht denkbar. (Stenglein Bd. II. S. 43, Weis Bd. I. S. 326, Dollmann Bd. II. S. 109. 110.) Ist ein Erfolg eingetreten, z. B. eine sicherheitsgefährliche Zusammenrottung, so kann unter Umständen unter dem Gesichtspunkte der Anstiftung eine schwerere Strafe verwirkt sein. (Stenglein Bd. II. S. 43, Dollmann Bd. II. S. 110.)

8) Auf Inhalt und Beschaffenheit der falschen Nachrichten kommt es nicht an; auch falsche Börsennachrichten können unter Umständen hieher gehören. (Prot. d. G.-A. d. K. d. Abg. 1860/61 S. 424, Dollmann Bd. II. S. 109, Weis Bd. I. S. 326.)

Art. 120.

Nichtbeachtung von Sicherheitsvorschriften in Kriegszeiten.

Wer den Verordnungen zuwiderhandelt, durch welche die Staatsregierung bei drohendem oder ausgebrochenem Kriege den Verkehr mit feindlichen Ländern oder feindlich besetzten Theilen des Staatsgebietes verboten, beschränkt oder geregelt, die Mittheilung oder Verbreitung gewisser Nachrichten untersagt oder ähnliche mit der Kriegsgefahr im Zusammenhange stehende Maßregeln angeordnet hat, soll mit Gefängniß bis zu drei Monaten oder an Geld bis zu dreihundert Gulden bestraft werden.

1) „Wer“. Die That kann von Inländern oder im Inlande sich aufhaltenden Ausländern begangen werden; nicht aber von letzteren im Auslande, wo bayerische Verordnungen keine verbindende Kraft haben. (Dollmann Bd. II. S. 111, Stenglein Bd. II. S. 43.)

2) „zuwiderhandelt“. Die That erfordert lediglich rechtswidrigen Vorsatz, nicht aber eine dem bayerischen Staate feindselige Absicht, welche vielmehr die That zum Hoch- oder Landesverrath steigern könnte. (Dollmann Bd. II. S. 111, Weis Bd. I. S. 328, Stenglein Bd. II. S. 44.)

3) „Verordnungen, durch welche die Staatsregierung“. Dieselben müssen vom Könige selbst oder mit dessen Ermächtigung vom einschlägigen Staatsministerium erlassen sein. Aeußere Behörden bedürfen hiezu eines besonderen Auftrages. (Dollmann Bd. II. S. 111, Weis Bd. I. S. 327, Stenglein Bd. II. S. 43, Vortr. im G.-A. d. K. d. Abg. 1860/61 S. 171.)

4) „bei drohendem oder ausgebrochenen Kriege“. Ob ein Krieg droht, ist ausschließlich in das Ermessen der k. Staatsregierung gelegt, deren gehörig publicirte Verordnungen einer Prüfung durch die Gerichte nicht unterliegen. (Dollmann Bd. II. S. 111. 112, Weis Bd. I. S. 327, Stenglein Bd. II. S. 44, Vortr. im G.-A. d. K. d. Abg. 1860/61 S. 171.)

Zweites Hauptstück.

Majestätsbeleidigung, Beleidigung eines Mitgliedes der königlichen Familie oder eines auswärtigen Staatsoberhauptes.

Art. 121.

Majestätsbeleidigung. **Wer außer dem Falle des Hochverraths den König thätlich mißhandelt oder an ihn beleidigend Hand anlegt, soll mit dem Tode oder in minder schweren Fällen mit Zuchthaus nicht unter sechzehn Jahren bestraft werden.**

1) „Wer". Thäter kann jeder In- oder Ausländer sein. (Dollmann Bd. II. S. 117, Stenglein Bd. II. S. 45.)

2) „den König". In der Majestät des Staatsoberhauptes kann die Privatperson von der öffentlichen Person nicht getrennt und müssen alle Beleidigungen der Person des Souverains als Beleidigungen der Majestät erachtet werden. (Dollmann Bd. II. S. 118, Stenglein Bd. II. S. 48, Erk. d. Cass.-H. v. 10. Februar 1865, Zeitsch. f. Gerichtspr. Bd. IV. S. 164.)

3) Die Strafe der Majestätsbeleidigung trifft weder den Beleidiger des Reichsverwesers, wenn derselbe auch der königlichen Familie angehört, noch den Beleidiger eines verstorbenen, noch den eines von der Regierung, wenn auch mit Beibehaltung des Majestätstitels zurückgetretenen Königs. (Dollmann Bd. II. S. 119, Stenglein Bd. II. S. 46, Motive zum Entw. v. 1855 S. 72, Prot. des G.-A. d. K. d. A. 1856/57 S. 493, Stenogr. Ber. d. K. d. Abg. 1850/51 Bd. III. S. 523.)

4) „thätlich mißhandelt oder an ihn beleidigend Hand anlegt". Die Majestätsbeleidigung umfaßt alle gegen die Person des Königs unternommenen Angriffe, ohne Rücksicht auf die zu Grunde liegende Absicht, so daß auch die nicht unter den Begriff des Hochverraths fallenden Verbrechen an der Person des Königs, wie Raub, Erpressung eine mit diesen Verbrechen ideell concurrirende Majestätsbeleidigung bilden. (Dollmann Bd. II. S. 121. 122.)

5) Nach Art. 121 ist die Realinjurie an dem Könige zu strafen, da alle Handlungen, welche mit der Absicht, den König am Körper oder an der Gesundheit zu verletzen, vorgenommen werden, unter den Begriff des Hochverraths fallen. (Dollmann Bd. II. S. 122. 123, Stenglein Bd. II. S. 46.) Eine Unterscheidung, welche Weis Bd. I. S. 329 aufstellen will, hat keinen andern Erfolg. S. hierüber Dollmann Bd. II. S. 123. Anmerk. 15, Stenglein Bd. II. S. 46. Anmerk. 5.)

6) Zur Majestätsbeleidigung genügt einfacher Vorsatz. Animus injuriandi ist nicht erforderlich. (Stenglein Bd. II. S. 48.) Im Wesentlichen übereinstimmend, wenn auch mit gewissen Restriktionen über den animus injuriandi überhaupt Dollmann Bd. II. S. 126. 121. Jedenfalls gehört zum Vorsatz das Bewußtsein gegen den König zu handeln. (Stenglein Bd. II. S. 48, Weis Bd. I. S. 329, Dollmann Bd. II. S. 120. Anmerk. 9.) — Fahrlässige Majestätsbeleidigung ist nicht denkbar. (Stenglein Bd. II. S. 48, Dollmann Bd. II. S. 120. Anmerk. 10.)

Art. 122.

Wer den König durch Beschimpfung, herabwürdigenden Spott oder durch Beimessung verächtlicher Handlungen oder Gesinnungen beleidigt, mit Thätlichkeiten bedroht, oder ihm durch Worte oder Zeichen Verachtung bezeigt, soll, wenn dies in Gegenwart des Königs geschieht, mit Zuchthaus bis zu zwölf Jahren, wenn es öffentlich in Gegenwart Mehrerer oder mittels eines Preßerzeugnisses geschieht, mit Gefängniß nicht unter einem Jahre, in allen übrigen Fällen mit Gefängniß von zwei Monaten bis zu einem Jahre bestraft werden.

1) S. Note I. 3. 6. zu Art. 121.

Ein die Person des Monarchen nicht berührender, wenn auch beleidigender Tadel von Regierungshandlungen kann so wenig als ein Eingriff in Hoheitsrechte des Souverains als Majestätsbeleidigung bestraft werden. (Dollmann Bd. II. S. 119.) Bezüglich des Tadels von Regentenhandlungen nimmt Stenglein Bd. II. S. 49. Anmerk. 3 an, daß durch solche Majestätsbeleidigung begangen werden könne.

2) Auch durch Unterlassungen kann Majestätsbeleidigung begangen werden, wenn nicht blos eine Verletzung von Anstandsregeln, sondern eine mit der Absicht zu beleidigen begangene, ostensible Außerachtlassung schuldiger Ehrenbezeugungen vorliegt. (Dollmann Bd. II. S. 122. 125, Stenglein Bd. II. S. 47, Weis Bd. I. S. 329, Prot. d. G.-A. d K. d. Abg. 1856/57 S. 486.)

3) Beweis der Wahrheit ist nicht statthaft. (Stenglein Bd. II. S. 49, Dollmann Bd. II. S. 124.)

4) Auch Bedrohung mit einer an sich strafbaren Handlung oder mit nicht thätlicher Beleidigung kann unter den Begriff der Majestätsbeleidigung fallen. (Dollmann Bd. II. S. 124. Anmerk. 18.)

5) Mit der beleidigenden Handlung oder Aeußerung, bei schriftlicher Verübung mit der Absendung (Erk. d. Cass.-H. v. 27. März 1854, Z. f. G. u. R. Bd. I. S. 267) ist die That vollendet; Versuch also nicht denkbar. (Dollmann Bd. II. S. 125, Stenglein Bd. II. S. 48.)

Bei Verübung durch Briefe nimmt sowohl Stenglein Bd. II. S. 47. 48 als Dollmann Bd. II. S. 126 an, daß die Vollendung erst dadurch eintritt, daß der Brief zur Kenntniß Jemandes gelangt.

Bei schriftlicher Majestätsbeleidigung ist der Ort der Absendung der locus delicti comissi. (Stenglein Bd. II. S. 47, Dollmann Bd. II. S. 126.)

6) Ueber die Begriffe „öffentlich" und „in Gegenwart Mehrerer" und „Preßerzeugniß" s. oben S. 63 Note 1. 2 zu Art. 57 S. 189, Note 1 zu Art. 118. — S. 190. 191, Note 5. 6 zu Art. 119 und Art. 8 S. 11.

Eine von einem Sträflinge in der Strafanstalt vor Mitgefangenen verübte Majestätsbeleidigung ist nicht öffentlich begangen. (Erk. d. A.-G. v. Oberfranken v. 2. März 1866, Z. f. Gerichtspr. Bd. VII. S. 332.)

7) Die in einem Wirthshause in Anwesenheit mehrerer Personen verübte Majestätsbeleidigung (einmal vor 15—20, einmal vor 3 Personen) ist öffentlich in Gegenwart Mehrerer verübt, wenn die Anwesenden die Beleidigung hören konnten, auch wenn sie dieselbe nicht wirklich hörten. (Erk. d. A.-G. v. Oberbayern, (Z. f. Gerichtspr. Bd. I. S. 89) und desselben Gerichts v. 1. Sept. 1865, Z. f. Gerichtspr. Bd. V. S. 11.)

8) Der niederste Grad der Majestätsbeleidigung liegt auch vor, wenn eine zwar öffentliche Majestätsbeleidigung in Gegenwart Mehrerer, oder wenn eine in Gegenwart Mehrerer begangene nicht öffentlich begangen wurde, oder wenn sie in einem Schriftstück enthalten ist, welches nicht unter den Begriff der Preßerzeugnisse fällt. (Stenglein Bd. II. S. 47, Dollmann Bd. II. S. 127. Anmerk. 26, Prot. d. G.-A. d. K. d. A. 1856/57 S. 487.)

Art. 123.

Die in den Art. 121 und 122 angedrohten Strafen treffen auch denjenigen, welcher sich einer der daselbst bezeichneten Handlungen gegen die Königin schuldig macht.

„Gegen die Königin", d. i. die ebenbürtige Gemahlin des regierenden Königs von Bayern, nicht aber die eines verstorbenen oder von der Regierung zurückgetretenen Königs. Die Beleidigung der letzteren fällt unter Art. 124. (Dollmann Bd. II. S. 128, Weis Bd. I. S. 329.) Im Uebrigen vgl. die Noten zu Art. 121. 122.

Art. 124.

Beleidigung eines Mitgliedes der königlichen Familie.

Wer ein Mitglied der königlichen Familie thätlich mißhandelt oder an dasselbe beleidigend Hand anlegt, soll mit Gefängniß nicht unter einem Jahre bestraft werden.

Andere einem Mitgliede der königlichen Familie zugefügte Ehrenkränkungen sind mit Gefängniß bis zu zwei Jahren zu bestrafen.

Unterliegt die Handlung an sich einer schwereren Strafbestimmung, so ist diese anzuwenden und die Standeswürde des Beleidigten bei der Strafausmessung in Betracht zu ziehen.

1) „Ein Mitglied der königlichen Familie". Welche Personen zu den Mitgliedern der kgl. Familie gehören, darüber entscheidet das Familienstatut vom 5. August 1819. (Dollmann Bd. II. S. 130, Weis Bd. I. S. 330.) — S. auch zu Art. 121 Note 3. S. 192.

2) „thätlich mißhandelt, beleidigend Hand anlegt". Alle vorsätzlichen Thätlichkeiten und körperlichen Angriffe mit und ohne Absicht zu beleidigen fallen unter Art. 124. (Dollmann Bd. II. S. 130, Weis Bd. I. S. 330.)

3) „Andere Ehrenkränkungen". Hierunter fallen nur die durch Wort, Schrift oder Zeichen verübten Ehrenkränkungen im engeren Sinne (Art. 262), nicht aber Verläumdungen, für welche die gewöhnlichen Strafbestimmungen Platz greifen, insoferne nicht die Strafe der darin enthaltenen Ehrenkränkung die höhere ist (Abs. 3) (Dollmann Bd. II. S. 130. 131, Stenglein Bd. II. S. 48, Prot. d. G.-A. d. K. d. Abg. 1860/61 S. 42.)

4) Nicht nur ein Angriff auf die moralische Würdigkeit, sondern auch der Vorwurf geistiger, zur Erfüllung übernommener Berufspflichten unfähig machender Beschränktheit begangen in beleidigender Absicht gegen ein Mitglied des kgl. Hauses ist nach Art. 124 strafbar. (Erk. d. Cass.-H. v. 22. Sept. 1866, Z. f. Gerichtspr. Bd. VI. S. 90.)

5) Die Verfolgung findet von Amtswegen statt und greifen die Bestimmungen über Retorsion und Compensation von Injurien nicht Platz. (Dollmann Bd. II. S. 130.)

Im Uebrigen s. zu Art. 121 Note 1. 4. 6 S. 192. Art. 122 Note 2. 3. 4. 5 S. 193.

Art. 125.

Beleidigung eines auswärtigen Staatsoberhauptes.

Die Bestimmungen des Art. 124 finden auch auf denjenigen Anwendung, welcher sich einer der daselbst bezeichneten Handlungen gegen das Oberhaupt eines auswärtigen Staates schuldig macht.

Die gerichtliche Verfolgung tritt jedoch nur auf Antrag der auswärtigen Regierung und, wenn diese nicht zu dem deutschen Bunde gehört, nur unter der weiteren Voraussetzung ein, daß durch eine von der bayerischen Regierung im Verordnungswege erlassene Erklärung das Vorhandensein der Gegenseitigkeit anerkannt ist.

1) Die That kann nur begangen werden von Inländern im In- oder Auslande, oder von Ausländern im Inlaude. Die Begehung von Ausländern im Auslande fällt nicht unter die bayerischen Strafgesetze. (Dollmann Bd. II. S. 133, Stenglein Bd. II. S. 50.)

2) Nur Beleidigungen fremder Staatsoberhäupter fallen unter Art. 125, nicht auch die gegen Mitglieder ihrer Familie. Diese sind nach den gewöhnlichen Strafbestimmungen zu bestrafen. (Dollmann Bd. II. S. 133, Stenglein Bd. II. S. 50.)

3) Die Bekanntmachung vom 24. Oktober 1851 über Gegenseitigkeit mit auswärtigen Regierungen steht auch nach Publikation des Str.-G.-Bchs. von 1861 in Wirksamkeit und bezieht sich auf die entsprechenden Artikel desselben. (Erk. d. Cass.-H. v. 12. Sept. 1868, Z. f. Gerichtspr. Bd. VIII. S. 35, Entsch. d. Cass.-H. Bd. II. S. 391.)

Im Uebrigen s. oben zu Art. 124 Note 2. 3. 4 und über Gegenseitigkeit die Bekanntmachungen oben Note 12 zu Art. 114 S. 176 fg.

Drittes Hauptstück.

Handlungen gegen das Ansehen der Obrigkeit und anderer mit öffentlichem Charakter bekleideter Personen, Behörden und Versammlungen.

Art. 126.

Beleidigung der Staatsregierung, des Landtages, öffentlicher Behörden oder der bewaffneten Macht.

Wer die Staatsregierung, eine Kammer des Landtages, eine öffentliche Stelle oder Behörde, eine Geschwornenversammlung, einen Land- oder Distriktsrath, einen Wahl- oder Steuerausschuß oder ein Gemeindekollegium, desgleichen wer die Armee oder Landwehr oder eine ihrer Abtheilungen durch Beschimpfung, herabwürdigenden Spott oder Beimessung verächtlicher Handlungen oder Gesinnungen beleidigt, soll, wenn die Beleidigung öffentlich in Anwesenheit Mehrerer oder mittels eines Preßerzeugnisses oder in Gegenwart und während der Berufsausübung der Beleidigten verübt worden ist, mit Gefängniß bis zu neun Monaten oder an Geld bis zu dreihundert Gulden bestraft werden.

1) „Wer". Die That kann von jedem In- oder Ausländer im In- oder Auslande begangen werden; auch von Personen, welche gegen die beleidigte Behörde in keinem Unterordnungsverhältnisse stehen, selbst von Beamten, nicht aber von einer Behörde als solcher. Gleichgültig ist ferner, ob der Beleidiger mit der beleidigten Behörde in eigener oder fremder Sache, als Anwalt, zu thun hatte, ob er die Beleidigung selbstständig oder auf fremde Einwirkung bezw. nach fremden Vorgang beging, wie durch Aufnahme eines beleidigenden Artikels in ein Blatt aus einem anderen. (Dollmann Bd. II. S. 142, Weis Bd. II. S. 52.)

2) Die Beleidigung kann nicht von Vorgesetzten gegen Untergebene in einem das Unterordnungsverhältniß berührenden Dienstgeschäfte begangen werden; auch nicht von einer coordinirten Behörde gegen eine andere. (Erk. d. Cass.-H. v. 13. April 1849 und 20. November 1858, Sitzungsbericht Bd. I. S. 200, Z. f. G. u. R. Bd. V. S. 492, Stenglein Bd. II. S. 52. S. dagegen Dollmann Bd. II. S. 158.)

3) „Die Staatsregierung". Hierunter ist die Gesammtheit der verfassungsmäßigen Organe zu verstehen, welche im Namen und aus Auftrag des Königs die Staatsverwaltung in oberster Linie leitet; jedoch liegt auch eine Beleidigung der Staatsregierung dann vor, wenn einzelne Zweige derselben, z. B. die gesammte Finanzverwaltung, die gesammte Justizpflege, d. i. also die Thätigkeit der Staatsregierung in einer bestimmten Richtung beleidigend angegriffen wird. Bestimmte Organe der Staatsregierung fallen unter die öffentlichen Stellen und Behörden. (Prot. d. G.-A. d. K. d. Abg. 1856/57 S. 493 b. 494 a. b., Weis Bd. I. S. 331. 332, Dollmann Bd. II. S. 143. 144, Stenglein Bd. II. S. 53.)

4) „eine Kammer des Landtags". Es muß die Gesammtheit einer Kammer Gegenstand des Angriffes sein. Einzelne Theile derselben, wie bestimmte Ausschüsse, das Direktorium der Kammer u. s. w., repräsentiren nicht diese, sondern kommen als in den einzelnen, sie bildenden Persönlichkeiten angegriffen in Betracht. (Stenglein Bd. II. S. 53, Dollmann Bd. II. S. 144, Weis Bd. I. S. 332.) Eine Beleidigung des Landtages bildet eine Beleidigung jeder der beiden Kammern. (Dollmann Bd. II. S. 144. Anmerk. 8.)

5) „eine öffentliche Stelle oder Behörde". Hierunter sind sämmtliche Organe der Staatsverwaltung zu verstehen, welche vom Staatsoberhaupte zur Ausübung der Hoheitsrechte mit einem bestimmten, gegenständlich und in der Regel auch räumlich abgegränzten selbstständigen Wirkungskreise bestellt sind. (Dollmann Bd. II. S. 145, Stenglein Bd. II. S. 53. 54.)

6) Auch die Organe der Staatspflege, wie die zur Pflege und Förderung der materiellen Interessen und der geistigen Bildung der Staatsangehörigen be-

stallten und mit öffentlicher Autorität bekleideten Organe gehören hieher, z. B. Bahn-, Post-, Telegraphenämter, Studienrektorate, Universitätssenate, nicht aber Ausschüsse und Vorstandschaften von Vereinen, Gewerbs- und Handelskammern, Direktionen von Aktiengesellschaften u. s. w. (Dollmann Bd. II. S. 145. Anmerk. 12, Stenglein Bd. II. S. 56.)

7) Die k. Hofstellen, Intendanzen u. s. w. sind öffentliche Behörden. (Dollmann Bd. II. S. 145. Anmerk. 11.)

8) Einzelne Abtheilungen von öffentlichen Stellen oder Behörden fallen selbst wieder unter den Begriff dieser, wenn sie nach den bestehenden organischen Einrichtungen für sich zu selbstständiger öffentlicher Thätigkeit berufen sind, wie die beiden Kammern einer Kreisregierung, die Senate der Collegialgerichte, die selbstständig organisirten Sektionen der Centralstellen, wie die oberste Baubehörde, Generaldirektion der Verkehrsanstalten; übrigens auch ganze Beamtenkategorien, z. B. die Staatsanwaltschaft. Trifft obige Bedingung nicht zu, wie bei den Kreisforstbureaus, so kommen die Beleidigungen derselben nur als solche der einzelnen Beamten in Betracht. (Weis Bd. I. S. 332. 333, Dollmann Bd. II. S. 145. 146.)

9) Eine beleidigende Aeußerung gegen eine öffentliche Behörde, welche weder öffentlich noch in Gegenwart der Beleidigten verübt wird, ist straflos, wenn sich nicht erkennen läßt, gegen welche bestimmte Mitglieder jener Behörde die Aeußerung gerichtet ist. (Erk. d. Cass.-H. v. 17. November 1866, Z. f. Gerichtspr. Bd. VI. S. 167, Z. f. G. u. R. Bd. XIII. S. 593, Dollmann Bd. II. S. 150.)

10) „eine Geschwornenversammlung". Hierunter ist nicht nur die Gesammtheit der zu einer Schwurgerichtssitzung einberufenen Geschwornen, sondern auch die zur Aburtheilung eines einzelnen Falles berufene Jury zu verstehen, (Dollmann Bd. II. S. 146); nur die Gesammtheit der einberufenen Geschwornen will darunter verstanden wissen Weis Bd. I. S. 332.

11) „einen Land- oder Distriktsrath". Demnach stehen auch die ständigen Ausschüsse derselben nicht unter dem Schutz des Art. 126. (Dollmann Bd. II. S. 146. Anmerk. 15.)

12) „einen Wahlausschuß". Dies bezieht sich auf alle Ausschüsse, die gelegentlich der Vornahme öffentlicher Wahlen nach den bestehenden Gesetzen und Verordnungen zu bilden sind. (Weis Bd. I. S. 332, Dollmann Bd. II. S. 146. Anmerk. 16.)

13) „ein Gemeindekollegium". Hierunter sind die Magistrate und Gemeindebevollmächtigten der Städte, die Gemeindeausschüsse der Landgemeinden, die Gemeinderäthe der Pfalz, jedoch auch die innerhalb der Gemeinden konstituirten und mit der Verwaltung eines Zweiges der ihr zukommenden Aufgabe betrauten Kollegien zu verstehen, wie die Armenpflegschaftsräthe. (Dollmann Bd. II. S. 146. 147, Weis Bd. I. S. 332, Erört. in Z. f. G. u. R. Bd. X. S. 561, Erk. d. A.-G. v. Mittelfranken v. 18. Oktober 1862 [Z. f. Gerichtspr. Bd. II. S. 61], v. Niederbayern v. 29. Mai 1863 [Z. f. G. u. R. Bd. X. S. 864], Erk. d. Cass.-H. v. 27. November 1863 u. 7. Januar 1865 [Z. f. G. u. R. Bd. X. S. 1022. Bd. XII. S. 4, Z. f. Gerichtspr. Bd. IV. S. 120.])

14) Der Armenpflegschaftsrath ist ein Gemeindekollegium, dessen Beleidigung unter den in Art. 126 angegebenen Voraussetzungen nach diesem Artikel strafbar ist. (Erk. d. Cass.-H. v. 21. Juli 1866, Z. f. Gerichtspr. Bd. VI. S. 21, Z. f. G. u. R. Bd. XIII. S. 465.)

15) Die hier aufgeführten Collegien und Korporationen sind erschöpfend, nicht blos exemplifizirend erwähnt und können andere nur insoferne in Betracht kommen, als sie öffentliche Behörden sind. (Prot. d. G.-A. d. K. d. Abg. 1856/57 S. 494 b., Stenglein Bd. I. S. 54.)

16) „desgleichen wer die Armee oder Landwehr oder eine ihrer Abtheilungen". Hiezu kann ohne besondere Bestimmung die künftige Bürgerwehr (vgl. Art. 60 des beim Landtage von 1870 eingebrachten Entwurfs) nicht gerechnet werden, wohl aber die Gendarmerie und ihre Abtheilung als militäri-

sche Organisation. (Dollmann Bd. II. S. 147.) Von der Gendarmerie, welche weder zur Armee noch zur Landwehr gehört, dürfte dies zu bezweifeln sein. (Vgl. Kriegsminist.-Entschl. v. 17. März 1868, die Ergänzung der Gendarmerie betr., Verordn. v. 24. Juli 1868, die Organisation der Gendarmerie betr., und v. 12. August 1868, die Organisation der Gendarmerie in der Haupt- und Residenzstadt München betr., endlich Art. 7 des Einf.-Ges. zum Milit.-Str.-G.-B. und der Milit.-Str.-G.-O. v. 29. April 1869.) Vor Erlaß des Wehrverf.-Ges. v. 30. Januar 1868 gehörte die Gendarmerie unbezweifelt zur bewaffneten Macht.

17) Eine gegen die Gendarmen ausgesprochene Beleidigung wurde als nicht gegen die Gendarmerie als Korporation gerichtet angenommen durch ein Erk. d. A.-G. v. Oberfranken v. 27. Dezember 1867. (Z. f. Gerichtspr. Bd. VII. S. 300.)

18) Unter Abtheilungen der Armee oder Landwehr sind die Regimenter und Bataillons derselben zu verstehen, Motive z. Entw. v. 1855 S. 73, auch ganze Waffengattungen. (Weis Bd. I. S. 333, Dollmann Bd. II. S. 147.) Letzterer definirt Abtheilungen als die organische Gliederung der bewaffneten Macht in größere, relativ selbstständige Körper, wozu kleinere zu taktischen oder vorübergehenden Zwecken gebildete Abtheilungen, z. B. Patrouillen, nicht gehören. Stenglein Bd. II. S. 54 nimmt dies gleichfalls an, und versteht unter Abtheilung jedes ständige, administrative, unter einen Namen fallendes Ganze der Armee, aber auch detachirte und deshalb selbstständig auftretende Bataillons. Selbstverständlich auch alle größeren Abtheilungen wie Brigaden, Divisionen, Armeecorps.

19) „beleidigt". Die Handlung ist die einer Injurie, jedoch nur einer Verbalinjurie und bedarf somit des animus injuriandi. Objektiv und anständig gehaltene, wenn auch tadelnde Kritik von Regierungsmaßregeln oder Amtshandlungen, eine bloße Vertheidigung oder Verwahrung von Rechten gehört nicht hieher. (Motive z. Entw. v. 1855 S. 73, Prot. d. G.-A. d. K. d. Abg. 1856/57 S. 493 a fg., Dollmann Bd. II. S. 147 [vgl. diesen über den sehr bestrittenen Begriff des animus injuriandi], Stenglein Bd. II. S. 57. 60.)

20) Die Beleidigung muß gegen die Behörden und Personengesammtheiten als solche, d. h. gegen ihre öffentliche Berufsthätigkeit, nicht aber gegen ihre einzelnen Repräsentanten und Glieder gerichtet sein. (Dollmann Bd. II. S. 147, Stenglein Bd. II. S. 58, Weis Bd. I. S. 336. 337.)

21) Nicht nur in einem Angriffe auf die moralische Würdigkeit, sondern auch in dem Vorwurfe geistiger, zur Erfüllung der Berufspflichten unfähig machenden Beschränktheit, begangen in beleidigender Absicht, liegt eine Amtsbeleidigung. (Erk. d. Cass.-H. v. 22. Sept. 1866, Z. f. Gerichtspr. Bd. VI. S. 90.)

22) Bezüglich der Begriffe „öffentlich", „in Anwesenheit Mehrerer" und „Preßerzeugniß" s. oben Note 1. 2 zu Art. 57 S. 63. — Note 1 zu Art. 118 S. 189, Note 5, 6 zu Art. 119 S. 190. 191 und Art. 8 S. 11.

23) Der Begriff der „Oeffentlichkeit" und „Anwesenheit Mehrerer" ist objektiv aufzufassen und kommt es auf das Bewußtsein des Handelnden dabei nicht an. (Dollmann Bd. II. S. 149 für und wider Z. f. Gerichtspr. Bd. II. S. 177.)

24) Zum Thatbestande der Amtsehrenbeleidigung ist nur erforderlich, daß mehrere Personen anwesend waren, nicht daß sie die Beleidigung auch hörten. (Erk. d. Cass.-H. v. 22. April 1864, Z. f. Gerichtspr. Bd. III. S. 175, Z. f. G. u. R. Bd. XI. S. 106.)

25) Versteckte Personen gelten nicht als anwesend. (Z. f. G u. R. Bd. X. S. 877.)

26) Eine im Hofraum des Beleidigers vor Mehreren ausgesprochene Beleidigung einer öffentlichen Behörde ist nicht öffentlich verübt. (Erk. d. Cass.-H. v. 10. Febr. 1866, Z. f. Gerichtspr. Bd. V. S. 191, Z. f. G. u. R. Bd. XIII. S. 55.)

27) Oeffentlich in Anwesenheit Mehrerer verübt ist eine in einem Hausplatze bei offener Hausthüre, vor welcher sich eine größere Anzahl von Personen befinden, begangene Beleidigung. (Erk. d. A.-G. v. Oberfranken v. 16. März 1868, Z. f. Gerichtspr. Bd. VIII. 412.)

28) Eine auf dem Gange des Gerichtsgebäudes verübte Beleidigung ist öffentlich begangen. (Erk. d. Cass.-H. v. 28. Dezember 1867, Entsch. d. Cass.-H. Bd. I. S. 490, Z. f. Gerichtspr. Bd. VII. S. 181; ebenso die in einem Eisenbahnwaggon in Anwesenheit Mehrerer verübte. (Erk. d. A.-G. v. Oberfranken v. 30. Novbr. 1869, Z. f. Gerichtspr. IX. S. 192.), ebenso die in einem Wirthshause verübte. (Erk. d. A.-G. v. Niederbayern v. 12. Novbr. 1862, Z. f. Gerichtspr. Bd. II. S. 9.)

29) „In Gegenwart und während der Berufsausübung der Beleidigten". Hiezu ist nicht immer die Anwesenheit der Gesammtheit der beleidigten Körperschaft erforderlich, sondern es genügt schon die Gegenwart einer das Gesammtkollegium vertretenden Abtheilung derselben, z. B. des Senats eines Gerichtshofs. (Prot. d. G.-A. d. K. d. A. 1856/57 S. 43, Stenglein Bd. II. S. 59, Dollmann Bd. II. S. 149, Weis Bd. I. S. 336.)

30) Gegenwart der Beleidigten und deren Begriffensein in der Berufsausübung muß gleichzeitig gegeben sein. (Motive z. Entw. v. 1855 S. 73, Stenglein Bd. II. S. 59, Dollmann Bd. II. S. 150. Anmerk. 25.)

31) Eine durch eine Schrift, welche kein Preßerzeugniß ist, begangene Amtsbeleidigung ist auch dann nicht als in Gegenwart des Beleidigten verübt zu betrachten, wenn die Schrift an den Beleidigten gerichtet war und an ihn gelangte. (Dollmann Bd. II. S. 149, Erk. des pfälz. A.-G. v. 11. Februar 1864, Z. f. Gerichtspr. Bd. III. S. 211, Z. f. G. u. R. Bd. XI. S. 58, Erk. d. A.-G. v. Oberbayern v. 22. Febr. 1867, Z. f. Gerichtspr. Bd. VII. S. 14, Erk. d. Cass.-H. v. 19. Oktober 1867, Z. f. Gerichtspr. Bd. VII. S. 103, Entsch. d. Cass.-H. Bd. I. S. 408. S. dagegen Stenglein Bd. II. S. 60. 61, Z. f. Gerichtspr. Bd. II. S. 199.)

31) „soll bestraft werden". Die That ist vollendet, sobald die beleidigende Handlung oder Aeußerung geschehen, bezw. sobald das beleidigende Preßerzeugniß veröffentlicht ist. Von Versuch kann nicht gesprochen werden. (Stenglein Bd. II. S. 60, Dollmann Bd. II. S. 150. 151.)

33) Die That ist von Amtswegen zu verfolgen und sind, wenn dieselbe zugleich die Merkmale eines andern strafbaren Reates an sich trägt, z. B. Bedrohung, Verläumdung, die Grundsätze über Zusammenfluß anzuwenden, Motive z. Entw. v. 1855 S. 73, Prot. d. G.-A. d. K. d. R.-R 1860/61 Bd. II. S. 137, Dollmann Bd. II. S. 151. 161, Stenglein Bd. II. S. 61.)

34) Die Ungesetzlichkeit einer Amtshandlung schließt die Strafbarkeit einer sich hierauf beziehenden Beleidigung nicht aus. (Stenglein Bd. II. S. 61.)

35) Bei Amtsbeleidigung findet Retorsion oder Compensation nicht Statt. (Stenglein Bd. II. S. 61. 330, Weis Bd. II. S. 107, Dollmann Bd. II. S. 162, Z. f. Gerichtspr. Bd. II. 404. Bd. IV. S. 298. 317, Z. f. G. u. R. Bd. X. S. 399, Erk. d Cass.-H. v. 5. Aug. 1865, Z. f. Gerichtspr. Bd. IV. S. 363, Z. f. G. u. R. Bd. XII. S. 380.)

36) Die Veröffentlichung des Urtheils kann verfügt werden. (Dollmann Bd. II. S. 162, Stenglein Bd. II. S. 61, Z. f. Gerichtspr. Bd. II. S. 117.)

Art. 127.

Beleidigung der Amtsehre einzelner Personen.

Wer einem Mitgliede des Landtags, einem Staatsbeamten, einem Offiziere oder im Offiziersrange stehenden Beamten der Armee oder der Landwehr, einem Bürgermeister oder Magistratsrathe einer unmittelbaren Stadt oder einem Geschworenen in dessen Gegenwart und während seiner Berufsausübung eine Ehrenkränkung zufügt, ist mit Gefängniß bis zu sechs Monaten oder an Geld bis zu zweihundert Gulden zu bestrafen.

Gleiche Strafe tritt ein, wenn an einer der bezeichneten Personen entweder in deren Gegenwart oder öffentlich in Anwesenheit Mehrerer oder mittels eines Preßerzeugnisses eine Ehrenkränkung verübt wird, welche sich auf das Berufsverhältniß oder eine Berufshandlung derselben bezieht.

1) „Wer" s. zu Art. 126 Note 1. 2. oben S. 195.

2) „einem Mitgliede des Landtags". Mitglieder eines Land- oder

Distriktsrathes oder eines sonstigen in Art. 126 genannten öffentlichen Collegiums, soweit sie nicht hier besonders genannt sind, genießen nicht den Schutz des Art. 127. (Dollmann Bd. II. S. 153.)

3) „einem Staatsbeamten". Neben vielen als nicht genügend bezeichneten Versuchen wurde in den Verhandlungen des Gesetzgebungsausschusses folgende Definition aufgestellt ohne bekämpft zu werden: Staatsbeamter sei Jeder, dem die Verwaltung irgend eines Zweiges der öffentlichen Gewalt selbstständig übertragen sei. (Prot. d. G.-A. d. K. d. Abg. 1856/57 S. 495, Dollmann Bd. II. S. 154, Stenglein Bd. II. S. 54. 55, Weis Bd. I. S. 334. 357.)

4) Pragmatische Rechte des treffenden Beamten sollen über die Eigenschaft des Staatsbeamten so wenig entscheiden, als der vorübergehende oder außerordentliche Charakter einer öffentlichen Funktion. Oeffentliche Diener fallen nicht unter den Begriff. (Prot d. G.-A. d. K d. Abg. 1856/57 S. 496, Stenglein Bd. II. S. 54. 55, Dollmann Bd. II. S. 155. 156, Weis Bd. I. S. 334. 335. 357.)

5) Technische Handels- und Wechselgerichtsassessoren, sowie die mit einzelnen Commissionen betrauten Accessisten sind nicht Staatsbeamte. (Prot. d. G.-A. d. K. d. R.-R. 1860/61 Bd. II. S. 137, Dollmann Bd. II. S. 157.)

6) Nicht ganz im Einklange mit der oben in Note 3 angeführten Diskussion, in welcher schlüßlich betont wurde, man wolle von der bisherigen Praxis nicht abgehen, wurde in der Praxis folgende Definition adoptirt:

Staatsbeamte im Sinne des Art. 127 sind solche Personen, welchen die Verwaltung irgend eines Zweiges der öffentlichen Gewalt zu ihrer eigenen Verantwortung selbstständig übertragen ist und denen überdies ein Anspruch auf pragmatische Rechte im Sinne der IX. Verf.-Beil. zukommt oder welchen durch besondere Gesetze Unabsetzbarkeit verliehen ist. (Plen.-Erk. d. O.-G.-H. v. 7. November 1862 [Z. f. Gerichtspr. Bd. II. S. 39, Z. f. G. u. R. Bd. XI. S. 537] und v. 21. Oktober 1864 [Z. f. Gerichtspr. Bd. IV. S. 65, Z. f. G. u. R. Bd. XI. S. 395], Erk. d. Cass.-H. v. 3. Juli 1868 [Z. f. Gerichtspr. Bd. VII. S. 439, Entsch. d. Cass.-H. Bd. II. S. 321.]) Durch diese Erkenntnisse ist den Forstgehilfen, Forstwarten und den Bahnexpeditoren die Staatsbeamten-Eigenschaft abgesprochen. (S. dagegen Erk. d. Cass.-H. v. 29. August 1862 u. 10. Juni 1864, Z. f. Gerichtspr. Bd. I. S. 301. Bd. III. S. 332, Z. f. G. u. R. Bd. IX. S. 333. Bd. XI. 178; ferner Z. f. Gerichtspr. Bd. I. S. 257. Bd. II. S. 44. 60.) Hiedurch ist die frühere Jurisprudenz verlassen (s. dieselbe Stenglein Bd. II. S. 55) und kann nur noch die spätere berücksichtigt werden.

7) Als Staatsbeamter wurde in der Praxis anerkannt:

a. Bürgermeister bei Ausübung der Fleischbeschau. (Z. f. Gerichtspr. Bd. I. S. 60. (Dürfte nach obigem Plen.-Erk. fraglich sein.) Eine Erörterung in Z. f. Gerichtspr. Bd. I. S. 327 will im Einklange mit der früheren Jurisprudenz Bürgermeistern und Magistratsräthen mittelbarer Städte, wenn sie sich in Ausübung der Staatspolizei befinden, jene Eigenschaft zusprechen; s. dagegen Dollmann Bd. II. S. 157.

b. Gerichtsärzte als Mitglieder der Armenpflegschaft. (Z. f. Gerichtspr. Bd. I. S. 41.)

c. Forstwarte, wenn sie durch Ablauf von 10 Dienstjahren pragmatische Rechte erlangt haben. (Erk. d. A.-G. der Pfalz v. 10. April 1863, Z. f. Gerichtspr. Bd. II. S. 226, s. dagegen das oben alleg. Plen.-Erk. v. 21. Oktober 1864.)

d. Polizeikommissäre in der Pfalz. (Erk. d. A.-G. der Pfalz v. 27. Novbr. 1862, Result. der Rechtspflege der Pfalz 1862/63 S. 42, Z. f. G. u. R. Bd. IX. S. 577, s. auch Z. f. Gerichtspr. Bd. III. S. 116, Z. f. G. u. R. Bd. IX. S. 574.)

e. Notare. (Erk. d. Cass.-H. v. 27. Juni 1864, Z. f. Gerichtspr. Bd. III. S. 260, Z. f. G. u. R. Bd. XI. S. 186, auch Z. f. Gerichtspr. Bd. III.

S. 116, dagegen Erk. d. pfälz. A.-G. v. 23. März 1864, Z. f. Gerichtspr. Bd. III. S. 176.)

f. Gerichtsschreiber. (Z. f. Gerichtspr. Bd. III. S. 192.)

g. Gerichtsärzte bei Ausübung der ihnen vom Staate übertragenen Funktion eines Hausarzts an einer Polizeianstalt. (Erk. d. Cass.-H. v. 4. Dezbr. 1868, Entsch. d. Cass.-H. Bd. II. S. 484, Z. f. Gerichtspr. Bd. VIII. S. 134.)

h. Schulbenefiziaten als Lokalschulinspektoren. (Erk. d. A.-G. v. Niederbayern v. 22. Januar 1866, Z. f. Gerichtspr. Bd. VI. S. 93.)

8) Als Staatsbeamte wurden nicht anerkannt:

a. Bezirksgeometer. (Z. f. Gerichtspr. Bd. I. S. 59.)

b. Bauassistenten. (Erk. d. A.-G. v. Oberbayern v. 19. Febr. 1863, Z. f. Gerichtspr. Bd. II. S. 343.)

c. Gerichtsboten in der Pfalz (Gerichtsvollzieher). (Z. f. Gerichtspr. Bd. III. S. 116. 177.)

d. Staatsanwaltsvertreter. (Erk. d. A.-G. v. Oberfranken v. 27. Febr. 1864, Z. f. Gerichtspr. Bd. III. S. 192.)

e. Bürgermeister in der Pfalz. (Z. f. G. u. R. Bd. X. S. 876.)

9) Amtsehrenbeleidigung kann nicht an verstorbenen Beamten verübt werden. (Prot. d. G.-A. d. K. d. A 1860/61 S. 440, Stenglein Bd. II. S. 56); wohl aber an quiescirten. (Z. f. G. u. R. Bd. III. S. 44, Z. f. Gerichtspr. Bd. VI. S. 79, Dollmann Bd. II. S. 160, was jedoch Stenglein Bd. II. S. 56 nicht consequent findet.)

10) Hofbeamten sind Staatsbeamte. (Dollmann Bd. II. S. 157.)

11) Amtsehrenbeleidigung ist auch strafbar, wenn sich der Beamte der Amtshandlung, bei oder wegen welcher er beleidigt wurde, wegen privater Betheiligung hätte enthalten sollen, oder wenn sie in einem Privatgeschäfte jedoch mit Bezug auf die Berufsthätigkeit des Beamten verübt wird. (Stenglein Bd. II. S. 56.)

12) Einem Offiziere, also auch einem Gendarmerieoffiziere, da diese den Rang in der Armee behalten. (Dollmann Bd. II. S. 157.)

13) „Einem Bürgermeister oder Magistratsrathe einer unmittelbaren Stadt". Anderen Beamten von Gemeinden, Stiftungen und Korporationen kommt der Schutz des Art. 127 nicht zu, insoferne dieselben nicht als sog. mittelbare Staatsdiener den wirklichen Staatsbeamten gleichgestellt sind. (Dollmann Bd. II. S. 157, Weis Bd. I. S. 335.) Zwischen bürgerlichen und rechtskundigen Magistratsgliedern ist kein Unterschied gemacht. Die hier nicht bezeichneten genießen den Schutz des Art. 264. (Weis a. a. O., Dollmann Bd. II. S. 157. 158, Prot. d. G.-A. d. K. d. R.-R. 1860/61 S. 137.)

14) Als beleidigt gilt die Person der hier aufgeführten, nicht das von ihnen bekleidete Amt. (Stenglein Bd. II. S. 56. 57.)

15) „in dessen Gegenwart und während seiner Berufsausübung". Es begründet hiebei keinen Unterschied, ob sich die Beleidigung auf den Beruf des Beleidigten bezieht oder nicht, jedoch müssen beide Erfordernisse gleichzeitig gegeben sein. (Dollmann Bd. II. S. 159, Stenglein Bd. II. S. 59, Weis Bd. I. S. 335.)

16) Es begründet für die Strafbarkeit der Beleidigung keinen Unterschied, wenn auch der Beamte die Gränzen seiner amtlichen Befugnisse überschritten oder sonst eine Ungesetzlichkeit verübt hat. (Dollmann Bd. II. S. 158. Anmerk. 13, Stenglein Bd. II. S. 61.)

17) „eine Ehrenkränkung zufügt" s. zu Art. 126 Note 9. 19. 21. 31. S. 196 fg. Durch Ausübung einer Befugniß gegenüber einem Beamten kann Amtsehrenbeleidigung nicht begangen werden. (Erk. d. A.-G. v. Niederbayern v. 29. Juli 1862, Z. f. Gerichtspr. Bd. I. S. 252. Dagegen ebendas. Bd. I. S. 228.)

18) Verläumdungen von Beamten sind nicht nach Art. 127 sondern nach Art. 157 strafbar. (Vortr. im G.-A. d. K. d. Abg. 1856/57 S. 380.)

19) Die Ehrenkränkung muß den Beleidigten bestimmt bezeichnen, nicht blos sich auf ihn beziehen lassen. (Erk. d. A.-G. v. Niederbayern v. 2. August 1862, Z. f. G. u. R. Bd. IX. S. 368.)

20) „in deren Gegenwart oder öffentlich in Anwesenheit Mehrerer" s. zu Art. 126 Note 22—28. 31.

21) „in Beziehung auf das Berufsverhältniß oder eine Berufshandlung". Unter Berufsverhältniß ist die amtliche Stellung und Berufsthätigkeit im Allgemeinen, unter Berufshandlung ein bestimmter einzelner Akt der amtlichen Thätigkeit zu verstehen. Standesverhältnisse gehören nicht hiezu. (Prot. d. G.-A. d. K. d. Abg. 1856/57 S. 496, Dollmann Bd. II. S. 159 Anmerk. 18, Weis Bd. I. S. 336.)

22) S. auch zu Art. 126 Note 33—36. S. 198.

23) Erschöpft die Beleidigung nicht alle Voraussetzungen eines der in Art. 127 alternativ vorgesehenen Fälle, so kann doch Bestrafung gemäß Art. 262. 264 stattfinden. (Stenglein Bd. II. S. 60, Weis Bd. I. S. 337.)

24) In Bezug auf kirchliche Behörden und Religionsdiener findet Art. 161 Anwendung. (Weis Bd. I. S. 335, Dollmann Bd. II. S. 153.)

25) Bei Aburtheilung einer durch die Presse begangenen Amtsehrenbeleidigung können nicht andere Stellen des Preßerzeugnisses als beleidigend und eine andere Person als beleidigt behandelt werden, als durch die Anklage angenommen wurde. (Z. f. Gerichtspr. Bd. IX. S. 110.)

26) Wenn die Geschwornen auf eine wegen Amtsehrenbeleidigung einer bestimmten Person und Beleidigung der Staatsregierung an sie gerichtete Frage den Wahrspruch abgeben, der Angeklagte sei schuldig, die angegriffene im öffentlichen Dienste stehende Person persönlich beleidigt zu haben, so können sie zur Vervollständigung ihres Wahrspruchs angehalten werden. (Erk. d. Cass.-H. v. 8. April 1870, Z. f. Gerichtspr. Bd. IX. S. 293, Entsch. d. Cass.-H. Bd. IV. S. 141.)

Art. 128.

Ungebührliches Benehmen vor öffentlichen Behörden.

Wer durch ungeziemendes Benehmen vor einer öffentlichen Stelle oder Behörde dieselbe in ihrer Dienstverrichtung stört oder die ihr gebührende Achtung verletzt und ungeachtet ertheilter Warnung dieses Benehmen fortsetzt, soll, vorbehaltlich der in den Gesetzen über das Civil- und Strafverfahren enthaltenen besonderen Bestimmungen, mit Arrest bis zu drei Tagen oder an Geld bis zu zehn Gulden bestraft werden.

1) Diesen Artikel erweitert Art. 44 des Gesetzes v. 29. April 1869 „die öffentliche Armen- und Krankenpflege betr.":

„Personen, welche öffentliche Armen-Unterstützung genießen, werden mit „Arrest bis zu acht Tagen, im Rückfalle bis zu dreißig Tagen bestraft, wenn „sie entweder:

1) „durch ungeziemendes Benehmen die dem Armenpflegschaftsrathe, einem Mit„gliede desselben, einem Bezirkspfleger oder denjenigen, von welchen sie im „Auftrage des Armenpflegschaftsrathes Almosen, Kleidung, Wohnung, Kost „oder Arbeit erhalten, gebührende Achtung verletzen; oder . . . .

„Abs. 3. In den Straffällen gegenwärtigen Artikels ist Schärfung der „Arreststrafe zulässig; gegen Rückfällige kann in den Fällen des Abs. 1 Ziff. 2 „u. s. w."

2) „durch ungeziemendes Benehmen". Die Handlung darf nicht den schwereren Charakter der Beleidigung oder Widersetzung gegen die Behörde an sich tragen, da in diesem Falle die hiefür bestimmten höheren Strafen eintreten. (Dollmann Bd. II. S. 165, Weis Bd. I. S. 337. 338.) Auch beleidigendes Benehmen gegen andere Personen kann hienach bestraft werden, wenn es die Dienstverrichtung stört. (Stenglein Bd. II. S. 62.)

3) „vor einer öffentlichen Stelle oder Behörde". Hierunter sind nicht blos staatliche, sondern alle mit öffentlicher Autorität bekleideten Organe, also auch alle Gemeindebehörden, zu verstehen, ohne Unterschied ob die sie ver-

tretenden Bediensteten wirkliche Beamte oder sonst mit dem öffentlichen Dienste ständig oder vorübergehend betraut sind; keinesfalls können aber öffentliche Diener eine Behörde repräsentiren. (Dollmann Bd. II. S. 165, Weis Bd. I. S. 337.)

4) Nach diesem Artikel ist ungeziemendes Benehmen gegen Unteraufschläger zu bestrafen. (Z. f. Gerichtspr. Bd IV. S. 299, Dollmann Bd. II. S. 165.)

5) Dagegen ist verneint, daß Gemeindeausschüsse öffentliche Behörden sind und ist ungebührliches Benehmen der Gemeindeausschuß-Mitglieder unter sich auf den Disciplinarweg verwiesen. (Z. f. Gerichtspr. Bd. V. S. 78, s. dagegen Z. f. G. u. R. Bd. X. S. 562, Dollmann Bd. II. S. 165.)

6) Das in der Wohnung eines Notars von einer wegen eines Notariatsgeschäfts dorthin kommenden Partei, wenn auch vor Betretung der eigentlichen Geschäftslocalität auf dem Vorplatz an den Tag gelegte unanständige und geringschätzende Verhalten ist nach Art. 128 strafbar. (Erk. d. Cass.-H. v. 24. August 1866, Z. f. G. u. R. Bd. XIII. S. 531, Z. f. Gerichtspr. Bd. VI. S. 84.)

7) Bei Störung einer im Auftrage eines Privaten durch einen Notar vorgenommenen Versteigerung concurrirt unter Umständen die Strafe des Art. 128 mit jener des Art. 335 Abs. 2. (Erk. d. Cass.-H. v. 5. Novbr. 1867, Z. f. Gerichtspr. Bd. VII. S. 147, Entsch. d. Cass.-H. Bd. I. S. 452.)

8) Einen Fall der Bestrafung wegen ungebührlichen Benehmens vor dem Bürgermeister einer nicht unmittelbaren Stadt (s. Z. f. Gerichtspr. Bd. VIII. S. 159.)

9) Wegen ungebührlichen Benehmens vor einer öffentlichen Behörde kann ein Gemeindebürger nicht bestraft werden, welcher die Verhandlungen seiner Gemeindeversammlung durch Lärmen stört. (Erk. d. Cass.-H. v. 17. Dezember 1869, Z. f. Gerichtspr. Bd. IX. S. 124, Entsch. d. Cass.-H. Bd. III. S. 438.)

10) „stört". Hieher gehört Verursachung von Lärmen, ungehörige Beifalls- oder Mißfallensbezeigungen, sowie jede unbefugte Unterbrechung dienstlicher Verrichtungen. (Dollmann Bd. II. S. 165.)

11) „oder die ihr gebührende Achtung verletzt". Hieher gehört jedes anstandswidrige Benehmen; auch die Verweigerung der gewöhnlichen Höflichkeitsformen, soferne sich darin eine Mißachtung ausspricht; nicht aber ein unschickliches Betragen selbst in Gegenwart der Behörde, z. B. eine unschickliche Art, sich gegen einen Proceßgegner vor Gericht auszusprechen. (Erk. d. Cass.-H. v. 21. April 1865, Z. f. Gerichtspr. Bd. IV. S. 241, Dollmann Bd. II. S. 165, Stenglein Bd. II. S. 62.)

12) Die Fortsetzung des ungeziemenden Benehmens trotz vorausgegangener Warnung muß im Urtheil festgestellt sein, um Strafe zu rechtfertigen. (Dollmann Bd. II. S. 166.)

13) „vorbehaltlich der in den Gesetzen über das Civil- und Strafverfahren enthaltenen besonderen Bestimmungen". Vgl. Art. 168. 184. 185 d. Str.-Pr.-G. v. 10. Nov. 1848, Art. 151. 420 Abs. 3 d. Civ.-Proc.-Ordnung. Die Verhängung der hienach zulässigen Disciplinarstrafen schließt die Einschreitung nach Art. 128 nicht aus, wohl aber letztere die wegen Amtsehrenbeleidigung u. dgl. (Dollmann Bd. II. S. 166. 163. 164, Weis Bd. I. S. 338.) Anderer Ansicht ist Stenglein Bd. II. S. 62, nach welchem Art 128 nur zur Anwendung kommt, wenn eine spezielle Vorschrift in den Proceßgesetzen fehlt.

14) Die That kann an jedem Orte begangen werden, an welchem eine Behörde ordnungsgemäß zu fungiren hat. (Stenglein Bd. II. S. 62.)

15) Nach dem Entwurf von 1860 war noch jeder öffentlichen Stelle und Behörde die Befugniß vorbehalten, den Uebertreter verhaften und dem zuständigen Richter vorführen zu lassen. Dies wurde gestrichen, weil die Bestimmung des Art. 44 d. Einf.-Ges. genüge. (Prot. d. G.-A. d. K. d. Abg. 1860/61 S. 43. 424. 425, K. d. R.-R. Bd. II. S. 138, Weis Bd. I. S. 338. 339, Dollmann Bd. II. S. 164, Stenglein Bd. II. S. 62.)

Art. 129.

Anmaßung öffentlicher Aemter, Dienste und Dienstzeichen.

Wer sich die Ausübung eines ihm nicht auf gesetzliche Weise übertragenen öffentlichen Amtes oder Dienstes anmaßt, soll mit Gefängniß bis zu einem Jahre bestraft werden.

1) „Wer". Die That kann sowohl von Inländern als von Ausländern im Inlande, von Privaten wie von öffentlichen Bediensteten, welche sich Funktionen eines ihnen nicht übertragenen Amtes oder Dienstes anmaßen, oder von gewesenen Bediensteten, welche sich die Funktionen des verlorenen Dienstes oder Amtes anmaßen, begangen werden. (Prot. d. G.-A. d. K. d. Abg. 1856/57 S. 158, 1860/61 S. 44, Weis Bd. I. S. 341, Dollmann Bd. II. S. 168, Stenglein Bd. II. S. 63.)

2) „sich die Ausübung eines ihm nicht auf gesetzliche Weise übertragenen öffentlichen Amtes oder Dienstes anmaßt". Es genügt nicht, wenn sich Jemand nur den Titel oder Charakter eines Amtes beilegt, ohne dessen Funktionen zu vollziehen; oder wenn Jemand unbefugt Handlungen vornimmt, welche er nur kraft eines Amtes oder Dienstes vornehmen könnte, sondern beide Erfordernisse müssen zusammentreffen: es muß Jemand Verrichtungen eines öffentlichen Amtes oder Dienstes ausüben, indem er ausdrücklich oder indirekt dabei den offiziellen Charakter eines bayerischen Bediensteten in Anspruch nimmt. (Dollmann Bd. II. S. 168. 169, Weis Bd. I. S. 340, Stenglein Bd. II. S. 63.)

3) Wegen Anmaßung eines öffentlichen Amtes kann ein auswärtiger Bediensteter nicht gestraft werden, welcher auf bayerischem Gebiete unbefugt Amtshandlungen vornimmt, ohne sich jedoch für einen bayerischen Bediensteten auszugeben. (Erk. d. Cass.-H. v. 28. August 1865, Z. f. Gerichtspr. Bd. IV. S. 374, Z. f. G. u. R. Bd. XII. S. 403.)

4) Unbefugte Aufstellung amtlicher Warnungstafeln ist nach Art. 129 strafbar. (Z. f. Gerichtspr. Bd. I. S. 210.)

5) Die That bedarf des einfachen Vorsatzes, also des Bewußtseins der Anmaßung. Handeln in gutem Glauben ist straflos. Das Motiv der That oder die Absicht zu täuschen ist für den Thatbestand ohne Belang. (Dollmann Bd. II. S. 168, Stenglein Bd. II. S. 65, Weis Bd I. S. 339.)

6) Nicht blos die Anmaßung eigentlicher Staatsämter oder Dienste ist nach Art. 129 strafbar, sondern auch jene von Aemtern der Gemeinden, Stiftungen und sonstiger Korporationen, militärischer Dienste und des Amtes öffentlicher Beamter und Diener, wie der Notare, Rechtsanwälte, Gerichtsvollzieher, Sicherheitsorgane, ferner geistlicher Aemter. (Dollmann Bd. II. S. 170, Stenglein Bd. II. S 64.) Letzterer will jedoch die Anmaßung geistlicher Verrichtungen nur insoferne unter Art. 129 subsumiren, als es sich um die Führung der Civilstandsregister und andere im staatlichen Interesse vorgenommenen Dienste handelt.

Keinesfalls fällt unter Art. 129 die Anmaßung öffentlicher Berechtigungen, welche vielmehr nach dem Polizeistrafgesetzbuch strafbar ist.

7) Die That ist mit Vornahme der angemaßten amtlichen Verrichtung vollendet, ohne daß es auf einen Erfolg ankommt. (Dollmann Bd. II. S. 170. 171, Stenglein Bd. II. S. 65, Weis Bd. I. S. 339.)

Art. 130.

Wer unbefugter Weise Uniformen oder andere Dienstzeichen, welche vom Staate angeordnet sind, öffentlich trägt, soll mit Gefängniß bis zu drei Monaten oder an Geld bis zu zweihundert Gulden bestraft werden.

1) S. zu Art. 129 Ziff. 1. 5. 7.

„Uniformen". Das Tragen eines einzelnen Uniformsstückes begründet noch nicht den Thatbestand des Art. 130, es sei denn, daß es für sich allein schon als hinreichendes Abzeichen der Diensteseigenschaft gilt. (Erk. d. A.-G. v.

Niederbayern v. 19. August 1865, Erk. d. Cass.-H. v. 1. Febr. 1867, Z. f. Gerichtspr. Bd. V. S. 101. Bd. VI. S. 230, Entsch. d. Cass.-H. Bd. I. S. 40, Erk. d. k. A.-G. v. Oberfranken v. 28. Januar 1865, Z. f. G. u. R. Bd. XII. S. 67, Dollmann Bd. II. S. 171, Erört. in Bl. f. R.-A. Bd. XXX. S. 369.)

2) Die Uniform oder das Dienstzeichen muß die einer bestimmten bayerischen Behörde sein. (Stenglein Bd. II. S. 64.)

3) Zu den Uniformen gehören auch die der eigentlichen Hofbeamten, während das unbefugte Tragen der Livreen der Hofdienerschaft, von Orden, Ehrenzeichen und ausländischen Uniformen oder Diensteszeichen nach Art. 55 d. Pol.-Str.-G.-Bchs. strafbar, das von Phanthasieuniformen oder Privatuniformen straflos ist. (Prot. d. G.-A. d. K. d. Abg. 1860/61 S. 44, Dollmann Bd. II. S. 171, Weis Bd. I. S. 311, Stenglein Bd. II. S. 64.)

4) „öffentlich trägt". Das Tragen in einer Privatwohnung oder Privatgesellschaft ist straflos. (Dollmann Bd. II. S. 171, s. auch Vortr. im G.-A. d. K. d. Abg. 1856/57 S. 292, Weis Bd. I. S. 341.)

5) Geschieht die That, um ein anderes Delikt dadurch zu begehen, wie Betrug, so findet die schwerere Strafe Anwendung. (Dollmann Bd. II. S. 168. Anmerk. 6 S. 171, Anmerk. 12, Weis Bd. I. S. 340, Stenglein Bd. II. S. 65.)

Art. 131.

Verunglimpfung königlicher Wappen, Hoheitszeichen und obrigkeitlicher Bekanntmachungen.

Wer öffentlich aufgestellte königliche Wappen, Staatsgrenzzeichen oder andere Hoheitszeichen, desgleichen wer öffentlich angeheftete obrigkeitliche Bekanntmachungen verunglimpft, unbefugter Weise abreißt oder hinwegnimmt, soll mit Gefängniß bis zu drei Monaten oder an Geld bis zu zweihundert Gulden bestraft werden.

S. zu Art. 129 Ziff. 1.

1) „öffentlich angeheftete obrigkeitliche Bekanntmachungen". Es ist nicht erforderlich, daß dieselben Siegel und Unterschrift tragen, es genügt wenn sie von einer öffentlichen Behörde im weiteren Sinn ausgehen und dies dem Thäter bekannt ist. (Dollmann Bd. II. S. 173.)

2) Das Ausschreiben eines Gemeindevorstehers, inhaltlich dessen derselbe im Auftrage eines Gerichts Termin zur öffentlichen Versteigerung gepfändeter Gegenstände anberaumt, ist eine öffentliche Bekanntmachung im Sinn des Art. 131. (Erk. d. A.-G. der Oberpfalz v. 29. Sept. 1865, Zeitsch. f. Gerichtspr. Bd. IV. S. 238.)

3) „verunglimpft". Dies begreift jede Art von Ungebühr. (Dollmann Bd. II. S. 173, Weis Bd. I. S. 341. 342.)

4) Die That bedarf des rechtswidrigen Vorsatzes, ohne daß es auf das Motiv oder einen Erfolg irgendwie ankommt. (Dollmann Bd. II. S. 173, Stenglein Bd. II. S. 65.)

5) Eine besondere der That zu Grunde liegende Absicht kann sie zu einem höher strafbaren Reat steigern, wie Majestätsbeleidigung. (Motive z. Entw. v. 1855 S. 74, Dollmann Bd. II. S. 173, Stenglein Bd. II. S. 65. 66.)

Art. 132.

Beleidigung auswärtiger Regierungen, Behörden und Beamten.

Wer mittels eines Preßerzeugnisses die Regierung oder die Behörden eines auswärtigen Staates bezüglich ihrer Amtshandlungen durch Beschimpfung, herabwürdigenden Spott, oder Beimessung verächtlicher Handlungen oder Gesinnungen beleidigt, soll mit Gefängniß bis zu drei Monaten oder an Geld bis zu zweihundert Gulden bestraft werden.

1) „Wer mittels eines Preßerzeugnisses", s. hiezu Art. 126 Note 1 S. 195, auch Dollmann Bd. II. S. 176, Stenglein Bd. II. S. 67 und Art. 8 S. 11.

2) „die Regierung oder die Behörden eines auswärtigen Staates", s. hiezu Art. 126 Note 3—8. 20. S. 195. 197.

Oeffentliche Kollegien, namentlich die Landtagskammern eines fremden Staates fallen nicht unter den Begriff der Behörden. (Dollmann Bd. II. S. 175, Stenglein Bd. II. S. 66. 67.)

3) „bezüglich ihrer Amtshandlungen". Die Beleidigung einer Staatsregierung oder Behörde als solche kann nur unter dem Gesichtspunkte ihres Amtes oder Berufes gedacht werden. (Motive z. Entw. v. 1855 S. 73, Dollmann Bd. II. S. 175.)

4) „beleidigt", s. zu Art. 126 Note 19. 21 S. 197.

Art. 133.

Ehrenkränkungen gegen Staatsbeamte oder im Offiziersrange stehende Militärpersonen eines auswärtigen Staates, welche in Bayern mit Genehmigung der bayerischen Staatsregierung Dienstgeschäfte verrichten, desgleichen Ehrenkränkungen gegen die am königlichen Hofe oder als Mitglieder der deutschen Bundesversammlung beglaubigten Gesandten sind ebenso zu bestrafen, als ob sie gegen bayerische Beamte oder Offiziere begangen worden wären.

1) „Ehrenkränkungen". S. zu Art. 126 Note 9. 19. 21. 31. S. 196 fg. Art. 127. Note 17—19. S. 200 fg.

Dollmann Bd. II. S. 176 faßt jedoch die Bedeutung des Wortes Ehrenkränkung in einem weiteren dem 13. Hauptstücke entsprechenden Sinne auf, nicht blos auf Verbalinjurien beschränkt. S. dagegen Prot. d. G.-A. d. K. d. Abg. 1856/57 S. 498.

2) „Staatsbeamte oder im Offiziersrange stehende Militärpersonen eines auswärtigen Staates". Vgl. zu Art. 127 Note 3—12 S. 199 fg. Die sonstigen in Art. 127 aufgeführten Personen eines auswärtigen Staates stehen außer Frage. Die Verwendung ausländischer Privatpersonen von ihrer Regierung zu einer vorübergehenden dienstlichen Mission verleiht den Schutz des Art. 133 nicht. (Dollmann Bd. II. S. 176. 177, Stenglein Bd. II. S. 66. 67.)

3) „welche in Bayern mit Genehmigung der bayerischen Staatsregierung Dienstgeschäfte verrichten, z. B. Gränzberichtigungen, Zollkonferenzen, Truppendurchmärsche. Ehrenkränkungen gegen solche Personen von Bayern im Auslande verübt, fallen nur unter den Gesichtspunkt einfacher Ehrenkränkungen. (Dollmann Bd. II. S. 177, Stenglein Bd. II. S. 67, Motive z. Entw. v. 1855 S. 73, Vortr. im G.-A. d. K. d. Abg. 1856/57 S. 292, Prot. S. 498.)

4) „sind ebenso zu bestrafen, als ob sie gegen bayerische Beamte oder Offiziere begangen worden wären". Zur Anwendung der Strafe des Art. 127 ist das Vorliegen aller dort angegebenen objektiven Voraussetzungen erforderlich. (Dollmann Bd. II. S. 177, Stenglein Bd. II. S. 66.)

Art. 134.

In den Fällen der Art. 132 und 133 tritt die gerichtliche Verfolgung nur auf Antrag der betreffenden auswärtigen Regierung und, wenn diese nicht zu dem deutschen Bunde gehört, nur unter der weiteren Voraussetzung ein, daß durch eine von der bayerischen Regierung im Verordnungswege erlassene Erklärung das Vorhandensein der Gegenseitigkeit anerkannt ist.

„Gegenseitigkeit" s. oben zu Art. 114 Note 12 Seite 176 fg.; über die Beurtheilung des früheren deutschen Bundes s. Note 9 zu Art. 114 S. 176.

Vor der ausdrücklichen Anerkennung der Gegenseitigkeit mit Preußen durch die Bekanntmachung vom 1. Oktober 1868 oben S. 180 wurde eine Beleidigung der preußischen Staatsregierung in Bayern nach Auflösung des deutschen Bundes wegen Mangels der Gegenseitigkeit als nicht strafbar erklärt durch Erk. d. Cass.-H. v. 11. Mai 1868, Z. f. Gerichtspr. Bd. VII. S. 387, Entsch. d. Cass.-H. Bd. II. S. 222.)

Viertes Hauptstück.

Ungehorsam gegen die Obrigkeit und gewaltthätige Verletzung öffentlicher Autorität.

Art. 135.

Aufforderung zum Ungehorsame.

Wer öffentlich vor einer Menschenmenge oder mittels eines Preßerzeugnisses zum Ungehorsame gegen Gesetze oder Verordnungen oder gegen Beschlüsse oder Verfügungen der zuständigen Obrigkeit auffordert, soll mit Gefängniß bis zu einem Jahre oder an Geld bis zu dreihundert Gulden bestraft werden.

1) „Oeffentlich vor einer Menschenmenge". Vgl. zu Art. 57 Note 1—5 S. 63. 64; mittels eines Preßerzeugnisses s. zu Art. 8 S. 11.

2) „zum Ungehorsame". Dieser begreift alle Stufen und Formen der Gehorsamsverweigerung die einfache in der Regel straflose (s. Motive z. Entw. v. 1855 S. 74, Dollmann Bd. II. S. 179) Gehorsamsverweigerung, den passiven Widerstand und die aktive Widersetzung, wenn nur überhaupt eine Gehorsamspflicht besteht, was bei der Erfüllung blos moralischer Verpflichtungen oder Berechtigungen nicht der Fall ist. So ist z. B. die Aufforderung sich an einer Wahl nicht zu betheiligen, nicht strafbar. (Prot. d. G.-A. d. K. d. A. 1856/57 S. 504, Dollmann Bd. II. 186. 187, Stenglein Bd. II. S. 68.)

3) „gegen Gesetze und Verordnungen". Auf den Inhalt derselben kommt es nicht an, insoferne nur durch dieselben eine gebietende generelle (allgemein verpflichtende) oder spezielle Pflicht begründet ist. (Dollmann Bd. II. S. 187.)

4) „Beschlüsse oder Verfügungen der zuständigen Obrigkeit". Unter diese gehören auch richterliche Verfügungen und Aussprüche. (Dollmann Bd. II. S. 187, Weis Bd. I. S. 346.)

5) Die Zuständigkeit der Obrigkeit ist nicht nach der subjektiven Anschauung des Thäters, sondern lediglich objektiv zu beurtheilen. Es ist demnach nicht nothwendig, dem Beschuldigten nachzuweisen, daß er die Zuständigkeit der verfügenden Behörde gekannt habe. (Prot. d. G.-A. d. K. d. A. 1856/57 S. 504, Dollmann Bd. II. S. 187, Weis Bd. I. S. 346, Stenglein Bd. II. S. 70.)

6) Es ist nicht erforderlich, daß die Ungehorsamshandlung, zu welcher aufgefordert wird, konkret bestimmt ist; vielmehr genügt die Bezeichnung der Gesetze, Verordnungen und Verfügungen, gegen welche Ungehorsam geübt werden soll. Dieselben können sogar nur nach Kategorien bezeichnet sein, selbst nur nach den Behörden, von denen sie ausgehen. Hierin liegt der Unterschied von Art. 54. 57, welche sich nur auf bestimmte Handlungen beziehen können, wobei Art. 54 auch die Aufforderung an eine bestimmte Person und die Verübung durch diese voraussetzt; bei Art. 57 die angestrebte That wenigstens den Vergehensgrad haben muß. (Dollmann Bd. II. S. 188. 185, Weis Bd. I. S. 343. 344. 345. Anderer Ansicht ist Stenglein Bd. II. S. 69.)

7) „auffordert". Auf den Erfolg der Aufforderung kommt nichts an, vielmehr ist die That vollendet, sobald die Aufforderung ergangen ist. (Dollmann Bd. II. S. 188. 185, Stenglein Bd. II. S. 68.)

8) Die Aufforderung muß nicht nothwendig eine offene und direkte sein, sie kann auch versteckt geschehen; es muß ihr aber die Absicht zu Grund liegen, andere Personen zum Ungehorsam zu bestimmen. Es kann also auch die Anpreisung oder Rechtfertigung strafbarer Handlungen unter Art. 135 fallen, insoferne darin eine indirekte Aufforderung zum Ungehorsam liegt. (Motive z. Entw. v. 1855 S. 74, Vortr. im G.-A. d. K. d. Abg. 1856/57 S. 293, Prot. S. 503, Dollmann Bd. II. S. 185. 186, Weis Bd. I. S. 346, Stenglein Bd. II. S. 67. 68.)

9) Die Aufforderung zum Ungehorsam kann Strafe gegen den Auffordernden begründen, obgleich der Ungehorsam, zu dem aufgefordert wird, nicht strafbar ist.

(Weis Bd. I. S. 344, Dollmann Bd. II. S. 186. 187, Stenglein Bd. II. S. 68.)

10) Concurriren die Strafandrohungen der Art. 54. 57. 135, so ist die schwerste Strafe anzuwenden. (Weis Bd. I. S. 344, Dollmann Bd. II. S. 185.)

Art. 136.

Widersetzung gegen die Obrigkeit.

Wer, um den Vollzug eines Gesetzes, einer Verordnung, eines richterlichen Ausspruches oder einer andern obrigkeitlichen Verfügung zu hindern, einem Staatsbeamten oder einem Offiziere oder im Offiziersrange stehenden Beamten der Armee oder der Landwehr, welchem dieser Vollzug vermöge seines Dienstes oder besondern Auftrags obliegt, Gewalt zufügt oder androht, soll

1) wenn die Widersetzung mittels gewaltthätigen Handanlegens oder körperlicher Mißhandlung oder durch Drohung mit Waffen verübt wird, mit Gefängniß nicht unter sechs Monaten,

2) wenn sie durch Drohung ohne Waffen verübt wird, mit Gefängniß bis zu einem Jahre

bestraft werden.

1) „Wer". Thäter kann jeder Inländer und jeder im Inlande befindliche Ausländer sein, ohne daß es auf ein besonderes Unterordnungsverhältniß ankommt; ja sogar höher stehende Beamte, selbst wenn sich dieselben im Dienste befinden, können die That gegen untergeordnete öffentliche Diener begehen. Die That kann auch von Mehreren in Gemeinschaft begangen werden, wenn die Zahl derselben nur nicht zur Menschenmenge anwächst. (Dollmann Bd. II. S. 191, Stenglein Bd. II. S. 72.)

2) „um den Vollzug eines Gesetzes, einer Verordnung, eines richterlichen Ausspruches oder einer andern obrigkeitlichen Verfügung zu hindern". Die That erfordert nicht blos rechtswidrige Absicht, sondern die bewußte Absicht, den in Rede stehenden Vollzug zu hindern oder zu vereiteln. Fehlt das Bewußtsein, es mit einer obrigkeitlichen Person zu thun zu haben, so ist die That nur nach ihrer äußeren Erscheinung strafbar oder im Falle der Nothwehr straflos. Fehlt die Absicht, den Vollzug zu hindern, so steht Gewaltthätigkeit oder auch nur Mißhandlung, Ehrenkränkung u. dgl. in Rede. (Dollmann Bd. II. S. 198, Stenglein Bd. II. S. 78, Weis Bd. I. S. 351.)

3) Es begründet keinen Unterschied für den Thatbestand, ob der Vollzug gegen den Thäter oder einen Dritten gerichtet war, ob er bereits begonnen hatte, oder erst beginnen sollte. (Dollmann Bd. II. S. 198. 199, Weis Bd. I. S. 351.)

4) Der von einem Amtsvorstande zur Handhabung der Hauspolizei im Amtslokale einem Amtsdiener ertheilte Auftrag ist eine obrigkeitliche Verfügung. (Erk. d. Cass.-H. v. 25. April 1867, Z. f. Gerichtspr. Bd. VI. S. 322, Entsch. d. Cass.-H. Bd. I. S. 173.)

5) „einem Staatsbeamten", s. hierüber zu Art. 127 Note 3—8 oben S. 199 fg., Stenglein Bd. II. S. 72, Weis Bd. I. S. 358 f. zu Art. 137 Note 4.)

6) „welchem dieser Vollzug vermöge seines Dienstes oder besonderen Auftrages obliegt". Die That ist nicht gegen die Behörde als solche oder gegen den Staat gerichtet, jedoch auch nicht gegen Privatpersonen, sondern gegen physische Personen, welche und soferne sie als Organe der Obrigkeit, gleichviel in welchem Verwaltungszweige, sei es vermöge ihrer allgemeinen nach den einschlägigen Gesetzen, Verordnungen und Diensteinstruktionen zu beurtheilenden dienstlichen Stellung oder kraft eines besonderen Auftrags mit der Vornahme einer einzelnen Vollzugshandlung befaßt sind. (Dollmann Bd. II. S. 191. 192, Stenglein Bd. II. S. 76, Weis Bd. I. S. 352. 353.)

7) Ein besonderer Auftrag kann nur von einer im Allgemeinen hiezu kompetenten öffentlichen Behörde und, abgesehen von besonderen Fällen, in welchen eine bestimmte Form vorgeschrieben ist, mündlich oder schriftlich ertheilt werden. Der Sinn eines solchen Auftrags ist nicht nach dem strengen Wortlaute, sondern nach den Umständen und der Uebung zu interpretiren. (Dollmann Bd. II. S.

192, Weis Bd. I. S. 353, Stenglein Bd. II. S. 75. 76.) Eine von einem Notar in vollziehbarer Form ausgefertigte Urkunde hat die Natur einer obrigkeitlichen Verfügung. (Weis Bd. I. S. 352.)

8) Widersetzung kann nicht nur gegen Organe der reinen Exekutive verübt werden, sondern auch gegen Richter und solche Beamte, denen in der Regel nur die Entscheidung und Anordnung zukömmt, soferne sie im einzelnen Falle mit dem Vollzuge befaßt sind. Steht nur eine Amtshandlung, keine Vollzugshandlung in Rede, so handelt es sich um Anwendung des Art. 138, nicht des Art. 136 oder 137. (Dollmann Bd. II. S. 192. 193. Anmerk. 9.)

9) Es begründet keinen Unterschied, ob der vollziehende Beamte eine von einer andern Behörde oder eine von ihm selbst innerhalb seiner Dienstessphäre beschlossene Maßnahme vollzieht. (Dollmann Bd. II. S. 193.)

10) Es begründet keinen Unterschied, ob der vollziehende Beamte für die Funktion besonders verpflichtet (beeidet) war oder nicht, ob er dienstordnungsmäßig in Uniform oder mit einem Dienstezeichen versehen war oder nicht; und kann durch den letztberegten Mangel nur möglicher Weise die Kenntniß der Diensteseigenschaft des Vollzugsbeamten auf Seite des Thäters und hiedurch der rechtswidrige Vorsatz aufgehoben sein. Es liegt aber Widersetzung vor, wenn trotz des Mangels des Dienstzeichens dem Thäter die dienstliche Eigenschaft des Vollzugsbeamten bekannt war. (Dollmann Bd. II. S. 193. 194, Weis Bd. I. S. 353. 354, Stenglein Bd. II. S. 76, Erk. d. Cass.-H. v. 12. März 1864, Z. f. Gerichtspr. Bd. III. S. 140, Z. f. G. u. R. Bd. XI. S. 79; ebenso Erk. v. 23. Nov. 1861 und 5. April 1862, Z. f. Gerichtspr. Bd. I. S. 52. 107, Z. f. G. u. R. Bd. VIII. S. 437.)

11) Ausnahmsweise wurde angenommen, daß die Widersetzung gegen einen von einer auswärtigen Behörde bestellten Bediensteten, welcher in Folge Staatsvertrages in Bayern eine öffentliche Funktion auszuüben hat, von dessen Verpflichtung bedingt ist. (Z. f. Gerichtspr Bd. II. S. 157.)

12) Es begründet im Allgemeinen für den Thatbestand der Widersetzung keinen Unterschied, ob der Vollzug den Gesetzen und Verordnungen vollkommen entspricht, ob ein richterlicher Ausspruch oder eine obrigkeitliche Verfügung, um deren Vollzug es sich handelt, kompetenzmäßig erlassen, materiell vollständig gerechtfertigt, mit allen vorgeschriebenen Förmlichkeiten versehen war; es sei denn, daß die zu vollziehende Anordnung oder die Art des Vollzugs so augenscheinlich rechts- oder gesetzwidrig ist, daß sie die Präsumtion der Legalität und damit ihren amtlichen Charakter verliert. (Dollmann Bd. II. 193—196, Stenglein Bd. II. S. 73, Weis Bd. I. S. 351. 354.)

13) Bei Widersetzung kommt es nicht darauf an, ob die obrigkeitliche Verfügung, deren Vollzug in Rede steht, gerechtfertigt oder innerhalb der Zuständigkeit erlassen ist. (Erk. d. Cass.-H. v. 11. Sept. 1863, Z. f. Gerichtspr. Bd. II. S. 396, Z. f. Gerichtspr. Bd. X. S. 853 s. auch Erk. d. k. A.-G. der Oberpfalz v. 19. Nov. 1868, Z. f. Gerichtspr. Bd. VII. S. 412.)

14) Die Strafbarkeit der bei einer Auspfändung stattgehabten Widersetzung wird dadurch, daß zur Vornahme der Auspfändung vorschriftswidrig nur ein Zeuge beigezogen wurde, nicht ausgeschlossen. (Erk. d. Cass.-H. v. 1. Dezember 1868, Entsch. d. Cass.-H. Bd. II. S. 476.)

15) Widerstand gegen eine Anordnung, deren Erlassung überhaupt nicht in den Befugnissen einer Obrigkeit liegt, oder wenigstens nicht in den dienstlichen Wirkungskreis der treffenden Behörde fällt, oder einen Uebergriff in einen fremden Amtssprengel enthält, oder welcher die vom Gesetz unbedingt geforderte Form fehlt, oder welche offenbar mit dem Bewußtsein der materiellen Rechtswidrigkeit unter fälschlicher Vorschützung des obrigkeitlichen Charakters vorgenommen wird, oder gegen einen Vollzugsakt, der den amtlichen Charakter gar nicht erkennen läßt, oder einen offenbaren Mißbrauch oder eine Ueberschreitung der dienstlichen Befugnisse enthält, ist keine Widersetzung. (Dollmann Bd. II. S. 195. 196, Stenglein Bd. II. S. 73. 74, Weis Bd. I. S. 353.)

16) Ebensowenig liegt eine Widersetzung vor, wenn eine Person einen Vollzugsakt vornimmt, der ihr gar nicht obliegt, sei es daß er nicht in den Bereich ihrer dienstlichen Wirksamkeit gehört, sei es daß diese von einer nicht gegebenen Bedingung abhängig ist. (Weis Bd. I. S. 353, Dollmann Bd. II. S. 197, Z. f. Gerichtspr. Bd. I. S. 115. Bd. II. S. 136.)

17) „Gewalt zufügt oder androht". Jede Anwendung oder Androhung von physischer Gewalt ohne Unterschied der Art und des Maßes ist strafbar, vorausgesetzt, daß die Drohung unmittelbar gegen den Vollzugsbeamten als Drohung der Zufügung eines physischen Uebels erfolgt und zur Einflößung einer gerechten Furcht geeignet ist. (Motive z. Entw. v. 1855 Art. 140. 141 S. 75, Prot. d. G.-A. d. K. d. Abg. 1856/57 S. 505. 522, Dollmann Bd. II. S. 199, Stenglein Bd. II. S. 77, Weis Bd. I. S. 350.)

18) Das gewaltthätige Handanlegen fällt unter den Begriff der Gewalt, auch wenn keine Verletzung oder Schmerzempfindung dadurch hervorgerufen wird, oder wenn die Gewaltanwendung nur eine indirekte ist z. B. durch Einsperrung. (Prot. d. G.-A. d. K. d. Abg. 1856/57 S. 505. 506, Dollmann Bd. II. S 199, Stenglein Bd. II. S. 77, Weis Bd. I. S. 350, s. auch Z. f. G. u. R. Bd. VIII. S. 542.)

19) Bedrohen mit Denunciationen, Brandstiftung u. dgl. fällt nicht unter den Begriff der Widersetzung; jedoch ist weder eine genaue Spezialisirung des gedrohten Uebels erforderlich noch daß dieses geeignet war, den Bedrohten zur Abstandsnahme von der Vollzugshandlung zu bestimmen. (Dollmann Bd. II. S. 200.)

20) Bloßer Ungehorsam, sei es auch unter Beleidigung oder Verhöhnung, sowie passiver Widerstand begründet keine Widersetzung. (Prot d. G.-A. d. K. d. Abg. 1856/57 S. 505. 506, Dollmann Bd. II. S. 200. 201, Stenglein Bd. II. S. 77, Weis Bd. I. S. 350.)

21) Die Drohung kann nicht blos wörtlich, sondern auch durch Handlungen oder Zeichen verübt werden, muß aber zur Kenntniß des Bedrohten gelangt sein. (Stenglein Bd. II. S. 78, Dollmann Bd. II. S. 200. Anmerk. 26.) Ob eine unmittelbare Gefahr erforderlich ist, läßt dieser Schriftsteller unentschieden. Eine gegen einen Dritten ausgesprochene Drohung gegen einen Beamten, welche demselben nicht hinterbracht werden sollte, fällt nicht unter das Gesetz. (Erk. d. Cass.-H. v. 21. Januar 1870, Z. f. Gerichtspr. Bd. IX. S. 164, Entsch. d. Cass.-H. Bd. IV. S. 25.)

22) Widersetzung erfordert keine Beschädigung des Beamten. (Erk. d. Cass.-H. v. 30. Oktober 1862, Z. f. Gerichtspr. Bd. II. S. 25, Z. f. Gerichtspr. Bd. IX. S. 527.)

23) Das Werfen von Sand in die Augen eines mit dem Vollzug einer obrigkeitlichen Verfügung Beauftragten ist eine Gewalthandlung. (Erk. d. A.-G. von Unterfranken v. 17. Januar 1862, Z. f. G. u. R. Bd. IX. S. 377, Z. f. Gerichtspr. Bd. II. S. 131.)

24) Das Festhalten eines öffentlichen Bediensteten in der Absicht, denselben an dem Vollzuge einer in seinem Auftrage liegenden amtlichen Handlung zu hindern, genügt zum Thatbestande der Widersetzung (Erk. d. A.-G. v. Niederbayern v. 5. Dez. 1863, Z. f. Gerichtspr. Bd. III. S. 53.)

25) Beschütten mit Wasser ist keine Gewaltzufügung. (Erk. d. A.-G. v. Niederbayern v. 23. August 1864, Z. f. Gerichtspr. Bd. III. S. 358.) Dieser Ansicht schloß sich zwar auch der Cass.-H. durch Urtheil v. 29. Sept. 1864 (Z. f. Gerichtspr. Bd. IV. S. 6, Z. f. G. u. R. Bd. XI. S. 368) an, jedoch mit der Modifikation, daß die Frage, ob Gewalt vorliege, nicht in abstracto sondern nur in concreto gelöst werden könne, hier aber thatsächlich festgestellt sei, daß keine Gewalt zugefügt worden sei, (s. auch Stenglein Bd. II. S. 77.)

26) Eine nicht ernstlich gemeinte Drohung begründet keine Widersetzung. (Z. f. Gerichtspr. Bd. III. S. 163.)

27) Das Einschließen einer mit einer Amtshandlung beauftragten Person,

um sie an derselben zu hindern, ist Gewaltanwendung. (Z. f. Gerichtspr. Bd. I. S. 310.)

28) Zum Begriffe der Drohung bei Widersetzung ist nicht erforderlich, daß deren unmittelbare Ausführung in Aussicht steht. (Erk d. k. A.-G. v. Oberbayern v. 12. März 1868, Z. f. Gerichtspr. Bd. VIII. S. 15.)

29) Zum Begriffe der Gewaltanwendung ist kein Handanlegen an der Person des Vergewaltigten erforderlich, sondern genügt schon, wenn demselben ein ergriffener Gegenstand aus der Hand gerissen wird. (Erk. d. Cass.-H. v. 25. Juni 1869, Z. f. Gerichtspr. Bd. VIII. S. 357, Entsch. d. Cass.-H. Bd. III. S. 236, ebenso Erk. d. Cass.-H. v. 10. Dezbr. 1869, Z. f. Gerichtspr. Bd. IX. S. 118, Entsch. d. Cass.-H. Bd. III. S. 427; Erk. d. A.-G. v. Oberfranken v. 11. Oktober 1867, Z. f. Gerichtspr. Bd. VII. 157); oder wenn der öffentliche Bedienstete von einer Person weggedrängt wird. (Erk. d. A.-G. v. Oberfranken v. 2. Oktober 1869, Z. f. Gerichtspr. Bd. IX. S. 158.)

30) Ein Schlagen mit einem Stocke ist gewaltthätiges Handanlegen, auch wenn der Angegriffene dem Schlage ausgewichen ist. (Erk. d. Cass.-H. v. 14. Dezbr. 1868, Z. f. Gerichtspr. Bd. VIII. S. 148, Entsch. d. Cass.-H. Bd. II. S. 500.)

31) „soll bestraft werden". Die Widersetzung ist mit Zufügung oder Androhung der Gewalt in der bezeichneten Absicht vollendet, ohne Rücksicht darauf, ob die Absicht erreicht, oder ein Erfolg eingetreten ist. Versuch der Widersetzung und Abstand von der einmal begonnenen Gewaltanwendung ist demnach ohne rechtliche Bedeutung, da auch ein fehlgegangener Angriff bereits ein gewaltsames Handanlegen darstellt. (Dollmann Bd. II. S. 201. 202, Stenglein Bd. II. S. 79, Weis Bd. I. S. 351.)

32) Konkurrirt mit Widersetzung ein schwerer strafbarer Reat, so finden die Grundsätze über Zusammenfluß Anwendung, insbesondere wenn bei einer Widersetzung eine schwere strafbare Körperverletzung verübt wird. (Dollmann Bd II. S. 202, Erk. d. Cass.-H. v. 12. Juni 1868, Z. f. Gerichtspr. B. VIII. S. 18, Entsch. d. Cass.-H. Bd II. S. 269.) Auch bei geringer strafbarer Körperverletzung nimmt ideale Concurrenz an Stenglein Bd. II. S. 78.

33) Art. 136 führt nicht alle in Art. 127. 138 bezeichneten Personen auf, so daß es den Anschein hat, als wenn Widersetzung z. B. gegen Mitglieder eines Gemeindecollegiums unmittelbarer Städte geringer gestraft wäre, als Gewaltthätigkeit. Dollmann Bd. II. S. 203 will dies dadurch ausgeglichen wissen, daß die Strafe der Gewaltthätigkeit auch für Widersetzungsfälle angewendet werde.

Art. 137.

Widersetzung gegen andere als die im Art. 136 bezeichneten Civil- oder Militärpersonen, welchen vermöge ihres Dienstes oder besonderen Auftrages der Vollzug von Gesetzen, Verordnungen, richterlichen Aussprüchen oder andern obrigkeitlichen Verfügungen obliegt, soll

1) wenn die Widersetzung mittels gewaltthätigen Handanlegens oder körperlicher Mißhandlung oder durch Drohung mit Waffen verübt wird, mit Gefängniß bis zu zwei Jahren,

2) wenn sie durch Drohung ohne Waffen verübt wird, mit Gefängniß bis zu sechs Monaten

bestraft werden.

1) Widersetzung entspricht den Worten des Art. 136: „Wer um den Vollzug eines Gesetzes, einer Verordnung, eines richterlichen Ausspruches oder einer andern obrigkeitlichen Verfügung zu hindern Gewalt zufügt oder androht". S. hierüber zu Art. 136 Note 1—4. 17—30.

2) gegen andere als die im Art. 136 bezeichneten Civil- oder Militärpersonen, welchen vermöge ihres Dienstes oder besonderen Auftrages der Vollzug von Gesetzen u. s. w. obliegt, s. hiezu Art. 136 Note 6—8. 10—16, ferner zu Art. 127 Note 3—10.

Hieher gehören Personen, welche nur vorübergehend oder auch ständig, aber ohne Anspruch auf Dienstesstabilität mit den Funktionen eines Staatsbeamten betraut sind, ferner die Gemeindebeamten ohne Unterschied, alle Kategorien öffentlicher Diener in den verschiedenen Verwaltungszweigen (Forst- und Zollschutzbedienstete, Rentamtsexekutoren, Gerichtsdiener und deren Gehilfen, Polizeidiener, Gendarmen, Flurschützen, Waldaufseher, Bahnwärter u. s. w.), ferner alle Personen, welchen, ohne im öffentlichen Dienst angestellt zu sein, ein Vollzug der angegebenen Art in Folge eines besonderen Auftrags oder einer vorübergehenden Verwendung oblag, z. B. Militärpatrouillen, aushilfsweise verwendete Personen, Forsteleven u. dgl. (Dollmann Bd. II. S. 203, Weis Bd. I. S. 356, Stenglein Bd. II. S. 74. 75.)

3) Ein besonderer Vollzugsauftrag kann von der hiezu kompetenten Behörde nicht blos öffentlichen Dienern, sondern auch Privatpersonen ertheilt werden, welchen hiedurch ad hoc ein öffentlicher Charakter beigelegt wird; ebenso solchen Personen, welche von Beamten zur Beihilfe beigezogen werden. (Dollmann Bd. II. S. 192. Anmerk. 8, Weis Bd. I. S. 356.)

4) Weis Bd. I. S. 358 definirt den Unterschied zwischen Staatsbeamten (Art. 136) und öffentlichen Dienern (Art. 137) dahin: Staatsbeamte seien diejenigen, denen ein Zweig der öffentlichen Gewalt zur eigenen Verantwortung selbstständig übertragen sei; und dieses sei der Fall, wenn sie das Recht hätten, in dem ihnen übertragenen Zweige Anordnungen zu treffen oder Verfügungen zu erlassen, welche als obrigkeitliche Anordnungen oder Verfügungen so lange beachtet und vollzogen werden müßten, als sie nicht von einer vorgesetzten Behörde oder Stelle aufgehoben oder abgeändert worden seien. Im Gegensatze hiezu seien öffentliche Diener solche, welche für sich keine obrigkeitlichen Anordnungen oder Verfügungen zu erlassen befugt seien, sondern lediglich die Anordnungen oder Verfügungen Anderer zu vollziehen berufen seien; oder welche nur den Vollzug der Gesetze und Verordnungen zu überwachen hätten, um den Uebertretungen derselben nachzuforschen und ihre desfallsigen Wahrnehmungen bei der zuständigen Behörde anzuzeigen.

In ähnlicher Weise sagt Stenglein Bd. II. S. 74: Die öffentliche Autorität, gegen welche die fraglichen Delikte gerichtet sind, wird nur durch die in Art. 136 bezeichneten Personen unmittelbar vertreten und nur diese können Aussprüche und Verfügungen erlassen, oder die Gesetze und Verordnungen vollziehen. Oeffentliche Diener vertreten die Autorität nur in einer von einer bestimmten Behörde abgeleiteten Weise, also kraft speziellen Auftrags oder kraft allgemeiner Dienstesinstruktion. Ihre Berechtigung endigt also, sowie sie über diesen Auftrag oder diese Instruktion hinaustreten, sei es in der Sache, sei es durch persönlichen Exceß. S. daselbst auch die ältere Praxis.

5) Der Auftrag muß von der hiezu kompetenten Behörde unmittelbar ausgehen; es genügt kein Auftrag eines öffentlichen Dieners. (Stenglein Bd. II. S. 75.)

6) Für den Begriff der Widersetzung begründet es keinen Unterschied, ob die obrigkeitliche Verfügung, gegen die die Widersetzung gerichtet ist, von der zuständigen Behörde ausging, oder ob der öffentliche Diener sich vollkommen innerhalb der Gränzen seiner Vorschriften hielt oder nicht. (Erk. d. k. A.-G. der Oberpfalz v. 19. November 1868, Z. f. Gerichtspr. Bd. VII. S. 412.)

7) Widersetzung gegen einen zur Pfändung nicht beauftragten Rentamtsboten, der eine solche eigenmächtig vornimmt, ist als solche nicht strafbar. (Z. f. Gerichtspr. Bd. II. S. 136.)

8) Der Begriff der Widersetzung ist dadurch nicht ausgeschlossen, daß ein im Auftrage einer Behörde exequirender öffentlicher Diener vorgeschriebene Förmlichkeiten außer Acht ließ. (Erk. d. A.-G. v. Niederbayern v. 7. August 1863, Z. f. Gerichtspr. Bd. III. S. 55.)

9) Forsteleven stehen bezüglich derjenigen Handlungen, welche sie im Auftrage der ihnen vorgesetzten Forstbeamten zur Handhabung des Forstschutzes vornehmen, in öffentlicher Funktion. (Erk. d. Cass.-H. vom 21. August 1863, Z. f. Gerichtspr. Bd. II. S. 382, Z. f. G. u. R. Bd. X. S. 834.)

10) Als in öffentlicher Funktion stehend wurden ferner anerkannt:

Bahnwärtergehilfen. (Erk. d. Cass.-H. v. 16. April 1862, Z. f. G. u. R. Bd. IX. 173.)

Privatgehilfen eines Bahnexpeditors. (Erk. d. Cass.-H. v. 5. April 1862, Z. f. Gerichtspr. Bd. I. S. 107.)

Gemeindevorsteher. (Z. f. Gerichtspr. Bd. II. S. 61. Bd. VI. S. 382. Bd. VII. S. 188.)

Gemeindeausschußmitglieder bei Leitung gemeindlicher Wegbauten. (Erk. d. A.-G. v. Niederbayern und des Cass.-H. v. 12. März 1864, Z. f. Gerichtspr. Bd. III. S. 101. 140, Z. f. G. u. R. Bd. XI. S. 79.)

Briefpostboten, welche von einer Behörde mit einer Zustellung beauftragt sind. (Z. f. Gerichtspr. Bd. III. S. 310.)

Forstamtsassistenten bei Handhabung des Jagdschutzes. (Erk. d. Cass.-H. v. 19. April 1869, Entsch. d. Cass.-H. Bd. III. S. 169, Z. f. Gerichtspr. Bd. VIII. S. 298.)

Gemeindepfleger bei Vornahme einer Haussuchung vermöge der Ortspolizei. (Erk. d. Cass.-H. v. 25. Juni 1869, Z. f. Gerichtspr. Bd. VIII. S. 357, Entsch. d. Cass.-H. Bd. III. S. 236.)

Stationseinnehmer der k. Ostbahn, welche mit Genehmigung der Kreisregierung aufgestellt und von der Distriktspolizeibehörde verpflichtet sind. (Erk. d. Cass.-H. v 5. Januar 1867, Entsch. d. Cass.-H. Bd. I. S. 8, Z. f. Gerichtspr. Bd. VI. S. 203.)

Schullehrer. (Erk. d. A.-G. v. Oberfranken v. 31. Oktober 1867, Z. f. Gerichtspr. Bd. VII. S. 300.)

Bahnmeister der Staatsbahn. (Erk. d. A.-G. v. Oberfranken v. 9. April 1867, Z. f. Gerichtspr. Bd. VII. S. 333.) S. übrigens auch die oben zu Art. 127 Note 6 über die Staatsbeamteneigenschaft der Forstgehilfen, Forstwarte und Bahnexpeditoren angeführten Erkenntnisse.

11) Der gewaltthätige Widerstand gegen die von einem Gendarmen vorgenommene Verhaftung ist nicht deshalb straflos, weil die Verhaftung angeblich nicht gesetzlich war, oder weil sie nicht nothwendig vollzogen werden mußte, oder weil die Voraussetzungen zur Verhaftung nur nach Ansicht des Gendarmen vorhanden waren. (Erk. d. A.-G. v. Niederbayern v. 11. Novbr. 1863, Z. f. Gerichtspr. Bd. III. S. 32, Erk. d. Cass.-H. v. 29. Dezember 1863, Z. f. Gerichtspr. Bd. III S. 80, Z. f. G. u. R. Bd. X. S. 1063, Dollmann Bd. II. S. 194. Anmerk. 13, Stenglein Bd. II. S. 76.)

12) Widersetzung und Gewaltthätigkeit gegen Bedienstete eines auswärtigen Staates im Auslande ist gegen Bayern nach Art. 137. 138 strafbar (?) (Erk. d. Bez.-G. Landau v. 8. April 1864, Z. f. G. u. R. Bd. XI. S. 425. Die entgegengesetzte Auffassung s. in einem Erk. d. A.-G. v. Oberfranken v. 11. Februar 1868, Z. f. Gerichtspr. Bd. VIII. S. 43.)

13) „soll bestraft werden“, s. zu Art. 136 Note 31. 32 S. 210.

Es liegt nur **ein** Akt der Widersetzung vor, wenn bei einer und derselben Gelegenheit aus Veranlassung einer und derselben obrigkeitlichen Anordnung zwei obrigkeitliche Diener durch gewaltthätiges Handanlegen am Vollzuge jener Anordnung gehindert wurden. (Erk. d. A.-G. v. Oberfranken v. 16. Januar 1869, Z. f. Gerichtspr. Bd. VIII. S. 410.)

14) Die Bestimmung des Art. 138 Abs. 2, wonach bei Gewaltthätigkeit gegen öffentliche Diener u. s. w. in leichteren Fällen eine Uebertretungsstrafe erkannt werden kann, ist auf Widersetzung nicht anwendbar. (Erk. d. Cass.-H. v. 21. Oktober 1865, Z. f. Gerichtspr. Bd. V. S. 54, Z. f. G. u. R. Bd. XII S. 485, Dollmann Bd. II. S. 202, Stenglein Bd. II. S. 80.)

15) Wer eine Person unmittelbar nach erfolgter Arretirung, während sie von Polizeisoldaten zum Zwecke der Verbringung auf die Polizei festgehalten wird, gewaltsam befreit, macht sich nicht einer Widersetzung, sondern einer Be-

freiung von Gefangenen schuldig. (Erk. d. Cass.-H. v. 4. März 1870, Entsch. d. Cass.-H. Bd. IV. S. 94, Z. f. Gerichtspr. Bd. IX, S. 257.)

Art. 138.

Gewaltthätigkeit gegen Beamte und andere in öffentlichen Funktionen stehende Personen

Die Strafbestimmungen des Art. 136 finden auch auf denjenigen Anwendung, welcher einem Staatsbeamten, einem Offiziere oder im Offiziersrange stehenden Beamten der Armee oder der Landwehr, einem Mitgliede des Landtags, eines Land- oder Distriktsrathes, eines Wahl- oder Steuer-Ausschusses oder eines Gemeindekollegiums, einem Geschwornen, Zeugen oder Sachverständigen während der Ausübung ihrer Dienstes- oder Berufspflicht, oder um auf ihre Dienstes- oder Berufsverrichtung einzuwirken oder um wegen einer solchen Rache zu nehmen, Gewalt zufügt, oder androht.

Wer sich einer solchen Handlung gegen eine andere mit einer öffentlichen Funktion ständig oder vorübergehend betraute Person, gegen eine nicht im Offiziersrange stehende Militärperson oder gegen einen öffentlichen Diener schuldig macht, unterliegt den Strafbestimmungen des Art. 137. In leichteren Fällen kann auf Arrest oder auf Geldstrafe bis zu hundert und fünfzig Gulden erkannt werden.

1) „Welcher einen Staatsbeamten" s. zu Art. 136 Note 1, zu Art. 127 Note 3—8 oben S. 199.

2) Einem Mitgliede eines Gemeindekollegiums. Daß hierunter Bürgermeister oder Magistratsräthe bezüglich aller ihrer Funktionen fallen, steht außer Zweifel. Bestritten ist ob Gemeindevorsteher, Bürgermeister und Mitglieder von Landgemeindeausschüssen bezüglich der Handhabung der Lokalpolizei unter Abs. 1 oder Abs. 2 fallen. (Ersterer Alternative schließt sich an Dollmann Bd. II. S. 210, ferner Erk. d. A.-G. von Mittelfranken vom 18. Oktober 1862 und 16. November 1867, Z. f. Gerichtspr. Bd. II. S. 61, Bd. VII. S. 188. Erk. d. A.-G. von Niederbayern Z. f. Gerichtspr. Bd. III. S. 101. Erk. d. Cass.-H. vom 12. März 1864 Z. f. Gerichtspr. Bd. III. S. 140. Z f. G u. R. Bd. XI. S. 79.)

Nur unter Abs. 2 subsumirt die Gewaltthätigkeit in diesem Fall ein Bezirksg.-Erk. (Z. f. Gerichtspr. Bd. VI. S. 382 u. Erk. d. A.-G. von Oberfranken vom 6. Okt. 1868, Z. f. Gerichtspr. Bd. VIII. S. 302.)

3) „Zeugen". Bloße Solennitätszeugen wie die zu einer Pfändung zugezogenen genießen nur den Schutz des Abs. 2 nicht des Abs. 1. (Erk. d. Cass.-H. vom 12. April 1865, Z. f. Gerichtspr. Bd IV. S. 231, Z. f. G. u. R. Bd. XII. S. 142, übereinstimmend Z. f. Gerichtspr. Bd. II. S. 137); ebenso der bei einer Haussuchung zugezogene Zeuge. (Erk. d. A.-G. von Oberfranken vom 12. Juli 1869, Z f. Gerichtspr. Bd. IX. S. 24, s. auch Dollmann Bd. II. S. 210 Anmerk. S. 16.)

4) Der Begriff von Zeugen ist nicht auf Beweiszeugen im engeren Sinn zu beschränken, oder auf gerichtliche Zeugen; doch muß es sich um eine amtliche Vernehmung handeln, welche von einer hiezu berufenen Behörde (auch Polizeibehörde) kraft eines Aktes der öffentlichen Autorität erfolgt ist oder erfolgen soll. (Dollmann Bd. II. S. 210, Erk. d. Cass.-H. vom 30. Juni 1865. Z. f. Gerichtspr. Bd. IV. S. 325, Z. f. G. u. R. Bd. XII. S 295, s. auch Z. f. Gerichtspr. Bd. I S. 165, ferner Dollmann Bd. II. S. 205 Anmerk. 2, Weis Bd. I. S. 349, Motive z. Entw. v. 1855 S. 75, Prot. d. G.-A. d. K. d. A. 1856/57 S. 507.)

5) Eine gegen einen Zeugen bedingt, für den Fall seiner allenfallsigen Vernehmung gebrauchte Drohung fällt nicht unter Art. 138 (Z. f. G. u. R. Bd. XI. S. 425.) (?)

6) Geschieht die That während der Ausübung des Dienstes oder der Berufspflicht der angegriffenen Person, so ist einfacher Dolus erforderlich. Auf das Motiv der That kommt es hiebei nicht an, und kann dasselbe auch Privatbeziehungen entnommen sein, oder in Bosheit oder Muthwillen bestehen. (Weis Bd. I. S. 359, Stenglein Bd. II. S. 79, Dollmann Bd. II. S. 207, Prot. d. G.-A. d. K. d. A. 1860/61 S. 44.) So wurde die Vergewaltigung

eines im Dienste befindlichen Gendarmen bestraft, obgleich sie geschah, um ihn von der Beschädigung von Excedenten abzuhalten. (Erk. d. A.-G. von Schwaben vom 10. Februar 1863 Z. f Gerichtspr. Bd. II. S. 174.)

7) Oder um auf ihre Dienstes- oder Berufsverrichtung einzuwirken oder um wegen einer solchen Rache zu nehmen. Außer dem in Note 6 bezeichneten Fall ist die besondere, auf die Berufsverrichtung sich beziehende Absicht erforderlich, entweder die Vergewaltigten zu einer Handlung oder zu einer besonderen Art der Handlung zu nöthigen, oder von einer solchen abzuhalten, oder um Rache zu nehmen, wobei es nicht darauf ankommt, ob die Rache der Dienstes- oder Berufshandlung sofort oder erst in einem späteren Zeitpunkte folgt. (Dollmann Bd. II. S. 207. 208, Stenglein Bd. II. S. 79.)

8) „Gewalt zufügt oder androht" s. hierüber zu Art. 136 Note 17—30 S. 209.

Es kommt nicht darauf an, ob die Gewalt oder Drohung vor, während oder nach der Dienstes- oder Berufsverrichtung erfolgt. Die Drohung kann auch eine schriftliche sein. (Dollmann Bd II. S. 206.)

9) Der einem Zeugen im Gespräche über seine Aussagen durch eine Handbewegung unabsichtlich zugefügte Schlag oder Stoß kann nicht als Gewaltthat beurtheilt werden. (Erk. d. Cass.-H. vom 21. Juni 1867, Entsch. d. Cass.-H. Bd. I S. 275.)

10) gegen eine andere mit einer öffentlichen Funktion ständig oder vorübergehend betraute Person, gegen eine nicht im Offiziersrange stehende Militärperson oder gegen einen öffentlichen Diener." Die Bezeichnung der in Abs. 1 aufgeführten Personen ist keine blos exemplifizirende, der Ausdehnung fähige. Alle in Abs. 1 nicht aufgeführten in öffentlicher Funktion stehenden Personen stehen unter dem Schutz des Abs. 2. (Dollmann Bd. II S. 209 210.)

11) Unter Abs. 2 fallen auch dienstlich verwendete Rechtspraktikanten und Accesisten. (Prot. d. G.-A. d. K. d. A. 1856/57 S. 506, Dollmann Bd. II. S. 206, Stenglein Bd. II. S. 73. S. ferner zu Art. 137 Note 9, 10 S. 211. 212.)

12) Gendarmen, Polizeisoldaten und ähnliche Personen befinden sich nicht nur, wenn sie bestimmte, in ihrem Dienste liegende Handlungen vornehmen, sondern immer in Ausübung ihrer Dienstpflicht, d. h. sie können jeden Augenblick Diensthandlungen vornehmen. (Stenglein Bd. II. S. 76, Dollmann Bd. II. S. 207, Weis I, 359.)

13) Das Vergehen der Gewaltthätigkeit kann an einem Gendarmen auch dann begangen werden, wenn er als Gast in einem Wirthshause anwesend ist und sich zum dienstlichen Einschreiten veranlaßt sieht. (Erk. d. Cass.-H. vom 24. August 1867, Entsch. d. Cass.-H. Bd. I. S. 360, Z. f. Gerichtspr. Bd. VII. S. 58.) Das gleiche wurde angenommen bei einem Landwehrmanne, der vom Wachdienste in Uniform und Armatur auf dem Wege nach seiner Wohnung sich befand. (Erk. d A.-G. von Oberfranken vom 21. Sept. 1866, Z. f. Gerichtspr. Bd. VII. S. 142.)

14) S. zu Art. 138 auch noch zu Art. 136 Note 31—33 S. 210. Dollmann Bd. II. S. 209.

Die Befugniß des Richters in leichteren Fällen auf eine Uebertretungsstrafe zu erkennen, erstreckt sich nicht auf Gewaltthätigkeit gegen die in Abs. 1 bezeichneten Personen. (Erk. d. A.-G. von Oberfranken v. 30. Sept. 1868, Z. f. Gerichtspr. Bd. VIII. S. 139.)

Art. 139.

Aufstand.

Wenn eine Menschenmenge sich zusammenrottet, um eine der in den Art. 136—138 bezeichneten Handlungen zu verüben, desgleichen wenn eine aus anderer Veranlassung versammelte Menschenmenge den Entschluß kundgibt, sofort zur Verübung einer solchen Handlung zu schreiten, so sollen die Betheiligten wegen Aufstandes in folgender Weise bestraft werden:

1) Ist bei dem Aufstande Gewalt gegen eine Person verübt worden, oder

hat Plünderung, Verwüstung oder Zerstörung von fremdem Eigenthume stattgefunden, so trifft die Anstifter und Anführer, sowie diejenigen, welche solche Handlungen vorgenommen haben, Zuchthausstrafe bis zu acht Jahren, die übrigen Betheiligten, falls sie bewaffnet waren, Gefängniß nicht unter zwei Jahren, andernfalls Gefängniß bis zu drei Jahren;

2) wenn zwar keine Gewaltthat der vorbezeichneten Art, aber entweder ein wirkliches Einschreiten der bewaffneten Macht in Gemäßheit der hierüber bestehenden gesetzlichen Bestimmungen oder eine Handlung, welche ein solches Einschreiten gesetzlich gerechtfertigt haben würde, oder eine Bedrohung einer der in den Art. 136—138 bezeichneten Personen stattgefunden hat, so sind die Anstifter und Anführer des Aufstandes mit Gefängniß nicht unter sechs Monaten, die übrigen Betheiligten, wenn sie bewaffnet waren, mit Gefängniß von drei Monaten bis zu drei Jahren, andernfalls mit Gefängniß bis zu zwei Jahren zu bestrafen.

1) „Menschenmenge“ s. hierüber zu Art. 57 Note 3. 4 S. 64, zu Art. 104 Note 1. 2 S. 167.

Die Zusammenrottung muß keine öffentliche sein, sie kann auch im Innern von Gebäuden, z. B. in Fabriken, Gefangenanstalten vorkommen. (Motive z. Entw. v. 1855 Art. 142—145 S. 75, Prot. d G.=A. d. K. d. Abg. 1856/57 S. 509.) Dieselbe braucht auch keinen tumultuarischen Charakter zu haben, es genügt die Verbindung einer nach außen erkennbar, gemeinsam auftretenden Personenmenge. (Dollmann Bd. II. S. 215, Stenglein Bd. II. S. 84, Weis Bd. I. S. 362, 363.)

2) Bei Beurtheilung, ob eine zusammengerottete Menschenmenge gegeben ist, muß der Richter einerseits die der Obrigkeit zu Gebote stehenden gewöhnlichen Zwangskräfte, anderseits das Verhältniß der diesen gegenüberstehenden Personenzahl, die Verschiedenheit von Stadt und Land u. s. w. berücksichtigen. (Dollmann Bd. II. S. 215. Anmerk. 10 a.)

3) „um eine der in den Art. 136—138 bezeichneten Handlungen zu verüben“, s. hierüber die Noten zu Art. 136—138. Es genügt nicht einfacher Vorsatz, sondern ist eine auf Widersetzung oder Gewaltthätigkeit gegen obrigkeitliche Personen gerichtete Absicht erforderlich. (Dollmann Bd. II. S. 216. 217.)

4) Es ist nicht der Nachweis vorhergegangener, förmlicher Verabredung oder gegenseitiger Aufreizung erforderlich, sondern genügt die bewußte Verbindung zu demselben Zwecke, sollte auch bei Jedem der Entschluß von selbst entstanden sein. Die Absicht durch die Vereinigung den gemeinsamen Zweck zu erreichen, ist Voraussetzung der Strafbarkeit jedes einzelnen Theilnehmers, dagegen bedarf es nicht des Entschlusses eines Jeden derselben Widersetzungshandlungen zu verüben. (Dollmann Bd. II S. 216)

5) Zum Begriffe des Aufstandes genügt es, wenn eine zusammengerottete Menschenmenge thatsächlich den Willen an den Tag legt, nöthigenfalls zur Verhinderung des Vollzugs einer obrigkeitlichen Verfügung gegen die mit dem Vollzuge Beauftragten Gewalt anzuwenden, wenn auch die Art der Gewalt nicht bestimmt bezeichnet ist, wenn also nur allgemeine Drohung durch aggressives Vorgehen vorliegt. (Erk. d. Cass.=H. v. 20. April 1868, Z. f. Gerichtspr. Bd. VII. S. 330, Entsch. d. Cass.=H. Bd. II. S. 185.) Als Bedrohung erscheint schon ein drohendes Geschrei. (Stenglein Bd. II. S. 82.)

6) Auch Zusammenrottung Behufs Auseinandertreibung einer Kammer des Landtags oder Behufs Erzwingung oder Hinderung eines Beschlusses derselben oder Behufs der Rache an einem Zeugen oder Sachverständigen wegen dessen Aussage fällt unter Art. 139. (Motive z. Entw. v. 1855 S. 75, Vortr. im G.=A. d. K. d. A. 1860/61 S. 173, Prot. 1856/57 S. 508, Dollmann Bd. II. S. 216, Stenglein Bd. II. S. 81, Weis Bd. I. S 363.)

7) Durch die Richtung der Zusammenrottung gegen die Obrigkeit unterscheidet sich der Aufstand vom hochverrätherischen Aufruhr (Art. 104), der staatsgefährlichen Zusammenrottung (Art. 109) und der Störung des öffentlichen Friedens (Art. 154). (Dollmann Bd. II. S. 217, Stenglein Bd. II. S. 81, Weis Bd. I. S. 361.)

8) „die Betheiligten", s. hierüber zu Art. 102 Note 12 S. 166.

Bloße Zuschauer oder zufällig dazu Gekommene sind nicht nach Art. 139 strafbar, sondern nur solche Personen, die vorsätzlich und in der Absicht, eine nach Art. 136—138 strafbare Handlung zu verüben, an der Zusammenrottung Theil genommen haben. (Prot. d. G.-A. d. K. d. A. 1856/57 S. 513, Stenglein Bd. II. S. 82.)

9) „sollen bestraft werden". Der Aufstand ist vollendet, sobald die zusammengerottete Menge den Entschluß zu sofortiger Verübung von Widersetzung oder sonstiger Gewaltthätigkeit gegen die Obrigkeit durch Worte oder Handlungen unzweideutig an den Tag gelegt hat, sollte auch noch keine Gewalt oder Drohung verübt und der Zweck des Aufstands nicht erreicht worden sein. Strafbaren Versuch des Aufstands gibt es nicht. (Dollmann Bd. II. S. 217, Stenglein Bd. II. S. 84. 85, Weis Bd. I. S. 361.)

10) Ein Haberfeldtreiben, bei welchem auf die anrückende Sicherheitsmannschaft scharf geschossen wird, ist, auch wenn Niemand getroffen wird, als vollendeter Aufstand nach Art. 139 Ziff. 1 strafbar. (Erk. d. A.-G. v. Oberbayern v. 1. August 1867, Z. f. Gerichtspr. Bd. VII. S. 126)

In diesem Falle ist jeder Theilnehmer am Haberfeldtreiben wegen Aufstands strafbar, wenn er auch selbst keine Gewalthandlung begangen hat. (Erk. d. Cass.-H. v. 11. Januar 1868, Z. f. Gerichtspr. Bd. VII. S. 203, Entsch. d. Cass.-H. Bd. II. S. 29.)

11) „wegen Aufstands". Liegt eine bei Gelegenheit des Aufstands verübte schwerer strafbare Eigenthumsbeschädigung u. dgl. vor, so finden die Grundsätze über idealen Zusammenfluß Anwendung, auf einen nur bei Gelegenheit des Aufstands verübten Landfriedensbruch die über realen Zusammenfluß. (Motive z. Entw. v. 1855 S. 76, Prot. d. G.-A. d. K. d. A. 1856/57 S. 509—514, Dollmann Bd. II. S. 219.)

12) „Gewalt gegen eine Person." Diese Gewalt muß eine physische sein (s. hierüber zu Art. 136 Note 17. 18. S. 209). Es ist jedoch nicht erforderlich, daß die vergewaltigte Person eine der in Art. 136—138 genannten Personen ist; selbst an Zuschauern kann diese Gewalt verübt worden sein, jedoch darf es keine mit dem Aufstande selbst in keinerlei Verbindung stehende Mißhandlung einer Person durch eine andere sein. (Prot. d. G.-A. d. K. d. A. 1856/57 S. 512. 513, Weis Bd. I. S. 362, Dollmann Bd. II. S. 220, Stenglein Bd. II. S. 83, Weis Bd. I. S. 362.)

13) „Plünderung, Verwüstung oder Zerstörung von fremdem Eigenthum". Nur die schwersten Eigenthumsbeschädigungen, sei es an öffentlichem, sei es an Privateigenthum, fallen unter diese Begriffe, nicht jedes Zerbrechen einer Fensterscheibe oder Eindringen in fremde Gebäude u. dgl. (Prot. d. G.-A. d. K. d. A. 1856/57 S. 514, Dollmann II. 220, Stenglein II. 83, Weis I. 362.)

14) Betheiligte, falls sie bewaffnet waren", s. hierüber zu Art. 109 Note 3 S. 170, Stenglein Bd. II. S. 84 nimmt an, daß nur zum Massenkampf taugliche Werkzeuge als Waffen in Betracht kommen, und es keinen Unterschied mache, ob die Waffen absichtlich mitgenommen wurden, oder zufällig bereits in den Händen der Betheiligten waren.

15) „Einschreiten der bewaffneten Macht". Der Strafe der Ziff. 2 unterliegen alle Betheiligte, welche ungeachtet der ergangenen dritten Aufforderung zum ruhigen Auseinandergehen und bis zu dem hienächst erfolgten Waffengebrauche in der Zusammenrottung verharren. (Dollmann Bd. II. S. 221.)

16) „eine Handlung, welche ein solches Einschreiten gesetzlich gerechtfertigt haben würde". Hieher gehört, da die schwereren Fälle unter Ziff. 1 fallen, das Errichten von Barrikaden, das Eindringen in öffentliche oder Privatgebäude, oder geringere Gewalt an Sachen, wenn auch z. B. wegen Mangels verfügbarer Kräfte das Einschreiten unterblieben ist. (Dollmann Bd. II. S. 221.)

17) „Bedrohung einer der in den Art. 136—138 bezeichneten Personen“. Bedrohen anderer Personen, z. B. beschwichtigender Bürger oder ruhiger Zuschauer bildet keinen qualifizirenden Moment des Aufstands, schließt die Anwendung des Art. 140 nicht aus und kann nur als selbstständiges Reat in Betracht kommen. (Dollmann Bd. II. S. 221, Stenglein Bd. II. S. 83.)

18) Concurrenz von Aufstand und Widersetzung kann nur dann vorkommen, wenn letztere außer Verbindung mit dem Aufstand nebenbei verübt wird. Bedrohung von Beamten schließt aber, auch wenn nur von Einzelnen aus der Rotte verübt, die Anwendung des Art. 140 für Alle aus, welche sich bei deren Verübung noch in der Zusammenrottung befunden haben. (Dollmann Bd. II. S. 222.)

Art. 140.

Wer sich an einem Aufstande betheiligt, jedoch sich entfernt und zur Ordnung gefügt hat, bevor noch einer der im Art. 139 bezeichneten Fälle eingetreten ist, unterliegt wegen des Aufstandes keiner Strafe. Bezüglich der Anstifter und Anführer gilt dies jedoch nur dann, wenn das ganze Unternehmen vor dem eben bezeichneten Zeitpunkte aufgegeben wurde und sie selbst persönlich dazu mitgewirkt haben; — ist zwar das erstere, aber nicht das letztere der Fall, so trifft sie Gefängniß bis zu zwei Jahren.

1) „Wer sich entfernt und zur Ordnung gefügt hat“. (Vgl. zu Art. 106 Note 5 S. 168.)

2) „bevor noch einer der in Art. 139 bezeichneten Fälle eingetreten ist“. Es begründet für die Anwendbarkeit des Art. 140 keinen Unterschied, ob der Zweck, des Aufstands erreicht ist oder nicht; ersteres etwa durch Nachgeben eines Beamten. (Prot. d. G.-A. d. K. d. A. 1856/57 S. 509, Dollmann Bd. II. S. 222. 223.)

3) „unterliegt wegen des Aufstands keiner Strafe“. Die Bestrafung anderer, gelegentlich des Aufstands verübter Reate, selbst der Widersetzung, ist hiedurch nicht ausgeschlossen. (Prot. d. G.-A. d. K. d. A. 1856/57 S. 509. 510.) Anderer Ansicht bezüglich der Widersetzung ist mit Recht Dollmann Bd. II. S. 223.)

4) Ob das Aufgeben des Aufstands freiwillig oder in Folge von Aufforderungen, selbst wiederholter, erfolgt ist, begründet keinen Unterschied, wenn nur Waffengebrauch noch nicht erfolgt oder noch nicht gesetzlich gerechtfertigt war. Die Straflosigkeit ist für alle noch Betheiligte ausgeschlossen, sobald auch nur Einzelne derselben eine der in Art. 139 bezeichneten Qualifikationen sich zu Schulden kommen ließen. (Dollmann Bd. II. S. 223, Stenglein Bd. II. S. 82. 83, Weis Bd. I. S. 362.)

5) „Wenn das ganze Unternehmen aufgegeben wurde. Ob dies der Fall ist, ist eine thatsächliche Frage; ist aber dadurch nicht ausgeschlossen, daß Einzelne sich noch Ausschreitungen zu Schulden kommen ließen, nachdem die Zusammenrottung als solche sich aufgelöst hat. Als aufgegeben erscheint die Zusammenrottung, wenn kein Rest von Excedenten übrig blieb, welcher als eine zusammengerottete Menschenmenge erscheint. (Stenglein Bd. II. S. 82, Dollmann Bd. II. S. 223. 224.)

6) „Anstifter und Anführer“ s. hierüber zu Art. 102 Note 20. 21. S. 167 und Art. 106 Note 5 S. 168.

Art. 141.

Verabredung zur Arbeitseinstellung.

Fabrikanten, Gewerbsmeister und andere eine Mehrzahl von Arbeitern beschäftigende Personen, welche, um eine obrigkeitliche Verfügung oder deren Unterlassung zu erzwingen oder an der Obrigkeit Rache zu nehmen, die gänzliche oder theilweise Einstellung ihrer Gewerbe oder Arbeitsunternehmungen verabreden, sind, wenn sie ungeachtet obrigkeitlicher Warnung in diesem Unternehmen beharren, mit Gefängniß bis zu einem Jahre oder an Geld bis zu tausend Gulden zu bestrafen.

Unter derselben Voraussetzung sollen Handwerksgesellen oder Arbeiter, welche, um einen der im Abs. 1 bezeichneten Zwecke zu verfolgen, die gänzliche oder theilweise Einstellung der Arbeit verabreden, mit Gefängniß bis zu einem Jahre bestraft werden.

1) „Gewerbsmeister“. Diese fallen unter die Bestimmung des Artikels, auch wenn sie nur einen oder gar keinen Gesellen beschäftigen. (Weis Bd. I. S. 366, Dollmann Bd. II. S. 227. 228, Stenglein Bd. II. S. 86.

2) „andere eine Mehrzahl von Arbeitern beschäftigende Personen“, z. B. Bergwerks- und Hüttenbesitzer, Unternehmer größerer Bauten, wie Eisenbahnen, wenn dieselben auch nicht an einem Orte wohnen. (Dollmann Bd. II. S. 227. 228.)

3) Es ist eine Mehrzahl von Personen erforderlich. Die Zahl derselben ist dem verständigen Ermessen des Thatrichters anheimgegeben, welcher hiebei den Zweck des Delikts (Druck auf die Obrigkeit) im Auge behalten muß, so daß unter Umständen zwei Besitzer ausgedehnter Fabriketablissements genügen, unter Umständen eine Anzahl von fünf und mehreren kleineren Gewerbsmeistern nicht genügt. (Weis Bd. I. S. 365. 366, Dollmann Bd. II. S. 228. 230, Stenglein Bd. II. S. 86.) Letzterer ist jedoch der von den beiden erstgenannten bekämpften Ansicht, auch ein einzelner Arbeitsgeber könne das Delikt begehen, wenn er eine genügende Anzahl von Arbeitern beschäftige, um die Arbeitseinstellung fühlbar zu machen. Jene geben nur zu, daß ein einzelner es nach stattgehabter Verabredung mit Andern begehen könne, wenn diese von der Ausführung zurückgetreten seien (s. auch Dollmann Bd. II. S. 230. Anmerk. 15).

4) „welche die gänzliche oder theilweise Einstellung ihrer Gewerbe oder Arbeitsunternehmungen verabreden.“ Es ist eine Verabredung erforderlich; der von Mehreren selbstständig gefaßte Entschluß genügt nicht. Diese Verabredung muß aber wenigstens eventuell auf Arbeitseinstellung gerichtet sein, nicht etwa blos auf Preisänderungen u. dgl. (Dollmann II. 229.)

5) „um eine obrigkeitliche Verfügung oder deren Unterlassung zu erzwingen oder an der Obrigkeit Rache zu nehmen. Es muß eine gegen die Obrigkeit gerichtete Absicht vorliegen. Verabredungen auf rein wirthschaftlichem Gebiete ohne Beziehung auf die Obrigkeit fallen nicht unter Art. 141. Die Obrigkeit muß nicht die Gewerbspolizeibehörde sein. (Dollmann Bd. II. S. 229. 230, Stenglein Bd. II. S. 86. 87, Weis Bd. I. S. 364. 366, Vortr. im G.-A. d. K. d. A. 1860/61 S. 175. 176, Prot. 1856/57 S. 545), Stenglein Bd. II. S. 86 bemerkt noch, die That könne nur die Richtung gegen die Obrigkeit in abstracto haben, nicht gegen einzelne obrigkeitliche Personen oder vollends obrigkeitliche Diener.

6) „sind, wenn sie ungeachtet obrigkeitlicher Warnung in diesem Unternehmen beharren, zu bestrafen“. Die Vollendung des Delikts tritt mit der Arbeitseinstellung ein, wenn derselben eine obrigkeitliche Warnung vorhergegangen ist, mit dem Beharren bei der Arbeitseinstellung, wenn die Warnung dieser erst gefolgt ist. So lange eine Warnung nicht erfolgt ist, oder wenn derselben Folge geleistet wird, liegt keine strafbare That vor. (Stenglein Bd. II. S. 87, Dollmann Bd. II. S. 230. 231, Weis Bd. I. S. 365.)

7) Die Warnung hat von der Polizeibehörde auszugehen, ist aber an keine besondere Form geknüpft, wenn sie nur erweislich zur Kenntniß der Betheiligten gelangt ist. (Weis Bd. I. S. 365, Dollmann Bd. II. S. 230, Weis Bd. I. S. 365.)

8) Eine bloße Verabredung oder Verweigerung der Rücktrittserklärung, ohne daß derselben durch Arbeitseinstellung ein thatsächlicher Ausdruck gegeben wird, begründet die Strafbarkeit nicht. (Stenglein Bd. II. S. 87, Dollmann Bd. II. S. 231, Weis Bd. I. S. 365.)

9) Anwendung physischer Gewalt oder Drohung steigert die That zur Widersetzung oder Gewaltthätigkeit, oder, wenn Zusammenrottungen vorkommen, unter Umständen auch zum Aufstand, als dessen Anstifter die sich Verabredenden erscheinen. (Motive z. Entw. v. 1855 S. 77, Dollmann Bd. II. S. 231, Stenglein Bd. II. S. 86. 87.)

10) Erfolglose Aufforderung zur That erscheint nur unter den Voraussetzungen des Art. 57 als strafbar. (Dollmann Bd. II. S. 231. 232, Weis Bd. I. S. 367.)

11) „Unter derselben Voraussetzung“. Auf Abs. 2 sind alle in Note 4—10 erläuterten Erfordernisse anwendbar, auch das der Warnung. (Prot. d. G.-A. d. K. d. Abg. 1860/61 S. 91.)

12) „Handwerksgesellen oder Arbeiter“. Dieselben können einem

einzelnen Unternehmen angehören. (Motive z. Entw. v. 1855 S. 76, Dollmann Bd. II. S. 228, Stenglein Bd. II. S. 86.)

Art. 142.

Befreiung von Gefangenen.

Wer einen Gefangenen aus der Gewalt der Obrigkeit oder ihrer Diener befreit, soll, insoferne nicht die That nach den über die Begünstigung bestehenden Vorschriften einer schwereren Strafe unterliegt, bestraft werden:

1) mit Gefängniß nicht unter einem Jahre, wenn zum Behufe der Befreiung gegen Beamte oder gegen die zur Verwahrung oder Bewachung des Gefangenen aufgestellten Personen Gewalt angewendet oder mittels Waffen angedroht worden;

2) mit Gefängniß von drei Monaten bis zu drei Jahren, wenn die Befreiung durch andere Gewaltandrohung gegen jene Personen oder durch Erbrechung des Gefängnisses bewirkt worden ist;

3) mit Gefängniß bis zu einem Jahre in den übrigen Fällen.

Der Versuch dieses Vergehens ist strafbar.

1) „Wer". Thäter kann Jeder sein, der nicht selbst der Gefangene (Art. 143) oder dem nicht der Gefangene zur Obhut anvertraut ist (Art. 144); auch ein Mitgefangener. Theilnahme an Selbstbefreiung oder an Befreiung durch den Obhutpflichtigen ist nach Art. 143 oder 144 nicht nach Art. 142 strafbar. (Dollmann Bd. II. 234, Weis Bd. I. S. 371.)

2) Das in diesem Artikel mit Strafe bedrohte Reat bildet keine Theilnahmshandlung an Selbstbefreiung, sondern eine selbstständig strafbare Handlung. (Erk. d. A.-G. v. Mittelfranken v. 14. Nov. 1865, Z. f. Gerichtspr. V. 163, vgl. auch Prot. d. G.-A. d. K. d. A. 1856/57 S. 515.)

3) „einen Gefangenen". Hierunter sind alle Personen zu verstehen, welche durch einen Akt obrigkeitlicher Gewalt körperlich, — wenn auch nur durch Gendarmen u. dgl. provisorisch, — festgenommen oder in förmliche Haft genommen sind, gleichviel, ob sie Straf- oder Untersuchungsgefangene, in einer Polizeianstalt, in einer Erziehungsanstalt für verwahrloste jugendliche Personen, oder in einem Schuldgefängnisse, überhaupt in einem Gefängnisse oder auf dem Transporte sind. (Motive z. Entw. v. 1855 S. 77, Dollmann Bd. II. S. 234. 235, Stenglein Bd. II. S. 90, Weis Bd. I. S. 368.)

4) Sobald einer Person von den hiezu berechtigten Organen die Verhaftung angekündigt ist und sie von denselben in Folge dessen festgehalten wird, ist sie Gefangener, und die von einem Andern hiegegen angewendete Gewalt ist Befreiung eines Gefangenen, nicht Widersetzung, wenn auch die Abführung in das Arrestlokal noch nicht begonnen hatte. (Erk. d. Cass.-H. v. 4. März 1870, Z. f. Gerichtspr. Bd. IX. S. 257, Entsch. d. Cass.-H. Bd. IV. 94. S. eine Reihe von Einzelfällen Stenglein Bd. II. S. 90. Anmerk. 3.)

5) Die von einer Privatperson bewirkte Festnahme läßt den Festgenommenen nicht als Gefangenen erscheinen. (Stenglein Bd. II. S. 90, Dollmann Bd. II. S. 234. 235.)

6) Die Befreiung eines Kindes aus dem Schularreste ist als Befreiung von Gefangenen nicht strafbar, sondern ist hiezu die Befreiung einer Person erforderlich, welche auf Grund der Straf- oder Civiljustiz oder der Polizeigewalt der Freiheit beraubt ist. (Erk. d. Cass.-H. v. 19. Oktober 1867, Z. f. Gerichtspr. Bd. VII. S. 91, Entsch. d. Cass.-H. Bd. I. S. 403.)

Im entgegengesetzten Sinne hatte entschieden ein Erk. d. Cass.-H. vom 2. Sept. 1864. (Z. f. Gerichtspr. Bd. IV. S. 37, Z. f. G. u. R. Bd. XI. S. 309.)

7) Wer aus dem Gewahrsame der zur Besorgung der Nachtwache nach dem Herkommen einer Gemeinde bestellten Schleichwächter eine von diesen zu Verhaft gebrachte Person eigenmächtig befreit, macht sich des Vergehens der Befreiung eines Gefangenen schuldig. (Erk. d. Cass.-H. v. 25. Juni 1864, Z. f. G. u. R. Bd. XI. S. 184, Z. f. Gerichtspr. Bd. III. S. 273.)

8) Stellung unter Polizeiaufsicht ist keine Gefangenschaft. (Dollmann Bd. II. S. 236.)

9) „aus der Gewalt der Obrigkeit oder ihrer Diener befreit."

Es fällt unter Art. 142 weder die Verhinderung der Gefangennehmung, welche als Widersetzung oder nach Umständen als Begünstigung strafbar ist, noch die Aufnahme, Verbergung, Beförderung der Flucht eines aus dem Gewahrsam bereits Entkommenen, welche gleichfalls als Begünstigung, und nur bei vorhergegangener Zusage als Theilnahme an der Befreiung eines Gefangenen strafbar ist. (Motive z Entw. v. 1855 S. 77 Ziff. 4, Dollmann Bd. II. S. 236, Stenglein Bd. II. S. 95.)

10) Zur Befreiung eines Gefangenen ist der bewußte Wille oder die Absicht erforderlich, durch ein selbstständiges Unternehmen die Gefangenen aus der obrigkeitlichen Gewalt zu befreien; es genügt nicht der Vorsatz, zur Selbstbefreiung Beihilfe zu leisten. Fahrlässigkeit ist nur gegen die Obhutspflichtigen strafbar. (Stenglein Bd. II. S 93. 94, Dollmann Bd. II. S. 236, Prot. d. G.-A. d. K. d. Abg. 1856/57 S. 515.)

11) Ist das Mittel zur Befreiung oder der Zweck derselben selbstständig strafbar (z. B. Tödtung, Körperverletzung), so finden die Grundsätze über Concurrenz Anwendung. (Motive z. Entw. v. 1855 S. 77, Dollmann Bd. II. S. 237. 239, Stenglein Bd. II. S. 95.)

12) Da der Gefangene fast immer Selbstthätigkeit entfalten muß, so ist es nothwendig, zur Unterscheidung von der Selbstbefreiung hauptsächlich darauf Rücksicht zu nehmen, wem bei dem Befreiungsunternehmen die Hauptaufgabe zufällt, wessen Thun die Ursache des erreichten oder angestrebten Erfolges ist. Eine Theilnahme des Gefangenen an der von einem Andern unternommenen Befreiung ist nur dann strafbar, wenn sie nach der Art der Ausführung als Selbstbefreiung strafbar erscheint. (Dollmann Bd. II. S. 238. 239, Stenglein Bd. II. S. 93, Weis Bd. I. S. 371. Vgl. auch Erk. d. Cass.-H. v. 5. Nov. 1866. Z. f. Gerichtspr. Bd. VI. S. 136, Z. f. G. u. R. Bd. XIII. S. 583.)

13) Die That ist vollendet, sobald der Gefangene der obrigkeitlichen Gewalt, sei es auch nur vorübergehend, entzogen ist; also auch, wenn er alsbald wieder ergriffen wird oder sich stellt, nicht aber, wenn er nur seine Zelle oder selbst das Gebäude verlassen hat, sich aber noch innerhalb der äußeren Umschließung des Gefängnisses befindet. (Dollmann Bd. II. S. 238, Stenglein Bd. II. S. 93, Weis Bd. I. S. 369.)

14) „insoferne nicht die That nach den über die Begünstigung bestehenden Vorschriften einer schwereren Strafe unterliegt". Die Vorschriften über Befreiung derogiren nicht als lex specialis die lex generalis über Begünstigung. Greift aber auch die Strafbestimmung über Befreiung Platz, so hat doch der Gesichtspunkt der Begünstigung bei der Strafzumessung zur Berücksichtigung zu kommen. (Motive z. Entw. v. 1855 S. 77, Prot. d. G.-A. d. K. d. Abg. 1856/57 S. 515, Stenglein Bd. II. S. 94, Dollmann Bd. II. S. 239, Weis Bd. I. S. 368. 369.)

15) Art. 61 findet auf die Befreiung von Gefangenen keine Anwendung. (Prot. d. G.-A. d. K. d. Abg. 1856/57 S. 516, Stenglein Bd. II. S. 94.)

16) Der Ungrund der Haft oder die Unschuld des Gefangenen ist ohne Einfluß auf den Begriff der Befreiung; es sei denn, daß dessen Gefangenschaft eine widerrechtliche war und deshalb die Bestimmungen über Nothwehr Platz greifen. (Stenglein Bd. II. S 94, Dollmann Bd. II. S. 235.)

17) „wenn gegen Beamte oder gegen die zur Verwahrung oder Bewachung des Gefangenen aufgestellten Personen Gewalt angewendet oder mittels Waffen angedroht worden". Es ist nicht erforderlich, daß die Beamten zur Verwahrung der Gefangenen bestellt sind; (wenn die Gewalt z. B. gegen den Untersuchungsrichter verübt wird) und fällt auch keine Gewalt gegen Mitgefangene unter Ziff. 1. (Dollmann Bd. II. S. 240.)

18) Bezüglich der zur Obhut der Gefangenen aufgestellten Personen kommt nichts darauf an, ob dieselben im öffentlichen Dienst angestellt sind oder nicht. (Dollmann Bd. II. S. 240.)

19) Der Dienstesrang der vergewaltigten Personen kann nur bei der Strafzumessung Berücksichtigung finden. (Dollmann Bd. II. S. 240.)

20) Die Gewaltanwendung oder Bedrohung ist gleichbedeutend mit der bei der Widersetzung erläuterten (s. zu Art. 136 Note 17—30 S. 209 Art. 138, Note 8. 9. S. 214, Stenglein Bd. II. S. 90, Weis Bd. I. S. 369.)

21) „Durch Erbrechung des Gefängnisses“, d. h. die Zerstörung oder gewaltsame Beseitigung von Verwahrungsmitteln (Thüren, Fenster, Wände u. s. w.), welche einen zur Verwahrung von Gefangenen benützten Raum abschließen. Dieser muß nicht ein Gebäude oder ein Zubehör eines solchen sein, sondern es können auch umschlossene Räume sein, in denen Gefangene beschäftigt sind, sich ergehen dürfen u. dgl. (Weis Bd. I. S. 369, Stenglein Bd. II. S. 91, Dollmann Bd. II. S. 240.)

22) Es liegt kein Erbrechen in der Oeffnung einer Thüre mittels Nachschlüssels oder auf sonstige nicht gewaltsame Weise; oder in Gewalt, welche nicht gegen die Umschließungen des Verwahrungsortes, sondern gegen Gegenstände innerhalb desselben gerichtet ist, z. B. gegen die Fesseln eines Gefangenen. (Stenglein Bd. II. S. 91, Dollmann Bd. II. S. 240.)

23) „in den übrigen Fällen“ (Ziff. 3). Der niederste Grad der Gefangenbefreiung umfaßt alle in Ziff. 1 u. 2 nicht aufgeführte Arten der Begehung, wie durch Täuschung des Aufsichtspersonals, Oeffnung mittels falscher oder der zufällig erlangten rechten Schlüssel u. s. w. (Dollmann Bd. II. S. 241, Stenglein Bd. II. S. 91, Weis Bd. I. S. 370.)

24) „Der Versuch dieses Vergehens ist strafbar.“ Der Versuch erfordert den Vorsatz, durch eigenes selbstständiges, wenn gleich von dem Gefangenen oder Dritte unterstütztes Handeln die Befreiung zu bewirken und den Beginn der unmittelbaren Verwirklichung der Befreiung; nicht zu verwechseln mit der Unterstützung einer Selbstbefreiung. (Dollmann Bd. II. S. 237, Weis Bd. I. S. 371, Stenglein Bd. II. S. 92, s. über Versuch auch oben Note 10. 12. 13.)

25) Es ist keine Nichtigkeit des Urtheils begründet, wenn ein wegen Gewaltthätigkeit gegen einen öffentlichen Diener in die Sitzung des Gerichts geladener Beschuldigter unter Hereinziehen eines erst in der Sitzung erhobenen Umstands wegen Befreiung von Gefangenen verurtheilt wird. (Erk. d. Cass.-H. v. 18. August 1865, Z. f. Gerichtspr. Bd. II. S. 17, Z. f. G. u. R. Bd. XII. S. 391.)

26) Zum Begriffe der Theilnahme an der Befreiung von Gefangenen ist nicht erforderlich festzustellen, daß der Theilnehmer die Absicht der gewaltsamen Befreiung gehabt habe, sondern es genügt Feststellung der Absicht, den Thäter einer gewaltsamen Befreiung zu unterstützen. (Erk. d. Cass.-H. v. 4. März 1870, Z. f. Gerichtspr. Bd. IX. S. 257, Entsch. d. Cass.-H. Bd. IV. S. 94, s. auch Stenglein Bd. II. S. 93).

Art. 143.

Ein Gefangener, welcher sich durch Anwendung oder Androhung von Gewalt gegen Personen oder durch Erbrechung des Gefängnisses selbst befreit, soll mit Gefängniß bis zu sechs Monaten bestraft werden.

Gefangene, welche sich zusammenrotten, um ihre Befreiung mittels Anwendung oder Androhung von Gewalt gegen Beamte oder gegen die zu ihrer Verwahrung oder Bewachung aufgestellten Personen zu bewirken, sind nach den Bestimmungen über Aufstand zu bestrafen.

1) „Ein Gefangener“ (s. hierüber zu Art. 142 Note 3—8 S. 219.) Auch der Gefangene kann bei der Selbstbefreiung Theilnehmer haben. (Dollmann II. 244, vgl. hiezu Art. 142 Note 2. 10. 12—16. 24.

2) „Durch Anwendung oder Androhung von Gewalt gegen Personen oder durch Erbrechung des Gefängnisses“, s. hiezu Art. 142 Note 17—22 S. 220, Art. 136 Note 17—30 S. 209, Art. 138 Note 8. 9. S. 214. Nur unter den hier näher bezeichneten Voraussetzungen ist die Selbstbefreiung überhaupt strafbar, außerdem fällt sie lediglich der Gefängnißdisciplin anheim,

welche nach den Hausordnungen zu bemessen ist. (Vortr. im G.-A. d. K. d. Abg. 1856/57 S. 296, Dollmann Bd. II. S. 244, Stenglein Bd. II. S. 91.)

3) Dieser Artikel spricht nicht wie Art. 142 von Gewalt an Beamten und obhutpflichtigen Personen, es ist also völlig gleichgültig für den Thatbestand, in welcher Stellung sich diese Personen zum Gefangenen befinden, selbst Gewalt an Mitgefangenen fällt unter Art. 143. (Weis Bd. I. S. 369, Dollmann Bd. II. S. 244.)

4) Das Vergehen der Selbstbefreiung eines Gefangenen kann auch dadurch begangen werden, daß der Gefangene Andere zur Erbrechung des Gefängnisses veranlaßt und wird auch durch Selbstbefreiung aus dem Schularreste begangen. (Erk. d. Cass.-H. v. 5. Nov. 1866, Z. f. Gerichtspr. VI. 136, Z. f. G. u. R. XIII. 583. Ueber Befreiung aus dem Schularrest s. aber oben zu Art. 142 Note 6 S. 219.)

5) S. einen Fall der Selbstbefreiung durch Umwerfen des transportirenden Gerichtsdienergehilfen. (Erk. d. Cass.-H. v. 30. Okt. 1862, Z. f. G. u. R. Bd. IX. S. 527, Z. f. Gerichtspr. Bd. II. 25.)

6) „soll bestraft werden". Wenn die Beschaffenheit der Handlung, durch welche die Selbstbefreiung bewirkt wird, eine höhere Strafe rechtfertigt, ist diese, nicht die des Art. 143 anzuwenden. (Motive z. Entw. v. 1855 S. 78, Dollmann II. 244, Stenglein II. 95.)

7) „Gefangene, welche sich zusammenrotten". Begehen diese die wechselseitige Selbstbefreiung ohne einen der in Abs. 1 bezeichneten qualifizirenden Umstände, so liegt nur ein disciplinär zu beahndendes Delikt vor; unter den Voraussetzungen des Art. 143 Abs. 1, nicht aber denen des Abs. 2 ist Abs. 1 anwendbar. (Dollmann Bd. II. S. 245, Stenglein Bd. II. S. 92.)

8) Das Gesetz spricht nicht von einer größeren Zahl von Personen, dieses Erforderniß wurde sogar gestrichen, also genügt unter Umständen schon die Zahl zwei. (Stenglein Bd. II. S. 92, Vortr. im G.-A. d. K. d. A. 1856/57 S. 296.) — Dollmann (Risch) Bd. II. S. 245 dagegen nimmt an, es sei eine größere Anzahl von Gefangenen erforderlich, wenn auch deren Zahl nach der Eigenthümlichkeit der Umstände zu bemessen sei, und findet dies durch die Bezugnahme auf die Bestimmungen über Aufstand begründet.

9) Die Zusammenrottung braucht nicht gerade im Gefängnisse zu erfolgen, sondern kann an jedem Orte stattfinden, an welchem Gefangene verwahrt werden. Auch ist kein Zusammenlaufen vorher getrennter Gefangener oder ein tumultuarisches Auftreten derselben nothwendig, sondern genügt das Zusammenwirken. (Dollmann Bd. II. S. 246, Stenglein Bd. II. S. 92.)

10) Auch die in einer Zelle befindlichen Gefangenen können sich Behufs der Selbstbefreiung zusammenrotten. (Z. f. Gerichtspr. Bd. III. S. 182, Stenglein Bd. II. S. 92.)

11) „um ihre Befreiung mittels Anwendung oder Androhung von Gewalt gegen Beamte u. s. w. zu bewirken", s. hiezu Art. 142 Note 17—20 S. 220. 221.

Die Bewirkung oder Androhung von Gewalt muß in der Absicht der zusammengerotteten Gefangenen gelegen sein. Außerdem ist Art. 143 Abs. 2 selbst dann nicht anwendbar, wenn Einzelne solche Gewalt üben. (Dollmann Bd. II. S. 246.)

12) „sind nach den Bestimmungen über Aufstand zu bestrafen", s. die Erläuterungen zu Art. 139. 140.

Diese Bestimmungen sind selbstverständlich auch dann anwendbar, wenn die Zusammenrottung Widersetzung oder Gewaltthätigkeit bezweckt und die Voraussetzungen des Art. 139 vorliegen. (Dollmann Bd. II. S. 246.)

Art. 144.

Ein Beamter oder öffentlicher Diener, welchem die Verwahrung oder Bewachung eines Gefangenen anvertraut ist, soll, wenn er dessen Entweichung bewirkt oder be-

fördert, mit Gefängniß nicht unter zwei Jahren bestraft werden, womit der Verlust des Amtes oder Dienstes als Straffolge zu verbinden ist.

Andere Personen, welchen die Verwahrung oder Bewachung eines Gefangenen anvertraut ist, sollen, wenn sie dessen Entweichung bewirken oder befördern, mit Gefängniß bis zu zwei Jahren bestraft werden.

Der Versuch des im Abs. 1 und 2 bezeichneten Vergehens ist strafbar.

Ist die Entweichung durch Fahrlässigkeit der im Abs. 1 bezeichneten Personen bewirkt worden, so trifft dieselben Gefängniß bis zu drei Monaten oder Geldstrafe bis zu zweihundert Gulden.

1) „Ein Beamter oder öffentlicher Diener, welchem die Verwahrung oder Bewachung eines Gefangenen anvertraut ist". Es begründet keinen Unterschied, ob die Obhut über Gefangene zu den regelmäßigen Dienstesobliegenheiten des Betreffenden gehört oder ihm nur im einzelnen Fall besonders übertragen ist; auch bedarf es keiner speziellen Uebergabe der Person des Gefangenen an ihn; so genügt es, wenn ein öffentlicher Bediensteter selbst befugter Weise zur Verhaftung geschritten ist oder kann ein Unterbeamter in einer Haftanstalt die That begehen. (Dollmann Bd. II. S. 249, Weis Bd. I. S. 370, Stenglein Bd. II. S. 89.) Die preußische Praxis macht Unterschiede. (Z. f. Gerichtspr. Bd. V. S. 118.)

2) Ist einem Bediensteten die Pflicht zur Obhut nicht übertragen, und er bewirkt oder befördert die Entweichung eines Gefangenen selbst unter Mißbrauch des Dienstverhältnisses, so greift nicht Art. 144, sondern Art. 142 bezw. Art. 364 Platz. (Dollmann Bd. II. S. 250, Stenglein Bd. II. S. 89.) [Unbegreiflich ist, weshalb ersterer (Risch) S. 249 die hiemit übereinstimmende Ansicht Stengleins, daß ein Gerichtsdienersgehilfe, der sich die Schlüssel verschafft, um einen im Gewahrsame des Gerichtsdieners befindlichen Gefangenen zu befreien, nicht nach Art. 144 strafbar ist, bekämpfen zu müssen glaubt.]

3) Ein Gefängnißwärter, welcher Strafgefangene vorsätzlich vor der Zeit entläßt (oder gar nicht in Arrest nimmt), sei es daß sie sich einen Theil der Strafzeit im Arrestlokale oder in der Wohnung des Bediensteten befanden, und dennoch Vollzugsanzeige an das Gericht erstattet, ist nicht nach Art. 144, sondern nach Art. 382 strafbar. (Erk. d. Cass.-H. v. 29. Dezember 1866, Z. f. Gerichtspr. Bd. VI. S. 193, Z. f. G. u. R. Bd. XIII. S. 644.)

4) „dessen Entweichung bewirkt oder befördert" s. hiezu Art. 142 Ziff. 3—13 S. 219. 220.

Die Beihilfe zur Selbstbefreiung von Seite eines obhutpflichtigen Bediensteten ist hiedurch zum selbstständigen Delikte erhoben. (Dollmann Bd. II. S. 250, Weis Bd. I. S. 370. 371, Stenglein Bd. II. S. 92. 93.)

5) Die Vollendung des Delikts tritt erst mit Entweichung des Gefangenen ein. (Dollmann Bd. II. S. 250. Weis Bd. I. S. 372, Stenglein Bd. II. S. 93.)

6) Auf Mitthäter und Theilnehmer der durch einen obhutpflichtigen Bediensteten bewirkten Befreiung findet die Strafe des Art. 144 Abs. 1, nicht die des Art. 142 Anwendung (Art. 63). (Dollmann Bd. II. S. 250. 251.)

7) „Andere Personen". Hiemit sind Personen gemeint, welche ohne spezielle Dienstpflicht, etwa in Folge allgemeiner staatsbürgerlicher Verpflichtung zum Transporte oder zur Bewachung von Gefangenen berufen sind. (Vortr. im G.-A. d. K. d. Abg. 1856/57 S. 296.)

8) Auch solche Personen fallen unter Abs. 2, denen die Verwahrung, Bewachung oder der Transport von Gefangenen unmittelbar von der Obrigkeit übertragen ist, nicht aber auch Dritte, denen diese Obliegenheiten unbefugt durch selbst nur Beauftragte übertragen sind. (Stenglein Bd. II. S. 90, Dollmann Bd. II. S. 251.)

9) Die Strafe des Abs. 2 tritt nur bei vorsätzlicher, nicht bei fahrlässiger Verübung ein. (Dollmann Bd. II. S. 252.)

10) „Der Versuch des im Abs. 1 u. 2 bezeichneten Vergehens ist strafbar", s. zu Art. 142 Note 10. 12. 13. 24 S. 220.

11) „Ist die Entweichung durch Fahrlässigkeit bewirkt worden".

Die bloße Beförderung der Entweichung aus Fahrlässigkeit ist hienach nicht strafbar. (Prot. d. G.-A. d K. d. Abg. 1856/57 S. 517, Dollmann Bd. II. S. 251.)

12) Die Entweichung muß durch die Fahrlässigkeit wirklich bewirkt worden sein. Die Gefahr einer Entweichung ist nur disciplinär strafbar. (Weis Bd. I. S. 372, Dollmann Bd. II. S. 251.)

13) Der Thatbestand der Gefangenen-Befreiung aus Fahrlässigkeit wird dadurch nicht alterirt, daß die Entweichung des Gefangenen erst durch eine Zwischenursache bewirkt wurde, wie durch Oeffnen eines Hofes, in denen Gefangene ohne Aufsicht zur Bewegung gelassen wurden, durch ein Kind mittels des steckengelassenen Schlüssels. (Erk. d. k. A.-G. v. Oberfranken v. 26. Februar 1869, Z. f. Gerichtspr. Bd. VIII. S. 410.)

14) Ein Gendarm, welcher fahrlässiger Weise die Befreiung eines nicht militärischen Gefangenen bewirkt, ist von den bürgerlichen, nicht von den Militärgerichten abzuurtheilen. (Erk. d. Cass.-H. v. 14. März 1870, Z. f. Gerichtspr. Bd. IX. S. 278.)

Art. 145.

Rückkehr eines Verwiesenen.

Wer durch richterliches Erkenntniß aus dem bayerischen Staatsgebiete verwiesen ist und diesem Erkenntnisse zuwider unbefugt dahin zurückkehrt, soll mit Gefängniß bis zu einem Jahre bestraft und nach überstandener Strafe von Neuem des Landes verwiesen werden.

Im Falle abermaliger Rückkehr ist auf Gefängnißstrafe nicht unter sechs Monaten zu erkennen, nach deren Erstehung neuerdings Landesverweisung einzutreten hat.

1) „Wer", Thäter kann nur ein Ausländer sein, welcher durch richterliches Urtheil gleichviel wegen welcher strafbaren Handlung, sei es auf Grund des Art. 43 d. Str.-G.-Bchs., sei es auf Grund des Art. 15 des Pol.-Str.-G.-Bchs. des Landes verwiesen ist. (Dollmann Bd. II. S. 254, Weis Bd. I. S. 373. 374, Stenglein Bd. II. S. 96, Prot. d. G.-A. d. K. d. Abg. 1860/61 S. 91, K. d. R.-R. S. 151.)

2) Die That kann nur vorsätzlich begangen werden. Irrthum über die Landesgrenzen oder Zwang schließt den Vorsatz aus. Einer besonderen Belehrung über die Landesverweisung bedarf es nicht, sondern nur der Publikation des darauf lautenden Urtheils. (Dollmann Bd. II. S 255, Stenglein Bd. II. S. 96. 97, Weis Bd. I. S. 374.)

3) „unbefugt zurückkehrt". Die Strafbarkeit cessirt, wenn die Rückkehr durch die Gnade des Königs gestattet, oder die Verweisung durch sicheres Geleite zeitweise sistirt wurde. (Prot. d. G.-A. d. K. d. Abg. 1856/57 S. 518, Dollmann Bd. II. S. 255, Stenglein Bd. II. S. 96, Weis Bd. I. S. 374.)

4) Die Strafe tritt ein nicht nur, wenn der Verurtheilte zwangsweise über die Grenzen geschafft worden war, sondern auch, wenn er freiwillig das Land verlassen hatte und wieder zurückkehrt. So lange er das Land nicht verlassen hat, steht nur der Vollzug der Landesverweisung nicht der Eintritt eines neuen Straffalls in Rede. (Weis Bd. I. S. 373, Stenglein Bd. II. S. 96, Dollmann Bd. II. S. 255.)

5) Mit dem Augenblicke der Rückkehr ist die That vollendet und kommt auf den kürzeren oder längeren Aufenthalt für den Thatbestand nichts an. (Dollmann Bd. II. S. 256, Stenglein Bd. II. S. 97.)

Art. 146.

Ausländer, welche der polizeilichen Anweisung, das Staatsgebiet für immer oder für eine bestimmte Zeit zu verlassen, zuwiderhandeln, sind mit Arrest zu bestrafen und können nach überstandener Strafe über die Grenze des Staatsgebietes geliefert werden.

1) „der polizeilichen Anweisung". Hierüber bestimmt Art. 56 Abs. 3 u. 4 des Gesetzes v. 16. April 1868, Heimath, Verehelichung und Aufenthalt betr.:

„Die zuständige Polizeibehörde ist überdies befugt, gegen jeden Ausländer, „dem auf Grund des Art. 45 der Aufenthalt in einer Gemeinde untersagt wird, „für die Dauer dieses Aufenthaltsverbots, auch die Wegweisung aus dem König„reiche zu verfügen, wenn es im öffentlichen Interesse geboten erscheint.

„Außerdem ist das Staatsministerium des Innern berechtigt, aus Gründen „der inneren oder äußeren Sicherheit des Staats einen Ausländer aus dem Kö„nigreiche wegzuweisen."

2) „zuwiderhandelt". Auch das unbefugte Verbleiben im Lande fällt unter Art. 146, da die Polizeibehörde ihre Anweisung nicht immer durch Zwangslieferung vollzieht, sondern auch die Auflage ertheilt, das Staatsgebiet zu verlassen. (Prot. d. G.-A. d. K. d. Abg. 1860/61 S. 91, Dollmann Bd. II. S. 254, Stenglein Bd. II. S. 96, Weis Bd. I. S. 373.)

3) Die Strafbarkeit des Bruchs der polizeilichen Ausweisung cessirt, wenn diese ausdrücklich oder stillschweigend, z. B. durch Ertheilung einer Aufenthaltsbewilligung durch die competente Polizeibehörde zurückgenommen wird. (Prot. d. G.-A. d. K. d. Abg. 1856/57 S. 518, Weis Bd. I. S. 374, Dollmann Bd. II. S. 255. 256, Stenglein Bd. II. S. 97.)

4) „kann nach überstandener Strafe über die Grenze des Staatsgebietes geliefert werden", d. h. es ist die zwangsweise Verbringung über die Grenze nach Erstehung der Strafe in das Ermessen der Polizeibehörde gelegt; nicht aber dem Richter eingeräumt, auf Landesverweisung zu erkennen. (Dollmann Bd. II. S. 256. 257.)

s. auch zu Art. 145 Note 2. 5 S. 224.

Art. 147.

Bruch der Polizeiaufsicht und polizeilicher Aufenthaltsverbote.

Wer sich außer Nothfällen der auf Grund richterlichen Erkenntnisses gegen ihn verfügten Polizeiaufsicht entzieht oder den zum Vollzuge derselben von der Distriktspolizeibehörde gegebenen Vorschriften zuwiderhandelt, ist mit Arrest zu bestrafen.

In Wiederholungsfällen kann auf Verwahrung in einer Polizeianstalt erkannt werden.

1) „Der auf Grund richterlichen Erkenntnisses gegen ihn verfügten Polizeiaufsicht". Es muß auf Grund eines hiezu ermächtigenden straf- oder einzelrichterlichen Erkenntnisses von der Distriktspolizeibehörde der Heimath des Verurtheilten die Stellung desselben unter Polizeiaufsicht verfügt, und deren Inhalt und Tragweite innerhalb der gesetzlichen Grenzen (Art. 38 d. Str.-G.-Bchs. Art. 12, Pol.-Str.-G.-Bch.) näher bestimmt worden sein. (Prot. d. G.-A. d. K. d. Abg. 1860/61 S. 91. 432, Dollmann Bd. II S. 258, Stenglein Bd. II. S. 97. 98, Weis Bd. I. S. 375.) Vgl. auch die Noten zu Art. 38 S. 37.

2) Die Beschränkungen, deren Bruch unter Strafe gestellt werden soll, müssen innerhalb der gesetzlichen Grenzen auferlegt sein. Die Gesetzlichkeit nicht aber die Zweckmäßigkeit dieser Beschränkungen hat der Richter zu prüfen. (Dollmann Bd. II. S. 258, Weis Bd. I. S. 375, Stenglein Bd. II. S. 98, Bl. f. R.-A. Bd. XXX. S. 37.)

3) Einem unter Polizeiaufsicht Gestellten kann der Besuch aller Wirthshäuser an dem Orte, welcher ihm als Aufenthaltsort angewiesen ist, verboten werden. Dem über den Bruch der Polizeiaufsicht aburtheilenden Gerichte steht eine Prüfung der von der Polizeibehörde (innerhalb der gesetzlichen Grenzen) getroffenen Maßregeln nicht zu. (Erk. d. Cass.-H. v. 1. Juli 1864, Z. f. Gerichtspr. Bd. III. S. 287, Z. f. G. u. R. Bd. XI. S. 248.)

4) Der Auftrag, Arbeit zu suchen, gehört nicht unter die Maßregeln der Polizeiaufsicht. (Erk. d. Cass.-H. v. 17. Febr. 1865, Z. f. Gerichtspr. Bd. IV. S. 183, Z. f. G. u. R. Bd. XII. S. 52.)

5) Der Bruch von Beschränkungen, welche das Bezirksamt einem unter Polizeiaufsicht Gestellten mit Ueberschreitung der in Art. 38 d. Str.-G.-Bchs oder Art. 11 Abs. 2 d. Pol.-Str.-G.-Bch. gezogenen Grenzen auferlegt (in concr.

das Verbot ohne schriftliche Bewilligung des Gemeindevorstehers bezw. Bezirksamts die Heimathgemeinde bezw. den Amtsbezirk zu verlassen) ist nicht strafbar. (Erk. d. Cass.-H. v. 11. März 1867, Z. f. Gerichtspr. Bd. VI. S. 260, Entsch. d. Cass.-H. Bd. I. S. 98.)

6) Es überschreitet die den Bezirksämtern bei Verhängung der Polizeiaufsicht zustehenden Befugnisse nicht, wenn dem unter Aufsicht Gestellten das Betreten aller Gemeinden des Bezirks mit Ausnahme seiner Heimathsgemeinde untersagt wird, falls diese nicht vollständig von Gemeinden des Bezirks umgeben ist. (Erk. d. Cass.-H. v. 19. Juni 1868, Z. f. Gerichtspr. Bd. VII. S. 436, Entsch. d. Cass.-H. Bd. II. S. 281.)

7) Die Distriktspolizeibehörde darf bei Verhängung der Polizeiaufsicht sich nicht auf den Ausspruch beschränken, daß dieselbe verhängt sei; und darf hierin insbesondere keine Confinirung des unter Aufsicht Gestellten auf seine Heimathgemeinde erblickt werden, sondern muß in einem solchen Falle der des Bruchs der Polizeiaufsicht Beschuldigte freigesprochen werden. (Bl. f. R.-A. Bd. XXX. S. 33, Dollmann Bd. II. S. 258. Anmerk. 4. Bezüglich der Confinirung s. auch Bl. f. administr. Pr. Bd. XII. S. 54. Bd. XIV. S. 141.)

8) „entzieht oder den zum Vollzuge derselben von der Distriktspolizeibehörde gegebenen Vorschriften zuwiderhandelt". Die That kann nur vorsätzlich begangen werden, und ist die Strafbarkeit durch thatsächlichen Irrthum und Nothfälle ausgeschlossen. (Dollmann Bd. II. S. 258, Stengein Bd. II. S. 98, Prot. d. G.-A. d. K. d. A. 1860/61 S. 200.)

9) „In Wiederholungsfällen kann auf Verwahrung in einer Polizeianstalt erkannt werden". Die von der sonst im Str.-G.-Bch. gebrauchten Ausdrucksweise abweichende Redaktion hat die Controverse hervorgerufen, ob die Gerichte direkt auf Verwahrung zu erkennen haben; oder ob dies die Polizeibehörde ohne Zulässigkeitserklärung durch das Gericht zu thun hat (Z. f. Gerichtspr. Bd. VIII. S. 188), oder ob die Gerichte über die Zulässigkeit zu erkennen haben, die wirkliche Verhängung der Verwahrung aber der Polizeibehörde zusteht. (Z. f. Gerichtspr. Bd. VIII. S. 170. 222, Erk. d. Cass.-H. v. 23. Febr. 1869, Z. f. Gerichtspr. Bd. VIII. S. 221, Entsch. d. Cass.-H. Bd. III. S. 57.) Letzteres ist denn auch von der Praxis recipirt.

Art. 148.

Wer, ohne unter Polizeiaufsicht zu stehen, von der zuständigen Polizeibehörde auf Grund bestehender gesetzlicher Bestimmungen angewiesen ist, einen gewissen Bezirk für immer oder auf eine bestimmte Zeit zu verlassen oder nicht mehr zu betreten, soll, wenn er dieser Anweisung zuwiderhandelt, mit Arrest bis zu vierzehn Tagen bestraft werden.

1) Vgl. hiezu Art. 45—49. 51 des Gesetzes v. 16. April 1868 Heimath, Verehelichung und Aufenthalt betr., ferner Note 1. 2 zu Art. 147 S. 226.

Das Gericht hat die Gesetzmäßigkeit der Ausweisung, nicht aber die faktischen Voraussetzungen oder die Zweckmäßigkeit des erlassenen Aufenthaltsverbotes einer Prüfung zu unterstellen. (Erk. d. Cass.-H. v. 22. Mai 1863 und 18. März 1865, Z. f. Gerichtspr. Bd. II. S. 271. Bd. IV. S. 209, Z. f. G. u. R, Bd. X. S. 479. Bd. XII. S. 103, Dollmann Bd. II. S. 259, Weis Bd. I. S. 375, Stenglein Bd. II. S. 98.), s. auch einen Fall in Z. f. Gerichtspr. Bd. II. S. 141. wobei das Gericht jedoch auch eine Prüfung der faktischen Verhältnisse eintreten ließ.

2) Die Polizeibehörde ist gesetzlich nicht befugt, Inländern das Betreten bestimmter Häuser ihrer Heimathsgemeinde zu untersagen, und kann die Uebertretung eines solchen Verbots nicht nach Art. 148 bestraft werden. (Erk. d. Cass.-H. v. 26. Mai 1866, Z. f. Gerichtspr. Bd. V. S. 352, Z. f. G. u. R. Bd. XIII. S. 332.)

3) „auf Grund bestehender gesetzlicher Bestimmungen". Diese sind z. B. ausschließlich die oben angeführten des Gesetzes vom 16. April 1868;

doch fällt hiedurch die Alternative der Ausweisung für immer hinweg. (Dollmann Bd. II. S. 259. 260.)

Nach Entschl. des k. Staatsministeriums des Innern v. 11. Febr. 1869 können alle vor dem 1. September 1868 gefaßten Ausweisungsbeschlüsse, welche ein Aufenthaltsverbot auf immer oder auf bestimmte Zeit enthalten, auf Antrag der Betheiligten revidirt und gänzlich zurückgenommen oder wenigstens, wenn die Zurücknahme nicht gerechtfertigt erscheine, bezüglich der Dauer den Bestimmungen des Gesetzes vom 16. April 1868 angepaßt werden.

4) Das Stadtgericht München l/J. Abth. f. Strafsachen erklärte in mehreren Urtheilen (Z. f. Gerichtspr. Bd. VIII. S. 74. 75) frühere Ausweisungsbeschlüsse, welche mit den Bestimmungen des Gesetzes v. 16. April 1868 nicht in Einklang standen, für erloschen. Das k. Bezirksgericht München l/J. (Z. f. Gerichtspr. a. a. O.) forderte aber eine Zurücknahme durch die Polizeibehörde. Der Cassationshof dagegen sprach aus:

Die Zuwiderhandlung gegen eine unter der Herrschaft des früheren Heimathsgesetzes verfügte Ausweisung sei straflos, wenn die Ausweisung aus Gründen erfolgt ist, aus welchen nach dem Gesetz v. 16. April 1868 sie nicht mehr zulässig ist. (Erk. d. Cass.-H. v. 18. März 1869 [Entsch. d. Cass.-H. Bd. III. S. 107, Z. f. Gerichtspr. Bd. VIII. S. 321]; sie sei aber strafbar, wenn die Ausweisung aus Gründen erfolgte, welche dieselbe auch jetzt noch rechtfertigen. (Erk. d. Cass.-H. v. 27. Febr. 1869, Entsch. d. Cass.-H. Bd. III. S. 63, Z. f. Gerichtspr. Bd. VIII. S. 230, und v. 8. April 1870, Entsch. d. Cass.-H. Bd. IV. S. 138.)

Hiedurch wird ein früheres Erk. d. Cass.-H. v. 30. März 1867 gegenstandslos, wonach ein von der Polizeibehörde ohne Zeitbestimmung erlassenes Aufenthaltsverbot als zeitlich unbeschränkt, d. h. bis zur Zurücknahme gelten sollte. (Z. f. Gerichtspr. Bd. VI. S. 305, Entsch. d. Cass.-H. Bd. I. S. 139.)

5) In einem durch die zuständige Polizeibehörde verhängten Aufenthaltsverbote ohne Unterscheidung zwischen bleibendem und vorübergehendem Aufenthalt liegt das Verbot, den bestimmten Bezirk wieder zu betreten, nachdem die treffende Person ihn verlassen hat. (Erk. d. Cass.-H. v. 20. März 1868, Z. f. Gerichtspr. Bd. VII. S. 305, Entsch. d. Cass.-H. Bd. II. S. 142.)

6) „angewiesen ist". Die Uebertretung eines polizeilichen Aufenthaltsverbots kann nicht begangen werden, so lange der Bescheid der höheren Instanz auf den gegen das Aufenthaltsverbot eingelegten Rekurs dem Ausgewiesenen nicht eröffnet ist, es sei denn, daß dem Rekurs der Suspensiveffekt ausdrücklich versagt wurde. (Erk. d. Cass.-H. v. 20. März 1868, Z. f. Gerichtspr. Bd. VIII. S. 306, Entsch. d. Cass.-H. Bd. II. S. 140.)

7) „wenn er dieser Anweisung zuwiderhandelt". Die That kann nur vorsätzlich begangen werden. (Dollmann Bd. II. S. 260, Stenglein Bd. II. S. 98.)

8) Obwohl nicht ausdrücklich wie in Art. 147 erwähnt macht das Eintreten von Nothfällen straflos. (Weis Bd. I. S. 376, Dollmann Bd. II. S. 260, Stenglein Bd. II. S 98, Bl. f. R.-A. Bd. XXX. S. 41, Prot. d. G.-A. d. K. d. Abg. 1860/61 S. 200.)

Art. 149.

Verletzung amtlicher Siegel.

Wer unbefugt ein amtliches Siegel, welches von einer öffentlichen Behörde oder einem öffentlichen Beamten angelegt ist, um Sachen zu verschließen, zu bezeichnen oder in Beschlag zu nehmen, erbricht, ablöst oder beschädigt, ist mit Gefängniß bis zu drei Monaten oder an Geld bis zu zweihundert Gulden zu bestrafen.

1) „Wer unbefugt". Als unbefugt ist jede eigenmächtige, d. h. nicht von der zuständigen Behörde selbst oder wenigstens mit ihrer ausdrücklichen Ermächtigung bethätigte Beseitigung oder Verletzung des amtlichen Siegels zu erachten. (Dollmann Bd. II. S. 262. 263.)

2) Abreißen eines amtlichen Siegels, welches als Sicherungsmittel für die Beschlagnahme eines Exekutionsobjekts angebracht worden war, ohne Genehmigung des Prozeßgerichtes ist strafbar, wenn auch die zur Exekution gebrachte Forderung nicht mehr besteht. (Erk. d. A.-G. v. Niederbayern v. 22. August 1867, Z. f. Gerichtspr. Bd. VII. S. 156, Dollmann Bd. II. S. 263.)

3) „Ein amtliches Siegel". Auch das von obrigkeitlichen Dienern, z. B. Gerichtsdienern, im Auftrage einer öffentlichen Behörde angelegte Siegel ist als amtliches, oder von einer öffentlichen Behörde angelegtes zu erachten. (Stenglein Bd. II. S. 99, Weis Bd. I. S. 376, Dollmann Bd. II. S. 262, Erk. d. A.-G. v. Oberfranken v. 29. April 1864, Z. f. G. u. R. Bd. XI. S. 417.)

4) Ein von einem Gerichtsdiener zum Zwecke der Exekution, mit der er vom Gericht beauftragt ist, angelegtes Gemeindesiegel ist als ein amtliches zu betrachten. (Erk. d. A.-G. v. Unterfranken v. 4. Mai und 25. Oktober 1864, Z. f. G. u. R. Bd. XII. S. 68, Stenglein Bd. II. S. 99.)

5) „von einem öffentlichen Beamten", z. B. von einem Notare, Steuerbeamten oder einem Gerichtsvollzieher. (Dollmann Bd. II. S. 262, Weis Bd. I. S. 376.)

6) „welches angelegt ist". Plomben sind den Siegeln gleichzuachten, nicht aber andere Verschlußmittel. Die Veranlassung der Anlage des Siegels ist für den Thatbestand ohne Belang. (Dollmann Bd. II. S. 262, Stenglein Bd. II. S. 99.)

7) „erbricht, ablöst oder beschädigt". Die That kann nur vorsätzlich begangen werden. Die fahrlässige oder zufällige oder durch einen faktischen Irrthum veranlaßte Begehung ist straflos; das Motiv der That ohne Belang. (Prot. d. G.-A. d. K. d. A. 1856/57 S. 521, Dollmann Bd. II. S. 262, Stenglein Bd. II. S. 100, Weis Bd. I. 376.)

8) Unter Ablösen des Siegels ist eine gänzliche Beseitigung desselben, möglicherweise ohne Beschädigung des Siegels oder der Sache, zu verstehen — unter Erbrechen und Beschädigung jede Aenderung oder Verletzung der Integrität des Siegels, durch welche der Zweck, zu dem es angelegt wurde, vereitelt wird. (Weis Bd. I. S. 376, Dollmann Bd. II. S. 263.) — Stenglein Bd. II. S. 99 rechnet das Erbrechen unter die Gattung der völligen Beseitigung, nämlich des Siegels als Verschlußmittels. Weis und Dollmann a. a. O. beeilen sich, ihn im oben angegebenen Sinn zu widerlegen. Da durch Beifügen der Alternative „Beschädigen" jede Antastung der Integrität des Siegels unter Art. 149 fällt, ist dies lediglich ein Streit um Worte.

9) Ob die Siegelanlage in einer ihrem Zwecke vollständig entsprechenden Weise bewirkt worden war und ob daher die Beseitigung derselben leicht oder schwierig war, ist gleichgültig. (Dollmann Bd. II. S. 263.)

10) Art. 149 bestraft nicht die Antastung der unter Siegel gelegten Sache; diese fällt vielmehr unter andere Strafbestimmungen und begründet, wenn gleichzeitig mit Verletzung der Siegel begangen, realen Zusammenfluß. Ist die Verletzung der Sache ohne solche der Siegel begangen, z. B. Anbohren eines versiegelten Fasses, so findet Art. 149 keine Anwendung. (Z. f. Gerichtspr. Bd. I. S. 93, Stenglein Bd. II. S. 99, Dollmann Bd. II. S. 263, Prot. d. G.-A. d. K. d. Abg. 1856/57 S. 519.)

11) Zum Thatbestande der Siegelverletzung gehört nicht unbedingt, daß das Siegel verletzt wurde; es genügt z. B. ein Zerreißen der Papierstreifen, welche durch die Siegel als Verschlußmittel befestigt waren. (Erk. d. A.-G. v. Oberfranken v. 7. Febr. 1868, Z. f. Gerichtspr. Bd. VII. S. 334.)

12) Die That ist vollendet mit der Verletzung oder Beseitigung des Siegels und bedarf keines weiteren Erfolges. (Stenglein Bd. II. S. 263.)

Art. 150.

Mißbilligung richterlicher Urtheile.

Wer öffentlich vor einer Menschenmenge oder mittels eines Preßerzeugnisses eine Maßregel vorschlägt, durch welche die Mißbilligung eines rich-

terlichen Urtheils kundgegeben werden soll, ist mit Gefängniß bis zu drei Monaten oder an Geld bis zu zweihundert Gulden zu bestrafen.

Zu solchem Zwecke gesammelte Geldbeiträge unterliegen der Konfiskation.

1) „öffentlich vor einer Menschenmenge oder mittels eines Preßerzeugnisses s. hierüber zu Art. 118 Note 1 S. 189, zu Art. 57 Note 1—5 S. 63. 64, Art. 8 S. 11.

Würde Jemand lediglich in Privatkreisen für eine Demonstration gegen ein richterliches Urtheil agitiren, so trifft ihn nicht die Strafe des Art. 150, sondern nur nach Umständen solche auf Grund eines andern Artikels. (Stenglein Bd. II. S. 100, Dollmann Bd. II. S. 267.)

2) „Eine Maßregel vorschlägt". Nur der Vorschlag muß öffentlich erfolgen, die Maßregel selbst kann eine private sein; z. B. das Abgeben von Visitenkarten bei einem Verurtheilten. (Stenglein Bd. II. S. 100, Dollmann Bd. II. S. 267, Weis Bd. I. S. 380.)

3) Worin die Maßregel besteht, ist zunächst gleichgültig, und braucht dieselbe keinen an sich strafbaren Charakter zu haben, jedoch muß ihr ausschließlich oder nebenbei der Charakter einer demonstrativen Kundgebung der Mißbilligung eines richterlichen Urtheils innewohnen. Handelt es sich lediglich um eine Unterstützung eines bedürftigen Verurtheilten oder seiner Angehörigen ohne jenen Zweck, so liegt keine strafbare That vor. (Prot. d. G.=A. d. K. d. Abg. 1856/57 S. 521, Weis Bd. I. S. 380, Dollmann Bd. II. S. 266. 268, Stenglein Bd. II. S. 100, Weis Bd. I. S. 379. 380.)

4) Nur der Vorschlagende unterliegt der Strafe, nicht diejenigen, welche auf den Vorschlag eingehen, wenn es sich nicht um eine an sich strafbare That handelt. (Prot. d. G.=A. d. K. d. Abg. 1856/57 S. 521, Weis Bd. I. S. 378, Dollmann Bd. II. S. 266.)

5) Die That ist mit dem öffentlichen Vorschlag vollendet, gleichviel ob derselbe einen Erfolg hatte oder nicht. (Dollmann Bd. II. S. 208, Stenglein Bd. II. S. 101.)

6) Die That muß absichtlich, um die Mißbilligung eines richterlichen Urtheils hervorzurufen, geschehen. (Stenglein Bd. II. S. 101.)

7) „Durch welche die Mißbilligung eines richterlichen Urtheils kund gegeben werden soll. Die wirklich kundgegebene Mißbilligung durch Einzelne oder Mehrere, soferne sie nicht den Charakter einer Amtsehrenbeleidigung, Berufsehrenkränkung u. dergl. an sich trägt, ist nicht strafbar. (Dollmann Bd. II. S. 266.)

8) Um ein richterliches Urtheil muß es sich handeln, gleichviel ob End= oder Zwischenurtheil, ein von einem Kollegialgericht oder einem Einzelrichter erlassenes, ein in einer Civil= oder Strafsache ergangenes, nicht aber um Verfügungen oder Beschlüsse anderer Stellen oder Behörden. (Dollmann Bd. II. S. 266, Stenglein Bd. II. S. 100, Weis Bd. I. S. 380.)

9) Die Aufforderung zu einer bloßen Kritik eines Urtheils, welche keine öffentliche Demonstration gegen das Urtheil beabsichtigt, fällt nicht unter das Gesetz; ebensowenig die Berathung von Streitgenossen über ein zu ergreifendes Rechtsmittel. (Prot. d. G.=A. d. K. d. Abg. 1856/57 S. 521, 1860/61 S. 45, Weis Bd. I. S. 378, Dollmann Bd. II. S. 266. 267. Anmerk. 6, Stenglein Bd. II. S. 101.)

10) „Zu solchem Zwecke gesammelten Geldbeträge" s. oben Note 3. Auch Sammlungen von Geldbeträgen, um eine gerichtlich ausgesprochene Strafe ganz oder theilweise unwirksam zu machen (vgl. Preßges. v. 17. März 1850) fallen hierunter. (Prot. d. G.=A. d. K. d. Abg. 1856/57 S. 521, Stenglein Bd. II. S. 100.)

Fünftes Hauptstück.

Strafbare Handlungen in Bezug auf Wahlrechte.

Art. 151.

Gewalt oder Drohung bezüglich der Ausübung von Wahlrechten.

Wer einem Staatsangehörigen Gewalt zufügt oder androht, um ihn von der Ausübung eines ihm nach Maßgabe des öffentlichen Rechts zustehenden Wahlrechtes abzuhalten oder ihm bezüglich der Art der Ausübung desselben Zwang anzuthun, oder um an ihm wegen Ausübung oder Nichtausübung eines solchen Wahlrechtes Rache zu nehmen, soll mit Gefängniß von zwei Monaten bis zu drei Jahren bestraft werden.

Wenn eine Menschenmenge sich zusammenrottet, um eine der in Abs. 1 bezeichneten Handlungen zu verüben, desgleichen, wenn eine aus anderer Veranlassung versammelte Menschenmenge den Entschluß kundgibt, sofort zur Verübung einer solchen Handlung zu schreiten, so kommen die Bestimmungen über Aufstand zur Anwendung.

1) „Wer". Es begründet keinen Unterschied, ob der Thäter derjenige ist, dessen Wahl in Frage steht, oder ein Dritter, sei es, daß dieser auf Veranlassung des Ersteren, oder aus freien Stücken handelt. (Dollmann Bd. II. S. 273.)

2) „einem Staatsangehörigen". Ist derselbe nicht wirklich, sondern nur nach Meinung des Thäters wahlberechtigt, so findet Art 151 keine Anwendung, wohl aber sonstige Strafbestimmungen wie Art. 304. (Dollmann Bd. II. S. 273, Stenglein Bd. II. S. 103.)

3) „Gewalt zufügt oder androht" s. hierüber zu Art. 136 Note 17—30 S. 209 fg.

Andere Drohungen, wie die der Dienstesentlassung, der Entziehung der Kundschaft u. dgl. fällt nicht unter Art. 151. (Motive z. Entw. v. 1855 S. 79, Dollmann Bd. II. S. 269. Anmerk. 5, Weis Bd. I. S. 384.)

4) Das Delikt ist vollendet mit Zufügung oder Androhung der Gewalt, ohne daß es darauf ankommt, ob der beabsichtigte Erfolg erreicht worden ist oder nicht. (Dollmann Bd. II. S. 274, Weis Bd. I. S. 384, Stenglein Bd. II. S. 105.)

5) „um ihn .... abzuhalten u. s. w." Die That kann nur mit der Absicht begangen werden, einen der drei in Art. 151 aufgezählten Zwecke zu erreichen. (Dollmann Bd. II. S. 273.)

6) „eines ihm nach Maßgabe des öffentlichen Rechts zustehenden Wahlrechts". Hieher gehören alle, aber auch nur jene Wahlrechte, welche den Staatsangehörigen nach der Verfassung oder nach sonstigen Gesetzen zum Behufe ihrer Theilnahme an der Besorgung öffentlicher Angelegenheiten durch bestellte Vertreter eingeräumt sind, wobei es im Uebrigen weder auf die nähere Beschaffenheit noch auf die größere oder geringere Wichtigkeit der in Rede stehenden öffentlichen Vertretung ankommt. Es gehören also hieher die Wahlen zum Landtage und Zollparlamente, zur Gemeinde-, Distrikts- und Kreisvertretung, zu Armenpflegschaftsräthen, Kirchenverwaltungen, zu den protestantischen Synoden, Gewerbs-, Handels- und Fabrikräthen, Steuerausschüssen, Bildung von Geschwornenlisten, u. s. w., sowie die verschiedenen Behufs einer solchen Wahl sich folgenden Wahlhandlungen, nicht aber die Vorstands-, Kommissions- oder Ausschußwahlen innerhalb jener Vertretungskörper. (Dollmann Bd. II. S. 270. 271, Weis Bd. I. S. 382. 383, Stenglein Bd. II. S. 103.)

7) Nicht unter Art. 151 fallen die Wahlen für privatrechtliche Korporationen, Genossenschaften oder Vereine, selbst wenn dieselben gesetzlich anerkannt, die betreffenden Statuten staatlich genehmigt sind, oder die treffenden Korporationen die Förderung öffentlicher Interessen zur Aufgabe haben: wie landwirthschaftliche Vereine, Eisenbahn- und andere größere Aktiengesellschaften, oder Genossenschaften für Be- und Entwässerungsunternehmen. (Prot. d. G.-A. d. K. d. Abg. 1856/57 S. 522, Dollmann Bd. II. S. 271, Weis Bd. I. S. 383, Stenglein Bd. II. S. 103.)

8) Zu Abs. 2. Es finden nicht nur die Strafbestimmungen über Aufstand, sondern auch alle Bestimmungen über die einzelnen Thatbestandsmerkmale bei Aufstand, über Rücktritt u. s. w. Anwendung, nur der Zweck der That ist ein anderer. (Dollmann Bd. II. S. 274. 275, Stenglein Bd. II. S. 104. Vgl. auch die Noten zu Art. 139. 140. S. 215. 217.)

9) Die Bestimmungen über den Einfluß solcher Handlungen auf das aktive oder passive Wahlrecht des Thäters, auf die Giltigkeit der Wahlen u. s. w. findet sich nicht hier, sondern in den einzelnen Gesetzen. (Dollmann Bd. II. S. 272.)

Art. 152.

Wahlbestechung.

Wer, um einen Staatsangehörigen von der Ausübung seines Wahlrechts abzuhalten, oder bezüglich der Art der Ausübung in irgend einer Weise zu bestimmen, demselben oder einem seiner Familienangehörigen Geld oder einen andern Vortheil zuwendet oder verspricht, soll mit Gefängniß bis zu zwei Jahren bestraft werden.

Gleiche Strafe trifft den Wähler, welcher dergleichen Geschenke, Vortheile oder Versprechungen für sich oder einen seiner Familienangehörigen annimmt.

1) „Wer", s. zu Art. 151 Note 1. Es kommt auch nichts darauf an, ob der Thäter bei Vornahme der Wahl beschäftigt ist oder nicht. (Dollmann Bd. II. S. 276, Stenglein Bd. II. S. 105, Z. G. u. R. Bd. XII. S. 69.)

2) „Seines Wahlrechtes." Es ist hier dieselbe Gattung von Wahlrechten gemeint, wie in Art. 151, vgl. oben Note 6. 7. (Weis Bd. I. S. 382, Dollmann Bd. II. S. 270, Stenglein Bd. II. S. 103.)

3) „Geld oder einen andern Vortheil". Nicht blos Vermögensvortheile, sondern alle Arten zum Zwecke der Bestechung tauglicher Vortheile fallen unter Art. 152. Ob auch Bewirthung der Wähler hängt von den besonderen Umständen des Falls ab. (Vortr. im G.-A. d. K. d. Abg. 1856/57 S. 298, Prot. S. 523, Stenglein Bd. II. S. 104, Z. f. G. u. R. Bd. XII. S. 69, Dollmann Bd. II. S. 276, Weis Bd. I. S. 385.)

4) Die Anwendung von List oder Betrug Behufs Abhalten von einer Wahl oder Einwirkung auf die Art der Wahl wollte nicht für strafbar erklärt werden. (Weis Bd. I. S. 382, Dollmann Bd. II. S. 269. 270, Motive z. Entw. v. 1855 S. 79.)

5) „zuwendet oder verspricht". Die That ist mit dem Darbieten oder Versprechen vollendet, ohne daß es auf die Acceptation des Wählers oder auf eine im Sinne des Bestechenden vollzogene Wahl ankommt. (Dollmann Bd. II. S. 276, Stenglein Bd. II. S. 105.)

6) Die That kann nur absichtlich zu einem der beiden bezeichneten Zwecke begangen werden. (Dollmann Bd. II. S. 276.)

7) Zu Abs. 2. Die passive Wahlbestechung ist mit der bewußten Annahme der in der Absicht aktiver Wahlbestechung dem Wähler selbst oder einem seiner Angehörigen gemachten Zuwendungen oder Versprechungen vollendet, ohne daß es auf Erfüllung der ausdrücklich oder stillschweigend ertheilten Zusage bezw. auf eine Wahl im Sinne des Bestechenden ankommt. (Dollmann Bd. II. S. 277, Weis I. 384, Stenglein Bd. II. S. 105.) Selbst wenn die Annahme des Dargebotenen in der Absicht erfolgte, dennoch nicht im Sinne des Bestechenden zu wählen, und diese Absicht auch wirklich bethätiget wurde, ist die That vollendet. (Z. f. Gerichtspr. Bd. V. S. 12.)

8) Die That ist auch vollendet, wenn das Versprechen kein rechtsförmliches und verbindliches und der Vortheil nicht genau bestimmt war. (Erk. d. A.-G. v. Unterfranken v. 6. August 1864, Z. f. G. u. R. Bd. XII. S. 69.)

Art. 153.

Fälschung der Wahlzettel, Wahlzeichen und Wahlprotokolle.

Wer bei einer gesetzlich angeordneten Wahl einen Wahlzettel oder ein Wahlzeichen verfälscht oder rechtswidrig unterdrückt, austauscht oder unterschiebt oder solche Nichtanwesender einschiebt, wer auf einen Wahl-

zettel einen andern Namen setzt, als ihm von dem Wählenden angegeben wurde, desgleichen wer in einem Wahlprotokolle oder Wahlregister eine Wahlstimme wegläßt oder falsch einstellt, ist mit Gefängniß von zwei Monaten bis zu drei Jahren zu bestrafen.

1) „Wer" s. zu Art. 151 Note 1, s. auch Dollmann Bd. II. S. 279, Stenglein Bd. II. S. 105.

2) „bei einer gesetzlich angeordneten Wahl"; auch Art. 153 bezieht sich nur auf die in Art. 151 bezeichneten öffentlichen Wahlen. (Weis Bd. I. S. 382, Dollmann Bd. II. S. 277, Stenglein Bd. II. S. 103.)

3) „verfälscht u. s. w." Die That wird nur mit einfachem Vorsatz begangen; ein Austausch oder Weglassen von Wahlstimmen oder ein unrichtiger Eintrag aus Versehen fällt nicht unter das Gesetz. (Dollmann Bd. II. S. 279, Stenglein Bd. II. S. 105.)

4) „unterschiebt". Hierunter fällt auch die Abgabe einer Stimme durch einen nicht Wahlberechtigten mit dem Bewußtsein des Mangels einer Berechtigung. (Stenglein Bd. II. S. 105, Dollmann (Risch) Bd. II. S. 278 hält dies für zweifelhaft.

5) „oder solche Nichtanwesender einschiebt". Das Einschieben des Wahlzettels eines nicht Anwesenden, wenn derselbe auch ächt, jedoch die Anwesenheit des Wählenden erforderlich ist, ist strafbar. (Prot. d. G.-A. d. K. d. Abg. 1856/57 S. 524, Dollmann Bd. II. S. 278, Weis Bd. I. S. 386.)

6) Die That ist vollendet, auch wenn dieselbe auf das Resultat der Wahl keinen Einfluß hatte oder haben konnte, auch wenn nur ein einziger Wahlzettel oder ein Wahlzeichen gefälscht oder eingeschoben wurde u. dgl. (Weis Bd. I. S. 384, Dollmann Bd. II. S. 279, Stenglein Bd. II. S. 105, Prot. d. G.-A. d. K. d. Abg. 1860/61 S. 45.)

7) Ist die Fälschung u. s. w. nach einem andern Gesetze höher strafbar, so tritt die höhere Strafe ein. (Motive z. Entw. v. 1855 S. 158.)

8) Art. 153 bezieht sich nur auf den Austausch von Wahlzetteln, welche vom Wähler bereits abgegeben sind, nicht auch auf eine solche vor ausgeübtem Wahlrechte. (Z. f. Gerichtspr. Bd. VIII. S. 360.)

Sechstes Hauptstück.

Friedensstörung und Eigengewalt.

Art. 154.

Störung des öffentlichen Friedens.

Wenn eine Menschenmenge sich zusammenrottet, um widerrechtlich Gewalt gegen Personen oder fremdes Eigenthum zu verüben, desgleichen, wenn eine aus anderer Veranlassung versammelte Menschenmenge den Entschluß kundgibt, sofort zur Verübung solcher Gewalt zu schreiten, so sollen die Betheiligten wegen Störung des öffentlichen Friedens in folgender Weise bestraft werden:

1) Ist an einer Person Gewalt verübt oder sind Gebäude, Wohnungen oder andere menschliche Aufenthaltsorte oder die Umfriedungen der zu denselben gehörigen Bezirke erbrochen oder ganz oder theilweise zerstört, oder ist innerhalb der Gebäude oder der bezeichneten Räume befindliches fremdes Eigenthum zerstört, verwüstet oder weggeschleppt worden, so trifft, wenn die Gewaltthat schon an sich ein Vergehen bildet, die Anstifter und Anführer der Zusammenrottung, sowie diejenigen, welche solche Handlungen vorgenommen haben, Zuchthausstrafe bis zu acht Jahren, die übrigen Betheiligten, falls sie bewaffnet oder mit Zerstörungswerkzeugen versehen waren, Gefängniß nicht unter zwei Jahren, andernfalls Gefängniß bis zu drei Jahren;

2) wenn zwar keine Gewaltthat der vorbezeichneten Art, aber ein wirkliches Einschreiten der bewaffneten Macht in Gemäßheit der hierüber bestehenden gesetzlichen Bestimmungen oder eine Handlung stattgefunden hat, welche ein solches Einschreiten gesetzlich gerechtfertigt haben würde, so sind die Anstifter und Anführer mit Gefängniß nicht unter sechs Monaten, die übrigen Betheiligten, falls sie bewaffnet oder mit Zerstörungswerkzeugen versehen waren, mit Gefängniß von drei Monaten bis zu drei Jahren, andernfalls mit Gefängniß bis zu zwei Jahren zu bestrafen.

1) „Wenn eine Menschenmenge sich zusammenrottet", s. hierüber Art. 139 Note 1. 2. S. 215.

2) „um widerrechtlich Gewalt gegen Personen oder fremdes Eigenthum zu verüben". Es bedarf bei der zum Begriff des Delikts gehörigen Absicht keiner Prämeditation, sondern kann der Entschluß ein in der Erregung des Augenblicks gefaßter sein. Auch bedarf es keiner Verabredung oder gegenseitigen Aufreizung, es genügt die bewußte Verbindung zu demselben Zwecke, sollte auch bei Jedem der Entschluß selbstständig entstanden sein. (Dollmann Bd. II. S. 289, Stenglein Bd. II. S. 110.)

3) Es muß die sofortige Verübung widerrechtlicher Gewalt beabsichtigt sein. Die Absicht der Gewaltandrohung oder sogar Drohung selbst ohne den Entschluß an den Tag zu legen, die Drohung sofort zu realisiren, fällt nicht unter Art. 154. (Dollmann Bd. II. S. 289, Stenglein Bd. II. S. 109, Weis Bd. I. S. 391.)

4) Widerrechtlich ist jede Gewalt, welche nicht durch besondere Umstände, wie durch Nothwehr entschuldigt ist. (Dollmann Bd. II. S. 289, Weis Bd. I. S. 389.)

5) Die Zusammenrottung darf nicht gegen die Obrigkeit als solche gerichtet sein, da in diesem Falle Aufstand vorliegt, allein häufig kommt die gegen die Obrigkeit und die gegen Privatpersonen oder Eigenthum gerichtete Absicht vereinigt vor oder nimmt die anfänglich gegen letztere gerichtete Zusammenrottung nachträglich die Richtung gegen die einschreitende Obrigkeit an. Es liegt in diesem Falle ideale oder reale Concurrenz vor. (Dollmann Bd. II. S. 290.)

6) Unter fremdem Eigenthum ist bewegliches und unbewegliches zu verstehen, und begründet es für den Thatbestand (nicht für die Strafe) keinen Unterschied, ob letzteres Gebäude, Wohnungen oder andere liegende Gründe sind. (Prot. d. G.-A. d. K. d. Abg. 1856/57 S. 530, Dollmann Bd. II. S. 291, Weis Bd. I. S. 389.)

7) Der von der zusammengerotteten Menge verfolgte Zweck der That, wie Selbsthilfe, Rache, Muthwille, ist für den Thatbestand ohne Belang. (Dollmann Bd. II. S. 291, Weis Bd. I. S. 394.)

8) „so sollen die Betheiligten bestraft werden", s. über Betheiligte zu Art. 102 Note 12 S. 166.

Die That ist vollendet mit der Kundgebung des Entschlusses, Gewalt gegen Personen oder fremdes Eigenthum zu verüben, von Seite einer zusammengerotteten Menschenmenge, auch wenn von der Menge oder Einzelnen aus derselben Gewalt noch nicht wirklich verübt wurde, was jedoch bei der Strafzumessung zu berücksichtigen ist. (Dollmann Bd. II. S. 292, Weis Bd. I. S. 388, Stenglein Bd. I. S. 110.)

9) Versuch der That liegt nicht in der bloßen Drohung von Gewalt, insoferne in der bloßen Kundgebung des Entschlusses, Gewalt zu verüben, Vollendung liegt; die auf Drohungen beschränkte Absicht, ohne den Entschluß sie sofort zu verwirklichen, zum Thatbestand nicht genügt. (Dollmann Bd. II. S. 289. 290, Stenglein Bd. II. S. 109, Weis Bd. I. S. 391, vgl. Prot. d. G.-A. d. K. d. Abg. 1856/57. S. 512.)

10) Wurden bei Gelegenheit einer Störung des öffentlichen Friedens Mord, Raub, Brandstiftung oder andere schwerere Verbrechen verübt, so trifft die Urheber derselben die strengere Strafe nach den Grundsätzen über Zusammenfluß.

(Motive z. Entw. v. 1855 S. 80, Prot. d. G.-A. d. K. d. Abg. 1856/57 S. 529, Dollmann Bd. II S. 292. 295 Anmerk. 24, Stenglein Bd. I. S. 108.)

11) „Ist an einer Person Gewalt verübt", s. zu Art. 139 Note 12 S. 216.

12) Gebäude, Wohnungen oder andere menschlichen Aufenthaltsorte. Der Begriff dieser Ausdrücke ist der thatrichterlichen Beurtheilung überlassen, und fallen auch nicht bewohnte Gebäude, wie zum Geschäfts- oder Fabrikbetriebe, zum öffentlichen Dienste oder für öffentliche Sammlungen dienende, Gartenhäuser u. dgl. unter den Begriff von Gebäuden. Wohnungen können innerhalb desselben Gebäudes mehrere sein; auch einzelne selbstständig bewohnte Zimmer sind solche, ebenso begreift der Ausdruck sämmtliche zugehörige, wenn auch nicht unmittelbar bewohnte Räume. Unter den Begriff der menschlichen Aufenthaltsorte fallen endlich auch Zelte, Buden, Schiffe, Schiffmühlen u. dgl., wenn und so lange sie Menschen zum ständigen Aufenthalte dienen. (Dollmann Bd. II. S. 294, Weis Bd. I. S. 392. 393, Stenglein Bd. II. S. 109. 110, Dollmann (Risch) S. 294 polemisirt gegen letzteren, weil er Art. 277 als „ohne Weiteres" maßgebend erachte, was derselbe in Wirklichkeit nicht thut.)

13) „Die Umfriedungen der zu denselben gehörigen Bezirke". Als solche sind Vorrichtungen, welche den Zweck und die Bestimmung haben, das Besitzthum von anderen daran gränzenden abzuschließen, und welche gleichzeitig sich als dieser Bestimmung dienend äußerlich darstellen. Der Begriff der Umfriedung ist nicht zu verwechseln mit dem der Umschlossenheit (Art. 278); insbesondere kommt es bei der Umfriedung nicht auf die Kontinuität der Umschließung an, sondern auf die Erkennbarkeit als Abgränzung eines zu einem Gebäude gehörigen Raumes. (Dollmann Bd. II. S. 294. 295, Weis Bd. I. S. 393, Stenglein Bd. II. S. 110. Auch hier bemängelt Dollmann (Risch) a. a. O. letzteren, weil er Art. 278 als zutreffend erachte, was dieser nicht thut.)

14) „Erbrechen". Es genügt nicht, ein widerrechtliches Eindringen ohne gewaltsame Verletzung äußerer Verwahrungsmittel, jedoch ein Erbrechen oder Zerstören der letzteren, wenn auch ein Eindringen nicht erfolgt ist. (Dollmann Bd. II. S. 293. 294, Stenglein Bd. II. S. 110.)

15) „wenn die Gewaltthat schon an sich ein Vergehen bildet". Diese Qualifikation muß die That abgesehen von der Friedensstörung haben; es genügt also auch nicht, wenn sie die Vergehensqualität als Hausfriedensstörung an sich trägt. Unbedeutende Mißhandlungen oder Eigenthumsbeschädigungen sollen nicht die Qualifikation der Ziffer 1 begründen. (Dollmann Bd. II. S. 295, Anmerk. 25, Weis Bd. I. S. 394.)

16) Bei der Fragestellung an die Geschwornen darf die Vergehensqualifikation der That nicht blos durch deren technische Bezeichnung festgestellt werden, sondern es sind die dasselbe bildenden thatsächlichen Momente in die Frage aufzunehmen. (Prot. d. G.-A. d. K. d. A. 1860/61 S. 46, Dollmann Bd. II. S. 295. 296, Stenglein Bd. II. S. 109.)

17) Es ist nicht erforderlich, daß jeder einzelne Betheiligte die concrete Gewaltthat gewollt hat. Diese bildet dennoch eine höhere Qualifikation der Zusammenrottung. (Prot. d. G.-A. d. K. d. A. 1856/57 S. 526. 529, Stenglein Bd. I. S. 108.)

18) „Anstifter, Anführer, bewaffnete oder mit Zerstörungswerkzeugen versehene Betheiligte", s. zu Art. 102 Note 20. 21. S. 167, Art. 139 Note 3 S. 170.

Was Zerstörungswerkzeug ist und ob Betheiligte damit versehen waren, ist nach den thatsächlichen Umständen zu beurtheilen. (Weis Bd. I. S. 394, Dollmann Bd. II. S. 296.)

19) „Einschreiten der bewaffneten Macht", s. zu Art. 106 Note 2 S. 168, zu Art. 139 Note 15. 16. S. 216.

Dollmann (Risch) Bd. II. S. 297 regt hier die Controverse an, ob auch der bloße Ungehorsam gegen die ergangene dritte Aufforderung zum Auseinandergehen hieher zu rechnen sei, wie Weis Bd. I. S. 392 annimmt. Er führt nur Gründe für und wieder an, ohne sich bestimmt zu entscheiden, gibt aber zu, daß die Frage ohne besonderen praktischen Werth sei. Bezüglich der Bestrafung nimmt er aber an, daß die mildere Strafe des Art. 154 Ziff. 2 für bewaffnete Betheiligte, welche nach erfolgter dritter Aufforderung oder eingetretenem Waffengebrauch fortfahren, an der Zusammenrottung Theil zu nehmen (3 Monate bis zu 3 Jahren), dann für unbewaffnete Betheiligte (Gefängniß bis zu 2 Jahren) trotz der strengeren Bestimmung des Art. 9 des Ges. v. 4. Mai 1851 (Gefängniß nicht unter 6 Monaten, bezw. von 1 Monate bis zu 2 Jahren) Anwendung finde. Dies dürfte, nachdem letzteres Gesetz ausdrücklich aufrecht erhalten ist (Art. 3 Ziff. 7 Einf.-Ges.) sich kaum rechtfertigen lassen.

Art. 155.

Betheiligte, welche sich entfernt und zur Ordnung gefügt haben, bevor noch einer der im Art. 154 bezeichneten Fälle eingetreten ist, unterliegen wegen der Zusammenrottung keiner Strafe. Bezüglich der Anstifter und Anführer gilt dies jedoch nur dann, wenn das ganze Unternehmen vor dem ebenbezeichneten Zeitpunkte aufgegeben wurde und sie selbst persönlich dazu mitgewirkt haben; — ist zwar das erstere, nicht aber das letztere der Fall, so trifft sie Gefängniß bis zu zwei Jahren.

S. zu Art. 102 Note 12 S. 166.

Diejenigen Betheiligten an der Zusammenrottung, welche sich zwar in der Absicht, Gewalt an Personen oder Eigenthum zu verüben, betheiligt hatten, sich aber entfernt und zur Ordnung gefügt haben, ehe etwas Weiteres als Drohungen vorgekommen sind, bleiben straflos, und sind Anstifter und Anführer nur nach Art. 155 zu beurtheilen, jedoch vorbehaltlich der Bestimmungen des Art. 154 Ziff. 2. (Weis Bd. I. S. 392, Dollmann Bd. II. S. 290.)

Art. 156.

Störung des Hausfriedens.

Wer außer dem Falle des Art. 154 in fremde Gebäude oder Wohnungen oder andere menschliche Aufenthaltsorte oder in die dazu gehörigen umfriedeten Bezirke eindringt, um widerrechtlich Gewalt gegen Personen oder fremdes Eigenthum zu verüben, desgleichen wer in dieser Absicht auf eine fremde Wohnung einen gewaltsamen Angriff macht, soll wegen Störung des Hausfriedens mit Gefängniß bis zu sechs Monaten bestraft werden.

Absatz 2 nach Fassung gemäß Art 2 des Gesetzes vom 16. Mai 1868:

Ist an einer Person Gewalt verübt oder fremdes Eigenthum zerstört, beschädigt oder weggenommen worden, so tritt Gefängniß bis zu zwei Jahren ein.

Frühere Fassung:

Ist an einer Person Gewalt verübt oder fremdes Eigenthum zerstört, beschädigt oder weggenommen worden, so tritt Gefängniß von zwei Monaten bis zu zwei Jahren ein.

1) „Wer außer dem Falle des Art. 154". Thäter können sowohl Einzelne als Mehrere sein, wenn sich nur die Zahl der Letzteren nicht zur Menschenmenge steigert; in welchem Falle Art. 154 zur Anwendung kommt. (Stenglein Bd. II. S. 112, Dollmann Bd. II. S. 304.)

2) „in fremde". Die That kann auch von Eigenthümern gegenüber einem rechtmäßigen Inhaber, z. B. einem Miethsmanne oder Nutznießer begangen werden. (Vortr. im G.-A. d. K. d. Abg. 1860/61 S. 175, Stenglein Bd. II. S. 113, Weis Bd. I. S. 397.) Das Eintreten eines Ehemannes bei seiner von ihm getrennt lebenden Frau wurde in einem Falle für ein berechtigtes erklärt. (Stenglein a. a. O.)

3) Die eigenmächtige Besitzergreifung eines Hauses auf Grund eines noch nicht perfekt gewordenen Kaufvertrages durch Eindringen in dasselbe fällt unter den Begriff der Hausfriedensstörung. (Z. f. Gerichtspr. Bd. II. S. 387.)

4) Durch Eindringen in eine vermiethete Wohnung begeht der Hauseigenthümer selbst dann Hausfriedensstörung, wenn die Miethzeit abgelaufen, der Miether aber noch im faktischen Besitze der Wohnung war. Im Anrufen gerichtlicher Hilfe liegt ein Verzicht auf die nach Münchner Stadtrecht dem Vermiether zustehende Exmissionsbefugniß und darf diese sich nicht auf gewaltsame Besitzergreifung der vom Miether inferirten Mobilien erstrecken. (Erk. d. Cass.-H. v. 21. April 1866, Z. f. Gerichtspr. Bd. V. S. 298, Z. f. G. u. R. Bd. XIII. S. 189.)

5) In Aftermiethe gegebene einzelne Zimmer einer Wohnung ohne eigenen Eingang sind dem Vermiether gegenüber nicht als fremde Wohnungen zu betrachten. (Z. f. Gerichtspr. Bd. VI. S. 78. Dagegen Dollmann Bd. II. S. 308.)

S. auch einen sehr zweifelhaften Fall der Hausfriedensstörung, begangen durch den Beauftragten eines ein Wohngebäude einlösenden Hypothekgläubigers, welcher vor Rechtskraft des Adjudikationsbescheides Inwohner des Hauses drängte, die Wohnung zu verlassen. (Z. f. Gerichtspr. Bd. VI. S. 172.)

6) Eine von dem Uebergeber eines Anwesens seinen Kindern, welche sich nicht mehr im elterlichen Brode befinden, wenn auch im eigenen Hause angewiesene Wohnung erscheint jenem gegenüber als eine fremde. (Erk. d. A.-G. v. Oberfranken v. 10. Januar 1868, Z. f. Gerichtspr. Bd. VII. S. 284.)

7) „Gebäude", s. zu Art. 154 Note 12 S. 234.

Als solche sind nicht blos Wohngebäude zu verstehen. (Prot. d. G.-A. d. K. d. R.-R. 1860/61 S. 157, Dollmann Bd. II. S. 305, Weis Bd. I. S. 397.)

8) „Wohnungen oder andere menschliche Aufenthaltsorte." Unter den Begriff der Wohnungen fallen alle zu einer solchen gehörigen Räumlichkeiten, wie Zimmer, Küche, Bodenräume. (Dollmann Bd. II. S. 305, Stenglein Bd. II. S. 113.)

9) Auch Eindringen von einem Theil einer Wohnung in einen andern gehört hieher. (Z. f. Gerichtspr. Bd. VII. S. 159. 160, Erk. d. Cass.-H. v. 4. März 1870, Z. f. Gerichtspr. Bd. IX S. 259, Entsch. d. Cass.-H. Bd. IV. S. 89, Dollmann Bd. II. S. 310, Stenglein Bd. II. S. 113.)

10) Eine, wenn gleich ausschließlich nur zum Schlafen benützte, jedoch in einem bewohnten Gebäude befindliche Schlafkammer erscheint den zum Hause nicht gehörigen Personen gegenüber als Wohnung. (Erk. d. A.-G. v. Oberfranken v. 30. Dezember 1867, Z. f. Gerichtspr. Bd. VII. S. 300.)

11) Als menschliche Aufenthaltsorte (s. auch zu Art. 154 Note 12) erscheinen auch abgeschlossene Räume, welche zum öffentlichen Dienst bestimmt sind, sowie Privatgeschäftslokale, z. B. Kaufläden, Schenkstätten, welche dem öffentlichen Verkehre und somit an sich dem Zutritte eines Jeden geöffnet sind, insoferne dem Inhaber eines solchen Lokals ein wenn auch durch die Natur des Geschäftsbetriebes beschränkteres Hausrecht zusteht, vermöge dessen er befugt ist, einzelnen Personen den Zutritt bezw. das Verweilen zu verbieten. (Dollmann Bd. II. S. 305, Stenglein Bd. II. S. 115, Z. f. Gerichtspr. Bd. II. S. 231, Bd. V. S. 78.)

12) „in die dazu gehörigen umfriedeten Bezirke", s. zu Art. 154 Note 13 S. 234.

Das Eindringen in andere als die zu fremden Gebäuden, Wohnungen und menschlichen Aufenthaltsorte gehörigen Gründe oder Besitzungen fällt nicht unter Art. 156. (Weis Bd. I. S. 396, Dollmann Bd. II. S. 304. 305.)

13) „um widerrechtlich Gewalt gegen Personen oder fremdes Eigenthum zu verüben", s. zu Art. 154 Note 3. 4. 6. 7. S. 233.

Es ist die spezielle auf eine Gewalthandlung gerichtete, schon beim Eindringen vorhandene Absicht erforderlich; das Eindringen oder der gewaltsame Angriff muß das Mittel zum Zwecke der Gewaltverübung sein, wobei es auf das Motiv (Selbsthilfe, Rache, Muthwillen u. dgl.) nicht ankommt. (Stenglein Bd. II. S. 114, Weis Bd. I. S. 398, Dollmann Bd. II. S. 305.)

14) Fehlt es dem Eindringen oder der Gewaltthat am Requisite der Wider-

rechtlichkeit, so liegt der Thatbestand der Hausfriedensstörung nicht vor. (Dollmann Bd. II. S. 306.)

15) Zum Thatbestande genügt die eventuelle Absicht, Gewalt an einer Person zu verüben, nicht. (Erk. d. A.-G. v. Mittelfranken v. 30. August 1864, Z. f. Gerichtspr. Bd. IV. S. 270.)

16) Dollmann Bd. II. S. 306 nimmt an, es liege in der zweifellosen Intention des Gesetzes, daß die beabsichtigte Gewalt gegen Personen oder Sachen gerichtet sei, welche und so lange sie sich im Bereiche der besonders geschützten Räume befinde; nicht aber wenn das Eindringen zum Zwecke hat, an Personen oder Sachen, die außerhalb des menschlichen Aufenthaltsortes sich befinden, Gewalt zu verüben.

17) In einem Falle wurde der Thatbestand verneint, weil angenommen wurde, die Gewalthandlung sei nach Ansicht des Thäters nicht am fremden Eigenthume erfolgt. Die Entscheidung ist von zweifelhafter Richtigkeit. (Z. f. Gerichtspr. Bd. I. S. 305.)

18) Es ist nicht erforderlich, daß die vergewaltigte Person Hausgenosse desjenigen ist, in dessen Wohnung der Thäter mit der Absicht, Jene zu vergewaltigen, eindrang. (Z. f. Gerichtspr. Bd. II. S. 231. Bd. IV. S. 298, Z. f. G. u. R. Bd. X. S. 314, Dollmann Bd. II. S. 307.)

19) „eindringt". Hierunter ist nicht blos der mit Gewalt gegen Personen oder gegen Einschließungen (z. B. Erbrechen der Thüre) erzwungene oder durch Ueberwinden sonstiger physischer Hindernisse (z. B. durch Einsteigen) bewerkstelligte Eintritt, sondern überhaupt jedes gegen den ausdrücklich kundgegebenen oder aus sonstigen Umständen genügend erkennbaren Willen des zum Verwehren des Eintritts Berechtigten erfolgte Betreten einer geschützten Räumlichkeit zu verstehen. (Dollmann Bd. II. S. 308, Weis Bd. I. S. 397, Stenglein Bd. II. S. 113, Erk. d. Cass.-H. v. 9. Sept. 1864, 17. Febr. 1866, 18. Januar 1868 u. 4. März 1870, Z. f. Gerichtspr. Bd. III. S. 382, Bd. V. S. 207, Bd. VII. S. 212, Bd. IX. S. 259, Z. f. G. u. R. Bd. XI. S. 350. Bd. XIII. S. 76, Entsch. d. Cass.-H. Bd. II. S. 36, Bd. IV. S. 89, s. auch Z. f. G. u. R. Bd. X. S. 1083.)

20) Eindringen in eine fremde Wohnung ist nicht gegeben, wenn der Thäter nicht gegen den Willen des Inhabers eingetreten ist, wenn auch in der Absicht, widerrechtlich Gewalt an einer Person zu verüben, oder wenn er zwar eingedrungen ist, aber ohne die Absicht, Gewalt zu verüben. (Erk. d. Cass.-H. v. 26. August 1867, Z. f. Gerichtspr. Bd. VII. S. 67, Entsch. d. Cass.-H. Bd. I. S. 361, s. auch Erk. d. A.-G. v. Oberfranken v. 27. August 1869, Z. f. Gerichtspr. Bd. IX. S. 28.)

21) Die Aufforderung eines Unberechtigten, in eine Wohnung zu kommen, schließt den Begriff des widerrechtlichen Eindringens (Einsteigen durch ein Fenster) nicht aus. (Erk. d. Cass.-H. v. 18. Juni 1867, Entsch. d. Cass.-H. Bd. I. S. 272.)

22) Das Eindringen in fremde Gebäude muß kein gewaltsames sein (Z. f. Gerichtspr. Bd. I. S. 371), es erfordert Gewalt, Eigenmacht oder Ueberwindung von Hindernissen. (Erk. d. A.-G. v. Unterfranken v. 2. Dezember 1862, Z. f. Gerichtspr. Bd. II. S. 114.)

23) „Desgleichen wer in dieser Absicht". Die Absicht der Gewaltanwendung darf nicht blos gegen die Wohnung selbst gerichtet sein (z. B. Einwerfen der Fenster, Zertrümmern der Läden), da hier der Gesichtspunkt der Eigenthumsbeschädigung vorwiegt; selbst wenn die Absicht vorliegt, Personen zum Herausgehen zu provoziren, um sie zu mißhandeln. (Prot. d. G.-A. d. K. d. Abg. 1860/61 S. 432, Dollmann Bd. II. S. 306, s. auch Z. f. Gerichtspr. Bd. VI. S. 253. Bd. VII. S. 113. Stenglein Bd. II. S. 114 unterscheidet bezüglich des Fenstereinwerfens darnach, ob der Thäter die Absicht einer Beschädigung oder die eines Angriffs auf die im Hause Befindlichen hatte.)

24) Der Absicht, in die fremde Wohnung einzudringen, bedarf es bei dieser letzten Alternative der Hausfriedensstörung nicht. (Weis Bd. I. S. 398.)

25) „auf eine fremde Wohnung einen gewaltsamen Angriff macht". Angriffe auf sonstige fremde, nicht bewohnte Gebäude, Räume oder umfriedete Bezirke fallen nicht unter diese Alternative des Art. 156. (Weis Bd. I. S. 397, Dollmann Bd. II. S. 311.)

26) Der Angriff muß nicht nothwendig einen Versuch des Eindringens bilden, jedoch muß dabei die Absicht obwalten, von außen Gewalt an Personen oder fremden Eigenthum zu verüben. (Prot. d. G.-A. d. K. d. Abg. 1856/57 S. 540, Vortrag 1860/61 S. 175, Prot. S. 432, Stenglein Bd. II. S. 113, Weis Bd. I. 397. 398, Dollmann Bd. II. S. 311, Z. f. Gerichtspr. Bd. VII. S. 113.)

27) Das Vergehen ist mit dem erfolgten widerrechtlichen Eindringen oder mit dem stattgehabten gewaltsamen Angriffe auf eine fremde Wohnung vollendet, auch wenn keine Gewalt an Personen oder Sachen verübt wurde, welcher Umstand vielmehr nur den höher strafbaren Grad des Abs. 2 begründete. Die Bestimmungen über Versuch sind auf Hausfriedensstörung nicht anwendbar. (Prot. d. G.-A. d. K. d. Abg. 1856/57 S. 540, Dollmann Bd. II. S. 312, Stenglein Bd. II. S. 114, Weis Bd. I. S. 396. 398.)

28) Zu Absatz 2. Die höhere Strafe des Absatz 2 greift Platz, wenn überhaupt Gewalt verübt wurde, gegen sämmtliche Mitthäter, nicht blos gegen diejenigen, welche die Gewalt verübten. Eines besonderen Erfolges der Gewalthandlung, wie das Erreichen des Vergehensgrades bedarf es nicht, sondern würde dies Zusammenfluß begründen. (Dollmann Bd. II. S. 312, Stenglein Bd. II. S. 114, Z. f. Gerichtspr. Bd. III. S. 53.)

29) Bei Raub und Diebstahl kommt das Eindringen als qualifizirendes Moment in Betracht, nicht als konkurrirende Hausfriedensstörung. Sollten jedoch Mehrere eingedrungen sein, wobei einzelne die Absicht zu stehlen hatten, andere die der Gewaltverübung, so trifft letztere die Strafe des Absatz 2. (Dollmann Bd. II. S. 313, Stenglein Bd. II. S. 114.)

30) Die Anwendung des Abs. 2 ist nicht ausgeschlossen, wenn die Gewalt an der Person in einer aus der Hausfriedensstörung sich entwickelnden Schlägerei und außerhalb des angegriffenen Hauses verübt wurde. (Erk. d. A.-G. v. Niederbayern v. 5. Dez. 1863, Z. f. Gerichtspr. Bd. III. S. 53.)

Art. 157.

Wer ohne Absicht einer Vergewaltigung (Art. 156) in fremde Gebäude oder Wohnungen oder andere menschliche Aufenthaltsorte oder in die dazu gehörigen umfriedeten Bezirke widerrechtlich eindringt oder, wenn er ohne Befugniß darin verweilt, auf geschehene Aufforderung sich nicht entfernt, ist mit Arrest bis zu dreißig Tagen oder an Geld bis zu hundert Gulden zu bestrafen.

Die gerichtliche Verfolgung findet jedoch nur auf Antrag des Verletzten oder seines gesetzlichen Vertreters statt.

1) „Wer" s. zu Art. 156 Note 1 S. 235.
„ohne Absicht einer Vergewaltigung" s. zu Art. 156 Note 13—16 S. 236. 237.
„in fremde Gebäude oder Wohnungen oder andere menschlichen Aufenthaltsorte u. s. w.", s. zu Art. 156 Note 2—12 S. 235. 236.

Die Uebertretung der Hausfriedensstörung kann auch von einer Menschenmenge begangen werden und nur vorsätzlich, jedoch ohne besondere Absicht. (Dollmann Bd. II. S. 313.)

2) Das Motiv der That (z. B. Geltendmachung einer Forderung, Beschimpfung, unsittliche Zumuthungen, zudringliches Betteln) ist für den Thatbestand ohne Belang, vorausgesetzt, daß die That nicht durch die besondere dabei obwaltende Absicht zu einem selbstständig mit Strafe bedrohten Delikt wird. (Dollmann Bd. II. S. 313. 314, Weis Bd. I. S. 399, Stenglein Bd. II. S. 112. 115, Vortr. d. G.-A. d. K. d. Abg. 1856/57 S. 302, Prot. S. 540 u. Prot. 1860/61 S. 47.)

3) „wenn er ohne Befugniß darin verweilt, auf geschehene Aufforderung sich nicht entfernt“. Beide Thatbestandsmerkmale müssen zusammentreffen, um die Handlung strafbar zu machen. (Dollmann Bd. II. S. 314.)

4) Das Verweilen eines Unbefugten in einer fremden Wohnung kann nur dann als Störung des Hausfriedens beurtheilt werden, wenn es gegen den kundgegebenen Willen des Wohnungsinhabers fortgedauert hat. (Erk. d. Cass.-H. v. 9. Sept. 1864, Z. f. G. u. R. Bd. XI. S. 350, Z. f. Gerichtspr. Bd. III. S. 382.)

5) Es kann nicht als unbefugtes Verweilen betrachtet werden, wenn ein zur Forderung des Miethzinses Berechtigter zu diesem Zwecke, trotz geschehener Aufforderung des Wohnungsinhabers sich zu entfernen, etwa 10 Minuten in der vermietheten Wohnung verweilt. (Z. f. G. u. R. Bd. XI. S. 316.)

6) Der Vermiether einer Wohnung, welcher sich in dieselbe begibt, um den Miether von ruhestörenden Lärmen abzumahnen, begeht noch keine Hausfriedensstörung, wenn er der ersten Aufforderung die Wohnung zu verlassen, nicht Folge leistet. (Z. f. Gerichtspr. Bd. IX. S. 109.)

7) Die Uebertretung ist vollendet mit dem erfolgten widerrechtlichen Eindringen, bezw. mit der thatsächlichen Nichtbeachtung der ergangenen Aufforderung zur Entfernung. Einen strafbaren Versuch gibt es nicht. (Dollmann Bd. II. S. 314.)

8) Zu Absatz 2. Als antragsberechtigter Verletzter erscheint zunächst der Besitzer des Gebäudes, unter Umständen auch Hausgenossen und sonstige in den befriedeten Räumen befindliche Personen, welchen gegenüber dieser Friede gebrochen worden ist. Dollmann Bd. II. S. 315, Stenglein Bd. II. S. 115 drückt dies kürzer dahin aus: Als Verletzter muß der Angegriffene, nicht der Inhaber der verletzten Wohnung als solcher betrachtet werden. Dollmann (Risch) a. a. O. bemängelt dies, ohne in seiner Umschreibung etwas anderes zu sagen.

Art. 158.

Störung des Religionsfriedens.

Wer den Gottesdienst einer im Staate anerkannten Religionsgesellschaft in Kirchen oder an anderen religiösen Versammlungsorten, desgleichen wer Versammlungen oder Verrichtungen, welche zu dem Gottesdienste einer solchen Religionsgesellschaft gehören, widerrechtlich verhindert oder stört, soll mit Gefängniß bis zu drei Jahren, und, wenn hiebei Thätlichkeiten an einem Religionsdiener während seiner Amtsverrichtungen verübt wurden, mit Gefängniß nicht unter einem Jahre bestraft werden.

1) „Wer“. Die That kann von Einzelnen oder Mehreren begangen werden. Wird sie von einer zusammengerotteten Menge begangen, so findet Art. 154 Anwendung. (Stenglein Bd. I. S. 118.)

2) „den Gottesdienst in Kirchen oder an andern religiösen Versammlungsorten, desgleichen Versammlungen oder Verrichtungen, welche zu dem Gottesdienste gehören“. Es ist durch Art. 158 nicht blos der eigentliche Gottesdienst in Kirchen oder an andern religiösen Versammlungsorten, wie Betsälen, Synagogen, Kirchhöfen u. s. w. geschützt, sondern auch gottesdienstliche Versammlungen wie Prozessionen, Bittgänge 2c. 2c., und einzelne gottesdienstliche Verrichtungen, z. B. Taufen, Trauungen, Abendmahlsfeier, kirchliche Begräbnisse, wenn dieselben vom treffenden Religionsdiener auch in Privatlokalitäten vorgenommen werden. Die bloße Hausandacht steht nicht unter dem Schutz des Art. 158. (Dollmann Bd. II. S. 321, Weis Bd. I. S. 404, Stenglein Bd. II. 117. 118.)

3) Ob eine religiösen Zwecken dienende Versammlung oder Verrichtung als zum Gottesdienst der betreffenden Religionsgesellschaft gehörig zu betrachten ist, muß nach der Verfassung und den Satzungen der in Frage stehenden Religionsgesellschaft entschieden werden, und ist nicht davon unbedingt abhängig, daß ein Geistlicher eine religiöse Amtsfunktion vornimmt. (Z. f. Gerichtspr. Bd. III. S. 278. Bd. VIII. S. 428, Dollmann Bd. II. S. 321, s. auch Erk. d. Cass.-H. v.

7. Sept. 1866, Z. f. Gerichtspr. Bd. VI. S. 88, Z. f. G. u. R. Bd. XIII. S. 542.)

4) Die Christenlehre gehört zu den gottesdienstlichen Verrichtungen der katholischen Kirche. (Z. f. Gerichtspr. Bd. III. S. 373.)

5) „einer im Staate anerkannten Religionsgesellschaft". Hierunter sind alle durch die Verfassung anerkannten oder mit königlicher Genehmigung eingeführten christlichen und nichtchristlichen Religionsgesellschaften zu verstehen. (Motive z. Entw. v. 1855 S. 80, Prot. d. G.=A. d. K. d. Abg. 1856/57 S. 548, Vortr. S. 303, Dollmann Bd. II. S. 319.)

6) Hiezu gehören vor Allem als öffentliche Kirchengesellschaften gemäß §. 24 der .II Verf.=Beil. die im Königreiche bestehenden drei christlichen Glaubenskonfessionen, die katholische, lutherische und reformirte, welch' beide letzteren in der Pfalz unirt sind; hiezu kam durch Gesetz vom 1. Juli 1834 die griechische Kirche, obgleich der Umfang der Anerkennung bei dieser streitig ist. (Dafür v. Moy Lehrb. Bd. I. S. 91; dagegen Pözl Verf.=Recht 4. Aufl. S. 243. Anmerk. 6, vgl. auch Art. 161.) Zu den aufgenommenen, jedoch nicht öffentlichen Religionsgesellschaften gehören die Israeliten, Mennoniten, Irvingianer, Anglikaner und die Herrnhuter Brüder=Gemeinde. (S. hiezu Pözl a. a. O. S. 244, gegen beide letzteren Weis Bd. I. S. 402.) Nicht gehören zu den aufgenommenen Privatkirchengesellschaften die sog. deutsch=katholischen oder freireligiösen Gemeinden. (Dollmann Bd. II. S. 319. 320, Weis Bd. I. S. 401—404, Stenglein Bd. II. S. 117.)

7) „widerrechtlich verhindert oder stört". Die That kann nur vorsätzlich, d. h. mit dem Bewußtsein, daß die That an sich geeignet sei, die gottesdienstliche Versammlung oder Verrichtung zu verhindern oder zu stören, begangen werden; sie bedarf aber keiner darauf gerichteten Absicht. (Prot. d. G.=A. d. K. d. A. 1856/57 S. 547, Dollmann Bd. II. S. 321. 322, Weis Bd. I. S. 405, Z. f. Gerichtspr. Bd VIII. S. 428.)

8) Als Fall berechtigter Verhinderung kann an den Vollzug einer Anordnung der zuständigen Behörde gedacht werden, welche gegen die Vornahme einer gottesdienstlichen Verrichtung erlassen wurde, zu deren Vornahme die gesetzliche Befugniß mangelt. (Weis Bd. I. S. 405, Dollmann Bd. II. S. 322.)

9) Die Verhinderung oder Störung der Andacht einzelner Personen fällt an sich nicht unter Art. 158. (Dollmann Bd. II S. 322.)

10) Auf die Art der Störung, ob mit Gewalt an Personen oder Sachen, durch Lärmen u. s. w. kommt für den Thatbestand ebensowenig an, als darauf, ob die That eine vollständige Unterbrechung des Aktes nach sich zog, oder ob durch alsbaldige Beseitigung der Störung nur der ordnungsmäßige Verlauf des Gottesdienstes beeinträchtigt wurde. (Prot. d. G.=A. d. K. d. R.=R. 1860/61 S. 159, Weis Bd. I. S. 404, Dollmann Bd. II. S. 322. 323, Stenglein Bd. II. S. 118.)

11) „Thätlichkeiten." Hierunter ist nicht blos eine körperliche Mißhandlung, sondern jede physische Gewaltanwendung ohne Unterschied der Art und des Grades zu verstehen. (Stenglein Bd. II. S. 118, Dollmann Bd. II. S. 324.)

12) „an einem Religionsdiener". Unter diese gehören nicht nur die Geistlichen der christlichen Confessionen, ohne Unterschied des Rangs in der Hierarchie, sondern auch die der anerkannten Privatreligionsgesellschaften, sobald sie zur Abhaltung des Gottesdienstes und geistlicher Funktionen berufen sind, nicht aber bloße Gehilfen und Diener, Meßner oder Ministranten. (Prot. d. G.=A. d. K. d. Abg. 1856/57 S. 551, Weis Bd. I. S. 405, Dollmann Bd. II. S. 323, Stenglein Bd. II. S. 118. 119.)

Art. 159.

Wer öffentlich vor einer Menschenmenge oder mittels eines Preßerzeugnisses die christliche Religion oder Sittenlehre im Allgemeinen oder die Lehren, Einrichtungen, Gebräuche oder Gegenstände der Verehrung einer im Staate anerkannten Religionsgesellschaft durch Ausdrücke oder Zeichen der Verachtung oder Verspottung angreift, desgleichen wer in Kirchen oder andern religiösen Versammlungsorten einer solchen Reli-

gionsgesellschaft einen dieselbe beschimpfenden Unfug verübt, soll mit Gefängniß bis zu zwei Jahren bestraft werden, womit Geldstrafe bis zu vierhundert Gulden verbunden werden kann.

1) „Wer". Thäter kann sowohl ein Angehöriger des herabgewürdigten Religionsbekenntnisses selbst, als auch jeder Dritte ohne Rücksicht auf seine Confession und seine individuelle religiöse Ueberzeugung sein. (Dollmann Bd. II. S. 324.)

2) „öffentlich vor einer Menschenmenge oder mittels eines Preßerzeugnisses", s. zu Art. 57 Note 1—5 S. 63. 64, zu Art. 118 Note 1 S. 189 u. Art. 8 S. 11, s. auch unten Note 9.

3) „die christliche Religion oder Sittenlehre im Allgemeinen". Hierunter fällt auch die Gotteslästerung ohne spezielle Richtung auf eine bestimmte Religionsgesellschaft, vielmehr mit der Beziehung auf Religion im Allgemeinen, sowie Angriffe auf Ehe und Familie nach ihrer religiösen oder rein ethischen Seite. (Dollmann Bd. II. S. 324, Stenglein Bd. II. S. 118.)

4) Unter Sittenlehre ist nur die christliche verstanden. (Prot. d. G.-A. d. K. d. A. 1856/57 S. 550.)

5) „Lehren, Einrichtungen, Gebräuche oder Gegenstände der Verehrung". Unter diese fallen nicht blos die nach den Satzungen der betreffenden Religionsgesellschaft als Objekt einer religiösen Verehrung geltenden, wie bei den Katholiken die Jungfrau Maria, die Heiligen, sondern auch Gegenstände, welche die religiöse Verehrung vermitteln oder ermöglichen, wie Kirchengebäude, Bibel u. s. w. (Dollmann Bd. II. S. 325.)

6) Allgemeine Ausfälle auf die Juden, welche nicht gegen die religiösen Lehren oder Einrichtungen derselben gerichtet sind, begründen keine Störung des Religionsfriedens. (Z. f. Gerichtspr. Bd. II. S. 138, Dollmann Bd. II. S. 325.)

7) „einer im Staate anerkannten Religionsgesellschaft" s. hierüber zu Art. 158 Note 5. 6 S. 240. (Dollmann Bd. II. S. 319 fg., Prot. d. G.-A. d. K. d. Abg. 1856/57 S. 550, 1860/61 S. 47.)

8) „durch Ausdrücke oder Zeichen der Verachtung oder Verspottung angreift". Als solcher Angriff ist eine rein wissenschaftliche oder anständige polemische Erörterung nicht zu betrachten. (Prot. d. G.-A. d. K. d. Abg. 1856/57 S. 550, Weis Bd. I. S. 406, Dollmann Bd. II. S. 325. 326, Stenglein Bd. II. S. 119.)

9) Es ist zum Thatbestande nicht erforderlich, daß die Menschenmenge zu dem Zwecke, um religiöse Lehren zu hören, versammelt war, sowie daß alle anwesenden Personen die gemachten Angriffe auch hörten. Die Beurtheilung der Frage, ob eine Menschenmenge vorhanden war, ist dem Richter für jeden einzelnen Fall anheimgegeben. (Z. f. Gerichtspr. Bd. V. S. 165.)

10) Lediglich in Privatkreisen begangene Invektiven dieser Art, bei welchen deshalb von einem allgemeinen Aergernisse keine Rede ist, sind straflos. Doch kommt es bei den mit dem Charakter der Publicität ausgestatteten Angriffen auf die wirkliche Herbeiführung eines öffentlichen Aergernisses nicht an. (Dollmann Bd. II. S. 325, Stenglein Bd. II. S. 119.)

11) Zur That genügt einfacher Vorsatz, und bedarf es keiner auf Herabwürdigung oder auf Störung des Religionsfriedens durch Bewirkung eines öffentlichen Aergernisses gerichteten Absicht. Es genügt die freie Willensbestimmung verbunden mit dem Bewußtsein von den die Strafbarkeit begründenden thatsächlichen Eigenschaften und Merkmalen der Handlung. (Vortr. im G.-A. d. K. d. A. 1856/57 S. 302, Prot. S. 547, Dollmann Bd. II. S. 325, Stenglein Bd. II. S. 119.) Dagegen nimmt ein Erk. d. Cass.-H. v. 16. Dezember 1865 an (Z. f. Gerichtspr. Bd. V. S. 111), es sei eine spezifische auf Religionsstörung gerichtete Absicht erforderlich. S. dagegen die Bemerkung ebendas. S. 113.

12) Blos fahrlässige und leichtfertige Handlungen, oder leichtsinniges Fluchen oder Schwören fällt nicht unter Art. 159. (Dollmann Bd. II. S. 325.)

13) „wer in Kirchen oder anderen religiösen Versammlungsorten einer solchen Religionsgesellschaft einen dieselbe be-

schimpfenden Unfug verübt. Es ist ein grober, die betr. Religionsgesellschaft selbst verhöhnender Unfug vorausgesetzt. Sonstiges ungebührliches und Aergerniß gebendes Benehmen fällt unter Art. 160. (Prot. d. G.-A. d. K. d. A. 1856/57 S. 551, Dollmann Bd. II. S. 326, Weis Bd. I. S. 407, Stenglein Bd. II. S. 119.)

14) Hiebei ist es ohne Belang, ob die That während oder außerhalb des Gottesdienstes geschieht, ob dieser gestört wird oder nicht, ob andere Personen anwesend waren oder nicht. (Vortr. im G.-A. d. K. d. Abg. 1856/57 S. 303, Dollmann Bd. II. S. 326, Stenglein Bd. II. S. 118, Weis Bd. I. S. 406. 407.)

Art. 160.

Wer außer dem Falle des Art. 159 in Kirchen oder anderen religiösen Versammlungsorten einer im Staate anerkannten Religionsgesellschaft oder bei Versammlungen oder Verrichtungen, welche zu dem Gottesdienste einer solchen Religionsgesellschaft gehören, durch ungebührliches Benehmen Aergerniß gibt, ist mit Arrest bis zu acht Tagen oder an Geld bis zu fünfundzwanzig Gulden zu bestrafen.

1) „In Kirchen oder andern religiösen Versammlungsorten". Es ist kein Unterschied gemacht, ob die That während des Gottesdienstes geschieht oder außerhalb der Zeit desselben. (Dollmann Bd. II. S. 327, Weis Bd. I. S. 407.)

2) „einer im Staate anerkannten Religionsgesellschaft" s. hierüber zu Art. 158 Note 5. 6 S. 240.

3) „welche zum Gottesdienste einer solchen Religionsgesellschaft gehören" s. zu Art. 158 Note 2—4 S. 239.

5) „durch ungebührliches Benehmen Aergerniß gibt". Ob dieses der Fall ist, ist quaestio facti; es genügt jedoch schon ein Benehmen, welches geeignet ist, Aergerniß zu geben. (Dollmann Bd. II. S. 327, Stenglein Bd. II. S. 119. Vgl. hiezu Z. f. Gerichtspr. Bd. II. S. 272. Bd. IV. S. 142. 158. VI. S. 42. Bd. VII. S. 19, Z. f. G. u. R. Bd. XIII. S. 490; welche Urtheile sämmtlich die Frage des Aergernißgebens im gleichen Sinne zu Art. 223 behandeln.)

5) Es ist einfacher Vorsatz, keine auf Geben von Aergerniß gerichtete Absicht erforderlich (Dollmann Bd. II. S. 327, Stenglein Bd. II. S. 119.)

6) Die Störung eines Leichenbegängnisses, welches sich erst an den Ort begibt, von wo aus die kirchliche Begleitung beginnen soll, fällt selbst dann nicht unter Art. 160, wenn die Leichenbegleiter beten. (Erk. d. Cass.-H. v. 7. Sept. 1866, Z. f. Gerichtspr. Bd. VI. S. 88, Z. f. G. u. R. Bd. XIII. S. 542.)

Art. 161.

Auf Beleidigungen kirchlicher Behörden einer der im Staate bestehenden vier christlichen Konfessionen kommen die Bestimmungen des Art. 126, auf Beleidigungen ihrer Religionsdiener die Bestimmungen des Art. 127 zur Anwendung.

Den Strafbestimmungen der Art. 136 unterliegt, wer einem solchen Religionsdiener Gewalt zufügt oder androht, um auf seine Amtsverrichtung einzuwirken oder um wegen einer solchen Rache zu nehmen.

1) „Beleidigungen" s. zu Art. 126 Note 19—21 S. 197, Art. 127 Note 17—19 S. 201.

2) „Kirchlicher Behörden". Die Frage, welche Kollegien u. s. w. unter die kirchlichen Behörden gehören, ist nach dem inneren Kirchenrecht zu entscheiden, dies ist insbesondere bei Synoden, Kirchenverwaltungen und ähnlichen Collegien der Fall. (Prot. d. G.-A. d. K. d. Abg. 1856/57 S. 551, Weis Bd. I. S. 407, Bezüglich der genannten verneint Dollmann Bd. II. S. 328 die Frage, Stenglein Bd. II. S. 119 bejaht sie.)

3) Ob die kirchliche Behörde aus Geistlichen besteht oder nicht, begründet keinen Unterschied. (Dollmann Bd. II. S. 328, Stenglein Bd. II. S. 119.)

4) „einer der im Staate bestehenden vier christlichen Confessionen" s. hierüber zu Art. 158 Note 6 S. 240.

Die Bestimmung gründet sich auf §. 30 der II. Verf.-Beilage. Auf Beleidigungen und Gewaltthätigkeiten gegen Religionsdiener von Privatreligionsgesellschaften findet nicht Art. 161, sondern wenn nicht Art. 158 Abs. 2 Platz greift, die Bestimmungen über Ehrenkränkungen, Körperverletzung, Vergewaltigung u. s. w. Anwendung. (Dollmann Bd. II. S. 328, Stenglein Bd. II. S. 117, Weis Bd. I. S. 404.)

5) „Die Bestimmungen des Art. 126" s. hiezu Art. 126 Note 1. 2. 22—36 S. 195 fg..

6 „ihrer Religionsdiener s. hiezu Art. 158 Note 12 S. 240.

Beleidigung eines Pfarrers ist auch dann nach Art. 161 strafbar, wenn sie gegen ihn als Vorstand der Kirchenverwaltung oder des protestantischen Kirchenvorstands gerichtet ist. (Erk. d. Cass.-H. v. 25. April 1863, Z. f. Gerichtspr. Bd. II. S. 222, Z. f. G. u. R. Bd. X. S. 441, Dollmann Bd. II. S. 328.)

7) Ebenso, wenn die Beleidigung an einem Schulbenefiziaten in seiner Eigenschaft als Lokalschulinspektor begangen wird. (Erk. d. A.-G. v. Niederbayern vom 22. Januar 1866, Z. f. Gerichtspr. Bd. VI. S. 93. 378, Z. f. G. u. R. Bd. XIII. S. 611, Dollmann Bd. II. S. 329.)

8) Ebenso, wenn ein Pfarrer in seiner Eigenschaft als Vorstand oder Mitglied des Armenpflegschaftsrathes beleidigt wird. (Erk. d. A.-G. v. Unterfranken v. 10. April 1863, Z. f. G. u. R. Bd. X. S. 555, Dollmann Bd. II. S. 329.)

9) „Die Bestimmungen des Art. 127" s. hiezu Art. 127 Note 14—26 S. 200. 201.

10) Zu Absatz 2 s. hiezu Art. 136 Note 17—33, Art. 138 Note 7—9 S. 209. 214.

Es ist nicht erforderlich, daß die Gewaltthätigkeit oder Bedrohung während der Berufsausübung des Religionsdieners erfolgt ist. (Motive z. Entw. v. 1860 S. 67, Dollmann Bd. II. S. 329.)

Art. 162.

Zweikampf. (Duell.)

Wer zum Zweikampfe herausfordert oder eine solche Herausforderung annimmt, wird mit Arrest bestraft.

War die Herausforderung oder Verabredung ausdrücklich dahin gerichtet, daß einer von beiden Theilen das Leben verlieren sollte, oder wurde eine Art des Zweikampfes gewählt, aus welcher hervorgeht, daß diese Folge beabsichtigt war, so tritt Gefängnißstrafe von drei Monaten bis zu einem Jahre ein.

1) „Wer". Es kann nicht nach Stand oder Geschlecht derjenigen Person unterschieden werden, welche ein Duell unternimmt, wenn es auch nur in gewissen Ständen und nur zwischen Personen männlichen Geschlechts üblich ist. (Dollmann Bd. II. S. 339. 340, Stenglein Bd. II. S. 123. Vgl. auch Vortr. im G.-A. d. K. d. A. 1856/57 S. 305, Prot. S. 555.)

2) „zum Zweikampfe". Eine gesetzliche Definition des Zweikampfs wollte nicht gegeben, sondern dem Richter es überlassen werden, ob er einen Kampf als Zweikampf auffassen könne (Motive z. Entw. v. 1855 S. 81, Prot. d. G.-A. d. K. d. Abg. 1856/57 S. 554, Dollmann Bd. II. S. 538. 539, Weis Bd. I. S. 410.)

3) Dollmann Bd. II. S. 339 definirt das Duell als einen vereinbarten Kampf zwischen zwei Personen mit gleichen Waffen nach verabredeten oder hergebrachten Kampfregeln zur Genugthuung für eine Ehrenverletzung.

Stenglein Bd. II. S. 122. 123 stellt keine schulgerechte Definition des Duells, aber als Erfordernisse, deren Mangel den Begriff eines Duells ausschließen würden, folgende auf: Vorhergehende Vereinbarung über den vorzunehmenden Kampf zwischen zwei Personen mit gleichen Waffen nach gewissen Kampfregeln, welche auf Grund allgemeiner Sitte oder besonderen Uebereinkommens die möglichste Gleichheit in der Lage beider Kämpfer zu sichern bestimmt sind.

Weis Bd. I. S. 410 will keine Definition versuchen.

4) Es muß ein Kampf stattfinden, bezw. beabsichtigt sein. Das sog. ameri-

kanische Duell, bei welchem durch das Loos entschieden wird, welcher Theil sich selbst zu tödten habe, kann nicht als Duell beurtheilt werden. (Dollmann Bd. II. S. 339.)

5) Dollmann (Risch) Bd. II. S. 339 rechnet auch ein sog. Rencontre, d. h. einen auf einen schnellen beiderseitigen Entschluß sofort erfolgten Zweikampf zum Duell; nicht aber die sog. Attaque (Ueberfall), d. h. den einseitigen bewaffneten Angriff mit der Aufforderung an den Angegriffenen zur Gegenwehr; welchen er vielmehr unter die Gesetze über Körperverletzung oder Tödtung, bezw. Nothwehr subsumirt. Stenglein Bd. II. S. 122 spricht sich auch gegen die erste Alternative aus, indem er einen aus einer Zwistigkeit oder einer Ehrenkränkung sofort sich entspinnenden Kampf nicht unter das Duell rechnet.

6) Uebereinstimmung herrscht darüber, daß die Nichtzuziehung von Kartellträgern (die Vermittler bei Verabredung des Zweikampfs); oder Sekundanten (Beistände der Duellanten, welche die Beobachtung der Kampfregeln überwachen) sowie von unpartheiischen Zeugen und Aerzten, den Begriff des Duells nicht ausschließt. (Stenglein Bd. II. S. 123. 124, Dollmann Bd. II. S. 340, Vortr. im G.-A. d. K. d. Abg. 1856/57 S. 306, Prot. S. 556.)

7) Dollmann Bd. II. S. 340 stellt das Erforderniß ehrenhafter Waffen auf, welche beiderseits gleich sind oder wenigstens gleiche Chancen bieten, wobei es gleichgültig sei, ob es Schuß-, Hieb- oder Stichwaffen sind; als solche Waffen betrachtet er Instrumente, mit welchen ernsthafte Verletzungen zugefügt werden können und welche zu ehrenhaftem Kampfe gebraucht werden; und schließt von diesen Gesichtspunkten aus den Faustkampf, sowie einen Kampf mit Stöcken, Knüppeln, Messern, Dolchen u. dgl. vom Begriff des Duells aus. Stenglein Bd. II. S. 123 fordert nur Waffen (was den Faustkampf, oder den mit Stöcken, Knüppeln 2c. ausschließt), betont aber, daß durch den Gebrauch nicht üblicher Waffen dem Kampfe der Charakter eines Duells nicht benommen wäre.

Der Gebrauch tödtlicher Waffen ist nicht erforderlich. (Prot. d. G.-A. d. K. d. A. 1856/57 S. 554. 555, Stenglein, Dollmann a. a. O.)

8) Ein Kampf mit ungleichen Waffen oder mit Umgangnahme von allen Regeln oder mit absichtlicher Ueberschreitung der vereinbarten Regeln ist nicht als Duell zu betrachten. (Dollmann Bd. II. S. 340. 341.)

9) Dollmann Bd. II. S. 341 fordert zum Begriff des Duells, daß es zunächst auf Genugthuung für eine wirkliche oder vermeintliche Ehrverletzung abgesehen sei. Stenglein Bd. II. S. 122. 123 hält diesem auch sonst häufig aufgestellten Erforderniß, welches er in Abrede stellt, entgegen, daß das Gesetz dasselbe nirgends aufstelle, und ihm die von den Vertheidigern dieses Erfordernisses zugelassene Ausdehnung auf vermeintliche Ehrenkränkungen jede Grenze entziehe.

10) „herausfordert oder eine solche Herausforderung annimmt". Die Herausforderung an sich ist auch ohne Annahme strafbar, der Kartellträger (s. Note 6) nicht. (Dollmann Bd. II. S. 342, Weis Bd. I. S. 410.)

11) Zu Abs. 2. Als Beispiele von Duellen, aus deren Art hervorgeht, daß der Tod eines der beiden Theile beabsichtigt war, wurde erwähnt das sog. Schießen über den Handschuh, das Schießen mit gegenseitig auf die Brust gehaltenem Pistole, von welchem das eine geladen, das andere ungeladen ist. Jedoch kann eine solche schwere Forderung auch aus besonders geringer Distance bei Pistolenduellen, Bestimmung daß einer der Duellanten verletzt werden müsse und ähnlichen Umständen geschlossen werden. Im Zweifel darf eine solche Herausforderung nicht vermuthet werden, insbesondere nicht bei Pistolenduellen überhaupt. (Weis Bd. I. S. 411, Dollmann Bd. II. S. 343, Stenglein Bd. II. S. 124.)

12) Ist es zum Vollzug eines Zweikampfs gekommen, so ist die Herausforderung und Annahme derselben nicht mehr strafbar. (Dollmann Bd. II. S. 343.)

13) Wegen eines von Ausländern im Auslande vollzogenen Duells kann eine strafrechtliche Verfolgung im Inlande auch nicht wegen der im Inlande erfolgten Herausforderung stattfinden. (Z. f. Gerichtspr. Bd. IX. S. 14.)

14) Durch freiwilliges Aufgeben des Duells wird auch die Herausforderung oder deren Annahme straflos. (Stenglein Bd. II. S. 124.)

Art. 163.

Ist der Zweikampf vollzogen worden, so sind die Duellanten mit Gefängniß bis zu einem Jahre, in leichteren Fällen mit Arrest, wenn aber dem Zweikampfe die im Art. 162 Abs. 2 bezeichnete Herausforderung oder Verabredung vorausgegangen war, mit Gefängniß von sechs Monaten bis zu zwei Jahren zu bestrafen.

Gefängniß bis zu zwei Jahren tritt auch dann ein, wenn zu dem Zweikampfe keine Sekundanten beigezogen worden sind.

1) „Der Zweikampf" s. zu Art. 162 Note 2—9 S. 244. 245.

2) „vollzogen". Der Zweikampf ist vollzogen, bezw. das Vergehen vollendet, sobald der Kampf begonnen hat, auch wenn erst ein Theil angegriffen hat und ohne Rücksicht auf den Erfolg und auf die Dauer des Kampfes. Auch wenn die Duellanten sich schon auf den Kampfplatz begeben haben, und alle Vorbereitungen zum Kampf getroffen sind, ist nur Art. 162 anwendbar. (Stenglein Bd. II. S. 126, Weis Bd. I. S. 411. 413, Dollmann Bd. II. S. 341.)

3) Das blos formelle Duell, z. B. mit absichtlichem Schießen in die Luft ist ein Zweikampf, wenn nicht etwa eine im Voraus getroffene Verabredung zu Grunde liegen sollte. (Dollmann Bd. II. S. 344. 345.)

4) Bei den leichteren Fällen wurde insbesondere auch an die Studentenpaukereien gedacht. (Prot. d. G.-A. d. K. d. Abg. 1860/61 S. 48. 433, K. d. R.-R. Bd. I. S. 164. Bd. II. S. 139, Stenglein Bd. II. S. 124, Dollmann Bd. II. S. 346.)

5) Die Annahme eines leichteren Falles ist in das Ermessen des Gerichts gelegt, welches ihn bei dem einen Duellanten möglicher Weise annimmt, bei dem andern nicht. Trotz der Befugniß, eine Arreststrafe zu erkennen, bleibt das Bezirksgericht kompetent. (Weis I. 412, Dollmann Bd. II. S. 346.)

6) Nach Art. 163 sind auch Duelle strafbar, in denen leichtere Verletzungen zugefügt wurden, als die in Art. 164 Abs. 1 bezeichneten. (Vortr. im G.-A. d. K. d. Abg. 1856/57 S. 305, Prot. S. 553, Stenglein Bd. II. S. 124, Weis Bd. I. S. 412.)

7) „wenn aber dem Zweikampfe die im Art. 162 Abs. 2 bezeichnete Herausforderung oder Verabredung vorausgegangen war" s. zu Art. 162 Note 11.

Auf einen Erfolg bei einem solchen Duell kommt es nicht an, eben so wenig bei den nach Abs. 2 strafbaren. (Stenglein Bd. II. S. 124.)

8) Zu Absatz 2. Die Nichtzuziehung von Zeugen oder eines Arztes begründet die schwerere Qualifikation nicht. (Prot. d. G.-A. d. K. d. RR. 1860/61 S. 165, K. d. Abg. 433, Dollmann Bd. II. 346.)

9) „tritt auch dann ein". Das Minimum der Strafe ist nicht sechs Monate, wie bei der zweiten Alternative des Abs. 1, sondern ein Tag. (Prot. d. G.-A. d. K. d. RR. 1860/61 Bd. I. S. 164. Bd. II. S. 139, K. d. Abg. S. 433, Stenglein Bd. II. S. 125, Dollmann Bd. II. S. 347, Weis Bd. I. S. 412.)

Art. 164.

Wer seinen Gegner im Zweikampfe tödtet, oder demselben einen bleibenden Nachtheil an Körper oder Gesundheit zufügt, ist mit Gefängniß von einem bis zu drei Jahren zu bestrafen.

Ist eine oder die andere dieser Folgen in einem Zweikampfe der im Art. 162 Abs. 2 bezeichneten Art eingetreten, so soll auf Gefängniß von drei bis zu zehn Jahren erkannt werden.

1) „einen bleibenden Nachtheil" s. hierüber zu Art. 234 Ziff. 1. Ob ein solcher vorliegt, ist quaestio facti, und kann nicht eine Narbe oder eine auf die Schönheit des Körpers einwirkende Verletzung als solche betrachtet werden, sondern blos Verstümmelungen und ähnliche schwere Beschädigungen,

welche den Verlust oder die Gebrauchsunfähigkeit wichtiger Leibesorgane zur Folge haben oder eine sonstige dauernde Störung der physischen oder geistigen Gesundheit des Verletzten nach sich ziehen. (Prot. d. G.-A. d. K. d. Abg. 1860/61 S. 433, K. d. RR. Bd. II. S. 140, gemeinsch. Sitzung S. 471, Dollmann Bd. II. S. 347. 348, Stenglein Bd. II. S. 125, Weis I. 412. 413.)

2) Der verletzte, nicht selbst in der hier bezeichneten Weise verletzende Duellant unterliegt der Strafe des Art. 163. (Dollmann Bd. II. S. 348.)

5) Die strengere Bestrafung gemäß Art. 168 ist selbstverständlich vorbehalten. (Dollmann Bd. II. S. 349.)

4) Die Absicht des Thäters muß nicht auf Tödtung oder schwere Verletzung des Gegners gerichtet gewesen sein, um die Strafe des Art. 164 nach sich zu ziehen; immerhin bedarf es aber eines vorsätzlichen Handelns, welches durch das vorsätzliche sich Einlassen auf das Duell nicht unbedingt dokumentirt ist; und findet Art. 164 keine Anwendung, wenn der schwere Erfolg durch einen unglücklichen Zufall verursacht ist, wie durch Rennen des Gegners in die nur zur Vertheidigung gebrauchte Waffe, Springen der Klinge, Abprallen der Kugel u. dgl. (Dollmann Bd. II. S. 348.) Diese Ansicht ist jedoch, wie auch daselbst bemerkt ist, bestritten. S. einen Rechtsfall, bei welchen die Absichtlichkeit der mit tödtlichem Erfolge zugefügten Verletzung in Computation kam. (Z. f. Gerichtspr. Bd. II. S. 93.)

Art. 165.

Zu dem Zweikampfe zugezogene Aerzte, Sekundanten und Zeugen sind straflos. Kartellträger werden nur dann bestraft, wenn der Zweikampf in der in Art. 162 Abs. 2 bezeichneten Art verabredet war und in dieser Art stattgefunden hat. In diesem Falle trifft sie Gefängniß bis zu zwei Jahren.

1) Eine strafbare Theilnahme an der Herausforderung (Art. 162) ist ausgeschlossen. (Dollmann Bd. II. S. 349.)

2) Die vorschubleistende Beihilfe zum Duell ist in der Regel straflos, was aber nicht die Bestrafung gemäß Art. 165 Abs. 2, Art. 167 oder 168 ausschließt, insbesondere auch dann, wenn eine Person in verschiedenen Eigenschaften Beihilfe leistete, z. B. als Kartellträger und Sekundant, und in einer dieser Eigenschaften strafbar ist. (Weis Bd. I. S. 414, Dollmann Bd. II. S. 350, Stenglein Bd. II. S. 125.)

3) Die hier nicht ausdrücklich bezeichneten Theilnehmer, wie solche, welche Waffen zum Duell oder ein Lokal überlassen oder Waffen beischaffen, sind straflos. (Stenglein Bd. II. S. 124. 126, Dollmann Bd. II. S. 350. 351.)

Art. 166.

Ist der verabredete Zweikampf vor seinem Beginne freiwillig aufgegeben worden, so sind die Parteien straflos.

1) Das Gesetz hat zunächst den Fall im Auge, daß nach getroffener Duellverabredung zwischen den Parteien eine Aussöhnung zu Stande kommt, wenn auch erst am Kampfplatze. Wird nur einseitig die Herausforderung oder deren Annahme zurückgenommen, so bleibt der Gegentheil gemäß Art. 162 strafbar. (Stenglein Bd. II. S. 125, Dollmann Bd. II. S. 343. 344, Weis Bd. I. S. 411.)

2) Ein Abstand, nachdem der Kampf bereits begonnen hatte, hat nur Einwirkung auf die Strafzumessung, bewirkt aber keine Straflosigkeit. (Weis Bd. I. S. 411, Dollmann Bd. II. S. 344.)

3) Hinderte das Einschreiten der Behörden den Zweikampf, so tritt Straflosigkeit nicht ein und kann auch die Einwendung, es seien noch Unterhandlungen zum gütlichen Ausgleich im Gange gewesen, nicht Platz greifen. Im Uebrigen kommt auf das Motiv des Abstands, oder darauf, ob dieser nur auf Zu-

reden Dritter, wie der Sekundanten, erfolgte, nichts an. (Weis Bd. I. S. 411, Stenglein Bd. II. S. 125, Dollmann Bd. II. S. 344.)

Art. 167.

Wer die Duellanten oder einen derselben zur Eingehung des Zweikampfes oder zur Wahl einer gefährlicheren Art des Kampfes bestimmt hat (Art. 54 Ziff. 1) soll, wenn der Zweikampf vollzogen wurde, mit Gefängniß bis zu drei Monaten bestraft werden.

Wenn aber einer der Duellanten getödtet worden ist und der Anstifter entweder einen tödtlichen Ausgang des Duells beabsichtigt oder das Zustandekommen der im Art. 162 Abs. 2 bezeichneten Verabredung bewirkt hat, so ist auf Gefängniß von drei bis zu zehn Jahren zu erkennen.

1) „bestimmt hat" (Art. 54 Ziff. 1). Es müssen alle Erfordernisse der Anstiftung zu einer strafbaren Handlung vorliegen. Dieselbe kann in der Form des Rathes, der Ueberredung, der Erregung oder Benützung eines Irrthums, aber auch in anderer Weise, so auch in der Form von Androhung oder Bezeigung von Verachtung erscheinen, obgleich letztere ausdrücklich anzuführen abgelehnt wurde, weil nicht jede Bezeigung der Verachtung in dieser Beziehung unter den Begriff der Anstiftung fällt. (Prot. d. G.-A. d. K. d. R.-R. 1860/61 Bd. I. S. 167. 168, Dollmann Bd. II. S. 352, Stenglein Bd. II. S. 125, Weis Bd. I. S. 413.)

2) Ob der Anstifter sich auch noch in anderer Weise am Zweikampf betheiligt hat, begründet keinen Unterschied. (Dollmann Bd. II. S. 352, Stenglein Bd. II. S. 126.)

3) Die beiden Erfordernisse der wirklich erfolgten Tödtung eines der Duellanten und der darauf gerichteten Absicht des Anstifters müssen voraus gegeben sein, um die schwerere Strafe des Absatz 2 zu begründen. Beim Mangel eines dieser Erfordernisse ist nur die Strafe des Absatz 1 gerechtfertigt. (Dollmann Bd. II. S. 352.)

4) Eintritt eines bleibenden Nachtheils auf Seite eines Duellanten ist der Tödtung hier nicht gleichgestellt. (Dollmann Bd. II. S. 353.)

Art. 168.

Hat ein Duellant oder Sekundant durch absichtliche Uebertretung der üblichen Kampfregeln eine Tödtung oder Körperverletzung bewirkt oder hat ein Duellant in einem Zweikampfe ohne Sekundanten seinen Gegner getödtet oder demselben eine Körperverletzung zugefügt, so ist er nach den Bestimmungen über Tödtung oder Körperverletzung zu bestrafen, falls nicht wegen des Zweikampfes eine höhere Strafe verwirkt ist.

1) „Durch absichtliche Uebertretung der üblichen Kampfregeln". Eine nur fahrlässige Uebertretung zieht nicht die Strafe fahrlässiger Körperverletzung oder Tödtung nach sich, sondern rechtfertigt beim Duellanten nur die Anwendung der außerdem gerechtfertigten Strafbestimmungen über Duell, der fahrlässige Sekundant bleibt straflos. (Dollmann Bd. II. S. 353.)

(Letztere Behauptung ist entschieden irrig. Es kann den Sekundanten allerdings keine Strafe für das Duell treffen, für eine fahrlässige Handhabung von Waffen entschuldigt ihn aber das Duell nicht.)

2) „eine Tödtung oder Körperverletzung bewirkt". Die Bestimmung bezieht sich auch auf die Tödtung oder Verletzung anderer beim Duell Betheiligter, als der Duellanten selbst. (Dollmann Bd. II. S. 353.)

3) Hat ein Sekundant den Gegenduellanten oder Sekundanten innerhalb der Kampfregeln wegen Verletzung derselben getödtet oder verletzt, so bleibt er straflos. (Weis Bd. I. S. 414, Stenglein Bd. II. S. 126, Dollmann Bd. II. S. 353.) Daß der Duellant in gleicher Lage sei, bestreitet Dollmann a. a. O. und will die Ueberschreitung der Kampfregeln von Seite des Gegners nur als Grund zu leichterer Strafzumessung gelten lassen. Stenglein Bd. II. S. 127 dagegen behauptet, sicher in Uebereinstimmung mit dem Gesetz und mit den Regeln

über Nothwehr, welche gegen jede widerrechtliche Bedrohung der Person zulässig ist, die Ueberschreitung der Kampfregeln benehme dem Duell den Charakter als solches. Selbstverständlich bleibt die Bestrafung des Duellanten wegen Duells ohne Rücksicht auf den durch Nothwehr entschuldigten Erfolg vorbehalten.

4) Auch die wissentlichen Theilnehmer an einem mit Verletzung der Kampfregeln vollzogenen Duell sind nach den Bestimmungen über Tödtung und Körperverletzung in Verbindung mit den allgemeinen Bestimmungen über Theilnahme strafbar. (Dollmann Bd. II. S. 354.)

5) Die nach diesem Artikel zu bestrafende Körperverletzung kann eine ganz geringe sein und sind für diesen Fall die Strafbestimmungen über Zweikampf vorbehalten. (Motive z. Entw. v. 1855 S. 82, Prot. d. G.-A. d. K. d. Abg. 1860/61 S. 434.)

Siebentes Hauptstück.

Fälschung von Geld, Stempelpapier und Briefmarken.

Art. 169.

Fälschung von Geld.

Wer in- oder ausländisches Metall- oder Papiergeld, welches im gemeinen oder Handelsverkehre Geltung hat, unbefugter Weise nachmacht, um dasselbe in den Verkehr zu bringen oder sonst als Geld zu gebrauchen; desgleichen wer in dieser Absicht ächtem Metall- oder Papiergelde durch Veränderung an demselben den Schein eines höheren Werthes oder im Verkehre nicht geltendem Metall- oder Papiergelde das Ansehen eines geltenden gibt, soll mit Zuchthaus bis zu sechszehn Jahren bestraft werden.

Noten, welche von in- oder ausländischen Bank- oder Kredit-Anstalten unter öffentlicher Autorität ausgegeben sind, im gemeinen oder Handelsverkehre Geltung haben und gleich Geld gebraucht werden, sind dem Papiergelde gleich zu achten.

Wenn Metallgeld, welches Scheidemünze darstellt, gefälscht wurde, soll auf Gefängniß nicht unter sechs Monaten erkannt werden.

Die zur Verübung der Fälschung gebrauchten oder bestimmt gewesenen Werkzeuge, sowie die gefälschten Geldstücke und Noten unterliegen der Konfiskation.

1) „Wer". Thäter können In- wie Ausländer sein, erstere unbedingt, letztere bei Verübung im Auslande nur dann, wenn die That in Bezug auf bayerisches oder doch in Bayern kursirendes fremdes Geld verübt worden ist. Unter allen Umständen bleibt jedoch die Bestimmung des Art. 10 Abs. 2 vorbehalten. (Dollmann Bd. II. S. 364. 365, Stenglein Bd. II. S. 130.)

2) Ob der Fälscher das Geld im Inlande oder im Auslande in Umlauf gesetzt hat, begründet keinen Unterschied, wenn nur in Bayern ein Gerichtsstand gegen denselben begründet ist. (Stenglein Bd. II. S. 130, Dollmann Bd. II. S. 365.)

3) Selbstverständlich ist, daß derjenige der Thäter ist, welcher durch einen Andern, der von dem verbrecherischen Zweck nichts weiß und die Absicht nicht theilt, falsche Münzen anfertigen läßt; der Verfertiger dagegen das straflose Werkzeug. (Prot. d. G.-A. d. K. d. Abg. 1860/61 S. 89, Stenglein Bd. II. S. 132.)

4) „in- oder ausländisches Metall- oder Papiergeld". Metallgeld sind Metallstücke, welche durch Gepräge und andere äußere Zeichen eine öffentliche Beglaubigung erhalten haben, um als allgemeines Tauschmittel zu dienen. (Dollmann Bd. II. S. 358.)

5) Es muß Geld, ein öffentlich beglaubigtes Umlaufsmittel darstellen, nicht bloße Schaumünzen, oder Phantasiemünzen, Marken zu besonderem Ge-

brauche; oder Etiquetten oder Waaren-Empfehlungskarten, welche nur in ihrer äußeren Form kursirendem Papiergelde oder Banknoten ähnlich sind. Die Anfertigung solcher Geld-ähnlichen Gegenstände zu rechtswidrigem Gebrauche kann nur unter den Begriff des Betruges fallen. (Dollmann Bd. II. S. 366. 367, Stenglein Bd. II. S. 128.)

6) Eine Person, welche Blechstücken das Ansehen abgeriebener Scheidemünzen gibt, dessen Gepräge nicht mehr erkenntlich ist, und dieselben ausgibt, ist nicht wegen Fälschung von Geld, sondern wegen Betrugs strafbar. (Erk. d. Cass.-H. v. 27. Dezember 1869, Z. f. Gerichtspr. Bd. IX. S. 146, Entsch. d. Cass.-H. Bd. III. S. 465.)

7) „welches im gemeinen oder Handelsverkehre Geltung hat". Auch bezüglich des Handelsverkehrs ist zwischen in- und ausländischen kein Unterschied mehr gemacht. Das Geld, dessen Fälschung in Rede steht, muß irgendwo Umlauf haben. (Dollmann Bd. II. S. 367, Weis Bd. I. S. 416, Stenglein Bd. II. S. 128.)

8) Es kommt nur auf den faktischen Umlauf an, nicht darauf ob über die Kursgeltung durch Gesetz oder Verordnung etwas bestimmt ist oder nicht; so daß es in jedem Falle Sache der thatsächlichen Entscheidung ist, ob Münz- oder Papiergeld im Verkehre Geltung hat, oder ob es dieselbe vollkommen verloren hat, und kann auch an außer Kurs gesetzten Geldsorten Fälschung begangen werden, wenn dasselbe noch umläuft. (Motive z. Entw. v. 1855 S. 83, Prot. d. G.-A. d. K. d. Abg. 1856/57 S. 558, Dollmann Bd. II. S. 367, Weis Bd. I. S. 416, Stenglein Bd. II. S. 129.)

9) Die Nachahmung solcher Geldsorten, welche früher Geltung gehabt, dieselbe aber allgemein verloren haben, z. B. altrömischer oder mittelalterlicher Münzen, ist nicht als Geldfälschung, wohl aber unter Umständen als Betrug strafbar, z. B. bei Verkauf derselben als ächter an Münzsammler. (Weis Bd. I. S. 416, Dollmann Bd. II. S. 368, Stenglein Bd. II. S. 129.)

10) Zu Absatz 2. Noten von Bank- oder Kreditanstalten werden dem Gelde gleich geachtet, wenn sie unverzinslich und auf den Inhaber gestellt sind. Sie unterscheiden sich von eigentlichem Papiergeld nur durch das emittirende Subjekt, welches bei eigentlichem Papiergeld der Staat ist, und durch den in der Regel mangelnden Zwangskurs. Verzinsliche Schuldverschreibungen, Aktien nebst den dazu gehörigen Zins- und Dividendecoupons, Talons u. s. w., auch wenn sie auf den Inhaber gestellt sind, fallen so wenig unter den Begriff des Papiergelds wie unverzinsliche, aber auf den Namen lautende Creditpapiere, sollten dieselben auch vom Staate selbst oder unter seiner Autorität von Bank- und andern Kreditinstituten ausgegeben sein und gelegentlich als Geldsurrogate benützt werden. (Dollmann Bd. II. S. 368. 369, Stenglein Bd. II. S. 129.)

11) Die Fälschung von Noten und anderen Werthzeichen, welche von Bank- oder Kreditanstalten oder von Fabriken und ähnlichen Unternehmungen ohne staatliche Autorisation ausgegeben werden, sowie die von Noten, welche im Verkehre keine Geltung haben, oder nicht als Geld gebraucht werden, ist nur nach den Bestimmungen über Betrug zu beurtheilen. (Weis Bd. I. S. 417, Stenglein Bd. II. S. 129.)

12) „unbefugter Weise nachmacht", d. h. falsche Geldstücke mit dem äußeren Ansehen von ächten neu anfertigt, wobei es nicht darauf ankommt, daß die ächten Stücke in allen ihren Formen genau und ohne ein unterscheidendes Zeichen nachgeahmt seien, sondern es genügt, wenn den falschen Stücken ein zur Täuschung des Publikums hinreichender Grad von Aehnlichkeit mit den ächten gegeben ist (Dollmann Bd. II. S. 371); wenn die Fälschung von der Art ist, daß durch sie ein gewöhnlicher Mensch unter gewöhnlichen Verhältnissen getäuscht werden konnte (Weis Bd. I. S. 417); wenn die Gleichheit so weit geht, daß der Unterschied auf den oberflächlichen Anblick nicht erkannt werden kann, und die Absicht hervortritt, das Falsifikat als entsprechendes Werthzeichen zu benützen. Es kommt nicht darauf an, ob die Fälschung eine vollkommen gelungene war,

oder ob dieselbe bei einiger Aufmerksamkeit hätte erkannt werden können. (Stenglein Bd. II. S. 131.)

13) Auf die Art der Anfertigung durch Schlagen, Gießen, Prägen, bei Papiergeld durch Zeichnen u. s. w. kommt für den Thatbestand nichts an. (Dollmann Bd. II. S. 372, Stenglein Bd. II. S. 128.)

14) Es liegt keine Geldfälschung vor, sondern nach Umständen Versuch oder nur Betrug, wenn neben einer gewissen Aehnlichkeit des Falsifikates mit dem Originale, durchschlagende Verschiedenheiten bestehen, welche die täuschende Wirkung der Nachahmung schon bei oberflächlicher Betrachtung beseitigen; oder wenn Spielmarken, Etiquetten u. dgl. in solcher Weise angefertigt werden, daß sie mit Geld oder Papiergeld eine gewisse Aehnlichkeit haben. (Dollmann Bd. II. S. 372, Stenglein Bd. II. S. 131.)

15) Unbefugt ist jede Anfertigung von Geld durch Andere als von Seite des Staates oder der von diesem hiezu ermächtigten Personen, Gesellschaften oder Anstalten, sollte auch das angefertigte Metallgeld von gleichem oder sogar höherem Werthe sein als das ächte. (Dollmann Bd. II. S. 372, Stenglein Bd. II. S. 128.)

16) Fälschung von Geld begeht nicht nur derjenige, welcher falsches Geld völlig neu herstellt, sondern auch derjenige, welcher in seinen Besitz gelangte kenntliche Falsifikate so verändert, daß sie das Aussehen von Geld erhalten. (Z. f. Gerichtspr. Bd. IX. S. 254.)

17) „wer ächtem Metall- oder Papiergelde durch Veränderung an demselben den Schein eines höheren Werthes gibt". Gleichviel ob dies auf mechanischem oder chemischem Wege bewirkt wird und ob die Aenderung eine solche des Gepräges oder der Aufschrift oder nach Umständen auch blos der Metallfarbe ist, wie durch Weißfärben einer Kupfermünze mit Quecksilber, wenn nur das Publikum getäuscht werden kann. Das Vergolden oder Versilbern von Rechenpfennigen oder Schaumünzen fällt unter den Begriff des Nachahmens. (Motive z. Entw. v. 1855 S. 84, Dollmann Bd. II. S. 373, Stenglein Bd. II. S. 131.)

18) Es ist nicht erforderlich, daß Münzen oder Papiergeld in den ihm fälschlich beigelegten höheren Mehrbeträgen als ächt vorkommt bezw. kursirt oder nicht. (Z. f. Gerichtspr. Bd. IX. S. 28, Dollmann Bd. II. S. 373.)

19) „im Verkehre nicht geltendem Metall- oder Papiergelde das Ansehen eines geltenden gibt". Hierunter fällt nicht nur die Aenderung an ächten, aber als Geld nicht oder nicht mehr anerkannten und gangbaren Werthzeichen, sondern auch die an falschen bereits in Umlauf gesetzten Geldstücken oder Noten. (Motive z. Entw. v. 1855 S. 83, Dollmann Bd. II. S. 373, Stenglein Bd. II. S. 132, s. auch oben Note 15.)

20) Vollendet ist die That mit der unbefugten Nachahmung oder betrüglichen Veränderung des Geldes in verbrecherischer Absicht, ohne daß es darauf ankommt ob das falsche Geld in den Verkehr gebracht oder sonst als Geld gebraucht wurde oder nicht. (Motive z. Entw. v. 1855 S. 83, Dollmann Bd. II. S. 374. 375, Weis Bd. I. S. 418, Stenglein Bd. II. S. 132.)

21) Der Fälscher, welcher das selbst verfertigte Geld als ächt verausgabt, begeht hiedurch eine neue, nach Art. 171 als Betrug strafbare That, welche jedoch nach den Grundsätzen über Zusammenfluß nur als Strafzumessungsgrund wirkt. (Vortr. im G.-A. d. K. d. Abg. 1856/57 S. 308, Dollmann Bd. II. S. 375. 376.)

22) Bezüglich des Thatbestands kommt nichts darauf an, in welcher Zahl oder in welchem Werthbetrage Geldzeichen gefälscht wurden und genügt zur Vollendung der That die vollendete Nachahmung oder Aenderung auch nur einzelner Geldstücke, wenn gleich dieselbe in viel größerem Umfange beabsichtigt war. (Dollmann Bd. II. S. 374.)

23) Die nicht vollständig durchgeführte Fälschungshandlung sowie die miß-

lungenen Fälschung ist als Versuch strafbar. (Dollmann Bd. II. S. 374. 375, Stenglein Bd. II. S. 133.)

Auf Theilnahme finden die allgemeinen Grundsätze Anwendung, insoweit nicht Art. 171 Ziff. 1 Theilnahmshandlungen als selbstständiges Delikt behandelt. (Dollmann Bd. II. S. 376, Stenglein Bd. II. S. 133.)

24) „um dasselbe in den Verkehr zu bringen oder sonst als Geld zu gebrauchen". Es genügt zur That nicht blos einfacher Vorsatz, unter welchen auch die Nachahmung von Münzen als Anhängmünzen oder für Münzsammlungen fallen würde, sondern ist die besonders qualifizirte Absicht erforderlich und muß dieselbe im Urtheile festgestellt werden. (Motive z. Entw. v. 1855 S. 83, Dollmann Bd. II. S. 369, Weis Bd. I. S. 417, Stenglein Bd. II. S. 132.)

25) Das in Umlaufsetzen kann auch durch Dritte, sei es getäuschte Werkzeuge sei es Theilnehmer an der That geschehen. (Prot. d. G.-A. d. K. d. Abg. 1860/61 S. 89, Dollmann Bd. II. S. 370, Weis Bd. I. S. 418)

26) Wegen Versuchs der Fälschung von Geld ist derjenige strafbar, welcher gefälschtes Geld in der Absicht, es als giltiges in den Verkehr zu bringen, an sich gebracht hat und es zu diesem Zwecke an einen in die Fälschung Eingeweihten um einen geringeren als den Nennwerth zu veräußern sucht. (Erk. d. Cass.-H. v. 31. Dezember 1866, Z. f. Gerichtspr. Bd. VI. S. 197, Z. f. G. u. R. Bd. XIII. S. 651.)

27) Als Beispiele, daß gefälschtes Geld als Geld gebraucht werden kann, ohne es in den Verkehr zu bringen, wurde die Stellung einer Kaution oder eines sonstigen Depositums, die Verbergung eines Kassadefekts u. A. erwähnt. (Motive z. Entw. v. 1855 S. 83, Dollmann Bd. II. S. 370, Weis Bd. I. S. 417. 418, Stenglein Bd. II. S. 132.)

28) Derjenige, der ohne die verbrecherische Absicht Geld nachgeahmt hat und es später als solches verausgabt, kann nicht wegen Geldfälschung, sondern nur wegen Betrugs bezw. nach Art. 171 bestraft werden. (Stenglein Bd. II. S. 132, Dollmann Bd. II. S. 370. 371.)

29) „Wenn Metallgeld, welches Scheidemünze darstellt, gefälscht wurde". Die Fälschung von Papiergeld, welches nur den Werth von Scheidemünze hat, ist nach Abs. 1 zu strafen, gleichgültig ist es jedoch, ob die Scheidemünze von Kupfer oder Silber ist (Goldmünzen sind selbstverständlich nie Scheidemünze), und wie groß oder klein die Zahl der gefälschten Stücke ist, ob Fälschung (Nachahmung) oder Verfälschung (Aenderung auf einen höheren Werth) in Rede steht. (Prot. d. G.-A. d. K. d. Abg. 1856/57 S. 558, Dollmann Bd. II. S. 378, Weis Bd. I. S. 418. 421, Stenglein Bd. II. S. 131.)

30) Unter Scheidemünzen sind solche kleinere Münzen zu verstehen, welche als bloße Theilmünzen für den gewöhnlicheren und kleineren Verkehr das durch den Münzfuß gebotene richtige Verhältniß zwischen Nennwerth und innern Werth (Feingehalt) nicht festhalten, m. a. W. welche nicht vollwichtig ausgeprägt werden. Die Frage, welche Münzen zur Scheidemünze gehören, ist daher nach den zur Zeit der Fälschung in dem Lande, dessen Münze gefälscht worden ist, bezüglich des Münzwesens geltenden Bestimmungen zu beurtheilen. In Deutschland sind nach den Münzverträgen vom 24. Januar 1857 und 7. August 1858 (publ. durch Bekanntmachung vom 13. November 1858 Rggsbl. S. 1289) nur die Stücke zu $^1/_{1}$ Thaler und $^1/_{8}$ österr. oder süddeutscher Gulden und darunter als Scheidemünze zu betrachten: in Süddeutschland also nur die Sechskreuzerstücke und kleinere Münze. (Dollmann Bd. II. S. 379, Weis Bd. I. S. 418fg., Z. f. G. u. R. Bd. IX. S. 613.) Irrig nahm Stenglein Bd. II. S. 131 an, alle auf einen geringeren Betrag als die Münzeinheit lautende Münze sei zur Scheidemünze zu rechnen.

31) Zu Absatz 4. Derselbe hat lediglich die Bedeutung die Konfiskation dispositiv anzuordnen, während Art. 34 dies in das Ermessen des Richters legt. Immerhin ist aus diesem die Voraussetzung herüberzuziehen, daß die Konfiskation

keine Verletzung Dritter nicht betheiligter Person nach sich ziehen darf. (Prot. d. G.-A. d. K. d. Abg. 1856/57 S. 560, Weis Bd. I. S. 421, Stenglein Bd. II. S. 133, Dollmann Bd. II. S. 379. 380.)

Art. 170.

Wer Metallgeld, welches im gemeinen oder im Handelsverkehre Geltung hat, durch Beschneiden, Feilen, Durchlöchern oder auf eine ähnliche Weise in seinem Gehalte verringert, um dasselbe als vollgiltiges in den Verkehr zu bringen oder sonst als solches zu gebrauchen, ist mit Gefängniß nicht unter drei Monaten, womit Geldstrafe bis zu sechshundert Gulden verbunden werden kann, zu bestrafen, soferne ihn nicht nach den Bestimmungen über den Betrug eine höhere Strafe trifft.

1) „Wer Metallgeld, welches im gemeinen oder im Handelsverkehre Geltung hat", s. zu Art. 169 Note 1—9 S. 248 fg.

Dollmann Bd. II. S. 382. 383 regt die Frage an, ob die That auch an falschem oder verfälschtem umlaufenden Gelde begangen werden könne und neigt sich unter Vortrag der Gründe für und wider der Bejahung zu.

2) „Durch Beschneiden, Feilen, Durchlöchern oder auf eine ähnliche Weise in seinem Gehalt verringert". Jede Veränderung der Münze, durch welche dieselbe in ihrem Gehalte verringert wird, sei es auf mechanischem, sei es auf chemischem Wege oder durch sonstige Manipulationen fällt unter das Gesetz. (Dollmann Bd. II. S. 383, Stenglein Bd. II. S. 134, Weis Bd. I. S. 422.)

3) „um dasselbe als vollgiltiges in den Verkehr zu bringen oder sonst als solches zu gebrauchen". Es genügt zur That nicht einfacher Vorsatz, sondern ist die im Gesetze angegebene Absicht erforderlich. Eine Durchlöcherung der Münzen u. dgl., um sie zu Knöpfen oder zum Anhängen zu verwenden, ist also zunächst nicht strafbar, und fällt eine spätere Verausgabung, wenn nicht schon bei der Werthsverringerung diese Absicht bestund, unter Umständen unter die Bestimmungen über Betrug. (Stenglein Bd. II. S. 134, Dollmann Bd. II. S. 383, Weis Bd. I, S. 422.)

S. auch zu Art. 169 Note 24—28 S. 251.

4) Die That ist vollendet mit der Werthsverringerung, ohne daß eine Verausgabung der verringerten Münze oder ein sonstiger Gebrauch derselben (vgl. zu Art. 169 Note 27) als Geld oder ein Versuch hiezu erforderlich wäre; unter Umständen, wenn nämlich eine Täuschung oder ein arglistiger Kunstgriff hinzutritt, wäre vielmehr die Verausgabung als konkurrirender Betrug strafbar. (Vortr. im G.-A. d. K. d. Abg. 1856/57 S. 308, Prot. 1860/61 S. 91, Dollmann Bd. II. S. 383. 384, Stenglein Bd. II. S. 134. 135, Weis Bd. I. S. 422.)

5) „soferne ihn nicht nach den Bestimmungen über den Betrug eine höhere Strafe trifft". Dies ist nur der Fall, wenn der Schaden 1000 Gulden übersteigt (Art. 315 Ziff. 2 mit Art. 321) oder im Falle des Rückfalls oder Zusammenflusses (Art. 319. 320). (Stenglein Bd. II. S. 134, Dollmann Bd. II. S. 385. Anm. 13.)

Art. 171.

Wer wissentlich falsches Geld (Art. 169) als giltiges oder im Gehalte verringertes (Art. 170) als vollgiltiges in den Verkehr bringt oder sonst als solches gebraucht, soll nach den Bestimmungen über den Betrug gestraft, wenn er aber

1) im Einverständnisse mit demjenigen handelte, welcher das Geld verfälscht oder verringert hat, oder wenn er

2) dasselbe absichtlich zu dem bezeichneten Gebrauche an sich gebracht hat,

nach Verschiedenheit der Fälle zu den in den Art. 169 und 170 bestimmten Strafen verurtheilt werden.

Doch ist in dem unter Ziff. 2 bezeichneten Falle, wenn es sich nur um einzelne wenige Stücke Metallgeld handelt und keine Fortsetzung oder Wiederholung der That vorliegt, statt der im Art. 169 bezeichneten Zuchthausstrafe auf Gefängniß nicht unter sechs Monaten, statt der in den Art. 169 und 170 bezeichneten Gefängnißstrafe auf Gefängniß bis zu zwei Jahren zu erkennen.

1) „Wer". Die That kann nicht blos von dritten Personen, sondern auch von denjenigen begangen werden, welche die Geldfälschung oder Münzverringerung durch eigene Handlung vorgenommen haben, sei es, daß sie diese Handlungen mit der in Art. 169 oder 170 geforderten Absicht oder ohne dieselbe vorgenommen haben. (Vortr. in d. K. d. Abg. 1856/57 S. 308, Dollmann Bd. II. S. 385. 386. 391.)

2) „wissentlich". Nur derjenige unterliegt der Strafe des Art. 171, welcher bei der Verausgabung von Geld weiß, daß es falsch bezw. an Werth verringert ist, und würde die That an sich unter den Gesichtspunkt des Betruges fallen, wenn nicht diese Spezialbestimmung gegeben wäre. Verausgabung in gutem Glauben unter Unachtsamkeit oder selbst mit Zweifel an der Aechtheit der Vollgiltigkeit des Geldes fällt nicht unter Art. 171. (Stenglein Bd. II. S. 137, Dollmann Bd. II. S. 386.)

3) „falsches Geld (Art. 169) als giltiges" s. zu Art. 169 Note 4—19 S. 248—250, „im Gehalte verringertes als vollgiltiges" s. zu Art. 170 Not. 1. 2 S. 252.

Ob der Anfertiger des falschen Geldes oder derjenige, der Geld im Gehalte verringerte, die Absicht der Verausgabung hatte, ist ohne Bedeutung. Die Einführung von ächtem aber verrufenen Geld fällt nicht unter das Gesetz. (Dollmann Bd. II. S. 388.)

4) „in den Verkehr bringt oder sonst als solches gebraucht" s. Art. 169 Note 24—28 S. 251.

Wegen Versuches der Fälschung von Geld ist derjenige strafbar, welcher gefälschtes Geld zum Zwecke, um es als giltiges in den Verkehr zu bringen, absichtlich an sich gebracht hat und es zu diesem Zwecke an einen in die Fälschung Eingeweihten um einen geringeren als den Nennwerth zu veräußern sucht. Es gehört hiezu nicht unbedingt die Feststellung, daß er das Geld bei der Veräußerung als ächtes ausgegeben hat. (Erk. d. Cass.-H. v. 31. Dezember 1866, Z. f. Gerichtspr. Bd. VI. S. 197, Z. f. G. u. R. Bd. XIII. S. 651.) Dollmann Bd. II. 388. 393 bekämpft in Uebereinstimmung mit der staatsanwaltschaftlichen Ausführung (Z. f. G. u. R. a. a. O.) die Anschauung des obersten Gerichtshofes, weil noch kein Versuch einer Verausgabung des Geldes als ächten stattgefunden habe, diese aber die kritische Handlung bilde, bezüglich deren der Beginn der Ausführung als Versuch allein strafbar sein könne. In dem Anbieten von falschem Gelde als solchen liege nur der Versuch der Verleitung zur Verausgabung, und dasselbe werde erst strafbar, wenn der Empfänger wirklich dazu geschritten sei, das Geld als ächtes zu gebrauchen. Dagegen ist anzuführen, daß der O.-G.-H. nur den Versuch als gegeben erachtete, dieser liegt aber um so mehr vor, als schon das absichtliche Ansichbringen diesen Versuch involviren würde. (Z. f. Gerichtspr. Bd. V. S. 30.) Das Ansichbringen ist nicht blos ein Moment der Strafabstufung, sondern gehört zum Thatbestande einer mit der Strafe des Art. 169 bezw. 170 zu belegenden Handlung, wer aber einen Theil des Thatbestands der vollendeten Handlung begangen hat, ist in der Ausführung derselben begriffen.

5) Die Vollendung der That tritt mit der einmal erfolgten Verausgabung oder sonstigen Verwendung des Geldes als solchem ein; nicht mit dem bloßen Anbieten oder der nicht acceptirten Hingabe, welche vielmehr nur einen Versuch bildet. Anderseits bedarf es auch keines Umlaufs durch mehrere Hände. (Stenglein Bd. II. S. 137, Dollmann Bd. II. S. 390, Weis Bd. I. S. 424.)

6) Dollmann (Risch) Bd. II. S. 390 behauptet, es liege in der Regel Fortsetzung, nicht Wiederholung vor, wenn Jemand zu öfteren Malen schlechtes Geld an dieselbe oder auch an verschiedene Personen ausgebe. In dieser Allgemeinheit ist die Behauptung keines Falls richtig, da jede Fortsetzung eines inneren Zusammenhangs als successive Ausführung eines Entschlusses bedarf.

7) „soll nach den Bestimmungen über den Betrug gestraft werden". Es ist, wenn nur nicht eine der unter Ziffer 1 oder 2 angegebenen Vor-

aussetzungen vorliegt, ohne Bedeutung, auf welche Weise der Thäter in Besitz des gefälschten oder verringerten Geldes gelangt ist, ob er es an Zahlungsstatt oder als Geschenk, oder ob er es durch Fund oder Diebstahl erhalten und erst nachträglich die Qualität erkannt hat, oder ob er zur Zeit der Erwerbung die Fehlerhaftigkeit des Geldes kannte, aber die Absicht betrüglicher Verausgabung noch nicht hatte. (Motive z. Entw. v. 1855 S. 84, Dollmann Bd. II. S. 391, Stenglein Bd. II. S. 136, Weis Bd. I. S. 423.)

8) Es handelt sich nicht um ein delictum proprium, wie bei Vorliegen der unter Ziffer 1 oder 2 angegebenen Erfordernisse, und ist nicht blos die Strafe des Betrugs anzuwenden, sondern es handelt sich um eine That, welche alle Voraussetzungen des Betrugs an sich tragen muß, auf welche aber auch alle Spezialbestimmungen des Betruges anzuwenden sind. In der Regel ist in der wissentlichen Hingabe falschen oder verringerten Geldes die Vorspiegelung zu finden; zur Annahme vollendeten Betruges ist aber auch die Täuschung des Empfängers erforderlich. (Prot. d. G.-A. d. K. d. A. 1860/61 S. 49. 91, Erk. d. A.-G. von Niederbayern v. 7. März 1864, Z. f. Gerichtspr. Bd. III. S. 161, Erk. d. A.-G. v. Oberfranken v. 25. Oktober 1867, Z. f. Gerichtspr. Bd. VII. S. 300, Dollmann Bd. II. S. 390. Anmerk. 13 a. E. S. 391. 392, Weis Bd. I. S. 424, Stenglein Bd. II. S. 137.) Hiebei ist noch streitig, ob auch die Bestimmung des Art. 316 Ziff. 4 anwendbar ist, s. Z. f. Gerichtspr. Bd. III. S 161. 163, und ob eine besondere Vorspiegelungshandlung erforderlich ist, oder ob eine solche, wenn nicht besondere Umstände entgegenstehen, schon in der wissentlichen Hingabe liegt (Z. f. Gerichtspr. Bd. VII. S. 300, Dollmann Bd. II. S. 391. 392.)

9) „wenn er aber im Einverständnisse mit demjenigen handelte, welcher das Geld verfälscht oder verringert hat". Es ist ohne Belang, ob das Einverständniß vor oder nach vollbrachter Hauptthat, mittelbar oder unmittelbar hergestellt wurde, wenn es nur zur Zeit der Verausgabung besteht. Die Strafe der Theilnahme oder der Begünstigung, welche an sich verwirkt wäre, wird durch die selbstständige Strafandrohung des Art. 171 absorbirt. Eine Anwendung der Bestimmungen über Theilnahme steht also nicht in Rede. (Dollmann Bd. II. S. 392, Stenglein Bd. II. S. 135. 136.)

10) „oder wenn er dasselbe absichtlich zu dem bezeichneten Gebrauche an sich gebracht hat". Die Absicht muß schon zur Zeit des Erwerbs des Geldes bestanden haben, um die Anwendung des Art. 171 zu rechtfertigen. (Dollmann Bd. II. S. 393.)

11) Auf die Art des Ansichbringens kommt nichts an und ist auch der Erwerb des Eigenthums nicht erforderlich; ebensowenig daß der Fälscher selbst strafbar sei. (Dollmann Bd. II. S. 393.)

12) Auch diese Art der Verübung des Reates ist erst mit der Verausgabung nicht schon mit dem Ansichbringen vollendet. (Dollmann Bd. II. S. 393.)

13) „nach der Verschiedenheit der Fälle zu den in den Artikeln 169 und 170 bestimmten Strafen verurtheilt werden"; vorbehaltlich der etwa strengeren Strafen für einen ideal konkurrirenden Betrug, was selten der Fall sein wird. (Dollmann Bd. II. S. 394.)

14) „wenn es sich nur um einzelne wenige Stücke Metallgeld handelt". Was unter „einzelnen wenigen" zu verstehen sei, wurde dem vernünftigen Ermessen des Thatrichters überlassen. (Motive z. Entw. v. 1860 S. 57, Prot. d. G.-A. d. K. d. Abg 1856/57 S. 550, Dollmann Bd. II. S. 395, Stenglein Bd. II. S. 136, Weis Bd. I. S. 425.)

15) Handelt es sich auch nur um ein einziges Stück Papiergeld oder eine Banknote, so findet Absatz 2 keine Anwendung. (Weis Bd. I. S. 424, Dollmann Bd. II. S. 395, Stenglein Bd. II. S. 136.)

Art. 172.

Fälschung von Stempelpapier und Briefmarken.

Wer inländisches Stempelpapier (worunter auch der Karten-, Kalender- und Lottostempel begriffen ist) oder die im Inlande geltenden Briefmarken unbefugt nachmacht oder ächtem Stempelpapiere oder ächten Briefmarken das Ansehen eines höheren Betrages gibt, um sie als ächt oder ungefälscht zu verwenden oder an Andere abzusetzen, soll mit Gefängniß von drei Monaten bis zu drei Jahren bestraft werden.

Gefängniß bis zu sechs Monaten trifft denjenigen, welcher bereits gebrauchtem Stempelpapiere oder bereits gebrauchten Briefmarken den Anschein von noch ungebrauchten gibt, um sie als solche zu verwenden oder an Andere abzusetzen.

In beiden Fällen kann mit der Gefängnißstrafe Geldstrafe bis zu vierhundert Gulden verbunden werden.

1) „inländisches Stempelpapier". Die Fälschung von ausländischem Stempelpapier kommt nur unter dem Gesichtspunkte des Betrugs in Rede. (Dollmann Bd. II. S. 396. 397.)

2) „die im Inlande geltenden Briefmarken". Hierunter sind auch diejenigen ausländischen begriffen, welche in Gemäßheit der mit den auswärtigen Staaten bestehenden Postverträgen für Frankosendungen aus jenen Staaten nach Bayern dienen. Auch Frankocouverts, Telegraphenmarken und etwa zur Einführung kommende Stempelmarken gehören hiezu. (Motive z. Entw. v. 1855 S. 87, Dollmann Bd. II. S. 397, Weis Bd. I. S. 426, Stenglein Bd. II. S. 138.)

3) „nachmacht". Der wissentliche Gebrauch gefälschter Stempel &c. durch den Fälscher selbst oder durch Dritte ist nach den Bestimmungen über Betrug zu beurtheilen. (Dollmann Bd. II. S. 397.)

4) Die That ist vollendet mit der Fälschungshandlung, nicht erst mit dem Gebrauche oder mit dem Absatze. (Dollmann Bd. II. S. 397, Weis Bd. I. S. 426, Stenglein Bd. II. S. 138.)

5) Die Erschleichung ächter Stempel durch arglistige Kunstgriffe ist nicht als Fälschung, sondern als Betrug strafbar. (Erk. d. A.-G. der Oberpfalz v. 20. Febr. 1867, Z. f. Gerichtspr. Bd. VII. S. 60.)

6) Zu Abs. 2. Nur der bestimmungsgemäße Gebrauch von Stempelpapier oder Briefmarken steht in Rede, nicht z. B. der Gebrauch eines Stempelpapiers, auf welches etwas geschrieben und wieder radirt wurde, ohne daß die Schrift bei einer Behörde übergeben war. (Prot. d. G.-A. d. K. d. Abg. 1856/57 S. 559, Dollmann Bd. II. S. 398, Weis Bd. I. S. 426, Stenglein Bd. II. S. 138.)

7) Wie dem gebrauchten Stempelpapier oder den Briefmarken der Anschein von ungebrauchten gegeben wird, ob durch Radiren des Cassationsvermerks, Auslöschen des Entwerthungszeichens u. dgl.) ist ohne Belang. Der wiederholte Gebrauch ohne Alterirung der Entwerthungszeichen ist kriminell nicht strafbar, bei Stempelpapier höchstens wegen Stempelkontravention. (Vortr. im G.-A. d. K. d. Abg. 1860/61 S. 177, Weis Bd. I. S. 426, Stenglein Bd. II. S. 138, Dollmann Bd. II. S. 399.)

8) „um sie zu verwenden oder an Andere abzusetzen". Es genügt zu beiden Alternativen des hier vorgesehenen Vergehens nicht einfacher Vorsatz, sondern es ist die Absicht erforderlich, von dem Falsifikate einen Gebrauch als wie von ächten bezw. ungebrauchten Stempeln oder Briefmarken zu machen. (Weis Bd. I. S. 424, Dollmann Bd. II. S. 397, Stenglein Bd. II. S. 138.)

Art. 173.

Gemeinschaftliche Bestimmungen.

Wer Gegenstände, die zur Verübung einer der in den Art. 169 und 172 Abs. 1 bezeichneten Handlungen dienlich sind, zum Zwecke dieser Verübung verfertigt oder sich oder einem Andern verschafft, ist mit Gefängniß von zwei Monaten bis zu zwei Jahren zu bestrafen, womit Geldstrafe bis zu dreihundert Gulden verbunden werden kann.

1) „Wer Gegenstände, die zur Verübung einer der in den Art. 169 und 172 Abs. 1 bezeichneten Handlungen dienlich sind", wie Stempel, Platten, Formen oder auch Materialvorräthe; nicht aber solche Gegen-

stände, welche zur Münzverringerung oder zur Beseitigung der Zeichen des bereits stattgehabten Gebrauches von Stempelpapier oder Briefmarken dienlich sind. (Prot. d. G.-A. d. K. d. Abg. 1856/57 S. 561, Weis Bd. I. S. 428. 429, Dollmann Bd. II. S. 401.)

2) Es ist nicht erforderlich, daß dieselben zu den angegebenen Handlungen ausschließlich dienlich sind, oder daß dieselben ohne weitere Hülfsmittel mit Erfolg verwendet werden können, auch macht das Gesetz keinen Unterschied bezüglich der Art und des Grades der Brauchbarkeit solcher Gegenstände. (Erk. d. Cass.-H. v. 29. Mai 1869, Z. f. Gerichtspr. Bd. VIII. S. 333, Entsch. d. Cass.-H. Bd. III. S. 214, Dollmann Bd. II. S. 401, Stenglein Bd. II. S. 140, Weis Bd. I. S. 428.)

3) Die Gegenstände müssen zur Fälschung unmittelbar dienlich sein und nicht etwa blos zur Vorübung dienen. (Stenglein Bd. II. S. 140.)

4) „Zum Zwecke dieser Verübung". Es genügt nicht einfacher Vorsatz, sondern der Nachweis der Absicht, Mittel zur Verübung der Fälschung anzufertigen. Unbefugter Besitz solcher Gegenstände oder Fahrlässigkeit in der Ablieferung fällt nie unter Art. 173. (Dollmann Bd. II. S. 402. 404, Stenglein Bd. II. S. 140, Weis Bd. I. S. 428. 429.)

5) „verfertigt oder sich oder einem Andern verschafft". Schon der Beginn der Verfertigung ist strafbar, nicht blos die vollendete Anfertigung. (Stenglein Bd. II. S. 141.) — Dollmann (Risch) Bd. II. S. 402 bekämpft dies, gibt aber selbst zu, daß keine unbedingte Fertigstellung des Gegenstands erforderlich sei und will die Beurtheilung des Zeitpunktes der geschehenen Anfertigung dem vernünftigen Ermessen des Thatrichters überlassen.

6) Unter verschaffen ist der Erwerb jeder Art, sowohl der Selbsterwerb als die Vermittelung eines fremden Erwerbs zu verstehen. (Prot. d. G.-A. d. K. d. A. 1856/57 S. 561, Dollmann Bd. II. S. 401. 402.) — Stenglein Bd. II. S. 141 spezificirt das Verschaffen als das Veranlassen eines Andern solche Gegenstände für den Besteller anzufertigen, oder die Vermittelung eines solchen Veranlassens, oder das in Besitznehmen solcher Gegenstände, oder die Vermittelung der Besitzergreifung, so daß Verfertiger, Besteller und Vermittler gleich strafbar sind.

7) Die objektive Widerrechtlichkeit der Handlung ist durch den Zweck der That genügend bezeichnet. (Dollmann Bd. II. S. 401, Stenglein Bd. II. S. 140.)

8) Die That ist vollendet mit der Anfertigung oder Verschaffung in der angegebenen Absicht, ohne daß es auf eine Verwendung zu dem angegebenen Zwecke ankommt. Diese würde vielmehr die That zur Theilnahme an dem versuchten oder vollendeten Hauptreate steigern, zu der sich die That des Art. 173 als eine nach allgemeinen Grundsätzen straflose und nur durch diese Spezialbestimmung strafbare Vorbereitungshandlung verhält. (Stenglein Bd. II. S. 139, Dollmann Bd. II. S. 400. 402, Weis Bd. I. S. 427. 428, Vortr. im G.-A. d. K. d. Abg. 1860/61 S. 177, Motive z. Entw. v. 1855 S. 84.)

9) Auch die sofortige freiwillige Wiedervernichtung der Gegenstände würde die Strafbarkeit nicht aufheben, wenn die widerrechtliche Absicht feststeht. (Vortr. im G.-A. d. K. d. Abg. 1856/57. S. 565, Dollmann Bd. II. S. 402, Stenglein Bd. II. S. 141.)

Art. 174.

Wer Stempel, Formen, Platten, Stiche oder andere Vorrichtungen oder Werkzeuge, welche zur Verfertigung von Geld, Stempelpapier oder Briefmarken ausschließlich dienlich sind, ohne Ermächtigung verfertigt oder sich oder einem Andern verschafft, ist, vorbehaltlich der Bestimmung des Art. 173 mit Gefängniß bis zu sechs Monaten oder an Geld bis zu dreihundert Gulden zu bestrafen.

1) „welche ausschließlich dienlich sind." Das Verfertigen oder Verschaffen solcher Vorrichtungen und Werkzeuge, welche auch noch zu andern als zu den angegebenen Zwecken dienlich sind, wie zur Verfertigung von Spiel-

marken, kann nach Art. 173 aber nicht nach Art. 174 strafbar sein. (Dollmann Bd. II. S. 403. 404, Stenglein Bd. II. S. 140, Weis Bd. I. S. 428, Prot. d. G.-A. d. K. d. Abg. 1856/57 S. 561.)

2) „verfertigt oder sich oder einem Andern verschafft" s. zu Art. 173 Note 5. 6. S. 256.

Die That muß vorsätzlich geschehen, es ist aber nicht der Nachweis der Absicht erforderlich, Mittel zum Zwecke einer Fälschung beizuschaffen. Es liegt vielmehr in der Vorschrift ein polizeiliches Verbot, um die Möglichkeit einer Fälschung ferne zu halten. (Motive z. Entw. v. 1855 S. 84, Prot. d. G.-A. d. K. d. Abg. 1856/57 S. 560, Dollmann Bd. II. S. 404, Stenglein Bd. II. S. 140, Weis Bd. I. S. 429.)

S. auch zu Art. 173 Note 8. S. 256.

Art. 175.

Im Falle einer in Gemäßheit der Art. 169 Abs. 3, 170, 171 Abs. 1, 172 oder 173 erfolgenden Verurtheilung zu Gefängnißstrafe kann zugleich auf die in den Art. 28 und 30 bezeichneten Straffolgen oder einzelne derselben erkannt werden.

Die in Art. 173 und 174 bezeichneten Gegenstände unterliegen der Konfiskation.

1) Ist der Thatbestand eines Betrugs gegeben, so finden bezüglich der Straffolgen die Bestimmungen über Betrug Anwendung (Art. 84 Abs. 2). (Dollmann Bd. II. S. 405, Stenglein Bd. II. S. 142.)

2) Absatz 2 ordnet die Konfiskation an, läßt sie nicht blos fakultativ zu; jedoch unter dem selbstverständlichen Vorbehalt der Verurtheilung einer Person und unbeschadet der Rechte unbetheiligter Dritter. (Prot. d. G.-A. d. K. d. Abg. 1856/57 S. 560, Dollmann Bd. II. S. 405, Stenglein Bd. I. S. 141.)

Achtes Hauptstück.

Fälschung und Unterdrückung öffentlicher Urkunden; Fälschung öffentlicher Kreditpapiere.

Art. 176.

Fälschung öffentlicher Urkunden.

Wer zum Zwecke rechtswidriger Täuschung eine öffentliche Urkunde verändert oder eine Urkunde unbefugter Weise mit den Merkmalen einer öffentlichen verfertigt, macht sich der Fälschung öffentlicher Urkunden schuldig.

Wer von einer solchen falschen Urkunde, wissend, daß sie falsch ist, zum Zwecke rechtwidriger Täuschung Gebrauch macht, ist, vorbehaltlich der Bestimmung des Art. 186, gleich dem Fälscher zu bestrafen.

1) „Wer." Thäter können Aus- oder Inländer sein und nicht blos Privatpersonen, sondern auch Beamte und öffentliche Diener, vorausgesetzt, daß sie hiebei nicht ihre amtliche oder dienstliche Stellung zur Verübung der Fälschung mißbrauchen, da in diesem Fall Art. 371 fg. zur Anwendung kommt. (Dollmann Bd. II. S. 425.)

2) „zum Zwecke rechtswidriger Täuschung." Es genügt nicht einfacher Vorsatz, d. h. der bewußte Wille, eine ächte öffentliche Urkunde zu verändern oder eine falsche anzufertigen, sondern es bedarf der auf rechtswidrige Täuschung gerichteten Absicht, d. h. des Willens, daß die Urkunde irgendwie als ächt oder unverfälscht gebraucht, über die Aechtheit also Jemand getäuscht werde. (Dollmann Bd. II. S. 426, Weis Bd. I. S. 434, Stenglein Bd. II. S. 149.)

3) Fahrlässige Urkundenfälschung ist nach dem Begriffe undenkbar. Dolus superveniens, d. h. der Gebrauch einer anfänglich in unsträflicher Absicht gefälschten Urkunde, ist durch Abs. 2 der ursprünglich vorhandenen auf Täuschung gerichteten Absicht gleichgestellt, da hienach der wissentliche Gebrauch einer falschen Urkunde der Fälschung gleichgestellt ist. (Dollmann Bd. II. S. 426.)

4) Nicht strafbare Fälle der Nachahmung einer Urkunde sind die zur Schreibübung, zur Herstellung eines fac simile, zum Behufe eines Scherzes unternommenen. (Motive z. Entw. v. 1855 S. 85, Dollmann Bd. II. S. 426, Weis Bd. I. S. 434, Stenglein Bd. II. S. 149.)

5) Es bedarf nicht der Absicht, in Beziehung auf das durch die Urkunde zu beweisende Rechtsverhältniß zu täuschen; ebensowenig der Absicht sich selbst oder Anderen einen Vortheil (sei es einen pekuniären, sei es einen sonstigen) zu verschaffen, oder Andern einen dergleichen Nachtheil zuzufügen. (Prot. d. G.-A. d. K. d. Abg. 1856/57 S. 590, Dollmann Bd. II. S. 426. 427, Weis Bd. I. S. 434, Stenglein Bd. II. S. 149.) [Wenn Dollmann (Risch) a. a. O. von letzterem sagt, er verrücke den richtigen Standpunkt oder verwirre ihn wenigstens, so ist dies bei der Uebereinstimmung der beiderseitigen Ansichten nur ein Beweis der vielfach bemerkbaren kleinlichen und gesuchten Polemik.]

6) Es ist nicht erforderlich, daß mittels der gefälschten Urkunde etwas objektiv Unwahres bewiesen werden soll, wenn nur beabsichtigt wird, eine Täuschung darüber hervorzurufen, daß dem Inhalte der Urkunde die Zeichen öffentlicher Beglaubigung verliehen sind, während sie ihr in Wirklichkeit bezüglich ihres ganzen Inhalts oder eines Theiles desselben nicht ertheilt wurden, m. a. W. die Absicht, eine ganz oder theilweise unächte Urkunde für eine ächte auszugeben. (Dollmann Bd. II. S. 428, Erk. d. Cass.-H. v. 27. März 1868, Entsch. d. Cass.-H. Bd. II. S. 151, Z. f. Gerichtspr. Bd. VII. S. 309, s. auch Erk. d. Cass.-H. v. 16. Januar 1866, Z. f. Gerichtspr. Bd. V. S. 143, Z. f. G. u. R. Bd. XIII. S. 12, Erk. d. A.-G. der Oberpfalz vom 6. Dezember 1865, Z. f. Gerichtspr. Bd. V. S. 244, Z. f. G. u. R. Bd. X. S. 993, anderer Ansicht dagegen ein Erk. d. A.-G. v. Niederbayern vom 16. Januar 1866, Z. f. Gerichtspr. Bd. V. S. 197, s. unten Note 8. 9.)

7) Ob die Absicht rechtswidriger Täuschung gegeben ist, gehört zur Thatfrage und steht hierüber dem obersten Gerichtshofe keine Cognition zu, wenn nicht die Annahme oder Nichtannahme derselben auf unrichtigen rechtlichen Voraussetzungen beruht. (Dollmann Bd. II. S. 428. 429, Erk. d. Cass.-H. v. 3. Februar 1866, Z. f. Gerichtspr. Bd. V. S. 173, Z. f. G. u. R. Bd. XIII. S. 36.)

8) Die Absicht rechtswidriger Täuschung und deshalb Fälschung öffentlicher Urkunden liegt nicht vor, wenn die Unterschrift eines Gemeindevorstehers der Beglaubigung von Unterschriften unter einer Vollmachtsurkunde durch Angehörige des Vorstehers beigefügt wird, um wiederholte Gänge zur Erholung der Unterschrift zu vermeiden. (Erk. d. A.-G. von Niederbayern v. 16. Januar 1866, Z. f. Gerichtspr. Bd. V. S. 197, s. jedoch oben Note 6.)

9) Ein von dem Vorstande einer Landgemeinde ausgestellter Tanzmusiklicenzschein ist eine öffentliche Urkunde und die unbefugte Aenderung des Tages, für welchen der Schein ausgestellt wurde, um ihn an einem andern Tag als Legitimation für die erhaltene obrigkeitliche Erlaubniß zu benützen, ist Fälschung einer öffentlichen Urkunde. (Erk. d. A.-G. der Oberpfalz v. 6. Dezember 1866, Z. f. Gerichtspr. Bd. V. S. 244, Z. f. G. u. R. Bd. X. S. 993, s. oben Note 6.)

10) „eine öffentliche Urkunde“, s. über den Begriff einer solchen zu Art. 177.

Objekt des verbrecherischen Angriffes ist die fides publica, inwieferne sie gerade den öffentlichen Urkunden, als den unter öffentlicher Autorität vollzogenen, gefertigten oder beglaubigten Akten zukömmt. (Dollmann Bd. II. S. 425.) [Dieser äußerst doktrinäre Satz birgt die Gefahr in sich zu ähnlichen unpassenden Consequenzen, insbesondere in Bezug auf Zusammenfluß und Fortsetzung, zu gelangen, wie es der Jurisprudenz unter Herrschaft des Strafgesetzbuches von 1813 in einer fast gleichen Frage geschehen ist.]

11) Auch an einer ungiltigen (z. B. von einer in concr. nicht zuständigen Behörde aufgenommenen oder mit einem sonstigen formellen oder materiellen Mangel behafteten) Urkunde kann die That begangen werden, wenn die Urkunde nur überhaupt noch die Eigenschaft einer öffentlichen beanspruchen darf; ja sogar an einer fälschlich angefertigten oder verfälschten, wenn sie nur die äußeren Merkmale einer öffentlichen Urkunde an sich trägt. (Dollmann Bd. II. S. 429.) [Letztere Behauptung ist jedoch sehr bestritten s. a. a. O.]

12) „verändert". Es wurde zwar abgelehnt auch bei dieser Alternative das Erforderniß der unbefugten Veränderung aufzustellen, weil eine befugte mit dem Zwecke rechtswidriger Täuschung nicht vereinbar sei; allein wenn die Veränderung von dem Beamten ausgeht, welcher die Urkunde errichtet hat, so kann sie eine befugte sein und dabei nur die Anwendung des Art. 182 oder 371 in Frage kommen. (Dollmann Bd. II. S. 429. 430, Weis Bd. I. S. 435, Stenglein Bd. II. S. 148, Prot. d. G.-A. d. K. d. R.-R. 1860/61 S. 176, Vortr. S. 112.)

13) Ob die Veränderung der Urkunde in einem Auslöschen, Hinzufügen oder in sonstiger körperlicher Alterirung, ob sie im Kontexte der Urkunde (an Worten, Buchstaben, Zahlen oder Unterscheidungszeichen) oder hinsichtlich der Unterschrift geschicht, begründet keinen Unterschied; jedoch darf keine Vernichtung oder Unbrauchbarmachung der Urkunde vorliegen und die Veränderung keinen ganz unerheblichen, den Sinn der Urkunde in keiner Weise ändernden Punkt betreffen. (Vortr. d. G.-A. d. K. d. A. 1860/61. S. 178. 288, Prot. S. 50. 435, K. d. R.-R. Vortr. S. 112, Prot. S. 176, gemeinsch. Sitzung S. 473, Dollmann Bd. II. S. 430. 431, Weis Bd. I. S. 435, Stenglein Bd. II. S. 147.)

14) Die Prüfung der Erheblichkeit der Aenderung an der Urkunde ist Sache der rechtlichen Würdigung, also nicht der Prüfung der Geschwornen, wohl aber jener des Cassationshofes unterstellt. (Erk. d. Cass.-H. v. 16. Januar 1866, Z. f. Gerichtspr. Bd. V. S. 143, Z. f. G. u. R. Bd. XIII. S. 12, Dollmann Bd. II. S. 431.

15) „oder eine Urkunde unbefugter Weise mit den Merkmalen einer öffentlichen verfertigt." Die That kann auch durch Beisetzung einer amtlichen Beglaubigung auf einer bereits existenten, bisher nicht öffentlichen Urkunde begangen werden. (Dollmann Bd. II. S. 431.)

16) Es liegt Fälschung öffentlicher Urkunden weder dann vor, wenn eine hiezu befugte Person, wenn auch mit der Absicht rechtswidriger Täuschung hinsichtlich des beurkundeten Inhalts eine öffentliche Urkunde anfertigt, noch wenn eine hiezu unbefugte oder unzuständige Person dies thut, ohne jedoch der Urkunde den Anschein zu geben, als rühre sie von einer hiezu befugten oder zuständigen Stelle her. (Weis Bd. I. S. 435, Dollmann Bd. II. S. 431. 432, Stenglein Bd. I. S. 148.)

17) Zur Verfertigung einer falschen Urkunde ist nicht die Beobachtung oder Nachahmung sämmtlicher Formen und Merkmale ächter Urkunden erforderlich, wenn nur die Gestalt des Falsifikats zeigt, daß der Anspruch als ächte, öffentliche Urkunde zu gelten erhoben wird. (Dollmann Bd. II. S. 433, Stenglein Bd. II. S. 146.) Ebensowenig ist erforderlich, daß eine ächte existente Urkunde nachgeahmt wird. (Stenglein Bd. II. S. 147.)

18) Fälschung öffentlicher Urkunden ist gegeben, auch wenn die gefälschte Urkunde im Falle ihrer Aechtheit wegend irgend eines Mangels, wie Unzuständigkeit der ausstellenden Behörde, Außerachtlassung vorgeschriebener Förmlichkeiten u. dergl. ungiltig oder beweisuntüchtig wäre, wenn nur überhaupt die Urkunde noch als öffentliche gelten kann. (Dollmann Bd. II. S. 433.)

19) „macht sich der Fälschung öffentlicher Urkunden schuldig." Die That ist mit der in der Absicht rechtswidriger Täuschung geschehenen Abänderung einer ächten Urkunde oder mit der Anfertigung einer unächten in dieser

Absicht vollendet, auch wenn von der Urkunde noch kein Gebrauch gemacht und keine Täuschung oder Schaden bewirkt wurde. (Stenglein Bd. II. S. 150, Dollmann Bd. II. S. 433. 434, Weis Bd. I. S. 436.)

20) Dollmann (Risch) Bd. II. S. 434 nimmt bloßen Versuch der That an, wenn die Fälschung gänzlich mißlungen und auf den ersten Blick erkennbar ist, so daß keine Möglichkeit einer Täuschung besteht. Entgegengesetzter Ansicht sind Stenglein Bd. II. S. 150, Weis Bd. I. S. 436, wohl mit Recht, da sonst auf die Person des zu Täuschenden ein nicht statthaftes Gewicht zu legen wäre. Risch selbst verhehlt sich das Bedenkliche seiner Ansicht nicht. Auf den Grad der Gelungenheit der Fälschung oder der Schwierigkeit der Entdeckung kommt keinesfalls etwas an. (Motive z. Entw. v. 1855 S. 85.)

21) Die Strafbarkeit der That wird selbst durch sofortige Vernichtung der Urkunde nicht beseitigt, doch wird in diesem Falle meistens eine Veranlassung zur Einschreitung oder der Beweis zur Annahme der erforderlichen Absicht mangeln. (Stenglein Bd. II. S. 151, Weis Bd. I. S. 437, Dollmann Bd. II. S. 435, s. auch Vortr. im G.-A. d. K. d. Abg. 1856/57 S. 565.)

22) Versuch liegt in der auf Hervorbringung des Falsifikats abzielenden Thätigkeit ohne Beendigung derselben, jedoch mangelt beim Versuche eines Vergehens der Fälschung die Strafandrohung. (Dollmann Bd. II. S. 435, Stenglein Bd. II. S. 151.)

23) Zu Absatz 2: „Wer". Die That, welche Absatz 2 behandelt, kann nicht nur ein Dritter bei der Fälschung nicht Betheiligter, sondern auch der Fälscher selbst begehen, sei es daß er wegen der Fälschung selbst strafbar war oder nicht. Im ersten Falle liegt Fortsetzung vor. Dagegen ist Wiederholung der That gegeben, wenn mehrere Fälschungen successive begangen werden, ohne daß Einheit des Entschlusses nachgewiesen ist. (Stenglein Bd. II. S. 150, Dollmann Bd. II. S. 436.) Weis Bd. I. S. 437 dagegen nimmt, wenn der Fälscher selbst den Gebrauch macht und strafbar wegen Fälschung ist, Zusammenfluß an. (S. auch Motive z. Entw. v. 1855 S. 85.)

24) „von einer solchen falschen Urkunde". Hierunter fällt sowohl die verfälschte ächte, als die fälschlich angefertigte öffentliche Urkunde, gleichviel ob die Fälschung mit der Absicht rechtswidriger Täuschung geschah, oder nicht. (Dollmann Bd. II. S. 436. 437.)

25) „wissend, daß sie falsch ist". Es begründet keinen Unterschied, ob der Thäter die Urkunde als ächte empfing und erst später die Unächtheit entdeckte, oder ob er sie mit oder ohne Einverständniß mit dem Fälscher unter Kenntniß der Unächtheit an sich brachte; wenn er nur die Unächtheit im Augenblick des Gebrauchs kannte. (Dollmann Bd. II. S. 437, Stenglein Bd. II. S. 147. 150.)

26) „zum Zwecke rechtswidriger Täuschung" s. hierüber oben Note 2—9. Im Falle die Absicht auf rechtswidrigen Gewinn und Beschädigung gerichtet ist, liegt ideale Konkurrenz von Betrug vor. (Dollmann Bd. II. S. 437, Stenglein Bd. II. S. 149.)

27) „Gebrauch macht". Der bloße Besitz einer gefälschten Urkunde ist straflos, selbst wenn die Absicht der Täuschung vorlag. (Stenglein Bd. II. S. 150, Dollmann Bd. II. S. 437.)

28) Auf die Art des Gebrauchs und ob dieser gegenüber von Behörden oder von Privaten erfolgte, kommt nichts an. Jedoch muß der Gebrauch ein ernstlicher, auf Täuschung berechneter, nicht ein bloßes auf Ostentation oder ähnliche Zwecke gerichtetes Vorzeigen sein. (Dollmann Bd. II. S. 437.)

29) Die Hingabe an einen Dritten zum Gebrauche bildet an sich noch keinen Gebrauch; dagegen liegt ein solcher in dem Gebrauche durch den Dritten und ist der Aushändiger Theilnehmer, wenn der Gebrauchende die Fälschung kannte; Thäter, wenn dieser bona fide handelte. (Dollmann Bd. II. 437. 438.)

30) Die That ist vollendet mit dem Gebrauch der Urkunde, gleichviel ob eine Täuschung bewirkt wurde oder nicht; oder ob eine auf Gewinn oder Be-

schädigung gerichtete Absicht erreicht wurde. (Dollmann Bd. II. S. 438, Stenglein Bd. II. S. 150.)

31) Ob in dem erfolglosen Gebrauchsversuch, z. B. bei sofortiger Ablehnung dessen, gegen den die Urkunde gebraucht werden soll, Versuch oder Vollendung des Reates liegt ist bestritten. (Dollmann Bd. II. S. 438.)

32) Erfolgte der Gebrauch zur Verübung eines schwerer strafbaren Reates (z. B. Betrug oder Hochverrath), so tritt die schwerere Strafe ein. Die bloße Fälschung ist in Bezug auf einen damit beabsichtigten Betrug nur Vorbereitungshandlung; geschieht sie zur Verdeckung eines andern Reates, so liegt realer Zusammenfluß vor. (Weis Bd. I. S. 437. Bd. II. S. 215, Stenglein Bd. II. S. 149, Dollmann Bd. II. S. 438, Vortr. im G.-A. d. K. d. Abg. 1860/61 S. 178, Prot. S. 50, 1856/57 S. 585.)

Art. 177.

Als öffentliche Urkunden (Art. 176) sind zu betrachten:

1) alle von dem Könige oder Reichsverweser ausgestellten Urkunden, welche auf Staats- oder Regierungsangelegenheiten Bezug haben oder für den Beweis von Rechten oder Rechtsverhältnissen von Erheblichkeit sind;

2) alle Urkunden, die von einer Staatsbehörde, einem Staatsbeamten oder einer anderen mit öffentlichem Glauben versehenen Person oder Behörde in amtlicher Eigenschaft errichtet, gefertigt oder beglaubigt oder den amtlichen Akten derselben einverleibt sind.

1) „Als öffentliche Urkunden". Dieselben müssen Schriftstücke sein, gleichviel jedoch ob geschrieben, gedruckt, lithographirt u. s. w. — Wappen, Zeichnungen, Abdrücke von Stempeln oder Siegeln gehören nicht zu den Urkunden. Ob Risse, Pläne u. dgl. zu den Urkunden gehören, ist danach zu entscheiden, ob dieselben Schriftstücke oder integrirende Bestandtheile solcher oder amtlicher Akten sind. (Prot. d. G.-A. d. K. d. A. 1856/57 S. 565, 1860/61 S. 112, Dollmann Bd. II. S. 440, Stenglein Bd. II. S. 147.)

2) „alle von dem Könige oder Reichsverweser ausgestellten Urkunden". Urkunden, welche im Namen oder auf Befehl S. M. des Königs oder unter ähnlichen Formeln von Ministerien, Verwaltungs- oder Gerichtsstellen ausgefertigt sind, fallen nicht unter Ziff. 1, sondern unter Ziff. 2 dieses Artikels. (Vortr. im G.-A. d. K. d. Abg. 1856/57 S. 311, Dollmann Bd. II. S. 440. 441, Stenglein Bd. II. S. 144, Weis Bd. I. S. 438.)

2) Die Unterschrift des Königs bezw. Reichsverwesers ist nicht unbedingt nothwendig, wenn nur in anderer Weise aus dem Schriftstücke hervorgeht, daß der König oder Reichsverweser der Aussteller ist. Die Unterschrift kann auch eine gedruckte, oder eine bloße Paraphe sein oder zur Seite des Textes stehen, oder durch das kgl. Siegel ersetzt werden. Es kommt in dieser Beziehung Alles auf die Natur der fraglichen Urkunde an. (Dollmann Bd. II. S. 441. Andere Ansichten sind vertreten Vortr. im G.-A. d. K. d. Abg. 1856/57 S. 311, Prot. S. 578. 590, Weis Bd. I. S. 438, Stenglein Bd. II. S. 144.)

3) Nicht alle vom Könige herrührenden Skripturen des Königs, wie Privataufschreibungen, Notizen, Korrespondenzen, fallen unter den Begriff der königlichen Urkunden, wohl aber Privaturkunden des Königs. (Prot. d. G.-A. d. K. d. Abg. 1856/57 S. 579. 590, Dollmann Bd. II. S. 441. 442, Stenglein Bd. II. S. 144.)

4) „welche auf Staats- oder Regierungsangelegenheiten Bezug haben". Hierunter gehören nicht blos die Regierungsangelegenheiten des bayerischen Staates, sondern z. B. auch Vermittelungs-Verhandlungen bei Differenzen auswärtiger Staaten, Erkundigungen, Instruktionen oder Verfügungen bezüglich dynastischer oder anderer Interessen, Verfügungen des Königs als Staats- oder Familienoberhaupt, sei es auch in Privatinteressen der Unterthanen, z. B. venia adatis u. dgl. (Prot. d. G.-A. d. K. d. Abg. 1856/57 S. 580, Stenglein Bd. II. S. 144, Dollmann Bd. II. S. 442.)

5) „oder für den Beweis von Rechten oder Rechtsverhältnissen von Erheblichkeit sind". Es muß sich um entstandene Rechte oder Rechtsverhältnisse (ihre Begründung, Aufhebung oder Veränderung) handeln und die Urkunde für den Beweis eines solchen Rechtes von Erheblichkeit sein, nicht schon für die Erwerbung von Rechten erheblich und in diesem Sinne beweisdienlich. (Prot. d. G.-A. d. K. d. Abg. 1856/57 S. 590, Dollmann Bd. II. S. 442. 443, Weis Bd. I. S. 438, 439.)

6) Es ist nicht erforderlich, daß die Urkunde vollen Beweis mache, wenn aus derselben nur ein einzelnes für die Existenz eines Rechtsverhältnisses wesentliches Moment hervorgeht. Ob dagegen die Urkunde eine Beweiserheblichkeit an und für sich, und lediglich und unmittelbar aus dem Inhalte der Schrift erkennbar haben müsse, oder ob auch die nur beiläufige Erwähnung eines Rechtsverhältnisses, eine mittelbare oder unterstützende Beweisbehelflichkeit genüge, ist sehr bestritten. (Vergl. hierüber Dollmann Bd. II. S. 443, Weis Bd. I. S. 439.)

7) Zu Ziffer 2. Das Gesetz macht keinen Unterschied zwischen in- und ausländischen Urkunden; jedoch fallen Urkunden auswärtiger Souverains unter Ziffer 2, nicht unter Ziffer 1, und auch dies nur wenn sie einen amtlichen Charakter haben, nicht wenn sie nur eine Privaturkunde darstellen. (Stenglein Bd. II. S. 145, Dollmann Bd. II. S. 444.)

8) Bei den unter Ziffer 2 fallenden öffentlichen Urkunden kommt es nicht darauf an, ob sie auch für den Beweis von Rechten oder Rechtsverhältnissen erheblich sind. (Dollmann Bd. II. S. 445.)

9) „von einer Staatsbehörde, einem Staatsbeamten", s. hierüber zu Art. 126 Note 5—8 S. 195. 196 und zu Art. 127 Note 3—10 S. 199. 200.

10) „oder einer anderen mit öffentlichem Glauben versehenen Person oder Behörde". Alle öffentlichen Behörden, namentlich die der Gemeinden, öffentlichen Korporationen und Stiftungen, und alle zu selbstständigen öffentlichen Funktionen, sei es auch nur vorübergehend oder funktionsweise berufenen Personen ohne Unterschied der Dienstessparte und des Ranges haben in Bezug auf ihre dienstlichen Verrichtungen öffentlichen Glauben. (Prot. d. G.-A. d. K. d. Abg. 1856/57 S. 570. 592, Weis Bd. I. S. 439, Dollmann Bd. II. S. 445. 446, Stenglein Bd. II. S. 145.)

11) Die Anfertigung eines Tanzmusikscheins durch fälschliche Beisetzung des Namens des Gemeindevorstands und des Gemeindesiegels ist als Fälschung öffentlicher Urkunden strafbar. (Erk. d. A.-G. d. Oberpfalz v. 30. Juli 1863, Z. f. G. u. R. Bd. X. S. 993, s. auch oben zu Art. 176 Note 9 S. 258.)

12) Die fälschliche Beisetzung der Unterschrift eines Gemeindevorstehers und des Gemeindesiegels unter ein angebliches Zeugniß, daß Privatwaldbesitzer eine bestimmte Person mit dem Forstschutze betraut hätten und dessen Produktion zum Zwecke der Verpflichtung als Waldaufseher ist als Fälschung öffentlicher Urkunden strafbar. (Erk. d. Cass.-H. v. 23. März 1867, Z. f. Gerichtspr. Bd. VI. S. 282, Entsch. d. Cass.-H. Bd. I. S. 126.)

13) Ein einem gemeindlichen Leumundszeugnisse ohne Wissen eines der Unterzeichner gemachter Zusatz, um sicherer eine öffentliche Stelle zu erlangen, ist als Fälschung öffentlicher Urkunden strafbar. (Erk. d. Cass.-H. v. 27. März 1868, Z. f. Gerichtspr. Bd. VII. S. 309, Entsch. d. Cass.-H. Bd. II. S. 151.)

14) Eine von einer Gemeindeverwaltung und Lokolarmenpflege ausgestellte Urkunde, in welcher Jemanden für den Fall seiner Erwerbsunfähigkeit eine jährliche gemeindliche Unterstützung zugesichert wird, ist eine öffentliche Urkunde. (Erk. d. A.-G. v. Oberpfalz v. 10. Dez. 1866, Z. f. Gerichtspr. Bd. VI. S. 363.)

15) Die Legalisation einer Prozeßschrift durch einen Anwalt ist keine öffentliche Urkunde. (Erk. d. Cass.-H. v. 11. Mai 1867, Z. f. Gerichtspr. Bd. VI. S. 344, Entsch. d. Cass.-H. Bd. I. S. 209)

16) Die Constatirung eines Gerichtsdieners auf einem gerichtlichen Erkenntnisse über dessen Zustellung an eine Partei ist eine öffentliche Urkunde. (Erk. d.

Caff.=H. v. 19. Juli 1867, Z. f. Gerichtspr. Bd. VII. S. 26, Entsch. d. Caff.=H. Bd. I. S. 325.)

17) Fälschung einer öffentlichen Urkunde liegt nicht vor, wenn ein Vater unter Bestätigung einer Gemeindeverwaltung beurkundet, daß er seinem Sohne eine bestimmte Summe als älterliches Vermögen zutheile, und die Ziffer dieser Summe nachträglich ändert. (Erk. d. A.=G. v. Mittelfranken v. 24. Januar 1868, Z. f. Gerichtspr. Bd. VII. S. 316.)

18) Die Benützung eines Zuges der k. Staatseisenbahn mittels eines gefälschten Fahrbillets derselben ist Betrug und Fälschung einer öffentlichen Urkunde. (Erk. d. A.=G. v. Oberbayern v. 17. April 1867, Z. f. Gerichtspr. Bd. VII. S. 110, s. dagegen Erörter. Bd. VIII. S. 33, Bl. f. R.=A. Bd. XIII. S. 194. Bd. XIV. S. 281.)

19) Die Fälschung eines gemeindlichen Sparkassabuchs ist keine Fälschung einer öffentlichen Urkunde. (Erört., Z. f. Gerichtspr. Bd. VIII. S. 33.)

20) Die unbefugte Nachahmung von Telegrammen der Staatstelegraphen-Anstalt zum Zwecke rechtswidriger Täuschung ist als Fälschung öffentlicher Urkunden strafbar. (Erk. d. Caff.=H. v. 7. Mai 1869, Z. f. Gerichtspr. Bd. VIII. S. 323, Entsch. d. Caff.=H. Bd. III. S. 192.)

21) Die Aenderung des in einer Schuldienst=Prüfung erlangten Platzes im Prüfungszeugnisse ist Fälschung einer öffentlichen Urkunde. (Erk. d. A.=G. v. Oberfranken v. 15. Juni 1869, Z. f. Gerichtspr. Bd. IX. S. 28.)

22) Unbefugte Veränderungen der Noten in Gewerbsprüfungszeugnissen sind als Fälschung öffentlicher Urkunden strafbar. (Erk. d. Caff.=H. v. 30. Januar 1864, Z. f. Gerichtspr. Bd. III. S. 106, Z. f. G. u. R. Bd. XI. S. 22.)

23) Der niedergeschriebene Wahrspruch der Geschwornen, sowie die von Kammer= oder Landrathspräsidenten gefertigten Aktenstücke sind öffentliche Urkunden. (Motive z. Entw. v. 1855 S. 85, Dollmann Bd. II. S. 446, Stenglein Bd. II. S. 145. 146.)

24) Die Anzeigeprotokolle pfälzischer Feld= und Waldhüter, Gendarmen u. s. w. sind öffentliche Urkunden, nicht aber die Kirchenbücher in der Pfalz, da dort der Pfarrer nicht Civilstandsbeamter ist. (Dollmann Bd. II. S. 446.)

25) „in amtlicher Eigenschaft". Die Person, von welcher die Urkunde angeblich oder wirklich ausgegangen ist, darf nicht als bloße Privatperson oder mit Ueberschreitung ihrer allgemeinen Zuständigkeitssphäre gehandelt haben; jedoch ist die ausdrückliche Hervorhebung des Amtscharakters nicht erforderlich, sondern genügt es, wenn dieser irgendwie in der Schrift erkenntlich hervortritt. (Dollmann Bd. II. S. 447, Weis Bd. I. S. 440.)

26) Die Zuständigkeit derjenigen Amtsperson, von welcher die Urkunde angeblich oder wirklich ausging, ist nicht unbedingt erforderlich, um die Urkunde als öffentliche erscheinen zu lassen; wohl aber fehlt derselben dieser Charakter, wenn aus ihr selbst hervorgeht, daß der Amtsperson jede Qualifikation zu ihrer Errichtung abging. (Dollmann Bd. II. S. 447, Weis Bd. I. S. 440. 441, Stenglein Bd. II. S. 146.)

27) Unter vorstehenden Voraussetzungen begründet es keinen Unterschied, ob die Urkunde eine amtliche Verfügung oder Entscheidung, oder eine amtliche Bestätigung von Thatsachen enthält, ob dieselbe öffentliche Interessen oder Privatinteressen betrifft. (Dollmann Bd. II. S. 447. 448.)

28) Ob die öffentliche Behörde oder Person, deren Namen mißbraucht wird, wirklich existirt oder nicht, begründet keinen Unterschied; wenn dieselbe nur, ihre Existenz vorausgesetzt, zur Anfertigung der Urkunde die Befugniß hatte. (Dollmann Bd. II. S. 448.)

29) „errichtet, gefertigt oder beglaubigt". Die Urkunde muß ihren wirklichen oder behaupteten amtlichen Ursprung äußerlich erkennen lassen, ohne daß es nöthig ist, daß im einzelnen Falle alle Merkmale dieses Ursprungs vorliegen, oder daß sie vollkommen giltig und beweistüchtig ist. (Dollmann Bd. II. S. 449, Stenglein Bd. II. S. 146.)

30) Errichtet ist eine Urkunde amtlich nicht blos, wenn sie eine amtliche Urschrift oder Koncept darstellt, sondern es trifft dieses Requisit auch Bücher, Register, Kataster, Inventarien, Repertorien u. s. w., bei welchen eine spezielle amtliche Fertigung der einzelnen Einträge in der Regel nicht stattfindet. (Dollmann Bd. II. S. 448, Erk. d. Cass.-H. v. 31. Januar 1868, Entsch. d. Cass.-H. Bd. II. S. 62, Z. f. Gerichtspr. Bd. VII. S. 218.)

31) „Gefertigt". Jede öffentliche Urkunde bedarf in der Regel der Unterschrift des beurkundenden Beamten, und ist ohne diese nicht existent. Ausnahmsweise kann dieselbe aber auch durch das Amtssiegel ersetzt werden, oder bedarf die Urkunde einer Unterschrift gar nicht, z. B. Telegramme. Das Amtssiegel ist kein wesentlicher Bestandtheil einer öffentlichen Urkunde, wenn auch dessen Beidrückung vorgeschrieben oder üblich ist. (Stenglein Bd. II. S. 146, Dollmann Bd. II. S. 433. 448. 449, s. auch Bl. f. R.-A. Bd. XIV. S. 282.)

32) Es begründet keinen Unterschied, ob die Beglaubigung einer öffentlichen Urkunde, der Abschrift einer solchen oder einem Auszuge aus einer solchen, oder ob sie einer Privaturkunde beigesetzt ist. Die Beglaubigung erstreckt die Eigenschaft der Oeffentlichkeit auf die ganze Urkunde und macht es keinen Unterschied, ob eine Fälschung an der Beglaubigungsformel oder im Texte der beglaubigten Urkunde vorgenommen wird. (Motive z. Entw. v. 1855 S. 85, Stenglein Bd. II. S. 146, Weis Bd. I. S. 441, Dollmann Bd. II. S. 449.)

33) „oder den amtlichen Akten derselben einverleibt sind". Dies erstreckt sich nicht nur auf Privaturkunden, sondern auch auf Privatschriften aller Art und ohne Rücksicht auf irgend eine Beweisbehelflichkeit derselben, und zwar von dem Zeitpunkte an, in welchem sie amtlichen Akten einverleibt werden, und so lange als sie dies sind. Nur die während dieser Zeit an denselben verübte Fälschung ist also als solche öffentlicher Urkunden zu betrachten. (Vortr. im G.-A. d. K. d. Abg. 1856/57 S. 178, Prot. S. 566, Stenglein Bd. II. S. 147, Weis Bd. I. S. 441, Dollmann Bd. II. S. 451.)

34) Die Begriffe „Fälschung" und „öffentliche Urkunde" sind Rechtsbegriffe und unterliegen daher auf Grund der thatsächlichen Feststellung der Geschwornen der Prüfung des Schwurgerichtshofes bezw. Cassationshofes. Deshalb dürfen sie nur in ihre thatsächlichen Momente aufgelöst in der Fragestellung Platz finden, damit untersucht werden kann, ob die rechtliche Beurtheilung der Thatsachen eine richtige war. (Weis Bd. I. S. 216, Dollmann Bd. II. S. 452.)

Art. 178.

Betrifft die Fälschung eine von dem Könige oder Reichsverweser unterzeichnete oder auf deren Namen ausgestellte Urkunde, so ist auf acht- bis zwanzigjährige Zuchthausstrafe zu erkennen.

In anderen Fällen der Fälschung öffentlicher Urkunden des In- oder Auslandes hat, soweit nicht in den Art. 179, 180, 185, 198 und 371–373 besondere Bestimmungen enthalten sind, Gefängnißstrafe nicht unter einem Monate einzutreten, womit Geldstrafe bis zu tausend Gulden verbunden werden kann.

1) Durch den Zweck der Fälschung können mit dieser verschiedene theils schwerer, theils leichter strafbare Reate konkurriren, welche nach den Bestimmungen über Zusammenfluß zu beurtheilen sind. (Vortr. im G.-A. d. K. d. Abg. 1860/61 S. 179, Prot. S. 50, Dollmann Bd. II. S. 454, Weis Bd. I. S. 442.)

2) Die zum Zwecke leichterer Erlangung der Ansässigmachung verübte Fälschung einer einem gemeindlichen Leumundszeugnisse beigefügten Bemerkung einer Staatsbehörde über frühere Bestrafung des Fälschers ist nach Art. 178 Abs. 2 nicht nach Art. 179 strafbar. (Erk. d. A.-G. v. Oberbayern v. 9. Dez. 1867, Z. f. Gerichtspr. Bd. VII. S. 251.)

Art. 179.

Wer ein amtliches Zeugniß oder eine in einer sonstigen öffentlichen Urkunde enthaltene Bestätigung über gute Aufführung, Armuth, Krankheit, Unglücksfälle oder

ähnliche Umstände zu dem Zwecke fälscht, um der betreffenden Person Unterkommen oder Unterstützung zu verschaffen, ist mit Arrest oder an Geld bis zu hundert und fünfzig Gulden zu bestrafen.

Wird zu dem im Abs. 1 angegebenen Zwecke ein Zeugniß des daselbst bezeichneten Inhalts auf den Namen eines Geistlichen oder eines Arztes fälschlich angefertigt, oder ein von einem Geistlichen oder einem Arzte ausgestelltes derartiges Zeugniß verändert, so wird dies der Fälschung amtlicher Zeugnisse gleich geachtet.

1) Zu Absatz 1. Es müssen für Anwendung des Absatz 1 alle Erfordernisse des Art. 176 und fg. gegeben sein und unterscheidet sich dieses Reat nur durch die besondere Beschaffenheit der gefälschten Urkunde und die besondere Richtung des Zweckes der Fälschung, Auch der wissentliche Gebrauch einer gefälschtenUrkunde der angegebenen Art fällt unter Art. 179. (Weis Bd. I. S. 444. 445, Stenglein Bd. II. S. 154, Dollmann Bd. II. S. 459, Erk. d. Cass.=H. v. 27. März 1868, Z. f. Gerichtspr. Bd. VII. S. 309, Entsch. d. Cass.=H. Bd. II. S. 151.)

2) Der wissentliche Gebrauch ächter, aber für andere Personen ausgestellter Zeugnisse der angegebenen Art fällt nicht unter Art. 179, sondern ist, wenn er nicht unter den Begriff des Betrugs fällt, straflos. (Dollmann Bd. II. S. 461. 462. 469.)

3) Gegenstand der That sind Urkunden, welche die betreffende Person der wohlwollenden Berücksichtigung der Behörden oder des Publikums zu empfehlen geeignet sind, nicht aber amtliche Bescheinigungen über sonstige persönliche Verhältnisse wie Geburts= oder Taufzeugnisse, Heimathscheine, Prüfungszeugnisse oder andere kraft spezieller Amtspflicht ausgestellte Bescheinigungen, welche als Beweismittel für rechtliche Ansprüche oder für Befreiung oder Erfüllung öffentlicher Pflichten oder für das Vorhandensein der zur Erlangung von öffentlichen Aemtern, Konzessionen, oder sonstiger bürgerlicher oder staatsbürgerlicher Rechte durch Gesetz oder Verordnung geforderten Bedingungen zu dienen geeignet und bestimmt sind. (Prot. d. G.=A. d. K. d. A. 1856/57 S. 582. 584, Dollmann Bd. II. S. 459. 460, Stenglein Bd. II. S. 153, s. auch oben zu Art. 177 Note 11—17 S. 262 und Art. 178 Note 2 S. 264 und Erk. d. A.=G. v. Mittelfranken v. 14. November 1869, Z. f. Gerichtspr. Bd. VIII. S. 362.)

4) Enthält eine Urkunde sowohl solche Bestätigungen, wie sie Art. 179 bezeichnet, als andere, so ist die Fälschung letzterer nach Art. 178 strafbar, z. B. in Militärabschieden, kommt es darauf an, ob die Bestätigung über Erfüllung der Conscriptionspflicht oder das Zeugniß über das Betragen gefälscht ist, und muß im ersteren Falle Art. 178, im letzteren Art. 179 zur Anwendung kommen. (Prot. d. G.=A. d. K. d. Abg. 1856/57 S. 576, Vortr. 1860/61 S. 180, Prot. S. 91, Dollmann Bd. II. S. 460, Weis Bd. I. S. 444, Stenglein Bd. II. S. 153.)

5) „zu dem Zwecke, um der betreffenden Person Unterkommen oder Unterstützung zu verschaffen". Die zu andern Zwecken vorgenommene Fälschung bewirkt, daß die That nicht nach Art. 179 sondern nach Art. 178 strafbar ist. (Vortr. im G.=A. d. K. d. A. 1860/61 S. 180, Prot. S. 91, Dollmann Bd. II. S. 461, Weis Bd. I. S. 443. 444, Stenglein Bd. II. S. 156.)

6) Zu Absatz 2. Nicht nur die Fälschung und Verfälschung, sondern auch der wissenschaftliche Gebrauch solcher gefälschter Zeugnisse ist nach dieser Bestimmung strafbar. (Stenglein Bd. II. S. 155, Weis Bd. I. S. 445, Dollmann Bd. II. S. 462. 463.)

7) Zeugnisse freiwilliger Armenpflegen und ähnlicher Institute sind nicht durch Art. 179 Abs. 2 geschützt. (Vortr. im G.=A. d. K. d. Abg. 1860/61 S. 180, Dollmann Bd. II. S. 463, Weis Bd. I. S. 445.)

8) Das Zeugniß muß als Unterschrift den Namen eines wirklichen Geistlichen oder Arztes tragen; nicht hieher gehört der Fall, wo Jemand ein solches Zeugniß unter seinem wahren Namen ausstellt, sich aber fälschlicher Weise einen Charakter der eben bezeichneten Art beilegt. (Dollmann Bd. II. S. 463.) [Vorstehende Behauptung ist, wenigstens in ihrer Allgemeinheit unrichtig. So gut eine auf den

Namen eines fingirten Notars angefertigte Urkunde eine gefälschte öffentliche Urkunde ist, so gut begründet die Anfertigung eines solchen Zeugnisses auf den Namen eines fingirten Arztes oder Geistlichen das Reat des Art. 179 Abs. 2. Daß aber diesem fingirten Arzt oder Geistlichen der Name des Fälschers beigelegt wird, kann keinen Unterschied machen. Richtig ist nur, daß in solchen Fällen dann keine Fälschung vorliegt, wenn keine Täuschung über die Person des Ausstellers beabsichtigt; mithin nur die Anmaßung eines Titels gegeben ist.]

9) Dollmann Bd. II. S. 463 behauptet ferner, es finde die in Art. 179 Abs. 1 verordnete Strafe Anwendung, wenn die Fälschung der in Absatz 2 bezeichneten Zeugnisse nach Inhalt oder Zweck über die in Abs. 1 bezeichneten Gränzen hinausgehe. Dies ist ein offenbarer Irrthum. Dem in Absatz 1 bezeichneten Inhalt und Zweck kann bei der Strafanwendung kein anderer substituirt werden und Abs. 1 spricht nur von amtlichen Zeugnissen oder sonstigen öffentlichen Urkunden. Beides sind die in Abs. 2 aufgeführten Zeugnisse nicht, sonst wäre dieser überhaupt unnöthig. Vielmehr ist die nach Inhalt oder Zweck des Zeugnisses nicht unter Abs. 2 fallende Fälschung straflos, wenn sie nicht nach ihrem Zwecke und der sonstigen Art der Verübung unter eine besondere Strafbestimmung, wie die des Betrugs, fällt, was in der Regel der Fall sein wird. Vergl. Weis Bd. I. S. 445, Stenglein Bd. II. S. 155. 156.

10) Hatte das Zeugniß einen amtlichen Charakter, weil es von Geistlichen Namens des Armenpflegschaftsrathes oder als Civilstandsbeamten oder von einem Bezirksarzte in amtlicher Eigenschaft, wirklich oder angeblich, ausgestellt war, so fällt es nicht unter Abs. 2, sondern unter Abs. 1. (Dollmann Bd. II. S. 463, Stenglein Bd. II. S. 153.)

11) Die Delikte des Art. 179 sind sowohl nach Abs. 1 als nach Abs. 2 vollendet, sobald die Fälschung vollendet oder ein Gebrauch des Falsifikats eingetreten ist. Der bloße Besitz eines solchen von Seite eines Dritten, der nicht selbst Fälscher ist, ohne Gebrauch desselben ist nicht strafbar. (Weis Bd. I. S. 447, Stenglein Bd. II. S. 156. 157.)

Art. 180.

Die Fälschung eines Reisepasses oder einer Paßkarte wird mit Gefängniß bis zu drei Monaten oder an Geld bis zu zweihundert Gulden, die Fälschung eines Arbeits-, Wander- oder Dienstbuches oder eines anderen die Stelle des Reisepasses vertretenden Legitimationspapieres mit Arrest bis zu dreißig Tagen oder an Geld bis zu hundert Gulden bestraft.

Den gleichen Strafbestimmungen unterliegt, wer sich eines für eine andere Person ausgestellten Legitimationspapieres der im Abs. 1 bezeichneten Art zum Zwecke rechtswidriger Täuschung bedient.

Mit Arrest bis zu acht Tagen oder an Geld bis zu fünfundzwanzig Gulden ist der Arbeitsgeber oder Dienstherr zu bestrafen, der zum Zwecke solcher Täuschung in einem Arbeits-, Wander- oder Dienstbuche etwas Unwahres bezüglich der Dienst- oder Arbeitszeit des Buchinhabers bezeugt.

1) „Die Fälschung". Zu den nach Abs. 1 strafbaren Handlungen sind alle Requisite erforderlich, welche Art. 176 aufstellt, insbesondere bedarf es der Absicht rechtswidriger Täuschung auf Seite des Thäters. (Erk. d. Cass.-H. v. 20. April 1868, Z. f. Gerichtspr. Bd. VII. S. 332, Dollmann Bd. II. S. 464, Stenglein Bd. II. S. 154.)

[Stenglein Bd. II S. 156 hielt jedoch nur einfachen Vorsatz für erforderlich.]

2) „eines Reisepasses oder einer Paßkarte". Ob der Reisepaß von einer ausländischen oder einer inländischen Behörde, ob er für das Aus- oder Inland ausgestellt ist, macht keinen Unterschied. (Erk. d. Cass.-H. v. 7. November 1862, Z. f. Gerichtspr. Bd. II. S. 42, Z. f. G. u. R. Bd. IX. S. 544, Erk. d. A.-G. v. Niederbayern v. 9. Febr. 1866, Z. f. Gerichtspr. Bd. V. S. 198, Z. f. G. u. R. Bd. XIII. S. 612, Dollmann Bd. II. S. 464, Stengein Bd. II. S. 153.)

3) Zu den Reisepässen gehören auch die denselben beigesetzten Visa's und ist

die Fälschung derselben gleich jener des Passes selbst strafbar. (Stenglein Bd. II. S. 153, Dollmann Bd. II. S. 464.)

4) Durch Ablauf der Frist, für welche der Reisepaß ausgestellt ist, verliert derselbe die Eigenschaft als solcher nicht. (Dollmann Bd. II. S. 464. 465.)

5) „Die Fälschung eines Arbeits-, Wander- oder Dienstbuches oder eines andern die Stelle eines Reisepasses vertretenden Legitimationspapieres". Hiezu gehören Heimathscheine, polizeiliche Vorweise, Urlaubspässe, unter Umständen auch Marschzettel. Jedoch fällt die Fälschung letzterer zum Zwecke eines Betruges an der Staatskassa hinsichtlich der Marschkosten unter den Begriff des ausgezeichneten Betrugs. (Vortr. im G.-A. d. K. d. Abg. 1860/61 S. 288, Weis Bd. I. S. 446, Dollmann Bd. II. S. 465, Stenglein Bd. II. S. 153. 154. Bezüglich der Urlaubspässe s. Z. f. Gerichtspr. Bd. VIII. S. 141 Ziff. 5.)

6) Einzelne vom Gemeindevorstand beglaubigte Arbeitszeugnisse wurden nicht unter Art. 180 Abs. 1 fallend erachtet. (Z. f. Gerichtspr. Bd. VIII. S. 141. Ziff. 3.)

7) Die Fälschung amtlicher Dienstbücher fällt unter Abs. 1, auch wenn sie noch nicht amtlich beglaubigt sind. (Z. f. Gerichtspr. Bd. III. S. 163.)

8) Fand die Fälschung zum Zwecke des Betruges oder der Begehung anderer strafbarer Handlungen statt, so finden die Grundsätze über Zusammenfluß Anwendung. (Vortr. im G.-A. d. K. d. Abg. 1860/61 S. 180 fg. 288, Prot. S. 51, Stenglein Bd. II. S. 155. 157, Weis Bd. I. S. 446. 447, Dollmann Bd. II. S. 465.)

9) Die That des Abs. 1 ist vollendet mit der vollendeten Fälschung auch ohne hinzutretenden Gebrauch des Legitimationspapieres. (Weis Bd. I. S. 447, Stenglein Bd. II. S. 157.)

10) Zu Absatz 2. Derselbe setzt den Gebrauch eines ächten (oder vermeintlich ächten) auf eine andere Person lautenden Legitimationspapieres zum Zwecke rechtswidriger Täuschung, wenn auch nur über die Identität der Person, voraus und ist die That erst mit dem wirklichen Gebrauche, nicht schon mit dem Besitze mit der Absicht des Gebrauches vollendet. (Prot. d. G.-A. d. K. d. Abg. 1860/61 S. 136, Weis Bd. I. S. 447, Dollmann Bd. II. S. 466, Stenglein Bd. II. S. 156. 157.)

11) Die Ueberlassung des Legitimationspapieres an Andere zum Zwecke des Gebrauches ist unter der Voraussetzung des wirklich stattgehabten Gebrauches als Theilnahme strafbar. (Dollmann Bd. II. S. 466.)

12) Zu Absatz 3. Ob der Arbeitgeber oder Dienstherr dies wirklich oder nur zum Schein war, macht keinen Unterschied. (Stenglein Bd. II. S. 155, Dollmann Bd. II. S. 466.)

13) Auf das Motiv der That (z. B. Gutmüthigkeit) kommt nichts an. Hatte jedoch die That die Verübung einer andern strafbaren Handlung zum Zweck (z. B. Begünstigung), so finden die Grundsätze über Zusammenfluß Anwendung. (Vortr. im G.-A. d. K. d. Abg. 1860/61 S. 181, Dollmann Bd. II. S. 466, Stenglein Bd. II. S. 155.)

14) Die Strafe des Abs. 3 findet keine Anwendung, wenn das wahrheitswidrige Zeugniß in einem andern Schriftstücke niedergelegt ist, als in einem unter öffentlicher Autorität ausgestellten und von dieser kontrollirten Arbeits-, Wander- oder Dienstbuche oder wenn die wahrheitswidrige Angabe andere Umstände als Dienst- oder Arbeitszeit betrifft, wie Aufführung, Brauchbarkeit des Inhabers u. dergl. (Z. f. Gerichtspr. Bd. IV. S. 62, Weis Bd. I. S. 447, Dollmann Bd. II. S. 467, Stenglein Bd. II. S. 155.)

Art. 181.

Die Bestimmungen der Art. 179 und 180 Abs. 1 finden auch auf denjenigen Anwendung, der die Ausstellung eines Zeugnisses oder Legitimationspapieres der dort bezeichneten Art auf den Namen eines Andern, als desjenigen, welchem dasselbe aus-

gestellt werden wollte, durch Täuschung der ausstellenden Person oder Behörde bewirkt.

1) „Auf den Namen eines Anderen als desjenigen, welchem dasselbe ausgestellt werden wollte. Betrifft die bewirkte Täuschung etwas Anderes als die Identität der Person, so ist Art. 181 nicht anwendbar. Dagegen macht es keinen Unterschied, ob die Person, auf deren Namen das Zeugniß oder Legitimationspapier ausgestellt wurde, wirklich existirt oder nicht. (Dollmann Bd. II. S. 468.)

2) „durch Täuschung der ausstellenden Person oder Behörde". Ist der ausstellende Beamte oder öffentliche Bedienstete nicht getäuscht worden, sondern hat er das Schriftstück wissentlich falsch ausgestellt, so findet nicht Art. 181 Anwendung, sondern liegt das Dienstvergehen des Art. 371 vor. Derjenige, welcher die Ausstellung bewirkt hat, ist als Theilnehmer strafbar. (Stenglein Bd. II. S. 156, Dollmann Bd. II. S. 468.)

3) Täuschung über andere Umstände als über die Identität der Person, für welche die Ausstellung erfolgt, fällt nicht unter Art. 181. (Dollmann Bd. II. S. 468.)

4) Handelt es sich nur um Angabe eines falschen Vornamens, so kommt es darauf an, ob hiedurch die Identität der Person als alterirt erscheint. (Dollmann Bd. II. S. 468.)

5) Als Thäter erscheint derjenige, welcher durch Vorspiegelung die Ausstellung des Zeugnisses oder Legitimationspapieres auf falschen Namen, gleichviel ob zu eigenem oder fremden Gebrauche, bewirkt hat. Dritte, welche hiebei mitgewirkt haben, z. B. Identitätszeugen, sind als Theilnehmer strafbar. (Dollmann Bd. II. S. 468.)

6) Die That ist vollendet mit Ausstellung des Dokuments. Ein Gebrauch desselben ist nicht erforderlich. (Dollmann Bd. II. S. 469, Weis Bd. I. S. 447, Stenglein Bd. II. S. 157.)

Art. 182.

Wer in der Absicht, einem Anderen Schaden zuzufügen, oder sich oder einem Dritten einen rechtswidrigen Vortheil zu verschaffen, bewirkt, daß Erklärungen, Verhandlungen oder Thatsachen, welche zum Beweise von Rechten oder Rechtsverhältnissen von Erheblichkeit sind, in öffentlichen Urkunden als abgegeben oder geschehen beurkundet werden, während sie gar nicht oder von anderen Personen oder in anderer Weise abgegeben oder geschehen sind, wird mit Gefängniß nicht unter einem Jahre bestraft, womit Geldstrafe bis zu tausend Gulden verbunden werden kann.

1) „Wer". Thäter kann nicht der beurkundende Beamte sein, sondern nur ein diesen täuschender Dritter. Ist bei der That (sg. intellektuelle Urkundenfälschung) der Beamte nicht getäuscht, so liegt nicht ein nach Art. 182 zu behandelnder Straffall, sondern ein Amtsdelikt nach Art. 371 vor, nach welchem auch ein den Beamten verleitender Dritter zu bestrafen ist. (Stenglein Bd. II. S. 161, Dollmann Bd. II. S. 472.) Ersterer nimmt unter Umständen ideellen Zusammenfluß an.

2) Nicht nur derjenige ist Thäter, welcher einen Andern gebraucht, um eine wahrheitswidrige Beurkundung zu erlangen, sondern auch derjenige, welcher sich hiezu gebrauchen läßt. Diejenigen, welche die That nur unterstützen, wie Identitätszeugen, sind Theilnehmer. (Weis Bd. I. S. 449, Stenglein Bd. II. S. 160.) — Dagegen ist Dollmann (Risch) Bd. II. S. 473 der Ansicht, daß zunächst nur derjenige Thäter sei, welcher mit dem erforderlichen dolus (nicht als mißbrauchtes Werkzeug) die wahrheitswidrige Erklärung vor dem Beamten abgibt; der diese Erklärung verursachende dagegen Anstifter. Er gibt jedoch zu, daß, wenn Mehrere in selbstständiger Thäterabsicht an der Handlung sich betheiligen, dieselben als Mitthäter zu betrachten seien, wenn auch die wahrheitswidrige Erklärung nur von Einem derselben abgegeben worden sei. Letzterer Ansicht schließt sich, wenn auch nicht ausdrücklich, an ein Erk. d. Cass.-H. v. 18. Juni 1867, Entsch. d. Cass.-H.

Bd. I. S. 273, Z. f. Gerichtspr. Bd. VI. S. 374. Der ersteren Ansicht dagegen huldigt ein Erk. d. Cass.-H. v. 7. Sept. 1866, Z. f. Gerichtspr. Bd. VI. S. 89, Z. f. G. u. R. Bd. XIII. S. 544. Vergl. auch Z. f. Gerichtspr. Bd. V. S. 376, Z. f. G. u. R. Bd. XIII. S. 357.

Bezüglich der Theilnahme durch Bestätigung der Unwahrheit vergl. Erk. d. Cass.-H. v. 31. Juli 1869, Entsch. d. Cass.-H. Bd. III. S. 301, Z. f. Gerichtspr. Bd. VIII. S. 423.

3) „in der Absicht einem Andern Schaden zuzufügen oder sich oder einem Dritten einen rechtswidrigen Vortheil zu verschaffen". Der Thäter muß einen auf Entstellung der Wahrheit und Täuschung des Beamten gerichteten Vorsatz, verbunden mit dem Bewußtsein, eine falsche Beurkundung herbeizuführen, und überdies die Absicht haben, einem Andern Schaden zuzufügen oder sich oder einem Dritten einen rechtswidrigen Vortheil zu verschaffen, wobei weder Schaden noch Vortheil solche am Vermögen zu sein brauchen. (Prot. d. G.-A. d. K. d. Abg. 1856/57 S. 585. 591, Dollmann Bd. II. S. 473. 474, Stenglein Bd. II. S. 160, Weis Bd. I. S. 449.)

4) Die That des Art. 182 liegt nicht vor, wenn eine Person sich bei dem Gefängnißwärter unter dem Namen einer anderen meldet, um für diese eine Strafe zu erstehen, und hiedurch bewirkt, daß die Erstehung der Strafe fälschlich in das Gefängnißregister eingetragen wird, dabei aber das Bewußtsein mangelte, daß die Errichtung einer unwahren Urkunde bewirkt werde. (Erk. d. Cass.-H. v. 13. Juni 1866, Z. f. Gerichtspr. Bd. V. S. 376, Z. f. G. u. R. Bd. XIII. S. 357, s. auch Stenglein Bd. II. S. 159.)

5) Die Erschleichung eines Gewerbsprüfungszeugnisses dadurch, daß eine Person die Prüfung auf den Namen einer anderen macht, um dieser zu einer Gewerbsconcession zu verhelfen, ist nach Art. 182 strafbar. (Erk. d. A.-G. von Unterfranken, Z. f. G. u. R. Bd. XIII. S. 401, Erk. d. Cass.-H. v. 7. Septbr. 1866. [Z. f. Gerichtspr. Bd. VI. S. 89, Z. f. G. u. R. Bd. XIII. S. 544.] Erk. d. Cass.-H. v. 21. Juni 1867. [Z. f. Gerichtspr. Bd. VI. S. 374. Entsch. d. Cass.-H. Bd. I. S. 273.]

6) Die Beurkundung eines Vaterschaftsbekenntnisses und Alimentationsvertrags durch eine Person, welche sich auf den fälschlich angenommenen Namen eines Andern als unehelichen Vater eines Kindes bekennt, ist nach Art. 182 strafbar. (Erk. d. Cass.-H. v. 31. Juli 1869, Entsch. d. Cass.-H. Bd. III. S. 301, Z. f. Gerichtspr. Bd. VIII. S. 423.)

7) „welche zum Beweise von Rechten oder Rechtsverhältnissen von Erheblichkeit sind". Unter Rechten und Rechtsverhältnissen sind nicht blos solche des Privatrechts, sondern auch solche des öffentlichen Rechtes zu verstehen; und kommt es auch nicht darauf an, daß erworbene Rechte (jura quaesita) dadurch bewiesen werden können, sondern kann es sich auch um rechtliche Voraussetzungen handeln, durch welche die künftige Erwerbung von Rechten, bezw. Entstehung von Rechtsverhältnissen bedingt ist. (Dollmann Bd. II. S. 475. 476, Stenglein Bd. II. S. 158. 160, Weis Bd. I. S. 449, s. auch oben Note 5.)

8) Ist die beurkundete Erklärung u. s. w. von rechtlichem Belange, so kommt darauf nichts an, ob durch die Urkunde der Beweis des betreffenden Rechts oder Rechtsverhältnisses schon an und für sich oder vollständig hergestellt zu werden vermag, oder ob sie denselben nur in irgend einer Art zu unterstützen geeignet ist. (Weis Bd. I. S. 449, Dollmann Bd. II. S. 477, Stenglein Bd. II. S. 158.)

9) Geht der betreffenden Beurkundung überhaupt oder insoweit sie wahrheitswidrig ist, jede Erheblichkeit ab, z. B. wenn sie Jemand bei einer Beurkundung Qualitäten, Rang oder Titel fälschlich beilegt, ohne daß die Personen-Identität alterirt wird, so ist Art. 182 nicht anwendbar. (Dollmann Bd. II. S. 477, Weis Bd. I. S. 448, Stenglein Bd. II. S. 158.)

10) „in öffentlichen Urkunden beurkundet werden". Es muß eine zu derartigen Beurkundungen im Allgemeinen berufene Behörde oder Person ein amtliches Schriftstück aufgenommen haben, wenn auch dessen Giltigkeit oder Be-

weiskraft durch irgend einen materiellen oder formellen Mangel beeinträchtigt oder aufgehoben erscheint. (Dollmann Bd. II. S. 475, Stenglein Bd. II. S. 158.)

11) Es begründet keinen Unterschied, ob die Urkunde eine in- oder ausländische ist; ob sie eine Urkunde im gewöhnlichen Sinne oder ein amtlicher Eintrag in öffentliche Bücher, Register u. dergl. ist, ob sie im amtlicher Gewahrsame zu verbleiben hat, oder in Urschrift an eine Partei abgegeben wird. (Dollmann Bd. II. S. 475, Stenglein Bd. II. S. 158.)

Vergl. auch hiezu Art. 177 Note 1. 7—32 S. 261 fg.

12) „während sie gar nicht oder von anderen Personen oder in anderer Weise abgegeben oder geschehen sind". Es fällt nicht unter Art. 182, wenn vor einer Urkundsperson eine materiell unwahre Erklärung abgegeben wird, aber der Vorgang dieser Erklärung vor der Urkundsperson richtig in der Urkunde dargestellt ist. Es fällt also z. B. nicht unter Art. 182 die Beurkundung eines unter den Parteien simulirten Rechtsgeschäftes, die unwahre thatsächliche Erklärung einer Partei oder eines Zeugen zu Protokoll, die Ausstellung einer Empfangsbescheinigung für ein fälschlich als Geldpaquet deklarirtes Poststück. (Stenglein Bd. II. S. 158. 169, Dollmann Bd. II. S. 477. 478.)

13) Ausnahmsweise fallen solche objektiv unwahre Angaben in einer öffentlichen Urkunde dann unter Art. 182, wenn diese nicht nur den Vorgang der Erklärungsabgabe durch eine bestimmte Person, sondern auch den Inhalt dieser Erklärung zu beweisen bestimmt ist, wie die Einträge in den Civilstandsregistern nach Angabe erschienener Personen. Hiebei fallen aber nur beiläufig erwähnte Umstände, deren Beweis durch den Eintrag nicht geliefert werden soll, wie die Bezeichnung der Mutter eines als geboren angezeigten Kindes als Ehefrau, außerhalb des Bereichs des Art. 182. (Dollmann Bd. II. S. 478, Stenglein Bd. II. S. 159. 160.)

14) Es kann zur Verübung der That genügen, wenn der Thäter sich eines unrichtigen Vornamens bedient, wenn hiedurch die Personenidentität alterirt wird, ja es wollte dies schon darin gefunden werden, wenn eine Person sich unrichtige Qualifikationen beilegt, welche für die Rechtsfähigkeit der Person von Belang sind, z. B. wenn eine verheirathete Person sich für unverheirathet ausgibt, eine Ehefrau ihren Elternnamen angibt u. dergl. (Dollmann Bd. II. S. 479, Stenglein Bd. II. S. 159.)

15) „bewirkt". Die That ist vollendet, sobald die wahrheitswidrige amtliche Beurkundung zu Stande gekommen ist. Gehört zur Existenz der Urkunde die Unterschrift der handelnden Personen, so tritt erst mit dieser die Vollendung der That ein. Ist die Errichtung der Urkunde nicht zum Abschlusse gediehen, so liegt ein Versuch vor, für den es an einer Strafbestimmung gebricht. (Weis Bd. I. S. 449, Dollmann Bd. II. S. 480. 481, Stenglein Bd. II. S. 161.)

16) Eines Erfolges durch die wahrheitswidrig erschlichene Urkunde bedarf es zur Vollendung nicht. (Dollmann Bd. II. S. 474.)

17) Der Gebrauch einer falschen Unterschrift der unter einem falschen Namen eine Erklärung abgebenden Person macht die That nicht zur materiellen Urkundenfälschung. (Stenglein Bd. II. S. 159. 160, Dollmann Bd. II. S. 481.)

18) Der wissentliche Gebrauch einer erschlichenen Urkunde gehört weder zur Vollendung der That, noch ist er hinsichtlich der Strafbarkeit der intellektuellen Fälschung gleichgestellt; noch selbstständig strafbar, wenn nicht die Merkmale einer andern strafbaren That vorliegen, wie die des Betrugs. (Stenglein Bd. S. 160, Weis Bd. I. S. 450, Dollmann Bd. II. S. 482, Erk. d. A.-G. v. Niederbayern v. 11. Juli 1868, Z. f. Gerichtspr. Bd. VIII. S. 361.)

19) Trägt die That zugleich die Merkmale eines andern Delikts an sich, wie die des Betrugs, wenn ein vermögensrechtlicher Vortheil oder Nachtheil bezweckt wird, der Fälschung von Beweismitteln in Untersuchungssachen, der Verletzung eines fremden Familienstandes u. s. w., so finden die Grundsätze über Zusammenfluß Anwendung. (Stenglein Bd. II. S. 161, Dollmann Bd. II. S. 482. 483, Weis Bd. I. S. 450.)

Art. 183.

Unterdrückung öffentlicher Urkunden.

Wer zum Zwecke rechtswidriger Täuschung oder um Beweismittel von Rechten oder Rechtsverhältnissen zu beseitigen, eine ächte öffentliche Urkunde unbefugt vernichtet, unbrauchbar macht oder unterdrückt, ist gleich dem Fälscher zu bestrafen.

1) „Wer“ s. zu Art. 176 Note 1 S. 257.

Wird die That von einem Beamten begangen, welchen die Urkunden kraft seines Amtes anvertraut oder zugänglich sind, so findet Art. 371 Anwendung; ebenso auf den Verleiter. (Stenglein Bd. II. S. 164.)

2) „zum Zwecke rechtswidriger Täuschung“ s. zu Art. 176 Note 2—9 S. 257. 258.

Die Absicht braucht keine auf Gewinn oder Schaden gerichtete zu sein, sondern es genügt, daß die vorsätzliche Handlung nach der Intention des Thäters als Mittel dienen soll, um über urkundsmäßige Verhältnisse oder Thatsachen bei Anderen (Behörden oder Privaten), welche an Existenz und Inhalt der öffentlichen Urkunde ein rechtliches Interesse haben, einen für ihr Thun oder Lassen bestimmenden Irrthum zu erregen oder zu unterhalten, dessen Verursachung als eine rechtswidrige schon um deßwillen erscheint, wenn und weil sie mittels unbefugter Unterdrückung solcher Vertrauensgewährschaften geschieht. (Dollmann Bd. II. S. 487.)

3) „oder um Beweismittel von Rechten oder Rechtsverhältnissen zu beseitigen“. Es genügt nicht einfacher Vorsatz, auch nicht die Absicht, dem Berechtigten den Gebrauch zu entziehen, welche allerdings, wenn es sich um Beweisurkunden für Rechte oder Rechtsverhältnisse handelt, in der Regel mit der Absicht ein Beweismittel zu beseitigen, zusammenfallen wird. Allein es braucht dies nicht immer der Fall zu sein; z. B. wird wohl die Absicht, dem Berechtigten den Gebrauch eines Aktenstückes, nicht aber die ein Beweismittel zu entziehen vorliegen, wenn Jemand aus Bosheit eine Ausfertigung unterdrückt, welche aus Büchern oder Originalakten jeden Augenblick wiederhergestellt werden kann. (Dollmann Bd. II. S. 486. 487.)

Vergl. hiezu auch Art. 182 Note 7—9 S. 269.

4) „eine ächte öffentliche Urkunde“ s. Art. 177 Note 1—32 S. 261 fg.

Die Urkunde muß eine ächte sein, womit jedoch nur gänzlich unächte (fälschlich angefertigte), nicht auch blos verfälschte Urkunden ausgeschlossen sind. (Dollmann Bd. II. S. 486.)

5) Es sind nicht Originalurkunden verlangt und kein Unterschied danach gemacht, ob die Urkunde im Privatbesitz oder in öffentlicher Verwahrung sich befindet. (Dollmann Bd. II. S. 486, Stenglein Bd. II. S. 164.)

6) „unbefugt vernichtet, unbrauchbar macht oder unterdrückt“. Die betreffende öffentliche Urkunde darf dem Thäter nicht gehören oder wenigstens ihm nicht ein Verfügungsrecht darüber ausschließlich zustehen. (Weis Bd. I. S. 451, Dollmann Bd. II. S. 477, Stenglein Bd. II. S. 164.)

7) Eine Urkunde ist unbrauchbar gemacht, wenn sie ohne Aufhebung ihrer körperlichen Existenz in einen solchen Zustand versetzt wurde, daß sie zu dem Zwecke, zu welchem sie gebraucht werden konnte und sollte, nicht mehr dienlich ist; z. B. wenn sie an einer entscheidenden Stelle unleserlich gemacht oder ein Stück weggerissen ist, die amtliche Fertigung oder Beglaubigung weggeschnitten, das ihre Beweiskraft bedingende Siegel beseitigt wurde. (Stenglein Bd. II. S. 163, Weis Bd. I. S. 450, Dollmann Bd. II. S. 488.)

8) Eine Urkunde ist unterdrückt, wenn sie ohne Aufhebung ihrer Integrität beseitigt, der Benützung entzogen wird, wie durch Verheimlichung, Ableugnung, Einschließung ꝛc. Die Unterdrückung begreift sowohl die Wegnahme aus fremden Gewahrsam, wie das rechtswidrige Zurückbehalten. (Prot. d. G.-A. d. K. d. A. 1856/57 S. 592, 1860/61 S. 51, Dollmann Bd. II. S. 488. 489, Stenglein Bd. II. S. 163. 164.)

8) Unter den Begriff der Unterdrückung fällt nicht jede unbefugte Verweigerung der Mittheilung oder Produktion einer Urkunde, sondern es muß eine positive Handlung vorliegen, durch welche die Urkunde dem Wissen oder doch der Benützung des Berechtigten entzogen wird. Auf die Möglichkeit einer Klage auf Herausgabe kommt nichts an. Ob dagegen in der Absicht des Thäters eine dauernde Entziehung liegen muß oder nicht, ist streitig. Stenglein Bd. II. S. 163, Weis Bd. I. S. 451 bejahen die Frage, Dollmann Bd. II. S. 489 verneint sie.

9) Die That ist vollendet mit der Unterdrückungshandlung ohne Rücksicht darauf, ob der Zweck der Täuschung oder der Beseitigung gelungen ist. (Dollmann Bd. II. S. 489, Stenglein Bd. II. S. 164.)

19) Die Unterdrückung von Kreditpapieren (Art. 185) fällt nicht unter Art. 183, sondern ist als Eigenthumsbeschädigung zu betrachten. Doch ist die Frage streitig. (Dollmann Bd. II. S. 490, Prot. d. G.=A. d. K. d. Abg. 1856/57 S. 586 fg.)

Art. 184.

Wer außer dem Falle des Art. 183 Urkunden oder Akten, welche in einem öffentlichen Archive oder an einem anderen öffentlichen Verwahrungsorte oder bei einem Beamten in dessen amtlicher Eigenschaft aufbewahrt sind, entwendet, unbefugt vernichtet, unbrauchbar macht oder unterdrückt, ist mit Gefängniß nicht unter einem Monate zu bestrafen, womit Geldstrafe bis zu tausend Gulden verbunden werden kann.

1) „Wer außer dem Falle des Art. 183". Dollmann (Risch) Bd. II. S. 491 und Weis Bd. I. S. 493 nehmen an, es könne ein idealer Zusammenfluß der Delikte des Art. 183 u. 184 stattfinden, übersehen aber offenbar vorstehende Klausel, wonach ein Fall, der unter Art. 183 zu subsumiren ist, nicht unter Art. 184 fällt.

2) „Urkunden oder Akten" u. s. w. Es handelt sich hiebei nicht blos um öffentliche Urkunden, sondern überhaupt um Schriftstücke, gleichviel ob sie für den Beweis von Rechtsverhältnissen erheblich sind oder nicht, wenn sie nur in einem öffentlichen Archive oder an einem andern öffentlichen Verwahrungsorte (z. B. Registratur, Staats= oder Universitätsbibliothek) oder bei einem Beamten in dessen amtlicher Eigenschaft (z. B. Notar, Staatsanwalt, Gerichtsvollzieher) aufbewahrt sind, also mit Ausschluß aller im Privatbesitz befindlichen, wenn auch öffentlichen Urkunden. (Dollmann Bd. II. S. 491.)

3) Ein Gemeindevorsteher, welcher im Auftrage des k. Bezirksamts in einer Bausache ein Protokoll errichtet hat und dasselbe noch in seiner Wohnung aufbewahrt, gehört unter die in Art. 184 bezeichneten Beamten. (Erk. d. A.=G. von Niederbayern v. 9. Juli 1867, Z. f. Gerichtspr. Bd. VII. S. 61, Dollmann Bd. II. S. 491.)

4) Gerichtsakten gelten als beim Beamten aufbewahrt, auch während sie zwischen seiner Wohnung und dem Gerichtslokale transportirt werden. (Z. f. Gerichtspr. Bd. II. S. 184, Dollmann Bd. II. S. 491.)

5) Ob die Urkunden der aufbewahrenden Behörde selbst oder einen Dritten gehören und für diesen aufbewahrt werden, begründet keinen Unterschied. (Dollmann Bd. II. S. 491.) Streitig ist, ob Art. 184 auch Anwendung findet auf Akten, welche ein Rechtsanwalt zur Einsicht in seiner Wohnung hat. (Stenglein Bd. II. S. 163, Dollmann Bd. II. S. 491.)

6) „entwendet". Es fällt sonach auch die Beseitigung in gewinnsüchtiger Absicht unter Art. 184, womit jedoch den Bestimmungen über Diebstahl nicht derogirt ist. (Prot. d. G.=A. d. K. d. Abg. 1860/61 S. 51, Dollmann Bd. II. S. 491. 492.)

7) „unbefugt". Eine weitere verbrecherische Absicht ist nicht erforderlich und genügt einfacher Vorsatz zur That. (Vortr. im G.=A. d. K. d. Abg. 1860/61 S. 181, Stenglein Bd. II. S. 164, Dollmann Bd. II. S. 491, Weis Bd. S. 451.)

8) „vernichtet, unbrauchbar macht oder unterdrückt“ s. hierüber zu Art. 183 Note 5—8 S. 271.

Dollmann Bd. II. S. 491 regt auch hier die Controverse an, ob die Unterdrückung eine nach Absicht des Thäters dauernde sein müsse und verneint dies auch hier.

9) Die Vornahme der That durch einen Beamten, dem die Akten dienstlich anvertraut oder zugänglich sind, fällt unter Art. 371. (Stenglein Bd. II. S. 164, Dollmann Bd. II. S. 492.)

10) Die That ist mit Vornahme der Handlung vollendet ohne Rücksicht auf einen Erfolg. (Stenglein Bd. II. S. 164, Dollmann Bd. II. S. 492.)

Art. 185.

Fälschung öffentlicher Kreditpapiere.

Wer Staatspapiere, desgleichen wer Aktien, Promessen oder Schuldverschreibungen, welche mit Ermächtigung des bayerischen oder eines auswärtigen Staates von Korporationen, Gesellschaften oder Privaten ausgegeben sind, oder die zu solchen Papieren gehörigen Zinsscheine (Coupons) oder Erneuerungsscheine (Talons) oder die solche Papiere vertretenden Interimsscheine fälscht, ist mit Zuchthaus bis zu sechzehn Jahren zu bestrafen.

Die zur Verübung der Fälschung gebrauchten oder bestimmt gewesenen Werkzeuge, sowie die gefälschten Papiere unterliegen der Konfiskation.

1) „Wer Staatspapiere“ u. s. w. Unter den im Gesetze aufgeführten Werthpapieren ist danach nicht zu unterscheiden, ob sie in- oder ausländische sind, ob sie auf Namen oder auf den Inhaber lauten, ob sie im gemeinen oder nur im Handelsverkehre Geltung haben; es ist nur erforderlich, daß sie von den hiezu berufenen Behörden irgend eines Staats oder doch mit staatlicher Ermächtigung ausgegeben sind. (Motive z. Entw. v. 1855 S. 86, Vortr. im G.-A. d. K. d. Abg. 1856/57. S. 312, Prot. S. 558, Vortr. 1860/61 S. 181, Dollmann Bd. II. S. 496, Stenglein Bd. II. S. 165. 166, Weis Bd. I. S. 453.)

2) Die Form, in welcher die staatliche Ermächtigung ertheilt ist, begründet keinen Unterschied. Es genügt die Bestätigung von Statuten, welche die Emission von Papieren vorsehen. Die Fälschung von Papieren, welche von Korporationen, Gesellschaften oder Privaten ohne staatliche Ermächtigung wenn auch auf den Inhaber lautend emittirt sind, ist als Fälschung von Privaturkunden zu betrachten. (Weis Bd. I. S. 453, Dollmann Bd. II. S. 497, Stenglein Bd. II. S. 166.)

3) Bayerische Ostbahnaktien sind öffentliche Kreditpapiere, deren Fälschung gemäß Art. 185 strafbar ist. (Erk. d. Cass.-H. v. 1. Febr. 1862, Z. f. Gerichtspr. Bd. I. S. 72, Z. f. G. u. R. Bd. IX. S. 25.)

4) Die Verübung der That an ausländischen Werthpapieren im Auslande läßt Verfolgung im Inlande zu, wenn der Thäter oder dessen Theilnehmer im Inlande betreten werden, weil dadurch der inländische Verkehr beschädigt wird. (Stenglein Bd. II. S. 165, ähnlich Dollmann Bd. II. S. 496.)

5) Cessionsvormerke oder Giros auf solchen Papieren sind an sich öffentliche oder Privaturkunden, wenn sie nicht durch Bestätigung Seitens des Ausstellers integrirende Bestandtheile des Papieres geworden sind. (Stenglein Bd. II. S. 166, Dollmann Bd. II. S. 497.)

6) Die That ist auch strafbar, wenn sie an Werthpapieren verübt wird, welche ihre Geltung im Verkehre verloren haben. (Dollmann Bd. II. S. 496. 497.)

7) „fälscht“ s. hierüber zu Art. 176 Note 12—18 S. 259.

Der wissentliche Gebrauch gefälschter Kreditpapiere ist nicht der Fälschung allgemein gleichgestellt, sondern nach Art. 186 zu beurtheilen. (Dollmann Bd. II. S. 497.)

8) Auch die an einem solchen Werthpapiere vorgenommene dolose Veränderung ist nach Art. 185 strafbar, gleichviel ob sie den Anschein eines höheren Werthes, oder fortdauernder Gültigkeit oder sonst eine rechtswidrige Täuschung bezweckt. (Dollmann Bd. II. S. 497, Stenglein Bd. II. S. 166.)

9) Zur Bestrafung gemäß Art. 185 wegen Veränderung öffentlicher Creditpapiere auf einen höheren Werth, als ihnen wirklich zukommt, ist nicht erforder-

lich, daß ächte Papiere der höheren, fälschlich angefertigten Werthgattung existiren. (Z. f. Gerichtspr. Bd. IX. S. 28, Dollmann Bd. II. S. 28.)

10) Zu Absatz 2 s. zu Art. 169 Note 31 S. 251.

Art. 186.

Wer wissentlich falsche Papiere der im Art. 185 bezeichneten Art als ächte in den Verkehr bringt oder sonst als solche gebraucht, soll nach den Bestimmungen über den Betrug bestraft, wenn er aber im Einverständnisse mit dem Fälscher gehandelt oder das gefälschte Papier absichtlich zu dem bezeichneten Gebrauche an sich gebracht hat, zu der im Art. 185 bestimmten Strafe verurtheilt werden.

S. zu Art. 171 Note 1—13 Seite 253. 254.

Art. 187.

Beischaffung von Hilfsmitteln zur Fälschung.

Wer, ohne dazu ermächtigt zu sein, das zur Beglaubigung der königlichen Unterschrift dienende Staats- oder Kabinetssiegel nachmacht oder ein ächtes oder unächtes Siegel dieser Art sich oder einem Andern verschafft, soll mit Gefängniß bis zu sechs Monaten oder an Geld bis zu fünfhundert Gulden bestraft werden.

Ist diese Handlung zum Zwecke einer Fälschung vorgenommen worden, so tritt Gefängniß von sechs Monaten bis zu drei Jahren ein, womit Geldstrafe bis zu tausend Gulden verbunden werden kann.

1) „Siegel." Hierunter ist nur das Werkzeug zu verstehen, mittels dessen Abdrücke von Beglaubungszeichen auf Urkunden hergestellt werden, nicht die Siegelabdrücke, welche etwa nachgezeichnet werden. Die Art des Abdrucks, für welchen das Siegel bestimmt ist (Lack, Wachs, Oblaten, Schwärze), ist ohne Belang. (Erk. d. Cass.-H. v. 5. Mai 1865, Z. f. Gerichtspr. Bd. IV. S. 247, Z. f. G. u. R. Bd. XII. S. 207, Dollmann Bd. II. S. 500. 501, Stenglein Bd. II. S. 168, s. auch Z. f. Gerichtspr. Bd. VIII. S. 362.)

2) „nachmacht". Es genügt zur Strafbarkeit gemäß Abs. 1 einfacher Vorsatz, so daß bloßes unbefugtes Innehaben oder Fahrlässigkeit in der Ablieferung bestellter Siegel nicht unter diese Gesetzesbestimmung, wohl aber unter Art. 50 d. Pol.-Str.-G.-Bch. fällt. (Dollmann Bd. II. S. 501, Stenglein Bd. II. S. 168. 169. In Vortr. d. G.-A. d. K. d. Abg. 1860/61 S. 181 ist irrthümlich dolus mit Absicht verwechselt; und das Erforderniß des dolus verneint. Weis Bd. I. S. 454, Dollmann und Stenglein a. a. O.)

3) Einer vollkommenen Gleichheit bedarf es bei Nachahmung eines ächten Siegels nicht. (Dollmann Bd. II. S. 501.)

4) „sich oder einem Andern verschafft" s. zu Art. 173 Note 6—8 S. 256.

5) Die That ist vollendet mit der Nachahmung oder Verschaffung bezw. Besitzergreifung, ohne daß es eines Mißbrauches des Siegels bedarf. Liegt ein solcher vor, so ist realer Zusammenfluß gegeben. (Dollmann Bd. II. S. 502, Stenglein Bd. II. S. 169.)

Art. 188.

Wer sich einer der im Art. 187 Abs. 1 bezeichneten Handlungen an dem Amtssiegel einer öffentlichen Behörde oder eines öffentlichen Beamten oder an dem Siegel, zu dessen Führung eine Gemeinde oder eine öffentliche Korporation ermächtigt ist, schuldig macht, soll mit Arrest bis zu dreissig Tagen oder an Geld bis zu hundert Gulden bestraft werden.

Ist diese Handlung zum Zwecke einer Fälschung geschehen, so tritt Gefängniß bis zu einem Jahre ein, womit Geldstrafe bis zu zweihundert Gulden verbunden werden kann.

S. zu Art. 187 Note 1. 2. 3. 5, zu Art. 173 Note 6—8 S. 256.

1) Zwischen öffentlichen Siegeln des In- oder Auslandes ist nicht zu unterscheiden; auch kann das Siegel einer fingirten Behörde in Rede stehen, wenn es nur die Merkmale eines öffentlichen an sich trägt. (Stenglein Bd. II. S. 168, Dollmann Bd. II. S. 501.)

2) S. einen zweifelhaften Fall der Fälschung von Stempeln auf Frachtbriefformularen. (Z. f. Gerichtspr. Bd. VIII. S. 157.)

Art. 189.

Wer Gegenstände, die zur Verübung des im Art. 185 bezeichneten Verbrechens dienlich sind, zum Zwecke der Verübung dieses Verbrechens verfertigt oder sich oder einem Andern verschafft, ist mit Gefängniß von zwei Monaten bis zu zwei Jahren zu bestrafen, womit Geldstrafe bis zu dreihundert Gulden verbunden werden kann.

Art. 190.

Wer Stempel, Formen, Platten, Stiche oder andere Vorrichtungen und Werkzeuge, welche zur Verfertigung der im Art. 185 bezeichneten Papiere ausschließlich dienlich sind, ohne Ermächtigung verfertigt, oder sich oder einem Andern verschafft, ist vorbehaltlich der Bestimmung des Art. 189 mit Gefängniß bis zu sechs Monaten oder an Geld bis zu dreihundert Gulden zu bestrafen.

S. die Noten zu Art. 173. 174 S. 255 fg.

Art. 191.

Straffolgen.

Im Falle einer in Gemäßheit der Art. 178 Abs. 2, 187 Abs. 2 und Art. 188 Abs. 2, dann des Art. 189 erfolgenden Verurtheilung zu Gefängnißstrafe kann zugleich auf die im Art. 28 bezeichneten Straffolgen oder auf einzelne derselben erkannt werden. Neben den in den Art. 180 Abs. 1 und 2, 187 Abs. 2 und 188 Abs. 2, dann in Art. 189 bestimmten Strafen ist Stellung unter Polizeiaufsicht zulässig.

Die in Art. 187 und 188 bezeichneten unächten Siegel, sowie die in Art. 189 bezeichneten Gegenstände und die in Art. 190 bezeichneten Stempel, Formen, Platten, Stiche oder andere Vorrichtungen und Werkzeuge unterliegen der Konfiskation. Die ächten Siegel der in Art. 187 und 188 bezeichneten Art sind der betreffenden Stelle oder Behörde zu übergeben.

S. zu Art. 175 Note 1. 2 S. 257.

Neuntes Hauptstück.

Strafbare Handlungen in Bezug auf Eid, Handgelöbniß und unbeschworenes Zeugniß.

Art. 192.

Meineid.

Wer durch einen ihm von einer öffentlichen Behörde abgenommenen Eid seine diesem Eide vorausgegangene oder nachfolgende wissentlich unwahre Aussage bekräftigt, soll wegen Meineids mit Zuchthaus bis zu acht Jahren bestraft werden.

Die Strafe kann bis zu zwanzig Jahren Zuchthaus erhöht werden, wenn in einer Strafsache zum Nachtheile des Beschuldigten meineidig ausgesagt und der letztere zu Todes- oder mehr als achtjähriger Zuchthausstrafe verurtheilt wurde.

Der wegen Meineides rechtskräftig Verurtheilte verliert die Fähigkeit, einen Eid als Zeuge oder Sachverständiger vor einer öffentlichen Behörde abzulegen.

1) „Wer". Thäter kann Jeder sein, welcher sowohl überhaupt, als auch in der konkreten Sache einen bürgerlich verbindlichen Eid zu leisten vermag. [Vgl. Art. 195 Ziff. 2. 5. 6]. (Dollmann Bd. II. S. 516.)

2) „durch einen ihm von einer öffentlichen Behörde abgenommenen Eid". Meineid kann nicht blos vor Gerichten (auch Ehegerichten), son-

dern auch vor Administrativ-, Polizei- oder Disciplinarbehörden geleistet werden, im Falle die Abnahme des Eides in die Zuständigkeit der treffenden Behörde fällt. (Motive z. Entw. v. 1855 S. 87, Prot. d. G.-A. d. K. d. Abg. 1856/57 Bd. II. S. 8, 1860/61 S. 53, Dollmann Bd. II. S. 520, Weis Bd. I. S. 456.)

3) Die Behörde, welche den Eid abgenommen hat, muß im Allgemeinen zur Abnahme eines Eides befugt, zur Behandlung solcher Angelegenheiten wie diejenige, in welcher der Eid abgenommen wurde, zuständig und die Angelegenheit eine solche sein, in welcher eidliche Aussagen gefordert werden können. (Stenglein Bd. II. S. 171.)

4) Vorbehaltlich der Bestimmung des Art. 195 Ziff. 1 kommt es für den Begriff des Meineids auf die Natur des geleisteten Eides nicht an. Es gilt gleich, ob er in einer Civil-, Straf- oder Verwaltungssache, ob er in dem Vorverfahren bezüglich einer Strafsache oder in dem Hauptverfahren, ob er in eigener Angelegenheit als Partei, oder als gesetzlich qualificirter Vertreter, oder als Zeuge oder Sachverständiger in fremder Sache, ob er von der Gegenpartei zurückgeschoben oder richterlich auferlegt, ob er als Haupt- oder als ein sog. Nebeneid geleistet wurde. (Vortr. im G.-A. d. K. d. Abg. 1856/57 S. 315, Prot. Bd. II. S. 8, Motive z. Entw. v. 1860 S. 57, Stenglein Bd. II. S. 171, Dollmann Bd. II. S. 520. 521, Weis Bd. I. S. 455. 456.)

5) Eine wissentlich unwahre Aussage vor einem Einzelrichter unter Bekräftigung durch Eid, welcher in Folge Uebereinkommens der Parteien zur Abschneidung eines Prozesses geleistet wird, ist als Meineid strafbar. (Erk. d. Cass.-H. v. 10. Febr. 1866, Z. f. Gerichtspr. Bd. V. S. 189, Z. f. G. u. R. Bd. XIII. S. 50.)

6) Ein Eid, welcher vor Gericht Behufs Begründung eines Restitutionsgesuches darüber geleistet wird, daß der Schwörende binnen einer bestimmten Frist der Art krank gewesen sei, daß er gewisse Prozeßhandlungen nicht vornehmen konnte, begründet, wenn die beschwornen Thatsachen unwahr sind, Meineid. (Z. f. Gerichtspr. Bd. I. S. 276, Erk. d. Cass.-H. v. 24. Januar 1863, Z. f. Gerichtspr. Bd. II. S. 149.)

7) Eine in einer Untersuchung wegen Polizeiübertretung auf Requisition einer Militärbehörde vor einer Polizeibehörde auf Eid gemachte falsche Aussage begründet keinen Meineid. (Z. f. Gerichtspr. Bd. VI. S. 78.)

8) Der Eid muß unter Beobachtung der wesentlichen Förmlichkeiten dieses Aktes geleistet sein. Als solche gilt aber nur die in der Anrufung Gottes bestehende religiöse Bekräftigung der Wahrheit, nicht auch die Vornahme gebräuchlicher Sollennitäten, wie der Gebrauch von Crucifix und brennenden Kerzen bei Christen, die religiösen Ceremonien der Juden. Auch die Meineidsverwarnung ist nicht wesentliches Erforderniß eines gültigen Eides. (Weis Bd. I. S. 458, Stenglein Bd. II. S. 172, Dollmann Bd. II. S. 516. 517.)

9) Die Anwendung eines besonderen religiösen Ceremoniels, nachdem der Schwörende den Eid abnehmenden Beamten über seine Religion getäuscht hatte, macht den Eid nicht ungiltig. (Dollmann Bd. II. S. 517.)

10) Der Eid muß ein assertorischer, d. h. eine Aussage bekräftigender sein, wenn er auch in provisorischer Form, d. h. der Aussage vorgängig geleistet worden. Aussagen, welche nur Raisonnements oder Urtheile enthalten, können keinen Meineid begründen. Bruch promissorischer Eide und falsche außer amtliche oder Privat-Eide sind nicht mit Strafe bedroht. (Motive z. Entw. v. 1855 S. 87, Vortr. im G.-A. d. K. d. Abg. 1856/57 S. 318, 1860/61 S. 187, Prot. S. 54, Stenglein Bd. II. S. 171. 173, Dollmann Bd. II. S. 519, Weis Bd. I. S. 455.)

11) Aussage und Eid müssen vor der Behörde selbst geleistet werden; so begründet eine mit Bezugnahme auf einen Eid nur vor einem Protokollführer geleistete Aussage keinen Meineid. (Dollmann Bd. II. S. 519, Stenglein Bd. II. S. 174.)

12) „seine wissentlich unwahre Angabe". Der sog. leichtsinnige oder unbedachtsame (culpose) Falscheid ist mit Strafe nicht bedroht. (Motive z. Entw.

v. 1855 S. 88, Stenglein Bd. II. S. 175, Weis Bd. I. S. 459, Dollmann Bd. II. S. 507. 525.)

13) Eine objektiv wahre, nach Meinung des Schwörenden aber falsche Angabe ist nicht als Meineid strafbar; ebensowenig ein Eid auf eine fehlerhaft formulirte Eidesnorm, welche objektiv der Wahrheit entspricht, aber anders hätte formulirt werden sollen. (Dollmann Bd. II. S. 521, Stenglein Bd. II. S. 173.)

14) Ob die unwahre Aussage im Ganzen oder nur in einzelnen Theilen unwahr ist, begründet für den Begriff des Meineids keinen Unterschied; jedoch müssen die unwahren Angaben in einer nur theilweise falschen Angabe keine ganz unerheblichen Punkte betreffen; dagegen ist auch nicht erforderlich, daß sie sich auf den Hauptpunkt beziehen, oder von entscheidender Bedeutung sind. (Vortr. im G.-A. d. K. d. Abg. 1856/57 S. 315, Prot.-Bd. II. S. 8. 9, Dollmann Bd. II. S. 522, Stenglein Bd. II. S. 174, Weis Bd. I. S. 456. 457.)

15) Bei einem vom Richter auferlegten Eid kann jedoch nach der Relevanz der einzelnen Umstände nicht unterschieden, insbesondere nicht darauf Rücksicht genommen werden, ob der unwahr beschworene Umstand Bedeutung für die definitive Entscheidung des Prozesses hat, in welchem der Eid geleistet wird. (Erk. d. Cass.-H. v. 26. Januar 1866, Z. f. Gerichtspr. Bd. V. 159, Z. f. G. u. R. Bd. XIII. S. 29, Dollmann Bd. II. S. 522.)

16) Die wissentlich unwahre, eidliche Aussage eines Damnifikaten über relevante Punkte ist Meineid, wenn sie auch nicht die Richtung gegen einen bestimmten Beschuldigten hat oder wenn sie die Verübung einer strafbaren That in Abrede stellt. (Dollmann Bd. II. S. 522, Stenglein Bd. II. S. 175.)

17) Unwahre Angaben über die von einem Zeugen zu beantwortenden Generalfragen gehören unbedingt weder zu den relevanten, noch zu den irrelevanten. Von Bedeutung sind z. B. in der Regel alle auf die Personenidentität sich beziehenden Fragen, die auf die Glaubwürdigkeit des Zeugen sich beziehenden; irrelevant dagegen meistens die Angabe des Alters. (Stenglein Bd. II. S. 174. 175.)

18) Nach früheren Bestrafungen soll ein Zeuge in der Regel nicht befragt werden. Wird er es dennoch, so muß er die Wahrheit angeben, außerdem ist Meineid anzunehmen. (Stenglein Bd. II. S. 175, Dollmann Bd. II. S. 523.)

19) Fragen über den Grund des von einem Vorfalle erlangten Wissens werden in der Regel relevant sein und kann ihre unwahre Beantwortung Meineid begründen, selbst wenn die Aussage sonst wahr ist. (Stenglein Bd. II. S. 174, Weis Bd. I. S. 457, Dollmann Bd. II. S. 523.)

20) Das vorsätzliche Verschweigen einer relevanten Thatsache kann Meineid begründen, wenn über dieselbe ausdrücklich oder durch allgemeine Art der Befragung Auskunft verlangt wird. Jedoch darf hiemit nicht die Verweigerung der Aussage verwechselt werden. (Dollmann Bd. II. S. 524, Stenglein Bd. II. S. 173.)

21) Der Schwörende muß das positive Bewußtsein der Unwahrheit seiner Aussage haben, um wegen Meineids belangt zu werden. Es kann nicht einmal gefordert werden, daß der Schwörende die volle Ueberzeugung von der Wahrheit seiner objektiv falschen Angabe hatte, daß er gar keinen Zweifel mehr an derselben hegte. (Dollmann Bd. II. S. 525, Stenglein Bd. II. S. 175.)

Dollmann a. a. O. bejaht sogar die Frage, ob der des Meineids Beschuldigte das Bewußtsein der Erheblichkeit seiner unwahren Angaben gehabt haben müsse.

22) „bekräftigt“. Der Meineid erfordert keine auf eigenen oder fremden Gewinn, oder auf Beschädigung eines Andern gerichtete Absicht, sondern nur einfachen Vorsatz, dem jedoch die Absicht, die Behörde über die Wahrheit der gemachten Aussage zu täuschen, stets innewohnt. (Dollmann Bd. II. S. 524. 525, Stenglein Bd. II. S. 175, Weis Bd. I. S. 456.)

23) Die That ist vollendet mit der vollständigen Ableistung des Eides, d. h. dem Aussprechen der Betheuerungsformel, wenn der Eid der Aussage nachfolgt;

— mit dem Schlusse der Abhörung, wenn die Beeidigung vorausgegangen ist. (Dollmann Bd. II. S. 526, Stenglein Bd. II. S. 176. 177.)

24) Der Meineid ist also nicht vollendet mit Abgabe der falschen Aussage, es bedarf aber auch zur Vollendung nicht des Schlusses der Verhandlung, oder des Beweisverfahrens, oder der Protokollirung der Aussage oder vollends der Unterschrift des Protokolls durch den Meineidigen, abgesehen von der Möglichkeit einer Modifikation der Aussage bis zu diesem Zeitpunkte. Noch weniger bedarf es in der Regel eines schädlichen Erfolgs des Meineids [eine Ausnahme s. in Art. 192 Abs. 2]. (Weis Bd. I. S. 456. 463, Dollmann Bd. II. S. 526. 527, Stenglein Bd. II. S. 176.)

25) Bei einem schriftlichen Meineid liegt der Zeitpunkt der Vollendung in der Uebergabe der eidlichen Erklärung bei der Behörde (Dollmann Bd. II. S. 526.)

26) Versuch des Meineids kann nur in den Fällen einer der unwahren Aussage nachfolgenden oder mit derselben verschmolzenen Beeidigung (wie beim Parteieide) erblickt werden, wenn mit der Beeidigung bereits ein Anfang gemacht, die vollständige Ableistung aber aus äußeren vom Willen des Thäters unabhängigen Umständen unterblieben ist; nicht aber in dem bloßen Erbieten zum Eid, im Erscheinen im Schwurtermine u. dgl. (Dollmann Bd. II. S. 527 fg., Stenglein Bd. II. S. 177, Weis Bd. I. S. 459.)

27) Hat der Gegner des Offerenten den angebotenen Eid freiwillig als geleistet gelten lassen und dadurch Schaden erlitten, so können nach Umständen allenfalls die Strafgesetze über den Betrug zur Anwendung kommen, aber um eine Strafe aus dem Gesichtspunkte des Meineides eintreten zu lassen, fehlt es ganz und gar an jeder objektiven Grundlage. (Motive z. Entw. v. 1855 S. 88, Dollmann Bd. II. S. 528, Weis Bd. I. S. 459.)

28) In einer falschen Aussage auf Eid, welche vor Schluß der Vernehmung berichtigt oder zurückgenommen wird, kann bei der Untheilbarkeit des Vernehmungsaktes weder ein vollendeter noch ein versuchter Meineid erblickt werden, selbst wenn die Zurücknahme keine völlig freiwillige, sondern durch Vorhalte des vernehmenden Beamten abgedrungene war. (Stenglein Bd. II. S. 177, Dollmann Bd. II. S. 528.)

29) In einer unterbrochenen unwahren Aussage auf einen vorausgegangenen Eide hin, welche nicht vom Aussagenden in continenti berichtigt wurde, liegt vollendeter Meineid (Dollmann Bd. II. S. 528); nicht versuchter, wie Stenglein Bd. II. S. 177 irrig annahm.

30) Eine falsche Aussage in der Richtung gegen mehrere Personen, oder über verschiedene Thatumstände, oder die Wiederholung derselben falschen Aussage auf Eid, selbst bei wiederholter Beeidigung, wie z. B. in der Voruntersuchung und in der öffentlichen Sitzung, bilden nur ein Verbrechen. Dagegen bilden mehrfache falsche Aussagen bei mehrfacher Beeidigung, wenn auch in derselben oder in connexen Sachen realen Zusammenfluß. (Stenglein Bd. II. S. 178. 179, Dollmann Bd. II. S. 529. 530.)

31) Eine Anklage wegen Meineids umfaßt das ganze Zeugniß, so daß, wenn auch die Anklageschrift nur einzelne Bekundungen als unwahr hervorhebt, doch das Verfahren auf andere nicht speziell hervorgehobene Bekundungen ausgedehnt werden darf. Die Aburtheilung über eine Anklage wegen meineidigen Zeugnisses schließt die Erhebung einer neuen Anklage wegen desselben Zeugnisses aus, selbst wenn in dieser andere Angaben als falsch bezeichnet werden. (Dollmann Bd. II. S. 529.)

32) Ein Zeuge, welcher sowohl in I. als in II. Instanz die gleichen unwahren Angaben gemacht hat, kann nur wegen des in I. Instanz begangenen Meineids, nicht wegen zweier Verbrechen bestraft werden. (Erk. d. Cass.-H. v. 24. Februar 1866, Z. f. Gerichtspr. Bd. V. S. 209, Z. f. G. u. R. Bd. XIII. S. 89, Dollmann Bd. II. S. 530.)

33) Wer eine wissentlich falsche Anzeige gemacht und diese später vor Gericht

als Zeuge bestätigt hat, ist nur wegen der letzteren Handlung je nach Art der Bekräftigung des Zeugnisses strafbar. (Erk. d. Cass.=H. v. 13. April 1869, Z. f. Gerichtspr. Bd. VIII. S. 280, Entsch. d. Cass.=H. Bd. III. S. 148.)

Zusammenfluß nahm dagegen das k. App.=Ger. von Oberfranken durch Urtheil v. 23. Oktober 1868 unter der Voraussetzung an, daß der falsche Anzeiger sich nicht auf Wiederholung der Anzeige beschränkte, sondern zu deren Ausführung und Unterstützung neue falsche Thatsachen vorbrachte. (Z. f. Gerichtspr. Bd. VIII. S. 303.)

34) Verleitung zum Meineide ist als Theilnahme an demselben strafbar, ohne Rücksicht darauf, ob der Anstifter einen strafbaren Meineid überhaupt oder doch in der concreten Sache hätte schwören können. (Stenglein Bd. II. S. 178, Dollmann Bd. II. S. 530—533, Z. f. Gerichtspr. Bd. I. S. 373.)

35) Der Thäter einer strafbaren Handlung (auch der Beklagte wegen Ehrenkränkung), welcher Zeugen zur Abgabe eines falschen Zeugnisses zu seinen Gunsten verleitet, ist wegen Theilnahme am falschen Zeugnisse strafbar. (Erk. d. Cass.=H. v. 27. Januar 1865, Z. f. Gerichtspr. Bd. IV. S. 148, Z. f. G. u. R. Bd. XII. S. 23.)

36) Die Anstiftung zum Meineide muß, um als solche strafbar zu sein, nicht auf Ablegung eines falschen Zeugnisses, sondern wenigstens eventuell auch auf die eidliche Bekräftigung gerichtet sein, worüber thatsächlich zu entscheiden ist. (Stenglein Bd. II. S. 178, Dollmann Bd. II. S. 533.)

37) Der Anstifter eines Meineides oder falschen Handgelöbnisses ist strafbar, wenn auch der physische Urheber aus subjektiven Gründen (in concr. gemäß Art. 195 Ziff. 6) für die objektiv strafbare Handlung straflos ist. (Erk. d. Cass.=H. v. 24. Febr. 1866, Z. f. Gerichtspr. Bd. V. S. 209, Z. f. G. u. R. Bd. XIII. S. 89.)

38) Der Anstifter eines Meineids ist straflos, wenn der physische Urheber sich selbst eines Ehebruchs bezüchtigen müßte, die treffende Thatsache aber wissentlich unwahr in Abrede stellt. (Erk. d. Cass.=H. v. 30. Dezember 1868, Z. f. Gerichtspr. Bd. VIII. S. 161, Entsch. d. Cass.=H. Bd. II. S. 519.) Dieser Ansicht, daß der Anstifter nicht als strafbar erscheint, wenn der Meineidige straffrei ist, gleichviel ob aus objektiven oder aus subjektiven Gründen, schließt sich auch Dollmann Bd. II. S. 531 an; Stenglein Bd. II. S. 178 dagegen der in dem in Note 34 angeführten oberstrichterlichen Erkenntnisse vertretenen, wonach subjektive Gründe der Straflosigkeit für den physischen Urheber dem Anstifter nicht zu gut kommen.

39) Derjenige, welcher einen Andern durch Zwang zur Ableistung eines Meineides bestimmt, ist als Anstifter zu bestrafen, auch wenn der Gezwungene straflos ist. (Z. f. Gerichtspr. Bd. IV. S. 299, s. auch die Bemerkungen S. 300. 301, Dollmann Bd. II. S. 532. 533 stimmt hier bei.)

40) Derjenige, welcher einen Andern absichtlich in einen faktischen Irrthum versetzt, um hiedurch das Beschwören einer objektiv unwahren Aussage durch denselben zu bewirken, ist als mittelbarer Thäter strafbar. (Stenglein Bd. II. S. 178.) — Dollmann Bd. II. S. 532 dagegen erklärt ihn für straflos, wenn nicht Strafe wegen Theilnahme an einem falschen unbeschwornen Zeugnisse veranlaßt sei.

41) Die erfolglose Anstiftung zum Meineide ist straflos, wenn nicht die Bestimmungen über Dingen u. s. w. zu einem Verbrechen (Art. 56) Anwendung finden. (Erört. in Z. f. Gerichtspr. Bd. I. S. 23. 39 und Erk. d. A.=G. v. Oberbayern v. 4. Sept. 1862, ebendas. S. 322, Motive z. Entw. v. 1855 S. 88, Weis Bd. I. S. 459, Stenglein Bd. II. S. 177. 178, Dollmann Bd. II. S. 534.) Letzterer fügt noch bei, daß auch in diesem Falle das Dingen u. s. w. auf eine an sich strafbare Handlung gerichtet gewesen sein müsse, was z. B. nicht der Fall ist, wenn ein Eidesunmündiger gedungen wurde, der einen gültigen Eid, also auch einen Meineid nicht leisten konnte. Hier stehe nur Dingen zu einem falschen unbeschwornen Zeugniß in Rede.

42) Die Verleitung Mehrerer zum Meineide begründet keine Fortsetzung, sondern eine Mehrheit von Verbrechen in realem Zusammenflusse, entsprechend der Zahl der Meineidshandlungen. (Stenglein Bd. II. S. 179, Dollmann Bd. II. S. 534. 535.)

43) Eine Person, welche sich der Verleitung eines Zeugen zum Meineide schuldig gemacht hat, begeht durch eine auf Eid geleistete falsche Aussage in der gegen jenen Zeugen wegen Meineids eingeleiteten Untersuchung einen strafbaren Meineid, wenn die Thatsachen, über welche sie deponirte, bei wahrer Angabe nicht sie selbst belastet hätten. (Z. f. Gerichtspr. Bd. III. S. 391.)

44) Theilnahme am Meineide als Beihilfe kann vorkommen, z. B. durch Bestärken im Beschlusse. (Dollmann Bd. II. S. 530, Stenglein Bd. II. S. 177.)

45) Zu Absatz 2. Die Verhängung der höheren Strafe ist nicht imperativ vorgeschrieben, sondern in das Ermessen des Richters gestellt, welcher insbesondere die Relevanz der falschen Aussage, die größere oder geringere Aussicht auf Verurtheilung auch ohne die falsche Aussage, den Vollzug oder Nichtvollzug des Urtheils zu berücksichtigen hat. Motive z. Entw. v. 1855 S. 87, Dollmann Bd. II. S. 536, Stenglein Bd. II. S. 176.)

46) Es ist weder eine besondere, auf ungerechte Verurtheilung des Angeklagten gerichtete Absicht des Meineidigen noch ein Causalzusammenhang zwischen der Verurtheilung und der unwahren Aussage, ja nicht einmal die Verurtheilung eines Unschuldigen oder der Nachweis erforderlich, daß ohne die falsche Aussage dieselbe Strafe nicht verhängt worden wäre; sondern es genügt der Nachweis eines falschen eidlichen Zeugnisses zum Nachtheile des Angeschuldigten und die Thatsache der Verurtheilung des Angeklagten in derselben Sache und in der angegebenen Höhe; immerhin muß aber der Meineidige das Bewußtsein gehabt haben, daß seine falsche Aussage dem Angeklagten zum Nachtheile gereiche, widrigenfalls nur Abs. 1 Anwendung findet. (Stenglein Bd. II. S. 175. 176, Weis Bd. I. S. 456, Dollmann Bd. II. S. 524. 527. 536. 537, Motive z. Entw. v. 1855 S. 87.)

47) Der höher strafbare Grad des Meineids oder falschen Handgelöbnisses findet nicht blos dann statt, wenn in Folge desselben der Beschuldigte bestraft wurde, sondern schon dann, wenn die falsche Aussage den Sachverhalt in einer für den Beschuldigten ungünstigen Weise darstellte. (Z. f. Gerichtspr. Bd. VIII. S. 413.)

48) Es ist nicht erforderlich, daß die falsche Aussage in öffentlicher Sitzung erfolgte, sondern genügt auch eine solche, welche ohne rechtzeitige Zurücknahme in der Voruntersuchung gemacht wurde. (Prot. d. G.-A. d. K. d. Abg. 1856/57 Bd. II. S. 21, Dollmann Bd. II. S. 537, Stenglein Bd. II. S. 176.)

49) Ob die Strafe zur Vollstreckung gekommen oder z. B. im Gnadenwege ganz oder theilweise erlassen worden ist, kommt nur für die Strafzumessung in Betracht. (Dollmann Bd. II. S. 537.)

50) Die Vollendung der That liegt auch bei einem gemäß Abs. 2 strafbaren Meineid nicht in der Verurtheilung, sondern in denselben Umständen wie gemäß Abs. 1. Die Verurtheilung bildet nur die Voraussetzung höherer Strafbarkeit. (Dollmann Bd. II. S. 527, Stenglein Bd. II. S. 176.)

51) Zu Absatz 3. „wegen Meineids". Es ist bezüglich der besonderen Straffolgen keine Verurtheilung wegen Verbrechens des Meineids erforderlich, sondern zieht auch eine solche wegen Vergehens, z. B. bei geminderter Zurechnung, bei Jugend des Thäters, die besonderen Straffolgen nach sich. (Dollmann Bd. II. S. 537.)

52) Die Fähigkeit des Meineidigen zur Ableistung eines Parteieides bleibt erhalten. (Prot. d. G.-A. d. K. d. Abg. 1856/57 Bd. II. S. 13. 14, Weis Bd. I. S. 458, Stenglein Bd. II. S. 179, Dollmann Bd. II. S. 537.)

53) Zur Ableistung eines Handgelöbnisses an Eides Statt wird der Meineidige in demselben Umfange unfähig, wie zum Eide. (Dollmann Bd. II S. 538.)

54) Eine Verweisung vor das Schwurgericht wegen Meineids kann nicht auf Grund unrichtiger Qualifikation der That deshalb angegriffen werden, weil die

falsche Aussage rechtzeitig zurückgenommen worden sei. (Erk. d. Cass.-H. v. 30. März 1865, Z. f. Gerichtspr. Bd. IV. S. 215, Z. f. G. u. R. Bd. XII. S. 120.)

Art. 193.

Aussagen, welche unter Hinweisung auf einen geleisteten Eid gemacht wurden, stehen den durch Eid bekräftigten gleich.

1) Unter die Bestimmung des Art. 193 fallen sowohl jene Fälle, in welchen ein Zeuge oder Sachverständiger (bei Parteien kann der Fall nicht vorkommen) unter Bezugnahme auf seinen bereits früher in derselben Sache geleisteten Eid aussagt, als jene, in welchen ein Sachverständiger, welcher als solcher generell verpflichtet ist, unter Bezugnahme auf diesen Eid, oder ein Beamter oder öffentlicher Diener unter Bezugnahme auf seinen Diensteid aussagt; jedoch muß eine ausdrückliche Bezugnahme stattfinden und dieselbe gesetzlich zulässig, die Wiederholung des Eides nicht geboten sein. (Motive z. Entw. v. 1855 S. 89, Dollmann Bd. II. S. 517. 518, Stenglein Bd. II. S. 171. 172, Weis Bd. I. S. 459. 460.)

2) Die falsche Aussage in öffentlicher Strafsitzung unter Bezugnahme auf einen früher geleisteten Eid würde keinen Meineid begründen. (Dollmann Bd. II. S. 518.)

3) Die Aussage unter Hinweisung auf einen Eid muß denselben Charakter haben wie eine eidliche. (Stenglein Bd. II. S. 173, s. zu Art. 192 Note 12—20 S. 276. 377.)

Art. 194.

Die statt des Eides abgegebenen Betheuerungen der Mennoniten und anderer Religionsverwandten, welche nach ihren religiösen Grundsätzen keinen Eid leisten, werden der Eidesleistung gleich geachtet.

1) Es ist nicht erforderlich, daß der zu Beeidigende Mitglied einer im Staate anerkannten Religionsgesellschaft sei, deren Grundsätze den Eid verbieten, vielmehr kann Jeder, der erklärt, daß seine religiösen Grundsätze ihm den Eid verbieten, eine Betheuerung an Eides Statt abgeben und ist diese dem Eide gleich zu achten, so daß eine spätere Behauptung, bezüglich jener Grundsätze die Unwahrheit angegeben zu haben, ohne Wirkung ist. (Prot. d. G.-A. d. K. d. Abg. 1856/57 Bd. II. S. 12. 13, Weis Bd. I. S. 460, Dollmann Bd. II. S. 518. 519, Stenglein Bd. II. S. 172. 173.)

2) Darüber, ob ein des Eides sich Weigernder einer Glaubensrichtung angehört, welche ihm die Eidesleistung untersagt, können Erhebungen gepflogen werden. (Stenglein Bd. II. S. 172.)

Art. 195.

Eine strafrechtliche Verfolgung wegen Meineides findet nicht statt:

1) **bei dem Manifestations-, dem Würderungs- und dem Glaubens-Eide, sowie bei dem Eide vor Gefährde, welchen derjenige, dem ein Eid zugeschoben wurde, vor Ableistung desselben von seinem Gegner verlangt hat;**
2) **wenn der Eid einer Person abgenommen wurde, welche in dieser Sache nicht eidesfähig war;**
3) **wenn der Eid in einer Sache abgenommen wurde, in welcher eine Eidesabnahme überhaupt unstatthaft ist;**
4) **wenn der Eid von einer Behörde in einer Sache abgenommen wurde, für welche ihrer Gattung nach die Zuständigkeit der Behörde nicht gegeben ist;**
5) **wenn ein Zeuge oder Sachverständiger, ohne vorher über das ihm zustehende Recht der Zeugschaftsablehnung belehrt worden zu sein, einen falschen Eid zu Gunsten einer Person geschworen hat, bezüglich welcher er gesetzlich berechtigt ist, die Abgabe eines Zeugnisses abzulehnen, oder wenn eine Person als Zeuge vernommen wurde, deren Vernehmung gesetzlich untersagt ist;**
6) **wenn Jemand unter eidlicher Bekräftigung Thatsachen fälschlich angegeben oder verschwiegen hat, deren wahre Angabe gegen ihn selbst eine strafrechtliche Verfolgung wegen Verbrechens oder Vergehens nach sich ziehen konnte.**

1) „Eine strafrechtliche Verfolgung wegen Meineides findet nicht statt". Es mangelt in den hier aufgezählten Fällen am Begriffe des Meineides, und kann deshalb auch nicht von Versuch oder Theilnahme an einem

unter Art. 195 fallenden falschen Eide gesprochen werden, gleichviel ob die Gründe der Straflosigkeit objektive oder subjektive sind. (Dollmann Bd. II. S. 541.)

S. hierüber zu Art. 192 Note 37. 38. S. 279.

2) Die Bestimmungen des Art. 195 müssen als Ausnahmsbestimmungen der strengsten Interpretation unter Ausschluß jeder analogen Ausdehnung unterliegen. (Weis Bd. I. S. 461, Dollmann Bd II. S. 542.)

3) Die Frage, ob ein falscher Eid durch die Bestimmungen des Art. 195 straflos sei, ist rechtlicher Natur und kann daher auch nach einem Schuldverdikte der Geschwornen der Schwurgerichtshof prüfen, ob Strafe einzutreten habe. (Dollmann Bd. II. S. 542.)

4) Zu Ziffer 1. Ein falsch abgeleisteter Manifestationseid ist als solcher straflos, auch wenn er einen rein assertorischen Charakter hat; dagegen ist die Verfolgung des Meineidigen unter einem andern Gesichtspunkte, wie dem der Unterschlagung, des Betrugs, der betrüglichen Verkürzung der Gläubiger u. s. w. nicht ausgeschlossen. (Prot. d. G.-A. d. K. d. Abg. 1860/61 S. 54. 436, Dollmann Bd. II. S. 542. 543, Weis Bd. I. S 461, Stenglein Bd. II. S. 180.)

Vgl. auch Z. f. Gerichtspr. Bd. VIII. S 337.

5) In der wissentlich falschen Ableistung des Manifestationseides nach eingetretener Ueberschuldung liegt das Vergehen betrüglicher Verkürzung der Gläubiger und ist weder erforderlich, daß die Ueberschuldung durch ein Inventar festgestellt ist, noch daß eine Mehrzahl von Gläubigern beschädigt wurde, noch daß die Gläubiger über die verheimlichten Vermögenstheile in Unwissenheit waren. (Erk. d. Cass.-H. v. 1. Dezbr. 1866, Z. f. Gerichtspr. Bd. VI. S. 179, Z. f. G. u. R. Bd. XIII. S. 621.)

6) Die Strafbestimmungen über falsches unbeschwornes Zeugniß greifen keinesfalls Platz. (Dollmann Bd. II. S. 543.)

7) Meineid ist nur bei den in Art. 195 Ziff. 1 speziell aufgeführten Gattungen des Eides nicht verfolgbar, und macht es keinen Unterschied, wenn der abgelegte Eid nur vom subjektiven Ermessen abhing, wie bei Krankheit als Verhinderungsgrund für Vornahme von Prozeßhandlungen. (Erk. d. Cass.-H. v. 24. Januar 1863, Z. f. Gerichtspr. Bd. I. S. 276. Bd. II. S. 149, s. zu Art. 192 Note 6 S. 276.)

8) Zu Ziffer 2. Ob eine Person in einer konkreten Sache eidesfähig ist, muß nach den einschlägigen, insbesondere nach den civil- und strafprozessualen Grundsätzen über Eidesmündigkeit und Eideswürdigkeit beurtheilt werden, und kann daher wohl eine Person in einer Sache eidesfähig sein, in einer andern nicht, so insbesondere bei Verschiedenheit der gesetzlichen Bestimmungen über Eidesmündigkeit. (Motive z. Entw. v. 1855 S. 89, Prot. d. G.-A. d. K. d. Abg. 1856/57 Bd. II. S. 16, Dollmann Bd. II. S. 543. 544, Stenglein Bd. II. S. 180, Weis Bd. I. S. 462.)

9) Der Umstand, daß ein Zeuge wegen der den Gegenstand der Untersuchung bildenden That selbst verdächtig war, und die Untersuchung gegen ihn nur eingestellt wurde, hindert dessen Beeidigung und bei falscher Aussage dessen Bestrafung wegen Meineids nicht. (Erk. d. Cass.-H. v. 1. Sept. 1866, Z. f. Gerichtspr. Bd. VI. S. 86.)

10) Ein Meineid, welchen ein Zeuge in einer Civilsache, an welcher er selbst betheiligt ist, geleistet hat, ist nicht straflos. (Erk. d. Cass.-H. v. 5. Sept. 1868, Z. f. Gerichtspr. Bd. VIII. S. 26, Entsch. d. Cass.-H. Bd. II. S. 387.)

11) Die gleichzeitige Verübung derselben strafbaren Handlung durch verschiedene, nicht complicirte Personen hindert die Beeidigung oder Verhandgelübdung der einen in der Strafverfolgung gegen die anderen nicht und ist falsches Zeugniß derselben strafbar. (Erk. d. Cass.-H. v. 16. Juli 1869, Z. f. Gerichtspr. Bd. VIII. Bd 401, Entsch. d. Cass.-H. Bd. III. S. 256.)

12) Zu Ziffer 3. Ein Eid, welcher grundsätzlich unzulässig ist, wie ein Reinigungseid im Strafverfahren, oder in einer Sache abgenommen worden ist, in welcher eine Eidesabnahme durch die Gesetze ausgeschlossen erscheint, wenn

diese z. B. Verhandgelübdung vorschreiben, wird nicht als abgelegt betrachtet. Dollmann Bd. II. S. 544. 545.)

13) Ist es zweifelhaft, ob die Beeidigung gesetzlich statthaft sei, so muß die Statthaftigkeit vermuthet werden. Art. 195 Ziff. 3 ist nur auf Fälle anzuwenden, in welchen die Gesetze die Eidesabnahme unbedingt untersagen, sie unbedingt ausschließen. Dies ist z. B. nicht der Fall bei geringeren Civilstreitigkeiten. (Erk. d. Cass.-H. v. 6. August 1869, Z. f. Gerichtspr. Bd. VIII. S. 438, Entsch. d. Cass.-H. Bd. III. S. 306, Stenglein Bd. II. S. 181, Dollmann Bd. II. S. 544. 545, s. auch zu Art. 192 Note 5 S. 276.)

14) Ob der Eid statthaft war, muß nach Lage der Sache zu der Zeit beurtheilt werden, in welcher der Eid geleistet wurde. (Stenglein Bd. II. S. 181.) Es kann also ein Eid nicht deshalb als unstatthaft erkannt werden, weil sich in der Untersuchungssache, in der er geleistet wurde, die Unschuld des Beschuldigten herausstellte. (Z. f. Gerichtspr. Bd. I. S. 52.)

15) Ob ein Eid in einer Sache, in welcher nur Abnahme eines Handgelöbnisses statthaft ist, als letzteres zu gelten hat, mithin eine falsche Aussage unter dieser Voraussetzung nach Art. 197 strafbar erscheint, ist streitig. Stenglein Bd. II. S. 181 bejaht, Dollmann (Risch) Bd. II. S. 545 verneint die Frage. Mit letzterem stimmt überein ein Erk. d. A.-G. v. Unterfranken v. 11. Septbr. 1863, Z. f. G. u. R. Bd. X. S. 862, s. auch Note 4 zu Art. 197 S. 287.

16) Zu Ziffer 4. Die Anwendbarkeit dieser Ziffer ist nicht schon dann gegeben, wenn eine Behörde zur Behandlung der konkreten Sache nicht zuständig war, sondern nur dann, wenn die Behörde für Sachen der betreffenden Art überhaupt und absolut unzuständig ist. (Weis Bd. I. S. 462, Dollmann Bd. II. S. 545, Stenglein Bd. II. S. 181.)

17) Wenn ein Bezirksamt in einer Strafsache einen Zeugen vernimmt und beeidet, so kann derselbe, wenn er auch falsch aussagt, wegen Meineids nicht belangt werden. (Z. f. Gerichtspr. Bd. VI. S. 78, Dollmann Bd. II. S. 545.)

18) Zu Ziffer 5. Die hier bezeichneten Personen, welche berechtigt sind, die Abgabe eines Zeugnisses abzulehnen, sind nach Art. 79 Th. II des Str.-G.-Bchs. v. 1813 mit Art. 61 des Str.-G.-Bchs. v. 1861 folgende: Verwandte und Verschwägerte in auf- und absteigender Linie, leibliche Geschwister und Verschwägerte im zweiten Grade der Seitenlinie nach bürgerlicher Berechnung, Ehegatten, Adoptiveltern und Adoptivkinder, Pflegeeltern und Pflegekinder, Vormund, Nebenvormund und Mündel. S. auch zu Art. 61 Note 1—9 S. 68. 69. Vgl. Z. f. Gerichtspr. Bd. I. S. 259, Dollmann Bd. II. S. 545. 546.

19) Die Belehrung eines solchen Zeugen über das Entschlagungsrecht muß gesetzlich vorgeschrieben und dennoch unterlassen worden sein, um Ziffer 5 anwendbar erscheinen zu lassen und gilt dieselbe nur von Zeugen und Sachverständigen in Strafsachen. (Weis Bd. I. S. 462, Dollmann Bd. II. S. 546.)

20) Im Civilprozesse ist die Belehrung über das Entschlagungsrecht an berechtigte Zeugen nicht geboten und befreit deren Unterlassung nicht von der Strafe des Meineids. (Erk. d. Cass.-H. v. 23. Januar 1863, Z. f. Gerichtspr. Bd. II. S. 104, Z. f. G. u. R. Bd. X. S. 33, Dollmann Bd. II S. 546, Weis Bd. I. S. 462.)

21) Wenn zwei Mitbeschuldigte getrennte Alibibeweise durch falsche Zeugen zu liefern versuchen und diese wegen Meineids in Untersuchung kommen, so haben die nächsten Verwandten des einen Mitbeschuldigten nicht das Recht, sich in der wegen des vom andern Mitbeschuldigten versuchten falschen Alibibeweises eingeleiteten Untersuchung der Zeugschaft zu entschlagen. (Erk. d. Cass.-H. v. 25. Januar 1867, Z. f. Gerichtspr. Bd. VI. S. 225, Entsch. d. Cass.-H. Bd. I. S. 27.)

22) Hat der zur Ablehnung des Zeugnisses Berechtigte zum Nachtheile des Beschuldigten falsch ausgesagt, so kann er sich auf den Mangel einer Belehrung über das Ablehnungsrecht nicht berufen, ebensowenig, insoferne seine falsche Aus-

sage einen Nichtangehörigen betrifft. (Stenglein Bd. II. S. 181, Dollmann Bd. II. S. 546.)

23) Bei Personen, **deren Vernehmung als Zeugen gesetzlich untersagt ist**, macht es keinen Unterschied, ob sie zu Gunsten oder zum Nachtheile des Beschuldigten ausgesagt haben. (Dollmann Bd. II. S. 547. 548, Weis Bd. I. S. 462.)

24) Auch bei diesen Personen handelt es sich nur um eine Vernehmung in einer Strafsache, und steht ihnen die Entschuldigung der Ziffer 5 nicht zur Seite, wenn sie in einer Civilsache falsch ausgesagt haben. (Erk. d. Cass.-H. v. 5. Sept. 1868, Z. f. Gerichtspr. Bd. VIII. S. 26, Entsch. d. Cass.-H. Bd. II. S. 387.)

25) Zu den Personen, deren Vernehmung unstatthaft ist, gehören nach Code d'instr. crim. art. 156. 189. 322 die Ascendenten oder Descendenten des Beschuldigten, Geschwister und Verschwägerte im gleichen Grade, Ehegattin oder Ehegatte selbst nach ausgesprochener Ehescheidung und in schwurgerichtlichen Fällen (Art. 322) auch der Denunziant, insoferne die Denunziation nach dem Gesetze mit Geld belohnt wird. (Vortr. im G.-A. d. K. d. A. 1860/61 S. 289, Prot. S. 200, Stenglein Bd. I. S. 181.) Denjenigen Personen, welchen eine gesetzliche Befreiung vom Zeugnisse zusteht, wie Geistlichen, Staatsbeamten, Vertheidigern, steht, wenn sie von der Verweigerungsbefugniß keinen Gebrauch machen, die Entschuldigung der Ziffer 5 nicht zur Seite. Personen, deren Vernehmung gestattet, deren Beeidigung aber untersagt ist, fallen unter Ziffer 2 nicht unter Ziffer 5. (Dollmann Bd. II. S. 548.)

26) Die Beeidigung einer Person, deren Zurechnungsfähigkeit gemindert ist, kann trotz der Bestimmung des Art. 46 Ziff. 2 des Gesetzes v. 10. November 1848 als statthaft erscheinen, mithin ein von einer solchen Person begangener Meineid als strafbar, wenn auch gemindert. (Erk. d. Cass.-H. v. 27. Mai 1865, Z. f. G. u. R. Bd. XII. S. 245.)

27) **Zu Ziffer 6.** Es ist weder erforderlich, daß die Vernehmung der falsch aussagenden Person in einer Strafsache erfolgt ist, noch daß sich dieselbe durch Angabe der Wahrheit gerade bezüglich des in Untersuchung befindlichen Reates hätte belasten müssen. (Prot. d. G.-A. d. K. d. Abg. 1856/57 Bd. II. S. 17, Dollmann Bd. II. S. 549. 550, Stenglein Bd. II. S. 182, Weis Bd. I. S. 463.)

28) Die Vorschrift der Ziffer 6 ist nicht anwendbar auf den Parteieid in einem Civilprozeß, welcher zurückgeschoben oder verweigert werden kann, wie auf den Eid eines wegen Schwängerung beklagten Ehemanns wegen der Möglichkeit strafrechtlicher Verfolgung wegen Ehebruchs. (Erk. d. Cass.-H. v. 9. November 1867, Z. f. Gerichtspr. Bd. VII. S. 150, Entsch. d. Cass.-H. Bd. I. S. 457. S. dagegen Bemerkungen bei Dollmann Bd. II. S. 549. 550.) Jedoch ist jene Vorschrift anwendbar, wenn ein Zeuge in einer Strafsache sich selbst des Ehebruchs beschuldigen müßte. (Erk. d. Cass.-H. v. 30. Dezember 1868, Z. f. Gerichtspr. Bd. VIII. S. 161, Entsch. d. Cass.-H. Bd. II. S. 519.)

29) Eine Person, welche sich der Verleitung eines Zeugen zum Meineid schuldig gemacht hat, begeht durch eine auf Eid geleistete falsche Aussage in der gegen jenen Zeugen wegen Meineids eingeleiteten Untersuchung einen strafbaren Meineid, wenn die Thatsachen, über welche sie deponirte, bei wahrer Angabe nicht sie selbst belastet hätte. (Z. f. Gerichtspr. Bd. III. S. 391.)

30) Bei Vernehmung eines verdächtigen Zeugen kann der Entschuldigungsgrund der Ziff. 2 und 6 concurriren und in Folge der Anwendbarkeit der Ziff. 6 auch die Verfolgung wegen unbeschworenen falschen Zeugnisses ausgeschlossen sein. (Dollmann Bd. II. S. 550.)

31) Straflosigkeit eines Meineidigen tritt nicht ein, wenn sich derselbe nur einer Uebertretung hätte beschuldigen, oder einen sonstigen Nachtheil an Ehre oder Vermögen u. s. w. hätte zuziehen müssen, oder wenn er als Zeuge in eigener Sache in einem Civilprozesse vernommen wurde. (Dollmann Bd. II. S. 550,

Weis Bd. I. S. 462, Stenglein Bd. II. S. 182, Prot. d. G.-A. d. K. d. Abg. 1856/57 Bd. II. S. 16.)

32) Der Dieb, welcher in Untersuchung gezogen, einen Andern des Diebstahls bezüchtigt, wird hiefür durch die eigene Schuld nicht entschuldigt. (Erk. d. Cass.-H. v. 22. August 1862, Z. f. Gerichtspr. Bd. I. S. 285, auch ebendas. S. 110; dagegen S. 42. 74.)

33) Falsche Aussage eines Zeugen in einer Untersuchungssache ist strafbar, wenn auch der Zeuge bei der zur Untersuchung gezogenen That betheiligt war, jedoch die Wahrheit ohne Gefahr einer Selbstanklage hätte angeben können. (Erk. d. Cass.-H. v. 27. April und 1. Sept. 1866, Z. f. Gerichtspr. Bd. VI. S. 50. 86, Z. f. G. u. R. Bd. XIII. S. 203.)

34) Die Frage, ob die Wahrheitsangabe eine strafrechtliche Verfolgung nach sich ziehen konnte, muß objektiv beurtheilt werden; nicht aber nach der subjektiven Meinung oder Befürchtung des Deponenten, er könne in die Untersuchung mit verwickelt werden. (Stenglein Bd. II. S. 182, Dollmann Bd. II. S. 551, Erk. d. Cass.-H. v. 5. Sept. 1868, Z. f. Gerichtspr. Bd. VIII. S. 26, Entsch. d. Cass.-H. Bd. II. S. 387.)

S. zu Art. 195 auch die Noten 3—7. 10. 32—34. 37. 38. 43 zu Art. 192.

Art. 196.

Nimmt derjenige, welcher als Zeuge oder als Sachverständiger in einer Strafsache zu Gunsten oder zum Nachtheile des Angeschuldigten eine unwahre eidliche Angabe gemacht hat, dieselbe zurück, bevor noch ein Wahrspruch oder ein Endurtheil darauf erfolgt ist, so ist er straflos, es sei denn, daß er zur Zeit der Zurücknahme bereits wegen Meineids verhaftet oder in Untersuchung gezogen oder die Einleitung einer Untersuchung gegen ihn bereits angeordnet war.

1) „Als Zeuge oder Sachverständiger in einer Strafsache". Hat eine Partei oder ein Zeuge in einer Civilsache einen Meineid geschworen, ihn aber vor erfolgtem Urtheile wieder zurückgenommen, so kommt Art. 74 zur Anwendung. (Vortr. im G.-A. d. K. d. Abg. 1860/61 S. 186, Prot. im G.-A. d. K. d. R.-R. S. 194, Stenglein Bd. II. S. 183, Weis Bd. I. S. 464. Dollmann Bd. II. S. 557.)

2) Ob der Zeuge oder Sachverständige in der Voruntersuchung oder in der Hauptverhandlung, ob er zu Gunsten oder zum Nachtheile des Angeschuldigten die falsche Aussage gemacht hat, begründet ebensowenig einen Unterschied, als die Art von Strafsachen, in welcher sie gemacht wurde. (Dollmann Bd. II. S. 556. 557, Stenglein Bd. II. S. 183. 184, Weis Bd. I. S. 464.)

3) „nimmt zurück". Es muß an die Stelle der falschen die wahre Angabe gesetzt oder das fälschlich Verschwiegene angegeben werden, ohne daß es dabei auf ein Geständniß der Schuld ankommt. (Stenglein Bd. II. S. 183, Dollmann Bd. II. S. 557.)

4) Die Zurücknahme muß in derselben Untersuchungssache erfolgen. Eine richtige Angabe desselben Vorfalls in einer andern Untersuchungssache oder in einem Civilrechtsstreite ersetzt die Zurücknahme nicht. (Stenglein Bd. II. S. 183, Dollmann Bd. II. S. 557.)

5) „bevor noch ein Wahrspruch" u. s. w. Der Widerruf muß rechtzeitig und freiwillig erfolgen. Auf das Motiv der Zurücknahme kommt nichts an. (Stenglein Bd. II. S. 183, Dollmann Bd. II. S. 558. 559.)

6) „ein Endurtheil". Als solches ist ein das Verfahren in der betreffenden Instanz abschließendes Urtheil zu betrachten, im Gegensatze zu bloßen Vertagungs- oder Ersetzungs-Beschlüssen u. s. w. Ob dagegen das Endurtheil rechtskräftig, oder noch anfechtbar, ob es verurtheilend oder freisprechend ist, darauf kommt nichts an. Das Endurtheil wird mit der Verkündigung existent. Auch die nachträgliche Vernichtung eines Wahrspruchs oder Endurtheils begründet keinen Unterschied mehr. (Motive z. Entw. v. 1855 S. 89, Prot. d. G.-A. d. K. d. A. 1856/57 Bd. II.

S. 2. 9, 1860/61 Vortr. S. 182. 186, Prot. S. 57, Dollmann Bd. II. S. 558, Stenglein Bd. II. S. 184, Weis Bd. I. S. 464.)

7) Eine falsche Aussage in I. Instanz kann nicht in II. Instanz wirksam zurückgenommen werden. (Stenglein Bd. II. S. 184, Dollmann Bd. II. S. 558.)

8) Wenn die falsche Aussage auch in der Voruntersuchung gemacht wurde, und der Zeuge bei der Hauptverhandlung nicht vernommen wurde, so kann derselbe die Aussage doch bis zu demselben Zeitpunkte zurücknehmen, als wenn er sie in der Hauptverhandlung gemacht hätte. (Prot. d. G.=A. d. K. d. Abg. 1856/57 Bd. II. S. 4, Stenglein Bd. II. S. 184, Weis Bd. I. S. 464, Dollmann Bd. II. S. 558.)

9) Die Zurücknahme kann auch noch erfolgen, wenn der Angeschuldigte einen Nachtheil durch die Aussage erlitten hat, wie Verhängung oder Verlängerung der Untersuchungshaft, Verweisung zur Hauptverhandlung u. dgl. (Prot. d. G.=A. d. K. d. Abg. 1856/57 Bd. II. S. 2, Vortr. 1860/61 S. 184, Prot. S. 55, Dollmann Bd. II. S. 558, Stenglein Bd. II. S. 184.)

10) „verhaftet oder in Untersuchung gezogen oder die Einleitung einer Untersuchung gegen ihn bereits angeordnet war". Dies setzt voraus, daß der Meineidige bereits wegen des ihm zur Last gelegten Meineids als Beschuldigter gerichtlich vernommen oder daß ein Verhaftsbefehl, eine Vorladung oder eine ähnliche Verfügung des Untersuchungsrichters gegen ihn erlassen worden ist, aus welcher deutlich hervorgeht, daß eine Untersuchung wegen Meineids gegen ihn eingeleitet ist. Vorhalte über das Bedenkliche seiner Aussage oder sogar eine Vernehmung nach Art 46 Ziff. 4 d. Str.=Pr.=G. v. 10. November 1848 schließen die Zurücknahme der falschen Aussage nicht aus. (Weis Bd. I. S. 465, Stenglein Bd. II. S. 184, Dollmann Bd. II. S. 559, Motive z. Entw. v. 1855 S. 90.)

11) Bezüglich der Anordnung einer Untersuchung ist vorzugsweise an einen gemäß Art. 186 und 303 des Str.=Pr.=G. v. 10. November 1848 gefaßten Gerichtsbeschluß auf Einleitung einer strafrechtlichen Untersuchung gegen den eines Meineids verdächtigen Zeugen gedacht. (Dollmann Bd. II. S. 559, Stenglein Bd. II. S. 185, Weis Bd. I. S. 465.)

12) Zurücknahme der unwahren Angabe hebt die Strafbarkeit derselben nicht auf, wenn sie erst in einem wegen der falschen Angabe mit dem Zeugen als Beschuldigten abgehaltenen Verhöre erfolgt. (Erk. d. Cass.=H. v. 27. April 1866, Z. f. Gerichtspr. Bd. VI. S. 50, Z. f. G. u. R. Bd. XIII. S. 203.)

13) „so ist er straflos". Der zurückgenommene Meineid ist nicht an sich straflos, ebensowenig handelt es sich bei der Zurücknahme der unwahren Aussage um Abstehen von einer noch nicht vollendeten strafbaren Handlung, sondern die Strafbarkeit des vollendeten Meineids wird durch die Zurücknahme getilgt. (Dollmann Bd. II. S. 555. 556, Stenglein Bd. II. S. 183, Weis Bd. I. S. 463.)

14) Theilnahme am Meineid, wie Verleitung, ist strafbar, auch wenn der Urheber desselben durch Zurücknahme straflos geworden ist. (Stenglein Bd. II. S. 183, Weis Bd. I. S. 463, Dollmann [Risch] Bd. II. S. 556, Erk. d. Cass.=H. v. 24. Dezember 1869, Z. f. Gerichtspr. Bd. IX. S. 138, Entsch. d. Cass.=H. Bd. III. S. 462. Dagegen Dollmann Bd. I. S. 279.)

15) Falsche Anzeige ist nicht als solche strafbar, wenn der Anzeiger seine Aussage als Zeuge eidlich bekräftigt, aber rechtzeitig zurückgenommen hat. (Erk. d. A.=G. v. Niederbayern v. 15. Juli 1864, Z. f. Gerichtspr. Bd. III. S. 289, Erk. des Cass.=H. v. 13. April 1869, Z. f. Gerichtspr Bd. VIII. S. 280, Entsch. d. Cass.=H. Bd. III. S. 148, Erk. d. Cass.=H. v. 18. Januar 1870, Z. f. Gerichtspr. Bd. IX. S. 163, Entsch. d. Cass.=H. Bd. IV. S. 21, Dollmann Bd. II. S. 559.)

16) Dollmann (Risch) Bd. II. S. 559. 560 nimmt an, die thatsächliche Feststellung des Widerrufs müsse durch eine besondere Fragestellung an die Geschwornen geschehen. Dollmann in Bl. f. R.=A. Bd. XIX. S. 328 spricht sich für einfache Stellung der Hauptfrage aus unter geeigneter Belehrung an die Geschwor=

nen. — Walther, Lehrb. des bayer. Strafproc.-Rechts S. 349. 350 vindicirt ausschließlich dem Gerichtshofe die Entscheidung. Die Analogie des Art. 22 des Einf.-Ges., auf welche sich Risch stützt, ist ohne alle Bedeutung, weil Art. 22 die einzelnen Artikel genau bezeichnet, für welche er Fragestellung vorschreibt, den Art. 296 aber nicht aufführt. Dagegen ist die Aufhebung der Strafbarkeit eine Rechtsfrage, welche ohne spezielle Ausnahmsbestimmung wie die des Art. 22 dem Gerichtshofe zur Entscheidung zukommt.

S. zu Art. 196 auch Note 53 zu Art. 192 S. 280.

Art. 197.

Falsches Handgelöbniß.

Wer vor einer öffentlichen Behörde wissentlich etwas Unwahres durch Handgelöbniß an Eidesstatt versichert, soll mit Gefängniß bis zu zwei Jahren, wenn aber die Aussage in einer Strafsache zum Nachtheile des Beschuldigten geschehen ist, mit Gefängniß nicht unter sechs Monaten bestraft werden. Mit der Gefängnißstrafe können die im Art. 28 bezeichneten Straffolgen oder einzelne derselben verbunden werden.

Die Bestimmungen der Art. 193 und 195 Ziff. 2—6, dann des Art. 196 finden auch hier Anwendung.

1) Zu Absatz 1. Vgl. hiezu Note 1—14. 16—44 zu Art. 192 S. 275 fg. S. 277 fg.

Die Bestimmungen des Art. 197 fallen fast vollständig mit jenen des Art. 192 Abs. 1 und 2 zusammen, nur tritt an die Stelle des Eides die geringere Bekräftigung durch Handgelöbniß. (Stenglein Bd. I. S. 185. 186, Weis Bd. I. S. 465.)

2) „wissentlich etwas Unwahres versichert". Hierunter fällt keine promissorische Bekräftigung, wohl aber die wissentliche Ableugnung der Wahrheit. (Stenglein Bd. II. S. 186, Weis Bd. I. S. 467.)

3) „wenn aber die Aussage in einer Strafsache zum Nachtheile des Beschuldigten geschehen ist" s. hiezu Note 46. 48. 49 zu Art. 192 S. 280.

Einer Verurtheilung des Beschuldigten bedarf es nicht; auch ist, wenn eine solche erfolgt ist, der Grad und die Art der Verurtheilung ohne Bedeutung. (Stenglein Bd. I. S. 186, Weis Bd. I. S. 465. 466.)

4) Zu Absatz 2. S. Art. 193 Note 1. 3 S. 281, auch Stenglein Bd. II. S. 186.

Ein in der öffentlichen Sitzung eines Einzelgerichts auf seinen Diensteid zurückerinnerter öffentlicher Diener, welcher blos mittels Handgelübdes an Eidesstatt in Pflicht genommen worden war, macht sich bei wissentlich falscher Aussage des Vergehens des falschen Handgelöbnisses schuldig. (Erk. d. A.-G. v. Oberfranken vom 30. Dezember 1867, Z. f. Gerichtspr. Bd. VII. S. 316, s. jedoch Note 15 zu Art. 195 S. 283.)

5) Auch eine auf Handgelöbniß abgegebene Manifestation, sei es daß sie einen promissorischen, sei es daß sie einen assertorischen Charakter hat, ist straflos. (Stenglein Bd. II. S. 186. 187, Weis Bd. I. S. 466.)

6) Die Verpflichtung auf Handgelöbniß ist nur statthaft in bestimmten Fällen, in welchen sie das Gesetz vorschreibt, hauptsächlich in Uebertretungsfällen (Art. 71 d. Einf.-Ges. z. Str.-G.-Bch. u. s. w.), außerdem findet Art. 195 Ziff. 3 Anwendung. (Stenglein Bd. I. S. 185.)

7) Ist ein Handgelöbniß in einer Sache abgenommen worden, in welcher ein Eid hätte abgenommen werden sollen, so ist bei falscher Aussage Art. 197 anwendbar. (Stenglein Bd. II. S. 186, Weis Bd. I. S. 466.)

8) Ein Zeuge, welcher vor einer Polizeibehörde in einer zu ihrer Zuständigkeit gehörigen Sache auf Handgelübde wissentlich falsch aussagt, ist nach Art. 197 strafbar. (Erk. d. Cass.-H. vom 26. Oktober 1866, Z. f. Gerichtspr. Bd. VI. S. 125, Z. f. G. u. R. Bd. XIII. S. 572, s. dagegen Z. f. Gerichtspr. Bd. VI. S. 128.)

S. zu Art. 195 Note 8. 34 S. 282 fg.

Art. 198.

Fälschung und Unterdrückung von Beweismitteln in Untersuchungssachen.

Wer in einer Strafsache zum Nachtheile des Beschuldigten eine Urkundenfälschung begeht oder von einer falschen Urkunde wissentlich Gebrauch macht, Beweisgegenstände unterschiebt oder fälschlich nachbildet oder Urkunden oder andere Beweisgegenstände, welche sich im Besitze einer öffentlichen Behörde befinden, vernichtet, unbrauchbar macht oder unterdrückt, soll:

1) wenn die Strafsache ein Verbrechen oder Vergehen betrifft, nach den Bestimmungen des Art. 192 Abs. 1 und 2,

2) wenn sie eine Uebertretung oder eine polizeilich oder disciplinär strafbare Handlung betrifft, nach den Bestimmungen des Art. 197 Abs. 1

bestraft werden.

Ist die Handlung zum Vortheile des Beschuldigten begangen worden, so tritt im Falle der Ziff. 1 Gefängniß nicht unter einem Monate, im Falle der Ziff. 2 Gefängniß bis zu zwei Jahren ein.

1) „In einer Strafsache". Dieselbe kann eine Verbrechens-, Vergehens-, Uebertretungs- oder auch nur Disciplinarsache sein und handelt es sich nicht darum, daß der Thäter eine bestimmte Art der Verurtheilung zur Absicht hat, sondern lediglich darum unter welcher Anschuldigung der Beschuldigte steht; also auch nicht darum, ob und wie er schlüßlich verurtheilt wird. (Stenglein Bd. I. S. 189. 190.)

2) Die That kann ebensowohl im Laufe einer Voruntersuchung als im Stadium der Aburtheilung verübt werden. (Stenglein Bd. I. S. 190.)

3) „zum Nachtheile des Beschuldigten". Dieser Nachtheil ist lediglich Bestandtheil des Vorsatzes des Thäters, d. h. dieser muß sich bewußt sein, daß seine Handlungsweise zum Nachtheile eines Beschuldigten gereichen könne; es ist aber nicht erforderlich, daß dieser Nachtheil in der Absicht des Thäters gelegen sei, oder daß die That wirklich zum Nachtheile des Beschuldigten gereicht habe. (Stenglein Bd. I. S. 189, Weis Bd. I. S. 468. 469.)

4) Als Nachtheil kann nicht blos die Bestrafung oder schwerere Belastung eines Unschuldigen betrachtet werden, sondern auch die höhere als verdiente Anschuldigung, ja sogar die Verstärkung des Beweises gegen einen Schuldigen. (Stenglein Bd. I. S. 189.)

5) Vollkommen einflußlose Handlungen an Urkunden oder Beweismitteln fallen nicht unter das Strafgesetz. Ist die That geschehen, um den Verdacht vom Schuldigen ab auf einen Andern zu lenken, so ist sie zum Nachtheile dieses geschehen. (Weis Bd. I. S. 468. 469.) Vgl. auch Note 46. 47 zu Art. 192 S. 280.

6) „eine Urkundenfälschung begeht oder von einer falschen Urkunde wissentlich Gebrauch macht". Es steht nicht blos die Fälschung öffentlicher, sondern auch die von Privaturkunden in Rede. (Motive z. Entw. v. 1855 S. 90, Stenglein Bd. I. S. 187, Weis Bd. I. S. 467.)

S. auch hiezu Note 19—25. 27—30 zu Art. 176 S. 259 fg.

7) Zu den Urkunden gehören alle im Laufe der Untersuchung aufgenommene Protokolle, alle Aktenstücke, sei es auch in Civilakten, oder solche aller öffentlicher Behörden, welche für den Beweis in Strafsachen von Belang sind. Jedoch auch alle Urkunden, welche sich nicht im Besitze öffentlicher Behörden befinden. (Stenglein Bd. I. S. 188.)

8) Auch der Gebrauch einer zu einem ganz andern Zwecke gefälschten Urkunde in einer Untersuchungssache, wie die der Betragensnote in einem Militärabschiede, ist nach Art. 198 strafbar. (Erk. d. A.-G. v. Oberfranken v. 28. Dezember 1863, Z. f. G. u. R. Bd. XI. S. 59.)

9) „Beweisgegenstände". Unter diesen Begriff fallen alle Gegenstände, welche in Strafsachen als Beweismittel dienen können, welche nicht Urkunden sind. Außerhalb der Bestimmung liegen nur Zeugenaussagen. Formlose, unbedeutende Skripturen, bei welchen es zweifelhaft sein könnte, ob sie Urkunden sind, bilden, wenn sie in einer Untersuchung für den Beweis von Belang sind, wenigstens Beweisgegenstände. Ebenso die sog. Ueberführungsgegenstände. (Motive z. Entw. v. 1855 S. 90, Stenglein Bd. I. S. 187. 188, Weis Bd. I. S. 467.)

10) „unterschiebt". Hierunter muß jedes Austauschen verstanden werden; aber auch jede andere Täuschung, welche in der Absicht begangen wird, etwas anderes als den wirklichen Beweisgegenstand als diesen benützen zu machen. So kann auch eine absichtliche Veränderung z. B. das Abschneiden eines Prügels an einem ächten Beweisgegenstand als Unterschiebung betrachtet werden. (Prot. d. G.=A. d. K. d. Abg. 1860/61 S. 57, Stenglein Bd. I. S. 188, Weis Bd. I. S. 468.)

11) „oder vernichtet, unbrauchbar macht oder unterdrückt" s. Note 6—9 zu Art. 183 S. 271 fg.

12) „welche sich im Besitze einer öffentlichen Behörde befinden". Dieser Satz bezieht sich nur auf die in Note 9 bezeichneten Alternativen der Handlung, nicht auch auf die Fälschung, oder den Gebrauch oder die Unterschiebung gefälschter Urkunden oder Beweisgegenstände. Diese Handlungen können sogar vor Einleitung einer Untersuchung, aber in Bezug auf eine in Aussicht stehende vorgenommen werden; die Vernichtung, Unbrauchbarmachung oder Unterdrückung nur, nachdem die Behörde davon Besitz ergriffen hat. Ist dies noch nicht geschehen, so ist die That (vorbehaltlich der Bestimmungen über Begünstigung) straflos. (Stenglein Bd. II. S. 188. 189, Weis Bd. I. S. 468.)

13) Zu Ziffer 1 u. 2. Die Verweisung auf Art. 192 Abs. 1 u. 2 und Art. 197 Abs. 1 hat lediglich auf die Strafe Bezug; Art. 195 und 196 werden dadurch für das Delikt des Art. 198 nicht anwendbar. (Stenglein Bd. I. S. 190, Weis Bd. I. S. 469.)

14) Ist in der Strafsache auf Todes= oder mehr als achtjährige Zuchthausstrafe erkannt worden, so steigt das Strafmaximum gemäß Art. 192 Abs. 2, s. hierüber Note 45—49 zu Art. 192 S. 280. (Stenglein Bd. II. S. 190.)

15) Zu Absatz 2. Die Willensbestimmung des zum Vortheile des Beschuldigten Handelnden ist analog jener des zu seinem Nachtheile Handelnden (s. hierüber oben Note 1—4), nämlich einfacher Vorsatz mit dem Bewußtsein, die Handlung werde einem Beschuldigten zum Vortheile gereichen, gleichviel welches das leitende Motiv oder welches der Erfolg der That war. (Stenglein Bd. II. S. 190.)

16) Auch der Beschuldigte kann die That begehen. (Prot. d. G.=A. d. K. d. Abg. 1856/57 S. 588, 1860/61 S. 57. 58, Stenglein Bd. I. S. 190, Weis Bd. I. S. 469. 470, Erk. d. Cass.=H. v. 21. Juli 1866, Z. f. Gerichtspr. Bd. VI. S. 22, Z. f. G. u. R. Bd. XIII. S. 461.)

17) Die That ist gemäß Abs. 1 u. 2 vollendet mit der Fälschung bezw. Unterdrückung oder dem Gebrauche, ohne daß es eines Erfolges bedarf. (Stenglein Bd. I. S. 190. 191.)

18) Zieht die Fälschung oder Unterdrückung öffentlicher Urkunden an sich eine höhere Strafe nach sich als die des Art. 198, so liegt ein Fall ideellen Zusammenflusses vor. (Motive z. Entw. v. 1855 S. 91, Stenglein Bd. I. S. 190.)

19) Die Bestimmungen über Begünstigung können auf eine gemäß Art. 198 strafbare Handlung nicht Anwendung finden. (Erk. d. Cass.=H. v. 12. September 1862, Z. f. Gerichtspr. Bd. I. S. 320, Z. f. G. u. R. Bd. IX. 341.)

Art. 199.

Falsche Anzeigen bei öffentlichen Behörden.

Wer bei einer öffentlichen Behörde durch schriftliche Eingabe oder zu Protokoll wissentlich eine falsche Anzeige macht, welche geeignet ist, ein amtliches Einschreiten zu veranlassen, soll mit Arrest bis zu acht Tagen, oder an Geld bis zu fünf und zwanzig Gulden bestraft werden.

Wenn die Anzeige gegen eine bestimmte Person gerichtet und geeignet ist, eine Untersuchung gegen diese Person zu veranlassen, so tritt Gefängnißstrafe nicht unter einem Monate ein, womit Geldstrafe bis zu tausend Gulden und die im Art. 28 bezeichneten Straffolgen oder einzelne derselben verbunden werden können.

1) „Bei einer öffentlichen Behörde". Diese muß zum Einschreiten in irgend einer Richtung selbst befugt sein, oder doch zur Veranlassung einer

solchen. Auf die Competenz der Behörde kommt es nur im Allgemeinen, nicht für den konkreten Fall an. (Stenglein Bd. I. S. 191, Weis Bd. I. S. 470.)

2) Pfarrer sind als Vorstände der Kirchenverwaltungen öffentliche Behörden und sind falsche Anzeigen bei denselben strafbar. (Erk. d. A.=G. v. Niederbayern v. 18. April 1864, Z. f. Gerichtspr. Bd. III. S. 191.)

3) „Durch schriftliche Eingabe oder zu Protokoll". Die Anzeige muß direkt an die Behörde gerichtet sein, sei es in schriftlicher, sei es in mündlicher Form zu Protokoll. Bei letzterer jedoch darf keine Verpflichtung auf Eid oder Handgelöbniß konkurriren, da in diesem Falle Art. 192 oder 197 anwendbar wird. (Motive z. Entw. v. 1855 S. 91, Stenglein Bd. I. S. 191. 192, Weis Bd. I. S. 472.)

Ob die Eingabe unterschrieben ist oder nicht (anonym), begründet keinen Unterschied. (Prot. d. G.=A. d. K. d. Abg. 1856/57 Bd. II. S. 17, Stenglein Bd. II. S. 192, Weis Bd. I. S. 471.)

4) Ein Angeklagter, welcher eine wissentlich falsche Anzeige gemacht und diese später vor Gericht als Zeuge bestätigt hat, ist nur wegen des letzteren Reates je nach Art der Bekräftigung des Zeugnisses strafbar. (Erk. d. Cass.=H. v. 13. April 1869, Z. f. Gerichtspr. Bd. VIII. S. 280, Entsch. d. Cass.=H. Bd. III. S. 148.) Ein Erk. d. A.=G. v. Oberfranken v. 23. Oktober 1868, Z. f. Gerichtspr. Bd. VIII. S. 303 nahm aber Zusammenfluß für den Fall an, daß der Anzeiger bei seiner Zeugenvernehmung neue falsche Thatsachen vorbrachte.

5) Indirekte Mittheilungen durch zu Gehör=Reden oder gelegentliches Einfließenlassen fallen nicht unter Art. 199; wohl aber mittelbar bewirkte Anzeigen bei der Behörde, durch öffentliche Diener, welche zu Anzeigen verpflichtet oder befugt sind. (Vortr. im G.=A. d. K. d. Abg. 1856/57 S. 319, Stenglein Bd. II. S. 192, Weis Bd. I. S. 471, Erk. d. Cass.=H. v. 5. Juli 1867, Z. f. Gerichtspr. Bd. VII. S. 19.)

6) Auch mittelbare falsche Anzeige ist nach Art. 199 strafbar. (Erk. d. A.=G. v. Niederbayern v. 18. April 1864, Z. f. Gerichtspr. Bd. III. S. 191.)

7) Durch Vermittelung der Gendarmerie kann eine falsche Anzeige gemacht werden. (Erört. in Z. f. Gerichtspr. Bd. III. S. 281, Erk. d. Cass.=H. v. 5. Juli 1867, Z. f. Gerichtspr. Bd. VII. S. 19, Entsch. d. Cass.=H. Bd. I. S. 308, Erk. d. Cass.=H. v. 6. Juli 1868, Z. f. Gerichtspr. Bd. VII. S. 458, Entsch. d. Cass.=H. Bd. II. S. 331.)

8) „wissentlich eine falsche Anzeige macht". Nicht blos eine falsche Denunziation, d. h. eine auf Veranlassung strafrechtlicher Einschreitung gerichtete falsche Anzeige, fällt unter Art. 199 Abs. 1 (s. dagegen Abs. 2), sondern jede Anzeige, welche eine Offizialhandlung einer Behörde gegen eine Person hervorzurufen geeignet ist. (Prot. d. G.=A. d. K. d. Abg. 1860/61 S. 58, Stenglein Bd. II. S. 191. 192, Weis Bd. I. S. 470.)

9) Dienstliche Berichte sind keine Anzeigen, wohl aber persönliche Anzeigen dienstlicher Personen. (Prot. d. G.=A. d. K. d. Abg. 1860/61 S. 58, Stenglein Bd. II. S. 191, Weis Bd. I. S. 471.)

10) Die Anzeige braucht nicht als solche bezeichnet zu sein, wenn sie nur materiell eine solche ist. Die Mittheilung eines falschen Verdachtsgrunds ist keine Anzeige. (Stenglein Bd. II. S. 192, Weis Bd. I. S. 471.)

11) Die Anzeige muß falsche Thatsachen enthalten; Beschimpfungen, Unterschieben unmoralischer oder sträflicher Gesinnungen oder Vorhaben fallen nicht unter Art. 199. (Stenglein Bd. II. S. 192, Weis Bd. I. S. 471.)

12) Falsche Anzeige liegt auch vor, wenn ein an sich strafbarer Vorfall wesentlich entstellt angezeigt wird. (Erört. in Z. f. Gerichtspr. Bd. V. S. 1, s. dagegen Erk. d. A.=G. von Oberbayern v. 15. Febr. 1865 ebendas. Bd. V. S. 11.)

13) Nur theilweise falsche Angaben begründen dann eine falsche Anzeige, wenn die wahren Thatsachen ein amtliches Einschreiten nicht veranlassen würden. (Erk. d. A.=G. v. Mittelfranken v. 26. Januar 1866, Z. f. Gerichtspr. Bd. V. S. 163.)

14) Die Quelle des Wissens entscheidet nicht über den Begriff einer wissentlich falschen Anzeige, sondern lediglich das Bewußtsein des Thäters, daß das von ihm Angezeigte unrichtig sei. (Z. f. Gerichtspr. Bd. V. S. 264, Stenglein Bd. II. S. 192, Weis Bd. I. S. 471.)

15) Es genügt einfacher Vorsatz zur That, verbunden mit dem Bewußtsein der Unwahrheit der Anzeige. Es ist aber weder die Absicht erforderlich, ein Einschreiten hervorzurufen, noch die einem Andern zu schaden. (Stenglein Bd. II. S. 192. 193, Weis Bd. I. S. 470.)

16) Die Angabe muß freiwillig gemacht werden. Eine falsche Angabe eines Zeugen oder eines Angeschuldigten zu seiner Entlastung fällt nicht unter Art. 199. (Erk. d. A.-G. v. Niederbayern v. 27. März 1866, Z. f. G. u. R. Bd. XIII. S. 616. S. dagegen Erk. d. Cass.-H. v. 22. August 1862, Z. f. Gerichtspr. Bd. I. S. 285.)

17) „welche geeignet ist, ein amtliches Einschreiten zu veranlassen". Dieses Einschreiten muß kein strafendes sein, z. B. genügt eine Anzeige wegen Uebergriffen in Gewerbssachen. Civilprozessuale Anzeigen, welche eine Verfügung veranlassen, fallen nie unter Art. 199. (Prot. d. G.-A. d. K. d. Abg. 1860/61 S. 437, Stenglein Bd. II. S. 192, Weis Bd. I. S. 470. 471.)

18) „soll bestraft werden" s. oben Note 3.

Ein durch rechtzeitigen Widerruf straflos gewordener Meineid kann auch nicht wegen der falschen Anzeige bestraft werden, durch welche er die Einschreitung veranlaßt hat. (Erk. d. A.-G. v. Niederbayern v. 15. Juli 1864, Z. f. Gerichtspr. Bd. III. S. 289, Erk. d. Cass.-H. v. 18. Januar 1870, Z. f. Gerichtspr. Bd. IX. S. 163, Entsch. d. Cass.-H. Bd. IV. S. 21.)

19) Zu Absatz 2. „Gegen eine bestimmte Person". Diese braucht kein gänzlich Unschuldiger zu sein. (Motive z. Entw. v. 1855 S. 91, Stenglein Bd. II. S. 193.)

20) Die Person braucht nicht namentlich bezeichnet zu sein, es genügt auch eine solche Bezeichnung, daß die Einschreitung nicht fehlgreifen kann. (Stenglein Bd. II. S. 193, Weis Bd. I. S. 471.)

21) „geeignet ist, eine Untersuchung gegen diese Person zu veranlassen". Es ist kein strafrechtliches Einschreiten im engeren Sinne erforderlich, sondern genügt auch ein disciplinäres. (Prot. d. G.-A. d. K. d. Abg. 1856/57 Bd. II. S. 17, 1860/61 S. 58, Stenglein Bd. II. S. 193, Weis Bd. I. S. 471.)

22) Hiebei kommt es nur auf die objektive Beschaffenheit der angezeigten That und deren Tauglichkeit, eine Untersuchung zu veranlassen an; nicht aber darauf, ob die Anzeige einen Erfolg hat, oder ob ein Strafausschließungsgrund (z. B. Ablauf der Antragsfrist bei einem nur auf Antrag verfolgbaren Delikte) sofort vorliegt. (Erk. d. Cass.-H. v. 6. Juli 1868, Z. f. Gerichtspr. Bd. VII. S. 458, Entsch. d. Cass.-H. Bd. II. S. 331.)

23) Auch Abs. 2 des Art. 199 erfordert keine Absicht des Thäters, eine Untersuchung gegen die fälschlich angezeigte Person zu veranlassen. (Weis Bd. I. S. 471.)

24) Die That ist sowohl nach Abs. 1 als nach Absatz 2 vollendet, sobald die Anzeige bei der Behörde eingelaufen ist, ohne daß es darauf ankommt, ob eine Einschreitung oder vollends eine Bestrafung erfolgt ist. (Stenglein Bd. II. S. 193.)

Art. 200.

Falsches unbeschworenes Zeugniß.

Wer, ohne durch Eid oder Handgelöbniß verpflichtet zu sein, vor einer öffentlichen Behörde als Zeuge, Auskunftsperson oder Sachverständiger wissentlich etwas Unwahres versichert, ist mit Arrest bis zu acht Tagen oder an Geld bis zu fünf und zwanzig Gulden zu bestrafen.

Wurde eine solche unwahre Angabe in einer Strafsache zum Nachtheile des Angeschuldigten gemacht, so soll, wenn der letztere zu Todes- oder mehr als achtjähriger Zuchthausstrafe verurtheilt worden ist, auf Zuchthaus bis zu zwölf Jahren, andernfalls aber auf Gefängniß nicht unter einem Monate erkannt werden, womit Geldstrafe bis zu tausend Gulden und die im

Art. 28 bezeichneten Straffolgen oder einzelne derselben verbunden werden können.

Ist die unwahre Angabe in einer Strafsache zu Gunsten des Angeschuldigten gemacht worden, so tritt Gefängnißstrafe bis zu sechs Monaten oder Geldstrafe bis zu zweihundert Gulden ein.

Die Bestimmungen des Art. 195 Ziff. 4—6 und des Art. 196 finden auch hier Anwendung.

1) „Ohne durch Eid oder Handgelöbniß verpflichtet zu sein". Der Thatbestand stimmt in allen wesentlichen Momenten mit dem des Art. 192 überein, abgesehen von dem Wegfall der Bekräftigung der Aussage durch Eid. (Stenglein Bd. II. S. 194. 195, Weis Bd. I. S. 473.)

2) „vor einer öffentlichen Behörde" s. zu Art. 192 Note 2—11 S. 275 fg. Es ist nicht erforderlich, daß die Behörde die Person zur Aussage angehalten hat. (Stenglein Bd. II. S. 194.)

3) Die Behörde muß keine gerichtliche sein, so begründen das Delikt auch falsche Aussagen vor einem Steuerausschuß, einer Disciplinarbehörde, vor der Marktpolizei. (Prot. d. G.=A. d. K. d. Abg. 1856/57 Bd. II. S. 15, Vortr. 1860/61 S. 251, Stenglein Bd. II. S. 194, Weis Bd. I. S. 473.)

4) „als Zeuge, Auskunftsperson oder Sachverständiger". Falsche Aussagen in eigener Angelegenheit fallen nicht unter Art. 200 und sind an sich straflos. (Stenglein Bd. II. S. 194.)

5) Unter Art. 200 fallen auch die kraft diskretionärer Gewalt des Präsidenten in einer Strafgerichtssitzung sowie die gemäß Art. 46 des Gesetzes v. 10. Novbr. 1848 unbeeidet vernommenen Personen. (Vortr. im G.=A. d. K. d. Abg. 1856/57 S. 319, Prot.=Bd. II. S. 18, Stenglein Bd. II. S. 195, Weis Bd. I. S. 473.)

6) Der Zeuge muß sich bewußt sein, daß er als solcher vernommen werde. (Stenglein Bd. II. S. 194.)

7) „wissentlich etwas Unwahres versichert" s. zu Art. 192 Note 12—21 S. 276. 277.

Auch das Verschweigen der Wahrheit fällt hierunter. (Prot. d. G.=A. d. K. d. A. 1856/57 Bd. II. S. 20.)

8) Zu Absatz 2. 3. s. Note 45—50 zu Art. 192 S. 280 und Note 3—5 zu Art. 198 S. 288.

9) Zu Absatz 4. Die Behörde, vor welcher die unwahre Aussage gemacht wird, muß zur Behandlung solcher Angelegenheiten, wie diejenige, in welcher die Aussage erfolgte, zuständig sein. (Stenglein Bd. II. S. 195.) So wurde erkannt, daß ein Bürgermeister, welcher bei Anmeldung eines Einspruchs zu Gunsten des Beschuldigten vor dem Gerichtsschreiber eine wissentlich unwahre Angabe macht, nicht nach Art. 200 strafbar sei, weil dem Gerichtsschreiber die selbstständige Zuständigkeit zur Erhebung solcher Zeugnisse mangle. (Z. f. Gerichtspr. Bd. IX. S. 269.)

10) Die unwahre Aussage ist nur dann straflos, wenn der Aussagende durch Angabe der Wahrheit sich der Strafverfolgung wegen Verbrechens oder Vergehens aussetzen würde, nicht wenn nur eine geringere Bestrafung oder sonstige amtliche Einschreitung in Aussicht steht. (Stenglein Bd. II. S. 195.)

11) Unbeschworne Erklärungen, welche ihrem Inhalte nach den unter Art. 195 Ziff. 1 bezeichneten Eiden entsprechen würden, oder die dort bezeichneten Eide selbst sind auch nach Art. 200 nicht strafbar. (Stenglein Bd. II. S. 195.)

Vgl. auch Note 6. 30 zu Art. 195 S. 282. 284.

Art. 201.

Personen, welche auf Grund des Art. 195 Ziff. 2 und 3 nicht wegen Meineides oder falschen Handgelöbnisses verfolgt werden können, unterliegen gleichwohl den Strafbestimmungen des Art. 200.

Auf die hier angeführten Fälle des als solcher straflosen Meineids oder falschen Handgelöbnisses ist die Bestrafung gemäß Art. 200 zu beschränken. Andere

Fälle bleiben gänzlich straflos. (Z. f. Gerichtspr. Bd. V. S. 398 Bemerkung, dagegen Erk. d. A.-G. v. Oberbayern, ebendas. S. 397.)
S. zu Art. 200 Note 10.

Art. 202.

Aerzte, Wundärzte oder andere Medicinalpersonen, welche wissentlich unrichtige Zeugnisse über den Gesundheitszustand eines Menschen ausstellen, sollen an Geld bis zu hundert Gulden bestraft werden.

Diese Strafbestimmung findet auch auf Thierärzte Anwendung, welche bezüglich des Gesundheitszustandes eines Thieres wissentlich unrichtige Zeugnisse ausstellen.

Ist die im Abs. 1 bezeichnete Handlung verübt worden, um Jemanden von einer öffentlichen Pflicht zu befreien, so trifft den Aussteller des Zeugnisses, wenn er aus Eigennutz gehandelt hat, Gefängniß von drei Monaten bis zu drei Jahren, womit Geldstrafe bis zu sechshundert Gulden verbunden werden kann, — andernfalls Gefängniß bis zu sechs Monaten oder Geldstrafe bis zu dreihundert Gulden.

Der letzterwähnten Gefängniß- oder Geldstrafe unterliegt auch derjenige, welcher von einem solchen unrichtigen Zeugnisse gegen besseres Wissen Gebrauch macht, um sich von einer öffentlichen Pflicht zu befreien.

1) „Aerzte, Wundärzte oder andere Medizinalpersonen — Thierärzte". Daß diese Personen zur Ausstellung der fraglichen Zeugnisse besonders berufen sind, ist nicht erforderlich. Verletzen sie eine Amtspflicht, so kommt Art. 371 zur Anwendung. (Stenglein Bd. II. S. 196, Weis Bd. I. S. 475.)

2) „unrichtige Zeugnisse". Es ist nicht darnach unterschieden, ob die unrichtige Ausstellung einer Person zum Nutzen oder Schaden gereicht. Auch das Abfassen falscher Krankengeschichten fällt unter Art. 202. (Stenglein Bd. II. S. 196.)

3) „um Jemanden von einer öffentlichen Pflicht zu befreien". Hierunter fällt jede Verpflichtung gegen den Staat, jede auf Bestimmungen des öffentlichen Rechtes beruhende Verpflichtung, wie Wehrpflicht, Geschwornendienstpflicht, auch falsche Zeugnisse Behufs Quiescenz eines Beamten gehören hieher. (Prot. d. G.-A. d. K. d. Abg. 1856/57 S. 583, Stenglein Bd. II. S. 196. 197, Weis Bd. I. S. 475.)

4) „wenn er aus Eigennutz gehandelt hat". Hierunter ist die Erlangung eines Vermögensvortheils zu verstehen, wie die Ausstellung gegen Entgeld. Wird das Zeugniß zum Betrug benützt, so kommen die hiefür gegebenen Bestimmungen zur Anwendung. (Vortr. im G.-A. d. K. d. Abg. 1860/61 S. 187, Prot. 1856/57 S. 583, Stenglein Bd. II. S. 197, Weis Bd. I. S. 474. 475.)

5) Zu Absatz 4. Fälschung solcher Zeugnisse fällt unter Art. 179 Abs. 2. (Stenglein Bd. II. S. 197.)

6) Sämmtliche unter Art. 202 Abs. 1—4 fallenden Reate können nur vorsätzlich begangen werden. (Stenglein Bd. II. S. 197.)

7) Das Motiv der That ist in der Regel ohne Einfluß auf den Thatbestand, jedoch kann durch eine besondere, mittels der That verfolgte Absicht eine höher strafbare That entstehen. (Weis Bd. I. S. 474.)

Art. 203.

Schlußbestimmung.

Ist eine der im gegenwärtigen Hauptstücke bezeichneten Handlungen in einer Strafsache zum Nachtheile des Angeklagten oder Beschuldigten verübt worden, so beginnt die Verjährung der gerichtlichen Verfolgung so lange nicht, als derjenige, zu dessen Nachtheile die That geschah, sich wegen der nämlichen Strafsache in Haft befindet.

1) „Zum Nachtheile des Angeklagten oder Beschuldigten" s. hierüber zu Art. 192 Note 46—48 S. 280 u. Note 3—5 zu Art. 198 S. 288.

2) „in Haft befindet". Hierunter ist sowohl Untersuchungs- als Strafhaft zu verstehen. (Stenglein Bd. II. S. 197, Weis Bd. I S. 476.)

Zehntes Hauptstück.

Verbrechen und Vergehen gegen die Sittlichkeit.

Art. 204.

Nothzucht.

Wer eine Frauensperson mit Gewalt zum außerehelichen Beischlafe mißbraucht oder zur Duldung desselben durch Bedrohung mit einer gegenwärtigen Gefahr für Leib oder Leben nöthigt, soll wegen Nothzucht mit Zuchthaus bis zu acht Jahren bestraft werden.

Wenn die Mißhandelte in Folge der Nothzucht einen bleibenden Nachtheil an Körper oder Gesundheit erlitten hat, so soll auf acht- bis zwanzigjähriges Zuchthaus und, wenn der Tod derselben die Folge war, auf Zuchthaus nicht unter zwölf Jahren erkannt werden.

1) „Wer". Abgesehen von der Ausdehnung des Begriffes durch Art. 214 kann das Verbrechen der Nothzucht nur eine Mannsperson begehen. (Motive z. Entw. v. 1855 S. 91, Vortr. im G.-A. d. K. d. Abg. 1856/57 S. 320, Z. f. G. u. R. Bd. IX. S. 434, Stenglein Bd. II. S. 198, Weis Bd. II. S. 1.)

Der von Weibspersonen mittels Nöthigung von Mannspersonen vollführte Beischlaf fällt unter Art. 215, der durch Drohungen herbeigeführte unter Art. 304. (Z. f. G. u. R. Bd. IX. S. 434) S. jedoch Note 2 zu Art. 215.

2) Es begründet keinen Unterschied, ob die Gewalt von dem den Beischlaf Vollziehenden selbst, oder von einem Verbrechensgenossen geübt wird; ob nur Einer oder Mehrere bei Verübung des Verbrechens zusammengewirkt haben. (Motive z. Entw. v. 1855 S. 92, Z. f. G. u. R. Bd. IX. S. 428, Stenglein Bd. II. S. 198.)

3) Wer im Einverständniß mit einem Andern die von diesem gegen eine Frauensperson angewendete Gewalt zum Vollzuge des außerehelichen Beischlafs gegen den Willen der Frauensperson benützt, begeht das Verbrechen der Nothzucht als Thäter. (Erk. d. Cass.-H. v. 16. Januar 1869, Z. f. Gerichtspr. Bd. VIII. S. 182, Entsch. d. Cass.-H. Bd. III. S. 10.)

4) Hauptthäter ist derjenige von mehreren Mitthätern, welcher den geschlechtlichen Genuß aus dem Verbrechen zieht. Mitthäter oder Theilnehmer können auch Personen weiblichen Geschlechtes sein. (Z. f. G. u. R. Bd. IX. S. 434. 435.)

5) Successive Verübung von Nothzucht an einer Person von mehreren Mitthätern unter wechselseitigen Beistand ist so oftmalige Verübung eines selbstständigen Verbrechens als der Beischlaf vollzogen wurde. (Z. f. G. u. R. Bd. IX. S. 436.)

6) „eine Frauensperson". Es begründet keinen Unterschied, wenn dies eine Person ist, die sich gegen Lohn Preis gibt, oder nicht mehr im Stande der Jungfrauschaft ist. (Motive z. Entw. v. 1855 S. 91, Prot. d. G.-A. d. K. d. Abg. 1856/57 Bd. II. S. 177, Z. f. G. u. R. Bd. IX. S. 434, Stenglein Bd. II. S. 199, Weis Bd. II. S. 3.)

7) Auch eine Wahnsinnige oder sonst geistig Gestörte kann genothzüchtigt werden, wenn sie so viel Willensfähigkeit hat, daß sie dem Beischlafe widerstrebt. Gleiches gilt von einem durch Gewalt oder Drohung auf Leib oder Leben erzwungenen Beischlaf mit einem Mädchen unter 12 Jahren. (Stenglein Bd. II. S. 199. 204, Weis Bd. II. S. 5, Z. f. G. u. R. Bd. IX. S. 444. 445.)

8) „mit Gewalt". Dies ist die Versetzung der angegriffenen Person in einen durch äußere oder mechanische Einwirkung bedingten unfreien oder wehrlosen Zustand. Ueberwältigung durch Betäubung gehört nicht hieher (s. Art. 205), ebensowenig Anwendung von List, durch welche die Frauensperson den Beischlaf für einen ehelichen hielt. (Z. f. G. u. R. Bd. IX. S. 427, Stenglein Bd. II. S. 199.)

9) Die Anwendung von Hilfsmitteln, wie Binden, Knebeln u. s. w. oder

die Anwendung von List Behufs der Vergewaltigung begründet keinen Unterschied. (Z. f. G. u. R. Bd. IX. S. 428.)

10) Es bedarf keines höheren Grades von Gewalt, als im einzelnen Fall erforderlich ist, um das Widerstreben der mißbrauchten Person zu nichte zu machen oder dem Widerstand von Anfang an durch Ueberraschung zuvorzukommen. Jedoch schließt eine Nachgiebigkeit im Laufe der Vergewaltigung, wie durch Erwachen der Sinnlichkeit, den Begriff der Nothzucht nicht aus. (Z. f. G. u. R. Bd. IX. S. 428, Stenglein Bd. II. S. 199, Weis Bd. II. S 2.)

11) Die zur Nothzucht erforderte Gewalt unterscheidet sich nur durch die dabei obwaltende Absicht von der zu andern unzüchtigen Handlungen angewendeten. (Z. f. Gerichtspr. Bd. I. S. 149.)

12) Körperliche Mißhandlung ist zum Begriffe der Nothzucht nicht erforderlich. Wird sie ohne unmittelbare körperliche Annäherung nur angewendet, um die Angegriffene gefügig zu machen, so fällt dies unter den Begriff der Drohung. (Z. f. G. u. R. Bd. IX. S. 429.)

13) Die Benützung eines durch Zufall oder durch Einwirkung dritter, mit dem Thäter nicht in Verbindung stehender Personen herbeigeführten Zustands der Vergewaltigung zum Vollzuge des Beischlafs genügt nicht zum Begriffe der Gewalt Behufs Verübung der Nothzucht. (Z. f. G. u. R. Bd. IX. S. 429.)

14) „durch Bedrohung mit einer gegenwärtigen Gefahr für Leib oder Leben". Die Bedrohung mit einer nicht gegenwärtigen Gefahr kann die Anwendung des Art. 304 oder 375 begründen nicht aber die des Art. 204. (Z. f. G. u. R. Bd. IX. S. 429. 430, Stenglein Bd. II. S. 200, Weis Bd. II. S. 2.)

15) Die Bedrohung muß der angegriffenen Person selbst gegenüber erfolgen und die augenblickliche Verwirklichung des angedrohten Uebels in Aussicht stehen, ohne daß die Verwirklichung bereits begonnen zu haben braucht, wie durch Ausholen zum Schlagen. (Z. f. G. u. R. Bd. IX. S. 430, Stenglein Bd. II. S. 200.)

16) „Bedrohung für das Leben" liegt nicht nur bei wörtlich angedrohter Tödtung, sondern bei jedem Bedrohen mit Mißhandlung vor, aus welcher erfahrungsgemäß der Tod erfolgen kann. (Z. f. G. u. R. Bd. IX. S. 430.)

17) „Bedrohung für den Leib" liegt in der Vorstellung von Angriffen auf den Körper, woraus Störung der leiblichen oder geistigen Gesundheit oder auch nur vorübergehender Schmerz, Mißbehagen oder Unlust entstehen kann. Der Erregung einer Furcht, welche auch einen standhaften Mann zu erschüttern geeignet ist, bedarf es nicht; nur darf aus der Geringfügigkeit der Bedrohung nicht hervorgehen, daß der Widerstand nur zum Scheine stattfand. Die Bedrohung mit realen oder symbolischen Injurien oder Schaden am Vermögen genügt nicht zum Thatbestand. (Z. f. G. u. R. Bd. IX. S. 430. 431, Stenglein Bd. II. S. 200, Weis Bd. II. S. 2.)

18) Die Bedrohung der nächsten Angehörigen (Art. 61) hat die gleiche Wirkung, wie die der angegriffenen Person selbst. (Z. f. G. u. R. Bd. IX. S. 431, Stenglein Bd. II. S. 200.)

19) Die Drohung muß den physischen Zwang zum Zwecke haben. Drohung zum Scherze oder ohne die Absicht, kompulsiv zu wirken, genügt, abgesehen vom unbestimmten oder eventuellen dolus, nicht zum Thatbestande; ebensowenig ein Irrthum der Angegriffenen über den Zweck der strafbaren Bedrohung. (Z. f. G. u. R. Bd. IX. S. 431. 432.)

20) Die Drohung muß zwingend gewirkt haben und darf nicht blos zum Vorwande freiwilligen Hingebens benützt werden. (Z. f. G. u. R. Bd. IX. S. 432, Weis Bd. II. S. 2. 3.)

21) „zum außerehelichen Beischlaf" s. hierüber zu Art. 224. Es darf kein begründeter Anspruch auf den Beischlaf bestehen. Deshalb kann Nothzucht vom Ehemann an der Ehefrau nicht verübt werden, selbst wenn eine faktische Trennung derselben bestund. Trennung des Ehebandes oder solche von Tisch und Bett macht Nothzucht möglich. (Stenglein Bd. II. S. 201.) Weis Bd.

II. S. 3 dagegen nimmt an, daß auch Nothzucht an einer von Tisch und Bett getrennten Ehefrau nicht möglich sei.

22) „mißbraucht oder zur Duldung nöthigt". Das Wort „mißbraucht" hat nicht den Zweck, der Thätigkeit des Schuldigen oder ihrer Wirkung eine besondere oder prägnantere Bedeutung aufzuprägen. (Z. f. G. u. R. Bd. IX. S. 428.)

23) Es ist nicht in allen Fällen ein Widerstand oder der Ausdruck des Widerstrebens erforderlich, so wenn die Gewalt überraschend oder lähmend wirkt. Es genügt, wenn aus den Umständen hervorgeht, daß es an der Einwilligung gebricht und darf deshalb das an den Tag gelegte Widerstreben kein so geringes sein, daß daraus der Thäter auf Einwilligung schließen muß. (Z. f. G. u. R. Bd. IX. S. 432—434, Weis Bd. 2. 3, Stenglein Bd. II. S. 199. 200.)

24) Gewaltanwendung oder Bedrohung in der Absicht, den Beischlaf zu erzwingen, ist Versuch, wenn auch der Geschlechtstheil des Thäters noch nicht zur Berührung, geschweige zur Vereinigung gelangt ist. (Weis Bd. II. S. 3, Stenglein Bd. II. S. 201, Z. f. G. u. R. Bd. IX. S. 441, Erk. d. Cass.-H. v. 18. Oktober 1861, Z. f. Gerichtspr. Bd. I. S. 7 v. 26. Januar 1863, Z. f. Gerichtspr. Bd. II. S. 147, Z. f. G. u. R. Bd. X. S. 44 v. 30. April 1869, Z. f. Gerichtspr. Bd. VIII. S. 312, Entsch. d. Cass.-H. Bd. III. S. 182.)

25) Die Erört. in Z. f. G. u. R. Bd. IX. S. 441 stellt folgende Behauptungen auf: Versuch der Nothzucht liege nur vor:

a. wenn der Angreifer vollständig überwältigt sei; weil bei einfach erfolgreicher Gegenwehr der Angriff erneuert, jedoch vom Versuch Abstand hätte genommen werden können. Aus gleichem Grunde bilde auch ein nicht mit voller Kraft unternommener Angriff keinen strafbaren Versuch,

b. wenn der Angreifer die Angegriffene vollständig überwältigte, aber wegen Nachlaß der geschlechtlichen Erregung die körperliche Vereinigung nicht bewirken konnte. Bei einem Impotenten wird nicht einmal Versuch angenommen,

c. wenn die körperlichen Verhältnisse die Vereinigung nicht gestatteten. Versuch wird jedoch nicht angenommen, wenn die Vereinigung bei vermehrter Gewalt zu erzielen gewesen wäre, wenn auch nur mit Verletzung der angegriffenen Person und die nöthige Gewalt nicht angewendet wurde.

Alle diese difficilen Unterscheidungen entbehren der Begründung. Vielmehr bildet jede Gewaltanwendung zum Zweck des Beischlafs Versuch und kann nur gefragt werden, ob die Vollendung wegen äußerer Verhältnisse unterblieb oder wegen freiwilligen Rücktritts des Thäters. Ließ sich der Thäter ad a von der Gegenwehr abhalten, so ist das Aufgeben nicht freiwillig, es sei denn, daß er sich durch dieselbe erst von dem Widerstreben überzeugte, Gewalt also überhaupt nicht anwenden wollte. Die Möglichkeit des Rücktritts ist ohne Belang. Die Unmöglichkeit, eine körperliche Vereinigung zu erzielen beim Impotenten, der den Beischlaf versuchte, oder im Falle c ist ein äußeres Hinderniß; es sei denn, daß in letzterem Falle, ohne daß die geringste Vereinigung, welche zur Vollendung hinreicht, stattfand, das Mitleid oder ähnliche Regungen den freiwilligen Abstand herbeiführten.

26) Angriffe und Bedrohungen zu unzüchtigen Zwecken, welche nicht als Versuch der Nothzucht strafbar sind, können doch nach Art. 215 Abs. 1 Ziff. 1, oder nach Art. 223. 304. 375. 234 fg. oder nach Art. 262 strafbar sein. (Z. f. G. u. R. Bd. IX. S. 442.)

27) Irrthum über einen wesentlichen Theil des Thatbestandes, wie irrthümlich angenommene Einwilligung der Angegriffenen, oder irrthümliche Annahme, seine Ehefrau vor sich zu haben, schließt Nothzucht aus. (Stenglein Bd. II. S. 201, Weis Bd. II. S. 3.)

28) „Wenn die Mißhandelte in Folge der Nothzucht". Traten in Folge eines mißlungenen Angriffs, welcher nicht als Versuch der Nothzucht bestraft werden kann, als Folge der angewendeten Gewalt oder des Schreckens u. s. w. ein Nachtheil an Körper oder Gesundheit oder der Tod der Angegriffenen

ein, so findet zwar nicht die Strafe des Art. 204 Abs. 2 Anwendung, welcher vollendete Nothzucht voraussetzt, wohl aber die Strafen wegen Körperverletzung. (Z. f. G. u. R. Bd. IX. S. 442, Stenglein Bd. II. S. 202.)

29) „**einen bleibenden Nachtheil am Körper oder Gesundheit erlitten hat**". Verlust der physischen Jungfrauschaft ist als solcher Nachtheil nicht zu betrachten. (Vortr. im G.-A. d. K. d. Abg. 1856/57 S. 320, Z. f. G. u. R. Bd. IX. S. 437, Weis Bd. II. S. 4, Stenglein Bd. II. S. 202.)

30) Auch Störung der geistigen Gesundheit fällt unter diesen Begriff und fallen bei vollendeter Nothzucht auch die Folgen des Schreckens ins Gewicht. (Z. f. G. u. R. Bd. IX. S. 437.)

Ueber bleibenden Nachtheil s. zu Art. 234 Ziff. 1.

31) Auf die Nachtheile, welche die höheren Strafen des Abs. 2 nach sich ziehen, braucht der Vorsatz des Thäters nicht gerichtet gewesen zu sein; auch der nicht gewollte Erfolg ist demselben zuzurechnen. (Z. f. G. u. R. Bd. IX. S. 438, Stenglein Bd. II. S. 202.)

32) Diese Nachtheile müssen nicht die Folgen der Wechselwirkung von Gewalt und Beischlaf sein, auch die Folgen der Gewalt oder Drohung oder des Beischlafs allein oder damit verbundene rohe Behandlung oder die Folgen des Schreckens genügen den höher strafbaren Grad der Nothzucht zu begründen. (Z. f. G. u. R. Bd. IX. S. 438.)

33) Auch wenn die Nothzucht nur Mit- oder Zwischenursache des Nachtheiles oder Todes war, ist der schwerere Fall der Nothzucht gegeben. In den Verhandlungen des G.-A. (Vortr. d. G.-A. d. K. d. A. 1856/57 S. 321, s. auch Stenglein Bd. II. S. 203, Weis Bd. II. S. 4) wurde bemerkt, die Folgen der Niederkunft könnten dem Thäter nicht angerechnet werden, wenn die Genothzüchtigte in Folge der Nothzucht schwanger wurde. Dies wird abgesehen von der faktischen Schwierigkeit des Beweises, daß die Schwängerung Folge der Nothzucht war, und des Zuwartens mit der Aburtheilung bis nach der Niederkunft bekämpft in der Erört. in Z. f. G. u. R. Bd. IX. S. 439.

34) Die Bestimmung des Art. 238 findet auf Nothzucht keine Anwendung. (Z. f. G. u. R. Bd. IX. S. 439.)

35) Ist eine Körperverletzung die Folge der Nothzucht, welche nicht unter Art. 204 Abs. 2 fällt, oder zieht die That als Tödtung oder Körperverletzung eine höhere Strafe nach sich, als die Nothzucht, so findet idealer Zusammenfluß und die Anwendung des strengeren Strafgesetzes Statt. (Vortr. im G.-A. d. K. d. Abg. 1856/57 S. 321, Z. f. G. u. R. Bd. IX. S. 439. 440, Stenglein Bd. II. S. 202, Weis Bd. II. S. 4.)

36) Benützung derselben Gewalthandlung zu Nothzucht und Raub begründet realen Zusammenfluß. (Z. f. G. u. R. Bd. IX. S. 440.)

37) Der mit Gewalt versuchte natürliche Beischlaf und der hierauf gefolgte, mit Gewalt bewirkte Mißbrauch zu widernatürlicher Wollust bilden nur einen strafrechtlichen Thatbestand, keinen Zusammenfluß. (Erk. d. Cass.-H. v. 6. Febr. 1864, Z. f. Gerichtspr. Bd. III. S. 112, Z. f. G. u. R. Bd. XI. S. 29.)

38) Es begründet Nichtigkeit des Urtheils, wenn bei Verurtheilung wegen Versuchs der Nothzucht zu einer Gefängnißstrafe die Straffolgen des Art. 28 nicht ausdrücklich verhängt werden. (Erk. d. Cass.-H. v. 20. August 1864, Z. f. Gerichtspr. Bd. III. S. 355, Z. f. G. u. R. Bd. XI. S. 297.)

39) Wenn die über den Thatbestand des Versuches gehörig belehrten Geschwornen die auf das vollendete Verbrechen der Nothzucht gerichtete Hauptfrage mit dem Zusatze bejahen, daß eine Vereinigung der Geschlechtstheile nicht erfolgt sei, so kann der Angeklagte wegen versuchter Nothzucht verurtheilt werden. (Erk. d. Cass.-H. v. 7. April 1868, Z. f. Gerichtspr. Bd. VII. S. 326.)

Art. 205.

Mißbrauch zum Beischlafe.

Wer ein Mädchen, welches das zwölfte Jahr noch nicht zurückgelegt hat, zum Beischlafe mißbraucht oder mit einer im Zustande gänzlicher Willen-

losigkeit befindlichen Frauensperson den außerehelichen Beischlaf verübt, ist nach den Bestimmungen über Nothzucht zu bestrafen.

1) „Wer“. Thäter kann nach der Begriffsbestimmung nur eine Mannsperson sein. Mitthäterschaft ist in der Regel ausgeschlossen, jedoch kann Theilnahme, z. B. durch Versetzen der Mißbrauchten in willenlosen Zustand mittels einer Narkose, vorkommen. (Z f. G. u. R. Bd. IX. S. 446, Stenglein Bd. II. S. 205, Weis Bd. II. S. 5.)

2) Auf Weibspersonen, welche den Beischlaf mit einem Knaben, welcher das zwölfte Jahr noch nicht zurückgelegt hat, oder mit einer gänzlich willenlosen Mannsperson vollziehen, ist Art. 215 Ziff. 2 anwendbar. (Z. f. G. u. R. Bd. IX. S. 446, Z. f. Gerichtspr. Bd. VI. S. 175.)

3) „ein Mädchen, welches das zwölfte Jahr noch nicht zurückgelegt hat“. Der Beweis der Zustimmung des Mädchens ist weder zulässig noch wirksam, ebensowenig ist Unkenntniß des Alters ein Entschuldigungsgrund (Art. 227). (Z. f. G. u. R. Bd. IX. S. 446. 447, Stenglein Bd. II. S. 205.)

4) „mit einer im Zustande gänzlicher Willenlosigkeit befindlichen Frauensperson“. Als Formen solcher Willenlosigkeit wurden bei den Verhandlungen hervorgehoben: thierischer Blödsinn, im Gegensatze zur außergewöhnlichen Armuth an Vorstellungen und Erfahrungen (Art. 206); ferner der höchste Grad des Kretinismus, der mit gänzlicher Willenlosigkeit verbundene Grad des Wahnsinns abgesehen von lichten Zwischenräumen, endlich Bewußtlosigkeit durch Schlaf, Schlaftrunkenheit, Betäubung, Ohnmacht, Delirium, höchsten Grad der Trunkenheit. (Prot. d. G.-A. d. K. d. Abg. 1856 57 Bd. II. S. 23. 24, Vortr. S. 321, Prot. 1860/61 S. 266, Z. f. G. u. R. Bd. IX. S. 450. 451. Vgl. auch Z. f. Gerichtspr. Bd. I. S. 28.)

5) Ob der Thäter die Frauensperson zufällig im willenlosen Zustand angetroffen oder dieselbe absichtlich in denselben versetzt hat, ist nicht unterschieden, sondern lediglich bei der Strafzumessung zu berücksichtigen. (Motive z. Entw. v. 1855 S. 92, Z. f. G. u. R. Bd. IX. S. 452, Stenglein Bd. II. S. 204, Weis Bd. II. S. 7.)

6) Ob auch körperlich gelähmte, aber deshalb nicht willenlose Personen unter den Schutz des Art. 205 fallen, ist zweifelhaft. (Z. f. G. u. R. Bd. IX. S. 452, Stenglein Bd. II. S 204.)

7) Das Nichtwissen des hier vorausgesetzten Geisteszustands der Frauensperson auf Seite des Thäters entschuldigt diesen. (Stenglein Bd. II. S. 205, Z. f. Gerichtspr. Bd. I. S. 28, Weis Bd. II. S. 7, Z. f. G. u. R. Bd. IX. S. 454.)

8) „Zum Beischlafe mißbraucht oder den außerehelichen Beischlaf verübt“. Zwischen diesen verschiedenen Ausdrucksweisen besteht kein innerer Unterschied. (Z. f. G. u. R. Bd. IX S. 447.)

Vgl. hiezu Art. 224.

9) Beischlaf des Ehemanns mit seiner im willenlosen Zustande befindlichen Ehefrau ist nicht strafbar. (Prot. d. G.-A. d. K. d. Abg. 1856/57 Bd. II. S. 24, Stenglein Bd. II. S. 205.)

10) Nicht derjenige Zustand ist maßgebend, in welchem sich die Frauensperson im Allgemeinen befindet, sondern nur derjenige, in welchem sie sich im Augenblicke des Mißbrauchs befunden hat. (Weis Bd. II. S. 7.)

11) „ist nach den Bestimmungen über Nothzucht zu bestrafen“. Sollte in Folge der Anwendung eines Betäubungsmittels oder in Folge der zum Genusse der Wollust gemachten Veranstaltungen der Tod oder ein bleibender Nachtheil am Körper oder der Gesundheit der mißbrauchten Person eintreten und die That vollendet worden sein, so sind die höheren Strafen des Art. 204 Abs. 2 anzuwenden. Treten jene Folgen am Körper oder Gesundheit der mißbrauchten Person bei nur versuchter That oder andere Folgen ein, so finden die Grundsätze über Zusammenfluß Anwendung. (Z. f. G. u. R. Bd. IX. S. 452. 453. Stenglein Bd. II. S. 205.)

12) Beim Versuche des Mißbrauchs zum Beischlafe durch eine jugendliche Person ist die Versuchsstrafe wegen Jugend zu reduciren, nicht zuerst wegen Jugend und dann wegen Versuchs. (Z. f. Gerichtspr. Bd. III. S. 244, s. dagegen Anmerkung daselbst.)

Art. 206.

Wer außer dem Falle der Nothzucht eine blödsinnige oder in anderer Weise geisteskranke Frauensperson zum außerehelichen Beischlafe mißbraucht, ist mit Gefängniß nicht unter einem Jahre zu bestrafen.

1) „Wer" s. Note 1. 2. zu Art. 205 S. 298.

Frauenspersonen, welche eine im Sinne des Art. 206 geistesbeschränkte Mannsperson im Alter von 12 Jahren und darüber zum Beischlaf gebrauchen, sind straflos. (Z. f. G. u. R. Bd. IX. S. 446.)

2) „außer dem Falle der Nothzucht". Auch die in diesem Artikel bezeichneten Personen können genothzüchtigt werden, wenn sie mit Gewalt oder Drohungen auf Leib und Leben gegen ihren Willen zum Beischlaf gebraucht werden. Art. 206 hat dagegen die Einwilligung der nicht vollständig willensfähigen Personen zur Voraussetzung. Andere Drohungen als auf Leib und Leben schließen den Thatbestand des Art. 206 nicht aus. (Z. f. G. u. R. Bd. IX. S. 444. 445, vgl. auch Note 7 zu Art. 204 S. 294 und Note 3 zu Art. 205 S. 298, Stenglein Bd. II. S. 203. 204, Weis Bd. II. S. 5.)

3) „eine blödsinnige oder in anderer Weise geisteskranke Frauensperson". Blödsinnig ist eine Person, welche der höheren, zur richtigen Unterscheidung und Beurtheilung äußerlicher und moralischer Vorkommnisse nöthigen Geisteskräfte ermangelt, deren Geist mehr oder weniger tabula rasa darstellt; geisteskrank ist diejenige Person, deren Bewußtsein mit der Außenwelt nicht mehr in congruentem Verhältnisse steht. Die beiden Zustände dürfen jedoch nicht bis zu dem der gänzlichen Willens- oder Bewußtlosigkeit gesteigert sein, da sonst Art. 205 zur Anwendung kommt. Motive z. Entw. v. 1855 S. 92, Prot. d. G.-A. d. K. d. Abg. 1856/57 Bd. II. S. 23, Z. f. G. u. R. Bd. IX. S. 453, Stenglein Bd. II. S. 204, Weis Bd. II. S. 7.)

4) Angetrunkenheit oder die Begierden hysterischer oder manntoller Frauenspersonen, Excentricitaten, Sonderbarkeiten u. s. w. fallen nicht unter die in Art. 206 berührten Geisteszustände. (Prot. d. G.-A. d. K. d. Abg. 1856/57 Bd. II. S. 23, Z. f. G. u. R. Bd. IX. S. 454, Stenglein Bd. II. S. 204, Weis Bd. II. S. 6.)

S. hiezu auch Note 7—10 des Art. 205 S. 298 und über Zusammenfluß mit Körperverletzung Note 11 ebendas.

Art. 207.

Betrügliche Verleitung zum Beischlafe.

Wer eine Frauensperson zur Gestattung des Beischlafes durch Erregung oder Benützung eines Irrthums verleitet, vermöge dessen sie den Beischlaf für einen ehelichen hält, soll mit Gefängniß nicht unter zwei Jahren bestraft werden.

1) „Wer eine Frauensperson". Der Thäter kann nur eine Mannsperson sein. Eine analoge Strafbestimmung für eine Frauensperson, welche eine Mannsperson betrüglich zum Beischlaf verleitet, existirt nicht. Theilnehmer können Personen verschiedenen Geschlechts sein; dieselben sind unter Umständen auch wegen Anmassung eines öffentlichen Amts bei Scheintrauung u. s. w. als Thäter strafbar. (Vortr. im G.-A. d. K. d. Abg. 1856/57 S. 322, Z. f. G. u. R. Bd. IX. S. 459, Stenglein Bd. II. S. 206, Weis Bd. II. S. 8.)

2) „zur Gestattung des Beischlafs verleitet". Es ist zwar keine Verführung im Sinne des Art. 222 oder eine Verleitung im Sinne des Art. 216 Abs. 1 und Art. 221 Abs. 1 vorausgesetzt, wohl aber eine auf Gestattung des

Beischlafs gerichtete und um diese anhaltende Selbstthätigkeit des Mannes, so daß die bloße Benützung des Irrthums, wobei dem Manne die Gelegenheit entgegengetragen wird, nicht unter das Gesetz fällt. (Z. f. G. u. R. Bd. IX. S. 456.)

3) Nicht strafbar ist auch der Fall, in welchem der Mann den Irrthum der Frau nicht erkennt, und ihr Entgegenkommen für Leichtfertigkeit hält. (Z. f. G. u. R. Bd. IX. S. 457.)

4) Handelt es sich nur um Verübung unzüchtiger Handlungen, so finden lediglich die Bestimmungen über Ehrenkränkung Anwendung. (Z. f. G. u. R. Bd. IX. S. 458.)

5) „durch Erregung oder Benützung eines Irrthums" u. s. w. Art. 207 umfaßt hauptsächlich zwei Fälle: die Erregung oder Benützung eines Irrthums, vermöge dessen eine verheirathete Frau den Mann, mit dem sie zu thun hat, für ihren Ehemann hält; und den Fall einer Scheintrauung, durch welche eine Ehe nicht begründet wird. (Motive z. Entw. v. 1855 S. 92, Z. f. G. u. R. Bd. IX. S. 436. 437, Stenglein Bd. II. S. 206, Weis Bd. II. S. 8.)

6) Unter das Gesetz fällt nicht, wenn eine Trauung vorgespiegelt wird, um Bedenken der Frau über die Form der Eheschließung zu beseitigen, nach den bestehenden Gesetzen aber auch ohne die Trauung eine rechtsgültige Ehe entsteht und der Mann auch wirklich eine solche zu schließen beabsichtigt. Dagegen ist Art. 207 anwendbar trotz dieser Absicht, wenn das Gesetz eine wirkliche Trauung als Vorbedingung einer rechtsgültigen Ehe verlangt. (Z. f. G. u. R. Bd. IX. S. 457. 458.)

7) Das Verschweigen von Ehehindernissen, welche das Entstehen einer rechtsgültigen Ehe hindert, fällt nicht unter Art. 207, sondern unter Art. 219 oder Art. 268. (Z. f. G. u. R. Bd. IX. S. 458, Stenglein Bd. II. S. 206.)

8) Ob der Irrthum der mißbrauchten Frauensperson ein ganz oder theilweise selbstverschuldeter oder vermeidbarer war, und ob etwa noch Zweifel bei derselben bestunden, kommt nicht in Betracht. (Z. f. G. u. R. Bd. IX. S. 460.)

9) Die That ist nicht schon durch die Täuschung vollendet, sondern erst mit Vollzug des Beischlafs (Art. 224). (Z. f. G. u. R. Bd. IX. S. 457. 458, Stenglein Bd. II. S. 206.)

10) Versuch der That ist zwar besonders mit Strafe nicht bedroht, ist aber in der Regel als Ehrenkränkung strafbar. (Z. f. G. u. R. Bd. IX. S. 459.)

11) „vermöge dessen sie den Beischlaf für einen ehelichen hält". Art. 214 dehnt die That auch auf Benützung zu widernatürlicher Wollust aus und wird hiedurch die Ausrede, daß es sich nicht um den Beischlaf, sondern nur um Wollusterregung gehandelt habe, und die Frauensperson nicht habe geschwängert oder der Jungfrauschaft habe beraubt werden können, abgeschnitten. (Z. f. G. u. R. Bd. IX. S. 458, Stenglein Bd. II. S. 214.)

12) „soll bestraft werden". Von vorgängiger civilrichterlicher Auflösung des Verhältnisses zwischen dem Betrüger und der Betrogenen oder von Antragstellung der letzteren ist die Einleitung des Strafverfahrens nicht abhängig. (Z. f. G. u. R. Bd. IX. S. 458.)

Art. 208.

Blutschande.

Wenn Eltern oder andere Verwandte in aufsteigender Linie mit ihren leiblichen Abkömmlingen den Beischlaf vollziehen, so sollen Erstere mit Gefängniß nicht unter drei Jahren, Letztere, sofern sie das sechzehnte Jahr zurückgelegt haben, mit Gefängniß bis zu zwei Jahren bestraft werden. Zugleich ist gegen Erstere der Verlust der in Art. 28 Ziff. 5 bezeichneten Fähigkeit und, wenn sie als Lehrer oder Erzieher in öffentlichen Diensten stehen, der Verlust des Dienstes als Straffolge auszusprechen.

1) „Eltern oder andere Verwandte in aufsteigender Linie". Hierunter fallen außer den Eltern nur Großeltern u. s. w., nicht auch Adoptiveltern; oder solche, welche Kinder vereinkindschaftet haben. Verfehlungen von Adoptiveltern mit Adoptivkindern fallen unter Art. 216 Abs. 2 Ziff. 1 (vielmehr

auch Art. 212 f. daselbst Note 4 S. 303); letztere sind straffrei. Die Vereinkindschaftung kommt bei Art. 211 in Betracht. (Z. f. G. u. R. Bd. IX. S. 467.)

2) „den Beischlaf vollziehen". Irrthum oder Unwissenheit über das Verwandtschaftsverhältniß schließt die Strafbarkeit aus. (Motive z. Entw. v. 1855 S. 93 Ziff. 5, Vortr. im G.-A. d. K. d. Abg. 1856/57. S. 322, Z. f. G. u. R. Bd. IX. S. 466, Stenglein Bd. II. S. 210, Weis Bd. II. S. 11.)

3) Trägt der Incest die Merkmale eines schwerer strafbaren Reates an sich, wie Nothzucht oder Mißbrauch zur Unzucht, so liegt Zusammenfluß vor und kommt die schwerere Strafe gegen den Thäter zur Anwendung, vorbehaltlich der Berücksichtigung der Blutschande bei der Strafzumessung. (Motive z. Entw. v. 1855 S. 93 Ziff. 5, Stenglein Bd. II. S. 209, Weis Bd. II. S. 9.)

4) Zwang im Sinne des Art. 69 Abs. 2, jedoch nicht in dem des Art. 204 schließt zwar die Strafbarkeit des Gezwungenen aus, läßt aber den Zwingenden nach Art. 208 strafbar. (Z. f. G. u. R. Bd. IX. S. 465.)

5) „so sollen bestraft werden". Ascendenten und Descendenten begehen, wenn letztere überhaupt strafbar sind (was durch Zwang, Irrthum, jugendliches Alter u. s. w. ausgeschlossen sein kann), gesonderte Vergehen, sind jedoch zugleich Mitthäter am Vergehen des Andern, ohne daß hiefür eine besondere Strafe zur Anwendung kommt. (Z. f. G. u R. Bd. IX. S. 462, Stenglein Bd. II. S. 209.)

6) Gehört der eine der Schuldigen vor ein besonderes Gericht (z. B. Militärgericht, oder wegen Zusammenflusses das Schwurgericht), so zieht dies nicht die Zuständigkeit dieses Gerichts auch für den andern Schuldigen nach sich. (Z. f. G. u. R. Bd. IX. S. 462.)

7) Wegen der Mitthäterschaft können die Schuldigen nicht als Zeugen gegen einander vernommen werden. (Z. f. G. u. R. Bd. IX. 462. 463.)

8) Versuch ist nicht selbstständig strafbar, kann aber unter Art. 216 fallen. (Z. f. G. u. R. Bd. IX. S. 465.)

Art. 209.

Voll- und halbbürtige Geschwister, welche mit einander den Beischlaf vollziehen, sind mit Gefängniß von drei Monaten bis zu zwei Jahren zu bestrafen.

1) „Voll- und halbbürtige Geschwister". Adoptivgeschwister oder vereinkindschaftete Geschwister fallen nicht unter diesen Begriff, wohl aber uneheliche Geschwister, welche von derselben Mutter, wenn auch von verschiedenen Vätern, stammen, oder bezüglich deren beiden die Abstammung von demselben Vater, wenn gleich von verschiedenen Müttern, durch Anerkenntniß oder civilrechtliches Urtheil festgestellt und ihnen auch bekannt ist. (Z. f. G. u. R. Bd. IX. S. 472, Weis Bd. II. S. 10, Stenglein Bd. II. S. 208.)

2) Das Alter unter 16 Jahren kommt bei Blutschande unter Geschwistern nicht in Betracht, wenn überhaupt die zur Unterscheidung der Strafbarkeit der That erforderliche Ausbildung vorhanden ist. (Z. f. G. u. R. Bd. IX. S. 472, Weis Bd. II. S. 10.)

Vgl. auch Note 2—7 zu Art. 208 S. 301.

Art. 210.

Wenn das in den Art. 208 und 209 bezeichnete Verwandtschafts-Verhältniß ein außereheliches und zwar durch den Vater begründetes ist, so sind die Gerichte vorbehaltlich der Bestimmung des Art. 17 befugt, die Strafe bis auf die Hälfte des niedrigsten Strafmaßes herabzusetzen.

1) „ein außereheliches und zwar durch den Vater begründetes". Das Verwandtschaftsverhältniß muß auch in diesem Fall gemäß Art. 7 Abs. 2 festgestellt sein. (Motive z. Entw. v. 1855 S. 93 Ziff. 3, Z. f. G. u. R. Bd. IX. S. 467 fg., Stenglein Bd. II. S. 208, Weis Bd. II. S. 10.)

2) Die Feststellung muß vor der That erfolgt sein. Folgt das Anerkenntniß

oder das civilrechtliche Urtheil der That nach, so ist die That straflos, auch wenn der Thäter das Bewußtsein der Verwandtschaft hatte. (Z. f. G. u. R. Bd. IX. S. 469, Stenglein Bd. II. S. 8.)

3) Auch die durch Fristenversäumniß zu Stande gekommene Feststellung durch richterliches Urtheil genügt für den Thatbestand, wenn gleich der uneheliche Vater das Verwandtschaftsverhältniß angreift. (Z. f. G. u. R. Bd. X. S. 556.)

4) Die Strafmilderungsbefugniß besteht nicht, wenn das außereheliche Verwandtschaftsverhältniß ein durch die Mutter vermitteltes ist. (Weis Bd. II. S. 10.)

Art. 211.

Der Beischlaf zwischen Schwieger- oder Stiefeltern und ihren Schwieger- oder Stiefkindern soll, insoferne das Schwägerschaftsverhältniß durch eine (noch bestehende oder bereits aufgelöste) Ehe begründet ist, an den Ersteren mit Gefängniß von drei Monaten bis zu zwei Jahren, und an den Letzteren, vorausgesetzt, daß sie bereits das sechzehnte Jahr zurückgelegt haben, mit Gefängniß bis zu einem Jahre bestraft werden.

1) „Der Beischlaf zwischen Schwieger- oder Stiefeltern und ihren Schwieger- oder Stiefkindern". Hiedurch sind nur die Verschwägerten des ersten Grades getroffen; dagegen ist der Beischlaf des Vaters mit der Stieftochter des Sohns, des Enkels mit der Stiefgroßmutter straflos. (Z. f. G. u. R. Bd. IX. S. 473.)

2) Adoptivverwandtschaft begründet kein Verhältniß, auf welches Art. 211 anwendbar wäre. Der Beischlaf der Ehefrau mit dem Adoptivsohne des Mannes fällt, wenn letzterer noch minderjährig ist, unter Art. 216. (Unter Umständen auch unter Art. 212 s. Note 4 S. 303 hiezu und Note 1 zu Art. 208 S. 300.) Der Beischlaf des Adoptivvaters mit der Ehefrau des Adoptivsohns ist straflos. (Z. f. G. u. R. Bd. IX. S. 474. 475.)

3) „insoferne das Schwägerschaftsverhältniß durch eine (noch bestehende oder bereits aufgelöste) Ehe begründet ist". Durch außerehelichen Beischlaf wird kein Schwägerschaftsverhältniß im Sinne des Art. 211 begründet. Hiemit ist aber nicht zu verwechseln die außereheliche Blutsverwandtschaft zwischen dem einen Ehegatten, und demjenigen, mit welchem der andere Ehegatte sich vergeht, wie zwischen Ehemann und der unehelichen Tochter der Ehefrau von einem andern Vater. (Motive z. Entw. v. 1855 S. 93 Ziff. 4, Z. f. G. u. R. Bd. IX. S. 473. 474, Stenglein Bd. II. S. 208. 209, Weis Bd. II. S. 10.)

4) Der Begriff der Stiefverwandtschaft ist nach dem Sprachgebrauche, nicht nach civilrechtlichen Bestimmungen zu erklären, dauert also auch noch fort, wenn das Civilrecht bestimmt, daß das Stiefverhältniß durch den Tod des leiblichen Elterntheils gelöst wird. (Erk. d. Cass.-H. v. 25. Juli 1863, Z. f. Gerichtspr. Bd. II. S. 341, Z. f. G. u. R. Bd. X. S. 806.)

5) Wer mit der unehelichen Tochter seiner verstorbenen Ehefrau den Beischlaf vollzieht, obgleich ihm das bestehende Schwägerschaftsverhältniß bekannt ist, begeht Blutschande, wenn er auch mit seiner Ehefrau nur in Civilehe lebte und hoffte mittels Dispens die Stieftochter heirathen zu können. (Erk. d. Cass.-H. v. 6. Mai 1870, Z. f. Gerichtspr. Bd. IX. S. 316, Entsch. d. Cass.-H. Bd. IV. S. 173.)

6) Als Ehe ist auch die wegen eines zerstörenden aber privatrechtlichen (verzichtbaren) Hinderungsgrundes (Zwang, Irrthum, Unvermögen, Entführung) als nichtig anfechtbare zu betrachten, so lange sie nicht als nichtig erklärt ist. Ein mit einem öffentlichen, unheilbaren Nichtigkeitsgrund behaftetes eheliches Verhältniß kann dagegen nicht als Ehe gelten. (Z. f. G. u. R. Bd. IX. S. 473.)

7) Vereinkindschaftung erzeugt das Verhältniß des Stiefvaters oder der Stiefmutter zum Stiefkinde. (Z. f. G. u. R. Bd. IX. S. 467. 474, s. auch Note 1 zu Art. 208 S. 300.)

8) Die Strafmilderung des Art. 210 findet bei Art. 211 nicht Anwendung,

wenn auch bei dem Verwandtschaftsverhältnisse ein uneheliches im Spiele ist. (Z. f. G. u. R. Bd. IX. S. 474.)

9) „soll bestraft werden". Die Strafbestimmungen des Art. 211 schließen nicht aus, daß unter Umständen dem Stief- oder Schwiegerkind eine höhere Strafe zugemessen wird, als dem Elterntheile, z. B. wenn ersteres bei Altersungleichheit der verführende Theil ist. (Motive z. Entw. v. 1855 S. 93 Ziff. 2, Z. f. G. u. R. Bd. IX. S. 474.)

10) Die Stiefeltern unterliegen als Pflegeeltern der höheren Strafe des Art. 212, wenn die Stiefkinder minderjährig sind und in Familiengemeinschaft mit jenen leben. (Z. f. G. u. R. Bd. IX. S. 475.) [Wenn auch ein Widerspruch darin liegt, daß Art. 211 gegen Stiefeltern eine mildere Strafe androht, als Art. 212 gegen Pflegeeltern, so dürfte doch obige Lösung nicht statthaft sein, nachdem einmal das Gesetz einen Unterschied zwischen Stief- und Pflegeeltern statuirt und diese Verhältnisse verschiedene Voraussetzungen haben. Es liegt eben ein Versehen des Gesetzgebers bei der Strafandrohung vor. Vgl. Stenglein Bd. II. S. 213 Anmerk. 3.]

Vergl. zu Art. 211 noch Note 2—8 zu Art. 208 S. 301, Note 2. 3 zu Art. 210 S. 301.

Art. 212.

Verletzung der Sittlichkeit durch Mißbrauch des Erziehungs-, Aufsichts- und Amtsverhältnisses. . . . .

Pflegeeltern und Vormünder, welche mit ihren minderjährigen Pflegebefohlenen, Geistliche, welche mit ihren minderjährigen Pfarr- oder Beichtkindern, Lehrer und Erzieher, welche mit den ihnen zur Erziehung oder zum Unterrichte anvertrauten minderjährigen Personen den Beischlaf vollziehen, sind mit Gefängniß nicht unter sechs Monaten zu bestrafen. . . .

Zugleich ist gegen dieselben der Verlust der im Art. 28 Ziff. 5 bezeichneten Fähigkeit und, wenn sie als Lehrer oder Erzieher in öffentlichen Diensten stehen, der Verlust des Dienstes als Straffolge auszusprechen.

1) „Pflegeeltern" sind diejenigen in einer dem elterlichen Verhältnisse analogen Beziehung stehenden Personen, welche die Stelle der Eltern hinsichtlich Unterhalt, Erziehung, leiblicher und geistiger Pflege oder Ausbildung, Verhütung sittlicher Gefahren oder Ausartungen vertreten. (Z. f. G. u. R. Bd. IX. S. 621.) Dies sind alle Personen, welche die Pflege Minderjähriger an der Stelle der leiblichen Eltern übernommen haben. (Stenglein Bd. II. S. 211, s. auch Prot. d. G.-A. d. K. d. Abg. 1855/57 Bd. II. S. 25, Weis Bd. II. S. 13.)

2) Die Eigenschaft der Pflegeeltern setzt keinen förmlichen Vertrag voraus; es genügt jedes faktische Verhältniß, so die faktische Annahme eines Minderjährigen an Kindesstatt. (Stenglein Bd. II. S. 211, Z. f. G. u. R. Bd. IX. S. 621, Erk. d. A.-G. v. Niederbayern v. 4. Sept. 1865, Z. f. Gerichtspr. Bd. V. S. 196 und Z. f. Gerichtspr. Bd. VII. S. 46.)

3) Der zweite Mann der Stiefmutter ist Pflegevater der im Hause gebliebenen Tochter aus der ersten Ehe des verstorbenen Mannes der Stiefmutter; ebenso der Ehemann der Pflegemutter. (Z. f. G. u. R. Bd. IX. S. 621, Z. f. Gerichtspr. Bd. I. S. 36.)

4) Auch die Adoptivältern sind Pflegeeltern. (Stenglein Bd. II. S. 211, Z. f. G. u. R. Bd. IX. S. 621 [s. Note 1 zu Art. 208 S. 300 und Note 2 zu Art. 211 S. 302.] Die letztallegirte Erörterung setzt sogar bei: und zwar selbst dann, wenn sie die unmittelbare Pflege Jemanden Anderem anvertraut oder überlassen haben, kommt aber hiemit um so mehr in Widerspruch mit den zu Art. 208 und 211 angeführten Bemerkungen, es sei auf Adoptiveltern nur Art. 216 anwendbar.

5) Die Erörterung (Z. f. G. u. R. Bd. IX. S. 622 mit 475) rechnet auch Stiefeltern unter die Pflegeeltern, s. dagegen Note 10 zu Art. 211 oben.

6) Dieselbe Erörterung S. 622 führt auch an, als Pflegevater könne nach Umständen auch derjenige außereheliche Vater des von ihm mißbrauchten Kindes zur Rechenschaft gezogen werden, dessen Anerkennung des Kindes, weil es in Blutschande oder Ehebruch von ihm gezeugt worden war, wirkungslos ist. Dies

dürfte insoferne irrig sein, als die civilrechtliche Wirkungslosigkeit, welche allein gemeint sein kann, noch keine strafrechtliche Wirkungslosigkeit erzeugt, und der anerkannte uneheliche Vater aus Blutschande oder Ehebruch für die weitere Blutschande nicht dadurch straffrei sein kann, daß er zufällig sein Kind nicht in Pflege hat und deshalb Art. 211 anwendbar ist.

7) Das Verabreichen von Lohn an das Pflegekind schließt das Pflegeverhältniß nicht aus. (Z. f. G. u. R. Bd. IX. S. 621.)

8) Mit der Lösung des Pflegeverhältnisses hört jede Verbindung auf. (Stenglein Bd. II. S. 211.)

9) „Vormünder". Die Vormundschaft muß durch förmliche Uebertragung durch die Curatelbehörde begründet sein und beginnt mit dem Momente der Verpflichtung als Vormund. (Stenglein Bd. II. S. 211, Z. f. G. u. R. Bd. IX. S. 622.)

10) Es begründet keinen Unterschied, ob der Vormund Haupt-, Mit-, Nebenvormund, Pflege-, Vermögens-, Verwaltungs- oder Ehrenvormund war. (Z. f. G. u. R. Bd. IX. S. 622.)

11) Das Vormundschaftsverhältniß im strafrechtlichen Sinne schließt mit der Volljährigkeit des Mündels, wenn der Vormund seiner Pflichten auch noch nicht förmlich entledigt war. Die Curatel über Volljährige ist nicht hieher zu beziehen. (Z. f. G. u. R. Bd. IX. S. 622, Weis Bd. II. S. 13. 14.)

12) „Geistliche". Das geistliche Amt kommt nicht vermöge seiner Verpflichtung zur Keuschheit in Betracht, sondern nur in Folge eines seelsorgerlichen Verhältnisses zur Mißbrauchten oder in Folge eines freiwillig begründeten Verhältnisses als Beichtvater, welches durch einmalige Beichte noch nicht begründet wird, wohl aber begründet ist, so lange die Beichthandlung oder deren Vorbereitungen dauern oder überhaupt in jedem Verhältniß, in welches der Geistliche nur durch seine Eigenschaft als Beichtvater tritt. (Stenglein Bd. II. S. 211, Z. f. G. u. R. Bd. IX. S. 623. 624, Weis Bd. II. S. 15.)

13) Von wem das geistliche Amt übertragen ist, ob vom Staate oder von der Religionsgenossenschaft kommt nicht in Betracht; ebensowenig ist der Begriff auf die anerkannten christlichen Kirchengesellschaften beschränkt; sei es auch daß die Geistlichen anderer Religionsgenossenschaften in der Regel nicht als Geistliche bezeichnet werden, wie die jüdischen Rabiner; er findet aber auch Anwendung auf Hilfspriester wie Kuraten, Cooperatoren, Vikare, welchen geistliche Verrichtungen übertragen sind. (Z. f. G. u. R. Bd. IX. S. 622, Weis Bd. II. S. 14.)

14) Der Beichtvater kann sich mit Unzuständigkeit in dieser geistlichen Jurisdiktionssache nicht entschuldigen. (Z. f. G. u. R. Bd. IX. S. 622 623.)

15) Ob die Kirche oder Religionsgenossenschaft die Beichte als Sakrament oder für obligatorisch erklärt oder nicht, kommt nicht in Betracht. (Z. f. G. u. R. Bd. IX. S. 623, Weis Bd. II. S. 15.)

16) Rein persönliche Verhältnisse von Geistlichen, wie das eines solchen zu seiner Braut, fallen nicht unter Art. 212. (Z. f. G. u. R. Bd. IX. S. 623, Stenglein Bd. II. S. 213.)

17) Wird die That innerhalb eines Verhältnisses des Geistlichen zur Schule begangen, so kommt zwar nicht dessen Eigenschaft als Geistlicher, wohl aber die als Lehrer in Betracht. (Stenglein Bd. II. S. 211, Weis Bd. II. S. 14, Z. f. G. u. R. Bd. IX. S. 623, Vortr. im G.-A. d. K. d. Abg. 1860/61 S. 135, Prot. S. 207.)

18) „Lehrer und Erzieher". Es ist kein Unterschied gemacht zwischen öffentlichen und Privatlehrern oder Erziehern, wie Privatinstitutsvorstehern, Hofmeistern, Hauslehrern. Auch Aushilfslehrer wie Schulgehilfen gehören hieher. (Z. f. G. u. R. Bd. IX S. 623. 624, Stenglein Bd. II. S. 211. 212, Weis Bd. II. S. 15.)

19) Auch Zeichen-, Tanz-, Musiklehrer u. s. w. fallen unter diesen Begriff. (Vortr. im G.-A. d. K. d. Abg. 1856/57 S. 323, Stenglein Bd. II. S. 212, Z. f. G. u. R. Bd. IX. S. 624, Weis Bd. II. S. 15.)

20) Ferner gehören hieher Gewerbsmeister in ihrem Verhältnisse zu Lehrlingen. (Weis Bd. II. S. 15, Z. f. G. u. R. Bd. IX. S. 624, Erk. d. A.-G. v. Unterfranken v. 1. Mai 1863, Z. f. Gerichtspr. Bd. II. S. 260, Z. f. G. u. R. Bd. X. S. 558.)

21) Die in Erziehungsinstituten als Aufseher verwendeten Diener gehören nicht zu den Lehrern oder Erziehern. (Z. f. G. u. R. Bd. IX. S. 624.)

22) Das Geschlecht des Thäters begründet keinen wesentlichen Unterschied, insoferne mit den in Art. 212 aufgeführten Stellen auch Frauenspersonen bekleidet werden können. (Z. f. G. u. R. Bd. IX. S. 625, Weis Bd. II. S. 12.)

23) „welche mit ihren minderjährigen Pfarr- oder Beichtkindern." Die Minderjährigkeit ist nach dem Civilrechte zu bemessen, endet also in Bayern mit vollendetem 21. Lebensjahre. (Vortr. im G.-A. d. K. d. Abg. 1856/57. S. 323, Stenglein Bd. II. S. 212, Z. f. G. u. R. Bd. IX. S. 619.) Diese Erörterung stellt die Ansicht auf, daß, wenn die mißbrauchte Person ihre Heimath im Auslande habe, nach den Gesetzen der Heimath die Minderjährigkeit zu bemessen sei, also dieselbe früher oder später enden könne, als bei bayerischen Staatsangehörigen; und stellt die weitere Voraussetzung auf, daß gegenüber von Geistlichen, Lehrern und Erziehern das Verhältniß von dem mehr als 21jährigen Minderjährigen nicht ohne Zuthun der Eltern oder des Vormunds gelöst werden könne.

24) „welche mit den ihnen zur Erziehung oder zum Unterrichte anvertrauten minderjährigen Personen." Das Anvertrauen setzt eine mittelbare oder unmittelbare Uebergabe durch die Eltern, Vormünder oder Pflegeeltern voraus. Ein ohne Zuthun dieser Personen begründetes und lösbares Verhältniß fällt nicht unter Art. 212. (Z. f. G. u. R. Bd. IX. S. 624. 625, Weis Bd. II. S. 15. 16.) (Diese Interpretation ist willkührlich und im Wortlaut des Gesetzes nicht begründet. Auch ein sich Anvertrauen des Minderjährigen läßt einen Vertrauensbruch zu.)

25) „Den Beischlaf vollziehen." Es genügt die einfache Thatsache des Beischlafs; eine besondere Verleitung oder Verführung ist nicht erforderlich; selbst ein sich Anbieten von Seite der untergebenen Person entschuldigt den Thäter nicht. Anwendung von Gewalt oder Benützung eines der in Art. 205. 206 bezeichneten Zustände begründet ideelle Concurrenz von Nothzucht oder Mißbrauch zum Beischlaf. (Motive z. Entwurf v. 1855. S. 94, Z. f. G. u. R. Bd. IX. S. 619, Stenglein Bd. II. S. 213, Weis Bd. II. S. 11, 12.)

26) Der Versuch ist mit Strafe nicht bedroht, kann aber disciplinär oder als unzüchtige Handlung nach Art. 216 strafbar sein. (Z. f. G. u. R. Bd. IX. S. 626, Stenglein Bd. II. S. 213.)

27) Zu Absatz 2. Die Straffolge des Dienstverlustes der in öffentlichen Diensten stehenden Lehrer oder Erzieher ist nicht nur dann zu verhängen, wenn sie sich des Mißbrauchs der ihnen zum Unterrichte oder zur Erziehung anvertrauten Personen schuldig gemacht haben, sondern auch, wenn dies gegenüber von Pflegekindern oder Mündeln der Fall war. (Z. f. G. u. R. Bd. IX. S. 627.)

28) Das Amt eines katholischen Geistlichen kann von den weltlichen Gerichten nicht aberkannt werden. (Erk. d. Cass.-H. v. 1. März 1862, Z. f. Gerichtspr. Bd. I. S. 108. Z. f. G. u. R. Bd. IX. S. 48. 627, Prot. d. G.-A. d. K. d. R.-R. 1860/61. S. 208, Stenglein Bd. II. S. 213, Weis Bd. II. S. 16.)

29) Auf Privatdienste kann die Straffolge des Dienstverlustes nicht ausgedehnt werden. (Prot. d. G.-A. d. K. d. Abg. 1856/57 Bd. II. S. 27, Z. f. G. u. R. Bd. IX. S. 627.)

Art. 213.

Die an Gefängnissen, an Straf- und polizeilichen Verwahrungshäusern oder an Anstalten, welche zur Pflege oder Unterstützung von Hilfsbedürftigen oder zur Besserung verwahrloster Personen bestimmt sind, angestellten oder beschäftigten Beamten, Aerzte oder anderen Bediensteten, welche mit einer in die Anstalt aufgenommenen Person, desgleichen Beamte, welche mit einer Person, gegen die sie eine Untersuchung zu führen haben, den Beischlaf verüben, sollen mit Gefängniß von drei Monaten bis zu drei Jahren bestraft werden.

Zugleich ist gegen dieselben, wenn sie in öffentlichen Diensten stehen, der Verlust ihres Dienstes als Straffolge auszusprechen.

1) „Die an Gefängnissen, an Straf- und polizeilichen Verwahrungshäusern angestellten Beamten, Aerzte oder anderen Bediensteten." Zu den hier angeführten Anstalten gehören Untersuchungsgefängnisse aller bürgerlichen oder militärischen Gerichtsbehörden, alle Arten von Strafanstalten, Zuchthäusern, Gefangenanstalten, Bezirks- und Polizeigerichtsgefängnisse, Festungen, polizeiliche Verwahrungsanstalten, Polizeianstalten, Staats- und gemeindliche Polizeigefängnisse, Gendarmeriewachlokale, Armenbeschäftigungsanstalten, Civilarrestlokale. (Z. f. G. u. R. Bd. IX. S. 625, Stenglein Bd. II. S. 212.

2) „oder von Anstalten, welche zur Pflege oder Unterstützung von Hilfsbedürftigen oder zur Besserung verwahrloster Personen bestimmt sind." Hieher gehören Krankenhäuser, Irrenhäuser, Entbindungsanstalten, Pfründe- und Versorgungsanstalten für erwersbunfähige Arme, Asyle, Besserungsanstalten, Rettungshäuser, gleichviel ob sie öffentliche oder Privatanstalten sind, ob ihre Beamten oder Bediensteten vom Staate, von Gemeinden, geistlichen oder weltlichen Korporationen, Stiftungen oder Privaten bestellt sind. Ob eine solche Anstalt eine Besserungsanstalt oder ein Rettungshaus im Gegensatz zu einer Erziehungs- oder Unterrichtsanstalt ist, kommt auf die Aufnahmsbedingungen an. (Vortr. im G.-A. d. K. d. Abg. 1856/57. S. 323 Prot. Bd. II. S. 26. 27, Z. f. G. u. R. Bd. IX. S. 625, Stenglein Bd. II. S. 212, Weis Bd. II. S. 16.)

3) Privatunternehmer solcher Anstalt gelten als deren Beamte. Andere Bedienstete sind alle Klassen von Dienern, gleichviel ob sie eine mehr oder minder selbstständige oder dominirende Stellung einnehmen oder nicht. (Z. f. G. u. R. Bd. IX. S. 626.) Dagegen rechnet Stenglein Bd. II. S. 212 niedere Bedienstete, die zur Bedienung oder anderen Arbeiten benutzt werden, nicht hieher.

4) Auch ein gegen Taglohn in einem Spital aufgenommener Krankenwärter ist ein bei der Krankenanstalt angestellter Bediensteter. (Z. f. Gerichtspr. Bd. I. S. 344. S. hiezu auch Note 21. 22 zu Art. 212 S. 305.)

5) „welche mit einer in die Anstalt aufgenommenen Person den Beischlaf verüben." Es ist nicht erforderlich, daß hiebei ein Mißbrauch des dienstlichen Verhältnisses zu den in der Anstalt aufgenommenen Person stattfindet, oder daß dem Thäter die Aufsicht und Pflege speziell übertragen ist. (Z. f. G. u. R. Bd. IX. S. 625. 626, Stenglein Bd. II. S. 212, s. auch Note 25. 26 zu Art. 212 S. 305.)

6) „desgleichen Beamte, welche mit einer Person, gegen die sie eine Untersuchung zu führen haben, den Beischlaf verüben." Hiezu gehören die Untersuchungsrichter, die Polizeiorgane des Forschungsdienstes und zwar nicht allein Polizeibeamte, sondern auch öffentliche Diener und überhaupt die Organe der gerichtlichen Polizei, staatsanwaltschaftliche Beamte, Einzelnrichter, ferner die Schwurgerichtspräsidenten und Senatsvorstände. (Z. f. G. u. R. Bd. IX. S. 626, Stenglein Bd. II. S. 212.)

7) Das Stadium der Untersuchung und die Zeit, in welcher der betreffende Beamte mit der Sache befaßt war, muß genau unterschieden werden, da die Strafbarkeit des Beamten gemäß Art. 213 nur dann gegeben ist, wenn der Beischlaf in der Zeit erfolgte, in welcher der Beamte mit der mißbrauchten Person in einem amtlichen Verhältnisse stund. (Z. f. G. u. R. Bd. IX. S. 626.)

8) Ob die Untersuchung, bezw. Strafverfolgung, ein Verbrechen, Vergehen, eine Uebertretung, eine Polizeiübertretung oder eine disciplinäre strafbare Handlung betrifft, begründet keinen Unterschied. (Z. f. G. u. R. Bd. IX. S. 626, Stenglein Bd. II. S. 212.)

9) Personen, welche bei der Untersuchung beschäftigt sind, ohne diese selbst zu führen, oder im Forschungsdienst thätig zu sein, wie Protokollführer, ladende oder

transportirende öffentliche Diener u. dergl. ist Art. 213 nicht anwendbar, sondern nach Umständen Art. 375 oder 395. (Z. f. G. u. R. Bd. IX. S. 616.) Hiemit stimmt Stenglein Bd. II. S. 212 im Wesentlichen überein, rechnet aber öffentliche Diener, denen Gefangene zur Bewachung oder zum Transporte anvertraut sind, gewiß mit Recht zu den nach Art. 213 strafbaren.

10) Zu Absatz 2 s. Note 29 zu Art. 212 S. 305. und oben Note 5.

Art. 214.

Mißbrauch zur widernatürlichen Wollust.

Wenn die in den Art. 204—213 bezeichneten strafbaren Handlungen, statt durch naturgemäßen Beischlaf, durch den Mißbrauch einer Person männlichen oder weiblichen Geschlechts zu widernatürlicher Wollust verübt werden, so kommen die in jenen Artikeln enthaltenen Strafbestimmungen zur Anwendung.

1) „Durch den Mißbrauch einer Person männlichen oder weiblichen Geschlechts zur widernatürlichen Wollust". Eine Legal-Definition der widernatürlichen Wollust aufzustellen, wurde, um die Redaktion des Gesetzes und die Fragestellung an die Geschwornen von Cynismen rein zu halten und wegen der Schwierigkeit, eine erschöpfende, Mißverständnisse ferne haltende Definition zu finden, bei den Verhandlungen des Gesetzgebungsausschusses vermieden. (Motive z. Entwurf v. 1855. S. 94, Vortr. im G.-A. d. K. d. Abg. 1856/57. S. 324 fg., Prot. Bd. II. S. 27 fg., Prot. 1860/61. S. 59, Weis Bd. II. S. 18, Stenglein Bd. II. S. 215 fg.) Versuchte, wenn auch nicht gebilligte Definitionen sind: Wer die Geschlechtstheile einer anderen Person oder durch Mißbrauch einer anderen Person seine eigenen Geschlechtstheile zur Wollust in irgend einer anderen Weise als durch naturgemäßen Beischlaf gebraucht, ist der W. W. schuldig. Oder W. W. ist jeder Gebrauch der Geschlechtstheile der mißbrauchenden oder mißbrauchten Person auf andere Weise als zu natürlichem Beischlaf. Oder W. W. ist der geschlechtliche Mißbrauch einer Person männlichen oder weiblichen Geschlechts zur Befriedigung der Geschlechtslust auf einem anderen Wege als dem des natürlichen Beischlafs.

Die Erörterung in der Z. f. G. u. R. Bd. IX. S. 223—258, welche zugleich eine eingehende Kritik und Beleuchtung der versuchten Definitionen enthält, stellt S. 258 folgende Definition auf:

Mißbrauch zur W. W. ist die von einer Person des einen oder des anderen Geschlechts, mit dem Vorsatze, sich den Genuß der besonderen Reizbarkeit ihres Geschlechtstheiles zu verschaffen, außerhalb des naturgemäßen Beischlafs vorgenommene jenen Genuß der Erfahrung nach gewöhnlich und unmittelbar hervorzubringen geeignete unzüchtige Veranstaltung mit diesem Geschlechtstheile und mit oder an dem Körper einer anderen Person männlichen oder weiblichen Geschlechts.

2) Vollendet ist der Mißbrauch zur W. W., wenn der Thäter jene Handlungen vorgenommen hat, welche zum Zwecke seiner W. W. gehören, ohne daß Befriedigung der Geschlechtslust erforderlich ist. (Motive z. Entw. v. 1855 S. 95, Vortr. im G.-A. d. K. d. Abg. 1856/57 S. 325, Prot. Bd. II. S. 29. Stenglein Bd. II. S. 217, Weis Bd. II. S. 29.) Vollendung liegt in Vornahme derjenigen äußerlich wahrnehmbaren Handlung, durch welche die Wollust hervorgebracht wird, oder welche zur Erregung der Wollust geeignet ist. (Z. f. G. u. R. Bd. IX. S. 250—254. 255.)

3) Mangelt bei einer unzüchtigen Handlung der Vorsatz, sich die Wollust zu verschaffen, so kommt nicht Art. 214, sondern Art. 215 oder 216 zur Anwendung. (Z. f. G. u. R. Bd. IX. S. 254.) Mißbrauch zur widernatürlichen Wollust unterscheidet sich vom Vergehen unzüchtiger Handlungen durch die Absicht, den Geschlechtstrieb zu befriedigen. (Erk. d. A.-G. v. Niederbayern v. 26. August 1862, Z. f. Gerichtspr. Bd. I. S. 303, Erk. d. C.-H. v. 12. Dez. 1862, Z. f. Gerichtspr. Bd. II. S. 70, s. auch Weis Bd. II. S. 29, Stenglein Bd. II. S. 216. 219.)

4) Wenn zwar der Vorsatz, sich die Wollust zu erregen gefaßt ist, die unverkennbar unzüchtige Handlung aber noch keinen Anfang der Ausführung enthält, so kommen die

Strafbestimmungen über unzüchtige Handlungen oder öffentliche Sittlichkeitsverletzungen zur Anwendung, ebenso wenn nach eingetretenem Anfang der Ausführung die Vollendung nicht ausschließlich wegen äußererer vom Willen des Thäters unabhängiger Umstände unterblieben ist. (Z. f. G. u. R. Bd. IX. S. 254. 255.)

5) Die Erört. Z. f. G. u. R. Bd. IX. S. 224 rechnet den mit Verhinderung der Befruchtung vorgenommenen Beischlaf zur W. W.; den unvollständigen, absichtlich oder unabsichtlich unterbrochenen Beischlaf dagegen nicht. Auch ersteres dürfte unrichtig sein, da die Rücksicht auf mögliche Befruchtung überhaupt nicht zu den Merkmalen des strafbaren Beischlafs gehört.

6) In der Verleitung nicht 12 Jahre alter Knaben zum Beischlaf durch eine Weibsperson liegt nicht das Verbrechen des Art. 205 mit 214, sondern lediglich das Vergehen gemäß Art. 215. (Z. f. Gerichtspr. Bd. VII. S. 175.)

7) Ein unzüchtiger Angriff einer Mannsperson auf ein noch nicht 12 Jahre altes Mädchen unter Mißbrauch ihrer Geschlechtstheile ohne Anwendung der eigenen ist nicht nach Art. 214, sondern nach Art. 215 strafbar. (Erk. d. A.-G. v. Mittelfranken v. 17. Oktober 1868, Z. f. Gerichtspr. Bd. VIII. S. 156.)

8) Handlungen an dem Körper eines Andern, welche den Zweck haben, mittels geschlechtlicher Reitzung die eigene Wollust zu befriedigen, sind als widernatürliche Wollust zu betrachten. (Erk. d. Cass.-H. v. 20. Mai 1870, Z. f. Gerichtspr. Bd. IX. S. 339, Entsch. d. Cass.-H. Bd. III. S. 213.)

9) Die Feststellung, daß eine Mannsperson an einem noch nicht zwölf Jahre alten Mädchen gewaltsam unzüchtige Handlungen in der Absicht der Verübung widernatürlicher Wollust vorgenommen habe, genügt zur Verurtheilung gemäß Art. 204, 205, 214. (Erk. d. Cass.-H. v. 26. Jan. 1863, Z. f. Gerichtspr. Bd. II. S. 147, Z. f. G. u. R. Bd. X. S. 44, Weis Bd. II. S. 28, s. auch Note 37 zu Art. 204 S. 297, und Note 11 zu Art. 207 S. 300.)

Art. 215.

Andere unzüchtige Handlungen.

Unzüchtige Handlungen, welche

1) mittels gewaltthätigen Angriffes oder

2) an Personen verübt werden, die das zwölfte Lebensjahr noch nicht zurückgelegt haben oder sich im Zustande gänzlicher Willenlosigkeit befinden,

sollen, soferne nicht nach Art. 204, 205 oder 214 eine höhere Strafe einzutreten hat, mit Gefängniß bis zu drei Jahren bestraft werden.

Im Falle der Ziff. 1 findet die gerichtliche Verfolgung nur auf Antrag der Person, an welcher die unzüchtige Handlung verübt wurde, oder ihres gesetzlichen Vertreters statt.

1) „Unzüchtige Handlungen." Hierunter sind alle Formen leiblicher oder fleischlicher Unzucht an oder mit Dritten, unter Umständen auch Verleitung zur Selbstbefleckung, Bestialität und unzüchtiger Leichenverunehrung begriffen, wenn Gewalt oder Unreife oder Willenlosigkeit der mißbrauchten Person, oder Filiationsband oder ein anderes Untergebenheitsverhältniß hinzutritt und keine strengere Bestrafung nach einem der vorausgehenden Artikel gerechtfertigt ist. (Z. f. G. u. R. Bd. IX. S. 627. 628. Weis Bd. II. S. 31. Stenglein Bd. II. S. 219.)

2) Unter den Begriff der unzüchtigen Handlungen fällt auch die von Weibspersonen ausgehende Nöthigung oder Mißbrauch zu Beischlaf oder widernatürlicher Wollust, sowie in der Regel der als solcher straflose Versuch zu den in den Artikel 204 fg. bezeichneten Reaten (Stenglein Bd. II. S. 220 Vortr. im G.-A. K. d. Abg. 1856/57 S. 327, Z. f. G. u. R. Bd. IX. S. 628. 629. 639; 244, 245. Weis Bd. II. S. 32 s. Note 6 zu Art. 214.

3) Verletzungen der Schamhaftigkeit oder des Schicklichkeitsgefühls, welche auf fleischliche Unzucht nicht hindeuten, oder sie nicht versinnlichen oder erwecken, fallen nicht unter Art. 215, 216 sondern nur bei Hinzutritt der Oeffentlichkeit unter Art. 96 Pol.-Str.-Ges.-Bch., und zuweilen unter die Bestimmungen über Vergewaltigung, Mißbrauch der Amtsgewalt zu Duldung, Ehrenkränkung, u. s. w. (Vortr. im G.-A. d. K. d. Abg. 1856/57 S. 326. 327. Z. f. G. u. R. Bd. IX. S. 631, 632. Weis Bd. II. S. 31. S. auch Note 3 zu Art 214 S. 307.

4) Zum Begriffe „unzüchtig" sind geschlechtliche Beziehungen erforderlich. (Z. f. Gerichtspr. Bd. II. S. 275.)

Dagegen will jede grobe Unsittlichkeit unter diesen Begriff subsumiren ein bezirksg. Erk. (Z. f. G. u. R. Bd. IX. S. 580.)

5) Handlungen, welche in direkter Beziehung auf geschlechtlichen Mißbrauch stehen, das Schamgefühl auf freche Weise verletzen und das sittliche Gefühl untergraben, erscheinen als unzüchtige Handlungen. (Erk. d. Cass.-H. vom 7. März 1868 Entsch. d. Cass.-H. Bd. II. S. 129.)

6) Zu Ziffer 1 vgl. Note 8—13 zu Art. 204 S. 294. 295.

Auch diejenige Gewalt fällt unter Ziffer 1, welche, nachdem anfänglich unzüchtige Handlungen im gegenseitigen Einverständnisse geübt wurden, erst im Verlaufe hervorgetreten ist. (Z. f. G. u. R. IX. 633.)

7) Das Geschlecht begründet weder beim Thäter noch bei der vergewaltigten Person einen Unterschied des Thatbestands. (Vortr. im G.-A. d. K. d. Abg. 1856/57 S. 327 Z. f. G. u. R. Bd. IX. S. 632. Weis Bd. II. S. 32 Stenglein Bd. II. S. 218.)

8) Drohungen, selbst auf Leib oder Leben, begründen keinen gewaltthätigen Angriff, sondern fallen wenn zu unzüchtigen Zwecken angewendet unter Art. 304 oder 375 Z. f. G. u. R. Bd. IX. S. 633. Dagegen subsumirt Weis Bd. II. S. 32 auch Drohungen unter den Begriff des gewaltthätigen Angriffs und zwar, da der Gesetzgeber eine Ergänzung des Art. 204 beabsichtigte gewiß mit Recht. Ebenso Stenglein Bd. II. S. 219. 220.

9) Unzüchtige Handlungen mittels gewaltthätigen Angriffs erfordern keine Gewaltanwendung, welche jeden Widerstand unmöglich macht, sondern genügen alle Handlungen, welche mit Rücksicht auf Zeit und Ort des Angriffes, sowie auf die Verhältnisse der betheiligten Personen die freie Selbstbestimmung der angegriffenen Person zu hindern vermochten. (Erk. d. Cass.-H. vom 8. Februar 1867 Z. f. Gerichtspr. Bd. VI. S. 231.)

10) Zu Ziffer 2 vgl. Noten 3—7 zu Art. 205 S. 298 u. oben Note 7. Auch die Einwilligung und Mitthätigkeit des mißbrauchten Kindes ändert nichts am Thatbestand und ist der Thäter dafür verantwortlich (Z. f. G. u. R. Bd. IX Seite 634, 635.)

11) Die Verleitung nicht 12 Jahre alter Kinder zur Vornahme unzüchtiger Handlungen an dem Verführer fällt nicht unter Art. 215, wie die Erört. d. Z. f. G. u. R. Bd. XI. S. 635 annimmt. Diese Ansicht stützt sich darauf, daß nicht dieselbe Ausdrucksweise wie in Art. 216 gebraucht ist („mit oder an ihren leiblichen Abkömmlingen;") Weis Bd. II. S. 32 erklärt die gleiche Ausdrucksweise für unnöthig, weil die Zustimmung der in Art. 215 Ziff. 2 bezeichneten Personen wirkungslos sei; die Absicht des Gesetzgebers war auch sicher die, solche Handlungen von Kindern an dem Thäter zu strafen, wenn auch die Redaktion durch die ausfallende Alternative (mit ihnen) eine nicht erschöpfende ist. Auch Stenglein Bd. II. S. 219, 220 kommt zu dem Resultate, daß die unzüchtigen Handlungen, zu deren Vornahme an seinem Körper der Thäter eine der in Art. 215 bezeichneten Personen veranlaßt, nach diesem Artikel strafbar sind. (Vortr. im G.-A. d. K. d. Abg. 1856/57 S. 328.)

12) Die unzüchtige Handlung ist an dem Kinde verübt, wenn der Thäter das Kind veranlaßt, seinen Körper in eine unzüchtige Beziehung zum Thäter zu bringen. (Z. f. G. u. R. Bd. IX. S. 636.)

13) Wenn der Thäter selbst das zwölfte Lebensjahr noch nicht zurückgelegt hat, will ihn die Erört. in Z. f. G. u. R. Bd. IX. S. 636 für straflos erklären, gibt aber die Strafbarkeit zu, wenn er Gewalt gebraucht oder widernatürliche Wollust verübt hat. Dies ist jedenfalls auch dann der Fall, wenn der Mißbrauch an einer gänzlich willenlosen Person stattfand. Allein auch dann, wenn entschieden der Mißbrauch eines Kindes durch ein anderes, nicht wechselseitiger Mißbrauch stattfand, dürfte kein Grund zur Straflosigkeit gegeben sein; die Unterscheidungsfähigkeit des Thäters selbstverständlich vorausgesetzt. Bei wechselseitigem

Mißbrauch entsteht die lediglich faktische Schwierigkeit zu bestimmen, wer der Thäter ist.

14) Mehrere durch einen Thäter an einer und derselben Person zu verschiedenen Zeiten, selbst in nicht gleicher Weise verübte unzüchtige Handlungen erklärte das k. App.-Ger. von Oberfranken durch Erk. v. 29. Mai 1868 als Fortsetzungshandlungen (Z. f. Gerichtspr. Bd. VIII. S. 43.)

Art. 216.

Eltern oder andere Verwandte in aufsteigender Linie, welche mit ihren leiblichen Abkömmlingen oder an denselben unzüchtige Handlungen verüben oder dieselben zu solchen verleiten, sollen, soferne nicht nach Art. 208, 212—214 oder 220 eine höhere Strafe einzutreten hat, mit Gefängniß bis zu zwei Jahren bestraft werden.

Dasselbe gilt:

1) von Pflegeeltern und Vormündern gegenüber ihren minderjährigen Pflegebefohlenen,

2) von Geistlichen gegenüber ihren minderjährigen Pfarr- oder Beichtkindern,

3) von Lehrern oder Erziehern gegenüber den ihnen zur Erziehung oder zum Unterrichte anvertrauten Minderjährigen,

4) von den im Art. 213 bezeichneten Bediensteten gegenüber den eben dort erwähnten Personen.

Gegen die im Abs. 1 und im Abs. 2 Ziff. 1 bis 3 genannten Personen ist zugleich auf die im Art. 212, gegen die im Abs. 2 Ziff. 4 genannten Personen auf die im Art. 213 bezeichneten Straffolgen zu erkennen.

1) Eltern oder andere Verwandte in aufsteigender Linie s. Note 1 zu Art. 208 S. 300 u. Note 7 zu Art. 215 S. 309.

2) welche mit ihren leiblichen Abkömmlingen oder an denselben. Die Alternative „mit oder an" soll ausdrücken, daß die Einwilligung der Abkömmlinge keinen Unterschied in der Strafbarkeit begründet und daß auch unzüchtige Handlungen, welche die Abkömmlinge an den Eltern mit deren Zustimmung und Duldung vornehmen, an letzteren strafbar sind. (Vortr. im G.-A. d. K. d. Abg. 1856/57, S. 328. Stenglein Bd. II. S. 219. 220 Weis Bd. II. S. 32 Z. f. G. u. R. Bd. IX.)

s. auch Note 11 zu Art. 215. S. 309.

3) unzüchtige Handlungen verüben s. Note 1—5 zu Art. 215 S. 308.

4) oder dieselben zu solchen verleiten. Verleitung ist die Bestimmung der Willensrichtung des Untergebenen auf Verübung oder Duldung unzüchtiger Handlungen, gleichviel mit welch' mehr oder minder mächtigen Ueberredungsmitteln auf den Entschluß hingewirkt wurde. (Z. f. G. u. R. Bd. IX. S. 638.)

5) Die Verleitung ist nach diesem Artikel strafbar, gleichviel ob sie zur Vornahme unzüchtiger Handlungen an dem Verleitenden oder an dem Verleiteten oder an einem Dritten erfolgt, ja selbst, wenn es an einem Erfolg oder an einer strafbaren Haupthandlung gebricht. (Stenglein Bd. II. S. 220, 221. Weis Bd. II. S. 33.) Die Erört. Z. f. G. u. R. Bd. IX. S. 638 fordert bei Verleitung die damit verbundene Vornahme unzüchtiger Handlungen oder ein zu diesem Führen, also Erfolg.

6) Die Verleitung zu Gunsten Dritter nähert sich der Kuppelei (Art. 220) und unterscheidet sich dem Begriffe nach von letzterer dadurch, daß unzüchtige Handlungen nicht auf die Erregung eigentlicher Wollust gerichtet sind, wie dies der Zweck der Kuppelei ist. (Z. f. G. u. R. Bd. IX. S. 638, Stenglein Bd. II. S. 121.)

7) Zu Absatz 2 Ziff. 1 s. Note 1—11 zu Art. 212 S. 303 fg.; zu Ziff. 2 Note 12—17 zu Art. 212 S. 304; zu Ziff. 3 Note 18—22 zu Art. 212 S. 304 zu Ziff. 4 Note 1—4 zu Art. 213 S. 306.

Die außereheliche durch Vaterschaft vermittelte Blutsverwandschaft bildet keinen Strafmilderungsgrund (Z. f. G. u. R. Bd. IX. S. 637.)

8) Der Abkömmling oder Untergebene, er mag sich leidend, zulassend oder mitthätig verhalten, ist straflos und begründet dessen Altersstufe, selbst wenn sie die Minderjährigkeit überschreitet, keinen Unterschied im Thatbestande. (Z. f. G. u. R. Bd. IX. S. 637.)

9) Unzüchtige Handlungen zwischen Geschwistern, Stief- oder Schwiegereltern und Kindern fallen an sich nicht unter Art. 216. (Z. f. G. und R. Bd. IX. S. 637. S. dagegen Note 1 zu Art. 220 S. 315 und Note 10 zu Art. 211 S. 303.

10) Zu Absatz 3 s. Note 27—29 zu Art. 212 u. Note 5 zu Art. 213 S. 305. 306.

Art. 217.

Ehebruch.

Der Ehebruch einer Ehefrau soll mit zweimonatlichem bis zweijährigem Gefängnisse, der Ehebruch eines Ehemannes mit Gefängniß bis zu einem Jahre bestraft werden.

Der unverheirathete Mitschuldige ist mit Gefängniß und zwar in ersterem Falle bis zu neun, in letzterem Falle bis zu drei Monaten zu bestrafen.

1) „Der Ehebruch". Der Begriff des Ehebruchs ist dem Civil- und Kirchenrechte zu entnehmen. (Motive z. Entw. v. 1855 S. 94, Z. f. G. u. R. Bd. IX. S. 640, Weis Bd. II. S. 34. Stenglein Bd. II. S. 222.) Ehebruch wird hienach definirt als die von einer verehelichten Person außer der Ehe geübte oder an sich geduldete natürliche oder widernatürliche Wollust, sowie diejenigen unzüchtigen Handlungen, welche sich als unnatürliche Verirrungen des Geschlechtstriebes darstellen. (Z. f. G. u. R. Bd. IX. S. 642. 643.) Dagegen sind sowohl Weis Bd. II. S. 34 als Stenglein Bd. II. S. 222 der Ansicht, daß Ehebruch nur in dem naturgemäßen unehelichen Beischlaf einer verheiratheten Person gefunden werden kann.

2) Nur vorsätzliche, d. i. wissentliche und freiwillige Verübung ist strafbar. Irrthum über den eigenen ehelichen Stand, z. B. weil man den verschollenen Gatten für todt hielt, oder über den ehelichen Stand des Konkumbenten oder darüber, daß man den Konkumbenten für den eigenen Gatten hielt, schließt, mag dieser Irrthum ein verschuldeter oder unverschuldeter sein, die Strafe aus, jedoch nur für den im Irrthum versirenden Theil. (Z. f. G. u. R. Bd. IX. S. 643, Stenglein Bd. II. S. 223.) Auch dann liegt kein Ehebruch vor, wenn ein Gatte glaubte, mit einer fremden Person zu konkumbiren, es aber in Wirklichkeit mit dem Gatten that. Stenglein a. a. O. stellt die Ansicht auf, daß bei einer durch einen Ehemann verübten Nothzucht Ehebruch ideell konkurrirt, während weder eine genothzüchtigte Ehefrau noch ein unverheiratheter Nothzüchtiger Ehebruch begeht, selbst wenn im letzten Fall die Genothzüchtigte verheirathet ist, weil es am Bruche der ehelichen Treue fehlt.

3) Der Ehebruch setzt eine wenigstens z. Z. giltige Ehe voraus, ist also möglich bei Bestehen einer anfechtbaren Ehe bis zu deren Nichtigkeitserklärung. Dagegen ist kein Ehebruch vorhanden, wenn die Ehe wegen Zwangs, wegen Mangels der gesetzlichen Eingehungsform oder der beiderseitigen Einwilligung, wegen naher Verwandtschaft, wegen Bestehens einer früheren Ehe, wegen Religionsverschiedenheit u. s. w. eo ipso nichtig ist. Eine Schein- oder Putativ-Ehe läßt keinen Ehebruch zu, selbst nicht für den an die Giltigkeit des Ehebands glaubenden oder für den in Unredlichkeit befangenen Betheiligten. (Z. f. G. u. R. Bd. IX. S. 643. 644, Stenglein Bd. II. S. 223.)

4) Trennung katholischer Ehegatten von Tisch und Bett schließt Ehebruch nicht aus und tritt die Antragsberechtigung des verletzten Gatten in diesem Falle sofort ein. (Z. f. G. u. R. Bd. IX. S. 645. 650, Stenglein Bd. II. S. 223, Weis Bd. II. S. 34.)

5) Theilnehmer am Ehebruch, welche unmittelbar zur Unzucht mitwirkten, sind wegen Kuppelei zu bestrafen, ebenso der Ehemann, welcher selbst seine Ehefrau einem Andern zuführt, oder um eigenen Vortheils willen überläßt. Andere an der Unzucht nicht unmittelbar betheiligte Theilnehmer sind nach Art. 52—54 zu behandeln, und deren Strafe nach der des am strengsten zu bestrafenden Thäters zu bemessen. (Z. f. G. u. R. Bd. IX. S. 645, Stenglein Bd. II. S. 224.

6) „soll bestraft werden". Die Ehebruchstrafen für die Ehefrau gemäß Art. 298. 308 und hiemit auch die Strafnachlaßbefugniß des Ehemanns gemäß Art. 309 Code civil und Art. 337 code pénal sind durch Art. 2 Ziff. 8 des Einf.-Ges. beseitigt. Dagegen bleiben die privatrechtlichen Strafen, wie Vermögensnachtheile, Entfernung von der Erziehung der Kinder u. s. w. bestehen. (Z. f. G. u. R. Bd. IX. S. 646.)

7) Auch wenn der verletzte Ehetheil den Antrag auf Einschreitung wegen

Ehebruchs nicht stellt, kann er wegen Ehrenkränkung Klage stellen, oder kann nach Umständen Verfolgung von Amtswegen wegen öffentlicher Sittlichkeitsverletzung, Konkubinats oder gewerbsmäßiger Unzucht eintreten. Eine Aburtheilung wegen eines dieser Delikte schließt spätere Verfolgung wegen Ehebruchs aus (Art. 90) und kommt dieser Ausschluß auch dem Mitschuldigen zu gut. (Z. f. G. u. R. Bd. IX. S. 647. 648.)

8) Wiederholter Ehebruch mit derselben Person ist als Fortsetzung, dagegen jener mit verschiedenen Personen als realer Zusammenfluß zu beurtheilen. (Stenglein Bd. II. S. 223, Z. f. G. u. R. Bd. IX. S. 644.)

Art. 218.

Die gerichtliche Verfolgung des Ehebruches findet nur auf Antrag des beleidigten Ehetheiles statt.

Dieser Antrag kann nur gestellt werden, wenn die Ehe rechtskräftig geschieden oder auf Trennung von Tisch und Bett rechtskräftig erkannt ist. Während des auf Scheidung oder Trennung gerichteten Verfahrens ruht die Verjährung der strafrechtlichen Verfolgung.

Ist der Antrag in einem Falle, in welchem beide Schuldige verheirathet sind, nur von dem Ehegatten des Einen gestellt worden, so tritt gleichwohl auch gegen den Mitschuldigen die Strafe des Ehebruchs, jedoch nur in dem Maße ein, welches der Abs. 2 des Art. 217 bestimmt.

1) „Auf Antrag des beleidigten Ehetheils". Nicht auch seines gesetzlichen Vertreters wie bei anderen Antragsreaten, um die Antragstellung durch einen Kurator auszuschließen. Der Antrag eines Spezialbevollmächtigten gilt als vom Antragsberechtigten selbst gestellt. (Vortr. i. G.-A. d. K. d. Abg. 1860/61 S. 187, Prot. S. 60, Z. f. G. u. R. Bd. IX. S. 652. Stenglein Bd. II. S. 226, Weis Bd. II. S. 35. 36.)

2) „Dieser Antrag kann nur gestellt werden". Ein früher gestellter Antrag ist auch nach erfolgter Trennung oder Scheidung wirkungslos. (Z. f. G. u. R. Bd. IX. S. 650, Stenglein Bd. II. S. 226.) Ueber die Untheilbarkeit des Antrags s. Note 7—16 zu Art. 89 S. 143, 144. (Stenglein Bd. II. S. 224, Z. f. G. u. R. Bd. IX. S. 654.) In letzterer Erörterung ist noch darauf hingewiesen, daß der Antrag dann theilbar ist, wenn ein Strafausschließungsgrund bezüglich des einen Betheiligten vorliegt, oder derselbe unbekannt ist.

3) „wenn die Ehe rechtskräftig geschieden oder auf Trennung von Tisch und Bett rechtskräftig erkannt ist". Auch die Nichtigkeitserklärung einer bis zu dieser gültigen Ehe kann die Stelle der Scheidung oder Trennung der Ehe vertreten. (Z. f. G. u. R. Bd. IX. S. 648.)

4) Es ist nicht erforderlich, daß der Scheidungs- oder Trennungsgrund in Ehebruch oder speciell in dem verfolgten Ehebruchsfall bestund, und kann der wegen Ehebruchs geschiedene Gatte nach erfolgter Scheidung oder Trennung auch gegen den andern Gatten Antrag auf Strafverfolgung wegen Ehebruchs stellen, soferne dieser nicht erst nach erfolgter Scheidung vorgefallen ist. Vom Antragsteller selbst begangener Ehebruch schließt den Antrag nicht aus, wenn er nicht nach dem Eherecht eine klagezerstörende Wirkung hat und dadurch die Trennung ausschließt. (Z. f. G. u. R. Bd. IX. S. 648. 650. 653, Stenglein Bd. II. S. 225. 226, Weis Bd. II. S. 35.)

5) Die vom Eherichter erfolgte thatsächliche Feststellung oder Beurtheilung bindet den Strafrichter nicht, und kann dieser auch andere Beweismittel benützen, als der Eherichter. (Z. f. Gerichtspr. Bd. I. S. 112, Z. f. G. u. R. Bd. IX. S. 654, Stenglein Bd. II. S. 225.

6) Es genügt nicht immer ein rechtskräftiges Urtheil auf Scheidung, da gemäß Art. 294 des Code civil die Scheidung durch Akt des Civilstandsbeamten vollzogen wird. Aehnlich nach jüdischem Eherecht. (Prot. d. G.-A. d. K. d. Abg. 1856/57 Bd. II. S. 31, Z. f. G. u. R. Bd. IX. S. 648. 649, Weis Bd. II. S. 34. 35.)

7) Die provisorische Trennung, das permittimus, genügt nicht zur Stellung des Antrags. (Z. f. G. u. R. Bd. IX. S. 649.)

8) Die Rechtmäßigkeit der Scheidung oder Trennung kann vor dem Strafrichter nicht angefochten werden; und können civilrechtliche Einreden, z. B. der Verzeihung, oder des vom Kläger selbst begangenen Ehebruchs vor dem Strafrichter nicht geltend gemacht werden. (Z. f. G. u. R. Bd. IX. S. 649. 651, Stenglein Bd. II. S. 225.

9) Ein die Nichtigkeits-, Scheidungs- oder Trennungsklage verwerfendes ehegerichtliches bezw. civilgerichtliches Urtheil schließt die Antragstellung nur solange aus, als die Scheidung u. s. w. nicht auf einen anderen Klaggrund hin erfolgt ist. Dagegen schließt jede, die Klage auf Scheidung oder Trennung aufhebende Begebenheit auch die Strafbarkeit des Ehebruchs aus. (Z. f. G. u. R. Bd. IX. S. 649.)

10) Einwilligung des Ehegatten zum Ehebruch oder Verleitung oder Verkuppelung durch den Ehegatten schließt die Strafbarkeit des Ehebruchs nicht aus, wenn diese Thatsachen nicht als eine die Trennung hindernde Einrede im Scheidungsprozeß benützt werden oder benützt werden können. (Z. f. G. u. R. Bd. IX. S. 651, Stenglein Bd. II. S. 226. Dieser nimmt jedoch an, daß der zum Ehebruch verleitende Gatte kein Antragsrecht hat, weil er Mitschuldiger und nicht beleidigt sei.)

11) „ruht die Verjährung." Dies setzt voraus, daß die gerichtliche Verfolgung des Ehebruchs nicht schon vor Anstellung der Klage auf Scheidung 2c. verjährt ist. (Vortr. i. G.-A. d. K. d. Abg. 1856/57 S. 329, Stenglein Bd. II. S. 226, Weis Bd. II. S. 35.

12) Mit dem Ruhen der Verjährung ist die Unterbrechung derselben nicht zu verwechseln, da beim Ruhen derselben nach erfolgter Scheidung oder Trennung nur der vor Anstellung der Klage noch nicht abgelaufene Rest der Verjährungsfrist ablaufen muß, um die Strafverfolgung auszuschließen; bei Unterbrechung dagegen die gesammte Verjährungsfrist von Neuem zu laufen beginnt; in beiden Fällen abgesehen von der selbstständig laufenden Präclusivfrist für die Antragstellung. (Z. f. G. u. R. Bd. IX. S. 649. 650, Stenglein Bd. II. S. 226, Weis Bd. II. S. 35.)

13) „Während des auf Scheidung oder Trennung gerichteten Verfahrens". Hiezu gehört auch das auf Nichtigkeitserklärung der Ehe gerichtete Verfahren, sowie das Rekonziliations- und Vollzugsverfahren (s. Note 4). (Z. f. G. u. R. Bd. IX. S. 649. 650.)

Art. 219.

Mehrfache Ehe.

Ein Ehegatte, welcher bei noch fortdauernder giltiger Ehe eine neue Ehe eingeht, soll mit Gefängniß nicht unter zwei Jahren bestraft werden.

Gleicher Strafe unterliegt eine unverheirathete Person, welche wissentlich mit einer verheiratheten eine eheliche Verbindung eingeht.

Sind beide Theile verheirathet, so soll jeder Theil mit Gefängniß nicht unter drei Jahren bestraft werden.

Die Verjährung der gerichtlichen Verfolgung dieses Vergehens beginnt mit dem Zeitpunkte, in welchem durch die Auflösung der früheren oder späteren Ehe das Bestehen der mehrfachen Ehe aufgehört hat.

1) „Ein Ehegatte". Die Bigamie kann ein Doppelvergehen sein, wenn beide Theile schon verheirathet waren, oder auch nur der eine, jedoch beide Theile von der bestehenden Ehe wußten; oder auch nur ein einseitiges Vergehen, wenn der unverheirathete Theil die bestehende Ehe des verheiratheten nicht kannte. (Z. f. G. u. R. Bd. IX. S. 655. 656, Stenglein Bd. II. S. 228.)

2) „welcher bei nach fortdauernder giltiger Ehe". Scheinehen, zu deren Lösung es keines richterlichen Urtheils bedarf, lassen das Eingehen einer neuen Ehe nicht als strafbar erscheinen. Dagegen ist das Eingehen einer neuen Ehe trotz einer bestehenden, gegen welche sich ein Nichtigkeitsgrund geltend machen ließe, vor Auflösung derselben strafbar; ebenso das Eingehen einer neuen Ehe, nachdem die frühere nur von Tisch und Bett getrennt war; während die Eingeh-

ung einer neuen Ehe selbst von Seite eines katholischen Ehetheils, nachdem der andere protestantische vom Ehegericht dem Bande nach geschieden ist, nicht als Bigamie bestraft werden kann. (Z. f. G. u. R. Bd. IX. S. 656. 657, Stenglein Bd. II. S. 227. 228, welcher sich gegen Annahme von Bigamie ausspricht bei einem von Tisch und Bett getrennten Katholiken, welcher sich wieder verehelicht. Weis Bd. II. S. 37.)

3) Wegen mehrfacher Ehe kann ein Bayer nicht bestraft werden, welcher im Inlande eine giltige Ehe eingeht, nachdem er im Auslande eine zwar nach dortigen Gesetzen giltige, in Bayern aber ungiltige Ehe geschlossen hatte. (Erk. d. Cass.-H. v. 5. Nov. 1869, Z. f. Gerichtspr. Bd. IX. S. 87, Entsch. d. Cass.-H. Bd. III. S. 403.)

4) Ueber die Giltigkeit der Ehe hat der Strafrichter, nicht das Ehe- oder Civilgericht zu entscheiden. (Z. f. G. u. R. Bd. IX. S. 657.)

5) „eine neue Ehe eingeht". Das Eingehen der neuen Ehe muß vorsätzlich erfolgen, also mit dem Bewußtsein, daß die frühere Ehe noch besteht. Irrthum hierüber, selbst wenn verschuldet (fahrlässige Bigamie) entschuldigt gegen Strafe. Ebensowenig liegt Bigamie vor, wenn ein eine neue Ehe Schließender irrthümlich meint, die frühere Ehe bestehe noch. (Motive z. Entw. v. 1855, S. 95, Z. f. G. u. R. Bd. IX. S. 656, 658, Stenglein Bd. II. S. 229, Weis Bd. II. S. 37.)

6) Die That wird nur begangen durch Eingehen einer zweiten Ehe, nicht durch deren Fortsetzung, und ist deßhalb mit der Eheschließung in der am Orte der That vorgeschriebenen Form vollendet, ohne daß es darauf ankommt, ob die neue Ehe auch konsumirt ist. (Motive z. Entw. v. 1855 S. 95 Z. 2, Z. f. G. u. R. Bd. IX. S. 656. 657, Stenglein Bd. II. S. 228.)

7) Auch dann ist der Abschluß einer neuen Ehe vor Auflösung der ersten als Bigamie strafbar, wenn jener selbst abgesehen von der Bigamie ein Nichtigkeitsgrund ankleben würde. (Stenglein Bd. II. S. 228.)

8) Die von Ausländern im Auslande eingegangene Bigamie, welche im Inlande fortgesetzt wird, kann in Bayern nicht verfolgt werden. (Z. f. G. u. R. Bd. IX. S. 655.) (Dies kann nur dann als richtig betrachtet werden, wenn nur ein zeitweiser Aufenthalt der Ausländer eintritt, ohne daß dieselben die Eigenschaft von Inländern erwerben. In diesem Falle kommt die Einschreitung der ausländischen Behörde zu, welche nicht behindert wird.)

9) Versuch der Bigamie ist nicht mit Strafe bedroht, und auch ein bei bestehender Ehe eingegangenes Eheverlöbniß straflos. (Z. f. G. u. R. Bd. IX. S. 657, Stenglein Bd. II. S. 229.)

10) Theilnahme am Ehebruch kann unter den Begriff von Kuppelei fallen. Außerdem finden die Art. 52—54 Anwendung, und zwar unter Voraussetzung der Wissentlichkeit hauptsächlich auf die einwilligenden Eltern, Unterhändler, Zeugen, Geistliche und Civilstandsbeamten. (Z. f. G. u. R. Bd. IX. S. 658.)

11) Zu Absatz 4. Wie das spätere wenn auch keine eigentliche Ehe begründende Verhältniß der Bigamie aufhört, ein strafbares zu sein, so daß die Verjährung beginnt, ob durch Tod des früheren Gatten, in welchem Falle die Verjährung mit dem Ableben desselben zu laufen beginnt, oder durch Trennung der früheren Ehe, oder durch thatsächliches Auseinandergehen der in Bigamie Lebenden oder durch Richterspruch begründet keinen Unterschied. (Z. f. G. u. R. Bd. IX. S. 658.)

12) Die Bigamie des einen Ehetheils berechtigt den anderen nicht, gleichfalls in eine neue Ehe zu treten, ehe die Scheidung ausgesprochen ist. (Z. f. G. u. R. Bd. IX. S. 658.)

13) Fortgesetztes Zusammenleben mit dem Quasi-Ehegatten nach erfolgter Verurtheilung begründet keinen Rückfall, sondern Ehebruch und Konkubinat. Dagegen bildet der abermalige Mißbrauch der Form der Eheschließung bei fortbestehender erster Ehe, sei es mit derselben, sei es mit einer andern Person einen neuen Straffall. (Z. f. G. u. R. Bd. IX. S. 659, Stenglein Bd. II. S. 229.)

Art. 220.

Kuppelei.

Wenn Eltern oder andere Verwandte in aufsteigender Linie, Pflegeeltern, Vormünder, Geistliche, Lehrer oder Erzieher das Verhältniß zu ihren Abkömmlingen oder minderjährigen Pflegebefohlenen, Pfarr- oder Beichtkindern oder Schülern dazu mißbrauchen, die ihnen untergebenen oder anvertrauten Personen einem Andern zum Zwecke der Befriedigung der Geschlechtslust durch naturgemäßen Beischlaf oder widernatürliche Wollust zuzuführen oder zu überlassen, so soll auf Gefängniß nicht unter zwei Jahren und im Falle des Art. 210 nicht unter einem Jahre erkannt werden, womit die im Art. 212 bezeichneten Straffolgen zu verbinden sind.

Gefängniß nicht unter zwei Jahren trifft den Ehemann, welcher seine Ehefrau einem Andern zu solchem Zwecke zuführt oder um eigenen Vortheils willen überläßt.

1) „Wenn Eltern oder andere Verwandte in aufsteigender Linie, Pflegeeltern, Vormünder, Geistliche, Lehrer oder Erzieher". Hier, wo das Gesetz zwischen Stiefeltern und leiblichen Eltern nicht unterscheidet, wie in Art. 208, 211 sind Stiefeltern, welche die unter ihrer Familiengewalt stehenden Stiefkinder verkuppeln, als Eltern oder Pflegeeltern zu betrachten. (Stenglein Bd. II. S. 231, s. Note 1 zu Art. 208 S. 300 und Note 1—22 zu Art. 212 S. 303 fg.)

2) Die in Art. 213 bezeichneten Beamten und Bediensteten sind hier nicht aufgeführt und würde Kuppelei derselben unter die Gesetze wider Amtspflichtsverletzung, Amtsmißbrauch, Bedrohung oder unter die Disciplinargesetze fallen oder nach Umständen als Theilnahme an Kuppelei strafbar sein. (Z. f. G. u. R. Bd. IX. S. 663.)

3) „zu ihren Abkömmlingen u. s. w." Das Geschlecht und Alter derselben begründet keinen Unterschied. (Z. f. G. u. R. B. IX. S. 663, Stenglein Bd. II. S. 233.)

4) „Das Verhältniß mißbrauchen". Es macht keinen Unterschied, ob die Verkuppelung zu Gunsten der Zwecke des Untergebenen oder des Dritten oder beider Personen verübt wird, oder ob der Kuppler zuerst den Vorschlag macht; ebenso ist das Motiv des Kupplers (Leichtsinn, Eigennutz, Plan, den Verkuppelten zu verderben u. dgl.) ohne Belang und kommt nur bei der Strafzumessung in Betracht. (Z. f. G. u. R. Bd. IX. S. 661. 663, Stenglein Bd. II. S. 233. 234.)

5) „einem Andern". Derjenige, welchem der Untergebene verkuppelt wird, ist straflos und ist, wenn auch von ihm die Veranlassung ausging, nicht als Theilnehmer oder Anstifter der Kuppelei strafbar, was jedoch seine Strafbarkeit wegen Ehebruchs, Jugendverführung, Konkubinats oder dgl. nicht ausschließt. (Z. f. G. u. R. Bd. IX. S. 660. 661.)

6) „durch widernatürliche Wollust". S. hierüber zu Art. 214. Ein Verkuppeln zu unzüchtigen Handlungen (Art. 215) ist nicht im Gesetze vorgesehen. Eine Verleitung hiezu fällt nach Umständen unter Art. 216. (Z. f. G. u. R. Bd. IX. S. 662, Stenglein Bd. II. S. 233, Weis Bd. II. S. 40.)

7) „zuzuführen oder zu überlassen". Unter Zuführen ist jede äußerlich vermittelnde Thätigkeit zu verstehen, also außer dem Zuführen im eigentlichen Sinne und dem Hingeben zur Verfügung eines Dritten auch das Zuschicken, Einlassen, Zusammenbringen, Einwilligen zum Eintritt der untergebenen Person in ein öffentliches Haus u. s. w. (Z. f. G. u. R. Bd. IX. S. 662, Weis Bd. II. S. 38.)

8) In dem Ueberlassen liegt das wissentliche, pflichtwidrige Geschehenlassen des Umgangs, wo er gänzlich verhindert oder doch die Fortsetzung abgestellt werden konnte. (Vortr. i. G.-A. d. K. d. Abg. 1856/57 S. 329, Prot. Bd. II. S. 32, Prot. 1860/61 S. 60, Z. f. G. u. R. Bd. IX. S. 662. 663, Stenglein Bd. II. S. 233, Weis Bd. II. S. 38.)

9) Die durch bloße Duldung der Unzucht ihrer Kinder verübte Kuppelei von Eltern setzt zwar nicht das Bestehen elterlicher Gewalt, wohl aber ein gewisses Autoritätsverhältniß voraus, um eine schuldhafte Unterlassung annehmen zu können. (Erk. d. Cass.-H. v. 14. Sept. 1868, Z. f. Gerichtspr. Bd. VIII. S. 37.)

10) Eltern, welche bei einer mit ihnen in häuslicher Gemeinschaft lebenden wenn auch großjährigen und zu selbstständigem Erwerbe befähigten Tochter den unzüchtigen Umgang mit Männern vorsätzlich dulden und fördern, machen sich des Vergehens der Kuppelei schuldig. (Erk. d. Cass.-H. v. 26. Mai 1866, Z. f. G. u. R. Bd. XIII. S. 335, Z. f. Gerichtspr. Bd. V. S. 353.)

11) Es begründet keinen Unterschied, ob die Kuppelei durch besonderen Mißbrauch der Stellung des Vorgesetzten, Bedrängnisse, Verführungskünste, wie durch vorbereitenden Verderb mittelst schlechter Bücher, unsittlicher Bilder oder durch sonstige Reitzung sinnlicher Begierden, oder ob dieselbe ohne besondere Einleitung und mit Zustimmung der Untergebenen verübt wurde. (Z. f. G. u. R. Bd. IX. S. 661, Stenglein Bd. II. S. 232. 235, Weis Bd. II. S. 41.)

12) Kuppelei kann nur vorsätzlich verübt werden. Das leichtsinnigste oder frivolste Gebahren ohne den auf Kuppelei gerichteten Willen fällt nicht unter Art. 220. (Stenglein Bd. II. S. 235.)

13) Die That ist vollendet mit dem Zuführen oder Ueberlassen zur Unzucht, ohne Rücksicht darauf, ob der unzüchtige Zweck erreicht, bezw. der Beischlaf vollzogen wurde. (Z. f. G. u. R. Bd. IX. S. 663, Erk. d. A.-G. v. Oberfranken v. 17. Oktober 1868, Z. f. Gerichtspr. Bd. VIII. S. 286, Stenglein Bd. II. S. 231. 235, Weis Bd. II. S. 41.)

14) Wird die Kuppelei zu einer an sich strafbaren Unzuchtsform verübt, so tritt ideeller Zusammenfluß der Theilnahme an dieser Handlung und der Kuppelei ein und ist die schwerere Strafe zu verhängen, z. B. die des Art. 204. 205. Die Strafe der Kuppelei ist aber anzuwenden, wenn die schwerer strafbare beabsichtigte Unzucht nur zum straflosen Versuch gedieh. (Motive z. Entw. v. 1855 S. 95, Stenglein Bd. II. S. 231. 233, Z. f. G. u. R. Bd. IX. S. 659. 660).

15) Zu Absatz 2. Das Ueberlassen durch den Ehemann (vgl. hierüber wie bezüglich des Zuführens oben Note 7 und 8) ist nur strafbar, wenn es aus Eigennutz geschieht, ohne daß die Art des erlangten Vortheils oder der Umstand, daß die verkuppelte Ehefrau denselben theilt, oder der Ehemann nur an dem Vortheil der Ehefrau participirt, einen Unterschied begründet. Der Vortheil kann sich auch der vermögensrechtlichen Schätzung entziehen, wenn es sich z. B. um Erreichung eines bestimmten Zweckes handelt. (Z. f. G. u. R. Bd. IX. S. 664, Stenglein Bd. II. S. 233, Weis Bd. II. S. 38. 39.)

16) Die Erört. Z. f. G. u. R. Bd. IX. S. 664 nimmt an, die Zuführung oder Ueberlassung der Ehefrau zu unzüchtigen Handlungen im Sinne der Art. 215. 216 unterliege weder der Strafe dieser Artikel, noch der des Art. 220, sondern unter Umständen der des Art. 221. Dies ist Irrthum. Werden die unzüchtigen Handlungen mit Gewalt oder an der willenlosen Ehefrau verübt, so ist der Ehemann Theilnehmer an der That des Art. 215. Unter Art. 221 kann eine Vermittelung unzüchtiger Handlungen im Sinne der Art. 215. 216 nie fallen. S. hierüber Note 9 zu Art. 221 S. 318.

17) Der Ehemann unterliegt der Strafe des Art. 220 Abs. 2 nur dann, wenn die Ehe in Wirksamkeit besteht. Ein der noch bestehenden Ehe anklebender Nichtigkeitsgrund bietet keinen Enschuldigungsgrund. (Stenglein Bd. II. S. 231.)

Art. 221.

Absatz 1 nach Fassung gemäß Art. 3 des Gesetzes vom 16. Mai 1868:

Wer außer dem Falle des Art. 220 gewohnheitsmäßig oder aus Eigennutz der Unzucht einer oder mehrerer Personen des einen oder andern Geschlechts durch seine Vermittlung oder durch Verschaffung von Gelegenheit Vorschub leistet, soll mit Gefängniß bis zu zwei Jahren bestraft werden.

Frühere Fassung:

„soll mit Gefängniß von drei Monaten bis zu zwei Jahren bestraft werden."

Die Strafe steigt auf Gefängniß von sechs Monaten bis zu drei Jahren, wenn der Kuppler arglistige Kunstgriffe angewendet hat, um der Unzucht Vorschub zu leisten,

oder wenn er unbescholtene Personen unter achtzehn Jahren zur Gestattung der Unzucht verleitet hat.

In beiden Fällen kann mit der Gefängnißstrafe Geldstrafe bis zu tausend Gulden verbunden werden und ist Stellung unter Polizeiaufsicht, sowie Verwahrung in einer Polizeianstalt zulässig.

1) „Wer". Vor Allem hat das Gesetz den Zweck, Bordellinhaber oder Inhaberinen zu treffen, jedoch trifft diese die Strafbestimmung nicht ausschließlich. Zwischen geduldeten und heimlichen oder Winkelbordellen ist ein Unterschied nicht gemacht; also sind erstere vom Gesetz ganz ausgeschlossen. (Z. f. G. u. R. Bd. IX. S. 665, Stenglein Bd. II. S. 232, Weis Bd. II. S. 41, Z. f. Gerichtspr. Bd. I. S. 211, Prot. d. G.-A. d. K. d. Abg. 1856/57 Bd. II. S. 33, Vortr. 1860/61 S. 188, Prot. S. 60.)

2) „außer dem Falle des Art. 220". Hiedurch ist die ideale Konkurrenz der Art. 220 und 221 ausgeschlossen, wenn auch die in Art. 220 benannten Personen gewohnheitsmäßig oder aus Eigennutz ihre Untergebenen verkuppeln. (Z. f. G. u. R. Bd. IX. S. 669.) Offenbar irrig wird dort behauptet, dem verkuppelnden Ehemann (Art. 220 Abs. 2) sei hiedurch ein geringeres Strafminimum gesichert.

3) „gewohnheitsmäßig". Da eine Definition dieses Ausdrucks im Gesetze fehlt, muß weniger auf den Nachweis einer bestimmten Anzahl von Fällen als auf die Art der Verübung das Gewicht gelegt werden. Die Gewohnheit kann sich nach ausdrücklicher Bestimmung des Gesetzes („einer oder mehrerer Personen") auch nur an einer Person, wie durch Aufnahme, Scheindienst oder andere Vorschubleistung für eine öffentliche Dirne, dokumentiren. Nur wenn die Kuppelei lediglich auf das Verhältniß zweier bestimmter Personen sich bezieht, kann Gewohnheitsmäßigkeit nicht angenommen werden. (Stenglein Bd. II. S. 232, ähnlich Weis Bd. II. S. 39. 40.) Die Erört. Z. f. G. u. R. Bd. IX. S. 667 definirt die Gewohnheitsmäßigkeit als den durch die Wiederkehr einer Mehrzahl von Fällen ausgesprochenen Hang zur Wiederholung, nimmt aber ganz willkührlich an, es seien mindestens drei Fälle erforderlich und scheint den Beweis demnach nur in der Wiederholung zu finden; erachtet jedoch auch drei Fälle nicht genügend, wenn sich z. B. durch längere Pausen der Hang zur Wiederholung dadurch nicht genügend ausspricht. Ferner wird hier angenommen, daß die Gewohnheit sich auch durch wiederholte Verkuppelung der nämlichen zwei Personen zeigen könne.

4) Es begründet keinen Unterschied, ob die Kuppelei zu Gunsten bestimmter oder nach Person und Zahl unbestimmter Konkumbenten geübt wird. (Z. f. G. u. R. Bd. IX. S. 668, Stenglein Bd. II. S. 234.)

5) Zum Nachweise der Gewohnheit können auch verjährte oder an sich straflose oder schon bestrafte Fälle von Kuppelei dienen. (Stenglein Bd. II. S. 232, Z. f. G. u. R. Bd. IX. S. 668.)

6) Die Erört. Z. f. G. u. R. Bd. IX. S. 668 will Versuchshandlungen von der Erwägung der Gewohnheitsmäßigkeit ausgeschlossen wissen; hält aber Handlungen hiefür für genügend, welche soweit zur Vollendung gediehen seien, daß bei beabsichtigtem Genuß der Wollust die Kuppelei bereits zu den einleitenden unzüchtigen Handlungen geführt habe. Dies ist irrig. Die Gewohnheit bildet keinen aus einer bestimmten Anzahl auch einzeln strafbarer Fälle bestehenden Gesammtreat, es kommt also auf die Strafbarkeit des Versuchs nicht an, sondern ist die Gewohnheit lediglich ein thatsächlicher Begriff, der sich auch aus Versuchshandlungen konstruiren läßt; z. B. die Einrichtung eines Bordells, welches von der Polizei aufgehoben wird, ehe eine Mehrzahl von Unzuchtsfällen in demselben vorgekommen sind.

7) Die Gewohnheitsmäßigkeit ist Sache der thatsächlichen Feststellung und vom Richter nach den Umständen zu entscheiden. (Vortr. im G.-A. d. K. d. Abg. 1856/57 S. 330, Stenglein Bd. II. S. 232, Weis Bd. II. S. 39.) Die Erört. Z. f. G. u. R. Bd. IX. S. 668. 238 dagegen nimmt die Feststellung des Begriffs und die Subsumtion der Thatsachen unter denselben als Rechtsfrage in Anspruch.

S. hingegen Weis Bd. II. S. 21 fg. Jene Erörterung ist offenbar in Irrthum, indem sie einen wissenschaftlich, wenn auch von einem Richter konstruirten Begriff, welcher jeden Augenblick wieder angefochten werden kann, wie z. B. das Erforderniß der Dreizahl, an die Stelle eines Rechtsbegriffes, d. h. an die Stelle eines gesetzlich festgestellten Begriffs zu setzen versucht.

8) „oder aus Eigennutz". Es muß die Erlangung eines unmittelbar aus der Verkuppelung fließenden Vermögensvortheils vom Kuppler bezweckt werden; daß er ihn auch wirklich erlangt, ist dagegen nicht erforderlich. (Stenglein Bd. II. S. 232. 233, Z. f. G. u. R. Bd. IX. S. 667, Weis Bd. II. S. 39. 41.)

9) Der Unzucht einer oder mehrerer Personen des einen oder andern Geschlechts". Ob die Verkuppelung zum Zwecke des natürlichen Beischlafs oder zum Zwecke der Verübung widernatürlicher Wollust geschah, ist gleichgültig. Unzüchtige Handlungen fallen nicht unter den Begriff der Unzucht. (Vortr. im G.-A. d. K. d. Abg. 1856/57 S. 330, Stenglein Bd. II. S. 233, Weis Bd. II. S. 40.) Auch auf unzüchtige Handlungen im Sinne des Art. 215. 216 will den Begriff ausdehnen Z. f. G. u. R. Bd. IX. S. 666.

10) „durch seine Vermittelung oder durch Verschaffung von Gelegenheit Vorschub leistet". Die bloße Duldung, das Geschehenlassen fällt nicht unter diesen Begriff, sondern es ist eine positive Thätigkeit zu Gunsten der Verübung der Unzucht eines Andern erforderlich, wie Gestattung von Aufenthalt, Zuführen, Zuschicken, Einlassen, Unterhandeln, Zusammenbringen, Ausbieten, Einladen. Zustimmung der verkuppelten Person ändert am Thatbestand nichts. (Stenglein Bd. II. S. 233. 234, Z. f. G. u. R. Bd. IX. S. 667, Weis Bd. II. S. 39. 41.)

11) Nebengeschäfte wie Wachestehen fallen nicht unter den Begriff des Vorschubleistens. (Erk. d. A.-G. v. Oberbayern v. 24. Oktober 1865, Z. f. Gerichtspr. Bd. VI. S. 364, Z. f. G. u. R. Bd. IX. S. 667.)

12) Ein Ehemann, welcher duldet, daß seine Frau die gemeinschaftliche Wohnung zu Kuppelei benützt, ohne an dieser selbst sich betheiligt zu haben, kann nur wegen Theilnahme an derselben bestraft werden; dagegen ist er als Miturheber strafbar, wenn die Duldung in Folge vorausgegangener Verabredung erfolgt und er die zu unzüchtigen Zwecken in der Wohnung erschienenen Mannspersonen seiner Frau zuführt. (Erk. d. Cass.-H. v. 21. Juni und 19. Oktober 1867, Z. f. Gerichtspr. Bd. VI. S. 376. Bd. VII. S. 93, Entsch. d. Cass.-H. Bd. I. S. 280.)

13) Kuppelei kann nur vorsätzlich verübt werden, also mit Wissen des von den verkuppelten Personen verfolgten Zweckes. (Z. f. G. u. R. Bd. IX. S. 667, Stenglein Bd. II. S. 235.)

14) Kuppelei ist vollendet mit Vornahme der die Vorschubleistung enthaltenden Handlungen, und ist es gleichgiltig ob die beabsichtigte Unzucht wirklich vollzogen wurde. (Vortr. im G.-A. d. K. d. Abg. 1856/57 S. 330, Stenglein Bd. II. S. 235, Weis Bd. II. S. 41.) Dagegen nimmt die Erört. Z. f. G. u. R. Bd. IX. S. 666. 668. 669. 670 an, die Kuppelei sei erst mit dem Beginne entschieden unzüchtiger Handlungen von Seite der zusammengebrachten Personen vollendet; und fordert diese Vollendung sogar für alle die Gewohnheit darstellenden Einzelhandlungen, lediglich unter Berufung auf den angeblich klaren Wortlaut.

15) Kuppelei ist strafbar, auch wenn die Unzucht im Auslande verübt werden sollte und dort gewerbsmäßige Unzucht straflos ist (Z. f. Gerichtspr. Bd. II. S. 184, Stenglein Bd. II. S. 235.)

16) In dem Engagiren für ein Bordell liegt das vollendete Vergehen der Kuppelei und kommt es auf den Vollzug der Unzucht hiebei nicht an. (Z. f. Gerichtspr. Bd. IX. S. 271.)

17) „soll bestraft werden". Eine wegen gewohnheitsmäßiger Kuppelei bestrafte Person kann wegen des gleichen Vergehens, verübt nach den erstabgeurtheilten Handlungen jedoch vor der ersten Verurtheilung neuerdings verfolgt

und in eine höhere Gesammtstrafe verurtheilt werden. (Erk. d. A.-G. v. Oberbayern v. 9. Juli 1867, Z. f. Gerichtspr. Bd. VII. S. 206.)

18) „Die Strafe steigt". Zur Anwendung des höheren Strafgrades sind alle jene Voraussetzungen erforderlich, welche Absatz 1 anführt, auch gewohnheitsmäßige oder eigennützige Verübung. (Prot. d. G.-A. d. K. d. Abg. 1856/57 Bd. II. S. 32, Z. f. G. u. R. Bd. IX. S. 670, Stenglein Bd. II. S. 234, Weis Bd. II. S. 40.)

19) „wenn der Kuppler arglistige Kunstgriffe angewendet hat". Solche arglistige Kunstgriffe sind betrügerische Vorspiegelungen, Verlockungen an einen Ort, Verbringen in eine dem beabsichtigten Zwecke förderliche Lage durch falsche Vorspiegelungen, Anwendung von die Sinnlichkeit reizenden Mitteln, Betrunkenmachen. Weis Bd. II. S. 40, Stenglein Bd. I. S. 234, Z. f. G. u. R. Bd. IX. S. 671 definirt sie als Veranstaltungen, um das Auffassungs- oder Erkenntnißvermögen zu berücken oder irrezuleiten, und führt noch auf: Mißbrauch angesehener Namen, Zusicherung vortheilhafter oder glänzender Stellung, Eheverlöbnisse.

20) Es genügt, wenn nur in einem einzigen Falle arglistige Kunstgriffe angewendet wurden. (Weis Bd. II. S. 40.) Die Erört. Z. f. G. u. R. Bd. IX. S. 671 gibt dies nur bei der Kuppelei aus Eigennutz zu, behauptet aber bei gewohnheitsmäßiger müsse jeder einzelne mitzählende Fall mittels arglistiger Kunstgriffe verübt gewesen sein. Es steht dies im Zusammenhange mit der irrigen Darstellung der Gewohnheitsmäßigkeit überhaupt; s. oben Note 3.

21) „oder wenn er unbescholtene Personen unter achtzehn Jahren zur Gestattung der Unzucht verleitet hat". Das Geschlecht der jugendlichen Person begründet keinen wesentlichen Unterschied. (Z. f. G. u. R. Bd. IX. S. 671.)

22) Unter Unbescholtenheit ist geschlechtliche Unbescholtenheit zu verstehen, dieselbe ist ausgeschlossen, wenn eine Person der Unzucht sich schon öfter hingegeben hat und dies in einer den Ruf der Person schädigenden Weise bekannt wurde; wenn eine Person im Rufe der Zugänglichkeit oder Unsittlichkeit steht. (Stenglein Bd. II. S. 234. 235. 236, Z. f. G. u. R. Bd. IX. S. 671. 672, Weis Bd. II. S. 41.)

23) Unter Verleitung ist Rath, Ueberredung, Verabreichung von Geschenken, Versprechungen, Zudringlichkeiten, wenn sie nicht in Zwang übergehen, aber auch Aufstachelung der Sinnlichkeit zu verstehen. (Z. f. G. u. R. Bd. IX. S. 672.)

Auch hier wiederholt sich die oben Note 20 bezüglich der arglistigen Kunstgriffe berührte Controverse. (Z. f. G. u. R. Bd. IX. S. 672.)

24) Ist die Person unter 16 Jahren, so ist der Kuppler auch Theilnehmer am Delikte des Art. 222. (Z. f. G. u. R. Bd. IX. S. 672.)

Art. 222.

Verführung jugendlicher Personen.

Wer eine unbescholtene Person, welche das zwölfte, aber noch nicht das sechzehnte Lebensjahr zurückgelegt hat, zum Beischlafe oder zur Gestattung des Mißbrauches zu widernatürlicher Wollust verführt, ist mit Gefängniß von drei Monaten bis zu zwei Jahren, womit Geldstrafe bis zu tausend Gulden verbunden werden kann, zu bestrafen.

Die gerichtliche Verfolgung findet nur auf Antrag der verführten Person oder ihres gesetzlichen Vertreters statt.

1) „Wer eine unbescholtene Person" s. Note 21. 22 zu Art. 221.

Auch wenn der Thäter selbst das 16. Lebensjahr noch nicht vollendet hat, ist er strafbar. (Z. f. G. u. R. Bd. IX. S. 674.)

2) „zum Beischlafe s. zu Art. 224 oder zur Gestattung des Mißbrauches zu widernatürlicher Wollust" s. hierüber zu Art. 214.

3) „verführt". Hierunter werden die auf Erschlaffung der sittlichen Grundsätze und Lahmlegung der sittlichen Widerstandskraft und Willenskraft des Opfers gerichteten Veranstaltungen verstanden, wie sie entweder in Einimpfung leichtferti-

ger Grundsätze und Lehren, oder in Weckung des schlummernden Triebes oder der Sinnlichkeit bestehen. Eine so mächtige Reizung der Sinnlichkeit, daß das Opfer sich endlich selbstthätig dem Laster in die Arme wirft, ist nicht erforderlich. (Z. f. G. u. R. Bd. IX. S. 673.)

Verführung ist irgend eine geistige Einwirkung, durch welche die Zustimmung und Duldung oder Verübung der Unzucht von Seite der verführten jugendlichen Person erlangt wird. Es genügt hiezu Ueberredung, Verleitung durch Geschenke, Aufreizen der Sinnlichkeit, Benützung der Unwissenheit. (Stenglein Bd. II. S. 236, Weis Bd. II. S. 42.)

4) Zur Annahme der Verführung einer jugendlichen Person zum Beischlafe bedarf es nicht des Nachweises besonderer Verführungskünste oder arglistiger Kunstgriffe. (Erk. d. A.-G. v. Niederbayern v. 26. Januar 1864, Z. f. Gerichtspr. Bd. III. S. 144, auch ebendaselbst Bd. III. S. 143.)

5) Die Frage, ob ein Mädchen unbescholten war und zum Beischlafe verführt wurde, ist thatsächlicher Natur und der Prüfung des Cassationshofs entrückt. (Erk. d. Cass.-H. v. 5. November 1869, Entsch. d. Cass.-H. Bd. III. S. 406.)

6) Die Vollendung der That tritt mit Vollzug des Beischlafs oder Verübung der widernatürlichen Wollust ein. (Z. f. G. u. R. Bd. IX. S. 675, Stenglein Bd. II. S. 236.)

7) Daß die jugendliche Person verheirathet ist, schließt die Strafe des Art. 222 nicht aus und gestattet auch die ideelle Konkurrenz des Ehebruchs Verfolgung von Amtswegen. (Z. f. G. u. R. Bd. IX. S. 675.) (Auch Art. 222 ist Antragsreat.)

Art. 223.

Verletzung der Sittlichkeit.

Wer durch unzüchtige Handlungen an öffentlichen Orten Aergerniß gibt, ist mit Gefängniß bis zu sechs Monaten, womit Geldstrafe bis zu dreihundert Gulden verbunden werden kann, zu bestrafen.

Gleicher Strafe unterliegt, wer Schriften unzüchtigen Inhalts oder sonstige unzüchtige Preßerzeugnisse veröffentlicht, öffentlich ausstellt, anschlägt, feilbietet, verkauft oder in einer Leihbibliothek oder einem öffentlichen Lesekabinete führt.

1) „Wer durch unzüchtige Handlungen" s. hierüber Note 1—5 zu Art. 215 S. 308. Unter den Begriff der unzüchtigen Handlungen fallen nicht nur die an oder mit Dritten verübten leiblichen Unzuchtshandlungen, sondern auch die Selbstbefleckung, sowie alle diejenigen Veranstaltungen und Erscheinungen, welche, ohne selbst zur fleischlichen oder leiblichen Unzucht zu gehören, doch an dieselbe als ihren motivirenden Ausgangs- und Zielpunkt erinnern und sich als unsaubere Beziehungen zum Geschlechtstrieb, zur Geschlechtslust und zu den bezüglichen Geheimnissen oder Ausartungen erklären lassen. Der Begriff ist also beträchtlich weiter als der der Unzucht und geht in die Vorstellung des Symbolischen, des Unzuchts-Aehnlichen, der Lockerung und Untergrabung von Zucht, Sitte und Selbstbeherrschung in geschlechtlichen Dingen, sowie in die Vorstellung der Vorbereitung und Vorschubleistung zur Unzucht über. (Z. f. G. u. R. Bd. IX. S. 221. 222. Aehnlich Weis Bd. II. S. 42—44 und Stenglein Bd. II. S. 337, s. auch Motive z. Entw. v. 1855 S. 95.)

2) Entblößungen, Vorzeigungen u. dgl. Schamlosigkeiten, welche zwar höchst roh und entwürdigend sind, aber nicht zur Symbolik der Unzucht gehören, fallen nicht unter Art. 223, sondern unter Art. 96 des Pol.-Str.-G.-Bch., ebenso öffentlich bis zum Aeußersten getriebene eheliche Zärtlichkeiten. (Z. f. G. u. R. Bd. IX. S. 676.) (Letztere Behauptung dürfte irrig sein. Schamlosigkeiten, welche direkt mit der Befriedigung des Geschlechtstriebs zusammenhängen, sind unzüchtige Handlungen. Hierunter fallen aber auch die angedeuteten ehelichen Zärtlichkeiten.

3) Unzüchtige Worte und Reden fallen nicht unter den Begriff der unzüchtigen Handlungen, sondern je nach Umständen unter Art. 96 des Pol.-Str.-G.-B. oder unter die Bestimmungen über Ehrenkränkung u. dgl.; selbstverständlich jedoch

dann nicht, wenn sie mit unzüchtigen Handlungen verbunden sind. (Z. f. G. u. R. Bd. IX. S. 676, Weis Bd. II. S. 44, Stenglein Bd. II. S. 238.)

4) Die Sittlichkeit und Schamhaftigkeit verletzende Handlungen an öffentlichen Orten, bei welchen es zu unzüchtigen, d. h. auf Befriedigung des Geschlechtstriebs gerichteten Handlungen noch nicht gekommen war, sind nach Art. 96 Pol.-Str.-G.-B., nicht nach Art. 223 Str.-G.-Bch. strafbar, selbst wenn unzüchtige Handlungen in der Absicht des Thäters lagen. (Erk. d. Cass.-H. v. 22. April 1870, Z. f. Gerichtspr. Bd. IX. S. 308, Entsch. d. Cass.-H. Bd. III. S. 155.) Dagegen spricht ein bezirksg. Erkenntniß (Z. f. G. u. R. Bd. IX S. 580) aus, der Begriff „unzüchtiger Handlungen" sei nicht auf solche Handlungen zu beschränken, welche die Befriedigung der Geschlechtslust zum Zwecke haben, sondern umfasse jede grobe Unsittlichkeit.

5) Mit der Erregung geschlechtlicher Sinnlichkeit in Verbindung stehende, jedoch nicht auf Befriedigung des Geschlechtstriebs abzielende Handlungen sind unzüchtige im Sinne des Art. 223. (Z. f. G. u. R. Bd. XIII. S. 614.)

6) „an öffentlichen Orten". Als öffentlich begangen gilt die That nicht nur dann, wenn sich der das Aergerniß erregende Thäter an einem öffentlichen Orte befindet, oder wenn an einem solchen die Wirkung seiner Handlung zur unzüchtigen Darstellung wird, sondern auch dann, wenn an einem öffentlichen Orte das Aergerniß empfunden wird. Soweit das Auge von einem öffentlichen Orte aus die umliegenden Oertlichkeiten und Räume außen oder innen bestreicht, steht die im Bereiche des Blicks vorgenommene unzüchtige Handlung in der erforderlichen Beziehung zu dem öffentlichen Orte. Wer sich den von den Fenstern einer Privatwohnung über einen öffentlichen Ort, z. B. Straße oder Platz herüberreichenden Blicken aussetzt, ohne daß er von dieser Straße aus gesehen werden kann, unterliegt nicht der Strafe des Art. 223. (Z. f. G. u. R. Bd. IX. S. 676. 677, Weis Bd. II. S. 44, Stenglein Bd. II. S. 238.)

7) Nach Art. 223 kann eine unzüchtige Handlung nicht nur dann bestraft werden, wenn sie an einem öffentlichen Orte begangen wurde, sondern auch, wenn sie von einem öffentlichen Orte aus wahrgenommen wurde. (Erk. d. Cass.-H. v. 25. April 1870, Z. f. Gerichtspr. Bd. IX. S. 312, Entsch. d. Cass.-H. Bd. IV. S. 164.)

8) Oeffentlicher Ort ist nicht gerade ein im öffentlichen Eigenthume stehender Raum, sondern ein gemeinzugänglicher Ort, Straßen, Wege, Brücken, Plätze, Kirchhöfe, Ufer, Kanäle, Dämme, Flüsse, Seen, auch gemeinzugängliche öffentliche Gebäude oder Theile derselben, z. B. Kirchen, Gerichtslokalitäten, Schauspielhäuser, öffentliche Gastlokalitäten, wobei es keinen Unterschied macht, ob die Betretung oder der Eintritt unentgeldlich oder gegen eine Eintrittsgebühr freisteht, oder gegen eine Förmlichkeit, z. B. Meldung, Karte, in der Regel Jedermann gewährt wird. Auch öffentliche Fahrzeuge, wie Marktschiffe, Dampfschiffe) Eisenbahnwägen, Omnibusse, Postwagen, welche sich auf öffentlichen Straßen bewegen, gehören zum Begriff des öffentlichen Orts. (Z. f. G. u. R. Bd. IX. S. 677, Weis Bd. II. S. 44, Stenglein Bd. II. S. 238.)

9) Die am öffentlichen Orte verübte Handlung muß öffentlich wahrnehmbar sein, weil man sie daselbst auch im Verborgenen, z. B. im Dunkel der Nacht vornehmen kann. (Z. f. G. u. R. Bd. IX. S. 677.)

10) Unzüchtige Handlungen bei Nacht sind strafbar, wenn der Ort der That auch bei Nacht vom Publikum besucht wird. (Z. f. Gerichtspr. Bd. III. S. 163.

11) Ein Wald kann wegen der allgemeinen Zugänglichkeit desselben allein nicht unbedingt als öffentlicher Ort betrachtet werden. Die Aergerniß gebende Handlung muß von einem öffentlichen Orte aus wahrnehmbar gewesen sein. (Erk. d. Cass.-H. v. 19. Mai 1865, Z. f. Gerichtspr. Bd. IV. S. 263, Z. f. G. u. R. Bd. XII. S. 225.)

12) Ein von allen Seiten sichtbarer, nahe an einem öffentlichen Wege gelegener Ort ist ein öffentlicher, gleichviel ob dieser Weg zu einer bestimmten Zeit

begangen zu werden pflegte. (Erk. d. A.-G. v. Oberfranken v. 1. März 1867, Z. f. Gerichtspr. Bd. VII. S. 270.)

13) Die Amtsstube eines Einnehmers in der Pfalz ist kein öffentlicher Ort. (Erk. d. Cass.-H. v. 7. März 1868, Z. f. Gerichtspr. Bd. VII. S. 295, Entsch. d. Cass.-H. Bd. II. S. 129.)

14) „Aergerniß gibt". Dies setzt nicht voraus, daß wirkliches Aergerniß genommen wurde; es genügt, daß der Thäter Gelegenheit gab, Aergerniß zu nehmen. Hiezu ist ein Publikum erforderlich, es genügt aber eine einzige Person. Auf das sittliche oder ästhetische Gefühl des Zuschauers kommt es nicht an, so daß nur der objektive Werth der Handlung, nicht ihr konkreter Einfluß auf das Publikum in Betracht zu ziehen ist. Das Aergerniß muß aber ein unmittelbares, kein durch weitere Mittheilung bewirktes sein. (Z. f. G u. R. Bd. IX. S. 676, Weis Bd. II. S. 44, Stenglein Bd. II. S. 238. 239.)

15) Zum Thatbestande des Art. 223 ist zwar Anwesenheit einer Person erforderlich, welche Aergerniß an der That nehmen konnte, es ist aber nicht erforderlich, daß sie wirklich Aergerniß nahm, und kann diese Person auch eine wider ihren Willen in unzüchtiger Weise angegriffene sein. (Erk. d. Cass.-H. v. 10. Aug. 1866, Z. f. Gerichtspr. Bd. VI. S. 42, Z. f. G. u. R. Bd. XIII. S. 490.)

16) Es ist nicht erforderlich nachzuweisen, daß Jemand zugegen war, der die unsittliche Handlung gesehen und Aergerniß daran genommen hat. (Z. f. Gerichtspr. Bd. II. S. 272. Bd. IV. S. 158, Z. f. G. u. R. Bd. X. S. 313 und Erk. d. A.-G. v. Niederbayern v. 12. März 1866, Z. f. G. u. R. Bd. XIII. S. 614.) Das Vergehen des Art. 223 erfordert, daß Jemand die unzüchtige Handlung wahrnahm, so daß sie einen objektiv Aergerniß gebenden Eindruck erhielt. (Z. f. Gerichtspr. Bd. IV. S. 142.)

17) Der Thatbestand des Art. 223 liegt nicht vor, wenn die That an einem einsamen Orte begangen und von Niemand wahrgenommen wurde, als von einem polizeilichen Bediensteten, welcher sich lediglich zum Zwecke des Einschreitens gegen die fragliche Handlung an jenem Orte oder in dessen Nähe befand. (Erk. d. Cass. H. v. 24. August 1866, Z. f. Gerichtspr. Bd. VI. S. 83, Z. f. G. u. R. Bd. XIII. S. 528.)

18) Die Vollziehung des Beischlafs an einem öffentlichen Wege ist nach Art. 223 strafbar, wenn auch der Weg zur Zeit der That nicht begangen war und nur ein zufällig des Wegs kommender Gensdarm sie bemerkte. (Erk. d. Cass.-H. v. 6. Juli 1867, Z. f. Gerichtspr. Bd. VII. S. 19, Entsch. d. Cass.-H. Bd. I. S. 318.)

19) Ein auf Erregung von Aergerniß gerichteter Vorsatz ist zur That nicht erforderlich, sondern nur eine wissentlich unter solchen Umständen vorgenommene Handlung, daß sie der Oeffentlichkeit verfallen kann. (Z. f. G. u. R. Bd. IX. S. 677. 678, Stenglein Bd II. S. 239.) Ob Veranstaltungen, welche darauf gerichtet sind, sich trotz der Oeffentlichkeit des Orts zu verbergen, oder der Irrthum des Thäters über ein genügendes Verbergen entschuldigt und nur Art. 96 des Pol.-Str.-G.-Bch. zur Anwendung kommen lassen, wie die alleg. Erörter. S. 678 annimmt, dürfte mindestens zweifelhaft sein.

20) „wer Schriften oder sonstige Preßerzeugnisse s. hierüber zu Art. 8.

„unzüchtigen Inhalts" s. Note 1—5 zu Art. 215 S. 308 und oben Note 1. 2. 4.

Produkte der klassischen Literatur und Kunst sollen hiemit nicht getroffen werden. Prot. d. G.-A. d. K. d. Abg. 1860/61 S. 140. 201, Z. f. G. u. R. Bd. IX. S. 679, Weis Bd. II. S. 45.)

21) Auch das Halten unsittlicher Vorträge und das Absingen unzüchtiger Lieder fällt nicht unter Art. 223, sondern unter Art. 96 Pol.-Str.-G.-B. (Weis Bd. II. S. 44.)

22) Unzüchtige Darstellungen sind nur solche, welche geschlechtliche Beziehungen betreffende Akte zum Gegenstande haben, nicht bloße Nuditäten. (Erk. d. A.-G. v. Oberbayern v. 22. März 1867, Z. f. Gerichtspr. Bd. VII. S. 156.)

23) Gegenstände, welche den Beischlaf darstellen, sind unzüchtig, auch wenn sie nur die Geschlechtstheile nicht die ganzen Körper zeigen. (Z. f. Gerichtspr. Bd. VIII. S. 426. Eine Anmerkung daselbst ist abweichender Ansicht.)

24) Eine neben einem öffentlichen vielbegangenen Wege an einer Scheune mit Kreide angebrachte unzüchtige Darstellung ist nach Art. 223 Abs. 2 strafbar. (Erk. d. Cass.=H. v. 11. November 1864, Z. f. G. u. R. Bd. XI. S. 449, Z. f. Gerichtspr. Bd. IV. S. 72.) Dieses Urtheil steht der von Weis Bd. II. S. 45 auch hier wiederholten Behauptung entgegen, die Arten der Veröffentlichung oder Verbreitung seien in Art. 223 Abs. 2 erschöpfend aufgezählt. (Vgl. Note 8 zu Art. 8 S. 12.) Doch schließt sich bei Art. 223 Stenglein Bd. II. S. 239 der Ansicht an, daß die Veröffentlichungsarten erschöpfend aufgeführt seien.

25) „veröffentlicht" u s. w. Nicht die Anfertigung solcher Gegenstände, oder das Verfassen solcher Schriften soll bestraft werden, sondern nur deren Verbreitung im Publikum. (Prot. d. G.=A. d. K. d. Abg. 1860/61 S. 200. 201, Z. f. G. u R. Bd. IX. S. 679. 680, Weis Bd. II. S. 44, Stenglein Bd. II. S. 239.)

26) Der Verfertiger oder Verfasser ist als Theilnehmer strafbar, wenn er bei der Produktion die Veröffentlichung beabsichtigte und diese auch wirklich eintrat. (Prot. d. G.=A. d. K. d. Abg. 1860/61 S. 200. 201, Z. f. G. u. R. Bd. IX. S. 680, Stenglein Bd. II. S. 239.)

27) Auch der Versuch des Verkaufes oder Feilbietens, wenn er öffentlich geschieht, fällt unter Abs. 2; ebenso das wiederholte Anbieten zum Geschenk, der einzelne Verkauf, ein einzelnes Wegschenken, Feilbieten u. s. w., wenn es an einem öffentlichen Orte geschieht. (Z. f. G. u. R. Bd. IX. S. 680.)

28) Zwischen Verkauf im Großen und im Einzelnen ist nicht unterschieden. (Weis Bd. II. S. 45. Dagegen Stenglein Bd. II. S. 239.)

29) Die That muß vorsätzlich geschehen. Irrthum oder Unwissenheit über den Gegenstand und Inhalt der Darstellung oder Schrift entschuldigt, nicht aber der Irrthum über den unzüchtigen Charakter. (Prot. d. G.=A. d. K. d. Abg. 1860/61 S. 201, Z. f. G. u. R. Bd. IX. S. 680. 681, Weis Bd. II. S. 44. 45.)

30) Die Verletzung der Sittlichkeit durch Preßerzeugnisse erfordert keine besondere Absicht. (Erk. d. Cass.=H. v. 14. März 1862, Z. f. Gerichtspr. Bd. I. S. 100.)

31) Der bei einer Anklage wegen Verletzung der Sittlichkeit durch unzüchtige photographische Darstellungen zu dem bejahenden Wahrspruche gemachte Zusatz, daß der Angeklagte nicht im Vergehens= sondern nur im Polizeiübertretungsgrade schuldig sei, ist für das Urtheil des Schwurgerichtshofes nicht maßgebend. (Erk. d. Cass.=H. v. 31. März 1863, Z. f. G. u. R. Bd. X. S. 307, Z. f. Gerichtspr. Bd. II. S. 259.)

Art. 224.

Allgemeine Bestimmungen. **Die Verbrechen und Vergehen, zu deren Thatbestand der Beischlaf gehört, sind vollendet, sobald die Vereinigung der Geschlechtstheile erfolgt ist.**

1) „Zu deren Thatbestand der Beischlaf gehört". Dieser Artikel findet auf diejenigen Verbrechen und Vergehen, welche ohne unzüchtigen Erfolg vollendet sind, wie die Bigamie (Art. 219), sowie auf alle Verbrechen und Vergehen, welche mittels Verübung widernatürlicher Wollust begangen werden, keine Anwendung. (Motive z. Entw. v. 1855 S. 95.)

2) „sind vollendet, sobald die Vereinigung der Geschlechtstheile erfolgt ist". Die bloße Berührung der beiderseitigen Geschlechtstheile genügt nicht. Ebensowenig ist aber erforderlich, daß die Geschlechtstheile des Mannes in die der Frauensperson so weit eindringen, daß die Zeichen der Jungfrauschaft zerstört werden oder zerstört worden wären, wenn sie noch vorhanden gewesen wären. Ebensowenig ist eine emissio seminis erforderlich und gilt auch ein vor dessen Eintritt absichtlich oder unabsichtlich unterbrochener Beischlaf als

solcher. Es genügt die geringste Vereinigung der beiderseitigen Geschlechtstheile. (Motive z. Entw. v. 1855 S. 95, Vortr. im G.-A. d. K. d. Abg. 1856/57 S. 330, Z. f. G. u. R. Bd. IX. S. 223. 224, Stenglein Bd. II. S. 201. 240, Weis Bd. II. S. 45.)

Art. 225.

Mit einer auf Grund der Art. 208–216 und 219–222 verhängten Gefängnißstrafe können die in Art. 28 bezeichneten Straffolgen oder einzelne derselben verbunden werden, vorbehaltlich der desfalls in den erwähnten Artikeln enthaltenen besonderen Vorschriften.

1) Von der fakultativen Verhängung der Straffolgen bei Verurtheilung in eine Gefängnißstrafe sind nur Ehebruch und Verletzung der Sittlichkeit ausgenommen. (Stenglein Bd. II. S. 240.)

2) Auch wenn die Gefängnißstrafe bei einem regelmäßig mit Zuchthaus- oder mit Gefängnißstrafe bedrohten Delikte, welches bei geminderter Zurechnungsfähigkeit des Thäters begangen wurde, verhängt wird, können die Straffolgen ausgesprochen werden. (Stenglein Bd. II. S. 240.)

Art. 226.

Eltern oder andere Verwandte in aufsteigender Linie, welche wegen Verübung einer der im gegenwärtigen Hauptstücke bezeichneten Handlungen an ihren Abkömmlingen zu einer Strafe verurtheilt werden, verlieren hiedurch dem mißbrauchten Kinde gegenüber alle aus der elterlichen Gewalt fließenden Rechte.

1) „Eltern und andere Verwandte in aufsteigender Linie“ s. Note 1 zu Art. 208 S. 300. (Z. f. G. u. R. Bd. IX. S. 682.)

2) „welche wegen der Verübung einer der im gegenwärtigen Hauptstücke bezeichneten Handlungen an ihren Abkömmlingen zu einer Strafe verurtheilt werden“. Die Strafen der Art. 209. 211. 212. 213. 216 Abs. 2 (auch 217) 221. 222 können gegen Eltern und andere Ascendenten nur dann verhängt werden, wenn der Richter in Unkenntniß über das Verwandtschaftsverhältniß befangen ist; allein auch in diesem Falle treten die Folgen des Art. 226 ein, soferne das wirkliche Verwandtschaftsverhältniß nur seiner Zeit, wenn dieser Civilpunkt zur Contestation kommt, irgendwie bewiesen werden kann. (Z. f. G. u. G. Bd. IX. S. 681. 682.)

3) Nicht nur die Thäterschaft, sondern auch die Mitthäterschaft im Gegensatze zur Hauptthäterschaft, sowie die Theilnahme zieht die Straffolge in der Regel nach sich. (Z. f. G. u. R. Bd. IX. S. 682.)

4) „dem mißbrauchten Kinde gegenüber“. Die Straffolge fällt weg, wenn ein Mißbrauch überhaupt nicht stattfindet, z. B. wenn ein Ascendent dem verehelichten Kinde zum Ehebruch verhilft. (Z. f. G. u. R. Bd. IX. S. 682.)

5) Es ist in der Regel gleichgiltig, ob die Handlung am oder mit dem Abkömmling, d. h. mit dessen Einwilligung oder auf dessen Anregung verübt wird, z. B. bei den Handlungen des Art. 216, oder wenn der Ascendent als mißbrauchter Theil erscheint, z. B. in den Fällen des Art. 223. ((Z. f. G. u. R. Bd. IX. S. 682.)

6) Der Rechtsverlust ist auf das Verhältniß des Ascendenten zum einzelnen mißbrauchten Abkömmling beschränkt, die elterlichen Rechte in Ansehung der übrigen Kinder oder Enkel bleiben aufrecht. Der Mißbrauch des Enkels zerstört nicht die Rechte über dessen Elterntheil; der Mißbrauch der Tochter nicht jene über die Enkel. (Z. f. G. u. R. Bd. IX. S. 683.)

7) „verlieren hiedurch alle aus der elterlichen-Gewalt fließenden Rechte“. Dies sind hauptsächlich die Rechte der Erziehung, der Aufenthalts-, Konfessions-, Berufsbestimmung, der Verehelichungsbewilligung, des Genusses der Adventitien, des Erwerbs des Einkommens des Hauskindes, Vertretung des Kindes bei Rechtsgeschäften oder bei Annahme von Zuwendungen,

mütterliches oder großmütterliches Vormundschaftsrecht, testamentarische Vormundschaftsbestellung; nach französischem Rechte auch die Ablieferung an die Obrigkeit zur Einsperrung u. s. w. (Z. f. G. u. R. Bd. IX. S. 682. 683.)

8) Die in Art. 28 Ziff. 5 vorbehaltene Ausnahme bezüglich der Vormundschaft über die eigenen Kinder fällt hinsichtlich des mißbrauchten Kindes gleichfalls hinweg. (Z. f. G. u. R. Bd. IX. S. 683.)

9) Die Rechte, welche nicht aus der elterlichen Gewalt sondern aus dem Verwandtschaftsbande fließen, wie der Ernährungsanspruch des verarmten Vaters, werden durch Art. 226 nicht berührt. (Motive z. Entw. v. 1860 S. 58, Z. f. G. u. R. Bd. IX. S. 683, Stenglein Bd. II. S. 241. Weis Bd. II. S. 46. 47.)

10) Die Erbfolgefähigkeit wird durch Art. 226 nicht berührt. Der Verlust derselben bleibt aber bestehen, wo er durch das Civilrecht angeordnet wird. Der nach früherer Gesetzgebung eingetretene Verlust wird nicht geändert. (Prot. d. G.-A. d. K. d. Abg. 1856/57 Bd. II. S. 36, Vortr. 1860/61 S. 188, Prot. S. 61, Z. f. G. u. R. Bd. IX. S. 683. 684, Stenglein Bd. II. S. 241, Weis Bd. II. S. 46. 47.)

11) Die Rechtsfolge ist im Urtheile nicht auszusprechen, sondern tritt mit dem Urtheile eo ipso ein, und ist im Wege des Civilrechts geltend zu machen, abgesehen von der Mittheilung des Urtheils an die Obervormundschaftsbehörde u. dergl. (Z. f. G. u. R. Bd. IX. S. 683.)

Art. 227.

In den Fällen der Art. 205, 212, 215, 216 und 220—222 ist die Unkenntniß des Thäters über das Alter der mißbrauchten Person ohne Einfluß auf seine Strafbarkeit.

Ein entschuldbarer, durch besondere trügerische Umstände oder Nachrichten verursachter Irrthum des Thäters entschuldigt denselben; nur die durch Leichtsinn oder Sorglosigkeit oder eigene Schuld desselben veranlaßte Unwissenheit über das Alter der mißbrauchten Person soll ihm nicht zur Entschuldigung gereichen. (Stenglein Bd. II. S. 241, Weis Bd. II. S. 47 und sehr ausführlich Z. f. G. u. R. Bd. IX. S. 447—450. 620. S. ferner über Entstehungsgeschichte und Bedeutung des Artikels Vortr. im G.-A. d. K. d. Abg. 1856/57 S. 331. 332 Prot.-Bd. II. S. 37. 38.)

Eilftes Hauptstück.

Strafbare Handlungen in Bezug auf Leib und Leben Anderer.

Art. 228.

Mord.

Wer in der Absicht, einen Andern zu tödten, mit überlegtem Entschlusse rechtswidrig den Tod desselben verursacht, soll wegen Mordes mit dem Tode bestraft werden.

Art. 229.

Todtschlag.

Wer in der Absicht, einen Andern zu tödten, ohne überlegten Entschluß, rechtswidrig den Tod desselben verursacht, ist wegen Todtschlags mit Zuchthaus von zwölf bis zu zwanzig Jahren zu bestrafen.

Wenn jedoch der Todtschläger durch eine von dem Getödteten ihm selbst oder einem seiner im Art. 61 genannten Angehörigen ohne schuldhafte Veranlassung von ihrer Seite zugefügte Mißhandlung oder schwere Beleidigung gereizt und dadurch zur That hingerissen wurde, so soll auf Zuchthaus bis zu acht Jahren und bei besonders mildernden Umständen auf Gefängniß nicht unter zwei Jahren erkannt werden.

1) „in der Absicht, einen Andern zu tödten“. Mord und Todt-

schlag kann nur an einem lebenden Menschen verübt werden. Als solcher gilt strafrechtlich die von der Mutter noch nicht getrennte Leibesfrucht nicht. (Stenglein Bd. II. S. 243.)

2) An einem Leichname kann vollendeter Mord oder Todtschlag nicht begangen werden, wenn auch die irrthümlich an demselben vorgenommene Handlung zweifellos den Tod des noch Lebenden herbeigeführt haben würde. (Stenglein Bd. II. S. 243.)

3) Selbstmord ist nicht strafbar. Verleitung oder Beihülfe zum Selbstmord kann, wenn in der Absicht verübt, daß der Selbstmörder das Leben verliere, als Mord strafbar sein. (Vortr. im G.-A. d. K. d. Abg. 1856/57 S. 337, Prot.-Bd. II. S. 41, Vortr. 1860/61 S. 189, Prot. S. 61, Prot. d. G.-A. d. K. d. R.-R. 1860/61 S. 222, Stenglein Bd. II. S. 243. 244, Weis Bd. II. S. 49, welcher jedoch Verübung und Beihilfe zum Selbstmord unbedingt für straflos erklärt.)

4) Die Einwilligung des Getödteten hebt den Begriff des Mordes oder Todtschlags nicht auf; und ist nur der Beisatz „rechtswidrig" gemacht, um den Mord von der Tödtung im Kriege oder in Nothwehr oder zur Strafe zu unterscheiden. (Vortr. im G.-A. d. K. d. Abg. 1856/57 S. 339, Prot.-Bd. II. S. 39, Stenglein Bd. II. S. 243, Weis Bd. II. S. 49. 51. 52.)

5) Es genügt nicht der einfache auf die Handlung gerichtete Vorsatz, sondern es ist die besondere, auf den Tod des Andern gerichtete Willensbestimmung erforderlich, ohne daß hiebei eine feindselige Richtung erforderlich ist (Mord aus Liebe). (Stenglein Bd. II. S. 246, Weis Bd. II. S. 50.)

6) Eine Person, welche schuldig befunden ist, eine Andere zur Begehung einer Körperverletzung angestiftet zu haben, kann nicht als Mörder bestraft werden, wenn auch der Tod des Verletzten die Folge der That war und der Anstifter, jedoch nicht der Thäter, den Wunsch hegte, dieser Erfolg möge eintreten. (Erk. d. Cass.-H. v. 20. Juli 1868, Z. f. Gerichtspr. Bd. VII. S. 470, Entsch. d. Cass.-H. Bd. II. S. 351.)

7) „mit überlegtem Entschlusse — ohne überlegten Entschluß". Dieses Erforderniß ist die ausschließliche Unterscheidung zwischen Mord und Todtschlag und bedeutet der überlegte Entschluß den Zustand voller Ruhe und Klarheit beim Entschluß über die Beschaffenheit der That im Gegensatze zur Einwirkung eines Affekts auf den Geist des Thäters, welcher diesen nicht zur ruhigen Ueberlegung über die Beschaffenheit der That gelangen läßt (Todtschlag). (Stenglein Bd. II. S. 247, Weis Bd. II. S. 52.) Zum Morde wird kalte, besonnene Bosheit, Ueberlegung, eine planmäßig vollbrachte Tödtung, ruhige reife Ueberlegung, ein ruhiges Ueberdenken, ein Entschluß gefordert, welcher nicht das Ergebniß des Affektes, der Hitze, der Leidenschaft, sondern ruhigen Nachdenkens, ruhiger oder kalter Ueberlegung ist. (Barth, das Strafgesetzbuch mit Auslegungsbehelfen als Ergebniß der Verhandlungen: Motive z. Entw. v. 1855 S. 96, Vortr. im G.-A. d. K. d. Abg. 1856/57 S. 333. 334, Prot.-Bd. II. S. 39.)

8) Es kommt nur auf den Zustand des Thäters beim endgiltigen und zur Ausführung gebrachten Entschlusse an, nicht darauf ob derselbe irgend eine Zeit vor der That oder erst unmittelbar vor derselben gefaßt wurde, ob der Entschluß ursprünglich ein im Affekt gefaßter, aber bei ruhiger Ueberlegung festgehaltener war. Anderseits kann auch der Affekt, welcher Voraussetzung des Todtschlags ist, einige Zeit andauern, jedoch ist derselbe nicht zu verwechseln mit der häufig eintretenden Aufregung bei der That, welche Ausfluß eines in vollster Freiheit gefaßten Entschlusses ist; oder mit dem hinzutretenden Affekt, nachdem die That mit überlegtem Entschlusse beschlossen und zur Ausführung gebracht ist. (Vortr. im G.-A. d. K. d. Abg. 1856/57 S. 333. 334, Prot.-Bd. II. S. 38, Weis Bd. II. S. 52, Stenglein Bd. II. S. 248, Bl. f. R.-A. Bd. 30. S. 85. 101.)

9) Auf die Natur des den Todtschlag bedingenden Affekts kommt nichts an, sondern nur auf den Grad seiner Einwirkung. Dieser Affekt kann Zorn, Liebe, Eifersucht, Ehrgeiz u. dergl. sein. (Motive z. Entw. v. 1855 S. 96, Stenglein Bd. II. S. 248, Bl. f. R.-A. Bd. 33 S. 85. 97 fg.)

10) Auch die Furcht kann einen solchen Affekt erzeugen, und zwar selbst die vor einem selbstverschuldeten Uebel, wie die Entdeckung eines begangenen Verbrechens. (Vortr. im G.-A. d. K. d. Abg. 1856/57 S. 332, Stenglein Bd. II. S. 249, Bl. f. R.-A. Bd. 33. S. 98.)

11) Sowohl Mord als Todtschlag kann bei geminderter Zurechnungsfähigkeit begangen werden. (Erk. d. Cass.-H. v 10. Juni 1870, Z. f. Gerichtspr. Bd. IX. S. 359, Entsch. d. Cass.-H. Bd. IV. S. 238, Stenglein Bd. II. S. 249. 251, Bl. f. R.-A. Bd. 33. S. 82.) Stenglein Bd. II. S. 251. 252 beschränkt dies nur dahin, daß nicht ein und derselbe Einfluß auf die geistige Freiheit des Thäters zur Annahme des für den Todtschlag erforderlichen Affekts und der geminderten Zurechnungsfähigkeit führen dürfe.

12) Wenn ein dem Mord entsprechender überlegter Entschluß vollständig aufgegeben wird und sodann ein neuer, dem Todtschlage entsprechender ausgeführt wird, so liegt Todtschlag vor; im entgegengesetzten Falle aber Mord. (Stenglein Bd. II. S. 249, Bl. f. R.-A. Bd. 33 S. 101.)

13) „rechtswidrig" s. oben Note 4.

14) „den Tod desselben verursacht". Auf die Art und Weise wie der Tod des Menschen verursacht wird, kommt für den Thatbestand nichts an, und bedarf es insbesondere keiner gewaltsamen Mittel. Giftmord ist nicht besonders hervorgehoben, und ist unter den sonstigen Voraussetzungen Mord bei Anwendung jeder innerlich beigebrachten Substanz anzunehmen, welche mit der Absicht und dem Erfolge der Tödtung beigebracht wurde. Doch kann auch Todtschlag durch Anwendung innerer Mittel vorkommen. (Stenglein Bd. II. S. 244. 245, Vortr. im G.-A. d. K. d. Abg. 1856/57 S. 336. 354.)

15) Zwischen dem angewendeten Mittel, welches auch in einer Unterlassung bestehen kann, und dem eingetretenen Tod muß ein Causalzusammenhang bestehen und nachgewiesen sein. Das Mittel muß den Tod verursacht haben, ohne daß es darauf ankommt, ob dasselbe den Tod regelmäßig oder nothwendig hervorruft, ob derselbe in irgend einer Weise hätte abgehalten werden können, ob nur wegen einer besonderen Leibesbeschaffenheit des Getödteten oder durch ein besonderes Zusammentreffen von Umständen der Tod mittelbar oder unmittelbar eintrat. (Motive z. Entw. v. 1855 S. 90, Prot. d. G.-A. d. K. d. Abg. 1856/57 Bd. II. S. 75, Stenglein Bd. II. S. 245, Weis Bd. II. S. 49.)

16) Auch an einem Sterbenden oder rettungslos Erkrankten kann ein Mord oder Todtschlag begangen werden. (Motive z. Entw. v. 1855 S 90, Vortr. im G.-A. d. K. d. Abg. 1856/57 S. 333, Prot.-Bd. II. S. 38, Stenglein Bd. II. S. 246, Weis Bd. II. S. 52.)

17) Derjenige Mensch muß der Getödtete sein, gegen welchen das tödtliche Mittel in Wirksamkeit gesetzt wurde, gleichviel ob das Motiv der That diesen Menschen im Auge hatte oder nicht, ob der Thäter über die Person, deren Tödtung er unternommen hat, im Irrthume war oder nicht. (Stenglein Bd. II. S. 246. 247, Weis Bd. II. S. 50. 51.)

(S. über aberratio ictus Note 6. 7 zu Art. 47 S. 43, u. Note 8 zu Art. 6 S. 9.)

18) Mord und Todtschlag sind nur mit Eintritt des Todes desjenigen vollendet, gegen welchen die That begangen wurde. Nichteintritt des Todes oder Eintritt desselben aus anderer Veranlassung als der That, läßt nur Versuch zu. (Stenglein Bd. II. S. 249. 250.)

19) Falsche Behandlung des bei einem Mord- oder Todtschlagsversuche Verletzten ist dem Thäter nicht zuzurechnen. (Stenglein Bd. II. S. 250.)

20) Ist ein rechtswidriger Erfolg als Folge der That eingetreten, jedoch nicht der Tod, so liegt, wenn dieser Erfolg eine Verletzung am Körper oder der Gesundheit des Angegriffenen ist, ideeller Zusammenfluß von Mord- oder Todtschlagsversuch mit Körperverletzung vor; liegt ein anderer Erfolg vor, so ist ideeller Zusammenfluß von Versuch und einem fahrlässigen Delikte gegeben. (Stenglein Bd. II. S. 260.)

21) Bei Verweisung wegen Verbrechens der Körperverletzung kann nach Ergebniß der Verhandlung eine Frage auf Mord gestellt werden. (Erk. d. Cass.-H. v. 17. August 1867, Z. f. Gerichtspr. Bd. VII. S. 66, Entsch. d. Cass.-H. Bd. I. S. 353.)

22) „soll bestraft werden". Bei der Strafzumessung wegen Mordversuchs begangen bei geminderter Zurechnungsfähigkeit muß die Strafe des Mordes begangen bei geminderter Zurechnungsfähigkeit zu Grunde gelegt und kann diese wegen Vorliegen des Versuchs gemindert werden; es darf aber nicht die Strafe des Mordversuchs wegen Vorliegens geminderter Zurechnungsfähigkeit herabgesetzt werden. Hiebei kann bis auf vierjähriges Zuchthaus herabgegangen werden. (Erk. d. Cass.-H. v. 28. März 1868 und 10. Juni 1870, Z. f. Gerichtspr. Bd. VII. S. 312. Bd. IX. S. 359, Entsch. d. Cass.-H. Bd. II. S. 157, Bd. IV. S. 238.)

23) „wenn der Todtschläger .... gereizt und dadurch zur That hingerissen wurde". Der Getödtete muß Urheber des Streites (autor rixae) sein und muß der Todtschlag als Retorsion einer erlittenen Mißhandlung oder schweren Beleidigung erfolgen. Hat der Thäter oder seine Angehörigen den Streit veranlaßt, so gereicht auch das dagegen Gethane dem Thäter nicht zur Entschuldigung. (Vortr. im G.-A. d. K. d. Abg. 1856/57. S. 335, Prot.-Bd. II. S. 40, Stenglein Bd. II. S. 250, Weis Bd. II. S. 55.)

24) Eine irrthümlich angenommene Veranlassung kann den Strafmilderungsgrund nicht bewirken. (Stenglein Bd. II. S. 250. S. dagegen Erk. d. Cass.-H. vom 12. u. 17. April 1869, Z. f. Gerichtspr. Bd. VIII. S. 277. 293, Entsch. d. Cass.-H. Bd. III. S. 143 161.)

25) Die Aufregung des Thäters muß ausschließlich in der Mißhandlung oder Beleidigung ihren Grund haben und zwar einen genügenden. Eine Neckerei oder unbedeutende Beleidigung genügt nicht, Reizung anzunehmen. (Vortr. im G.-A. d. K. d. Abg. 1856/57 S. 335, Prot.-Bd. II. S. 40, Stenglein Bd. II. S. 250. 251, Weis Bd. II. S. 54. 55.)

26) „schwere Beleidigung". Hierunter sind auch grobe Rechtsverletzungen begriffen, wie die gegen den Ehemann, welcher seine Ehefrau in flagranti des Ehebruchs trifft. (Vortr. im G.-A. d. K. d. Abg. 1856/57 S. 335, Stenglein Bd. II. S. 251, Weis Bd. II. S. 54.)

27) Die Reizung muß nicht auf der Stelle zur That hinreißen, vielmehr ist die Wirkung des Reizes nach Zeit und Art nicht weiter beschränkt, als der Affekt bei Todtschlag überhaupt. (Vortr. im G.-A. d. K. d. Abg. 1856/57 S. 335, Stenglein Bd. II. S. 250, Weis Bd. II. S. 54.)

28) „bei besonders mildernden Umständen". Durch das Wort „besonders" ist angedeutet, daß die Gefängnißstrafe nur unter außerordentlichen Umständen angewendet werden soll. Die Frage, ob solche gegeben sind, ist von den Richtern, nicht von den Geschwornen zu entscheiden. (Prot. d. G.-A. d. K. d. Abg. 1860/61 S. 61, Vortr. d. K. d. R.-R. S. 145, Prot. S. 224, Stenglein Bd. II. S. 251, Weis Bd. II. S. 55.)

S. über die Fragestellung Note 1 zu Art. 68 S. 79.

Art. 230.

Der Todtschlag an Verwandten in aufsteigender Linie ist mit lebenslänglichem Zuchthaus zu bestrafen.

Liegen die im Art. 229 Abs. 2 angegebenen Voraussetzungen vor, so ist auf Zuchthaus von acht bis zu sechzehn Jahren zu erkennen.

1) Zwischen Verwandtschaft durch eheliche oder uneheliche Geburt ist nicht unterschieden; jedoch muß letztere, Falls sie durch den Vater vermittelt ist, gemäß Art. 7 Abs. 2 festgestellt sein. (Stenglein Bd. II. S. 251, Weis Bd. II. S. 56.)

2) Auch Schwiegereltern gehören unter die Verwandten in aufsteigender Linie. (Stenglein Bd. II. S. 251. Dies stellt in Abrede Weis Bd. II. S. 56, ebenso ein Erk. d. A.-G. v. Niederbayern v. 3. November 1863, Z. f. G. u R. Bd. IX. S. 62.)

S. über die Fragestellung Note 1 zu Art. 68 S. 79.

Art. 231.

Kindsmord.

Eine Mutter, welche in der Absicht, ihr Kind zu tödten, rechtswidrig den Tod desselben während oder gleich nach der Geburt verursacht, ist mit Zuchthaus bis zu zwanzig Jahren zu bestrafen.

Ist das Kind von einer andern Person als der Mutter getödtet worden oder hat eine andere Person an der Tödtung Theil genommen, so kommen gegen diese Person die Bestimmungen über Mord oder Todtschlag und über die Theilnahme an diesem Verbrechen zur Anwendung.

1) „Eine Mutter". Ausschließlich die Mutter, welche in der Geburt des Kindes begriffen ist oder den Geburtsakt soeben vollendet hat, fällt unter die Bestimmungen dieses Artikels, jedoch ebensowohl wenn sie die That selbst begeht als wenn sie dieselbe durch einen Andern begehen läßt, diesen dazu anstiftet. Für alle andern Betheiligten, Anstifter, Thäter in Folge der Anstiftung durch die Mutter, Mitthäter, Theilnehmer ist die That Mord und liegt somit eine Ausnahme von der Regel vor, daß diese Personen unter dasselbe Strafgesetz fallen wie der Hauptthäter oder bezw. die anstiftende Mutter. (Vortr. im G.-A. d. K. d. Abg. 1856/57 S. 337 fg., Prot. Bd. II. S. 41 fg., Stenglein Bd. II. S. 253, Weis Bd. II. S. 57.)

2) Zwischen ehelicher und unehelicher Geburt ist nicht unterschieden. (Vortr. im G.-A. d. K. d. Abg. 1856/57 S. 337. 338, Prot.-Bd. II. S. 42, Stenglein Bd. II. S. 253. 254, Weis Bd. II. S. 57.)

3) „welche in der Absicht, ihr Kind zu tödten" s. hierüber Note 1. 2. 5 zu Art. 228. 229 S. 325. 326.

Auf die Lebensfähigkeit des Kindes kommt nichts an, so daß nur der Nachweis erforderlich ist, daß das Kind nach der Geburt, wenn auch noch so kurz, gelebt habe, und sein Leben durch Handlungen der Mutter verloren hat. (Motive z. Entw. v. 1855 S. 99, Stenglein Bd. II. S. 255, Weis Bd. II. S. 58.)

4) Ein Kind, welches nach der Geburt geathmet hat, muß als ein solches betrachtet werden, welches gelebt hat; jedoch ist die Lungenprobe hiefür nicht maßgebend, sondern nur ein nicht vollständig zuverlässiges Beweismittel. (Stenglein Bd. II. S. 255.)

5) Ein Kind, dessen Leben nach der Geburt nicht nachgewiesen werden kann, ist als todtgeboren zu betrachten; die That mithin als an einem Leichnam begangen. Ob dies als Versuch strafbar ist, ist streitig. (Motive z. Entwurf v. 1855 S. 99, Prot. d. G.-A. d. K. d. Abg. 1856/57 S. 47. 48, Vortr. S. 339, Stenglein Bd. II. S. 256, Weis Bd. II. S. 58. 59.)

Vergl. Note 11. 14 zu Art. 47 S. 43. 44.

6) Zwischen Kindsmord und Todtschlag ist nicht unterschieden; es kann also nicht nach überlegtem Entschluß gefragt werden, sondern ist die Größe des vom Gesetz präsumirten Affekts bei der Strafzumessung zu berücksichtigen. (Stenglein Bd. II. S. 256, Weis Bd. II. S. 59.)

7) Wird eine auf Kindsmord gestellte Frage nur theilweise bejaht, so daß die absichtliche Tödtung, nicht aber Kindsmord festgestellt ist, z. B. durch Verneinung des Requisits „gleich nach der Geburt", so kann die Mutter nur wegen Todtschlags verurtheilt werden. (Stenglein Bd. II. S. 256. 257, Weis Bd. II. S. 59, Prot. d. G.-A. d. K. d. Abg. 1856/57 Bd. II. S. 47.)

8) Kindsmord kann auch bei geminderter Zurechnungsfähigkeit begangen werden, wenn noch ein anderer Einfluß auf die Selbstbestimmung der Mutter einwirkt, als der Geburtsakt; dieser kann aber nicht gleichzeitig auch als Substrat der Annahme geminderter Zurechnungsfähigkeit benützt werden. (Motive z. Entw. v. 1855 S. 99, Prot. d. G.-A. d. K. d. Abg. 1856/57 S. 46 fg., Stenglein Bd. II. S. 257, Weis Bd. II. S. 60.)

9) „rechtswidrig den Tod desselben verursacht" s. Note 14—16. 20 zu Art. 228 S. 327.

Die tödtliche Handlung kann auch nur in einer Entziehung oder einem Unterlassen der einem neugeborenen Kinde zur Fortsetzung des Lebens unumgänglich nothwendigen Hülfe bestehen und genügt dies zur Strafbarkeit, wenn auch eine absichtlich vorgenommene tödtliche Handlung den Tod nicht herbeiführte, sondern jene Unterlassung. (Stenglein Bd. II. S. 256.)

10) Der Kindsmord ist mit Eintritt des Todes des Kinds als Folge der tödtlichen Handlung vollendet. Die Vornahme dieser Handlung oder deren Beginn ohne tödtlichen Erfolg ist, abgesehen von freiwilligem Abstand, Versuch. Verheimlichung der Schwangerschaft dagegen kann nur als Vorbereitungshandlung oder als Indicium betrachtet werden. (Motive z. Entw. v. 1855 S. 99, Stenglein Bd. II. S. 257.)

11) „während oder gleich nach der Geburt". Irgend eine bestimmte Zeit, wie lange nach der Geburt die That geschehen sein müsse, um noch als Kindsmord zu gelten, ist weder im Gesetz vorgesehen noch sonst anzugeben; es muß vielmehr auf den Zustand der Mutter Rücksicht genommen und Kindsmord angenommen werden, wenn dieselbe noch unter dem Einfluß des Geburtsaktes handelte. (Motive z. Entw. v. 1855 S. 98, Vortr. im G.-A. d. K. d. Abg. 1856/57. S. 338, Prot.-Bd. II. S. 42, Stenglein Bd. II. S. 254. 255, Weis Bd. II. S. 57. 58.)

12) Zu Absatz 2 s. oben Note 1.

Art. 232.

Tödtung aus Fahrlässigkeit.

Wer durch Fahrlässigkeit den Tod eines Menschen verursacht, ist mit Gefängniß bis zu drei Jahren oder an Geld bis zu vierhundert Gulden zu bestrafen.

1) „durch Fahrlässigkeit" s. hierüber Note 1—8. 12 zu Art. 6 S. 9. 10.

Der Thäter darf weder die Absicht der Tödtung noch die der körperlichen Mißhandlung haben, da in letzterem Falle Körperverletzung mit nachgefolgtem Tode vorliegt. (Weis Bd. II. S. 60. 61, Stenglein Bd. II. S. 258.)

2) Die Fahrlässigkeit kann auch durch Unterlassung begangen werden. (Weis Bd. II. S. 61.)

3) „den Tod eines Menschen verursacht" s. Note 1. 2. 14—19 zu Art. 228 S. 325. 326 fg.

Fahrlässige Tödtung wird durch kulpose Handlungsweise des Getödteten nicht straflos. (Z. f. Gerichtspr. Bd. II. S. 405.)

4) „ist zu bestrafen". Abstufungen der Fahrlässigkeit sind nicht bezeichnet, und ist deshalb der höhere oder geringere Grad derselben nur bei der Strafzumessung zu berücksichtigen. Für die geringer strafbaren Versehen ist Geldstrafe angedroht. (Vortr. im G.-A. d. K. d. Abg. 1856/57 S. 364, Prot.-Bd. II. S. 69, Prot. 1860/61 S. 61. 62, Weis Bd. II. S. 61, Stenglein Bd. II. S. 258.)

5) Für die durch Einsturz eines Neubaus bewirkte Tödtung einer Person ist, wenn wissentliche Verwendung schlechten Baumaterials die Ursache des Einsturzes war, nicht nur der Bauführer, sondern auch der Bauunternehmer, welcher die Verwendung des schlechten Materials veranlaßte oder zuließ, strafrechtlich haftbar. (Z. f. Gerichtspr. Bd. VII. S. 396.)

6) Wenn bei öffentlichen Arbeiten sicherheitsgefährliche Vertiefungen gemacht werden und genügende Versicherungsmaßregeln zu treffen unterlassen wird, sind für die hiedurch entstandenen Unglücksfälle diejenigen verantwortlich, welche die Arbeiten zu leiten und die geeigneten Anordnungen zu treffen unterlassen haben. (Z. f. Gerichtspr. Bd. IX. S. 89.)

Art. 233.

Allgemeine Bestimmung über den Thatbestand bei Tödtungen.

Für die Feststellung des Thatbestandes einer rechtswidrigen Tödtung ist es unerheblich, ob der tödtliche Erfolg der Handlung durch zeitige zweckmäßige Hilfe hätte abgewendet werden können oder nicht, — ob die Beschädigung unmittelbar oder nur durch eine aus ihr entstandene Zwischenursache den Tod bewirkt habe, — desgleichen ob dieselbe nur in Folge der eigen-

thümlichen Leibesbeschaffenheit des Beschädigten oder der zufälligen Umstände, unter welchen sie ihm zugefügt wurde, den Tod herbeigeführt habe.

Dieser Artikel kommt auch bei der fahrlässigen Tödtung zur Anwendung. (Weis Bd. II. S. 61. 68.) s. übrigens Note 15—19 zu Art. 228 S. 327.)

Art. 234.

Vorsätzliche Körperverletzung.

Wer, ohne die Absicht zu tödten, mit überlegtem Entschlusse einem Andern eine körperliche Mißhandlung oder Beschädigung an der Gesundheit rechtswidrig zufügt, soll:

1) wenn hiedurch der Tod des Verletzten oder ein bleibender Nachtheil an dessen Körper oder Gesundheit verursacht oder derselbe in eine mehr als sechzig Tage dauernde Krankheit oder (gänzliche oder theilweise) Arbeitsunfähigkeit versetzt worden ist, mit Zuchthaus bis zu sechzehn Jahren;

2) wenn der Verletzte dadurch in eine mehr als fünf, jedoch nicht mehr als sechzig Tage dauernde Krankheit oder (gänzliche oder theilweise) Arbeitsunfähigkeit versetzt worden ist, mit Gefängniß nicht unter vier Monaten;

3) wenn zwar keine der vorstehend bezeichneten Folgen eingetreten, aber die That entweder in verabredeter Verbindung zweier oder mehrerer Personen oder mittels nächtlichen Aufpassens oder mittels Anwendung von Waffen oder Gift geschehen ist, mit Gefängniß bis zu zwei Jahren bestraft werden.

Zusatz durch Art. 4 des Gesetzes vom 16. Mai 1868:

„Auch der Versuch der Körperverletzung ist nach Ziffer 3 strafbar, wenn „zur Ausführung Waffen oder Gift angewendet worden sind".

1) „Wer". Die Bestimmungen über Körperverletzung finden ebensowohl Anwendung, wenn ein Einzelner die verletzenden Handlungen vornimmt, als wenn Mehrere gegen einen Einzelnen handeln, oder Mehrere gegen Mehrere. Auch die auf Mißhandlung einer Person gerichtete Verabredung Mehrerer bewirkt nicht, daß Jeder für die Handlungen der Andern haftbar wird, vorbehaltlich der Bestimmungen über Anstiftung, Theilnahme und Schlägerei. Zur Anwendbarkeit der Bestimmungen über Körperverletzung muß dem Beschuldigten die Urheberschaft einer bestimmten Verletzung und des dadurch verursachten Erfolgs nachgewiesen sein. (Stenglein Bd. II. S. 261. 262, Weis Bd. II. S. 72.)

2) Wenn die Verletzungen, welche bei einem von Mehreren verübten Angriffe Jeder der Angreifer dem Angegriffenen zugefügt hat, nachgewiesen sind, ist wegen Körperverletzung nicht wegen Schlägerei zu strafen. (Erk. d. A.-G. v. Niederbayern v. 12. November 1862, Z. f. Gerichtspr. Bd. II. S. 9.)

3) Mehrere Personen, welche sich zur Mißhandlung eines Andern verabredet haben, ohne daß der spezielle Urheber der dem gemeinschaftlich Angegriffenen von Einem von ihnen zugefügten Mißhandlung ermittelt werden kann, können nicht wegen Theilnahme an der Körperverletzung sämmtlich bestraft werden, sondern nur wegen Schlägerei. (Erk. d. Cass.-H. vom 7. November 1864, Z. f. Gerichtspr. Bd. IV. S. 58, Z. f. G. u. R. Bd. XI. S. 442.)

4) Wenn mehrere Personen sich zur Mißhandlung einer andern im Voraus verabredet, derselben nächtlicher Weile aufgepaßt und sie mißhandelt haben, so sind dieselben wegen Theilnahme am Vergehen der Körperverletzung nicht wegen Schägerei zu bestrafen, wenn auch der Urheber der zugefügten, ohne Folgen gebliebenen Mißhandlungen nicht festgestellt werden kann. (Erk. d. Cass.-H. v. 11. März 1870, Z. f. Gerichtspr. Bd. IX. S. 230, Entsch. d. Cass.-H. Bd. IV. S. 115, s. auch Erk. d. A.-G. v. Oberfranken v. 11. November 1865, Z. f. G. u. R. Bd. XII. S. 499.)

5) Dem Anstifter einer Mißhandlung ist der volle eingetretene Erfolg derselben zuzurechnen, wenn auch die physischen Urheber nur wegen Schlägerei verurtheilt werden können, wenn nicht nachgewiesen ist, daß seine Absicht auf einen geringeren Erfolg gerichtet war. (Erk. d. Cass.-H. v. 15. Sept. 1865, Z. f. Ge-

richtspr. Bd. IV. S. 376, Z. f. G. u. R. Bd. XII. S. 435, Erk. d. A.=G. v. Oberfranken v. 21. August 1869, Z. f. Gerichtspr. Bd. IX. S. 44.)

6) „ohne die Absicht zu tödten". Die Willensbestimmung des Thäters ist einfacher Vorsatz, d h. der Wille die schmerzerregende, oder die Gesundheit oder den Körper eines Andern beschädigende Handlung vorzunehmen, mit dem Bewußtsein ihrer Beschaffenheit. Eine bestimmte Absicht ist nicht erforderlich; es darf jedoch die Absicht zu tödten nicht vorliegen; ebensowenig ist erforderlich, daß der Thäter einen bestimmten Erfolg ins Auge gefaßt hat. (Stenglein Bd. II. S. 264, Weis Bd. II. S. 63. 64, Vortr. im G.=A. d. K. d. Abg. 1856/57 S. 340, s. auch Note 8 zu Art. 6 S. 9 und Note 6 zu Art. 228 S. 326.)

7) Die Verletzung durch Hundsbiß, welche der Herr der Hundes durch Hetzen desselben auf eine Person verursachte, ist jenem als vorsätzliche Körperverletzung zuzurechnen. (Erk. d. Cass=H. v. 8. Febr. 1868, Z. f. Gerichtspr. Bd. VII. S. 235.)

8) Eine rechtswidrige Mißhandlung liegt nicht vor, wenn der Thäter einem Andern Ohrfeigen nur zum Scherz gegeben hat. (Erk. d. A.=G. v. Oberfranken v. 31. März 1869, Z. f. Gerichtspr. Bd. VIII. S. 411.)

9) Wenn bei einem Spiele, in welchem sich ein Mitspielender freiwillig Schlägen unterwirft, dieser Widerspruch gegen die Fortsetzung desselben erhebt, so fällt ein weiteres Zuschlagen der Andern unter den Begriff der Mißhandlung oder Schlägerei. (Z. f. Gerichtspr. Bd. IX. S. 60.)

10) „mit überlegtem Entschlusse" s. Note 7—12 zu Art. 228 S. 326 fg. und Note 33 zu Art. 72 S. 90.

11) „einem Andern" s. Note 1—4 zu Art. 228 S. 325. 226.

Eine an einer Schwangeren verübte Mißhandlung kann, wenn nicht die Absicht der Kindsabtreibung besteht, nur als gegen die Mutter, nicht auch gegen die Leibesfrucht gerichtet angesehen werden. (Stenglein Bd. II. S. 262.)

12) Gegen den Körper des Handelnden selbst gerichtet (Selbstverstümmelung) fällt die That nie unter die Bestimmungen über Körperverletzung, sondern nur nach Umständen unter andere wie Art. 78 des Wehrverfassungsgesetzes vom 30. Januar 1868. (Motive z. Entw. v. 1855 S. 102, Prot. d. G.=A. d. K. d. Abg. 1856/57 Bd. II. S. 50, Stenglein Bd. II. S. 263, Weis Bd. II. S. 64. 65.)

13) „eine körperliche Mißhandlung oder Beschädigung an der Gesundheit". Mißhandlung ist eine grobe Thätlichkeit gegen den Körper eines Menschen in der Absicht, dem Angegriffenen Schmerz zuzufügen und wodurch denselben wirklich Schmerz zugefügt wird. Die Zufügung einer Verletzung oder Beschädigung an der Gesundheit ist nicht erforderlich. Die Absicht unterscheidet die geringere Mißhandlung von der Realinjurie, jedoch können beide ideell konkurriren. (Vortr. im G.=A. d. K. d. Abg. 1856/57 S. 346, Stenglein Bd. II. S. 262. 263, Weis Bd. II. S. 64.)

14) Beschädigungen an der Gesundheit können sowohl in Bezug auf die körperliche als auf die geistige Gesundheit vorkommen. Die Verursachung bloßen Unbehagens kann nicht als solche gelten. Ein Beispiel von Gesundheitsbeschädigung ohne Mißhandlung ist die syphilitische Ansteckung. (Motive z. Entw. v. 1855 S. 102, Vortr. im G.=A. d. K. d. Abg. 1856/57 S. 342, Stenglein Bd. II. S. 263, Weis Bd. II. S. 64.)

15) „rechtswidrig zufügt". Der Gegensatz einer berechtigten Verletzung ist die Operation eines Arztes, die Verletzung in Nothwehr, im Kriege u. dgl. (Vortr. im G.=A. d. K. d. Abg. 1856/57 S. 340., Stenglein Bd. II. S. 263, Weis Bd. II. S. 65.)

16) Durch Züchtigungsrecht ist eine Beschädigung nie, Mißhandlung nur dann entschuldigt, wenn sie einen genügenden Grund hat, und die Grenzen der Züchtigung nicht überschreitet. Ist letzteres der Fall, so greift die regelmäßige Strafe der Körperverletzung Platz. Die Voraussetzungen des Züchtigungsrechtes sind nach civilrechtlichen und andern Bestimmungen zu beurtheilen. (Weis Bd. II. S. 65, Stenglein Bd. II. S. 264.) Die Bestimmung des preuß. Land=Rechts

Th. II. Tit. V. §. 77, wonach der Dienstherrschaft gegenüber dem Gesinde ein Züchtigungsrecht eingeräumt ist, besteht noch in Wirksamkeit. (Erk. d. A.-G. v. Oberfranken v. 18. Sept. 1868, Z. f. Gerichtspr. Bd. VIII. S. 109.)

17) Mißhandlung durch Ueberschreitung des Züchtigungsrechtes Seitens eines Lehrers ist strafbar. (Erk. d. Cass.-H. v. 6. Dezember 1862, Z. f. Gerichtspr. Bd. II. S. 67 und d. A.-G. v. Oberfranken v. 18. Oktober 1867, Z. f. Gerichtspr. Bd. VII. S. 299.) Eine Entschl. des k. St.-M. der Justiz v. 28. Mai 1863 (Z. f. G. u. R. Bd. X. S. 408) macht es den Staatsanwälten zur Pflicht, Anzeigen gegen Lehrer wegen Ueberschreitung des Züchtigungsrechts möglichst allseitig und gründlich zu prüfen.

18) Das Züchtigungsrecht rechtfertigt geringere Mißhandlungen und kann übertragen werden. (Erk. d. Cass.-H. v. 1. Oktober 1862, Z. f. Gerichtspr. Bd. I. S. 365, s. auch ebendas. S. 341, Weis Bd. II. S. 66.)

19) Ob die Grenzen des Züchtigungsrechtes eingehalten sind, ist eine Frage thatsächlicher Erwägung. (Z. f. Gerichtspr. Bd. II. S. 390, Bd. III. S. 144, Weis Bd. II. S. 65.)

20) Wissenschaftliche Versuche am Körper eines Menschen sind rechtswidrig, wenn dieser nicht eingewilligt hat, oder nicht vollkommen willensfähig, oder getäuscht ist; und selbst mit Zustimmung des Beschädigten sind dieselben rechtswidrig, wenn sie Gefahr für das Leben oder Gefahr eines bleibenden Nachtheils für die Gesundheit mit sich bringen. (Weis Bd. II. S 66.)

21) Zu Ziffer 1. „Wenn hiedurch der Tod des Verletzten". Der Thatbestand des Verbrechens der Körperverletzung, wobei der Tod des Verletzten die Folge war, stimmt äußerlich mit Mord oder Todtschlag völlig überein und bildet nur die Absicht des Thäters den Unterschied. Das Verbrechen der Körperverletzung liegt vor, wenn zwar nicht der Tod des Verletzten, wohl aber dessen Mißhandlung vom Thäter gewollt ist, gleichviel ob der Tod als wahrscheinlich vorausgesehen werden konnte oder nicht. (Motive z. Entw. v. 1855 S. 97, Stenglein Bd. II. S. 265.)

S. Note 6 zu Art. 228 S. 326.

22) „oder ein bleibender Nachtheil an dessen Körper oder Gesundheit veranlaßt". Der Nachtheil muß ein erheblicher sein; eine unbedeutende Narbe, ein geringer Substanzverlust an einem für die Gesammtfunktionen des Körpers nicht wesentlichen Theil ohne Störung in dieser Funktion kann nicht als bleibender Nachtheil gelten, sondern nur der Verlust eines Körpertheils (Verstümmelung), die unheilbare Störung oder Aufhebung des Gebrauchs eines solchen, eine bleibende Störung des Gesammtbefindens, Verlust der Sprache, des Gesichts, wenn auch nur auf einem Auge, des Gehöres, der Zeugungsfähigkeit, bleibende Störung des Geistes oder eine wesentliche Verunstaltung, wie eine widerliche Veränderung der äußeren Gestalt. (Vortr. im G.-A. d. K. d. Abg. 1856/57 S. 320. 343, Prot.-Bd. II. S. 50. 51, 1860/61 S. 439. 472, Prot. d. K. d. R.-R. Bd. II. S. 147, Stenglein Bd. II. S. 202. 265. 266, Weis Bd. I. S. 413, Z. f. G. u. R. Bd. IX. S. 437.)

23) Beispiele bleibenden Nachtheils sind: Bewirkung einer Ruptur, Lähmung eines Körpertheils, permanente Beugung eines Fingers, Trepanation. (Stenglein Bd. II. S. 266, Weis Bd. I. S. 413.)

24) Verlust einzelner Zähne ist kein bleibender Nachtheil. (Erk. d. A.-G. v. Oberfranken v. 27. Oktober 1865, Z. f. Gerichtspr. Bd. V. S. 45, Erk. d. A.-G. v. Niederbayern v. 15. Juni 1861, Z. f. G. u. R. Bd. VIII. S. 538, Stenglein Bd. II. S. 266, Z. f. G. u. R. Bd. IX. S. 437.)

25) Die Lähmung des Zeigefingers der linken Hand ist ein bleibender Nachtheil. (Erk. d. Cass.-H. v. 7. Mai 1864, Z. f. Gerichtspr. Bd. III. S. 209, Z. f. G. u. R. Bd. XI. S. 133.)

26) Zwischen gänzlicher und beschränkter Hemmung des naturgemäßen Gebrauches eines Gliedes kann nicht unterschieden werden. (Stenglein Bd. II. S. 266.)

27) Zur Verurtheilung wegen Verbrechens der Körperverletzung ist die Bejahung der Frage, daß dem Beschädigten durch die Mißhandlung ein bleibender Nachtheil an dessen Körper und Gesundheit verursacht worden, ohne Anführung der thatsächlichen Umstände, welche den bleibenden Nachtheil bilden sollen, nicht genügend. (Erk. d. Cass.-H. v. 30. Juni 1865, Z. f. G. u. R. Bd. XII. S. 291, Z. f. Gerichtspr. Bd. IV. S. 313.)

28) Ob ein bleibender Nachtheil vorliege, gehört ausschließlich zur Thatfrage. (Prot. d. G.-A. d. K. d. Abg. 1856/57 S. 434. Dagegen behauptet die Erört. Z. f. G. u. R. Bd. IX. S. 438, dies sei nur bezüglich der Subsumtion unter den Begriff richtig.) S. hierüber Note 7 zu Art. 221 S. 317. 318.

29) „oder derselbe in eine mehr als sechzig Tage dauernde Krankheit oder (gänzliche oder theilweise) Arbeitsunfähigkeit versetzt worden ist“ Die sechzig Tage müssen von Stunde zu Stunde gerechnet vollständig abgelaufen sein und zwar vom Zeitpunkte der Verletzung an oder, soferne die Krankheit oder Arbeitsunfähigkeit erst später eintritt, vom Zeitpunkte dieses Eintritts an. (Vortr. im G.-A. d. K. d. Abg. 1856/57 S. 343, Stenglein Bd. II. S. 266.)

30) Krankheit ist jede vorübergehende, das Gesammtbefinden alterirende Störung in der Funktion eines wesentlichen körperlichen oder geistigen Organs. Arbeitsunfähigkeit ist nicht die durch ein körperliches oder geistiges Uebelbefinden verursachte gänzliche oder theilweise Unfähigkeit, den besonderen Berufsaufgaben des Verletzten nachzukommen, sondern die Unfähigkeit, beliebiges dem Alter, dem Geschlechte und der Körperbeschaffenheit des Verletzten Entsprechendes zu arbeiten, wobei die Ausgleichung der Härten, welche daraus entstehen, daß die Unfähigkeit zu gewissen Arbeiten aus sehr unbedeutenden Verletzungen, z. B. eines Fingers, entstehen kann, der billigen Beurtheilung im einzelnen Fall überlassen bleiben muß. (Motive z. Entw. v. 1855 S. 101, Vortr. im G.-A. d. K. d. Abg. 1856/57 S. 342, Prot.-Bd. II. S. 49 fg., Motive z. Entw. v. 1860 S. 58, Vortr. 1860/61 S. 189, Prot. S. 439 fg., Stenglein Bd. II. S. 267—269, Weis Bd. II. 70. 71.)

31) Zwischen der Handlung und dem eingetretenen Erfolg muß ein Causalzusammenhang bestehen. Der Erfolg muß aber nicht nur faktisch in der Mißhandlung seine Quelle haben, sondern naturgemäß und nothwendig, wenn auch mittelbar sich aus derselben entwickeln. Mangelhafte Behandlung der Verletzung durch Schuld des Verletzten oder des Arztes, Folgen besonderer dem Thäter nicht bekannter und von ihm nicht vorherzusehender Zwischenursachen, wie die einer besonderen Körperbeschaffenheit des Verletzten, sind dem Thäter nicht zuzurechnen, sondern nur der naturgemäße und nothwendige Erfolg der That. In solchen Fällen muß festgestellt werden, welcher Erfolg naturgemäß eingetreten wäre, wenn jene Ursachen nicht gewirkt hätten und ist nur dieser Erfolg dem Thäter anzurechnen. (Stenglein Bd. II. S. 271. 272, Weis Bd. II. S. 67. 68.)

32) Gleiches ist der Fall, wenn der Tod des Verletzten aus anderen Gründen als aus der Verletzung eintritt, ehe diese geheilt ist. (Stenglein Bd. II. S. 266, Z. f. Gerichtspr. Bd. VIII. S. 72, Erk. d. Cass.-H. v. 13. Dezember 1869, Z. f. Gerichtspr. Bd. IX. S. 120, Entsch. d. Cass.-H. Bd. III. S. 433.) Dagegen nimmt ein Erk. d. A.-G. v. Mittelfranken v. 6. August 1868 (Z. f. Gerichtspr. Bd. VIII. S. 61) an, nur der wirklich eingetretene Erfolg sei anzurechnen, nicht derjenige, welcher eingetreten wäre, wenn nicht eine Zwischenursache, wie der ohne Causalzusammenhang mit der Verletzung eingetretene Tod des Verletzten, diesen Erfolg verhindert hätte, s. jedoch Anmerk. das. S. 63.

33) Wenn die Verletzung einen schwereren Erfolg, wie den Tod, nicht ausschließlich herbeigeführt oder denselben nur beschleunigt hat, so ist er Folge der That, jedoch dem Thäter nur anzurechnen, wenn er vorhergesehen werden konnte. (Stenglein Bd. II. S. 272.)

34) Konnte der Thäter den Erfolg voraussehen und hat er ihn dennoch, ohne

ihn zu wollen, aus schuldhaften Leichtsinn verursacht, so findet ideeller Zusammenfluß vorsätzlicher Körperverletzung mit dem gewollten Erfolg und fahrlässiger Körperverletzung in Bezug auf den thatsächlich eingetretenen Erfolg statt. (Stenglein Bd. II. S. 272, Weis Bd. II. S. 69.)

35) Wenn Mehrere einen Andern mißhandeln, und die Mißhandlung eines Jeden genügender Grund zu dem eingetretenen Erfolg ist, so ist dieser jedem Thäter voll anzurechnen. (Stenglein Bd. II. S. 272.)

36) Es ist nicht erforderlich, daß der Thäter den eingetretenen Erfolg wollte; es muß nur die Mißhandlung eine vorsätzliche sein. Hat er jedoch einen bestimmten Erfolg gewollt, so ist dieser bei seinem Eintritte ihm anzurechnen, gleichviel ob er nothwendige oder zufällige Folge der That war. (Prot. d. G.-A. d. K. d. Abg. 1856/57 Bd. II. S. 75, Stenglein Bd. II. S. 72. 73, Z. f. Gerichtspr. Bd. IX. S. 108.)

37) Wer einem Andern vorsätzlich einen Stoß versetzt, wodurch der Angegriffene über eine Treppe hinabstürzt und auch gegen die Absicht des Angreifers den Tod findet, ist wegen Verbrechens der Körperverletzung anzuklagen. (Erk. d. Cass.-H. v. 8. Juli 1864, Z. f. G. u. R. Bd. XI. S. 256.)

38) Die That ist vollendet mit der zugefügten Mißhandlung oder Gesundheitsbeschädigung. Der Erfolg ist nur objektiver Maßstab der Strafe, nicht Vorbedingung der Vollendung. (Stenglein Bd. II. S. 273, Weis Bd. II. S. 71.)

39) Versuch liegt vor, wenn die auf Mißhandlung oder Gesundheitsbeschädigung gerichtete That den Gegenstand verfehlte. Der gewollte Erfolg kann beim Versuch des Verbrechens der Körperverletzung nur zur Anwendung kommen, wenn die That auf Zufügung eines bleibenden Nachtheils gerichtet war, da der gewollte tödtliche Erfolg einen Versuch der Tödtung bilden würde; von der Absicht, eine Krankheit oder Arbeitsunfähigkeit von bestimmter Dauer zu verursachen aber nicht wohl gesprochen werden kann. (Vortr. im G.-A. d. K. d. Abg. 1856/57 S. 344, Stenglein Bd II. S. 273, Weis Bd. II. S. 72.)

40) Successive, aus einem und demselben Entschlusse hervorgegangene Mißhandlungen, welche eine Person einer andern zufügt, sind als eine fortgesetzte That zu beurtheilen. (Erk. d. Cass.-H. v. 13. Dezember 1869, Z. f. Gerichtspr. Bd. IX. S. 120, Entsch. d. Cass.-H. Bd. III. S. 433.) Ob mehrere von einer Person nach einander begangene gewaltthätige Angriffe als Ergebniß ein und desselben rechtswidrigen Entschlusses und damit als Fortsetzung ein und derselben That oder als Zusammenfluß selbstständiger Handlungen aufzufassen seien, ist Gegenstand thatsächlicher Feststellung. (Erk. d. Cass.-H. v. 24. Dezember 1864, Z. f. G. u. R. Bd. XI. S. 490.)

41) Zu Ziffer 2 s. oben Note 29—40.

42) Zu Ziffer 3. „in verabredeter Verbindung zweier oder mehrerer Personen". Es ist kein förmliches Komplott erforderlich, sondern genügt jede Uebereinstimmung Zweier oder Mehrerer vor Verübung der That zu gemeinschaftlichem Handeln, welcher auch die gemeinschaftliche Ausführung folgt. Die Folgen der Mißhandlungen sind, insoferne sie nachzuweisen sind, demjenigen zuzumessen, welcher sie verursacht hat. (Vortr. im G.-A. d. K. d. Abg. 1856/57 S. 347, Stenglein Bd. II. S. 269.)

S. oben Note 1—4 S. 331.

43) Successive Mißhandlung durch Mehrere fällt nicht unter Ziffer 3. (Stenglein Bd. II. S. 270.)

44) „oder mittels nächtlichen Aufpassens". Es begründet keinen Unterschied, ob dies von einem Einzelnen oder von Mehreren ausgeht, ob das Aufpassen längere oder kürzere Zeit dauert. (Vortr. im G.-A. d. K. d. Abg. 1856/57 S. 348, Stenglein Bd. II. S. 270)

45) „oder mittels Anwendung von Waffen". Eine gesetzliche Definition von Waffen ist nicht aufgestellt, sondern vom Richter der That nach Sprachgebrauch und Gefährlichkeit des gebrauchten Werkzeugs die Waffenqualität festzustellen. Keinesfalls fallen nur militärische Waffen unter den Begriff, sondern

jedes zur lebensgefährlichen Mißhandlung Einzelner taugliche Werkzeug, unter Ausschluß solcher, welche nur unter besonderen Umständen oder bei besonders hinterlistiger Anwendung tödtlich wirken können. (Vortr. im G.-A. d. K. d. Abg. 1856/57 S. 14. 347, Prot.-Bd. II. S. 53, Stenglein Bd. II. S. 270, Weis Bd. II. S. 71, s. über den Begriff von Waffen Bl. f. R.-A. Bd. XXIX. S. 161.)

46) Es ist nicht erforderlich, daß sich der Thäter besonders mit Waffen versehen hat, sondern es genügt, wenn Waffen wie immer angewendet wurden. Auch ist nicht erforderlich, daß mittels der Waffe eine Verletzung zugefügt wurde, es genügt jede mittels einer solchen verübte Mißhandlung. (Vortr. im G.-A. d. K. d. Abg. 1856/57 S. 348, Prot.-Bd. II. S. 53, Stenglein Bd. II. S. 270. 271, Weis Bd. II. S. 71.)

47) Nur die mit überlegtem Entschluß begangene Mißhandlung oder Körperverletzung mittels Waffe fällt unter Ziffer 3; die ohne überlegten Entschluß begangene, wenn sie keine Krankheit oder Arbeitsunfähigkeit von mehr als fünf Tagen nach sich zieht, ist Uebertretung. (Bl. f. R.-A. Bd. XXVII. S. 225. 305, Z. f. Gerichtspr. Bd. II. S. 30, Erk. d. Cass.-H. v. 29. Aug. 1862 [Z. f. Gerichtspr. Bd. I. S. 299, Z. f. G. u. R. Bd. IX. S. 326], v. 29. Dezember 1867 [Entsch. d. Cass.-H. Bd. I. S. 488], Weis Bd. II. S. 67.) — Stenglein Bd. II. S. 275 war anderer Ansicht.

48) „oder Gift". Dies ist jede Substanz, welche durch ihre chemischen Eigenschaften bei innerer Anwendung geeignet ist, die Funktionen des menschlichen Organismus zu stören und auch nur in geringer Menge beigebracht Krankheit oder Tod eines Menschen hervorzurufen. (Vortr. im G.-A. d. K. d. Abg. 1856/57 S. 354 fg., Stenglein Bd. II. S. 271.)

49) Auf den Nachweis, daß Gift in genügender Quantität beigebracht wurde kommt nichts an. (Stenglein Bd. II. S. 271.)

50) Die mittels ein und derselben Handlung bewirkte Verletzung mehrerer Personen ist als so viele strafbare Handlungen zu bestrafen als Personen verletzt wurden. (Erk. d. Cass.-H. v. 21. Juni 1869, Z. f. Gerichtspr. Bd. VIII. S. 356, Entsch. d. Cass.-H. Bd. III. S. 232.)

51) Körperverletzung, nach deren Verübung der Thäter einen vorher nicht beschlossenen Diebstahl am Verletzten verübt, ist nicht Raub. (Z. f. Gerichtspr. Bd. I. S. 131.)

52) Eine Schlägerei und ein bei derselben begangenes Verbrechen der Körperverletzung sind nicht eine That und zieht letzteres nicht die Zuständigkeit des Schwurgerichts für erstere nach sich. (Erk. d. Cass.-H. v. 15. Mai 1863 [Z. f. Gerichtspr. Bd. II. S. 265, Z. f. G. u. R. Bd. X. S. 465], v. 7. Oktober 1864 [Z. f. Gerichtspr. Bd. IV. S. 146, Z. f. G. u. R. Bd. XI. S. 385], v. 10. Februar 1865 [Z. f. Gerichtspr. Bd. IV. S. 166, Z. f. G. u. R. Bd. XII. S. 38], v. 9. März u. 11. Okt. 1867 [Z. f. Gerichtspr. Bd. VI. S. 251. Bd. VII. S. 87, Entsch. d. Cass.-H. Bd. I. S. 93]; dagegen Erört. in Z. f. Gerichtspr. Bd. VI. S. 97. 113. 129.)

53) Wenn der Richter der That feststellt, daß von zwei sich unmittelbar folgenden Mißhandlungen einer Person durch einen Thäter die eine mit, die andere ohne überlegten Entschluß ausgeführt wurde und demgemäß zwei verschiedenartig qualifizirte Körperverletzungen annimmt, so liegt hierin keine irrige Anwendung des Gesetzes. (Erk. d. Cass.-H. v. 29. Febr. 1868, Z. f. Gerichtspr. Bd. VII. S. 291.)

54) Bei Verübung des Vergehens der Gewaltthätigkeit mittels körperlicher Mißhandlung, wobei letztere geringer strafbar ist, kann kein Zusammenfluß jenes Vergehens und einer Körperverletzung angenommen werden, doch begründet eine solche irrige Qualifikation der That keine Nichtigkeit des Urtheils. (Erk. d. Cass.-H. v. 12. Juni 1868, Z. f. Gerichtspr. Bd. VIII. S. 18, Entsch. d. Cass.-H. Bd. II. S. 269.)

55) Bezirksgericht und Appellationsgericht sind nicht zuständig, eine That abzuurtheilen, welche objektiv ein Verbrechen der Körperverletzung bildet und nur

durch Annahme überschrittener Nothwehr mit einer Vergehensstrafe belegt werden kann. (Erk. d. Cass.=H. v. 6. Juli 1868, Z. f. Gerichtspr. Bd. VII. S. 456, Entsch. d. Cass.=H. Bd. II. S. 329.)

56) Durch die rechtskräftige Verurtheilung einer Person wegen Störung der öffentlichen Ruhe wird die spätere Bestrafung derselben Person wegen einer bei dieser Gelegenheit verübten Körperverletzung nicht ausgeschlossen. (Erk. d. Cass.=H. v. 18. Dez. 1868, Z. f. Gerichtspr. Bd. IX. S. 211, Entsch. d. Cass.=H. Bd. III. S. 446.)

Art. 235.

Abs. 1 nach Art. 5 des Gesetzes v. 16. Mai 1868:

Wurde die Mißhandlung oder Beschädigung ohne überlegten Entschluß verübt, so ist im Falle des Art. 234 Ziff. 1 auf Zuchthaus bis zu acht Jahren und in leichteren Fällen auf Gefängniß nicht unter zwei Jahren, im Falle des Art. 234 Ziff. 2 auf Gefängniß bis zu vier Jahren oder auf Geldstrafe bis zu fünfhundert Gulden zu erkennen.

Frühere Fassung:

bis zu zwei Jahren oder auf Geldstrafe bis zu dreihundert Gulden zu erkennen.

Ist der Thäter durch eine von dem Getödteten oder Verletzten ihm selbst oder einem seiner im Art. 61 genannten Angehörigen ohne schuldhafte Veranlassung von ihrer Seite zugefügte Mißhandlung oder schwere Beleidigung gereizt und dadurch zur That hingerissen worden, so soll im Falle des Art. 234 Ziff. 1 auf Gefängniß nicht unter sechs Monaten, im Falle des Art. 234 Ziff. 2 auf Gefängniß bis zu einem Jahre oder auf Geldstrafe bis zu zweihundert Gulden erkannt werden.

1) „Wurde die Mißhandlung oder Beschädigung" s. Note 13. 14 zu Art. 234 Seite 332.

„ohne überlegten Entschluß" s. Note 7—12 zu Art. 228 S. 326 fg.

„verübt" s. Note 1—9. 11. 12. 15—19. 31—40 zu Art. 234 S. 331 fg. 332 fg. 334 fg.

„so ist im Falle des Art. 234 Ziff. 1" u. s. w. s. Note 21—30 zu Art. 234. S. 333 fg.

S. auch Note 50—56 zu Art. 234 S. 336 fg.

2) Zu Absatz 2 s. Note 23—27 zu Art. 228. 229 S. 328.

Das Vergehen der Körperverletzung nach Art. 235 Abs. 2 kann im Falle des Art. 234 Ziff. 2 auch bei vorliegendem Rückfalle mit Geldstrafe bestraft werden. (Erk. d. Cass.=H. v. 10. Mai 1869, Entsch. d. Cass.=H. Bd. III. S. 194, Z. f. Gerichtspr. Bd. VIII. S. 324.)

3) Die Reizung zur That kann schon bei der Verweisung zur Aburtheilung zur Würdigung gezogen werden. (Erk. d. Cass.=H. v. 15. Mai 1863 [Z. f. Gerichtspr. Bd. II. S. 265], Erk. d. A.=G. v. Unterfranken v. 15. März 1863 u. 8. Oktober 1864, Z. f. G. u. R. Bd. XI. S. 208. Bd. XII. S. 70.)

s. Einf.=Ges. v. 10. Nov. 1861 Art. 22 Note 1–6 zu Art. 68 S. 79. 80.

Art. 236.

Ist eine der im Art. 234 bezeichneten Mißhandlungen oder Beschädigungen an einem Verwandten in aufsteigender Linie verübt worden, so soll bei der Strafzumessung nicht unter die Hälfte des höchsten Maßes der angedrohten Strafe herab=, es kann aber bis zu einer dieses Maß um die Hälfte übersteigenden Strafe hinaufgegangen werden, soweit die allgemeinen Vorschriften über das höchste zulässige Maß der zeitlich bestimmten Zuchthaus= und der Gefängnißstrafe (Art. 16 und 17) solches gestatten.

Liegen die in Art. 235 Abs. 2 angegebenen Voraussetzungen vor, so ist die Strafe in der daselbst angegebenen Weise herabzusetzen.

1) „Eine der im Art. 234 bezeichneten Mißhandlungen". Dies bezieht sich nur auf die objektive Erscheinung der That, und ist der Straferschwerungsgrund des Art. 236 auch auf die nach Art. 235 Abs. 1 strafbaren Fälle anzuwenden. (Prot. d. G.=A. d. K. d. Abg. 1860/61 S. 439, Stenglein Bd. II. S. 274.)

2) s. auch Note 1 u. 2 zu Art. 230 S. 328, ferner über die Bedeutung der „Hälfte des höchsten Maßes der angedrohten Strafe" Note 22—24 zu Art. 68 S. 82.

3) Zu Absatz 2. Die Bestimmung desselben verweist nur auf die Herabsetzung der Strafe gemäß Art. 235 Abs. 2; gestattet aber keine Erhöhung der Strafe gemäß Art. 236 Abs. 1. (Stenglein Bd. II. S. 274.)

s. Einf.-Ges. v. 10. Nov. 1861 Art. 22 Note 1—6 zu Art. 68 S. 79. 80.

Art. 237.

Wer einem Andern eine körperliche Mißhandlung oder Beschädigung an der Gesundheit rechtswidrig zufügt, durch welche keine der im Art. 234 Ziff. 1 und 2 bezeichneten Folgen hervorgebracht wird, soll, soferne nicht gemäß Ziff. 3 des eben angeführten Artikels eine schwerere Strafe verwirkt ist, mit Arrest oder an Geld bis zu hundert und fünfzig Gulden bestraft werden. In schwereren Fällen ist Schärfung der Arreststrafe, sowie Verbindung derselben mit der Geldstrafe zulässig.

Ist die Mißhandlung oder Beschädigung an einem Verwandten in aufsteigender Linie verübt worden, so soll auf Gefängniß bis zu einem Jahre erkannt werden.

Absatz 3. Nach Fassung des Art. 6 des Gesetzes v 16. Mai 1868:

„Die Strafverfolgung findet in den im gegenwärtigen Artikel bezeichneten Fällen, „soferne die That nicht in einer Schlägerei (Art. 241) oder im Rückfalle (Art. 242) „verübt wurde, nur auf Antrag des Verletzten oder seines gesetzlichen Vertreters „statt."

Frühere Fassung:

Die Strafverfolgung findet in den im gegenwärtigen Artikel bezeichneten Fällen, soferne die That nicht in einer Schlägerei (Art 241) verübt wurde, nur auf Antrag des Verletzten oder seines gesetzlichen Vertreters statt.

1) „Wer" s. Note 1—5 zu Art. 234 S. 331.

„einem Andern" s. Note 11. 12 das.

„eine körperliche Mißhandlung oder Beschädigung an der Gesundheit" s. Note 13. 14 das.

„rechtswidrig" s. Note 15 das.

„zufügt" s. Note 7—9. 31—40. 50. 53. 56 das.

Je nach der Absicht des Thäters, d. i. je nachdem diese auf eine Beleidigung oder Zeichen von Mißachtung, oder auf Zufügung von Schmerz gerichtet war, ist zu beurtheilen, ob ein Begießen mit schmutzigem Wasser oder ein zu Boden Werfen u. dgl. als Realinjurie oder als Mißhandlung zu betrachten ist. (Stenglein Bd. II. S. 263, Weis Bd II. S. 64, Erk. d. A.-G. v. Niederbayern vom 19. August 1864, Z. f. Gerichtspr. Bd. III. S 357.)

2) Zopfabschneiden an Frauenspersonen ist als Mißhandlung im Uebertretungsgrade strafbar. (Z. f. Gerichtspr Bd. I. S. 240.)

3) Wirthe, denen eine Ueberschreitung ihrer Befugniß, Excedenten zu entfernen, nicht bewiesen ist, können wegen Mißhandlung bei dieser Entfernung nicht bestraft werden. (Z. f. Gerichtspr. Bd. III. S. 163.)

4) Geringe Thätlichkeiten, welche auf den Körper des Angegriffenen eine Einwirkung nicht begründen, sind nicht als Mißhandlung im Sinne des Gesetzes zu betrachten. (Erk. d. Cass.-H. v. 2. Dezbr. 1864, Z. f. Gerichtspr. Bd. IV. S. 89, Z. f. G. u. R. Bd. XI. S. 470.)

5) Die richterliche Feststellung, es habe der Angeschuldigte an einen Andern Hand angelegt, die dabei entstandene Körperverletzung des Andern sei aber nicht in der Absicht des Thäters gelegen, sondern nur fahrlässig verursacht, enthält keinen Widerspruch. (Erk. d. Cass.-H. v. 1 April 1870, Z. f. Gerichtspr. Bd IX. S. 282, Entsch. d. Cass.-H. Bd. IV. S. 130.)

S. auch Note 47 zu Art. 234 S. 334.

6) Zu Absatz 2 s. Note 1. 2 zu Art. 230 S. 228.

Des Vergehens der Körperverletzung nach Art. 237 Abs. 2 macht sich der vereinkindschaftete Sohn durch Mißhandlung des vereinkindschaftenden Vaters schuldig. (Erk. A.-G. von Oberfranken v. 30. Dezbr. 1867, 3. u. 28. Juli 1868, Z. f. Gerichtspr. Bd. VII. S. 315. 445.)

7) Art. 237 Abs. 2 findet auf die Mißhandlung der Stiefmutter durch ihren Stiefsohn keine Anwendung. (Erk. d. Cass.-H. v. 4. Juni 1869, Entsch. d. Cass.-H. Bd. III. S. 216, Z. f. Gerichtspr. Bd. VIII. S. 342.)

8) Zu Absatz 3. Wegen einer Uebertretung der Körperverletzung in einer Schlägerei, bei welcher gegen den Verletzten zwei Personen betheiligt waren, von denen die eine in Folge erlaubter Nothwehr straflos bleibt, ist zur Strafverfolgung gegen den anderen Theilnehmer ein Antrag des Verletzten nicht erforderlich. (Erk. d. Cass.-H. v. 11. Mai 1867, Entsch. d. Cass.-H. Bd. I. S. 211, Z. f. Gerichtspr. Bd. VI. S. 353.)

9) Auch dann, wenn anfänglich eine von Amtswegen zu verfolgende Körperverletzung vorzuliegen schien, bei der Aburtheilung aber nur eine Uebertretung sich herausstellt, kann nur verurtheilt werden, wenn ein Antrag des Verletzten vorliegt. (Prot. d. G.-A. d. K. d. Abg. 1856/57 Bd. II. S. 53. 54, Erk. d. Cass.-H. v. 28. März u. 29. Mai 1863, Z. f. Gerichtspr. Bd. II. S. 189. 301, Z. f. G. u. R. Bd. X. S. 303. 494, Weis Bd. II. S. 72, Stenglein Bd. II. S. 276.)

10) In einem solchen Falle muß, wenn die Antragsfrist noch nicht abgelaufen ist, die Aburtheilung bis zur Stellung des Antrags oder Ablauf der Frist vertagt werden. (Stenglein Bd. II. S. 276.) In Prot. d. G.-A. d. K. d. Abg. 1856/57 Bd. II. S. 54 sprach sich eine Ansicht dahin aus, es müsse freigesprochen werden, dieselbe dürfte aber den Fall, daß die Antragsfrist noch im Laufe ist, nicht im Sinn gehabt haben.

11) Wenn Jemand eine ihm zugefügte Thätlichkeit als Realinjurie auffaßt und die Bestrafung des Thäters deshalb beantragt, so hindert dies den Strafrichter nicht, wegen körperlicher Mißhandlung zu verurtheilen, wenn die Voraussetzungen dieses nicht jenes Reates vorliegen. (Z. f. Gerichtspr. Bd. VII. S. 414.)

12) Bei Ueberschreitung des Züchtigungsrechtes durch Eltern gegen ihre minderjährigen Kinder ist diesen Behufs der Antragstellung durch einen gesetzlichen Vertreter ein Spezialcurator beizugeben. (Erört. in Z. f. Gerichtspr. Bd. IX. S. 193, Stenglein Bd. I. S. 591, Dollmann Bd. I. 787.)

Vgl. über das Züchtigungsrecht Note 16 zu Art. 234 S. 332 fg.

13) Die Frage, ob dann, wenn eine Körperverletzung objektiv nur Uebertretung ist, durch Rückfall (Art. 242) aber Vergehen wird, ein Antrag des Verletzten zur Strafverfolgung erforderlich sei, war lange Zeit controvers; der oberste Gerichtshof entschied sich schließlich für die Bejahung, der oben bemerkte Zusatz durch Art. 6 des Gesetzes vom 16. Mai 1868 entschied aber endgültig für die Verneinung.

Verneinend sprachen sich aus: Erk. d. A.-G. v Schwaben v. 13. Januar 1863 (Z. f. Gerichtspr. Bd. II. S. 113), des Bez.-G. Landau v. 23. Jan. 1863 (Z. f. G. u. R. Bd. X. S. 316), Erk. d. Cass.-H. v. 28. März 1863 (Z. f. Gerichtspr. Bd. II. S. 188, Z. f. G. u. R. Bd. X S. 303), Erk. d. A.-G. v. Oberfranken v. 15. April 1864 (Z. f. Gerichtspr. Bd. III. S. 273, Z. f. G. u. R. Bd. XI. S. 130), sowie eine Erört. in Bl. f. R.-A. Bd. 29. S. 193 u. Weis Bd. II. S. 81.

Bejahend dagegen die Erk. d. Cass.-H. v. 25. Juli u. 23. Oktober 1863 u. 7. Oktober 1864 (Z. f. Gerichtspr. Bd. II. S. 351. Bd. IV. S. 6, Z. f. G. u. R. Bd. X. S. 963. Bd. XI. 388), Erk. d. Cass.-H. v. 11. August 1866 (Z. f. Gerichtspr. Bd. VI. S. 44 u. ein Erk. d. A.-G. v. Unterfranken v. 20. Novbr. 1863 (Z. f. G. u. R. Bd. X. S. 1077)

S. zu Abs. 3 auch Note 3 zu Art. 240. 241 unten S. 342.

Art. 238.

Hat eine körperliche Mißhandlung oder Beschädigung an der Gesundheit nur wegen zufälliger, dem Thäter nicht bekannter Umstände, insbesondere wegen der eigenthümlichen Leibesbeschaffenheit des Beschädigten eine der in Art. 234 Ziff. 1 und 2 bezeichneten Folgen gehabt, ohne daß die Absicht des Thäters auf die Hervorbringung derselben gerichtet war, so soll die Strafe nur nach dem Erfolge bemessen werden, welcher ohne jene Umstände eingetreten sein würde, vorbehaltlich der wegen Tödtung oder Körperverletzung aus Fahrlässigkeit etwa verwirkten höheren Strafe.

S. Note 31. 32 zu Art. 234 S. 334.

1) Als Beispiele wurden angeführt: Ein herniosus erhalte einen Stoß auf den Unterleib, oder ein sog. Bluter eine unbedeutende Fleischwunde, oder ein Trepanirter einen nicht schweren Schlag auf die Trepanationsstelle des Kopfes und sterbe daran. (Prot. d. G.-A. d. K. d. Abg. 1856/57 Bd. II. S. 60, Stenglein Bd. II. S. 272, Weis Bd. II. S. 68.)

2) Auf Körperverletzungen aus Fahrlässigkeit findet Art. 238 keine Anwendung. (Weis Bd. II. S. 68.)

3) Ist der Erfolg einer vorsätzlichen Körperverletzung, welcher nur wegen zufälliger dem Thäter unbekannter Umstände eingetreten ist, diesem zur Fahrlässigkeit anzurechnen und zieht die fahrlässige Körperverletzung eine strengere Strafe nach sich, als die vorsätzliche, bei welcher jener Erfolg nicht zur Anrechnung kommt, so ist die strengere Strafe anzuwenden, und zwar die der fahrlässigen Tödtung, wenn der Tod des Verletzten die Folge war. (Weis Bd. II. S. 68—70, Stenglein Bd. II. S. 272, Prot. d. G.-A. d. K. d. Abg. 1856/57 Bd. II. S. 75.)

4) Der Umstand, daß eine Verletzung nur wegen der eigenthümlichen Leibesbeschaffenheit des Beschuldigten eine schwerere Folge nach sich gezogen hat, ohne daß dieselbe in der Absicht des Thäters lag, bildet keinen Strafmilderungsgrund, sondern eine Modifikation der Hauptschuldfrage und kann eine besonders darauf gestellte Nebenfrage nur mit 8 gegen 4 Stimmen der Geschwornen verneint werden. (Erk. d. Cass.-H. v. 14. Januar 1867, Z. f. Gerichtspr. Bd. VI. S. 213, Entsch. d. Cass.-H. Bd. I. S. 16.)

Art. 239.

Körperverletzung aus Fahrlässigkeit.

Wer durch Fahrlässigkeit einem Andern eine körperliche Beschädigung zufügt, welche einen bleibenden Nachtheil an dessen Körper oder Gesundheit verursacht, oder denselben in eine mehr als sechzig Tage dauernde Krankheit oder (gänzliche oder theilweise) Arbeitsunfähigkeit versetzt, soll mit Gefängniß bis zu zwei Jahren, oder an Geld bis zu dreihundert Gulden bestraft werden.

Durch Fahrlässigkeit zugefügte körperliche Beschädigungen, welche zwar keine der im Abs. 1 dieses Artikels bezeichneten Folgen, aber doch Krankheit oder Arbeitsunfähigkeit des Beschädigten nach sich gezogen haben, sind mit Arrest bis zu dreißig Tagen oder an Geld bis zu hundert Gulden zu bestrafen.

Die gerichtliche Verfolgung findet in den Fällen des Abs. 2 dieses Artikels nur auf Antrag des Beschädigten oder seines gesetzlichen Vertreters statt.

1) „Wer durch Fahrlässigkeit" s. Note 1—9. 12 zu Art. 6 S. 9. 10, Note 2—4 zu Art. 232 S. 330 und Note 2 zu Art. 238 oben.

2) „einem Andern eine körperliche Beschädigung zufügt". Dieselbe kann vorzugsweise durch Unterlassungen, so insbesondere durch einen Arzt mittels Unterlassung bei der Erfüllung seiner Berufspflichten begangen werden. (Stenglein Bd. II. S. 277, Z. f. Gerichtspr. Bd. I. S. 113. Bd. IX. S. 351.)

3) Auch der gegen eine bestimmte Absicht eingetretene Erfolg, welcher vorausgesehen werden konnte, ist zur Fahrlässigkeit zuzurechnen. (Stenglein Bd. II. S. 277, Z. f. Gerichtspr. Bd. I. S. 305), s. auch Note 5 zu Art. 237 S. 338.

4) Fahrlässige Körperverletzung mit erfolgtem Tode gibt es nicht, sondern fällt unter Art. 232. (Stenglein Bd. II. S. 277), s. auch Note 3 zu Art. 238 S. 338.

5) „einen bleibenden Nachtheil" s. Note 22—28 zu Art. 234 S. 333 fg. „eine mehr als sechzig Tage dauernde Krankheit oder Arbeitsunfähigkeit" s. Note 29—40 zu Art. 234 S. 334 fg.

Eine fahrlässige Ansteckung fällt unter die fahrlässige Versetzung in eine Krankheit. (Vortr. im G.-A. d. K. d. Abg. 1856/57 S. 344.)

6) „aber doch Krankheit oder Arbeitsunfähigkeit". Fahrlässige Mißhandlungen ohne allen beschädigenden Erfolg sind nach Art. 239 nicht strafbar. (Stenglein Bd. II. S. 277.)

7) Fahrlässige Körperverletzung ist dann nicht anzunehmen, wenn zwischen der gefährdenden Handlung und dem nachtheiligen Erfolg ein aus der Willensbestimmung des Beschädigten hervorgegangenes Zwischenglied wirkte. (Z. f. Gerichtspr. Bd. IV. S. 223. 255.)

8) Ein durch falsche ärztliche Behandlung hervorgerufener schädlicher Erfolg kann demjenigen nicht zugerechnet werden, welcher durch eine fahrlässige Körperverletzung jenen Erfolg möglich gemacht hat. (Erk. d. Cass.-H. v. 6. Juli 1866, Z. f. Gerichtspr. Bd. V. S. 395, Z. f. G. u. R. Bd. XIII. S. 439), s. übrigens Note 2. 3 zu Art. 238 S. 340.

9) Eine Mehrheit von aus ein und derselben Fahrlässigkeit hervorgehenden rechtswidrigen Erfolgen begründet eine Mehrheit von Delikten. (Stenglein Bd. I. S. 380, Erk. d. Cass.-H. v. 21. Juni 1869 [Z. f. Gerichtspr. Bd. VIII. S. 356], dagegen Erk. d. O.-A.-G. v. 10. März 1854 [Z. f. G. u. R. Bd. I. S. 114], auch bezirksg. Erk. v. 28. Juni 1869 [Z. f. Gerichtspr. Bd. VIII. S. 379. 441.])

10) Das Uebergeben explodirender Stoffe zum Transport durch die Eisenbahn unter falscher Deklaration und das Explodiren derselben unter Beschädigung von Personen bildet das Vergehen fahrlässiger Körperverletzung. (Z. f. Gerichtspr. Bd. VIII. S. 400.)

11) Das Vergehen der fahrlässigen Körperverletzung begangen durch zu schnelles Fahren schließt die Bestrafung wegen Polizeiübertretung in Bezug auf Reiten und Fahren aus. (Erk. d. A.-G. v. Oberfranken v. 24. April 1869, Z. f. Gerichtspr. Bd. VIII. S. 412.)

12) Wegen fahrlässiger Körperverletzung kann derjenige nicht bestraft werden, dessen nicht mit einem Maulkorbe versehener Fanghund eine Person beißt, wenn thatsächlich festgestellt wird, daß der Beschuldigte dies auch bei größter Sorgfalt nicht voraussehen konnte. (Erk. d. Cass.-H. v. 28. Mai 1870, Z. f. Gerichtspr. Bd. IX. S. 347, Entsch. d. Cass.-H. Bd. IV. S. 228.)

13) Wenn die Geschwornen eine wegen vorsätzlicher Körperverletzung an sie gestellte Frage unter dem Beisatze bejahen: jedoch ohne Vorsatz und überlegten Entschluß, so kann der Angeschuldigte nicht wegen fahrlässiger Verübung der That bestraft werden, sondern nur freigesprochen. (Erk. d. Cass.-H. v. 27. Januar 1870, Z. f. Gerichtspr. Bd. V. S. 160, Z. f. G. u. R. Bd. XIII. S. 34.)

14) Zu Absatz 3 s. Note 8—13 zu Art. 237 S. 339.

Art. 240.

Schlägerei.

Ist Jemand in einem von Zweien oder Mehreren gegen ihn gemachten Angriffe oder in einer Schlägerei, wobei Zwei oder Mehrere gegen ihn betheiligt waren, getödtet oder in der im Art. 234 Ziff. 1 bezeichneten Weise beschädigt worden, so sollen diejenigen, welche sich an dem Angriffe oder der Schlägerei betheiligt und an dem Getödteten oder Beschädigten Thätlichkeiten verübt haben, — vorbehaltlich der von ihnen nach den Gesetzen über Tödtung und Körperverletzung verwirkten schwereren Strafen, — mit Gefängniß nicht unter sechs Monaten bestraft werden. Die Uebrigen, welche sich an dem Angriffe oder der Schlägerei betheiligt haben, sollen schon wegen dieser Betheiligung mit Gefängniß bis zu zwei Jahren bestraft werden.

Hat die Beschädigung nur die im Art. 234 Ziff. 2 bezeichneten Folgen gehabt, so sind diejenigen Betheiligten, welche an dem Beschädigten Thätlichkeiten verübt haben, — vorbehaltlich der von ihnen nach den Gesetzen über Körperverletzung verwirkten schwereren Strafen, — mit Gefängniß bis zu zwei Jahren, die übrigen Betheiligten mit Gefängniß bis zu sechs Monaten oder an Geld bis zu zweihundert Gulden zu bestrafen.

Wenn zwei oder mehrere Betheiligte solche Thätlichkeiten an den Beschädigten verübt haben, welche nicht einzeln für sich, jedoch in ihrer Gesammtheit eine der im Art. 234 Ziff. 1 und 2 bezeichneten Folgen nach sich gezogen haben, so finden nach Verschiedenheit der Fälle die im Art. 234 Ziff. 1 und 2 oder die im Art. 235 enthaltenen Strafbestimmungen gegen jeden solchen Betheiligten Anwendung. Die hienach zu erkennende Zuchthausstrafe soll jedoch in keinem Falle die Dauer von acht Jahren übersteigen.

Art. 241.

Hat Jemand in einem von Zweien oder Mehreren gegen ihn gemachten Angriffe oder in einer Schlägerei, wobei Zwei oder Mehrere gegen ihn betheiligt waren, Mißhandlungen erlitten, durch welche keine der im Art. 234 Ziff. 1 und 2 bezeichneten Folgen hervorgerufen wurde, so sollen diejenigen, welche sich an dem Angriffe oder der Schlägerei betheiligt haben, mit Arrest oder an Geld bis zu hundert und fünfzig Gulden bestraft werden.

Die zu erkennende Arreststrafe kann geschärft werden.

1) „In einem von Zweien oder Mehreren gegen ihn gemachten Angriffe oder in einer Schlägerei, wobei Zwei oder Mehrere gegen ihn betheiligt waren". Eine Definition von Schlägerei besteht nicht, sondern die Bestimmungen der Art. 240. 241 können zur Anwendung kommen, sobald bei Verübung einer Mißhandlung auf einer von beiden Seiten Mehrere, d. h. mindestens zwei Personen betheiligt sind. (Stenglein Bd. II. S. 279, Weis Bd. II. S. 75.)

2) Schlägerei ist gegeben, wenn in einem Angriffe von zwei oder mehreren Personen der Angegriffene beschädigt wurde, mag ein gegenseitiger Raufhandel vorliegen oder nicht. (Erk. d. Cass.-H. v. 6. November 1863, Z. f. Gerichtspr. Bd. III. S. 24, Z. f. G. u. R. Bd. X. S. 973, Motive z. Entw. v. 1855 S. 97.)

3) Sobald bei einer Mißhandlung zwei Personen gegen eine Person betheiligt sind, liegt eine Schlägerei vor, wenn auch der Einzelstehende dieselbe veranlaßt hat und seine Gegner in Nothwehr waren. Bei einer Ueberschreitung derselben in einem solchen Falle ist die Strafverfolgung vom Antrage des Verletzten nicht bedingt. (Erk. d. Cass.-H. v. 11. Mai 1867, Z. f. Gerichtspr. Bd. VI. S. 353, Entsch. d. Cass.-H. Bd. I. S. 211.)

4) Bei gegenseitigen Mißhandlungen kann die allein gegen zwei andere Personen betheiligte nicht wegen Schlägerei, sondern unter den erforderlichen Vorbedingungen (Antrag) nur wegen Mißhandlung verfolgt werden. (Z. f. G. u. R. Bd. XI. S. 216.)

5) Die Folgen einer Beschädigung in einer Schlägerei sind bei der Bestrafung der Parteigenossen des Beschädigten nicht in Anschlag zu bringen. (Erk. d. Cass.-H. v. 5. Febr. u. 9. Juni 1866, Z. f. G. u. R. Bd. XIII. S. 43. 354, Z. f. Gerichtspr. Bd. V. S. 176. 370.)

6) Es ist weder ein plötzlich entstandener Zwist noch eine gegenseitige Verabredung zum Begriff der Schlägerei erforderlich, sondern genügt jedes faktische Zusammenwirken Mehrerer zur Mißhandlung Anderer. (Motive z. Entw. v. 1855 S. 97, Vortr. im G.-A. d. K. d. Abg. 1856/57 S. 350, Stenglein Bd. II. S. 277. 278, Weis Bd. II. S. 75.)

7) Auch successive Mißhandlungen einer Person durch Mehrere können unter den Begriff der Schlägerei fallen. (Z. f. Gerichtspr. Bd. IV. S. 63.)

8) „getödtet oder in der im Art. 234 Ziff. 1 bezeichneten Weise beschädigt worden" s. Note 21—38 zu Art. 234 S. 333 fg.

9) „diejenigen, welche sich an dem Angriffe oder der Schlägerei betheiligt haben". Hat eine Schlägerei in mehreren Abtheilungen mit zwischen liegenden Ruhepausen stattgefunden, so muß die Strafbarkeit der verschiedenen Abtheilungen unterschieden werden und können die, welche sich nicht mehr betheiligt hatten, als eine Tödtung oder schwere Verletzung vorfiel, nicht mehr nach Maßgabe dieser bestraft werden. (Vortr. im G.-A. d. K. d. Abg. 1856/57 S. 350, Stenglein Bd. II. S. 281, Weis Bd. II. S. 77.)

10) Die Betheiligung an einer Schlägerei ist nicht mit dem strafrechtlichen Begriffe der Theilnahme zu verwechseln. (Prot. d. G.-A. d. K. d. Abg. 1856/57 Bd. II. S. 56. 57, Erk. d. Cass.-H. v. 15. Mai 1863, Z. f. Gerichtspr. Bd. II. S. 265, Z. f. G. u. R. Bd. X S. 465.)

11) Die Betheiligung muß eine vorsätzliche sein. Ein unwillkührliches Hineinziehen in die Rauferei, ein Versetzen in Nothwehr schließt die Strafbarkeit aus. (Prot. d. G.-A. d. K. d. Abg. 1856/57 Bd. II. S. 57, Vortr. S. 350, Stenglein Bd. II. S. 281, Weis Bd. II. S. 76.)

12) Zur Strafbarkeit der Schlägerei ist nicht nur die Feststellung erforderlich, daß Mehrere sich an einem Angriff gegen einen Andern betheiligt haben, sondern auch daß dies mit rechtswidrigem Vorsatze geschehen sei. (In concr. hatten die Beschuldigten zugeschlagen, um in einem Wirthshause, in dem sie bedienstet waren, eine Schlägerei abzuschneiden. (Erk. d. Cass.-H. v. 29. Dezbr. 1864, Z. f. Gerichtspr. Bd. IV. S. 108, Z. f. G. u. R. Bd. XI. S. 494.)

13) Die Betheiligung an der Schlägerei ist nicht wegen der Präsumtion einer Mitschuld an dem bei der Schlägerei eingetretenen Erfolg, sondern wegen der Gefährlichkeit der Betheiligung Mehrerer an einem gewaltthätigen Angriffe mit Strafe bedroht, jedoch nur subsidiär, wenn keine höher strafbare individuelle Schuld nachgewiesen ist. (Vortr. im G.-A. d. K. d. Abg. 1856/57 S. 349, Stenglein Bd. II. S. 279.)

14) Fallen gegenseitige Thätlichkeiten vor, so kann auch der Verletzte strafbar erscheinen. (Stenglein Bd. II. S. 280.)

15) „an dem Getödteten oder Beschädigten Thätlichkeiten verübt haben". Nicht Mißhandlungen, welche an dem Getödteten oder Beschädigten verübt wurden, sind Voraussetzung der höheren Strafbarkeit, sondern alle Thätlichkeiten z. B. Packen oder Festhalten des Verletzten. Der Grad der vom Betheiligten verübten Thätlichkeit ist nicht unterschieden. (Motive z. Entw. v. 1855 S. 97. 98, Vortr. d. G.-A. d. K. d. Abg. 1856/57 S. 350, Prot.-Bd. II. S. 57, Stenglein Bd. II. S. 280, Weis Bd. II. S. 76. 77.)

16) Sind bei einer Schlägerei Mehrere verletzt worden, so bestimmt der Erfolg bei dem schwerst Verletzten die Strafbarkeit der Schlägerei, und sind diejenigen, welche an dem schwerst Verletzten Thätlichkeiten verübt haben, im höchsten Grade strafbar, ohne daß es auf den Nachweis eines Causalzusammenhanges zwischen Thätlichkeit und Erfolg ankommt. (Stenglein Bd. II. S. 280, Weis Bd. II. S. 75, Erk. d. Cass.-H. v. 20. März 1866, Z. f. Gerichtspr. Bd. V. S. 243, Z. f. G. u. R. Bd. XIII. S. 135.)

17) Wenn bei einer Schlägerei mehrere Personen mißhandelt wurden, können die an Verschiedenen verübten Thätlichkeiten eines Betheiligten demselben nur als eine That angerechnet werden. (Erk. d. A.-G. der Oberpfalz v. 29. September 1864, Z. f. Gerichtspr. Bd. IV. S. 205.)

18) „vorbehaltlich der von ihnen nach den Gesetzen über Tödtung und Körperverletzung verwirkten schwereren Strafen". Auch die Bestimmungen über Theilnahme an Tödtung und Körperverletzung finden entsprechende Anwendung. (Stenglein Bd. II. S. 281, Weis Bd. II. S. 74.)

19) Auch die Strafen des Art. 234 Ziff. 3 können Anwendung finden, Falls sie schwerer sind, als die der Schlägerei. (Stenglein Bd. II. S. 282.)

20) Die mit der Aburtheilung einer Schlägerei befaßten Gerichte sind an die thatsächliche Feststellung der Geschwornen bezüglich einer in der Schlägerei begangenen Körperverletzung nicht gebunden. (Erk. d. Cass.-H. v. 25. Juni 1869, Z. f. Gerichtspr. Bd. VIII. S. 434, Entsch. d. Cass.-H. Bd. III. S. 234.)

21) Die Schlägerei und die in derselben begangene Körperverletzung sind nicht eine That und zieht die wegen letzterer begründete Zuständigkeit nicht auch die wegen der ersteren nach sich. (S. hierüber Note 52 zu Art. 234 S. 336 und Erk. d. Cass.-H. v. 9. März 1867, Entsch. d. Cass.-H. Bd. I. S. 93, Z. f. Gerichtspr. Bd. VI. S. 251 u. Erk. d. O.-G.-H. v. 6. Okt. 1865, Bl. f. R.-A. Bd. 31. S. 389, s. auch Note 2—5 zu Art. 234 S. 331.)

22) Soldaten, welche nur im Uebertretungsgrade bei einem Vergehen der Schlägerei betheiligt sind, können ohne Ueberlassung der Aburtheilung durch die Militärbehörde vom Bezirksgerichte abgeurtheilt werden. (Z. f. Gerichtspr. Bd. VI. S. 77.)

23) Bei Schlägereien, bei welchen auf beiden Seiten Mehrere betheiligt sind, von denen nur Einzelne wegen Rückfalls mit einer Vergehensstrafe bedroht sind, kompetirt der ganze Vorfall vor das k. Bezirksgericht. (Erk. d. O.=G.=H. v. 8. Juli 1864, Z. f. Gerichtspr. Bd. IV. S. 1, s. auch das. Bd. IV. S. 177. Bd. VI. S. 204. Bd. VII. S. 49.)

24) In Untersuchungen, in welchen ausschließlich beurlaubte Militärpersonen theils wegen Vergehens theils wegen Uebertretung der Schlägerei angeschuldigt sind, ist das für das Vergehen zuständige Gericht für sämmtliche Betheiligte zuständig. (Erk. d. O.=G.=H. v. 11. Febr. 1867, Z. f. Gerichtspr. Bd. VI. S. 258.)

25) „sollen bestraft werden". Für die Strafbarkeit desjenigen, der Einige von den Miturhebern einer Schlägerei vorher durch Aufforderung im Entschlusse zur That bestärkt hatte, ist der Erfolg, nach welchem die Strafe der Aufgeforderten sich richtet, gleichfalls maßgebend. (Erk. d. Cass.=H. v. 20. März 1866, Z. f. G. u. R. Bd. XIII. S. 135, Z. f. Gerichtspr. Bd. V. S. 243.)

26) Zu Absatz 3 des Art. 240. Unter Beschränkung des Strafmaximums soll in diesem Falle die Strafe vorsätzlicher Körperverletzung in derselben Weise angewendet werden, als hätte jeder Einzelne die Gesammtwirkung erzeugt, jedoch muß auch hier Vorliegen und Nichtvorliegen des überlegten Entschlusses unterschieden werden. (Prot. d. G.=A. d. K. d. Abg. 1860/61 S. 64, Stenglein Bd. II. S. 282, Weis Bd. II. S. 77.)

27) Als Beispiel wurde angeführt, daß sich an dem Schädel eines Erschlagenen mehrere Contusionen finden und die Aerzte erklären, daß keine derselben für sich allein den Tod herbeigeführt haben würde, aber alle mit einander denselben verursacht haben, in diesem Falle soll jeder, der auch nur eine einzige der Kopfwunden zugefügt hat, nach den Bestimmungen über Todtschlag oder Körperverletzung mit erfolgtem Tode bestraft werden. (Prot. d. G.=A. d. K. d. Abg. 1856/57 Bd. II. S. 57.)

28) Absatz 3 findet auch bei successiver Mißhandlung von Seite Mehrerer Anwendung. (Stenglein Bd. II. S. 282. 283.)

29) In der Feststellung, daß die von zwei Personen verübten Thätlichkeiten in ihrer Gesammtheit den Tod des Verletzten verursacht haben, ist von selbst enthalten, daß nicht die von dem Einen oder Andern bewirkte Verletzung für sich die ausschließende Ursache des Todes gewesen sei. (Erk. d. Cass.=H. v. 28. Juni 1865, Z. f. G. u. R. Bd. XII. S. 289, Z. f. Gerichtspr. Bd. IV. S. 338.)

30) Zu Art. 241. Auch bei einer an sich nur als Uebertretung erscheinenden Schlägerei bleibt die nach den Gesetzen über Körperverletzung verwirkte schwerere Strafe vorbehalten. (Erk. d. Cass.=H. v. 28. Juni 1867 u. 11. März 1870, Entsch. d. Cass.=H. Bd. I. S. 291. Bd. IV. S. 115, Z. f. Gerichtspr. Bd. IX. S. 230, Stenglein Bd. II. S. 282.)

31) Antragstellung des Verletzten ist bei Uebertretung der Schlägerei nicht Vorbedingung der Strafverfolgung. (Erk. d. Cass.=H. v. 6. Novbr. 1863, Z. f. Gerichtspr. Bd. III. S. 24, Z. f. G. u. R. Bd. X. S. 973.)

Art. 242.

Rückfall bei vorsätzlichen Körperverletzungen und Schlägereien.

Wer wegen vorsätzlicher Körperverletzung (Art. 234—238) oder wegen Betheiligung an einer Schlägerei (Art. 240 und 241) schon einmal verurtheilt worden ist, soll, wenn er sich, ehe vom Tage der erstandenen Strafe oder erlangten Begnadigung zwei Jahre verflossen sind, neuerdings einer der in den Art. 237 und 241 bezeichneten Uebertretungen schuldig macht, mit Gefängniß bis zu sechs Monaten, womit Geldstrafe bis zu fünfhundert Gulden verbunden werden kann, bestraft werden.

Bei wiederholtem Rückfalle ist Stellung unter Polizeiaufsicht oder nach Umständen Verwahrung in einer Polizeianstalt zulässig.

Macht sich eine Person, welche wegen einer der im Abs. 1 angeführten strafbaren Handlungen schon einmal verurtheilt worden ist, in der daselbst bestimmten Frist neuerdings eines der im Art. 234 Ziff. 2 und 3, in den Art. 235 und 237 Abs. 2 und im Art. 240 bezeichneten Vergehen schuldig, so kann neben der Gefängnißstrafe die Zulässigkeit der Stellung unter Polizeiaufsicht oder, soferne die Gefängnißstrafe die Dauer von zwei Jahren nicht übersteigt, der Verwahrung in einer Polizeianstalt ausgesprochen werden.

1) „Wer . . schon einmal verurtheilt worden ist“: Es genügt die bloße Verurtheilung und ist weder die Rechtskraft des Urtheils noch der Vollzug der Strafe erforderlich; jedoch muß das Urtheil dem Thäter eröffnet gewesen sein. (Vortr. im G.=A. d. Abg. 1856/57 S. 352, Prot.=Bd. II. S. 59, Motive z. Entw. v. 1860 S. 58, Vortr. 1860/61 S. 190, Stenglein Bd. II. S. 283, Weis Bd. II. S. 79, Erk. d. A.=G. v. Niederbayern v. 15. Mai 1865 [Z. f. Gerichtspr. Bd. IV. S. 286, (Z. f. G. u. R. Bd. XIII. S. 94], Erk. d. Cass.=H. v. 31. März 1863 [Z. f. G. u. R. Bd. X. S. 475], v. 2. Juli 1864 [Bl. f. R.=A. Bd. 31. S. 175], v. 7. Juli 1865 [Z. f. Gerichtspr. Bd. IV. S. 314, Z. f. G. u. R. Bd. XII. S. 324], v. 6. März 1869 [Z. f. Gerichtspr. Bd. VIII. S. 244.])

2) Eine Körperverletzung ist wegen Rückfalls als Vergehen strafbar, wenn auch die Vorstrafe weder rechtskräftig noch vom zuständigen Gerichte erkannt ist. (Erk. d. Cass.=H. v. 8. Januar 1869, Z. f. Gerichtspr. Bd. VIII. S. 180, Entsch. d. Cass.=H. Bd. III. S. 8.)

3) Es genügt ein Urtheil I. Instanz, dessen Wirkung nur dann wieder beseitigt wird, wenn ein Rechtsmittel ergriffen und die Verurtheilung wegen Körperverletzung oder Schlägerei aufgehoben wird. (Stenglein Bd. II. S. 283. 284, Weis Bd. II. S. 79, s. auch das in Note 1 citirte Erk. d. A.=G. v. Niederbayern v. 15. Mai 1865.)

4) Es war controvers, ob die Strafurtheile der bayerischen Militärgerichte bei Bemessung des Rückfalls in Computation zu ziehen seien. Vgl. Z. f. Gerichtspr. Bd. III. S. 297. 313. 345. Der oberste Gerichtshof erkannte übrigens bei andern Delikten diese Wirkung an. (Erk. v. 22. Novbr. 1867, Z. f. Gerichtspr. Bd. VII. S. 152, Entsch. d. Cass.=H. Bd. I. S. 463, vergl. auch Z. f. Gerichtspr. Bd. IV. S. 154. Bd. VII. S. 125.) Bei Urtheilen, welche nach den Militärstrafgesetzen v. 29. April 1869 verhängt sind, kann diese Controverse nicht mehr angeregt werden. Ueber Rückfall in Folge ausländischer Urtheile s. zu Art. 176.

5) Ob ein Angeschuldigter rückfällig ist, gehört zur Rechtsfrage. (Erk. d. Cass.=H. v. 28. März 1867, Z. f. Gerichtspr. Bd. VI. S. 296, Entsch. d. Cass.=H. Bd. I. S. 131.)

6) „ehe vom Tage der erstandenen Strafe oder erlangten Begnadigung zwei Jahre verflossen sind“. Die Frist läuft von Publikation des Urtheils I. Instanz bis zum Ablaufe von zwei Kalenderjahren nach Entlassung aus der Strafhaft oder Publikation eines Allerhöchsten Begnadigungs=Rescripts. (Prot. d. G.=A. d. K. d. Abg. 1856/57 Bd. II. S. 59, Stenglein Bd. II. S. 284. Anscheinend abweichend ein Erk. d. A.=G. v. Oberfranken vom 16. Juli 1869, Z. f. Gerichtspr. Bd. IX. S. 24.)

7) „soll bestraft werden“. Eine Erört. Z. f. Gerichtspr. Bd. VII. S. 289 behauptet, die Rückfallstrafe könne nur dann verhängt werden, wenn die Strafe der Körperverletzung oder Schlägerei bei der früheren Verurtheilung zu Grund gelegt sei. S. dagegen Anmerk. S. 290.

8) Es kann auf Geldstrafe auch dann erkannt werden, wenn für die That an sich, abgesehen vom Rückfall, Gefängniß= oder Geldstrafe alternativ angedroht ist. (Erk. d. Cass.=H. v. 10. Mai 1869, Z. f. Gerichtspr. Bd. VIII. S. 324, Entsch. d. Cass.=H. Bd. III. S. 194.)

9) Die Bestimmungen über Verjährung finden auch dann Anwendung, wenn objektiv nur eine Uebertretung vorliegt, die wegen Rückfalls als Vergehen strafbar ist. (Erk. d. Cass.=H. v. 28. Febr. 1868, Z. f. Gerichtspr. Bd. VII. S. 283,

Entsch. d. Cass.-H. Bd. II. S. 113.) Ueber die Antragstellung beim Rückfall als Vorbedingung der Strafverfolgung s. Note 13 zu Art. 237 S. 339.

10) Zu Absatz 2 u. 3. Die Stellung unter Polizeiaufsicht ist auf Grund des Abs. 2 zulässig, soferne es sich um eine neu abzuurtheilende Uebertretung handelt beim zweiten Rückfall. Ist aber das neu abzuurtheilende Reat Vergehen, und schon die Verurtheilung wegen eines Vergehens oder Verbrechens vorausgegangen, so ist nach Abs. 3 schon beim ersten Rückfall Stellung unter Polizeiaufsicht zulässig. (Prot d. G.-A. d. K. d. Abg. 1856/57 Bd. II. S. 76, Stenglein Bd. II. S. 284.)

11) Der zweite Rückfall ist nicht so zu verstehen, daß innerhalb einer zweijährigen Frist von der ersten Verurtheilung an die beiden Rückfälle fallen, sondern daß zwischen keinem der drei Straferkenntnisse und deren Vollzug eine Frist von zwei Jahren liegt. (Stenglein Bd. II. S. 284.) Weis Bd. II. S. 80 fordert nur, daß zwischen der zweiten und dritten Verurtheilung keine zweijährige Frist liegt.

S. auch zu Art. 242 Note 21—24 zu Art. 240. 241 S. 343 fg.

Art. 243.

Kindsabtreibung.

Eine Schwangere, welche rechtswidrig durch äußere oder innere Mittel ihre Frucht im Mutterleibe tödtet oder vor der gehörigen Reife abtreibt, soll mit Gefängniß nicht unter drei Jahren bestraft werden.

Wer in rechtswidriger Absicht einer Schwangern die Mittel zur Tödtung oder Abtreibung der Frucht verschafft oder mit ihrer Einwilligung solche Mittel an ihr angewendet hat, wird, wenn dadurch der bezeichnete Erfolg herbeigeführt worden ist, mit der nämlichen Strafe belegt.

Der Versuch des im Abs. 2 bezeichneten Vergehens ist strafbar.

Neben jeder auf Grund des gegenwärtigen Artikels erkannten Gefängnißstrafe kann auf die im Art. 28 bezeichneten Straffolgen oder auf einzelne derselben erkannt werden.

1) „Eine Schwangere". Dieselbe ist nicht nur Thäterin, wenn sie die Abtreibungsmittel selbst nimmt, sondern auch dann, wenn sie vorsätzlich dieselben an sich anwenden läßt, d. h. die Anwendung zustimmend duldet. (Vortr. im G.-A. d. K. d. Abg. 1856/57 S. 359, Stenglein Bd. II. S. 286.)

2) „rechtswidrig", d. h. nicht in Folge eines ärztlich gerechtfertigten Eingriffs. Culpose Abtreibung ist mit Strafe nicht bedroht. (Motive z. Entw. v. 1855 S. 100, Vortr. im G.-A. d. K. d. Abg. 1856/57 S. 357. 359. 361, Prot.-Bd. II. 64, Vortr. 1860/61 S. 290, Stenglein Bd. II. S. 288, Weis Bd. II. S. 82. 83.)

3) „durch äußere oder innere Mittel". Es ist die Feststellung eines Causalzusammenhangs zwischen den angewendeten Mitteln und dem Abgange der Frucht erforderlich, obgleich bei der Unsicherheit der bekannten Abortivmittel nur bei mechanischer Einwirkung (z. B. den Eihautstich) der Causalzusammenhang sich vollständig herstellen läßt. (Motive z. Entw. v. 1855 S. 100, Vortr. im G.-A. d. K. d. Abg. 1856/57 S. 357. 358, Prot.-Bd. II. S. 65, Prot. 1860/61 S. 65, Stenglein Bd. II. S. 286. 287. 288, Weis Bd. II. S. 82.)

4) „ihre Frucht im Mutterleibe". Zwischen ehelicher und unehelicher Conception ist nicht unterschieden. (Stenglein Bd. II. S. 286.)

5) Die That kann begangen werden vom Momente der Conception an bis zum Eintritte naturgemäßer Geburt oder ohne Rechtswidrigkeit erfolgter Frühgeburt, auch mit eventuellem dolus für den Fall, daß etwa ein Beischlaf zur Conception geführt hätte, und ebensowohl an einer sg. mola als an einer entwickelungsfähigen Frucht. (Stenglein Bd. II. S. 286. 287. 290.)

6) „tödtet oder vor der gehörigen Reife abtreibt". Auch der Fall fällt unter den Begriff der Kindsabtreibung, in welchem eine Frühgeburt zu einer Zeit bewirkt wurde, in welcher das Kind noch nicht lebensfähig war, ohne daß weitere tödtliche Mittel angewendet wurden. (Vortr. im G.-A. d. K. d. Abg.

1856/57 S. 359, Prot.=Bd. II. S. 65, Z. f. Gerichtspr. Bd. I. S. 130, Stenglein Bd. II. S. 287, Weis Bd. II. S. 82.)

7) Vollendet ist die That mit dem Abgange der Leibesfrucht. War ein gebrauchtes Abtreibungsmittel ohne Erfolg, oder läßt sich nicht nachweisen, daß der eingetretene Erfolg durch das angewendete Mittel bewirkt wurde, so liegt nur Versuch vor, welcher gegen die Schwangere selbst mit Strafe nicht bedroht ist. (Motive z. Entwurf v. 1855. S. 100, Vortr. im G.=A. d. K. d. Abg. 1856/57 S. 360, Prot.=Bd. II. S. 65, Vortr. 1860/61 S. 190, Prot. S. 65. 476, K. d. R.=R. Prot.=Bd. I. S. 245. Bd. II. S. 148, Vortr. S. 506, Stenglein Bd. II. S. 288, Weis Bd. II. S. 83.)

8) „Wer in rechtswidriger Absicht" s. oben Note 2.

„einer Schwangeren" s. oben Note 1 u. 4.

„die Mittel zur Tödtung oder Abtreibung der Frucht verschafft oder mit ihrer Einwilligung solche Mittel an ihr angewendet hat". Diese an sich nur Theilnahme in sich schließenden Handlungen sind hiedurch zum selbstständigen Reate erhoben und kann also von Anwendung der Art. 52—55 keine Rede sein. (Stenglein Bd. II. S. 286, Weis Bd. II. S. 83.)

9) Auch diese That kann nur in der Absicht begangen werden, die Frucht abzutreiben; nicht fahrlässig. (Stenglein Bd. II. S. 288, Weis Bd. II. S. 82.)

10) „wenn dadurch der bezeichnete Erfolg herbeigeführt worden ist". Auch Kindsabtreibung durch einen Dritten ist mit Abgang der Frucht vollendet. (Stenglein Bd. II. S. 288. 289, Weis Bd. II. S. 83.)

11) Der Nachweis eines Causalzusammenhangs zwischen den angewendeten Mitteln und dem Abortus ist auch dem Dritten gegenüber erforderlich. (Vortr. im G.=A. d. K. d. Abg. 1856/57 S. 359 Weis Bd. II. S. 82.)

12) Zu Absatz 3. Der Versuch ist nur gegen den Dritten strafbar und liegt vor bei jeder Anwendung des Abtreibungsmittels, sowie auch, wenn die That nur im Verschaffen des Mittels liegt, mit dessen Uebergabe, ohne daß es hiebei auf die größere oder geringere Tauglichkeit des Mittels oder darauf ankommt, ob die Schwangere selbst vielleicht vom Versuch abgestanden ist. (Prot. d. G.=A. d. K. d. R.=R. 1860/61 S. 149, gemeinsch. Sitzung S. 476, Stenglein Bd. II. S. 289. 290, Weis Bd. II. S. 83. S. auch Note 2 zu Art. 245 S. 349.) Das k. A.=G. v. Oberbayern sprach durch Erk. v. 7. August 1862 (Z. f. Gerichtspr. Bd. I. S. 289) wegen Untauglichkeit des angewendeten Mittels frei.

13) Als Versuch der Kindsabtreibung ist es strafbar, wenn eine Person einer Schwangeren Mittel zur Abtreibung gibt, wenn auch diese dieselben nicht anwendet, die Anwendung nicht beabsichtigt und das Geben der Mittel nicht veranlaßt hat. (Erk. d. Cass.=H. v. 28. August 1869, Z. f. Gerichtspr. Bd. VIII. S. 454, Entsch. d. Cass.=H. Bd. III. S. 317. Weis Bd. II. S. 83)

14) Ob als Versuch der Kindsabtreibung eine Anwendung von Mitteln an einer nur vermeintlich Schwangeren strafbar ist, ist wie überhaupt die Strafbarkeit des Versuchs am untauglichen Objekt streitig. (Vortr. im G.=A. d. K. d. Abg. 1856/57 S. 360, Stenglein Bd. II. S. 290.)

Vgl. Note 9—11. 13. 14 zu Art. 47 S. 43.

Art. 244.

Wer aus eigennütziger Absicht in mehr als zwei Fällen schwangeren Personen Mittel zur Tödtung oder Abtreibung der Frucht verschafft oder mit ihrer Einwilligung solche Mittel an ihnen angewendet hat, ist wegen gewerbsmäßiger Kindesabtreibung mit Zuchthaus bis zu zwölf Jahren zu bestrafen.

1) „Aus eigennütziger Absicht" d. h. um für den Thäter selbst einen Vermögensvortheil zu erhalten. (Stenglein Bd. II. S. 290.)

2) „in mehr als zwei Fällen". Es genügen auch bloße Versuchshandlungen, ohne Eintritt eines Erfolgs. (Vortr. im G.=A. d. K. d. Abg. 1856/57. S. 360, Prot.=Bd. II. S. 66, Stenglein Bd. II. S. 290. 289.)

3) Die gewerbsmäßige Kindsabtreibung begründet sowohl eine Concurrenz- als eine Rückfallsstrafe, d. h. die höhere Strafe tritt sowohl dann ein, wenn der Thäter schon früher wegen zweier Delikte der Kindsabtreibung sei es im Zusammenfluß, sei es successiv bestraft worden war, als wenn drei Fälle gleichzeitig gegen ihn zur Aburtheilung kommen. (Stenglein Bd. II. S. 290, Weis Bd. II. S. 84.)

Art. 245.

Wer die Leibesfrucht einer Schwangeren ohne deren Einwilligung rechtswidrig tödtet oder abtreibt, ist mit Zuchthaus bis zu sechzehn Jahren zu bestrafen.

Wenn in Folge der angewandten Mittel der Tod der Mutter oder ein bleibender Nachtheil an Körper oder Gesundheit derselben eingetreten ist, so soll auf Zuchthausstrafe nicht unter zwölf Jahren erkannt werden.

1) „Wer die Leibesfrucht einer Schwangeren“ s. Note 4. 5 zu Art. 243 S. 346.

„ohne deren Einwilligung“. Dies kann nur durch Anwendung innerer Mittel, durch äußere nur unter Anwendung von Gewalt, auch durch Mißhandlungen bewirkt werden. (Stenglein Bd. II. S. 287.)

2) „rechtswidrig“ s. Note 2 zu Art. 243 S. 346.

„tödtet oder abtreibt“ s. Note 3. 6—7 zu Art. 243 S. 346 fg.

Die That ist vollendet mit Eintritt der Fehlgeburt. Der strafbare Versuch beginnt mit Beibringung der ersten Dosis des Abtreibungsmittels oder mit jeder zum Zwecke der Abtreibung vorgenommenen Gewalthandlung, wenn er nicht etwa selbst die Schwangere veranlaßte die Mittel nicht zu nehmen, oder von der nothwendigen Fortsetzung der Mittel freiwillig abstand. (Vortr. im G.-A. d. K. d. Abg. 1856/57 S. 361, Stenglein Bd. II. S. 289, Weis Bd. II. S. 83. 84.)

S. auch Note 12 zu Art. 243 S. 347.

3) „der Tod der Mutter oder ein bleibender Nachtheil an Körper oder Gesundheit derselben“. S. Note 21—28 zu Art. 234 S. 333. 334.

War der Tod der Schwangeren beabsichtigt, so liegt Mord vor, wenn auch das Motiv der That die Verhinderung der Geburt war. (Stenglein Bd. II. S. 290. 291, Weis Bd. II. S. 84.)

Art. 246.

Aussetzung hilfloser Personen.

Wenn Eltern ihr Kind in der Absicht, sich desselben zu entledigen, aussetzen oder in hilflosem Zustande verlassen, so sollen sie mit Gefängniß nicht unter sechs Monaten bestraft werden.

Hat aber die Handlung den Tod oder einen bleibenden Nachtheil an Körper oder Gesundheit des Kindes zur Folge gehabt, so ist, wenn der Thäter die Gefährlichkeit seiner Handlung einsehen konnte, auf Zuchthaus bis zu sechzehn Jahren, andernfalls auf Gefängniß nicht unter drei Jahren zu erkennen.

1) „Wenn Eltern ihr Kind“. Zwischen ehelichen und unehelichen Kindern ist nicht unterschieden; auch ist es nicht erforderlich, daß der die That begehende Elterntheil das Kind in seiner ständigen Pflege hatte, wenn nur mit der That die erforderliche Absicht verbunden ist, wie beim unehelichen Vater, der sich durch Aussetzung des irgendwo untergebrachten Kindes, welches er an sich lockt, der Alimentationspflicht entziehen will. (Stenglein Bd. II. S. 292, Weis Bd. II. S. 86.)

2) Ascendenten im entfernteren Grade, Stief- oder Schwiegereltern können nicht die That des Art. 246, wohl aber die des Art. 247 begehen. (Stenglein Bd. II. S. 292, Weis Bd. II. S. 86.)

3) Das Alter des Kindes entscheidet nicht bezüglich des Thatbestands, sondern ist der Ausdruck Kind nur für Abkömmling gebraucht. Es entscheidet nur der hülflose Zustand, und sind hiefür auch die Umstände der Aussetzung maßgebend. So dauert die Hülflosigkeit eines Kretins durch alle Altersstufen; ein

Kind, welches in gewöhnlichen Verhältnissen nicht hülflos ist, kann es in einem unwegsamen Walde sein u. dergl. (Prot. d. G.-A. d. K. d. Abg. 1856/57 Bd. II. S. 68, Stenglein Bd. II. S. 294. 295, Weis Bd. II. S. 86. 87; s. einen Fall dieser Art Z. f. Gerichtspr. Bd. I. S 13.)

4) „in der Absicht, sich desselben zu entledigen". Es genügt nicht einfacher Vorsatz, sondern nur die auf Entledigung gerichtete Absicht ohne Rücksicht auf das Motiv der That. Es genügt also nicht eine Gefährdung des Kindes durch sich selbst Ueberlassen desselben, Gleichgültigkeit gegen Beschädigung desselben u. dergl. (Motive z. Entw. v. 1855 S. 100, Vortr. im G.-A. d. K. d. Abg. 1856/57 S. 363, Stenglein Bd. II. S. 295. 296.)

5) Ist der Vorsatz auf Tödtung oder Verletzung des Ausgesetzten gerichtet, so liegt Mord, Tödtung, Kindsmord oder Körperverletzung vor, in letzterem Falle in idealem Zusammenflusse mit der Kindsaussetzung, wenn letztere schwerer strafbar ist. (Motive z. Entw. v. 1855 S. 100, Vortr. im G.-A. d. K. d. Abg. 1856/57 S. 362, Stenglein Bd. II. S. 295, Weis Bd. II. S. 85.)

6) Eine Gefährdung des Ausgesetzten, der sich nicht selbst zu helfen vermag, ist nicht erforderlich; Kindsaussetzung also auch gegeben, wenn der Aussetzende in der Nähe bleibt, bis das ausgesetzte Kind aufgenommen ist. Ist aber der Thäter in der Lage jede Gefahr sofort zu beseitigen, so fehlt es an dem Begriff des Aussetzens oder des in hülflosem Zustand Verlassens; es kann aber hierin ein Angriff auf den Familienstand des Verlassenen liegen (Vortr. im G.-A. d. K. d. Abg. 1856/57 S. 363, Stenglein Bd. II. S. 296, Z. f. Gerichtspr. Bd. III. S. 309, Weis Bd. II. S. 85. 87. 88, welcher übrigens den letztbezeichneten Fall im entgegengesetzten Sinne entscheidet, Erk. d. A.-G. v. Oberpfalz v. 8. September 1862, Z. f. G. u. R. Bd. X. S. 310.)

7) Eine Mutter, welche ihr Kind nur aussetzt, um demselben ein Unterkommen zu erwirken, dabei aber alle Verpflichtungen für dasselbe übernimmt, begeht keine strafbare That. (Z. f. Gerichtspr. Bd. III. S. 309.)

8) Auch bei Absicht zeitweiliger Entledigung des Kindes kann die That begangen werden. (Stenglein Bd. II. S. 296, s. dagegen ein Erk. d. A.-G. von Mittelfranken v. 7. Septbr. 1868; Z. f. Gerichtspr. Bd. VIII. S. 283.)

9) „aussetzen oder in hilflosem Zustande verlassen". Die That wird begangen durch jedes Belassen oder Bringen in einen hilflosen Zustand, aus welchen sich das Kind aus eigener Kraft nicht befreien kann, sowie jedes in eine solche Lage gerathen Lassen. (Stenglein Bd. II. S. 295, Weis Bd. II. S. 87, Z. f. Gerichtspr. Bd. I. S. 13.)

10) Aussetzung wird nicht begangen durch Verbringen einer hilflosen Person an einen sicheren Ort, wo man sie kennt. (Erk. d. A.-G. v. Niederbayern v. 1. Dezbr. 1863, Z. f. Gerichtspr. Bd. III. S. 102.)

11) Die That ist vollendet mit der Entfernung des Thäters von der hilflosen Person. Versuch ist beim Vergehen nicht mit Strafe bedroht, beim Verbrechen nicht denkbar, weil eine auf den höheren Erfolg gerichtete Absicht die That als Mord u. s. w. charakterisiren würde. (Stenglein Bd. II. S. 297.)

12) Zu Absatz 2 s. Note 22—28 zu Art. 234 S. 333. 334.

Die schwerste Strafe tritt ein, wenn die hier bezeichneten Folgen der That zur Fahrlässigkeit zugerechnet werden können. Des Nachweises eines weiteren Causalzusammenhanges zwischen That und Folge bedarf es nicht. Eine vorübergehende, wenn auch über sechzig Tage dauernde Krankheit gestattet nur die Anwendung des Abs. 1. (Stenglein Bd. II. S. 296. 297, Weis Bd. II. S. 89.)

Art. 247.

Wer außer dem Falle des Art. 246 Kinder oder andere hilflose Personen, welche ihm zur Pflege oder Obhut anvertraut sind, in der Absicht, sich derselben zu entledigen, aussetzt oder in hilflosem Zustande verläßt, ist mit Gefängniß bis zu zwei Jahren zu bestrafen.

Hat aber die Handlung den Tod oder einen bleibenden Nachtheil an Körper oder Gesundheit der ausgesetzten oder verlassenen Person zur Folge gehabt, so soll, wenn

der Thäter die Gefährlichkeit seiner Handlung einsehen konnte, auf Zuchthaus bis zu sechzehn Jahren, andernfalls auf Gefängniß nicht unter zwei Jahren erkannt werden.

1) „Kinder oder andere hilflose Personen, welche ihm zur Pflege oder Obhut anvertraut sind". Das spezielle Verhältniß zum Kind ist nur Strafzumessungsgrund. Es genügt auch ein nur augenblickliches Anvertrauen und dessen Uebernahme aus Gefälligkeit, dagegen genügt es nicht, wenn sich eine Person freiwillig einer hülflos vorgefundenen Person angenommen hatte. Eine Gefährdung würde im letzten Falle unter den Begriff vorsätzlicher oder fahrlässiger Tödtung oder Körperverletzung fallen. (Vortr. im G.=A. d. K. d. Abg. 1856/57 S. 363, Prot.=Bd. II. S. 68, Stenglein Bd. II. S. 294, Weis Bd. II. S. 86.)

S. übrigens Note 2–6. 8—12 zu Art. 246 S. 348 fg..

Art. 248.

Uebertretung der Vorkehrungen gegen ansteckende Krankheiten

Wer den Einfuhrverboten, den Absperrungs=, Aufsichts= oder sonstigen Sicherungsmaßregeln, welche durch Verordnung oder oberpolizeiliche Vorschrift zum Schutze gegen Eintritt, Verschlimmerung, Verbreitung oder Wiederkehr einer ansteckenden Krankheit angeordnet und öffentlich besonders bekannt gemacht worden sind, oder den ihm persönlich kundgegebenen desfallsigen Anordnungen der zuständigen Orts= oder Distriktspolizeibehörde vorsätzlich oder aus Fahrlässigkeit zuwiderhandelt, ist mit Gefängniß bis zu zwei Jahren oder an Geld bis zu zweihundert Gulden zu bestrafen.

Ist in Folge der Zuwiderhandlung ein Mensch von der ansteckenden Krankheit ergriffen worden, so tritt Gefängniß bis zu drei Jahren oder Geldstrafe bis zu sechshundert Gulden ein.

1) „Gegen Eintritt 2c. einer ansteckenden Krankheit". Es genügen nicht Anordnungen in allgemeinen sanitätspolizeilichen Vorschriften, sondern es müssen durch eine bestimmte Gefahr hervorgerufene, in Bezug auf diese erlassene Anordnungen sein. (Vortr. im G.=A. d. K. d. Abg. 1856/57 S. 366, Prot.=Bd. II. S. 70, Stenglein Bd. II. S. 298, Weis Bd. II. S. 90.)

2) Die Gefahr muß keine solche sein, welche ausschließlich Menschen bedroht, sondern es können auch Viehseuchen sein, welche sich auf Menschen übertragen. (Vergl. Art. 363.) (Stenglein Bd. II. S. 298.)

3) Auf die treffenden „Verordnungen und oberpolizeilichen Vorschriften" sind die allgemeinen Bestimmungen des Strafgesetzbuches, insbesondere jene über Unkenntniß der Gesetze anzuwenden. (Motive z. Entw. v. 1860 S. 58, Vortr. im G.=A. d. K. d. Abg. 1860/61 S. 190, Stenglein Bd. II. S. 298.)

4) Die Verordnungen müssen vom König erlassen sein, die oberpolizeilichen Vorschriften vom treffenden Staatsministerium oder der Kreisregierung. (Weis Bd. II. S. 90. (Vergl. Pol.=Str.=G.=Bch. Art. 35.36.)

5) „Anordnungen der zuständigen Orts= oder Distriktspolizeibehörde". Solche vom Bezirksarzt allein genügen nicht. (Z. f. Gerichtspr. Bd. V. S. 358.)

6) „vorsätzlich oder aus Fahrlässigkeit zuwiderhandelt". Vorsatz und Fahrlässigkeit sind nicht unterschieden, sondern nur bei der Strafzumessung zu berücksichtigen. (Stenglein Bd. II. S. 299.)

7) War der Vorsatz auf Tödtung oder Gesundheitsbeschädigung von Personen gerichtet, so sind die Bestimmungen über Mord oder Körperverletzung anzuwenden. (Vortr. im G.=A. d. K. d. Abg. 1856/57 S. 366, Stenglein Bd. II. S. 299, Weis Bd. II. S. 90. 91.)

8) Zu Absatz 2. Zwischen Erfolg und Zuwiderhandlung muß ein Causalzusammenhang nachgewiesen sein. (Prot. d G.=A. d. K. d. Abg. 1856/57 Bd. II. S. 70, Stenglein Bd. II. S. 299, Weis Bd. II. S. 90.)

9) Liegen die Erfordernisse fahrlässiger Körperverletzung oder Tödtung vor, so konkurriren diese ideell. (Stenglein Bd. II. S. 29.)

10) Zur Anwendung des Abs. 2 genügt jede Erkrankung eines Menschen,

sei sie auch noch so unbedeutend und noch so rasch wieder geheilt. (Stenglein Bd. II. S. 299.)

Art. 249.

Strafbare Handlungen in Bezug auf Leichen.

Wer einen Leichnam verheimlicht, verbirgt oder bei Seite schafft, wird mit Arrest bis zu dreißig Tagen oder an Geld bis zu hundert Gulden bestraft.

Wenn der Leichnam Spuren von Vergiftung, Tödtung oder gewaltsamer Verletzung an sich trägt, so ist auf Gefängniß bis zu sechs Monaten oder auf Geldstrafe bis zu fünfhundert Gulden zu erkennen.

1) „Einen Leichnam". Zu diesen gehören auch die Körper neugeborener, sei es todtgeborener, sei es alsbald wieder gestorbener Kinder, wenn sie nach dem Grade der erlangten Reife als lebensfähig erscheinen, nicht aber eine frühgeborene Frucht. (Vortr. im G.-A. d. K. d. Abg. 1856/57 S. 366, Prot.-Bd. II. S. 72, Stenglein Bd. II. S. 300.)

2) „verheimlicht, verbirgt oder bei Seite schafft". Auf Verheimlichung der Schwangerschaft kommt bei Verheimlichung von Leichnamen todtgeborner Kinder nichts an. (Stenglein Bd. II. S. 300.)

3) Eine wegen Kindsmords Abgeurtheilte kann nicht nachträglich noch wegen Verheimlichung des Leichnams verfolgt werden. (Stenglein Bd. II. S. 300.)

4) Unter bei Seite Schaffen ist jede Handlung zu verstehen, welche geeignet ist, der zuständigen Behörde die Besichtigung der Leiche unmöglich zu machen oder doch wesentlich zu erschweren. (Stenglein Bd. II. S. 300.)

5) Die That muß eine bleibende, nicht blos zeitweise Verheimlichung u. s. w. bezwecken und besteht nicht in dem bloßen Begraben ohne die vorgeschriebenen Formen, wie ohne Todtenschein u. dergl. (Vergl. Art. 109 Pol.-Str.-G.-B.) (Vortr. im G.-A. d. K. d. Abg. 1856/57 S. 366, Prot.-Bd. II. S. 72, Vortr. 1860/61 S. 191., Stenglein Bd. II. S. 301.)

6) Die That kann nur vorsätzlich begangen werden, erfordert eine gewisse positive Verheimlichungsthätigkeit, nicht das bloße Unterlassen einer Anzeige und ist vollendet mit Vornahme derjenigen Handlung, welche die Verheimlichung ꝛc. bewirken soll. (Vortr. im G.-A. d. K. d. Abg. 1856/57 S. 366, Prot.-Bd. II. S. 72, Stenglein Bd. II. S. 301. 302, Weis Bd. II. S. 91.)

7) Zu Absatz 2. Die höhere Strafe tritt ein, wenn der Verdacht der Verübung einer strafbaren That, welche den Tod der aufgefundenen Person verursacht hat, äußerlich veranlaßt ist, gleichviel ob der Verdacht begründet ist, oder nur ein Selbstmord, ein Unglücksfall ꝛc. vorlag, oder ob sich der Verdacht gegen den Schuldigen selbst richtet oder nicht. (Stenglein Bd. II. S. 302, Weis Bd. II. S. 91. 92.)

Art. 250.

Wer einen Leichnam entwendet, mißhandelt oder zu einem unerlaubten Zwecke mißbraucht, soll mit Gefängniß bis zu sechs Monaten oder an Geld bis zu fünfhundert Gulden, — wer einen Leichnam zu einem an sich erlaubten Zwecke unbefugt gebraucht, soll mit Arrest oder an Geld bis zu hundert und fünfzig Gulden bestraft werden.

Der Versuch der in Abs. 1 bezeichneten Entwendung ist strafbar.

1) „Einen Leichnam" s. Note 1 zu Art. 249.

„entwendet" vgl. Art. 271.

„mißhandelt." Hierunter fällt jede Handlung, welche an einem Lebenden verübt, Mißhandlung wäre. (Stenglein Bd. II. S. 301, Weis Bd. II. S. 92, Prot. im G.-A. d. K. d. Abg. 1856/57 S. 72.)

2) „zu einem an sich erlaubten Zwecke unbefugt gebraucht." Hierunter kann fast nur die eigenmächtige Sektion oder die unbefugte Conservirung einer Leiche verstanden werden. (Stenglein Bd. II. S. 301, Weis Bd. II. S. 92.)

3) Die Handlung kann nur vorsätzlich begangen werden und ist mit ihrer Vornahme ohne Rücksicht auf einen Erfolg vollendet. (Stenglein Bd. II. S. 301. 302.

Zwölftes Hauptstück.

Verletzungen der persönlichen Freiheit.

Art. 251.

Menschenraub.

Wer einen Anderen durch Zwang oder List in seine Gewalt gebracht hat, um denselben in einer hilflosen Lage auszusetzen, mit Gefahr für Leben oder Freiheit einer auswärtigen Macht auszuliefern oder in Sklaverei oder Leibeigenschaft oder in fremden Kriegs- oder Schiffsdienst oder als Arbeiter in entfernte Weltgegenden zu bringen, soll mit Zuchthaus bis zu zwanzig Jahren bestraft werden.

1) „Wer einen Andern". Menschenraub kann von und an Personen beiderlei Geschlechts begangen werden. (Stenglein Bd. II. S. 304, Weis Bd. II. S. 96.)

2) „durch Zwang oder List". Die That kann sowohl durch physische Gewaltanwendung, wodurch der Körper des Gezwungenen gegen dessen widerstrebenden Willen dem des Zwingenden unterthänig gemacht wird, als durch moralische Gewalt, durch Drohungen, welche den Willen des Angegriffenen gefügig machen, begangen werden, ohne daß bezüglich der Drohungen eine Beschränkung auf solche mit einer gegenwärtigen Gefahr oder auf Leib und Leben gegeben ist; wenn sie nur compulsiv gewirkt haben. (Stenglein Bd. II. S. 305, Weis Bd. II. S. 94, Z. f. G. u. R. Bd. IX. S. 687.)

3) Menschenraub durch List wird mittels jeder Täuschung begangen, welche ein scheinbares Einwilligen der überlisteten Person hervorruft, indem dieselbe unter andern Voraussetzungen handelt, als in Wahrheit gegeben sind; ebenso durch Benützung eines Irrthums. Zwang und List können auch konkurriren. (Stenglein Bd. II. S. 305, Weis Bd. II. S. 94, Z. f. G. u. R. Bd. IX. S. 687.)

4) Auch an einer willenlosen Person kann die That mittels List begangen werden. (Z. f. Gerichtspr. Bd. II. S. 78.)

5) Zwang oder List kann auch gegen diejenigen angewendet werden, welche zur Disposition über die geraubte Person berechtigt sind, oder dieselbe faktisch in ihrer Obhut haben, so daß ein Ueberlassen der letzteren an den Thäter stattfindet. (Motive z. Entw. v. 1855 S. 102, Prot. d. G.-A. d. K. d. Abg. 1856/57 Bd. II. S. 77, Stenglein Bd. II. S. 305, Weis Bd. II. S. 93. 94, Z. f. G. u. R. Bd. IX. S. 688.)

6) Das bloße Zurückhalten in einem ohne Rechtswidrigkeit entstandenen Verhältnisse kann weder als Menschenraub noch als Entführung betrachtet werden, ist jedoch möglicher Weise nach andern Bestimmungen strafbar, wie nach Art. 255. (Vortr. im G.-A. d. K. d. Abg. 1856/57 S. 368, Prot.-Bd. II. S. 77. 78, Stenglein Bd. II. S. 305, Weis Bd. II. S. 94. 95.)

7) Die Einwilligung des Geraubten ohne Anwendung von List oder Zwang gegen den Obhutberechtigten schließt den Begriff des Menschenraubs aus, selbst wenn der Geraubte minderjährig ist. (Motive z. Entw. v. 1855 S. 102, Vortr. im G.-A. d. K. d. Abg. 1856/57 S. 368, Prot.-Bd. II. S. 77. 78, Stenglein Bd. II. S. 306, Weis Bd. II. S. 94.)

8) „in seine Gewalt gebracht hat", d. h. in eine Lage gebracht hat,

in welcher der Geraubte ganz der Willkühr des Thäters oder seiner Genossen preisgegeben ist. (Prot. d. G.-A. d. K. d. Abg. 1856/57 Bd. II. S. 77, Stenglein Bd. II. S. 304, Weis Bd. II. S. 93, Z. f. G. u. R. Bd. IX. S. 685.)

9) „um denselben in einer hilflosen Lage auszusetzen u. s. w. Es genügt nicht einfacher Vorsatz des Thäters, sondern es muß einer der hier aufgeführten Zwecke in der Absicht desselben liegen, ohne daß diese Zwecke analog ausgedehnt werden können. (Stenglein Bd. II. S. 306, Weis Bd. II. S. 95.)

10) Der Begriff der hilflosen Lage ist der in Art. 246 vorgesehene (vgl. Note 9. 10 zu Art. 246 S. 349); jedoch ist kein hilfloser Zustand der Person an sich vorausgesetzt, sondern das Verbringen einer Person, gleichviel ob dieselbe an sich hilflos ist, in äußere Verhältnisse, in welchen es an Hilfe gebricht. (Vortr. im G.-A. d. K. d. Abg. 1856/57 S. 367. 368, Stenglein Bd. II. S. 306.)

11) Das Motiv der That ist hiebei ohne Belang, jedoch kann es nicht das sein, sich der Person zu entledigen, da in diesem Falle Aussetzung gegeben wäre. (Stenglein Bd. II. S. 306.)

12) Die That ist vollendet, sobald die Person, an welcher die Handlung mit der hier vorgesehenen Absicht begangen wird, die Möglichkeit freier Selbstbestimmung nicht mehr hat, oder, wenn sie mit ihrer Zustimmung begangen wurde, sobald sie der Obhut, dem Schutze oder dem Einflusse derjenigen Person entzogen ist, welche über den Geraubten rechtliche Gewalt hat, ohne daß eine Erreichung des verfolgten Zweckes oder eine Entfernung vom Orte der That erforderlich oder ein freiwilliger Rücktritt nach erfolgter Vergewaltigung aber vor Erreichung des Zweckes wirksam ist. (Motive z. Entw. v. 1855 S. 102, Vortr. S. 370, Stenglein Bd. II. S. 304. 309, Weis Bd. II. S. 96.)

13) Versuch der That ist gegeben bei Beginn der Gewaltanwendung oder der arglistigen Vorspiegelung ohne Erreichung der Bemächtigung. (Stenglein Bd. II. S. 309. 310.)

Art. 252.

Wer eine Person unter sechzehn Jahren durch Zwang oder List in seine Gewalt gebracht hat, um sie zu eigennützigen Zwecken zu gebrauchen, ist mit Zuchthaus bis zu zwölf Jahren zu bestrafen.

Gefängniß nicht unter sechs Monaten trifft denjenigen, welcher eine solche Person durch Zwang oder List der Obhut ihrer Eltern oder Vormünder entzogen hat, um auf die Erziehung oder Lebensbestimmung derselben Einfluß auszuüben.

1) „Wer eine Person unter sechzehn Jahren durch Zwang oder List in seine Gewalt gebracht hat". Vgl. Note 1—9, 12. 13 zu Art. 251 S. 353 fg.

2) „um sie zu eigennützigen Zwecken zu gebrauchen". Hieher gehört die Benützung zum Bettel, zu Gauklerkünsten u. s. w. (Motive z. Entw. v. 1855 S. 102, Stenglein Bd. II. S. 307, Weis Bd. II. S. 95.)

3) Auch die Ueberlassung zur Unzucht an Andere aus eigennütziger Absicht fällt unter diese Bestimmung und begründet Concurrenz von Menschenraub und Entführung. (Vortr. im G.-A. d. K. d. Abg. 1856/57 S. 369, Stenglein Bd. II. S. 307, Weis Bd. II. S. 95.)

3) Die Benützung der geraubten Person muß unmittelbar zu eigennützigen Zwecken erfolgen, sie wurde also nicht angenommen bei Diebstahl eines Kindes, um einen angeblichen Schwängerer über dessen Geburt zu täuschen und hiedurch zu Zahlungen zu veranlassen. (Stenglein Bd. II. S. 307.)

5) Menschenraub wird vom unehelichen Vater an dem Kinde nicht begangen, wenn er dasselbe eigenmächtig an sich nimmt, um es zu erziehen und zu ernähren. (Z. f. Gerichtspr. Bd. V. S. 133.)

6) „der Obhut ihrer Eltern oder Vormünder entzogen hat." Zustimmung der Obervormundschaftsbehörde entzieht der That den rechtswidrigen Charakter, also auch den der Strafbarkeit. (Vortr. im G.-A. d. K. d. Abg. 1856/57 S. 369.)

7) „um auf die Erziehung oder Lebensbestimmung derselben Einfluß auszuüben". Hieher gehört Entführung zum Zwecke, einen Minderjährigen für eine andere Religion oder Confession zu gewinnen; auch die eigenmächtige Wegnahme zu edlen Zwecken, z. B. um ein Kind aus der Verwahrlosung zu retten. (Motive z. Entw. v. 1855 S. 102, Vortr. im G.-A. d. K. d. Abg. 1856/57 S. 369, Prot. 1860/61 S. 65, Stenglein Bd. II. S. 307, Weis Bd. II. S. 95.)

8) Die Handlungen des Art. 252 an Personen über 16 Jahren begangen sind nur dann strafbar, wenn andere Strafbestimmungen, z. B. die des Art. 255 anschlagen. (Vortr. im G.-A. d. K. d. Abg. 1856/57 S. 369, Stenglein Bd. II. S. 307, Weis Bd. II. S. 96.)

Art. 253.

Entführung.

Wer sich einer Person durch Zwang oder List bemächtigt und sie hinwegführt oder in seiner Gewalt zurückbehält, um sie zur Ehe oder zur Gestattung der Unzucht, sei es mit ihm selbst oder mit einem Andern zu vermögen, soll wegen Entführung mit Gefängniß nicht unter zwei Jahren und, wenn er seinen Zweck erreicht hat, mit Zuchthaus bis zu acht Jahren bestraft werden.

Wird eine Ehefrau oder eine in elterlicher Gewalt oder Vormundschaft stehende Person zwar mit ihrem Willen, aber ohne Einwilligung des Ehemannes, der Eltern oder Vormünder entführt, so ist gegen den Entführer auf Gefängniß bis zu zwei Jahren und, wenn die entführte Person das sechzehnte Jahr noch nicht zurückgelegt hat, auf die im Abs. 1 bestimmten Strafen zu erkennen.

Der Versuch einer Entführung ist strafbar.

1) „Wer sich einer Person". Sowohl Objekt als Subjekt der That können Personen des männlichen oder weiblichen Geschlechtes sein. (Motive z. Entw. v. 1855 S. 187, Vortr. im G.-A. d. K. d. Abg. 1856/57 S. 370, Z. f. G. u. R. Bd. IX. S. 686, Weis Bd. II. S. 97, Stenglein Bd. II. S. 304.)

2) „durch Zwang oder List" s. Note 2—7 zu Art. 251 S. 352. „bemächtigt" s. Note 8 daselbst.

3) „und sie hinwegführt oder in seiner Gewalt zurückbehält". Der Zweck der Entführung wird mittelbar durch Freiheitsentziehung erreicht, während bei Nothzucht der Beischlaf unmittelbar durch Gewaltanwendung vollzogen wird. (Z. f. G. u. R. Bd. IX. S. 685, Stenglein Bd. II. S. 304. 308.)

4) Verleitung zur Flucht ohne den Verleiter, wenn auch zu unzüchtigen Zwecken, ist nicht Entführung. (Stenglein Bd. II. S. 308.)

5) Die Vollendung der That tritt mit der Wegführung oder Zurückhaltung der sich entfernen wollenden Person ein, ohne daß es auf Erreichung des unzüchtigen Zweckes ankommt. Bei dem unter Abs. 2 fallenden Thatbestande muß hiemit eine Entziehung aus der Obhut, dem Schutze und dem Einflusse derjenigen Person verbunden sein, welcher die rechtliche Gewalt über die entführte zusteht. (Vortr. im G.-A. d. K. d. Abg. 1856/57 S. 370, Z. f. G. u. R. Bd. IX. S. 685, Weis Bd. II. S. 97, Stenglein Bd. II. S. 304.)

6) „um sie zur Ehe oder zur Gestattung der Unzucht zu vermögen". Der Zweck der That kann Vollzug des ehelichen oder außerehelichen Beischlafes, Verübung widernatürlicher Wollust oder auch die anderer unzüchtiger Handlungen sein. (Z. f. G. u. R. Bd. IX. S. 685. 686, Motive z. Entw. v. 1855 S. 102. Weis Bd. II. S. 97 spricht nur von Beischlaf und widernatürlicher Wollust. Ebenso Stenglein Bd. II. S. 208. Vergl. Note 1 zu Art. 217 S. 311 und Note 9 zu Art. 221 S. 318, Vortr. im G.-A. d. Abg. 1856/57 S. 370.)

7) „in elterlicher Gewalt". Hiebei macht es keinen Unterschied, ob die entführte Person voll- oder minderjährig ist, wenn nur civilrechtlich die elterliche Gewalt noch besteht. (Z. f. G. u. R. Bd. IX. S. 688, Weis Bd. II. S. 98, Stenglein Bd. II. S. 308.)

8) „in Vormundschaft". Dies trifft nur bis zu vollendetem 21. Lebens-

jahr der entführten Person zu, ohne daß es darauf ankommt, ob eine förmliche Entlassung aus der Vormundschaft stattfand. (Z. f. G. u. R. Bd. IX. S. 688.)

9) „„ohne Einwilligung des Ehemannes, der Eltern oder Vormünder". Sind mehrere Vormünder vorhanden, so befreit die Einwilligung eines derselben ebensowenig von der Strafe, als die Einwilligung der Mutter, wenn der Vater noch lebt. (Z. f. G. u. R. Bd. IX. S. 688.)

10) Das wissentliche Widerstreben, oder die Widerstandsleistung oder eine listiger Weise erschlichene Einwilligung derjenigen Personen, welchen die Gewalt über die entführte Person zusteht, stehen sich gleich, jedoch ist bei den unter Abs. 2 fallenden Handlungen Anwendung von Gewalt oder List überhaupt nicht erforderlich. (Weis Bd. II. S. 97. 98, Stenglein Bd. II. S. 368. 309, Z. f. G. u. R. Bd. IX. S. 688.)

11) An der eigenen Ehefrau kann, selbst wenn sie noch minderjährig ist, Entführung nicht begangen werden, wohl aber an der Braut. (Stenglein Bd. II. S. 308.)

12) Versuch liegt vor, sobald die Gewaltanwendung oder Bedrohung begonnen hat, oder die hinterlistige Veranstaltung eine kenntliche Richtung auf den Bemächtigungsakt annimmt. Bei Zurückbehaltung ist Versuch nicht wohl möglich. (Z. f. G. u. R. Bd. IX. S. 689, Stenglein Bd. II. S. 309.)

13) Wurde die Gewalt oder Drohung außer zum Zwecke der Entführung auch zu dem des sofortigen Vollzuges des Beischlafs angewendet, so konkurrirt Entführung und Nothzucht real, selbst wenn die entführte Person der Entführung zugestimmt hatte, den Beischlaf aber verweigert. (Vortr. im G.-A. d. K. d. Abg. 1856/57 S. 371, Z. f. G. u. R. Bd. IX S. 689. 690, Stenglein Bd. II. S. 308.)

Art. 254.

Eine gerichtliche Verfolgung wegen Entführung findet nur auf Antrag der entführten Person oder ihres gesetzlichen Vertreters und im Falle des Art. 253 Abs. 2 nur auf Antrag des Ehemannes, beziehungsweise der Eltern oder Vormünder statt.

Ist zwischen dem Entführer und der Entführten eine Ehe geschlossen worden, so kann ein Strafverfahren nur nach Rechtskraft des Urtheils auf Nichtigkeit dieser Ehe eingeleitet werden.

1) Zu Absatz 1. Die Erört. Z. f. G. u. R. Bd. IX. S. 692 nimmt an, daß die Antragsberechtigung des Ehemanns die der Eltern ausschließe, und dieselbe auch nicht auflebe, wenn die des Ehemanns innerhalb der dreimonatlichen Frist, z. B. durch den Tod desselben erlösche. Ferner die Antragsberechtigung sei unter den benannten Personen transmissibel, so vom Vater auf die Mutter, von den Eltern auf den Vormund und zwar so, daß im Falle der Transmission stets eine neue dreimonatliche Frist laufe. Letzteres dürfte unrichtig sein, da der nachfolgende Antragsberechtigte nur an die Stelle des vorhergehenden tritt und die Lage des Thäters durch solche Zufälligkeiten keine schlechtere werden kann. So schließt z. B. sicher ein ausdrücklicher Verzicht des Vaters die Antragsberechtigung des später eintretenden Vormunds aus, weil die Strafbarkeit bereits erloschen ist und die Antragsberechtigung des Vormunds bei Lebzeiten des Vaters gar nicht besteht.

2) Im Falle des Art. 253 Abs. 2 steht der entführten Person keine Antragsberechtigung zu. (Z. f. G. u. R. Bd. IX. S. 692.)

3) Zu Absatz 2. Durch Entbindung des Entführers von der Nichtigkeitsklage oder durch Verzicht auf die Anfechtung der Ehe von Seite der entführten Person oder ihres gesetzlichen Vertreters oder durch nachträgliche unerzwungene Einwilligung derselben in die Ehe oder durch den Tod der entführten Person wird der dilatorische Strafausschließungsgrund ein definitiver. (Z. f. G. u. R. Bd. IX. S. 691.)

4) Ob die Nichtigkeit der Ehe auf Grund des Zwanges oder aus einer andern Ursache erkannt wird, ob die Nichtigkeitserklärung von der entführten Person

oder ihrem Vertreter oder von dem Entführer selbst betrieben wurde, begründet keinen Unterschied. (Z. f. G. u. R. Bd. IX. S. 692.)

5) Die Frist zur Antragstellung wird nicht bis zur Anstellung der Nichtigkeitsklage suspendirt, sondern läuft wie in anderen Fällen; es kann jedoch bis zur Nichtigkeitserklärung dem Antrage keine Folge gegeben werden. Die Nichtigkeitsklage ist nur an die Verjährungsfrist gebunden und enthält den Strafantrag nicht. (Stenglein Bd. II. S. 310.)

Art. 255.

Widerrechtliche Gefangenhaltung.

Wer widerrechtlich einen Anderen einsperrt oder auf andere Weise seiner Freiheit beraubt, soll mit Gefängniß oder an Geld bis zu fünfhundert Gulden bestraft werden.

Wenn jedoch die Freiheitsberaubung über dreißig Tage gedauert oder den Tod oder einen bleibenden Nachtheil an Körper oder Gesundheit des Gefangenen zur Folge gehabt oder denselben in eine mehr als sechzig Tage dauernde Krankheit oder (gänzliche oder theilweise) Arbeitsunfähigkeit versetzt hat, so ist auf Zuchthaus bis zu zwanzig Jahren zu erkennen.

1) „*Wer widerrechtlich*". Die That kann von jeder Person begangen werden, welche die Einsperrung oder sonstige Freiheitsberaubung nicht als Amtshandlung oder sonst als berechtigte Züchtigung oder Festhaltung, wie die eines Wahnsinnigen oder verirrten Kindes vollzieht. Im Falle die Amtshandlung widerrechtlich wäre, würde ein besonders benanntes Amtsdelikt (Art. 378. 381) vorliegen. (Stenglein Bd. II. S. 311. 312. Weis Bd. II. S. 99.)

2) „*einen Andern einsperrt oder auf andere Weise seiner Freiheit beraubt*" Die That wird außer durch räumliche Freiheitsbeschränkung (Einsperrung) durch jede Behinderung einer Person in der Verfügung über ihren Körper, wie durch Binden, Festhalten u. s. w. begangen. (Stenglein Bd. II. S. 311, Weis Bd. II. S. 99.)

3) Es ist vollständige Aufhebung der persönlichen Freiheit, nicht blos Zwang zu einer bestimmten Handlung erforderlich. (Stenglein Bd. II. S. 311.)

4) Die That kann auch mittelbar durch Veranlassung widerrechtlicher Freiheitsberaubung, sei es durch Täuschung des physischen Urhebers über die Rechtlichkeit derselben (z. B. Arretirung einer falschen Person) oder durch einen Theilnehmer oder Mitthäter begangen werden. (Vortr. im G.-A. d. K. d. Abg. 1856/57 S. 371, Prot.-Bd. II. S. 80, Stenglein Bd. II. S. 311, Weis Bd. II. S. 99.)

5) Auch die widerrechtliche Ausdehnung einer rechtlichen Gefangen- oder Festhaltung, sowie jeder Exceß derselben fällt unter Art. 255, nicht aber eine bloße Ordnungswidrigkeit bei einer rechtlich begründeten Gefangenhaltung. (Stenglein Bd. II. S. 311, Weis Bd. II. S. 99, Motive z. Entw. v. 1855 S. 103, Vortr. im G.-A. d. K. d. Abg. 1856/57 S. 372, Prot.-Bd. II. S. 82. 83.)

6) Ist die Gefangenhaltung mit nachtheiligen Folgen für die Gesundheit des Festgehaltenen verknüpft oder dient sie als Mittel für Verübung einer anderen strafbaren Handlung, so findet Zusammenfluß statt und ist die schwerste der verwirkten Strafen anzuwenden. (Motive z. Entw. v. 1855 S. 103, Stenglein Bd. II. S. 312.)

7) Die Gefangenhaltung kann nur vorsätzlich begangen werden, und ist dieselbe nicht gegeben, wenn der Thäter eine selbst fahrlässig angenommene Berechtigung zu haben glaubte, oder das Festhalten sich nachträglich als ein objektiv unberechtigtes herausstellt, wie das eines vermeintlichen Diebes. (Stenglein Bd. II. S. 312 313, Vortr. im G.-A. d. K. d. Abg. 1856/57 S. 371.)

8) Auf das Motiv des Thäters kommt nichts an und ist dieselbe auch strafbar, wenn dieselbe begangen wurde, um eine legale Freiheitsberaubung des Thäters zu hindern. (Stenglein Bd. II. S. 313, s. einen Fall Z. f. Gerichtspr. Bd. II. S. 174.)

9) Die That ist vollendet mit dem Augenblicke der Entziehung freier Selbstbestimmung des Festgehaltenen. (Stenglein Bd. II. S. 313.)

10) *Zu Absatz 2* s. Note 21—38 zu Art. 234 S. 333 fg.

Art. 256.

Gemeinschaftliche Bestimmungen in Bezug auf Verjährung.

Die Verjährung der gerichtlichen Verfolgung wegen Menschenraubes, Entführung und widerrechtlicher Gefangenhaltung beginnt erst von dem Zeitpunkte der Befreiung der geraubten, entführten oder gefangengehaltenen Person aus der Gewalt des Thäters oder seiner Mitschuldigen.

In dem Falle des Artikels 254 Abs. 2 beginnt der Lauf der Verjährung mit dem Zeitpunkte, in welchem das Erkenntniß auf Nichtigkeit der Ehe die Rechtskraft beschritten hat.

1) Die hier aufgeführten strafbaren Handlungen sind als delictum permanens erklärt, und beginnt die Verjährung erst, wenn die ihrer Freiheit beraubte Person zur freien Selbstbestimmung zurückgekehrt ist. (Stenglein Bd. II. S. 314.)

2) Unter Umständen kann die Verjährung der Entführung erst beginnen, wenn die Klage auf Nichtigkeitserklärung der Ehe verjährt ist. (Z. f. G. u. R. Bd. IX. S. 691.)

Dreizehntes Hauptstück.

Angriffe auf die Ehre.

Art. 257.

Verläumdung.

Wer einen Andern in der Absicht, denselben in der Achtung seiner Mitbürger herabzusetzen, einer bestimmten durch die Strafgesetze als Verbrechen oder Vergehen erklärten That oder einer Thatsache, welche geeignet ist, den Angegriffenen dem Hasse oder der Verachtung seiner Mitbürger auszusetzen, fälschlich bezichtigt, ist der Verläumdung schuldig.

1) „Wer einen Andern" Verläumdung liegt auch vor, wenn durch Irrthum in der Person eine fälschliche Bezichtigung gegen eine andere als die gemeinte Person begangen wird. (Stenglein Bd. II. S. 324.)

2) Der Andere braucht nicht bestimmt genannt zu werden; es genügt wenn er genau genug bezeichnet wird, um ihn errathen zu können. (Stenglein Bd. II. S. 317.)

3) Der Thatbestand der Verläumdung erfordert eine bestimmte Person als Angegriffenen und liegt bei einer Aenderung in derselben nicht mehr der gleiche Thatbestand vor. (Z. f. Gerichtspr. Bd. VI. S. 335.)

4) „in der Absicht, denselben in der Achtung seiner Mitbürger herabzusetzen". Dies hat nicht zur Voraussetzung, daß der Thäter sich der Unwahrheit seiner Behauptung bewußt war, sondern auch eine geglaubte oder bezüglich ihrer Wahrheit nicht näher untersuchte Nachricht kann in jener Absicht verbreitet werden. (Prot. d. G.=A. d. K. d. Abg. 1856/57 Bd. II. S. 87, Stenglein Bd. II. S. 319.)

5) Die Entscheidung darüber, ob diese Absicht vorliegt, ist thatsächlicher Natur; dieselbe wird aber in der Regel nicht angenommen werden können, wenn eine dringende Veranlassung zum Aufstellen der Bezichtigung gegeben war, wie wenn die Meinungsäußerung über einen Andern Pflicht war, z. B. bei einer Zeugenvernehmung, bei gestatteten Beschwerden, bei Vertheidigung von Rechten innerhalb nothwendiger Grenzen u. s. w. (Vortr. im G.=A. d. K. d. Abg. 1856/57 S. 377. 378, Prot.=Bd. II. S. 87. 88, Stenglein Bd. II. S. 319. 320, Weis Bd. II. S. 103. 104.)

6) Es ist streitig, ob die Bezichtigung eines Diebstahls durch den Dieb selbst, um den Verdacht von sich abzulenken, als Verläumdung strafbar ist. Vgl. Z. f. Gerichtspr. Bd. I. S. 42. 74. 110. Unter ähnlichen Verhältnissen bejahte

ein Erk. d. Cass.=H. v. 22. August 1862 die Strafbarkeit. (Z. f. Gerichtspr. Bd. I. S. 285, Stenglein Bd. II. S. 322.)

7) Verläumdung wird nicht dadurch straflos, daß sie in einer civilprozessualen Parteischrift (Z. f. Gerichtspr. Bd. II. S. 31) oder in einer Beschwerdeschrift enthalten ist. (Z. f. Gerichtspr. Bd. VII. S. 366, dagegen Bd. VIII. S. 141.) Die in einer Beschwerdeschrift enthaltene Bezeichnung eines Richters als „Krone der Parteilichkeit" enthält keine Verläumdung, sondern lediglich eine von Amtswegen zu verfolgende Ehrenkränkung. (Erk. d. A.=G. d. Oberpfalz v. 8. Aug. 1868, Z. f. Gerichtspr. Bd. VIII. S. 407.)

8) Auf die Motive der That, den entfernteren Zweck, welchen der Thäter verfolgt, kommt für den Thatbestand nichts an. (Vortr. im G.=A. d. K. d. Abg. 1856/57 S. 378, Stenglein Bd. II. S. 322.)

9) „e i n e r b e s t i m m t e n d u r c h d i e S t r a f g e s e t z e a l s V e r b r e c h e n o d e r V e r g e h e n e r k l ä r t e n T h a t o d e r e i n e r T h a t s a c h e , w e l c h e g e e i g n e t i s t , d e n A n g e g r i f f e n e n d e m H a s s e o d e r d e r V e r a c h t u n g s e i n e r M i t b ü r g e r a u s z u s e t z e n. Es muß eine bestimmte Thatsache behauptet werden, jedoch ist es nicht erforderlich, daß dieselbe nach Zeit, Art und andern Umständen, welche für den herabsetzenden Charakter der Bezichtigung ohne Belang sind, genau angegeben werde. (Stenglein Bd. II. S. 316, Z. f. Gerichtspr. Bd. I. S. 5, Erk. d. Cass.=H. v. 28. Juli 1868, Entsch. d. Cass.=H. Bd. II. S. 357, Z. f. Gerichtspr. Bd. VIII. S. 8.)

10) Bloße Raisonnements oder Urtheile über eine Person können keine Verläumdung, sondern nur eine Beleidigung enthalten. (Stenglein Bd. II. S. 316, Weis Bd. II. S. 102.)

11) Die Behauptung muß nicht nothwendig dahin gehen, daß der Verläumdete eine Handlung vorgenommen habe, sondern sie kann auch dahin gehen, daß er etwas geäußert, das Geständniß einer strafbaren That abgelegt habe, oder daß er bestimmte verächtliche Eigenschaften habe; oder es kann die Behauptung einer Thatsache sein, welche den unmittelbaren Schluß auf das Begehen einer strafbaren That rechtfertigt. (Stenglein Bd. II. S. 316. 317.)

12) Der Vorwurf, eine Uebertretung begangen zu haben, enthält nur dann eine Verläumdung, wenn dieselbe geeignet ist, den Angegriffenen dem Hasse oder der Verachtung seiner Mitbürger auszusetzen. (Stenglein Bd. II. S. 317, Weis Bd. II. S. 162.)

13) Es ist nicht erforderlich, daß die behauptete, als Verbrechen oder Vergehen bezeichnete That verfolgbar ist. Verläumdung liegt auch vor, wenn z. B. die That verjährt ist, oder ein erforderlicher Strafantrag mangelt. Auch kann bei dem Vorwurf eines Verbrechens oder Vergehens nicht untersucht werden, ob derselbe geeignet ist, dem Hasse oder der Verachtung auszusetzen. (Weis Bd. II. S. 102, Stenglein Bd. II. S. 317, Vortr. im G.=A. d. K. d. Abg. 1856/57 S. 376. 378.)

14) Es ist streitig, ob der allgemeine Vorwurf eines schlechten Charakters, z. B. der Bestechlichkeit, diebisch zu sein u. dgl. Verläumdung enthält. (Stenglein Bd. II. S. 316, Z. f. Gerichtspr. Bd. I. S. 5. 60. 134.)

15) Der Vorwurf in einem Briefe, Adressat verfahre auf eine Weise, daß die Leute geprellt werden, enthält keine Verläumdung. (Erk. d. Cass.=H. v. 25. Juli 1863, Z. f. Gerichtspr. Bd. II. S. 350, Z. f. G. u. R. Bd. X. S. 803.)

16) Durch Verbreitung eines Gerüchtes, welches geeignet ist, den Betroffenen in der Achtung seiner Mitbürger herabzusetzen, wird Verläumdung begangen, auch wenn das Gerücht wirklich umlief. (Z. f. Gerichtspr. Bd. II. S. 275.)

17) Verachtung ist nicht zu verwechseln mit Mißachtung, da die Behauptung von Thatsachen zur Verläumdung nicht genügt, über welche man mit Geringschätzung wegzugehen pflegt. (Vortr. im G.=A. d. K. d. Abg. 1856/57 S. 376.)

18) Der einem Richter gemachte Vorwurf, daß er das von ihm in einer Ehrenkränkungssache erlassene Urtheil schon vor dessen Verkündung mit Verletzung seiner Dienstpflicht dritten Personen mitgetheilt habe, enthält den Vorwurf eines

Vergehens der Verletzung der Amtsverschwiegenheit. (Erk. d. Cass.=H. v. 12. Sept. 1868, Entsch. d. Cass.=H. Bd. II. S. 391, Z. f. Gerichtspr. Bd. VIII. S. 35.)

19) Der Vorwurf „Rainsteinversetzer“ oder „Rainsteinvergraber“ enthält keinen möglicher Weise eine Verläumdung begründenden Vorwurf. (Erk. d. A.=G. v. Oberfranken v. 1. Juni 1869, Z. f. Gerichtspr. Bd. IX. S. 11.)

20) Die Form der Behauptung ist ohne Belang, abgesehen von dem daraus zu ziehenden Schluß auf die Absicht des Thäters. Es gilt für den Begriff gleich, ob die Verläumdung öffentlich oder heimlich, ob sie in Gegenwart des Verläumdeten oder hinter dessen Rücken, ob sie bei Gericht oder in Privatkreisen, ob sie als eigenes Wissen, als feststehende Thatsache oder als gehört, als mehr oder minder glaubwürdiges Gerücht dargestellt wird. (Motive z. Entw. v. 1855 S. 104, Vortr. im G.=A. d. K. d. Abg. 1856/57 S. 374, Stenglein Bd. II. S. 318, Weis Bd. II. S. 102.)

21) Von falscher Anzeige unterscheidet sich die bei Gericht vorgebrachte Verläumdung dadurch, daß erste eine wissentliche Unwahrheit erfordert und eine noch verfolgbare strafbare Handlung betreffen muß. Liegen diese Erfordernisse vor, so findet ideeller Zusammenfluß von falscher Anzeige und Verläumdung vor. (Vortr. im G.=A. d. K. d. Abg. 1856/57 Prot.=Bd. II. S. 89, Stenglein Bd. II. S. 319.)

22) Auch Verläumdungen, deren sich Beamte in Amtsgeschäften schuldig machen, sind nach Art. 257 strafbar, wenn der Vorhalt nicht ein durch das Amtsgeschäft gerechtfertigter war. — Ebenso fallen Verläumdungen von Beamten unter Art. 257; unter Art. 127 nur dann, wenn sie, wie z. B. durch den Beweis der Wahrheit, nur als Ehrenkränkungen erscheinen. (Art. 260.) (Stenglein Bd. II. S. 320. 321.)

23) Gleichzeitige Verläumdung Mehrerer, sei es durch eine Collektivbezeichnung, sei es durch Bezeichnung der Einzelnen, begründet realen Zusammenfluß. (Stenglein Bd. II. S. 321.)

24) Die Oeffentlichkeit einer Verläumdung oder deren Begehung durch die Presse (auch anonym) wirkt nur auf die Strafzumessung ein. (Motive z. Entw. v. 1855 S. 104, Vortr. im G.=A. d. K. d. Abg. 1856/57 S. 378, Stenglein Bd. II. S. 321, Weis Bd. II. S. 101.)

25) Die vom Gesetze geforderte Absicht zieht nach sich, daß wenigstens eine dritte Person in der Lage gewesen sein muß, Kenntniß von der ausgesprochenen Verläumdung zu erhalten, wenn dies auch in Wirklichkeit nicht der Fall war. Ein lediglich dem Verläumdeten selbst gegenüber gemachter Vorhalt kann nur eine Ehrenkränkung begründen. (Stenglein Bd. II. S. 321. 322.)

26) „fälschlich beinzichtet“. Die behauptete That muß objektiv unwahr sein. Dies wird so lange angenommen, als nicht der Beweis der Wahrheit geführt wird. Vergl. Art. 259. (Stenglein Bd. II. S. 317. 318, Weis Bd. II. S. 102.)

27) Bei der Verläumdung bedarf es, wenn der Beschuldigte den Beweis der Wahrheit in der gesetzlich vorgeschriebenen Weise nicht geliefert hat, keiner besonderen Feststellung der Fälschlichkeit des gemachten Vorwurfs. (Erk. d. Cass.=H. v. 12. September 1868, Entsch. d. Cass.=H. Bd. II. S. 391, Z. f. Gerichtspr. Bd. VIII. S. 35.)

28) Eine fälschliche Beinzichtigung liegt nicht nur in einer vollständig erfundenen, oder ohne Untersuchung der Wahrheit, sei es absichtlich sei es leichtsinniger Weise wiedergegebenen unwahren Behauptung, sondern auch in der Entstellung einer wahren Thatsache, durch welche diese einen herabsetzenden Sinn für den Angegriffenen erhält. (Stenglein Bd. II. S. 317. 318.)

29) Verläumdung ist dadurch nicht ausgeschlossen, daß der Verläumder von der Wahrheit seiner Behauptung überzeugt ist. (Z. f. Gerichtspr. Bd. V. S. 231.)

30) Auch in der Behauptung unmöglicher Thatsachen, z. B. in den Vorwurf der Hexerei, kann Verläumdung liegen. (Stenglein Bd. II. S. 317. 318.)

31) Die That ist vollendet mit dem Aussprechen der fälschlichen Bezichtigung,

auch wenn der Erfolg einer Herabsetzung in der Achtung der Mitbürger nicht eintritt; Versuch daher nicht denkbar. (Stenglein Bd. II. S. 322. 323. 324.)

32) Durch die Presse verübte Verläumdungen sind am Orte der Veröffentlichung begangen. Durch die Post oder durch andere Mittel beförderte schriftliche Verläumdungen werden mit der Uebergabe an die Post oder die Mittelsperson vollendet. (Stenglein Bd. II. S. 323, Erk. d. Cass.=H. v. 16. Dezember 1864, Z. f. Gerichtspr. Bd IV. S. 136, Z. f. G. u. R. Bd. XI. S. 482.)

33) Das Ueberbringen oder Unterschreiben eines verläumderischen Schriftstückes ohne Kenntniß und Billigung des Inhalts enthält keine Verläumdung, wohl aber der Wiederabdruck einer verläumderischen Behauptung in einem Preßerzeugnisse. (Stenglein Bd. II. S. 323.)

34) Wenn in einem Schriftstücke eine Verläumdung gegen eine und eine Ehrenkränkung gegen eine andere Person enthalten und ersteres Reat bereits bestraft ist, kompetirt auch die Ehrenkränkung vor das Vergehensforum. (Erk. d. Cass.=H. v. 30. April 1870, Z. f. Gerichtspr. Bd. IX. S. 314, Entsch. d. Cass.=H. Bd. IV. S. 168.)

Art. 258.

Der Verläumder wird, wenn er die Falschheit der Bezichtigung gekannt hat, mit Gefängniß von zwei Monaten bis zu drei Jahren, womit Geldstrafe bis zu sechshundert Gulden und der gänzliche oder theilweise Verlust der im Art. 28 bezeichneten Rechte verbunden werden kann, — andernfalls mit Gefängniß bis zu neun Monaten oder an Geld bis zu dreihundert Gulden bestraft.

In dem ersteren Falle kann der Verurtheilte im Straferkenntnisse zugleich für unfähig erklärt werden, einen Eid oder ein Handgelöbniß an Eidesstatt vor einer öffentlichen Behörde in einer Strafsache abzulegen.

1) „Wenn er die Falschheit der Bezichtigung gekannt hat“. Hiezu reicht nicht das Bewußtsein aus, die Wahrheit der behaupteten Thatsachen nicht beweisen zu können, sondern es ist das Bewußtsein der Unwahrheit erforderlich. (Prot. d. G.=A. d. K. d. Abg. 1856/57 Bd. II. S. 88, Stenglein Bd. II. S. 324, Weis Bd. II. S. 103.)

2) Zu Absatz 2. Die Verhängung der Straffolge ist dem Richter fakultativ eingeräumt und enthält die Unfähigkeit zur Aussage auf Eid oder Handgelöbniß in einer Strafsache auch die zur Aussage in Disciplinarsachen. (Motive z. Entw. v. 1855 S. 104, Prot. d. G.=A. d. K. d. Abg. 1860/61 S. 66. 93, Vortr. S. 191, Prot. d. G.=A. d. K. d. R.=R. S. 254, Stenglein Bd. II. S. 324.)

3) Eine Person, welche wegen Verläumdung bestraft aber nicht eidesunfähig erklärt wurde, ist deshalb allein in einer Strafsache nicht unbeeidet zu vernehmen. (Erk. d. Cass.=H. v. 16. Okt. 1868, Z. f. Gerichtspr. Bd. VIII. S. 67, Entsch. d. Cass.=H. Bd. II. S. 431.)

Art. 259.

Als fälschlich gilt jede Bezichtigung oder Nachrede, deren Wahrheit nicht in einer nach den Bestimmungen des Gesetzbuches über das Strafverfahren zulässigen Art nachgewiesen werden kann.

Unzulässig ist der Beweis der Wahrheit, wenn die dem Andern beigemessene Handlung mit Strafe bedroht und eine Freisprechung desselben erfolgt ist.

1) Zu Absatz 1. Vergl. Art. 53—57 des Einführungsgesetzes zum Str.=G.=B. und Pol.=Str.=G.=B. v. 10. Nov. 1861, ferner Note 26—28 zu Art. 257 S. 379.

Bei Verläumdung durch Erzählung eines Gerüchts ist der Beweis der Wahrheit nicht über die Existenz des Gerüchts, sondern über die von diesem behaupteten Thatsachen zu führen. (Z. f. Gerichtspr. Bd. II. S. 275.)

2) Wenn ein der Verläumdung Beschuldigter durch Ableugnen der Nachrede in der Voruntersuchung den Beweis der Wahrheit versäumt hat und ihm ein Termin hiezu nicht vorgesteckt worden war, kann er diesen Beweis nicht mehr in

der öffentlichen Sitzung führen. (Erk. d. Cass.-H. v. 5. Mai 1866, Z. f. Gerichtspr. Bd. VI. S. 147, Z. f. G. u. R. Bd. XIII. S. 296.)

3) Zu Absatz 2. Auch ehe ein freisprechendes Urtheil die Rechtskraft beschritten hat, schließt es wenigstens provisorisch den Beweis der Wahrheit aus. (Prot. d. G.-A. d. K. d. Abg. 1856/57 Bd. II. S. 89. 90, Weis Bd. II. S. 103.)

4) Der Freisprechung steht weder die Zurückweisung einer Denunziation noch die Einstellung des Verfahrens gleich. (Stenglein Bd. II. S. 318, Weis Bd. II. S. 103.)

Art. 260.

Wenn zwar der im Art. 259 bezeichnete Wahrheitsbeweis geliefert ist, aber aus der Form der Bezichtigung oder aus den Umständen, unter welchen sie geschah, hervorgeht, daß dieselbe in der Absicht, zu beleidigen, gemacht worden sei, so kommen, wenn die Bezichtigung gegen eine der in den Art. 127 und 161 genannten Personen unter den daselbst bezeichneten Voraussetzungen gerichtet war, die Strafbestimmungen über Amtsehrenbeleidigung, andernfalls die Strafbestimmungen über Ehrenkränkung zur Anwendung.

1) Vergl. Note 22 zu Art. 257 S. 358.

„Aus der Form der Bezichtigung", z. B. durch Schimpfworte. (Vortr. im G.-A. d. K. d. Abg. 1856/57 S. 376.)

2) „aus den Umständen", z. B. durch den durch Nichts veranlaßten Vorwurf einer begangenen und bestraften strafbaren Handlung oder durch die Wahl von Ort, Zeit oder Mittel des Vorwurfs, welche die beleidigende Absicht offenbaren. (Vortr. a. a. O., Weis Bd. II. S. 103.)

3) Die Nachrede einer strafbaren Handlung ohne Absicht zu beleidigen ist keine Ehrenkränkung. (Erk. d. Cass.-H. v. 24. Juli 1863, Z. f. G. u. R. Bd. X. S. 801, Z. f. Gerichtspr. Bd. III. S. 17.)

4) Das Verfahren wegen einer im Vorwurfe einer strafbaren Handlung bestehenden Ehrenkränkung ist zum Zwecke der Führung des Wahrheitsbeweises nicht auszusetzen. Geschieht dies doch, so läuft die Verjährung der Ehrenkränkung fort. (Erk. d. Cass.-H. v. 27. August 1864, Z. f. G. u. R. Bd. XI. S. 307, Z. f. Gerichtspr. Bd. III. S. 368.)

Art. 261.

Ehrenkränkung.

Wer einem Andern in der Absicht, die Ehre desselben zu kränken, mit überlegtem Entschlusse öffentlich in Anwesenheit Mehrerer eine Thätlichkeit zufügt, soll mit Gefängniß bis zu sechs Monaten oder an Geld bis zu dreihundert Gulden bestraft werden.

1) „Wer einem Anderm". Der Beleidigte kann auch Staatsbeamter oder öffentlicher Diener sein, welchem in Bezug auf seinen Dienst eine Ehrenkränkung zugefügt wird, wenn die Bestimmungen über Amtsehrenbeleidigung nicht Platz greifen. (Prot. d. G.-A. d. K. d. Abg. 1856/57 Bd. II. S. 91, Stenglein Bd. II. S. 326, Weis Bd. II. S. 106.)

2) Auch zwischen Eheleuten können Ehrenkränkungen vorfallen. (Stenglein Bd. II. S. 326.)

3) An Ehrlosen, d. h. solchen, welche aller oder einzelner Ehrenrechte verlustig erklärt sind, kann Ehrenkränkung verübt werden. (Stenglein Bd. II. S. 326.)

4) „in der Absicht, die Ehre desselben zu kränken. Diese Absicht kann weder unbedingt angenommen werden bei einem objektiv ehrenkränkenden Charakter der That, welche vorsätzlich verübt wird; noch ist der positive Wille des Thäters, die Ehre des Andern zu kränken, erforderlich, sondern es fragt sich, ob bei einer objektiv ehrenkränkenden Handlung, welche von einem Zurechnungsfähigen mit Vorsatz verübt wurde, Umstände vorliegen, welche die ehrenkränkende Absicht (animus injuriandi) ausschließen, oder nicht. (Vortr. im G.-A. d. K. d.

Abg. 1856/57 S. 383, Prot.=Bd. S. 87, Stenglein Bd. II. S. 328, 329, Weis Bd. II. S. 105.)

5) Eine Verwahrung, nicht beleidigen zu wollen, schließt die Absicht der Ehrenkränkung nicht aus. (Stenglein Bd. II. S. 329, Weis Bd. II. S. 105.)

6) Eine berechtigte und nicht im Uebermaß zugefügte Züchtigung schließt den Begriff der Ehrenkränkung aus, z. B. wurde ein Verwalter freigesprochen, welcher einem Knaben, der einen Zaun beschädigt hatte, eine Ohrfeige gab. (Stenglein Bd. II. S. 329, Z. f. Gerichtspr. Bd. II. S. 327.)

7) In der Absicht des Thäters liegt der Unterschied zwischen Realinjurie und Mißhandlung. Erstere erfordert die Absicht, Mißachtung zu bezeigen, letztere die Absicht ein Schmerzgefühl zu erregen. Doch können beide Richtungen der Absicht konkurriren oder mit der Absicht zu beleidigen andere Zwecke verbunden sein, z. B. bei unsittlichen Betastungen einer Frauensperson. (Vortr. im G.=A. d. K. d. Abg. 1856/57 S. 383, Prot. 1860/61 S. 66, Stenglein Bd. II. S. 327, Weis Bd. II. S. 63. 64. 106.)

S. Note 12 zu Art. 234 S. 332.

8) „mit überlegtem Entschlusse" s. Note 7—9 zu Art. 228. 229. S. 326.

„öffentlich in Anwesenheit Mehrerer" s. Note 1. 2 zu Art. 57 S. 63. 64. — Note 1 zu Art. 118 S. 189. — Note 5. 6 zu Art. 119. S. 190. 191. — Note 23—28 zu Art. 126 S. 197. 198.

9) Die im Geschäftszimmer eines Anwalts oder in einem Amtszimmer verübte Ehrenkränkung ist öffentlich verübt. (Z. f. Gerichtspr. Bd. I. S. 29. 78, Stenglein Bd. II. S. 331.)

10) „eine Thätlichkeit zufügt". Eine Ehrenkränkung, welche einer Person mittelbar durch Thätlichkeit gegen ein Familienglied zugefügt wurde, kann nie als Vergehen beurtheilt werden. (Erk. d. Cass.=H. v. 25. Sept. 1863, Z. f. G. u. R. Bd. X. S. 856, Z. f. Gerichtspr. Bd. II. S. 398.)

11) Auf Ehrenkränkungen finden civilrechtliche Bestimmungen keine Anwendung mehr. (Erört. in Z. f. Gerichtspr. Bd. II. S. 161, Erk. d. Cass.=H. v. 31. März 1865, Z. f. Gerichtspr. Bd. IV. S. 227, Z. f. G. u. R. Bd. XII. S. 132.)

Art. 262.

Wer außer den Fällen, welche als Verbrechen oder Vergehen strafbar sind, einem Andern eine Ehrenkränkung zufügt, soll mit Arrest oder an Geld bis zu hundert und fünfzig Gulden bestraft werden.

In schwereren Fällen können Arrest= und Geldstrafe verbunden werden.

1) „Wer außer den Fällen, welche als Verbrechen oder Vergehen strafbar sind". Dies sind Majestätsbeleidigung, Amtsehrenbeleidigung und die öffentliche Realinjurie gemäß Art. 261, Prot. d. G.=A. d. K. d. R.=R. 1860/61 S. 256.)

2) „einem Andern s. Note 1—3 zu Art. 261 S. 361.

Zur Strafbarkeit einer Ehrenkränkung ist nicht erforderlich, daß die gekränkte Person ausdrücklich mit Namen genannt werde, es genügt, wenn sie sonstwie kenntlich gemacht ist. (Stenglein Bd. II. S. 317.)

3) „eine Ehrenkränkung zufügt". Dies ist der Ausdruck eines Mangels an Achtung, auf welche Jedermann einen natürlichen Anspruch hat, während bei Verläumdung dieser Mangel an Achtung bei Andern zu erregen gesucht wird. (Stenglein Bd. II. S. 326.)

4) Ehrenkränkungen können mündlich wie schriftlich oder durch die Presse oder durch bildliche Darstellungen, auch durch Zeigen (symbolische Injurien), und durch Thätlichkeiten verübt werden; nicht nur durch Behauptung von Thatsachen, sondern auch durch Urtheile, durch beschimpfende Worte oder Zeichen. Ebensowenig begründet der überlegte oder unüberlegte Entschluß bei der Verübung, abgesehen von Art. 261, einen anderen Unterschied als bezüglich der Strafzu=

messung. Auch durch ostensible Unterlassung herkömmlicher Höflichkeitsformen kann Ehrenkränkung verübt werden. (Stenglein Bd. II. S. 326. 327. 330, Weis Bd. II. S. 105.) S. auch Note 7. 11 zu Art. 261 S. 362.

5) Es begründet keinen prinzipiellen Unterschied, ob die Ehrenkränkung dem Beleidigten persönlich zugefügt wurde oder in seiner Abwesenheit. (Stenglein Bd. II. S. 329, Z. f. Gerichtspr. Bd. IV. S. 334.)

6) Unter Art. 262 fallen alle Verbalinjurien, alle symbolischen, sowie diejenigen Realinjurien, welche entweder nicht öffentlich, oder nicht in Anwesenheit Mehrerer, oder ohne überlegten Entschluß verübt wurden. (Stenglein Bd. II. S. 330. 331.)

7) Auch mittelbar durch Beschimpfung von Familiengliedern begangene Injurien sind strafbar. (Erk. d. Cass.-H. vom 19. Dezember 1862, Z. f. Gerichtspr. Bd. II. S. 103, Erk. d. Cass.-H. v. 4. Dezember 1863, Z. f. G. u. R. Bd. X. S. 1025, Z. f. Gerichtspr. Bd. III. S. 51. Dagegen Erört. Z. f. Gerichtspr. Bd. II. S. 161 und beschränkt Stenglein Bd. II. S. 332.) Ob durch Beschimpfung einer Frau auch deren Mann mittelbar beleidigt sei, ist lediglich nach der festgestellten Absicht des Beleidigers zu bemessen. (Erk. d. Cass.-H. v. 31. März 1865, Z. f. G. u. R. Bd. XII. S. 132, Z. f. Gerichtspr. Bd. IV. S. 227.) Vergl. Note 10 zu Art. 261 S. 362.

8) Durch Mißtrauensäußerung bei einer öffentlichen Wahl wird keine Ehrenkränkung begangen. (Z. f. Gerichtspr. Bd I. S. 184.)

9) Durch unveranlaßte Anrede mit „Du" wird Ehrenkränkung nur dann begangen, wenn die Absicht zu beleidigen irgendwie hervortritt. (Z. f. Gerichtspr. Bd. II. S. 15.)

10) Der Ausdruck „lügenhaft" enthält nicht unbedingt der Form nach eine Beleidigung. (Z. f. Gerichtspr. Bd. III. S. 117.) Der Vorwurf, ein Lügner zu sein, enthält der Form nach eine Beleidigung. (Z. f. Gerichtspr. Bd. IV. S. 350.)

11) Der Ausdruck „unverschämt" ist nicht unter allen Umständen eine Ehrenkränkung. (Z. f. Gerichtspr. Bd. V. S. 116. Bd. IX. S. 59.)

12) Nichtabnahme der Kopfbedeckung im Zimmer eines Andern kann Ehrenkränkung sein. (Z. f. Gerichtspr. Bd. V. S. 247.)

13) Der Vorhalt eines Diebstahls gegen den Besitzer einer entwendeten Sache oder auch nur gegen den vermeintlichen Besitzer, ist keine Ehrenkränkung. (Z. f. Gerichtspr. Bd. III. S. 164.)

14) Dem zur Rüge oder zur Ermahnung Berechtigten fällt selbst dann keine Ehrenkränkung zur Last, wenn er bei der Rüge oder Ermahnung ein unpassendes Mittel wählte, wie bei Vorwurf einer sittenwidrigen Handlung durch einen Pfarrer. (Erk. d. Cass.-H. v. 28. Juni 1864, Z. f. Gerichtspr. Bd. III. S. 284, Z. f. G. u. R. Bd. XI. S. 191.)

15) Nicht nur in einem Angriffe auf die moralische Würdigkeit, sondern auch in dem Vorwurfe geistiger, zur Erfüllung der Berufspflichten unfähig machenden Beschränktheit, begangen in beleidigender Absicht, liegt eine Ehrenkränkung. (Erk. d. Cass.-H. v. 22. Sept. 1866, Z. f. Gerichtspr. Bd. VI. S. 90.)

16) Auch die in einem öffentlichen Blatte erfolgende Verbreitung eines ehrenrührigen Gerüchtes, welches über eine Person in Umlauf sein soll, ist bei Feststellung der beleidigenden Absicht als Ehrenkränkung strafbar. (Erk. d. Cass.-H. v. 6. Aug. 1866, Z. f. G. u. R. Bd. XIII. S. 487.)

17) Der Vorwurf des Prellens, von Seite eines Anwalts dem Gegner seines Clienten in einem Civilprozesse gemacht, begründet eine Ehrenkränkung. (Z. f. Gerichtspr. Bd. VII. S. 189.)

18) Objektiv verläumderische Vorwürfe in einer an die höchsten Stellen gerichteten Beschwerdeschrift können nicht als Verläumdung, wohl aber in der Regel als Ehrenkränkung aufgefaßt werden. (Z. f. Gerichtspr. Bd. VIII. S. 141.)

19) In der bedingten Drohung, einen haussuchenden Gemeindevorsteher die Stiege hinabzuwerfen, wurde keine Ehrenkränkung gefunden. (S. dagegen Anmerkung. (Z. f. Gerichtspr. Bd. VIII. S. 140.)

20) Die in einer Beschwerdeschrift enthaltene Bezeichnung eines Richterbeamten als „Krone der Parteilichkeit", enthält keine Verläumdung, wohl aber eine von Amtswegen zu verfolgende Ehrenkränkung. (Erk. d. A.-G. der Oberpfalz v. 8. August 1868, Z. f. Gerichtspr. Bd. VIII. S. 407.)

21) Eine bedingt ausgesprochene Ehrenkränkung verliert den Charakter als solche nicht nothwendig dadurch, daß die Bedingung nicht eingetreten ist. (Erk. d. Cass.-H. v. 13. Juni 1870, Z. f. Gerichtspr. Bd. IX. S. 364, Entsch. d. Cass.-H. Bd. IV. S. 241.)

22) Briefliche Amtsehrenbeleidigung ist nach Art. 262 strafbar. S. hierüber Note 31 zu Art. 126 S. 198.

23) Eine rohe und unfläthige Aeußerung, welche in der Absicht einen Andern zu beleidigen gebraucht wurde, erschöpft den Begriff einer Ehrenkränkung, ohne daß es darauf ankommt, ob der Angegriffene hiedurch wirklich in der Achtung seiner Mitbürger eingebüßt hat. (Erk. d. Cass.-H. v. 4. August 1865, Z. f. G. u. R. Bd. XII. S. 374.) Ebenso eine grobe Aeußerung, welche Jemand gegen einen Anderen in der Absicht macht, demselben seine Mißachtung auszudrücken. (Erk. d. Cass.-H. v. 19. Juli 1868, Entsch. d. Cass.-H. Bd. II. S. 279.)

24) Ehrenkränkungen sind vollendet mit dem Aussprechen der beleidigenden Worte; mit dem Gebrauche des Zeichens, in welchem eine symbolische Injurie liegt; mit Verübung der Thätlichkeit, selbst wenn sie ihr Ziel verfehlt. (Stenglein Bd. II. S. 330.) Ueber Vollendung schriftlicher Ehrenkränkungen s. Note 32 zu Art. 257 S. 360.

Absicht zu beleidigen.

25) Auch die nicht unter Art. 261 fallenden Ehrenkränkungen sind nur dann strafbar, wenn sie in der Absicht verübt werden, die Ehre des Andern zu kränken. (Stenglein Bd. II. S. 327.) S. Note 4—7 zu Art. 261 S. 361.

26) Fälle, in denen in der Regel keine Absicht zu beleidigen angenommen werden kann, sind die einer berechtigten Kritik bei einer gerichtlichen Verhandlung; der Rüge eines Geistlichen gegen ein Gemeindeglied oder bei besonders vertraulichen Mittheilungen. (Stenglein Bd. II. S. 328. 329.)

27) Eine objektiv beleidigende und mit diesem Bewußtsein ausgesprochene Aeußerung involvirt ohne weiteren Nachweis die Absicht zu beleidigen. (Z. f. Gerichtspr. Bd. II. S. 212.)

28) Die Nachrede einer strafbaren Handlung, ohne Absicht zu beleidigen, ist keine Ehrenkränkung. (Erk. d. Cass.-H. v. 24. Juli 1863, Z. f. Gerichtspr. Bd. III. S. 17, Z. f. G. u. R. Bd. X. S. 801.)

29) Ehrenkränkung ist nicht ausgeschlossen, wenn ehrenkränkende Aeußerungen auch nicht lediglich in der Absicht zu beleidigen gebraucht wurden. (Erk. d. Cass.-H. v. 20. März 1865, Z. f. Gerichtspr. Bd. IV. S. 273, Z. f. G. u. R. Bd. XII. S. 106.)

30) Die zur Strafbarkeit gesetzlich erforderliche Absicht zu beleidigen geht in der Regel aus der Beschaffenheit der injuriösen Handlung hervor und erfordert keiner besonderen Beweisführung des Klägers. (Z. f. Gerichtspr. Bd. IV. S. 334.)

31) Die Absicht, Jemanden mittels einer Aeußerung der Mißachtung eine Grobheit anzuthun, ist gleichbedeutend mit der Absicht zu beleidigen. (Erk. d. Cass.-H. v. 10. Februar 1866, Z. f. Gerichtspr. Bd. V. S. 192, Z. f. G. u. R. Bd. XIII. S. 53.)

32) Ob bei einer beleidigenden Aeußerung die Absicht zu beleidigen vorliege, gehört zur Thatfrage. Die Feststellung, der einer objektiv beleidigenden Aeußerung Schuldige habe aus Rachsucht oder Haß gehandelt, steht mit der Annahme, die Absicht zu beleidigen habe gemangelt, nicht in absolutem Widerspruch. (Erk. d. Cass.-H. v. 17. Juli 1865, Z. f. Gerichtspr. Bd. IV. S. 343, Weis Bd. II. S. 150).

33) Beschimpfende Aeußerungen können nur dann als Ehrenkränkungen bestraft werden, wenn die Absicht zu beleidigen festgestellt ist. Dies kann nur im Urtheile geschehen. (Erk. d. Cass.-H. v. 7. August 1866, Z. f. Gerichtspr. Bd. VI. S. 209, Z. f. G. u. R. Bd. XIII. S. 488.)

34) Wenn ein Ehemann wegen Beleidigung seiner Ehefrau klagt, ohne als deren Vertreter aufzutreten, so ist es Vorbedingung einer Verurtheilung des Beklagten, daß dieser die Absicht hatte, die Ehre des Klägers zu kränken. (Erk. d. Cass.-H. v. 16. März 1867, Z. f. Gerichtspr. Bd. VI. S. 265, Entsch. d. Cass.-H. Bd. I. S. 118.)

35) Es bedarf bei Bestrafung eines Theilnehmers an einer Ehrenkränkung nicht der Feststellung, daß derselbe die Absicht gehabt habe, den Beleidigten an seiner Ehre zu kränken. (Erk. d. Cass.-H. v. 21. Dezember 1867, Z. f. Gerichtspr. Bd. VII. S. 169, Entsch. d. Cass.-H. Bd. I. S. 484.)

Haftbarkeit für Ehrenkränkungen.

36) Für die in einer vom Anwalte allein unterschriebenen Prozeßschrift vorkommenden Ehrenkränkungen ist dessen Client nur dann haftbar, wenn er als Theilnehmer im strafrechtlichen Sinne erscheint. (Erk. d. Cass.-H. v. 10. Juli 1865, Z. f. Gerichtspr. Bd. V. S. 36, Z. f. G. u. R. Bd. XII. S. 334.)

37) Gemeindeverwaltungs-Mitglieder können in dienstlichen Schreiben Namens der Gemeindeverwaltung strafbare Ehrenkränkungen begehen. (Erk. d. Cass.-H. v. 15. Februar 1867, Z. f. Gerichtspr. Bd. VI. S. 241.)

38) Der Redakteur eines Blattes ist in der Regel als Theilnehmer der in seinem Blatte verübten Ehrenkränkungen haftbar. (Z. f. Gerichtspr. Bd. V. S. 279.)

39) Die Unterzeichnung der Pflichtexemplare einer Zeitung durch einen Stellvertreter des Redakteurs enthebt letzteren nicht der strafrechtlichen Verantwortlichkeit für das Blatt. (Erk. d. Cass.-H. v. 26. Sept. 1868, Z. f. Gerichtspr. Bd. VIII. S. 38, Entsch. d. Cass.-H. Bd. II. S. 400.)

40) Der Unterzeichner eines eine Ehrenkränkung enthaltenden Briefes, welchem der Inhalt desselben unbekannt geblieben ist, kann nicht bestraft werden. (Erk. d. Cass.-H. v. 7. Dezbr. 1868, Z. f. Gerichtspr. Bd. VIII. S. 147.)

41) Die Aufstellung in einem Urtheile, es habe Jemand sich durch Vorlesen eines für einen Andern beleidigenden Zeitungsartikels den Inhalt desselben zu eigen gemacht und die Ehre des Andern gekränkt, ist eine thatsächliche und enthält keinen Rechtsirrthum. (Erk. d. Cass.-H. v. 1. Oktober 1869, Z. f. Gerichtspr. Bd. IX. S. 7.)

42) Wenn gegen den Redakteur einer Zeitung, in welcher ein die Ehre einer andern Person kränkendes Inserat erschienen war, festgestellt ist, daß er das Inserat nur aufnahm um dem Beleidigten das Beweismittel zu sichern, so kann er einer Ehrenkränkung nicht schuldig befunden werden. (Erk. d. Cass.-H. v. 11. Oktober 1869, Z. f. Gerichtspr. Bd. IX. S. 49, Entsch. d. Cass.-H. Bd. III. S. 350.)

43) Die Bestimmungen über **Verjährung** finden auch auf Ehrenkränkungen Anwendung, s. Note 9 zu Art. 92 S. 151, s. auch Note 17 zu Art. 95 S. 155 und Note 11. 13. 25 zu Art. 96 S. 157. 158.

44) Eine verjährte Ehrenkränkung ist straffrei, gleichviel ob und wann der Beleidigte in der Lage war, Klage zu stellen. (Erk. d. Cass.-H. v. 7. Dezbr. 1868, Z. f. Gerichtspr. Bd. VIII. S. 137.)

45) Der Beweis der Wahrheit hat gegen Ehrenkränkungen keine Wirkung. (Stenglein Bd. II. S. 327.)

46) Die Freisprechung von der Anschuldigung wegen eines vor einer Behörde zur Begründung eines Anspruches geäußerten ehrenrührigen Vorwurfes steht der Verurtheilung wegen außeramtlicher Wiederholung der gleichen Aeußerung nicht entgegen. (Erk. d. Cass.-H. v. 13. Juli 1866, Z. f. G. u. R. Bd. XIII. S. 444, Z. f. Gerichtspr. Bd. VI. S. 4.)

47) Die Erlassung eines Schuldausspruchs wegen Ehrenkränkung ohne Verhängung einer Strafe kann von der klagenden Partei mit der Nichtigkeitsbeschwerde angefochten werden. Wenn ausdrücklich nur ein bestimmt bezeichneter Vorgang Gegenstand der Klage sowie der erstrichterlichen Aburtheilung wegen Ehrenkränkung gewesen ist, kann eine Verurtheilung II. Instanz nicht auf eine bei einem andern Anlasse vorgefallene gleichartige Injurie erstreckt werden. (Erk. d. Cass.-H. v. 8. März 1867, Entsch. d. Cass.-H. Bd. I. S. 91, Z. f. Gerichtspr. Bd. VI. S. 275.)

48) An Personenganzen kann Ehrenkränkung verübt werden. (Erört. in Z. f. Gerichtspr. Bd. VII. S. 81.) Ueber die Legitimation zur Klage hiebei und bei Beleidigung Mehrerer durch eine Collektiväußerung, dann bei fortgesetzter Ehrenkränkung, s. ebendas. S. 225. 241. 257. 353. (Stenglein Bd. II. S. 321. 330.), ferner Note 15 zu Art. 88 S. 134.

49) Ueber die Derogation civilrechtlicher Bestimmungen über Ehrenkränkungen s. Note 11 zu Art. 261 S. 362.

Art. 263.

Sind gegenseitige Ehrenkränkungen (Art. 261 und 262) vorgefallen, so können dieselben ganz oder theilweise für gegenseitig aufgehoben erklärt und kann in Bezug auf beide Betheiligte oder auf einen derselben ein Strafausspruch unterlassen werden.

Hiedurch wird jedoch die Verurtheilung eines oder beider Theile in die veranlaßten Kosten nicht ausgeschlossen.

1) „Sind gegenseitige Ehrenkränkungen (Art. 261. 262.) vorgefallen. Dies setzt nicht voraus, daß die Beleidigungen unmittelbar erwidert worden waren, sondern auch das in verschiedenen Zeiten entstandene gegenseitige Verschulden kann als sich aufhebend erklärt werden. Das Gesetz setzt Compensation nicht Retorsion der Beleidigungen voraus. (Stenglein Bd. II. S. 329, Weis Bd. II. S. 107, Z. f. Gerichtspr. Bd. II. S. 48.)

2) Es ist nicht erforderlich, daß die gegenseitig verübten Ehrenkränkungen der Art ihrer Verübung nach gleiche sind und können selbst leichte Real- und Verbalinjurien compensirt werden; ebenso auch Injurien durch die Presse und andere. Stenglein Bd. II. S. 329. 330, Weis Bd. II. S. 107, Z. f. Gerichtspr. Bd. I. S. 263.)

3) Das Hervorrufen von Ehrenkränkungen durch ungeeignetes Benehmen, in dem aber eine Ehrenkränkung nicht liegt, rechtfertigt keine Compensation, sondern ist nur bei der Strafzumessung zu berücksichtigen. (Weis Bd. II. S. 106.)

4) Ehrenkränkungen, welche weder unter die Strafbestimmungen des Art. 261, noch unter die des Art. 262 fallen, wie Amtsehrenbeleidigungen, können weder unter sich noch mit andern Ehrenkränkungen compensirt werden. (Stenglein Bd. II. S. 330, Weis Bd. II. S. 107.)

5) Eine Ehrenkränkung, welche die Berufshandlung einer obrigkeitlichen Person zum Gegenstande hat, kann mit einer von derselben der beleidigenden Privatperson zugefügten Ehrenkränkung nicht compensirt werden. (Erk. d. B.-G. Schweinfurt v. 22. Juli 1863, Z. f. Gerichtspr. Bd. II. S. 404; s. ferner Bd. IV. S. 298. 317, Erk. d. Cass.-H. v. 5. August 1865, Z. f. Gerichtspr. Bd. IV. S. 363, Z. f. G. u. R. Bd. XII. S. 380.)

6) Mittelbare und unmittelbare Ehrenkränkungen können compensirt werden. (Erk. d. Cass.-H. v. 4. Dezbr. 1863, 31. März und 20. Mai 1865, Z. f. Gerichtspr. Bd. III. S. 51, Bd. IV. S. 227, Z. f. G. u. R. Bd. X. S. 1025, Bd. XII. S. 132. 241.)

7) Dem gesetzlichen Vertreter einer beleidigten Person steht die Compensations-Einrede ebenso entgegen, als dem unmittelbar Beleidigten. Auch Gegenbeleidigungen solcher Personen, welche das Alter strafrechtlicher Zurechnung nicht erreicht haben, eignen sich zur Compensation. (Z. f. Gerichtspr. Bd. III. S. 36.)

8) Compensation von Ehrenkränkungen ist durch Connexität derselben nicht

bedingt. (Erk. d. Cass.=H. v. 20. März 1865, Z. f. Gerichtspr. Bd. IV. S. 274, Z. f. G. u. R. Bd. XII. S. 108), s. auch Note 3 zu Art. 90 S. 144.

9) Zur Compensation von Ehrenkränkungen, welche mittels Widerklage geltend gemacht werden, können auch solche Ehrenkränkungen benützt werden, welche der Widerkläger dem Widerbeklagten vor Anstellung der Klage zugefügt hat und welche zur Zeit der Klagestellung noch nicht verjährt waren. (Erk. d. Cass.=H. v. 26. Septbr. 1868, Z. f. Gerichtspr. Bd. VIII. S. 38, Entsch. d. Cass.=H. Bd. II. S. 400.)

10) Eine zur Zeit der Verübung der eingeklagten Injurie bereits verjährte Ehrenkränkung kann nicht zur Compensation mit der nicht verjährten benützt werden. (Erk. d. Cass.=H. v. 21. Januar und 13. Juni 1870, Z. f. Gerichtspr. Bd. IX. S. 166. 364, Entsch. d. Cass.=H. Bd. IV. S. 26. 241. S. dagegen Erk. d. Cass.=H. v. 26. August 1867, Entsch. d. Cass.=H. Bd. I. S. 363, Z. f. Gerichtspr. Bd. VII. S. 59, welches dem Zeitablauf keinen Einfluß auf die Compensation einräumen will.)

11) Die Compensation von Ehrenkränkungen ist dadurch nicht ausgeschlossen, daß vorgefallene Realinjurien bereits als Mißhandlungen bestraft sind. [Erk. d. Cass.=H. v. 23. April 1870, Z. f. Gerichtspr. Bd. IX. S. 308, Entsch. d. Cass.=H. Bd. IV. S. 156.)

12) Compensation gegenseitiger Ehrenkränkungen kann auch dann noch angenommen werden, wenn das Gericht in einer früheren Klagsache auf Compensation erkannt hatte und einer der Betheiligten neuerdings gegen den andern wegen einer später, jedoch vor dem ersten Urtheile begangenen Ehrenkränkung klagt. (Erk. d. Cass.=H. v. 21. Oktober 1870, Z. f. Gerichtspr. Bd. X. S. 21.)

13) Compensation gegenseitiger Ehrenkränkungen kann auch dann angenommen werden, wenn der Kläger wegen der von ihm begangenen Beleidigung bereits bestraft ist. (Z. f. Gerichtspr. Bd. X. S. 30.)

14) „so können dieselben ganz oder theilweise für gegenseitig aufgehoben erklärt“ Compensation einer Ehrenkränkung setzt einen darauf gerichteten Antrag voraus. (Z. f. Gerichtspr. Bd. I S. 372.) Dieser Antrag muß in I. Instanz gestellt werden. (Erört. in Z. f. Gerichtspr. Bd. II. S. 163.) Diese Anträge können auch successiv gestellt werden. (Stenglein Bd. II. S. 329. Compensation von Ehrenkränkungen setzt keinen darauf gerichteten Antrag des Betheiligten voraus. (Erk. d. Cass.=H. v. 4. Dezbr. 1863, Z. f. Gerichtspr. Bd. III. S. 51, Z. f. G. u. R. Bd. X. S. 1025.)

15) Gegenseitige bei demselben Vorfalle stattgehabte Ehrenkränkungen können auch dann, wenn von dem Beklagten die Einrede der Compensation nicht vorgeschützt wurde, für gegenseitig aufgehoben erklärt werden. (Erk. d. Cass.=H. v. 29. April 1870, Entsch. d. Cass.=H. Bd. IV. S. 156, Z. f. Gerichtspr. Bd. IX. S. 308.)

16) Compensationseinreden sind an die dreimonatliche Klagefrist nicht gebunden. (Erk. d. Cass.=H. v. 23. Januar und 1. Juli 1864, Z. f. Gerichtspr. Bd. III. S. 98, Z. f. G. u. R. Bd. XI. S. 8. 252), s. jedoch oben Note 9. 10; auch Note 76 zu Art. 88 S. 140.

17) Die Schwere der zugefügten Ehrenkränkungen ist für die Compensation nicht allein maßgebend. Auch die übrigen Umstände, welcher Theil den Vorfall veranlaßt hat, die Persönlichkeit der Parteien, der Ort des Vorfalls u. s. w. müssen berücksichtigt werden. (Weis Bd. II. S. 107.)

18) Eine Ehrenkränkuug eignet sich nur dann zur Compensation mit einer andern, wenn sie zur Zeit der erstinstanziellen Aburtheilung der den Klagegegenstand bildenden schon verübt worden war. (Erk. d. Cass.=H. v. 9. März 1865, Z. f. Gerichtspr. Bd. IV. S. 195, Z. f. G. u. R. Bd. XII. S. 88.)

19) Wenn in Folge gegenseitiger Ehrenkränkungen wegen Mangels an Beweis beide Theile in I. Instanz freigesprochen wurden und auch nur der eine Theil Berufung ergriffen hat, kann die II. Instanz dennoch die Ehrenkränkungen für gegenseitig aufgehoben erklären, und die Appellanten in die Kosten verur=

theilen. (Erk. d. Cass.=H. v. 15. Juni 1866, Z. f. Gerichtspr. Bd. V. S. 385, Z. f. G. u. R. Bd. XIII. S. 365.)

20) Gegenseitige Beleidigungen können compensirt werden, auch wenn sie in getrennten Klagen vor Gericht gebracht wurden. (Z. f. Gerichtspr. Bd. VI. S. 334.)

21) Compensation von Ehrenkränkungen ist zulässig, wenn auch der Beklagte die vom Kläger erlittene Ehrenkränkung nur vertheidigungsweise vorbrachte. Ein Schuldausspruch gegen die Parteien hat hiebei nicht zu erfolgen. (Erk. d. Cass.=H. v. 3. August 1867, Z. f. Gerichtspr. Bd. VII. S. 37.)

22) Eine Widerklage kann in Ehrenkränkungsverfahren auch noch im Plaidoyer wirksam gestellt und begründet werden. (Erk. d. Cass.=H. v. 26. Septbr. 1868, Entsch. d. Cass.=H. Bd. II. S. 400, Z. f. Gerichtspr. Bd. VIII. S. 38, Erk. v. 1. Februar 1869, Z. f. Gerichtspr. Bd. VIII S. 197, Entsch. d. Cass.=H. Bd. III. S. 26.)

23) Es liegt keine Verletzung des Gesetzes vor, wenn das Gericht II. Instanz in einer Ehrenkränkungssache gegenseitig sich aufhebende Ehrenkränkungen annimmt und zwar den gegen den Appellanten in I. Instanz erlassenen Strafausspruch aufhebt, im Uebrigen aber das Urtheil I. Instanz bestätigt und den Appellanten in die Kosten der Berufung verurtheilt. (Erk. d. Cass.=H. v. 20. November 1869, Z. f. Gerichtspr. Bd. IX. S. 103, Entsch. d. Cass.=H. Bd. III. S. 415.)

24) Die Annahme der Compensation in einer Ehrenkränkungssache schließt nicht die spätere Verfolgung einer bei derselben Gelegenheit verübten Ehrenkränkung gegen den Ehemann der zuerst Beklagten aus. (Erk. d. A.=G. v. Oberfranken v. 14. Januar 1870, Z. f. Gerichtspr. Bd. IX. S. 367.)

25) „und kann in Bezug auf beide Betheiligte oder auf einen derselben ein Strafausspruch unterlassen werden". Sind die gesetzlichen Voraussetzungen der Anwendbarkeit des Art. 263 gegeben, so hat der Richter freie Hand, welche Wirkung er denselben gestatten will. Er kann beide Theile strafen, beide Theile freisprechen, einen Theil strafen und den andern freisprechen. (Weis Bd. II. S. 107.)

26) Auf die nur von einem Theile ergriffene Berufung gegen erfolgte Compensation kann der Appellationsrichter nicht beide Theile strafen, sondern nur den Appellaten oder die Berufung verwerfen. (Stenglein Bd. II. S. 329.)

27) Bestrafung des einen Betheiligten wegen Ehrenkränkung macht eine Gegenbeleidigung, deren Strafbarkeit durch Retorsion getilgt ist, nicht wieder strafbar. (Z. f. Gerichtspr. Bd. I. S. 28.)

28) Der Beklagte in einer Ehrenkränkungssache kann Widerklage wegen einer vom Kläger erlittenen Ehrenkränkung erheben und können in diesem Falle beide Parteien bestraft und sämmtliche Kosten compensirt werden. (Erk. d. Cass.=H. v. 30. Sept. 1864 und 1. Febr. 1869, Z. f. Gerichtspr. Bd. IV. S. 20. Bd. VIII. S. 197, Z. f. G. u. R. Bd. XI. S. 369, Entsch. d. Cass.=H. Bd. III. S. 26.

29) Es ist keine Verletzung des Gesetzes, wenn eine als Compensationseinrede geltend gemachte Ehrenkränkung mit einer früheren vom Kläger erst in der II. Instanz geltend gemachten compensirt und die den Klagegegenstand bildende bestraft wird. (Erk. d. Cass.=H. v. 29. Dezbr. 1864, Z. f. Gerichtspr. Bd. IV. S. 107.)

30) Auf Nichtannahme der Compensation kann keine Nichtigkeitsbeschwerde wegen irriger Anwendung des Gesetzes gegründet werden. Erk. d Cass.=H. v. 30. Januar 1864, v. 3. August 1867 und 21. Januar 1870, Z. f. Gerichtspr. Bd. III. S. 107. Bd. VII. S. 37. Bd. IX. S. 166, Entsch. d. Cass.=H. Bd. IV. S. 26.)

31) Eine Ehrenkränkung kann auf Klage des unmittelbar Beleidigten nicht darum für straflos erachtet werden, weil in einer vorausgehenden Klagsache gegen dessen Sache dieselbe Aeußerung mit einer von diesem begangenen Ehrenkränkung compensirt wurde. (Erk. d. Cass.=H. v. 30. Dezember 1864 und Pl.=Erk v. 11. Mai 1865, Z. f. G. u. R. Bd. XI. S. 497. Bd. XII. S. 215, Z. f. Gerichtspr. Bd. IV. S. 118. 261.)

32) Zu Absatz 2. Auch in Bezug auf die Kosten ist dem richterlichen Ermessen freier Spielraum gestattet. Die Kosten können, wenn die Verhältnisse des Falles dies rechtfertigen, einem Theile allein oder beiden Theilen gemeinschaftlich zu gleichen oder ungleichen Antheilen zur Last gelegt werden, ohne Rücksicht darauf, ob gegen den Betreffenden auch eine Verurtheilung zu einer Strafe erfolgt oder nicht. (Weis Bd. II. S. 108.)

33) Compensation von Ehrenkränkungen zieht auch die der Kosten nach sich. (Z. f. Gerichtspr. Bd. II. S. 11.)

34) Auf Kostencompensation kann auch erkannt werden, wenn die Klage wegen Ehrenkränkung auf Grund der Compensation in II. Instanz auf Berufung des Beklagten abgewiesen wurde. (Erk. d. Cass.-H. v. 15. Mai 1863, Z. f. Gerichtspr. Bd. II. S. 268, Z. f. G. u. R. Bd. X. S. 473.)

35) Es können sämmtliche Kosten compensirt werden, auch wenn in I. Instanz die Compensationseinrede verworfen und in II. in der Hauptsache nur theilweise compensirt wurde. (Erk. d. Cass.-H. v. 5. Febr. 1865, Z. f. Gerichtspr. Bd. III. S. 108.)

36) Es begründet Nichtigkeit des Urtheils, wenn in einer Ehrenkränkungssache bei ausschließlicher Verurtheilung des Beklagten auf dessen Berufung die Kosten verglichen werden. (Erk. d. Cass.-H. v. 27. Juli 1867, Z. f. Gerichtspr. Bd. VII. S. 34, Entsch. d. Cass.-H. Bd. I. S. 332.)

37) Auf Vergleichung der Kosten kann nur dann erkannt werden, wenn entweder die Ehrenkränkungen compensirt oder die von beiden Parteien ergriffenen Rechtsmittel verworfen werden. (Erk. d. Cass.-H. v. 7. Januar 1868, Z. f. Gerichtspr. Bd. VII. S. 200, Entsch. d. Cass.-H. Bd. II. S. 20.)

38) Auf Berufung des wegen Ehrenkränkung verurtheilten Beklagten kann die II. Instanz bei gegenseitiger Aufhebung beiderseitiger Injurien den Kläger in die Kosten II. Instanz verurtheilen. (Erk. d. Cass.-H. v. 9. März 1866, Z. f. G. u. R. Bd. XIII. S. 120.)

S. zu Abs. 2 auch oben Note 24. 29.

Art. 264.

Gemeinschaftliche Bestimmungen.

Eine gerichtliche Verfolgung wegen Verläumdung oder Ehrenkränkung findet nur auf Antrag der angegriffenen Person oder ihres gesetzlichen Vertreters statt, ausgenommen wenn der Angriff eine Berufshandlung einer der in den Art. 127 und 161 bezeichneten Personen oder einer andern mit einer öffentlichen Funktion ständig oder vorübergehend betrauten Person, einer nicht im Offiziersrange stehenden Militärperson oder eines öffentlichen Dieners zum Gegenstande hatte oder an einer dieser Personen in deren Gegenwart und während ihrer Berufsausübung verübt wurde.

1) „Eine gerichtliche Verfolgung wegen Verläumdung oder Ehrenkränkung findet nur auf Antrag der angegriffenen Person oder ihres gesetzlichen Vertreters statt“, s. zu Art. 88 S. 133 fg. insbesondere auch Note 2. 4. 5. 15. 22. 25. 27. 28. 35. 46. 58—61. 71—77. 83. 85—88. 96, ferner Note 11 zu Art. 237 S. 339. Bei Verläumdung findet auf erfolgten Antrag das gewöhnliche Offizialverfahren, bei Ehrenkränkungen das in Art. 61—65 des Einf.-Gesetzes v. 10. November 1861 vorgezeichnete Privatanklageverfahren statt. (Stenglein Bd. II. S. 331, Weis Bd. II. S. 109.)

2) Der mittelbar Beleidigte kann den Strafantrag (die Klage) nicht stellen, wenn der unmittelbar Beleidigte dies zu thun nicht befugt oder eine Ehrenkränkung gegen denselben nicht gegeben ist. (Z. f. Gerichtspr. Bd. I. S. 148.)

3) Die Erklärung eines an seiner Ehre Gekränkten, eine Ehrenkränkung untersucht und vom Bezirksgericht abgeurtheilt wissen zu wollen, kann nicht als Antrag auf Strafverfolgung wegen Verläumdung aufgefaßt werden. (Erk. d. Cass.-H. v. 4. Dezember 1863, Z. f. Gerichtspr. Bd. III. S. 52, Z. f. G. u. R. Bd. X. S. 1023.)

4) Bei Stellung einer Klage wegen Ehrenkränkung ist die den Anwälten

zur Seite stehende Präsumtivvollmacht von Wirkung. (Z. f. Gerichtspr. Bd. II. S. 372.)

5) Es muß im Urtheile festgestellt werden, daß der für einen Minderjährigen Klagende dessen gesetzlicher Vertreter ist. (Erk. d. Cass.-H. v. 4. Sept. 1863, Z. f. Gerichtspr. Bd. II. S. 387, Z. f. G. u. R. Bd. X. S. 849.)

6) Wenn Eheleute gemeinschaftlich eine Ehrenkränkungsklage stellen, so kann nur dann die der Ehefrau zugefügte Ehrenkränkung auch in der Richtung gegen den Ehemann Beurtheilung finden, wenn von diesem ausdrücklich wegen mittelbarer Ehrenkränkung geklagt wurde. (Erk. d. Cass.-H. v. 22. März 1867, Z. f. Gerichtspr. Bd. VI. S. 293.)

7) Nach Völkerrecht vertreten die Gesandten erster Klasse auch die Person ihres Souverains und ist dieser der gesetzliche Vertreter seiner Familie, kann also durch den Gesandten wirksame Strafanträge wegen Beleidigung oder Verläumdung seiner Familienglieder stellen. (Z. f. Gerichtspr. Bd. VII. S. 235.)

8) Der Strafantrag wegen Privatehrenkränkung kann auch noch in der Berufungsinstanz wirksam gestellt werden. (Erk. d. Cass.-H. v. 7. Novbr. 1868, Z. f. Gerichtspr. Bd. VIII. S. 210, Entsch. d. Cass.-H. Bd. II. S. 456.)

9) Die von einem Gerichtsschreiber aufgenommene Vormerkung, welche lediglich die Bezeichnung des Klägers, des Beklagten, des Betreffs als Ehrenkränkung und der Thatzeugen enthält, genügt als Strafantrag. (Erk. d. Cass.-H. v. 12. Febr. 1864, Z. f. G. u. R. Bd. XI. S. 35, Z. f. Gerichtspr. Bd. III. S. 171.)

10) Bei Beleidigung durch die Presse ist das Gericht am Orte der Publikation zur Verfolgung zuständig und muß bei diesem auch der Antrag gestellt werden. (Erk. d. Cass.-H. v. 16. Mai 1862, d. k. A.-G. v. Oberpfalz v. 15. April 1862 und des B.-G. Weiden, Z. f. Gerichtspr. Bd. I. S. 178. 181. 182, Z. f. G. u. R. Bd. IX. S. 190.)

11) „ausgenommen, wenn der Angriff eine Berufshandlung einer der in den Art. 127 und 161 bezeichneten Personen", vergl. Note 2—14 zu Art. 127 S. 198 fg. und Note 2—8 zu Art. 161 S. 242 243.

Verfolgung von Amtswegen findet bei Amtsehrenbeleidigung statt, bei welcher die speziellen Vorbedingungen des Art. 127 nicht gegeben sind. (Stenglein Bd. II. S. 331, Weis Bd. II. S. 108. 109.) S. auch Note 31 zu Art. 126 S. 198 und Note 23 zu Art. 127 S. 201.

12) „oder einer andern mit einer öffentlichen Funktion ständig oder vorübergehend betrauten Person". Hieher gehören die Vorsteher von Landgemeinden, die Mitglieder eines Landrathes, die technischen Handels- und Wechselgerichtsassessoren, die mit einzelnen Commissionen betrauten Accessisten. (Prot. d. G.-A. d. K. d. R.-R. 1860/61 Bd. II. S. 137, Motive z. Entw. v. 1860/61 S. 58, Stenglein Bd. II. S. 331.)

13) Als solche mit öffentlichen Funktionen betraute Personen, deren Beleidigung oder Verläumdung in Bezug auf Berufshandlungen oder während ihrer Berufsausübung von Amtswegen zu verfolgen sind, wurden anerkannt:

a. ein einen Postomnibus dienstlich begleitender Postkondukteur. (Erk. d. Cass.-H. v. 1. Mai 1863, Z. f. Gerichtspr. Bd. II. S. 318, Z. f. G. u. R. Bd. X. S. 452, Weis Bd. II. S. 109.)

b. Geistliche, welche in der Seelsorge wegen einer gegen die Sittlichkeit verstoßenden Handlung eines Pfarrangehörigen Anzeige erstattet hatten. (Erk. d. Cass.-H. v. 5. Febr. 1864, Z. f. Gerichtspr. Bd. III. S. 109, Z. f. G. u. R. Bd. XI. S. 25.)

c. Schullehrer in Bezug auf ihre Thätigkeit als solche oder während derselben. (Z. f. Gerichtspr. Bd. III. S. 310. Bd. IV. S. 154, Erk. d. Cass.-H. v. 11. Juli 1868, Z. f. Gerichtspr. Bd. VII. S. 460, Entsch. d. Cass.-H. Bd. II. S. 339.)

d. Quiescirte Beamte in Bezug auf frühere Amtshandlungen. (Erk. d. Cass.-H. v. 29. Dezember 1864, Z. f. Gerichtspr. Bd. IV. S. 195, Z. f. G. u. R. Bd. XI. S. 496.)

e. Ausschußmitglieder einer Landgemeinde. (Erört. in Z. f. Gerichtspr. Bd. V. S. 105.)
f. Verpflichtete Privatgehilfen von Eisenbahnexpeditoren. (Erk. d. Cass.-H. v. 12. Mai 1866, Z. f. Gerichtspr. Bd. V. S. 345, Z. f. G. u. R. Bd. XIII. S. 311.)
g. Eisenbahnstationsdiener, auch wenn sie nur zur Dienstleistung gewärtig im Expeditionslokale anwesend sind. (Erk. d. Cass.-H. v. 28. April 1866, Z. f. Gerichtspr. Bd. V. S. 305, Z. f. G. u. R. Bd. XIII. S. 206.)
h. Gemeindebevollmächtigte, welche im Auftrage des Gemeindevorstehers bei einer Haussuchung mitwirken. (Erk. d. Cass.-H. v. 15. Juni 1866, Z. f. Gerichtspr. Bd. V. S. 380, Z. f. G. u. R. Bd. XIII. S. 363.)
i. Stationseinnehmer der bayer. Ostbahngesellschaft, welche bei ihrer ersten Anstellung im Betriebsdienste die Bestätigung der einschlägigen Kreisregierung erlangt haben und von der zuständigen Distriktspolizeibehörde verpflichtet worden sind. (Erk. d. Cass.-H. v. 5. Januar 1867, Z. f. Gerichtspr. Bd. VI. S. 203, Entsch. d. Cass.-H. Bd. I. S. 8.)
k. Bedienstete, welche eine von einem Ortsvorstande getroffene Verfügung der Hauspolizei vollziehen. (Erk. d. Cass.-H. v. 25. April 1867, Z. f. Gerichtspr. Bd. VI. S. 322, Entsch. d. Cass.-H. Bd. I. S. 173.)
l. Polizeisoldaten auch in Bezug auf solche Anzeigen, welche einen Vorfall betreffen, der außerhalb des Dienstbezirkes des Anzeigers geschehen ist. (Erk. d. Cass.-H. v. 18. Febr. 1868, Z. f. Gerichtspr. Bd. VII. S. 274.)
m. Bahnexpeditoren. (Erk. v. 3. Juli 1868, Z. f. Gerichtspr. Bd. VII. S. 439, Entsch. d. Cass.-H. Bd. II. S. 321.)
n. Bayerische Zollparlamentsabgeordnete. (Erk. d. Cass.-H. v. 29. Oktober 1869, Z. f. Gerichtspr. Bd. IX. S. 71, Entsch. d. Cass.-H. Bd. III. S. 370.)
o. Armenärzte, welche von der öffentlichen Armenpflege aufgestellt sind. (Erk. d. Cass.-H. v. 13. Mai 1870, Z. f. Gerichtspr. Bd. IX. S. 325 Entsch. d. Cass.-H. Bd. IV. S. 184.)

S. auch Note 7 zu Art. 257 S. 358.

14) Von Amtswegen sind nicht zu verfolgen Ehrenkränkungen und Verläumdungen an

a. Pfändungszeugen, selbst wenn sie Gemeindebeamte sind. (Z. f. Gerichtspr. Bd. IV. S. 240.)
b. An Gendarmen in Bezug auf eine von diesen geleistete Zeugschaft, selbst wenn diese über Wahrnehmungen geleistet wurde, die von ihnen in dienstlicher Eigenschaft gemacht worden war. (Erk. d. Cass.-H. v. 28. April 1866, Z. f. Gerichtspr. Bd. V. S. 307, Z. f. G. u. R. Bd. XIII. S. 208.)
c. An Nachtwächtern, wenn sie auf dem Rückwege in das Wachlokal durch ein Fenster sehen, um ihre Neugierde zu befriedigen. (Erk. d. A.-G. v. Oberfranken v. 6. Oktober 1868, Z. f. Gerichtspr. Bd. VIII. S. 285.)
d. An ausländischen Bediensteten. (Erk. d. Cass.-H. v. 19. Juli 1870, Z. f. Gerichtspr. Bd. IX. S. 388, Entsch. d. Cass.-H. Bd. IV. S. 269.)

15) Wenn sich herausstellt, daß eine auf Klage des Beleidigten verfolgte Ehrenkränkung von Amtswegen hätte verfolgt werden sollen, kann sofort in das Offizialverfahren übergegangen werden. (Z. f. Gerichtspr. Bd. II. S 213.)

16) Bei Ehrenkränkungen, welche von Amtswegen zu verfolgen sind, kann der Staatsanwalt wie der Beleidigte die Strafverfolgung veranlassen und dem durch den Andern veranlaßten Verfahren adhäriren. In II. Instanz ist das in I. durchgeführte Verfahren maßgebend und kann keines Falls ein doppeltes Verfahren stattfinden. (Erk. d. Cass.-H. v. 30. Juni 1866, Z. f. Gerichtspr. Bd. V. S. 390, Z. f. G. u. R. Bd. XIII. S. 394, Erk. d. Cass.-H. v. 5. April

1867, Entsch. d. Cass.-H. Bd. I. S. 146. Verschiedene Ansichten hierüber s. Z. f. Gerichtspr. Bd. V. S. 327.)

17) Wenn ein Beleidigter Privatklage stellt und gleichzeitig die Staatsbehörde von Amtswegen einschreitet, so ist das Offizialverfahren mit dem Privatanklageprozeß zu verbinden. (Erk. d. Cass.-H. v. 4. Mai 1867, Z. f. Gerichtspr. Bd. VI. S. 328, Entsch. d. Cass.-H. Bd. I. S. 193.)

18) In dem lediglich von Amtswegen eingeleiteten Strafverfahren wegen Ehrenkränkung muß der Beleidigte, welcher zur Wahrung seiner Rechte sich bei Gericht vertreten läßt, die hiedurch veranlaßten Kosten selbst tragen. (Erk. d. Cass.-H. v. 12. Mai 1866,, Z. f. Gerichtspr. Bd. V. S. 345, Z. f. G. u. R. Bd. XIII. S. 311.)

19) Wenn eine von Amtswegen zu verfolgende Ehrenkränkung in I. Instanz nur im Wege der Privatklage verfolgt wurde, kann in II. Instanz nicht die Verfolgung von Amtswegen unter Ausschluß des Privatklägers von der Verhandlung stattfinden. (Erk. d. Cass.-H. v. 1. Septbr. 1866, Z. f. Gerichtspr. Bd. V. S. 85, Z. f. G. u. R. Bd. XIII. S. 537.)

20) Soweit eine durch Privatklage verfolgte Ehrenkränkung vom Gerichte auf den öffentlichen Dienst des Beleidigten bezogen worden ist, steht diesem kein Rechtsmittel zu. (Erk. d. Cass.-H. v. 5. April 1867, Entsch. d. Cass.-H. Bd. I. S. 146.)

21) Bei einer von Amtswegen zu verfolgenden Ehrenkränkung steht der Verurtheilung in II. Instanz nicht entgegen, daß eine andere Amtsperson, als in erster Instanz geschehen, für beleidigt erachtet wird. (Erk. d. Cass.-H. v. 29. Juni 1865, Z. f. G. u. R. Bd. XII. S. 370.)

22) „in deren Gegenwart und während ihrer Berufsausübung" s. Note 29—31 zu Art. 126 S. 198.

Art. 265.

Die Strafbestimmungen über Verläumdung und Ehrenkränkung finden auch dann Anwendung, wenn der Angriff gegen einen Verstorbenen gerichtet ist und von dessen Ehegatten, Eltern, Kindern oder Geschwistern die gerichtliche Verfolgung beantragt wird.

1) Der Artikel findet sowohl auf Verfolgung einer bei Lebzeiten des Angegriffenen verübten That durch dessen Angehörige, als auf eine erst nach seinem Ableben verübte, als auch auf die Fortsetzung einer vom Verstorbenen bereits eingeleiteten Verfolgung durch die Angehörigen Anwendung. (Vortr. im G.-A. d. K. d. Abg. 1856/57 S. 382, Stenglein Bd. II. S. 333.)

2) Es ist keine mittelbare Ehrenkränkung oder Verläumdung vorausgesetzt, sondern eine Verfolgung aus Gründen der Pietät und des Familien-Verbandes. (Vortr. im G.-A. d. K. d. Abg. 1860/61 S. 192, Prot. S. 66, K. d. R.-R. Vortr. S. 164, Stenglein Bd. II. S. 333, Weis Bd. II. S. 111.)

3) Nur Eltern und Kinder des ersten Grades sind antragsberechtigt, nicht auch Großeltern, Enkel, Schwiegerverwandte. (Prot. d. G.-A. d. K. d. Abg. 1860/61 S. 93, Stenglein Bd. II. S. 333, Weis Bd. II. S. 111.)

4) Auf Amtsehrenbeleidigung erstreckt sich die Bestimmung nicht. (Prot. d. G.-A. d. K. d. Abg. 1860/61 S. 440, Stenglein Bd. II. S. 333, Weis Bd. II. S. 111), vergl. Note 9 zu Art. 127 S. 200. Auch nicht auf Majestätsbeleidigung. (Erk. d. A.-G. v. Oberbayern, Z. f. G. u. R. Bd. XI. S. 311.)

5) Hat der Lauf der Antragsfrist bei Lebzeiten des Angegriffenen schon begonnen, so steht den Angehörigen nur der Rest derselben offen. (Stenglein Bd. II. S. 333), vergl. Note 75 zu Art. 88 S. 140.

Art. 266.

Der durch Verläumdung oder Ehrenkränkung Angegriffene, sowie die gemäß Art. 264 und 265 für denselben aufgetretenen Personen sind berechtigt, die öffentliche Bekanntmachung des Strafurtheils auf Kosten des Verurtheilten zu fordern.

Die Art, wie die Bekanntmachung zu geschehen habe, ist in dem Strafurtheile zu bestimmen.

1) Oeffentliche Verübung der Verläumdung oder Ehrenkränkung ist nicht Voraussetzung. (Stenglein Bd. II. S. 334.)

2) Der Artikel ist auch auf Amtsehrenbeleidigung anwendbar. (Stenglein Bd. II. S. 61. 334, Dollmann Bd. II. S. 162, Z. f. Gerichtspr. Bd. II. S. 177.)

3) Die Bekanntmachung kann nicht von Amtswegen, sondern nur auf Antrag des Angegriffenen verfügt werden. (Weis Bd. II. S. 112.)

4) Der Antrag, die Bekanntmachung zu verfügen, muß längstens in der Verhandlung gestellt werden, und ist mit der Urtheilsfällung präcludirt. (Stenglein Bd. II. S. 334, Weis Bd. II. S. 112.)

5) Das Erkenntniß ist mit Entscheidungsgründen bekannt zu machen und steht dem Angegriffenen das Recht zu, den Vollzug der Verfügung zu betreiben. (Stenglein Bd. II. S. 334.) Weis Bd. II. S. 112 dagegen nimmt an, daß die Art der Bekanntmachung im vollsten Umfange, also auch ob sie mit Entscheidungsgründen erfolgen soll, dem Gerichte zu bestimmen überlassen ist.

6) Die Unterlassung der Verfügung bei einer Schuldigerklärung des Thäters zieht, wenn die Veröffentlichung beantragt war, Nichtigkeit des Urtheils nach sich. (Erk. d. Cass.-H. v. 8. März u. 27. Juli 1867, Z. f. Gerichtspr. Bd. VI. S. 275. Bd. VII. S. 34, Entsch. d. Cass.-H. Bd. I. S. 332.)

7) Die Verfügung, daß das Strafurtheil auf Kosten des wegen Ehrenkränkung Verurtheilten öffentlich bekannt zu machen sei, kann, wenn eine Berufsehrenkränkung in Rede steht, nicht auf Antrag des Staatsanwalts, sondern nur auf Verlangen des Beleidigten getroffen werden und stehen auch nur letzterem Rechtsmittel zu, wenn das Gericht jenem Antrage nicht entspricht. (Erk. d. Cass.-H. v. 13. August 1869, Z. f. Gerichtspr. Bd. VIII. S. 440, Entsch. d. Cass.-H. Bd. III. S. 309, s. dagegen Anmerkung in Z. f. Gerichtspr. Bd. VIII. S. 441.)

Vierzehntes Hauptstück.

Strafbare Handlungen in Bezug auf Familienrechte.

Art. 267.

Verletzung oder Anmaßung eines fremden Familienstandes.

Wer ein Kind unterschiebt oder verwechselt oder auf andere Weise den Familienstand eines Andern verändert oder unterdrückt, soll mit Zuchthaus bis zu zwölf Jahren bestraft werden.

Wer sich oder einem Andern einen fremden Familienstand in der Absicht fälschlich beilegt, um sich oder dem Andern einen unerlaubten Vortheil zu verschaffen oder einen Dritten zu benachtheiligen, soll mit Gefängniß nicht unter zwei Monaten bestraft werden.

1) „Wer ein Kind" Das Alter des Kindes begründet keinen Unterschied, insbesondere ist nicht erforderlich, daß dasselbe ein neugeborenes sei; ebensowenig entscheidet eheliche oder uneheliche Geburt oder das Geschlecht. (Stenglein Bd. II. S. 335. 336.)

2) „unterschiebt oder verwechselt oder auf andere Weise den Familienstand eines Andern verändert oder unterdrückt". Die Unterschiebung oder Verwechselung von Kindern hebt das Gesetz nur als den am leichtesten vorkommenden Fall hervor, der Gegenstand des Reates ist aber bei allen Alternativen der That die Mitgliedschaft in einer Familie und die daraus

fließenden Rechte, nicht aber der allgemeine Personenstand (z. B. Adel, Indigenat u. dergl.). (Vortr. im G.-A. d. K. d. Abg. 1856/57 S. 389, Prot.-Bd. II. S. 94, Stenglein Bd. II. S. 335, Weis Bd. II. S. 113.)

3) Als Beispiele wurden aufgeführt: wenn ein Ehemann seine Ehefrau verstößt und ihre Beweismittel unterdrückt; Vernichtung der Beweismittel über die Geburt eines Kindes; Aussetzung eines Kindes ohne Gefahr für dessen Leben in der Absicht, seine Abstammung zu verdunkeln. (Vortr. im G.-A. d. K. d. Abg. 1856/57 S. 388, Stenglein Bd. II. S. 335. 336.)

4) Es ist nicht genügend, wenn nur ein vorübergehender Zweck erreicht werden will, z. B. die Ernährung als Verwandter, sondern muß die Begründung eines dauernden Verhältnisses in der Absicht des Thäters liegen. (Gem. Prot. d. G.-A. d. K. d. Abg. 1860/61 Bd. II. S. 440. 477, K. d. R.-R. Bd. II. S. 150, Stenglein Bd. II. S. 337. 338.) Sowohl in den Verhandlungen als bei Weis Bd. II. S. 113 ist zwar angeführt, es genüge einfacher dolus; allein mit der Vorspiegelung eines Familienstandes für vorübergehende Zwecke ist der Familienstand als solcher nicht bedroht.

5) Auf das Motiv der That kommt nichts an, dasselbe kann sogar ein löbliches sein, z. B. Eltern den Schmerz über ein verlornes Kind zu ersparen. (Stenglein Bd. II. S. 338.)

6) Sind die Mittel zur That an sich strafbar, so findet ideelle Concurrenz statt; z. B. bei Unterdrückung von Urkunden. (Stenglein Bd. II. S. 336, Z. f. Gerichtspr. Bd. I. S. 149.)

7) Zu Absatz 2. Hiebei genügt auch die Absicht vorübergehender Täuschung. (Stenglein Bd. II. S. 337.)

8) Weis Bd. II. S. 113. 114 findet den Unterschied des Abs. 1 u. Abs. 2 darin, daß jener eine gegen den Familienstand eines Andern gerichtete That, Abs. 2 nur die Beilegung eines nicht gebührenden Familienstandes, abgesehen von einem Angriff auf den eines andern voraussetzt und nimmt an, es könne ideelle Confurrenz der nach beiden Absätzen strafbaren Handlungen stattfinden.

9) Geschieht die That des Abs. 2 zum Zwecke der Verübung einer selbstständig strafbaren Handlung, z. B. eines Diebstahls, und wird diese wirklich verübt, so liegt realer Zusammenfluß vor. (Stenglein Bd. II. S. 338. 339.)

10) Vom Betrug unterscheidet die That des Abs. 2 sich dadurch, daß diese auf jede Art von Vortheil gerichtet sein kann, der Betrug nur auf die unmittelbare Erlangung eines Vermögensvortheils. (Stenglein Bd. II. S. 339.)

11) Die That des Abs. 1 ist vollendet mit der Bewirkung einer Täuschung über das Bestehen oder Nichtbestehen des fraglichen Familienstandes, ohne Rücksicht auf die Dauer dieser Täuschung oder die Erlangung eines Vortheils. Jede auf Bewirkung dieser Täuschung gerichtete Handlung ist Versuch. Die That des Absatz 2 ist mit Vornahme der in der erforderlichen Absicht unternommenen Handlung vollendet. (Stenglein Bd. II. S. 339, Weis Bd. II. S. 115.)

12) So lange eine Person widerrechtlich als Mitglied einer Familie gilt, besteht ein strafbarer Zustand (delictum permanens), welcher den Beginn der Verjährung hindert. (Stenglein Bd. II. S. 339.)

Art. 268.

Betrügliche Verleitung zur Ehe.

Wer bei Eingehung einer Ehe dem andern Ehetheile ein bestehendes gesetzliches Ehehinderniß verschweigt, desgleichen wer eine Person mittels einer Tänschung, wegen welcher der getäuschte Theil auf Nichtigkeit oder Scheidung der Ehe klagen kann, zur Eingehung einer Ehe verleitet, soll mit Gefängniß nicht unter zwei Monaten bestraft werden.

Eine gerichtliche Verfolgung wegen dieses Vergehens findet jedoch nur auf Antrag der getäuschten Person oder ihres gesetzlichen Vertreters und nach eingetretener Rechtskraft des Urtheils auf Nichtigkeit oder Scheidung der Ehe statt.

Der Lauf der Verjährung beginnt mit dem Eintritte des letztgenannten Zeitpunktes.

„1) Bei Eingehung einer Ehe“ Die Ehe muß wirklich geschlossen sein und ist mit Abschluß derselben die That vollendet. Bis dahin ist jede auf Herbeiführung der Ehe gerichtete Täuschung nur mit Strafe nicht bedrohter Versuch. (Stenglein Bd. II. S. 341.)

2) „ein bestehendes gesetzliches Ehehinderniß". Es ist das Bestehen einer Thatsache vorausgesetzt, welche die Eingehung einer rechtsgültigen Ehe hindert, oder deren Bestehen vor der Ehe einem der Ehegatten einen gesetzlichen Grund zur Scheidung gibt; wie Blutsverwandtschaft, Irrthum in der Person, geistlicher Stand, eine noch fortbestehende Ehe, Verheimlichung der Schwangerschaft, Verheimlichung einer erlittenen Criminalstrafe. Ein erst während der Ehe eingetretener Scheidungsgrund kann nie zur Anwendung des Art. 268 führen. (Vortr. im G.-A. d. K. d. Abg. 1856/57 S. 391, Prot.-Bd. II. S. 95. 96, Stenglein Bd. II. S. 340, Weis Bd. II. S. 116.)

3) „mittels einer Täuschung". Dies kann auch im Verschweigen (Unterdrücken) bestehender Nichtigkeits- oder Scheidungsgründe bestehen. (Stenglein Bd. II. S. 341.)

4) „zur Eingehung einer Ehe verleitet" Die That kann nur durch die absichtliche Täuschung begangen werden, um dadurch zum Eingehen der Ehe zu gelangen. (Stenglein Bd. II. S. 341.)

5) Zu Absatz 2. Der Criminalrichter hat die Nichtigkeits- oder Scheidungsgründe nicht zu prüfen, sondern für ihn ist der Ausspruch des Eherichters bindend. (Stenglein Bd. II. S. 341, Weis Bd. II. S. 116.)

Art. 269.

Mißbrauch der Familiengewalt.

Wird eine Ehe durch rechtskräftiges Erkenntniß um deswillen für nichtig erklärt, weil ein Ehetheil zu deren Eingehung von seinen Eltern, Pflegeeltern oder seinem Vormunde gezwungen worden ist, so trifft die letztgenannten Personen Gefängniß bis zu sechs Monaten.

1) Veranlassung zur Offizialeinschreitung gemäß Art. 269 ist gegeben, sobald die zur Einschreitung berufenen Behörden Kenntniß erhalten, daß eine Ehe auf Grund des Zwangs für nichtig erklärt wurde. Das treffende Erkenntniß des Eherichters ist für den Strafrichter genügender Beweis. (Motive z. Entw. v. 1855 S. 105, Stenglein Bd. II. S. 342, Weis Bd. II. S. 117.)

2) Die Prüfung des Vorsatzes des Thäters, seiner Zurechnungsfähigkeit u. s. w. bleibt selbstverständlich dem Strafrichter vorbehalten. (Weis Bd. II. S. 117.)

Art. 270.

Eltern, Pflegeeltern oder Vormünder, welche eine in ihrer Obhut stehende Person unter sechzehn Jahren an Jemanden zum Bettel oder zu einer andern die Sittlichkeit gefährdenden Beschäftigung oder Lebensweise überlassen, sollen mit Gefängniß von zwei Monaten bis zu drei Jahren bestraft werden, womit der Verlust der im Art. 28 Ziff. 5 bezeichneten Fähigkeit als Straffolge verbunden werden kann.

1) „Eltern, Pflegeeltern oder Vormünder". S. Note 1—11 zu Art. 212 S. 303. 304, auch Note 1 zu Art. 220 S. 315.

2) „zu einer andern die Sittlichkeit gefährdenden Beschäftigung oder Lebensweise". Unternehmungen strafbarer Handlungen gehören hierher nur, wenn sie die Sittlichkeit des Kindes gefährden. (Prot. d. G.-A. d. K. d. Abg. 1856/57 Bd. II. S. 96, Stenglein Bd. II. S. 343, Weis Bd. II. S. 118.)

3) Der Zweck darf kein unzüchtiger sein, da sonst die Bestimmungen über Kuppelei anschlagen würden. (Stenglein Bd. II. S. 343, Weis Bd. II. S. 117.)

4) „überlassen". Das Ueberlassen kann sowohl in einem absichtlichen Unterlassen der Obhut, als in einem Hingeben an Andere bestehen. (Stenglein Bd. II. S. 313.)

5) Ob das Motiv Eigennutz ist, entscheidet nicht, sondern ist bei der Straf-

zumessung zu berücksichtigen. (Prot. d. G.-A. d. K. d. Abg. 1856/57 Bd. II. S. 96, Weis Bd. II. S. 118, Stenglein Bd. II. S. 343.)

6) Wer sein Kind einer andern Person gegen Entgeld zuweilen mitgibt, um ihr als Führer bei deren Gängen zum Zwecke des Bettelns zu dienen, ist nicht nach Art. 270 sondern nach Art. 89 d. Pol.-Str.-G.-Bch. strafbar. (Erk. d. Cass.-H. v. 17. Septbr. 1870, Z. f. Gerichtspr. Bd. IX. S. 465, Weis Bd. II. S. 118.)

7) Die That kann nur vorsätzlich begangen werden und ist mit der Ueberlassung vollendet, wenn auch noch kein Schaden oder keine Verwendung des Kindes eingetreten ist. (Stenglein Bd. II. S. 343.)

Fünfzehntes Hauptstück.

Diebstahl.

Art. 271.

Begriff des Diebstahls.

Wer ohne Gewalt an einer Person eine fremde bewegliche Sache in der Absicht rechtswidriger Zueignung aus dem Gewahrsame eines Andern wegnimmt, ist des Diebstahls schuldig.

Der Diebstahl ist vollendet, sobald der Dieb die Sache zu sich genommen oder sonst in seine Gewalt gebracht hat.

Bei dem Diebstahle ist auch der Versuch eines Vergehens oder einer Uebertretung strafbar.

1) „Wer". Thäter kann nur derjenige sein, welcher die Sache, um deren Entwendung es sich handelt, nicht schon vor der That im Besitze oder in seinem Gewahrsame hatte. (Stenglein Bd. II. S. 345.)

2) „ohne Gewalt an einer Person". In der Anwendung von Gewalt gegen eine Person Behufs des Wegnehmens liegt der ausschließliche Unterschied zwischen Raub und Diebstahl. (Motive z. Entw. v. 1855 S. 105, Stenglein Bd. II. S. 352, Weis Bd. II. S. 123.)

3) „eine fremde bewegliche Sache". An eigenen, sowie an herrenlosen, der freien Occupation überlassenen Sachen kann Diebstahl nicht begangen werden; und liegt selbst dann kein Diebstahl vor, wenn der Eigenthümer seine Sache aus fremden Gewahrsame in der irrigen Meinung wegnimmt, er nehme eine fremde Sache. (Vergl. jedoch über Wegnahme eigener Sachen Art. 330.) (Weis Bd. II. S. 119, Stenglein Bd. II. S. 347. 349. 352.)

4) Der Miteigenthümer, Miterbe oder Ehegatte kann an denjenigen Sachen, auf welche ihm ein ideeller Antheil zusteht, wenn er sie nicht selbst im Gewahrsame hatte, Diebstahl begehen; ebenso wenn sie im gemeinschaftlichen Gewahrsame des Thäters und eines Mitberechtigten waren. (Motive z. Entw. v. 1855 S. 107, Prot. d. G.-A. K. d. Abg. 1856/57 Bd. II. S. 97, Vortr. 1860/61 S. 192, Prot. S. 67, Stenglein Bd. II. S. 347, Weis Bd. II. S. 119. 122. Einen zweifelhaften Fall s. Z. f. Gerichtspr. Bd. VII. S. 365.)

5) An sich kann Diebstahl nur an beweglichen Sachen begangen werden. Dies können jedoch auch Theile unbeweglicher sein, welche vor oder durch den Diebstahl von dieser abgetrennt und so zu beweglichen Sachen gemacht werden. (Vortr. im G.-A. d. K. d. Abg. 1856/57. S. 395, Stenglein Bd. II. S. 347, Weis Bd. II. S. 120.)

6) Läßt sich eine Sache als Substanz selbstständig behandeln und von der Stelle bewegen, so kann Diebstahl an derselben begangen werden, mag sie auch sonst wie immer beschaffen sein, mag sie einen bestimmten Tausch- oder Kaufs-

werth haben oder nicht, wie an Briefen, Quittungen, Urkunden. (Stenglein Bd. II. S. 348, Weis Bd. II. S. 120, Vortr. im G.-A. d. K. d. Abg. 1856/57 S. 395, Z. f. Gerichtspr. Bd. VII. S. 190; von Nominalobligationen Erk. d. A.-G. v. Oberbayern vom 25. Febr. 1864, Z. f. Gerichtspr. Bd. III. S. 214, Z. f. G. u. R. Bd. XI. S. 66, Erk. d. Cass.-H. v. 13. August 1866 und 30. März 1869, Z. f. Gerichtspr. Bd. VI. S. 58. Bd. VIII. S. 252, Z. f. G. u. R. Bd. XIII. S. 503, Entsch. d. Cass.-H. Bd. III. S. 115; von Sparkassenbüchern Stenglein Bd. II. S. 348, Z. f. Gerichtspr. Bd. VII. S. 285; von emittirten und wieder eingelösten Cassenanweisungen, welche zur Vernichtung bestimmt sind; nicht aber von nicht emittirten Z. f. Gerichtspr. Bd. VIII. S. 27; entgegenstehende Entscheidungen s. Z. f. Gerichtspr. Bd. I. S. 73. Bd. VII. S. 318.)

7) Die Sache hört nicht auf eine fremde Sache zu sein und ist Diebstahl an ihr möglich, wenn auch der Dieb freien Zugang zu derselben oder sogar eine gewisse Disposition über dieselbe hatte, jedoch keine volle freie, wie Dienstboten oder Arbeiter an Sachen der Herrschaft, wenn ihnen dieselben auch zum Gebrauche oder zur Verarbeitung übergeben sind. (Stenglein Bd. II. S. 345, Weis Bd. II. S. 122.) Beispiele solcher Art sind Mehl, welches einer Magd zum Backen übergeben ist; — ein Regenschirm, welcher sogar verbotswidrig benützt wurde; — Sachen, die ein Gast im Wirthshause zurückgelassen hat gegenüber den Dienstboten des Wirths. (Stenglein Bd. II. S. 345, Z. f. Gerichtspr. Bd. VI. S. 63. Bd. IX. S. 446.)

8) Sachen, welche ein Gast im Wirthshause zum Gebrauch erhält, stiehlt derselbe durch Wegnahme. (Stenglein Bd. II. S. 345, Weis Bd. II. S. 122.)

9) Eine nur zum Ansehen und sofortiger Rückgabe erhaltene Sache wird durch Zurückbehaltung gestohlen nicht unterschlagen. (Stenglein Bd. II. S. 345.)

10) Die von dem Verkäufer eines Gutes im Kaufvertrage reservirten Theile, welche jedoch mit dem Gute übergeben werden, können vom Käufer nicht gestohlen werden. (Stenglein Bd. II. S. 345.)

11) Nicht konsequent wurde bei dem Beutler einer Mühle, welcher von dem von ihm von der Maschine weggenommenen Mehle weggenommen hatte, Unterschlagung, nicht Diebstahl angenommen. (Z. f. Gerichtspr. Bd. I. S. 114. 115. Stenglein Bd. II. S. 345.)

12) Oeffentliche Bedienstete, welchen nicht die Verwahrung eines Gegenstandes übertragen ist, sondern nur die Bewachung u. dergl., begehen durch Wegnahme desselben nicht Unterschlagung, sondern Diebstahl; so z. B. niedere Forstbedienstete, denen nur der Forstschutz übertragen ist. (Erk. d. Cass.-H. v. 10. Januar 1862, Z. f. G. u. R. Bd. IX. S. 18, Z. f. Gerichtspr. Bd. I. S. 37, Stenglein Bd. II. S. 346); oder Flußwarte durch Verkauf von Weiden, welche aus ärarialischen Anpflanzungen genommen sind. (Z. f. Gerichtspr. Bd. II. S. 401.)

13) Gefangene begehen durch Aneignung der ihnen im Gefängnisse zum Gebrauche übergebenen Sachen, wenn auch nur durch Verstecken derselben Diebstahl, nicht Unterschlagung. (Stenglein Bd. II. S. 346, Z. f. Gerichtspr. Bd. I. S. 15. Dagegen Erk. d. k. A.-G. v. Mittelfranken v. 22. August 1868, Z. f. Gerichtspr. Bd. VIII. S. 139.)

14) Es begründet keinen Unterschied, ob die fremde Sache Privat- oder öffentliches Eigenthum ist. Es kann also auch Diebstahl an öffentlichen Denkmälern, an Gegenständen begangen werden, welche Leichen mit in das Grab gegeben wurden u. s. w. (Weis Bd. II. S. 119, Stenglein Bd. II. S. 351.)

15) Ob derjenige, dem etwas gestohlen wird, rechtmäßiger Eigenthümer oder Besitzer war oder nicht, begründet keinen Unterschied; auch dem Diebe kann eine gestohlene Sache wieder gestohlen werden. (Weis Bd. II. S. 120, Stenglein Bd. II. S. 349.)

16) Gegenstände, welche verkauft aber dem Käufer noch nicht tradirt sind,

können von diesem gestohlen werden. (Erk. d. A.-G. v. Niederbayern v. 7. Febr. 1862, Z. f. Gerichtspr. Bd. I. S. 208.)

17) Verkauf einer fremden, nicht in Gewahrsam genommenen Sache (im Walde stehendes Holz, auf dem Moor lagender Torf) unter dem Vorgeben des Eigenthums, oder eines Auftrags vom Eigenthümer ist Betrug, nicht Diebstahl. (Erk. d. A.-G. v. Schwaben v. 2. August 1862, Z. f. Gerichtspr. Bd. II. S. 274, Erk. d. Cass.-H. v. 27. Juli 1866, Z. f. Gerichtspr. Bd. VI. S. 26, Z. f. G. u. R. Bd. XIII. S. 471.)

18) Hängendes, jedoch bereits verkauftes Obst ist dem Eigenthümer des Baumes gegenüber fremde Sache. (Z. f. Gerichtspr. Bd. II. S. 64.)

19) Die Entwendung abgefallenen Obstes ist gemeiner Diebstahl nicht Felddiebstahl. (Erk. d. Cass.-H. v. 7. Novbr. 1862, Z. f. Gerichtspr. Bd. II. S. 102, Z. f. G. u. R. Bd. IX. S. 542. Dagegen Z. f. Gerichtspr. Bd. II. S. 115, sowie die neue Fassung des Art. 284 durch Art. 9 des Ges. v. 16. Mai 1868.)

20) Das Sammeln von Ameiseneiern in einem fremden Walde fällt unter kein Strafgesetz. (Erk. d. Cass.-H. v. 25. Novbr. 1865, Z. f. Gerichtspr. Bd. V. S. 91, Z. f. G. u. R. Bd. XII. S. 558.)

21) An Gas, welches unter Beseitigung des Gasometers verbraucht wird, kann Diebstahl begangen werden. (Z. f. Gerichtspr. Bd. V. S. 215.)

22) Die Entwendung der vom Berechtigten im Walde zusammengerechten und zur Abfuhr hergerichteten Waldstreu aus dem Walde, begründet Diebstahl, nicht Forstfrevel. (Z. f. Gerichtspr. Bd. VII. S. 77.)

23) Als Jagdfrevel nicht als Diebstahl wurde die Ansichnahme einer von ihm geschossenen Rehgeis durch einen Jagdgast qualifizirt. (Z. f. Gerichtspr. Bd. IX. S. 125.)

24) Gleichzeitiges Schweben einer Untersuchung wegen Diebstahls und eines Civilprozesses über das Eigenthum an den gestohlenen Sachen zwischen Angeklagten und Damnifikaten hindert den Strafrichter nicht, die Eigenthumsfrage selbstständig und abweichend vom Civilrichter zu entscheiden. (Z. f. Gerichtspr. Bd. VIII. S. 206.)

25) „in der Absicht rechtswidriger Zueignung". Der Diebstahl fordert eine bewußte Absicht der Aneignung, nicht blos den einfachen Vorsatz des Wegnehmens, welcher auch bei Selbsthülfe, und andern strafbaren Handlungen vorliegen kann. Fahrlässigen Diebstahl gibt es nicht. (Stenglein Bd. II. S. 352.)

26) Diebstahl liegt nicht vor, wenn der Wegnehmende die Sache für herrnlos oder für sein Eigenthum hält, oder auch nur darüber im Zweifel ist; oder wenn er einen Rechtsanspruch auf die Sache geltend machen will, oder wenn der Eigenthümer seine Zustimmung zur Wegnahme gegeben hat u. s. w. (Stenglein Bd. II. S. 352. 353, Weis Bd. II. S. 123.)

27) Die Wegnahme einer Sache unter der Voraussetzung, der Eigenthümer werde zustimmen, schließt, wenn diese ernstlich ist, Diebstahl aus. (Stenglein Bd. II. S. 352.)

28) Diebstahl wird in der Regel vorliegen, wenn Behufs Geltendmachung eines Anspruchs gegen den bloßen Detentor einer Sache diese weggenommen wird. (Stenglein Bd. II. S. 353.)

29) Es begründet keinen Unterschied, ob ein dauerndes Behalten der weggenommenen Sache oder nur ein augenblickliches in der Absicht des Thäters liegt und welches Motiv denselben leitete, insbesondere kommt es nicht auf die Absicht einer Bereicherung an. (Vortr. im G.-A. d. K. d. Abg. 1856/57 S. 395, Stenglein Bd. II. S. 353, Weis Bd. II. S. 124. 125.)

30) Es gibt weder ein furtum usus noch ein furtum possessionis, jedoch beseitigt weder die Absicht seinerzeitiger Rückgabe der entwendeten Sache noch die Absicht zu entschädigen den Begriff des Diebstahls. (Weis Bd. II. S. 124. 125.)

31) Ist die Absicht des Thäters auf sofortige Zerstörung der weggenommenen Sache gerichtet, so steht Eigenthumsbeschädigung in Frage; ist sie auf

sofortigen Genuß oder Verwendung (nicht blos augenblicklichen Gebrauch) gerichtet, liegt Diebstahl vor. (Stenglein Bd. II. S. 353, Weis Bd. II. S. 125.)

32) Zurücklassen von Geld für die weggenommene Sache schließt Diebstahl nur dann aus, wenn das Geld dem wahren Werthe der Sache entsprechen sollte; außerdem liegt hierin nur Schadenersatz. (Stenglein Bd. II. S. 354.)

33) Es ist nicht Diebstahl, sondern strafbare Vorenthaltung, wenn Jemand aus Versehen eine fremde Sache nimmt und sie nach entdecktem Irrthum sich aneignet. (Z. f. Gerichtspr. Bd. I. S. 9.)

34) Ein Dienstknecht, der heimlich Futter nimmt, um es den Thieren seines Dienstherrn zu füttern, begeht keinen Diebstahl wegen Mangel der Absicht rechtswidriger Aneignung. (Stenglein Bd. II. S. 345. 346, Weis Bd. II. S. 125.)

35) Die Ansicht bei Wegnahme einer Sache ein Recht auszuüben, ist ausgeschlossen, wenn über das angebliche Recht ein rechtskräftiger Ausspruch des Civilrichters vorliegt. (Erk. d. Cass.-H. v. 16. November 1866, Z. f. Gerichtspr. Bd. VI. S. 163.)

36) Die Wegnahme einer fremden beweglichen Sache, um sich für eine Schuld bezahlt zu machen, ist nicht Diebstahl. (Erk. d. Cass.-H. v. 28. März 1868, Z. f. Gerichtspr. Bd. VII. S. 313, Entsch. d. Cass.-H. Bd. II. S. 160.)

37) „aus dem Gewahrsame eines Andern" vergl. hiezu oben Note 3. 4. 7—13. 16—24.)

Derjenige, aus dessen Gewahrsam eine Sache weggenommen wurde, erscheint als der Bestohlene, wenn er auch nicht Eigenthümer oder juridischer Besitzer war. (S. Motive z. Entw. v. 1855 S. 105, Prot. d. G.-A. d. K. d. Abg. 1856/57 Bd. II. S. 97, Stenglein Bd. II. S. 348, Weis Bd. II. S. 120. 121.)

38) Derjenige, in dessen Gewahrsam die entwendete Sache ist, kann nur eine physische Person sein. Juridische Personen können nicht bestohlen werden. (Prot. d. G.-A. d. K. d. Abg. 1856/57 Bd. II. S. 97, Stenglein Bd. II. S. 348. 349.)

39) Gewahrsam ist nicht nur das körperliche Innehaben einer Sache, sondern auch die bei zeitweiser Entfernung von derselben mögliche Dispositionsbefugniß über die Sache, verbunden mit dem Willen davon Gebrauch zu machen. (Prot. d. G.-A. d. K. d. Abg. 1856/57 Bd. II. S. 97, Stenglein Bd. II. S. 349, Weis Bd. II. S. 121.)

40) Das Vorrecht einer Person, Besitz von einer Sache zu ergreifen, wie das des Jagdberechtigten auf noch nicht occupirtes Wild, des Fischereiberechtigten auf die Fische im Fischwasser begründet keinen Gewahrsam. (Stenglein Bd. II. S. 349. 350.)

41) Ein Gewahrsam wurde nicht angenommen an Fischen, welche in Reußen gefangen waren, weil der Fischer noch nicht den Willen der Disposition hatte und die Fische sich noch befreien konnten. (Stenglein Bd. II. S. 350.)

42) Der Gewahrsam wird durch Dereliktion oder Verlieren der Sache verloren und kann, so lange nicht von einer Person der Gewahrsam wieder ergriffen ist, Diebstahl an den derelinquirten oder verlorenen Sachen nicht begangen werden. (S. jedoch Art. 299.) (Stenglein Bd. II. S. 350, Weis Bd. II. S. 120.)

43) Das Ansichnehmen scheinbar verlorener Sachen in der Absicht der Zueignung ist nicht Diebstahl, sondern fällt unter Art. 299. (Motive z. Entw. v. 1855 S. 105, Stenglein Bd. II. S. 350.)

44) Auch Kinder oder Blödsinnige haben Gewahrsam an den von ihnen besessenen Sachen und ist die nicht gewaltsame Wegnahme derselben Diebstahl. (Stenglein Bd. II. S. 351. 352.)

45) An Gegenständen, welche ein Fuhrmann wegen Ueberlastung des Wagens an der Straße niedergelegt hat, an Ackergeräthschaften, die ein Ackersmann auf dem Felde liegen läßt; an Sachen, die der Besitzer vor seinem Hause oder in dessen Nähe liegen läßt, ist der Gewahrsam nicht aufgegeben. (Stenglein Bd. II. S. 349, Weis Bd. II. S. 121.)

46) An ausgeflogenen Tauben besteht kein Gewahrsam. (Stenglein Bd. II. S. 349.)

47) Wenn der Jagdberechtigte ein von einem Jagdfrevler erlegtes Thier findet und in Gewahrsam nimmt, hängt die Entscheidung darüber, ob das Abholen des Thieres durch den Frevler Diebstahl oder Frevel ist, davon ab, ob er die Besitzergreifung wußte oder nicht. (Stenglein Bd. II. S. 349)

48) An Straßenkehricht oder an den auf dem Felde liegen gebliebenen Aehren wird der Gewahrsam durch das Sammeln erworben. (Stenglein Bd. II. S. 350.)

49) Wer den Gewahrsam am Ganzen hat, hat auch denselben an den einzelnen Theilen; ebenso besteht mit dem Gewahrsam eines verschlossenen Behältnisses ein solcher an dessen Inhalt. (Stenglein Bd. II. S. 346. 347.)

50) Dienstboten, denen eine Sache vollständig übergeben ist, z. B. zur Ueberbringung derselben an einen andern Ort, begehen durch Aneignung derselben Unterschlagung, nicht Diebstahl. (Weis Bd. II. S. 121. 122, Stenglein Bd. II. S. 350. Einen zweifelhaften Fall s. Z. f. Gerichtspr. Bd. VII. S. 188.) Vergl. ferner oben Note 7.

51) Durch Aneignung von Sachen, welche der Berechtigte an einem bekannten Orte aus Versehen zurückgelassen hat, wird Diebstahl, nicht Vorenthaltung fremder Sachen begangen. (Z. f. Gerichtspr. Bd. III. S. 165.)

52) Der Gewahrsam des Wohnungsinhabers erstreckt sich auf alle innerhalb der Wohnung befindliche Sachen. (Z. f. Gerichtspr. Bd. II. S. 245.)

53) Aftermiether behalten gegenüber dem Vermiether den Gewahrsam der in die gemeinschaftliche Wohnung gebrachten Sachen, selbst wenn sie augenblicklich nicht wissen, wohin sie dieselben gelegt haben. (Z. f. Gerichtspr. Bd. VI. S. 222.)

54) An frei umherlaufenden Hunden kann Diebstahl begangen werden. (Z. f. Gerichtspr. Bd. II. S. 275.)

55) Durch Uebergabe der Schlüssel einer Wohnung wird der Gewahrsam der in derselben verwahrten Sachen übertragen und durch Aneignung derselben Unterschlagung, nicht Diebstahl begangen. (Z. f. Gerichtspr. Bd. V. S. 46, s. dagegen Anmerkung.)

56) Durch Verstecken von Gegenständen auf einem Grundstücke geht der Gewahrsam derselben nicht auf den Besitzer des Grundstückes über. (Z. f. Gerichtspr. Bd. V. S. 78.)

57) Es liegt Diebstahl, nicht Vorenthaltung fremder Sachen vor, wenn Jemand die Sache eines Andern, welche dieser in einem Eisenbahnwartsaal liegen oder zu Boden fallen ließ, sich aneignet. (Z. f. Gerichtspr. Bd. V. S. 182.)

58) Handlungsgehilfen, welche das beim Verkauf im Laden empfangene Geld sich aneignen, begehen Diebstahl, nicht Unterschlagung. (Z. f. Gerichtspr. Bd. V. S. 230. Bd. IX. 61.)

59) In der Aneignung von Geld, welches vom Besitzer durch betrügerische Vorspiegelungen zu einer sympathetischen Manipulation erlangt wurde, wird kein Diebstahl begangen, selbst wenn der Besitzer anwesend war. (Z. f. Gerichtspr. Bd. VIII. S. 394.)

60) Die Aneignung einer von einem Passagier in einem Eisenbahnwagen zurückgelassenen Sache durch einen andern Passagier ist Diebstahl. (Z. f. Gerichtspr. Bd. VIII. S. 399.)

61) Die Aneignung von Geld, welches Jemand an einem bestimmten Orte fallen ließ, nach Entfernung desselben wurde als Vorenthaltung fremder Sachen bestraft (?). (Z. f. Gerichtspr. Bd. IX. S. 44.)

62) Eine Person, welche am Postschalter eine Einzahlung auf eine Postanweisung machte und unvermerkt einiges von dem eingezahlten Gelde wieder an sich nahm, wurde wegen Diebstahls bestraft. (Erk. d. A.-G. v. Oberbayern, Z. f. Gerichtspr. Bd. IX. S. 140.)

63) Durch Numeriren von Bäumen werden dieselben noch nicht zum Verkaufe oder Verbrauche zugerichtet. Der Irrthum des Entwendenden darüber, ob Bäume hiezu zugerichtet sind, ist von Einfluß auf die Entscheidung der Frage,

ob Diebstahl oder Forstfrevel vorliegt. (Erk. d. Cass.-H. v. 31. Januar 1870, Z. f. Gerichtspr. Bd. IX. S. 185, Entsch. d. Cass.-H. Bd. IV. S. 39.)

64) An gespaltenem, im Walde liegenden und zum Verkaufe bestimmten Holze, welches keiner weiteren Bearbeitung bedarf, wird durch Entwendung Diebstahl nicht Forstfrevel begangen, auch wenn das Holz noch nicht in Klafter gesetzt ist. (Erk. d. Cass.-H. v. 8. August 1870, Z. f. Gerichtspr. Bd. IX. S. 424.)

65) Das Erlegen eines gezähmten, und durch ein rothes Band gezeichneten Rehbocks auf der Jagd durch einen Nichtjagdberechtigten ist Jagdfrevel nicht Diebstahl. (Erk. d. A.-G. v. Oberbayern, Z. f. Gerichtspr. Bd. IX. S. 394.)

66) Die Feststellung, daß die entwendete Sache im Eigenthume und Gewahrsam eines Andern war, gehört zur Thatfrage. (Erk. d. Cass.-H. v. 24. Oktober 1862 und 31. Januar 1870, Z. f. G. u. R. Bd. IX. S. 515, Z. f. Gerichtspr. Bd. IX. S. 185. Entsch. d. Cass.-H. Bd. IV. S. 39.)

67) „wegnimmt". Die Zustimmung dessen, dem etwas genommen werden soll, schließt die Wegnahme aus. Jedoch darf nicht ein bloßes Geschehenlassen aus Mangel an Widerstandskraft, aus Schrecken, Furcht, Ueberraschung u. dgl. vorliegen. Heimlichkeit des Wegnehmens ist nicht erforderlich. (Stenglein Bd. II. S. 351. 352. S. einen Fall Z. f. Gerichtspr. Bd. I. S. 306. 322.)

68) Die Wegnahme ist erfolgt, sobald der Dieb die bisher im Gewahrsame eines Andern befindliche Sache zu sich genommen oder in sonstiger Weise in seine Gewalt gebracht hat, m. a. W. sobald dem bisherigen Detentor die Möglichkeit, über die Sache zu verfügen, entzogen ist und der Dieb sich dieselbe, den Gewahrsam, verschafft hat. (Weis Bd. II. S. 123.)

69) In der Regel ist eine Entfernung der Sache von der ursprünglichen Stelle zur Wegnahme derselben erforderlich; es ist dies aber nicht unter allen Umständen erforderlich. (Weis Bd. II. S. 123; a. M. Stenglein Bd. II. S. 354, Vortr. im G.-A. d. K. d. Abg. 1856/57 S. 395.)

70) An ungetheiltem Eigenthum kann gleichzeitig nur ein Diebstahl begangen werden. (Erk. d. Cass.-H. v. 30. Oktober 1862, Z. f. Gerichtspr. Bd. II. S. 8.)

71) Zu Absatz 2. 3 s. Note 68. 69.

Es ist nicht erforderlich, daß die Sache aus dem Dispositionsbereiche des Detentors weggebracht ist. (Stenglein Bd. II. S. 354.)

72) Es liegt Vollendung vor, wenn der Dieb die Sache auch nach erfolgter Besitzergreifung am Orte der That versteckt, oder damit noch am Orte der That ergriffen wird. (Stenglein Bd. II. S. 354, Z. f. Gerichtspr. Bd. I. S. 40.)

73) Versuch ist gegeben, sobald der Dieb durch eine Handlung die Absicht an den Tag gelegt hat, den Diebsgriff sofort vorzunehmen. (Stenglein Bd. II. S. 355.)

74) Die Kündung eines Sparkassenkapitals ist kein Anfang der Ausführung in Bezug auf den beabsichtigten Diebstahl eines Sparkassenbuchs. (Z. f. Gerichtspr. Bd. VII. S. 285.)

75) Der Dieb, welcher die entwendete Sache noch in den Räumlichkeiten des Bestohlenen (an das erbrochene Fenster) zum Abholen zurecht legt, vom Abholen aber durch äußere Hindernisse abgehalten wird, begeht nur einen Versuch, nicht vollendeten Diebstahl. (Erk. d. Cass.-H. v. 3. April 1868, Z. f. Gerichtspr. Bd. VII. S. 323, Entsch. d. Cass.-H. Bd. II. S. 169, s. auch Z. f. Gerichtspr. Bd. IX. S. 27.)

76) Der Diebstahl ist erst vollendet, wenn die gestohlene Sache gegen unmittelbare Wiederergreifung durch den Bestohlenen sicher gestellt ist. Hilfeleistung zu dieser Sicherung ist Theilnahme nicht Begünstigung. (Z. f. Gerichtspr. Bd. VIII. S 367. Bd. IX. S. 395.)

77) Diebstahlsversuch liegt vor, wenn der Dieb eine in einer Reisetasche verwahrte Brieftasche zwar ergriffen, aber noch nicht ganz aus der Reisetasche herausgezogen hat. (Erk. d. A.-G. v. Oberfranken v. 11. Oktober 1869, Z. f. Gerichtspr. Bd. IX. S. 204.)

S. auch Note 15. 19—22. 32. 38 zu Art. 47 S. 44 fg.

Art. 272.

Bei der Bestimmung des Werthes einer entwendeten Sache ist der gemeine Werth, welchen dieselbe zur Zeit der Entwendung hatte, zu Grunde zu legen.

Steht dem Diebe Miteigenthum an der entwendeten Sache zu, so wird bei der Werthsbestimmung der ihm gehörige Theil abgezogen.

Dasselbe findet statt, wenn die Sache zu einer Erbschaft gehört, zu welcher der Dieb als Miterbe berufen ist.

1) Zu Absatz 1. Bei jedem Diebstahle ist der Werth festzustellen, welchen die entwendete Sache im Handel und Wandel, bei Kauf und Verkauf haben würde; der Aufwand, welcher nöthig wäre, um die Sache in demjenigen Zustande wieder zu beschaffen, welchen sie zur Zeit des Diebstahls hatte. (Prot. d. G.-A. d. K. d. Abg. 1856/57 Bd. II. S. 99, Stenglein Bd. II. S. 355. 356.)

2) Ist bis zur Werthserhebung eine Verschlechterung der entwendeten Sache eingetreten, so muß der Zustand derselben zur Zeit des Diebstahls möglichst festgestellt werden. Diese Feststellung gehört zur Thatfrage und ist der Richter zur Bildung seiner Ueberzeugung an kein Beweismittel gebunden, insbesondere nicht an das gewöhnliche der Schätzung durch Sachverständige. (Stenglein Bd. II. S. 355. 356.)

3) Der Affektionswerth des Beschädigten, der mittelbare Nachtheil, welcher durch den Diebstahl dem Beschädigten zugeht, der Ankaufs- oder Produktionspreis des Entwendeten; oder Beschädigungen gelegentlich des Diebstahls, wie die durch Erbrechen der Verwahrungsmittel, entscheiden nicht über den Werth des Entwendeten, können aber bei der Strafzumessung berücksichtigt werden. (Prot. d. G.-A. d. K. d. Abg. 1856/57 Bd. II. S. 98, Stenglein Bd. II. S. 356, Weis Bd. II. S. 126.)

4) Bei Diebstahl an Kaufleuten entscheidet weder der Fabrik- noch der Verkaufspreis der entwendeten Waaren, sondern zu ersterem sind alle Anschaffungskosten und das durchschnittliche Geschäftsrisiko zu schlagen; dagegen der reine Gewinn nicht zu berücksichtigen. (Stenglein Bd. II. S. 356, Erk. d. A.-G. v. Niederbayern v. 19. Juli u. 19. August 1861, Z. f. Gerichtspr. Bd. I. S. 163.)

5) Die irrthümliche Ansicht des Diebes über den Werth des Entwendeten ist ohne Einfluß auf die Beurtheilung, sei es daß er den Werth höher oder geringer annahm, als den wahren Werth. (Weis Bd. II. S. 127.) Entgegen dieser Ansicht rechnete das k. A.-G. v. Oberbayern (Z. f. Gerichtspr. Bd. I. S. 140) den Werth des Inhalts einer entwendeten Kiste dem Diebe nicht an, weil er nur die Kiste habe stehlen wollen. S. dagegen Anmerk. S. 141 und Z. f. Gerichtspr. Bd. IX. S. 350, wonach der Werth nach dem wirklich Gestohlenen bemessen werden soll, selbst wenn der Dieb nicht Alles stehlen wollte und nicht alles Entwendete in seinem wahren Werthe erkannte und bei sich behielt.

6) Ist das Diebstahlsobjekt beschädigt worden, so kann nur das vom Diebe Entwendete für den Diebstahl in Anschlag kommen, es konkurrirt hiemit aber eine Beschädigung dessen, was im Gewahrsam des Bestohlenen zurückblieb, so beim Diebstahl eines vom Ganzen abgetrennten Theiles eines Kunstwerks, einer Antike, von Fruchtbäumen, unreifen Feldfrüchten, unfertigen Industrieprodukten. Bei den beiden letzteren Kategorien von Objekten ist der wahre Werth der der reifen Frucht, des fertigen Produkts unter Abrechnung der noch darauf zu verwendenden Kosten, der Gefahr und des Interusuriums. (Prot. d. G.-A. d. K. d. Abg. 1856/57 Bd. II. S. 98, Stenglein Bd. II. S. 356. 357. Etwas abweichender Ansicht ist Weis Bd. II. S. 127.)

7) Werthpapiere oder nicht im Curse befindliche Münzen sind, wenn sie unmittelbar verwerthet werden können, zum Handelswerthe; letztere unter Umständen als Antiquitäten, Seltenheiten u. dergl. anzuschlagen. Wechsel oder Nominalobligationen repräsentiren in der Hand des Besitzers, oder unter Umständen, z. B. wenn sie mit Biancogiro versehen sind, in Jedermanns Hand den vollen Werth (z. B. wurde ein Sparkassenbuch zum vollen Betrag der Einlage angeschlagen, Z. f. Gerichtspr. Bd. I. S. 374). Dienen dagegen die Papiere nur

als Mittel zu einem Betrug oder kommen sie nur als Beweismittel in Betracht, so sind sie für den Diebstahl nur nach ihrem Materialwerth in Anschlag zu bringen. (Stenglein Bd. II. S. 358.)

Der Diebstahl an Darlehensscheinen, welche auf Namen lauten, ist zwar als Diebstahl jedoch nicht als solcher an der Darlehenssumme, sondern als an einer einen bestimmten Werth nicht an sich tragenden Sache zu bestrafen. (Erk. d. Cass.=H. v. 13. August 1866, Z. f. Gerichtspr. Bd. VI. S. 58, Z. f. G. u. R. Bd. XIII. S. 503.) Vergl. Z. f. Gerichtspr. Bd. I. S. 73 einen Fall, in dem bei Diebstahl einer Quittung nur Vorbereitung zum Betrug erblickt wurde und ein Erk. d. A.=G. v. Oberbayern v. 25. Febr. 1864 (Z. f. G. u. R. Bd. XI. S. 66, Z. f. Gerichtspr. Bd. III. S. 214), nach welchem eine auf Namen lautende Obligation der Leihanstalt München zum vollen Werthe angerechnet wurde; ferner ein Erk. d. Cass.=H. v. 30. März 1869, (Z. f. Gerichtspr. Bd. VIII. S. 252, Entsch. d. Cass.=H. Bd. III. S. 115), welches ausspricht, daß bei Diebstahl eines Schuldscheins nicht die Summe maßgebend sei, auf welche der Schuldschein lautet, selbst wenn der Schuldner der Dieb ist, sondern nur eine Uebertretung des Diebstahls vorliege.

8) Der mit einem entwendeten Papiere beabsichtigte Betrug kommt für den Diebstahl nicht in Betracht. Ist aber die Absicht des Diebes nicht darauf gerichtet, die Sache für sich zu haben, sondern nur dem Bestohlenen den Gebrauch, z. B. als Beweismittel, zu entziehen, so liegt kein Diebstahl vor, sondern Unterdrückung von Urkunden u. dergl. (Stenglein Bd. II. S. 358. 359.)

9) Werthpapiere, welche nur nach Ablauf einer gewissen Zeit ihren Werth erhalten, z. B. nicht verfallene Coupons, können nur unter Abzug des Interusuriums in Anschlag kommen. (Stenglein Bd. II. S. 359.)

10) Ist ein Diebstahlsversuch auf einen bestimmten Gegenstand gerichtet, so kommt dessen Werth bei Qualifikation des Diebstahls in Anschlag. Läßt sich eine bestimmte Absicht des Diebes bezüglich des zu entwendenden Gegenstands nicht nachweisen, so ist der Mindestbetrag dessen, was möglicher Weise entwendet werden konnte, in Anschlag zu bringen. (Stenglein Bd. II. S. 359, Weis Bd. II. S. 127. 128.) S. einen Fall dieser Art in einem Erk. d. A.=G. v. Oberfranken v. 11. Oktober 1869 (Z. f. Gerichtspr. Bd. IX. S. 204).

11) Zu Absatz 2. 3. Einen Fall des Felddiebstahls von Seite des Miteigenthümers s. Z. f. Gerichtspr. Bd. II. S. 140.

Art. 273.

Gehören die bei einer und derselben diebischen Unternehmung entwendeten Sachen verschiedenen Berechtigten an, so ist der Diebstahl als eine einzige Handlung zu bestrafen.

Das Gleiche gilt von Entwendungen, welche unter Benützung eines und desselben Verhältnisses oder als allmählige Ausführung eines und desselben rechtswidrigen Entschlusses an der nämlichen Person nach und nach verübt werden.

1) „Bei einer und derselben diebischen Unternehmung.“ Die That muß aus einem und demselben Entschlusse hervorgegangen sein und in ununterbrochener Continuität der Zeit und des Orts verübt werden. Ist dies der Fall, so liegt nur ein Diebstahl vor, auch wenn der Dieb wußte, daß er Mehrere bestehle. (Stenglein Bd. II. S. 360.)

2) Es liegen mehrere Diebstähle vor, wenn der Dieb an verschiedenen Tagen an einem und demselben Orte verschiedene Personen bestiehlt, oder wenn er in unmittelbarer Aufeinanderfolge an verschiedenen Orten stiehlt. Verschiedene Orte können nicht angenommen werden, wenn der Diebstahl in verschiedenen Räumlichkeiten einer Wohnung, wenn auch mit Verletzung verschiedener Verwahrungsmittel, verübt wird; wohl aber wenn er in verschiedenen, unter getrennter Verwahrung stehenden Wohnungen eines Hauses verübt wird. (Stenglein Bd. II. S. 360, Weis Bd. II. S. 128. 129.)

3) Die Einheit des Unternehmens wird nicht dadurch aufgehoben, daß die

entwendeten Gegenstände nach Vollendung des Diebstahls zu verschiedenen Zeiten vom Orte der That weggebracht werden. (Stenglein Bd. II. S. 360.)

4) Zu Absatz 2. „unter Benützung eines und desselben Verhältnisses“. Hierunter ist nicht die Gleichheit in der Verübung der That, sondern ein bleibendes Verhältniß zwischen Dieb und Bestohlenen oder zwischen Dieb und Gegenstand des Diebstahls zu verstehen, wie ein Dienstverhältniß, die übertragene Bewachung eines Gegenstands u. dergl. (Stenglein Bd. II. S. 361, Weis Bd. II. S. 129.)

5) Ist ein fortgesetzter Diebstahl rechtskräftig abgeurtheilt, so können später entdeckte Fortsetzungshandlungen nicht weiter verfolgt werden, selbst wenn sie die Qualifikation der That ändern würden. Dagegen kann die Freisprechung wegen einzelner Fortsetzungshandlungen, die Verfolgung anderer neu entdeckter nicht hindern. (Stenglein Bd. II. S. 361.) S. jedoch Note 20 zu Art. 84 S. 118.

6) Unter den angegebenen Voraussetzungen können auch vollendete und Versuchshandlungen als eine That erscheinen. Mehrfache Versuche gegen ein Objekt bilden nur eine That; bei mehreren fortgesetzten Handlungen gegen verschiedene Objekte ist der Werth derselben zusammenzurechnen. Bei verschieden qualifizirten Handlungen, welche als Fortsetzung erscheinen, absorbirt die höher strafbare die geringer strafbare und kommt letztere, sowie der nicht ins Gewicht fallende Werthbetrag nur bei der Strafzumessung in Betracht. (Stenglein Bd. II. S. 362.)

7) „an der nämlichen Person“. Dies können unter den Voraussetzungen des Abs. 1 auch verschiedene Berechtigte sein. (Stenglein Bd. II. S. 360. 361.)

8) Wiederholt der Dieb in Folge mehrfachen Entschlusses den Diebstahl an der nämlichen Person, oder bestiehlt er Mehrere in getrennten Unternehmungen in Folge eines gleichzeitigen Entschlusses, so liegen mehrere Reate vor. (Stenglein Bd. II. S. 361, Weis Bd. II. S. 128.)

9) Ob die Strafe durch Behandlung mehrerer Diebstähle als eine That erhöht oder gemindert wird gegenüber der Behandlung der mehreren Diebstähle als getrennte Reate begründet für die Anwendung des Art. 273 keinen Unterschied. (Weis Bd. II. S. 129.)

10) Beim fortgesetzten Diebstahle ist es für die Qualifikation desselben als Verbrechen oder Vergehen gleichgiltig, ob der qualifizirende Umstand in allen oder nur in einzelnen Fällen vorliegt. (Z. f. Gerichtspr. Bd. III. S. 85, Erk. d. Cass.-H. v. 9. Juli 1869, Entsch. d. Cass.-H. Bd. III. S. 251, Z. f. Gerichtspr. Bd. VIII. S. 389.)

11) Fortsetzung strafbarer Handlungen kann nur beim Vorliegem der vom Str.-G.-Bch. für bestimmte Delikte speziell angegebenen Merkmale angenommen werden. (Erk. d. Cass.-H. v. 18. Dezember 1863, Z. f. Gerichtspr. Bd. III. S. 67, Z. f. G. u. R. Bd. X. S. 1043.)

12) An ungetheiltem Eigenthume Mehrerer kann gleichzeitig nur ein Diebstahl begangen werden. (Erk. d. Cass.-H. v. 30. Oktober 1862, Z. f. Gerichtspr. Bd. II. S. 8.)

13) Offenbar irrig wurde vom k. A.-G. von Oberfranken durch Erk. vom 25. Mai 1869 Fortsetzung nur auf Grund der Gleichheit der Verübung (Marktdiebstähle) angenommen (Z. f. Gerichtspr. Bd. IX. S. 10; ebenso durch Erk. d. Schw.-G. v. Oberfranken v. 21. Sept. 1862, Z. f. G. u. R. Bd. XI. S. 129.)

S. auch Note 49 zu Art. 47 S. 46 und Note 4 zu Art. 77 S. 103.

Art. 274.

Verbrechen des Diebstahls.

Mit Zuchthaus bis zu zwölf Jahren ist vorbehaltlich der Bestimmungen der Art. 284—287 der Diebstahl zu bestrafen:

1) wenn eine dem Gottesdienste gewidmete Sache aus einem für den Gottesdienst bestimmten Gebäude gestohlen worden ist und der Thäter sich vorher in diebischer Absicht dortselbst eingeschlichen oder verborgen hatte oder den Diebstahl mittels Einbruchs oder Einsteigens oder rechtswidrigen Gebrauchs von Schlüsseln verübt hat;

2) wenn der Diebstahl in einem bewohnten Gebäude oder in dem dazu gehörigen und mit dem bewohnten Gebäude in innerer Durchgangs-Verbindung stehenden umschlossenen Raume mittels Einbruchs oder Einsteigens oder rechtswidrigen Gebrauches von Schlüsseln verübt worden ist und der Werth des Gestohlenen die Summe von hundert Gulden übersteigt;

3) wenn sich der Dieb oder, falls Mehrere den Diebstahl gemeinschaftlich verübt haben, Einer derselben zur Verübung der That mit Waffen versehen hatte;

4) wenn der auf frischer That ergriffene oder auf der Flucht verfolgte Dieb eine Person vergewaltigt oder an Leib oder Leben bedroht hat, um mit dem gestohlenen Gute oder einem Theile desselben zu entkommen;

5) wenn drei oder mehrere Personen, welche sich zur fortgesetzten Verübung von Raub oder Diebstahl verbunden haben, den Diebstahl gemeinschaftlich verübt oder bei Ausführung desselben in der im Art. 54 Ziff. 4 bezeichneten Art mitgewirkt haben;

6) wenn der Werth des Gestohlenen die Summe von tausend Gulden übersteigt.

1) „Vorbehaltlich der Bestimmungen der Art. 284—287". Felddiebstahl kann auch durch Vorliegen eines der erschwerenden Umstände des Art. 274 nicht zum Verbrechen werden. Fischereifrevel (Art. 289) fällt nicht unter den Begriff des Diebstahls. (Prot. d. G.-A. d. K. d. Abg. 1860/61 S. 70, Stenglein Bd. II. S. 363, Weis Bd. II. S. 130.)

2) Zu Ziffer 1. „Eine dem Gottesdienste gewidmete Sache" Was hierunter zu verstehen sei, ist nach dem Ritus der im einzelnen Falle in Frage stehenden Confession oder Religion zu bemessen. (Stenglein Bd. II. S. 363. 364, Weis Bd. II. S. 130.)

3) Nur solche Sachen, welche beim Gottesdienste selbst Verwendung finden, sind demselben gewidmet, nicht auch solche, mittels welcher die Kosten des Gottesdienstes bestritten werden, wie Opfergelder, oder andere in der Kirche befindliche Gegenstände, wie Votivgegenstände. Dagegen ist es ohne Bedeutung, ob sie zum Gottesdienste wesentlich sind oder nicht, ob sie geweiht sind oder nicht. (Stenglein Bd. II. S. 364. 365, Weis Bd. II. S. 130, Prot. d. G.-A. d. K. d. Abg. 1856/57 Bd. II. S. 103, Vortr. 1856/57 S. 392, 1860/61 S. 193.)

4) „Aus einem für den Gottesdienst bestimmten Gebäude". Auch diese sind nach dem Ritus zu bestimmen (s. oben Note 2). Art. 277 Abs. 3 ist auch hieher zu beziehen, und gehören daher zu den angegebenen Gebäuden auch alle für kirchliche Zwecke dienende, mit Kirchen, Kapellen, Betsälen u. dergl. in innerer Durchgangsverbindung stehende Räumlichkeiten. Auch Sakristeien sind für den Gottesdienst bestimmte Gebäude. (Stenglein Bd. II. S. 364, Weis Bd. II. S. 130. 131.)

5) Der Gottesdienst aller in Bayern aufgenommenen Confessionen und Religionen, gleichviel ob es öffentliche oder Privatkirchengesellschaften sind, ist gleichgestellt. (Stenglein Bd. II. S. 365, Weis Bd. II. S. 130.)

6) Ob eine Sache dem Gottesdienst gewidmet, ein Gebäude zu demselben bestimmt ist, gehört zur Thatfrage. (Prot. d. G.-A. d. K. d. Abg. 1856/57 Bd. II. S. 106, Stenglein Bd. II. S. 364.)

7) „und der Thäter sich vorher in diebischer Absicht dortselbst eingeschlichen oder verborgen hatte". Das Einschleichen erfordert eine gewisse Heimlichkeit des Eintritts auf einem zum öffentlichen Eintritt nicht bestimmten Weg, oder zu einer hiezu nicht bestimmten Zeit oder in einem hiezu nicht bestimmten Raum. (Stenglein Bd. II. S. 365.)

8) Zum Verbergen ist eine getrennte Handlung erforderlich, der Eintritt und ein heimlicher Aufenthalt, bis zu einer Zeit, in welcher geminderte Aufsicht stattfindet, und der Diebstahl begangen wird. (Stenglein Bd. II. S. 365.)

9) „mittels Einbruchs oder Einsteigens oder rechtswidrigen Gebrauchs von Schlüsseln" s. hierüber zu Art. 279. 280. 281.

10) Zu Ziffer 2. „in einem bewohnten Gebäude" s. zu Art. 277. „in dem dazu gehörigen und mit dem bewohnten Gebäude

in innerer Durchgangsverbindung stehenden umschlossenen Raume." Es wolle behauptet werden, der umschlossene Raum müsse Pertinenz des bewohnten Gebäudes sein und Ziffer 2 schlage nicht an, wenn der umschlossene Raum und das damit in Durchgangsverbindung stehende Gebäude verschiedenen Eigenthümern gehöre. (Vortr. im G.-A. d. K. d. Abg. 1856/57 S. 399, Prot.-Bd. II. S. 108. Entgegengesetzter Ansicht ist Stenglein Bd. II. S. 366.)

11) Die innere Durchgangsverbindung besteht nicht, wenn die Verbindung durch einen nicht umschlossenen Raum stattfindet, wohl aber wenn sie mittelbar durch einen andern umschlossenen Raum führt. (Vortr. im G.-A. d. K. d. Abg. 1856/57 S. 399, Prot.-Bd. II. S. 103. 108, Stenglein Bd. II. S. 366.)

Ueber den Begriff des umschlossenen Raums s. zu Art. 278.

12) „mittels Einbruchs" s. Art. 279.

„oder Einsteigens" s. Art. 280.

„oder rechtswidrigen Gebrauchs von Schlüsseln" s. Art. 281.

Der Dieb muß in der Absicht zu stehlen einbrechen, einsteigen oder mittels rechtswidrigen Gebrauchs von Schlüsseln öffnen. Die erst nachträglich entstandene diebische Absicht begründet die Anwendung der Ziff. 2 nicht. (Stenglein Bd. II. S. 366.)

13) Es liegt weder Einbruch vor, wenn der Dieb ein Zimmer, in dem er eingeschlossen ist, erbricht und außerhalb stiehlt, noch, wenn der Dieb durch Zerbrechen des Schlosses bewirkt, daß die Räumlichkeit, in welcher er zu stehlen beabsichtigt, unverschlossen bleibt. (Stenglein Bd. II. S. 366.)

14) Der Dieb muß mit dem ganzen Körper in den erbrochenen Raum eingedrungen sein. Hat er nur eine Oeffnung bewirkt, durch welche er die entwendete Sache herausnimmt, so liegt der erschwerte Diebstahl nicht vor. Dies ist aber der Fall, wenn der Dieb in einen umschlossenen Raum einbrach oder einstieg und von dort aus etwas aus dem Gebäude nimmt, ohne in dieses einzudringen. (Stenglein Bd. II. S. 367.) S. jedoch Note 13 zu Art. 279 S. 394.

15) „und der Werth des Gestohlenen die Summe von hundert Gulden übersteigt." Die Absicht des Diebes muß nicht auf die Entwendung eines so hohen Werthes gerichtet gewesen sein. (Stenglein Bd. II. S. 367.)

S. übrigens Note 5 zu Art. 272 S. 382.

16) Hat der Dieb eine andere Sache stehlen wollen, als er wirklich weggenommen hat, so ist ihm der höhere Werth der genommenen nicht anzurechnen; war jedoch diejenige Sache von höherem Werthe, welche er nehmen wollte, so liegt in dieser Richtung Versuch vor. (Stenglein Bd. II. S. 367.)

17) Wenn bei einem Diebstahle nur ein Theil des Gestohlenen mittels Einbruchs oder dergl. entwendet wurde, so findet Ziff. 2 Anwendung, wenn auch nur der Gesammtwerth des Gestohlenen 100 fl. übersteigt. (Erk. d. Cass.-H. v. 9. Juli 1869, Z. f. Gerichtspr. Bd. VIII. S. 389, Entsch. d. Cass.-H. Bd. III. S. 251.)

18) Zu Ziffer 3. Waffe ist jedes zur lebensgefährlichen Mißhandlung Einzelner taugliche Werkzeug. Dasselbe muß aber in einem zum Gebrauche tauglichen Zustande sein. (Prot. d. G.-A. d. K. d. Abg. 1856/57 Bd. II. S. 104, Stenglein Bd. II. S. 367. 368, Z. f. Gerichtspr. Bd. I. S. 147.)

19) Als Waffe gilt jedes zur Vertheidigung oder zum Angriffe taugliche Werkzeug. Ob ein solches Waffe sei, gehört zur Thatfrage. (Z. f. Gerichtspr. Bd. V. S. 246.)

S. über den Begriff der Waffen auch Bl. f. R.-A. Bd. XXIX. S. 161.

20) Es ist nicht vorausgesetzt, daß sich der Dieb vorher erst mit einer Waffe versehen hat, sondern es genügt, wenn er sie gewöhnlich oder zufällig mit sich führt mit dem Bewußtsein sie eventuell gebrauchen zu können. Diese Absicht eines eventuellen Gebrauchs geht aus einem absichtlichen an sich Nehmen der Waffe von selbst hervor. Auch wenn der Dieb die Waffe seinem Stande gemäß regelmäßig trägt, oder sie erst am Orte der That ergriffen hat, oder sich zu einem andern Zwecke, um z. B. über seinen Stand zu täuschen, damit versehen hat,

kann der erschwerende Umstand vorliegen. (Stenglein Bd. II. S .368.) Dagegen fordert Weis Bd. II. S. 131 unbedingt ein absichtliches Mitnehmen von Waffen, um von denselben vorkommenden Falls Gebrauch zu machen. S. auch Prot. d. G.-A. d. K. d. Abg. 1856/57 Bd. II. S. 104, Z. f. Gerichtspr. Bd. VII. S. 79. Beim bewaffneten Diebstahl ist ein sich Versehen mit Waffen nicht gleichbedeutend mit Beisichhaben von Waffen. (Z. f. Gerichtspr. Bd. VI. S. 206.)

21) Ein Gebrauch der Waffe zur Verletzung oder zum Schrecken ist nicht erforderlich; auch genügt es, wenn die eventuelle Absicht nur auf Schrecken nicht auf Verletzen gerichtet war. (Stenglein Bd. II. S. 368.) Diebstahl mit Waffen erfordert nicht die Absicht, aber die Möglichkeit des Gebrauchs derselben. (Z. f. Gerichtspr. Bd I. S. 147.)

22) Forstfrevel, Wilddiebstahl oder dergl. fällt dadurch, daß der Thäter sich mit Waffen versehen hat, nicht unter Art. 274. (Stenglein Bd. II. S. 369.

23) War nur einer von mehreren Dieben mit Waffen versehen, so fällt dies den Mitthätern nur dann zur Last, wenn sie darum wußten. (Stenglein Bd. II. S. 369, Weis Bd. II. S. 132, Erk. d. Cass.-H. v. 20. November 1868, Z. f. Gerichtspr. Bd. VIII. S. 106, Entsch. d. Cass.-H. Bd. II. S. 460.)

24) Zu Ziffer 4. Der Dieb muß noch entwendete Sachen bei sich tragen und seine Absicht muß darauf gerichtet sein, dieselben in Sicherheit zu bringen, wenn Ziff. 4 Anwendung finden soll. Ist die Gewalthandlung nur auf Sicherung der Person gerichtet, so schlägt Ziff. 4 nicht an. (Motive z. Entw. v. 1855 S. 107, Prot. d. G.-A. d. K. d. Abg. 1856/57 Bd. II. S. 104, Vortr. S. 398. 405, Stenglein Bd. II. S. 369. 370, Weis Bd. II S. 132.)

25) Ziffer 4 kann bei Diebstahlsversuch nicht Anwendung finden, sondern würde Gewalt zum Zwecke des Diebstahls Raub sein, ebenso die Fortsetzung eines theilweise vollendeten Diebstahls mittels Gewalt an einer Person. (Stenglein Bd. II. S. 369, Weis Bd. II. S. 132.)

26) Als Vergewaltigung erscheint nicht nur jede Mißhandlung, sondern auch jede Verhinderung der Verfolgung durch Anwendung physischer Gewalt, z. B. durch Binden. (Stenglein Bd. II. S. 370.)

27) Fällt die Gewalthandlung unter eine besondere Strafbestimmung, so liegt ideelle Concurrenz vor. Gegen eine Bedrohung des Diebes auf Leib und Leben ist dieser zur Nothwehr berechtigt, nicht aber gegen die Festnahme. (Stenglein Bd. II. S. 370. 371.)

28) Ob der Dieb als solcher bestimmt erkannt oder nur als verdächtig angehalten war, begründet keinen Unterschied. (Stenglein Bd. II. S. 371.)

29) Ist der Dieb nicht auf frischer That ertappt, sondern später im Besitze der entwendeten Sachen angetroffen, so greift Ziffer 4 auch dann nicht Platz, wenn der Dieb das Gestohlene mittels Gewalt in Sicherheit zu bringen sucht. (Weis Bd. II. S. 132.)

30) Zwei Diebsgenossen, von denen der eine gemäß Verabredung den Diebstahl ausführt, der andere den Verfolger gewaltsam aufhält und so die Flucht des andern mit dem Entwendeten ermöglicht, sind beide als Mitthäter gemäß Art. 274 Ziff. 4 strafbar. (Erk. d. Cass.-H. v. 27. Dezember 1867, Z. f. Gerichtspr. Bd. VII. S. 339, Entsch. d. Cass.-H. Bd. I. S. 487.)

Das oben Note 23 angeführte Erkenntniß bezieht sich auch auf Ziff. 4.

31) Zu Ziffer 5. Es muß ein in irgend einer Form geschlossenes Einverständniß von drei oder mehreren Personen vorliegen, darauf gerichtet, gemeinschaftlich stehlen oder rauben zu wollen, ohne daß die einzelnen Reate, auf die das Complott gerichtet ist, schon bestimmt ins Auge gefaßt sind. (Stenglein Bd. II. S. 371, Weis Bd. II. S. 132.)

32) Das Bandencomplott kann auf eine bestimmte Zeit beschränkt sein; nicht aber auf eine bestimmte Mehrzahl strafbarer Handlungen oder auf eine nach Zeit und Art beschränkte Gelegenheit, z. B. auf einen bestimmten Markt. (Prot. d. G.-A. d. K. d. Abg. 1856/57 Bd. II. S. 104, Stenglein Bd. II. S. 371.

372, Weis Bd. II. S. 132) S. über Bandencomplott in Bezug auf Marktdiebstähle Z. f. Gerichtspr. Bd. I. S. 75, s. auch das. S. 80.)

33) Der Widerspruch in einem Wahrspruche, durch welchen drei Angeklagte schuldig erklärt werden, im Bandencomplott mit je drei andern gestohlen zu haben, während bei der vierten dieses Complott verneint wird, genügt nicht zur Vernichtung des Urtheils. (Erk. d. Cass.-H. v. 9. Febr. 1866, Z. f. G. u. R. Bd. XIII. S. 47.)

34) Das gleichzeitige Vorliegen mehrerer der in Art. 274 aufgeführten erschwerenden Umstände hat nur für die Strafzumessung Bedeutung. (Stenglein Bd. II. S. 372.)

Art. 275.

Zuchthausstrafe bis zu sechzehn Jahren tritt ein, wenn an dem Diebe gleichzeitig drei oder mehrere Diebstähle zu bestrafen sind, von denen jeder einzeln nach Art. 274 strafbar wäre.

Sind an dem Diebe gleichzeitig drei oder mehrere Diebstähle zu bestrafen, von denen jeder auf die im Art. 274 Ziff. 2 bezeichnete Weise verübt worden ist, während bei keinem der Werth des Gestohlenen die Summe von hundert Gulden übersteigt, so ist auf Zuchthaus bis zu zwölf Jahren zu erkennen, die Strafe kann bis zu sechzehnjährigem Zuchthause erhöht werden, wenn außerdem dem Thäter noch wenigstens zwei andere nach Art. 274 strafbare Diebstähle zur Last liegen.

1) „wenn gleichzeitig ... zu bestrafen sind“. Sämmtliche Diebstähle müssen vor der ersten rechtskräftigen Verurtheilung wegen eines derselben verübt sein, da sonst Rückfall, nicht Zusammenfluß vorliegt (Art. 87). (Stenglein Bd. II. S. 373.)

2) Bei successiver Aburtheilung der konkurrirenden Diebstähle ist der bereits abgeurtheilte nicht wieder in Frage zu ziehen, sondern unter Berücksichtigung des früheren Schuldausspruchs eine Gesammtstrafe auszusprechen und davon der bereits vollzogene Straftheil in Abrechnung zu bringen. (Prot. d. G.-A. d. K. d. Abg. 1856/57 Bd. II. S. 103. 104, Stenglein Bd. II. S. 373, Weis Bd. II. S. 134.)

3) Abgesehen von den speziellen Bestimmungen des Art. 275 finden die allgemeinen Bestimmungen über Zusammenfluß auch auf die konkurrirenden Diebstähle Anwendung. (Weis Bd. II. S. 134.)

4) Art. 275 findet auch dann Anwendung, wenn einzelne der konkurrirenden Diebstähle Versuchs- oder Theilnahmshandlungen sind. Eine Herabsetzung der Strafe ist aber nur dann gestattet, wenn lediglich solche Handlungen vorliegen. (Weis Bd. II. S. 135.) Dagegen nahm ein Erk. d. Schw.-G. v. Mittelfranken v. 23. Febr. 1869 (Z. f. Gerichtspr. Bd. VIII. S. 351) an, daß die Herabsetzung der Strafe auch gestattet sei, wenn mehre durch Zusammenfluß als ein Verbrechen strafbare Diebstahlsvergehen theils versucht, theils vollendet sind.

5) Eine im Auslande bereits bestrafte That, deren weitere Verfolgung in Bayern ausgeschlossen ist, kann auch in Bezug auf Zusammenfluß nicht weiter in Betracht kommen. (Erk. d. A.-G. v. Oberbayern v. 7. Juli 1869, Z. f. Gerichtspr. Bd. VIII. S. 392, s. dagegen Z. f. Gerichtspr. Bd. VII. S. 62.) (Ein Grund, weshalb, wenn ausländische Urtheile überhaupt Beachtung finden, die Regeln über successive Aburtheilung nicht zur Anwendung kommen sollen, dürfte schwer zu finden sein.)

6) Drei nach Art. 275 Abs. 2 als ein Verbrechen strafbare Diebstahlsvergehen sind als solche auch zu bestrafen, wenn der Dieb rückfällig ist und deshalb die zweite Alternative des Art. 276 Anwendung findet. (Erk. d. Cass.-H. v. 30. März 1865, Z. f. G. u. R. Bd. XII. S. 122.)

Art. 276.

Nach Art. 7 des Gesetzes v. 16. Mai 1868:

Wer wegen Diebstahls, Raubes oder Hehlerei bereits einmal zu einer Verbrechens- oder zweimal zu Gefängnißstrafe, jedesmal von wenigstens einem Jahre verurtheilt

worden ist und sich neuerdings, ehe vom Tage der erstandenen Strafe oder erlangten Begnadigung zehn Jahre verflossen sind, eines Diebstahls schuldig macht, wird

1) wenn dieser Diebstahl nach Art. 282 Ziff. 1 strafbar wäre, mit Gefängniß nicht unter zwei Jahren;

2) wenn derselbe nach Art. 282 Ziff. 2 strafbar wäre, mit Zuchthaus bis zu zwölf Jahren, und

3) wenn er nach Art. 274 oder 275 strafbar wäre, mit Zuchthaus von acht bis zwanzig Jahren,

bestraft.

Frühere Fassung:

Wer wegen Diebstahls, Raubes oder Hehlerei bereits einmal zu einer Verbrechens- oder zweimal zu Gefängnißstrafe, jedesmal von wenigstens einem Jahre, verurtheilt worden ist und sich neuerdings eines Diebstahls schuldig macht, wird mit Zuchthaus bis zu zwölf Jahren bestraft, wenn der neuerdings verübte Diebstahl nach Art. 282 Ziff. 1 und 2, mit Zuchthaus von acht bis zwanzig Jahren, wenn derselbe nach Art. 274 oder 275 strafbar wäre.

1) „Wer wegen Diebstahls". Als Verbrechensstrafe ist jede Freiheitsstrafe von mindestens vierjähriger Dauer, welche wegen Diebstahls nach älterem bayerischen Strafgesetze oder im Auslande erkannt worden ist, dann zu betrachten, wenn die bestrafte Handlung ihrer Gattung nach unter den strafrechtlichen Begriff des Diebstahls nach bayerischem Gesetze fällt. (Erk. d. Cass.-H. v. 14. April 1866, Z. f. Gerichtspr. Bd. V. S. 291, Z. f. G. u. R. Bd. XIII. S. 178.)

2) „bereits einmal zu einer Verbrechensstrafe". Was als Verbrechensstrafe zu betrachten sei, wenn die frühere Strafe nach dem vor dem 1. Juli 1862 in Bayern geltenden Strafgesetze verhängt worden war, wurde alsbald nach Verkündigung des Strafgesetzbuches sehr controvers. Die Ansicht, ältere Strafurtheile könnten überhaupt keinen Rückfall begründen, sondern nur die nach dem Strafgesetzbuche von 1861 erlassenen, tauchte nur vorübergehend auf. Ein Erk. d. Cass.-H. v. 4. Oktober 1862 (Z. f. Gerichtspr. Bd. I. S. 345, Z. f. G. u. R. Bd. IX. S. 494) nahm an, jede nach älterem Gesetze verhängte Verbrechens- (Arbeitshaus-) strafe begründe den Rückfall. Dagegen verfocht Stenglein Bd. II. S. 374 fg. auch in Z. f. Gerichtspr. Bd. I. S. 105. 121. 137, wo sämmtliche aufgestellte Ansichten zusammengestellt und beleuchtet sind, den Grundsatz, die in älteren Strafurtheilen festgestellten Thatsachen müßten bei Würdigung des Rückfalls geprüft werden und könnten nur dann eine Rückfallstrafe rechtfertigen, wenn sie den Thatbestand eines Verbrechens nach dem Str.-G.-Bche. v. 1861 enthielten und eine mindestens vierjährige Freiheitsstrafe nach sich gezogen hätten. Das Pl.-Erk. d. Cass.-H. v. 27. Dezember 1862 (Z. f. Gerichtspr. Bd. II. S. 56, Z. f. G. u. R. Bd. IX. S. 562 fg.) entschied endlich für die Praxis endgültig dahin, daß jede wegen Diebstahls erlittene Freiheitsstrafe von mindestens vierjährigem Arbeitshause als Verbrechensstrafe im Sinne des Art. 276 zu gelten habe. Ebenso das Erk. d. Cass.-H. v. 14. April 1866 (Z. f. G. u. R. Bd. XIII. S. 178, Z. f. Gerichtspr. Bd. V. S. 291.) Dieser Ansicht schloß sich auch Weis Bd. II. S. 139 fg. an.

3) Die gleiche Controverse wurde auch bezüglich der ausländischen Urtheile durchgeführt. — Stenglein Bd. II. S. 374 fg. wollte bei denselben eine Prüfung der festgestellten Thatsachen und der Dauer der dafür verhängten Freiheitsstrafe in derselben Weise vorgenommen wissen, wie bei älteren inländischen Urtheilen. Weis Bd. II. S. 146 will die Gesetzgebungen verglichen haben und nimmt an, daß, wenn die ausländische Gesetzgebung bezüglich der kritischen Begriffe mit der inländischen übereinstimmt, oder doch die von letzterer geforderten Thatbestandsmerkmale im Urtheile festgestellt sind, ferner die Strafe eine Verbrechensstrafe in der Dauer von mindestens vier Jahren ist, auch das ausländische Urtheil Rückfall begründe. Eine Erört. in Bl. f. R.-A. Bd. XVIII. S. 65. 81. 97 spricht primär ausländischen Urtheilen jede Wirkung ab, eventuell will sie wenigstens die von Stenglein bevorwortete Prüfung vorgenommen wissen. Letzterer Ansicht schließt sich eine weitere in Bl. f. R.-A. Bd. XXIX. S. 417. 433 an. (Vgl. auch

Z. f. G. u. R.Bd. X. S. 374 fg., Bl. f. R.-A. XXVIII. S. 239.) Der Cass.-H. sprach sich durch Erk. v. 16. Januar und 7. Febr. 1863 (Z. f. Gerichtspr. Bd. II. S. 87, Z. f. G. u. R. Bd. X. S. 29. 151) dahin aus, daß jede im Auslande erlittene Freiheitsstrafe, gleichviel wie benannt, von mindestens 4 Jahren als Verbrechensstrafe erscheine, während das oben in Note 1 angeführte, sowie ein solches vom 29. Mai 1863 (Z. f. Gerichtspr. Bd. II. S. 288, Z. f. G. u. R. Bd. X S. 487) nur eine Berücksichtigung nach Maßgabe der thatsächlichen, im Urtheile festgestellten Umstände billigen. S. auch zu Art. 319 sowie unten Note 6—8.

4) Darüber, ob militärische Vorstrafen nach älterer Gesetzgebung bei Beurtheilung des Rückfalls zu berücksichtigen seien, s. theils bejahende, theils verneinende Ansichten in Z. f. Gerichtspr. Bd. III. S. 297. 313. 345. Bd. IV. S. 154; ferner bejahend ein Erk. d. A.-G. v. Oberbayern v. 22. Oktober 1867 (Z. f. Gerichtspr. Bd. VII. S. 125.)

In eine besondere Prüfung der der militärischen Verurtheilung zu Grunde liegenden Thatsachen ging ein Erk. d. Cass.-H. v. 22. Novbr. 1867 (Z. f. Gerichtspr. Bd. VII. S. 152, Entsch. d. Cass.-H. Bd. I. S. 463.) Bei Vorstrafen, welche nach der neuen Militärstrafgesetzgebung erkannt sind, greift die Controverse nicht mehr Platz.

5) Die Rückfallbestimmungen bei Diebstahl finden Anwendung, gleichviel ob die Vorstrafen oder die neue Verurtheilung nur wegen Versuchs oder Theilnahme an Diebstahl erfolgten. (Erk. d. Cass.-H. v. 21. Juli 1866, Z. f. Gerichtspr. Bd. VI. S. 11, Z. f. G. u. R. Bd. XIII. S. 458.)

6) „oder zweimal zu Gefängnißstrafe, jedesmal von wenigstens einem Jahre“. Jede, sei es im Auslande, sei es nach älterer oder gegenwärtiger Strafgesetzgebung wegen Diebstahls, Raubs oder Hehlerei erlittene Freiheitsstrafe von wenigstens einem Jahre erfüllt diese Vorbedingung. (Stenglein Bd. II. S. 377.)

7) Die Rückfallstrafe ist auch gegen Ausländer begründet, welche vor Begehung der neuen That zweimal wegen Diebstahls im Auslande zu wenigstens einjähriger Freiheitsstrafe verurtheilt worden waren. (Erk. d. Cass.-H. v. 28. Oktober 1865, Z. f. Gerichtspr. Bd. V. S. 65, Z. f. G. u. R. Bd. XII. S. 491.)

8) Eine früher wegen Diebstahls erlittene Freiheitsstrafe von wenigstens einem Jahre ist bei Bestrafung des Rückfalls zu berücksichtigen, mag dieselbe im Auslande oder nach älterem bayerischen Gesetze erkannt sein, wenn nur der frühere Diebstahl seiner Gattung nach unter dem jetzigen Strafgesetze eine so hohe Strafe nach sich ziehen konnte. (Erk. d. Cass.-H. v. 11. Dezbr. 1865, Z. f. Gerichtspr. Bd. V. S. 108, Z. f. G. u. R. Bd. XII. S. 586.)

9) Eine von einem Rückfälligen früher erlittene 12monatliche Gefängnißstrafe ist einer einjährigen nicht gleich zu achten. (Erk. d. Cass.-H. v. 14. Nov. 1863, Z. f. Gerichtspr. Bd. III. S. 57, Z. f. G. u. R. Bd. X. S. 1008.)

10) Eine früher vom Diebe erlittene einjährige Gefängnißstrafe oder darüber, welche für Diebstahl im Zusammenflusse mit andern strafbaren Handlungen erkannt wurde, ohne daß erkennbar wäre, daß die Strafe für den Diebstahl allein in der Höhe von mindestens einem Jahre verhängt wurde, kommt nicht in Betracht. (Erk. d. Cass.-H. v. 26. April u. 13. Mai 1867, Z. f. Gerichtspr. Bd. VI. S. 337. 354, Entsch. d. Cass.-H. Bd. I. S. 175. 216.) Wohl aber, wenn sich mit Sicherheit ergibt, daß von der Strafe mindestens ein Jahr auf den Diebstahl getroffen hat. (Erk. d. Cass.-H. v. 17. August 1867, Entsch. d. Cass.-H. Bd. I. S. 351, Z. f. Gerichtspr. Bd. VII. S. 132.)

11) „verurtheilt worden ist“ Es kommt nicht auf den Vollzug der früheren Strafe, sondern nur darauf an, daß sie rechtskräftig verhängt ist. (Stenglein Bd. II. S. 374.)

12) Ein rückfälliger Dieb kann dann nicht in die Rückfallstrafe des Art. 276 verurtheilt werden, wenn er zwar zwei Freiheitsstrafen von wenigstens einem Jahre wegen Diebstahls erlitten hatte, diese aber unter den Begriff des Zusam-

menflusses fallen, wenn sie auch bei Aburtheilung im Inlande eine Verbrechensstrafe nach sich gezogen hätten. (Erk. d. Cass.-H. v. 17. März 1866, Z. f. Gerichtspr. Bd. V. S. 238, Z. f. G. u. R. Bd. XIII. S. 140, Erk. v. 1. Juni 1867, Z. f. Gerichtspr. Bd. VI. S. 360, Entsch. d. Cass.-H. Bd. I. S. 247.)

13) Ein früheres Ungehorsamsurtheil kann so lange, als der Verurtheilte keine Kenntniß davon hat, bezüglich des Rückfalls nicht berücksichtiget werden. (Erk. d. Cass.-H. v. 30. Novbr. 1867, Entsch. d. Cass.-H. Bd. I. S. 470, Z. f. Gerichtspr. Bd. VII. S. 155.)

14) Der Rückfall unterliegt nicht der Beurtheilung durch die Geschwornen und bedarf es deshalb seiner Erwähnung in der Fragestellung nicht. (Erk. d. Cass.-H. v. 21. u. 24. Januar 1863, Z. f. Gerichtspr. Bd. II. S. 107. 109, Z. f. G. u. R. Bd. X. S. 37, Weis Bd. II. S. 148.) Ein Ausspruch der Geschwornen über die auf dem Rückfalle beruhende Qualifikation eines Diebstahls ist für das Urtheil des Schwurgerichtshofes nicht maßgebend. (Erk. d. Cass.-H. v. 24. Januar 1863, Z. f. G. u. R. Bd. X. S. 41, Z. f. Gerichtspr. Bd. II. S. 107.) S. über die Fragestellung auch Z. f. Gerichtspr. Bd. I. S. 328.)

15) Der Mangel der Constatirung der Vorstrafen in einem wegen Diebstahls im Rückfall ergangenen Urtheile begründet keine Nichtigkeit desselben, wenn die Vorstrafen bei der Verhandlung konstatirt worden waren. (Erk. d. Cass.-H. v. 17. März 1866, Z. f. Gerichtspr. Bd. V. S. 272.)

16) „ehe ... verflossen sind". Ist der Rückfall durch zwei Vorstrafen von mindestens einem Jahre begründet, so verjährt er nur, wenn zwischen der zweiten Bestrafung und dem neuerlichen Reate zehn Jahre verflossen sind, nicht auch wenn dies zwischen der ersten und zweiten Vorstrafe der Fall ist. (Z. f. Gerichtspr. Bd. VII. S. 369.) Entgegengesetzter Ansicht ist ein Erk. d. Cass.-H. v. 16. April 1869 (Z. f. Gerichtspr. Bd. VIII. S. 292, Entsch. d. Cass.-H. Bd. III. S. 158), und nimmt an, daß weder zwischen der ersten und zweiten Vorstrafe noch zwischen dieser und dem neuerlichen Diebstahl eine zehnjährige Frist liegen dürfe, daß aber nicht beide Vorstrafen in die 10jährige Frist vor Begehung des neuen Diebstahls fallen müssen.

17) Zu Ziffer 1. 2. Diese in der älteren Fassung zusammengefaßten Alternativen riefen die Controverse hervor, ob die Merkmale des Art. 282 Ziff. 1 u. 2 in der neuen That vereint sein müssen. Dies wurde verneint durch Erk. d. Cass.-H. v. 4. Jan. 1863 und 5. Mai 1865 (Z. f. Gerichtspr. Bd. II. S. 73, Z. f. G. u. R. Bd. X. S. 16. Bd. XII. S. 209, Bl. f. R.-A. Bd. XVII. S. 343, Weis Bd. II. S. 136.)

18) Uebertretungen des Diebstahls und Felddiebstahl werden durch Rückfall nie zum Verbrechen. (Stenglein Bd. II. S. 377, Weis Bd. II. S. 136.)

19) Zu Ziffer 3 vergl. Erk. d. Cass.-H. v. 30. März 1865, Z. f. G. u. R. Bd. XII. S. 122.)

Art. 277.

Unter bewohnten Gebäuden sind alle jene Gebäude und sonstigen Räumlichkeiten zu verstehen, welche, wenn auch nur theilweise, zur Wohnung von Menschen dienen, ohne Rücksicht darauf, ob sich zur Zeit der begangenen That Jemand darin aufgehalten.

Den bewohnten Gebäuden sind gleichgestellt:

1) zum Gottesdienste bestimmte Gebäude,

2) unbewohnte Nebengebäude oder Räumlichkeiten, welche einem bewohnten Gebäude in der Art an- oder eingebaut sind, daß sie mit demselben in innerer Durchgangsverbindung stehen, diese mag zur Zeit der That versperrt gewesen sein oder nicht.

Nebengebäude oder Räumlichkeiten, welche mit einem für den Gottesdienst bestimmten Gebäude auf die in Ziff. 2 bezeichnete Art in Verbindung stehen, sind diesem Gebäude gleich zu achten.

1) „Alle jene Gebäude und Räumlichkeiten" u. s. w. Hierunter fallen also auch bewohnte Schiffe, Schiffs- und andere Mühlen, ja selbst bewohnte Wägen oder Höhlen. Nicht aber Schäferkarren, Marktbuden, Geschäfts-

lokale, Bureaux, Gartenhäuser u. dergl. (Prot. d. G.-A. d. K. d. Abg. 1856/57 Bd. II. S. 106, Stenglein Bd. II. S. 378. 379, Weis Bd. II. S. 149.)

2) Ob ein Gebäude ein bewohntes ist, gehört zur Thatfrage. (Stenglein Bd. II. S. 378.)

3) Hiezu genügt nicht ein vorübergehender Aufenthalt von Menschen. Es muß vielmehr ein regelmäßiger Aufenthaltsort sein. Entscheidendes Gewicht wurde theils auf die Schlafstätte, theils auf den Heerd gelegt, und schloß mit Rücksicht auf letzteren der O.-G.-H. in älteren Urtheilen Ställe mit Dienstbotenzimmern oder Schlafstellen Bediensteter, selbst wenn diese ihre Effekten daselbst aufbewahrten, vom Begriffe bewohnter Gebäude aus. Stenglein Bd. II. S. 379 hält aber die Entscheidung nach dem Heerde für ungenügend und will dieselbe darnach getroffen haben, wo ein Mensch den Mittelpunkt seiner Existenz hat, und hält hiefür die Schlafstätte, den Aufbewahrungsort des Eigenthums, den Zubereitungsort der Nahrung gleichmäßig maßgebend. S. auch Weis Bd. II. S. 149.

4) Wenn in einem Gebäude eine menschliche Wohnung sich befindet, so theilt dies allen mit derselben in innerer Durchgangsverbindung stehenden Räumlichkeiten des Gebäudes den Charakter des Bewohntseins mit, nicht aber solchen, welche nur getrennte Eingänge von außen haben, wie zuweilen Keller, Läden u. dergl. Jedoch ist die Praxis hierüber keine konstante. (Vortr. im G.-A. d. K. d. Abg. 1856/57 S. 398, Prot.-Bd. II. S. 106, Stenglein Bd. II. S. 379. 380, Weis Bd. II. S. 149. 150.)

5) Auch alle Nebengebäude und Anbauten gehören zum Gebäude, wenn sie mit diesem in innerer Durchgangsverbindung stehen, d. h. wenn man von einer Räumlichkeit in die andere gelangen kann, ohne den überbauten Raum zu verlassen, z. B. ein verschlossener, innerlich verbundener Gang auf einer Stadtmauer, und kommt es hiebei nicht darauf an, ob der Dieb die innere Verbindung kannte oder nicht. (Stenglein Bd. II. S. 380.)

6) Der Ausdruck „Zimmer" in einer auf einen Diebstahl bezüglichen Feststellung bedeutet einen, in einem Wohngebäude befindlichen Raum. (Erk. d. Cass.-H. v. 2. Mai 1862, Z. f. Gerichtspr. Bd. I. S. 174, Z. f. G. u. R. Bd. IX. S. 178.)

7) Ob sich Leute in einem bewohnten Gebäude zur Zeit des Diebstahls aufhalten oder nicht, begründet keinen Unterschied und muß der Bestohlene nicht ein regelmäßiger Bewohner des Gebäudes sein, wohl kann dies aber der Dieb sein. Ein andauerndes Verlassen eines Gebäudes durch seine Bewohner hebt aber den Begriff des Bewohntseins auf. (Stenglein Bd. II. S. 380. 381, Weis Bd. II. S. 150.)

8) Ob die innere Durchgangsverbindung zwischen den bewohnten und anderen dazu gehörigen Räumlichkeiten verschließbar und ob sie zur Zeit des Diebstahls verschlossen war oder nicht, begründet keinen Unterschied. (Stenglein Bd. II. S. 381.)

9) Zu Ziffer 1. Die Gleichstellung gottesdienstlicher Gebäude mit bewohnten bewirkt, daß ein Diebstahl an nicht dem Gottesdienste gewidmeten Sachen aus solchen Gebäuden oder mit denselben in innerer Durchgangsverbindung stehenden Räumlichkeiten mittels Einbruchs u. s. w. je nach Höhe des Werthes des Entwendeten gemäß Art. 274 Ziff. 2 oder Art. 282 Ziff. 2 strafbar ist. (Prot. d. G.-A. d. K. d. Abg. 1856/57 Bd. II. S. 106, Stenglein Bd. II. S. 365. 380, Weis Bd. II. S. 130. 131.)

Art. 278.

Als umschlossen wird nur jener Raum betrachtet, welcher von allen Seiten mit den Umfassungsmauern von Gebäuden oder mit einer das Ueberschreiten und das Durchschlüpfen unmöglich machenden Einschließung umgeben ist.

Zu dem umschlossenen Raume gehören auch unbewohnte Gebäude, welche innerhalb desselben sich befinden oder mit demselben in innerer Durchgangsverbindung stehen.

1) Zu Absatz 1. Hieher gehören auch umschlossene mit einem Wohnge-

bäude in innerer Durchgangsverbindung stehende Gärten, nicht aber umzäunte Alpenweiden, Eggarten u. dergl. (Prot. d. G.=A. d. K. d. Abg. 1860/61 S. 68, K. d. R.=R. S. 264, Stenglein Bd. II. S. 381. 382, Weis Bd. II. S. 151. 152.)

2) Es ist nicht erforderlich, daß das Ueberschreiten nur mittels Hülfsmittel möglich ist, wohl aber muß eine gewisse Kraftanstrengung nöthig, nicht ein einfaches Ueberschreiten möglich sein. Ein sog. Stiegel unterbricht die Umfassung. (Prot. d. G.=A. d. K. d. Abg. 1856/57 Bd. II. S. 107. 108, 1860/61 S. 270, Stenglein Bd. II. S. 382. 383, Weis Bd. II. S. 151.)

3) Die Einschließung darf nur verschließbare Thüren haben, dagegen ist es gleichgültig, ob dieselben zur Zeit des Diebstahls verschlossen waren oder nicht. Auch das Fehlen oder Unbefestigtsein eines einzelnen Bretts, einer Planke oder eines sonstigen Bestandtheils der Umfassung hebt den Begriff des Umschlossenseins nicht auf. (Prot. d. G.=A. d. K. d. Abg. 1856/57 Bd. II. S. 107. 108, Stenglein Bd. II. S. 383, Weis Bd. II. S. 151, Erk. d. Cass.=H. v. 26. Januar 1863, Z. f. Gerichtspr. Bd. II. S. 127, Z. f. G. u. R. Bd. X. S. 51.) Ein Hofraum, dessen Einfahrtsthor so beschaffen ist, daß man zwischen demselben und dem Boden durchschlüpfen kann, ist als ein geschlossener nicht zu betrachten. (Erk. d. A.=G. von Niederbayern v. 18. April 1865 und d. Cass.=H. v. 10. Juli 1865, Z. f. Gerichtspr. Bd. IV. S. 285. 315, Z. f. G. u. R. Bd. XII. S. 332, s. auch Z. f. Gerichtspr. Bd. VI. S. 175. Bd. VII. S. 188.)

4) Der Dieb muß in den umschlossenen Raum eingedrungen sein, es genügt nicht zum erschwerten Diebstahl, wenn er nur von außen aus demselben etwas herausnahm. (Stenglein Bd. II. S. 383.)

5) Als Umfassungstheile können auch die Mauern fremder Gebäude dienen, wenn dieselben nicht freien Zugang gestatten. Auf Fragen des Eigenthums kommt hiebei nichts an. (Stenglein Bd. II. S. 384. 385, Weis Bd. II. S. 152.)

6) Bahnhöfe können in der Regel nicht als umschlossene Räume betrachtet werden. (Z. f. Gerichtspr. Bd. IX. S. 108.)

7) Zu Absatz 2. Unbewohnte Gebäude in umschlossenen Räumen können als Theile der Umfassung in Betracht kommen und müssen dann den Anforderungen des Abs. 1 entsprechen, oder, wenn sie vom umschlossenen Raum umgeben sind, als Bestandtheile desselben, und wenn sie versperrt sind, als innere Verwahrungsmittel. (Vortr. im G.=A. d. K. d. Abg. 1856/57 S. 399, Prot.=Bd. II. S. 107. 108, Weis Bd. II. S. 152. 153.)

8) Bei Einbruch in ein unbewohntes, mit dem Wohnhause in einen umschlossenen Raum stehendes Gebäude liegt erschwerter Diebstahl vor, wenn auch der umschlossene Raum zur Zeit des Diebstahls nicht geschlossen war und der Dieb Zutritt zu demselben hatte. (Erk. d. A.=G. v. Niederbayern, Z. f. Gerichtspr. Bd. III. S. 230.)

Art. 279.

Einbruch ist vorhanden, wenn der Thäter, um den Diebstahl zu vollbringen:
1) Wände, Thüren, Fenster oder andere Vorrichtungen, welche dem Eindringen entgegenstehen, erbrochen oder sonst mit Gewalt eine Oeffnung in das Gebäude oder dessen Umfriedung gemacht oder eine schon vorhandene Oeffnung erweitert oder
2) in anderer Weise äußere oder innere Verwahrungsmittel erbrochen, gewaltsam hinweggeräumt, beschädigt oder zerstört hat.
Dem Einbruche steht gleich, wenn der Dieb verschlossene Kisten oder andere verschlossene Behältnisse mit ihrem ganzen Inhalte weggenommen hat.

1) Zu Absatz 1. Zum Einbruch ist nicht Anwendung eines Instruments erforderlich. Das Durchschneiden eines die Thüre zuhaltenden Stricks oder das einfache Zurückschieben von Riegeln von außen begründet keinen Einbruch, ebensowenig das Durchschneiden eines das Fenster vertretenden Vorhangs oder Papiers, wohl aber das Zerbrechen einer Fensterscheibe, selbst wenn sie schon zer-

sprungen war. (Stenglein Bd. II. S. 386. 387, Z. f. Gerichtspr. Bd. I. S. 184. Bd. IX. S. 204.)

2) Die Aufzählung der Verwahrungsmittel in Ziffer 1 ist keine erschöpfende, es gehören alle dem Eindringen in das Gebäude oder die Umfriedung entgegenstehenden Vorrichtungen hieher, wie Fensterläden, Gitter, Schiebfenster, welche nur von innen zu öffnen sind, Hausdächer, selbst von Legschindeln u. s. w. (Stenglein Bd. II. S. 387, Weis Bd. II. S. 155.)

3) Es gilt gleich, ob der Einbruch in das Haus erfolgte, um in dem zugehörigen umschlossenen Raum zu stehlen, oder umgekehrt. (Stenglein Bd. II. S. 387.)

4) Das Anbohren eines Fasses ist Einbruch. Darüber, ob Säcke, Emballagen, Ledertaschen, Reisesäcke u. dergl. als Verwahrungsmittel gelten, schwankt die Praxis. Bienenstände sind solche. (Stenglein Bd. II. S. 388, Z. f. Gerichtspr. Bd. I. S. 184. 259. Bd. II. S. 158. Bd. VII. S. 188.)

5) Anwendung von Gewalt, welche das Verwahrungsmittel nicht wesentlich ändert und es dadurch als ungenügend erscheinen läßt, z. B. Oeffnen durch Rütteln; Aufheben einer Tisch- oder Kommodeplatte, um den Riegel blos zu legen. (S. Erk. d. A.-G. v. Niederbayern v. 5. August 1864, Z. f. Gerichtspr. Bd. III. S. 357, dagegen Bd. IV. S. 364.); Auseinanderstemmen eines Thors um durchzuschlüpfen, begründet keinen Einbruch; wohl aber das Ausheben eines Thorflügels, das Loslösen eines Schlosses durch Ausziehen der Schrauben (s. dagegen Z. f. Gerichtspr. Bd. II. S. 374), das Auslösen einer Fensterscheibe aus dem Blei (Stenglein Bd. I. S. 388, Weis Bd. II. S. 155.); das Ausschneiden einer Thürspalte, um eine Klammer auszuheben (Z. f. Gerichtspr. Bd. I. S. 12.); die Entfernung der Charniere und Oeffnen eines verschlossenen Behältnisses hiedurch. (Erk. d. Cass.-H. v. 24. April 1863, Z. f. Gerichtspr. Bd. II. S. 221, Z. f. G. u. R. Bd. X. S. 432). — Das Oeffnen eines Fensterreibers durch Einlangen mit einem Messer ohne Verletzung des Fensters ist nicht Einbruch. (Erk. d. A.-G. von Mittelfranken v. 22. August 1868, Z. f. Gerichtspr. Bd. VIII. S. 139.)

6) Zum Einbruch bedarf es einer Beschädigung des Verschlußmittels. (Z. f. Gerichtspr. Bd. I. S. 114. 181, Weis Bd. II. S. 155.)

7) Das Erbrechen eines Behältnisses liegt auch dann vor, wenn es erbrochen wurde, ohne zu beachten, daß es auch ohne Erbrechen hätte geöffnet werden können. (Z. f. Gerichtspr. Bd. V. S. 342.)

8) In dem Losbrechen eines befestigten oder eingemauerten Gegenstands ist Einbruch zu erblicken. (Stenglein Bd. II. S. 388. Dagegen Erk. d. A.-G. v. Mittelfranken v. 24. April 1868, Z. f. Gerichtspr. Bd. VII. S. 462.)

9) Der Einbruch muß in der Absicht erfolgen einen Diebstahl zu begehen; und darf nicht erst die Diebstahlsabsicht nach dem aus andern Gründen erfolgten Eindringen entstanden sein. Das Einbrechen muß ferner vorsätzlich geschehen. Eine zufällige Beschädigung gilt nicht als Einbruch. (Stenglein Bd. II. S. 388. 389, Weis Bd. II. S. 156.)

10) Es begründet keinen Unterschied, ob der Einbruch unmittelbar oder mittelbar zum Diebstahl führte. Letzteres ist z. B. der Fall, wenn sich der Dieb Schlüssel mittels Einbruchs verschaffte, oder wenn er an einen Orte einbrach, von wo er Zugang an den Ort der That hat. (Stenglein Bd. II. S. 389, Weis Bd. II. S. 156. 157.)

11) Einbruch liegt vor, wenn der Dieb, der ein inneres Verwahrungsmittel erbricht, sich aus einem nicht rechtswidrigen Grunde am Orte der That befand. (Stenglein Bd. II. S. 389.)

12) Einbruch liegt vor, wenn der Dieb auch ohne solchen an den Ort der That gelangen konnte, aber aus Unkenntniß oder aus andern Gründen mittels Einbruchs stahl. (Stenglein Bd. II. S. 389, Weis Bd. II. S. 156.)

13) Zum Begriff des Einbruchs in ein bewohntes Gebäude ist nicht erforderlich, daß der Dieb in das Gebäude eingedrungen ist. (Erk. d. Cass.-H. vom

3. Januar 1863, Z. f. G. u. R. Bd. X. S. 16, Z. f. Gerichtspr. Bd. II. S. 73, Weis Bd. II. S. 157, Erk. d. A.-G. v. Unterfranken v. 3. Juni 1864, Z. f. G. u. R. Bd. XII S. 70) S. jedoch Note 14 zu Art. 274 S. 386.

14) Mehrfacher Einbruch bildet nur einen Thatbestand. (Stenglein Bd. II. S. 389.)

15) Zu Absatz 2. „Verschlossene Kisten oder andere verschlossene Behältnisse". Stenglein Bd. II. S. 389 nimmt an, daß hierunter nicht alle versperrten Gegenstände, wie kleine Chatoullen, Reisesäcke rc. zu verstehen seien, sondern nur eigentliche zur Verwahrung bestimmte Verschlußmittel. Anderer Ansicht ist Weis Bd. II. S. 155. 156, Z. f. Gerichtspr. Bd. IX. S. 204. Vergl. Prot. d. G.-A. d. Abg. 1856/57 Bd. II. S. 108. 109.)

Art. 280.

Unter Einsteigen wird das Eindringen über Dächer, Mauern oder andere Umfriedungen oder durch Fenster, Kellerlöcher oder andere zum Eingange nicht bestimmte Oeffnungen verstanden.

1) Einsteigen ist jedes Eindringen in einen Raum auf einem anderen als den gewöhnlichen und rechtmäßigen Weg. Es gehört hieher auch das Herablassen, Kriechen, Hinan-, Herab- oder Uebersteigen durch irgend eine zum Eintritt nicht bestimmte Oeffnung, z. B. durch Schornsteine; gleichviel ob mit Gewalt, mittels eines selbst herbeigeschafften oder zufällig vorhandenen Hülfsmittels, oder ohne ein solches, mit List oder besondere Fertigkeit oder ohne solche, so auch das Steigen mehrer Diebe über einander. (Motive z. Entw. v. 1855 S. 106, Stenglein Bd. II. S. 389. 390. 391, Weis Bd. II. S. 156.)

2) Ein bloßes Hinansteigen, nicht um in das Innere des Ortes des Diebstahls zu gelangen, sondern um nur aus demselben etwas herauszunehmen, ist nicht Einsteigen. (Stenglein Bd. II. S. 390, Z. f. Gerichtspr. Bd. II. S. 229.)

3) Das Einsteigen muß vorsätzlich und in der Absicht zu stehlen geschehen; es muß aber nicht unmittelbar an den Ort des Diebstahls führen und liegt auch dann vor, wenn der Dieb ohne einzusteigen noch auf andere Weise an den Ort der That gelangen konnte, jedoch eingestiegen ist. (Stenglein Bd. II. S. 391, Weis Bd. II. S. 156.)

4) Das Einsteigen muß dazu dienen, ein äußeres Verwahrungsmittel zu überwinden, und liegt nicht vor, wenn der Dieb nur von einer Räumlichkeit des Thatortes in eine andere stieg; wohl aber dann, wenn er durch Einsteigen über den Abschluß der selbstständigen Abtheilung eines Hauses gelangte, oder wenn er von einem Gebäude eines Anwesens in ein anderes stieg. (Stenglein Bd. II. S. 391, Z. f. Gerichtspr. Bd. II. S. 30. Bd. IX. S. 350, Erk. d. A.-G. v. Mittelfranken v. 26. April 1867, Z. f. Gerichtspr. Bd. VI. S. 379.)

5) Es begründet keinen Unterschied, wenn die Oeffnung, welche zum Einsteigen benützt wurde, eine regelmäßig bestehende oder eine zufällig oder vorübergehend entstandene oder gemachte ist, z. B. bei Reparaturen. (Stenglein Bd. II. S. 392.)

6) Hielt der Dieb irrthümlich eine Oeffnung für die regelmäßig zum Eintritt bestimmte, so ist ihm das Einsteigen nicht zuzurechnen. (Stenglein Bd. II. S. 392.)

7) Einsteigen wurde angenommen beim Durchkriechen einer Oeffnung, welche die verschlossene Thüre nicht bedeckte und die mit einem eigenen Brett verschlossen wurde (Stenglein Bd. II. S. 392); nicht aber beim Einsteigen durch einen nicht zum Eintritte bestimmten Theil der Thüre. (Z. f. Gerichtspr. Bd. II. S. 142. Bd. VII. S. 299.)

8) Diebstahl mittels Einsteigens liegt nicht vor, wenn der Dieb die Sache im Wohnhause des Bestohlenen oder dessen Zubehörungen versteckt hat und später mittels Einsteigens abholt. (Z. f. Gerichtspr. Bd. III S. 165.)

Art. 281.

Ein rechtswidriger Gebrauch von Schlüsseln wird gemacht, wenn Jemand falsche oder nicht nicht für das geöffnete Schloß bestimmte Schlüssel, Dietriche, Sperrhacken oder andere zur Eröffnung von Schlössern geeignete Werkzeuge anwendet oder sich der rechten Schlüssel bedient, nachdem er sich dieselben vorher heimlich oder mit List verschafft hat.

1) „Falsche oder nicht für das geöffnete Schloß bestimmte Schlüssel". Hieher gehören die dem Miether übergebenen Hauptschlüssel, welche auch nicht eingeräumte Gesperre öffnen, ferner verlorene Schlüssel; vom Vermiether zurückbehaltene und zum Diebstahl benützte, oder zufällig sperrende Schlüssel. (Stenglein Bd. II. S. 393, Weis Bd. II. S. 156, Z. f. Gerichtspr. Bd. I, S. 29. Bd VI, S. 378.)

2) Zwischen Verletzung innerer und äußerer Verwahrungsmittel ist nicht unterschieden. (Stenglein Bd. II, S. 392.)

3) Auf die Beschaffenheit des Schlosses kommt eben so wenig an, als darauf, daß sich der Berechtigte gleichfalls eines anderen Werkzeugs bediente als des eigentlichen Schlüssels. (Stenglein Bd. II, S. 393.)

4) Hielt der Dieb einen Schlüssel irrthümlich für den rechten, so ist ihm der Gebrauch eines falschen nicht zuzurechnen. (Stenglein Bd. II, S. 593.)

5) „nachdem er sich dieselben vorher heimlich oder mit List verschafft hat. Es genügt nicht, daß der Dieb den rechten Schlüssel zufällig oder durch Suchen am Orte der That fand; es muß eine vom Diebstahl zeitlich getrennte Handlung vorliegen, durch welche der Dieb mit der Absicht zu stehlen den rechten Schlüssel ohne Wissen des Berechtigten oder unter Täuschung desselben an sich nahm; z. B. das Nehmen des Schlüssels mittels eines falschen, das heimliche Abziehen und Verleugnen des Schlüssels, nicht aber ein Finden des verlorenen Schlüssels. (Stenglein Bd. II, S. 393, 394, Weis Bd. II, S. 156, Z. f. Gerichtspr. B. III, S. 178.)

6) Ein mit List sich Verschaffen des Schlüssels liegt nicht vor, wenn der Dieb eine Person mittels eines fingirten Auftrags entfernte, um zum Schlüssel zu gelangen. (Z. f. Gerichtspr. Bd I, S. 340.)

7) Der Gebrauch eines falschen Schlüssels muß in diebischer Absicht geschehen; es genügt nicht zur Anwendung des Gesetzes, wenn diese Absicht erst nach Oeffnung des Gesperres entstanden ist. Weis Bd. II. S. 156.

8) Der Gebrauch falscher Schlüssel fällt auch dann ins Gewicht, wenn der Diebstahl ohne solchen möglich war (Z. f. Gerichtspr. Bd. I .S. 358.)

Art. 282.

Nach Fassung des Art. 8 des Gesetzes v. 16. Mai 1868:

Vergehen des Diebstahls.

Der Diebstahl, welcher nicht unter die Bestimmungen der Art. 274—276 und 284–287 fällt, ist mit Gefängniß nicht unter einem Monat zu bestrafen:

1) wenn der Werth des Gestohlenen die Summe von zehn Gulden übersteigt,

2) wenn der Diebstahl in einem bewohnten Gebäude oder in dem dazu gehörigen und damit in innerer Durchgangsverbindung stehenden umschlossenen Raume mittels Einsteigens, Einbruchs oder rechtswidrigen Gebrauchs von Schlüsseln verübt worden ist,

3) wenn der Dieb bereits früher wegen eines als Verbrechen, Vergehen oder nach Art. 283 als Uebertretung strafbaren Diebstahls, wegen Raubes oder wegen einer nach Art. 309, 310 oder 312 strafbaren Hehlerei verurtheilt worden ist, und sich neuerdings, ehe vom Tage der erstandenen Strafe oder erlangten Begnadigung fünf Jahre verflossen sind, eines Diebstahls schuldig macht.

Frühere Fassung:

3) wenn der Dieb bereits früher wegen eines als Verbrechen, Vergehen oder nach Artikel 283 als Uebertretung strafbaren Diebstahls verurtheilt worden ist.

Art. 283.

Diebstahl als Uebertretung.

Ein Diebstahl, der weder unter die Bestimmungen der Art. 274—276 noch unter die des vorhergehenden Art. 282 fällt, ist vorbehaltlich der Art. 284—287 mit Arrest zu bestrafen, welcher auch geschärft werden kann.

1) Felddiebstähle, Forst-, Fischerei und Jagdfrevel werden auf Grund vorstehender Bestimmungen nie zum Vergehen. Dagegen fällt unter diese Bestimmungen Diebstahl von gefälltem, zum Verkaufe oder Verbrauche zugerichtetem Holze, an bereits occupirten Fischen oder Wild. (Prot. d. G.-A. d. K. d. Abg. 1860/61 S. 93. Vortr. d. K. d. R. R. S. 174. Stenglein Bd. II. S. 395. Weis Bd. II. S. 137. 138.)

2) Bei Ziff. 2 und 3 des Art. 282 ist auf einen Werthbetrag des Entwendeten keine Rücksicht genommen. (Prot. d. K. d. Abg. 1860/61. S. 93, 441, 443. K. d. R. R. Vortr. S. 174. Prot. Bd. I. S. 272. Bd. II. S. 150. Stenglein Bd. II. S. 396.)

3) Auch ausländische Urtheile begründen den Rückfall, wenn sie nur wegen Diebstahls i. e. S. ergangen sind. (Prot. d. G. A. K. d. Abg, 1856/57. Bd. II. S. 224. Stenglein Bd. II. S. 396.) ferner begründet auch eine Vorstrafe wegen Vergehens des Felddiebstahls Rückfall. (Weis Bd. II. S. 138.) Vgl. Note 3—8. 11. 13. 15. zu Art. 276 S. 389 fg.

4) Rückfall setzt keine vorausgehende rechtskräftige Verurtheilung voraus. Z. f. Gerichtspr. Bd. III. S. 194. Erk. d. A.G. von Mittelfranken vom 23. August 1869. Z. f. Gerichtspr. Bd. IX. S. 140. Erk. d. Cass.-H. v. 22. Juli 1870. Z. f. Gerichtspr. Bd. IX. S. 406. Entsch. d. Cass.-H. Bd. IV. S. 279.) — Dagegen (Z. f. Gerichtspr. Bd. II. S. 281. Stenglein Bd. II. S. 374.)

5) Eine Vorstrafe wegen Diebstahlsbegünstigung begründet keinen Rückfall. (Erk. d. A.-G. von Oberfranken v. 17. Aug. 1869. Z. f. Gerichtspr. Bd. IX. S. 26.)

Art. 284.

Nach Art. 9 des Gesetzes vom 16. Mai 1868:

Felddiebstahl.

Wer auf dem Halme oder der Wurzel stehende Feldfrüchte oder sonstige Bodenerzeugnisse, hängendes oder herabgefallenes und noch nicht gesammeltes Obst, auf dem Felde liegende Düngungsmittel, gelegte Kartoffeln und sonstige Knollengewächse oder gesetzte Pflanzen stiehlt, desgleichen wer in fremdem Eigenthume unbefugt Erde, Rasen, Torf, Steine, Lehm, Sand, Kies oder andere Materialien gräbt, sticht oder bricht, Bäume oder Sträuche umhaut oder einzelne Aeste abhaut oder abbricht und sich zueignet, wird, soferne die Handlung nicht nach dem Forstgesetze zu beurtheilen ist und vorbehaltlich der Bestimmungen der Art. 285—287, mit Arrest bis zu vierzehn Tagen oder an Geld bis zu fünf und zwanzig Gulden bestraft.

In der früheren Fassung fehlten die Worte:

„oder herabgefallenes und noch nicht gesammeltes“

1) Felddiebstahl ist eigentlicher Diebstahl und wo die besonderen Bestimmungen der Art. 284—288 keine Anwendung finden können, greifen die allgemeinen über Diebstahl, Platz, insoweit das Forstgesetz nicht zur Anwendung kommt, was bei Obstbäumen, wenn sie auch im Walde stehen, nicht der Fall ist. (S. jedoch Note 1 zu Art. 274 S. 385 u. Note 18 zu Art. 276 S. 391). (Stenglein Bd. II. S. 398. 399, Weis Bd. II.S. 160.)

2) Abgeerndtete Feldfrüchte oder bereits gegrabene Bodenbestandtheile, auf dem Felde liegende und zum Setzen bestimmte Pflanzen, zur Saat bestimmtes Getreide, Ackergeräthschaften, Baumpfähle u. dgl sind Gegenstände des eigentlichen Diebstahls. Dagegen wird am Gras, Laub, Maulbeerblättern, ferner an Blumen auf Leichenäckern. (Z. f. G. und R. Bd. XI. S. 428.) Felddiebstahl begangen. (Stenglein Bd. II. 389. 399. Weis Bd. II. S. 160. Prot. d. G.A. K. d. R. R. 1860/61. Bd. I. S. 274. Bd. II. S. 153. K. d. Abg. S. 443.)

3) Der Begriff des Felddiebstahls setzt nicht voraus, daß die entwendeten Gegenstände sich auf freiem Felde befanden; er ist auch anwendbar bei Dieb-

stählen in Gärten, gleich viel ob sie umschlossen sind oder mit Wohngebäuden in Durchgangsverbindung stehen oder nicht. (Prot. d. G.A. K. d. Abg. 1856/57. Bd. II. S. 111. 1860/61 S. 69. Stenglein Bd. II. S. 398.)

4) S. einen Fall zweifelhaften Felddiebstahls. (Z. f. Gerichtspr. Bd. II. S. 140), ferner einen Fall des Felddiebstahls an hängendem Obst, welches bereits vom Eigenthümer verkauft war, von Seite der Angehörigen desselben. (Z. f. Gerichtspr. Bd. II. S. 64.) S. auch Note 20 zu Art. 271. S. 378.

5) Die Entwendung von Weiden aus den auf den Anschütten der Donau vom kgl. Forstärar angelegten und cultivirten Weidenpflanzungen ist Forstfrevel, nicht Felddiebstahl (Z. f. Gerichtspr. Bd. V, S. 341.)

6) Das Forstgesetz ist auf Entwendungen nicht anwendbar, welche nicht in einem Walde, sondern an einzelnen Baumgruppen begangen werden, dieselben bilden vielmehr Felddiebstahl. (Erk. d. Cass.-H. v. 5. März 1869 Z. f. Gerichtspr. Bd. VIII. S. 234. Entsch. d. Cass.-H. Bd. III, S. 77.)

Art. 285.

Die Arreststrafe kann bis zu zwei und vierzig Tagen und die Geldstrafe bis zu hundert und fünfzig Gulden erhöht werden, wenn

1) **der Dieb binnen Jahresfrist vor der abzuurtheilenden That bereits zweimal wegen Diebstahls von Gegenständen der im Art. 284 bezeichneten Art verurtheilt worden ist, oder**
2) **stehende junge Obst- oder Alleebäume oder Weinstöcke gestohlen hat, oder**
3) **der Diebstahl in einem zu einem bewohnten Gebäude gehörigen und mit demselben in innerer Durchgangsverbindung stehenden umschlossenen Raume mittels Einbruchs, Einsteigens oder rechtswidrigen Gebrauchs von Schlüsseln verübt wurde, oder**
4) **der Diebstahl an einem Sonn- oder Feiertage oder vor Auf- oder nach Untergang der Sonne verübt wurde, oder**
5) **der Thäter sich zur Fortschaffung des Gestohlenen eines Spannfuhrwerks, Handwagens, Handschlittens, Schiebkarrens, Sackes, Korbes oder eines ähnlichen Gegenstandes bedient hat, oder**
6) **der Diebstahl von einer zur Aufsicht angestellten Person oder**
7) **zum Zwecke des Verkaufes der gestohlenen Gegenstände verübt wurde.**

1) Zu Ziff. „1 binnen Jahresfrist". Hierunter ist nicht ein Kalenderjahr sondern ein Zeitraum von 365 Tagen von Begehung der dritten That zurückgerechnet zu verstehen, in welchen die Verurtheilung wegen der beiden ersten Felddiebstähle fallen muß; und zwar das rechtskräftig gewordene Urtheil, nicht gerade das der ersten Instanz. (Stenglein Bd. II. S. 399. Weis Bd. II. S. 138.)

2) „von Gegenständen der im Art. 284 bezeichneten Art". Nicht die Gegenstände an sich entscheiden, sondern es müssen daran begangene Felddiebstähle und auch der neuerdings begangene ein Felddiebstahl sein. (Stenglein Bd. II. S. 399, Weis Bd. II. S. 138 s. auch Note 2 zu Art. 286.)

Art. 286.

Fassung nach Art. 10 des Gesetzes vom 16. Mai 1868:

> **Diebstähle an den im Art. 284 bezeichneten Gegenständen werden mit Gefängniß bis zu zwei Jahren bestraft, wenn der Dieb binnen Jahresfrist vor der abzuurtheilenden That bereits dreimal wegen Diebstahls solcher Gegenstände verurtheilt worden ist.**

Die Strafandrohung lautete in der früheren Fassung:

„von zwei Monaten bis zu zwei Jahren".

1) S. Note 1 und 2 zu Art. 285. Die Verurtheilung gemäß Art. 286 kann auch erfolgen, wenn die dritte Verurtheilung aus Versehen nicht nach Art. 285 Ziff. 1, sondern nach Art. 284 erfolgte. (Stenglein Bd. II. S. 400.)

2) Die Wiederholung von Felddiebstählen auf demselben Grundstücke bildet keine Fortsetzung. (Stenglein Bd. II. S. 400).

Art. 287.

Wenn in den Fällen der Art. 284—286 der Werth des Gestohlenen die Summe von zehn Gulden übersteigt oder der Diebstahl unter die Bestimmungen des Art. 274 Ziff. 3—5 fällt, so tritt Gefängniß nicht unter einem Monate ein.

Die Concurrenz der erschwerenden Umstände des Art. 285 oder 286 und eines Werthes über zehn Gulden ist bei der Strafzumessung zu berücksichtigen. (Weis Bd. II. S. 161.)

Art. 288.

In den Fällen der Art. 284—287 sind Ehemänner, Familienhäupter und Dienstherrschaften für Geldstrafe und Kosten, vorbehaltlich des Rückgriffes auf den Thäter, wo ein solcher statthaft ist, haftbar, wenn die strafbare That durch die bei ihnen wohnenden Ehefrauen, Kinder, Pflegebefohlenen, Dienstboten, Gesellen oder andere in derselben Familiengemeinschaft lebende unselbstständige Personen mit ihrem Wissen verübt worden ist oder wenn dieselbe durch gehörige Aufsicht hätte verhindert werden können.

1) „Familienhäupter". Nicht die väterliche Gewalt entscheidet, sondern die thatsächliche Leitung des Hauswesens, es können also auch Wittwen und andere Frauen, die an der Spitze des Hauswesens stehen, civilverantwortlich erklärt werden. (Prot. d. G.-A. K. der Abg. 1860/61 S. 97. Stenglein Bd. II. S. 400, Weis Bd. II. S. 162.)

2) „für Geldstrafe und Kosten." Die Haftbarkeit erstreckt sich weder auf Schadenersatz, abgesehen von der Haftung nach Civilrecht, noch auf die Strafvollzugskosten. (Prot. d. G.-A. K. d. Abg. 1860/61. S. 96 443. Stenglein Bd. II. S. 400, Weis Bd. II. S. 163.

3) „bei ihnen wohnenden." Hiedurch ist die Haftung für selbstständige Arbeiter ausgeschlossen, welche nur gegen Lohn Arbeiten verrichten, nicht aber in Kost und Wohnung der Arbeitsgeber stehen. (Prot. d. G.-A. K. d. Abg. 1860/61. S. 96. Stenglein Bd. II. S. 400, Weis Bd. II. S. 162.)

4) „mit ihrem Wissen." Es ist hiebei nicht an die strafrechtlichen Begriffe von Theilnahme, Anstiftung 2c. zu denken, welche wegen Mitschuld eine Haftbarkeit nach sich ziehen, ebensowenig genügt ein Wissen nach geschehener That. (Stenglein Bd. II. S. 400.)

5) „durch gehörige Aufsicht." Der Mangel davon muß eine Art von Fahrlässigkeit sein. Kann die Anklage nicht nachweisen, daß die betreffende Person einen Mangel an der einem sorgsamen Hausvater obliegenden Aufsicht sich hat zu Schulden kommen lassen, so kann diesem die Nichtverhinderung der That nicht zur Last gelegt werden. (Prot. d. G.-A. K. d. Abg. 1860/61 S. 96. 443. K. d. R. R. Bd. I. S. 279. Bd. II. S. 155. Stenglein Bd. II. S. 400. 401, Weis Bd. II. S. 162, 163.)

6) Die Civilverantwortlichkeit der hier benannten Personen setzt eine Verurtheilung des Thäters voraus und wird auch durch Verjährung der That ausgeschlossen. Der Civilverantwortliche muß wie der Angeschuldigte vor Gericht geladen, ausdrücklich zur Haftung verurtheilt werden und hat hiegegen alle einem Verurtheilten zustehenden Rechtsmittel. (Stenglein Bd. II. S. 401, Weis Bd. II. S. 163.)

Art. 289.

Fischereifrevel.

Wer unbefugt in Seen, Flüssen, Bächen oder sonstigen Gewässern fischt, krebst, angelt, Netze, Garne oder Reusen legt oder andere zu gleichem Zwecke dienliche Vorkehrungen trifft, wird mit Arrest bis zu vierzehn Tagen oder an Geld bis zu fünfzig Gulden bestraft.

Hat der Thäter zugleich die über die Zeit und Art des Fischfanges bestehenden Fischereiordnungen übertreten, so kann die Arreststrafe bis zu zwei und vierzig Tagen und die Geldstrafe bis zu hundert fünfzig Gulden erhöht werden.

1) Die Berechtigung zum Fischen oder Fangen der Krebse ist durch Art. 289 nicht berührt, auch wenn sie eine allgemeine ist. (Prot. d. G.-A. K. d. Abg.

1856/57 Bd. II, S. 112. 1860/61 S. 70. Stenglein Bd. II. S. 402, Weis Bd. II. S. 164.)

2) Ein Gewahrsam an Fischen und Krebsen wird durch Fangen erlangt, d. h. durch die Ergreifung nicht durch Gerathen in eine Vorrichtung zum Fangen. Von der Occupation an kann nur gewöhnlicher Diebstahl an demselben begangen werden, es sei denn, daß sie vorher die Freiheit wieder erlangt hätten. Vortr. im G.-A. K. d. Abg 1856/57. S. 400. (Stenglein Bd. II. S. 402, 350 Anmerk. 2, Weis Bd. II. S. 164.)

3) Der Erfolg eines wirklichen Fangens von Fischen oder Krebsen ist zur Vollendung der That nicht erforderlich, außer wenn die That an den vom Berechtigten selbst zum Frosch- oder Krebsfang hergestellten Vorrichtungen begangen wird. (Stenglein Bd. II. S. 402.)

Art. 290.

Beschränkung der gerichtlichen Verfolgung.

Der Diebstahl unter Ehegatten während des ehelichen Beisammenlebens, unter Verwandten oder Verschwägerten in gerader Linie, unter leiblichen Geschwistern, unter andern in derselben Familiengemeinschaft lebenden Verwandten oder Verschwägerten, unter Pflegeeltern und Pflegekindern, desgleichen der Diebstahl, welcher an Vormündern oder Erziehern von ihren Pflegebefohlenen begangen wird, soll nur auf Antrag des Familienhauptes, dem der Thäter untergeben ist, oder des Beschädigten oder seines gesetzlichen Vertreters gerichtlich verfolgt werden.

1) Das Familienverhältniß, auf welchem die Antragsberechtigung beruht, muß zur Zeit der That bestanden haben. Zwischen *Ehegatten* wird es auch durch faktische Trennung, nicht blos durch solche des Ehebandes aufgelöst. (Stenglein Bd. II. S. 404, Weis Bd. II. S. 165.)

2) „*Zwischen Verwandten und Verschwägerten in gerader Linie*" besteht die Antragsberechtigung ohne Unterschied des Grades und bei höherem als dem ersten Grade selbstständig neben dem des Familienhauptes. (Stenglein Bd. II. S. 404, Weis Bd. II. S. 166.)

3) Ob die Ehe noch besteht, durch welche die Verschwägerung eingetreten ist, entscheidet nicht; ebensowenig ist zwischen ehelicher und unehelicher Verwandtschaft oder zwischen voll- und halbbürtigen Geschwistern unterschieden. (Stenglein Bd. II. S. 404). Jedoch kommt uneheliche Verwandtschaft nur dann in Betracht, wenn sie den Bestimmungen des Art. 7 entsprechend festgestellt ist. (Erk. d. Cass.-H. v. 16. August 1862. Z. f. G. u. R. Bd. IX. S. 316. Z. f. Gerichtspr. Bd. I. S. 269.)

4) Auf s. g. Stiefverwandtschaft darf die Antragsberechtigung nicht ausgedehnt werden. (Stenglein Bd. II. S. 404. Z. f. Gerichtspr. Bd. I. S. 150.)

5) Wenn Geschwister nicht mehr in derselben Familiengemeinschaft leben, so kann von keiner Antragsberechtigung des Familienhauptes mehr die Rede sein, sondern nur von der des Beschädigten. (Motive zum Entw. von 1855 S. 107. Stenglein Bd. II. S. 405, Weis Bd. II. S. 165.)

6) Bei Diebstählen zwischen Pflegeeltern und Pflegekindern, Vormündern oder Erziehern und ihren Pflegebefohlenen muß das Verhältniß noch fortbestehen, um die Antragsberechtigung zu begründen. (Stenglein Bd. II. S. 405.)

7) Unter Pflegeeltern sind auch Adoptiveltern, unter Erziehern nur solche Personen zu verstehen, denen die ganze Erziehung überlassen ist, nicht auch Lehrer. (Stenglein Bd. II, S. 405, Weis Bd. II. S. 165.)

8) Stenglein II. S. 406 hält zwar den erklärten Verzicht auf Antragstellung für untheilbar (Art. 89) und deshalb auch auf alle Mitschuldigen wirkend, nicht aber das stillschweigende Geschehenlassen der Offizialeinschreitung gegen Mitschuldige. Gegen mehrere Angehörige, gegen welche Antragsberechtigung besteht, ist der Antrag jedenfalls untheilbar. (Stenglein II, S. 406, 407.)

9) Die Antragsberechtigung besteht auch, wenn der bestohlene Angehörige nicht Eigenthümer, sondern nur Inhaber der entwendeten Sache war. (Z. f.

Gerichtspr. Bd. VIII. S. 254.) Dagegen liegt Familiendiebstahl nicht vor, wenn der Dieb Eigenthum eines Angehörigen aus dem Gewahrsam eines Dritten entwendete. (Stenglein Bd. II. S. 407. 408.)

10) Sind mehrere Beschädigte vorhanden, die sämmtlich antragsberechtigt sind oder wobei einzelne Antragsberechtigte sind, so tritt im ersteren Falle Strafverfolgung ein, wenn nur ein Berechtigter den Antrag stellt, im zweiten Falle aber unter allen Umständen; jedoch bleibt der Antheil der keinen Antrag stellenden Berechtigten außer Computation. (Stenglein Bd. II. S. 408.)

11) Glaubte der Dieb, er bestehle Verwandte, während er Fremde bestahl, so liegt kein Verwandtendiebstahl vor; wohl aber dann, wenn er Fremde zu bestehlen glaubte, in Wirklichkeit aber Angehörige bestahl. (Z. f. Gerichtspr. Bd. IV. S. 173. 271.)

12) Auch bezüglich der Hehlerei ist Antragstellung erforderlich, jedoch nicht in Bezug auf Art. 312. (Weis Bd. II. S. 199 fg.)

Art. 291.

Straffolgen.

Mit jeder wegen Diebstahls zuerkannten Gefängnißstrafe können die im Art. 28 bezeichneten Straffolgen oder einzelne derselben verbunden werden.

Zugleich kann die Zulässigkeit der Stellung unter Polizeiaufsicht oder, sofern die Gefängnißstrafe die Dauer von zwei Jahren nicht übersteigt, der Verwahrung in einer Polizeianstalt ausgesprochen werden.

1) Die in Spezialgesetzen, besonders in Gesetzen staatsrechtlichen Inhalts angedrohten Folgen von Verurtheilung wegen Diebstahls werden hiedurch nicht berührt. (Stenglein Bd. I. S. 409.)

2) Gegen einen wegen Diebstahls mit Gefängniß nicht über zwei Jahren Bestraften kann Zulässigkeit der Polizeiaufsicht oder der Verwahrung in einer Polizeianstalt alternativ erkannt werden. (Erk. d. Cass.-H. v. 31. Dezbr. 1866 u. 8. März 1867, Z. f. Gerichtspr. Bd. VI. S. 195, Z. f. G. u. R. Bd. XIII. S. 648, Entsch. d. Cass.-H. Bd. I. S. 88.)

Art. 292.

Schlußbestimmung.

Die Bestrafung der Jagd- und Forstfrevel richtet sich nach den hierüber bestehenden besonderen Gesetzen.

1) Diebstähle an occupirtem Wild, an aufgearbeiteten, zum Gebrauche oder Verkaufe hergerichteten Holz fallen unter die Bestimmungen des Strafgesetzbuches über Diebstahl. (Stenglein Bd. II. S. 409, Weis Bd. II. S. 167.)

2) Art. 292 hat nur die strafrechtlichen nicht die strafprozessualen Bestimmungen der benannten Spezialgesetze im Auge. (Z. f. Gerichtspr. Bd. II. S. 181.)

Sechzehntes Hauptstück.

Unterschlagung und strafbare Vorenthaltung fremder Sachen.

Art. 293.

Unterschlagung.

Wer eine ihm anvertraute oder in Folge einer Geschäftsführung erlangte fremde bewegliche Sache in der Absicht, sich oder einem Dritten einen rechtswidrigen Vortheil zu verschaffen, unbefugt ganz oder theilweise veräußert, verpfändet, verbraucht oder auf andere Weise sich zueignet, ist der Unterschlagung schuldig.

Bei der Unterschlagung ist auch der Versuch eines Vergehens oder einer Uebertretung strafbar.

1) „Wer". Thäter kann nur derjenige sein, der die Sache eines Andern für diesen in Gewahrsam hat. Dieser Gewahrsam muß für eine bestimmte Per-

son, welche mit dem Thäter in rechtlicher Beziehung steht, ausgeübt werden, im Gegensatze zur Vorenthaltung fremder Sachen, bei welcher der Gewahrsam durch Zufall oder dergl., ohne Beziehung zum Berechtigten erlangt sein muß. (Stenglein Bd. II. S. 410, Weis Bd. II. S. 167.)

2) „eine ihm anvertraute". Unter Anvertrauen ist jede Hingabe an einen Andern zum Zwecke der Bewahrung, der Verwaltung oder eines andern die Verbindlichkeit der Rückgabe oder Ablieferung an einen Dritten begründenden Verhältnisses zu verstehen. (Stenglein Bd. II. S. 411. 412, Weis Bd. II. S. 168. S. zweifelhafte Fälle Z. f. Gerichtspr. Bd. I. S. 25. 132. 199. 229. Bd. VII. S. 365. Bd. VIII. S. 335. 394.)

3) Mit der Sache werden auch alle Bestandtheile derselben anvertraut, mit einem Behältnisse auch dessen Inhalt, mit einem Gute auch die vertragsmäßig reservirten aber nicht zurückbehaltenen Theile. (Stenglein Bd. II. S. 411. 412).

4) Auch zu einem rechtswidrigen Zwecke kann die Sache anvertraut sein. (Stenglein Bd. II. S. 412.)

5) Liegt Rückgabe der Sache oder Ablieferung an einen Dritten nicht in der Intention der Parteien, so kann auch an dem übergebenen Gegenstande keine Unterschlagung begangen werden; z. B. am Daraufgeld für einen nicht zu Stand gekommenen Kauf. (Stenglein Bd. II. S. 412.)

6) „oder in Folge einer Geschäftsführung erlangte". Hieher gehört vor Allem die Erlangung einer Sache von einem Dritten als Mandatar oder negotiorum gestor des Berechtigten; jedoch auch andere Arten des Erhaltens einer fremden Sache gelegentlich eines Geschäfts, sei es im Auftrage eines zur Auftragsertheilung Berechtigten, sei es auch nicht einmal für den Berechtigten; z. B. bei Besitzergreifung einer Erbschaft im guten Glauben, sobald sich ein näherer Erbe zeigt. (Motive z. Entw. v. 1855 S. 107, Stenglein Bd. II. S. 412, Weis Bd. II. S. 168. 169.) Der Cassationshof erkannte jedoch durch Urtheil v. 29. Oktober 1867, daß Erben, welche das im Nachlasse befindliche Baargeld ihres Erblassers für sich behalten, obgleich es als Legat vermacht ist, Vorenthaltung fremder Sachen begehen. (Z. f. Gerichtspr. Bd. VII. S. 120, Entsch. d. Cass.-H. Bd. I. S. 426.)

7) Es findet also auch Unterschlagung statt, wenn der Berechtigte keine Kenntniß vom Ergreifen des Gewahrsams durch einen Andern für ihn hatte, also keine Besitzergreifung durch Vermittlung des Andern stattfand. (Stenglein Bd. II. S. 412. 413, Weis Bd. II. S. 169.)

8) „fremde bewegliche Sache" s. Note 3—15, 37—56, 58—60 zu Art. 271 S. 376 fg.

Die Aufstellung zur Bewachung, z. B. bei Waldaufsehern begründet keinen Gewahrsam, läßt also auch keine Unterschlagung zu. (Stenglein Bd. II. S. 411, Z. f. Gerichtspr. Bd. I. S. 20. Bd. II. S. 401.)

9) An Fallwild wird Jagdfrevel, keine Unterschlagung durch Ansichnahme von Seite eines Unberechtigten begangen. (Z. f. Gerichtspr. Bd. I. S. 20. 37, Stenglein Bd. II. S. 411.)

10) Unterschlagung kann an Theilen unbeweglicher Sachen begangen werden, wenn sie zuvor getrennt werden; ebenso an Miteigenthum, an einer gemeinschaftlichen Erbschaft, wenn der Thäter das gemeinschaftliche Eigenthum in Gewahrsam hatte. (Stenglein Bd. II. S. 411.)

11) Auch an Fungibilien kann Unterschlagung begangen werden, sowohl wenn sie in specie zurückgegeben werden sollten, also in concreto nicht fungibel waren; als wenn der Detentor unterließ sofort den entsprechenden Werth zu substituiren und nicht aus den Umständen hervorgeht, daß der Thäter gegründete Aussicht und die Absicht hatte, im gegebenen Falle diesen Werth zu substituiren; oder wenn er irgendwie verpflichtet war, nur gegen sofortige Substitution die fungible Sache für sich zu gebrauchen. (Stenglein Bd. II. S. 413. 414, Weis Bd. II. S. 170, Motive z. Entw. v. 1855 S. 108, Vortr. im G.-A. d. K. d. Abg. 1856/57 S. 401, Prot.-Bd. II. S. 120.)

S. einen Fall der Unterschlagung durch unbefugtes Ausleihen anvertrauten Geldes. (Z. f. Gerichtspr. Bd. II. S. 159.)

12) Beim Trödelvertrag liegt Unterschlagung vor, wenn der Trödler den vereinnahmten Kaufpreis ohne Substitution oder die Sache für sich verwendet, obgleich das Eigenthum der Sache nach Intention der Parteien oder in Ermangelung einer erkennbaren Intention nach dem geltenden Civilrecht beim Beauftragenden bleiben sollte; außerdem liegt nur ein Schuldverhältniß des Trödlers vor. (Stenglein Bd II. S. 414. 415 (A. M. Z. f. G. u. R. Bd. XI. S. 312.)

13) Damnifikat bei der Unterschlagung ist derjenige, für welchen der Thäter besitzt, nicht der Eigenthümer, z. B. bei Postboten der Adressat des unterschlagenen Poststücks. (Stenglein Bd. II. S. 412) S. Note zu Art. 297 S. 406.

14) „in der Absicht, sich oder einem Dritten einen rechtswidrigen Vortheil zu verschaffen". Die Absicht zum Nachtheile des Berechtigten zu handeln ist nicht erforderlich, sondern ist in der Regel dieser Nachtheil nur Folge der That. (Vortr. im G.-A. d. K. d. Abg. 1856/57 S. 401. 402, Prot.-Bd. II. S. 118. 119, Stenglein Bd. II. S. 417, Weis Bd. II. S. 169. 170.)

15) Ein Schiffer, welcher nach Ablieferung der Ladung das vorgefundene Uebergewicht rechtswidrig für sich behält, begeht Unterschlagung. (Z. f. Gerichtspr. Bd. V. S. 29.)

16) Es ist nicht erforderlich, daß der Thäter die Absicht hatte, dem Berechtigten die entzogene Sache dauernd zu entziehen. Die Absicht zu entschädigen ist lediglich nach Art. 74 zu beurtheilen. (Vortr. im G.-A. d. K. d. Abg. 1856/57 S. 401, Prot.-Bd. II. S. 118. 119, Stenglein Bd. II. S. 417. 418, Weis Bd. II. S. 169.)

17) „unbefugt ganz oder theilweise veräußert, verpfändet, verbraucht oder auf andere Weise sich zueignet". Es darf kein Rechtsgrund dafür vorliegen, daß der Inhaber der Sache eine nur dem Berechtigten zustehende Handlung mit der Sache vornimmt, wie z. B. bei Retention auf Grund einer Gegenforderung, bei Zustimmung des Berechtigten u. dergl. (Stenglein Bd. II. S. 415.) So wurde die unbefugte Veräußerung eines Faustpfands als Unterschlagung bestraft. (Z. f. Gerichtspr. Bd. I. S. 358.)

18) Unter Veräußerung ist jedes Aufgeben des Gewahrsams zu verstehen; bei theilweiser Veräußerung liegt auch nur theilweise Unterschlagung vor. Verpfändung ist eine vollständige Unterschlagung, nicht blos eine solche im Betrage der Pfandsumme; Rückgabe des Pfandscheins ist theilweiser Ersatz. (Motive z. Entw. v. 1855 S. 107. 108, Stenglein Bd. II. S. 415. 416. 427, Weis Bd. II. S. 167. 168.) S. einen Fall der Unterschlagung durch Verpfändung eines Werthpapiers zum eigenen Nutzen anstatt Auftrags gemäß für den Geber. (Z. f. Gerichtspr. Bd. I. S. 342.)

19) Mit dem Verbrauche, d. h. der Vernichtung des Gegenstands in der ursprünglichen Form zu irgend einem Zwecke, ist der bloße Gebrauch, d. h. die Benützung der Sache ohne Umbildung oder Vernichtung derselben nicht zu verwechseln. In der Regel liegt im Gebrauche keine Unterschlagung; doch kann eine Aneignung durch denselben ausgedrückt werden. Zum Verarbeiten anvertraute Sachen können sowohl im rohen als im verarbeiteten Zustande unterschlagen werden. (Vortr. im G.-A. d. K. d. Abg. 1856/57 S. 401, Prot.-Bd. II. S. 118, Stenglein Bd. II. S. 416, Weis Bd. II. S. 168.)

20) Arbeiter, welche das ihnen zur Verarbeitung innerhalb der Räumlichkeiten des Arbeitgebers übergebene Material sich aneignen, begehen Diebstahl, nicht Unterschlagung. (Z. f. Gerichtspr. Bd. IX. S. 446.)

21) Eine Unterschlagung liegt nicht vor, wenn derjenige, welcher Geld für einen Andern in Empfang genommen hat, dasselbe für den Empfangsberechtigten, wenn auch ohne dessen Wissen und Willen wieder angelegt hat. (Z. f. Gerichtspr. Bd. IX. S. 76.)

22) Unterschlagung durch den Verbrauch einer ohne Zeitbestimmung leihweise

Gebrauch genommenen Sache ist nur anzunehmen bei Feststellung eines absichtlich über die gestatteten Gränzen getriebenen Gebrauchs. (Z. f. Gerichtspr. Bd. III. S. 245.)

23) Ableugnen einer für einen Andern besessenen Sache bildet in der Regel einen Akt der Aneignung. (Vortr. im G.=A. d. K. d. Abg. 1856/57 S. 401, Stenglein Bd. II. S. 416, Weis Bd. II. S. 168.)

24) Eine Unterschlagung ist nicht gegeben, wenn ein zur Prozeßführung Bevollmächtigter einen zur Deckung der Prozeßauslagen erhaltenen Vorschuß ableugnet, wenn nicht festgestellt wird, daß der Vorschuß nicht in das Vermögen des Mandatars übergehen sollte. (Erk. d. Cass.=H. v. 12. Okt. 1868, Z. f. Gerichtspr. Bd. VIII. S. 58.)

25) Die Unterschlagung ist vollendet mit dem Verluste des Gewahrsams bei Veräußerung, Verbrauch oder Verpfändung, außerdem mit der Aneignungshandlung. Versuch kann z. B. in dem Erbrechen einer Verwahrung zum Zwecke der Aneignung des Inhalts, in jedem erfolglosen Versuch der Entäußerung, wie Anbieten zum Kaufe, zum Pfand u. s. w. liegen. (Motive z. Entw. v. 1860 S. 59, Prot. d. G.=A. d. K. d. Abg. 1860/61 S. 70, Vortr. im G.=A. d. K. d. Abg. 1856/57 S. 402, Prot.=Bd. II. S. 120, Stenglein Bd. II. S. 418, Weis Bd. II. S. 171. 172.)

26) Bei Unterschlagung ist dasjenige Gericht zuständig, in dessen Bezirk die rechtswidrige Absicht des Thäters thatsächlich zu Tag getreten ist. (Erk. d. Cass.=H. v. 31. März 1863, Z. f. Gerichtspr. Bd. II. S. 194.)

S. auch die Noten zu Art. 386.

Art. 294.

Die Unterschlagung soll vorbehaltlich der in den Art. 295 und 386 bezeichneten Fälle,

1) wenn der Werth des Unterschlagenen die Summe von zehn Gulden nicht übersteigt, mit Arrest, welcher auch geschärft werden kann;

2) wenn dieser Werth die Summe von zehn, aber nicht die von fünfhundert Gulden übersteigt, mit Gefängniß bis zu drei Jahren, womit Geldstrafe bis zu vierhundert Gulden verbunden werden kann;

3) wenn derselbe die Summe von fünfhundert, aber nicht die von zweitausend Gulden übersteigt, mit Gefängniß nicht unter einem Jahre, womit Geldstrafe bis zu tausend Gulden verbunden werden kann;

4) wenn derselbe die Summe von zweitausend Gulden übersteigt, mit Zuchthaus bis zu zwölf Jahren

bestraft werden.

Art. 295.

Auf Gefängniß nicht unter einem Monate, womit Geldstrafe bis zu tausend Gulden verbunden werden kann, und, falls der Werth des Unterschlagenen die Summe von fünfhundert Gulden übersteigt, auf Zuchthaus bis zu zwölf Jahren ist zu erkennen, wenn die Unterschlagung verübt wurde:

1) von Vormündern, Testamentsvollstreckern, Sequestern, Curatoren oder sonstigen von einem Gerichte oder einer Gemeinschaft von Gläubigern aufgestellten Verwaltern einer Vermögensmasse an Sachen, welche zu der ihrer Verwaltung anvertrauten Masse gehören;

2) von Rechtsanwälten an Geldern oder andern Gegenständen, welche ihnen in ihrer anwaltschaftlichen Eigenschaft anvertraut worden sind;

3) von Mitgliedern der Direktion oder Verwaltung, Geranten und Controleuren einer Aktiengesellschaft oder einer Gewerkschaft an Sachen, welche dieser Gesellschaft gehören;

4) von Personen, welchen bei Feuers-, Wassers- oder ähnlicher Noth Sachen zur Aufbewahrung übergeben worden sind, an diesen letzteren;

5) von Spediteuren, Kommissionären, Fuhrleuten, Boten, Schiffern, Güterschaffnern, sowie von den bei solchen Geschäften oder Gewerben oder bei Privat-Eisenbahn- oder Dampfschifffahrts-Unternehmungen angestellten oder beschäftigten Personen an Sachen, welche ihnen vermöge eines solchen Geschäftes, Gewerbes oder Dienstes anvertraut worden sind;

6) von Gastwirthen an Sachen, welche ihnen von ihren Gästen zur Aufbewahrung übergeben worden sind.

1) Die Werthbestimmungen sind nach Art. 272 zu beurtheilen. (Stenglein Bd. II. S. 422, Weis Bd. II. S. 173.)

2) Eine ausdehnende Interpretation der in Art. 295 aufgeführten Kategorien ist unstatthaft. (Stenglein Bd. II. S. 422, Weis Bd. II. S. 173.)

3) Zu Art. 295 Ziff. 1. Die hier aufgeführten Kategorien setzen gerichtliche oder sonst auf gesetzlicher Bestimmung beruhende Bestellung bezw. den wirksamen Beschluß einer Gläubigerschaft voraus. (Stenglein Bd. II. S. 422, Weis Bd. II. S. 173.)

4) Wegen Unterschlagung als Vormund ist auch derjenige strafbar, welcher irrthümlich als solcher verpflichtet wurde und eine Unterschlagung zum Nachtheil seines Mündels begeht. (Z. f. Gerichtspr. Bd. VII. S. 383.)

5) Zu Ziffer 2. Ein Rechtsanwalt unterschlägt als solcher, wenn auch das Geschäft, durch welches er in den Besitz des Unterschlagenen gelangt ist, kein ausschließlich von einem solchen zu besorgendes war. (Z. f. Gerichtspr. Bd. II. S. 200.)

6) Zu Ziffer 3. Die Gewerkschaften wurden mit Rücksicht auf die nach altem Systeme der Kuxen organisirten Bergwerksgesellschaften eingesetzt. (Prot. d. G.-A. d. K. d. Abg. 1860/61 S. 71, K. d. R.-R. Vortr. S. 184, Prot.-Bd. I. S. 286, Stenglein Bd. II. S. 422, Weis Bd. II. S. 174.)

7) Die Eigenschaft von Spediteuren und Kommissionären ist nach dem Handelsgesetzbuch zu beurtheilen. Fuhrleute, Boten und Schiffer fallen unter Ziff. 5 nur dann, wenn sie öffentlich und gewerbsmäßig ihr Geschäft betreiben, nicht wenn ein nur ausnahmsweise übernommener Privatauftrag in Mitte liegt. Auch gewöhnliche Dienstboten der in Ziff. 5 aufgeführten Personen gehören hieher, insoferne durch ihre Dienstverrichtungen die ihrer Herrschaft anvertrauten Sachen in ihre Hände gelangen. (Stenglein Bd. II. S. 422.)

8) Eisenbahn-Aktiengesellschaften sind selbst dann nicht öffentliche Korporationen im Sinne des Art. 396 d. Str.-G.-B., wenn ihnen die Privatrechte solcher verliehen sind; Unterschlagungen ihrer Bediensteten sind also nicht nach Art. 386, sondern nach Art. 295 Ziff. 5 strafbar. (Erk. d. Cass.-H. v. 1. Mai 1869, Z. f. Gerichtspr. Bd. VIII. S. 314, Entsch. d. Cass.-H. Bd. III. S. 187.)

9) Wenn in einer Anklage das Verbrechen der Unterschlagung in zwei Richtungen enthalten ist, kann der Schwurgerichts-Präsident alle Momente der That in eine Frage zusammenfassen oder alternative Fragen stellen. (Erk. d. Cass.-H. v. 31. August 1863, Z. f. Gerichtspr. Bd. II. S. 395.)

Art. 296.

Hat sich Jemand bei einer und derselben Geschäftsführung oder in einem und demselben Geschäfts-, Gewerbs- oder Dienstverhältnisse nach und nach mehrere Unterschlagungen, wenn auch zum Nachtheile verschiedener Personen schuldig gemacht, so sind diese Unterschlagungen als eine einzige Handlung zu bestrafen.

Das Gleiche gilt von Unterschlagungen, welche Jemand bezüglich der ihm bei einer und derselben Veranlassung anvertrauten Sachen, wenn auch zum Nachtheile verschiedener Personen, verübt hat.

1) Vergl. Note 4—6. 9 zu Art. 273 S. 384 und Note 23 zu Art. 90 S. 147.

Die Bestimmung trifft hauptsächlich die in Art. 295 aufgeführten Personen, jedoch auch Gewerbsleute gegenüber ihren Kunden, Dienstboten gegenüber ihren Herrschaften. Die an verschiedenen Herrschaften verübten Unterschlagungen von Dienstboten unterliegen jedoch nicht der Zusammenrechnung, sondern bilden realen Zusammenfluß. (Stenglein Bd. II. S. 423, Weis Bd. II. S. 174. 175.)

2) Mehrfache Unterschlagungen einer Person zum Schaden eines Beschädigten in Folge mehrfachen Anvertrauens ohne ein fortdauerndes Geschäfts- oder Dienstverhältniß bilden realen Zusammenfluß. (Stenglein Bd. II. S. 423.)

3) Einheit des Entschlusses ist nicht vorausgesetzt. (Stenglein Bd. II. S. 423, Weis Bd. II. S. 174.)

4) Absatz 2 hat hauptsächlich das Anvertrauen verschiedener Gegenstände bei einem und demselben Unglücksfalle im Auge. (Vortr. im G.-A. d. K. d. Abg. 1856/57 S. 403, Stenglein Bd. II. S. 423, Weis Bd. II. S. 175.)

5) Theilnehmer oder Mitthäter an fortgesetzten Unterschlagungen sind nur wegen derjenigen Handlungen strafbar, an welchen sie Theil genommen haben. (Z. f. Gerichtspr. Bd. II. S. 140.)

Art. 297.

Die Bestimmungen der Art. 272 und 290 finden auch bei der Unterschlagung Anwendung.

Wenn die Ehefrau eines Bediensteten Geld für sich verwendet, welches dieser vermöge seines Dienstes in Besitz und ihr anvertraut hatte, so kann dieselbe nur auf Antrag ihres Ehemannes wegen Unterschlagung bestraft werden. (Z. f. Gerichtspr. Bd. VIII. S. 254.)

Art. 298.

Mit jeder wegen Unterschlagung zuerkannten Gefängnißstrafe können die im Art. 28 bezeichneten Straffolgen oder einzelne derselben verbunden werden.

Dieser Artikel bezieht sich nicht auf Vorenthaltung fremder Sachen. (Vortr. im G.-A. d. K. d. Abg. 1856/57 S. 401. 403, Prot.-Bd. II. S. 122, Stenglein Bd. II. S. 424.)

Art. 299.

Strafbare Vorenthaltung fremder Sachen.

Wer eine gefundene oder durch Irrthum oder Zufall in seinen Gewahrsam gekommene fremde bewegliche Sache in der Absicht, sich oder einem Dritten einen rechtswidrigen Vortheil zu verschaffen, ganz oder theilweise veräußert, verpfändet oder verbraucht, ohne vorher die Ausmittlung des Berechtigten durch Anzeige bei der Obrigkeit oder öffentliche Bekanntmachung versucht zu haben; desgleichen wer in der obenbezeichneten Absicht dem sich meldenden Berechtigten oder der ihn deshalb angehenden Obrigkeit den Fund oder erlangten Gewahrsam verschweigt oder abläugnet, oder, wenn ihm der Berechtigte auf andere Weise bekannt geworden oder eine auf die Sache bezügliche öffentliche Bekanntmachung zu seiner Kenntniß gekommen ist, die Zurückerstattung oder Anzeige unterläßt, soll, wenn der Werth der Sache zwanzig Gulden nicht übersteigt, mit Arrest oder an Geld bis zu hundert und fünfzig Gulden, andernfalls mit Gefängniß bis zu drei Jahren bestraft werden.

Gleiches gilt von demjenigen, welcher einen gefundenen Schatz in der Absicht verheimlicht, um einem Andern den ihm gebührenden Antheil rechtswidrig zu entziehen.

1) Die Vorenthaltung fremder Sachen theilt alle Vorbedingungen der Unterschlagung und unterscheidet sich von dieser nur durch die Art, wie der Thäter zum Gewahrsame der fremden beweglichen Sache gelangte, nämlich durch den Mangel eines Vertrauensbruches hiebei. (Motive z. Entw. v. 1855 S. 108, Prot. im G.-A. d. K. d. Abg. 1856/57 Bd. II. S. 122, Vortr. S. 403, Stenglein Bd. II. S. 424. 425.)

2) „eine gefundene Sache“. Dies setzt voraus, daß sie verloren, aus dem Gewahrsame des Detentors oder Berechtigten gekommen ist, und dieser nicht weiß, wo sie sich befindet. Augenblicklich verlegte Sachen sind nicht verloren, ebensowenig versteckte. Bei der Beurtheilung kommt es hauptsächlich darauf an, ob der Ergreifer einer zeitweise nicht in direkter Obhut des Inhabers stehende Sache vernünftiger Weise für verloren halten konnte, und kommt ihm hiebei auch ein Irrthum zu gut. (Stenglein Bd. II. S. 425, Weis Bd. II. S. 176. 177.) Wer eine einem Andern entfallene, noch in seinem Bereiche liegende Sache wegnimmt begeht Diebstahl. (Z. f. Gerichtspr. Bd. VIII. S. 350. Bd. X. S. 78.)

3) Der Verlierende muß nicht redlicher Besitzer gewesen sein. Finder ist derjenige, welcher die Sache zuerst ergreift oder unmittelbar vom erst Ergreifenden mit dem Bewußtsein des Fundes überkommt (Erk. d. A.-G. v. Oberfranken v. 15. Nov. 1864 u. 6. Novbr. 1866, Z. f. Gerichtspr. Bd. IV. S. 253. Bd. VII. S. 158.), nicht derjenige, welcher die verlorne Sache zuerst bemerkte. Ob das Finden zufällig oder durch Suchen erfolgt, begründet keinen Unterschied (Steng-

lein Bd. II. S. 425. 426.) Funddiebstahl (Vorenthaltung) kann in verabredeter Verbindung begangen werden. (Erk. d. Cass.-H. v. 16. Mai 1862, Z. f. Gerichtspr. Bd. I. S. 195.)

4) „oder durch Irrthum oder Zufall in seinen Gewahrsam gekommene Sache". Hieher gehört das Zulaufen von Thieren oder Anschwemmen von Sachen, die Fälle einer in debite gezahlten Schuld, das Hingeben von Werthsachen, wobei eine Täuschung über die Sache, oder die Person oder über den Rechtsgrund der Hingabe besteht, wenn auch der Empfangende die Person des Hingebenden kennt. (Stenglein Bd. II. S. 426, Weis Bd. II. S. 176, Z. f Gerichtspr. Bd. II. 263.)

Auch der Fall kam vor, daß eine Uhr an den Kleidern eines Andern hängen blieb. (Z. f. Gerichtspr. Bd. I. S. 239. S. einen zweifelhaften Fall Z. f. Gerichtspr. Bd. I. S. 229.)

5) Der Versuch einer Ausmittelung des Berechtigten muß von Seite des Finders oder irrthümlich oder zufällig Empfangenden nur dann erfolgen, wenn er sich des Gewahrsams entäußern will, nicht auch dann, wenn er diesen behält, selbst wenn er die Sache gebraucht. (Motive z. Entw. v. 1855 S. 108, Vortr. im G.-A. d. K. d. Abg. 1856/57. S. 403, Vortr. 1860/61 S. 194, Prot. S. 72. 244. K. d. R.-R. Vortr. S. 186, Prot.-Bd. I. S. 288. Bd. II. S. 156, Erk. d. A.-G. v. Unterfranken v. 5. August 1862, Z. f. Gerichtspr. Bd. I. S. 275, Stenglein Bd. II. S. 426. 427, Weis Bd. II. S. 177. 178.) In dem Anbietenlassen einer gefundenen Sache zum Kaufe wurde eine vollendete That nicht gefunden. (Erk. d. A.-G. v. Oberfranken v. 17. August 1869, Z. f. Gerichtspr. Bd. IX. S. 26.)

6) Ist der Berechtigte dem Inhaber bekannt, so begeht er die That schon durch Unterlassung der Rückgabe. (Stenglein Bd. II. S. 427. 428, Weis Bd. II. S. 178.)

7) Die Veräußerung u. s. w. ohne Versuch den Berechtigten auszumitteln, ist, wenn sich der Berechtigte überhaupt nicht ermitteln läßt, Versuch am untauglichen Objekt und als solcher straflos. (Stenglein Bd. II. S. 428, Weis Bd. II. S. 178. 179.)

8) Hat der Finder erfolglose Versuche der Ausmittelung gemacht und der Berechtigte findet sich nachträglich, so steht diesem nur ein civilrechtlicher Anspruch gegen den Finder zu. (Stenglein Bd. II. S. 428.)

9) Ein Schatz liegt vor bei dem Auffinden einer Quantität von Werthgegenständen, insbesondere Edelmetall unter Umständen, welche annehmen lassen, daß dieselben vor unvordenklicher Zeit verborgen wurden, so daß ein direkt Berechtigter nicht mehr besteht. (Stenglein Bd. II. S. 428.)

10) Bezüglich des Antheils am Schatze, welcher nach Civilrecht dem Finder gebührt, wird keine Vorenthaltung begangen und ist, um denselben strafbar erscheinen zu lassen, die positive Absicht erforderlich, einem Berechtigten seinen Antheil zu entziehen, so daß Unkenntniß über die hierüber bestehenden gesetzlichen Bestimmungen die Strafbarkeit ausschließt. (Stenglein Bd. II. S. 429, Weis Bd. II. S. 179.)

11) Straffolgen, welche gesetzlich an die Verurtheilung wegen Diebstahls oder Unterschlagung geknüpft sind, treten bei der Vorenthaltung nicht ein. (Weis Bd. II. S. 176.)

12) Die Verordnung vom 22. November 1815 über die Behandlung gefundener Sachen ist durch das Strafgesetzbuch deregirt. (Weis Bd. II. S. 178, Erört in Z. f. Gerichtspr. Bd. IX. S. 33.)

Vergl. übrigens Note 6. 14. 16. 18. 19. 22. 26 zu Art. 293 S. 402 fg., ferner Note 3. 26. 33. 42. 43. 45. 51. 54. 57. 60. 61 zu Art. 271 S. 376 378 fg.

Siebenzehntes Hauptstück.

Raub, Erpressung, Vergewaltigung und Bedrohung.

Art. 300.

Raub.

Wer in der Absicht rechtswidriger Zueignung eine fremde bewegliche Sache mittels persönlicher Vergewaltigung oder Bedrohung mit einer gegenwärtigen Gefahr für Leib oder Leben einem Andern wegnimmt, ist wegen Raubes, vorbehaltlich der Bestimmungen der Art. 301 und 302 mit Zuchthaus bis zu sechzehn Jahren zu bestrafen.

1) „Wer in der Absicht rechtswidriger Zueignung eine fremde bewegliche Sache wegnimmt". Vergl. hierüber Note 1. 3—8. 12—16. 25. 29. 35. 37—42. 44. 49. 52. 53. 68. 69 zu Art. 271 S. 376 fg.

Es ist nicht erforderlich, daß die Sache aus dem Gewahrsame einer andern Person genommen wird, wenn nur die Wegnahme mittels Gewalt erfolgt. Auch Felddiebstahl mittels Gewalt an einer Person ist Raub. (Stenglein Bd. II. S. 431. 432, Weis Bd. II. S. 183.) Anderer Ansicht ist Weis Bd. II. S. 184, welcher Raub als den gewaltsamen Diebstahl definirt und daraus folgert, daß die entwendete Sache aus dem Gewahrsame einer Person genommen werden müsse.

2) Es ist nicht erforderlich, daß die Absicht auf die Gewalt gerichtet war, auch eine gegen einen unerwarteten Widerstand gerichtete Gewalt zum Zwecke des Diebstahls genügt zum Raub. Dagegen ist es kein Raub, wenn die Gewalt nicht als Mittel der Wegnahme gewollt wurde, wie wenn die Absicht des Wegnehmens erst nach vollendeter Vergewaltigung entsteht. (Vortr. im G.-A. K. d. Abg. 1856/57 S. 405, Stenglein Bd. II. S. 433, Weis Bd. II. S. 182, Z. f. Gerichtspr. Bd. I. S. 131.)

3) War die Zueignung keine rechtswidrige, wie bei Selbsthülfe, oder fehlte die Absicht der Zueignung, so liegt kein Raub vor. Ein gewaltsamer Tausch ist Raub. (Stenglein Bd. II. S. 433.)

4) „Mittels persönlicher Vergewaltigung oder Bedrohung mit einer gegenwärtigen Gefahr für Leib und Leben". Gewalt oder Drohung muß gegen eine Person verübt werden, ohne daß es darauf ankommt, in welcher Beziehung die Person zur genommenen Sache steht; ob sie der Besitzer derselben ist, wenn sie nur überhaupt der Wegnahme widerstrebt. (Stenglein Bd. II. S. 432, Weis Bd. II. S. 182.)

5) Zwischen gewaltsamen Wegnehmen und erzwungenem Hergeben besteht kein Unterschied. Auch die zur Durchführung eines nicht gewaltsam begonnenen Diebstahls angewendete Gewalt begründet Raub. (Stenglein Bd. II. S. 432, Weis Bd. II. S. 183, Erk. d. Cass.-H. v. 3. Dezember 1869, Z. f. Gerichtspr. Bd. IX. S. 105, Entsch. d. Cass.-H. Bd. III. S. 420.)

6) Jeder Grad von Gewalt genügt zum Begriffe des Raubs, auch bloßes Festhalten. Mißhandlung ist nicht erforderlich. Dagegen genügt keine nur gegen die Sache gerichtete Gewalt, wie unvermuthetes Entreißen derselben. (Stenglein Bd. II. S. 432, Weis Bd. II. S. 182.)

7) Die Bedrohung muß eine solche sein, welche geeignet ist, einen besonnenen Menschen (bezw. den Bedrohten) in den Glauben zu versetzen, ein weiterer Widerstand werde sofort eine tödtliche oder die Gesundheit beschädigende Handlung des Räubers nach sich ziehen. Dieselbe kann mit Worten oder durch Gebährden, mit oder ohne Waffen erfolgen. Schriftliche Drohungen begründen nicht Raub, sondern Erpressung. (Stenglein Bd. II. S. 433, Weis Bd. II. S. 182.)

8) Die Vollendung des Raubes tritt mit der Besitzergreifung der weggenommenen Sache ein. Der strafbare Versuch beginnt mit dem Anfang der Gewalt-

handlung oder Drohung gegen die Person in diebischer Absicht. (Motive z. Entw. v. 1855 S. 109, Stenglein Bd. II. S. 433, Weis Bd. II. S. 183.)

9) Freiwilliger Abstand vom Versuche des Raubs liegt nicht vor, wenn eine Art der Vergewaltigung nicht zum Ziele führte, und der Thäter es unterließ, auf eine andere mögliche Art der Vergewaltigung überzugehen. (Erk. d. Cass.-H. v. 16. Januar 1869, Z. f. Gerichtspr. Bd. VIII. S. 184, Entsch. d. Cass.-H. Bd. III. S. 15.)

10) Wenn bei Raub zwei Personen in der Art zusammenwirken, daß die eine die Vergewaltigung oder Bedrohung, die andere die Wegnahme verübt, kann keiner derselben als Theilnehmer, sondern müssen beide als Mitthäter bestraft werden. (Erk. d. Cass.-H. v. 22. Juni 1867, Z. f. Gerichtspr. Bd. VII. S. 7, Entsch. d. Cass.-H. Bd. I. S. 286.)

11) Die zum Zwecke eines Raubes begangene Körperverletzung ist nicht als mit dem Raube konkurrirende strafbare That zu betrachten. (Erk. d. A.-G. von Oberfranken v. 12. Febr. 1869, Z. f. Gerichtspr. Bd. VIII. S. 412.)

Art. 301.

Fassung nach Art. 11 des Gesetzes vom 16. Mai 1868:

Mit Zuchthaus von acht bis zu zwanzig Jahren ist der Raub zu bestrafen:

1) **wenn sich der Räuber oder, falls Mehrere den Raub gemeinschaftlich verübt haben, Einer derselben zur Verübung der That mit Waffen versehen hatte;**

2) **wenn der Raub von zwei oder mehreren Personen mittels unerlaubten Eindringens in ein bewohntes Gebäude oder in den dazu gehörigen und mit dem bewohnten Gebäude in innerer Durchgangsverbindung stehenden umschlossenen Raum verübt worden ist;**

3) **wenn drei oder mehrere Personen, welche sich zur fortgesetzten Verübung von Raub oder Diebstahl verbunden haben, den Raub gemeinschaftlich verübt oder bei Ausführung desselben in der im Art. 54 Ziff. 4 bezeichneten Art mitgewirkt haben;**

4) **wenn der Thäter wegen dreier oder mehrerer Verbrechen des Raubes gleichzeitig zu bestrafen ist oder wenn derselbe bereits wegen Raubes, Diebstahls oder Hehlerei einmal zu einer Verbrechens- oder zweimal zu Gefängnißstrafe, jedesmal von wenigstens einem Jahre, verurtheilt worden ist und sich neuerdings, ehe vom Tage der erstandenen Strafe oder erlangten Begnadigung zehn Jahre verflossen sind, eines Raubes schuldig macht.**

In der früheren Fassung fehlten in Ziff 4 die Worte: „und sich neuerdings u. s. w."

1) Zu Ziffer 1 s. zu Art. 274 Note 18—23 S. 386. 387.

Auch die Strafe der Nichtbewaffneten, welche Kenntniß von der Bewaffnung eines Genossen hatten, erhöht sich hiedurch, ohne daß es darauf ankommt, ob von der Waffe zur Mißhandlung oder Bedrohung Gebrauch gemacht wurde. (Prot. d. G.-A. d. K. d. Abg. 1856/57 Bd. II. S. 124, Stenglein Bd. II. S. 434.)

2) Bei Feststellung, daß ein Raub oder eine Erpressung durch Bedrohung mittels einer Waffe verübt wurde, ohne die weitere, daß sich der Thäter zur Verübung der That mit der Waffe versehen hatte, kann nicht Zuchthausstrafe von 8—20 Jahren, sondern nur solche bis zu 16 Jahren der Strafzumessung zu Grund gelegt werden. (Erk. d. Cass.-H. v. 22. Novbr. 1867, Z. f. Gerichtspr. Bd. VII. S. 163, Entsch. d. Cass.-H. Bd. I. S. 461.)

3) Zu Ziffer 2. „Eindringen" ist als Collektivbezeichnung für Einbruch, Einsteigen und rechtswidrigen Gebrauch von Schlüsseln zu verstehen. Innerer Einbruch ist dem äußern nicht gleich gestellt. (Stenglein Bd. II. S. 434, Weis Bd. II. S. 183.) Vergl. auch die Noten 10—14 zu Art. 274 S. 385. 386 fg., dann zu Art. 277 bis 281.

4) Zu Ziffer 3 vergl. Note 31—34 zu Art. 274 S. 387. 388.

5) Zu Ziffer 4 vergl. Note 1—5 zu Art. 275, Note 1—17 zu Art. 276 S. 388 fg.

Art. 302.

Mit lebenslänglichem Zuchthause ist der Räuber zu bestrafen, wenn derselbe eine Person in der Art mißhandelt hat, daß die That als Verbrechen der Körperverletzung (Art. 234 Ziff. 1) strafbar wäre, oder wenn er, um die Entdeckung oder Auslieferung von Habseligkeiten zu erpressen, eine Person körperlich gepeinigt hat.

Hat eine Person in Folge der Mißhandlung den Tod erlitten, so ist auf Todesstrafe zu erkennen.

1) „Eine Person". Dieß muß nicht diejenige sein, von welcher die Entdeckung oder Auslieferung erpreßt werden will; z. B. fällt hierunter auch die Peinigung des Kinds, um auf die Mutter einzuwirken, jedoch muß sie zum Zwecke des Raubes geschehen sein. (Prot. d. G.-A. d. K. d. Abg. 1856/57 Bd. II. S. 125, Stenglein Bd. II. S. 435, Weis Bd. II. S. 183.)

2) „gepeinigt hat". Dies ist jede Erregung von Schmerzgefühl, welche als Einwirkungsmittel auf den Willen einer Person angewendet wurde. Eine quälende geistige Einwirkung genügt nicht. (Prot. a. a. O., Stenglein Bd. II. S. 434. 435, Weis Bd. II. S. 184.)

3) „den Tod erlitten". Dies umfaßt nicht blos eine als Mord sich darstellende Tödtung, sondern auch Todschlag und Körperverletzung mit erfolgtem Tode; auch bei Anwendbarkeit des Art. 238. Nicht gehört hieher: fahrlässige Tödtung und mittelbare Tödtung z. B. als Folge des Schreckens. (Vortr. im G.-A. d. K. d. Abg. 1856/57 S. 406, Prot.-Bd. II. S. 124. 125, Stenglein Bd. II. S. 435, Weis Bd. II. S. 184, Z. f. Gerichtspr. Bd. III. S. 37.)

4) Die Strafe des Art. 302 kann nur dann eintreten, wenn die Mißhandlung, welche den höher strafbaren Erfolg hatte, zum Zwecke des Raubes, nicht auch dann, wenn sie zum Zwecke der Sicherung der Person des Räubers verübt wurde. (Erk. d. Cass.-H. v. 18. Januar 1867, Entsch. d. Cass.-H. Bd. I. S. 23, Z. f. Gerichtspr. Bd. VI. S. 216.)

Art. 303.

Erpressung.

Wer außer dem Falle des Raubes, um sich oder einem Dritten einen rechtswidrigen Vortheil zu verschaffen, eine Person zu einer Handlung, Duldung oder Unterlassung zwingt, soll wegen Erpressung bestraft werden, und zwar:

1) gleich einem Räuber nach Verschiedenheit der in den Art. 300—302 bezeichneten Fälle, wenn der Thäter zum Zwecke der Erpressung eine Person vergewaltigt oder mit einer gegenwärtigen Gefahr für Leib oder Leben bedroht hat;

2) mit Gefängniß nicht unter zwei Jahren, wenn der Thäter zu diesem Zwecke die künftige Verübung von Mord oder Brandstiftung gedroht hat;

3) mit Gefängniß nicht unter drei Monaten, wenn die Erpressung durch Bedrohung mit künftigen Mißhandlungen, mit Beschädigungen am Vermögen, mit Verläumdungen, Klagen, Denunziationen, Ablegung oder Versagung eines Zeugnisses oder durch andere dergleichen beängstigende Zudringlichkeiten unter Umständen, welche zur Erregung ernster Besorgnisse geeignet waren, geschehen ist.

Mit der Gefängnißstrafe können die im Art. 28 bezeichneten Straffolgen oder einzelne derselben verbunden werden; auch ist Stellung unter Polizeiaufsicht zulässig.

Bei der Erpressung ist auch der Versuch eines Vergehens strafbar.

1) „Um sich oder einem Dritten einen rechtswidrigen Vortheil zu verschaffen". Dieser Vortheil kann ein Vermögensvortheil sein, aber auch ein anderer wie das Erlangen von Beweisurkunden, der Einwilligung zu einer Ehe, von Rechten aller Art. Steht ein unmittelbares Erlangen einer fremden beweglichen Sache in Rede, so kann nicht von Erpressung die Rede sein, wenn die Handlung in persönlicher Vergewaltigung oder Bedrohung besteht, da in diesem Falle Raub vorliegt. (Motive z. Entw. v. 1827 S. 279, Vortr. im G.-A. d. K. d. Abg. 1856/57 S. 406, Prot.-Bd. II. S. 126, Stenglein Bd. II. S. 436. 437, Weis Bd. II. S. 186.)

2) Erpressung kann verübt werden, um einen Andern zum Aufgeben eines

Gewerbes zu bewegen. (Erk. d. Cass.-H. v. 4. Novbr. 1861, Z. f. Gerichtspr. Bd. I. S. 51, Z. f. G. u. R. Bd. VIII. S. 419.)

3) Die Erlangung eines berechtigten Vortheils kann nie Erpressung, wenn auch durch die Art der Geltendmachung strafbar sein. (Stenglein Bd. II. S. 437.) Z. B. wurde die Mahnung eines Schuldners unter Bedrohung mit Veröffentlichung seiner unehrenhaften Handlungsweise nicht strafbar erkannt, wenn sie nicht die Erlangung eines rechtswidrigen Vortheils oder die Vornahme einer rechtswidrigen Handlung bezwecke. (Z. f. Gerichtspr. Bd. II. S. 294. Bd. VIII. S. 365. Bd. IX. S. 27. S. auch einen charakteristischen Fall in Z. f. Gerichtspr. Bd. IX. S. 247.)

4) „Eine Person zu einer Handlung, Duldung oder Unterlassung zwingt". Die That muß nicht unmittelbar gegen diejenige Person gerichtet sein, deren Handlung, Duldung oder Unterlassung erzwungen werden soll, es kann dies z. B. auch ein Angehöriger sein. (Stenglein Bd. II. S. 437, Vortr. im G.-A. d. K. d. Abg. 1856/57 S. 407.)

5) Zu Ziffer 1. s. Note 1. 3—7 zu Art. 300 S. 408, ferner die Noten zu Art. 301. 302.

Auch die höheren Strafen des Art. 301. 302 finden gegebenen Falls auf Erpressung Anwendung. Zweifelhaft ist nur, ob die Rückfallstrafe des Art. 301 Ziff. 4 Anwendung findet, wenn die Vorstrafen wegen Raubes, Diebstahls 2c. erkannt waren. Stenglein Bd. II. S. 429 bejaht dies. Keinesfalls genügt eine Vorstrafe wegen Erpressung zur Anwendung der Rückfallstrafe wegen eines neuerlichen Raubes. S. auch Weis Bd. II. S. 186, welcher Vorstrafen wegen Erpressung auch nicht zur Verhängung der Rückfallstrafe wegen Erpressung geeignet findet.

6) Zu Ziffer 2. Auch die Bedrohung mit sofortiger Brandstiftung fällt unter Ziff. 2, wenn hierin keine Bedrohung auf Leib oder Leben liegt. (Stenglein Bd. II. S. 438, Weis Bd. II. S. 187.)

7) Zu Ziffer 3. Es kann Erpressung auch gegeben sein, wenn die Drohung mit einem künftigen Nachtheil darin besteht, daß eine wahre Thatsache, z. B. eine vom Bedrohten begangene unrechte That in nachtheiliger Weise benützt werden will. (Prot. d. G.-A. d. K. d. Abg. 1855/57 Bd. II. S. 126, Stenglein Bd. II. S. 438, Z. f. Gerichtspr. Bd. I. S. 90.)

8) Die Drohung kann mündlich, schriftlich oder symbolisch geschehen; es ist jedoch nicht erforderlich, daß sie wirklich Besorgnisse hervorruft, wenn sie nur dies zu thun geeignet ist. (Vortr. im G.-A. d. K. d. Abg. 1856/57 S. 407, Prot.-Bd. II. S. 126, Vortr. 1860/61 S. 105, Stenglein Bd. II. S. 438. 439.)

9) Die Nöthigung zu einer nachtheiligen Handlung in eigennütziger Absicht mittels Bedrohung durch Denunziation ist Erpressung, wenn auch zur Drohung eine Täuschung hinzutritt, nicht aber diese sondern jene auf den Bedrohten bestimmend einwirkte. (Erk. d. Cass.-H. v. 13. Januar 1868, Z. f. Gerichtspr. Bd. VII. S. 210, Entsch. d. Cass.-H. Bd. II. S. 31.) S. auch einen Fall der Erpressung durch Bedrohen mit nachtheiligen Veröffentlichungen über den verstorbenen Ehemann der Bedrohten (Z. f. Gerichtspr. Bd. VIII. S. 76.)

10) Der Thäter muß sich der Rechtswidrigkeit seines Verlangens bewußt sein. (Stenglein Bd. II. S. 439.)

11) Die That ist vollendet mit Vornahme der Handlung, mit der Duldung oder mit der Unterlassung, auf welche sie gerichtet ist, ohne daß es auch der Erlangung des rechtswidrigen Vortheils bedarf. Die Gewaltzufügung oder Bedrohung ohne Erlangung jenes nächsten Zwecks ist Versuch. (Stenglein Bd. II. S. 439, Weis Bd. II. S. 188, Vortr. im G.-A. d. K. d. Abg. 1856/57 S. 407.)

12) Durch Bestrafung einer Handlung als Ehrenkränkung, selbst nur in Folge von Privatklage, ist die wiederholte Verfolgung der That als Erpressung ausgeschlossen. (Erk. d. Cass.-H. v. 23. April 1870, Z. f. Gerichtspr. Bd. IX. S. S. 311, Entsch. d. Cass.-H. Bd. IV. S. 161.)

Art. 304.

Vergewaltigung und strafbare Bedrohung.

Wer, ohne eine Erpressung zu beabsichtigen, widerrechtlich einen Andern zu einer Handlung, Duldung oder Unterlassung durch Gewaltanwendung oder dadurch zwingt, daß er ihn mit körperlicher Mißhandlung oder mit Verübung eines Verbrechens oder Vergehens bedroht, ist mit Gefängniß bis zu einem Jahre oder an Geld bis zu dreihundert Gulden zu bestrafen.

Im Wiederholungsfalle ist Stellung unter Polizeiaufsicht und in weiteren Wiederholungsfällen nach Umständen Verwahrung in einer Polizeianstalt zulässig.

Der Versuch dieses Vergehens ist strafbar.

Art. 305.

Wer unter Umständen, die zur Erregung ernster Besorgnisse geeignet sind, einen Andern mit körperlicher Mißhandlung oder mit Verübung eines Verbrechens oder Vergehens bedroht, soll mit Arrest bis zu vierzehn Tagen oder an Geld bis zu fünfzig Gulden bestraft werden.

Im Wiederholungsfalle kann die Arreststrafe bis zu zwei und vierzig Tagen erhöht werden und es ist außerdem Stellung unter Polizeiaufsicht zulässig. In weiteren Wiederholungsfällen kann nach Umständen die Zulässigkeit der Verwahrung in einer Polizeianstalt ausgesprochen werden.

Art. 306.

In den Fällen der Art. 304 und 305 findet eine gerichtliche Strafverfolgung nur auf Antrag des Vergewaltigten oder Bedrohten oder seines gesetzlichen Vertreters statt.

Art. 307.

Wer über die Bewohner einer oder mehrerer Ortschaften durch Bedrohung mit Mord, Raub, Störung des öffentlichen Friedens, Brandstiftung oder Ueberschwemmung Unruhe oder Besorgniß verbreitet, soll mit Gefängniß bis zu drei Jahren bestraft werden.

War durch die Bedrohung eine Erpressung bezweckt, so ist auf Zuchthaus bis zu zwölf, und wenn der Zweck erreicht wurde, bis zu sechzehn Jahren zu erkennen.

1) Die in vorstehenden Artikeln bezeichneten Handlungen unterscheiden sich von der Erpressung dadurch, daß bei völliger Gleichheit der Handlung durch dieselbe kein rechtswidriger Vortheil erreicht werden will. Wie die Erpressung enthielten sie sich aber einen gegen Personen, nicht gegen Sachen geübten Zwang. (Stenglein Bd. II. S. 441. 442, Weis Bd. II. S. 189, Z. f. Gerichtspr. Bd. I. S. 253, Erk. d. Cass.-H. v. 10. Juli 1869, Z. f. Gerichtspr. Bd. VIII. S. 390, Entsch. d. Cass.-H. Bd. III. S. 255.)

2) In der Bedrohung mit strafbaren Handlungen, welche diese Artikel vorsehen, ist nicht bezüglich des Grades der Strafbarkeit dieser Handlungen unterschieden, nur ist jede Bedrohung mit Verübung einer Uebertretung (abgesehen von der in Art. 304 aufgeführten Mißhandlung) ausgeschlossen. (Z. f. Gerichtspr. Bd. IV. S. 303.) Eines Vorsatzes die Drohung auszuführen bedarf es nicht; ja nicht einmal der Möglichkeit einer Ausführung der angedrohten That. (Z. f. Gerichtspr. Bd. III. S. 263, Stenglein Bd. II. S. 441. 443, Weis Bd. II. S. 189. 190.)

3) Die Drohung des Art. 307 darf nicht gegen einzelne bestimmte Personen gerichtet sein und muß in einer Weise ausgesprochen werden, daß sie in weiterem Umfange bekannt wird, außerdem ist je nach Umständen Art. 303 oder 305 anwendbar. (Vortr. im G.-A. d. K. d. Abg. 1856/57 S. 407.) Jedoch kann die allgemeine und Einzelbedrohung konkurriren. Die Aufzählung der strafbaren Handlungen, mit welchen gedroht wird, ist nicht blos exemplifikativ. (Stenglein Bd. II. S. 442, Weis Bd. II. S. 190.)

4) Die Handlung, Duldung oder Unterlassung, welche erzwungen werden will, muß keinen widerrechtlichen Inhalt haben, so ist auch Selbsthülfe auf diesem Wege strafbar. Dagegen ist die That nicht strafbar, wenn die Unterlassung einer widerrechtlichen oder sogar strafbaren That erzwungen werden will. (Stenglein Bd. II. S. 442, Z. f. Gerichtspr. Bd. VI. S. 207.) Immerhin muß die That des Art. 304 einen bestimmten Zweck verfolgen (Z. f. Gerichtspr. Bd. I. 149),

wenn auch nur den der Unterlassung künftiger Handlungen. (Z. f. Gerichtspr. Bd. I. S. 357.)

5) Bedrohung liegt nur vor, wenn die Nachtheile, welche der Bedrohende in Aussicht stellt, durch seine eigenen Handlungen herbeigeführt werden können (Z. f. Gerichtspr. Bd. V. S. 103); und ist sie gegen Abwesende gerichtet, so muß der Bedrohende annehmen können, daß die Drohung zur Kenntniß des Bedrohten kommen würde. (Z. f. Gerichtspr. Bd. II. S. 295. Bd. IV. S. 333.)

6) Daß die Drohung zur Erregung ernster Besorgniß geeignet sei, ist objektives Erforderniß und kommt es nur im Falle des Art. 307 auf den Nachweis wirklicher Verbreitung von Besorgniß an. (Stenglein Bd. II. S. 442, Weis Bd. II. S. 190, Z. f. Gerichtspr. Bd. I. S. 149.) [A. M. ebendas. Bd. VII. S. 461.]

7) Zu Art. 307 Abs. 2. Art. 307 ist nicht lex specialis gegenüber dem Art. 303, so daß wenn eine Bedrohung mit Mord u. s. w., um sich einen rechtswidrigen Vortheil zu verschaffen unter beide Strafbestimmungen paßt, die schwerere Strafandrohung zur Anwendung kommt. (Stenglein Bd. II. S. 443.)

8) Schon der Versuch einer Erpressung ist nach Art. 307 Abs. 2 strafbar. Unter Erreichung des Zweckes ist nicht die Erreichung des bezweckten Vortheils, sondern die erzwungene Handlung, Duldung oder Unterlassung zu verstehen. (Stenglein Bd. II. S. 442.)

9) „Vollendung" tritt ein nach Art. 304 mit Vornahme der erzwungenen Handlung oder mit der Duldung oder Unterlassung. Der Versuch beginnt mit der Gewaltanwendung oder Drohung. Nach Art. 305 ist die That mit dem Aussprechen der Drohung vollendet; nach Art. 307 muß auch noch der Erfolg des Entstehens von Unruhe oder Besorgniß auf Seite des Bedrohten hinzutreten. (Stenglein Bd. II. S. 443.)

10) Wenn eine Person gleichzeitig Mehrere in strafbarer Weise bedroht hat (Art. 305), so ist die Verurtheilung wegen eines Vergehens auch dann gerechtfertigt, wenn nicht alle Bedrohte Antrag auf Strafverfolgung gestellt haben (Art. 306). Eine Mutter, die sich ihres Kindes, welches von der Vormundschaftsbehörde an einem bestimmten Orte untergebracht wurde, mittels Bedrohung der mit der Erziehung Beauftragten bemächtigt, ist strafbar. (Erk. d. Cass.-H. v. 17. Novbr. 1865, Z. f. Gerichtspr. Bd. V. S. 122.)

Achtzehntes Hauptstück.

Hehlerei.

Art. 308.

Begriff der Hehlerei.

Wer Sachen, von denen er weiß, daß sie durch Raub, Diebstahl oder Unterschlagung erlangt worden sind, ankauft, eintauscht, zum Pfande nimmt oder sonst an sich bringt, desgleichen wer Personen, welche sich eines Raubes, Diebstahls oder einer Unterschlagung schuldig gemacht haben, in Beziehung hierauf wissentlich um seines eigenen Vortheils willen begünstigt, macht sich der Hehlerei schuldig.

1) „Wer". Der Hehler kann nicht gleichzeitig Mitthäter oder Theilnehmer am Diebstahl sein, sondern absorbirt eine solche höhere Mitschuld die geringere der Hehlerei. ((Stenglein Bd. II. S. 446, Z. f. Gerichtspr. Bd. III. S. 293.)

2) „Sachen, von denen er weiß". In Bezug auf Reate, die nicht wirklich begangen, sondern nur irrthümlich angenommen wurden, kann Hehlerei nicht verübt werden. (Stenglein Bd. II. S. 446.)

3) „Durch Raub, Diebstahl oder Unterschlagung". Die Hehlerei ist eine Begünstigung der hier speziell aufgeführten Reate. Deshalb gilt alles von der Begünstigung Gesagte (Art. 58.) auch von der Hehlerei. Auf andere Delikte sind nur die allgemeinen Bestimmungen über Begünstigung oder besondere, wie die des Forstgesetzes, des Art. 211 2c. anwendbar. (Vortr. im G.-A. d. K. d. Abg. 1856/57 S. 408, Prot.-Bd. II. S. 131, 1860/61 S. 73, Stenglein Bd. II. S. 445. 446.)

4) Der Hehler muß wissen, daß es sich um eine der speziell benannten Reate handelt; die Kenntniß einer strafbaren That im Allgemeinen genügt nicht. Dagegen kommt es ebenso wenig auf die Quelle der Kenntniß, als auf die Kenntniß der speziellen Umstände der Verübung oder der Person des Thäters oder Beschädigten an. (Stenglein Bd. II. S. 448, Weis Bd. II. S. 193, Z. f. Gerichtspr. Bd. V. S. 47.)

5) Die Kenntniß der That muß bei Verübung der Hehlerei bestehen; später erlangte Kenntniß schließt Hehlerei aus, selbst wenn der Hehler noch im Besitze erworbener Sachen ist. (Stenglein Bd. II. S. 448, Weis Bd. II. S. 193, Z. f. Gerichtspr. Bd. VII. S. 463.)

6) „ankauft" u. s. w. Die Vermittelung der Veräußerung an Andere fällt nicht unter den Begriff der Hehlerei, sondern unter den der Begünstigung, wenn nicht die eigennützige Absicht besonders nachgewiesen ist. Dagegen fällt eine mittelbare Erwerbung unter den Begriff der Hehlerei auch ohne solchen Nachweis. (Prot. d. G.-A. d. K. d. Abg. 1856/57 Bd. II. S. 128, K. d. R.-R. 1860/61 Bd. I. S. 297, Stenglein Bd. II. S. 446, Weis Bd. II. S. 192. 193.)

7) Vollendet die Veräußerung die Hauptthat erst, wie bei Unterschlagung, so liegt Theilnahme vor, wenn der Vorsatz des Erwerbers auf Vollendung der That, Hehlerei wenn er auf seinen eigenen Vortheil gerichtet war. (Stenglein Bd. II. S. 446. 447.)

8) „oder sonst an sich bringt". Jedes Rechtsgeschäft gehört unter die Hehlerei, durch das der Hehler den Besitz der Sache erlangt, also auch Annahme zum Geschenk, an Zahlungsstatt. Theilnahme am Verzehren ist nicht Hehlerei. (Stenglein Bd. II. S. 447, Weis Bd. II. S. 192.) Auch Wegnahme gestohlener Sachen aus einem Versteck mit Kenntniß des Diebstahls wurde nicht als Hehlerei beurtheilt. (Z. f. Gerichtspr. Bd. VII. S. 446, s. Note 15 zu Art. 271 S. 377.)

9) In der Regel ist zur Vollendung der Hehlerei Tradition der Sache an den Hehler erforderlich; beim Kauf jedoch nicht. Rechtsgültigkeit des Geschäfts oder dessen vollständiger Abschluß kann nicht verlangt werden. (Stenglein Bd. II. S. 447. 448, Z. f. Gerichtspr. Bd. III. S. 278.) Hehlerei wurde nicht angenommen bei bloßem Anbieten zum Kauf, und Eingehen auf denselben, wobei aber, ehe ein Kaufpreis bestimmt war, der Bestohlene dazwischen trat. (Z. f. Gerichtspr. Bd. VII. S. 190.)

10) Verwandtschaft entschuldigt den Hehler nicht. (Stenglein Bd. II. S. 447, Z. f. Gerichtspr. Bd. I. S. 115.) S. auch Note 12 zu Art. 290 S. 401.

11) „um seines eigenen Vortheils willen begünstigt". Es ist hiebei nicht blos an einen unmittelbaren Vermögenserwerb, sondern an Vortheil im weitesten Sinne zu denken. Ob der Vortheil wirklich erlangt wurde, entscheidet nicht; ebenso wenig, wenn Begünstigung der Person mit der eigennützigen Absicht konkurrirt. (Stenglein Bd. II. S. 447. 448, Weis Bd. II. S. 191. 192.)

12) Wird die Hehlerei durch Erwerb von Sachen geübt, so wird die gewinnsüchtige Absicht ohne Zulassung eines Gegenbeweises präsumirt, immerhin muß aber Hehlerei vorsätzlich begangen werden. Bei Hehlerei zu Gunsten der Person muß die besondere gewinnsüchtige Absicht nachgewiesen werden. (Vortr. im G.-A. d. K. d. Abg. 1856/57 S. 408, Prot.-Bd. II. S. 128. 129, 1860/61 S. 444, K. d. R.-R. Bd. I. S. 297, Stenglein Bd. II. S. 445. 447, Weis Bd. II. S. 192.)

13) Die Hehlerei ist ein selbstständiges Delikt und die Verurtheilung wegen derselben von der Feststellung der Haupthandlung nicht unbedingt abhängig. (Stenglein Bd. II. S. 445. 446.)

14) Die Zuständigkeit über die Hauptthat zieht auch jene über die Hehlerei nach sich. (Erk. d. O.=G.=H. v. 23. Mai 1865, Erk. d. Cass.=H. v. 3. Febr. 1871, Z. f. Gerichtspr. Bd. VI. S. 146. Bd. X. S. 134, Bl. f. R.=A. Bd. XXXI. S. 357.)

Art. 309.

Fassung nach Art. 12 des Gesetzes v. 16. Mai 1868:

Strafe der Hehlerei.

Die Strafe der Hehlerei ist:

1) wenn sich dieselbe auf eine als Uebertretung strafbare That bezieht, Arrest bis zu vierzehn Tagen oder Geldstrafe bis zu fünfzig Gulden;

2) wenn sie sich auf eine als Vergehen strafbare That bezieht, oder wenn der Hehler bereits früher einmal wegen Hehlerei verurtheilt war und sich neuerdings, ehe vom Tage der erstandenen Strafe oder erlangten Begnadigung fünf Jahre verflossen sind, der Hehlerei schuldig macht, Gefängnißstrafe bis zu drei Jahren, womit Geldstrafe bis zu dreihundert Gulden verbunden werden kann;

3) wenn sie sich auf eine als Verbrechen strafbare That bezieht, Gefängniß nicht unter einem Jahre, womit Geldstrafe bis zu tausend Gulden verbunden werden kann.

Ziffer 2 lautete früher:

2) wenn sie sich auf eine als Vergehen strafbare That bezieht oder wenn der Hehler bereits früher einmal wegen Hehlerei verurtheilt war, Gefängnißstrafe bis zu drei Jahren, womit Geldstrafe bis zu dreihundert Gulden verbunden werden kann;

1) „wenn sich dieselbe . . . bezieht". Nur diejenige Qualifikation der Hauptthat kann dem Hehler angerechnet werden, welche diesem bekannt war. (Prot. d. G.=A. d. K. d. Abg. 1856/57 Bd. II. S. 129, Vortr. 1860/61 S. 195, Stenglein Bd. II. S. 449, Weis Bd. II. S. 194. 195.)

2) Bei Bestrafung der Hehlerei kommt der Rückfall des Hauptthäters selbst dann nicht zur Berücksichtigung, wenn der Hehler ihn kennt, sondern nur die objektive Qualifikation der That. (Z. f. Gerichtspr. Bd. III. S. 115.)

Art. 310.

Gewerbsmäßige Hehlerei.

Wer sich innerhalb des Zeitraumes von zwei Jahren mindestens dreimal der Hehlerei schuldig gemacht hat, ist wegen gewerbsmäßiger Hehlerei mit Gefängniß nicht unter einem Monate zu bestrafen, womit Geldstrafe bis zu tausend Gulden verbunden werden kann.

Befindet sich unter den abzuurtheilenden Fällen die Hehlerei eines Verbrechens, so tritt Zuchthausstrafe bis zu zwölf Jahren ein.

1) Es ist nicht unterschieden, ob die drei Hehlereien, deren sich der Thäter innerhalb zweier Jahre schuldig gemacht hat, im Zusammenflusse oder successive zur Bestrafnng kommen. (Stenglein Bd. II. S. 449, Weis Bd. II. S. 195.)

2) Zur Anwendung des Art. 310 genügen auch drei Uebertretungen der Hehlerei: Im Falle des Abs. 2 ist es gleichgültig, ob die zuletzt zu bestrafende That die Hehlerei zu einem Verbrechen ist oder eine schon früher bestrafte; jedoch muß der Thäter auch in diesem Falle wissen, daß die Hauptthat Verbrechen ist. (Prot. d. G.=A. d. K. d. Abg. 1856/57 B. II. S. 129, Stenglein Bd. II. S. 449, Weis Bd. II. S. 195. 196.)

3) Wenn ein bereits wegen gewerbsmäßiger Hehlerei Bestrafter sich abermals einer Hehlerei schuldig macht, und es fallen nicht drei dieser Handlungen in die zweijährige Frist, so kann er nur wegen einfacher Hehlerei bestraft werden. (Vortr. im G.=A. d. K. d. Abg. 1856/57 S. 409, Stenglein Bd. II. S. 449, Weis Bd. II. S. 196.)

Art. 311.

Hehlerei bei Felddiebstahl und Fischereifrevel.

Wer zum erstenmale wegen Hehlerei eines Felddiebstahles oder eines Fischereifrevels zu bestrafen ist, soll Geldstrafe bis zu fünf Gulden erleiden.

Wer zum zweiten= oder öfternmale wegen einer solchen Hehlerei zu be=

strafen ist, soll mit Arrest bis zu vierzehn Tagen oder an Geld bis zu fünfzig Gulden bestraft werden.

Personen, welche mit Feld- oder Gartenprodukten oder mit Fischen Handel treiben, sollen, falls sie die im gegenwärtigen Artikel bezeichnete Hehlerei gewerbsmäßig üben, mit Gefängniß bis zu sechs Monaten, womit Geldstrafe bis zu zweihundert Gulden verbunden werden kann, bestraft werden.

Gewerbsmäßige Hehlerei bei Felddiebstahl und Fischereifrevel ist anzunehmen, wenn dieselbe Person binnen Jahresfrist vor der abzuurtheilenden That dreimal wegen derartiger Hehlerei verurtheilt worden ist.

1) Art. 311 bestimmt ausschließlich über Hehlerei zu Felddiebstahl und Fischereifrevel; auf diese kommt daher Art. 309. 310 nicht, wohl aber die Begriffsbestimmung des Art. 308 zur Anwendung. (Weis Bd. II. S. 194. 195, Stenglein Bd. II. S. 450. 451.) Auf Hehlerei zu Wild- und Forstfrevel findet das Str.-G.-B. keine Anwendung. (Prot. d. G.-A. d. K. d. Abg. 1856/57 Bd. II. S. 131, 1860/61 S. 73, Weis Bd. II. S. 197.)

2) Ob der Felddiebstahl Vergehen oder Uebertretung ist, macht keinen Unterschied. Die Rückfallstrafen der Abs. 2 u. 4 werden nur durch Vorstrafen wegen Hehlerei nach Art. 311 begründet, nicht auch durch Vorstrafen wegen Felddiebstahls oder Fischereifrevels. (Weis Bd. II. S. 197.)

3) Gewerbsmäßige Hehler, welche mit Feld- oder Gartenprodukten oder mit Fischen nicht Handel treiben, fallen nur unter Abs. 2. (Weis Bd. II. S. 197.)

Art. 312.

Hehlerei durch Aufenthaltsgestattung.

Wer einer Person, welche nicht zu den in Art. 61 aufgezählten gehört, ungeachtet er weiß, daß dieselbe mit anderen Personen zu fortgesetzter Uebung von Raub oder Diebstahl verbunden ist, eine ständig oder gelegentlich zu benützende Räumlichkeit zum Aufenthalte oder zur Aufbewahrung ihrer Sachen gewährt, ist mit Gefängniß bis zu drei Jahren zu bestrafen.

1) „Wer". Die Strafbestimmung findet keine Anwendung, wenn nur solche Angehörige, für welche eine Verpflichtung zur Aufnahme besteht, Aufnahme finden. (Vortr. im G.-A. d. K. d. Abg. 1856/57 S. 409, Stenglein Bd. II. S. 451.)

2) „zur Aufbewahrung von Sachen". Gehen die Sachen in den Besitz des Hehlers selbst über, so greift nicht Art. 311, sondern Art. 308—310 Platz. (Stenglein Bd. II. S. 451.)

3) „ungeachtet er weiß". Es ist nur eine Kenntniß des Bandenkomplotts, nicht auch eine solche der einzelnen verübten Reate auf Seite des Hehlers erforderlich. (Stenglein Bd. II. S. 451, Weis Bd. II. S. 198.)

4) Auf die Dauer des Aufenthalts oder der Aufbewahrung kommt nichts an. (Stenglein Bd. II. S. 451.)

Art. 313.

Straffolgen.

Mit jeder auf Grund der Bestimmungen der Art. 308—312 erkannten Vergehensstrafe können die im Art. 28 bezeichneten Straffolgen oder einzelne derselben verbunden und kann die Zulässigkeit der Stellung unter Polizeiaufsicht ausgesprochen werden.

Neunzehntes Hauptstück.

Betrug.

Art. 314.

Begriff des Betruges.

Wer in der Absicht, sich oder einem Dritten einen rechtswidrigen Vortheil zu verschaffen, mittels Vorspiegelung falscher oder mittels Unterdrück-

ung wahrer Thatsachen oder mittels Anwendung arglistiger Kunstgriffe eine Täuschung hervorruft oder unterhält und dadurch Jemanden an seinem Vermögen benachtheiligt, macht sich des Betruges schuldig.

Bei dem Betruge ist auch der Versuch eines Vergehens oder einer Uebertretung strafbar.

1) „In der Absicht, sich oder einem Dritten einen rechtswidrigen Vortheil zu verschaffen". Hierunter ist nur ein vermögensrechtlicher Vortheil zu verstehen, welchen sich der Betrüger unmittelbar durch die That verschafft. (Motive z. Entw. v. 1855 S. 110, Vortr. im G.-A. d. K. d. Abg. 1856/57 S. 410, Stenglein Bd. II. S. 453. 454.)

2) Es liegt kein Betrug vor, wenn der Thäter durch eine Vorspiegelung u. dergl. sich den in Frage stehenden Vortheil nicht erst verschaffen wollte, sondern denselben schon hatte, und sich nur den Besitz sichern wollte. Betrug kann aber darauf gerichtet sein, sich einer Verpflichtung zu entziehen oder die mit der Täuschung der Zeit nach zusammenfallende Aneignung einer Sache zu bewirken. (Stenglein Bd. II. S. 453. 454, Erk. d. Cass.-H. v. 4. Mai 1865, Z. f. Gerichtspr. Bd. IV. S. 189.) Sehr controvers ist es, ob Betrug durch Verdeckung einer Unterschlagung mittels Urkundenfälschung begangen wird. (Z. f. Gerichtspr. Bd. I. S. 279. Bd. II. S. 118.)

3) Der Betrug muß nicht darauf gerichtet sein, sich eine fremde bewegliche Sache anzueignen, sondern er kann auf vermögensrechtliche Vortheile aller Art, z. B. auf Rechtsansprüche eines Andern, Uebernahme von Verpflichtungen oder Verzichte durch einen Andern gerichtet sein. Auch ist Betrug nicht ausgeschlossen, wenn eine Verpflichtung des Betrügers dem verlangten Vortheile entspricht. (Vortr. im G.-A. d. K. d. Abg. 1856/61 S. 411. 412, Stenglein Bd. II. S. 454. 455.)

4) Der Vortheil kann durch einen zweiseitigen Vertrag ebenso wohl begründet sein, als durch einen einseitigen. Jedoch sind unwahre Versicherungen über die Qualität einer Waare im Handel, Lügen eines Bettlers u. dergl. nicht ohne Weiteres als Betrug aufzufassen. (Motive z. Entw. v. 1855 S. 111, Vortr. im G.-A. K. d. Abg. 1856/57 S. 411, Prot.-Bd. II. S. 134, 1860/61. S. 75, Stenglein Bd. II. S. 455. Weis Bd. II. S. 207.)

5) Die Erlangung eines persönlichen Verhältnisses, z. B. einer Ehe, oder eines andern persönlichen Zweckes, z. B. Befriedigung einer Leidenschaft, ist nicht Gegenstand des Betrugs. (Stenglein Bd. II. S. 456, Weis Bd. II. S. 210.)

6) Es macht keinen Unterschied, ob der angestrebte Vortheil nach seiner Natur oder nach Absicht des Thäters ein bleibender oder ein vorübergehender ist, z. B. Zeitgewinn für Rückzahlung einer Schuld oder ob der Thäter Zahlung einer übernommenen Schuld, Entschädigung u. dergl. beabsichtigte (Erk. d. A.-G. v. Oberbayern v. 6. Dezbr. 1862, Z. f. Gerichtspr. Bd. II. S. 132, Motive z. Entw. v. 1855 S. 110, Erk. d. Cass.-H. v. 20. Dezbr. 1861, Z. f. Gerichtspr. Bd. I. S. 23, Erk. v. 9. Okt. 1863, Z. f. Gerichtspr. Bd. II. S. 7.); oder Verzögerung einer Exekution durch Vorzeigen gefälschter Quittungen u. dergl. (Erk. d. Cass.-H. v. 10. Novbr. 1865, Z. f. Gerichtspr. Bd. V. S. 82, Z. f. G. u. R. Bd. XII. S. 539, auch Z. f. Gerichtspr. Bd. VII. S. 382, Stenglein Bd. II. S. 456. 460, Weis Bd. II 210.)

7) Fahrlässigen Betrug gibt es nicht und muß die Absicht schon bei der That selbst bestanden haben, was z. B. nicht der Fall ist bei Ausstellung einer Quittung in Erwartung baldiger Zahlung. (Prot. d. G.-A. d. K. d. Abg. 1856/57 Bd. II. S. 411. 412, Stenglein Bd. II. S. 460.)

8) Eine Absicht zu beschädigen, ist nicht erforderlich, wohl aber das Bewußtsein des beschädigenden Erfolgs. Liegt ausschließlich die Absicht zu beschädigen vor, z. B. aus Rache, nicht die selbst einen Vortheil zu erlangen, so ist Betrug nicht gegeben. (Vortr. im G.-A. d. K. d. Abg. 1856/57 S. 410. 411, Stenglein Bd. II. S. 460, Weis Bd. II. S. 209. 210, Z. f. Gerichtspr. Bd. I. S. 8. 28. Bd. II. S. 141.)

9) Die Absicht, sich einen Vortheil zu verschaffen, ist ausgeschlossen, sobald

der Thäter ein Recht auf denselben zu haben glaubte, wenn auch irrthümlich. (Stenglein Bd. II. S. 460, Z. f. Gerichtspr. Bd. I. S. 74. S. einen zweifelhaften Fall Z. f. Gerichtspr. Bd. VII. S. 366.) Ebensowenig liegt ein Betrug vor, wenn der Thäter durch Vorspiegelung falscher Thatsachen zu einem Guthaben zu gelangen sucht. (Z. f. Gerichtspr. Bd. VIII. S. 286.)

10) Die Thatsache, daß Jemand nach Eintritt seiner Ueberschuldung einen einzelnen Gläubiger durch Vereitelung der Exekution mittels Beseitigung von Mobilien benachtheiligt habe, bildet Betrug nur bei der Feststellung, daß hiebei die Absicht, sich oder einem Dritten einen rechtswidrigen Vortheil zu verschaffen, zu Grund gelegen sei. (Erk. d. Cass.=H. v. 5. August 1865, Z. f. G. u. R. Bd. XII. S. 382, Z. f. Gerichtspr. Bd. IV. S. 360.)

11) „mittels Vorspiegelung falscher oder mittels Unterdrückung wahrer Thatsachen". Es ist ein positives Verhalten des Betrügers erforderlich. Das bloße Benützen eines nicht verschuldeten Irrthums ist nicht Betrug. (Stenglein Bd. II. S. 456. 457, Weis Bd. II. S. 205, Vortr. im G.=A. d. K. d. Abg. 1856/57 S. 411.) Einen sehr zweifelhaften Fall der Benützung eines Irrthums s. in Erk. d. Cass.=H. v. 29. Novbr. 1862, Z. f. Gerichtspr. Bd. II. S. 54.)

12) Im Unterhalten eines nicht durch Verschulden des Betrügers entstandenen Irrthums kann Betrug liegen. (Stenglein Bd. II. S. 457.)

13) Es muß sich um Thatsachen handeln, d. h. um in die Außenwelt getretene Vorkommnisse, und zwar um solche, welche in der Vergangenheit oder Gegenwart liegen. Mittheilungen über zukünftige Thatsachen, wie Erregung falscher Voraussetzungen oder Hoffnungen, falsche Versprechungen, Mittheilungen über Absichten u. s. w. begründen keinen Betrug. (Prot. d. G.A. d. K. d. Abg. 1856/57 Bd. II. S. 34, Stenglein Bd. II. S. 457. 458, Weis Bd. II. S. 206, Z. f. Gerichtspr. Bd. I. S. 132. Bd. II. S. 208.)

14) Durch Täuschung über das Bestehen eines Rechtssatzes kann Betrug verübt werden (Z. f. Gerichtspr. Bd. I. S. 94); dagegen nicht dadurch, daß Jemand unter Verschweigen seiner Mittellosigkeit sich in einem Wirthshause Speisen und Getränke geben läßt. (Stenglein Bd. II. S. 457. 458. — S. dagegen ähnliche Fälle Z. f. Gerichtspr. Bd. I. S. 102.)

15) Die Vorspiegelung gegenüber einem Verkäufer, derselbe habe einen geringeren Preis verlangt, als wirklich der Fall war, genügt zum Betrug. (Erk. d. Cass.=H. v. 6. Novbr. 1863, Z. f. Gerichtspr. Bd. III. S. 23, Z. f. G. u. R. Bd. X. S. 970.)

16) Das Verschweigen eines früheren Verkaufs bildet beim mehrmaligen Verkaufe derselben Sache ein Unterdrücken wahrer Thatsachen. (Z. f. Gerichtspr. Bd. III. S. 279.)

17) Durch Fingiren von Bestellungen durch einen Handlungsreisenden, um sich eine Provision zu verschaffen, wird Betrug verübt. (Erk. d. Cass.=H. v. 14. Februar 1862, Z. f. Gerichtspr. Bd. I. S. 159, Z. f. G. u. R. Bd. IX. S. 40.)

18) Durch Vorspiegelung über die Wirkung einer verkauften Arzenei wird Betrug begangen. (Z. f. Gerichtspr. Bd. II. S. 156.)

19) Erlangung von (Zunft=) Gaben mittels falscher Vorspiegelungen ist Betrug, wenn unter Voraussetzung der Wahrheit der Vorspiegelungen eine Berechtigung zu den Gaben bestanden hätte. (Erk. d. Cass.=H. v. 8. Mai 1863, Z. f. Gerichtspr. Bd. II. S. 239, Z. f. G. u. R. Bd. X. S. 460, Weis Bd. II. S. 207.)

20) Die Anstellung einer falschen Interventionsklage in der Exekutionsinstanz als Betrug bestraft. (Z. f. Gerichtspr. Bd. II. S. 360.) Dagegen die falsche Behauptung in einem Rechtsstreite als Betrug nicht bestraft, obgleich sie durch eine gefälschte Skriptur unterstützt wurde. (Z. f. Gerichtspr. Bd. III, S. 15.) Jedoch wurde ein solcher Fall als straffällig erklärt durch Erk. d. Cass.=H. v. 17. Juni 1864, Z. f. Gerichtspr. Bd. III. S. 333, Z. f. G. u. R. Bd. XI. S. 182.

21) Die Erhebung eines zu hohen Schulgeldes durch den Lehrer ohne Hinzu=

treten einer besonderen Täuschung ist nur disciplinär strafbar. (Erk. d. Cass.=H. v. 30. Mai 1864, Z. f. Gerichtspr. Bd. III. S. 225, Z. f. G. u. R. Bd. XI. S. 159.)

22) Verlangen eines Geschenks durch einen öffentlichen Diener unter der Vorspiegelung, er werde außerdem eine faktisch nicht begründete Anzeige machen, ist Betrug, nicht Amtserpressung (?). (Z. f. Gerichtspr. Bd. III. S. 70.)

23) Mittels der wissentlich unwahren Behauptung demnächst eine reiche Braut zu heirathen, kann Betrug begangen werden. (Erk. d. Cass.=H. v. 30. März 1865, Z. f. Gerichtspr. Bd. IV. S. 217, Z. f. G. u. R. Bd. XII. S. 126.)

24) Die wissentlich falsche Vorspiegelung eines Vorhabens oder der künftigen Verwendung eines verlangten Darlehens oder eines möglichen Gewinns genügt nicht zum Begriffe des Betrugs, wohl aber die Vorspiegelung, der Betrüger werde unter gewissen Voraussetzungen eine bestimmte Summe Geldes erhalten. (Erk. d. Cass.=H. v. 21. April 1865 und 23. März 1866, v. 27. Febr. 1868, Z. f. Gerichtspr. Bd. IV. S. 235. Bd. V. S. 253. Bd. VII. S. 280, Z. f. G. u. R. Bd. XII. S. 155. Bd. XIII. S. 145, Entsch. d. Cass.=H. Bd. II. S. 106.) Betrug liegt vor, wenn eine gewisse Beschaffenheit der Sachlage oder eine persönliche Befähigung in Verbindung mit künftigen Handlungen vorgespiegelt wurde. (Erk. d. Cass.=H. v. 18. Sept 1868, Z. f. Gerichtspr. Bd. VIII. S. 66, Entsch. d. Cass.=H. Bd. II. S. 398, Erk. d. Cass.=H. v. 26. Juli 1869, Z. f. Gerichtspr. Bd. VIII. S. 422, Entsch. d. Cass.=H. Bd. III. S. 272.)

25) Ein Bediensteter, welcher von seiner vorgesetzten Behörde den Auftrag erhalten hat, eine Lieferung zu besorgen und für die Lieferung durch eine Quittung mit fingirter Unterschrift einen höheren als den wirklich gezahlten Betrag zu eigenem Nutzen erhebt, begeht Betrug und Verletzung der Dienstpflicht, nicht blos eine disziplinär strafbare Betheiligung an einem Lieferungsgeschäft. (Erk. d. Cass.=H. v. 4. August 1865, Z. f. Gerichtspr. Bd. IV. S. 357, Z. f. G. u. R. Bd. XII. S. 376.)

26) Ein Bräuer, welcher seinen Schenkwirthen anstatt des bedungenen Winterbieres eine Mischung von Sommerbier und Nachbier liefert, ist wegen Betrugs strafbar. (Erk. d. A.=G. v. Niederbayern v. 13. Juli 1866, Z. f. Gerichtspr. Bd. VI, S. 61, Erk. d. Cass.=H. v. 24. August 1866, Z. f. Gerichtspr. Bd. VI. S. 75, Z. f. G. u. R. Bd. XIII. S. 532.)

27) Wer runden Blechstücken durch Abreiben das Aussehen alter verschliffener Groschen mit unkenntlichem Gepräge gibt und dieselben als Geld ausgibt, ist nicht wegen Geldfälschung, sondern wegen Betrugs strafbar. (Erk. d. Cass.=H. v. 27. Dezember 1869, Z. f. Gerichtspr. Bd. IX. S. 146, Entsch. d. Cass.=H. Bd. III. S. 465.)

28) Ein Ehemann, welcher durch Fiktion von Schulden seine Ehefrau bewegt, auf gemeinschaftlichem Eigenthum zu seinem ausschließlichen Nutzen ein Hypothek zu konstituiren, begeht Betrug (Z. f. Gerichtspr. Bd. III. S. 390); ebenso wenn hiedurch Exekution herbeigeführt wird. (Z. f. Gerichtspr. Bd. VI. S. 79.)

29) Durch die vom Schuldner als debitor cessus im Einverständnisse mit dem Cedenten und in der Absicht, diesem einen rechtswidrigen Vortheil zu verschaffen, aufgestellte Behauptung, die cedirte Schuld getilgt zu haben, wird Betrug nicht begangen. (Erk. d. Cass.=H. v. 18. Juni 1867, Z. f. Gerichtspr. Bd. VI. S. 372 [s. dagegen Anmerk. S. 374.] Entsch. d. Cass.=H. Bd. I. S. 265.)

30) Es ist Vorspiegelung einer falschen Thatsache, wenn ein Anwalt seinem Clienten versichert, man könne gesetzlich nur für kürzere Zeit rückständige Zinsen verlangen, als dies in Wirklichkeit der Fall ist. (Z. f. Gerichtspr. Bd. VII. S. 398.)

31) Verschiedene Ansichten liegen darüber vor, ob das sog. Napoleonsspiel als Betrug zu qualifiziren sei, (Z. f. Gerichtspr. Bd. VII. S. 424.) Dagegen erkannte ein Erk. d. Cass.=H. v. 28. März 1868, Entsch. d. Cass.=H. Bd. II. S. 158, daß im falschen Spiel ein Betrug vorliege.

32) Zum Begriffe des Betrugs genügt es nicht, wenn der Thäter Wechsel für eine Firma, deren Bediensteter er ist, auf die Gefahr hin ausstellt oder ac-

ceptirt, daß sie nicht eingelöst sondern diffitirt werden und so eine Beschädigung anderer Personen eintritt. (Z. f. Gerichtspr. Bd. VIII. S. 76.)

33) Es ist Betrug, wenn ein Kaufmann durch Vorlage einer unrichtigen Bilanz den Eintritt eines Andern in eine Handelsgesellschaft mit ihm veranlaßt und dieser durch den demnächst ausgebrochenen Konkurs in Schaden kommt. (Z. f. Gerichtspr. Bd. VIII. S. 77.)

34) Der Verkauf eines Werthpapieres zum Nennwerthe unter der Vorspiegelung, der Curswerth, zu dem es leicht verkauft werden könne, entspreche dem Nennwerthe, während der Curswerth viel geringer ist, ist Betrug. (Erk. d. Cass.-H. v. 12. Dezember 1868, Z. f. Gerichtspr. Bd. VIII. S. 147, Entsch. d. Cass.-H. Bd. II. S. 496. S. auch Erk. d. A.-G. v. Mittelfranken v. 29. Novbr. 1870, Z. f. Gerichtspr. Bd. X. S. 126.)

35) Es liegt Betrug vor, wenn Gewerbsleute eine Vorrichtung anbringen, wodurch ihre an sich richtige Wage falsch wiegt, sobald anzunehmen ist, daß sie hiedurch ihre Kunden benachtheiligten, wenn es auch zunächst geschah, um ein scheinbares Uebergewicht beim Auswägen der Waaren zu erzielen. (Z. f. Gerichtspr. Bd. VIII. S. 426.)

36) Betrug mittels Unterdrückung wahrer Thatsachen liegt nicht blos dann vor, wenn eine rechtliche Pflicht zur Mittheilung der Thatsachen besteht, und ist durch Verschweigen des Umstands, daß ein Grundstück, dessen Hypothek cedirt werden will, unter Subhastation steht, gegeben. (Z. f. Gerichtspr. Bd. IX. S. 223.)

37) Der Verkauf von denaturirtem Salz als Kochsalz um einen dem letzteren entsprechenden Preis ist als Betrug strafbar. (Erk. d. A.-G. v. Schwaben v. 21. Januar 1870, Z. f. Gerichtspr. Bd. IX. S. 383.)

38) In dem mehrfachen Verdingen einer Person als Dienstbote, um das Dinggeld zu erlangen, liegt Betrug. (Erk. d. A.-G. v. Oberfranken v. 11. April 1870, Z. f. Gerichtspr. Bd. X. S. 47, auch Erk. d. Cass.-H. v. 24. März 1870, Entsch. d. Cass.-H. Bd. IV. S. 122.)

39) In der Behauptung eines Brandstifters an eigenen Sachen, die Ursache des Brandes nicht zu kennen, liegt die Vorspiegelung einer falschen Thatsache. (Erk. d. Cass.-H. v. 3. Sept. 1870, Z. f. Gerichtspr. Bd. X. S. 116.)

40) Der gegen Brandschaden Versicherte, welcher der Versicherungsgesellschaft in betrüglicher Absicht vorspiegelt, daß ihm bei einem stattgehabten Brande Gegenstände verbrannt seien, welche er nicht besessen hat, macht sich eines Betrugs schuldig. (Erk. d. Cass.-H. v. 31. Januar 1870, Entsch. d. Cass.-H. Bd. IV. S. 36, Z. f. Gerichtspr. Bd. IX. S. 183.)

41) „oder mittels Anwendung arglistiger Kunstgriffe“. Beispiele sind die allmälige Erzeugung des Irrthums durch täuschendes Benehmen, die Verwechselung von Gegenständen beim Kauf, das Leben als vornehmer Herr ohne Mittel u. dergl. (Vortr. im G.-A. d. K. d. Abg. 1856/57 S. 411, Prot. 1860/61 S. 74, Weis Bd. II. S. 205. 206.)

42) „eine Täuschung hervorruft oder unterhält und dadurch Jemanden an seinem Vermögen benachtheiligt“. Der Betrogene muß derjenige sein, welcher wenigstens augenblicklich über den Gegenstand des vom Betrüger angestrebten Vortheils verfügen kann. Dagegen muß der Betrogene nicht derjenige sein, welchen der Vermögensnachtheil trifft. (Prot. d. G.-A. d. K. d. Abg. 1860/61 S. 74, Stenglein Bd. II, S. 454, Weis Bd. II. S. 209, Z. f. Gerichtspr. Bd. I. S. 27, Erk. d. A.-G. v. Unterfranken, Z. f. G. u. R. Bd. X. S. 1076, Erk. d. A.-G. v. Oberbayern v. 6. Dezbr. 1862, Z. f. Gerichtspr. Bd. II. S. 132.)

43) Es ist ein Causalzusammenhang zwischen Täuschung und Nachtheil erforderlich. Die Täuschung muß auf den Getäuschten zur Hingabe oder Einräumung des Vortheils bestimmend eingewirkt haben, wenn auch nicht ausschließlich. (Prot. d. G.-A. d. K. d. Abg. 1856/57 Bd. II. S. 34. 135. 136. Stenglein Bd. II. S. 458. 459, Weis Bd. II. S. 205 209, Z. f. Gerichtspr. Bd. I. S. 9. 26. 27. 321. Bd. IV. S. 141. Bd. VII. S. 335.)

44) Wegen vollendeten Betrugs kann dann nicht verurtheilt werden, wenn in der von den Geschwornen bejahten Frage der Causalzusammenhang zwischen Täuschung und Beschädigung nicht konstatirt ist. (Erk. d. Cass.-H. v. 3. Novbr. 1865, Z. f. Gerichtspr. Bd. V. S. 68, Z. f. G. u. R. Bd. XII. S. 521.)

45) Die Aneignung eines durch Täuschung anvertraut erhaltenen Gegenstands ist Betrug. (Z. f. Gerichtspr. Bd. I. S. 199.)

46) Daß die Hingabe des Vortheils aus der Täuschung mit Rechtsnothwendigkeit hervorging, ist nicht erforderlich; auch eine freiwillige Hingabe genügt. Jedoch begründet die Erregung des Mitleids durch falsche Angaben Seitens eines Bettlers keinen Betrug. (Stenglein Bd. II, S. 459, Weis Bd. II. S. 207, Z. f. Gerichtspr. Bd. IV. S. 141.)

47) Der Causalzusammenhang zwischen Täuschung und Nachtheil fehlt, wenn jene der Zueignung erst nachfolgt und dieselbe verdecken soll. (Stenglein Bd. II, S. 459.)

48) Es ist nicht erforderlich, daß die Täuschung eine nothwendige oder schwer zu durchschauende war; es genügt, wenn eine Täuschung wie immer hervorgebracht wurde und den Nachtheil bewirkte. (Stenglein Bd. II. S. 459, Weis Bd. II. S. 208.)

49) Betrug durch eine mittels Täuschung erlangte Ausstellung eines Wechsels Seitens einer minorennen Person wurde wegen Ungiltigkeit des Wechsels also Mangels eines Schadens nicht bestraft. (Z. f. Gerichtspr. Bd. II. S. 263.)

50) Bei einem durch Vorspiegelung über das Objekt erzielten Verkauf liegt keine Vermögensbeschädigung, also auch kein Betrug vor, wenn der Werth des Kaufsobjekts dennoch dem Preise entspricht. (Z. f. Gerichtspr. Bd. IV. S. 155.)

51) Der Nachweis, daß bei einer durch Anhängen von Gegenständen in unrichtigen Stand gebrachten Wage durch Manipulation beim Wägen dennoch ein richtiges Gewicht erzielt wurde, schließt die Annahme von Betrug aus. (Z. f. Gerichtspr. Bd. IV. S. 205.)

52) Auf Entziehung von Taxen zum Schaden des Staatsärars mittels Vorspiegelung falscher oder Unterdrückung wahrer Thatsachen sind die Bestimmungen über Betrug nicht anwendbar. (Z. f. Gerichtspr. Bd. VI. S. 347. Bd. VII. S. 65, Erk. d. Cass.-H. v. 21. Okt. 1867, Z. f. Gerichtspr. Bd. VII. S. 101, Entsch. d. Cass.-H. Bd. I. S. 409.)

53) Wer durch betrügliche Kunstgriffe die ächte Stempelung von Karten erschleicht, ist wegen Betrugs nicht wegen Fälschung strafbar. (Erk. d. A.-G. v. Oberpfalz v. 20. Febr. 1867, Z. f. Gerichtspr. Bd. VII. S. 60.)

54) Zur Verurtheilung wegen vollendeten Betruges durch Verkauf falscher Wechsel ist die Feststellung unerläßlich, daß der Käufer getäuscht und an seinem Vermögen benachtheiligt worden ist. (Erk. d. Cass.-H. v. 21. Dezember 1867, Entsch. d. Cass.-H. Bd. I. S. 482, Z. f. G. u. R. Bd. VII. S. 196.)

55) Die Feststellung, daß durch Ausstellung einer Urkunde eine Vermögensbeschädigung eingetreten sei, gehört zur Thatfrage und kann durch Nichtigkeitsbeschwerde nicht angefochten werden. (Erk. d. Cass.-H. v. 26. Juli 1869, Z. f. Gerichtspr. Bd. VIII. S. 422, Entsch. d. Cass.-H. Bd. III. S. 272.)

S. auch Note 63 zu Art. 52 S. 55, Note 34 zu Art. 90 S. 148 und Note 17 u. 59 zu Art. 271 S. 378. 380.

56) Zu Absatz 2. Der Betrug ist vollendet mit Eintritt des Schadens, also insoferne der Betrug auf Erlangung einer fremden Sache gerichtet ist, mit deren Apprehension. (Stenglein Bd. II. S. 460. 461, Weis Bd. II. S. 210, Vortr. im G.-A. d. K. d. Abg. 1856/57 S. 411.)

57) Ist der Betrug auf Erlangung eines Rechtes oder Befreiung von einer Verpflichtung gerichtet oder handelt es sich um Eingehen einer Verbindlichkeit oder um eine Verzichtleistung von Seite des Betrogenen, oder um Nichtgebrauch eines Rechtes, so ist der Betrug mit der Erlangung eines Rechtstitels von Seite des Betrügers vollendet, auch wenn die eingegangene Verpflichtung wieder aufgelöst, der Verzicht widerrufen oder sonst der Nachtheil noch abgewendet werden kann.

Vortr. im G.-A. K. d. Abg. 1856/57 S. 412, Prot.-Bd. II. S. 132. 133, Stenglein Bd. II. S. 461 fg.) Die Vermögensbeschädigung tritt durch das Eingehen lästiger Verträge oder durch Ausstellung von Wechseln ein. (Z. f. Gerichtspr. Bd. VII, S. 94. Bd. VIII. S. 470, Erk. d. Cass.-H. v. 29. Sept. 1866, Z. f. G. u. R. Bd. XIII. S. 547, Z. f. Gerichtspr. Bd. VI. S. 101, Erk. v. 30. Dezember 1867, Entsch. d. Cass.-H. Bd. I. S. 491, Erk. v. 19. Mai 1868, Z. f. Gerichtspr. Bd. VII. S. 417, Erk. v. 30. März 1869, Z. f. Gerichtspr. Bd. VIII. S. 252, Entsch. d. Cass.-H. Bd. III. S. 115, Erk. v. 17. Januar 1870, Entsch. d. Cass.-H. Bd. IV. S. 4.)

58) Wie lange der Betrüger im Besitz des erlangten Vortheils bleibt ist ohne Belang und hebt auch sofortige Rückgabe die Vollendung nicht wieder auf. (Stenglein Bd. II. S. 463, Weis Bd. II. S. 210, Motive z. Entw. v. 1855 S. 110.)

59) Der strafbare Versuch beginnt mit der auf Täuschung gerichteten Handlung des Betrügers, auch wenn die Täuschung nicht gelingt, es sei denn, daß ein zur Täuschung völlig untaugliches Mittel gewählt wurde. (Stenglein Bd. II. S. 463, Weis Bd. II. S. 208. 210.)

60) Wenn der Versuch des Betrugs einen größeren Erfolg anstrebte, als wirklich eintrat, so liegt ideeller Zusammenfluß von versuchtem und vollendetem Betrug vor und ist die strengere von beiden Strafen anzuwenden. (Vortr. im G.-A. d. K. d. Abg. 1856/57 S. 134, Stenglein Bd. II. S. 463. 464.)

61) Wenn Jemand in der Absicht, einen Gläubiger mittels Täuschung über seine Zahlungsmittel zu einem Nachlasse an seiner Forderung zu bestimmen, der Ehefrau des Gläubigers falsche Vorspiegelungen über seine Vermögensverhältnisse macht, liegt Betrugsversuch, keine bloße Vorbereitungshandlung vor. (Erk. d. Cass.-H. v. 12. Dezbr. 1868, Entsch. d. Cass.-H. Bd. II. S. 498.)

62) Ein Betrüger, welcher von dem versuchten Betruge in Folge eindringlicher Vorstellungen von Seite des Beschädigten absteht, oder bei dem dies auch nur theilweise Folge des freien Entschlusses war, ist nicht strafbar. (Erk. d. Cass.-H. v. 28. April 1868, Z. f. Gerichtspr. Bd. VII. S. 355, Entsch. d. Cass.-H. Bd. II. S. 198.)

63) Ein brieflich durch Bestellung von Waaren unter falschem Namen verübter Betrug ist an dem Orte vollendet, wo der Thäter in den Besitz der Waaren kommt. (Erk. d. A. G. v. Oberfranken vom 21. Januar 1870, Z. f. Gerichtspr. Bd. IX. S. 348.)

64) Bei brieflich verübtem Betrugsversuch ist das Gericht zuständig, in welchem Adressat den Brief erhielt. (Erk. d. O.-G.-H. v. 8. April 1867, Z. f. Gerichtspr. Bd. VI. S. 352, Bl. f. R.-A. Bd. XXXII. S. 191.)

65) Zur Verfolgung eines Betrugs durch Verleitung einer Person zur Unterzeichnung einer Urkunde über den Nachlaß an einer Schuldforderung ist dasjenige Gericht zuständig, in dessen Sprengel die Unterzeichnung erfolgte. (Erk. d. O.-G.-H. v. 19. Mai 1868, Z. f. Gerichtspr. Bd. VII. S. 417, Bl. f. R.-A. Bd. XXXIII. S. 204.)

66) Zur Verfolgung wegen betrüglicher Verleitung einer Person zur Unterzeichnung eines Wechsels ist dasjenige Gericht zuständig, in dessen Sprengel der Wechsel unterschrieben wurde, auch wenn mittlerweile derselbe zur Zahlung präsentirt und eingeklagt wurde. (Erk. d. O.-G.-H. v. 29. Mai 1869, Z. f. Gerichtspr. Bd. IX. S. 145, Bl. f. R.-A. Bd. XXXV. S. 11.)

Art. 315.

Nach Art. 13 des Gesetzes vom 16. Mai 1868:

Strafe des Betruges.

Vorbehaltlich der Bestimmungen der Art. 316, 319 und 320 soll der Betrug bestraft werden:

1) mit Zuchthaus bis zu acht Jahren, wenn der verursachte Schaden tausend Gulden übersteigt;

2) mit Gefängniß nicht unter einem Monate, womit Geldstrafe bis zu fünfhundert Gulden verbunden werden kann, wenn der Schaden zehn Gulden übersteigt oder wenn der Thäter schon früher wegen Betrugs oder Fälschung verurtheilt worden ist, und vom Tage der erstandenen Strafe oder erlangten Begnadigung noch nicht fünf Jahre abgelaufen sind;

3) außerdem mit Arrest, welcher auch geschärft werden kann, oder an Geld bis zu hundert und fünfzig Gulden.

Frühere Fassung:

Strafe des Betruges.

Vorbehaltlich der Bestimmungen der Art. 316. 319 und 320 soll der Betrug,

1) wenn der Schaden zehn Gulden nicht übersteigt und der Thäter früher noch nicht wegen Betruges oder Fälschung verurtheilt worden ist, mit Arrest, welcher auch geschärft werden kann, oder an Geld bis zu hundert und fünfzig Gulden,

2) andernfalls mit Gefängniß nicht unter einem Monat, womit Geldstrafe bis zu fünfhundert Gulden verbunden werden kann, und wenn der Schaden tausend Gulden übersteigt, mit Zuchthaus bis zu acht Jahren

bestraft werden.

1) Der Schaden bemißt sich nicht wie bei Diebstahl nach dem gemeinen Werthe der durch Betrug entgangenen Sache, auch nicht nach dem vom Betrüger gesuchten Vortheil, sondern nach dem ganzen Umfange des Nachtheils der dem Betrogenen zugegangen ist, ohne Unterscheidung zwischen gegenwärtigen oder zukünftigen Vermögen, zwischen lucrum cessans und damnum emergens, z. B. bei betrüglichem sich Verschaffen eines für einen Andern bestimmten Geschenks. (Stenglein Bd. II. S. 464, Weis Bd. II. S. 211, Z. f. Gerichtspr. Bd. I. S. 242, Erk. d. Cass.-H. v. 22. Sept. 1862, Z. f. G. u. R. Bd. IX. S. 349.)

2) Mittelbar verursachter Schaden kommt nicht in Anrechnung, z. B. Verursachung von Strafvollzugskosten dadurch, daß Jemand für einen Andern eine Strafe ersteht, oder das durch Täuschung bewirkte sich Verschaffen von Arbeit, die einem Andern bestimmt war. (Stenglein Bd. II. S. 464.)

3) Eine Pfandanstalt, welcher betrüglicher Weise Gegenstände zu einem ihren wahren Werth übersteigenden Betrag versetzt werden, ist um die Differenz des wahren Werthes und der Pfandsumme beschädigt und kann hievon der Werthsüberschuß anderer ohne Betrug versetzter Gegenstände nicht abgerechnet werden. (Erk. d. Cass.-H. v. 2. Dezember 1870, Z. f. Gerichtspr. Bd. X. S. 71.)

4) Bei Versuch kommt der bezweckte Schaden zur Anrechnung. (Prot. d. G.-A. d. K. d. Abg. 1856/57 Bd. II. S. 137, Stenglein Bd. II. S. 464, Weis Bd. II. S. 211. 212.)

5) Zu Ziffer 2. Als Fälschung sind die unter Art. 153. 169—172. 176—190. 198 fallenden Reate zu betrachten und ist zwischen Privat- und öffentlichen Delikten nicht unterschieden. (Prot. d. G.-A. d. K. d. R.-R. 1860/61 Bd. I. S. 309, Stenglein Bd. II. S. 465, Weis Bd. II. S. 211.)

6) Bei Rückfall sind auch ausländische Urtheile, sowie die nach dem Code pénal wegen Prellerei erfolgten Verurtheilungen zu berücksichtigen. (Z. f. Gerichtspr. Bd. II. S. 62. 180, Erk. d. Cass.-H. v. 6. Febr. 1863, Z. f. Gerichtspr. Bd. II. S. 150, Z. f. G. u. R. Bd. X. S. 145.)

7) Ob die besonderen in den Art. 323—325 aufgestellten Fälle des Betrugs unter die Rückfallsbestimmungen dieses Artikels fallen ist controvers. Bejahend Erk. d. Cass.-H. v. 19. Febr. u. 7. Oktober 1864, Z. f. Gerichtspr. Bd. III. S. 122, Z. f. G. u. R. Bd. XI. S. 37. 393. Verneinend Z. f. Gerichtspr. Bd. III. S. 86. 164, Erk. d. Cass.-H. v. 24. Novbr. 1865, Z. f. Gerichtspr. Bd. V. S. 88, Z. f. G. u. R. Bd. XII. S. 556.)

Art. 316.

Mit Gefängniß nicht unter zwei Monaten, womit Geldstrafe bis zu tausend Gulden verbunden werden kann, ist der Betrug zu bestrafen, wenn er verübt ist:

1) durch Mißbrauch der Religion, religiöser Handlungen oder Vorstellungen;
2) mittels Benützung fremden Wahnes oder Aberglaubens durch angebliches Geisterbeschwören, Schatzgraben, Goldmachen, Bewirken von Wunderkuren und dergleichen Vorspiegelungen;
3) durch wahrheitswidrige Führung eines Handels- oder anderen Geschäftsbuches, welchem die Gesetze Beweiskraft beilegen;
4) durch Fälschung, Vernichtung, Unbrauchbarmachung oder Unterdrückung einer öffentlichen oder Privaturkunde;
5) durch Anwendung einer falschen Waage, falschen Maßes oder Gewichtes oder durch Verkauf von Waaren mit falschen öffentlichen Stempeln oder andern falschen Zeichen öffentlicher Beglaubigung von Seite eines Gewerbtreibenden in seinem Gewerbe oder
6) dadurch, daß Jemand ein ihm anvertrautes Blanket zu einem anderen Zwecke als demjenigen, zu welchem es ihm anvertraut war, mißbraucht;
7) wenn eine Person, welche gewerbsmäßig edle Metalle, Perlen oder Edelsteine verarbeitet oder damit Handel treibt, unächte oder geringhaltigere Gegenstände dieser Art für ächte oder vollhaltige verkauft oder sonst gegen Entgelt veräußert;
8) wenn Jemand Nahrungsmittel oder Getränke verkauft oder sonst gegen Entgelt veräußert, von denen er weiß, daß sie durch Beigabe fremder Stoffe gefälscht und in Folge dessen der Gesundheit nachtheilig sind;
9) wenn der Thäter eine amtliche Eigenschaft, amtliche Aufträge oder Befugnisse vorgespiegelt hat;
10) wenn Sammlungen unter Vorspiegelung frommer, wohlthätiger oder gemeinnütziger Zwecke unternommen werden.

Uebersteigt in einem der vorstehend bezeichneten Fälle der Schaden fünfhundert Gulden, so ist auf Zuchthaus bis zu acht Jahren zu erkennen.

1) „Ist der Betrug zu bestrafen". Es muß ein Betrug vorliegen nach allen Erfordernissen des Art. 314 und kommen die unter Ziff. 1—10 aufgeführten Umstände nur als Mittel der Täuschung oder als zur Täuschung benützte Umstände in Betracht. (Vortr. im G.-A. d. K. d. Abg. 1856/57 S. 413, Prot.-Bd. II. S. 136. 137, 1860/61 S. 76, Vortr. S. 177. 178, Stenglein Bd. II. S. 466, Weis Bd. II. S. 214, Z. f. Gerichtspr. Bd. II. S. 141.)

2) Zu Ziffer 3. Es ist nicht wahrheitswidrige Führung des Buchs im Ganzen verlangt, sondern genügt ein einzelner falscher Eintrag oder Aenderung eines richtigen oder eine Auslassung, mittels deren eine Vorspiegelung belegt werden will. (Stenglein Bd. II. S. 467, Weis Bd. II. S. 214.)

3) Es ist nicht erforderlich, daß die Gesetze dem gefälschten Buche volle Beweiskraft einräumen. (Weis Bd. II. S. 214.)

4) Zu Ziffer 4. Mit jedem Betrug durch Fälschung öffentlicher Urkunden konkurrirt letzteres Reat ideell und ist die strengere Strafe anzuwenden. (Vortr. im G.-A. d. K. d. Abg. 1860/61 S. 177. 178, Stenglein Bd. II. S. 468, Weis Bd. II. S. 216, Erk. d. A.-G. v. Oberbayern v. 17. April 1867, Z. f. Gerichtspr. Bd. VII. S. 110, s. auch Bd. X. S. 79.)

5) Auch die Unterdrückung der Beglaubigungszeichen einer Urkunde und dadurch ihrer Beweiskraft ist Unterdrückung der Urkunde. (Stenglein Bd. II. S. 468.)

6) Auch die Entziehung des berechtigten Gebrauchs oder der berechtigten Kenntniß einer Urkunde ist Unterdrückung derselben. (Stenglein Bd. II. S. 468, Z. f. Gerichtspr. Bd. I. S. 149.)

7) Die Unterdrückung oder Fälschung einer Urkunde zur Verdeckung eines Betrugs oder eines andern Reates fällt nicht unter Ziff. 4. (Prot. d. G.-A. d. K. d. Abg. 1860/61 S. 94, Stenglein Bd. II. S. 469. 470.)

8) Die Fälschung oder Unterdrückung einer Urkunde an sich ohne Gebrauch derselben in betrüglicher Absicht oder ohne eine weitere betrügliche Vorspiegelung ist nur Vorbereitungshandlung. Der Gebrauch einer gefälschten Urkunde oder ein betrügliches Gebahren auf Grund einer unterdrückten Urkunde ohne Erfolg ist Versuch, wenn nicht in der Urkunde schon ein vollständiger Verpflichtungsgrund liegt, s. Note 57 zu Art. 314 S. 421. (Stenglein Bd. II. S. 468. 469, Weis Bd. II. S. 215, Z. f. Gerichtspr. Bd. I. S. 166.)

9) Conkurriren bei einem Betruge einfache Vorspiegelungen und solche mittels Fälschung oder Unterdrückung von Urkunden, so liegt keine Conkurrenz, sondern nur erschwerter Betrug vor. (Stenglein Bd. II. S. 471.)

10) Mehrfacher Gebrauch einer gefälschten Urkunde gegen verschiedene Personen begründet realen Zusammenfluß von Betrug. (Z. f. Gerichtspr. Bd. I. S. 242.)

11) Betrug durch Benützung eines Eisenbahnzuges mittels eines gefälschten Fahrbillets ist an demjenigen Orte vollendet, an welchem die Benützung des Bahnzugs durch Vorzeigen des Billets erwirkt wird, nicht erst am Ankunftsort. (Erk. d. A.-G. v. Oberbayern v. 17. April 1867, Z. f. Gerichtspr. Bd. VII. S. 110.)

12) Die Zurückbehaltung eines an eine falsche Adresse gelangten Bestellungsbriefes und Ausführung der Bestellung ist kein Betrug durch Unterdrückung von Urkunden. (Z. f. Gerichtspr. Bd. VII. S. 191.)

13) Betrug mittels eines gefälschten Wechsels kann auch dann angenommen werden, wenn der Wechsel nicht diffitirt wurde und der Betrüger für denselben als Girant haftbar ist. (Erk. d. Cass.-H. v. 6. August 1870, Z. f. Gerichtspr. Bd. X. S. 115, Entsch. d. Cass.-H. Bd. IV. S. 295.) S. auch Note 54. 55. 57 zu Art. 314 S. 421.

14) Es liegt strafbarer Betrug vor, wenn Jemand auf einen später eingelösten Wechsel ein Darlehen dadurch erlangt, daß er auf dem Wechsel eine zur Bedingung des Darlehens gemachte Mitunterschrift fälschlich beisetzt. (Erk. d. A.-G. d. Oberpfalz v. 13. April 1865, Z. f. Gerichtspr. Bd. IV. S. 221.)

15) Zu Ziffer 5. Die Bestimmung ist auf den Kauf eines Gewerbetreibenden ebensowohl anwendbar als auf den Verkauf. Als Gewerbtreibender muß Jeder angesehen werden, der aus dem Kauf und Verkauf von Sachen ein Geschäft macht. Auf die Beobachtung gewerbspolizeilicher Bestimmungen kommt ebensowenig an, als darauf, ob der Thäter Eigenthümer, Stellvertreter, Pächter des Geschäftes oder dergl. ist. (S. unten zu Ziff. 7.) (Stenglein Bd. II. S. 471, Weis Bd. II. S. 216. 217.) S. auch Note 35 zu Art. 314 S. 420.

16) Bei Anwendung falscher Maaße, Stempel u. dergl. stehen sich gänzlich nachgeahmte oder veränderte oder betrüglich angewendete ächte gleich; und ist keine dauernde Art von Fälschung erforderlich. (Stenglein Bd. II. S. 472.)

17) Zu Ziffer 6. Als Blanket ist jede Urkunde zu betrachten, in welcher wesentliche Theile, jedoch nicht die Unterschrift, zur nachträglichen Ausfüllung ungeschrieben sind. (Stenglein Bd. II. S. 472.)

18) Der Mißbrauch eines nicht anvertrauten Blankets ist Urkundenfälschung. (Vortr. im G.-A. K. d. Abg. 1856/57 S. 413, Prot.-Bd. II. S. 136, Stenglein Bd. II. S. 472. 473, Weis Bd. II. S. 217.)

19) Zu Ziffer 7. Der Ausdruck „gewerbsmäßig" beschränkt sich nicht auf berechtigte Gewerbsleute und erfordert keine Mehrzahl von Fällen, sondern nur eine Art und Weise des Verkaufs wie von Gewerbsleuten als Erwerbsquelle. (Erk. d. Cass.-H. v. 7. Novbr. 1863, Z. f. Gerichtspr. Bd. III. S. 31, Z. f. G. u. R. Bd. X. S. 986, Erk. d. Cass.-H. v. 18. Dezbr. 1863, Z. f. G. u. R. Bd. X. S. 1045, Weis Bd. II. S. 217.) S. auch oben zu Ziff. 5 Note 14.

20) Zu Ziffer 8. Es ist weder eine beschädigende Absicht noch ein solcher Erfolg vorausgesetzt. In diesem Falle konkurrirt vielmehr vollendete oder versuchte Körperverletzung bezw. Tödtung. Hier ist vielmehr gewinnsüchtige Absicht und Gleichgültigkeit gegen den Erfolg vorausgesetzt. (Vortr. im G.-A. d. K. d. Abg. 1856/57 S. 413. Stenglein Bd. II. S. 473.)

21) Der Beschädigungsbetrag besteht in der Differenz des Werthes zwischen der unverfälschten und der verfälschten Waare. (Stenglein Bd. II. S. 473.)

22) Die Verfälschung an sich ist nur Vorbereitung (s. jedoch Art. 325). Der Versuch, das Feilbieten, fällt unter Ziff. 8 und unter Art. 325. Vollendung tritt mit der Tradition der verkauften Waare ein. (Stenglein Bd II. S. 473, Weis Bd. II. S. 221.)

23) Ein gewerbsmäßiger Verkauf ist nicht erforderlich. (Stenglein Bd. II. S. 474, Weis Bd. II. S. 222.)

24) Der Verkauf gefälschter, aber der Gesundheit nicht nachtheiliger Waaren ist einfacher Betrug. (Weis Bd. II. S. 221. 222.)

25) Zu Ziffer 10. Es ist dabei nicht an Bettel und die dabei häufig angewendeten, auf Mitleiderregung berechneten Vorspiegelungen gedacht, sondern

daran, daß eine Mehrheit von Personen wegen eines Zwecks von allgemeiner Bedeutung, nicht blos für den Bittenden selbst angegangen wird. (Stenglein Bd. II. S. 474, Weis Bd. II. S. 222.)

Zu Abs. 2 s. Note 1. 2. 4 zu Art. 315 S. 422.

Art. 317.

Als Privaturkunden im Sinne des Art. 316 Ziff. 4 werden nur solche von Privatpersonen ohne Hinzukommen einer öffentlichen Beglaubigung gefertigte Urkunden verstanden, welche für den Beweis von Rechten oder Rechtsverhältnissen erheblich sind.

1) Welche für den Beweis von Rechten oder Rechtsverhältnissen erheblich sind". Die Scriptur, deren Qualität als Urkunde fraglich ist, muß in einem Civilproceß als Beweisurkunde benützt oder zugelassen werden können, ohne daß es erforderlich ist, daß das bekundete Rechtsverhältniß ein klagbares ist, oder daß die Urkunde Rechte begründet oder vollen Beweis darüber macht. (Motive zum Entw. von 1855 S. 111, Stenglein Bd. II. S. 475, Weis Bd. II. S. 215, Z. f. Gerichtspr. Bd. I. S. 113.)

2) Mängel der Ausstellung oder der Form, welche die Beweiskraft nicht völlig ausschließen, heben den Charakter einer Scriptur als Urkunde nicht auf. (Stenglein Bd. II. S. 476.)

3) Auch Drucksachen, Lithographien, Telegramme, Briefe können Urkunden sein, auch Anweisungen auf Cassen, Schätzungen, Aktien und Lotterieloose, Bestellungsbriefe, Monturbogen von Soldaten, Vormerkungen von Postvorschuß auf Briefen, Darlehensgesuche, Handelsbücher, Vollmachten sind Urkunden, — nicht aber Zeugnisse über Unglücksfälle, Wirthsmarken, Abschriften, Bettelbriefe, Handwerksrechnungen, Theaterbillete. (Stenglein Bd. II. S. 476. 477.) S. jedoch unten Note 6.

4) Ausweise über persönliche Verhältnisse sind keine Urkunden im Sinne des Art. 317. (Stenglein Bd. II. S. 476.)

5) Es kommt nichts darauf an, ob die Scriptur zwischen Betrüger und Betrogenen beweiserheblich ist, wenn nur überhaupt in irgend einem Verhältnisse. Auch ist gleichgültig, ob sie mittelbar oder unmittelbar zur Täuschung benützt wurde, ob sie auf den Namen einer wirklichen oder fingirten Person lautete. (Motive z. Entw. v. 1855 S. 111, Stenglein Bd. II. S. 477. 478, Weis Bd. II. S. 215.)

6) Eisenbahnkarten sind Urkunden (Z. f. Gerichtspr. Bd. V. S. 15. Bd. VII. S. 110), auch Eintrittsmarken zu öffentlichen Unterhaltungen (Z. f. Gerichtspr. Bd. V. S. 343), Ersuchschreiben (Z. f. Gerichtspr. Bd. I. S. 183), Handwerksrechnungen (Erk. d. Cass.-H. v. 6. Novbr. 1863, Z. f. Gerichtspr. Bd. III. S. 23, Z. f. G. u. R. Bd. X. S. 970), Brodmarken (Z. f. Gerichtspr. Bd. III. S. 214), Preiskegellisten (ebendas. Bd. III. S. 290); Quittungen, obgleich nur mit unbeglaubigtem Handzeichen unterschrieben (ebendas. Bd. III. S. 391), Telegramme (ebendas. Bd. II. S. 215), Bleistiftscripturen von erheblichem Inhalt (ebendas. Bd. VI. S. 223), Postvorschußbriefe und Vermerke auf denselben, wenn auch nur statt Unterschrift gestempelt (ebendas. Bd. VII. S. 62.)

Art. 318.

Fälschung einer Privaturkunde liegt vor:
1) wenn Jemand eine solche Urkunde fälschlich so fertigt, als wäre sie von einer andern Person ausgestellt oder unterzeichnet;
2) wenn Jemand eine ächte Urkunde der erwähnten Art unbefugt verändert.
Der Fälschung gleich steht der wissentliche Gebrauch einer falschen Urkunde.

1) „Unterzeichnet". Nachahmung der ächten Unterschrift des angeblichen Unterzeichners ist nicht erforderlich. (Stenglein Bd. II. S. 478.)

2) „eine ächte Urkunde". Auch eine falsche Urkunde kann weiter gefälscht werden, wenn sie der Thäter für ächt hält, außerdem greift Abs. 2 Platz. (Stenglein Bd. II. S. 478.)

3) Auf die größere oder geringere Gelungenheit der Fälschung kommt nichts an. (Stenglein Bd. II. S. 478.)

4) Jedes Tauglichmachen einer Urkunde zur Täuschung ist Fälschung, ohne daß es einer bleibenden Veränderung derselben bedarf. Es genügt z. B. das Ueberkleben einer Stelle (Z. f. Gerichtspr. Bd. I. S. 148); das Ueberstreichen mit Kreide, die Unterschrift einer gleichnamigen Person u. dergl. (Stenglein Bd. II. S. 478. 479.)

5) Das Erschleichen einer ächten Unterschrift ist nicht Fälschung, unter Umständen aber einfacher Betrug. Die eigenmächtige Veränderung einer ächten Urkunde nach den wirklichen Intentionen der Parteien ist weder Fälschung noch Betrug. (Stenglein Bd. II. S. 479.)

6) Der Begriff der Fälschung wird nicht beseitigt durch Anbringen eines unmerklichen Zeichens, welches die Unächtheit erkennen läßt (Z. f. Gerichtspr. Bd. I. S. 56. Bd. IV. S. 350); durch Unterschrift mit einem längere Zeit hindurch geführten falschen Namen (Erk. d. Cass.-H. v. 14. März 1862, Z. f. Gerichtspr. Bd. I. S. 101, Z. f. G. u. R. Bd. IX. S. 50); durch unrichtige Bezeichnung des angeblichen Ausstellers einer Urkunde. (Stenglein Bd. II. S. 479.)

7) Zur Verurtheilung wegen eines Betrugs durch Urkundenfälschung muß Inhalt und Beschaffenheit der Urkunde, sowie Art der Fälschung bei Vermeidung der Nichtigkeit des Urtheils thatsächlich festgestellt sein, die Beurtheilung dagegen, ob eine Scriptur eine Urkunde ist, und ob Fälschung vorliegt, gehört zur Rechtsfrage. (Erk. d. Cass.-H. v. 24. Oktober 1862, Z. f. Gerichtspr. Bd. II. S. 7, Z. f. G. u. R. Bd. IX. S. 519, Weis Bd. II. S. 216.)

8) Die fälschliche Anfertigung eines Wechsels ohne vollständigen Verfalltag und ohne Unterschrift eines Ausstellers, aber mit Accept und Blankogiro ist Wechselfälschung. (Z. f. Gerichtspr. Bd. VII S. 207.)

Art. 319.

Nach Art. 14 des Gesetzes v. 16. Mai 1868:

Wer wegen Betrugs oder Fälschung bereits einmal zu einer Verbrechens- oder zweimal zu Gefängnißstrafe, jedesmal von wenigstens einem Jahre verurtheilt worden ist, und sich neuerdings, ehe vom Tage der erstandenen Strafe oder erlangten Begnadigung zehn Jahre verflossen sind, eines Betrugs schuldig macht, soll, wenn dieser Betrug mit Zuchthausstrafe bedroht ist, mit Zuchthaus von acht bis sechzehn Jahren, wenn er aber wegen eines die Summe von zehn Gulden übersteigenden Schadens (Art. 315 Ziff. 2) oder in Gemäßheit des Art. 316 mit Gefängnißstrafe bedroht ist, mit Zuchthaus bis zu acht Jahren bestraft werden.

Frühere Fassung:

Wer wegen Betruges oder Fälschung bereits einmal zu einer Verbrechens- oder zweimal zu Gefängnißstrafe, jedesmal von wenigstens einem Jahre, verurtheilt worden ist und sich neuerdings eines Betruges schuldig macht, soll, wenn dieser neuerdings verübte Betrug mit Gefängnißstrafe bedroht ist, mit Zuchthaus bis zu acht Jahren, wenn derselbe mit Zuchthausstrafe bedroht ist, mit acht- bis sechszehnjährigem Zuchthause bestraft werden.

S. Note 2—16 zu Art. 276 S. 389fg., Note 5. 6 zu Art. 315 S. 423.

1) Zu den mit Zuchthaus bedrohten Betrügereien gehört auch eine nach Art. 320 zu bestrafende Conkurrenz von Betrügereien und solche, welche nur nach Art. 321 als einzige Handlung zu bestrafen sind, und dadurch den Verbrechensgrad erreichen. (Stenglein Bd. II. S. 480.)

2) Uebertretungen des Betrugs erwachsen auch durch wiederholten Rückfall nicht zum Verbrechen. (Erk. d. Cass.-H. v. 8. u. 29. Mai 1863, Z. f. Gerichtspr. Bd. II. S. 239. 285, Z. f. G. u. R. Bd. X. S. 460. 482, Weis Bd. II. S. 223. 224.) Durch die neue Fassung des Artikels ist dies positiv entschieden.

Ueber Wirkung älterer Urtheile auf den Rückfall s. Erk. d. Cass.-H. v. 10. Januar 1863, Z. f. G. u. R. Bd. X. S. 27.

3) Es ist keine nothwendige Voraussetzung zur Verurtheilung wegen eines auf dem Rückfalle beruhenden Verbrechens des Betrugs, daß die der That an sich zukommende Qualifikation als Vergehen in der Frage ausgedrückt sei. (Erk. d. Cass.-H. v. 10. April 1863, Z. f. G. u. R. Bd. X. S. 415.)

4) Die von einem Ausländer im Auslande früher verwirkte Verbrechensstrafe genügt zur Verhängung der Rückfallstrafe, wenn derselbe Verbrecher später im Inlande eine mit solcher bedrohte That begeht und ist nicht auf die Benennung der That im früheren Urtheile sondern auf deren Beschaffenheit Rücksicht zu nehmen, wenn auch keine Beschädigungssumme festgestellt ist. (Erk. d. Cass.-H. v. 27. März 1868, Z. f. Gerichtspr. Bd. VII. S. 311, Entsch. d. Cass.-H. Bd. II. S. 154.)

Art. 320.

Zuchthausstrafe bis zu sechzehn Jahren tritt ein, wenn an dem Betrüger gleichzeitig drei oder mehrere Betrugshandlungen zu bestrafen sind, von denen jede einzelne mit Zuchthausstrafe bedroht ist.

Sind an demselben gleichzeitig drei oder mehrere Betrugshandlungen zu bestrafen, von denen jede einzeln mit Gefängnißstrafe bedroht ist, so soll auf Zuchthaus bis zu acht Jahren erkannt werden.

1) Die einzelnen zu bestrafenden Betrügereien können auch Versuchs- oder Theilnahmshandlungen sein. (Stenglein Bd. II. S. 480, Weis Bd. II. S. 224, Erk. d. Cass.-H. v. 19. Septbr. 1862, Z. f. Gerichtspr. Bd. II. S. 50, Z. f. G. u. R. Bd. IX. S. 344, Erk. v. 5. Juli 1869, Z. f. Gerichtspr. Bd. VIII. S. 386.)

Nach Erk. d. Cass.-H. v. 9. August 1867, Z. f. Gerichtspr. Bd. VII. S. 41, Entsch. d. Cass.-H. Bd. I. S. 344 kann bei Concurrenz von Versuchen die Strafe nach Art. 49 gemildert werden. Ebenso nach Erk. v. 2. April 1870, Z. f. Gerichtspr. Bd. IX. S. 292, Entsch. d. Cass.-H. Bd. IV. S. 135 bei mehreren Theilnahmshandlungen.

2) Auch mehrere an einer Person verübte Betrügereien können die Concurrenzstrafe begründen, wenn sie nicht nach Art. 321 als eine That zu bestrafen sind. (Stenglein Bd. II. S. 480.)

3) Auch die lediglich durch Rückfall die Vergehensqualität annehmenden Betrügereien fallen unter Abs. 2 des Artikels. (Stenglein Bd. II. S. 481, Z. f. Gerichtspr. Bd. II. S. 121.) Dagegen spricht sich Erk. d. Cass.-H. v. 29. Mai 1863 u. 5. März 1869 dahin aus, die Betrügereien müßten objektiv Vergehen sein, wenn auch durch Zusammenrechnung nach Art. 321 (Z. f. Gerichtspr. Bd. VIII. S. 370, Z. f. G. u. R. Bd. X. S. 482, Entsch. d. Cass.-H. Bd. III. S. 73.) S. auch Erk. v. 5. Juli 1869, Z. f. Gerichtspr. Bd. VIII. S. 387, wo auch ausgesprochen ist, daß hiebei der Einwand nicht Platz greift, daß der Betrüger bei successiven Versuchen nur den Einen oder Andern habe betrügen wollen.

4) Zur Verfolgung mehrerer Betrügereien, welche in ihrem Zusammenflusse mit einer Verbrechensstrafe bedroht sind, ist das prävenirende Gericht zuständig, nicht dasjenige, in dessen Sprengel die dritte Betrugshandlung verübt wurde. (Erk. d. Cass.-H. v. 5. März 1864, Z. f. Gerichtspr. Bd. III. S. 189.) S. auch Erk. vom gleichen Datum Bl. f. R.-A. Bd. XXX. S. 358.

Art. 321.

Hat sich Jemand in einem und demselben Geschäfts- oder Gewerbsbetriebe oder mittels der nämlichen Vorspiegelungen oder Kunstgriffe nach und nach mehrere Betrügereien, wenn auch zum Nachtheile verschiedener Personen schuldig gemacht, so sind diese Betrügereien als eine einzige Handlung zu bestrafen.

Das Gleiche gilt, wenn durch eine und dieselbe betrügerische Unternehmung verschiedene Personen benachtheiligt wurden.

1) Unter Geschäft ist nicht nur ein kaufmännisches zu verstehen, sondern jedes dauernde Verhältniß, z. B. als Dienstbote einer Herrschaft. (Stenglein Bd. II. S. 481.)

2) Ob Jemand in einem und demselben Gewerbsbetriebe einen Betrug verübt hat, gehört zur Thatfrage. (Erk. d Cass.-H. v. 1. Juli 1864, Z. f. Gerichtspr. Bd. III. S. 164, Z f. G. u. R. Bd. XI. S. 243.)

3) Die nämlichen Vorspiegelungen liegen nicht schon vor, wenn eine gewisse Aehnlichkeit derselben besteht, sondern nur bei Gleichheit aller wesentlichen Momente. Ob Gleichheit vorliege ist Rechtsfrage. (Prot. d. G.A. K. d. Abg. 1856/57 Bd. II. S. 137, Stenglein Bd. II. S. 481, Weis Bd. II. S. 225, Erk. d. Cass.-H. v. 21. März u. 17. April 1863, Z. f. Gerichtspr. Bd. II. S. 257. 317, Z. f. G. u. R. Bd. X. S. 291. 431, s. auch Erört. Z. f. Gerichtspr. Bd. II. S. 281.)

4) Gleichheit der Vorspiegelung erfordert nur solche der wesentlichen und maßgebenden Täuschungsmittel und liegt bei Verschiedenheit nur nebensächlicher Zusätze vor. (Der vorgespiegelte Auftrag verschiedener Personen schließt die Gleichheit aus.) (Erk. d. Cass.-H. v. 18. Dezbr. 1863 u. 1. Juli 1864, 21. April 1865 8. Novbr. 1867 u. 27. Febr. 1868, Z. f. Gerichtspr. Bd. III. S. 67. 364. Bd. IV. S. 235. Bd. VII. S. 149. 280, Z. f. G. u. R. Bd. X. S. 1043. Bd. XI. S. 243. Bd. XII. S. 155, Entsch. d. Cass.-H. Bd. II. S. 106.)

5) Durch Angaben verschiedener Namen und Wohn- oder Zahlungsorte bei Einkäufen wird bei sonst ganz gleichmäßiger Verübung mehrerer Betrügereien die Gleichheit der Vorspiegelung nicht ausgeschlossen, vielmehr entscheidet nur die Gleichheit der für die Willensbestimmung des Getäuschten wesentlichen Momente. ((Erk. d. Cass.-H. v. 27. Januar 1866, Z. f. Gerichtspr. Bd. V. S. 171, Z. f. G. u. R. Bd. XIII. S. 31, Erk. d. A.-G. von Oberfranken v. 28. Dezbr. 1869, Z. f. Gerichtspr. Bd. IX. S. 349.)

6) Gleichheit der Vorspiegelung liegt nicht vor, wenn in verschiedenen Fällen der Auftrag Dritter zu einer Handlung vorgespiegelt, diese aber verschieden bezeichnet wurden und diese Verschiedenheit für die Willensbestimmung des Betrogenen maßgebend war. (Erk. d. Cass.-H. v. 23. Novbr. 1866, Z. f. Gerichtspr. Bd. VI. S. 169, Z. f. G. u. R. Bd. XIII. S. 596.)

7) Fortgesetzter Betrug liegt auch vor, wenn mehrere Betrügereien Ausfluß eines und desselben Entschlusses sind. (Stenglein Bd. II. S. 482.)

8) Konkurriren vollendete und versuchte Betrügereien, welche als eine That zu beurtheilen sind, so können auch die Schadensbeträge zusammengerechnet werden, wenn nicht die vollendeten nur Ausführung des früher erfolglos versuchten sind. (Prot. d. G.-A. d. K. d. Abg. 1856/57 Bd. II. S. 137, Stenglein Bd. II. S. 482, Z. f. G. u. R. Bd. IX. S. 366.)

9) Liegen bei den zusammenzurechnenden Betrügereien einfache und erschwerte vor, so ist auf alle die Strafe des Art. 316 anzuwenden. (Stenglein Bd. II. S. 482.)

10) Fortsetzung kann nur beim Vorliegen der vom Str.-G.-B. für bestimmte Delikte angegebenen Merkmale angenommen werden. Erk. d. Cass.-H. v. 18. Dez. 1863, Z. f. Gerichtspr. Bd. III. S. 67, Z. f. G. u. R. Bd. X. S. 1043.)

11) Wenn von mehreren fortgesetzten Betrügereien einzelne schon abgeurtheilt sind, wenn die anderen entdeckt werden, sind diese abzuurtheilen und eine angemessene Gesammtstrafe auszusprechen. (Erk. d. Cass.-H. v. 1. Dezbr. 1865 u. 5. Juli 1869, Z. f. Gerichtspr. Bd. V. S. 94. Bd. VIII. S. 386, Z. f. G. u. R. Bd. XII. S. 564)

12) Bei fortgesetztem Betrug können auch nicht mit verwiesene Handlungen zur Cognition gezogen werden. (Erk. d. A.-G. v. Unterfranken v. 10. Oktober 1862, Z. f. Gerichtspr. Bd. II. S. 74.)

Art. 322.

Die Bestimmungen des Art. 290 finden auch beim Betruge Anwendung.

S. zu Art. 290 S. 400.

Art. 323.

Besondere Fälle.

Fabrikanten, Handels- und Gewerbsleute, in deren Geschäftslokalitäten eine falsche Waage, falsches Gewicht oder falsches Maß oder in deren Besitze falsche Stempel, welche geeignet sind, Waaren, Maß, Gewicht oder Waagen fälschlich mit Zeichen öffentlicher Beglaubigung zu versehen, gefunden werden, sind mit Gefängniß bis zu sechs Monaten oder an Geld bis zu dreihundert Gulden zu bestrafen.

Gleicher Strafe unterliegt derjenige Fabrikant, Handel- oder Gewerbtreibende, in dessen Besitze man zum gewerbsmäßigen Verkaufe bestimmte Waaren findet, welche mit falschen öffentlichen Stempeln oder andern falschen Zeichen öffentlicher Beglaubigung versehen sind, wenn er davon, daß diese Stempel oder Zeichen falsch sind, Kenntniß gehabt hat.

1) „Fabrikanten, Handels- und Gewerbsleute". Hiezu gehören alle, welche aus Kauf oder Verkauf von Waaren ein Geschäft machen, gleichviel ob sie hiezu einer Concession oder sonstigen öffentlichen Bewilligung bedürfen oder nicht, auch Producenten, welche ihre Produkte geschäftsmäßig verkaufen. (Stenglein Bd. II. S. 484.)

2) „Geschäftslokalitäten". Hiezu gehört nicht nur der Laden, sondern auch das Comptoir oder Magazine eines Kaufmanns, Marktbuden u. dergl. (Vortr. im G.-A. d. K. d. Abg. 1856/57 S. 415, Prot.-Bd. II. S. 139, Stenglein Bd. II. S. 485, Weis Bd. II. S. 227.)

3) „falsche Waagen" u. s. w. Diese müssen unrichtig sein, nicht blos ungeaicht oder sonst öffentlichen Vorschriften nicht entsprechend (Pol.-Str.-G.-B. Art. 194. 195); doch ist keine bleibende die Unrichtigkeit veranlassende Vorrichtung erforderlich. (Vortr. u. Prot. a. a. O., Stenglein Bd. II. S. 484, Weis Bd. II. S. 226. 227, Erk. d. Cass.-H. v. 10. März 1866, Z. f. Gerichtspr. Bd. V, S. 234, Z. f. G. u. R. Bd. XIII. S. 128.)

4) Das Auffinden eines nicht maßhaltigen Glases bei einem Wirthe fällt nicht unter Art. 323. (Z. f. Gerichtspr. Bd. V. S. 150.) Wirthe sind nicht dafür haftbar, daß die bei ihnen vorgefundenen geaichten Gemäße maßhaltig sind, wenn sie die Richtigkeit nicht selbst alterirt haben. (Z. f. Gerichtspr. Bd. V. S. 229.)

5) Die Führung eines unvollständigen sog. Einsatzgewichtes Seitens eines Gewerbtreibenden, das einzeln richtig nur als Zusatzgewicht benützt wird, ist nicht nach Art. 323, sondern nach Art. 194 Pol.-Str.-G.-B. strafbar. (Erk. d. A.-G. v. Oberpfalz v. 12. Oktober 1866, Z. f. Gerichtspr. Bd. VI. S. 237.)

6) „oder in deren Besitze". Beim Besitze falscher Stempel kommt es auf den Aufbewahrungsort nicht an. Auch ächte Stempel gehören hieher, welche die treffende Person unbefugt besitzt; und genügt der Besitz eines einzelnen Stempels. (Vortr. im G.-A. d. K. d. Abg. 1856/57 S. 416, Prot. 1860/61 S. 76, Stenglein Bd. II. S. 485, Weis Bd. II. S. 227.)

7) Zu Absatz 2. Auch hier ist der Aufbewahrungsort nicht entscheidend, jedoch muß die falsche gestempelte Waare dem Geschäfte des Besitzers entsprechen, nicht zum Privatgebrauche bestimmt sein, und der Besitzer Kenntniß der falschen Stempelung haben. (Vortr. im G.-A. d. Abg. 1856/57 S. 416, Prot.-Bd. II. S. 139, Weis Bd. II. S. 227, Stenglein Bd. II. S. 485.)

8) Unter Absatz 2 fällt nicht der Besitz von Waaren, welche nur mit falschen Fabrik- oder Gewerbszeichen, Namen oder Firmen bezeichnet sind. (Weis Bd. II. S. 228.)

9) Bezieht sich die Handlung auf einen bestimmten, bereits ins Versuchsstadium vorgerückten Betrug, so tritt die Strafe des Betrugs ein; ebenso wenn die Pflichtverletzung eines öffentlichen Bediensteten in Bezug auf Stempel u. dgl. konkurrirt, die hierauf gesetzte Strafe. (Vortr. im G.-A. d. K. d. Abg. 1856/57 S. 416, Prot.-Bd. II. S. 140, Stenglein Bd. II. S. 487, Weis Bd. II. S. 226.)

10) Ein beschädigender Erfolg ist nicht erforderlich, sondern begründet unter Umständen andere Strafen. (Stenglein Bd. II. S. 487.)

S. Note 7 zu Art. 315 S. 423.

11) Das Auffinden eines unrichtigen, mit keinem Aichzeichen versehenen Ge-

wichtes in einem Verkaufsladen hat, soferne nicht erwiesen ist, daß der Geschäftsherr Kenntniß vom Vorhandensein dieses Gewichtes hatte, nur die Bestrafung nach Art. 194 Pol.-Str.-G.-B. zur Folge. (Erk. d. Cass.-H. v. 21. Novbr. 1863, Z. f. G. u. R. Bd. X. S. 1019, Z. f. Gerichtspr. Bd. III. S. 73.)

Art. 324.

Wer, ohne dazu ermächtigt zu sein, Stempel, welche geeignet sind, Waaren, Maß, Gewicht oder Waagen mit Zeichen öffentlicher Beglaubigung zu versehen, verfertigt oder sich oder einem Andern verschafft, ist mit Arrest bis zu dreißig Tagen oder an Geld bis zu hundert Gulden, und, wenn er gewußt hat, daß diese Stempel gebraucht werden sollten, um Waaren, Maß, Gewicht oder Waagen fälschlich mit Zeichen öffentlicher Beglaubigung zu versehen, mit Gefängniß bis zu sechs Monaten oder an Geld bis zu dreihundert Gulden zu bestrafen.

S. Note 3. 5. 6 zu Art. 173 S. 256, Note 2 zu Art. 174 S. 257, Note 7 zu Art. 315 S. 423, Note 9. 10 zu Art. 323 S. 430.

1) Es ist nicht wie in Art. 174 verlangt, daß die Stempel zu den angegebenen Zwecken ausschließlich dienlich sind. (Weis Bd. II. S. 228.)

2) Die widerrechtliche Verfertigung von Siegeln, womit Waagscheine für Waaren beglaubigt werden, fällt unter Art. 324. Der Besteller ist als Theilnehmer strafbar. (Erk. d. Cass.-H. v. 16. Febr. 1866, Z. f. Gerichtspr. Bd. V. S. 203, Z. f. G. u. R. Bd. XIII. S. 69.)

3) Auch die unberechtigte Anwendung ächter Siegel, sowie das Ueberlassen solcher zu unberechtigtem Gebrauche fällt unter Art. 324. (Z. f. Gerichtspr. Bd. VIII. S. 414.)

Art. 325.

Wer Nahrungsmittel oder Getränke, die er zu verkaufen oder sonst gegen Entgelt zu veräußern beabsichtigt, durch Beigabe fremder Stoffe fälscht, desgleichen, wer in solcher Weise gefälschte Nahrungsmittel oder Getränke, wissend, daß sie gefälscht sind, feilbietet, wird, wenn die gefälschten Gegenstände der Gesundheit nachtheilig sind, mit Gefängniß bis zu zwei Jahren, womit Geldstrafe bis zu fünfhundert Gulden verbunden werden kann, — andernfalls mit Arrest oder an Geld bis zu hundert und fünfzig Gulden bestraft.

Gewerb- oder Handeltreibende, in deren Magazinen, Kellern oder sonstigen Räumlichkeiten man Nahrungsmittel oder Getränke von der Art, wie diese Personen sie gewerbsmäßig verkaufen, in der angegebenen Weise gefälscht vorfindet, unterliegen, wenn sie von dem Bestehen dieser Fälschung Kenntniß hatten, nach Verschiedenheit der im vorigen Absatze bezeichneten Fälle, den daselbst bestimmten Strafen.

1) „Durch Beigabe fremder Stoffe fälscht", d. h. durch Beigabe von Stoffen einer andern Gattung als der ursprünglichen, welche naturgemäß nicht dazu gehören. Es kann also z. B. nicht durch Benennung eines Weines nach einer besseren Sorte, wohl aber durch Mischung von schlechtem und gutem Wein gefälscht werden. Auf die Erhöhung oder Minderung des Werths kommt nichts an. (Vortr. d. G.-A. d. K. d. Abg. 1856/57 S. 416, Prot.-Bd. II. S. 140, Stenglein Bd. II. S. 486, Weis Bd. II. S. 218.)

2) Zusatz von Wasser und Traubenzucker zu Wein ist Beigabe fremder Stoffe. (Erk. d. Cass.-H. v. 28. August 1863, Z. f. Gerichtspr. Bd. II. S. 383, Z. f. G. u. R. Bd. X. S. 836, Weis Bd. II. S. 218. 219.)

3) Zusatz von Wasser oder Nachbier zu Bier ist Beigabe fremder Stoffe. (Erk. d. Cass.-H. v. 28. August 1863, Z. f. Gerichtspr. Bd. II. S. 384, Z. f. G. u. R. Bd. X. S. 839, Weis Bd. II. S. 219.)

4) Schweinefett als Zusatz zu Schmalz ist ein fremder Stoff und kommt es bei Anwendung des Art. 325 weder auf die Absicht zu täuschen, noch auf die einen rechtswidrigen Vortheil zu erlangen an. Die Anwendung des Art. 325 ist auch nicht ausgeschlossen, wenn die Bereitungsart der Mischung bekannt gemacht und ihr vom Fabrikanten ein eigener Name beigelegt worden ist. (Erk. d. Cass.-H. v. 21. Juli 1865, Z. f. Gerichtspr. Bd. V. S. 39, Z. f. G. u. R. Bd. XII. S. 350, Erk. v. 13. August 1866, Z. f. Gerichtspr. Bd. VI. S. 52, Z. f. G. u. R. Bd. XIII. S. 495, s. auch Z. f. Gerichtspr. Bd. VI. S. 331.)

5) Nicht abgerahmte Milch wird durch Beigabe von abgerahmter Milch gefälscht. (Z. f. Gerichtspr. Bd. III. S. 242.) Wegen Milchfälschung ist das Gericht zuständig, in dessen Sprengel sie gefälscht, nicht wo sie gefunden wurde. (Z. f. Gerichtspr. Bd. III. S. 164.)

6) Jede Verwendung von anderem Material zur Bierbereitung als Hopfen und Gerstenmalz (z. B. die von sog. Biercouleur) ist strafbar, mag es auch dieselben chemischen Bestandtheile haben, wie jene Materialien. (Erk. d. Cass.-H. v. 21. Juli 1866, Z. f. Gerichtspr. Bd. VI. S. 9, Z. f. G. u. R. Bd. XIII. S. 455, Weis Bd. II. S. 218.)

7) Ein Brauer, welcher seinen Schenkwirthen anstatt Winterbier eine Mischung von Sommerbier und Nachbier gibt, ist nach Art. 325 strafbar. (Z. f. Gerichtspr. Bd. VI. S. 46.) Für Betrug sprach sich dagegen aus das Erk. d. A.-G. von Niederbayern v. 13. Juli 1866, Z. f. Gerichtspr. Bd. VI. S. 61 und das Erk. d. Cass.-H. v. 24. August 1866, Z. f. Gerichtspr. Bd. VI. S. 75, Z. f. G. u. R. Bd. XIII. S. 532.)

8) Zusatz von doppelkohlensaurem Natron zu sauer gewordenem Bier, um demselben den Geschmack der Säure zu benehmen, ist keine Fälschung; der Verkauf aber als der von gesundheitsschädlichem Bier strafbar. (Z. f. Gerichtspr. Bd. VI. S. 284. Dagegen Bd. VII. S. 77.)

9) Ein Bräuer, der wegen Verkaufs von gesundheitsschädlichem Bier bereits rechtskräftig durch Strafverfügung bestraft ist, kann wegen Fälschung desselben Biers durch Beigabe fremder Stoffe nicht nochmals gestraft werden. Eine solche Fälschung liegt nicht in der Vermengung von sauer gewordenem Winterbier und unausgegohrenem Sommerbier zur Erzeugung einer neuen Gährung. (Erk. d. Cass.-H. v. 13. August 1868, Z. f. Gerichtspr. Bd. VIII. S. 22, Entsch. d. Cass.-H. Bd. II. S. 377.)

10) Das Feilbieten einer gefälschten Waare findet statt, sobald die zum Verkauf bestimmte Waare an den Ort gebracht wird, wo ihr Absatz zu erwarten ist. (Z. f. Gerichtspr. Bd. VIII. S. 368.)

11) Zur thatsächlichen Feststellung gehört nur, daß bestimmte Stoffe einem Nahrungsmittel oder Getränke beigemischt wurden, nicht aber ob dies fremde Stoffe sind. (Weis Bd. II. S. 219.)

12) Daß der Fälscher die gefälschten Gegenstände zum Verkauf feilgeboten habe, ist nicht erforderlich, wenn er nur die Absicht hatte, dies zu thun. (Weis Bd. II. S. 220.)

13) Zu Absatz 2. In diesem Falle ist weder der Nachweis der Fälschung, noch des Feilbietens oder einer darauf gerichteten Absicht erforderlich, dies Alles wird präsumirt, wenn der Gewerbtreibende die Fälschung kannte. Auch greift der Einwand nicht Platz, daß die gefälschte Waare zum persönlichen Consum bestimmt gewesen sei. (Weis Bd. II. S. 220. 221, Z. f. Gerichtspr. Bd. III. S. S. 164, Erk. d. Cass.-H. v. 13. Febr. 1863, Z. f. G. u. R. Bd. X. S. 165, Z. f. Gerichtspr. Bd. II. S. 124, Vortr. im G.-A. d. K. d. Abg. 1856/57 S. 416, Prot.-Bd. II. S. 140.)

S. Note 7 zu Art. 315 S. 423, ferner Note 1. 2. 9. 10 zu Art. 323 S. 430 fg.

Art. 326.

Straffolgen.

Mit jeder auf Grund der Art. 315 und 316 zuerkannten Gefängnißstrafe können die im Art. 28 bezeichneten Straffolgen oder einzelne derselben verbunden werden.

Zugleich kann die Zulässigkeit der Stellung unter Polizeiaufsicht oder, soferne die Gefängnißstrafe die Dauer von zwei Jahren nicht übersteigt, der Verwahrung in einer Polizeianstalt ausgesprochen werden.

Die in Art. 323 Abs. 1, 324 und 325 bezeichneten Gegenstände unterliegen der Konfiskation.

Die Konfiskation kann auch in Wegnahme zur Vernichtung, zum Ausgießen von Getränken u. dergl. bestehen. (Prot. d. G.-A. d. K. d. Abg. 1856/57 Bd. II. S. 140, Stenglein Bd. II. S. 488, Weis Bd. II. S. 229.)

Zwanzigstes Hauptstück.

Widerrechtliche Benachtheiligung der Gläubiger.

Art. 327.

Betrügliche Verkürzung der Gläubiger.

Wer außer den Fällen der Art. 328 und 329 seine Gläubiger dadurch benachtheiligt, daß er entweder Ueberschuldung vorspiegelt oder nach eingetretener Ueberschuldung widerrechtlich Vermögenstheile verheimlicht oder den Gläubigern entzieht oder Schuldposten oder Rechtsgeschäfte, welche ganz oder theilweise erdichtet sind, aufstellt oder anerkennt oder aus eigennütziger Absicht einzelne Gläubiger vor den andern begünstigt, ist mit Gefängniß nicht unter einem Monate zu bestrafen. Zugleich kann gegen denselben auf die im Art. 28 bezeichneten Straffolgen oder auf einzelne derselben erkannt werden.

Uebersteigt der Gesammtbetrag des Schadens tausend Gulden, so ist auf Zuchthaus bis zu acht Jahren zu erkennen.

Der Versuch des im Abs. 1 bezeichneten Vergehens ist strafbar.

1) „Wer". Jedermann kann diese Handlung begehen; der selbstständiges Rechtssubjekt ist und Schulden hat. (Stenglein Bd. II. S. 490.)

2) „seine Gläubiger". Die Handlung ist gegen die Passivmasse des Schuldners gerichtet und enthält eine Entziehung von Vermögenstheilen aus der Aktivmasse, nicht eine unmittelbare Benachtheiligung einzelner bestimmter Gläubiger, welche Betrug bilden würde. (Stenglein Bd. II. S. 491. 493, Weis Bd. II. S. 231, Erk. d. Cass.-H. v. 5. August 1865, Z. f. Gerichtspr. Bd. IV. S. 360, Z. f. G. u. R. Bd. XII. S. 382.) Es kommt auf ein materiell bestehendes Recht der Gläubiger, nicht auf eine formell erstrittene Forderung derselben an. (Erk. d. App.-G. v. Oberbayern v. 10. Febr. 1862, Z. f. Gerichtspr. Bd. I. S. 103.)

3) „Ueberschuldung vorspiegelt", d. h. wenn der Schuldner glauben macht, er sei überschuldet, um Nachlässe oder Stundung zu erlangen od. dergl. (Prot. d. G.-A. d. K. d. Abg. 1856/57 Bd. II. S. 141, Stenglein Bd. II. S. 493, Weis Bd. II. S. 232.)

4) „nach eingetretener Ueberschuldung". Das Vermögen muß zur Befriedigung der Schuldner unzulänglich sein, gleichviel ob ein Gläubiger, oder ob mehrere vorhanden sind. Auch darauf kommt nichts an, ob die Ueberschuldung auf irgend einem formellen Weg festgestellt ist, oder nicht; ob ein außergerichtlicher Vergleich statt hatte, oder ob die Gläubiger Mangels einer Aktivmasse von jedem Verfahren abstunden. Auch ist es ohne Belang, ob die Handlung vor oder nach erklärter Insolvenz stattfand, wenn sie nur mit Rücksicht auf diese geschah. Uneinbringliche Aktiven kommen bei Beurtheilung der Ueberschuldung nicht in Betracht. Irrthümlich vom Schuldner angenommene Ueberschuldung macht die That straflos. (Vortr. im G.-A. d. K. d. Abg. 1856/57 S. 407, Prot.-Bd. II. S. 141. 142, Stenglein Bd. II. S. 492. 493, Weis Bd. II. S. 232, Erk. d. A.-G. v. Unterfranken v. 8. April 1863, Z. f. Gerichtspr. Bd. II. S. 228.)

5) Auch nach dem Adjudikationsbescheide kann noch eine Entziehung adjudicirter Vermögenstheile stattfinden. (Z. f. Gerichtspr. Bd. I. S. 111, Stenglein Bd. II. S. 494.)

6) Die That erfordert nur einfachen Vorsatz, nicht eine gewinnsüchtige Absicht, wie bei Betrug, ausgenommen bei Begünstigung einzelner Gläubiger. (Steng-

lein Bd. II. S. 493, Weis Bd. II. S. 232.) Auch die Absicht bleibender Beschädigung der Gläubiger ist nicht erforderlich. (Z. f. Gerichtspr. Bd. I. S. 374.)

7) „Verheimlicht oder den Gläubigern entzieht". Hiezu gehört zunächst eine positive Handlung des Schuldners oder eines Dritten durch ihn veranlaßten, welcher als Theilnehmer strafbar sein kann; auch simulirte Veräußerungen. Ein Ableugnen oder Verschweigen gehört nur dann hieher, wenn eine Pflicht zur Angabe besteht, also wenn z. B. der Schuldner zur Aufstellung eines status activorum angehalten werden kann, oder wenn er den Manifestationseid zu leisten hat. (Prot. d. G.-A. d. K. d. Abg. 1856/57 Bd. II. S. 144, Stenglein Bd. II. S. 494, Weis Bd. II. S. 234.)

8) In der wissentlich falschen Ableistung des Manifestationseides nach eingetretener Ueberschuldung liegt das Vergehen betrüglicher Verkürzung der Gläubiger und ist weder erforderlich, daß die Ueberschuldung durch ein Inventar festgestellt ist, noch daß eine Mehrzahl von Gläubigern beschädigt wurde, noch daß die Gläubiger über die verheimlichten Vermögenstheile in Unwissenheit waren. (Erk. d. Cass.-H. v. 1. Dezember 1866, Z. f. Gerichtspr. Bd. VI. S. 179, Z. f. G. u. R. Bd. XIII. S. 621.)

9) In der Verheimlichung oder Entziehung von Vermögenstheilen durch einen überschuldeten Schuldner liegt nur Versuch betrüglicher Verkürzung der Gläubiger, wenn, obgleich ohne Willen und Zuthun des Schuldners die Vermögenstheile wieder beigeschafft wurden, ehe die Gläubiger aus der Geltendmachung ihrer Rechte einen Vortheil hätten ziehen können. (Erk. d. Cass.-H. v. 2. April 1869, Z. f. Gerichtspr. Bd. VIII. S. 263.)

10) Der Umstand, daß ein Schuldner den Erlös aus den den Gläubigern entzogenen Vermögenstheilen zur theilweisen Befriedigung derselben verwendet, wirkt nur als Schadenersatz, hebt aber den Thatbestand betrüglicher Verkürzung der Gläubiger nicht auf. (Erk. d. Cass.-H. v. 7. Januar 1871, Z. f. Gerichtspr. Bd. X. S. 103.)

11) „Schuldposten oder Rechtsgeschäfte, welche ganz oder theilweise erdichtet sind, aufstellt oder anerkennt". Daß die fingirten Forderungen zum Zuge kommen würden, ist nicht erforderlich. Die fingirten Gläubiger erscheinen, wenn sie die That unterstützen als Theilnehmer. (Stenglein Bd. II. S. 494. 495.)

12) „einzelne Gläubiger begünstigt", z. B. durch Einräumung von Vorzugsrechten, durch Hingabe von Sachen an Zahlungsstatt. Es muß aber nicht blos die Absicht bestehen, einer Schuld gerecht zu werden, sondern der Thäter muß an der Begünstigung selbst ein Interesse haben. (Stenglein Bd. II. S. 495.)

13) Der Abschluß eines notariellen Vertrags zum Nachtheile der Gläubiger vor Erklärung der Insolvenz schließt den Thatbestand nicht aus. (Erk. d. A.-G. v. Oberfranken v. 14. August 1868, Z. f. Gerichtspr. Bd. VIII. S. 239.)

14) Die That ist vollendet mit Eintritt der wirklichen oder fingirten Zahlungsunfähigkeit, wenn jene Handlungen der That vorausgehen, außerdem mit den Handlungen selbst. Versuch liegt vor, wenn die Ueberschuldung noch nicht konstatirt ist oder die kritischen Handlungen selbst nur versucht sind. Auf den Erfolg einer definitiven Beschädigung der Gläubiger kommt nichts an. (Stenglein Bd. II. S. 497. 498.)

15) Zu Absatz 2. Die Beschädigung liegt in der Differenz zwischen wirklichem und angegebenen Vermögen bei fingirter Ueberschuldung, im Werthe beseitigter Vermögenstheile, in der Höhe fingirter Schuldposten, in der Größe widerrechtlicher Zuwendungen an begünstigte Gläubiger. Bei theilweise vollendeter, theilweise versuchter Verübung können die Schadensbeträge zusammengerechnet werden. (Prot. d. G.-A. d. K. d. Abg. 1856/57 Bd. II. S. 141, Stenglein Bd. II. S. 498, Weis Bd. II. S. 233.)

Art. 328.

Bankerott. **Ein Handelsmann oder Fabrikant, welcher seine Zahlungen einstellt, soll wegen einfachen Bankerotts mit Gefängniß bis zu zwei Jahren bestraft werden,**

1) wenn er die nach Beschaffenheit seines Geschäftes erforderlichen Bücher zu führen unterlassen oder in solcher Unordnung geführt hat, daß daraus sein Aktiv- oder Passivstand nicht ersehen werden kann;

2) wenn er durch Vernachlässigung seines Geschäftes, durch übermäßigen Aufwand, durch Börsenspiel oder Differenzgeschäfte mit Waaren oder Kreditpapieren seine Zahlungsunfähigkeit herbeigeführt hat;

3) wenn er zu einer Zeit, da seine Schulden bereits das Doppelte seines Aktivvermögens erreicht hatten, noch Gelder aufgenommen oder Waaren bezogen, neue Wechsel oder andere in Handel kommende Kreditpapiere ausgestellt oder Waaren oder Kreditpapiere unter ihrem Werthe veräußert hat.

1) „Ein Handelsmann oder Fabrikant". Der Begriff derselben ist nach dem Handelsgesetzbuch zu bestimmen. Danach kommt es aber weniger auf die übliche Bezeichnung von Personen an, als auf die Beschaffenheit des betriebenen Geschäfts. Jede Person, auch eine solche weiblichen Geschlechts, welche aus Kauf oder Verkauf von Waaren irgend einer Art oder aus der Umbildung von Rohprodukten oder Halbfabrikaten zu einem Produkte von höherem Werthe und dessen Verkauf ein Geschäft macht, welches kaufmännische Kreditoperationen und Führung kaufmännischer Bücher erfordert, gehört hieher, nicht aber Krämer oder kleinere Handwerker, welche nur auf Bestellung arbeiten, oder Gehülfen von Kaufleuten. (Prot. d. G.-A. K. der Abg. 1856/57 Bd. II. S. 143, Stenglein Bd. II. S. 490. 491, Weis Bd. II. S. 231, Z. f. Gerichtspr. Bd. IV. S. 382. Bd. VII. S. 222.) Die Feststellung, wer Handelsmann oder Fabrikant ist, gehört zur Thatfrage. (Z. f. Gerichtspr. Bd. II. S. 142.)

2) „welcher seine Zahlungen einstellt" Hierunter gehört sowohl die formelle Insolvenzerklärung als das faktische Nichtgenügen der Zahlungsverbindlichkeit, und muß nöthigenfalls der Strafrichter den Vermögensstand feststellen. (Stenglein Bd. II. S. 492, Weis Bd. II. S. 233.)

3) „wegen einfachen Bankerotts". Derselbe erfordert keinen rechtswidrigen Vorsatz, sondern nur einen gewissen Leichtsinn, dessen Folgen der Schuldige bemessen konnte. Also nicht einmal strafrechtliche Fahrlässigkeit. (Motive z. Entw. v. 1855 S. 111. 112, Stenglein Bd. II. 493, Weis Bd. II. S. 233.)

4) „Die nach Beschaffenheit seines Geschäfts erforderlichen Bücher". Diese sind nach Handelsrecht und Handelsgebrauch zu bemessen. Daß die Zahlungsunfähigkeit durch die unordentliche Buchführung entstanden sei, ist nicht erforderlich. (Stenglein Bd. II. S. 495.)

5) Ein Handelsmann, welcher in Unwissenheit darüber, welche Bücher er nach Beschaffenheit seines Geschäftes führen sollte, die Führung von Büchern, aus denen sein Aktiv- und Passivstand ersehen werden kann, unterläßt und seine Zahlungen einstellt, kann wegen Bankerotts nicht bestraft werden. (Erk. d. Cass.-H. v. 5. Juni 1869, Z. f. Gerichtspr. Bd. VIII. S. 343, Entsch. d. Cass.-H. Bd. III. S. 219.)

6) Zu Ziff. 2. Unter Differenzgeschäften sind Käufe auf längere Lieferungsfristen zu verstehen, welche nicht sowohl auf effektive Lieferung als auf Zahlung von Curs- oder Preisdifferenzen abzielen. (Stenglein Bd. II. S. 495, Z. f. Gerichtspr. Bd. I. S. 261. Bd. VI. S. 335.) Börsenspiel liegt vor, wenn ein Kaufmann in Börsengeschäften über sein Vermögen hinaus risquirt. (Prot. d. G.-A. d. K. d. R.-R. 1860/61 S. 324, Stenglein Bd. II. S. 496, Weis Bd. II. S. 233.)

7) Zu Ziffer 3. Es ist keine regelmäßige Bilanzziehung verlangt, jedoch entschuldigt auch die Unterlassung und daraus entstehende Unkenntniß des Vermögensstands nicht. Ein Arrangement mit den Hauptgläubigern und Fortführung des Geschäfts unter Aufnahme neuer Schulden schließt die Strafe nicht aus. (Stenglein Bd. II. S. 496.)

8) Mit Eintritt der Insolvenz ist die That vollendet, ohne daß es auf blei-

bende Benachtheiligung der Gläubiger ankommt. (Stenglein Bd. II. S. 497. 498, Z. f. Gerichtspr. Bd. IV. S. 302, Bd. I. S. 374.)

9) Die Bestrafung wegen einfachen Bankerotts schließt die wegen betrüglichen nicht aus. (Z. f. Gerichtspr. Bd. I. 292.)

10) Der Appellationsrichter ist bei einseitiger Berufung des Angeklagten gegen seine Verurtheilung wegen einfachen Bankerotts nicht befugt, diese Berufung deshalb zu verwerfen, weil zwar nicht die vom Erstrichter angenommene Alternative des Reates, wohl aber eine andere gegeben sei. (Z. f. Gerichtspr. Bd. IX. S. 411.)

Art. 329.

Ein Handelsmann oder Fabrikant, welcher seine Zahlungen einstellt, soll wegen betrügerischen Bankerotts mit Zuchthaus bis zu zwölf Jahren bestraft werden,

1) wenn er bei der im Art. 328 Ziff. 1 bezeichneten Handlung oder Unterlassung eine Verkürzung seiner Gläubiger beabsichtigt hat;

2) wenn er seine Geschäftsbücher ganz oder theilweise verheimlicht, vernichtet, unleserlich gemacht, gefälscht oder wahrheitswidrig geführt hat;

3) wenn er widerrechtlich Vermögenstheile verheimlicht oder den Gläubigern entzieht oder aus eigennütziger Absicht einzelne Gläubiger vor den andern begünstigt;

4) wenn er seine Gläubiger durch Aufstellung oder Anerkennung von Schuldposten oder Rechtsgeschäften verkürzt, welche ganz oder theilweise erdichtet sind.

In leichteren Fällen ist auf Gefängniß nicht unter zwei Jahren zu erkennen, womit die Straffolgen des Art. 28 zu verbinden sind.

S. Note 1. 2. 4 zu Art. 328 S. 435, Note 2. 7—13 zu Art. 327 S. 433 fg.

Zu Ziffer 2. Ob die Fälschung oder Unterdrückung der Bücher der Insolvenzerklärung vorausging oder folgte, ist ohne Belang und liegt die That selbst dann vor, wenn die Führung der Bücher nach Beschaffenheit des Geschäfts nicht erforderlich gewesen wäre. (Stenglein Bd. II. S. 496. 497, Z. f. Gerichtspr. Bd. I. S. 30.)

Art. 330.

Widerrechtliche Beschädigung oder Wegnahme eigener Sachen zum Nachtheile Berechtigter.

Wer ihm gehörige Gegenstände, welche sequestrirt, gepfändet oder mit Beschlag belegt sind, unbefugter Weise beschädigt, vernichtet, verbraucht, beseitigt oder sonst der Verfügung des Berechtigten oder der Obrigkeit entzieht, desgleichen wer sich einer solchen Handlung in Bezug auf eine ihm gehörige Sache schuldig macht, welche sich im Gewahrsame eines Nutz- oder Pfandberechtigten, eines Massacurators oder einer öffentlichen Behörde befindet, ist mit Gefängniß bis zu zwei Jahren zu bestrafen.

Gleicher Strafe unterliegt, wer eine der im Abs. 1 bezeichneten Handlungen durch einen Dritten vornehmen läßt.

1) „Wer". Die That kann nur der Eigenthümer oder Besitzer der fraglichen Sache begehen. Derselbe muß aber nicht der Schuldner sein, da auch der Drittbesitzer verpfändeter Sachen Thäter sein kann. Von Seite Dritter ohne Zusammenhang mit dem Eigenthümer begangen würde Diebstahl, Unterschlagung oder Eigenthumsbeschädigung vorliegen, mit Wissen und Willen des Eigenthümers begangen ist dieser Thäter; derjenige, der die physische Handlung vornimmt, Theilnehmer oder Werkzeug. (Vortr. im G.-A. d. K. d. Abg. 1856/57. S. 418. 419, Prot.-Bd. II. S. 144, 1860/61 S. 76. 77, Stenglein Bd. II. S. 499. 450, Weis Bd. II. S. 235.)

2) War zur Zeit der That durch Adjudikation, Urtheil, Vergleich u. dergl. die Sache bereits einem Andern zuerkannt, so fällt die That nicht mehr unter Art. 330, sondern ist Diebstahl, Eigenthumsbeschädigung u. dergl. (Weis Bd. II. S. 236.)

3) „Gegenstände". Dieselben können sowohl Mobilien als Immobilien, oder Zubehörungen derselben sein, gleichviel ob sie im Gewahrsame des Eigenthümers selbst, oder in dem des Berechtigten, oder der Obrigkeit oder eines besonders hiezu aufgestellten Verwahrers sind, wenn nur ein civilrechtlich wirksamer Anspruch an dieselben besteht, kraft dessen dem Eigenthümer die freie Disposition entzogen ist. Gleichgültig ist ferner, ob die Dispositionsentziehung von der Obrig-

keit ausgegangen oder vom privaten Berechtigten selbst vollzogen ist, wie bei Retention der Illaten durch den Vermiether, den Faustpfandgläubiger u. s. w. (Vortr. im G.-A. d. K. d. Abg. 1856/57 S. 419, Prot.-Bd. II. S. 144, K. d. R.-R. 1860/61 Bd. I. S. 327, Stenglein Bd. II. S. 500. 501, Weis Bd. II. S. 235. 236, Z. f. Gerichtspr. Bd. I. S. 198. Bd. VIII. S. 109.)

4) Formfehler in der Beschlagnahme entschuldigen nicht; auch ein gerichtliches Veräußerungsverbot genügt; dagegen nicht das bloße Verbot des Wegbringens durch den Retentionsberechtigten oder eine Privatpfändung. Auch auf das uneigentliche Faustpfand, wobei dem Eigenthümer der Besitz eingeräumt wird, paßt Art. 330 nicht. (Stenglein Bd. II. S. 501.)

5) Eine die Substanz nicht alterirender Gebrauch der Sache fällt nicht unter Art. 330. (Prot. d. G.-A. d. K. d. R.-R. Bd. I. S. 308. 327. 328, Stenglein Bd. II. S. 501.)

6) Zur That genügt einfacher Vorsatz, und ist gewinnsüchtige Absicht nicht erforderlich. In der Regel wird die Absicht obwalten, den Gläubiger oder sonst Berechtigten zu benachtheiligen, es kann aber auch Bosheit, Rache, Muthwillen, Trotz gegen die öffentliche Autorität und Selbsthülfe gegen diese das leitende Motiv sein. (Prot. d. G.-A. d. K. d. Abg. 1856/57 Bd. I. S. 519. Bd. II. S. 143, Stenglein Bd. II. S. 502, Weis Bd. II. S. 236, Z. f. Gerichtspr. Bd. I. S. 342.)

7) Die That erfordert weder die Absicht des Thäters seine Gläubiger zu benachtheiligen, noch einen solchen Erfolg. (Erk. d. Cass.-H. v. 12. Oktober 1866, Z. f. Gerichtspr. Bd. VI. S. 116, Z. f. G. u. R. Bd. XIII. S. 553, Erk. v. 28. Juni 1867, Z. f. Gerichtspr. Bd. VII. S. 12, Entsch. d. Cass.-H. Bd. I. S. 296.)

8) Die That ist vollendet, sobald die berechtigte Disposition des Gläubigers, Nutznießers oder der Obrigkeit unmöglich gemacht ist. (Stenglein Bd. II. S. 502.)

9) Straflosigkeit wurde angenommen bei einem Schuldner, der das vor der Beschlagnahme verpachtete Heu dem Pächter überlieferte; auch in einem Falle, in dem der Gläubiger befriedigt, die Beschlagnahme aber noch nicht aufgehoben war. (Stenglein Bd. II. S. 502.)

Dagegen nahm das k. A.-G. v. Oberfranken durch Erk. v. 9. Mai 1864 (Z. f. G. u. R. Bd. XII. S. 176) das Reat an, obgleich der Schuldner eine beschlagnahmte Kuh dem Verkäufer zugestellt hatte, der bis zur vollen Bezahlung sich das Eigenthum vorbehalten hatte. Ferner erkannte das k. A.-G. v. Niederbayern am 25. Novbr. 1865 (Z. f. Gerichtspr. Bd. VI. S. 93), daß an vom Gericht gepfändeten Gegenständen das Reat begangen werden könne, wenn auch der Grund der Pfändung weggefallen sei. S. auch Z. f. Gerichtspr. Bd. IX. S. 12.)

10) Die That kann verübt werden durch Anbohren von polizeilich beschlagnahmten Fässern und Entziehung des darin enthaltenen Weins ohne Verletzung des angelegten Siegels. (Z. f. Gerichtspr. Bd. I. S. 92.)

11) Auch der Verkauf von Immobilien durch den Schuldner nach Unterstellung derselben unter den Zwangsverkauf in einer Civilprozeßsache, fällt unter Art. 330. Es begründet keinen Unterschied, wenn Hypothekensperre noch nicht eingetragen war oder sich im Hypothekenbuche ein Eigenthumsvorbehalt zu Gunsten eines Dritten befindet. (Z. f. Gerichtspr. Bd. III. S. 195.)

12) Die That setzt nicht voraus, daß der Thäter von der Beschlagnahme amtliche Kenntniß hatte, und wird durch einen Eigenthumsvorbehalt bei Tradition der Sache an einen Andern nicht straflos. (Erk. d. Cass.-H. v. 26. Juni 1865, Z. f. Gerichtspr. Bd. IV. S. 312, Z. f. G. u. R. Bd. XII. S. 286.)

13) Die durch Vorlage eines fingirten Veräußerungsvertrags bezielte Erwirkung des Aufschubs der Versteigerung gepfändeter Mobilien ist nicht nach Art. 330 strafbar. (Erk. d. Cass-H. v. 22. Juni 1866, Z. f. G. u. R. Bd. XIII. S. 367, Z. f. Gerichtspr. Bd. VI. S. 148.)

14) Derjenige Schuldner, welcher trotz der gerichtlichen Eröffnung, daß der

Hypothekgläubiger in den Besitz und Genuß des Hypothekenobjekts gemäß Art. 51 des Hyp.-Ges. immissirt wurde, Pertinenzien des Hypothekenobjekts beseitigt, ist nach Art. 330 strafbar. (Erk. d. Cass.-H. v. 10. Mai 1867, Z. f. Gerichtspr. Bd. VI. S. 329, Entsch. d. Cass.-H. Bd. I. S. 197.)

15) Ein Schuldner, welcher, obwohl Zwangsverkauf seines Anwesens und Foliensperre verfügt ist, ohne wirthschaftlichen Exceß Bäume fällt und verkauft oder sonst Früchte percipirt und für sich verwendet, ist nicht strafbar. (Erk. d. A.-G. v. Niederbayern v. 9. April 1867, Z. f. Gerichtspr. Bd. VI. S. 330, Erk. d. Cass.-H. v. 16. Oktober 1868, Z. f. Gerichtspr. Bd. VIII S. 69, Entsch. d. Cass.-H. Bd. II. S. 434.)

16) Die That wird in Beziehung auf stehendes Holz nicht schon durch den Verkauf, sondern erst durch Fällung und Wegschaffung begangen. (Erk. d. Cass.-H. v. 18. März 1867, Entsch. d. Cass.-H. Bd. I. S. 120.)

17) Die That liegt nicht vor, wenn die vom Gerichte angeordnete Exekution gegen eine andere Person vollzogen wurde, als sie angeordnet worden war. (Erk. d. Cass.-H. v. 28. Juni 1867, Z. f. Gerichtspr. Bd. VII. S. 12, Entsch. d. Cass.-H. Bd. I. S. 296.)

18) Wer ihm gepfändete Gegenstände zu einem andern Pfandberechtigten bringt, ist nach Art. 330 strafbar, wenn er auch den Aufbewahrungsort nicht verheimlicht. (Erk. d. Cass.-H. v. 5. Juli 1867, Entsch. d. Cass.-H. Bd. I. S. 311, Z. f. Gerichtspr. Bd. VII. S. 21.)

19) Der Eigenthümer gerichtlich gepfändeter Gegenstände ist wegen widerrechtlicher Wegnahme derselben nicht strafbar, wenn er in keinem Schuldverhältniß zu dem die Exekution erwirkenden Kläger steht. (Erk. d. A.-G v. Oberbayern v. 16. Febr. 1867, Z. f. Gerichtspr. Bd. VII. S. 29.)

20) Zum Thatbestande des Art. 330 gehört, daß die Auspfändung von der mit derselben beauftragten Person in gesetzlicher Form erfolgte. (Erk. d. A.-G. v. Oberfranken v. 14. Febr. 1868, Z. f. Gerichtspr. Bd. VII. S. 349.)

21) Wer eine einem Andern als Faustpfand vertragsmäßig überwiesene, aber in seinem Besitz verbliebene Sache, welche später gerichtlich beschlagnahmt wurde, nach der Beschlagnahme dem Faustpfandgläubiger durch notariellen Vertrag zum Eigenthum überläßt, ist nach Art. 330 strafbar. (Z. f. Gerichtspr. Bd. VII. S. 415.) Ebenso wer eine von ihm verkaufte Sache, die später bei ihm gerichtlich mit Beschlag belegt wird, eigenmächtig dem Käufer übergibt. (Erk. d. A.-G. v. Oberfranken v. 18. August 1868, Z. f. Gerichtspr. Bd. VIII. S. 109.)

22) Der Miteigenthümer eines unter Sequestration stehenden Waldes, welcher Holz aus demselben verkauft, ist nicht wegen Forstfrevels durch Entwendung, sondern nach Art. 330 strafbar. (Erk. d. Cass.-H. v. 4. Dezbr. 1868, Z. f. Gerichtspr. Bd. VIII. S. 145, Entsch. d. Cass.-H. Bd. II. S. 478.)

23) Der Eigenthümer, welcher Sachen, die er einem Andern anvertraut hatte, nachdem sie bei demselben gerichtlich mit Sperre belegt wurden, eigenmächtig wegnimmt, und verkauft gleichviel in welcher Absicht, ist nach Art. 330 strafbar. (Erk. d. Cass.-H v. 22. Dezbr. 1868, Z. f. Gerichtspr. Bd. VIII. S. 153, Entsch. d. Cass.-H. Bd. II. S. 511.)

24) Die That kann vom Nichtschuldner und ohne Absicht zu beschädigen begangen werden; liegt aber nicht vor, wenn die pfändende Gerichtsperson Sachen mit Beschlag belegte, auf welche sich ihr Auftrag nicht erstreckte und das Gericht die Beschlagnahme erst nach erfolgter Wegnahme genehmigte. (Erk. d. Cass.-H. v. 5. Febr. 1869, Z. f. Gerichtspr. Bd. VIII. S. 200, Entsch. d. Cass.-H. Bd. III. S. 35.)

25) Der Strafrichter ist befugt, civilrechtliche Verhältnisse seiner Cognition zu unterstellen, von welchen die Entscheidung über die Anklage bedingt ist, z. B. bei einer Anklage nach Art. 330, ob der Beschuldigte Eigenthümer der beseitigten Gegenstände ist. (Erk. d. Cass.-H. v. 6. August 1869, Z. f. Gerichtspr. Bd. VIII. S. 439, Entsch. d. Cass.-H. Bd. III. S. 307.)

26) Die That liegt nicht vor, wenn die Beschlagnahme von einer fiskalischen

Behörde zur Wahrung streitiger fiskalischer Rechte erfolgt war. (Z. f. Gerichtspr. Bd. X. S. 14.)

27) Die That liegt nicht vor, wenn der Schuldner die ihm abgepfändeten Sachen mit Einwilligung des die Abpfändung veranlassenden Gläubigers verbraucht oder veräußert. (Erk. d. Cass.-H. v. 10. Dezbr. 1870, Z. f. Gerichtspr. Bd. X. S. 72, Entsch. d. Cass.-H. Bd. IV. S. 402.)

28) Durch Abschluß eines Kaufvertrages über ein gerichtlich mit Beschlag belegtes Grundstück wird das Vergehen nicht begangen. (Erk. d. Cass.-H. v. 6. Febr. 1871, Z. f. Gerichtspr. Bd. X. S. 145.)

29) Durch die Beseitigung von in verschiedenen Rechtssachen abgepfändeten Gegenständen wird die That mehrmals in realem Zusammenflusse begangen. (Z. f. Gerichtspr. Bd. VI. S. 190.)

Ein und zwanzigstes Hauptstück.

Untreue, strafbarer Eigennutz, unbefugte Anmaßung und Verletzung fremder Geheimnisse.

Art. 331.

Untreue der Vormünder und Vermögensverwalter.

Vormünder, Testamentsvollstrecker, Curatoren und andere Verwalter fremden Vermögens, welche wissentlich zum Nachtheile der unter ihre Obhut gestellten Personen, Güter oder Vermögensmassen handeln, sollen mit Gefängniß bis zu sechs Monaten oder an Geld bis zu dreihundert Gulden, und wenn sie in eigennütziger Absicht gehandelt haben, mit Gefängniß bis zu drei Jahren, womit Geldstrafe bis zu tausend Gulden verbunden werden kann, bestraft werden.

In jedem auf Grund des gegenwärtigen Artikels erlassenen Strafurtheile ist zugleich die im Artikel 28 Ziff. 5 bezeichnete Straffolge gegen den Verurtheilten zu verhängen.

1) Der Artikel findet nur subsidiär Anwendung, wenn kein besonders benanntes Delikt, wie Betrug oder Unterschlagung vorliegt. (Motive z. Entw. v. 1855 S. 111, Stenglein Bd. II. S. 503.)

2) „Verwalter fremden Vermögens". Hierunter sind nicht Bedienstete zu verstehen, denen eine Verwaltung übertragen ist, sondern solche Personen, denen die selbstständige Verwaltung eines Vermögens als Ganzes anstatt einer zur eigenen Verwaltung unfähigen Person übertragen ist; auch Verwalter von Vermögensbegriffen, wie die einer hereditas jacens. Jedoch nicht Eltern, die ein Vermögen für ihre Kinder verwalten. (Stenglein Bd. II. S. 503.)

3) Jede Handlung zum Nachtheile einer der Obhut des Thäters unterstellten Person oder des verwalteten Vermögens fällt unter Art. 331, jedoch nur vorsätzliche Handlungen oder Unterlassungen, wobei vorausgesetzt ist, daß der Thäter nicht als Gegenpartei erscheint. (Stenglein Bd. II. S. 503. 504, Weis Bd. II. S. 237.)

4) Ein nachtheiliger Erfolg ist nicht erforderlich, sondern mit der den Nachtheil bezielenden Handlung ist die That vollendet. (Stenglein Bd. II. S. 504, Weis Bd. II. S. 237, Motive z. Entw. v. 1855 S. 113.)

5) Wegen Untreue als Vormund ist auch derjenige, welcher irrthümlich als Vormund einer minderjährigen Person verpflichtet wurde, strafbar. (Z. f. Gerichtspr. Bd. VII. S. 383.)

Art. 332.

Benachtheiligung minderjähriger und ihnen gleichgestellter Personen.

Wer einen Minderjährigen, einen Entmündigten oder einen solchen, dem wegen Geistesschwäche oder Verschwendung ein Curator oder gerichtlicher Beistand ernannt worden ist, mit Benützung seines Leichtsinnes oder seiner Unerfahrenheit dadurch benachtheiligt, daß er sich von demselben Schuldscheine, Wechsel oder sonstige eine Verpflichtung enthaltende Urkun-

den für Darlehen, für den Kaufpreis beweglicher Sachen oder aus irgend einem anderen Grunde ausstellen oder Quittungen ertheilen läßt oder demselben bewegliche Sachen, Werthpapiere oder sonstige Forderungen unter ihrem Werthe abkauft, ist mit Gefängniß bis zu zwei Jahren oder an Geld bis zu tausend Gulden zu bestrafen.

1) Es ist die gerichtliche Bestellung eines Vormunds u. s. w. vorausgesetzt. Geistesschwache sind ohne diese Voraussetzung durch Art. 332 nicht geschützt. (Stenglein Bd. II. S. 505, Weis Bd. II. S. 238.)

2) Auf civilrechtliche Anfechtbarkeit des Geschäftes kommt es nicht an; auch nicht darauf, ob die Person direkt benachtheiligt ist, sondern darauf, ob das Geschäft unter den Begriff einer vernünftigen Vermögensverwaltung fällt. (Prot. d. G.-A. d. K. d. Abg. 1860/61 S. 77, Vortr. 1856/57 S. 425, Stenglein Bd. II. S. 505, Weis Bd. II. S. 238.)

3) Die That ist mit Abschluß des Geschäfts vollendet, gleichviel welches der Erfolg war. (Stenglein Bd. II. S. 505, Weis Bd. II. S. 238.)

Art. 333.

Hazardspiel.

Wer eine Spielbank als Unternehmer oder Bankhalter zur allgemeinen Theilnahme, — sei es, daß Jedermann Zutritt hat oder der Zutritt von gewissen Bedingungen oder von der Beobachtung besonderer Formen abhängt, — eröffnet, desgleichen wer bei einem solchen Unternehmen durch Einräumung des Spiellokales oder sonst auf irgend eine Weise Beihilfe oder Dienste leistet, ist mit Gefängniß bis zu sechs Monaten oder an Geld bis zu fünfhundert Gulden zu bestrafen.

Die Mitspieler trifft Geldstrafe bis zu fünfzig Gulden.

Sämmtliche Gelder und geldwerthe Gegenstände, die bei der Betretung zum Spiele ausgelegt waren, unterliegen nebst den vorhandenen Spielgeräthen der Konfiskation.

1) Nur gewerbsmäßig betriebene Spielbanken fallen unter Art. 333, nicht blos einmal unternommene Glücksspiele oder Hazardspiele in geschlossenen Cirkeln, wo nur bestimmte Personen Zutritt haben. (Prot. d. G.-A. d. K. d. R.-R. 1860/61. S. 330. 331, Stenglein Bd. II. S. 506, Weis Bd. II. S. 239, welcher jedoch das Erforderniß der Gewerbsmäßigkeit bestreitet.)

2) Falsches Spiel ist nicht vorausgesetzt. Die That ist mit Eröffnung des Spiels vollendet. (Stenglein Bd. II. S. 506.)

3) Eine polizeiliche Gestattung des Hazardspiels ist nicht zugelassen. (Stenglein Bd. II. S. 506, Weis Bd. II. S. 239, Prot. d. G.-A. d. K. d. Abg. 1860/61 S. 197.)

Ueber die Begriffe des Glücksspiels s. Z. f. Gerichtspr. Bd. VIII. S. 449.

Art. 334.

Frevel an Grenzsteinen und Zeichen des Wasserstandes.

Wer Grenzsteine oder andere zur Bestimmung einer Grenze oder des Wasserstandes dienende Zeichen unbefugt wegnimmt, vernichtet, unkenntlich macht oder verrückt, soll mit Gefängniß bis zu einem Jahre oder an Geld bis zu fünfhundert Gulden bestraft werden.

1) Geschieht die That, um sich einen widerrechtlichen Vortheil zu verschaffen mittels Täuschung über die Grenzen, so liegt Betrug vor. Wird die That aus Rache zur Selbsthülfe oder aus ähnlichen Motiven begangen, ist Art. 334 anwendbar. (Motive z. Entw. v. 1855 S. 114, Stenglein Bd. II. S. 507.)

2) „Grenzsteine oder andere Zeichen". Gegenstand der That ist jedes als Grenz- oder Wasserzeichen geltende, von allen Betheiligten als solches anerkannte Merkmal. Es ist aber weder erforderlich, daß diese Zeichen unter öffentlicher Autorität oder von sog. Märkern gesetzt sind, noch kommt es auf das Material oder die Beschaffenheit des Zeichens an. (Vortr. im G.-A. d. K. d. Abg. 1860/61 S. 267. 291, Prot. S. 202, Stenglein Bd. II. S. 507, Weis Bd. II. S. 240.)

3) Auch Grenzbezeichnungen bezüglich des Viehtriebs gehören hieher, nicht

aber einseitig gesetzte oder bezüglich ihrer Richtigkeit streitige Grenzzeichen. (Stenglein Bd. II. S. 507, Weis Bd. II. S. 240, Z. f. Gerichtspr. Bd. I. S. 343, Bd. III. 374.)

4) Auf die bei Aenderung des Grenzzeichens obwaltende Absicht kommt nichts an; so daß selbst Diebstahl desselben ideelle Conkurrenz bildet. Die That ist mit der Aenderung vollendet ohne Rücksicht auf den Erfolg. (Stenglein Bd. II. S. 506.)

5) Grenzsteine, welche im Einverständniß beider Angrenzer gesetzt sind, stehen unter dem Schutze dieses Artikels und hat weder der Strafrichter ihre Richtigkeit zu prüfen, noch ändert die Möglichkeit ihrer Anfechtung vor dem Civilrichter den Thatbestand. (Erk. d. Cass.-H. v. 9. Dezbr. 1865, Z. f. Gerichtspr. Bd. V. S. 100, Z. f. G. u. R. Bd. XII. S. 583.)

6) Die Beseitigung eines Grenzsteins, welcher in der Pfalz ohne Zustimmung des Angrenzers in Folge einer Verfügung der Administrativbehörde zur Abgränzung eines öffentlichen Weges gesetzt wurde, ist strafbar. (Erk. d. Cass.-H. v. 12. März 1866, Z. f. Gerichtspr. Bd. V. S. 235, Z. f. G. u. R. Bd. XIII. S. 122.)

Art. 335.

Beeinträchtigung öffentlicher Versteigerungen.

Wer bei öffentlichen Versteigerungen einen Andern durch Gewalt, Drohung, arglistige Täuschung, oder durch Zusicherung oder Gewährung eines Vortheils vom Bieten abhält, ist mit Gefängniß bis zu sechs Monaten oder an Geld bis zu fünfhundert Gulden zu bestrafen.

Wer eine unter öffentlicher Autorität vorgenommene Versteigerung durch Lärmen oder ungeziemendes Benehmen anderer Art stört und ungeachtet ertheilter Warnung dieses Benehmen fortsetzt, soll mit Arrest bis zu drei Tagen oder an Geld bis zu zehn Gulden bestraft werden.

1) „Bei öffentlichen Versteigerungen“, d. h. solchen, bei welcher Jedermann Zutritt hat, oder doch nur unter Bedingungen, die Jedermann zu erfüllen freigestellt sind, oder Bewohner gewisser Ortschaften oder Bezirken, gleichviel ob Mobilien oder Immobilien, oder deren Verpachtung dem Meistbietenden überlassen werden. (Motive z. Entw. v. 1860 S. 59, Vortr. im G.-A. d. K. d. Abg. 1860/61 S. 197, Prot. S. 77, Stenglein Bd. II. S. 508. 509, Weis Bd. II. S. 240. 241.)

2) Die Vereinigung Mehrerer zum gemeinschaftlichen Bieten fällt nicht unter Art. 335. (Stenglein Bd. II. S. 509, Weis Bd. II. S. 241, welcher auch die Vereinigung zum Nichtbieten auf bestimmte Gegenstände für straflos hält.)

3) Auf die Rechtsbeständigkeit der Versteigerung hat die That keinen Einfluß, sondern diese bemißt sich nach civilrechtlichen Regeln. (Prot. d. G.-A. d. K. d. Abg. 1856/57 Bd. II. S. 147, 1860/61 S. 77, Stenglein Bd. II. S. 509.)

4) Zu Absatz 2. Die unter öffentlicher Autorität, d. h. von einer Behörde oder einem Notar abgehaltenen Versteigerungen müssen keine öffentlichen sein. (Stenglein Bd. II. S. 509, Weis Bd. II. S. 242.)

5) Auf die Absicht bei der That kommt nichts an. Sie ist vollendet mit der Abhaltung einer Person, nicht mit dem bloßen Versuche einer solchen, bezw. mit einer Störung trotz erhaltener Warnung, und kann sowohl vor als während der Versteigerung begangen werden, bis zu vollständiger Beendigung derselben. (Stenglein Bd. II. S. 509, Weis Bd. II. S. 241.)

6) Der Abgehaltene ist nicht strafbar; auch ist es ohne Belang, ob das Abhalten Einfluß auf den Erfolg der Versteigerung hatte. (Stenglein Bd. II. S. 509. 510.) Der Abgehaltene, welcher Geld dafür nahm, wurde als Theilnehmer bestraft durch Erk. d. A.-G. v. Oberfranken v. 27. Novbr. 1868. (Z. f. Gerichtspr. Bd. VIII. S. 303.)

7) Arglistige Täuschungen, durch welche Steigerungslustige vom Bieten bei einer öffentlichen Versteigerung abgehalten werden, sind strafbar, auch wenn jene Täuschungen der Versteigerung vorausgegangen sind. (Erk. d. Cass.-H. v. 22. Febr. 1867, Z. f. Gerichtspr. Bd. VI. S. 242, Entsch. d. Cass.-H. Bd. I. S. 52.)

8) Auch eine im Auftrage eines Privaten, sei es sogar des hiezu nicht wirk-

lich Berechtigten, von einem Notar vorgenommene Versteigerung steht unter dem Schutze des Art. 335 und bildet die in diesem Artikel mit Strafe bedrohte Handlung keine Spezies der in Art. 128 vorgesehenen. (Erk. d. Cass.-H. v. 5. Novbr. 1867, Z. f. Gerichtspr. Bd. VIII. S. 147, Entsch. d. Cass.-H. Bd. I. S. 452.)

Art. 336.

Mißbrauch fremder Gewerbszeichen, Firmen und Namen.

Wer den bestehenden Gesetzen oder Verordnungen zuwider fremde Fabrik- oder Gewerbszeichen, Namen oder Firmen, womit Waaren, Fabrikate oder Gewerbserzeugnisse bezeichnet werden, unbefugt nachahmt oder gebraucht, desgleichen wer Waaren, Fabrikate oder Gewerbserzeugnisse, von denen er weiß, daß sie mit solchen unbefugt nachgeahmten oder gebrauchten Zeichen, Namen oder Firmen bezeichnet sind, feilbietet oder in den Verkehr bringt, soll mit Geldstrafe bis zu hundert und fünfzig Gulden und im Wiederholungsfalle mit Gefängniß bis zu drei Monaten oder an Geld bis zu eintausend Gulden bestraft werden.

In Bezug auf ausländische Fabrik- oder Gewerbszeichen, Namen oder Firmen findet der gegenwärtige Artikel nur unter der Voraussetzung Anwendung, daß durch eine von der bayerischen Regierung im Verordnungswege erlassene Erklärung das Vorhandensein der Gegenseitigkeit anerkannt ist.

1) Der bloße Besitz der in diesem Artikel bezeichneten Gegenstände ist nicht strafbar, wenn auch der Besitzer damit gewerbsmäßig handelt. Dagegen muß bei einem Kaufmann das Ausstellen in der Auslage oder Halten im Laden als ein Feilbieten betrachtet werden. (Weis Bd. II. S. 244.)

2) Mißbrauch fremder Firmen oder Gewerbszeichen liegt auch vor, wenn bei sonstiger Gleichheit der Firmen eine andere Straße angegeben oder Namen und Wappen des Thäters in schwer erkennbarer Weise beigefügt ist. (Z. f. Gerichtspr. Bd. IV.. S. 156. Bd. V. S. 77.)

3) Bei dem Mißbrauch fremder Gewerbszeichen genügt, wenn das angeblich nachgeahmte Gewerbszeichen aus Zeichen und Firmen besteht, nicht blos die Nachahmung des einen von beiden; doch genügt zur Strafbarkeit eine solche Nachahmung des ganzen Zeichens, welche ohne völlige Gleichheit eine Täuschung schwer erkennen läßt. Die That muß vorsätzlich geschehen. (Erk. d. Cass.-H. v. 30. März 1867, Z. f. Gerichtspr. Bd. VI. S. 299, Entsch. d. Cass.-H. Bd. I. S. 135.)

4) Wenn ein Fabrikat mit dem Namen oder der Firma des Fabrikanten bezeichnet ist, so ist jede Nachahmung dieser Bezeichnung strafbar, wenn auch der Fabrikant daneben noch ein Fabrikzeichen führt. Letzteres bedarf nur dann der Deposition bei der Distriktspolizeibehörde, wenn es die Waarenbezeichnung ausschließlich bildet. (Erk. d. Cass.-H. v. 5. Juni 1869, Z. f. Gerichtspr. Bd. VIII. S. 345, Entsch. d. Cass.-H. Bd. III. S. 222.)

5) Hiezu ist eine Verordnung v. 21. Dezbr. 1862, den Schutz der Waarenbezeichnung betr. (Rggs.-Bl. S. 2661) ergangen. Vergl. ferner die Bekanntmachungen v. 30. Mai 1863 (R.-Bl. S. 785) über Gegenseitigkeit mit Baden; v. 21. August 1863 (R.-Bl. S. 1009) mit Württemberg; v. 18. August 1863 (R.-Bl. S. 1472) mit Sachsen; v. 14. Febr. 1864 (R.-Bl. S. 191) mit Sachsen-Coburg-Gotha; v. 13. Septbr. 1865 (R.-Bl. S. 1030) mit Oesterreich; v. 30. Juni 1867 (R.-Bl. S. 762) mit Hessen-Darmstadt; v. 27. August 1868 (R.-Bl. S. 1639) mit sämmtlichen deutschen Staaten.

Art. 337.

Verletzung fremder Geheimnisse.

Wer fremde Briefe, Urkunden, Handelsbücher oder andere Papiere unbefugt erbricht, liest oder abschreibt, um mittels der dadurch erlangten Kenntniß einem Andern zu schaden oder sich oder einem Dritten einen rechtswidrigen Vortheil zu verschaffen, soll mit Gefängniß bis zu sechs Monaten oder an Geld bis zu vierhundert Gulden bestraft werden.

Ist der beabsichtigte Schaden oder Vortheil ganz oder theilweise bewirkt worden, so kann die Gefängnißstrafe mit der Geldstrafe verbunden und letztere bis zu tausend Gulden erhöht werden.

Wer ohne die Absicht, einem Andern zu schaden oder sich oder einem

Dritten einen rechtswidrigen Vortheil zu verschaffen, unbefugt fremde Briefe erbricht, ist an Geld bis zu fünfzig Gulden oder mit Arrest bis zu vierzehn Tagen zu bestrafen.

1) „Unbefugt erbricht". Hieher gehört jede Beseitigung von Verschlußmitteln, nicht nur Erbrechen von Siegeln, sondern auch die rechtswidrige Eröffnung von Behältnissen aller Arten. (Stenglein Bd. II. S. 513.)

2) Befugtes Erbrechen kann vorliegen, wenn es kraft väterlicher oder vormundschaftlicher Gewalt geschieht, oder wenn der Berechtigte es genehmigt. Auch in Folge der Disciplinargewalt von Gefängnißvorständen u. dergl. (Stenglein Bd. II. S. 513, Weis Bd. II. S. 247.)

3) Es ist gleichgültig, ob der Thäter einen Brief selbst erbrochen, oder ob er ihn, nachdem er zufällig und erbrochen in seinen Besitz gelangt war, liest, verheimlicht und für sich benützt. (Z. f. Gerichtspr. Bd. I. S. 145.)

4) „einem Andern zu schaden oder sich oder einen Dritten einen rechtswidrigen Vortheil zu verschaffen". Dies muß nicht ein vermögensrechtlicher Schaden oder Vortheil sein. Auch sonst erlaubte Vortheile genügen, wenn das Mittel zu ihrer Erlangung die Verletzung fremder Geheimnisse ist. (Stenglein Bd. II. S. 513. 514.)

5) Vollendet ist die That mit dem bloßen Erbrechen auch ohne erlangte Kenntniß des Inhalts, und ohne bewirkten Schaden oder Vortheil. Letzteren Erfolg verlangt nur Absatz 2, und muß hiebei ein Causalzusammenhang zwischen Handlung und Erfolg bestehen. (Stenglein Bd. II. S. 514, Weis Bd. II. S. 246.)

6) Zu Absatz 3. Hiebei genügt einfacher Vorsatz und als Motiv bloße Neugierde. Fahrlässiges Erbrechen ist nicht strafbar. (Stenglein Bd. II. S. 514, Weis Bd. II. S. 245.)

7) Die Erbrechung eines fremden Briefes, um den Inhalt von Werth zu unterschlagen, ist neben der Strafe der Unterschlagung nur nach Abs. 3 strafbar. (Z. f. Gerichtspr. Bd. III. S. 164. 198.)

Art. 338.

Wer unbefugt fremde Handels-, Fabrik- oder Gewerbsgeheimnisse, deren Kenntniß er vermöge seines Berufes oder durch rechtswidrige Mittel erlangt hat, für sich benützt oder einem Andern mittheilt, soll mit Gefängniß bis zu drei Jahren oder an Geld bis zu fünfhundert Gulden bestraft werden.

Im Falle eines verursachten Schadens ist auf Gefängnißstrafe nicht unter drei Monaten zu erkennen, womit Geldstrafe bis zu tausend Gulden verbunden werden kann.

1) „Handels-, Fabrik- oder Gewerbsgeheimnisse". Der Begriff eines solchen Geheimnisses wird durch Ablauf des Privilegiums nicht aufgehoben, auch nicht wenn Mehrere im Besitz desselben sind oder wenn es gegen Entgeld erlangt werden kann. (Z. f. Gerichtspr. Bd. I. S. 196, Stenglein Bd. II. S. 512.)

2) „oder einem Andern mittheilt". Auch die Mittheilung an einen Einzelnen ist strafbar. Die Verleitung zur Mittheilung ist als intellektuelle Urheberschaft strafbar. (Vortr. im G.-A. d. K. d. Abg. 1860/61 S. 197. 198, Stenglein Bd. II. S. 512. 513.)

3) Beispiele befugter Mittheilungen sind die in Folge einer von der kompetenten Behörde verlangten Zeugschaft, der pflichtgemäßen Anzeige von Medizinalpersonen über Spuren strafbarer Handlungen, die nach Art des Berufs nothwendige Mittheilung an das Hülfspersonal. (Prot. d. G.-A. d. K. d. Abg. 1856/57 S. 204, 1860/61 S. 78, Stenglein Bd. II. S. 513, Weis Bd. II. S. 247.)

4) Es genügt einfacher Vorsatz ohne alle böswillige Absicht, also auch unvorsichtiges Ausplaudern. (Stenglein Bd. II. S. 514.)

5) Zu Absatz 2. Zwischen Handlung und Schaden muß ein Causalzusammenhang bestehen, jedoch genügt ein fahrlässig oder casuell bewirkter Schaden. (Stenglein Bd. II. S. 515.)

Art. 339.

Rechtsanwälte, Vertheidiger in Strafsachen, Aerzte, Wundärzte, Hebammen, Apotheker und deren Provisoren und Gehilfen, sowie die zu niederen ärztlichen Dienstleistungen berufenen Personen, welche ein Geheimniß, zu dessen Kenntniß sie vermöge ihres Berufes oder Gewerbes gelangt sind, unbefugt einem Andern mittheilen, sollen mit Gefängniß bis zu sechs Monaten oder an Geld bis zu vierhundert Gulden bestraft werden.

1) „Die zu niederen ärztlichen Dienstleistungen berufenen Personen". Hiezu gehören auch Krankenwärter. (Stenglein Bd. II. S. 511, Weis Bd. II. S. 247.)

2) „Ein Geheimniß". Dies ist nicht jede im Berufswege kennen gelernte Thatsache, sondern nur solche, welche der Betheiligte mit der ausdrücklichen Aufforderung zur Verschwiegenheit kundgegeben hat, oder von welcher ihrer Natur nach klar ist, daß ihr Verschwiegenbleiben im wesentlichen Interesse des Betheiligten liegt. (Motive z. Entw. v. 1855 S. 113, Prot. d. G.-A. d. K. d. Abg. 1856/57 S. 78, Stenglein Bd. II. S. 512, Weis Bd. II. S. 246. 247.)

Vergl. auch Note 2—4 zu Art. 338.

Art. 340.

Unbefugte Unterdrückung von Urkunden.

Wer außer dem Falle der Art. 183. 184. 198. 316 Ziff. 4, 329 Ziff. 2, 371 und 386 Ziff. 2 eine Urkunde in der Absicht, ihren Gebrauch dem Berechtigten zu entziehen, unbefugter Weise vernichtet, unbrauchbar macht oder unterdrückt, ist mit Gefängniß bis zu sechs Monaten oder an Geld bis zu vierhundert Gulden zu bestrafen.

1) „Eine Urkunde". Zwischen öffentlichen und Privaturkunden ist nicht unterschieden. (Motive z. Entw. v. 1855 S. 113. 114, Stenglein Bd. II. S. 515, Weis Bd. II. S. 248.)

2) Fahrlässige Unterdrückung ist nicht strafbar. Eines nachtheiligen Erfolgs bedarf es zur Vollendung der That nicht. (Stenglein Bd. II. S. 516, Weis Bd. II. S. 248.)

Vergl. Noten zu 177 S. 261 fg., zu Art. 317 S. 426, sowie Note 5—9 zu Art. 316 S. 424.

Art. 341.

Schlußbestimmung.

In den Fällen der Art. 336—340 findet die gerichtliche Verfolgung nur auf Antrag des Verletzten oder seines gesetzlichen Vertreters statt.

Zweiundzwanzigstes Hauptstück.

Eigenthumsbeschädigung.

Art. 342.

Vorsätzliche Eigenthumsbeschädigung.

Wer rechtswidrig fremde Sachen beschädigt oder zerstört, soll wegen Eigenthumsbeschädigung mit Arrest oder an Geld bis zu hundert und fünfzig Gulden bestraft werden.

In schwereren Fällen kann die Arreststrafe geschärft und mit der Geldstrafe verbunden werden.

1) „Wer". Thäter kann nur der Nichteigenthümer sein. (Vortr. im G.-A. d. K. d. Abg. 1856/57 S. 426, Stenglein Bd. II. S. 517.)

2) „fremde Sachen". Die That wird am fremden Eigenthum begangen, insoweit dasselbe von körperlicher Beschaffenheit ist; nicht auch an Rechten. Zwischen

Immobilien, Mobilien und Moventien ist nicht unterschieden. (Vortr. im G.-A. d. K. d. Abg. 1856/57 S. 427, 1860/61 S. 291. 292, Stenglein Bd. II. S. 518, Weis Bd. II. S. 250.)

3) „beschädigt oder zerstört". Hierunter gehört jede Entziehung ohne Aneignung; auch das Verbrennen der in Art. 347—350 nicht aufgeführten Gegenstände. Zur Beschädigung gehört nicht nur die theilweise Zerstörung, sondern jede Werthsminderung oder Minderung der Benützbarkeit, der Schönheit wie z. B. durch Besudeln eines Gegenstandes. (Motive z. Entw. v. 1855 S. 116, Stenglein Bd. II. S. 518, Weis Bd. II. S. 250. 251, Z. f. Gerichtspr. Bd. I. S. 372.)

4) Es ist einfacher Vorsatz zur That erforderlich, ohne alle Rücksicht auf die wirkenden Motive. Es kann deshalb auch ideelle Conkurrenz von Diebstahl und Eigenthumsbeschädigung stattfinden. (Vortr. im G.-A. d. K. d. Abg. 1856/57 S. 426, Stenglein Bd. II. S. 518, Weis Bd. II. S. 251, Z. f. Gerichtspr. Bd. I. S. 53.)

5) Die That ist mit Eintritt des Schadens vollendet. (Vortr. im G.-A. d. K. d. Abg. 1856/57 S. 426, Stenglein Bd. II. S. 519.)

6) Die Tödtung eines freilaufenden Hundes durch den Jagdberechtigten ist nicht Eigenthumsbeschädigung. (Z. f. Gerichtspr. Bd. II. S. 75.) Die Tödtung einer im Jagdbezirke betroffenen Hauskatze durch den Jagdberechtigten ist strafbar, wenn nicht festgestellt ist, daß dieselbe dem Wilde nachgestellt hat. (Erk. d. Cass.-H. v. 28. Januar 1870, Z. f. Gerichtspr. Bd. IX. S. 169, Entsch. d. Cass.-H. Bd. IV. S. 32.)

7) Wegen Eigenthumsbeschädigung kann der Eigenthümer des Grundes und Bodens, welcher die auf diesem von Andern gepflanzten Bäume beseitigt, auch dann nicht gestraft werden, wenn er in dieser Richtung in seiner freien Disposition beschränkt war. (Erk. d. A.-G. v. Niederbayern, Z. f. Gerichtspr. Bd. III. S. 229.)

8) Beschädigung fremder Hausthiere ohne Einwilligung des Eigenthümers ist straflos, wenn sie zum Schutze des Eigenthums erfolgte. (Erk. d. Cass.-H. v. 11. Dezbr. 1865, Z. f. Gerichtspr. Bd. V. S. 107.)

9) Die Ansicht, bei Beschädigung einer Sache ein Recht auszuüben, ist ausgeschlossen, wenn über das angebliche Recht ein rechtskräftiger Ausspruch des Civilrichters vorliegt. (Erk. d. Cass.-H. v. 16. Novbr. 1866, Z. f. Gerichtspr. Bd. VI. S. 163, Z. f. G. u. R. Bd. XIII. S. 590.)

10) Irrthum über die civilrechtliche Giltigkeit eines Vertrages kann das Bewußtsein der Strafbarkeit einer Eigenthumsbeschädigung und dadurch die Strafbarkeit selbst ausschließen. (Z. f. Gerichtspr. Bd. VIII. S. 397.)

11) Eine ohne Unterscheidung des Eigenthums Mehrerer beschlossene und gleichzeitig zum Schaden Mehrerer ausgeführte Eigenthumsbeschädigung ist als eine That zu bestrafen. (Erk. d. A.-G. v. Oberfranken v. 29. Januar 1869, Z. f. Gerichtspr. Bd. VIII. S. 409, Stenglein Bd. II. S. 519.)

12) Es kann strafbare Eigenthumsbeschädigung an Sachen begangen werden, welche der Thäter gemeinschaftlich mit Anderen besitzt. (Erk. d. A.-G. v. Oberbayern, Z. f. Gerichtspr. Bd. IX. S. 157.)

13) Das Erlegen eines gezähmten und durch ein Halsband bezeichneten Rehbocks im Walde durch einen Nichtjagdberechtigten ist Jagdfrevel, nicht E.-B. (Erk. d. A.-G. v. Oberbayern, Z. f. Gerichtspr. Bd. IX. S. 394.)

14) Ein Pfarrer, welcher in dem ihm vermöge seines Dienstes zur Benützung überwiesenen, zum Kirchenvermögen gehörigen Garten einen Baum, im guten Glauben, als Nutznießer hiezu berechtigt zu sein, fällen läßt, begeht keine strafbare E.-B. (Erk. d. Cass.-H. v. 21. Juli 1865, Z. f. G. u. R. Bd. XII. S. 361.)

Art. 343.

Mit Gefängniß, womit Geldstrafe bis zu tausend Gulden verbunden werden kann, soll die Eigenthumsbeschädigung bestraft werden:

1) wenn der Schaden den Betrag von fünfzig Gulden übersteigt;
2) wenn durch die Zerstörung oder Beschädigung Gefahr für Leib oder Leben Anderer herbeigeführt wurde;
3) wenn Gegenstände der Verehrung einer der im Staate anerkannten Religionsgesellschaften, desgleichen wenn Grabmäler, öffentliche Denkmäler oder Kunstwerke, welche sich an öffentlichen Plätzen oder in öffentlichen Sammlungen befinden, Baum- oder Zierpflanzungen an öffentlichen Wegen oder in öffentlichen Anlagen, Gasleitungsvorrichtungen, Feuerlöschgeräthschaften, Blitzableiter oder zur Landesvermessung dienende Abzeichen oder öffentliche Wasserleitungen beschädigt oder zerstört werden;
4) wenn sich außer dem Falle der Störung des öffentlichen Friedens mehrere Personen zusammenrotten und bewegliche oder unbewegliche Sachen eines Andern beschädigen oder zerstören;
5) wenn die Beschädigung oder Zerstörung am Eigenthum eines Beamten oder öffentlichen Dieners, einer Militärperson oder einer andern mit einer öffentlichen Funktion ständig oder vorübergehend betrauten Person aus Rache wegen einer Berufsausübung dieser Personen oder am Eigenthume eines Zeugen oder Sachverständigen aus Rache wegen seiner Aussage verübt wurde.

1) Zu Ziffer 2. Mittelbare oder unmittelbare Gefahr ist nicht unterschieden; ebensowenig ob diese Gefahr dem Thäter nur zur Fahrlässigkeit oder zum Vorsatz angerechnet werden kann, in welch' letzterem Falle Körperverletzung oder Tödtung ideell konkurrirt. Eine nicht vorauszusehende Gefahr kann gar nicht angerechnet werden. (Stenglein Bd. II. S. 519, Weis Bd. II. S. 251, Z. f. Gerichtspr. Bd. VIII. S. 335.)

2) Es ist nicht unterschieden, ob die Gefahr durch die Beschädigung oder durch die Beschädigungshandlung herbeigeführt wird, wie beim Einwerfen von Fenstern durch Steine. (Erk. d. Cass.-H. v. 5. Mai u. 26. Juni 1865, Z. f. G. u. R. Bd. XII. S. 213. 287, Z. f. Gerichtspr. Bd. IV. S. 249, s. auch Bd. VI. S. 253.)

3) Wer fremde Hausthiere durch Ausstreuen von Gift auf seinen frisch besäcten Acker vorsätzlich tödtet, ist, wenn durch den Genuß des Fleisches dieser Thiere Menschen an ihrer Gesundheit gefährdet werden, nach Art. 343 Ziff. 2 strafbar. (Erk. d. Cass.-H. v. 19. Juni 1863, Z. f. G. u. R. Bd. X. S. 670, Z. f. Gerichtspr. Bd. II. S. 333, Weis Bd. II. S. 251.)

4) Zu Ziffer 3. Vergl. Not. 5. 6 zu Art. 158 S. 240.

Auch Bilder, Reliquien u. dgl. Dinge gehören zu den der Verehrung gewidmeten Gegenständen. Das Abreißen einzelner Zweige ist keine Beschädigung von Pflanzungen. Unter die Gasleitungsvorrichtungen gehören die Röhrenleitungen, Gasometer, Gasröhren, kurz alle Vorrichtungen, durch deren Zerstörung die Gasleitung gestört wird, nicht aber Kandelaber, Laternen u. s. w. Unter die Feuerlöschgeräthschaften gehören alle Geräthe, welche bei Bränden verwendet werden, wie Spritzen, Leitern u. s. w. Unter Grabmälern sind auch die Grabhügel zu verstehen. Unter die Wasserleitungen gehören nicht auch die öffentlichen Brunnen. (Prot. im G.-A. d. K. d. Abg. 1856/57 S. 152, Vortr. 1860/61 S. 198, Prot. S. 78, K. d. R.-R. Vortr. S. 219, Prot.-Bd. I. S. 339—341. Bd. II. S. 160, Stenglein Bd. II. S. 519. 520, Weis Bd. II. S. 251. 252, Z. f. Gerichtspr. Bd. IV. S. 347.)

5) Beschädigung von Baumpflanzungen liegt auch dann vor, wenn die zum Geradeziehen der Bäume dienenden Stützen und Drähte herausgerissen werden. (Erk. d. A.-G. v. Unterfranken, Z. f. Gerichtspr. Bd. VII. S. 349.)

6) Eine Beschädigung von Gasleitungsvorrichtungen liegt nicht vor, wenn nur die zur Speisung einer Flamme dienende Gasröhre herausgerissen wird, sondern nur bei Zerstörung oder Beschädigung der Hauptleitung. (Erk. d. A.-G. v. Oberbayern v. 22. Mai 1868, Z. f. Gerichtspr. Bd. VII. S. 413.)

7) Wer unbefugt auf bestehenden Grabstätten ein neues Grab eröffnet, ist nach Art. 343 Ziff. 3 strafbar. (Erk. d. Cass.-H. v. 29. April 1870, Z. f. Gerichtspr. Bd. IX. S. 313, Entsch. d. Cass.-H. Bd. IV. S. 165.)

8) Zu Ziffer 5. Unter die mit einer öffentlichen Funktion betrauten Personen gehören auch die Geschwornen. (Vortr. im G.-A. d. K. d. Abg. 1860/61 S. 198, Stenglein Bd. II. S. 520.) Es ist kein Unterschied gemacht, ob die Zeugen

vor Gericht, oder anderen Behörden, wie Administrativbehörden, ihre Aussage machten. (Prot. d. G.=A. d. K. d. R.=R. 1860/61 S. 343, Weis Bd. II. S. 252.) Auch die Beschädigung der von Zeugen gemietheten Sachen gehört hieher. (Erk. d. A.=G. v. Oberbayern v. 16. April 1868, Z. f. Gerichtspr. Bd. VIII. S. 14.)

Art. 344.

Fahrlässige Eigenthumsbeschädigung.

Fahrlässige Beschädigungen an öffentlichen Straßen, Wegen, Straßengräben, Brücken, Stegen oder an Gegenständen der in Art. 343 Ziff. 3 bezeichneten Art sind an Geld bis zu fünfundzwanzig Gulden zu bestrafen.

1) Nur die fahrlässige Beschädigung der speziell hier aufgezählten Gegenstände ist nach Art. 344, und nur dann, wenn ihre Tauglichkeit gefährdet ist, nicht auch die Beschädigung einzelner nicht wesentlicher Theile. Die Beschädigung anderer Gegenstände begründet nur einen civilrechtlichen Entschädigungsanspruch. (Motive z. Entw. v. 1855 S. 115, Vortr. im G.=A. d. K. d. Abg. 1856/57 S. 429, Stenglein Bd. II. S. 518. 519, Weis Bd. II. S. 251, Z. f. Gerichtspr. Bd. IV. S. 347.)

Art. 345.

Feldfrevel.

Wer unbefugt Vieh auf fremden Grundstücken weidet, die Grenzen fremder Grundstücke durch Pflügen, Mähen oder Ernten überschreitet, über bestellte Aecker oder nicht abgemähte Wiesen geht, reitet, fährt oder Vieh treibt, fremde Gräben verschüttet oder über die Einfriedungen fremder Gärten steigt, wird an Geld bis zu fünfundzwanzig Gulden bestraft.

Sind die im Abs. 1 bezeichneten Handlungen durch Familienangehörige, Dienstboten, Taglöhner, Hirten oder in ähnlichen Verhältnissen stehende Personen auf Befehl oder Anordnung des Familienhauptes, Dienstherrn oder Arbeitgebers vorgenommen worden, so ist nur derjenige strafrechtlich haftbar, auf dessen Befehl oder Anordnung die Handlung vorgenommen wurde.

1) „Unbefugt“, d. h. nicht innerhalb der Ausübung einer Berechtigung und gegen bestehende Rechtsgewohnheiten und Sitten. (Prot. d. G.=A. d. K. d. Abg. 1860/61 S. 78. 79, Stenglein Bd. II. S. 521, Weis Bd. II. S. 253.)

2) Auch die der Zeit nach unberechtigte Weideausübung gehört hieher, nicht aber Excesse berechtigter Weide (Art. 223—225 Pol. Str.=G.=B.). (Vortr. im G.=A. d. K. d. A. 1860/61 S. 256, Prot. S. 193, Stenglein Bd. II. S. 521, Weis Bd. II. S. 253.)

3) Die That ist mit der Handlung vollendet, ohne Rücksicht auf einen beschädigenden Erfolg und kann nur vorsätzlich begangen werden. Ob die Absicht der Beschädigung oder sich einen rechtswidrigen Vortheil zu verschaffen vorlag, ist ohne Belang. (Stenglein Bd. II. S. 521, Weis Bd. II. S. 252. S. dagegen Z. f. Gerichtspr. Bd. IV. S. 110.)

4) Der Nachweis, daß eine Berechtigung streitig sei, hebt die Strafbarkeit der That auf. (Z. f. Gerichtspr. Bd. IV. S. 331.)

5) Wegen Feldfrevels kann auch der Weideberechtigte bestraft werden, welcher die Weide in unbefugter Weise ausübt und ist ein entstandener Schaden nicht Voraussetzung der Strafbarkeit. Unbefugte Weideausübung liegt in der Einzelweide gegen bestehendes Herkommen und gegen den Willen der Mehrzahl der Weideberechtigten. (Erk. d. Cass.=H. v. 5. April 1867, Z. f. Gerichtspr. Bd. VI. S. 306, Entsch. d. Cass.=H. Bd. I. S. 140, Erk. v. 22. Dezbr. 1868, Entsch. d. Cass.=H. Bd. II. S. 513.)

6) Das Betreten eines Saatfeldes durch den Jagdberechtigten während der Jagdzeit ist nicht als Feldfrevel strafbar, er ist jedoch für den angerichteten Schaden haftbar. (Erk. d. Cass.=H. v. 2. April 1869, Z. f. Gerichtspr. Bd. VIII. S. 261, Entsch. d. Cass.=H. Bd. III. S. 122.)

Art. 346.

Nach Art. 15 des Gesetzes v. 16. Mai 1868:

Schlußbestimmung.

Wegen der in Art. 342, Art. 343 Ziff. 1 und Art. 344 bezeichneten Handlungen findet, soferne sie am Privateigenthume begangen wurden, die gerichtliche Verfolgung nur auf Antrag des Beschädigten oder seines gesetzlichen Vertreters statt.

Bei der Beschädigung oder Zerstörung von Gegenständen, welche zu öffentlichem Gebrauche oder öffentlichem Zwecke dienen, kann im Strafurtheile die Wiederherstellung auf Kosten des Verurtheilten verfügt werden.

Früherer Text des Absatz 1:

Wegen der im gegenwärtigen Hauptstücke bezeichneten Handlungen findet, soferne sie an Privateigenthum begangen wurden und keine der Voraussetzungen des Art. 343 Ziff. 2—5 gegeben ist, die gerichtliche Verfolgung nur auf Antrag des Beschädigten oder seines gesetzlichen Vertreters statt.

1) Zur Antragstellung ist nicht nur der Eigenthümer der beschädigten Sache, sondern auch der dieselbe vertragsmäßig Benützende berechtigt. (Z. f. Gerichtspr. Bd. II. S. 328, Z. f. G. u. R. Bd. X. S. 998.)

2) Zur Antragstellung wegen Beschädigung an dem Eigenthume einer Handelsgesellschaft ist jeder Gesellschafter befugt, welcher von der Befugniß die Gesellschaft zu vertreten nicht ausgeschlossen ist. (Erk. d. Cass.-H. v. 23. März 1867, Z. f. Gerichtspr. Bd. VI. S. 295.)

3) Gemeindeeigenthum ist kein Privateigenthum, die Strafverfolgung wegen Beschädigung desselben also von Antragstellung der Gemeinde nicht abhängig. (Erk. d. Cass.-H. v. 19. April 1869, Z. f. Gerichtspr. Bd. VIII. S. 296, Entsch. d. Cass.-H. Bd. III. S. 166.)

4) Zur Antragstellung ist auch der Käufer einer Sache befugt, der, ohne daß die Beschädigung bekannt war, die Sache erst später kaufte. (Erk. d. A.-G. v. Oberfranken, Z. f. Gerichtspr. Bd. VIII. S. 302.)

5) Der gegen eine bestimmte Person wegen E.-B. gestellte Strafantrag rechtfertigt auch die Strafverfolgung gegen andere Personen. (Erk. d. Cass.-H. v. 5. Febr. 1870, Z. f. Gerichtspr. Bd. IX. S. 197, Entsch. d. Cass.-H. Bd. IV. S. 51.)

6) Beschädigung am Eigenthume eines auswärtigen Staates ist nur auf Antrag der treffenden Regierung verfolgbar. (Erk. d. Cass.-H. v. 19. Juli 1870, Z. f. Gerichtspr. Bd. IX. S. 388, Entsch. d. Cass.-H. Bd. IV. S. 269.)

7) Zu Absatz 2. Die Vorschrift ist fakultativ, damit der Richter keinen offenbar erfolglosen Ausspruch thun muß. Civilrechtliche Entschädigungsansprüche werden dadurch nicht berührt. (Vortr. im G.-A. d. K. d. Abg. 1856/57 S. 429, Stenglein Bd. II. S. 522, Weis Bd. II. S. 254.)

Dreiundzwanzigstes Hauptstück.

Brandstiftung und andere gemeingefährliche Handlungen.

Art. 347.

Vorsätzliche Brandstiftung.

Wer fremde Wohngebäude oder denselben gesetzlich gleichgestellte Gebäude oder Räumlichkeiten (Art. 277) rechtswidrig in Brand setzt, desgleichen wer solche Brandstiftung an andern Räumlichkeiten verübt, in welchen sich zur Zeit der Anlegung oder des Ausbruches des Feuers Menschen aufhalten, soll mit Zuchthaus nicht unter acht Jahren bestraft werden.

Art. 348.

Wer außer dem Falle des Art. 347 fremde Gebäude, Schiffe, Magazine, Bergwerke, Torfmoore, Waldungen oder Fruchtfelder rechtswidrig in Brand setzt, ist mit Zuchthaus bis zu sechzehn Jahren zu bestrafen.

In leichteren Fällen kann auf Gefängniß nicht unter zwei Jahren erkannt werden, womit die Straffolgen des Art. 28 verbunden werden können.

Art. 349.

Der Brandstiftung an den in den Art. 347 und 348 bezeichneten Gegenständen ist es gleich zu achten, wenn in der Absicht, einen dieser Gegenstände rechtswidrig in Brand zu setzen, solche Sachen in Brand gesteckt werden, welche vermöge ihrer Lage und Beschaffenheit geeignet sind, jenen Gegenständen das Feuer mitzutheilen.

1) „Wohngebäude oder denselben gesetzlich gleichgestellte Gebäude oder Räumlichkeiten" s. zu Art. 277 S. 391.

Bei Wohngebäuden kommt es nicht darauf an, ob zur Zeit der That Menschen in denselben waren, bei unbewohnten Räumlichkeiten aber nicht nur darauf, sondern auch daß der Thäter dies wußte. (Stenglein Bd. II. S. 525, Weis Bd. II. S. 256. Dagegen spricht ein Erk. d. Cass.-H. v. 28. Okt. 1864 (Z. f. Gerichtspr. Bd. IV. S. 53, Z. f. G. u. Rd. XI. S. 406) aus, beim Thatbestande der Brandstiftung an andern Räumlichkeiten, in welchen sich Menschen aufhalten, sei es ohne Belang, ob der Thäter dies gewußt habe. Ebenso Erk. v. 30. Mai 1870, Z. f. Gerichtspr. Bd. IX. S. 356, Entsch. d. Cass.-H. Bd. IV. S. 231.)

2) Unbewohnte, einem Wohngebäude durch Art. 277 nicht gleichgestellte Gebäude können deshalb, weil sie mit einem Wohnhause in einem umschlossenen Raume stehen, diesem nicht gleich geachtet werden. (Erk. d. Cass.-H. v. 22. Jan. 1864, Z. f. Gerichtspr. Bd. III. S. 93, Z. f. G. u. R. Bd. XI. S. 3.)

3) Brandstiftung an Waldungen findet auch Statt, wenn das Gras in Wäldern angezündet wird. Anzünden von Holzvorräthen im Wald kann nur als mittelbare Brandstiftung in Betracht kommen. (Stenglein Bd. II. S. 525.)

4) Torfhaltige Grundstücke, deren Ertrag als Streu benützt wird, können in Bezug auf Brandstiftung, soferne dem Thäter der Torfgehalt des Bodens unbekannt war, weder als Torfmoore noch als Fruchtfelder betrachtet werden. (Erk. d. Cass.-H. v. 3. Februar 1866, Z. f. G. u. R. Bd. XIII. S. 40, Z. f. Gerichtspr. Bd. V. S. 175.)

5) Brandstiftung an Mobilien ist nur als Eigenthumsbeschädigung strafbar, wenn sie nicht mittelbare Brandstiftung enthält, was voraussetzt, daß sie nach Lage und Beschaffenheit zur Mittheilung des Feuers geeignet sind. Brandstiftung an eigenen Mobilien kann auch noch zum Zwecke des Betruges begangen werden. (Vortr. im G.-A. d. K. d. Abg. 1856/57 S. 435, Prot.-Bd. II. S. 159, 1860/61 S. 79, Stenglein Bd. II. S. 526, Weis Bd. II. S. 256.)

6) „in Brand setzt". Die That ist vollendet, sobald das Feuer vom Brandmaterial sich dem in Brand zu setzenden Gegenstande mitgetheilt hat, bei mittelbarer Brandstiftung schon durch Anzündung des unmittelbar angezündeten. Der strafbare Versuch beginnt mit der Bemühung das Brandmaterial in Feuer zu setzen. (Vortr. im G.-A. d. K. d. Abg. 1856/57 S. 432—434, Prot.-Bd. II. S. 155—157, Stenglein Bd. II. S. 527, Weis Bd. II. S. 255, Z. f. Gerichtspr. Bd. VIII. S. 414.)

7) In Brand gesetzt ist eine Sache, wenn ihr das Feuer in einer zu ihrer Verzehrung geeigneten Form mitgetheilt ist, gleichviel ob es flammendes oder nur glimmendes Feuer ist. (Stenglein Bd. II. S. 526.)

8) Hat ein Mittelgegenstand, den der Brandstifter anzünden wollte, der aber nicht unter Art. 347. 348 fällt, gegen dessen Willen ein Wohngebäude u. s. w. in Brand versetzt, so konkurrirt dolose Eigenthumsbeschädigung und fahrlässige oder casuelle Brandstiftung ideell. (Vortr. im G.-A. d. K. d. Abg. 1856/57 S. 433, Prot.-Bd. II. S. 156. 157, Stenglein Bd. II. S. 527.)

9) In dem Wegschaffen von Habseligkeiten aus einem Hause, dessen Besitzer

es anzuzünden beabsichtigt, in feuerfeste Kellerräume, kann Theilnahme an der Brandstiftung nicht erblickt werden. (Erk. d. Cass.=H. v. 23. Januar 1869, Z. f. Gerichtspr. Bd. VIII. S. 196.)

10) Es liegt keine unrichtige Anwendung des Gesetzes vor, wenn für Versuch der Brandstiftung gemäß Art. 348 begangen bei geminderter Zurechnungsfähigkeit unter Feststellung, daß kein leichterer Fall vorliegt, die Strafe zwischen 6 Monaten Gefängniß und 8 Jahren Zuchthaus ausgemessen wird. (Erk. d. Cass.=H. v. 16. Juli 1870, Z. f. Gerichtspr. Bd. IX. S. 404, Entsch. d. Cass.=H. Bd. IV. S. 266.)

Art. 350.

Die Bestimmungen der Art. 347 bis 349 kommen auch bei demjenigen, welcher eine Brandstiftung der in diesen Artikeln bezeichneten Art an seiner eigenen Sache oder an einer fremden Sache im Einverständnisse mit dem Eigenthümer verübt hat, dann zur Anwendung, wenn mit der Brandstiftung Gefahr für Menschen oder das Eigenthum Dritter verbunden war.

Wenn eine solche Gefahr nicht vorhanden war, die Handlung aber zum Zwecke eines Betruges oder einer Verletzung fremder Rechte verübt worden ist, so tritt, vorbehaltlich der durch den Betrug etwa verwirkten höheren Strafe, Gefängnißstrafe nicht unter sechs Monaten ein, womit Geldstrafe bis zu tausend Gulden, sowie die im Art. 28 bezeichneten Straffolgen verbunden werden können.

Der Versuch dieses Vergehens ist strafbar.

1) „An seiner eigenen Sache“. Brandstiftung an der eigenen Sache wurde nicht angenommen bei Brandstiftung der Ehefrau ohne Wissen des Mannes; sie liegt auch nicht vor bei Brandstiftung an Miteigenthum oder an einem Erbschaftsobjekt von Seite des Miterben. (Stenglein Bd. II. S. 524.)

2) Unter eigenen Sachen sind nur die in Art. 347 u. 348 bezeichneten zu verstehen, nicht auch andere, z. B. nicht ein auf freiem Felde stehender Holzstoß, wenn auch hiebei Gefahr für Menschen oder nicht unter Art. 347. 348 fallendes fremdes Eigenthum besteht. (Vortr. im G.=A. d. K. d. Abg. 1856/57 S. 434, Prot.=Bd. II. S. 158, Weis Bd. II. S. 258.)

3) „Gefahr für Menschen oder das Eigenthum Dritter“. Gefahr für Menschen liegt nicht im bloßen Bewohntsein des Gebäudes, sondern es muß eine bestimmte Gefahr konstatirt sein. (Stenglein Bd. II. S. 525.)

4) Gefahr für das Eigenthum Dritter besteht auch bei Gefahr für Mobilien und wenn diese Gefahr nur mittelbar durch Fortpflanzung des Feuers droht. (Stenglein Bd. II. S. 525, Erk. d. Cass.=H. v. 3. Sept 1870, Z. f. Gerichtspr. Bd. X. S. 116, Entsch. d. Cass.=H. Bd. IV. S. 316.)

5) Art. 350 findet Anwendung, wenn Jemand sein eigenes Wohnhaus mit Gefahr für fremdes Eigenthum in Brand setzt, gleichviel, ob dieses ein Wohnhaus oder ein einem solchen gleichstehendes Gebäude ist. (Erk. d. Cass.=H. v. 28. April 1865, Z. f. Gerichtspr. Bd. IV. S. 278, Z. f. G. u. R. Bd. XII. S. 167.)

6) Zu Absatz 2. Diese That ist Brandstiftung und in allen Beziehungen, z. B. bezüglich der Vollendung als solche zu beurtheilen. Ist die Strafe des Betrugs die höhere, so müssen, um sie anwenden zu können, alle Erfordernisse des Betrugs gegeben sein. (Prot. d. G.=A. d. K. d. Abg. 1856/57 Bd. II. S. 170. 171, Stenglein Bd. II. S. 525, Weis Bd. II. S. 258.) In der Behauptung die Ursache eines selbst angestifteten Brandes nicht zu kennen, liegt die Vorspiegelung einer falschen Thatsache. (Erk. d. Cass.=H. v. 3. Septbr. 1870, Z. f. Gerichtspr. Bd. X. S. 116, Entsch. d. Cass.=H. Bd. IV. S. 316.)

7) „oder einer Verletzung fremder Rechte“, wie die der Käufer, Nutzberechtigten, Pächter, Pfandgläubiger (Prot. d. G.=A. d. K. d. Abg. 1856/57 Bd. II. S. 158, Stenglein Bd. II. S. 524.)

8) Anzündung eigener Mobilien um die Brandversicherung zu erhalten, fällt nur unter den Gesichtspunkt des Betrugs. (Vortr. im G.=A. d. K. d. Abg. 1856/57 S. 435, Prot.=Bd. II. S. 159, 1860/61. S. 179, Stenglein Bd. II. S. 526, Weis Bd. II. S. 258.)

9) Die ohne Gefahr für Menschen und fremdes Eigenthum erfolgte An=

zündung des eigenen Wohnhauses zu dem Zwecke, um den Gläubigern die Verbrennung der ihnen verpfändeten Mobilien vorzuspiegeln und sich die Verfügung darüber zu sichern, ist nach Art. 350 Abs. 2 strafbar. (Erk. d. Cass.-H. v. 4. April 1868, Entsch. d. Cass.-H. Bd. II. S. 175.)

10) Wenn im Verfahren wegen einer an einem Wohnhause unter Mitwissen des Eigenthümers desselben verübten Brandstiftung schon in der den eigentlichen Urheber betreffenden Frage des Einverständnisses desselben mit dem Hauseigenthümer Erwähnung geschehen ist, kann dieser hieraus gegen seine Verurtheilung wegen Theilnahme an der That keinen Nichtigkeitsgrund ableiten. (Erk. d. Cass.-H. v. 19. Januar 1866, Z. f. G. u. R. Bd. XIII. S. 24.)

Vergl. Note 34 zu Art. 90 S. 148.

Art. 351.

Wenn der Brandstifter das ausgebrochene Feuer sogleich wieder gelöscht hat, so daß ein weiterer Schaden nicht entstanden ist, so soll auf Gefängniß bis zu einem Jahre erkannt werden.

1) Der Artikel setzt voraus, daß wirklich ein Brand entstanden, d. h. daß sich das Feuer dem anzuzündenden Gegenstande mitgetheilt hatte. War nur das Brandmaterial entzündet, und wurde wieder gelöscht, so liegt strafloser Versuch vor. (Weis Bd. II. S. 259, Stenglein Bd. II. S. 528, Motive z. Entw. v. 1855 S. 116.)

2) Der eingetretene Schaden muß ein ganz unbedeutender sein, wie durch Ankohlen oder Brandflecken, ohne daß das Feuer über den eigentlichen Feuerherd hinübergriff. (Stenglein Bd. II. S. 528, Weis Bd. II. S. 260, Prot. d. G.-A. d. K. d. R.-R. 1860/61 Bd. I. S. 352. 353.)

Art. 352.

Fahrlässige Veranlassung eines Brandes.

Wer durch Fahrlässigkeit einen Brand der in den Art. 347, 348 und 350 Abs. 1 bezeichneten Art verursacht, soll, wenn durch den Brand ein Mensch das Leben verloren oder eine der im Art. 239 Abs. 1 bezeichneten Beschädigungen erlitten hat, mit Gefängniß bis zu drei Jahren oder an Geld bis zu fünfhundert Gulden, andernfalls mit Gefängniß bis zu einem Jahre oder an Geld bis zu zweihundert Gulden bestraft werden.

Wurde das ausgebrochene Feuer sogleich wieder gelöscht, so daß ein weiterer Schaden nicht entstanden ist, so unterbleibt die Bestrafung.

1) Zwischen mittelbarer und unmittelbarer Brandstiftung ist nicht unterschieden, jedoch muß das Feuer einen unter Art. 347. 348 fallenden Gegenstand ergriffen haben. (Stenglein Bd. II. S. 527, Weis Bd. II. S. 260, Vortr. im G.-A. d. K. d. Abg. 1856/57 S. 435, Z. f. Gerichtspr. Bd. II. S. 196. 214. Bd. IV. S. 220. Bd. VIII. S. 285, Bl. f. R.-A. Bd. XXX. S. 241. 321.)

2) Theilnahme an fahrlässiger Brandstiftung ist nicht strafbar. (Z. f. Gerichtspr. Bd. IV. S. 220.)

3) Die höhere Strafe des Art. 352 tritt nur ein, wenn der schädliche Erfolg durch den Brand selbst, nicht durch einen Unglücksfall gelegentlich des Brandes entstanden ist. (Weis Bd. II. S. 261, Stenglein Bd. II. S. 528, Vortr. im G.-A. d. K. d. Abg. 1856/57 S. 435, Prot.-Bd. II. S. 161.) Wenn bei einem Brande eine Person, um Habseligkeiten zu retten, unbesonnener Weise das brennende Haus betritt und das Leben verliert, so fällt dies dem fahrlässigen Veranlasser des Brands nicht zur Last. (Erk. d. A.-G. v. Oberfranken v. 23. Febr. 1867, Z. f. Gerichtspr. Bd. VII. S. 283.)

4) Bei fahrlässiger Brandstiftung kann der weitere Schaden im Sinne des Art. 352 Abs. 2 auch am Mobiliar des in Brand gesetzten Wohnhauses veranlaßt werden. (Erk. d. A.-G. v. Oberbayern v. 10. Dezbr. 1867, Z. f. Gerichtspr. Bd. VIII. S. 391.)

Art. 353.

Zerstörung durch Pulver oder ähnliche Stoffe.

Die in den Art. 347, 348, 350 und 352 bestimmten Strafen kommen nach den dort aufgestellten Unterscheidungen auch gegen denjenigen zur Anwendung, welcher durch Gebrauch von Pulver oder ähnlich wirkenden Stoffen Gebäude, Schiffe, Magazine oder Bergwerke ganz oder theilweise zerstört oder eine solche Zerstörung an anderen Räumlichkeiten verübt, in welchen sich zur Zeit der That oder der Explosion Menschen aufhalten.

1) Hierauf findet Art. 349 und 351 nicht Anwendung. Vollendung tritt mit dem Explodiren des verwendeten Stoffes ein, gleichviel ob Schaden eingetreten ist oder nicht. Im Uebrigen gilt das über die Brandstiftung Gesagte. (Stenglein Bd. II. S. 529.)

Art. 354.

Verursachung einer Ueberschwemmung.

Wer rechtswidrig durch Beschädigung von Dämmen oder auf andere Weise mit Gefahr für fremdes Eigenthum eine Ueberschwemmung verursacht, soll mit Gefängniß, womit Geldstrafe bis zu tausend Gulden verbunden werden kann, und wenn eine Eigenthumsbeschädigung im Betrage von mehr als tausend Gulden verursacht wurde, mit Zuchthaus bis zu sechzehn Jahren bestraft werden.

Zuchthaus nicht unter acht Jahren tritt ein, wenn durch die Ueberschwemmung Gefahr für Menschenleben oder für bewohnte oder den Wohngebäuden gesetzlich gleichgestellte Gebäude oder Räumlichkeiten (Art. 277) herbeigeführt wurde.

Der Versuch des im Abs. 1 bezeichneten Vergehens ist strafbar.

Art. 355.

Wer eine Ueberschwemmung (Art. 354) durch Fahrlässigkeit verursacht, soll, wenn in Folge derselben ein Mensch das Leben verloren oder eine der in Art. 239 Abs. 1 bezeichneten Beschädigungen erlitten hat, mit Gefängniß bis zu drei Jahren oder an Geld bis zu fünfhundert Gulden, andernfalls mit Gefängniß bis zu einem Jahre oder an Geld bis zu zweihundert Gulden bestraft werden.

1) Die Excesse bei Benützung des Wassers und Beschädigungen durch zu hohes Aufstauen des Wassers fallen nicht unter diese Artikel, sondern begründen nur Civilentschädigungs-Ansprüche. (Vortr. im G.-A. d. K. d. Abg. 1856/57 S. 437, Prot.-Bd. II. S. 163, Stenglein Bd. II. S. 530.)

2) Die Handlung besteht in jeder Einwirkung auf einen Wasserlauf, z. B. auch Beschädigung von Schleusen, Aufstauungen, in Folge deren fremde, in der Regel von Wasser freie Immobilien überströmt werden und ist mit Bewirkung einer Ueberfluthung vollendet. (Stenglein Bd. II. S. 530, Weis Bd. II. S. 262 Prot. d. G.-A. d. K. d. Abg. 1856/57 S. 162. 163.)

3) Anfang der Ausführung liegt in jeder Handlung, welche zu dem Zwecke vorgenommen wird, eine Ueberschwemmung herbeizuführen. (Weis Bd. II. S. 263, Stenglein Bd. II. S. 530.)

Zu Art. 355 vergl. Note 3 zu Art. 352 S. 451.

Art. 356.

Störung der Benützung von Eisenbahnen und Telegraphen.

Wer widerrechtlich die Möglichkeit der Benützung einer zum öffentlichen Gebrauche bestimmten Eisenbahn aufhebt oder beschränkt oder einen Transport auf derselben ganz oder theilweise verhindert, soll mit Gefängniß nicht unter drei Monaten bestraft werden, womit Geldstrafe bis zu fünfhundert Gulden verbunden werden kann.

Der Versuch dieses Vergehens ist strafbar.

Art. 357.

Wer an Eisenbahnen, deren Transportmitteln oder anderem Zubehör solche Beschädigungen verübt oder durch Aufstellen, Hinlegen oder Hinwerfen von Gegenständen auf die Fahrbahn, durch Verrücken von Schienen, durch falsche Zeichen oder Signale oder auf andere Weise solche Hindernisse oder Störungen bereitet, daß dadurch der Transport auf der Bahn in Gefahr gesetzt wird, ist mit Zuchthaus bis zu zwölf Jahren zu bestrafen.

Hat in Folge der That ein Mensch das Leben verloren oder eine der in Art. 239

Abs. 1 bezeichneten Beschädigungen erlitten, so ist auf Zuchthaus nicht unter zwölf Jahren zu erkennen.

Art. 358.

Wer widerrechtlich die Benützung einer vom Staate oder von Privaten mit Genehmigung des Staates errichteten Telegraphenanstalt durch Wegnahme oder Beschädigung der Drahtleitung oder anderer Zugehörungen des Telegraphen, durch Verbindung fremdartiger Gegenstände mit der Drahtleitung, Fälschung der durch den Telegraphen gegebenen Zeichen oder auf andere Weise stört oder unmöglich macht, ist mit Gefängniß bis zu zwei Jahren und wenn die That in eigennütziger oder betrügerischer Absicht oder zur Vereitlung obrigkeitlicher Anordnungen geschehen ist, mit Gefängniß nicht unter drei Monaten zu bestrafen.

Der Versuch dieses Vergehens ist strafbar.

Art. 359.

Wird eine der in den Art. 356 bis 358 bezeichneten Handlungen aus Fahrlässigkeit begangen, so soll der Schuldige, wenn in Folge dessen ein Mensch das Leben verloren oder eine der in Art. 239 Abs. 1 bezeichneten Beschädigungen erlitten hat, mit Gefängniß bis zu drei Jahren oder an Geld bis zu fünfhundert Gulden, andernfalls mit Gefängniß bis zu einem Jahre oder an Geld bis zu zweihundert Gulden bestraft werden.

1) Alle Beschädigungen oder sonstigen strafbaren Handlungen an Eisenbahnen und Telegraphen, welche die Benützung derselben nicht stören, sind als Eigenthumsbeschädigung, Diebstahl u. dergl. zu bestrafen, nicht nach vorstehenden Bestimmungen. (Motive z. Entw. v. 1855 S. 116. 117, Vortr. im G.-A. d. K. d. Abg. 1856/57 S. 438, Stenglein Bd. II. S. 533, Weis Bd. II. S. 265.)

2) „Wer". Thäter können Bedienstete dieser Anstalten, wie Nichtbedienstete sein, auch solche, welche sich auf einem Bahnzuge, dessen Gefährdung in Frage steht, selbst befinden. (Stenglein Bd. II. S. 533.)

3) „Eisenbahnen und Telegraphen-Anstalten" sind geschützt, gleichviel ob es Staats- oder Privat-Anstalten sind, und kommen letztere, wenn sie zum Eisenbahnbetriebe bestimmt sind, auch als Zubehörungen der Eisenbahnen in Betracht. (Motive z. Entw. v. 1860 S. 60, Vortr. im G.-A. K. d. Abg. 1860/61 S. 199, Prot. S. 79. 80, Stenglein Bd. II. S. 533, Weis Bd. II. S. 266. 268.)

4) „Die Möglichkeit der Benützung" einer Eisenbahn ist verhindert, wenn sie nicht fahrbar ist, gleichviel ob sie gerade befahren werden sollte. Auch genügt das Unfahrbarmachen eines Geleises bei doppelgleisigen Bahnen. Die That liegt aber auch im Unbrauchbarmachen der Lokomotiven, der Heizmittel u. s. w. (Vortr. im G.-A. d. K. d. Abg. 1856/57 S. 438, Prot.-Bd. II. S. 164, Stenglien Bd. II. S. 534, Weis Bd. II. S. 266. 267.)

5) „Transporte" sind nicht nur vollständige Züge, sondern auch einzelne Lokomotiven, ja selbst Dräsinen. (Stenglein Bd. II. S. 534, Weis Bd. II. S. 267.)

6) Dieselben Handlungen können unter Art. 356 und Art. 357 fallen, je nachdem sie die Einstellung des Betriebes bewirken, oder einen gerade im Gang befindlichen Zug gefährden, wie das Aufreißen der Schienen. Jedoch muß Bewirkung einer bestimmten Gefahr vorliegen, nicht blos ein möglicher Weise gefährdendes leichtsinniges Gebahren. (Stenglein Bd. II. S. 534, Weis Bd. II. S. 266. 267.)

7) „In Folge der That". Es ist nicht erforderlich, daß der Thäter den Erfolg als wahrscheinlich voraussehen konnte. (Motive z. Entw. v. 1855 S. 116, Weis Bd. II. S. 268.)

8) Unter Art. 358 fallen wie bei Art. 356 alle Handlungen, welche die Möglichkeit der Benützung aufgeben, gleichviel ob eine solche gerade erfolgen sollte oder nicht. (Motive z. Entw. v. 1855 S. 116, Vortr. im G.-A. d. K. d. Abg. 1856/57 S. 439, Prot.-Bd. II. S. 165, Stenglein Bd. II. S. 534. 535, Weis Bd. II. S. 267.)

9) Die Fälschung von Depeschen fällt nicht unter Art. 358. (Prot. d. G.-A d. K. d. Abg. 1856/57 Bd. II. S. 166, Stenglein Bd. II. S. 534, Weis Bd. II. S. 269.)

10) Konkurrirt mit der Störung des Betriebs durch die Beschaffenheit der Absicht eine andere That, z. B. Diebstahl am Material oder beabsichtigte Tödtung eines Menschen, so liegt ideeller Zusammenfluß vor und findet die strengere Strafe Anwendung. (Motive z. Entw. v. 1860 S. 60, Prot. d. G.-A. d. K. d. Abg. 1860/61 S. 79, Stenglein Bd. II. S. 535, Weis Bd. II. S. 268.)

11) Sämmtliche strafbare Handlungen sind mit der gefährdenden Handlung vollendet, gleichviel ob eine Gefahr oder ein nachtheiliger Erfolg wirklich eingetreten ist, letzterer steigert nur unter Umständen die Strafe. (Motive z. Entw. v. 1855 S. 116, Vortr. im G.-A. d. K. d. Abg. 1856/57 S. 438. 439, Prot.-Bd. II. S. 165, Stenglein Bd. II. S. 535.)

12) Thätige Reue wurde nicht zugelassen, wohl aber ist Abstand vom Versuch denkbar, z. B. bei rechtzeitiger Entfernung eines auf die Schienen gelegten Hindernisses, Abstand vom begonnenen Durchsägen einer Telegraphenstange, Abgraben eines Eisenbahndammes. (Prot. d. G.-A. d. K. d. Abg. 1856/57 Bd. II. S. 166. 167, Stenglein Bd. II. S. 536.)

Art. 360.

Wird ein Bediensteter einer Eisenbahn- oder Telegraphenanstalt nach den Bestimmungen der Art. 356, 358 oder 359 zu einer Gefängnißstrafe verurtheilt, so ist zugleich der Verlust seines Dienstes auszusprechen.

Auch kann derselbe für unfähig zur Wiederverwendung im Eisenbahn- oder Telegraphendienste erklärt werden.

Das Letztere findet auch Anwendung wegen jeder nach den Bestimmungen des Art. 357 verwirkten Zuchthausstrafe.

Dieser Artikel findet auch auf Bedienstete von Privatanstalten Anwendung, und können dieselben zur Bekleidung eines solchen Dienstes unfähig erklärt werden, was mit Verurtheilung zu Zuchthausstrafen von selbst verbunden ist. (Prot. d. G.-A. d. K. d. Abg. 1856/57 Bd. II. S. 166, 1860/61 S. 94, Stenglein Bd. II. S. 536, Weis Bd. II. S. 266.)

Art. 361.

Gefährdung der Schiff- und Floßfahrt.

Wer die zur Sicherheit der Schiff- und Floßfahrt bestimmten Feuerzeichen oder andere zu diesem Zwecke aufgestellte Zeichen zerstört, wegschafft oder unbrauchbar macht oder falsche Zeichen, welche geeignet sind, die Schiff- oder Floßfahrt unsicher zu machen, aufstellt, wird mit Gefängniß nicht unter drei Monaten bestraft.

Der Versuch dieses Vergehens ist strafbar.

Ist in Folge der That ein Schiff oder Floß gescheitert, so tritt Zuchthausstrafe bis zu acht Jahren, und wenn dadurch ein Mensch das Leben verloren oder eine der in Art. 239 Abs. 1 bezeichneten Beschädigungen erlitten hat, Zuchthausstrafe bis zu zwanzig Jahren ein.

Liegt der Handlung Fahrlässigkeit zu Grunde und ist dadurch ein Schaden entstanden, so ist auf Gefängniß bis zu sechs Monaten oder Geldstrafe bis zu zweihundert Gulden, wenn aber in Folge der Handlung ein Mensch das Leben verloren oder eine der in Art. 239 Abs. 1 bezeichneten Beschädigungen erlitten hat, auf Gefängniß bis zu drei Jahren oder Geldstrafe bis zu fünfhundert Gulden zu erkennen.

Art. 362.

Wer das Scheitern oder Sinken eines Schiffes oder Floßes bewirkt und dadurch Gefahr für das Leben eines Andern herbeiführt, wird mit Zuchthaus bis zu zwölf Jahren und wenn dadurch ein Mensch das Leben verloren oder eine der in Art. 239 Abs. 1 bezeichneten Beschädigungen erlitten hat, mit Zuchthaus nicht unter acht Jahren bestraft.

Liegt der Handlung Fahrlässigkeit zu Grunde, so treten die in Art. 361 Abs. 4 bestimmten Strafen nach den dort aufgestellten Unterscheidungen ein.

1) Die Artikel finden zunächst auf die Floß- und Schifffahrt auf Flüssen und Binnenseeen Anwendung, aber auch auf die Seeschifffahrt, wenn die im Auslande begangenen Handlungen nach Art. 10 in Bayern strafbar sind. (Stenglein Bd. II. S. 537. Prot. d. G.-A. d. K. d. Abg. 1856/57 Bd. II. S. 169)

2) Die in beiden Artikeln vorausgesetzten Gefährdungen von Menschenleben sind nicht beabsichtigte, da, wenn die Absicht darauf gerichtet ist, vollendete oder versuchte Tödtung vorliegt. Es kommt auch nichts darauf an, ob der Erfolg mit Wahrscheinlichkeit vorausgesehen werden konnte. (Prot. d. G.-A. d. K. d. Abg. 1860/61 S. 80, Stenglein Bd. II. S. 538, Weis Bd. II. S. 271.)

3) Liegt im Falle des Art. 362 keine Gefährdung von Menschenleben vor, so kommen die Bestimmungen über Eigenthumsbeschädigung zur Anwendung. (Prot. d. G.-A. d. K. d. Abg. 1860/61 S. 80, Stenglein Bd. II. S. 538, Weis Bd. II. S. 271.)

4) Unter Art. 362 Abs. 2 fällt auch die fahrlässige Leitung eines Schiffes oder Floßes, durch welche dessen Sinken oder Scheitern bewirkt und Menschenleben gefährdet wird. Ist letzteres nicht der Fall, liegt fahrlässige Eigenthumsbeschädigung vor. (Stenglein Bd. II. S. 539.)

Ueber den Unterschied von Art 361. Abs. 3 und Art. 362 vergl. Stenglein Bd. II. S. 539 und Weis Bd. II. S. 271.)

Art. 363.

Gemeingefährliche Beschädigung von Thieren.

Wer, um Thiere Anderer zu tödten oder zu beschädigen, Weiden, Wiesen, Futtervorräthe, Viehtränken oder Teiche vergiftet oder eine ansteckende Viehkrankheit verbreitet, soll mit Gefängniß nicht unter einem Jahre bestraft werden, womit Geldstrafe bis zu tausend Gulden verbunden werden kann.

Wer den Einfuhrverboten, den Absperrungs-, Aufsichts- oder sonstigen Sicherungsmaßregeln, welche durch Verordnung oder oberpolizeiliche Vorschrift zum Schutze gegen Eintritt, Verschlimmerung, Verbreitung oder Wiederkehr von ansteckenden Viehkrankheiten angeordnet und öffentlich besonders bekannt gemacht worden sind, oder den ihm persönlich kundgegebenen desfallsigen Anordnungen der zuständigen Orts- oder Distriktspolizeibehörde vorsätzlich oder aus Fahrlässigkeit zuwiderhandelt, wird mit Arrest oder an Geld bis zu hundert und fünfzig Gulden und wenn in Folge der Zuwiderhandlung fremdes Vieh von der Seuche ergriffen wurde, mit Gefängniß bis zu einem Jahre oder an Geld bis zu vierhundert Gulden bestraft.

1) Es handelt sich hier nur um Gefahren oder Beschädigung von Thieren. Steht eine solche auch von Menschen in Rede, so kommt Art. 248 zur Anwendung. (Stenglein Bd. II. S. 540, Weis Bd. II. S. 273.)

2) Unter Absatz 1 fällt nur die absichtliche Vergiftung oder Verbreitung von Thierkrankheiten, nicht auch leichtsinnige Handlungen dieser Art. (Prot. d. G.-A. d. K. d. Abg. 1856/57 Bd. II. S. 168, Stenglein Bd. II. S. 540., Weis Bd. II. S. 273.)

3) Vollendet ist die Vergiftung mit Anwendung des Gifts auch ohne Erfolg, die Verbreitung von Krankheiten erst mit einer schuldhaft verursachten Ansteckung. (Stenglein Bd. II. S. 541.)

4) Tödtung fremder Thiere, welche nicht unter Art. 363 fällt, gehört unter die Bestimmungen über Eigenthumsbeschädigung. (Weis Bd. II. S. 273.)

5) Das Vergehen der gemeingefährlichen Beschädigung von Thieren wird durch die Absicht, sein Eigenthum zu schützen, nicht ausgeschlossen. Es ist nicht Erforderniß, daß die allgemeine Gefährdung in der Absicht des Thäters liegt. (Erk. d. A.-G. v. Niederbayern v. 25. April 1863, Z. f. Gerichtspr. Bd. II. S. 211.)

6) Das Ausstreuen von Gift auf frisch besäten Feldern, um Geflügel zu tödten, das auf demselben Körner sucht, ist nicht als Vergiftung von Weiden, sondern nur als Eigenthumsbeschädigung gemäß Art. 343 Ziff 2 strafbar. (Erk. d. Cass.-H. v. 19. Juni 1863, Z. f. Gerichtspr. Bd. II. S. 333. (S. dagegen S. 211), Z. f. G. u. R. Bd. X. S. 670.)

7) Als Futtervorräthe können nur die für eine größere Anzahl von Thieren auf längere Zeit aufgespeicherten Vorräthe betrachtet werden, bei deren Vergiftung eine unermeßbare, dem Willen des Thäters entrückte Gefahr entsteht, nicht das für einen Tag bestimmte Futter der Thiere eines Stalls. (Erk. d. A.-G. v. Nie-

derbayern v. 25. Juli 1864, Erk. d. Cass.-H. v. 9. Sept. 1864, Z. f. Gerichtspr. Bd. III. S. 308. 383, Z. f. G. u. R. Bd. XI. S. 354.)

8) Wenn durch eine Zolldefraudation gleichzeitig noch eine Uebertretung in Bezug auf ansteckende Viehkrankheiten begangen wird, so sind die beiden Strafen zu verbinden. (Erk. d. Cass.-H. v. 9. Mai 1868, Z. f. Gerichtspr. Bd. VII. S. 360, Entsch. d. Cass.-H. Bd. II. S. 216.)

9) Die Zuwiderhandlung gegen eine vorsorgliche ortspolizeiliche Anordnung gegen ansteckende Viehkrankheiten ist nach Art. 363 Abs. 2 strafbar und genügt hiezu die mittelbare persönliche Kundgabe dieser Anordnungen an den Thäter durch Angehörige desselben. (Erk. d. Cass.-H. v. 21. Mai 1870, Z. f. Gerichtspr. Bd. IX. S. 340, Entsch. d. Cass.-H. Bd. IV. S. 214.)

10) Vergl. noch zu Art. 363 Abs. 2 Allerh. V.-O. v. 17. Juni 1867, Maßregeln gegen ansteckende Viehkrankheiten betr., (Rggsbl. S. 681 fg.), Entschl. d. k. St.-M. des Innern v. 26. April 1865, die Kosten aus Anlaß ansteckender Thierkrankheiten betr.

Vierundzwanzigstes Hauptstück.

Verletzung besonderer Berufspflichten.

Art. 364.

Verletzung der Dienstpflicht im Allgemeinen.

Ein Beamter, welcher seiner Dienstpflicht zuwiderhandelt, um dadurch einem Andern Schaden zuzufügen oder sich oder einem Dritten einen rechtswidrigen Vortheil zu verschaffen, ist mit Gefängniß bis zu drei Monaten oder an Geld bis zu zweihundert Gulden zu bestrafen.

Mit der Gefängnißstrafe kann der Verlust des Dienstes als Straffolge verbunden werden.

1) „Ein Beamter". Es bedarf keiner amtlichen Verpflichtung desselben, sondern genügt die faktische Ausübung eines Amtes oder öffentlichen Dienstes. (Stenglein Bd. II. S. 544.)

2) „welcher seiner Dienstpflicht zuwiderhandelt". Es muß ein bestimmtes Gebot vorliegen, dessen Befolgung unterlassen, oder ein Verbot, welchem zuwider gehandelt wurde. Ob dasselbe in einem Gesetze, einer gültigen Verordnung oder einer bindenden Anordnung enthalten ist, macht keinen Unterschied. (Stenglein Bd. II. S. 544, Weis Bd. II. S. 274.)

3) Es muß eine bestimmte, einzelne der Amtspflicht zuwiderlaufende Handlung vorliegen, welche unter kein anderes spezielles Strafgesetz fällt. Ein allgemeines pflichtwidriges oder ungeeignetes Benehmen eines Beamten fällt nicht unter Art. 364. (Vortr. im G.-A. d. K. d. Abg. 1856/57 Bd. II. S. 205, Prot.-Bd. II. S. 197, Stenglein Bd. II. S. 544, Weis Bd. II. S. 274.)

4) Es ist eine spezielle, Schaden oder eigenen Vortheil bezielende Absicht erforderlich, wobei nicht nur pekuniäre Interessen in Frage stehen können. (Stenglein Bd. II. S. 544.) Es ist die Absicht der Zufügung eines pekuniären Schadens oder die Erlangung eines solchen Vortheils vorausgesetzt. (Erk. d. Cass.-H. v. 10. Febr. 1865, Z. f. Gerichtspr. Bd. IV. S. 161, Z. f. G. u. R. Bd. XII. S. 31.)

5) Auch der Staat als Vermögenssubjekt kann der Benachtheiligte sein, nicht aber die staatliche Ordnung. (Prot. d. G.-A. d. K. d. Abg. 1860/61 S. 81, Stenglein Bd. II. S. 545, Weis Bd. II. S. 275.)

6) Mit der pflichtwidrigen Handlung ist die That vollendet, ohne Rücksicht auf den Erfolg. (Stenglein Bd. II. S. 545, Weis Bd. II. S. 275.)

7) Ein Gemeindevorsteher, der ein Vermögenszeugniß wissentlich falsch ausstellt, verletzt seine Dienstpflicht, wenn auch die Ausstellung eines solchen Zeugnisses nicht zu seinem Amte gehört. (Erk. d. Cass.-H. v. 10. Febr. 1865, Z. f. Gerichtspr. Bd. IV. S. 161, Z. f. G. u. R. Bd. XII. S. 31.) Es ist nur disciplinär strafbar, wenn eine Gemeindeverwaltung ein wissentlich unwahres Zeugniß ausstellt, ohne jedoch Thatsachen zu beurkunden. (Erk. d. A.-G. v. Oberpfalz, Z. f. Gerichtspr. Bd. IX. S. 397.)

8) Ein Bürgermeister, welcher bei Anmeldung eines Einspruchs zu Gunsten eines Beschuldigten vor dem Gerichtsschreiber eine wissentlich unwahre Angabe macht, kann nicht nach Art. 364 bestraft werden. (Erk. d. A.-G. v. Oberbayern, Z. f. Gerichtspr. Bd. IX. S. 269.)

9) Ein Eisenbahnkondukteur, welcher mit dem Personendienst nicht beauftragt ist und einen Reisenden ohne Controlle des Fahrbillets in einen Waggon einsteigen läßt, ist nicht nach Art. 364 strafbar. (Erk. d. Cass.-H. v. 8. Juli 1870, Z. f. Gerichtspr. Bd. IX. S. 375.)

10) Ein Gerichtsschreiber, der um sich einen rechtswidrigen Vortheil zu verschaffen, Mobilien erwirbt, die er selbst im Auftrage des Gerichts mit Sperre belegt und Veräußerungsverbot ertheilt hat, ist nach Art. 364 strafbar. (Erk. d. Cass.-H. v. 22. Juni 1868, Z. f. Gerichtspr. Bd. VII. S. 452, Entsch. d. Cass.-H. Bd. II. S. 293.)

11) Ein mit der Respizienz über einen Stiftungswald betrauter Magistratsrath begeht durch Aneignung von Holz aus demselben nicht nur Forstfrevel, sondern auch Verletzung der Dienstpflicht. (Erk. d. Cass.-H. v. 23. Juni 1865, Z. f. G. u. R. Bd. XII. S. 281, Z. f. Gerichtspr. Bd. IV. S. 323.)

S. auch Note 21. 25 zu Art. 314 S. 418. 419.

Art. 365.

Verletzung der Amtsverschwiegenheit.

Gefängniß bis zu zwei Monaten oder Geldstrafe bis zu zweihundert Gulden trifft den Beamten, welcher mit Verletzung seiner Amtspflicht Thatsachen, die ihm nur durch sein Dienstverhältniß bekannt geworden sind, einem Andern eröffnet oder Akten oder Urkunden, die ihm vermöge seines Dienstverhältnisses anvertraut oder zugänglich sind, einem Andern zur Einsicht oder zum Gebrauche überläßt oder Abschrift solcher Akten oder Urkunden einem Andern mittheilt oder zu nehmen gestattet.

In schwereren Fällen kann mit der Gefängnißstrafe der Verlust des Dienstes als Straffolge verbunden werden.

1) Es ist kein Unterschied gemacht, ob durch die Verletzung der Amtsverschwiegenheit das Interesse des Staats oder das von Privaten verletzt ist; ein berechtigtes Interesse muß aber als gefährdet erscheinen. (Vortr. im G.A. d. K. d. Abg. 1856/57 Bd. II. S. 205, Prot.-Bd. II. S. 198, Stenglein Bd. II. S. 545, Erört. in Z. f. Gerichtspr. Bd. VII. S. 145. Dagegen s. ebendas. Bd. VII. S. 301.)

2) Die Pflicht der Amtsverschwiegenheit erstreckt sich auf alle gelegentlich des Dienstes erkundeten Thatsachen und Verhältnisse, gleichviel ob dieselben zum speziellen Dienstzweig des Beamten gehören oder nicht. Es muß ein Geheimniß, d. h. in keiner Weise in die Oeffentlichkeit gedrungen sein. (Stenglein Bd. II. S. 546.)

3) Ob die Mittheilung mündlich oder schriftlich oder durch die Presse, ob öffentlich oder geheim, ob an eine oder an mehrere Personen erfolgt, begründet keinen Unterschied. Dieselbe ist nur straflos, wenn sie mit Genehmigung der vorgesetzten Dienstesbehörde erfolgt. (Stenglein Bd. II. S. 546, Weis Bd. II. S. 276.)

4) Die That muß vorsätzlich geschehen. Auf das Motiv kommt nichts an, auch nicht darauf, ob mittels der That ein Vortheil erreicht oder Jemand ein Schaden zugefügt werden wollte, es sei denn, daß die That dadurch zu einer strafbareren wird, wie wenn sie zum Zweck des Staatsverraths, des Betrugs

u. dergl. geschieht. (Prot. d. G.-A. d. K. d. Abg. 1856/57 Bd. II. S. 198, Vortr. 1860/61 S. 292, Stenglein Bd. II. S. 546, Weis Bd. II. S. 276. S. einen interessanten, wegen Mangel des Vorsatzes die Strafbarkeit verneinenden Fall Z. f. Gerichtspr. Bd. VIII. S. 171.)

5) Die That ist vollendet, sobald ein Anderer Kenntniß von dem geheim zu Haltenden erhalten hat. (Stenglein Bd. II. S. 546.)

6) Hält das Gericht nur Geldstrafe für angemessen, so kann der Verlust des Dienstes nicht als Straffolge verhängt werden. (Weis Bd. II. S. 276.)

7) Auch Gemeindevorsteher haben das Amtsgeheimniß zu bewahren, z. B. über ihnen gewordene Aufträge. (Erk. d. A.-G. von Oberfranken v. 25. Septbr. 1865, Z. f. Gerichtspr. Bd. VII. S. 333.)

8) Die unbefugte Mittheilung von, nicht für die Oeffentlichkeit bestimmten, amtlichen Erlassen an Nichtbedienstete durch Beamte ist nach Art. 365 strafbar, auch wenn der Erlaß auf anderem Wege bekannt geworden wäre und ein öffentliches Interesse nicht verletzt ist. (Erk. d. Cass.-H. v. 30. April 1869, Z. f. Gerichtspr. Bd. VIII. S. 313, Entsch. d. Cass.-H. Bd. III. S. 185.)

9) Die Mittheilung eines in geheimer Sitzung erlassenen Verweisungsbeschlusses an dritte Personen durch Bedienstete des Gerichts ist nach Art. 365 strafbar, wenn sie vor Eröffnung des Beschlusses an die Betheiligten geschehen ist, auch wenn sie keine nachtheilige Wirkung hat. (Erk. d. Cass.-H. v. 27. August 1869, Z. f. Gerichtspr. Bd. VIII. S. 451, Entsch. d. Cass.-H. Bd. III. S. 313.)

10) Ein öffentlicher Bediensteter kann nach Art. 365 nicht bestraft werden, wenn festgestellt ist, daß er darüber im Irrthume war, daß die ihm zur Last gelegte Mittheilung über amtliche Erfahrungen gegen seine Amtspflichten verstoße. (Erk. d. Cass.-H. v. 19. Novbr. 1869, Z. f. Gerichtspr. Bd. IX. S. 101, Entsch. d. Cass.-H. Bd. III. S. 410.)

S. auch Note 18 zu Art. 257 S. 388.

Art. 366.

Bestechung.

Ein Beamter, welcher unbefugter Weise für eine in sein Amt einschlagende, an sich nicht pflichtwidrige Handlung oder Unterlassung ein Geschenk oder einen andern Vortheil fordert, annimmt oder sich versprechen läßt, soll wegen Bestechung zu einer Geldstrafe bis zu dreihundert Gulden verurtheilt werden, womit der Verlust des Dienstes als Straffolge verbunden werden kann.

Enthält die Handlung oder Unterlassung, auf welche die Bestechung gerichtet ist, eine Pflichtverletzung, so soll der Beamte mit Gefängniß bis zu sechs Monaten bestraft werden, womit der Verlust des Dienstes als Straffolge zu verbinden ist.

Hat im letzteren Falle der Beamte in Folge der Bestechung sich einer Pflichtverletzung schuldig gemacht, so ist auf Gefängniß nicht unter sechs Monaten mit Verhängung der im Art. 28 bezeichneten Straffolgen gegen ihn zu erkennen.

Art. 367.

Ein Richter, welcher sich in einer Civil- oder Strafsache, desgleichen ein Verwaltungsbeamter, welcher sich in einer zur Zuständigkeit der Verwaltungsbehörden gehörigen Streitsache zu dem Zwecke bestechen läßt, um eine Pflichtverletzung zu Gunsten oder zum Nachtheile eines Betheiligten zu verüben, soll mit Gefängniß nicht unter einem Jahre, womit der Verlust des Dienstes als Straffolge zu verbinden ist, wenn er aber in Folge der Bestechung die Pflichtverletzung wirklich verübt hat, mit Zuchthaus bis zu zwölf Jahren bestraft werden.

Gleiche Strafe trifft einen Geschwornen, der in einer Sache, in welcher er als solcher Verrichtungen auszuüben hat, sich bestechen läßt. Statt des Verlustes des Dienstes ist in diesem Falle auf Unfähigkeit zum Geschwornenamte zu erkennen.

1) „Unbefugter Weise." Hierdurch werden diejenigen Fälle ausgeschieden, in welchen die Annahme von Honoraren Beamten gestattet ist, wie Notaren oder Anwälten, sowie diejenigen, in welchen die vorgesetzte Behörde speziell die Annahme eines Geschenkes gestattet, oder wie besonders bei niederen Bediensteten herkömmlich die Annahme von Geschenken für nicht pflichtwidrige Handlungen

zulässig ist. Nachfolgende Genehmigung eines unbefugt angenommenen Geschenkes hebt die Strafbarkeit nicht auf. (Stenglein Bd. II. S. 548, Weis Bd. II. S. 279. 280, Z. f. Gerichtspr. Bd. I. S. 14, Prot. d. G.-A. d. K. d. Abg. 1856/57 Bd. II. S. 174.) Weis Bd. II. S. 280 fügt die Bemerkung bei, daß auch die Genehmigung einer hiezu nicht kompetenten vorgesetzten Behörde die Annahme straflos erscheinen läßt und ein Herkommen die Annahme von Geschenken nicht entschuldigt, wenn ein ausdrückliches Verbot der vorgesetzten Behörde vorliegt.

2) „fordert." Dies kann auch in bedingter Form geschehen und sowohl für eine Handlung, die in der Pflicht des Beamten liegt, als für das Unterlassen einer pflichtwidrigen Handlung. (Stenglein Bd. II. S. 548. 549.)

3) „annimmt. Dies kann auch durch Vermittelung Angehöriger geschehen, jedoch nur mit Wissen des Beamten. (Art. 368). (Stenglein Bd. II. S. 549.)

4) „versprechen läßt." Die Ernstlichkeit des Versprechens und der Annahme desselben muß feststehen und liegt nicht schon bei allgemeinen Versicherungen der Dankbarkeit oder beim Schweigen zu einem Anerbieten vor, wohl aber bei konkludenten Handlungen. (Stenglein Bd. II. S. 549. 550, Weis Bd. II. S. 278.)

5) Auch das Fordern, Annehmen oder Versprechenlassen eines Geschenkes nach vollzogener Amtshandlung ist Bestechung. (Prot. d. G.-A. d. K. d. Abg. 1856/57 Bd. II. S. 176. Stenglein Bd. II. 549. Weis Bd. II. 279.)

6) Das Geschenk muß sich auf eine bestimmte Amtshandlung oder Unterlassung beziehen, nicht blos eine allgemeine Gunstgewinnung bezwecken. Dieses Amtsgeschäft kann aber auch einen ganzen Complex von Handlungen bilden, z. B. ein Prozeß. (Vortr. im G.-A. d. K. d. Abg. 1856/57 S. 443, Stenglein Bd. II. S. 549, Weis Bd. II. S. 279.)

7) Die passive Bestechung ist mit der Forderung des Geschenkes oder der Acceptation des Versprechens vollendet, gleichviel ob das Geschenk wirklich erfolgt, oder ob die Pflichtwidrigkeit, welche bezweckt wird, wirklich zur Ausführung kommt. (Prot. d. G.-A. d. K. d. Abg. 1856/57 Bd. II. S. 177, Stenglein Bd. II. S. 549. 550, Weis Bd. II. S. 280.)

8) Enthält die angesonnene Amtshandlung keine Pflichtwidrigkeit, so fällt auch die Bestechung der in Art. 367 bezeichneten Beamten, deren Kategorien nicht analog z. B. auf Staatsanwälte oder auf Verwaltungsbeamte in anderen als Streitsachen ausgedehnt werden dürfen, unter Art. 366. (Stenglein Bd. II. S. 580, Weis Bd. II. S. 281.)

9) Eine Amtshandlung des Beamten steht in Rede, sobald derselbe in der Sache, in Bezug auf welche Bestechung erfolgt, irgend eine amtliche Thätigkeit zu entwickeln hat, wenn auch keine entscheidende. Spiegelt der Beamte die Möglichkeit einer solchen Thätigkeit vor, oder benützt er einen Irrthum des Bestechenden, so konkurrirt Betrug mit Bestechung. Ebenso liegt Conkurrenz vor, wenn die in Folge Bestechung begangene Pflichtwidrigkeit eine selbstständig strafbare Handlung bildet. Steht die angesonnene Handlung mit dem Amte in gar keiner Beziehung, so liegt Bestechung nicht vor. (Motive z. Entw. von 1855. S. 118, Stenglein Bd. II. S. 550. 551.)

10) An einem Geschwornen kann Bestechung nicht nur dann verübt werden, wenn er Mitglied einer für den fraglichen Fall gebildeten Jury ist, sondern auch wenn er nur auf der Dienstliste steht. Nachfolgende Bestechung kann an ihm nicht verübt werden. (Stenglein Bd. II. S. 550, Weis Bd. II. S. 282.)

11) Ein Post- und Bahnexpeditor, welcher für diejenigen Frachtgüter, welche er Boten zur Weiterbesorgung übergibt, denselben die Fracht auf eigene Gefahr creditirt, hierüber ein Aufschreibebuch führt und eine Gebühr erhebt, ist weder nach Art. 366 noch nach Art. 376 strafbar. (Erk. d. Cass.-H. vom 26. August 1870, Z. f. Gerichtspr. Bd. IX. S. 436.)

Art. 368.

Der Annahme des Geschenkes oder Vortheils (Art. 366) ist es gleich zu achten, wenn ein Beamter oder Geschworner ohne hinreichende Verhinderungsursache unterläßt, dasjenige, was ihm oder seinen Angehörigen zum Zwecke einer Bestechung ohne seinen Willen auf irgend eine Weise zugekommen ist, binnen drei Tagen nach dem Empfange oder nach erlangter Kenntniß zurückzugeben oder hievon Anzeige an seine Amtsvorgesetzten oder an die zuständige Untersuchungsbehörde zu machen.

1) Unter die Angehörigen gehören nicht nur Familienglieder, sondern auch Dienstleute und alle Personen, die mit dem Beamten in einem solchen Verhältnisse stehen, daß eine mittelbare Bestechung durch dieselben anzunehmen ist. (Vortr. im G.=A. d. K. d. Abg. 1856/57 S. 444, Weis Bd. II. S. 282, Stenglein Bd. II. S. 549.)

2) Eine Denunziationspflicht ist dem Beamten nicht auferlegt, sondern demselben auch die Rückgabe freigestellt. Dies berührt aber nicht die Pflicht einzelner Beamtenkategorien zur Anzeige aller ihnen bekannt gewordenen strafbaren Handlungen, deren Unterlassung jedoch nach Art. 64 strafbar ist. (Weis Bd. II. S. 282, Stenglein Bd. II. S. 549.)

Art. 369.

Wer einem Beamten oder dessen Angehörigen ein Geschenk oder einen andern Vortheil gibt, verspricht oder anbietet, um den Beamten zu einer strafbaren pflichtwidrigen Handlung zu bestimmen, soll mit Gefängniß bis zu zwei Jahren, womit Geldstrafe bis zu dreihundert Gulden verbunden werden kann, bestraft werden. In leichteren Fällen kann auf Arrest oder auf Geldstrafe bis zu hundert und fünfzig Gulden erkannt werden.

War die Bestechung auf eine an dem Bestochenen nach Art. 367 Abs. 1 strafbare Pflichtverletzung gerichtet oder ist ein Geschworner bestochen worden, um ihn zur Verübung einer an ihm nach Art. 367 Abs. 2 strafbaren Pflichtverletzung zu bestimmen, so ist auf Gefängnißstrafe nicht unter sechs Monaten, womit Geldstrafe bis zu tausend Gulden, sowie die im Art. 28 bezeichneten Straffolgen verbunden werden können, zu erkennen.

Die Bestimmungen des Abs. 1 kommen auch gegen denjenigen zur Anwendung, welcher sich einer Bestechung an Wachmannschaften oder an anderen im Dienste befindlichen Militärpersonen schuldig macht.

1) Die aktive Bestechung ist auch strafbar, wenn sich der Beamte nicht bestechen läßt und wird auch durch ein mittelbares Anerbieten begangen. (Stenglein Bd. II. S. 552. 553, Prot. d. G.=A. d. K. d. Abg. 1856/57 Bd. II. S. 177, 1860/61 S. 81.)

2) Aktive, auf eine Pflichtwidrigkeit nicht gerichtete Bestechung oder die Geschenkgabe nach erfolgter Amtshandlung ist nicht strafbar. (Vortr. im G.=A. d. K. d. Abg. 1856/57 S. 444. Prot. Bd. II. S. 176. 177, Stenglein Bd. II. S. 552, Weis Bd. II. S. 283.)

3) Geschwornen gegenüber ist jedes Anbieten eines Geschenkes oder sonstigen Vortheils nach Art. 369 strafbar. (Stenglein Bd. II. S. 552.)

4) Auf den Betrag des Vortheils kommt nichts an. Bildet die bezweckte Pflichtwidrigkeit eine selbstständig strafbare Handlung und wird sie wirklich begangen, so liegt in der Bestechung zugleich intellektuelle Urheberschaft derselben. (Prot. d. G.=A. d. K. d. Abg. 1856/57 Bd. II. S. 180, Stenglein Bd. II. S. 553.)

5) Zu Absatz 3. Auch die Bestechung von Wachmannschaften und anderen im Dienste befindlichen Militärpersonen muß auf eine Pflichtwidrigkeit gerichtet sein. (Weis Bd. II. S. 283.)

6) Bestechung wurde angenommen, beim Anbieten eines Geschenkes an einen Hundefänger, an dem der Bestechende eine Gewaltthätigkeit begangen hatte, obwohl nicht die Anzeige wegen der vom Hundefänger konstatirten Contravention, sondern die wegen der Gewaltthätigkeit verhindert werden wollte. (Erk. d. A.=G. von Oberbayern v. 6. September 1867, Z. f. Gerichtspr. Bd. VII. S. 109, Erk. d. Cass.=H. v. 2. Nov. 1867, Plen.=Erk. v. 27. April 1868, Z. f. Gerichtspr. Bd. VII. S. 135. 341, Entschl. d. Cass.=H. Bd. I. S. 445, B. II. S. 189.)

Art. 370.

Das zum Zwecke einer Bestechung gegebene Geschenk wird konfiszirt.

Ist dies nicht möglich, so soll der Empfänger, oder, wenn die Ablehnung oder Rückgabe erfolgt ist, der Geber zur Zahlung des Werthes an die Staatskasse verurtheilt werden.

Die zum Zwecke der Bestechung nur versprochenen Geschenke unterliegen der Confiscation nicht. (Plen.-Erk. d. O. G.-H. vom 27. April 1868, Z. für Gerichtspr. Bd. VII. S. 341, Entsch. d. Cass.-H. Bd. II. S. 189. Dagegen Erk. d. Cass.-H. v. 2. Nov. 1867, Z. f. Gerichtspr. Bd. VII. S. 135, Entsch. d. Cass.-H. Bd. I. S. 445.

Art. 371.

Mißbrauch des Amtes zur Fälschung oder Unterdrückung von Urkunden.

Wenn ein Beamter Urkunden, deren Aufnahme oder Abfassung ihm vermöge seines Dienstes obliegt, wissentlich unrichtig aufnimmt oder abfaßt, so soll vorbehaltlich der Art. 372—374 auf Gefängniß nicht unter sechs Monaten mit Verhängung der im Art. 28 bezeichneten Straffolgen und falls die Handlung in der Absicht, einem Andern Schaden zuzufügen, oder sich oder einem Dritten einen rechtswidrigen Vortheil zu verschaffen, in Bezug auf Urkunden verübt wurde, welche für den Beweis von Rechten oder Rechtsverhältnissen erheblich sind, auf Zuchthaus bis zu zwölf Jahren erkannt werden.

Die Strafbestimmungen des Abs. 1 finden auch dann Anwendung, wenn ein Beamter Urkunden, welche ihm vermöge seines Dienstes anvertraut oder zugänglich sind, verfälscht oder unbefugter Weise unterdrückt.

Art. 372.

Betrifft eine der im Art. 371 bezeichneten Handlungen eine von dem Könige oder Reichsverweser unterzeichnete Urkunde, so ist auf acht- bis zwanzigjähriges Zuchthaus zu erkennen.

Art. 373.

Ist eine der im Art. 371 bezeichneten Handlungen in einer Verbrechens- oder Vergehenssache mit der Absicht begangen worden, um dadurch auf die Urtheilsfällung einzuwirken, so wird der Thäter mit Zuchthaus bis zu zwölf Jahren bestraft.

Die Strafe kann bis zu zwanzig Jahren erhöht werden, wenn die Handlung zum Nachtheile des Beschuldigten vorgenommen und dieser zu Todes- oder mehr als achtjähriger Zuchthausstrafe verurtheilt wurde.

1) Die vorstehenden in Art. 371. Abs. 2 bezeichneten Handlungen stimmen mit den in Art. 176. 177. 183. 317. 318. 316. Ziff. 4. S. 340 behandelten völlig überein und unterscheiden sich von denselben nur dadurch, daß der Thäter Beamter sein und die Gelegenheit zur That durch sein Amt erhalten muß. Beziehen sich die Urkunden nur auf seine Privatverhältnisse, so liegen jene Delikte vor. Zwischen öffentlichen und Privaturkunden ist nicht unterschieden. (Prot. d. G.-A. K. d. Abg. 1856/57 Bd. II. S. 180, Stenglein Bd. II. S. 554. 55, Weis Bd. II. S. 285.)

2) Diese Handlungen erfordern zunächst nur einfachen Vorsatz; liegt vermöge der obwaltenden Absicht noch ein anderes Delikt vor, wie Staats- oder Hochverrath, oder Betrug u. s. w., so liegt ideele Concurrenz vor und ist die schwerste Strafe anzuwenden. (Prot. d. G.-A. d. K. d. Abg. 1856/57 Bd. II. S. 180, Stenglein Bd. II. S. 554. 555, Weis Bd. II. S. 285.)

3) Verschieden von den bezeichneten Privatdelikten ist die wissentlich unwahre Aufnahme oder Abfassung von Urkunden durch Beamte, welche hiedurch dem Unwahren den öffentlichen Glauben verschaffen. Dies erstreckt sich nicht auf Unwahrheiten in Anwaltschriften. Wohl können aber Protokollführer das Reat begehen. (Vortr. im G.-A. der K. d. Abg. 1856/57. S. 445, Prot. Bd. II. S. 180, 1860/61. S. 82, Stenglein Bd. II. 555, Weis II. S. 285. 286.)

4) Eine specielle Berechtigung des Beamten zur Aufnahme der Schrift ist nicht erforderlich, wohl aber, daß die Errichtung von Urkunden der fraglichen Art im Allgemeinen zum Wirkungskreise des Beamten gehört. (Stenglein Bd. II. S. 555. 556.)

5) Die That ist mit Fertigung der Urkunde vollendet und ist, auch wenn

betrügliche Absicht obwaltet und hiedurch der höhere Strafgrad des Art. 371 Platz greift, der Eintritt eines Schadens nicht erforderlich. (Vortr. im G.-A. d. K. d. Abg. 1856/57 S. 445, Prot. Bd. II. S. 180, Stenglein Bd. II. S. 556.)

6) Die fälschliche Anfertigung von Lohnzetteln für Waldarbeiten und Schlagregistern durch einen Oberförster ist nach Art. 371 strafbar. (Erk. d. Cass.-H. vom 10. Oktober 1862, Z. f. Gerichtspr. Bd. II. S. 101, Z. f. G. u. R. Bd. IX. S. 507, Weis Bd. II. S. 285.)

7) Die That liegt nicht vor, wenn ein Gemeindebeamter mit Vorwissen der Gemeinde Rechnungsposten in der Gemeinderechnung mittels unrichtiger Quittungen belegt, ohne Absicht sich einen Vortheil zu verschaffen oder Anderen einen Nachtheil zuzufügen. (Erk. d. Cass.-H. v. 3. Dezember 1864, Z. f. Gerichtspr. Bd. IV. S. 101, Z. f. G. u. R. Bd. XI. S. 474, s. auch Erk. d. Cass.-H. v. 4. August 1866, Z. f. Gerichtspr. Bd. VI. S. 33.)

8) Ein Gefängnißwärter, welcher fälschlich beurkundet, daß eine Person eine gegen sie zu vollziehende Freiheitsstrafe erstanden habe, ist nach Art. 371 strafbar. (Erk. d. Cass.-H. vom 8. April 1865, Z. f. Gerichtspr. Bd. IV. S. 230, Z. f. G. u. R. Bd. XII. S. 141.)

9) Die Anführung in einer Ladungsurkunde, daß der Gerichtsdiener eine Zustellung an die Person, der sie zu machen war, selbst gemacht habe, obgleich dies nicht der Fall war, ist nach Art. 371, nicht nach Art. 374 strafbar. (Erk. d. Cass.-H. vom 17. November 1865, 31. Januar 1867 u. 30. März 1869, Z. f. Gerichtspr. Bd. V. S. 87, Bd. VI. 229, Bd. VIII. 251, Z. f. G. u. R. Bd. XII. S. 544, Entsch. d. Cass.-H. Bd. I. S. 34, Bd. III. S. 119, s. auch Z. f. Gerichtspr. Bd. VIII. S. 238.) Die Strafbarkeit nur nach Art. 374 nahm bei Zustellung in einer Civilsache an, ein Erk. d. Cass.-H. v. 17. Juli 1869, Z. f. Gerichtspr. Bd. VIII. S. 404. Entsch. d. Cass.-H. Bd. III. S. 262.)

10) Ein Notar, der in einem von ihm aufgenommenen Testamente nachträglich einen rechtlich erheblichen Beisatz unbefugt macht, wenn auch ohne weitere rechtswidrige Absicht und nur um den ohnehin gegebenen Sinn des Dokumentes noch bestimmter auszudrücken, ist nach Art. 371 strafbar. (Erk. d. Cass.-H. v. 16 Januar 1866, Z. f. Gerichtspr. Bd. V. S. 143, Z. f. G. u. R. Bd. XIII. S. 12.)

11) Die Anwendung des Art. 371 setzt voraus, daß die That mit der Absicht rechtswidriger Täuschung begangen wurde. (Erk. d. Cass.-H. vom 3. Febr. 1866 u. 18. Januar 1868, Z. f. Gerichtspr. Bd. V. S. 173, Bd. VII. S. 213, Z. f. G. u. R. Bd. XIII. S. 36, Entsch. d. Cass.-H. Bd. II. S. 38, dagegen s. Erk. d. A.-G. v. Oberfranken v. 22. Sept. 1868, Z. f. Gerichtspr. Bd. VIII. S. 284.)

12) Ein Beamter, welcher in eine Rechnung wissentlich unrichtige Posten aufnimmt, um eine Unterschlagung zu verdecken, ist nach Art. 371 strafbar, wenn auch die Rechnung formell richtig gestellt ist. (Erk. d. Cass.-H. v. 1. Juni 1866, Z. f. Gerichtspr. Bd. V. S. 354, Z. f. G. u. R. Bd. XIII. S. 340.)

13) Wegmacher, welche wissentlich unrichtige Ansätze in einer von ihnen angefertigten Wochenrechnung über Arbeiten auf Staatsstraßen machen, sind nicht nach Art. 371 strafbar. (Erk. d. Cass.-H. v. 26. Okt. 1866, Z. f. Gerichtspr. Bd. VI. S. 124, Z. f. G. u. R. Bd. XIII. S. 570.)

14) Ein verpflichteter Leichenbeschauer, welcher nur eine Leichenbeschau vornimmt, trotzdem aber in dem von ihm ausgestellten Todtenscheine eine doppelte Leichenbeschau unter falscher Zeitangabe bestätigt, ist nach Art. 371 strafbar. (Erk. d. Cass.-H. v. 15. März 1867, Z. f. Gerichtspr. Bd. VI. S. 263, Entsch. d. Cass.-H. Bd. I. S. 108.)

15) Ein Sachverständiger, welcher Anzeigen über vorgenommene Feuerbeschau unterschreibt, obgleich er nicht anwesend war, ist weder nach Art. 371 noch nach Art. 374 strafbar. (Erk. d. Cass.-H. v. 28. Sept. 1867, Z. f. Gerichtspr. Bd. VII. S. 70, Entsch. d. Cass.-H. Bd. I. S. 370.)

16) Die Vornahme falscher Einträge in ein amtliches Tagebuch durch den dasselbe führenden Tagschreiber, um die controllirende Behörde zu täuschen, ist

nach Art. 371, strafbar. (Erk. d. Cass.=H. vom 31. Jan. 1868, Z. f. Gerichtspr. Bd. VII. S. 218, Entsch. d. Cass.=H. Bd. II. S. 61.)

17) Die Beseitigung eines kaufmännischen Circulares durch einen Postboten ist als Unterdrückung von Urkunden nach Art. 371 strafbar. (Z. f. Gerichtspr. Bd. VII. S. 350.)

18) Ein Pfarrer, welcher in seiner Eigenschaft als Mitglied der Kirchenverwaltung einer von ihm auf den Namen derselben gefertigten Erklärung, um ihr den Anschein eines von der Kirchenverwaltung gefaßten Beschlußes zu geben, neben seiner eigenen die Unterschriften anderer Kirchenverwaltungsmitglieder fälschlich beisetzt, ist nach Art. 371 strafbar. (Erk. d. Cass.=H. vom 21. Febr. 1868. Entsch. d. Cass.=H. Bd. II. S. 97.)

19) Ein Notar, welcher eine Vollmacht auf einem von dem Vollmachtgeber im Voraus unterzeichneten Stempelbogen aufnimmt und in derselben den Vollmachtgeber als anwesend aufführt, ist nach Art. 371 nicht, nach Art. 374 strafbar. (Erk. d. Cass.=H. vom 17. Juli 1869, Z. f. Gerichtspr. Bd. VIII. S. 403, Entsch. d. Cass.=H. Bd. III. S. 259.)

20) Die Fälschung eines Wahlzettels für die Wahl eines Kirchenpflegers durch den die Wahl leitenden Pfarrer ist nach Art. 371 strafbar. (Erk. d. Cass.=H. v. 18. Nov. 1870, Z. f. Gerichtspr. Bd. X. S. 54. Entsch. d. Cass.=H. Bd. IV. S. 382.)

21) Der von den Geschwornen dem Wahrspruche gemachte Beisatz, die Fälschungen (Rasuren) seien nicht erheblich, bei Bejahung der sonstigen Frage nach Art. 371 ist, als eine Rechtsfrage betreffend, ohne Wirkung. (Erk. d. Cass.=H. v. 29. April 1865, Z. f. Gerichtspr. Bd. IV. S. 279, Z. f. G. u. R. Bd. XII. S. 170.)

Art. 374.

Ist in einer amtlichen Urkunde eine Orts= oder Zeitbestimmung falsch angegeben oder eine abwesende Person als anwesend aufgeführt, ohne daß im Uebrigen die Urkunde unrichtig abgefaßt oder aufgenommen wurde, so soll, wenn jene falsche Angabe für die Rechtswirksamkeit der Urkunde an sich nicht erheblich ist, auf Gefängniß bis zu sechs Monaten oder auf Geldstrafe bis zu fünfhundert Gulden erkannt werden, womit in schwereren Fällen der Verlust des Dienstes als Straffolge verbunden werden kann.

1) Die falsche Angabe in der Urkunde muß ohne Einfluß auf die Rechtswirksamkeit der Urkunden sein, muß aber nicht blos aus Versehen, sondern vorsätzlich bewirkt, also bestimmt sein, geringe Unregelmäßigkeiten oder Dienstwidrigkeiten, wie die Aufnahme von Protokollen an einem andern als dem angegebenen Orte, oder von anderen als den bezeichneten Beamten oder eine höhere Diätenberechnung zu verdecken. (Vortr. im G.=A. d. K. d. Abg. 1856/57. S. 446. Prot. Bd. II. S. 180. 1860/61, Vortr. S. 201. Prot. S. 83, K. d. R. R. Prot. 1860/61. Bd. I. S. 377, Stenglein Bd. II. S. 556. 557, Weis Bd. II. S. 286. 288.)

2) Ist die unrichtige Angabe gänzlich unerheblich auch für die etwa vom Beamten verfolgten Nebenzwecke, so findet keine Bestrafung statt. (Prot. d. G.=A. d. K. d. Abg. 1856/57 Bd. II. S. 179, Vortr. 1860/61 S. 201. Prot. S. 82. 246. 472, Vortr. K. d. R. R. S. 245. 246, Prot. Bd. I. S. 373. 374. Bd. II. S. 160, Stenglein Bd. II. S. 557.)

3) An sich kann eine ideele Concurrenz von Delikten gegen Art. 371—373 und dem des Art. 374 nicht angenommen werden. Ist die falsche Angabe von Bedeutung für die Rechtswirsamkeit der Urkunde, oder finden sich in derselben neben Fälschungen der im Art. 374 angegebenen Art noch andere vor, so ist Art. 371 anwendbar. (Weis Bd. II. S. 286. 287.)

4) Wenn ein Notar in einer Vergleichsurkunde wissentlich eine abwesende Person als anwesend aufführt, ist er nach Art. 374 strafbar, wenn auch in einer

Nachtragsurkunde der nun wirklich Erschienene den Vergleich genehmigt und der Notar weder eine rechtswidrige noch eine eigennützige Absicht hatte. (Erk. d. A.-G. v. Unterfranken. Zeitschr. f. Gerichtspr. Bd. IV. S. 316.)

5) Wenn ein Notar im Vertrauen auf die Zusage eines Käufers, welcher ihm in seinem Amtszimmer von einem privatim abgeschlossenen Kaufvertrag Anzeige macht, um dessen Verlautbarung nachsucht und seine Zustimmung zu der vom Notare vorgängig zu erholenden Hinterlegungsurkunde des Verkäufers sofort erklärt, er werde an einem im Voraus bestimmten Tage zur Unterzeichnung der Genehmigungsurkunde im Amtszimmer des Notars wieder erscheinen, diese Urkunde am bezeichneten Tage fertigt, sie aber, weil der Käufer nicht erscheint, von diesem am darauf folgenden Tage ohne Aenderung des Datums, Orts und der Präsenz außerhalb seines Sprengels unterzeichnen läßt, ist nach Art. 374 strafbar. (Z. f. Gerichtspr. Bd. V. S. 211.)

6) Ein Gemeindevorsteher, welcher einen Aufenthaltsschein nachträglich unter falscher Datirung ausstellt, um die Unterlassung rechtzeitiger Ausstellung zu verdecken, nachdem er den Aufenthalt des Fremden rechtzeitig bewilligt hatte, ist nach Art. 374 strafbar. (Erk. d. Cass.-H. vom 17. Nov. 1866. Z. f. Gerichtspr. Bd. VI. S. 165.)

7) Die unwahre Anführung in einem gemeindlichen Protokolle, eine Person, die ein Ansässigmachungs- und Verehelichungsgesuch stellt, sei persönlich erschienen, ist nach Art. 374 nur dann strafbar, wenn sie in der Absicht rechtswidriger Täuschung geschah. (Erk. d. Cass.-H. vom 18. Januar 1868, Z. f. Gerichtspr. Bd. VIII. S. 214, Entsch. d. Cass.-H. Bd. II. S. 38. S. auch Note 9. 14. 15. u. 19. zu Art. 371—373.) S. 462. 463.

Art. 375.

Mißbrauch der Amtsgewalt zur Nöthigung, Bedrückung oder Erpressung.

Beamte, welche ihre Amtsgewalt mißbrauchen oder mit dem Gebrauche derselben drohen, um Jemanden zu einer Handlung, Duldung oder Unterlassung widerrechtlich zu nöthigen, sollen mit Gefängniß bis zu zwei Jahren bestraft werden, womit nach Umständen der Verlust des Dienstes als Straffolge verbunden werden kann.

Ist die Handlung auf Erlangung eines rechtswidrigen Vortheils gerichtet, so ist auf Gefängniß nicht unter einem Jahre zu erkennen mit Verhängung der im Art. 28 bezeichneten Straffolgen.

1) Die That des Abs. 1 stimmt vollständig mit jenen der Art. 304. 305, die des Abs. 2 mit jener des Art. 303 überein und unterscheidet sich von denselben nur dadurch, daß lediglich ein Beamter Thäter sein kann und daß derselbe die Mittel zur Verübung der That der Amtsgewalt entnimmt, ohne daß es hiebei auf eine Competenz zur Vornahme der Amtshandlung ankommt, vielmehr muß diese eine widerrechtliche sein. (Vortr. im G.-A. d. K. d. Abg. 1856/57. S. 446. Stenglein Bd. II. S. 558. 559, Weis Bd. II S. 289.)

2) Die Drohung kann auch darin bestehen, daß eine pflichtgemäße Amtshandlung unterlassen werde. (Stenglein Bd. II. S. 559.)

3) Von Antragstellung des Beschädigten ist die Verfolgung nicht bedingt [vgl. Art. 306]. (Stenglein Bd. II. S. 559.)

S. Note. 22 zu Art. 314. S. 419.

Art. 376.

Beamte, welche aus Eigennutz an Steuern, Taxen, Stempeln oder anderen Leistungen etwas erheben, was der Betheiligte überhaupt nicht oder nicht in dem eingehobenen Betrage schuldet, oder welche bei amtlichen Ausgaben an Geld oder anderen Sachen dem Empfänger widerrechtlich Abzüge machen, sind zu Gefängniß nicht unter drei Monaten zu verurtheilen, womit Geldstrafe bis zu tausend Gulden verbunden werden kann. Zugleich kann auf Verlust des Dienstes als Straffolge erkannt werden.

Uebersteigt der Gesammtbetrag dessen, was der Beamte auf die angegebene Weise widerrechtlich bezogen oder zurückbehalten hat, die Summe von fünfhundert Gulden, so ist auf Zuchthaus bis zu zwölf Jahren zu erkennen.

1) Der Beamte, welcher die That begeht, muß zur Erhebung der Steuer rc.

oder Besorgung amtlicher Ausgaben wenigstens generell kompetent sein. (Stenglein Bd. II. S. 559, Weis Bd. II. S. 289.)

2) Steuern, Taxen, Stempel. Nur die Erhebung von Staatsgefällen oder Gefällen von Gemeinden, öffentlichen Korporationen oder Stiftungen steht in Rede, nicht auch Excesse bei Erhebung von Notariats- anwaltschaftlichen und ähnlichen Taxen. (Vortr. im G.-A. d. K. d. Abg. 1856/57. S. 447, Stenglein Bd. II. S. 559, Weis Bd. II. S. 290.)

3) Die Handlung besteht in der Aneignung des zu viel erhobenen oder widerrechtlich vorenthaltenen Betrags unter Täuschung des Betheiligten über seine Schuldigkeit oder seine Pflicht, sich den Abzug gefallen zu lassen. Ohne diese Täuschung würde bei obwaltender Nöthigung die That unter Art. 375 fallen. Verrechnung des Betrags schließt die Strafbarkeit aus, ist aber unter Umständen disciplinär strafbar. (Stenglein Bd. II. S. 560, Weis Bd. II. S. 289.)

4) Zuvielerhebung oder zu geringe Verausgabung aus falschem Diensteifer oder aus Unordnung fällt selbst dann nicht unter Art. 376, wenn der Beamte den Betrag nachträglich für sich behält. Doch kann hierin Unterschlagung liegen. (Prot. d. G.-A. d. K. d. Abg. 1856/57. S. 182, Stenglein Bd. II. S. 560, Weis Bd. II. S. 290.)

5) Das Delikt ist mit der in eigennütziger Absicht geschehenen Erhebung oder Vorenthaltung vollendet und sind die auch von verschiedenen Pflichtigen erhobenen oder vorenthaltenen Beträge zusammenzurechnen. (Stenglein Bd. II S. 560, Weis Bd. II. S. 290.)

S. Note 11 zu Art. 366. S. 459.

Art. 377.

Mißbrauch des Amtes zur Parteilichkeit.

Beamte, welche in der Ausübung ihrer Berufspflichten sich zur Begünstigung oder Benachtheiligung einer Partei wissentlich einer Ungerechtigkeit schuldig machen, sollen mit Gefängniß nicht unter sechs Monaten bestraft werden, womit der Verlust des Dienstes verbunden werden kann.

Die Bestimmung bezieht sich sowohl auf Justiz als Administrativangelegenheiten, mögen diese nun zur Zuständigkeit der Behörden des Staates, von Gemeinden, öffentlichen Korporationen oder Stiftungen gehören. Die That kann nur vorsätzlich mit dem Bewußtsein der Ungerechtigkeit begangen werden und ist mit dem Erlaß der ungerechten Entscheidung vollendet. Auf das Motiv kommt nichts an, jedoch ist vorausgesetzt, daß die That nicht Folge einer Bestechung war. (Vortr. im G.-A. d. K. d. Abg. 1856/57. S. 447, Prot. Bd. II. S. 182, Stenglein Bd. II. S. 560. 561, Weis Bd. II. S. 290. 291.)

Art. 378

Mißbrauch der Straf- und Polizeigewalt.

Beamte, welche wissentlich eine widerrechtliche Verhaftung oder vorläufige Ergreifung und Festnahme verfügen oder die Dauer einer Haft widerrechtlich verlängern, desgleichen Vorsteher und Aufseher von Gefängnissen, Strafhäusern und polizeilichen Verwahrungsanstalten, welche die Entlassung eines Gefangenen widerrechtlich verzögern, sollen, wenn die widerrechtliche Haft nicht über zehn Tage gedauert hat, mit Gefängniß bestraft werden, womit der Verlust des Dienstes als Straffolge verbunden werden kann.

Hat die widerrechtliche Haft über zehn Tage gedauert oder den Tod oder einen bleibenden Nachtheil an Körper oder Gesundheit des Gefangenen zur Folge gehabt oder denselben in eine mehr als sechzig Tage dauernde Krankheit oder (gänzliche oder theilweise) Arbeitsunfähigkeit versetzt, so ist auf Zuchthaus bis zu zwanzig Jahren zu erkennen.

1) Beamte. Thäter können nicht nur Beamte aller Kategorien sein, welche kraft ihres Amtes zum Einschreiten gegen Personen befugt sind, also Richter, Staatsanwälte, Polizeibeamte, Beamte von Gefängnissen und Strafanstalten, sondern auch öffentliche Diener dieser Dienstzweige, wie Aufseher, Gerichts- und Polizeidiener, Gendarmen. (Prot. d. G.-A. d. K. d. Abg. 1856/57. Bd. II. S. 189. 190, Stenglein Bd. II. S. 563. 564, Weis Bd. II. S. 294.)

2) wissentlich. Es handelt sich nicht um Ueberschreitung amtlicher Befugnisse und unbegründete Einschreitungen aus übertriebenem Amtseifer, Verkennen gesetzlicher Vorschriften, falscher Auffassung thatsächlicher, gesetzlich geforderter Vorbedingungen, oder vollends um Verhaftungen zum Schutze des Verhafteten, wie solche bei Aufläufen zuweilen vorkommen, sondern um bewußte, vorsätzliche Verletzung gesetzlicher Bestimmungen unter Mißbrauch amtlicher Befugnisse. (Prot. d. G.-A. d. K. d. Abg. 1860/61. S. 83, Stenglein Bd. II. S. 564. 565, Weis Bd. II. 293. 294.)

3) eine widerrechtliche Verhaftung jedoch nicht zum Strafvollzuge, da dieß unter Art. 381 fällt. (Prot. d. G.-A. d. K. d. Abg. 1860/61. S. 95, Weis Bd. II. S. 294.)

4) „oder vorläufige Ergreifung und Festnahme." Jede Art von Freiheitsentziehung fällt unter Art. 378, nicht bloß die formelle Verhaftung auf Grund eines Haftbefehles. (Vortr. im G.-A. d. K. d. Abg. 1856/57. S. 448. Prot. Bd. II. S. 183, Stenglein Bd. II. S. 565, Weis Bd. II. S. 294.)

5) „verfügen" d. h. die Haft bewirken, indem nur der verfügende nicht der vollziehende Beamte als Thäter erscheint. Eine nicht vollzogene oder rechtzeitig zurückgenommene Verfügung ist strafloser Versuch. (Stenglein Bd. II. S. 564. 565, Weis Bd. II. S. 294.)

6) Zu Absatz 2 vgl. Note 21—34 zu Art. 234. S. 333 fg.

Art. 379.

Beamte, welche wissentlich gegen einen Unschuldigen die Einleitung oder Fortsetzung einer Untersuchung verhängen oder veranlassen, sollen mit Gefängniß von drei Monaten bis zu zwei Jahren, womit der Verlust des Dienstes zu verbinden ist, bestraft werden.

Wurde die Untersuchung wegen Verbrechens eingeleitet, so ist auf Gefängniß nicht unter sechs Monaten nebst Verhängung der im Art. 28 bezeichneten Straffolgen zu erkennen.

1) „Beamte" s. Note 1 zu Art. 378.
„wissentlich" s. Note 2 daselbst.
„gegen einen Unschuldigen."
Als Unschuldiger gilt nicht nur der völlig Unschuldige, sondern auch der im mindern Grade Schuldige gegen den eine schwerere Prozedur verhängt wird. (Stenglein Bd. II. S. 565.)

2) „Untersuchung." Hierunter ist jede Prozedur, auch die wegen Uebertretungen oder im Disciplinarverfahren zu verstehen. (Vortr. im G.-A. d. K. d. Abg. 1856/57. S. 448. 449, Prot. Bd. II. S. 184, 1860/61 S. 95, Stenglein Bd. II. S. 564. 565, Weis Bd. II. S. 294.)

3) „verhängen oder veranlassen." Auch die mittelbare Veranlassung durch Anzeige, Antragstellung u. dgl. fällt unter Art. 379, (Stenglein Bd. II. S. 565, Weis Bd. 295.)

Art. 380.

Beamte, welche in einer Strafsache einen Beschuldigten oder Zeugen thätlich mißhandeln oder, um Geständnisse oder Aussagen zu erpressen, unerlaubte Zwangsmittel anwenden, sollen mit Gefängniß bis zu sechs Monaten oder an Geld bis zu zweihundert Gulden bestraft werden, womit der Verlust des Dienstes als Straffolge verbunden werden kann.

Ist durch die Handlung an sich eine höhere Strafe verwirkt, so ist mit dieser, soferne sie eine Vergehensstrafe ist, der Verlust des Dienstes als Straffolge auszusprechen.

Wurde auf solche Weise absichtlich ein unwahres Geständniß oder eine unwahre Zeugenaussage erpreßt, so soll, wenn dies in einer Disciplinar-, Polizei- oder Uebertretungssache geschehen ist, auf Gefängniß nicht unter sechs Monaten, womit der Verlust des Dienstes als Straffolge zu verbinden ist, — wenn es in einer Vergehens- oder Verbrechenssache geschehen ist, auf Zuchthaus bis zu zwölf Jahren erkannt werden. Letztere Strafe kann bis zu zwanzig Jahren erhöht werden, wenn die Handlung zum Nachtheile des Beschuldigten vorgenommen, und derselbe zum Tode oder zu einer mehr als achtjährigen Zuchthausstrafe verurtheilt wurde.

1) „Beamte“ s. Note 1 zu Art. 378.
„Strafsache“ s. Note 2 zu Art. 379.
„mißhandeln.“ Jede auch die geringste Mißhandlung ist strafbar, und zwar sowohl an sich ohne Rücksicht auf ihre Ursache und ihren Zweck, als auch, wenn sie als Zwangsmittel zur Erpressung von Geständnissen rc. angewendet wird. (Stenglein Bd. II. S. 566, Weis II. S. 295.)

2) „Geständnisse oder Aussagen.“ Als Geständniß gilt nicht nur die direkte Einräumung einer Schuld, sondern auch das Zugeben eines gravirenden Umstands. Die Aussage kann sowohl zum Vortheil als zum Nachtheile des Beschuldigten zu erpressen gesucht werden. (Prot. d. G.=A. d. K. d. Abg. 1856/57 Bd. II. S. 185, Stenglein Bd. II. S. 566, Weis Bd. II. S. 295.)

3) „Zwangsmittel“. Dies können auch physische Einwirkungen sein. (Stenglein Bd. II. S. 566.)

4) Die Strafen des Abs. 1 und 2 treten ein, wenn die Mißhandlung verübt oder ein Zwangsmittel angewendet wurde, gleichviel ob ein Geständniß oder eine Aussage erpreßt oder sonst ein nachtheiliger Erfolg eingetreten ist. Zur Anwendung des Abs. 3 bedarf es in der ersten Alternative keines Erfolges der erpreßten Aussage, zur zweiten Alternative nicht des Nachweises eines Causalzusammenhangs zwischen der Aussage und der eingetretenen Verurtheilung. (Prot. d. G.=A. d. K. d. Abg. 1856/57 Bd. II. S. 185, Stenglein Bd. II. S. 566, Weis Bd. II. S. 295.)

Art. 381.

Hat ein Beamter wissentlich eine nicht rechtskräftig zuerkannte Strafe vollstrecken lassen, so soll er bestraft werden:

1) **mit Todesstrafe, wenn eine Todesstrafe vollstreckt wurde;**
2) **mit Zuchthaus bis zu zwanzig Jahren, wenn eine Zuchthausstrafe vollstreckt wurde;**
3) **mit Gefängniß, womit der Verlust des Dienstes als Straffolge verbunden werden kann, wenn eine Gefängnißstrafe vollzogen wurde;**
4) **mit Gefängniß bis zu sechs Monaten, womit der Verlust des Dienstes als Straffolge verbunden werden kann, wenn eine andere Strafe vollstreckt wurde.**

In den Fällen der Ziffer 3 und 4 ist auf Zuchthaus bis zu zwanzig Jahren zu erkennen, wenn die widerrechtliche Strafhaft über zehn Tage gedauert oder den Tod oder einen bleibenden Nachtheil an Körper oder Gesundheit des Gefangenen zur Folge gehabt oder denselben in eine mehr als sechzig Tage dauernde Krankheit oder (gänzliche oder theilweise) Arbeitsunfähigkeit versetzt hat.

1) „Ein Beamter“ s. Note 1 zu Art. 378.
„wissentlich“ s. Note 2 daselbst.
„eine nicht rechtskräftig zuerkannte Strafe“ s. Note 2 zu Art. 379.

Es muß eine Strafe erkannt sein, ob aber die Frist zur Ergreifung eines Rechtsmittels noch läuft, oder ob ein solches ergriffen und noch nicht beschieden ist, begründet keinen Unterschied. (Prot. d. G.=A. d. K. d. Abg. 1856/57, Bd. II S. 187, Stenglein Bd. II. S. 566.)

2) Freiheitsberaubung unter Vorspiegelung einer nicht erkannten Strafe fällt unter Art. 255, oder, wenn sie durch Mißbrauch amtlicher Zwangsmittel erfolgt, unter Art. 378. (Stenglein II. S. 566.)
Vgl. auch Note 3 zu Art. 378.

3) „Zu Ziff. 4.“ Hierunter fällt vor Allem der Vollzug nicht rechtskräftiger Polizei= oder Disciplinarstrafen. (Prot. d. G.=A. d. K. d. Abg. 1856/57. Bd. II. S. 187, Stenglein Bd. II. S. 566, Weis Bd. II. S. 295.)

Art. 382.

Mit Gefängniß nicht unter sechs Monaten, womit der Verlust des Dienstes verbunden werden kann, sind Beamte zu bestrafen, welche wissentlich die ihnen obliegende Einleitung oder Fortführung einer Strafverfolgung unterlassen, Beweismittel der Schuld nicht erheben, rechtskräftig erkannte Strafen nicht vollstrecken lassen oder sonst

einer Person, um sie der verdienten Strafe zu entziehen, auf irgend eine Weise Vorschub leisten.

Gleiche Strafe tritt dann ein, wenn wissentlich erhebliche Entlastungs-Beweismittel nicht erhoben werden.

1) „wissentlich" s. Note 2 zu Art. 378.

„Strafverfolgung" s. Note 2 zu Art. 379.

„Vorschubleisten." Hiebei ist nicht an Begünstigungshandlungen sondern an Einwirkungen auf die Untersuchungsführung, Mittheilungen oder Rathschläge u. A. dgl. zu denken. Die gleichen Handlungen zu Gunsten nicht Schuldiger sind disciplinär strafbar. (Stenglein Bd. II. S. 567.)

2) Ein Gefängnißwärter, welcher Personen, an denen er eine Freiheitsstrafe vollziehen soll, gar nicht in Arrest nimmt oder vor der Zeit entläßt und Anzeige des richtigen Vollzugs erstattet, kann nicht wegen Gefangenenbefreiung, sondern nur nach Art. 382 bestraft werden. (Erk. d. Cass.-H. vom 29. Dez. 1866, Z. f. G. u. R. B. XIII. S. 644, Z. f. Gerichtspr. Bd. VI. S. 193.)

Art. 383.

Beamte, welche ihre Amtsgewalt mißbrauchen, um widerrechtlich in eine Wohnung einzudringen, sollen mit Gefängniß bis zu zwei Monaten oder an Geld bis zu zweihundert Gulden bestraft werden.

1) „Beamte" s. Note 1 zu Art. 378.

„widerrechtlich" d. h. unbefugt, zu verbotenen Zeiten oder mit Hintansetzung gesetzlich gebotener Förmlichkeiten. (Vortr. im G.-A. d. K. d. Abg. 1856/57. S. 450. Stenglein Bd. II. S. 567, Weis Bd. II. S. 296.)

2) „in eine Wohnung einzudringen." Dies kann keine Ausdehnung auf Eindringen in einzelne Räumlichkeiten oder auf verweigertes Verlassen einer Wohnung, oder auf Vornahme einer unberechtigten Haussuchung ohne Weigerung des Betroffenen finden. (Stenglein Bd. II. S. 567.)

Vgl. Note 19—22 zu Art. 156. S. 237. Die vom Cass.-H. seitdem für Hausfriedensstörung aufgestellte Definition von Eindringen geht etwas weiter als die Ansichten von Stenglein Bd. II. 567 und Weis Bd. II. S. 295, welche die Verweigerung des Eintritts und Erzwingen desselben durch irgend ein Gewaltmittel, oder Beseitigung von Hindernissen voraussetzen.

Art. 384.

Beamte, welche ihre Amtsgewalt zur Mißhandlung eines Gefangenen mißbrauchen, sollen mit Gefängniß bis zu sechs Monaten oder an Geld bis zu zweihundert Gulden bestraft werden, womit der Verlust des Dienstes als Straffolge verbunden werden kann.

Ist durch die Handlung an sich eine höhere Strafe verwirkt, so ist mit dieser, soferne sie eine Vergehensstrafe ist, der Verlust des Dienstes als Straffolge auszusprechen.

1) „Beamte" s. Note. 1. zu Art. 378.

„eines Gefangenen". Untersuchung und Strafhaft ist nicht unterschieden, jedoch genügt nicht die blose Vorführung eines verhafteten Beschuldigten vor einen Beamen. (Art. 380.) (Stenglein Bd. II. S. 567, Weis Bd. II. S. 296.

2) Auch der bereits aus der Keuche entlassene, aber noch innerhalb des Gefängnißlokales befindliche Gefangene ist noch Gefangener. (Erk. d. A.-G. v. Oberfranken v. 11. März 1870, Z. f. Gerichtspr. Bd. IX. S. 349.)

3) Nach dem Grade der Mißhandlung ist nur insoferne unterschieden, als die Strafe der Körperverletzung konkuriren kann. Auch Unzucht mit einer weiblichen Gefangenen ist Mißhandlung, selbst wenn dieselbe nicht widerstrebt. (Stenglein Bd. II. S. 568, Weis Bd. II. S. 296.)

Art. 385.

Verkürzung öffentlicher Gefälle.

Beamte, welche für den Staat, Gemeinden, Stiftungen oder sonstig öffentliche Anstalten Abgaben, Gefälle oder andere Einnahmen festzusetzen

zu erheben oder zu verwalten haben und hiebei Leistungen der Pflichtigen außer Ansatz lassen oder in zu geringem Betrage ansetzen oder erheben, sollen mit Gefängniß bis zu zwei Jahren oder an Geld bis zu dreihundert Gulden bestraft werden, womit der Verlust des Dienstes als Straffolge verbunden werden kann.

1) „Beamte." Dies können nur Finanzbeamte sein, jedoch auch solche, welche die richtige Festsetzung zu controlliren haben. (Stenglein Bd. II. S. 568.) Weis Bd. II. S. 296. 297 sagt, nicht blos Finanz- sondern auch andere Beamte könnten die That begehen, welche Gefälle festzusetzen, zu erheben oder zu verwalten haben. Dies sind aber eben Finanzbeamte.

2) „ausser Ansatz lassen u. s. w." Hier ist nur die Begünstigung der Pflichtigen getroffen, die Bedrückung fällt unter Art. 376. Die That muß aber wissentlich und ohne eigennützige Absicht geschehen, und ist vollendet mit der dienstlichen Handlung, selbst wenn ihr Erfolg vereitelt wird. (Vortr. im G.-A. d. K. d. Abg. 1856/57. S. 451. 1860/61. S. 292, Stenglein Bd. II. S. 568, Weis Bd. II. S. 296.)

Art. 386.

Amtsuntreue.

Ein Beamter, welcher Gelder oder geldwerthe Sachen, die ihm vermöge seines Dienstverhältnisses anvertraut oder zugänglich sind, unterschlägt oder entwendet, soll wegen Amtsuntreue unter Verhängung der im Art. 28 bezeichneten Straffolgen mit Gefängniß nicht unter sechs Monaten bestraft werden.

Auf Zuchthaus bis zu sechzehn Jahren ist zu erkennen:

1) wenn der Gesammtbetrag des Veruntreuten die Summe von fünfhundert Gulden übersteigt, oder

2) wenn der Thäter, um die Veruntreuungen zu verbergen, Rechnungen, Bücher, Register oder andere Aktenstücke unrichtig oder unvollständig geführt, verfälscht oder unterdrückt, unrichtige Abschlüsse oder Auszüge daraus oder unrichtige Belege zu denselben vorgelegt oder sonst auf irgend eine Weise einer Fälschung oder betrüglichen Vorspiegelung sich schuldig gemacht hat.

Auf Zuchthaus bis zu zwanzig Jahren kann erkannt werden, wenn die unter Ziff. 1 und 2 aufgeführten Umstände in einem Falle zusammentreffen.

Wird in den Fällen der Abs. 2 und 3 unter Anwendung des Art. 74 auf Gefängnißstrafe erkannt, so sind damit die in Art. 28 bezeichneten Straffolgen zu verbinden.

1) „Gelder oder geldwerthe Sachen." Nur an solchen, nicht auch an andern, dem gemeinen Verkehre nicht unterliegenden Sachen, wie Akten, kann Amtsuntreue begangen werden. Ebensowenig ist es Amtsuntreue, wenn der Beamte sich anderweit durch sein Dienstverhältniß Vortheile verschafft, wie durch Verwendung von Arbeitern, welche bei öffentlichen Arbeiten beschäftigt sind, zu Privatzwecken. Schuldurkunden sind geldwerthe Sachen. Zweifelhaft ist es bei Werthzeichen für bestimmte Verhältnisse, z. B. Eisenbahnfahrkarten. (Stenglein Bd. II. S. 370. 371.)

2) „die ihm vermöge seines Dienstverhältnisses anvertraut oder zugänglich sind." Die veruntreute Sache muß in amtlichem Gewahrsame sein, nicht in dem von Privatpersonen, und liegt Amtsuntreue nicht vor, sondern gemeiner Diebstahl oder Unterschlagung, wenn auch ein Beamter vermöge seines Amtes Gelegenheit zur Aneignung solcher im Privatgewahrsame befindlichen Sachen erhält, oder sie ihm durch ein Dienstverhältniß zugänglich sind. (Stenglein Bd. II. S. 570, Weis Bd. II. S. 298.)

3) An amtlich verwahrten Sachen wird Amtsuntreue begangen, wenn auch der Beamte gegen die Geschäftsinstruktion oder gegen die Disciplinarvorschriften zu deren Besitz gelangt oder Zugang zu denselben erhält, nicht aber wenn ein Privater dem Beamten persönlich etwas anvertraut hat, wenn auch mit Rücksicht auf sein Dienstverhältniß. (Stenglein Bd. II. S. 570, Weis Bd. II. S. 298.)

4) Ob die Sache Eigenthum des Staates oder Privateigenthum ist, welches in Verwahrung einer Behörde sich befindet, begründet keinen Unterschied. (Stenglein Bd. II. S. 570. 571.)

5) Unter solchen Voraussetzungen wurde Amtsuntreue angenommen bei Veruntreuungen von Postacessisten, Gerichtsdienersgehülfen, Privatgehülfen von Post- und Eisenbahn-Expeditoren; nicht aber von Waldaufsehern, welchen nur die Bewachung des Waldes übertragen ist. (Stenglein Bd. II. S. 569. 570, Z. f. Gerichtspr. Bd. I. S. 20, Bd. II. S. 401.)

6) Amtsuntreue liegt nicht vor bei Notaren, wenn ihnen ein Capital zur Anlage anvertraut wurde; oder bei Entwendungen gelegentlich einer Inventarisation oder einer Haussuchung. (Weis Bd. II. S. 298.)

7) Ein Rentamtsbeibote, der nur mit der Mahnung von Schuldnern beauftragt ist und die ihm sofort eingehändigten Gelder unterschlägt, begeht keine Amtsuntreue. (Erk. d. A.-G. der Oberpfalz vom 19. Oktober 1861, des A.-G. v. Niederbayern vom 7. Januar 1863, d. A.-G. v. Oberbayern v. 21. Sept. 1867, Z. f. Gerichtspr. Bd. I. S. 58. Bd. II. S. 135. Bd. VII. S. 220, Z. f. G. u. R. Bd. X. S. 182, Weis Bd. II S. 298.) Ebensowenig in gleicher Lage ein Landpostbote. (Erk. d. Cass.-H. vom 15. April 1862, Z. f. Gerichtspr. Bd. I. S. 129, Z. f. G. u. R. Bd. IX. S. 171), oder ein Tagschreiber bei Unterschlagung von Taxen, die er gelegentlich seiner Dienstverrichtungen von Pflichtigen erhalten hatte. (Erk. d. Cass.-H. vom 17. Febr. 1868, Z. f. Gerichtspr. Bd. VII. S. 260, Entsch. d. Cass.-H. Bd. II. S. 77.)

8) Die Aneignung eines in Folge eines Dienstverhältnisses anvertraut erhaltenen Geldbetrages ist Amtsuntreue, auch wenn das Anvertrauen instruktionswidrig war, wie bei Wegmachern, denen Geld zur Auszahlung der Straßenarbeiter anvertraut wird. (Erk. d. Cass.-H. vom 15. April 1864, Z. f. Gerichtspr. Bd. III. S. 173, Z. f. G. u. R. Bd. XI. S. 103, s. auch Z. für Gerichtspr. Bd. IV. S. 207.)

9) Amtsuntreue liegt vor, wenn ein Kassenbeamter Gelder sich aneignet, die er zuvor Behufs Deckung von Defekten, jedoch mit der Absicht der Wiederansichnahme nach beendeter Kassarevision eingelegt hatte. (Z. f. Gerichtspr. Bd. VI. S. 333.)

10) Der Privatgehilfe eines Postexpeditors begeht durch Unterschlagung ihm dienstlich anvertrauter oder zugänglicher Gelder Amtsuntreue, auch wenn er ohne neue Verpflichtung jedoch ohne Unterbrechung successive bei verschiedenen Stellen verwendet war. (Erk. d. Cass.-H. vom 30. Nov. 1868, Z. f. Gerichtspr. Bd. VIII. S. 131, Entsch. d. Cass.-H. Bd. II. S. 473.)

11) Ein Executor, welcher seinem amtlichen Auftrage gemäß Gelder von Pflichtigen erhoben, jedoch durch Anzeige der Zahlungsunfähigkeit derselben sich angeeignet hatte, begeht Amtsuntreue, auch wenn er das erhobene Geld den Pflichtigen später zurückgibt. (Z. f. Gerichtspr. Bd. VIII. S. 428.)

12) Ein Bürgermeister, welcher Gelder, die ihm in seiner dienstlichen Eigenschaft zur Anlage bei magistratischen Kassen anvertraut waren, sich aneignet, begeht Amtsuntreue. (Erk. d. Cass.-H. v. 19. Febr. 1870, Z. f. Gerichtspr. Bd. IX. S. 213, Entsch. d. Cass.-H. Bd. IV. S. 67.)

13) Ein Bezirksamtsschreiber, welcher bei einem Landgerichte älterer Formation verpflichtet worden war, und mit Wissen und Willen des Bezirksamtmannes Brandassekuranzgelder vereinnahmt und sich aneignet, begeht Amtsuntreue. (Erk. d. Cass.-H. v. 15. November 1870, Z. f. Gerichtspr. Bd. X. S. 51, Entsch. d. Cass.-H. Bd. IV. S. 378.)

14) Ein bei einem Magistrate angestellter Rathsdiener begeht durch Veruntreuung von Geldern, die ihm vermöge seines Dienstes in Händen kamen, Amtsuntreue ohne Rücksicht auf seine Verpflichtung. (Erk. d. Cass.-H. vom 21. Januar 1865, Z. f. Gerichtspr, Bd. IV. S. 139. Z. f. G. u. R. Bd. XII. S. 21.) Dagegen forderte der O. G.-H. durch Erkenntniß v. 19. Nov. 1864 bei der Anklage gegen einen Tagschreiber bei einem Landgerichte die Feststellung vorausgegangener Verpflichtung. (Z. f. G. u. R. Bd. XI. S. 459, Z. f. Gerichtspr. Bd. IV. S. 85.)

15) Ob der Thäter Beamter sei und in amtlicher Eigenschaft gehandelt habe, gehört zur Rechtsfrage und ist ein Ausspruch der Geschwornen hierüber unwirksam.

(Erk. d. Cass.-H. v. 27. Febr. 1863, Z. f. Gerichtspr. Bd. II. S. 172, Z. f. G. u. R. Bd. X. S. 178.)

16) „unterschlägt oder entwendet." Die Handlung ist die des Diebstahls oder der Unterschlagung, je nachdem der Thäter den amtlichen Gewahrsam der Sache hatte, oder nicht und finden alle Grundsätze über diese beiden Reate auch auf Amtsuntreue Anwendung. (Vortr. im G.-A. d. K. d. Abg. 1856/57. S. 451. 452, Prot. Bd. II. S. 190, Stenglein Bd. II S. 571, Weis Bd. II. S. 297.)

17) Im Gebrauche amtlich verwahrter Sachen liegt nie Amtsuntreue, wohl aber in jeder Verwendung solcher zum eigenen Nutzen, wenn auch nur durch Ausleihen, in jedem Herausnehmen von Geld zum eigenem Gebrauche aus einer öffentlichen Casse ohne sofortige Substitution der gleichen Summe. (Stenglein Bd. II. S. 571.)

18) Auch in der Selbsthülfe an amtlichen Geldern liegt Amtsuntreue, wenn die Selbstbefriedigung nicht ordnungsgemäß ist und etwa nur formelle Anstände noch entgegenstehen. (Stenglein Bd. II. S. 571.)

19) „Zu Ziffer 2". Die Fälschung oder Unterdrückung aller auf die Rechnung sich beziehenden Schriftstücke fällt unter diese Ziffer, jedoch ist dieselbe nur Vorbereitungshandlung, so lange die Aneignung noch nicht erfolgt ist. Ueber Fälschung und Unterdrückung gelten die bei Art. 176, 316, Ziff. 4, 317, 318, 183 erörterten Grundsätze. (Stenglein Bd. II. S. 572.)

Art. 387.

Verletzung des Postgeheimnisses.

Gegen Postbeamte, welche unbefugt die der Post anvertrauten Briefe oder Pakete öffnen oder dem zu deren Empfangnahme Berechtigten vorenthalten oder entziehen, soll auf Gefängniß bis zu einem Jahre erkannt und hiemit der Verlust des Dienstes als Straffolge verbunden werden.

Wurde durch die Handlung Jemand benachtheiligt, so ist auf Gefängniß nicht unter drei Monaten mit Verhängung der vorbezeichneten Straffolge zu erkennen.

Gleicher Strafe unterliegen Telegraphenbeamte, welche die der Telegraphen-Anstalt zur Beförderung anvertrauten Depeschen den Berechtigten vorenthalten, entziehen oder dieselben widerrechtlich einem Andern mittheilen.

1) „Postbeamte." Es kommt nicht darauf an, ob die Briefe und Pakete denselben in Folge ihres Amtes zur Behandlung übergeben oder nur zugänglich sind. (Stenglein Bd. II. S. 573, Weis Bd. II. S. 299.)

2) „Briefe oder Pakete" d. i. alle Arten von Postsendungen, so auch Kreuzbandsendungen, wenn die Eröffnung nicht lediglich zur Controlle geschicht. (Stenglein Bd. II. S. 573.)

3) „öffnen" d. i. jede Verletzung des Verschlußmittels, wenn es nicht ordnungsgemäß wie bei unbestellbaren Poststücken zur Erkundung des Absenders, oder in Folge amtlicher Requisition bei Untersuchungen u. dgl. geschieht. (Stenglein Bd. II. S. 574.)

4) Eignet sich der Postbeamte Werthgegenstände an, welche den Inhalt des Poststückes bilden, so konkurrirt Amtsuntreue mit dem Vergehen des Art. 387, Absatz 2 findet aber bei einer objektiven Benachtheiligung durch die Handlung Anwendung, wenn auch keine darauf oder auf eigenen Vortheil gerichtete Absicht vorliegt; auch darf der Nachtheil nicht in der Entziehung selbst liegen und ist nicht auf pekuniäre Nachtheile beschränkt. (Vortr. im G.-A. d. K. d. Abg. 1860/61. S. 203, Prot. d. G.-A. d. K. d. Abg. 1856/57. Bd. II. S. 191, Stenglein Bd. II. S. 574, Weis Bd. II. S. 300.)

5) Die That ist mit Eröffnung des Poststückes vollendet, wenn der Thäter auch noch nicht Kenntniß vom Inhalt genommen hat; oder mit Aneignung desselben, wenn auch noch keine Eröffnung erfolgt ist. (Stenglein Bd. II. S. 574, Weis Bd. II. S. 299. 300, Z. f. Gerichtspr. Bd. IV. S. 81.)

6) An einem unversiegelten Brief kann die That nicht begangen werden, (Erk. des A.-G. v. Mittelfranken, Z. f. Gerichtspr. Bd. VII. S. 461.)

7) „Telegraphenanstalt“. Dies bezieht sich auch auf Privattelegraphen-Anstalten. (Vortr. im G.-A. d. K. d. Abg. 1856/57. S. 452, Stenglein Bd. II. S. 575, Weis Bd. II. S. 299.)

Art. 388.

Pflichtverletzung von Notaren und Gerichtsboten.

Notare, welche bei den ihnen in ihrer dienstlichen Eigenschaft anvertrauten Angelegenheiten wissentlich zum Nachtheile ihrer Klienten handeln, trifft Gefängniß nicht unter drei Monaten und Geldstrafe bis zu tausend Gulden, womit der Verlust des Dienstes als Straffolge zu verbinden ist.

Wurde durch die Handlung ein Schaden im Betrage von mehr als fünfhundert Gulden verursacht, so ist auf Zuchthaus bis zu zwölf Jahren zu erkennen.

Die gleichen Bestimmungen finden auf die Gerichtsboten der Pfalz Anwendung.

Vergl. hiezu Gesetz v. 28. Mai 1870 „die Anwendung einiger Bestimmungen des Strafgesetzbuches vom 10. November 1861 auf die Gerichtsvollzieher betr.“

Art. 1. Die Artikel 365, 366 Abs. 2 u. 3, 368, 371 bis 374, 386, 388, 393 und 394 des Strafgesetzbuches vom 10. November 1861 finden auf die Gerichtsvollzieher Anwendung.

Art. 2. Das gegenwärtige Gesetz tritt nach vorheriger Verkündung im Gesetzblatte und im Amtsblatte der Pfalz gleichzeitig mit der Prozeßordnung in bürgerlichen Rechtsstreitigkeiten in Kraft.

Die Handlung kann durch nachtheilige Vornahme eines Rechtsgeschäftes, durch absichtliche Unterlassung eines solchen oder auch in der bloßen Ertheilung eines nachtheiligen Rathes liegen, ist mit der vorsätzlichen Verübung ohne Rücksicht auf den Erfolg vollendet und muß der Nachtheil, welcher eine höhere Strafe begründet, ein vermögensrechtlicher sein. (Stenglein Bd. II. S. 576, Weis Bd. II. S. 301.)

Art. 389.

Verletzung der Anwaltspflichten.

Rechtsanwälte, welche pflichtwidrig in derselben Streitsache beiden Parteien durch Rath oder Beistand dienen oder bei den ihnen in ihrer anwaltschaftlichen Eigenschaft anvertrauten Angelegenheiten wissentlich zum Nachtheile ihrer Klienten handeln, sollen mit Gefängniß nicht unter drei Monaten und an Geld bis zu tausend Gulden bestraft werden, womit der Verlust des Dienstes als Straffolge zu verbinden ist.

Wurde durch die Handlung ein Schaden im Betrage von mehr als fünfhundert Gulden verursacht, so ist auf Zuchthaus bis zu zwölf Jahren zu erkennen.

1) „Rechtsanwälte“. Hierunter können Vertheidiger in Strafsachen welche nicht Rechtsanwälte sind, nicht verstanden werden. Rechtsanwälte können die That auch in Strafsachen begehen. (Prot. d. G.-A. d. K. d. Abg. 1860/61 S. 85, Stenglein Bd. II. S. 575.)

2) „in derselben Streitsache.“ Darauf, daß diese bei Gericht anhängig ist, kommt nichts an. (Stenglein Bd. II. S. 576.)

3) „beiden Parteien.“ Der Thäter muß von einer Partei ein Mandat angenommen haben oder ihr doch einen rechtlichen Rath ertheilt haben; alsdann findet aber Art. 389 auch Anwendung, wenn ein Rechtsanwalt succesiv beiden Parteien dient. (Stenglein Bd. II. S. 576.) S. einen straflosen Fall dieser Art Z. f. Gerichtspr. Bd. IX. S. 269. S. auch die Note zu Art. 388.

Art. 390.

Verletzung der Vorschriften über Schließung der Ehen und Führung der Civilstandsregister.

Geistliche und andere Religionsdiener in der Pfalz, welche die kirchliche Trauung vornehmen, ohne daß ihnen nachgewiesen ist, daß vorher eine Heiratsurkunde von dem Civilstandsbeamten aufgenommen worden sei, sind an Geld bis zu dreihundert Gulden zu bestrafen.

Im Wiederholungsfalle ist auf Gefängniß bis zu sechs Monaten zu erkennen, womit Geldstrafe bis zu dreihundert Gulden verbunden werden kann.

Art. 391.

Den Civilstandsbeamten in der Pfalz trifft Geldstrafe bis zu zweihundert Gulden:

1) wenn er eine Ehe für geschlossen erklärt, ohne daß die zu deren Giltigkeit erforderliche Einwilligung des Vaters, der Mutter, der Großeltern oder des Familienrathes gegeben war;
2) wenn er der Vorschrift des Art. 157 des Civilgesetzbuches zuwider in den Fällen, wo ein ehrerbietiges Ansuchen an Eltern oder Großeltern zu stellen war, um die Einwilligung in die Ehe zu erhalten, eine Ehe für geschlossen erklärt, ohne daß diese ehrerbietigen Ansuchen stattgefunden haben;
3) wenn er vor Ablauf der im Art. 228 des Civilgesetzbuches vorgeschriebenen zehnmonatlichen Frist die Heiratsurkunde einer schon verheiratet gewesenen Frau aufnimmt;
4) wenn er eine Ehe für geschlossen erklärt, bezüglich welcher die gesetzlich vorgeschriebenen Eheverkündigungen nicht stattgefunden haben, ohne daß eine Befreiung hievon erholt worden, oder wenn die vorgeschriebenen Fristen zwischen den Eheverkündigungen und dem Heiratsabschlusse nicht eingehalten wurden, oder wenn er eine Ehe trotz bestehenden Einspruches für geschlossen erklärt;
5) wenn er eine Ehe für geschlossen erklärt, ohne hiebei die durch den Art. 165 des Civilgesetzbuches vorgeschriebene Oeffentlichkeit der Handlung zu beobachten;
6) wenn er eine Ehe für geschlossen erklärt, bezüglich welcher er nach den Bestimmungen des Art. 165 des Civilgesetzbuches nicht der zuständige Beamte ist;
7) wenn er in Fällen, wo zum Abschlusse einer Ehe die Einwilligung dritter Personen durch das Gesetz gefordert ist, von der erfolgten Einwilligung in der Heiratsurkunde keine Erwähnung gethan hat;
8) wenn er eine Ehe für geschlossen erklärt, ehe den Vorschriften des §. 13 des Heeresergänzungsgesetzes vom 15. August 1828 genügt ist;
9) wenn die Civilstandsurkunden auf einzelne fliegende Blätter geschrieben werden.

Hiezu gehört Art. 42, Art. 53 Abs. 3 des Gesetzes vom 16. April 1868 über Heimath, Verehelichung und Aufenthalt. (Gesetz-Bl. S. 357 fg.)

Art. 42. Auf Geistliche und andere zur Vornahme einer Trauung berechtigte Personen in den Landestheilen diesseits des Rheins finden, wenn sie eine Trauung vornehmen, ehe das in Art. 33, in Art. 38 Abs. 2 oder im Art. 39 vorgeschriebene Zeugniß beigebracht war, die Bestimmungen der Art. 390 und 392 des Strafgesetzbuches Anwendung.

Civilstandsbeamte in der Pfalz unterliegen den Strafbestimmungen der Art. 391 und 392 des Strafgesetzbuches:

1) wenn sie die Ehe eines Wehrpflichtigen, welcher seiner allgemeinen Wehrpflicht zum Dienste in der aktiven Armee noch nicht Genüge geleistet hat, als geschlossen erklären, bevor die im Gesetze vom 30. Januar 1868, die Wehrverfassung betr., Art. 30 Abs. 1 vorgeschriebene Erlaubniß der Militärbehörde beigebracht war;
2) wenn sie eine Ehe, auf welche die Bestimmungen des Art. 38 Abs. 1 oder des Art. 39 anwendbar sind, als geschlossen erklären, bevor das daselbst vorgeschriebene Zeugniß beigebracht war.

Art. 53. Abs. 3. Artikel 41 gegenwärtigen Gesetzes tritt an die Stelle des Artikels 52 Abs. 1 des Polizeistrafgesetzbuches, Art. 42 Abs. 2 Ziff. 1 an die Stelle der Ziffer 8 von Artikel 391 des Strafgesetzbuches.

S. auch noch Art. 24. 25. 26 des Gesetzes vom 2. Mai 1868 über Schließung und Trennung der Ehen der keiner anerkannten Religionsgenossenschaft angehörenden Personen.

Art. 392.

Die in den Art. 390 und 391 enthaltenen Strafbestimmungen kommen auch dann zur Anwendung, wenn den daselbst bezeichneten Handlungen Fahrlässigkeit zu Grunde liegt.

1) „ohne daß ihnen nachgewiesen ist“. Gegenüber den Geistlichen bedarf es nicht der Vorlage der Heirathsurkunde im Original, sondern genügt eine einfache Bescheinigung des Civilstandsbeamten. (Vortr. im G.-A. d. K. d. Abg. 1856/57. S. 454, Stenglein Bd. II. S. 578, Weis Bd. II. S. 303.)

2) Ist der Thäter zurechnungsfähig, so kann ihn nur Täuschung über die faktischen Voraussetzungen entschuldigen. (Stenglein Bd. II. S. 578.)

3) Auf die kanonisch giltige Erklärung der Brautleute vor dem Pfarrer und zwei Zeugen kann Art. 390. 292 nicht angewendet werden, sondern nur auf die vom Geistlichen vorgenommene Trauung. (Weis Bd. II. S. 303.)

4) Art. 391 Ziff. 7 bezieht sich nur auf diejenigen Fälle, in welchen die Einwilligung dritter Personen erforderlich, nicht auch auf diejenigen, wo das Gesetz nur ein ehrerbietiges Ansuchen an Eltern und Großeltern verlangt und dasselbe auch gestellt wurde, aber in der Heirathsurkunde nicht erwähnt ist. (Weis Bd. II. S. 304.)

Art. 393.

Allgemeine Bestimmungen.

Wenn ein Beamter bei Gelegenheit der Ausübung seines Dienstes oder unter Mißbrauch seines Dienstverhältnisses eine nicht in dem gegenwärtigen Hauptstücke behandelte strafbare That verübt und deswegen zu einer Gefängnißstrafe von mehr als einem Jahre verurtheilt wird, so ist mit derselben der Verlust des Dienstes als Straffolge zu verbinden.

Art. 394.

Wenn ein Beamter sich in oder außerhalb seines Dienstverhältnisses eines Vergehens der Unterschlagung, des Diebstahls oder des Betrugs schuldig macht, so sind mit der Strafe dieses Vergehens die im Art. 28 bezeichneten Straffolgen zu verbinden.

Wenn er sich in solcher Weise einer an sich nur als Uebertretung strafbaren Unterschlagung oder eines an sich nur als Uebertretung strafbaren Betrugs oder eines an sich nur nach Art. 283 strafbaren Diebstahls schuldig macht, so ist statt der Uebertretungsstrafe auf Gefängniß bis zu drei Monaten zu erkennen, womit der Verlust des Dienstes als Straffolge verbunden werden kann.

1) Diebstähle, Unterschlagung, Fälschung, welche bei Gelegenheit der Ausübung des Dienstes aber ohne Zusammenhang mit diesem begangen werden, sind nach den allgemeinen Bestimmungen über diese Delikte strafbar, jedoch Art. 394 darauf anwendbar. (Stenglein Bd. II. S. 579.)

2) Auf Felddiebstahl ist Art. 394 nicht anwendbar. (Prot. d. G.-A. d. K. d. Abg. 1860/61 S. 95, Stenglein Bd. II. S. 579, Weis Bd. II. S. 306. 307.)

3) Wegen der besonderen Fälle des Betrugs können die Straffolgen des Art. 394 nicht verhängt werden. (Erk. d. Cass.-H. v. 16. Febr. 1866, Z. f. Gerichtspr. Bd. V. S. 203, Z. f. G. u. R. Bd. XIII. S. 69.)

4) Auf die Unterschlagung eines Gemeindedieners an Schul- oder Familiengeldern, welche er im Auftrage des Bürgermeisters oder Schulrendanten erhob, ist Art. 394 anwendbar. (Erk. d. A.-G. v. Oberfranken v. 27. August 1869, Z. f. Gerichtspr. Bd. IX. S. 28.)

S. auch Note 7 zu Art. 386 S. 470.

Art. 395.

Ein Beamter, welcher wegen pflicht- oder ehrwidrigen Benehmens, wegen Fahrlässigkeit, Unfleiß, Leichtsinn oder Unsittlichkeit bereits dreimalige Disciplinarbestrafung (§§. 10–15 der IX. Verfassungsbeilage) erlitten hat, soll, wenn er sich neuerdings einer Pflichtverletzung solcher Art schuldig macht, mit Gefängniß bis zu drei Monaten bestraft werden, womit der Verlust des Dienstes als Straffolge zu verbinden ist.

1) Die Anklage muß auf eine der bestimmt bezeichneten Handlungen gerichtet sein und hat der Richter wie in andern Sachen über Schuld- und Thatfrage zu entscheiden, nicht aber über die vorausgehenden Disciplinarstrafen. (Stenglein Bd. II. S. 580, Weis Bd. II. S. 307.)

2) Als Vorbedingung fallen nur Disciplinarstrafen im Sinne der angeführten Verfassungsbestimmungen ins Gewicht, also solche, denen beigefügt worden ist, daß sie die erste, zweite oder dritte Disciplinarstrafe sei, die zur Vorgerichtstellung führt. (Weis Bd. II. S. 307.)

Art. 396.

Was im gegenwärtigen Hauptstücke von Beamten bestimmt ist, gilt von allen Beamten und öffentlichen Dienern des Staates, sowie von den Beamten und öffentlichen Dienern der Gemeinden, der öffentlichen Corporationen und öffentlichen Stiftungen, ferner von allen jenen, welche mit den Verrichtungen eines solchen Beamten oder öffentlichen Dieners vorübergehend oder ständig betraut und hiefür in öffentliche Pflicht genommen sind.

Auf Notare und auf die Gerichtsboten der Pfalz finden außer dem Art. 388 noch die Art. 365, 366 Abs. 2 u. 3, 368, 371–374, 386, 393 und 394, — auf Rechtsanwälte finden außer dem Art. 389 noch die Art. 371 Abs. 2 und 394 Anwendung.

Art. 397.

Auf Staatsbürger, welche zu einer öffentlichen Funktion berufen sind, desgleichen auf die zur Entscheidung von Rechtsstreitigkeiten berufenen Schiedsrichter finden die

Bestimmungen des gegenwärtigen Hauptstückes, soweit dies nach der Beschaffenheit der in demselben bezeichneten strafbaren Handlungen möglich ist, gleichfalls Anwendung.

Gegen diese Personen soll, statt des Verlustes des Dienstes, die Entsetzung von ihrer Funktion und die Unfähigkeit zur künftigen Wiederbekleidung derselben ausgesprochen werden.

1) „Beamten" s. hierüber Note 3—10 zu Art. 127 S. 199 fg., vergl. auch Stenglein Bd. II. S. 541 fg.

Bei wirklichen Beamten oder öffentlichen Dienern bedarf es keiner öffentlichen Verpflichtung, sondern genügt die thatsächliche Ausübung des Amtes oder Dienstes. Bei den nur mit den Verrichtungen eines solchen betrauten Personen muß aber die Verpflichtung hinzutreten. (Weis Bd. II. S. 309, Stenglein Bd. II. S. 544, Erk. d. Cass.=H. v. 15. April u. 19. Novbr. 1864, Z. f. Gerichtspr. Bd. III. S. 173. Bd. IV. S. 85, Z. f. G. u. R. Bd. XI. S. 103. 459, Erk. v. 21. Januar 1865, Z. f. Gerichtspr. Bd. IV. S. 139, Z. f. G. u. R. Bd. XII. S. 21.) Lehrer als Gemeindeschreiber sind mit einer öffentlichen Funktion betraute Personen und bedürfen der Verpflichtung um als Amtspersonen zu erscheinen. (Erk. d. A.=G. v. Oberfranken v. 9. Oktbr. 1868, Z. f. Gerichtspr. Bd. VIII. S. 285.)

2) Wie die zu einer öffentlichen Funktion berufenen Staatsbürger dazu berufen werden, ob durch Wahl oder sonstwie, begründet ebensowenig einen Unterschied, als der Umstand, ob die Funktion sich auf Angelegenheiten des Staates, eines Kreises, Distrikts, einer Gemeinde oder einer öffentlichen Stiftung oder Korporation bezieht. (Weis Bd. II. S. 309.) Eisenbahnaktiengesellschaften sind keine öffentlichen Korporationen, ihre Bediensteten keine Amtspersonen. (Erk. d. Cass.=H. v. 1. Mai 1869, Z. f. Gerichtspr. Bd. VIII. S. 314, Entsch. d. Cass.=H. Bd. III. S. 187.)

3) Es gehören also hieher Mitglieder von Steuerausschüssen, der Einquartierungskommission, Geschworne, die zu ihrer Wahl oder zur Theilnahme an der Heeresergänzung Berufenen u. s. w. (Weis Bd. II. S. 309, Stenglein Bd. II. S. 544. 581.)

4) „Schiedsrichter" fallen unter Art. 397 nur dann, wenn sie auf Grund gesetzlicher Bestimmungen zur Entscheidung von Rechtsstreitigkeiten berufen sind. (Weis Bd. II. S. 309, Stenglein Bd. II. S. 581.)

5) Theilnehmer und Begünstiger von Amtsdelikten sind nach Maßgabe der auf das Amtsdelikt gesetzten Strafe zu bestrafen, auch wenn sie keine eigene Pflicht verletzen, es sei denn, daß sie die amtliche Eigenschaft des Thälers nicht kannten. (Motive z. Entw. v. 1855 S. 112. 118, Vortr. im G.=A. K. der Abg. 1856/57 S. 456, Prot.=Bd. II. S. 204, 1860/61 S. 88, Stenglein Bd. II. S. 582. 583.)

6) Auf Vertheidiger, welche nicht Anwälte sind, finden die Bestimmungen über Amtsdelikte keine Anwendung. (Stenglein Bd. II. S. 581.)

7) Steuervorgeher sind öffentliche Diener (Stenglein Bd. II. S. 544); ebenso Lokomotivheizer. (Erk. d. A.=G. v. Unterfranken v. 11. April 1863, Z. f. Gerichtspr. Bd. II. S. 228.) Sachverständige bei der Feuerbeschau sind keine den Beamten gleichzustellende Personen (Erk. d. Cass.=H. v. 28. Septbr. 1867, Z. f. Gerichtspr. Bd. VII. S. 70, Entsch. d. Cass.=H. Bd. I. S. 370); Hundefänger sind öffentliche Diener (Erk. d. G.=A. v. Oberbayern v. 6. Septbr. 1867, Z. f. Gerichtspr. Bd. VII. S. 109); ebenso Tagschreiber (Erk. d. Cass.=H. v. 31. Januar 1868, Z. f. Gerichtspr. Bd. VII. S. 218, Entsch. d. Cass.=H. Bd. II. S. 61); Privatpostgehilfen (Erk. d. Cass.=H. v. 30. Novbr. 1868, Z. f. Gerichtspr. Bd. VIII. S. 131, Entsch. d. Cass.=H. Bd. II. S. 473.)

8) Ob der Thäter als amtliche Person delinquirte gehört zur Rechtsfrage und steht den Geschwornen hierüber kein Urtheil zu. (Erk. d. Cass.=H. v. 27. Febr. 1863, Z. f. Gerichtspr. Bd. II. S. 172, Z. f. G. u. R. Bd. X. S. 178, Weis Bd. II. S. 309.)

Vergl. auch Note 1. 7—11 zu Art. 364, Note 7 zu Art. 365, Note 9—11 zu Art. 366, Note 6 zu Art. 369, Note 6—10. 13—20 zu Art. 373, Note 6 zu Art. 374, Note 5—7. 10—14 zu Art. 386.

Art. 398.

In allen Fällen, in welchen gemäß den Bestimmungen des gegenwärtigen Gesetzbuchs der Verlust des Dienstes verhängt wird, ist zugleich der Verlust der von demselben abhängenden oder aus dem frühern Besitze desselben herrührenden Rechte auszusprechen.

Die Bestimmung dieses Artikels bezieht sich nicht nur auf das letzte Hauptstück, sondern auf das ganze Gesetzbuch. (Stenglein Bd. II. S. 583, Weis Bd. II. S. 310.)

Inhaltsverzeichniß.

Erste Abtheilung.

Allgemeine Bestimmungen.

Zweite Abtheilung.

Besondere Bestimmungen über die einzelnen strafbaren Handlungen.

Erstes Hauptstück.

Hochverrath, Landesverrath u. andere staatsgefährliche Handlungen.

Zweites Hauptstück.

Majestätsbeleidigung, Beleidigung eines Mitgliedes der königl. Familie oder eines auswärtigen Staatsoberhauptes.

Drittes Hauptstück.

Handlungen gegen das Ansehen der Obrigkeit und anderer mit öffentlichem Charakter bekleideter Personen, Behörden u. Versammlungen.

Viertes Hauptstück.

Ungehorsam gegen die Obrigkeit und gewaltthätige Verletzung öffentlicher Autorität.

Fünftes Hauptstück.

Strafbare Handlungen in Bezug auf Wahlrechte.

www.ingramcontent.com/pod-product-compliance
Lightning Source LLC
LaVergne TN
LVHW080746300926
849162LV00008BA/1765